中国历史

许海山 主编

线装書局

图书在版编目(CIP)数据

中国历史/许海山主编. —北京：线装书局，2006.9
ISBN 7-80106-624-3

Ⅰ.中... Ⅱ.许... Ⅲ.中国—历史 Ⅳ.K20

中国版本图书馆 CIP 数据核字(2006)第 095624 号

中国历史

主　　编：	许海山
责任编辑：	易　行　孙嘉镇
版式设计：	李虎生
出版发行：	线装书局

地址：北京市鼓楼西大街41号(100009)
电话：010-64045283　64041012
网址：www.xzhbc.com

印　　刷：	三河市腾飞胶印厂印刷
开　　本：	787×1092　1/16
印　　张：	37.5
字　　数：	885 千字
版　　次：	2006年9月第1版　2006年9月第1次印刷
印　　数：	5001-8000
书　　号：	ISBN 7-80106-624-3
定　　价：	100.00元

《中国历史》编委会

主　　编：许海山
执行主编：李少林
编　　委：王达林　王飞鸿　李晓玲　刘正梅　莫秀清
　　　　　　　李全国　黄军装　杨惠娟　刘泽旗　鲍海龙

《中国回史》编委会

主　编：杨怀中
执行主编：李　林

编　委：王正伟　王乃昂　李德宽　郑正和　吴天海
　　　　李全国　黄平芳　杨怀中　刘雪飞　邵丙文

前 言

中华民族是一个伟大的民族,是由 56 个民族长期共同缔结而成的。我们统一的多民族的国家的领土广大,历史悠久,文化光辉灿烂。在以往的数千年间,中国的文化不仅照亮了世界的东方,而且也为世界文化历史的发展作出了巨大的贡献。因此,学习祖国的历史可使我们树立民族自信心和自豪感,培养爱国主义精神。珍惜我们祖先所创造的历史文化成就,继承并发扬我们祖先的艰苦奋斗、勤劳建设的精神和不畏强暴、敢于抗争的光荣传统,继承并弘扬优秀民族文化,为中国在新时代的复兴和崛起而努力奋斗。

中华民族的历史纷繁错综,治乱兴衰交错更迭,其中不乏可歌可泣的民族抗争史,也不乏悲痛屈辱的民族血泪史。历史不是简单地记录事件的发生,史学家们所争论不休的也绝不仅仅局限于无足轻重的细枝末节,学习历史的目的应该是了解历史、感悟历史,以铜为镜,可以正衣冠;以人为镜,可以知得失;以史为镜,可以知兴废。要理解现实必须懂得历史,借鉴前人得失,古为今用。

纵观古往今来的仁人志士,无不是精研史书、贯通古今的大师。当今时代呼唤知识英雄,需要千百万适应时代发展、博古通今的杰出人才来开拓进取,引领时代潮流。

共和国成立 50 年多来,中国的经济、文化、科学技术有了飞跃的发展。随着中国的改革、开放不断深入,可以预期,在今后的历史时期里,像汉、唐盛世的那种局面一定会以新的形态、新的风貌展现在世人面前。

历史是一部教科书,我们祖国的历史,更能教育、激励、鞭策我们积极向上,奋发前进。学习我们祖国的历史,既要了解它的过去,还要认清它的未来。历史的航船,从来都是在乘风破浪中前进的,不论遇到什么样的浊浪排空、飓风卷石,都不能改变它前进的航向。我们祖国的历史,也同样是经历了无数艰难险阻,但依然是按照人类社会发展的轨迹前进的。

我们为自己祖国有悠久而光荣的历史文化感到骄傲,为拥有无数伟大的祖先感到自豪! 我们为振兴中华充满信心!

本书在吸收国内史学研究成果的基础上,将中华文明悠久历史沉淀下来的丰富资料按历史编年的形式进行编排,记述了中国从原始社会至辛亥革命的历史进程。全书以通俗易懂的文字叙述,全方位介绍了中国历史的基础知识,生动、真实、客观、全面地反映了中国历史中的重大事件、重要人物、科技文化的突出成就,内容涵盖政治、军事、经济、文化、外交、科技、法律、宗教、艺术、民俗等各个领域,是一本全面了解中国历史的简洁读本。

本书以最新的视角解读中国历史,以最新的形式整合中国历史,带读者跨越千年时光,全面领略中华民族博大精深、源远流长的文化传统,这就是本书的主旨所在。我们的祖先,无论是生活在社会下层的劳苦大众还是生活在社会上层的精英阶层,他们都对中华民族的辉煌历史作出了巨大贡献。本书以冷静的客观的进行"历史叙事",把更多的评判留给读者,我们更倾向于对中华民族伟大的祖先和辉煌的成就予以肯定,并为我们祖先的智慧和成就感到骄傲。

全书整体按历史时间顺序和朝代顺序分章论述,再下分为"节"、"目"、"子目",各有标题,一目了然。

阅读本书可使读者在轻松愉快中接受历史的启迪,既不失宏观性地把握历史脉搏,又能直接与古人对话,从而产生生动的历史感悟。

目 录

第一章　原始社会 ... 1

第一节　原始社会人类生活的自然环境 ... 1
一、地理气候环境 ... 1
二、能人、直立人与晚期智人 ... 2
三、旧石器时代与新石器时代 ... 3

第二节　旧石器时代的原始人类 ... 5
一、猿人在中国的广泛分布 ... 5
二、中国的早期智人 ... 7
三、中国的晚期智人 ... 9

第三节　新石器时代的文化发展 ... 12
一、新石器时代早期的文化区域 ... 12
二、仰韶文化时期的北方与南方 ... 14
三、龙山文化时期文化区域的扩大 ... 16
四、新石器时代的社会面貌 ... 17

第四节　古代文明的曙光 ... 21
一、贫富分化与社会阶层的产生 ... 21
二、社会观念的变革 ... 21

第五节　原始群社会组织的形成与发展 ... 23
一、原始群前期社会 ... 23
二、原始群后期社会 ... 24
三、有关原始群的传说 ... 24
四、原始群的婚姻家庭 ... 25

第六节　原始社会的氏族公社 ... 25
一、母系氏族社会 ... 25
二、父系氏族社会 ... 26
三、父系氏族公社的瓦解 ... 27

第二章 夏朝与商朝的奴隶制度 ……………………………………… 31

第一节 中国古史的传说时代 ………………………………………… 31
一、关于远古时代的朦胧记忆 …………………………………… 31
二、黄帝和炎帝 …………………………………………………… 32
三、颛顼和帝喾 …………………………………………………… 32
四、唐尧和虞舜 …………………………………………………… 33

第二节 夏 朝 ………………………………………………………… 34
一、夏文化的起源 ………………………………………………… 34
二、夏时代奴隶制国家的建立 …………………………………… 34
三、社会经济的发展 ……………………………………………… 35
四、夏朝的灭亡 …………………………………………………… 36

第三节 商 朝 ………………………………………………………… 37
一、商朝的初期建立 ……………………………………………… 37
二、商朝的经济发展 ……………………………………………… 37
三、商朝的文化艺术成就 ………………………………………… 39
四、商朝的科学 …………………………………………………… 40
五、商朝的灭亡 …………………………………………………… 40

第三章 周朝的封建领主制社会 ……………………………………… 43

第一节 西周时期的分封建制 ………………………………………… 43
一、西周的兴起与建立 …………………………………………… 43
二、西周的政治制度 ……………………………………………… 45
三、封建领主制经济 ……………………………………………… 46
四、西周的灭亡 …………………………………………………… 47

第二节 诸侯争霸的春秋时代 ………………………………………… 48
一、诸侯大国争霸 ………………………………………………… 48
二、领主经济解体,地主经济萌芽 ……………………………… 51
三、官商政治 ……………………………………………………… 54

第三节 统一与反统一的战国时代 …………………………………… 55
一、战国"七雄" ………………………………………………… 55
二、诸侯各国的全面改革 ………………………………………… 55
三、地主经济的快速发展 ………………………………………… 58
四、从诸侯争霸到秦统一中国 …………………………………… 61

第四节　西周、春秋、战国时代的科学文化 …… 64
　　一、五经三传的文化思想 …… 64
　　二、诸子百家的思想争鸣 …… 65
　　三、文学的发展 …… 67
　　四、科学技术上的成就 …… 67

第四章　强大的秦、汉 …… 69

第一节　秦　朝 …… 69
　　一、建立中央集权行政管理体制 …… 69
　　二、防止分裂、统一思想、巩固统一 …… 71
　　三、征服四夷，开疆扩土 …… 73
　　四、秦末战乱与秦朝灭亡 …… 74

第二节　西　汉 …… 77
　　一、西汉前期对秦朝制度的继承与发展 …… 77
　　二、汉武帝加强中央集权 …… 80
　　三、匡正儒家思想，引领世界文明 …… 83
　　四、社会经济的发展 …… 84
　　五、民族关系的发展 …… 87
　　六、西汉中后期的政治与社会 …… 90
　　七、西汉末年农民战争 …… 94

第三节　东　汉 …… 97
　　一、加强中央集权治理 …… 97
　　二、社会经济的发展 …… 99
　　三、民族关系的发展 …… 103
　　四、宦官与朋党 …… 106
　　五、东汉末年农民战争 …… 108

第四节　秦汉文化 …… 111
　　一、经学、哲学与宗教 …… 111
　　二、文学艺术 …… 112
　　三、史学研究 …… 114
　　四、科学成就远超西方 …… 115

第五章　魏晋南北朝 …… 117

第一节　三国西晋 …… 117
　　一、魏、蜀、吴三国鼎立 …… 118

中国历史

　　二、三国的政治、经济 119
　　三、西晋统一中国 121
　　四、西晋灭亡 123

第二节　东晋南朝 124
　　一、东晋偏安江南 124
　　二、东晋灭亡 127
　　三、南朝各代的更替 130
　　四、南朝社会经济的发展 132

第三节　十六国与北朝 134
　　一、十六国的兴亡 135
　　二、北魏的政治 137
　　三、北朝社会经济的发展 140
　　四、北魏末各族人民大起义 143
　　五、东魏、北齐、西魏、北周 144

第四节　魏晋南北朝文化 146
　　一、哲学宗教 146
　　二、文学艺术 147
　　三、史学地理学 150
　　四、科学技术 151

第六章　隋唐五代 153

第一节　隋　朝 153
　　一、隋前期的政治 153
　　二、社会经济的发展 156
　　三、隋末农民战争 157

第二节　唐　朝 160
　　一、唐初的主要制度 160
　　二、贞观之治 163
　　三、武则天主政 164
　　四、玄宗励精政事 165
　　五、唐前期社会经济的发展 166
　　六、统一的多民族国家的发展 168
　　七、唐与外国的经济、文化交流 170
　　八、安史之乱 172
　　九、唐后期的政局 173

十、唐后期社会经济的变化 … 175
十一、唐末农民战争 … 179

第三节 五代十国、契丹（辽） … 181
一、五代更替契丹兴起 … 181
二、十国兴亡 … 183
三、后周改革，北宋代周 … 184

第四节 隋唐五代文化 … 185
一、哲学宗教 … 185
二、文学 … 187
三、艺术 … 188
四、史学地理学 … 189
五、科学技术 … 190

第七章 辽 朝 … 193

第一节 辽（契丹）朝前期的皇位更迭 … 193

第二节 辽的发展 … 195
一、景宗中兴与初期的辽宋战争 … 195
二、圣宗盛世 … 196

第三节 走向衰亡的辽朝 … 199
一、征夏失利 … 199
二、耶律重元叛乱 … 200
三、耶律乙辛擅权 … 200
四、辽的灭亡 … 201

第四节 辽的牧业与农业经济 … 201
一、畜牧与渔猎业 … 202
二、农业的发展 … 203

第八章 北 宋 … 207

第一节 宋的建立 … 207
一、陈桥兵变 … 207
二、杯酒释兵权 … 208
三、皇权的加强 … 208

第二节 宋朝政权的巩固 … 209
一、吞荆、湘 … 209
二、取后蜀 … 209

中国历史

　　三、灭南汉 210
　　四、平南唐（江南） 210
　　五、泉、漳纳土割据 211
　　六、吴越归地 212
　　七、消灭北汉 212

第三节　争夺燕云的宋辽之战 213
　　一、高梁河之战 213
　　二、岐沟关之战 213
　　三、澶渊之盟 214

第四节　北宋初期王小波、李顺起义 215
　　一、全师雄兵变 216
　　二、王小波、李顺起义与王均兵变 217

第五节　北宋中期的改革活动 219
　　一、"澶渊之盟"以后的政治形势 219
　　二、庆历新政 220
　　三、王安石变法 222
　　四、开湘西、拓熙河、战西夏、克交趾 223

第六节　北宋中期思想、文化领域的革新 224
　　一、宋学——新儒学 224
　　二、宋学中的三个学派——新学、蜀学、理学 225
　　三、文学、绘画、书法的革新 227

第七节　北宋后期的政治形势宋江、方腊起义 229
　　一、"更化"与"绍述" 229
　　二、宋徽宗的腐朽统治与宋江、方腊起义 230

第八节　宋代的农业经济 233
　　一、招抚流亡，开垦荒田 233
　　二、农田水利的兴修和建设 234
　　三、土地的充分利用和地力的维持 235
　　四、农作物品种的交流 236
　　五、农业科学技术知识的普及和提高 236
　　六、以租佃制为主导的生产关系及与之相适应的户籍制度 237

第九章　金与南宋 239

第一节　女真族的兴起与金政权的建立 239
　　一、以完颜部为核心的军事部落联盟 239

二、社会组织结构 ………………………………………………………… 240
　　三、金政权的建立 ………………………………………………………… 241

第二节　金灭辽 …………………………………………………………………… 242
　　一、攻占辽东京 …………………………………………………………… 242
　　二、攻取辽上京 …………………………………………………………… 243
　　三、连克诸京 ……………………………………………………………… 243
　　四、抚夏灭辽 ……………………………………………………………… 244

第三节　金军侵（北）宋 ………………………………………………………… 245
　　一、宋金燕云交涉 ………………………………………………………… 245
　　二、金军侵宋 ……………………………………………………………… 245

第四节　南宋政权的建立 ………………………………………………………… 247

第五节　南宋与金的对峙 ………………………………………………………… 249
　　一、南宋初年的政治形势钟相、杨么起义 ……………………………… 249
　　二、绍兴和议 ……………………………………………………………… 254
　　三、隆兴和议 ……………………………………………………………… 257

第六节　南宋中后期的政局 ……………………………………………………… 260
　　一、孝宗中兴 ……………………………………………………………… 260
　　二、理学的发展 …………………………………………………………… 261
　　三、文学与教育 …………………………………………………………… 262
　　四、开禧北伐与嘉定议和 ………………………………………………… 262

第七节　南宋后期的政局 ………………………………………………………… 265
　　一、嘉定夺储政变 ………………………………………………………… 265
　　二、理学思想统治地位的确立 …………………………………………… 266
　　三、嘉定抗金及宋金局势的变化 ………………………………………… 267

第八节　南宋的灭亡 ……………………………………………………………… 268
　　一、蒙古侵宋 ……………………………………………………………… 268
　　二、南宋的灭亡 …………………………………………………………… 271

第九节　金与南宋的农牧业经济 ………………………………………………… 272
　　一、金的农业和牧业 ……………………………………………………… 272
　　二、南宋的农业经济 ……………………………………………………… 274

第十章　西　夏 …………………………………………………………………… 277

第一节　党项的兴起及与宋、辽的关系 ………………………………………… 277
　　一、党项的兴起 …………………………………………………………… 277

二、"献地"与抗宋 ………………………………………………… 278
三、倚辽惠宋 ……………………………………………………… 280

第二节 夏国的建立及其政治形势 ……………………………… 281
一、夏国(西夏)的建立 …………………………………………… 281
二、西夏与宋、辽的战与和 ……………………………………… 282
三、没藏太后、梁太后和外戚专政 ……………………………… 283

第三节 西夏的盛世 ……………………………………………… 284
一、乾顺亲政 ……………………………………………………… 285
二、依辽抗宋 ……………………………………………………… 285
三、辽亡金兴之际西夏的扩张 …………………………………… 286
四、仁孝盛世 ……………………………………………………… 286

第四节 西夏从衰落走向灭亡 …………………………………… 287
一、政变迭起 ……………………………………………………… 287
二、从附蒙攻金到联金抗蒙 ……………………………………… 288
三、西夏的灭亡 …………………………………………………… 288

第五节 西夏的农业和牧业经济 ………………………………… 290
一、农业 …………………………………………………………… 290
二、牧业 …………………………………………………………… 291

第十一章 宋、辽、金、夏时期周边的民族及其政权 ………… 293

第一节 奚族 ……………………………………………………… 293
一、辽时的奚族 …………………………………………………… 294
二、金时的奚族 …………………………………………………… 296

第二节 鞑靼 ……………………………………………………… 296
一、鞑靼诸部 ……………………………………………………… 297
二、辽时的鞑靼 …………………………………………………… 297
三、金时的鞑靼 …………………………………………………… 299

第三节 回鹘(附喀喇汗王朝) …………………………………… 300
一、回鹘诸部 ……………………………………………………… 300
二、河西回鹘的官制与风俗 ……………………………………… 301
三、高昌回鹘的形成及政制 ……………………………………… 301
四、高昌回鹘的经济、文化与宗教 ……………………………… 302
五、喀喇汗王朝(黑汗王朝)的兴亡 …………………………… 303

第四节 吐蕃 ……………………………………………………… 306
一、分裂割据下的吐蕃诸部 ……………………………………… 306

二、藏传佛教(喇嘛教)的兴起 …………………………………………… 306
　　三、藏传佛教文化 …………………………………………………………… 308

第五节　唃厮啰(青唐羌) ……………………………………………………… 309
　　一、唃厮啰政权的建立 ……………………………………………………… 309
　　二、与宋、辽、夏、金的关系 ………………………………………………… 309

第六节　大　理 …………………………………………………………………… 312
　　一、大理政权的兴亡 ………………………………………………………… 312
　　二、大理的民族 ……………………………………………………………… 313
　　三、与宋朝的关系 …………………………………………………………… 314

第七节　壮　族 …………………………………………………………………… 315

第十二章　元　朝 …………………………………………………………………… 319

第一节　忽必烈建立并巩固元朝 ……………………………………………… 320
　　一、忽必烈攻宋与其汉地政策 ……………………………………………… 320
　　二、忽必烈与阿里不哥争夺王位 …………………………………………… 321
　　三、强化中央集权统治的措施 ……………………………………………… 323
　　四、忽必烈统一江南 ………………………………………………………… 324
　　五、忽必烈时期对西北边地的争夺与北方、东北边疆的巩固 …………… 327
　　六、元朝前期社会经济的恢复与统治秩序的稳定 ………………………… 331

第二节　成宗"守成"与"惟和"政治 …………………………………………… 334
　　一、成宗"持盈守成"的国策 ………………………………………………… 335
　　二、元贞大德间的朝政和社会 ……………………………………………… 335

第三节　武宗时期的"惟新" …………………………………………………… 337

第四节　仁宗时期的政治 ……………………………………………………… 341

第五节　英宗时期的政治 ……………………………………………………… 343
　　一、至治新政 ………………………………………………………………… 343
　　二、南坡事变 ………………………………………………………………… 344

第六节　泰定帝时期的政治 …………………………………………………… 345
　　一、晋邸继统 ………………………………………………………………… 345
　　二、泰定"治平" ……………………………………………………………… 346
　　三、两都之战 ………………………………………………………………… 347

第七节　文帝时期的政治 ……………………………………………………… 351
　　一、明文之争 ………………………………………………………………… 351
　　二、至顺年间的"文治" ……………………………………………………… 352

第八节 元朝统治的衰败与元末农民大起义 ······ 354
    一、元朝统治的衰败 ······ 354
    二、元末农民大起义 ······ 358

第九节 文化的发展 ······ 367
    一、哲学思想 ······ 367
    二、文学艺术 ······ 369
    三、史学 ······ 372
    四、译著 ······ 373

第十节 宗教的兴盛 ······ 374
    一、佛教 ······ 374
    二、道教 ······ 376
    三、伊斯兰教 ······ 378
    四、基督教和其他宗教 ······ 379

第十一节 元代的农业、畜牧业经济 ······ 380
    一、元代的农业 ······ 380
    二、畜牧业 ······ 389

第十二节 宋元时期科学技术的成就 ······ 392
    一、活字印刷术 ······ 393
    二、火药 ······ 393
    三、天文、历算 ······ 393
    四、医学 ······ 393
    五、农学 ······ 394

第十三章 明清（鸦片战争前） ······ 395

第一节 明朝 ······ 395
    一、制度与律令 ······ 395
    二、"分封"与"靖难" ······ 399
    三、明初对边疆地区的经营 ······ 400
    四、明初社会经济的恢复与发展 ······ 401
    五、明中期社会矛盾的发展与张居正改革 ······ 403
    六、明中后期社会经济的发展与资本主义萌芽 ······ 407
    七、明朝的对外关系 ······ 409
    八、满族建国 ······ 414
    九、明后期社会、政治矛盾尖锐 ······ 417
    十、明末农民战争 ······ 419

第二节 清朝（鸦片战争前） ······ 422
- 一、清帝入主中原 ······ 422
- 二、统一的多民族国家的巩固和发展 ······ 424
- 三、奠定疆域 ······ 427
- 四、政治、军事制度 ······ 429
- 五、社会经济的发展 ······ 433
- 六、清代中期各族人民起义 ······ 437
- 七、闭关政策 ······ 438

第三节 明清（鸦片战争前）的科学文化 ······ 439
- 一、哲　学 ······ 439
- 二、文　学 ······ 440
- 三、史学地理学 ······ 441
- 四、图书整理与编纂 ······ 442
- 五、科学技术 ······ 442

第十四章 西方资本主义入侵与太平天国运动 ······ 445

第一节 禁烟运动与鸦片战争 ······ 445
- 一、鸦片战争前的内外环境 ······ 445
- 二、英美对中国的非法鸦片贸易与资本掠夺 ······ 447
- 三、林则徐与禁烟运动 ······ 449
- 四、英国发动侵华战争与三元里抗英 ······ 451
- 五、《南京条约》的订立 ······ 454
- 六、民众反侵略斗争的继续 ······ 456

第二节 社会危机与太平天国运动 ······ 456
- 一、社会矛盾的激化 ······ 457
- 二、洪秀全拜上帝教，耶稣父兄齐报到 ······ 458
- 三、金田起义与定都天京 ······ 460
- 四、太平军的北伐和西征 ······ 462
- 五、太平天国的纲领和政策 ······ 464

第三节 第二次鸦片战争 ······ 466
- 一、英法挑起战端与《天津条约》的签订 ······ 466
- 二、战争的再起与《北京条约》的签订 ······ 468
- 三、沙俄侵吞中国大片领土 ······ 470

第四节 太平天国的灭亡 ······ 472
- 一、汉族官员的崛起与湘淮两军的增强 ······ 472

二、太平天国的后期斗争及其失败 …… 472
三、太平天国的败亡 …… 474

第十五章 洋务运动与列强入侵 …… 477

第一节 洋务运动 …… 477
一、师夷长技以制夷 …… 477
二、洋务派领袖与主将 …… 478
三、创办军事工业 …… 480
四、创办民用工业 …… 482
五、编练新式海陆军 …… 483
六、举办新式教育 …… 484

第二节 中国资本主义的产生与边疆危机 …… 486
一、民族工业的出现 …… 486
二、新的社会力量与早期维新思想 …… 487
三、美日侵略台湾 …… 488
四、英国侵略滇藏 …… 489
五、俄国侵略新疆 …… 491

第三节 中法战争 …… 494
一、法国侵略越南与清朝政府的对策 …… 494
二、马尾海战与镇南关大捷 …… 496
三、清朝政府乘胜和谈 …… 499

第四节 中日甲午战争 …… 500
一、日本侵略朝鲜和中国的阴谋 …… 500
二、日军的野蛮进攻和中国军队的失败 …… 503
三、《马关条约》的订立与三国干涉还辽 …… 506
四、台湾军民的反侵略抗日斗争 …… 508

第十六章 戊戌变法与义和团运动 …… 511

第一节 列强瓜分中国 …… 511
一、列强对中国经济的瓜分和控制 …… 511
二、美国的对华"门户开放"政策 …… 514

第二节 维新派救国的新取向 …… 515
一、维新运动的社会基础 …… 515
二、康有为的早期变法活动 …… 516
三、维新运动的开展 …… 517

第三节　戊戌变法和政变 … 521
　一、百日维新运动 … 521
　二、戊戌政变的失败 … 524
　三、戊戌变法的意义 … 526

第四节　义和团反帝爱国运动 … 529
　一、反洋教斗争的发展 … 529
　二、义和团运动在山东的兴起 … 530
　三、义和团运动在京津地区的高涨和全国的响应 … 532
　四、义和团的组织和口号 … 534

第五节　八国联军的入侵和《辛丑条约》的签订 … 536
　一、清廷对义和团从镇压到支持的转变 … 536
　二、京津军民的战斗和八国联军的暴行 … 538
　三、"东南互保"和沙俄侵占中国东北 … 540
　四、中外力量联合镇压义和团与《辛丑条约》的订立 … 541

第十七章　19世纪中后期的思想文化与科学技术 … 543

第一节　19世纪中期的思想文化与科学技术 … 543
　一、思潮与学术 … 543
　二、诗歌与散文 … 545
　三、科技与译书 … 547

第二节　19世纪后期的思想文化与科学技术 … 548
　一、资产阶级维新派的进化观 … 549
　二、"诗界革命" … 550
　三、西方近代科技的引进 … 551

第十八章　资产阶级革命 … 555

第一节　资产阶级革命运动的兴起和发展 … 555
　一、帝国主义侵略的深入和中国政府的维新变法 … 555
　二、1901～1905年的反帝斗争与社会矛盾 … 557
　三、资产阶级民主革命运动的兴起 … 559
　四、资产阶级政党的建立及其领导下的武装起义 … 562

第二节　辛亥革命 … 566
　一、辛亥革命前夕的国内形势 … 566
　二、武昌起义和中华民国成立 … 569
　三、南北议和和袁世凯窃取政权 … 572
　四、辛亥革命的历史意义和经验教训 … 574

第一章

原 始 社 会

(约前170万年~前21世纪)

中国历史中的原始时代即文明社会诞生之前的史前社会阶段。

据科学家推算,地球的形成至今已有46亿年以上,最原始的生物出现在地球上,距今已有33亿年之久。按照地质年代划分,距今33~25亿年之间是太古代,其后的近20亿年是元古代。各种细胞藻类、无脊椎动物以及爬行动物的趋于繁盛是在距今6亿年~7千万年之间的古生代和中生代。从7千万年前开始直到今天的新生代,是哺乳类动物和人类繁衍的时代。

地质年代分类的"代"之下有"纪"和"世"两个层次。距今7千万年~300百万年之间是地质年代的第三纪,其中有古新世、始新世、渐新世、中新世、上新世等五个阶段。距今7千万年~4千万年的古新世和始新世是灵长类动物出现和发展分化的时代。古猿类出现在距今4千万年~2500万年之间的渐新世。距今2500万年~距今300万年之间的中新世和上新世,是古猿向人逐渐演化的时期。从300万年前开始的地质年代上的第四纪,是作为万物之灵的人类的时代。第四纪的更新世从距今300万年~1万年,是原始人向现代人演化的阶段。更新世之后的全新世从距今1万年左右开始,人类在这个时代阔步走上历史舞台,演出了地球上最雄伟壮观的一幕。

第一节 原始时代祖先生活的自然环境

中国原始人类活动的地理环境是经过漫长时代演变才形成的。从地质学上的太古代以来,中国地壳就处在北方相对稳定、南方变动频繁的状态。在元古代,北方有晋陕古陆、内蒙古陆、鲁西古陆、胶东古陆、淮阳古陆等,南方则仅有扬子地块。除了这些古陆和地块以外,当时的大部分地区还被浅海覆盖。后来,经过多次地壳变动,才逐渐形成了华北古陆和扬子古陆这两个较大面积的陆地,奠定了中国大地构造的基本轮廓。到了中生代,华北和华南地区逐渐连成一片完整的陆地,海浸地区缩小。当时的地壳变动,不仅有沧海桑田般的缓慢发展,而且有急剧猛烈的迅速变化,假若借用《诗经·十月之交》篇的语言来形容其情况,那便是"百川沸腾,山冢崒崩。高岸为谷,深谷为陵"。在新生代,中国西部地区迅速升高,青藏高原横空出世,成为世界屋脊。与此同时,因西高东低而形成的百川汇海的壮观局面也已经出现。

一、地理气候环境

一般认为,地理环境和气候的变化对于人类的形成和发展有重要影响。新生代第四纪的喜马拉雅造山运动不仅使中国西部地区强烈隆起,而且使周围大范围内的气候发生剧变。寒冷气候的出现摧毁了大片热带雨林,造就了开阔而干燥的疏林草原环境。原先栖息在温暖而且果实丰富的森林中的古猿,被迫适应环境和气候的变化,逐渐由"攀树的猿"向"正在形成中的人"转化。

据研究,在发现元谋猿人化石的地层中亚热带孢子花粉从底层向上有越来越少的趋势,还出现了松、杉、桦等比较耐寒的新成分,这反映了当时气候变冷的趋向。在发现大量石器的山西西侯度旧石器时代早期遗址的地层中现有20多种动物化石,其中大多数是适应干冷气候的草原动物,说明这一带在有人类活动的时期已是疏林草原环境。

生活在中新世和上新世之际的古猿,一般认为是现代猿类和现代人类的共同祖先,人类学家又称之为"人猿超科"。它的一些属、种逐渐向人的方向发展,最后超出猿科的界限,而转向人科。古猿阶段化石的主要代表之一是距今1400～800万年之间的腊玛古猿。这种类型古猿的化石分布得比较广,除了中国以外,还在巴基斯坦、印度、土耳其、希腊、匈牙利、肯尼亚等国家有所发现,但化石资料以中国云南禄丰最为重要和丰富。从20世纪70年代中期以来,所发现的禄丰腊玛古猿的化石有颅骨3个、下颌骨5个、头骨碎片23片、古猿牙齿600多枚、指骨2根。和腊玛古猿共生的有多种动物,其中哺乳类动物就有30多种。根据地层和共生的动物群的情况进行分析,可以推测当时腊玛古猿的生活环境是亚热带湖泊、沼泽边缘以及林间草地。

20世纪80年代中期,在云南元谋也发现了腊玛古猿和介于腊玛古猿与早期直立人之间的古猿化石。许多材料表明,腊玛古猿可能是同类型古猿系统中时代较晚并且很接近早期人类的一种类型。到目前为止还没有发现比它和人更接近的同时期的猿化石。关于人类起源的地点,恩格斯曾经推测,"在好几十万年以前,在地质学家叫作第三纪的地球发展阶段的某个还不能确切肯定的时期,据推测是在这个阶段的末期,在热带的某个地方——大概是现在已经沉入印度洋底的一片大陆,生活着一种特别高度发展的类人猿"。

古人类学家根据腊玛古猿的材料,多认为人类的起源地以"亚洲南部更可信",特别是禄丰腊玛古猿丰富资料的发现,"为人类起源亚洲说提供了新的论证"。由于中国云南一带相继发现了森林古猿、腊玛古猿以至早期人类的宝贵而丰富的化石资料,由于这个地区受到喜马拉雅造山运动的直接影响,在几千万年以前为猿类提供了向人进化的客观环境,所以说中国应当是人类最主要的发祥地之一。

二、能人、直立人与晚期智人

分子生物学的研究成果表明,人、猿分离的时间在距今500万年左右。从世界范围看,这个时期的化石资料尚无发现。现在所见到的最早人科成员化石是南方古猿阿法种。南方古猿阿法种的后裔发展到距今250万年左右,逐渐向两个分支发展。一个分支发展成为东非能人,另一个分支发展成为南猿非洲种。这后一个分支演变为粗壮种并趋于灭绝。从20世纪50年代末期开始,非洲东部坦桑尼亚奥杜韦峡谷一带发现不少古人类化石和石器,其所代表的人类被称为"能人"。

20世纪70年代初期在肯尼亚图尔卡纳湖畔发现编号为1470的东非能人头骨,其生活的时代距今约200万年左右。此外,在埃塞俄比亚的奥莫河谷也发现有能人的化石。石器的发现表明能人已经制造工具。能人在体质方面的重要特点是脑容量有较多增加,1470号头骨的脑容量已达775毫升,头骨颅内总体形态和人相似,可能已经有了语言的能力。被称为"奥杜韦文化"的东非能人石器文化，属于旧石器时代的最早阶段，当时的人已经开始了社会群体生活。

继"能人"之后的原始人类称为"直立人"。直立人的分布区域已经遍布亚洲、非洲和欧洲。20世纪70年代中期，在东非发现一个相当完整的直立人头骨，其脑容量为850毫升。20世纪80年代初，在肯尼亚西北部的纳里奥科托姆发现一具具有重要研究价值和意义的少年男性直立人骨架，包括颅骨、下颌骨、脊椎骨、股骨等70余件。在亚洲，以中国的发现最为丰富，例如元谋猿人、北京猿人、蓝田猿人、和县猿人等，都在科学研究上有极重要价值。在亚洲除了中国以外，从上个世纪末开始发现的印尼的爪哇猿人也很出名。

在欧洲，直立人的材料以希腊和法国居多，匈牙利和德国也有发现。火的使用是直立人文化发展的重大突破。中国山西芮城西侯度经古地磁法鉴定距今180万年的地层中，发现有用火烧过的鹿角、马牙等物，被认为是人类用火的最早物证。肯尼亚的切斯旺贾发现有140万年前人类用火的证据。这方面材料最为丰富的是北京猿人遗址厚达数米的灰烬层。欧洲直立人使用的石器多为手斧形，其大小一般如手掌，左右对称，刃缘平直，比能人所经常使用的以砾石制造的砍砸器有不少进步。

距今20~10万年之间，直立人向智人发展。20世纪50年代在德国杜塞尔多夫附近发现的尼安德特人是早期智人的代表之一，其脑容量已达1400毫升以上，但是前额低斜，眉脊突出，全身骨骼特别粗壮，还带有许多原始性质。庞大而笨重的尼安德特人，在向晚期智人发展的时候突然销声匿迹，这其间的原因现在还不清楚。

晚期智人的形成一般认为是距今4万年以前的事情。上个世纪60年代末在法国维泽尔河流域的克罗马农山洞发现有晚期智人的化石材料。克罗马农人身材魁梧，脑容量达1600多毫升，能够创制大幅岩洞壁画，其发展水平可以作为欧洲晚期智人的代表。晚期智人的分布已经遍布亚、非、欧、美、澳五大洲。中国晚期智人的材料丰富而且重要，历来为世所重。在晚期智人阶段，由于地理条件的差异，所以各地人类遗传造成了肤色、毛发、鼻唇等的体质和面貌的差别，逐渐形成了黄、白、黑、棕等几大人种。在晚期智人后期，人类社会步入文明时代，社会面貌日新月异，原始时代遂告结束。

三、旧石器时代与新石器时代

就社会生产力发展水平而言，原始社会可以分为旧石器时代和新石器时代两个大的阶段。自人类社会诞生以来，绝大部分时间都可以归入旧石器时代的范畴。就世界范围看，处于能人阶段的奥杜韦文化可以说是早期旧石器文化的代表。打制的砍砸器占奥杜韦文化石器的一半以上。比这种砍砸器进步的石制手斧普遍发现于亚洲、非洲、欧洲各地。一般的手斧具有较长的中轴线和对称的两个曲边，有比较整齐的刃缘，呈扁桃形，反映了石器制造技术的进步。石斧文化绵延的时间很长，几乎与直立人相始终。

中国蓝田猿人、北京猿人的大量石器都可以归入这个范畴。旧石器时代中期与早期智人阶段相合。这个时期的石器很少有石斧出现，而以用石片制作的刮削器和三角形的尖状器为主。在考古学上，这种石器文化以最早发现地——法国的莫斯特——来命名，称为莫斯特文化。在欧洲，尼安德特人是莫斯特文化的主要创造者。尼安德特人已经有墓葬习俗。本世纪初在法国的拉·费纳西山洞首先发现了尼安德特人的墓葬，表明这座山洞可能是当时的专门墓地。在匈牙利的塔塔发现有随葬的雕成舌形椭圆状的猛犸象牙板,表面光润,可能是当时人的护身符。

考古发现的中国旧石器中期文化也相当丰富,如大荔文化、许家窑文化、鸽子洞文化等都具有相当典型的意义。旧石器时代晚期的文化大约延续了二、三万年,在欧洲一般以时间先后为序划分为佩里戈尔期、奥瑞纳期、格拉韦特期、梭鲁特期、马格德林期等五个时期。这个时期的石器以石叶工具占主要地位,此外还有骨器和木器。法国、德国、西班牙等地发现不少这个时期的艺术作品。德国的沃吉尔海德发现有奥瑞纳文化时期的用猛犸象牙雕成的野马像。在马格德林文化期,欧洲出现了许多洞穴壁画,仅法国就有70多处。

在中国,旧石器时代晚期文化分布得很广,如峙峪文化、小南海文化、山顶洞文化、水洞沟文化、纹川文化等都有重要而丰富的遗存,就连西藏、台湾、贵州、云南等地区也有不少发现。据统计,中国南方地区所发现的旧石器晚期遗址就有100多处。

从距今大约1万年开始人类社会进入了新石器时代。原始农业的出现是新石器时代最突出、最重要的特征,陶器的制造、磨光石器的广泛流行、原始畜业的出现等,也具有重要影响。地处欧、亚、非三洲交汇点的西亚地区农业发展得比较早。约旦河谷的耶利哥和伊拉克东北部的耶莫都曾发现距今六七千年的典型农业村落。中国新石器时代原始农业起源的时间和西亚地区约略相同。磁山文化、裴李岗文化、河姆渡文化以及甘肃秦安大地湾遗址的粟类、稻谷堆积和石制、骨制农具的大量发现,对于新石器时代农业情况的研究都有极其重要的意义。在新石器时代,金属的使用有逐渐增多的趋势。

土耳其中部安那托利亚地区的新石器时代文化遗址发现有距今五六千年的铅制饰物、铜珠、铜矿渣等。中国新石器时代遗址也发现有许多使用金属的物证,特别是西部地区更为典型。有些专家把新石器时代后期称为"铜石并用时代",也是有一定道理的。随着社会生产力的发展和社会结构的演进,文明的曙光在新石器时代后期就已经显露。两河流域、埃及、印度、中国、墨西哥、秘鲁等都是文明出现较早的地区,其中,原始文明没有间断地延续至今的仅有我们中国。中国所发现的新石器时代遗址多达7000多处。这些遗址表明,当时已经有了不同的文化区域,各种文化相互影响、渗透、融合,促进和加速了各个地区社会的发展。

就社会组织情况看,在人类的童年,开始还没有系统的社会组织机构,当时还只有松散的原始人群,婚姻形式还是乱婚杂交。随着社会生产的发展和人的思维水平的提高,婚姻形式发生了重大变化,逐渐由原来没有任何限制的杂交,排除了祖先与子孙、父母与子女的婚姻,变成按辈分通婚。人类社会逐渐发展到血缘家庭公社时期。在人类体质、智慧和劳动技能发展到一定水平时,氏族公社逐渐代替家庭血缘公社,成为社会主要组织形式。可能从旧石器时代中期开始,随着族外群婚的发展,氏族制度逐渐萌芽。

到了旧石器时代晚期,氏族聚落在河谷和平原地区普遍出现。氏族制度的繁荣是在新石器时代。新石器时代遗址中常有村落遗址发现。有些村落的人口,据估计可有数百人,多者可达上千人。新石器时代中期,由于氏族间联系的加强,部落和部落联盟开始出现。新石器时代晚期,在许多发达地区往往出现国家的雏形。考古发掘已经找到不少最初的城堡,这些城堡对于考察当时的社会情况很有意义,"在新的设防城市的周围屹立着高峻的墙壁并非无故:它们的壕沟深陷为氏族制度的墓穴,而它们的城楼已耸入文明时代"。

19世纪美国的杰出学者摩尔根曾经依据大量的民族学资料,将人类社会的演进划分为蒙昧、野蛮、文明三个时代,并将蒙昧、野蛮两个时代分别为初级、中级、高级三个时期。他认为高级野蛮社会临近结束时,"标音字母的发明和使用文字来写文章,到了这个时候,文明也就开始了"。摩尔根的许多观点曾被马克思、恩格斯所称赞。所谓蒙昧时代,相当于原始社会前期,亦即旧石器时代;所谓野蛮时代则相当于原始社会后期,亦即新石器时代。

野蛮时代的高级阶段属于新石器时代晚期,摩尔根说这一阶段始于铁器制造,是就欧洲情况而言的,中国的情况并不如此。中国的野蛮时代高级阶段是从人们初步制造和使用铜器开始的。关于野蛮时代的高级阶段,恩格斯说,"一切文化民族都在这个时期经历了自己的英雄时代"。中国有丰富的古史传说,黄帝、炎帝、颛顼、帝喾、蚩尤、尧、舜、禹等,已经不是无名氏,而是赫然有名、彪炳史册的历史巨人,有些还是站在文明时代门槛上的重要人物。

第二节 旧石器时代的原始人类

更新世中期中国境内大部分地区的气候温暖而湿润,虽然到了更新世晚期,中国北方地区的气候经过几次暖湿和干寒的交替,但是总的来看气候和环境还是有利于原始人类繁衍和发展的。中国旧石器时代文化遗址分布很广,其地点多在山前地区或者两条河流的汇合处。这样的地方便于采集、狩猎和生活,符合初期人类发展的需要。

一、猿人在中国的广泛分布

随着材料的增加,中国原始人类出现的时间有愈来愈向前延伸的趋势。就目前中国对地层时代划分的标准而言,有的专家曾经建议"到与早更新世相接的上新世地层中去寻找最早的人类和他们制造的工具"。不过,迄今为止,我们所知道的中国最早的原始人类距今还只有200万年左右。20世纪80年代中期,在四川巫山县龙骨坡发掘出猿人乳门齿2枚、恒门齿2枚、带有两颗牙齿的左下颌骨1块。据测定,"巫山猿人"的时代距今204～201万年。在云南元谋县上那蚌村附近于1965年发现了"元谋猿人"。主要发现有猿人的左、右上内侧门齿两颗,属同一青年男性个体。

后来在元谋猿人化石所在的褐色黏土层里,发现用石英岩打制的刮削器四件,在这个地区还采集到其他的石制品十几件。在厚约3米的三个地层中零星散布有炭屑,还并存有烧骨,是否人工用火的遗迹,现在尚不能断定。和元谋猿人化石并存的有多种哺乳类动物化石,这些动物有许多是食草类动物。一般认为,元谋猿人距今170万年左右。山西芮城西侯度发现的早更新世遗址有用锤击法打制的砍砸器、刮削器等30多件,还有人工砍斫过的残鹿角两件以及一些烧骨。

西侯度文化可以追溯到180万年以前,但没有猿人化石发现。河北阳原县的小长梁和东谷坨发现有各种石器800多件,同时发现的动物残骨有一些带有明显的人工修理痕迹,其文化距今100万年。

20世纪60年代中期,在陕西蓝田县东的公王岭和县西北的陈家窝发现有中更新世时代的猿人化石,被称为"蓝田猿人"。公王岭发现有猿人的头盖骨、鼻骨、右上颌骨和3颗臼齿,属于同一个30多岁的成年女性。头盖骨甚低平,骨壁极厚,脑容量约为780毫升,具有比较原始的特征。专家们对化石的年代有不同的测定,一般认为公王岭猿人距今约为100万年左右。陈家窝发现有猿人的1个完好的下颌骨并附连13颗牙齿,属于老年女性。陈家窝猿人距今约50余万年。蓝田猿人遗址发现有数十件石器,还有四五十种动物化石。

和蓝田猿人时代接近的有"郧县猿人",20世纪70年代中期发现于湖北郧县梅铺龙骨洞。化石材料有4颗牙齿和1件人工打击痕迹清楚的石核,以及20多种时代比较古老的哺乳类动物化石。此后不久,又在郧西县的白龙洞发现两颗猿人臼齿,时代与郧县猿人相近。

"北京猿人"的发现和研究,是本世纪考古学和古人类学的重大收获。北京猿人遗址在北京西南的周口店龙骨山,原为一个长约140米、宽约20米的山洞。文化堆积层厚达40多米。自1921年到1966年历次发掘所得猿人化石材料有头盖骨6个、头骨和面骨碎片14块、下颌骨15块、股骨7段、胫骨1段、肱骨3段、锁骨1根、月骨1块,零散和附连在颚骨上的牙齿153颗。这些化石材料分属40多个个体。北京猿人头骨有较多的原始性状,头骨低矮,其最宽大的位置在颅骨基部,前额低平并且明显向后倾斜,眉脊骨粗壮并向前突出,颅骨很厚,平均厚度几乎为现代人的一倍,面骨粗大,眼眶深而宽阔,鼻骨很宽,鼻梁较平扁,颧骨高而向前,上颌明显突出,下颌宽大并向下后方倾斜。牙齿的齿冠和齿根都比较粗大,咬合面有复杂的纹理。

北京猿人的肢骨虽然带有一些原始性质,如股骨稍稍向前弯曲、因管壁厚而使髓腔较小、股骨主干上部平扁等,但是其总体特征则与现代人相近。这是长期劳动所形成的体质进化的结果。根据五个成年人头骨化石测算的结果,可以知道北京猿人的平均脑容量为1088毫升,比南方古猿的脑容量大一倍。

北京猿人遗址有四层面积较大并且较厚的灰烬层,有的灰烬层厚达6米。灰烬层里不仅有木炭,而且有因被烧烤而布满龟裂纹的石块和石器、因烧烤而扭曲变形的鹿角、烧烤过的朴树籽和各种兽骨等。北京猿人的用火遗址是目前所能见到的内容最丰富的古人类的用火遗迹。北京猿人遗址所发现的各种石器有17000千多件,此外还有大量石片和石核。据研究,北京猿人采用砸击、锤击、碰砧等方法制造石器。石器分为刮削器、尖状器,石锥、雕刻器、砍砸器、石球等六类,其中以刮削器、尖状器居多。根据各种方法测定,北京猿人底部堆积层形成于70万年前,顶部堆积形成的时间距今23万年左右。北京猿人在周口店一带先后生活近50万年之久。

20世纪80年代初期所发现的"沂源猿人"的时代距今约40万左右。主要化石材料有猿人头盖骨1块,眉骨两块,肱骨、肋骨、股骨各1块,牙齿6枚。所有材料分属两个成年猿人个体。据观察,其眉骨的粗壮和牙齿的原始性都与北京猿人相似,同出的动物化石有许多也见于北京猿人遗址。与北京猿人的时代大体相当的有70年代末在河南南召县杏花山发现的"南召猿人"和20世纪80年代初在安徽和县龙潭洞发现的"和县猿人"。

南召猿人遗址发现右下颌臼齿1颗,石器300多件。和县猿人遗址发现近乎完整的属于男性青年个体的头盖骨1个、附连两颗臼齿的左下颌骨1个、牙齿9枚和一些头骨残片,还发现了石器、成批的骨角器以及烧过的骨头、牙齿、灰烬等,伴生的哺乳动物化石有40种。和县猿人的脑容量约为1025毫升,与北京猿人接近。据测定,和县猿人的时代距今约28~24万年。近年在南京江宁县汤山的石灰岩溶洞里也发现有早期人类头骨化石,其时代与和县猿人相距不远。

"金牛山猿人"发现于80年代中期,遗址在辽宁营口县西金牛山的洞穴里。主要化石材料有一个较为完整的猿人头骨,此外还有脊椎骨、肋骨、腕骨、掌骨、趾骨、髋骨、尺骨、指骨、跗骨等比较罕见的猿人骨骼化石50余件,并且这些材料全部属于一个个体,从而为研究猿人情况以及准确复原猿人体貌提供了方便。据测定,金牛山猿人的时代距今28万年左右。70年代中期,在金牛山西部的一处裂隙与洞穴堆积层中发现有旧石器时代初期和晚期的文化。其初期文化,从石器的打片技术、尖型以及加工方式等方面的情况看,都与北京猿人的石器相似,具有明显的共同性。

猿人的化石和遗址在中国有广泛的分布,除了上面提到的以外,发现猿人文化的地方还有山西芮城匼河村、内蒙古呼和浩特市大窑村、湖北大冶石龙洞、贵州黔西观音洞、辽宁本溪庙后山、安徽巢县与水阳江两岸、陕西洛南和汉中梁山等地。按照古人类学的划分,这些猿人都属于"直立人"的范畴,其生活的时代属于考古学上的旧石器时代早期,大约在距今200~25万年之间。

这个阶段的古人类经过漫长世代的劳动实践,使人类社会缓慢进步。采集和狩猎是当时最主要的生产活动,至迟到北京猿人时期,人们已经知道用火和熟食。在这个阶段,石器加工技术有所进步。较早时期的石器,如西侯度遗址、元谋猿人遗址、匼河文化遗址等所发现的石器多以石英或砾石为原料,采用锤击法进行十分粗糙的加工,其刮削器只是简单地打击出凹凸不平的刃缘,并不进行再次加工。

经过几十万年的发展,到了蓝田猿人时期,部分石器就有了第二次加工的迹象。到北京猿人时期,则大部分石器的边缘部分都已经进行了二次加工整理,未经修整的则只占很少部分。从北京猿人的材料看,处于第8~13层的早期石器多用软质砂岩为原料,采取简单地碰砧法和锤击法进行十分粗糙的加工,成品率低,器形不规整;处于第1~7层的晚期石器多用优质石料,属于最晚时期的顶部的石器还用燧石为原料,器形趋于长薄并且规整,类型增加,多见制造工艺比较复杂的尖状器、石锥、圆头刮削器和雕刻器,尽管还存有一器多用的原始性,但是从总体水平上看,晚期的石器制造技术还是比早期大有提高。再从用火的情况看,北京猿人遗址的灰烬层厚可达6米,而时代比北京猿人晚的猿人遗址则没有发现这样厚的灰烬层。这种变化之所以出现,是因为后期的猿人逐渐掌握了某种人工取火的办法,不再需要日夜燃烧篝火以保存火种的缘故。这些情况表明,在劳动实践中,猿人的思维能力逐渐发展,深化了对于客观世界的认识。

猿人时期的物质生活极其匮乏,据统计,在北京猿人的40个个体中有半数是夭折的,大多死于40岁以下。

二、中国的早期智人

早期智人又称为"原始智人",过去曾被称为"古人",生活在旧石器时代中期,在大约距今25~4万年之间。考古发现所见中国境内的早期智人的材料比较丰富,有了比猿人更广泛的分布。

20世纪70年代末期,在陕西大荔甜水沟的砂相砾层中发现一个保存完好的头骨化石,属于一位年龄不到30岁的男性青年,定名为"大荔人"。大荔人头顶低矮,眉脊粗壮,骨壁很厚,与北京猿人接近。但是其顶骨较大,枕骨隆凸前面呈凹陷状,鼻腔窄长,眼眶近乎方形,虽然颧骨较为朝前,可是吻部并不突出,脑容量达1120毫升,这些特点又比北京猿人进步。

大荔人遗址出土石制品181件,以石英岩或燧石为原料,用锤击法制造,形体较小,加工比较粗糙。同出的动物化石有肿骨鹿、古菱齿象、犀牛等近十种。大荔人属于早期智人中的古老类型,是直立人向智人过渡形态的代表。据测定,大荔人的时代在距今23~18万年之间。

"许家窑人"于20世纪70年代中期在山西阳高许家窑村和与其紧临的河北阳原侯家窑发现,是目前中国旧石器中期古人类化石和文化遗物最丰富、规模又大的遗址。这一带所发现的古人类化石主要有顶骨11块、枕骨2块、附有4颗牙齿的左上颌骨1块、右侧下颌枝1块、牙齿2枚。这些化石材料分属10多个男女老幼不同的个体,其年龄既有幼儿,又有年过半百的老人,平均寿命在30岁左右。化石材料表明许家窑人的头骨骨壁较厚,顶骨内面较复杂,颅顶较高,头骨最宽大的部分比较靠上,吻部不太突出,下颌枝低而宽,牙齿粗大,齿冠结构比较复杂,其纹饰和北京猿人的牙齿相近。

总的看来,许家窑人的体质特征既具有一定的原始性,又比较接近于现代人。有的专家推测许家窑人是北京猿人向智人过渡的一个类型,是曾在周口店地区居住数十年之久的北京猿人后裔外迁的一支。所发现的文化遗物中,石制品、骨器和哺乳类动物化石的数量都很多。许家窑人的石制品至今所发现的有3万多件,其类型虽然和北京猿人的石器属同一传统,但在技术上却大有进步。例如用厚石片加工而成的龟背状刮削器,其形状劈裂而平直,背部隆起,周围边缘为刃口,可用于剥皮、刮肉、加工兽皮等操作。还有一种短身圆头形的刮削器,圆弧形的刃缘多经过精细的加工。石器类型有刮削器、尖状器、雕刻器、钻孔器、砍砸器和石球等多种,其中最为引人注目的是石球。这一带遗址中发现的石球有1500多件,最大的重1284克,最小的只有112克。

当时制造石球要先拣取较好的砾石,打击成粗略的球形,再反转打击去掉棱,使它成为荒坯,然后左、右手各持一个荒坯对敲把坑疤去掉,做成滚圆的石球。这种制造技术已经达到了较高的水平。根据民族学和民俗学的材料推测,石球在使用时要用棍棒或绳兜进行投掷。用这种方法狩猎有很大威力,能猎取比较凶猛的和距猎人较远的野兽。凡是发现石球的遗址都伴生有人类吃过的较大型动物的骨骼化石,许家窑一带就有300多匹野马的遗骨,还有披毛犀、羚羊等大型或奔跑迅速的动物。许家窑文化遗址所发现的动物骨骸数以吨计,但未见一具完整的个体,甚至连一个完整的头骨也没有发现,而全部是人们食肉以后又砸碎的抛弃物。显然,大量的石球不仅反映了石器制造技术的进步,而且反应了当时狩猎业的迅速发展。许家窑人的时代距今10万年左右。

"丁村人"是20世纪50年代初期在山西襄汾丁村一带发现的,共有20多处旧石器中期的文化地点,都散布在汾河两岸。这里有旧石器时代早期直至晚期的丰富文化遗存,其晚期文化距今约7万年左右。这里发现了属于一个十二三岁儿童的两颗门齿和一颗臼齿化石,其臼齿咬合面结构形态在猿人和现代人之间,齿冠舌面中部低陷呈铲形,与现代黄种人较为接近。这里的沙砾层中还发现一个大约两岁小孩的右顶骨化石,它比北京猿人小孩的顶骨薄,显示了人类体质的进步。丁村人所用石器的原料是附近东山上的角质岩砾石。

发现的石制品有两千多件,石片和石器一般都比较粗大,类型有单边或多边砍砸器、石球、三棱大尖状器、鹤嘴形厚尖状器、刮削器等,其中以三棱大尖状器最具特色。这种石器采用有三棱的厚大石片打击而成,手握部分宽厚,尖端锐利对称,和鹤嘴形厚尖状器一样,其作用也是用于挖掘植物和砍琢。丁村人所用的石球重量一般在500~1300克之间,形体规整,加工精细。从石器类型的多样性和制造技术看,丁村人的石器已经有了较明显的专业分工。

在中国原始人类区域分布上位于东南方的代表是20世纪50年代末期发现的"马坝人"。当时在广东曲江马坝狮头峰的岩洞中发现有额骨、顶骨、眼眶和鼻骨,虽有残缺,但对于复原当时人的体貌亦有重要意义。这些化石属于一个中年男性,仍有相当的原始性质,如眉脊粗壮,鼻骨较宽等,但是马坝人的头骨比北京猿人高,眉脊上方不再深陷,而是与额骨相续,脑容量估计有1225毫升,这说明它比北京猿人已经有了不少进步。和马坝人一起被发现的哺乳类动物化石有熊、熊猫、犀牛、鹿、剑齿象等多种。马坝人的时代比许家窑人要晚,属于更新世中、晚期。

"长阳人"发现于20世纪50年代中期。当时在湖北长阳下钟家湾龙洞发现附有两颗臼齿的左上颌骨和单独的一颗臼齿。其上颌的倾斜度没有北京猿人显著,所以前部不显得突出,表现了进步的性状。但是其臼齿较大,咬合面有许多皱纹,构造比较复杂,犬齿隆凸明显,鼻腔底部较为平坦等,又表现出不少原始性。同出的还有熊猫、东方剑齿象等十多种哺乳类动物化石。洞内没有发现人类居住的遗迹或遗物,据分析,可能和马坝人一样,化石材料都是由洞外被洪水冲进洞内的,其时代与下钟家湾所发现的相近,都属于更新世中期稍晚的阶段,大约与马坝人相近。

20世纪70年代初期,在贵州桐梓云峰岩灰洞内发掘到门齿和臼齿化石各1颗,还有10多件石制品、炭屑、两块烧骨以及25种动物化石。"桐梓人"的化石材料估计属于一年轻个体。从文化层堆积情况看,这些遗物都是被水冲进洞内的,该洞并不是古代人类的居住地。岩灰洞所发现的石制品皆用锤击法打片制成,其中有一件带尖角的刮削器,前端被加工成鸟喙状的相当薄的刃口,十分锐利,反映了精细的加工技术。

发现著名的北京猿人的周口店龙骨山,曾于20世纪70年代初期发掘新洞,发现了1颗左前臼齿化石和几十件石制品,还有厚达1米左右的灰烬层、动物烧骨和大量动物碎骨化石。"新洞人"属于旧石器时代中期,是北京猿人和山顶洞人的中间环节。这里所发现的哺乳类动物有40余种,多达几千个个体,说明当时的狩猎很有成绩。新洞的烧骨中鹿类最多,其次有鼠、象、蛙、鸟等,为当时人们熟食后所残留。新洞还曾发现磨过的骨片,是迄今所见最早的磨制骨质品。在北京猿人遗址以南70米处和以东两公里处也发现过旧石器中期的文化遗存。这些情况表明在北京猿人以后,早期智人仍然长期在周口店一带生活。

中国境内早期智人的化石和文化遗存在南方和北方都有不少发现。早期智人所创造的旧石器中期的文化具有承上启下的性质,这个时期的人类体质也处在明显演进的阶段,因而呈现了更多的复杂性。石器制造技术的明显提高、石球的涌现以及许多遗址中所发现的大量凶猛动物遗骸,都表明早期智人生产活动的进步。

三、中国的晚期智人

晚期智人又称现代智人,过去曾被称为"新人",生活在旧石器时代晚期,距今4~1万年左右。中国境内,从北疆到南陲,从喜马拉雅山到台湾,许多地方都有晚期智人化石或文化遗存发现,地点数以百计。"柳江人"是20世纪50年代末期在广西柳江通天岩的岩洞中发现的,化石材料包括1个完整的头骨、两段股骨以及髋骨、椎骨、肋骨等,脑容量为1480毫升。柳江人明显具有原始黄种人的特征。柳江人应当是旧石器时代晚期较早阶段的智人。"资阳人"是20世纪50年代初在四川资阳黄鳝溪发现的,主要有颅顶部分保存完整的1件头骨以及腭骨化石,还发现1件刮制三棱状骨锥。"普定人"是20世纪70年代末和20世纪80年代初在贵州普定县新寨村的穿洞发现的。人类化石有完整的下颌骨、上颌骨残部、牙齿等,分别属于老年、中年和儿童个体,后来又发现一个较完整的头骨化石。这个遗址出土石制品上万件,骨、角器近千件,还有用火遗迹和动物化石10余种。其中的骨角器是很有特色的文化遗存,骨器种类有锥、铲、叉等,角器则是用鹿角磨制而成的铲。

"左镇人"是20世纪70年代初在台湾台南县左镇乡的菜寮溪的两个地点发现的,化石材料有人类的顶骨、额骨、臼齿等。据估计其时代在距今2万年到3万年之间。

"保山人"是20世纪80年代后期在云南保山塘子沟发现的,主要有上颌骨两件、头骨和下颌骨各1件、牙齿3枚,分属4个青、中、老年个体。遗址还出土石器、骨器等500余件。遗址距今8000年左右,其石器全部为打制品,并且没有发现陶器,因此其文化仍属于旧石器时代晚期,可以视为南方地区新、旧石器时代过渡阶段的一个类型。

中国南方,发现晚期智人化石的还有江苏泗洪、浙江建德、广西都安、贵州水城和桐梓、云南呈贡和丽江等地。具有丰富文化遗存的首推四川汉源的富林遗址,20世纪70年代初期在这里发掘时,仅在30平方米的小范围内就出土石制品5000多件。富林文化"大约距今两万年。

"四川铜梁西郊曾经发现300多件石器,制作石器的原料要从20公里以外处运来。"铜梁文化"距今约25000年~2万年,其石器制作简单而且粗糙,明显落后于同时期其他遗址石器的水平。这应当是各个地区旧石器时代文化发展水平不平衡的表现。

"猫猫洞文化"是20世纪70年代中期在贵州兴义县猫猫山的岩厦下发现的,出土有人类化石7件、骨角器10件、石器1000多件。其中的一件骨刀颇具特色,它上薄下厚,经精细磨制而通体光洁,左侧和顶端的刃口十分锐利。猫猫洞文化距今14000年左右。

"长滨文化"是20世纪60年代末期在台湾台东县长滨乡的八仙洞发现的,主要发现有用各种砾石做成的石器3000多件,还有骨针、骨铲、骨锥等骨器。这些石器、骨器和南方各省旧石器时代晚期遗址的标本基本一致。"长滨文化"的时代距今约五六千年,虽然已处于新石器时代的中、晚期,但其文化风貌则全属旧石器时代,这应当是各地文化发展不平衡性的表现。从时代先后和文化内涵的一致性来看,南方各地的旧石器时代晚期文化显然是"长滨文化"的源头。

中国北方地区晚期智人的遗址分布也很广泛。20世纪20年代初期有内蒙古乌审旗萨拉乌苏发现一枚幼童门齿化石,被称为"河套人"。20世纪50年代以来,在萨拉乌苏遗址又进行了多次发掘,发现人类的顶骨、枕骨、额骨、下颌骨、肩胛骨、肱骨等共20多件,还有大量石制品以及动物化石。河套人的时代在距今5万年~3500年之间。20世纪60年代前期在山西朔县峙峪发掘出人类的1块枕骨化石,石制品1500余件,其中有一件用薄长石片磨制的尖端周正的燧石箭头,为弓箭的最初使用提供了物证。

峙峪遗址还发现有用半透明水晶制成的钺形小石刀,是将短柄镶嵌在骨木把内使用的复合工具。峙峪遗址所发现的密集成层的大量动物化石,以野马、野驴最多,可见当时的狩猎经济已经有了较集中地捕获一两种动物的专门化倾向,狩猎水平也有不少提高。"峙峪人"大约距今2800年左右。"学田人"是20世纪80年代中期在黑龙江五常县学田村发现的。出土有人类顶骨和股骨化石各1件、骨器两件、石制品三件,以及大量的猛犸象、野牛、披毛犀、鹿等动物化石,距今约24000年。距今22000年左右的"哈尔滨人"是20世纪80年代初期在黑龙江哈尔滨西南的阎家岗发现的。

除了发现人类化石、石器、骨制品以外,阎家岗还发现用500余件各种哺乳类动物骨骼相互叠压而成的排列有序的古营地遗址,这在旧石器时代文化中颇具特色。"前阳人"是20世纪80年代初期在辽宁东沟县发现的,在前阳的洞穴遗址中出土了头盖骨、下颌骨、股骨及牙齿化石,距今18000年左右。

20世纪80年代初期在辽宁海城小孤山的仙人洞发现了丰富的古代文化遗存,其下层属于旧石器时代晚期文化,发现了人类的牙齿和股骨化石,所发现的石器相当粗糙,器形不规整,这与当时的人着重制造骨、角器有关。"小孤山人"所磨制的骨针十分精细，比山顶洞人所制的短而稍粗，针眼挖制而成，若芒状的针尖甚锋利。除了几件骨针以外，还发现有磨制的骨锥、标枪头和一件角片制的鱼叉。鱼叉长84毫米，有两排不对称的倒刺，为当时已有渔猎经济的物证。

穿孔兽牙、穿孔蚌壳是小孤山人的装饰品。这些情况都与著名的山顶洞人相似。在辽宁喀左县大凌河畔的鸽子洞曾于20世纪70年代初期发现旧石器晚期的文化遗存。洞内有堆积较厚的文化遗存，发现有顶骨碎片、颞骨残块、髋骨和1颗小孩臼齿化石，半米厚的灰烬层里有烧骨、木炭、烧土块和石器。

"鸽子洞文化"的石制品有300多件，其中有石器260件，其成品率和精致石器的比例都超过了北京猿人。石器类型趋向稳定，刮削器数量最多，一般经过精细修理，刃缘匀称，刃角锐利，其中以单凸刃刮削器的制作最精良。鸽子洞所发现的哺乳类动物化石有20多种，其中有岩羊、披毛犀等动物，说明当时气候比较寒冷。鸽子洞文化距今约四五万年左右。中国北方所发现的旧石器时代晚期文化遗址还有不少，如河南安阳小南海、河北阳原虎头梁、山西沁水下川、内蒙古呼和浩特大窑村、黑龙江呼玛十八站等地都有丰富遗存。

可以作为晚期智人代表的是"山顶洞人"。山顶洞遗址位于北京周口店龙骨山的山顶，分为洞口、上室、下室和下窨等四个部分。洞口高4米，下宽5米。上室为居室，南北宽8米，东西长约14米，石笋地面中部有一堆灰烬。洞口和上室发现有幼儿残头骨、骨针、装饰品和少数石器。下室在洞穴西半部稍下处，有一垂直陡崖与上室相隔。下室发现三具完整的人头骨和部分骨架化石，分属于青年妇女、中年妇女和老年男子等3人。人骨周围散布有赤铁矿粉末，并有许多装饰品。下室深处为竖井式深洞的下窨，发现许多没有经过扰动的兽骨架。

遗址所发现的石器数量很少，仅有25件，这可能与山顶洞人大量采用木器、骨角器有关。除了一些经打击而制成的骨器和有磨痕的下颌骨以外，山顶洞文化中最有代表性的工具是1件骨针和1件有刻纹的鹿角棒。骨针残长82毫米，最大直径3.3毫米，针身浑圆，针尖锐利，通体光滑，显系刮削和磨制而成。鹿骨棒为赤鹿角制成，截断面和主干都经刮削和磨光，并在磨光的基础上雕刻花纹，有的专家推测它是一件原始艺术品或者象征权力的器物。装饰品有钻孔小砾石1件、穿孔海蚶壳3件、有孔的鲩鱼眼眶上骨1件、穿孔兽牙125件、钻孔石珠7件、有刻道的骨管4件，许多装饰品的穿孔都呈红色，系被赤铁矿染过，由于长期佩带，所以装饰品的孔和边缘往往磨得很光滑，只有一部分还保有钻孔或挖孔时留下的锯齿状边缘。装饰品的出现说明当时的人已经有了爱美的观念。这些装饰品还有可能是猎获者的纪念，每有猎物便拔下一颗兽牙，佩带在身上，以示勇武。

这应当是英雄观念的萌芽。山顶洞人的墓葬说明当时已经有了最初的宗教意识，也说明人们的思维有所发展，因此才会产生一定的葬俗。将赤铁矿粉末撒布在尸体周围，并非随意为之，而是具有特殊含义的举措。葬俗还说明当时人们的关系比以前更加密切，很可能在这个时期氏族制度已经萌芽。

晚期智人所生活的旧石器时代晚期阶段虽然只有两三万年时间，远远没有旧石器时代早、中期漫长，但是人类社会进步的速度却前所未有地加快了。这个时期的人们不仅继续使用传统的打制技术来制造声器，而且较广泛地采用了磨制和钻孔、挖孔的技术，并且采用这些新技术去制造骨、角器和装饰品。近年，在湖北江陵荆州镇发现了旧石器时代原始人类的居住遗迹。在这个地方的旧石器时代遗址的中部发现有5个由砾石和石制品围成的圆形石圈，石圈直径约4米，圈内散布一些加工细致、形制规整的尖状器和砍斫器。

这个发现使人们初步窥见了旧石器时代中国原始人类在平原地区生活的场景。在旧石器时代晚期,各个地区的文化发展出现了复杂局面,形成不同的文化传统,从而为新石器时代区域文化的出现奠定了基础。劳动技术的进步、生产活动的发展、装饰品的出现、埋葬习俗的萌芽等方面都反映当时人们的抽象思维已经发展到了一定水平,这些都预示着原始人类的蒙昧期行将结束,新的时代即将来临。

第三节 新石器时代的文化发展

从距今大约1万年左右的时间开始,中国大部分地区陆续进入新石器时代。陶器制造的开始、农业的出现、居民村落的普及、氏族制度的形成等,是这个时代区别于旧石器时代的主要标志。新石器时代延续了五六千年之久,到距今4000年左右结束。这是原始历史上的"野蛮时代",是人类由蒙昧走向文明的过渡阶段。

中国至今所发现的新石器时代文化遗址有7000多处,正式发掘的有100多处。自旧石器时代中、晚期以来,各个地区产生的不同风貌和水平的文化发展,到了新石器时代逐渐形成了绚丽多姿、各具特色的区域文化,了解其发展源流和相互关系,对于分析和研究这个时代的社会历史情况有重要作用。在新石器时代,主要的文化区域有黄河流域、长江流域、东南地区、西南地区、北方地区等几个大的区域。在每个区域中各个地区的文化往往有差异,为了比较准确地反映当时的社会历史面貌,所以在考古学上便把比较重要并且延续时间较长、覆盖面较大者,定名为某种文化,在这以下又分为若干类型。按照时间顺序,新石器时代可以分为早期、中期和晚期三个阶段。大体说来,仰韶文化以前是早期,在距今10000~7000年之间;仰韶文化属于中期,在距今7000~5000年之间;龙山文化是其晚期,在距今5000~4000年之间。

一、新石器时代早期的文化区域

新石器时代早期文化,位于黄河中游的最著名的是"裴李岗文化"。这个文化于20世纪70年代后期发现于河南新郑裴李岗。遗址面积约2万平方米,文化层堆积厚可达1米以上。遗址发现了石铲、石镰、磨盘、磨棒等很有特色的农具和粮食加工用具,所发现的陶器仅有红褐色砂质陶和泥质陶两种,均为手制,因此胎壁厚薄不匀。遗址发现114座长方形竖穴墓,以单人直肢葬为主。这种文化的"裴李岗类型"在河南密县、登封、长葛、郏县等地都有发现,分布区域主要在河南省中部偏北一带。裴李岗文化的"贾湖类型"分布在豫中偏南地区。河南舞阳贾湖遗址在20世纪80年代进行多次发掘,发现房基30多座,灰坑300余座,陶窑10余座,墓葬300多座,出土遗物数千件,最引人注目的是成组的龟甲和骨笛,龟甲上有与原始文字有关的契刻符号。裴李岗文化距今约七、八千年,前后延续在1000年以上。分布在今冀南、冀中一带而与裴李岗文化相邻的新石器时代早期文化是"磁山文化"。20世纪70年后期和80年代中期在河北武安县磁山进行多次发掘,发现各种形式的灰坑、房屋基址和贮粮窖穴,还发现大量的粟以及石磨棒、四足石磨盘等。磁山文化所发现的猪、狗、牛、鸡等家禽骨骼说明其饲养业有了很早的发展。磁山文化距今7300年左右。在裴李岗文化以东与裴李岗文化相互影响的是"北辛文化"。

20世纪70年代后期在山东滕县北辛村发现新石器时代文化遗址,遗物中除有大量骨角器和蚌器外,还有不少石器,其中打制石器与磨制石器并存,颇具特色。陶器多为黄褐色的夹砂陶以及少量灰陶,遗址中发现两座婴儿瓮棺葬。北辛文化的时代在距今7300—6100年之间,分布在山东的中、南部和江苏的淮北地区,是这个地区后来的大汶口文化的主要来源。

位于黄河流域上游泾渭流域的新石器时代早期文化是"老官台文化"。这个文化最早于20世纪50年代末在陕西华县老官台发现,可以分为早、晚两期。作为早期的"北刘类型"发现有半地穴式房址5座、以单人仰身直肢葬为主的墓葬50座,还有一些窖穴。陶器质地松脆,多夹砂,颜色不匀,但有目前中国最早的彩陶。北刘类型距今约8000~7300年。老官台文化的晚期称为"北首岭类型",以20世纪70年代后期所发现的陕西宝鸡北首岭遗址的下层文化为代表。这个类型的文化距今约7000年左右,是北刘类型的继续和发展。

老官台文化遗址多有红色宽带纹的彩陶,属于老官台文化的甘肃秦安大地湾遗址所见尤为丰富。裴李岗文化和磁山文化迄今尚无彩陶发现,与老官台文化有明显差异。在陕南汉中地区所发现的与老官台文化关系密切的新石器时代早期文化是"李家村文化"。20世纪60年代初期在陕西西乡李家村发现了房基、陶窑、墓葬、瓮棺等早于仰韶文化的遗存,后来在汉水上游不少地方发现这类文化,其时代距今7000年左右。

北方地区时代较早的新石器时代早期文化有"兴隆洼文化"。20世纪80年代前期在内蒙古敖汉旗兴隆洼发现了由灰土带所围绕的半地穴式房址120多座。陶器为手制褐陶,常附以压印纹、堆纹、网格纹等。石器有石铲、磨盘、磨棒、凿等。兴隆洼文化距今7000多年。辽宁阜新县查海遗址也有重要发现。遗址发现了具有红山文化特征的"之"字形纹筒形罐,还有锄、斧、刀、铲、磨盘、磨棒等比较齐全的石质农具。其年代距今7500年左右,是新石器时代中期的红山文化的前身,又被称为"前红山文化"。

长江流域时代较早的新石器时代早期文化有"彭头山文化"。这个文化于20世纪80年代末期发现于湖南澧县彭头山,发现有墓葬18座、灰坑15个,还有稻壳和稻谷的遗存,是世界上最早的稻作农业资料。陶器制作工艺粗糙,较大的陶器多以泥片贴塑法成形,小的陶器即直接用手捏塑。陶器大多歪斜,表面凸凹不平。石器多为打制,也有少数加工较精的磨制石器。彭头山文化距今在8200~7800年之间。

20世纪80年代初期,在湖北秭归柳林溪和宜都城背溪发现的新石器时代早期后段的文化被称为"城背溪文化"。除了石器以外,城背溪文化还发现了以夹砂红陶为主的陶器,夹砂灰陶、泥质红陶、掺炭或掺骨末的红陶以及磨光黑陶等,也占有一定比例。陶器上的纹饰以浅细绳纹为主,此外有线纹、戳印纹、锥刺纹、刻划纹等,也还有少量彩陶。器物形制比较简单。这种文化分布在长江岸边或临近长江的山头上。城背溪文化是作为长江流域新石器时代中期区域文化代表之一的大溪文化的先导,所以有人又把它称为"前大溪文化"。这种文化在湖南石门县皂市遗址的下层也有发现,其年代距今7000年左右。皂市遗址的文化可能与彭头山文化有先后承继的关系。

在鄱阳湖一带属于新石器时代早期的有江西万年县仙人洞遗址,20世纪60年代前期在这里发现了打制和磨制的石器、骨角器以及因火候低而陶色不纯的夹粗砂红陶。其时代距今7000多年。在距今7000年左右的时间,长江流域的宁绍平原上河姆渡文化已经出现,太湖流域的马家浜文化也进入了它的早期阶段,可是这两个文化的繁荣已经是新石器时代中期的事情了。海南三亚市落笔洞和东方县新街也发现了新石器时代早期的文化遗址,在这个时期的文化区域分布上应当是最南者。

二、仰韶文化时期的北方与南方

仰韶文化是新石器时代中期最有典型意义的文化。它因1921年首次发现于河南渑池县仰韶村而得名。这种文化的遗址迄今已经发现1000多处,其中心区域在黄河中游,遍布中国北方的陕西、河南、山西、河北等省的大部分地区,并远及甘肃、青海、内蒙古、湖北等省区。在新石器时代中期,和仰韶文化约略同时的主要有北方的红山文化、黄河上游的马家窑文化、黄淮流域的大汶口文化、长江流域的大溪文化和屈家岭文化、东南一带的河姆渡文化、马家浜文化和崧泽文化等。可以说新石器时代中期是区域文化发展十分繁荣的阶段。

仰韶文化是在裴李岗文化、磁山文化、老官台文化等的基础上发展而形成的。广泛分布的仰韶文化可以划分为许多类型。

"半坡类型"因西安半坡村遗址而得名。该遗址发掘出房基40多座、各类墓葬200多座、陶窑6座,展现了仰韶文化时期的村落面貌。陶器均为手制,绝大多数为夹砂或泥质红陶,器表除了绳纹、弦纹等以外,剔刺纹是其最富特征的纹饰。其彩陶全部是红陶黑绘,所绘人面鱼纹、对顶三角纹、鹿纹等纹样都极有特色。这个类型著名的遗址除了西安半坡外,还有陕西宝鸡北首岭、临潼姜寨、华县元君庙、华阴横阵、甘肃秦安大地湾等,分布在关中平原及其附近地区,其时代在距今6700~6000年之间。

和半坡类型分布区域一致而稍广的是"庙底沟类型"。它是半坡类型的继续发展,距今在6000~5200年之间。这个类型的遗址中富有特色的器物有植物花纹或鸟形花纹图案的彩陶盆、双唇小口尖底瓶、曲腹钵、砂陶罐等。

"西王村类型",因山西芮城西王村遗址而得名,是庙底沟类型在晋西南地区的发展。其陶器的彩绘花纹简单,陶器中灰陶比例比半坡类型和庙底沟类型为高。

"大河村类型"分布在豫中及附近地区,因河南郑州大河村遗址而得名。这个类型遗址中的陶器盛行白衣彩陶和双色彩陶,有一整套造型固定的彩陶器物。

分布在豫北和冀南地区的仰韶文化可以分为"后岗类型"和"大司空类型",得名于河南安阳的后岗和大司空村遗址。

"南杨庄类型"分布冀中及其附近地区,以河北正定南杨庄为中心。其陶器以泥质红陶和灰陶为主,彩陶只占很小比例。这个类型的年代距今5400年左右。

总的看来,从距今7000年左右开始,仰韶文化延续了2000年左右的时间,不仅对于黄河流域的发展起了极大作用,而且在不同程度上影响了周围地区的文化面貌。

红山文化分布在辽西及其附近地区,是彩陶和细石器共存的一种新石器时代中期的文化。其陶器以横"之"字形纹和直线划纹为最富特征的纹饰。辽宁喀左东山嘴遗址除发现石砌建筑群以外还出土了两类陶塑裸体女像。凌源县和建平县交界处的牛河梁有积石冢、"女神庙"、大型祭祀遗址、墓葬等重要发现。其转山"金字塔"式建筑存有夯筑石砌圆形台阶,规模宏伟,基部直径100余米,残存高尚有20余米。红山文化的陶钵、圆腹罐等与仰韶文化后岗类型、半坡类型的很相似,可以推测其时代是相近的。

在黄河上游地区,得名于甘肃临洮马家窑遗址的马家窑文化的分布很广,已发现遗址400多处。这个文化依时代先后划分,最早的是"马家窑类型"。其时代在距今5100~4700年之间。这个文化的制陶业比较发达,陶器多饰以图案化了的鸟纹。青海大通县上孙家村所发现的绘有五人连臂舞蹈纹的彩陶盆,是不可多得的艺术珍品。"半山类型"陶器的器形和纹饰承袭马家窑文化而稍有变化,陶器彩绘既施于器表,也绘于器内。纹饰图案规整,堂皇富丽。半山类型的时代在距今4600~4300年之间,已经是新石器时代中、晚期之际的文化。半山类型的文化后来演变为"马厂类型",其时代在距今4400~4000年之间,属于新石器时代晚期的文化。其彩陶下腹部的符号花纹和"割体葬仪"的葬俗,都颇具特色。

大汶口文化的区域在仰韶文化以东,得名于山东泰安和宁阳交界处的大汶口遗址。在这个遗址发掘了133座墓葬,出土陶器1000多件,有1/3以上的墓葬用猪骨——特别是完整的猪头骨——来随葬。其早期陶器均手制,烧制火候不高,多为红陶;中期以后,灰陶、黑陶增加;到了晚期则采用轮制技术生产大件器物。属于大汶口文化的江苏邳县刘林遗址、山东胶县三里河遗址、江苏新沂县花厅遗址等都有殉猪现象,说明大汶口文化时期饲养业发达,所以才有用猪随葬的习俗。大汶口文化分布在鲁中、南和东南的丘陵地区以及江苏淮北一带。大汶口文化的时代在距今6300~4600年之间,延续近1700年之久,其后发展成为山东龙山文化。

新石器时代中、晚期的大溪文化主要分布在川东、湖北的长江两岸,以及湘北的洞庭湖周围,得名于四川巫山大溪遗址。这个文化的墓葬除直肢葬式以外,还有相当数量的屈肢葬,其中以仰身屈肢葬最为普遍,有的膝盖弯曲直到腹部,这在新石器时代的葬俗中颇具特色。大溪文化早期以红陶最多,以后黑陶、灰陶、彩陶等不断增加。大溪文化后期的近乎蛋壳的彩陶单耳杯等,制作精美,有较高的工艺水平。大溪文化中、晚期约在距今5380~4990年之间,其后演变为屈家岭文化。屈家岭文化与大溪文化的分布相同,其后期的时代在距今4800~4600年之间。薄胎近乎蛋壳的彩陶碗和圈足壶、多施橙黄色陶衣的彩陶纺轮、具有晕染作风的彩绘色衣和纹饰等是屈家岭文化的典型器物。

河姆渡文化得名于浙江余姚河姆渡遗址,其区域在浙江宁绍平原东部地区。河姆渡遗址出土石、骨、陶、木质的工具几千件,特别是成批的骨耜和丰富的稻作遗存更为引人注目。河姆渡遗址有多种哺乳类、鸟类、爬行类、鱼类等野生动物遗骨,说明渔猎和捕捞仍是重要的生产活动。当时的木构建筑以栽桩架板的干阑式房屋最有特色,也有一部分是栽桩式地面建筑,这些都适应了南方地区自然条件的需要。遗址所发现的牙雕、骨雕、木雕作品和璜、管、珠等饰物都制作得十分精细。遗址的墓葬有缺少下肢骨或头骨的特殊现象。河姆渡文化的时代在距今7000~4800年之间。分布于太湖流域的马家浜文化,得名于浙江嘉兴马家浜遗址。其生产工具以石器为主,磨制较精。陶器纹饰以素面为主并常见鲜艳的红色陶衣,但未发现彩陶。属于马家浜文化的浙江余杭吴家埠遗址曾发现有堆积的大量龟甲,可能与原始的龟灵崇拜有关。马家浜文化的时代在距今7000~5900年之间。崧泽文化是马家浜文化的延续和发展,其时代在距今5800~5100年之间。这个文化的穿孔石斧数量增加,陶器质地较软,以圈足上装饰有三角形、长方形、圆形等镂孔为特色。

在长江下游地区,和崧泽文化大约同时的有皖南的薛家岗文化。它得名于安徽潜山县薛家岗遗址。这个文化的内涵与崧泽文化有许多相似之处,应当是互相影响的结果。薛家岗文化的时代在距今6000~4800年之间。

三、龙山文化时期文化区域的扩大

龙山文化以1928年因首次发现于山东章丘县龙山镇的城子崖而得名,它是新石器时代晚期最有影响的典型的文化。考古资料表明,龙山文化已经遍布黄河中、下游的广大区域,在龙山文化以外,其他的新石器时代晚期文化也扩大了分布范围。这是社会生产力和上层建筑比过去迅速发展的结果。广大范围内的龙山文化可以划分为山东龙山文化、河南龙山文化、陕西龙山文化三个大的部分。

山东龙山文化在大汶口文化的基础上发展而来。其陶器制作普遍采用快轮,造型规整,器壁薄而均匀,技术精良,特别是漆黑光亮、薄如蛋壳的泥质黑陶更独具特色。当时制玉工艺已经专业化,能生产出精美的玉质礼器,山东胶县三里河遗址出土的成组玉器和日照两城镇遗址出土的刻花玉斧,都是典型器物。山东寿光县边线王村北于20世纪80年代中期发现有龙山文化时期的城堡遗址,面积达5.7万平方米,为迄今所见龙山文化城堡之最大者。山东龙山文化的房屋建筑普遍采用挖槽筑墙和原始夯筑的技术,多有长方形土台式建筑,居室地面往往分层筑成。

从仰韶文化发展而来的河南龙山文化分布较广,可以划分为五个地区性的类型。一是以洛阳为中心的伊洛流域的"王湾类型",其陶器多饰以方格纹,并极少有鬲。河南登封王城岗曾发现龙山文化时期的方形城堡。二是分布在豫北、冀南和鲁西的"后岗类型",其陶器多饰以绳纹,邯郸涧沟遗址发现有丛葬坑。三是豫东和皖西北的"王油坊类型",方格纹为其陶器的主要纹饰。淮阳平粮台发现面积达5万平方米的龙山文化时期的城堡。四是豫晋陕交界处的"三里桥类型",陶器纹饰以绳纹为主。五是豫西南丹江流域的"下王岗类型",其陶器以灰陶、黑陶较多。郾城郝家台发现有龙山文化中、晚期的方形城堡。

以渭水流域为主并遍布陕北、陕南许多地区的陕西龙山文化一般分为早晚两期。陶器以灰陶为主,也有些红陶,器形和纹饰多有与其以东的河南龙山文化、以西的齐家文化的相似之处,反映了这几个文化之间的相互交流。房屋以半地穴式为主,有内室和外室。在外室,正对斜坡出口处常有炊爨或保存火种的壁龛;在内室,有储藏粮食的袋形窖穴。临潼康家遗址发现有成行排列的100多座房屋基址,其布局为考察当时社会结构情况提供了资料。齐家文化得名于甘肃广河县齐家坪遗址,在甘肃以及青海、宁夏、内蒙古等地广泛分布,其时代约在距今4000年左右。齐家文化的制陶业比较发达,当时已掌握了复杂的烧窑技术,这与齐家文化颇具特色的冶铜业的出现很有关系。齐家文化的房屋多半地穴式建筑,居室铺一层白灰面,不仅坚固美观,而且防潮,很有特色。

分布在太湖流域的良渚文化是承继崧泽文化发展形成的,得名于杭州附近的良渚遗址,其时代在距今5000~4000年之间。良渚文化的稻作农业、竹木制作、养蚕、丝织、麻织等都有重要发展。尤为令人注目的是发现了以琮、璧、钺为主的大量玉器,浙江余杭的反山和瑶山、江苏武进的寺敦等地都出土有良渚文化的精美玉器,不仅说明制玉工艺精湛,而且其器形和纹饰多反映了社会上层建筑的深刻变化。陶器形制繁多,泥质灰胎黑皮陶居多数。良渚文化的墓葬遗址也很有特色,一些大型墓葬的墓主可能属于当时的显贵阶层。

石峡文化是岭南地区有代表性的新石器时代晚期文化,得名于广东曲江石峡遗址,其时代在距今5000~4000年之间。石峡文化发现大量石制工具和作为武器的石钺和石镞,特别是薄体利刃的长身亚腰式及双肩式的石钺更具特色。其遗址还发现有琮、瑗、璧等贵重玉器。其陶器盛行三足器、圈足器和圜底器。

除了上面提到的几种有代表性的新石器时代晚期文化以外,在内蒙古凉城、吉林和龙、黑龙江尚志、福建闽侯、海南陵水、云南沧源、西藏昌都、新疆哈密、台湾台北等地都有重要发现。

四、新石器时代的社会面貌

1. 经济的发展

适应不同的自然环境,南方与北方的农业发展在新石器时代即显露出地域差别。北方地区以粟为主,半坡遗址中的一些瓮、罐和室内小窖都发现有粟的遗存,多者一处可达数斗。属于马家窑文化的青海乐都柳湾墓地的多数墓内都随葬有装满粟的陶瓮,少者一个,多者达4个。南方地区多有稻作农业的遗物。河姆渡遗址普遍发现稻谷、谷壳、稻秆、稻叶等的堆积,最厚处超过1米。当时的农业生产工具除了石器以外,还有骨器、木器、陶器等多种,许多工具采用复合形式,如带木柄的石斧和石锛,装柄的骨镰和蚌镰,有柄的鹿角镐等。属于仰韶文化的河南临汝阎村遗址的沙质红陶缸和属于大汶口文化的山东莒县陵河遗址的灰陶陶缸,分别绘有石斧、石锛图像,显示了关于工具制造的捆扎组合的方法。

家畜饲养在新石器时代早期即已出现,后来逐渐发展,当时的家畜有狗、猪、羊、牛、鸡、马等,其中以猪的数量最多。猪不仅供食用,而且用作祭品或显示财富的一种标志。属于龙山文化的邯郸涧沟遗址的一个灰坑中就有作为祭品的21个猪头骨,属于大汶口文化的山东胶县三里河遗址的一座墓葬即随葬32个猪下颌骨。渔猎在经济中依然有重要地位。龙山文化的尾部带孔的双倒刺或三倒刺的鱼镖、牙质鱼钩,以及角镞、网坠等渔猎工具都很精良。许多遗址所发现的飞禽走兽骨骼就是当时猎获物的遗骸。

制陶业是当时手工业的大宗。仰韶文化的彩陶、龙山文化的黑陶,无论器物造型、彩绘、纹饰,或是快轮制作、掌握烧制火候,都有相当水平。烧窑技术的发展表明当时已经具备了炼铜的条件。冶铜业发展最为突出的是齐家文化。甘肃武威县娘娘台遗址有铜刀、凿、锥、钻头,永靖县秦魏家遗址有铜锥、斧、指环,青海贵南尕马台遗址和甘肃永靖齐家坪遗址都有铜镜。这些铜器既有红铜,又有青铜;既有用冷锻法制造者,又有的采用冶铸方法。精细手工业的最突出成就表现在玉器制造和牙雕、骨雕技术的发展上。大汶口文化有剔地透雕或镶嵌绿松石的骨筒和象牙筒,还有玲珑精致的17齿象牙梳和雕花骨匕。良渚文化的大量玉器多雕琢有精美纹饰,采用浅浮雕、半圆雕、镂空、圆雕等技术,琢刻出繁密图像,还出现了主体纹、地纹和装饰纹的三重装饰,具有相当高的工艺水平。

2. 社会组织的演变

新石器时代是氏族组织高度发展的时期。在生产力水平很低的条件下,氏族组织的规模不会太大,氏族成员间往往比较平等。裴李岗墓地的114座墓葬皆为长方形竖穴,排列密集并且有一定规则,以单人直肢葬为主,墓穴虽略有大小之分,但是随葬品却都较少而且差别不大,随葬品皆为生产和生活的实用器物。这表明当时人们之间是基本平等的关系。半坡遗址的中心是一座大型的近乎方形的房屋,为氏族公共活动场所,在它北面的45座中、小型房子都面向大房屋,形成一个半月形。

和半坡遗址类似,陕西临潼姜寨遗址也是一处典型的仰韶文化时期的原始村落。这个村落的中心是一个面积较大的广场,其周围有五组建筑群,每组都以一个大型房屋为主体,大房屋周围分布十几或二十几座中、小型居室,所有房屋的门均朝向广场。这种原始村落是一个组织严密的社会集团,每座房屋都是一个可以单独生活的单位,可以推测,属于对偶家庭范畴的小家庭已经是氏族组织的基本细胞。原始时代往往由几个氏族组成胞族,若干胞族组成部落。姜寨这样的村落应当是一个胞族的聚居地,其人口"当有450人到600人之多"。属于"兴隆洼文化"的原始聚落遗址在其早期阶段,居住基址布局十分规整,可见其房屋是统一营建的。到了其晚期阶段,房址冲破了整体统一的格局,房屋室内面积变小,说明当时人们的生活方式已经有了变化。

随着社会生产力的发展,氏族内部的家族势力逐渐强大,慢慢变成氏族内部很有影响的一个层次。新石器时代早期,如裴李岗文化和李家村文化,遗址的墓地上单人直肢一次葬是唯一的葬式。到了仰韶文化早期,这种葬式仍居主要地位。半坡遗址墓地的174座成人墓,除了26座以外,都是单人仰身直肢葬。陕西宝鸡北首岭和临潼姜寨的仰韶文化墓地也是单人直肢葬为主,也和半坡一样出现了一些多人二次合葬的情况。到了较晚时期,合葬增多,表明家族影响加强。属于仰韶文化半坡类型的陕西华阴横阵遗址墓葬的成年死者的墓葬基本上都套葬在大的集体埋葬坑内。据分析,每一墓坑的死者都属于一个家族,随葬的瓶、钵、罐等十分平均,看不出贫富贵贱差别。

横阵墓地的氏族约有80人左右,每个家族有10余人。从其死后合葬的情况看,当时的家族已经处在比较稳固的状态。陕西华县元君庙的仰韶文化墓地情况与横阵相似,57座墓葬多数属二次合葬,少者两人,多者25人,应当是不同家族的墓葬。仰韶文化后期,没有发现比较完整的村落,但有分间式房屋出现,这可能是家族形态发展的反映。新石器时代中、后期,部落和部落联盟有了比较大的发展,反映在考古学上便是这个时期文化区域的扩大。红山文化和良渚文化都发现了规模宏大的祭祀遗址,都非某一个氏族所能单独完成者,而应当由部落或部落联盟同心协力所筑成。

新石器时代的氏族内部的母系或父系只是区别人们世系、辈分的依据,而不是两个必然的先后承继的社会发展阶段。母系并不等于女权。仰韶文化时期墓葬中男性和女性的随葬品数量相差不大。当时社会上受到尊重的人物有氏族或部落首领、巫师、英雄等,而这些人物往往以男性居多。属于仰韶文化的河南濮阳西水坡遗址的墓地发现有罕见的用蚌壳摆成的龙、虎图形,其中间是一壮年男性骨架,显示出其特殊的社会地位。陕西华县元君庙仰韶文化墓地,在为数颇少的单人葬中以一男性老人的单人葬最隆重,其墓穴底部有二层台,台上堆砌数层砾石,形成石棺,还随葬较多的陶器。到了新石器时代晚期这种情况更为突出。新石器时代并非简单地分为母系、父系两个阶段,其社会组织情况是比较复杂的。

3. 文化观念与原始艺术

用彩绘、雕塑、刻画等手段创造出生动而古朴的动物和植物形象,是新石器时代的文化特色之一。仰韶文化陶器的内壁多绘有鱼、蛙、壁虎、鹿和鸟类的形象。半坡遗址的一个陶盆绘有四只构图简单的小鹿,充满跳跃奔突的情趣。临潼姜寨所出陶盆内壁绘有一只正向盆沿踽踽而行的笨拙的大蛙,瘦弱纤细的腿爪与满背圆斑的肥硕颈腹相映成趣。河姆渡文化的雕刻精细的象牙制品中有双翼平展滑翔飞行的蝴蝶、引亢鸣啼的双鸟,陶塑作品里有略显肥胖的憨厚小猪,陶器往往饰有稻穗、叶子等的图案。

当时所创造最多的是在人们印象中属于善良、温顺型的动物,它们或比例匀称、或憨态可掬、或色彩艳丽、或鸣啼悦耳,总是给人以亲切可爱的感觉。这个时代,特别是其早期和中期,极少见到凶残、丑陋的动物形象出现在艺术作品中,偶尔见到者也都按照人们的观念加以艺术处理,如陕西华县柳子镇所发现的一件陶鹰鼎,腹部中空,构成鼎身,双爪和下垂的长尾构成鼎的三足,整件作品给人的印象是它已经失去了攫取弱小动物的勇猛气势,凌空翱翔的猛禽已被剜空腹部而受到惩罚。新石器时代晚期出现了饕餮纹之类的狰狞形象,但那是行将来临时代的文化在旧时期里的萌芽,从本质上看它并不是属于新石器时代的东西,对善良、和谐的美的追求才是新石器时代艺术的主题。这与当时人们的原始民主平等观念与和谐、乐观的精神面貌是一致的。

新石器时代的艺术作品常表现人与自然的和谐、统一。仰韶文化的陶盆内壁的上部绘有人面、鱼纹、花纹的组合图形,人面的双眼表现出一种安详静穆、若有所思的情态,好像是陶醉于鲜花的芳香,又像是在谛听游鱼的细微动静。画面上的大鱼小鱼均向人面游动,花纹也以人面为中心而展开,这可能是对人为自然的核心这一观念的表现。河南临汝阁村发现的一件仰韶文化时期的陶缸腹部画有《鹳鸟石斧图》,左边画一只肥润丰满的鹳鸟嘴叼一尾大鱼,右边以棕色勾画出一柄直立的石斧。鹳鸟衔鱼是自然界生生灭灭的一种象征,而木柄石斧则是人类力量的象征,整个画面表现了人与自然平行发展、和谐相处的主题。新石器时代各种社会矛盾还远没有达到激化的程度,暴力和征服之神尚未普遍降临人间,所以当时的人们往往以喜悦、乐观的情绪去观察世界,尽管物质生活匮乏,但精神状态却积极向上。

新石器时代的人们有不少关于女阴崇拜、男根崇拜、男女同体等方面的观念。青海乐都柳湾马家窑文化遗址发现一件泥质褐色彩陶壶,上面塑绘裸体人像。人像胸前有一对男性乳头,还有一对丰满的女性乳房,下身的生殖器既像男性又像女性。这种男女同体的情况还见于辽宁东沟县后洼红山文化遗址的一件陶塑。这件作品一面为男性,一面为女性。相传原始时代原为兄妹后来配为夫妻的伏羲、女娲就是"二神混生"即男女同体的神的形象。当时的人们普遍关切人类自身繁衍的问题,各种生育崇拜都是对于这个问题思索的结果。

青海大通孙家寨的马家窑文化遗址出土的彩绘舞蹈图案陶盆,是当时舞蹈情况的宝贵资料。这件陶盆的内壁上部画有三组舞蹈图案,每组有五位身材苗条匀称的年轻女子,其身躯稍微倾侧摆动,双腿稍屈,似乎是在准备迈出更为轻盈动人的舞步。每组人物手儿相牵,步伐相同,头上的发辫和身后的尾饰都随舞蹈节奏而向同一方向摆动。《吕氏春秋·古乐》说"昔葛天氏之乐,三人操牛尾投足以歌八阕",这件陶盆上的生动舞蹈形象,简直可以说是原始画家笔下的"葛天氏"乐舞。新石器时代的乐器已经有多种形制,河南舞阳贾湖遗址的骨笛、河姆渡遗址的骨哨、郑州大河村和西安半坡遗址的陶埙,都是十分宝贵的实物例证。

早在裴李岗文化、磁山文化时期就有了粗犷的雕塑作品,到了新石器时代中期雕塑显现出繁荣局面,以骨、陶、玉、牙、石等质料所雕塑的人及动物或其他形象作品遍布中国北方和南方的许多地区。陕西西乡何家湾出土的骨质圆雕人头、宝鸡北首岭出土的船形陶壶、湖北荆州天门出土的小鸟骑小狗的陶塑、青海大通后子河出土的黄陶瓮浮雕裸体女像等都是典型的作品。

属于红山文化的牛河梁和东山嘴遗址出土的女神雕塑,人体比例适度,肌肤富有质感,较准确地表现了女性特征,已有较高水平。新石器时代后期涌现出不少以神化了的龙、龟、鳖等动物造型和兽面图案为题材的玉石雕刻,风格质朴而豪放。

4. 原始宗教

从旧石器时代晚期开始萌芽的原始宗教在新石器时代有了较快的发展,原始宗教观念存在着大量的落后、闭塞、愚昧的成分,但是也在一定程度上反映了当时人们对于宇宙和人生的思考。对于人类社会从蒙昧时代迈向野蛮时代的进程来说,原始宗教也有一些历史进步的因素。

新石器时代的祭祀场所多建筑在山顶上,如浙江余杭安溪乡瑶山所发现的良渚文化的祭坛就建在瑶山山顶,由里外三层组成布局规整的祭坛,辽宁喀左县东山嘴红山文化祭祀遗址坐落在大凌河西岸山梁正中的突出台地上,凌源、建平两县交界处的红山文化女神庙也建在山顶。湛蓝的天空以其深邃与浩瀚而引起人们的无限遐思,将祭祀场所安排在山上,当是人们认为这里距"天国"比较近的缘故。上海青浦福泉山和浙江余杭反山都发现有良渚文化时期的人们为祭祀而用人工筑成的土山,表现了对"天国"的执著向往。

占卜习俗是当时人们对于自然与社会进行探索的一种特殊方式。新石器时代文化的许多遗址发现有占卜用的甲骨。山东泰安大汶口文化中、晚期有11座属于大、中型的墓葬随葬龟甲20件,龟甲或有穿孔,或涂朱彩,或在甲壳内放置小如豆、大似樱桃的砂粒。江苏邳县大墩子发现的大汶口时期的342座墓葬中有15座随葬龟甲16副。四川巫山大溪文化遗址208座墓葬有4座随葬龟甲。

山东茌平尚庄大汶口文化15座墓葬和河南淅川下王岗新石器时代早期的22座墓葬各有1座随葬龟甲。所发现的这些龟甲都经过加工处理,有穿孔,多数内装骨针、骨锥或石子。安徽含山凌家滩的新石器时代晚期墓葬出土有通体精磨的玉龟,其背甲和腹甲中间夹一件玉板,上有表示天圆地方观念的图形,与占卜和八卦有关。玉龟放置在死者胸部,这个人生前应当是专司巫卜的人员。这些情况反映了当时人们有浓厚的龟灵观念。

新石器时代的迷信与科学常混杂一起而难以区分,在原始的宗教观念中往往有某些积极成分。如果说当时的占卜有表现人们对于自然和社会思考的一面,那么原始巫术则多少含有人对自然和社会进行斗争的积极意义。新石器时代的巫术主要有驱除魔鬼、诅咒敌人、比拟模仿等形式,施行巫术者最初可能是氏族内的长者、酋长或其他有威望的人,以后才出现了专门化的巫师。《山海经·大荒北经》记载上古时代人们驱除旱魃的咒语是:"令曰:神北行!先除水道,决通沟渎!"认为要让旱魃向北退去,必须首先开挖沟渠。这显然蕴含了人们向旱灾进行斗争的经验。相传上古时代的伊耆氏曾首先倡导举行以祭祀农神为主的蜡祭,还要迎接猫神和虎神,因为它们可以吃掉祸害庄稼的田鼠和野兽。蜡祭时的祝辞是:"土反其宅,水归其壑。昆虫毋作,草木归其泽!"表面看来这是对神灵的祈求,实际上却是农业生产过程中的整治田地、中耕除草、防涝治虫等农事经验的总结。甘肃秦安大地湾仰韶文化遗址发现绘有地画的房基。地画正中绘有手持棍棒类器物作扑打状的男女两人,其下方绘黑线长方框,框内画两个头形近圆、身躯椭圆的动物。动物头上有向后弯曲的触角,身上有弧线斑纹,下有弯曲长腿和长尾,似为蝼蛄螟螣一类危害农作物的昆虫。两虫被黑框围住,可能表示已被降服。这幅地画是相当珍贵的巫师降鬼图。当时巫术所呼唤的神灵的威力实际上是人类征服自然、战胜敌人的能力的曲折表现。

第四节 古代文明的曙光

随着生产力的迅速发展，在新石器时代晚期中国古代社会逐渐由野蛮时代向文明时代迈进，社会制度和社会观念都随之发生了重大变革。在这个阶段，许多英雄人物登上历史舞台，为社会的进步作出了卓越贡献。

一、贫富分化与社会阶层的产生

在基本平等的情况下，氏族首领凭借其权力往往拥有较多的物质财富，扩大私有财产的范围，成为氏族的权贵。这种贫富分化的现象在新石器时代中期就已显露端倪。大汶口文化中、晚期的墓地上，墓葬和葬具的规模、随葬品的多寡与质量已经有了较为明显的差别。不少墓葬墓穴狭小，仅能容尸，随葬品很少，甚至有空无一物者。但埋葬一老年女性的10号墓却不仅有很大的墓穴，而且有内壁涂朱的棺和用原木卧叠构成的椁，随葬有用77个单件组成的三串装饰品、玉臂环、玉指环、玉铲、象牙筒、骨雕筒、象牙梳等精美饰物和用具，还有各种陶器90多件。

齐家文化是继马家窑文化发展而来的，在马家窑文化时期，其墓葬还没有发现随葬品严重不均的现象，墓葬规模、葬具也大体一致。到了齐家文化时期情况就有了很大变化，甘肃武威娘娘台齐家文化遗址共发现88座墓葬，一般规模都很小，只有一两件随葬的陶器，有的小墓甚至空无所有，但有一座成人合葬墓，随葬品多达43件，其中各式精美陶器有37件，有一座3人合葬墓，除随葬7件陶器外，还有玉璧83件、玉璜1件、小石子304颗。甘肃永靖大何庄、秦魏家以及娘娘台的齐家文化遗址都用羊头、羊下颌骨或猪下颌骨随葬，仅猪下颌骨就有590多块，但是各墓数量不均，多者68块，少者仅1块。齐家文化时期社会上的贫富不均已经成了普遍现象。

考古发现所见，新石器时代后期人们社会地位悬殊拉大，说明不同地位的阶层已经产生。龙山文化时期出现了用人牲为房屋奠基的习俗。河南安阳后岗龙山文化遗址的15座房基发现奠基人牲27人，有的埋在墙基下，有的在房基或房基外侧的散水下，还有的在泥墙中。河南登封王城岗龙山文化遗址的一座奠基坑就有人牲7具。用人殉葬的情况在大汶口文化晚期就已经出现。江苏新沂花厅大汶口文化遗址有一随葬品丰富的男性墓葬，在墓主脚下，横向并列随葬有穿孔石斧和猪、狗的两名殉葬者。齐家文化为数不少的成年男女合葬墓，最常见的葬式是男子仰身直肢，女子侧身屈肢并且面向男子。皇娘娘台遗址有一男二女合葬墓3座，男子仰卧居中，两女性侧身俯贴于男子左右侧，下肢后屈，面向男子。这类合葬墓的随葬品都比较丰富。一般认为这类合葬表现了妻妾殉夫的关系。这类墓葬在山东兖州、江苏邳县和吴县、上海青浦、福建闽侯等地都有发现。

二、社会观念的变革

新石器时代前期，人们在自然界面前的自由程度还很低，所以在社会观念中缺乏对于崇高和力量的赞美，当时人们喜爱和自己亲近的动物、植物形象，并用各种手法去表现它们。随着社会生产力的发展，到了新石器时代后期，人们在粗犷而可怖的自然现象面前不再只是迷惘和叹息，而是试图了解它、征服它，对于在这方面做出贡献的人物，大家便十分尊崇。夸父追日、鲧禹治水、女娲补天、精卫填海等反映人类征服自然的坚强意志的传说就是在这种社会背景下产生的。

这个时期的人们所敬慕的是英雄,是比自己更高大、更神圣的东西。新石器时代后期的器物上屡见云雷纹、饕餮纹等纹饰,以繁复的回旋纹路突出了神人或神兽的巨眼,在其上的云雷纹中还有神面和双眼,犹如天神在变幻莫测的云雷中俯视人间,其形象处于若隐若现之间,显得非常神秘。良渚文化常见以神人兽面像为主题的纹饰。神人有倒梯形的脸面,重圈形的眼睛,鼻下是布满上下相对利齿的阔嘴,头上戴有高耸宽大的羽冠。神人腹部有巨眼、獠牙的兽面形象。神人双手直指神兽两眼,似乎只是轻轻一点,就已经将神兽驯服。神人和神兽的形象毫无和善妩媚之态,但却在狰狞与丑陋中表现出一种降龙伏虎般的威力之美。它能使人肃然,使人敬畏。这种对神的尊崇实际上是对人世间权力的讴歌,是对英雄的颂扬。

关于战争的观念也发生了很大变化。虽然在新石器时代前期为了复仇而进行的械斗和杀伐也存在,但毕竟数量不多,影响不大,可是在后期,以氏族贵族的贪欲和权势欲为契机的战争却日益频繁。由于战争的需要,武器制造也愈益精良。石峡文化的石钺和石镞,齐家文化的铜刀、铜匕和铜斧,都是典型的杀伤武器。甘肃永昌鸳鸯池出土有石质和骨质的护臂,就是防御性的护身武器。新石器时代后期墓葬中,骨架残缺、身首异位、缺臂少腿、首躯不全的现象屡有所见。江苏邳县大墩子大汶口文化墓地发现一具腿部有箭伤的骨架,箭头尚在腿骨中。残杀俘虏的现象在这个时期也多有所见。陕西长安客省庄龙山文化遗址发现的6个灰坑中有凌乱的人骨架,放置极不整齐,有一个灰坑中同放3具人架和两具兽架。河北邯郸涧沟龙山文化遗址有一个径约1.8米,深约0.6米的圆形葬坑,在一层红烧土下有10具人架,毫无秩序地叠压一起,有的头骨上有被砍砸的痕迹。另有一个圆形葬坑埋人架5具,放置凌乱,有的身首异处,有的呈挣扎状。同一遗址的一个烧灶周围有4个人头骨,其上有明显的砍伤和剥头皮的痕迹。龙山文化中普遍存在的乱葬坑,与氏族墓地正常埋葬者的情况形成显明对比。新石器时代后期遗址中的贵族墓葬往往随葬有斧钺之类的武器,以示其勇武。当时人们对于英雄的崇拜也是对于战争的一种颂扬。

最初的城市在新石器时代已经出现。近年在湖南澧县车溪乡发现有属于屈家文化中期的城址。这座城址大体呈圆形,面积约7.65万平方米,由夯土城墙、护城河以及东、南、北三座城门和城西南部的夯土台基等部分组成,城墙现存最高处达3米以上。属于河南龙山文化的王城岗城址由东西并列的两座略呈方形的小城组成,面积约2万平方米。呈正方形的平粮台城址,面积约5万平方米。后岗城址,面积约10万平方米。属于山东龙山文化的城子崖城址,略呈方形,面积约18万平方米。略呈方形的边线王城址,面积约4.4万平方米。这些城市集中在河南龙山文化与山东龙山文化分布区并非偶然,因为这里生产比较发达、地域平坦而便于交易、物质财富和知识文化比较集中,具备了城市形成的条件。作为一种人为的便于人们生活居住的环境,城市实际上是一个地区各种活动的中心。它不仅为国家的出现创造了条件,而且使人们的眼光从本氏族投向更大的范围。

第五节　原始群社会组织的形成与发展

原始社会分为两个时期,其前期为原始群时期,后期为氏族公社时期。在这两个时期中的人类都以石器为主要生产工具,因之在考古学上称原始社会为石器时代。

原始群是人类最早的社会组织形式。当时的人类刚刚从猿类分化出来,生产能力很低,征服自然、改造自然的能力很弱,只能以血缘为纽带结成群体,以谋生活。这样的群体学术界称之为原始群。当时的人类刚刚脱离动物界,为了寻求和猎取食物,不得不常常以群体的形式从一个地方游荡到另一个地方,一道谋食,共同防御外来侵害。群体的大小不等,少则几个人,多则十几个人,最多也不过几十个人。

由于当时生产资料的获得存在着很大的适应性与偶然性,因此,每个群体是多变的,时而分裂,时而重新结合,相当坚固、相当持久的群体是不可能存在的。每个群体很自然地由一位首领领导着。这位首领通常是妇女。之所以这样,是动物群常以雌性为首领的生物本能的遗留。原始群社会还有一个明显特征,各个群体之间没有任何永久的联系。相反的,常常相互排斥,甚至斗争,以争夺提供生活资料的阵地。

当时人们的经济生活,在很大程度上依靠大自然的提供。所谓"生产",只不过是对天然野果、野根、野茎的采集,对野兽的猎取和对鱼类的捕捞。人们只能适应环境求生存,不能按照本身生活的需要而改变生活环境。只是由于已知用火、受气温影响而迁移住地的需要减少了。但是,当一个地方生活资料来源枯竭之时,还是必须集体转移。因此,当时人们的"定居",只是相对的偶然的现象。由于生产力水平低下,人们生活资料的来源既不充足,也无保障,更不存在剩余,而且要集体抵抗周围野兽的侵害,所以只得过着共同劳动、共同分配、共同居住的原始共产主义大家庭生活。

当时的人类所用石器为简单打制而成,这样的石器考古学称之为旧石器,称原始群时期为旧石器时代前、中期。原始群时期很长,本身亦分为前、后两个阶段,即前期和后期。

一、原始群前期社会

原始群前期的人类保留的猿类的体质特征较多,与现代人类体质的差别较大,学术界称为"直立人",亦称"猿人"。这时人类的婚姻形态属于不分辈分的乱婚时期。在中国境内发现的属于这一时期的人类主要有元谋人、蓝田人、北京人和金牛山人。

1. 元谋人、蓝田人

元谋人是在云南元谋县发现的,是中国已发现的最早的人类,距今约有170万年了。所发现的为同一个体的两颗上中门齿化石。可能属于青年男性。此外,还有同一时期的石器、兽骨和人工用火遗迹。蓝田人是在陕西蓝田县发现的,距今约有80~60万年了。所发现的化石有头盖骨一具、上颌骨和下颌骨各一具,还有牙齿十余枚。头盖骨骨壁极厚,额骨很宽,向后倾斜,眉脊粗壮,脑容量很小,估计约为780毫升。此外,还发现有打制石器和一些动物化石。

2. 北京人

北京人是在北京房山区周口店龙骨山发现的,距今约有60~20万年了。先后发现了比较完整的头盖骨六具,还有一些头骨残片及股骨、胫骨、下颌骨、牙齿等,属于40个以上的男女老幼不同的个体。北京人身体各部的进化并不平衡,四肢进化比较快,手的演化最快,手腕的灵活程度和现代人的很接近。头部比较落后,头顶部低平,前额后倾,骨壁较厚,脑容量小,平均为1043毫升;吻部突出,下颏后缩,牙齿粗大,这些特征都表明了北京人头骨的原始性。四肢因是劳动器官,所以进化较快;头骨不是劳动器官,所以进化较慢。这一事实证明了恩格斯所说的"劳动创造了人"这句话是真理。北京人身长约156厘米,具有蒙古人种的特征。

在北京人的洞穴中,还发现了十万多件石制品,其中有使用痕迹的为两万多件,其中有砍砸器、刮削器和尖状器等。洞穴中还有用火的痕迹,灰烬叠压很厚。这证明北京人不仅在使用天然火,而且还会保存火种。火的使用是人类历史上的一件大事,火不仅能照明、取暖,还可作为与野兽斗争的武器。更重要的是有了火,人类可以熟食,熟食容易消化,这对人体更好地吸收食物的养分,促进人类体质的发展,特别是对脑的发展,有重要的作用。

3. 金牛山人

金牛山人是在辽宁营口县金牛山发现的,距今约有28万年了。所发现的为一个较完整的头骨化石和脊椎骨、肋骨、髋骨、尺骨、腕骨、掌骨、指骨、跗骨、蹠骨、趾骨等,属于一个刚成年的男性个体。这是一具罕见的较完整的已接近于智人的直立人(猿人)化石。

二、原始群后期社会

原始群后期的人类体质已相当进步,学术界称为"早期智人",亦称"古人"。其时间约距今20~10万年之间。这时人类的婚姻只能在同辈间进行,叫做"血缘群婚",这是人类婚姻形态的一大进步。在中国已发现的属于这一时期的人类有马坝人、长阳人和丁村人等。

1. 马坝人、长阳人

马坝人是在广东曲江县马坝镇发现的,为一具不完整的头骨,其年代晚于北京人。长阳人是在湖北长阳县发现的,为一部分上颌骨和三枚牙齿。其年代晚于马坝人。

2. 丁村人

丁村人是在山西襄汾县丁村发现的,为属于同一个体的门齿两枚、臼齿一枚。其年代又晚于长阳人。在此遗址中还发现石器二千多件,有砍砸器、刮削器、石球、小型尖状器、厚三棱尖状器等。石球可能用作流星索,是狩猎工具,厚三棱尖状器可能是掘土工具。丁村人制作石器的技术比北京人进步。

三、有关原始群的传说

在中国古文献中,记载了不少有关原始群时期人类的生产、生活状况。如《吕氏春秋·恃君览》曰:"昔太古尝无君矣,其民聚生群处,知母不知父,无亲戚、兄弟、夫妻、男女之别,无上下长幼之道,无进退揖让之礼。"《韩非子·五蠹》曰:"构木为巢,以避群害","号之曰有巢氏"。"钻燧取火,以化腥臊","号之曰燧人氏"。《易·系辞》下曰:"古者,包(伏)牺氏之王天下也……作结绳而为网罟(gǔ 古),以佃(tián 田)以渔。"关于有巢氏、燧人氏、伏牺氏的传说,反映了中国原始群时期人类进化的情况。

四、原始群的婚姻家庭

原始人群结合的纽带是血缘关系。原始群前期，没有家庭，至多只有动物中所没有的那种"家庭"。因为"群"与真正意义的"家庭"，是相互对立的。这种群体的形成，与当时通行的"群婚"是直接相关的。所谓"群婚"，是指同一群体内部的男女两性，不分长幼亲疏，一律互为夫妻关系，实即杂乱的性交关系。

原始群后期，人类经过长期乃至百万年生活经验的积累与现实生活的作弄，逐渐出现血缘家庭。这是家庭的第一个阶段。在这里，最大的进步是婚姻形态的发展。婚姻是按照辈数而区分的：在家庭范围以内的所有祖父祖母，都是互为夫妻；他们的子女，即父母，也是如此；同样，后者的子女，构成共同夫妻的第三个范围。这批人的子女，即第一辈的曾孙们，又构成第四个范围。家庭以后的全部发展，是以这一家庭形式作为基础而起步的。不过这种婚姻家庭的进一步发展，便出现了氏族。

第六节 原始社会的氏族公社

氏族公社是继原始群之后出现的以血缘为纽带的人类共同体，是原始社会的高级阶段。氏族公社是原始社会第二大阶段的社会组织。这个大阶段的前期是母系氏族公社，后期是父系氏族公社。

一、母系氏族社会

1. 母系氏族公社的特点

母系氏族公社是氏族社会的主要阶段。母系氏族公社的主要特征是：妇女居于支配地位，丈夫居于妻方，辈分从母系计算，财产由母系继承。这时实行族外婚制，就是同一氏族内部不许通婚，只有不同氏族之间的同辈男女可以互为夫妻。后来发展为对偶婚，就是在互婚的男女群中各有一个主要配偶，但不严格。因此，所生子女仍知母不知父。这时氏族共财，实行原始共产主义。母系氏族公社分为初期和发展时期两个阶段。

（1）山顶洞人。母系氏族公社的初期阶段约为距今10万年至1万年之间，考古学上为旧石器时代晚期。这时人类的体质特征已与现代人基本相同，学术界称为晚期"智人"，亦称"新人"。在中国已发现的代表性人类化石有山顶洞人。

山顶洞人是在北京周口店龙骨山的洞穴中发现的。已发现的人骨化石属于八个个体，其中较完整的有三具头骨，一为男性老人，二为女性，属于蒙古人种，距今约有一万八千年。洞穴中所出石器仍为打制，属于旧石器时代晚期。有些器物则制作精致。如作装饰品用的小石珠、穿孔砾石、兽类牙齿、海蚶壳等。

还发现有骨针，长82毫米，最大直径3.3毫米，而且钻有规整的针鼻，以便引线缝衣。骨针的发现，证明了当时的人类已掌握了高超的钻孔技术，而且穿着已有很大的进步。有些石珠、鱼骨等装饰品用赤铁矿粉染成红色，说明了当时的人类已有爱美观念。有的尸骨周围还撒布有赤铁矿粉粒,可能这时已产生了原始宗教观念。在山顶洞人的居处发现有大量的动物化石,其中有鱼骨化石。说明了当时的人类过着以渔猎和采集为主的生活。还有用火的痕迹,估计可能已发明了人工取火技术。在山西朔县峙峪(shìyù 士玉)发现的峙峪人,距今约有二万八千年,共出的有石镞。说明了这时的人类已使用弓箭。弓箭的发明标志着古人类在征服自然方面又前进了一大步。

(2)河姆渡文化。母系氏族公社的发展时期始于距今一万年左右。从这时起,人类所用石器主要为磨制石器,考古学上称之为新石器,称此时代为新石器时代。此时已发明并使用陶器,这是原始人类文化的一大进步。

河姆渡文化分布在浙江绍兴与宁波之间,为新石器时代繁荣时期的文化,距今约有 6800 年。生产工具有石斧、石凿、骨耜、骨镞等,陶器为黑色,有釜、钵、罐、盆、盘等,都是手制的。河姆渡居民已大量种植水稻,考古发掘时发现有很多稻谷、稻壳、稻茎的遗存,证明了当时的农业已相当发展。此外,还发现一种栽桩架板高于地面的干栏式建筑,可证当时的居地近水低湿,建筑技术已相当进步。

2. 仰韶文化

韶文化距今约 5000 多年,亦属于母系氏族繁荣时期的文化。这类文化是 1921 年首次在河南渑池县仰韶村发现,因而以"仰韶"作为这类文化的名称。这类文化的分布区域很广,遍布于黄河中上游各省,以手制精致的彩绘陶器和磨制石器为其主要文化特点。著名的仰韶文化遗址有陕西西安的半坡村遗址和临潼的姜寨遗址。

半坡村遗址在西安的东郊,是一个比较完整的村落遗址。遗址略呈椭圆形,北面为氏族墓地,南面为居住区,东北面为陶器窑场。居住区内的建筑有一定的布局,房屋有大有小,大的面积达 120 平方米左右,只有一间,可能是氏族(或部落)首长的住室或议事集会场所。墓葬是男子、女子分别葬在一起,说明了这里尚实行族外婚。生产工具以石器为主,有石斧、石锛、石铲、石刀等,多磨制得比较精致合用。还有骨器、陶器等。这里已经处于"锄耕农业阶段"。谷物有粟、稻等,用石磨盘、石磨棒以去谷皮。还开始种植白菜、芥菜等。家畜饲养业已出现,主要饲养猪、狗。居民除经营这样的原始农业和饲养业外,还要捕鱼、狩猎、采集果实以补助生活。半坡居民的主要手工业有制陶器、石器、骨器、纺织、木工等。陶器是手制的,有瓮、罐、瓶、盆、钵、鼎等。上绘黑色或红色漩涡纹、波浪纹、几何纹、花瓣纹、鱼纹、鹿纹和人面形图案等。人们称这类陶器为彩陶。有些彩陶造型和纹饰十分精致美观。有些彩陶上刻画着类似文字的符号,这可能是中国古代文字的萌芽。

3. 细石器文化

细石器文化是一种以细小的打制石器为主要特征的文化,分布在中国东北、内蒙古、宁夏、新疆和西藏等广大地区。器形有刮削器、尖状器、石钻、石镞等,主要用玛瑙和燧石作成,亦使用陶器。这是一种以渔猎、畜牧经济为主的新石器时代文化。

二、父系氏族社会

(1)父系氏族公社的形成。父系氏族公社是由氏族公社向等级社会过渡的社会组织形式。父系氏族公社的主要特征是:男子居于支配地位,妻子从夫而居,辈分从父系计算,财产由父系继承。父系氏族制的产生是和农业及饲养业的发展是分不开的。这时,男子不再以狩猎、捕鱼为主,而是代替妇女从事农业和饲养业,农业和饲养业已成为人们的主要生活来源。妇女在经济上已退居次要地位,她们的职能已转向主要从事于家务劳动和生儿育女。于是,母系氏族制瓦解,父系氏族制产生。这时的婚姻形态也由对偶婚向一夫一妻制过渡。父系氏族公社内部以男子为中心分裂成为若干个大家庭,各大家庭内部又分裂为若干个一夫一妻的小家庭。至此,以血缘为纽带的氏族公社瓦解,代之以地缘为纽带的农村公社在形成,以小家庭为单位的私有制在产生,人们随着贫富的不断分化,社会等级阶层在形成中。

(2)社会生产的发展。父系氏族公社时期为考古学上的新石器时代晚期和铜石并用时代。这一时期的文化在中国各省区都有发现。生产工具仍以石器为主,还有木器、骨器、蚌器等。石器磨制得很精致,种类也增多,有石斧、石铲、石刀、石镰等。石斧的形体既大又厚,刃部锋利,便于砍伐。石铲既薄又平,利于启土。这些工具的进步,促进了农业生产的发展。饲养业也有很大发展,家畜种类增多。在龙山文化遗址中,发现有猪、狗、牛、羊、鸡等的骨骼,其中以猪的骨骼为最多。

这时的手工业有很大进步。陶器以轮制为主,生产速度快,质量好。山东龙山文化遗址中发现一种所谓"蛋壳陶",表面漆黑而光泽,陶胎极薄,仅有0.1~0.2厘米厚,是一种技术很高的工艺品。陶器的种类也很多,在山东大汶口文化遗址中,发现有精致的象牙雕刻器和骨雕器,如雕花骨梳、雕花象牙筒等。在甘肃齐家文化遗址中,有红铜器出土,种类有刀、匕、锥、凿和指环等。经化验,含铜量高达99.6%。因红铜的硬度小,质软,仅能做小件手工工具和装饰品之用;在生产上仍以石器为主。

(3)私有制和社会等级阶层的产生。在父系氏族公社时期,随着社会生产力的发展,每个家庭成为一个生产单位,"同族共财制"逐渐破坏,财产私有制逐渐产生。随着商品生产和交换关系的扩大,促进了私有制的发展和贫富的分化。关于此事,在考古发掘中有明显反映。例如大汶口文化的墓葬大小不同。个别大墓有随葬品多达一百多件。其中一座大墓埋了一个成年女性,头上有象牙梳,手上有指环,左腕戴着一只玉臂环,颈部戴着大理石和松绿石串起的装饰品。此外,还有大量的随葬品如陶器、雕花象牙筒、猪头骨等。小墓的随葬品极少,有的只有一件獐牙,或有一个纺轮、一把蚌镰、一件陶鼎等。随葬用猪头骨或下颚骨,是表示死者生前的财产多少的象征。大墓多者用六十多个,少的只用一、二个。这意味着死者生前的贫富悬殊很大。

(4)神农、黄帝。在中国古文献中记载了许多反映父系氏族社会的情况。其中著名的部落联盟领袖有神农和黄帝。神农又称炎帝,居于姜水流域,以姜为姓。他是农业生产和医药的发明者,用木制作耒耜,教民耕种;又曾尝百草,发现药材,教人治病。黄帝又称轩辕氏、有熊氏,居于姬水流域,以姬为姓。他的妻子、臣属发明养蚕、舟车、文字、音律、医学、算数等。传说中国的文明起源于炎帝和黄帝时代。因之"炎、黄"被奉为中华民族的祖先。

(5)禅让时代。神农、黄帝之后,又传数百年,为中国历史上的"禅让时代"。当时中原地区部落联盟领袖尧年老,选择舜为继承人,四岳十二牧(部落领袖)同意,尧传位给舜。舜老,又得四岳十二牧同意,传位给禹。这种职位禅让的做法仍是氏族公社选举制的传统,史称"禅让时代"。可见此时国家已在形成。禹在位时,天下诸侯(部落领袖)都"朝禹",禹已是帝王,国号夏。中国的历史从此进入了奴隶社会。时在公元前21世纪。

三、父系氏族公社的瓦解

有关中国父系氏族公社瓦解的资料,在古代神话传说中保存甚多。不少传说表明,大约在

4000多年之前，从黄河流域经淮河流域和长江流域，分布着许多父系氏族和部落。最为著名的有西方炎帝部落，北方黄帝部落，东方太皞部落和南方九黎部落。

1. 炎帝部落

相传炎帝部落活动在今陕西岐山县东的姜水流域。姜水是渭水的支流，后来他们沿着渭水到了黄河中游。有说炎帝号神农氏，大概它是以农业经济为主的部落。相传炎帝部落有四支后裔，其中一支叫烈山氏。"烈山"就是烧山种地的意思。它活动在宜于农耕的江汉平原，善于播种谷物和蔬菜，被奉为稷神，足见它是耕种原始农业的部落。

炎帝后裔中另一部落叫共工氏，传说它"伯九有"。"伯九有"就是霸九州的意思。今河南西部的伊水洛水流域，古称九州。这里可能就是共工氏活动的地方。相传这个部落善于治水，能"平九土"，即治理水灾，发展农耕，"故祀以为社"。

炎帝后裔中又一个部落是"四岳"。它活动在今河南西部陕西东部一带的山区，故以"岳"为名。

炎帝再一支后裔散居在今山西南部的汾水流域。他们奉汾水神台骀为始祖。大概这个部落的生存、发展与汾水密切相关。

炎帝部落发展快，分布范围广，是当时强大的部落和部落联盟之一。它的活动与中国原始社会晚期历史的发展关系甚大。

2. 黄帝部落

黄帝部落是中国北方许多氏族部落的首领，是跟炎帝部落同时并存，势力相当的又一强大部落。也有人认为黄帝是古代英雄人物，号有熊氏，又号轩辕氏，也叫缙云氏。它最先活动的区域，主要是今山西与河北一带。黄帝部落是富有聪明才智的部落，后人把中国古代许多事物的出现，都说成是黄帝的创造发明。

黄帝部落发展很快，其下属氏族后来都成了部落，它便成为部落联盟。据记载，黄帝有子25宗14人得12姓。25宗当是25个氏族，12姓可能是12个胞族。每两个胞族为一个部落，便有6个部落，都包括在它的部落联盟之内。传说祁姓的陶唐氏、姒姓的夏后氏、姬姓的周氏族，都是它的后裔。它们分布的地域，包括黄河中下游和江汉流域的广大地带。黄帝部落最后还吞并了炎帝部落，战胜了所有部落，成为华夏族的祖先；蛮、戎、夷、狄等周边少数族，也自认是黄帝之苗裔。

3. 太皞部落

传说太皞部落风姓，号伏羲氏，比炎帝部落稍晚。据记载，"陈，太皞之虚也。"表明它是淮河流域的今河南淮阳一带的氏族部落。后来发展到黄河下游的今山东曲阜地区。战国时代的古籍说，曲阜是"少皞之虚"。少皞当是太皞的分支。

4. 九黎部落

有传说认为，从黄河下游到江淮流域的广大地区原居有东夷和淮夷，总共九部，合称"九夷"。九夷可能是九黎，九黎首领是蚩尤。它是由9个部落81个氏族组成的强悍部落联盟，后被黄帝部落打败，一部分融入黄帝部落，成为华夏族的组成部分。如散居在今安徽六安的皋陶氏族，以及江淮之间的群舒，后来都成了华夏族的新血液。

夷人融入华夏族的还有颛顼和帝喾两支。颛顼就是高阳氏，是传说中帝舜的祖先。它的后裔有祝融氏。祝融氏有八姓，即八个氏族，其中芈姓就是两周时代楚国的先民。楚国芈姓，"出自帝颛顼高阳"。其活动地带是江汉流域。帝喾是高辛氏,就是传说中帝尧的祖先。这个部落的居民分布在今河北一带。

由于颛顼和帝喾的先民较早融入华夏族,故又传说它们都是黄帝后裔。

上述各地部落和部落联盟,都是氏族组织进一步发展的必然产物。而它们的再发展,人口增多,活动地域扩大,于是发生相互间的接触。接触的方式有二:和平的接触与战争的接触。无论何种接触,客观上都会带来相互渗透与融合的后果。华夏族以及后来的汉族、各兄弟少数民族,都是在这样的过程中逐渐形成的。

各部落间的战争,规模大的有过三次。第一次共工氏和蚩尤战争。共工同黄帝结成联盟,在黄帝支持下打败蚩尤。第二次是黄帝同蚩尤战争。蚩尤请出风伯雨师,黄帝请来旱神女魃,结果蚩尤被彻底打败,为黄帝所擒杀。第三次是黄帝同炎帝战争。相传黄帝同炎帝本来结成部落联盟。后来炎帝"侵陵诸侯","诸侯咸归轩辕"。这大概是双方在争夺盟主地位。结果"黄帝与炎帝战于阪泉之野,三战然后得其志"。炎帝部落也归服于黄帝统领,炎、黄部落合二为一。阪泉在今河北。黄帝部落统一炎帝部落之后,由北向南发展,又接连打了许多胜仗,"五十二战而天下咸服",大多数部落都归服于它。它便成了传说中的中华民族的鼻祖。

第二章

夏朝与商朝的奴隶制度
（前21~前11世纪）

中国的奴隶社会共经历了两个朝代,就是开始于夏朝建立,结束于商朝灭亡,前后共有一千余年。这个时代是没有文字记载的时代,但是在没有文字记载出现的时候,历史是人们以口耳相传的方法来保存与流传的。这些内容后来被文字记录下来以后便成为文献中的古史传说。

第一节 中国古史的传说时代

中国古代文献中有丰富的古史传说内容,我们虽然很难把这些传说和考古资料一一印证,从而构成一个严密的可信的古史系统,但是透过这些传说却可以看出中国原始时代的大概的社会面貌。

一、关于远古时代的朦胧记忆

世界如何诞生,人类怎样出现,这是古人很感兴趣的问题。屈原在《天问》篇里开头就问:"曰遂古之初,谁传道之？上下未形,何由考之？"他将历史追寻到了天地未分、混沌无垠的时期。相传人是由女娲用黄土合泥捏出来的,屈原问:"女娲有体,孰制匠之？"女娲之身又是谁做的呢,屈原并没有回答这个问题,当然在那个时代也不可能对于人类起源问题作出正确答案。

战国秦汉时期的人对于原始时代先民的生活情况有一些正确的推测。《韩非子·五蠹》篇说:"上古之世,人民少而禽兽众,人民不胜禽兽虫蛇。有圣人作,构木为巢以避群害,而民悦之,使王天下,号曰有巢氏。民食果蓏蚌蛤,腥臊恶臭而伤害腹胃,民多疾病。有圣人作,钻燧取火以化腥臊,而民说之。使王天下,号之曰燧人氏。"有巢氏和燧人氏的情况显然和旧石器时代相符合。《礼记·礼运》篇也说那个时代"未有火化,食草木之实、鸟兽之肉,饮其血,茹其毛,未有麻丝,衣其羽皮"。关于那个时代社会组织情况,《吕氏春秋·恃君》说"昔太古尝无君矣,其民聚生群处,知母不知父,无亲戚兄弟夫妻男女之别,无上下长幼之道,无进退揖让之礼,无衣服履带宫室畜积之便,无器械舟车城郭险阻之备",对原始时代婚姻和社会的情况作了正确的说明。

在古史传说里常把农业耕作的起源追溯到神农氏和烈山氏,认为神农氏制造了耒耜并教民耕作,种植各种谷物,烈山氏有一位很能干的子弟,名叫柱,他"能殖百谷百蔬"。中国从新石器时代早期就开始有了农作,神农氏和烈山氏可能是那个时代以善于农耕而著称的氏族。在稍后的传说里还有一位伏羲氏,《易·系辞》下篇说他"仰则观象于天,俯则观法于地,观鸟兽之文与地之宜,近取诸身,远取诸物,于是始作八卦,以通神明之德,以类万物之情。作结绳而为网罟,以佃以渔",伏羲氏应当是一个善于占卜并以渔猎著称的氏族。相传与伏羲氏结为夫妻的女娲曾经"炼五色石以补苍天,断鳌足以立四极,杀黑龙以济冀州,积芦灰以止淫水",可见女娲所在的氏族对于自然的斗争取得过辉煌成绩。

二、黄帝和炎帝

《国语·晋语》四说:"昔少典氏娶于有蟜氏,生黄帝、炎帝。黄帝以姬水成,炎帝以姜水成。成而异德,故黄帝为姬,炎帝为姜。"按照这个说法,黄、炎两族是从互通婚姻的少典氏和有蟜氏繁衍出来的。黄、炎两族最初居住在今陕北的黄土高原上,后来逐渐东移。黄帝族的迁徙路线偏北些,东渡黄河以后,沿着中条山、太行山的山边地带直到今冀北地区。炎帝族的迁徙路线稍偏南,顺着渭水和黄河两岸发展到今河南以及冀南、鲁东北一带。

他们在迁徙过程中曾与所迁地区的土著部落发生过斗争,《史记·五帝本纪》说黄帝族曾经"北逐荤粥",《逸周书·尝麦》说炎帝族和原居于鲁、豫一带的蚩尤族发生激烈冲突,并被蚩尤族打败。黄帝族应炎帝族的请求而与蚩尤族展开了旷日持久的战争。《山海经·大荒北经》说:"蚩尤作兵伐黄帝,黄帝乃令应龙攻之冀州之野。应龙畜水,蚩尤请风伯雨师,纵大风雨。黄帝乃下天女曰魃,雨止,遂杀蚩尤。"蚩尤族曾和少昊族关系密切,所以黄帝族亦和处于东方的太昊、少昊两族作战,并赢得胜利。

黄帝族打败蚩尤族以后,和太昊、少昊两族修好关系,在中原地区扩大了影响,但炎帝族却图谋与之争夺在各个部落间的主导地位,于是黄帝便"修德振兵,治五气,艺五种,抚万民,度四方,教熊、罴、貔、貅、䝙、虎,以与炎帝战于阪泉之野"。阪泉之战先后进行了三次,炎帝族战败并归服了黄帝。此后,黄帝族与炎帝族联合,在中国广大的中原地区占据了主导地位,影响日益广泛。

新石器时代后期,黄帝族的影响更加扩大。战国秦汉间人对黄帝族的发展情况进行归纳整理,司马迁根据古代文献记载,在《史记·五帝本纪》里叙述了这样一个系统:

中国上古时代,人名、族名和地名常常合而为一。上面这个系统里的名称绝大多数都不应当视为某一个人的名字,而应当作为族名来认识。相传黄帝25子,实即由黄帝族繁衍出来的25个氏族。中国古代文献里,几乎众口一辞地盛赞黄帝的巨大影响,很可能在那个时代已经形成了以黄帝族为核心的部落联盟。在中国上古时代的历史中,黄帝、帝颛顼、帝喾、帝尧、帝舜被尊称为五帝,是最有影响的部落联盟首领。

三、颛顼和帝喾

在黄帝族所繁衍的众多子族中,颛顼与帝喾是时代较早的最著名的两支。

颛顼又称高阳氏,帝喾又称高辛氏。春秋时期的鲁国大夫史克说他们各有"才子八人",即八个著名的氏族。这些氏族的名称在古文献中有不同的记载,《山海经》记载颛顼子族的名称有伯服、季禺、淑士、老童、中轮、欢头等。许多古文献中认为帝俊就是帝喾。《山海经·大荒南经》说帝俊有中容、晏龙、黑齿、季厘等子族,并曾"生十日","生月十有二"。大概帝喾是很早就以干支为名称的氏族。

颛顼和帝喾的时代曾经对社会上的一些制度进行改革。相传颛顼"依鬼神以制义,治气以教民,洁诚以祭祀"。那个时代的宗教正由低级向高级发展,颛顼顺应了这种形势,"命南正重司天以属神,火正黎司地以属民",改变了以前"家为巫史"人人都能与神灵交往的局面,使宗教祭祀专业化。

颛顼的这些改革后来被称为"绝地天通"。颛顼的一些改革是当时社会结构发生变化的反映。《淮南子·齐俗训》载"帝颛顼之法,妇人不辟男子于路者,拂之于四达之衢",女子若在路上不小心碰撞了男人,便会带来晦气,所以要在通衢举行除凶去垢的祓禳仪式。颛顼的这项规定反映了当时社会上男尊女卑的情况。据《史记·五帝本纪》说,帝喾"生而神灵,自言其名",可见他是一位兼司神职的部落联盟首领。帝喾继续了颛顼的作为,胜祭祀与部落联盟首领的权力结合起来。

颛顼和帝喾曾经与共工族有过激烈的斗争。《淮南子·天文训》说:"昔者共工与颛顼争为帝,怒而触不周之山,天柱折,地维绝。"《淮南子·原道训》说:"昔共工之力,触不周之山,使地东南倾,与高辛争为帝。"这场斗争延续了很久,直到舜和禹的时期才告结束。

四、唐尧和虞舜

尧,名放勋,号陶唐,所以又称唐尧,是帝喾以后的著名部落联盟首领。尧的时期,自然灾害严重,社会也不安定,尧就采取措施进行各种斗争,"使羿诛凿齿于畴华之野,杀九婴于凶水之上,缴大风于青丘之泽,上射十日而下杀猰,断修蛇于洞庭,禽封豨于桑林。万民皆喜,置尧以为天子"。尧还命令羲氏、和氏观测日月星辰的运行情况以制定历法。尧治理天下注重家族的作用,做到"克明俊德,以亲九族,九族既睦,平章百姓,百性昭明,协和万邦",使以黄帝族为核心的部落联盟更加巩固,取得了很大成功,尧也因此而受到广泛的爱戴。

尧的时期开始实行禅让制度。他在位的时候,洪水泛滥成灾,"四岳"推荐鲧负责治水,尧认为鲧品德不好而无法担此重任,可是在"四岳"的坚持下鲧还是被任命前往。尧在年老的时候,让"四岳"推荐继承人,大家一致推荐舜。尧便采取各种办法对舜进行考验和培养,证明舜确实合格以后才把权力让给他。此后,又过了二十多年尧才去世。舜正式继位以前,曾把权力让给尧的儿子丹朱,自己避居于南河之南。然而天下诸侯和民众却不信任丹朱,而拥戴舜。在这种情况下,舜才正式继位。

继尧而起的舜,名重华,号有虞氏,所以又称虞舜。舜是冀州人,出身微贱,曾在历山种过地,在雷泽打过鱼,在黄河之滨做过陶器,在寿丘做过家具,在负夏做过买卖。舜所在的应当是一个既善于农耕渔猎,又善于制陶手工的氏族。舜继位以后,部落联盟更加发展,高辛氏和高阳氏的许多首领都被舜所任命。据《尚书·尧典》记载,舜还命禹为"司空",主持治理洪水、平定水土的事情;命弃为"后稷",主持谷物播种;命契为"司徒",主持教化;命皋陶为"士",主持刑罚。这些官职的任命虽然未必实有其事,但却反映了舜与各部落的广泛联系和受到尊崇的情况。

作为部落联盟首领,舜已经拥有了很大权力。当时有浑敦、穷奇、梼杌、饕餮四个凶族,尧拿他们没有办法,舜在位的时候把这四个凶族流放到边远地区,对其他一些不听命令的氏族和部落,如共工、欢兜、三苗等,舜也都加以处理,还将治水无功的鲧放逐到羽山。舜年老的时候,将权位让给禹,又过了17年才去世。禹在正式继位以前,仿禅让故事,把权位谦让给舜子商均,自己避居于阳城,但是诸侯们依然拥戴禹,禹这才正式继位。

在中国古盛的传说时代,禹是一位举足轻重的杰出人物。禹的时期社会正经历着由野蛮迈向文明的巨大变革。古人曾用"大同"与"小康"来对比巨大变革前后的情况。《礼记·礼运》篇说："大道之行也,天下为公,选贤与能,讲信修睦,故人不独亲其亲,不独子其子,使老有所终,壮有所用,幼有所长,鳏、寡、孤、独、废疾者皆有所养。男有分,女有归,货恶其弃于地也不必藏于己,力恶其不出于身也不必为己。是故谋闭而不兴,盗窃乱贼而不作,故外户而不闭,是谓大同。"

中国上古时代的原始民主平等精神与"大同"所揭示的道德观念是吻合的。禹以后的"小康"时代,情况就有了明显变化。《礼记·礼运》篇说："大道既隐,天下为家。各亲其亲,各子其子,货力为己。大人世及以为礼,城郭沟池以为固。礼义以为纪,以正君臣,以笃父子,以睦兄弟,以和夫妇,以设制度,以立田里,以贤勇知,以功为己。故谋用是作而兵由此起。禹、汤、文、武、成王、周公,由此其选也。此六君子者,未有不谨于礼者也。以著其义,以考其信,著有过,刑仁讲义,示民有常,如有不由此者,在势者去,众以为殃。是为小康。"把禹作为小康之世的第一位代表人物,的确慧眼独具,是很有道理的。禹是站在文明门槛上的一位伟人,从禹之后,中国古代社会就跨进了文明时代。

第二节 夏 朝

一、夏文化的起源

夏王朝建立之前,夏人活动的地区在今山西南部和河南西部的黄河沿岸地带,最初的居住中心在今豫西的河、洛流域。相传禹父鲧又称崇伯鲧。崇即嵩,今天的河南嵩山古称崇山。据史籍记载,"夏都阳城,嵩山在焉。"嵩山在今河南登封县境,阳城在登封县告成镇。

考古资料也表明,夏人最初活动地带是以河南为中心的中原地区。50年代初期河南考古工作者在河南偃师二里头发现夏文化遗址。考古学界命名为二里头文化。后来在登封县王村和郑州洛达庙都先后发现这种文化。其波及地带西及陕西东部,南至湖北长江流域,东缘达于安徽肥西县境。二里头文化的二里头遗址有大规模宫殿遗迹,还有窖穴、陶窑、墓地。遗物有石器、骨器、蚌器、陶范、陶器、青铜工具等。陶器口内常有刻划符号,经研究确认,有的就是最初的文字。二里头文化的下层压在河南龙山文化之上,上层被压在殷商文化之下。表明它从河南龙山文化发展而来,朝着殷商文化方向发展而去。其属于夏文化是无可置疑的。

二、夏时代奴隶制国家的建立

1. 夏传子,家天下

尧、舜时期,洪水泛滥为害。尧命夏族首领鲧(gǔn滚)治洪水。鲧用筑堤防的方法治水无功,为舜杀死。舜又命鲧之子禹治水,禹"居外十三年,过家门不敢入"。用疏导法治水,导小水入于川,导川水致于海。不仅消除了洪水,还为农业生产发展创造了良好条件。舜举禹为他的继承人。禹即位,国号夏,都于阳城(今河南登封)。其疆域包括今河南中部、北部和山西南部。禹年老,曾选东夷族的一位首领益为继承人。但禹死后,禹之子启夺得王位,并杀掉益。从此,中国历史上的"禅让时代"结束,王位"世袭"制开始。夏是中国历史上第一个王朝。

2. 夏王朝的国家机器

国家和民族组织不同的地方,主要有两点:第一,它按地区划分居民;第二,公共权力的设立。夏代将所属居民划分为九州进行管辖。这已不同于氏族社会按血缘关系划分居民的做法。九州设有官吏统治,称为"九牧"。"牧",是牧民的意思,是奴隶主把奴隶当成牲畜对待的缘故。

原始社会部落首领及部落联盟首领是通过军事民主制选举产生,贤者继任。前任对后任采取"让"的办法,史称"禅让","天下为公"。夏代改变这种做法,变"公天下"为"家天下",以同一家族的亲属世袭代替不同氏族成员的"禅让"。夏王朝第一个君主禹死后,传位于儿子启,开创"天下为家"的历史先例。从此以后,"大人世及以为礼",形成父子、兄弟相袭的传位制度。

夏朝是一个奴隶制国家。奴隶主是由氏族贵族转化而来,处于统治的地位。国王亦称天子,为了确保一个家族对广大奴隶的统治,夏王朝设立一系列国家机器。中央设置六卿,协助夏王统治,作"禹刑",惩治"乱政"。其下有"百吏",主要官吏有羲氏、和氏,掌政教和农业;有牧正、庖正、车正等,分掌畜牧、膳食、车服等事;六卿掌军事。又有法律和刑罚,著名的监狱叫做"夏台",用于镇压反抗行为。

"军队是国家政权的主要成分"。夏已有之。传说夏禹时,就"济济有众",其军队人数就不少了。启强制夺取王位,遭到氏族制旧势力有扈氏的反对,启召集部队举行誓师大会,与有扈氏大战于甘(今陕西户县西南),并使用新式青铜兵器,克敌取胜,实现了"家天下"的目的。

3. 征收捐税

在国家机器中任职的官吏,是脱离体力劳动的,靠征收捐税生活。"捐税是氏族社会所完全不知道的。"夏代"却十分熟悉它了"。据古籍记载,夏后氏的九牧必须"贡金",土地税是"五十而贡"。即国家分配给每个农户以一定数量的耕地,令农民按耕地数量50%交纳捐税。不过土地质量不同纳税额也略有不等。据《史记·夏本纪》记载,禹"相地宜所有以贡"。规定各地根据当地物产种纳贡,运输路程远近不同,可酌情增减贡物数量。捐税的征收,是国家诞生的一个重要标志。

三、社会经济的发展

1. 农业

夏朝实行土地国有制。土地所有权由原属于氏族公社或农村公社而转向属于国家。原来的氏族或村社成员这时转变为奴隶身份,在官府或贵族们的指挥下从事劳动,接受"贡法"。《孟子·滕文公》(上)曰:"夏后氏五十而贡。"夏后氏即夏朝。这是说每户奴隶领种公田五十亩,以五亩的产量为贡赋,即"什税一"。当时的主要农具为木器和石器,有木耒耜、石铲、石镰、石斧、石刀等,此外还有骨铲、蚌镰、蚌刀等。

2. 手工业

夏朝的手工业已相当发展。最有代表性的是青铜手工业。青铜是铜、锡合金。在制作青铜器时,先用细泥制成器范,再以木炭为燃料,用陶制的坩埚冶炼铜、锡矿石,再将铜、锡溶液注入范中,就铸成青铜器。铜和锡一起冶炼,熔点低,合金硬度高。根据器具用途的不同,铜与锡的配合比例也有不同。青铜铸造技术是中国古代劳动人民的一项极为重要的发明。青铜器的出现标志着中国历史结束了野蛮时期,进入文明时期。古文献对夏代已有炼铜业的记载很多。在二里头文化中发现的属于这一时期的青铜器有爵、铃、刀、镞、锛、凿、锥等。制陶业也有进步,器型有觚、爵、角、盆、禹、瓮等。此外还有玉器制造业,所制玉戈、玉琮、玉版等,技艺水平都很高。

3. 天文历法

随着农业与畜牧业的发展和需要,人们的天文历法知识大大丰富起来。史籍有"夏得天数"的记载。这是说夏代的历数甚为正确地反映天象。一般认为,保存在《大戴礼记》里的《夏小正》,是夏代流传至今的历法。直至今天,我们还称农历为"夏历"。

四、夏朝的灭亡

夏朝共传14世、17君,历471年。最后的国王名桀,是历史上少有的暴君。当时人民咒骂说:"时日(桀)曷丧?予及汝偕亡。"这时东方夷族的一支为商族,日益强大。商族首领汤率兵伐夏,大败夏桀,桀逃到南方死去。夏亡。

夏代的政权是奴隶主政权。当时两大对抗阶层是奴隶和奴隶主。奴隶称"众"、"庶人"或"有众"。他们在奴隶主眼里被看成是"会说话的工具",如同牲畜,统治者称他们为"畜民",他们是统治者的私有财产,奴隶主有权随意打骂或屠杀他们。这是当时的生产关系决定的。"在奴隶制度下,生产关系的基础是奴隶主占有生产资料和占有生产工作者,这生产工作者便是奴隶主所能当作牲畜来买卖、屠杀的奴隶。"

在夏王朝建立之初,夏启即好酒耽乐,其子太康更为荒淫,"盘于游田,不恤民事",加上"五子"争立(太康弟兄五人)和武观叛乱,终致"失国"。太康死后,弟仲康继立,同样荒淫无度,废时乱日,激起社会矛盾和夷夏矛盾日益尖锐。仲康死,子相立。这时东夷族有穷氏势力正在由东向西发展,其首领羿乘机"因夏民以代夏政"。羿又被伯明氏首领寒浞所杀。但是,浞也是贪婪行骗之徒,激起奴隶们起来反抗,将其"杀而烹之"。

在这场长达四五十年的夷夏激烈斗争中,夏后相的儿子少康,利用矛盾,纠集势力,夺回夏王朝的统治,史称"少康中兴"。少康及其子后杼统治时期,夏政权有一度稳定发展期。

夏代到了夏王孔甲统治期间开始走向崩溃,奴隶斗争、方国叛离的形势急剧发展。据《史记·夏本纪》记载,孔甲继立,不理政事,好事鬼神,生活上淫乱不堪,"夏后氏德衰,诸侯畔之"。自此以后,夏王朝江河日下,不可逆转。《国语·周语》说:"孔甲乱夏,四世而陨。"孔甲以后的四世是夏桀。夏桀是历史上有名的暴君。他荒淫无度,"率遏众力",无端杀戮奴隶,摧残劳动力,严重破坏生产,"有众率怠不协",群起作殊死斗争,誓与奴隶主统治者同归于尽。与此同时,统治集团内部矛盾也日益激化,夏桀"武伤百姓,百姓弗堪",众叛亲离。当夏桀处在内外矛盾焦点之际,商族首领汤兴师伐夏,夏朝灭亡。

第三节 商 朝

商朝的发展又比夏时代前进了一大步,不仅在国家管理体制上更完善,还产生了甲骨文,以及数学、医学、天文学和历法。

一、商朝的初期建立

1. 商族的兴起

商族长期居住在黄河下游地区。传说有娀(sōng松)氏之女名简狄,吞玄鸟(燕子)卵而生契(xiè谢)。契是商族的始祖。此时的商族大约以玄鸟为图腾,并由母系氏族向父系氏族过渡。《诗·商颂·玄鸟》曰:"天命玄鸟,降而生商。"就是记述并歌颂这一故事。契曾协助禹治洪水有功,被舜任为司徒,掌教化,封于商(今河南商丘),以子为姓。契传十四世至汤,势力强大,建立了早期的国家,以伊尹为相,以亳(今河南商丘)为国都。此时,商臣服于夏。

汤建商朝夏桀统治时期,诸侯互相攻伐。商汤乘机灭掉了一些亲夏的诸侯国,举兵西向伐夏。《孟子·梁惠王》(下)说:当时各地人民欢迎商军"若大旱之望云霓"。可见汤伐夏是很得人心的。夏亡,商朝建立。商以今河南北部和山东西部为中心,其势力所及,西到陕西西部,北到河北北部,南到湖北和湖南北部,东到海滨。《诗·商颂·殷武》:"昔有成汤,自彼氐羌,莫敢不来享,莫敢不来王。"西方的氐族、羌族亦臣服于商。

盘庚迁殷商朝建立后,中原地区屡有洪水为灾,国都一再迁徙。从汤至阳甲时,迁都五次;又贵族内部多次发生争夺王位之事,国力一度衰弱。阳甲之弟盘庚立,自奄(今山东曲阜)迁都至殷(今河南安阳小屯),从此安定下来,直至商朝灭亡,共二百七十余年未再迁都。

商迁殷后,政治有所改善,社会比较稳定,经济、文化都有很大发展。武丁统治时期,国力很强盛。曾北伐鬼方,西南伐荆楚,都取得胜利。《诗·商颂·玄鸟》:武丁时,"邦畿千里,维民所止,肇域彼四海"。"四海"指令东边的黄海,北边的渤海,西边的青海湖,南边的云梦泽(今洞庭湖)。

2. 国家机构

商的国家机构比夏代更加完善。主要表现在官制、军队和刑罚三个方面。商王是最高统治者,独揽大权。王之下设相,也叫做冢宰,是百官之长,辅佐商王以统治全国。相之下有小耤臣、耤臣、小众人臣等,管理农业生产;有工、多工,管理手工业生产;有卜、史、巫、尹等,为卜筮、记事之官;有马、射、多射等,为统领军马征战之武官。商朝的军队庞大,有一定的编制。据甲骨文记载,商王一次出兵3000或5000人,有时多达13000人。又记载商王编军队为左、中、右三师,士兵主要由平民组成,有时也有奴隶在内。商朝的地方政区是以原有的部落或方国为单位,一般称作邑或方,以其头人为方伯,统治地方。后代称作诸侯。

二、商朝的经济发展

商朝在生产力仍很低的情况下,用奴隶制残酷的强制手段进行生产,并使农业和手工业、体力劳动和脑力劳动更大规模的分工,从而推动了中国古代文明的发展。这在当时是合理的、必要的。

1. 农业

商朝亦实行土地国有制,广大农业劳动者是奴隶身份。商贵族对农业奴隶的管理有两种方式:

一为在王畿(国都)附近用直接管理的方法。即商王或其臣属驱使众多的奴隶在商王经营的田地上进行集体耕种。甲骨文中有"王大令众人曰:脅(xiè 协)田!"的记载。"众人"亦称"众",是农业奴隶之称。"脅田"就是奴隶们集体耕作,奴隶没有私有财产,生老病死均由奴隶主负责,是落后的集体"大锅饭"管理制度。奴隶们使用的农具主要是用木、石、兽骨、蚌壳等制作的,有耒耜、石镰、石犁、石铲、骨铲、骨锄、蚌镰等。木制耒耜用于掘土。在殷墟遗址中发现有木耒的痕迹。还在一个窖穴内发现四百多件石镰和七十多件蚌器,这似是一个农具仓库,是供奴隶们集体劳动时使用的。在安阳和洛阳等地的考古工作中发现有少量的商代铜铲、铜镬、铜锸等,此类工具造价昂贵,数量不多,不是普遍使用的。

二为在王畿之外用"助法"管理。《孟子·滕文公》(上)曰:"殷人七十而助。",借民力助耕公田。就是每户奴隶领田七十亩为私田,另外为官府贵族义务耕种公田七亩,其管理率亦为"什一"。所用农具为奴隶们私有。这种方式比大锅饭管理方式先进一些,对公田实行"包产到户"的大包干管理制度,又允许奴隶有"自留地",这种管理方式大大提高了农奴的劳动积极性。一部分首先富裕起来的奴隶就能用积累的财富把自己和家人赎出来,实现自我解放,成为租地耕种的自由农,进一步富足后就能自己购买土地成为自耕农,甚至也发展成为地主,部分奴隶能够勤劳致富,甚至进入上层社会成为社会精英。

甲骨文中的田字表示的是一个耕作单位,纵横线表示阡陌或水沟,这是一象形文字。当时的主要农作物有禾、黍、麦、稻等。

2. 手工业

商代的手工业劳动者为奴隶身份,都是从农业生产中分离出来的专业技术队伍,并能通过创造性的劳动获得奖赏和自我解放,因之技术提高很快。代表性的手工业为青铜铸造业,此外还有制陶业、制骨器业、纺织业、木工、石工、玉工、漆工、酿酒等业。商代的青铜业有飞跃的发展,不但产量大,工艺水平也很高。仅在殷墟一地出土青铜礼器就有数千件之多。礼器以酒器为主,有爵、角、尊、壶等。文献记载,商朝贵族嗜酒成风,此说可信。

此外,还有鼎等蒸煮器,盘等洗濯器。青铜还大量地用于制作兵器和生产工具。主要兵器有戈、矛、斧、钺(yuè 月)、镞、刀等,主要生产工具有刀、锥、斧、锛、铲、凿、钻、针、鱼钩等。此外还有车马器和乐器。

商代青铜器的制作技术很高,尤其是礼器,造型美观,纹饰精巧,是水平极高的工艺品。兵器和工具大多质坚刃利,使用方便。其铜、锡合金比例,据有关部门对部分青铜器的分析,认为基本上符合科学要求。如在安阳殷墟发现的司母戊鼎,含铜 84.77%,锡 11.64%,铅 2.79%,锡铅合计 14.43%。这个比例是符合铸造青铜容器硬度的要求的。硬度要求高的工具和兵器,锡的比例要更大些。铸造青铜器时,要有制模、翻范、熔铸等工序,需要有大量的人力进行分工合作。商代熔铜坩埚一次约能熔铜 12.7 公斤。司母戊鼎通耳高 133 厘米,横长 110 厘米,宽 78 厘米,重 875 公斤。如铸造这样一件大鼎,就需要七十多个坩埚。如果一个坩埚配备三至四人,就需要二、三百人同时操作。

在安阳小屯附近发现的商代铸铜遗址的面积在1万平方米以上,当是符合需要的。

商代除一般泥质陶器之外,还出现了用高岭土(瓷土)制作的白陶,质地坚硬,色泽皎洁,刻镂精美,工艺水平极高。还有一种原始瓷器,也是用高岭土制成,表面涂以青釉,质地坚硬,吸水性很弱,烧制的火候约在1200℃左右。原始瓷是当时奴隶们的又一伟大创造。

纺织业中有麻纺织和丝织业。麻纺织已很进步,丝织业进步更大。在殷墟发现的丝绸残片,有平纹、花纹。平纹组织的经纬线大致相等,每厘米有30至50根。从花纹组织来看,当时可能已有了简单的提花装置。漆器业已相当进步。在河北藁城台西村发现的一些商代漆器残片,红地黑花,色彩鲜明。有的雕花,或镶有绿松石,是精美的工艺品。

3. 商业

商代的商业交换已有初步发展,开始出现专业商人,但很少。《尚书·酒诰》记载妹土(今河南淇县)人"肇牵车牛运服贾,用孝养厥父母"。反映了人们在经商谋生的情况。值得重视的是在当时的商业交换关系中已使用了货币,时称为"贝",主要是海贝。海贝产于南洋,在黄河流域十分难得,因而珍贵,用作货币。贝以十枚为一朋,朋是贝的单位。在殷墟的妇好墓中发现有六千枚海贝,为六百朋。妇好是商王之妻,有用这么多贝随葬的可能。商王和贵族还常用贝赐给臣属。海贝因数量不多,不敷使用,又用玉或骨制成玉贝或骨贝,或铸铜贝。贝在商业交换关系中,已充作媒介、支付、价值尺度和贮藏手段。

三、商朝的文化艺术成就

商朝政府为了发展生产力,调动大批奴隶脱离体力劳动,专门从事文化、科学、艺术等方面的工作,创造了辉煌的商代文化,为中华民族的文化奠定了基础。

商代已有文字,现在已发现的文字资料都是商代后期的遗物。主要保存在龟甲和牛肩胛骨上的,今人称之为甲骨文。因多为记录占卜之事,亦称卜辞。在少量铜器上亦铸有一些文字,称为铜器铭文。

甲骨卜辞是商朝的国家档案。当时的人们信奉神灵,凡遇祭祀、征伐、田猎、疾病、农业的丰歉、天气的阴晴风雨等大事,都要用占卜的方法询问鬼神,祭拜祖先的灵魂来保佑子孙后代。每次占卜,要将所问事项、占卜日期、吉凶结果等,都刻在龟甲或牛肩胛骨上,成为一篇或长或短的记事文章。这是中国历史上最早的一批文献资料。在殷墟发现的甲骨卜辞约有十万多片,所记甲骨文单字总数约有四千五百字左右,今已确认者约有两千字左右。东汉许慎《说文解字·叙》将汉字按其构造分为六种,即指事、象形、形声、会意、转注、假借,谓之"六书"。

甲骨文虽仍以象形为主,但基本上具备六书。有些卜辞的文字整齐,笔画均匀,刻技熟练,字形美观,足证此种文字已经有了相当长的发展过程了。卜辞一篇约四、五十字,最长的有百字左右。铜器铭文长的有四、五十字,短的只有一、二字或五、六字。

商代的艺术已相当发展,尤以造型艺术最为突出。多数作品是雕在各种实用器物上,也有专供观赏之用的。

商代前期的铜器和部分陶器上,往往刻有精美的花纹,而以带有浓厚的神秘意味的饕餮(tāotiè涛帖)纹作为整个花纹的主体,再用云雷纹等点缀其间,壮丽大方。商代后期,青铜艺术进一步发展,花纹增多。除饕餮纹外,还有羊纹、鹿头纹、牛头纹、虎纹、蝉纹、人面纹等,造型庄严匀称,且富于变化。其他用玉、石、角、骨、牙等质料雕成的作品也很好。在妇好墓出土的四百件玉石制品中,有各种立体或浮雕像,如有全身人像、人头像,有的跪坐戴冠,腰束宽带;有的赤足盘发,裸体文身;还有的一面是男像,另一面是女像。动物制品有虎、豹、熊、象、牛、羊、马、猴、狗、兔等兽类,有鹤、鸮、鹅、鸽等鸟类,还有龙、凤和龟、蛙、蝉、鱼、螳螂等。这些制品都造型生动,栩栩如生。

音乐在商代也已出现,有用金、石、竹、木、革、丝、陶制成的各种乐器。安阳武官村大墓出土的大石磬,浮雕虎纹,形象逼真,音响清越,是当时劳动人民的杰出创作。

四、商朝的科学

1. 天文学

天文学知识水平在商代已发展到相当高的程度。"商主大火","大火"即二十八宿中的心宿。商人已观测到这个星宿。鸟星和火星也已被人们发现,这两个星是测定春分和夏至的标志。甲骨文中有春字、秋字,还有"日至"。"日至"就是冬至和夏至。有了这种知识,就可以测定地球绕太阳一周的时间,从而制定历法。甲骨文中已有日食和月食的记录,也有风、雨、云、雷等气象记录。这是当时农业生产发展的反映,也是发展农业生产需要的结果。

2. 历法

商代的历法已相当完善,为阴阳合历,以太阴(月)纪月,以太阳纪年,用闰月调整季节。平年12个月,闰年13个月,年终置闰,叫做十三月。大月30日,小月29日。商代后期,也在年中置闰。用干支纪日,十干和十二支相配合,六十日为一个周期。在甲骨文中发现有完整的干支表,这是中国最早的干支记录。在祖甲以后又作了改进,将闰月置于年中,甲骨文中有祖甲三年闰九月的纪录。甲骨文中还有"今春"、"今秋"和"日至"等记载,当时已有季节划分,可能已有了二分(春分、秋分)、二至(夏至、冬至)。商代的天文学和历法的进步,与农业生产的发展有密切关系。这些科学成就,主要是上层精英阶层的知识分子们,在政府财力的支持下长年努力研究的结果。

3. 数学

天文历法学,需要数学作为基础。商代已有较高数学知识水平,能进行一般算术运算,绘制较为复杂的几何图形。最大的数目已达3万。

4. 医学

医药知识在商代也开始被人们所掌握。卜辞中有不少关于疾病的纪录,如"疾目"、"疾趾"等。卜辞上的"疾"字,像人躺在床上流汗状。

五、商朝的灭亡

商朝后期,社会贫富差距拉大,贵族的生活奢侈,财大气粗,对待自己的奴隶财产不再珍惜。例如商王常用人祭祀祖先、鬼神。一次用人祭要杀奴隶数十人至数百人,最多达五百人。有的奴隶被砍头、焚烧、宰割或活埋。如用火烧死女奴以求雨,将女奴投入水中以祭神等。奴隶主还用人殉葬。少的用一二人,多的用数十人,二三百人,最多达四百多人。安阳武官村的商王陵墓仅在墓室与墓道内已发现殉人七十九个。殉人有大人、小孩;有男人、女人。生活奢侈的事例极多。妇好墓的殉葬品多达一千四百多件,仅青铜器就有四百多件,其中多数为酒器。商纣王(帝辛)"厚赋税以实鹿台之钱,而盈巨桥之粟。"又大修离宫别馆,作"酒池肉林","为长夜之饮"。大小贵族无不沉湎于酒色。这说明上层社会非常富有,贫富差距巨大,社会矛盾日益加剧。《尚书·微子》曰:"小民方兴,并为敌仇。"奴隶们和破产平民们的反抗不断发生。

周武王伐纣商朝后期,还连年对外进行战争。纣王之父帝乙征夷方达二年之久。他死后,纣王即位,更大规模地对夷方用兵,几乎将国内青壮年都征发出去。百姓疾苦,国内矛盾加剧。这时渭水流域的周族已建国,而且日益强大,乘商国内空虚之机,发兵进攻商的别都朝(zhāo 招)歌(今河南淇县)。纣王将俘来的夷人编成军队迎战,在朝歌南郊牧野大败,战败后不愿做亡国奴,自焚殉节而死。商朝建国六百余年,至此灭亡。中国历史上的奴隶社会也至此基本结束。

第三章

周朝的封建领主制社会

（前11～前221年）

周朝处于中国奴隶社会向封建领主制社会的大转型时期。这一时期从西周奴隶社会的盛极巅峰跌落至东周春秋战国诸侯混战的深渊，人文社会大动荡、大分化、大组合。各种政体、多种经济、军事兵法、哲学思想纷纷登上历史舞台，形成一个百花齐放，百家争鸣的开放局面，最终为秦始皇一扫六合、统一中华、建立中国第一个大一统的封建君主制帝国奠定了基础。

第一节 西周时期的分封建制

周武王灭商，中国古代史上的奴隶制时代基本结束，封建社会的初期阶段即封建领主制（亦称农奴制）阶段开始。这一社会阶段经历了西周、春秋和战国三个时期，至秦始皇消灭六国，统一中国，这一社会阶段才告结束，时长约800年。此后，中国的历史进入以地主阶层为代表的官僚体系阶段。

一、西周的兴起与建立

1. 周族的兴起

周族原居于今陕西渭水中游以北，是戎族的一支。传说有邰（tái 台）氏之女名姜原，踩了"巨人"的脚印而生弃，弃是周族的始祖。学术界认为，此时周族可能以熊为图腾，并由母系氏族向父系氏族过渡。弃善于经营农业，为尧的农师。舜封他于邰（今陕西武功），号后稷，以姬为姓。弃的四世孙公刘时，迁居于豳（bīn 宾，今陕西旬邑），社会经济有较快的发展。公刘之后又九世，传到古公亶（dǎn 胆）父，为了躲避戎、狄的侵扰，又率领族人迁徙到岐山下的周原（今陕西岐山）。

周原一带的土地较肥沃，适宜耕种，周族在这里定居下来。随着社会经济的发展，私有制发生了，贫富分化日益显著，《史记·周本纪》曰："古公乃贬戎狄之俗而营筑城郭室屋而邑别居之，作五官有司。"这说明了早期的城市国家组织已经产生。古公亶父被后世尊为太王。这时的周族尚臣服于商，接受商的封号。但由于势力日益强大，和商也有矛盾。古公亶父死，子季历立，季历后被商王文丁所杀。季历之子昌立，商封之为西伯，后世上谥号为文王。文王也曾被商纣王囚于羑（yǒu 友）里（今河南汤阴），后又被放回。

文王治岐关于周文王这时所行制度，《孟子·梁惠王》（下）曰："昔者，文王之治岐也，耕者九一，仕者世禄，关市讥而不征，泽梁无禁，罪人不孥。""耕者九一"就是说当时已行"井田"制度，贵族对广大农奴进行土地租赁承包责任制管理,地租率约为耕作面积的十分之一。圣经里记载"十分之一交给上帝",教会对自由民的税收是十之一,称为"十一税",另外政府还要另外收税,耶稣说"让上帝的归上帝,恺撒的归恺撒",指的就是教会与政府的双重税收。相比之下,中国奴隶主对奴隶的税率比圣经里记载的欧洲自由农的税率还要低,看来中国的仁义思想不只是产生于孔子时代,而是有更早的民族文化传统。

西周以后出现"仕者世禄"的政治制度——贵族精英世卿世禄制度。这时的周人已进入封建社会的初期阶段——封建领主制社会,或谓之封建农奴制社会。也有学者认为中国的领主分封制度来自于西方,因为西方的这一制度已经存在了上千年,周族从西边游牧而来,是否是从西方游牧而来还有待考古学的支持。周之前中国没有领主分封制度,自从中国有了领主分封制度之后,中国便很快进入"天下大乱"的战国时代,到了秦始皇一统天下,才结束了这种导致乱世的领主分封制度,倒是欧洲的分封制度存在了几千年,也战乱了几千年,欧洲直到资本主义社会的到来,结束了领主分封制度,才结束欧洲的乱了几千年的"春秋战国"时代。

由此我们可以推断,在欧洲存在了几千年的土地分封领主管理制度,是地道的欧洲特产,不像是中国的文化特产,传到中国,便在中国搞出了500年的天下大乱,秦始皇统一中国之后,就立刻抛弃了这种"祸乱中华"的落后制度,又回到中国文化的轨道上来了,并对周时代的国家治理体系进一步改进和强化。直到西汉末年儒家文化进入正统之后,一直落后于欧洲文明的中国,很快就超过了欧洲,并由此引领人类文明两千来年。儒家文化和国家行政官僚体系,才是中华民族一直传承的东西,西方的裂地分封制度不适合中国,一旦照搬使用就会天下大乱。

周自迁岐以后,与商的往来关系较多,从商文化中吸收了不少对周有用的东西。其中极重要的一项,就是文字。一九七七年,考古工作者在周原的一组宫殿遗址中,发现占卜用的甲骨15000余片,其中有文字的为170片,计580字左右,字数最多的一片有30字。字体有的较多用刚劲的直笔,有的较多圆笔,契刻的技巧都很熟练。占卜事项也与商相同,为祭祀、征伐、田猎、祈年等。因当时周臣服于商,也有记商王入周境田猎之事。在这里还发现了一批器物,内有铜镞、玉削、青釉硬陶豆及其他陶器。此时周族已掌握了铸造青铜的技术。此时的欧洲铜造技术已经存在了一千多年,也有学者认为周的铜造技术是从西方带过来的,就如同"封建制度"是从西方带过来的一样。

周在臣服于商的时期学习了商的先进的中原文化,加上周的科技力量,周的力量发展迅猛,到了周文王治岐时,周的社会经济、文化的发展都很迅速,武力也日益强大,先后灭掉邻近许多小国或戎狄部落,后又将国都迁至崇(今西安沣水西),改崇为丰。此时周虽在名义上仍服从于商朝,其势力却已构成对商的严重威胁。

2. 武王伐纣

文王死后,他的儿子姬发继位,是为武王,迁都于镐(hào 号,今沣水东)。丰、镐隔水相临,同为都城。这时,商忙于对东夷用兵,损耗很大,国内社会矛盾尖锐。西边的周武王乘机联合庸、蜀、羌、髳(máo 矛)、微、卢、彭、濮等族或方国,在牧野(今河南淇县南)一战打败纣王。纣王自焚殉节,商朝灭亡,周作为中国历史上的第三个王朝正式建立。

3. 周公东征

周武王灭商以后,对商的残余势力实行羁縻政策。封纣王之子武庚于殷,为诸侯,利用他统治商的遗民。又将商的王畿地区划分为三个部分:自殷(今河南安阳)以东为卫,由管叔鲜驻守;殷都以西为鄘(yōng雍,亦作庸),由蔡叔度驻守;殷都以北为邶(bèi背),由霍叔处驻守。三叔都是武王之弟,其任务是监督武庚和商的遗民,史称"三监"。武庚表面上臣服于周,但时刻想复辟旧国。周武王灭商才两年,即因病死去。其子成王继位,年龄很小,由武王之弟周公旦辅政。管叔、蔡叔怀疑周公篡权,便与武庚勾结,发动大规模的叛乱。周公率兵东征,用了三年时间才平定了这次叛乱,杀掉武庚和管叔,流放蔡叔,贬黜霍叔。又在洛水北岸修建雒邑(今河南洛阳),作为周的东都,以便于加强对东方的统治。从此以后,周对黄河下游的控制比较牢固。后来,其势力又向外扩展,其疆域西到今甘肃东部,东到海滨,南到淮水流域,北到今河北北部和辽宁西南部。

二、西周的政治制度

普天之下,莫非王土。西周灭商之后,基本上废除了商朝的奴隶占有制度,将封建领主制(农奴制)推行于全国。商朝的奴隶占有制还允许奴隶租赁承包土地和拥有个人的自留地,还可以自我赎身、自我解放,甚至进入上层社会,但是领主农奴制度,或庄园奴隶制度属于大锅饭制度,奴隶没有个人财富,终身为奴,世代为奴,早期的领主农奴制度,是领主土地上的人民全部自然的成为领主的奴隶,世代为奴,永世不得翻身,永远没有自我解放的可能,这种制度与中国的奴隶制度相比是落后的,不人道的。

国王(天子)是全国最高土地所有者,又是最高政治统治者。因之,《诗·小雅·北山》曰:"溥(pǔ普)天之下,莫非王土;率土之滨,莫非王臣。"这是当时最高原则,一切重要的政治、经济制度和政策都是在这一最高原则的指导下制定或行事。学术界称这时的土地所有制为封建土地国有制。西周的封建领主制基本上是一种封建家长制统治,主要特点有三:(1)周王以家长制君临天下,是最高统治者;(2)政治制度与宗法制度相结合;(3)对土地的占有与对人民的统治相结合。

1. 王位世袭制

西周实行王位世袭制,此制度是与宗法制度结合在一起的,并由此使用欧洲的"公、侯、伯、子、男"的爵位制度。宗法制度是由原始社会末期的父系家长制演变而来的,是以嫡长子继承制为基本特点的权力分配制度。周王为天下的大宗,其嫡长子为宗子,是王位继承者,称世子;庶子为小宗,周王封其为诸侯,或留在中央为卿、大夫。诸侯、卿大夫或士,各为本支的大宗,其嫡长子为职禄继承者;庶子为小宗,再分封。此小宗又为本支的大宗。如此推演无穷。周王被视为天之元子,受天之命以君临人间,所以称"天子"。这是"君权神授"观念。这种观念周之前中国是没有的,也有人认为"君权身授概念来自于欧洲宗教思想"。

2. 六官制

西周的中央官制,由于缺乏资料,还不很清楚。据《周礼》记载,周有六官,亦称六卿。为冢宰、司徒、宗伯司马、司寇、司空。冢宰就是宰相,统率百官,辅佐天子。司徒管土地和人民,宗伯管王族事务,司马管军事,司寇管刑法,司空管公共工程。其他文献和金文中还记有一些重要官名。有文官,也有武官。这些官员统称为卿大夫或士,都由大小贵族充当,父死子继。官员都以采邑为俸禄,采邑在王畿内,亦世袭。这就是"仕者世禄",或谓之"世卿世禄"制。此制也是与宗法制度相结合的。

周王室有三支军队:一为虎贲,是王室的禁卫军;二为周六师,是国家主力军,由周人组成,驻在京师丰镐一带,称西六师;三为殷八师,由商遗民组成,主要驻在东方,亦用于征伐。

3. 分封制

西周的地方行政制度是"分土封侯"制,或谓之"封诸侯,建藩卫",简称"分封制"。所封诸侯都在王畿以外,各建邦国。受封者有三种原因:一为周王的同姓(姬姓)亲属,二为功臣,三为古帝王之后。《荀子·儒效篇》曰:"周初立七十一国,姬姓独居五十三人。"

诸侯对天子有隶属关系,有镇守疆土、捍卫王室、交纳贡税、朝觐述职的义务。诸侯在封国内是君主,初封时就是半独立状态,在封国内亦实行分封制。国内土地的一部分归诸侯直辖,一部分土地作为采邑分封给他的卿大夫,卿大夫又以同样情况分土地给士,士直接统治庶民。封国内的层层分封制也是与宗法制度相结合的,就是嫡长子世袭制。这样的层层分封,形成为一座政治权力金字塔的政权体系。自天子至士,为各级贵族,庶民主要是农业劳动者。

当时的主要诸侯国:如齐,首封者是太公望,姜姓,因佐武王灭商有大功,封于齐,以营丘(亦称临淄,今山东淄博东北)为都城。这里北临渤海,有鱼盐之利。鲁,首封者为武王之弟周公旦,因在京师辅助成王,命其长子伯禽建国,以曲阜(今山东曲阜)为都城。这里原是商的与国奄国,伯禽"变其俗,革其礼,"国势有所发展。燕,首封者为召(shào 哨)公奭(shì 市),姬姓,初都今北京房山区董家林一带,后迁蓟(今北京城西南),这里临近戎狄,为周的东北边区。宋,首封者为商纣王之庶兄微子启,以商丘(今属河南)为都城,统治商的部分遗民。

4. 吕刑

西周初年即有刑法,分"轻典"、"中典"、"重典",合称"三典",用以罪犯和反叛者。西周中期,社会矛盾尖锐,周穆王命吕侯(亦称甫侯)制定《吕刑》,有墨、劓、剕、宫、大辟五刑,共三千条。这些刑罚主要为了惩治下层不法民众。《礼记·曲礼》(上)曰:"礼不下庶人,刑不上大夫。"可见礼与刑都是有阶层性区分的。

三、封建领主制经济

1. 井田制度

"井田制度"一词是自战国以来,人们对西周时期所行土地制度的通用名称,历代各家学者的解释不尽相同。它的含义有二:

一是"井"字像田地的形状。田地中有阡、陌、沟、渠,划分田地为若干方块,来源于夏商以前。

二是西周的封建领主制管理方式。这种管理方式的基础,即土地所有权的分配,是天子有所有权,诸侯、卿大夫、士等各级贵族有占有权和使用权,庶人(农奴)无土地权利,只有耕作和交公粮的义务。

具体管理方式是贵族们将田地分为两类,一类为分封给贵族的土地,名"公田",由所属农奴们集体无偿代耕,就是劳役地租。另一类大致以百亩为单位分给农奴各家耕种,收获物归农奴所有,以保证农奴自生自养。孟子对这一管理形式设想为:"方里而井,井九百亩,其中(间)为公田,八家皆私百亩;同养公田。公事毕然后敢治私事。"井字形将土地分成九块,每块一百亩(约等于现在的二十多亩),中间一块最好的土地是公田,周围八块分给八户农奴,八户农奴要先耕公田,再耕私田。

当然各贵族对公田、私田的划分或分布,因地因人而异,不一定绝对如此整齐划一,孟子也说"此其大略"。古人把这种劳动产品再分配的方式"雅化"为"公食贡,大夫食邑,士食田,庶人食力"。公即诸侯爵。在井田制度下,土地国有,不许买卖。

2. 农业

西周的农业有进一步的发展。当时的主要农具是木制的耒耜。此外,还有骨铲、石铲、石犁、石刀、蚌镰等。耒耜是用青铜斧、锛制作的硬木工具,很便于掘土耕地之用。刀、镰用于收割庄稼。此外,在考古发掘中还有少量铜铲、铜镈、铜镐、铜锄出土,可能不是普遍使用之物。农奴们已积累了较丰富的农业知识,很注意选育良种、施肥、除草、防治病虫害及灌田或排水等。一般田地多修有排灌系统。农作物的种类不断增多,主要的有黍、稷,此外还有稻、粱、麦、菽(shū 叔,豆)及蔬菜、瓜果等。用作手工业的桑、麻和染料作物,种植的也较普遍。

3. 手工业

西周实行"工商食官"制度,就是工匠和商贾都是官家(贵族)的食客、家仆,类似于雇员,主要为封建领主贵族的政治或生活需要而从事工商管理和代理活动。由于商品经济不发展,独立经营的手工业者和商人极少。

西周的官府有"百工"。百工就是具有各种技艺的工匠。当时的主要手工业有青铜铸造、制陶、制骨、制玉器、制革,还有木工、竹工、漆工、丝织等等。

青铜铸造业是西周时期的主要手工业,其技术继承了商代而有所发展。器形和数量都比商代增多。主要青铜器有礼器、兵器、手工工具、生活用具和车马饰等。在考古工作中发现有西周青铜器出土的省份很多,如陕西、河南、山东、山西、河北、辽宁、江苏、安徽、湖北、湖南等省,都有发现,不少铜器铸有铭文。西周前期的大盂鼎高约一公尺,重153.5公斤,有铭文291字,记载了周康王二十三年策命其臣盂、并赏赐给他奴隶和其他财物的情况。西周后期,铜器的数量大增,带铭文的铜器更多。周宣王时的毛公鼎有铭文497字,记载了宣王诰诫和赏赐其臣毛公的情况。有些铜器的铭文,记载着封建贵族赏赐、赠送、交换、赔偿土地、奴隶或其他财物的情况,也有记载战争的。这些铭文从不同角度反映了当时的政治和社会的一些重要情况。

制陶业也有发展,除制作一般陶器之外,原始瓷的制作也有进步。在考古工作中,先后在陕西西安、河南洛阳、安徽屯溪、江苏丹徒,都有发现。纺织业有家庭副业,也有专为贵族们的生活需要而生产的。所用原料有丝、麻、葛和羊毛等。丝织业的发展较快,大约在西周后期,出现了锦,锦是一种用复杂技术织成的比较名贵的丝织物。用麻、葛织成的布,其种类也很多。有些织物染成各种颜色。

4. 商业

为贵族服务的商业,是以交换奴隶、牛马、兵器和珍宝异物为主。奴隶的价格很低,5名奴隶才换得"匹马束丝",就是换得一匹马10把丝。民间也存在着商品交换关系。如《诗·卫风·氓》曰:"氓之蚩蚩,抱布贸丝。"就是描写一个农奴以货币买丝的情况。西周的主要货币仍然是贝,以朋为单位。还有金(铜),以锊(lüè 锊)为单位。

四、西周的灭亡

1. 国人暴动与共和行政

西周后期,社会经济发展较快,山林川泽有所开发。至厉王时,他把王畿以内的山林川泽收归王室控制,不许中小贵族利用,亦不准百姓进入樵采捕捞。厉王的这一措施引起百姓的不满。当时,召公劝他不要这样,这样做"民不堪命"。厉王不但不听劝告,反而派人监视对他不满的人。一且发现有"谤王"者,立即捉去杀死,以致"国人莫敢言,道路以目"。"国人"是居住在国都内的人的统称,多是平民,身份较高。至公元前841年,国人发动暴动,反对周厉王。厉王逃到彘(今山西霍县),朝政由召公和周公等代管,史称"共和行政"。

2. 宣王中兴

宣王即位、国家的情况残破不堪,周边的民族一再侵袭,社会仍动荡不安。宣王在周公和召公的辅助下,首先整顿内政,安定社会秩序。进而对周边的民族展开斗争。关于此事,史称"宣王中兴"。

宣王在位四十六年,在政治和军事上确是取得了一些成就。他在对严允、西戎、徐戎、荆楚进行的一系列战争中,取得不少胜利;但也有失败之时。宣王一再征兵徭,遭到大臣们的反对,农奴也大量的逃跑,有些农村成为鹿场,有些田园鞠为茂草。所谓"宣王中兴",已掩盖不住西周的败落景象。

3. 犬戎破周

宣王死后,幽王立。这时关中地区发生大地震,造成的灾难很严重。幽王的内政也很黑暗。他奢侈,横征暴敛;不仅加重百姓税赋,还劫夺其他贵族领主的财物,这就加剧了上层社会内部的矛盾。不仅这样,周王室内部还发生了争夺王位继承权斗争。幽王宠爱妃子褒姒,欲废申后和申后所生的太子宜臼,另立褒姒为后,立褒姒之子伯服为太子。这不仅使宫廷内部分裂,也引起了申后之父申侯的不满。公元前771年,申侯联合犬戎,举兵攻周,杀幽王于骊山(今陕西临潼东南)下,虏走褒姒,把都城丰、镐抢劫一空。诸侯们和申侯拥立宜臼继位,是为平王。这时丰、镐已残破不堪,周围又有戎人的威胁,平王被迫于次年放弃丰、镐,东迁雒邑(今河南洛阳)。至此,西周结束,东周建立。

第二节　诸侯争霸的春秋时代

周平王元年(公元前770年)迁都于东都雒邑,此后的周王朝史称东周。原都于丰、镐的王朝史称西周。东周王朝至公元前249年(秦庄襄王元年),为秦所灭,其存在时间为521年。中国习惯上把这段历史分为两个时期,自平王东迁至韩、赵、魏"三家分晋"(周威烈王二十三年,前403年),为春秋时期。自"三家分晋"至秦始皇统一六国(秦始皇二十六年、前221年),为战国时期。

一、诸侯大国争霸

1. 王室衰微

平王东迁以后,王室的势力日益衰弱,在政治上和经济上都依靠一些比较强大的诸侯的支持。平王时,相继任用郑武公及其子郑庄公为卿士(相当于宰相)。平王死,桓王继位,不想再用郑庄公,而想改用虢(guó 国)公为卿士,于是"周郑交恶"。公元前707年,桓王以周、蔡、卫、陈四国之师伐郑,为郑师所败,桓王被射伤。从此,天子的威信更加低落,仅存共主的虚名。这时有诸侯国一百余,不再听命于天子,互相兼并,于是出现了大国"挟天子以令诸侯"的情况。这样的大国称为"霸主"。各大国都想当"霸主",于是出现了大国争霸的局面。

春秋时期有哪些霸主,历史上有不同的说法。一般认为齐桓公、晋文公、秦穆公、宋襄公、楚庄王为"五霸",他们先后做过霸主。宋襄公虽想称霸,但并未做到。而吴、越二国却曾相继到中原争霸,影响较大。

2. 齐桓公始霸春秋时期

首先称霸的诸侯是齐桓公。齐在春秋前期,已是东方大国,占据了今山东的北半部。可是公元前七世纪前半期,政治黑暗,社会矛盾一度很尖锐。这时齐桓公继位,任用管仲为相,进行改革。管仲曾经商,是一位很有才能的政治家。改革内容主要有三项:

(1)"案田而税"。这一改革是适应齐国当时的土地占有情况制定的。当时齐国的井田制在破坏,公田荒芜,私人开垦的田地增多,但却不登记,不纳税。"案田而税"就是不分公田(井田)还是私田(开荒田)一律按田地的好坏或产量高低征税。这样不仅扩大了国家的财政收入,也承认了开荒私田的合法性,稳定了社会秩序。当然也实际削弱了国家对土地的控制权,放弃了井田制,促进了土地私有制经济的快速发展,国力不断壮大。

(2)"寓兵于农"。就是把农业人口的编制与军队编制统一起来。齐划都城及其附近为二十一乡;商工六乡,士农十五乡。此十五乡每乡二千户,每户出卒一人,共二千人。五乡出士卒一万人,为一军。士农十五乡组成三军,每年农闲时进行军事训练。这个办法加强齐国的军事力量。

(3)士农工商专业分居。专业即"士之子常为士","农之子常为农","工之子常为工","商之子常为商"。不仅职业世袭,而且分别居住。这样既保证了社会生产需要,也避免了人们因谋职业生活而使社会动荡不安。

齐国改革之后,国势日强,奉行"尊王攘夷"政策。这时山戎侵燕,齐桓公率军北伐山戎,保卫了燕。稍后,狄人又连侵邢(今河北邢台)、卫(今河南滑县东),齐桓公又救邢、卫。齐桓公救患扶危的行为,得到一些诸侯的拥护,威信大增。就在此时,南方的楚国不断北侵,威胁中原。

公元前650年,齐桓公率齐、宋、陈、卫、郑、许、曹等国的军队伐楚,与楚军对峙于陉(今河南郾城县东南),双方互不退让。后齐、楚在召陵(郾城县东)订立盟约,双方撤兵,史称"召陵之盟"。齐桓公这次出兵,虽未与楚作战,但却打击了楚北进的锋芒,暂时消除了楚对中原诸国构成的威胁,因之进一步得到中原诸侯们的拥护。

公元前651年,齐桓公在葵丘(今河南民权东北)大会诸侯,参加会盟的有齐、鲁、宋、卫、郑、许、曹等国的国君,周天子也派代表参加。盟约申明:"凡我同盟之人,既盟之后,言归于好。"还规定同盟诸国不要乱筑河堤,"以邻为壑";不要囤积粮食,使受灾之国买不到粮,扰乱国际贸易;不要擅以田邑封给别人而不报告天子。

这次会盟史称"葵丘之会"。齐桓公为盟主,就是霸主,得以挟天子以令诸侯。齐桓公是春秋时期的第一位霸主,史称"齐桓公始霸"。

3. 晋文公称霸

晋是周成王之弟虞的封国。初封于唐(今山西翼城西),后以境内有晋水,改称晋。春秋前期,国势发展。晋献公时,迁都于绛(今翼城东南)。兼并了数十个小国和戎、狄部落,疆域扩大到整个汾水流域。献公死,文公重耳继位,对政治、经济进行了一些改革,国势更强大。这时齐桓公已死,齐国转弱,楚国又不断北侵。

公元前632年,楚北上围宋,宋向晋告急,晋文公率军救宋。晋军为避开楚军的北进锋芒,在未战之前,主动退军"三舍"。至城濮(今山东鄄城西南),晋文公会晋、宋、齐、秦等军,大破楚军。这就是著名的"城濮之战"。战后,晋文公又大会诸侯于践土(今河南原阳西南),参加会盟的有晋、鲁、齐、宋、蔡、郑、卫、莒等国,周天子也派代表参加。盟约规定:"皆奖王室,无相害也。"史称"践土之盟"。晋文公成为中原诸侯的霸主。

4. 楚庄王问鼎霸主地位

楚是江、汉流域的一个蛮族国家,西周时,活动在丹阳(今湖北秭归)一带。公元前689年,始建都于郢(今湖北江陵纪南城),逐渐强大,兼并了附近许多小国。楚庄王(前613~前591年)时,孙叔敖为宰,整饬内政,兴修水利,国势更加强盛。

公元前606年,楚庄王率军至雒邑的郊外,周定王被迫派人为他举行慰劳欢迎之礼。庄王"问鼎大小轻重"。

鼎是王权的象征。楚庄王"问鼎",表明了他有灭周的野心。前598年,楚围郑,晋救郑。次年,晋、楚军战于邲(bì 闭,今河南郑州市东),晋军大败。史称"邲之战"。前594年,楚又围宋,宋向晋告急,晋畏楚而不敢出兵。从此,中原各国背晋向楚,楚庄王成为中原的霸主。《韩非子·有度》曰:"荆(楚)庄王并国二十六,开地三千里。"庄王死,楚势渐弱。

5. 吴、越争霸

吴、越都是长江下游的国家。吴属荆蛮,都于吴(今江苏苏州);越属越族,都于会稽(今浙江绍兴)。春秋中期,晋楚争霸时,晋曾联吴以制楚,吴的国力也日益强大。公元前506年,吴王阖庐用楚亡臣伍员率军伐楚,楚军大败,吴军直入郢都。这时楚得到秦的救援,越国又乘虚攻吴的都城,吴被迫撤兵。阖庐死,子夫差继位,于前494年伐越,败越于夫椒(fújiāo 孚郊,今江苏吴县太湖洞庭西山),围越王勾践于会稽。勾践求和,请为属国。前487年,吴筑邗城(今江苏扬州)于江北,又开邗沟,联结江、淮,通粮运兵,大败齐兵于艾陵(今山东泰安)。前482年,又与晋、鲁的国君及周天子的代表会盟于黄池(今河南封丘)。因当时越王勾践又进攻吴国,夫差让霸主与晋定公而回师吴国。公元前473年,越再伐吴,夫差战败自杀,吴亡。

勾践灭吴后,成为江、淮下游最强大的国家。他率师北上,与齐、晋等诸侯会战于徐州(今山东滕州东南),成为霸主。后为楚所灭。

6. 秦霸西戎

秦国原是活动在陕西西部的一个小国。西周灭亡,秦襄公护送平王至雒邑有功,被封为诸侯,以岐为中心,势力逐渐发展。至前753年,"初有史以纪事"。大约这时,秦的经济、文化有较大发展。秦穆公(前659~前621年)时,任用百里奚为大夫,整顿内政,奖励生产,国家逐渐富强,疆土向东扩展,与晋国相接。

公元前645年,秦伐晋,大破晋军于韩原(今山西芮城),生俘晋惠公。前627年,秦又袭郑,在回军至殽(xiáo 淆,今河南洛宁西北)时,遭晋军截击,秦军的三个将军被俘,全军覆没。史称"殽之战"。此后,秦、晋屡有战争,互有胜负。但秦国为晋所阻,不得向东发展,就向西戎地区发展。《史记·秦本纪》曰:秦穆公"益国十二,开地千里,遂霸西戎。"

7. 弭(mǐ 米)兵之会

春秋中期,晋、楚争霸激烈,江、河流域所有的大小诸侯国几乎都卷入战争,兵连祸结,没有宁日。中原各国所受战争的灾害最为严重。郑国在七、八十年中,遭受战祸七十多次,宋国遭受战祸四十多次。楚不断围宋、围郑,许多小国也受灾害。既要从楚,又要从晋,只有"牺牲玉帛,待于二竟(境)。"因此,小国普遍厌战。晋、楚两个大国势均力敌,疲于攻战,也各想暂时休战。"弭兵"运动就是在这样的背景下发生的。

"弭兵"运动是由经常处于四战状态的宋国发起的,前后共有两次。第一次是在公元前579年,由宋大夫华元向晋、楚两大国提出倡议,双方勉强响应,各派代表会于宋,订立盟约。可是才过三年,楚国首先撕毁盟约,北侵郑、卫。公元前575年,晋、楚战于鄢陵(今河南鄢陵西北),楚大败。

第二次"弭兵"运动是由宋大夫向戌倡议的。当时晋国的六卿(赵、韩、魏、知、中行、范)之间,争权激烈,无暇外顾。楚又东面受制于吴,不敢北进。其他小国多有内争,自顾不暇。所以这次"弭兵之议"提出,很快得到各大小诸侯的响应。公元前546年,晋、楚、齐、秦、鲁、宋、郑、卫、曹、许、陈、蔡、邾、滕共十四诸侯会于宋,共尊晋、楚两大诸侯国为盟主;又齐、秦两国较大,商定不作为从属国看待;其他原从属于晋、楚的较小诸侯国今后要互朝晋、楚两大国,并承担晋、楚两国给予的义务。

向戌"弭兵"之会是在晋、楚两大国势力均衡的情况下产生的。这次会盟之后,晋、楚之间四十多年没有发生大的战争,其他国家间的战争也很少。这种形势对恢复、发展各国的社会经济,安定人民的生活,都有很大的好处。

二、领主经济解体,地主经济萌芽

1. 封建领主经济的特点

已如上述。地主经济是以土地私有制为基础的,以地主与农民结合成租佃关系为主要特点的制度。在地主经济制度下还存在大量的自耕农。领主经济解体,地主经济萌芽,其主要内容就是以井田制形式经营的土地国有制瓦解,土地私有制萌芽、产生。

(1)铁器和牛耕出现。春秋时期,社会生产力有很大的发展,其主要表现为铁器和牛耕的出现。中国铸造铁器大约开始于西周末年或春秋初年。至春秋中期以后,使用铁器的情况已很多。《国语·齐语》曰:"美金(铜)以铸剑戟,试诸狗马;恶金(铁)以铸鉏(锄)夷斤(zhú 竹),试诸壤土。"考古工作者在湖南长沙、江西九江、江苏六合、河南洛阳等地,都发现了春秋中晚期的铁农具。不过这些铁农具只有锸、铲、刀等,还有一些手工工具,没有铁犁。这时已有牛耕是肯定的。如孔子的弟子冉耕,字伯牛;司马耕,字子牛。都是有牛耕的证明。当时所用的犁当是木犁。这种木犁是用青铜或铁工具制作的,坚固适用,再配以耕牛为动力,可产生巨大的生产效果。

铁器牛耕的出现,不仅有利于深耕除草,并为开垦荒地和兴修水利提供了有利条件。如郑国人说他们开发今河南新郑一带,姜戎人开发今山西东南部,"除翦其荆棘,驱其狐狸豺狼"。著名的水利工程有楚国的芍陂(quèbēi 却碑,在今安徽寿县南),"陂径百里,灌田万顷。"还有吴国的邗(hán 汗)沟,南起邗城(今江苏扬州),北至末口(今淮安北),全长150公里,沟通了长江和淮水,是中国最早的一条人工运河。对于沿岸农田的灌溉与排水,对于江、淮两流域的经济、文化交流,都起了积极的作用。

(2)井田制瓦解。土地私有制产生春秋时期,周天子对诸侯国土地的控制力已几乎完全丧失。诸侯们对他们封国内的土地理所当然地认为是属于他们的。这是土地由国有变为私有,产生私有土地神圣不可侵犯概念的开始。所以,土地私有制概念是从上层诸侯领主中间产生出来的,并以此向下形成民众概念。

对于人民的占有权也是这样。所谓"普天之下,莫非王土;率土之滨,莫非王臣"这一分封制度已经过时了,取而代之的新的原则是"封略之内,何非君土;食土之毛,谁非君臣。"这一原则的改变,是土地国有制破产的标志。从此,加速了国家经济私有制的进程,诸侯国国王不能再通过行政权来控封国内的土地,必须通过经济交易方式来购买和控制土地,依仗权力干预经济的力度减小。同时,土地的交易和买卖加速了土地的兼并,失去土地的农民跑到边远地区开荒耕种。至此,井田制在迅速破坏。

土地私有制的萌芽和产生,是社会生产力发展的必然结果。在井田制尚未瓦解的情况下,私有土地的来源有如下四条主要途径:

赐田转向私有——周天子或诸侯赐田,不一定赐给封君。也就是不一定是"授民授疆土",由于土地所有可以和政治统治分开,就出现了纯经济利益性的赏赐。如赵简子赐给名医扁鹊"田四万亩",赵烈侯赐给两位歌唱家田"八万亩",这些赐田都转向私人手中,成为私有财产。

贵族之间通过转让关系,将部分土地转向私有。——这种情况在西周时已经出现,春秋时期更有发展。

贵族之间互相劫夺土地,据为己有——春秋时期,贵族之间劫夺土地的情况是严重的。诸侯、卿大夫、嬖(bì 敝)臣、小吏都参加了这种劫夺斗争。甚至还发生了晋大夫郤(xì 戏)至与周简王争田之事,双方相持不下,请晋侯评理。有些人将他人杀掉,以霸占其土地。这类田地中的主要部分为井田。

开荒地据为己有——当时由于已经有了铁器,青铜工具也很锐利,所以开垦荒地者很多,其中有中小贵族领主,也有逃亡的农奴和平民。开荒地一般不向国家登记,隐瞒在私人手中,成为私有财产。

通过各种途径转化而来的私有土地急剧增加。至春秋后期,终于出现了土地的买卖关系。土地买卖是土地的抵押、典当关系发展的必然结果,是土地私有权确立的标志。

当时,私有土地的经营方式主要有两种,一是农民自种,这样的农民就是自耕农;二是地主出租土地给佃农耕种,以收取实物地租,这是一种新的租佃关系,是地主经济的萌芽。

(3)初税亩。私田一开始,不向国家纳税。私田越多,不纳税的田地越多,拥有大量私田人越富。可是公家(诸侯),却由于公田的歉收或荒芜,经济日益困难。于是,出现了"私肥于公""民富国贫"的现象,这对于诸侯是很不利的。各诸侯们为了扩大税源,增加财政收入,先后进行了赋税制度的改革。

最早进行改革的是齐国和晋国。齐国的赋税改革叫做"案田而税",也叫做"相地而衰(cuī 崔)征"。晋国的赋税改革叫做"作爰田"。稍后,鲁宣公十五年(前594年)"初税亩",是最著名的一次赋税改革。

初税亩就是开始实行以亩积为单位征收耕地税的制度。这一制度的实行,实际也就开始承认私有土地的合法性,不分公田、私田,一律按亩纳税,税率为亩产量的十分之一。相继进行赋税改革的,还有楚国于前548年"书土田","量入修赋";郑国于前538年"作丘赋",秦国于前408年"初租禾"。意义基本相同。赋税制度的改革在一定时期中扩大了诸侯们的税源,充实了府库;可是,各国实际放弃了实行已久的井田制度,也放弃了国家对土地的所有权,承认了土地私人占有制。这就加速了井田制的瓦解过程。

（4）手工业。春秋时期，"工商食官"国营制度开始破坏。但在手工业方面的表现不很严重，官府国营手工业仍处于主要地位，民间独立的个体户手工业者很少。国营手工业在各诸侯国中有极大的发展，规模也比较大。工匠等专业技术人员仍称百工、身份不自由。作坊和工场称肆。《论语·子张》曰："百工居肆，以成其事"。管理技术人员和工人的官吏有司空、工师、工正等。类似于厂长、总工程师、车间主任一类的职务。

（5）手工业。的发展主要还表现在手工业门类的增多和技艺的进步两个方面。主要手工业有铸铜业、木器业、漆器业、制陶业、纺织业、制盐业和冶铁业等。而以青铜器的铸造的进步最为突出。

青铜器主要有礼器、乐器、食器、炊器、盥漱器、兵器、车马具等。多数器具造型精巧，花纹工细，有的还错以金银，工艺水平很高。1978年在湖北随县曾侯乙墓出土的编钟共有64件，计钮钟19件，甬钟45件，最大的一件甬钟，通高153.4厘米，重203.6公斤。全套编钟重达2500多公斤。每件都有铭文，绝大多数有错金花纹。钟架巨大，两端的青铜套上都饰有浮雕或透雕的龙、鸟等，用失腊法铸作，龙、鸟精巧生动，栩栩如生。

2. 民营商业的发展

"工商食官"的国营企业不断减弱，在商业方面比较突出。主要是民间商品交换关系有较大发展，私企在商品竞争中发展迅速，大锅饭的国企不断破产，出现了很多以私人资本经商的大商人，私人财团的力量不断强大，甚至左右到国家经济和政治。最早的事例，如西周、春秋之际，郑国由今陕西华县迁到新郑（今河南新郑）时，郑桓公是得到大商人的资助进行的。春秋前期，秦穆公偷袭郑国时，路上遇郑之大商人弦高，弦高竟以郑国君的名义用十二头牛犒劳秦军，又暗中派人回郑报信。秦以为郑有准备而退兵。

春秋后期，大商人更多，有些在当时就很有名。如范蠡，原是越国大夫，曾协助勾践灭吴。后来退隐民间，变名易姓，以经商为业。至陶（今山东定陶），称"陶朱公"。在十九年间，"三致千金"，成为著名的大富商。孔子的弟子子贡（端木赐），在曹鲁等地经商，"结驷连骑，束帛之币以聘享诸侯。所至，国君无不分庭与之抗礼。"其地位直追国王。据司马迁说："使孔子名布扬天下者，子贡先后之也。此所谓得势而益彰者乎!?"这就是说，孔子的名气所以这样大，和他有子贡这样的大商人弟子的名望、地位和财力支持是分不开。另一个左右国家政治的跨国商人是吕不韦，他对秦国政治影响很大，吕不韦已经用资本来投资政治。这个时候的春秋战国，似乎有了资本主义的发展苗头。

私有经济的快速发展，大商人的不断增多，说明了"工商食官"国营体制在走向瓦解。资本干预政治的资本主义政治现象开始出现。

随着商业的发展，原来用作货币的海贝已不敷应用，金属铸币大量增加，商业资本促使下的跨国金融体系开始形成。1970年在河南洛阳附近，也就是在东周王都附近，发现一个陶瓮，内有属于春秋早期的大平肩空首布六百零四枚，属于春秋中期的斜肩"武"字空首布一百四十九枚。1971年，在新安牛丈村出土属于春秋中期的小型平肩空首布四百零一枚。五十年代后期，在山西侯马亦发现有春秋末年晋国铸造货币的作坊遗址，并出土有大批尖肩尖足大型空首布。空首布和实用的金属农具镈（铲）很相似，所以也叫做"铲布"。这是原始形式的金属货币。金属货币的制造、发行和使用，是商业发展的重要标志。

三、官商政治

春秋时期,随着井田制的瓦解和土地私有制的产生,在政治上也引起很大变动。主要是许多诸侯长期陷于争战之中,经济困难,政治权力日弱;而且不少卿大夫却拥有大量的土地,掌握了强大的政治、军事权力。这些卿大夫拥有政治权力,在经济上损公肥私,在政治上干预君位继承,废嫡立庶,甚至将国君置于他们的控制之下,甚至分裂国家。其中最有代表性的事件是"韩、赵、魏三家分晋"和"田氏代齐"。

1. 三家分晋

晋在春秋中期,政权已逐渐为六卿所控制。所谓六卿,就是赵、韩、魏、知、范、中行氏六家。后来,赵、韩、魏、知四家联合起来,消灭了范氏和中行氏,并瓜分了两家的土地。至前453年,赵、韩、魏三家又联合起来,消灭了知氏,晋国的政权就控制在这三家手中,晋国的绝大部分土地也在他们的控制之下。

赵氏占据晋的北部地区,以晋阳(今山西太原)为都城;韩氏占据晋的中部地区,以平阳(今山西临汾)为都城;魏氏占据晋的南部地区,以安邑(今山西夏县)为都城。晋君只保有绛和曲沃(今山西翼城东和闻喜)两小块土地,"反朝韩、赵、魏之君"。公元前403年,周威烈王承认韩、赵、魏三家为诸侯,晋国名存实亡。至公元前377年,韩、赵、魏"灭晋侯,而三分其地",晋亡。

2. 田氏代齐

齐国的田氏原是陈国公子完的后裔。公子完在齐桓公时,因避陈之内争,逃来齐国,姓田氏,任齐"工正"。春秋中期,田氏势力逐渐强大,在向贫苦民众放贷时,用大斗借出,小斗收入,民众很拥护他。公元前490年,齐景公死,贵族国氏、高氏立景公的儿子公子荼(tú 途)为国君。田氏乘机发动武装政变,打败了国氏、高氏,立景公的另一个儿子公子阳生为国君(齐悼公),田乞为相。田乞死后,其子田常(田成子)继续为相。前481年,田常又发动武装政变,把几家强大的贵族如鲍氏、晏氏等全部消灭,并杀死了齐简公,另立简公之弟为国君(齐平公),政权完全控制在田氏手中,国君实际成为傀儡。到田常的曾孙田和时,于前391年废掉齐康公,自立为君,完成了田氏代姜氏之齐的过程。公元前386年,周安王承认田和为诸侯。

3. 三桓斗争

三桓是春秋时期鲁国的三个大夫,新兴势力的代表。它们是季孙氏、孟孙氏和叔孙氏,以季孙氏力量最为强盛。春秋后期季孙氏已占有大量私田和大批"隐民",还有私人武装甲兵7000人,实力远远超过公室。公元前562年,季孙氏联合叔孙氏和孟孙氏向公室发动武装进攻,结果三家"三分公室"。季孙氏适应历史潮流,采用封建制的管理方式,势力发展很快。25年后,三家"四分公室"重新调整份地,季孙氏得二份,叔孙氏和孟孙氏各得一份。公元前517年,鲁昭公组织旧势力反扑,被三桓联合起来打得大败,鲁昭公逃往齐、晋,最后死在国外。在新旧势力斗争的过程中,民众纷纷归附三家新势力,成为它们的"隐民",鲁公室被架空,徒有虚名,鲁国政权实际上掌握在三家大夫手里。

第三节 统一与反统一的战国时代

自公元前403年韩、赵、魏三家分晋到前221年秦统一六国,史称战国时期。战国初期,尚有二十余个诸侯国。其中以秦、楚、齐、燕、韩、赵、魏七国最强大。七国之间长期混战,人们称这七国为"战国"。以后,人们亦称这段历史为"战国时期"。

一、战国"七雄"

经过春秋时期的长期兼并战争,各国卿大夫势力都有不同程度的崛起,加之各地区性经济的发展不平衡,春秋时期大的诸侯国到了战国时期发生了急剧的变化。有的地处边陲、默默无闻的古国,现在强盛而活跃起来,比如燕国就是这样。有的原是大国强国,由于内部势力的兴起,而被肢解退出了历史舞台。晋国正是如此,它被新兴的赵、韩、魏三国所取代。于是在战国初期,在北起辽东、南至长江流域的广大地区,形成了秦、齐、楚、燕、韩、赵、魏七个大国,史称"七雄"。七国的形势是:楚在南,赵在北,燕在东北,秦在西,齐在东,韩、魏夹在中间。沿着黄河流域从西到东秦、魏、齐三大国,在七国中先后具有左右局势的力量。七国之外,原来的周"天子",已成小国之君,需要靠大国保护。尚存在于周边的十几个中小国,如宋、鲁、卫、中山、越、巴、蜀等,多数先后被七个大国所兼并。地处四方边陲的一些少数族的部族,正在积极发展,并在向等级社会过渡中,同中原诸国发生着不同程度的联系。

七国的社会发展是不平衡的。齐国和"三晋"的赵、魏、韩,地主阶层已在春秋战国之际夺取了政权,建立官僚体系管理制国家。秦、楚、燕三国的地主阶层,直到战国初期尚处在夺权斗争之中,正在为官僚制度的建立开展着激烈斗争。战国初年,各国为了强大自己的实力,都在自己国内进行着程度不同的社会改革,史称"变法运动"。

二、诸侯各国的全面改革

战国前中期,各国的诸侯为了富国强兵,相继对本国的政治、经济和军事制度进行了不同程度的改革。

1. 魏国李悝改革

魏国的建立者魏文侯(名斯,前424~前396年在位)是著名的政治家。他任用李悝(kuī 亏,约前445~前395年)为相,约于前400年左右进行改革。改革的主要内容如下:

选贤任能,赏罚严明 李悝主张,要打破干部世袭制,改变旧的"世卿世禄"制度,重要官职要选任有才能的人充当,优厚俸禄要奖给有功劳的人。还主张赏罚严明。这样改革的结果,大大削弱了魏国的"世卿世禄"制度,以后的封君在封国食邑内没有治民之权,只衣食租税,只能靠经营分封的土地吃饭,"官商一体"的情况有所改变;官吏制度有所改善,政治情况较好。

(1)尽地力。"尽地力"是一种"重农政策"。李悝为魏文侯作《尽地力之教》,他计算说:一百平方里之内,有土地九万顷,除了山泽人居占三分之一之外,可开田地六万顷,"治田勤谨,则亩益(增产)三斗,不勤,则损(减产)亦如之。"这就是说,百里之地,每年的产量,由于勤与不勤,或增产一百八十万石,或减产一百八十万石。此数字关系重大,因此必须鼓励农民生产。

(2)善平籴。在《尽地力之教》中还提出了一项设置"常平仓"的主张。李悝认为,"籴(dí 笛)甚贵伤民,甚贱伤农。民伤则离散,农伤则国贫。"这对国家都极不利。为了"使民毋(wù 无)伤而农益劝",国家应当设常平仓。丰年征购农民的粮食,蓄积于常平仓,不使粮价过贱,以免伤农;荒年则抛售常平仓的蓄积,不使粮价飞腾,以免伤民。他说:这样"虽遭饥馑、水旱,籴不贵而民不散,取有余以补不足也"。利用国家强大的财力来储备粮食,平抑和控制物价波动。

"尽地力"与"善平籴"两项政策实行之后,促进了社会生产的发展,稳定了社会秩序,魏国逐渐富强。

(3)制定《法经》。李悝制定一部法律,叫做《法经》,共分六篇,为《盗》、《贼》、《网》、《捕》、《杂》、《具》六律。《晋书·刑法志》曰:李悝著《法经》,"以为王者之政莫急于盗、贼,故其律始于《盗》、《贼》;盗、贼须劾捕,故著《网》、《捕》二篇;其轻狡、越域、博戏、借假不廉、淫侈逾制,以为《杂律》一篇;……《具律》是根据情况,决定从轻或从重处罚的总论性的律文。这部法律在维护社会秩序、稳定政局方面,起了重要的作用。魏国在战国前期所以成为最强大的国家,和李悝的改革是分不开的。

2. 楚国吴起改革

吴起,卫国人,是著名的政治家和军事家。魏文侯曾任他为西河(今陕西东部)郡守。文侯死,武侯立,与吴起不睦,吴起逃至楚国。这时楚国较弱,国内政治黑暗,社会矛盾尖锐,北面和西北面又一再受到魏、韩、秦等国的侵伐。公元前401年,楚悼王即位。吴起大约于公元前395年以后到了楚国,很得楚悼王的信任,就协助楚悼王进行改革。

吴起认为楚国的主要问题也是"世卿世禄"制度问题。他说此制度在楚国造成"大臣太重,封君太众。若此,则上偪(逼)主而下虐民,此贫国弱兵之道也。"他改革的重点和李悝一样,主要也是在于削弱旧的"世卿世禄"制度,选贤任能,赏罚严明。楚国经过此次改革,政治得到整顿,军力也日益强大。"于是南平百越,北并陈、蔡,却三晋,西伐秦,诸侯患楚之强"。

可是,吴起之改革遭到楚国贵族保守派的反对,双方的斗争也很尖锐。公元前381年楚悼王死,保守派立即发动政变,把吴起杀掉,吴起的改革几乎都被废除。

3. 赵韩齐燕改革

赵、韩、齐、燕四国的改革规模都不大。赵国的改革是在赵烈侯(前408～前387年)时,由公仲连协助进行。韩国的改革是在韩昭侯(前362～前333年)时,由法家申不害协助进行。齐国的改革是在齐威王(前356～前320年)时。这三国改革的重点相同,也都是削弱"世卿世禄"制度,"选练举贤,任官使能。"燕国在燕昭王(前311～前279年)时的改革比较深刻,并曾招贤纳士,引进了乐毅、邹衍、剧辛等一批很有才能的人,国势一度强盛。

4. 秦国商鞅变法

商鞅变法是战国时期各国改革中最彻底的改革。

(1)变法背景。秦在春秋时期,社会经济的发展落后于关东各大国。反映并加速井田制瓦解、土地私有制产生的赋税改革,也迟于关东各国很多。如鲁国"初税亩"是在公元前594年,秦国的"初租禾"是在公元前408年,落后186年。可是这时,秦国已使用铁农具,社会经济发展较快,这不仅加速了井田制的瓦解和土地私有制的产生过程,而且还引起社会秩序的变动。公元前384年,秦献公即位,下令废除用人殉葬的恶习。

次年又迁都栎(yuè 岳)阳(今陕西临潼东北武屯镇古城村南)。后又设立市集交易,编制户籍,这都是初步改革。可是秦国仍很落后,贵族保守势力强大,争权夺利,国力薄弱。关东的大国看不起秦国。《史记·秦本纪》曰:"秦僻在雍州,不与中国诸侯之会盟,夷翟(狄)遇之。"献公死,其子孝公(前361前~338年)立,决心彻底改革,便下令招贤。商鞅自魏国入秦,孝公任他为左庶长,开始变法。

商鞅(约前390~前338年),姓公孙,名鞅,卫国没落贵族,杰出的法家,曾为魏相公叔座(cuò 锉)的中庶子。公叔座死,他在魏不被重用而入秦。在秦以功封于商(今陕西商县东南),因称商君,亦称商鞅。

(2)变法的主要内容。商鞅变法是分两次进行的。第一次开始于公元前359年,第二次开始于公元前350年。变法涉及内容很多,归纳如下:

政治方面——商鞅对政治的改革是以彻底废除旧的"世卿世禄"制、建立新的中央集权制为重点。他在这方面的贡献远远超过李悝和吴起。主要内容有如下三点:

制定二十级爵——制定二十级爵的做法,意味着废除旧世卿世禄制,今后根据人们的军功大小授予爵位,官吏从有军功爵的人中选用。二十级爵:一级曰公士,二级曰上造,第十九级曰关内侯,二十级曰彻侯。各级爵位均规定有占宅、奴婢的数量标准和衣服等次。又制定了"奖励军功,严惩私斗"的办法。奖励军功的做法是:将卒在战争中斩敌首一个,授爵一级,可为五十石之官;斩敌首二个,授爵二级,可为百石之官。宗室贵族无军功的,不得授爵位。有功劳的,可享受荣华富贵;无功劳的,虽家富,不得铺张。严惩私斗的做法是:为私斗的,各以情节轻重,处以刑罚。开始推行军国主义,以实现其统一中国之理想。

实行县制——废除分封制,以县为地方政区单位。分全国为四十一县,县设令以主县政,设县丞以辅助县令,设尉以掌军事。县下辖若干都乡邑聚。后来秦在新占地区设郡,郡的范围较大,又有边防军管性质,因之郡的长官称守。后来郡内形势稳定,转向以民政管理为主,于是郡下设若干县,形成秦的郡县制度。

实行什伍制度——秦之都乡邑聚原来都是自然形成的大小居民点。至此时,均作为基层行政单位。居民登记于户籍,分五家为一伍,两伍为什,同于后代的保甲制度。为了加强管理和迅速战争动员,以实现全民皆兵。规定什伍之内各家互相纠察,"不告奸者腰斩,告奸者与斩敌首同赏;匿奸者与降敌同罚。"

经济方面——商鞅对经济的改革是以废除土地国有性质的"井田制"、实行土地私有制为重点。这是战国时期各国中唯一用国家的政治和法令手段在全国范围内改变土地所有制的事例。主要内容有如下三点:

废井田,开阡陌——在全国范围废除井田制度,实行土地私有制度。废止"田里不鬻(yù)"的原则,准许民间卖买田地。此后秦政府虽仍拥有一些国有土地,如无主荒田、山林川泽及新占他国土地等;但后来又陆续转卖和分赏有功之人转向私有。

重农抑商政策——奖励耕织,凡努力耕织、生产多的,免除徭役。凡从事末业(工商)及因懒惰而贫穷的,全家没入官府,罚为官奴婢。此时,生产性质的奴隶制度已经被各国废除,仅存等半奴隶性质的家庭奴仆。中国奴隶制的废除,比西方早了两千多年。

统一度量衡——统一斗、桶、权、衡、丈、尺,并颁行了标准度量衡器,全国都要严格执行,不得违犯。如今传世之"商鞅量",上有铭文记有秦孝公"十八年""大良造鞅"监造,"爰积十六尊(寸)五分尊(寸)之一为升"。知此量为"升"。由这件量器及其铭文可知,当时统一度量衡一事是十分严肃认真的。

社会方面——主要推行小家庭政策,以利于荒地开发、征发徭役和户口税等。具体规定:凡一户有两个以上儿子到立户年龄而不分居的,加倍征收户口税。禁止父子兄弟(成年者)同室居住。

(3) 与保守派的斗争。商鞅变法,侵犯了贵族们的利益,因之遭到他们的强烈反对。太子傅公子虔和太子师公孙贾还教唆太子驷公开出来反对。商鞅割了公子虔的鼻子,杀了公孙贾,狠狠地打击了贵族保守派势力。商鞅又著书立说解释新法令,以解放思想,新法得到推行。

可是,到了公元前338年,支持变法的孝公死了,太子驷继位,是为惠王。被商鞅割了鼻子的公子虔联络其他大臣,乘机发动反攻报复,诬陷商鞅以"谋反"的罪名,将他逮捕并车裂。商鞅之死出于政敌的陷害报复,新法却继续执行下去,秦惠王和他的子孙都继续实行商鞅的新法,所以秦的国势继续发展,为后来秦灭六国,统一中国奠定了基础。

三、地主经济的快速发展

1. 土地私有制的建立

周天子把国家土地分封给"亲朋好友"共享天下,结果就出现了诸侯国长期侵并混战的局面,最后周天子也名存实亡,诸侯国在自己的小国家内对自己的子孙后代依然是分封制度,但是吸取了教训,分给土地但不允许他们建立军队,军队由国家统治管理,但是各大地主却广招食客,比如孟尝君食客三千,什么人才都有,已经构成了小政府的职能,随时可以招募军队形成国家体系,成为分裂国家的危险因素,所以诸侯国又进一步改革,另外设立国家行政管理机构去管理分封出去的土地,取消领主的土地行政管理权,只让他们享受土地的收入,诸侯国想扩大自己的土地只有通过战争侵并,而国内的分封者没有军队和行政管理权,想扩大土地只能通过买卖土地来获得,由此,在春秋战国时代开始了土地买卖制度。那么,从前不是贵族,没有得到土地分封的人,也可以通过金钱购买到自己的土地成为地主,新生的地主开始产生,并不断壮大,挑战贵族的特权。并形成贵族和地主共同构成统治者的新型社会制度,君主集权的官僚体系制度,这种制度在战国时代产生,到秦朝得到发展和完善。

土地买卖在战国时期开始,也就是封建领主的土地国有制开始瓦解时期,土地私有制也就是新生地主土地所有制确立和发展的时期。社会生产力的发展和各国的改革或变法运动,是促进、加速这一转变的两种重大因素。土地自由买卖已经成为正常的、合法的社会现象,参与这种买卖关系的,有平民,也有官僚和贵族。例如秦国在商鞅变法后,"除井田、民得卖买"。赵国的大将赵括把赵王赐给他的金帛"归藏于家,而日视便利田宅可买者买之"。

(1)地主。战国时期的近二百年中,地主阶层在迅速形成并猛烈发展着;但总的说来,各国地主的人数还不很多,地主们所占有的土地的数量也不很大。地主主要有三种类型,就是贵族地主、官僚地主和商人地主。贵族地主在关东六国中最多,保留的领主制残余较多,属于"爵位"分封制的承袭者,往往继承和拥有许多政治特权,大都是皇亲国戚及其后裔。官僚地主在秦国最多,关东六国也不少,属于官员购买和因功获赏的土地,其中主要是军功地主,有一定的政治特权。商人地主是在民间百姓中产生出来的,是地主阶层中最没有政治特权的一部分,这个阶层在当时的人数不很多,占有土地的数量也较少,在政治上没有什么特权。官僚地主和商人地主是新兴地主阶层,是当时社会挑战封建贵族、推动政治经济改革的主要进步力量。

(2)农民。农民中最多的是自耕农。他们每家大约占有田地百亩,有五到八口人,男耕女织。农民向官府缴纳的土地税,约为亩产量的十分之一,叫做"什一之税"。此外,还有户赋(户口税)等。平年,自耕农自给自足,如遇荒年,生活就会麻烦。

与地主阶层同时产生的,是佃农阶层。这时的佃农与地主结合成的租佃关系和旧时的农奴与领主结合成的租佃关系已有很大的不同。旧时的关系是政治与经济结合在一起的,领主贵族既是政治统治者,农奴只有半独立的人格,对领主的人身依附性是很强的,只能租耕领主的土地,没有选择权,当然也不会失业。到了地主时代,这时的关系基本上已不再具有政治统治的性质,而主要是一种比较平等的经济合作关系,农民有租种别家地主土地的自由选择权,属于市场化自由选择就业。佃农有独立的人格和尊严,地租以实物为主,约为亩产量的百分之五十。就是西汉前期的政治家董仲舒所说的:"或耕豪民之田,见税什五。"当时的雇工劳动亦有发展,主要是地主和富裕农民雇用无地和少地的失业民工从事田间劳动,解决了失业农民的就业问题。地主经济时期的经济市场化和就业市场化促使了社会经济的快速发展。

2. 农业

战国时期,农业生产的发展比较迅速。主要原因有二:一是由于土地所有制发生变化,实现了土地和劳动力的商品化和市场化,无论是自耕农还是实物地租制下的佃农,其生产积极性都比较高;二是生产工具有很大进步,尤其是铁农具的推广,更提高了生产力。

(1)铁农具。战国时期的冶铁业大发展,铁农具的推广也很迅速。所造铁农具已有一定的规格要求,种类也比较多。解放以来,在今河北、山西、内蒙古、山东、安徽、河南、陕西、四川、湖北、湖南、江西、浙江、广西、广东、辽宁等省都发现了战国时期的铁农具,其中有犁铧、锄、䦆(jué 镢)、锸(chà 插)、镰、斧等农具。在河南辉县固围村的魏墓中,一次出土了铁器 160 多件,其中有铁农具 58 件。在河北兴隆县的燕国遗址中,一次出土铁范 40 付,铁农具 87 件。其中有䦆范、锄范、镰范、斧范、凿范和车具范等。其他地区出土的铁农具的数量也很多。从这些农具的种类来看,农业生产的主要工序,如翻土、中耕、除草收割等,都已使用铁器。

(2)水利。铁器的普及使用,为水利事业的发展提供了有利条件。劳动人民固然重视水的兴修,各国的统治者也把水利事业的发展看作是富国之道的重要措施之一。魏国的邺县,今河北临漳西南,县令西门豹征发农民开渠十二条,引漳河以灌田,使农业获得很大的发展。秦国的蜀郡郡守李冰在今成都以北灌县境内整治岷江,分岷江水为内江和外江两大支,以内江主灌溉,外江主分洪泄水。既消除了岷江长期存在的水患,又灌田 300 余万亩。这就是闻名于世,遗惠已长达两千数百年的都江堰水利工程。秦国又用韩国水工郑国,在关中渭水以北开凿水渠,"凿泾水,自中山西邸(抵)瓠(hù 户)口为渠,并北山,东注洛,三百余里。"渠成,"用注填阏(è 饿)之水,溉泽卤之地四万余顷,收皆亩一钟。"这就是著名的郑国渠。从此,关中为沃野,为秦进行统一中国的战争提供了重要的物质条件。

3. 农业技术

战国时期的农业生产技术已有很大进步,主要表现在深耕熟耨(nòu 鎒)、辨土施肥、把握农时和疏密得宜四方面。

当时的犁铧和锄、锸等,都有一定的规格,一般为五、六寸宽,便于翻土、留苗。《吕氏春秋·任地》曰:"五耕五耨"。又曰:"其深殖之度,阴土必得,大草不生,又无螟蜮(yù 玉)。"《荀子·富国篇》曰:"刺草殖谷,多粪肥田。"

这些记载都是有关农业生产经验和技术的简要总结。《墨子·非命》(下)曰:"今也,农夫之所以早出暮入,强乎耕稼树艺,多聚菽粟,而不敢怠倦者,何也?曰彼以为强必富,不强必贫:强必饱,不强必饥,故不敢怠倦。"强,是努力工作的意思,似有"今天工作不努力,明天努力找工作"的意思。想要生活过的好,就要努力工作,勤劳致富。所以,当时的经济发展很快。

战国时期的农作物的亩产量,一般约为粟一石半。当时的一亩合今 0.32 亩,一石半合今三斗,为四十五斤左右,等于亩产一百多斤,和今天的亩产千斤相比,实在太低了。

(1)手工业。战国时期的社会经济是以男耕女织为主的自给自足的自然经济。但这时的独立手工业较前有很大的发展,行业种类增多,生产规模扩大,技术也较前进步,社会分工开始有较大的发展。除各国有国营企业外,民间私企也有新的发展,国营工场的工人多是工奴、刑徒,亦有雇工和征调的农民。民间较大的作坊中的工人多是僮仆和雇工。先前的个体户经营在市场竞争中有的淘汰,有的壮大,逐渐形成民营大企业,国营企业在经济中的比重逐步缩小。

(2)冶铁业。冶铁业是一项重要的手工业,从已发现的冶铁遗址来看,冶铁规模已相当大,产品种类和数量很多,质量也很好。在北方发现的铁器,以农具和手工工具为最多。在河北兴隆燕国遗址中发现的四十付铁范,其外形和铸件的形状相似,范壁厚度均匀,经久耐用。说明了当时的铸造技术相当进步。在南方楚国地区发现的铁器中,兵器居多,其中有戈、矛、剑、刀和匕首等。说明了楚国兵器的质量是很高的。国营冶铁业主要是为国家的政治、军事和生活需要服务的,主要供应政府集团采购。民间冶铁业则以制造商品为主。如邯郸郭纵,赵之卓氏,梁之孔氏,都是民间大冶炼家,因冶铁致富,拥有自己的钢铁企业。

(3)铸铜业。战国时期的青铜业仍在发展,新中国成立以来,几乎每个省份都有战国时期的铜器出土,冶铜规模比前代扩大很多,产品主要有礼器、兵器、车具、马饰、货币,还有各种生活用具和少量农具。铜器的制作技术也有进步,复杂的器物已使用焊接技术。有些铜器制作精细,有的表面鎏金,有的刻以花纹或错以金银,工艺水平很高。

(4)漆器业。漆器业也相当发展。已发现的大批漆器中,有妆奁(lián 连)、羽觞(shāng 商)、漆弓、戟、瑟、棺椁等家具和丧葬用具,制作都很讲究,花纹也很美观。战国后期有的漆器上加镶金属口沿,不仅使胎质菲薄的漆器得以加固,而且使漆器更加美观大方。

(5)造船业。战国时期的造船业很发展。今天见于文献记载的船只,有海船,有内河船,有战船,有民用船。海船已可行于近海,运货运兵。内河船已相当进步,而且有的很大。如张仪说楚王曰:"秦西有巴蜀,方船积粟,起于汶山,循江而下,至郢(今湖北江陵纪南城)三千余里。舫船载卒,一舫载五十人,与三月之粮,下水而浮,一日行三百余里。"这是一种大型战船。民用船有大有小,在各地的河流湖泊中通航,便利了官民,促进了社会经济的发展。

4. 商业

随着农业和手工业的发展,商品交换也有新的发展。主要商品有菽(豆类)、粟等粮食,还有手工业品以及鱼、盐等。适应商品交换关系的需要,有大量的货币在流通,也有许多商业性质的城市出现,交通进一步发展。

货币。战国时期的各国都大量地铸造金属货币。货币的形状不同,有些货币上铸有造币的地名或币值。一般说来,赵、韩、魏三国的货币主要是用铲形的"布"。"布"是"镈"的假借字,是古代的一种农具。已发现的布可分为两大类,一类为空首布,和春秋时期的空首布相似,其形状近于农具之铲;另一类为平首布,其形式已脱离农具铲的原始形式,作为布币来说,已前进了一步。布币的形制因铸造时间和地区的不同,而有很大的差异。布上所铸铭文有"釿(jīn 斤)"、"梁半釿"、"梁一釿"、"离石布"、"安阳"等。釿为币值,是布的一种货币单位。梁为魏都,今河南开封。离石今属山西,安阳今属河南。

齐、燕两国主要用刀形币,赵国也有刀币。齐国的刀币较大,面文有"节(即)墨之法化"、"安易(阳)之法化"、"齐之法化"等。燕国的刀币较小,带有"明"字,人们称之为"明刀"。赵国的刀币也较小,铸有"甘丹(邯郸)"等铭文。即墨今属山东,齐之安阳在今山东曹县,齐即临淄,齐之国都,今淄博市东北。邯郸,赵之国都,今属河北。

秦和周使用圆钱,中间有孔。秦钱铭文有"重一两十二朱(铢)、"重一两十三朱"等。周钱铭文有"西周"、"东周"等。铢为重量单位,一两等于二十四铢。西周和东周都是地名。楚的主币为一种带有印文的小方块金饼,印文有"郢爰"、"陈爰"等,称为"饼金"。一块大金饼为十到二十小块不等。辅币为一种略似海贝的铜质币,俗名"蚁鼻钱"。郢是楚的国都,在今湖北江陵纪南城。楚屡迁都,新都皆称郢。陈是楚后期的国都,在今河南淮阳。

生产力的发展,促使了劳动分工,不断产生新的行业聚集城市,城市手工业和商业的发展,使城市人口不断增加,城市规模也在不断扩大,还不断出现新的城市。赵奢曰:"古者,四海之内,分为万国,城虽大,无过三百丈者;人虽众,无过三千家者,今千丈之城、万家之邑相望也。"

当时最大的城市有魏国的温(今河南温县)、轵(今济源),韩国的荥阳(今属河南),齐国的临淄,燕国的涿(今河北涿州)、蓟(今北京),赵国的邯郸,楚国的宛(今河南南阳)、陈(今淮阳),郑国的阳翟(今禹县),周的三川(今洛阳)。仅临淄一城,就有七万户。都市与都市之间,都有大道相通连。

《战国策·魏》(一)曰:魏"人民之众,车马之多,日夜行不休已,无以异于三军之众。"又曰:"魏埊(地)四平,诸侯四通,条逵辐凑,无有名山大川之阻。从郑至梁,不过百里;从陈至梁,二百余里。马驰人趋,不待倦而至。"商人们或坐列贩卖,囤积居奇,展开国际贸易;或交结诸侯,干预政治。商人逐渐形成为一个重要的社会、政治势力。

四、从诸侯争霸到秦统一中国

战国前中期,各国长期进行兼并战争,互有胜负。但总的说来,秦国日益强大,不断侵占其他国家的土地。至战国后期,兼并战争的性质逐渐发展变化为秦国要消灭六国、统一中国的战争。

1. 诸侯兼并

(1)魏齐争雄。战国初期,魏国很强大,曾强占了秦、楚、郑、宋等国的土地。至魏惠王时,秦在商鞅变法之后,日益强盛。魏惠王即对秦取守势,转而向东,全力经营中原地区。公元前354年,魏伐赵,围邯郸,赵请救于齐,齐以田忌为将,孙膑为师,出兵未去赵国,而是西向攻魏。当时魏虽已攻下邯郸,可是本国内空虚,不得不急以主力回救本国。魏军行至桂陵(今河南长垣西北),遭齐军截击,魏军大败,主将庞涓被擒。这就是以"围魏救赵"的战法闻名于世的"桂陵之战"。公元前342年,魏又伐韩,韩亦请救于齐,次年,齐再以田忌、田婴为将,孙膑为师,出兵未去韩而直趋大梁(今河南开封),魏将庞涓急忙引兵自韩回魏。

魏以太子申为上将军,与庞涓以十万士卒迎击齐军。齐军诈败,魏军紧追。至马陵(今山东范县西南),天黑道狭,齐军以伏兵包围了魏军。齐军万弩俱发,魏军大乱,死者无数。庞涓自杀,太子申被虏。这就是著名的"马陵之战"。

孙膑是春秋时期军事家孙武的后裔,是战国时期著名的军事家。他所著《孙膑兵法》大约在东汉后期已亡佚。直到公元1972年才在山东临沂银雀山汉墓中被发现。

魏在马陵失败不久,又为秦击败,并被秦夺回河西之地。此时魏"兵三折于外,太子虏,上将死,国以空虚。"当时秦对魏的威胁最严重。魏为了安全,于公元前339年(魏惠王三十一年)将国都自安邑东迁大梁,并与关东各国议和。关东各国也畏于秦的东侵,就互相结盟,迅速形成了关东各国与秦的对抗。

(2)合纵与连横。关东各国为了抗拒强秦,就组成军事联盟,称为"合纵"。秦为了破坏关东的"合纵",以便于它向东方发展,就用军事压力和政治离间等手段,在关东争取盟国,称为"连横"。文献记载,从事于"合纵"运动的主要人物是洛阳人苏秦,从事于"连横"运动的是魏人张仪,他们都是鬼谷子的学生。苏秦的主张于公元前334年首先得到燕文侯的支持,继之又得到赵肃侯的支持,后又联合韩、魏、齐、楚,形成南北联盟之势。"南北为纵",因称"合纵",苏秦为纵约长。"合纵"的形成,曾使"秦兵不敢窥函谷关(今河南灵宝东北农涧河畔王垛村)十五年"。

可是关东各国之间互相猜疑,矛盾重重,在对抗秦的进攻方面,各有打算。后苏秦死于齐,"合纵"瓦解。张仪稍后于苏秦,为秦相,首倡"连横"。秦之主要联合对象为魏、韩,"东西为横",因称"连横"。

公元前322年,张仪至魏国,劝魏背弃纵约,西亲秦国。魏王不听,秦出兵大破韩军,斩首八万余,诸侯震恐。魏迫于压力,就背弃纵约,与秦连横。后来关东各国又联合起来,赶走张仪,公推楚怀王为纵长,出魏、楚、燕、韩、赵五国之兵以伐秦。可是兵到函谷关,即为秦军所败,"合纵"又瓦解,魏、韩两国又转而屈从于秦。形成秦、魏、韩三国"连横",齐与楚两国"合纵"的对抗形势。秦为了拆散齐、楚"合纵",就派张仪至楚,劝说楚怀王与齐绝交,并许以"商于(今河南淅川西南)之地六百里"谢楚。可是在楚闭关绝齐之后,向秦索地,张仪却说当初只说许给"六里"。楚怀王知为秦所骗,就发兵攻秦,为秦所败。后来,秦昭王约楚怀王至秦会盟,楚怀王赴会被秦扣押,死于秦国。此后,关东各国虽还想合纵,情况更困难。

(3)秦远交近攻。秦在破楚之后,又采取了"远交近攻"的策略,一面设法拉拢远方的齐国,一面加紧侵占邻近国家的土地。前293年,秦将白起大破韩、魏联军于伊阙(今河南洛阳南),斩首24万,虏韩将公孙喜,拔五城。前288年,秦昭王自称西帝,尊齐湣(mǐn 皿)王为东帝。几个月后,虽因秦欲伐赵,齐欲伐宋,意图不一,又各去掉了帝号,恢复王号,可是关东各国的合纵形势已彻底破坏了。

(4)燕乐毅伐齐。"合纵"破坏,关东各国间的矛盾进一步发展。当时宋是一个中等国家,由于地处中原地区的东部,与齐、赵、魏、韩、楚为邻,形势极为重要。公元前286年,齐灭宋,引起了其他各国的震恐。秦即作为主谋,联合楚、韩、赵、魏、燕共六国,出兵伐齐。联军在济西(今山东聊城南)大败齐军后,因内部发生分歧,秦等五国相继罢兵。燕昭王因齐在前314年曾侵燕,攻破燕都蓟城(今北京城西南),使燕王哙和原相国子之惨遭杀害。就命燕军统帅继续伐齐。不久攻破齐都临淄(今山东淄博东北临淄北),齐湣王逃至莒邑(今山东莒县),为楚将所杀。乐毅以功封昌国君。他在齐5年,攻下70余城。齐只有莒和即墨(今山东即墨)两个城未被攻下。

前279年,燕昭王死,惠王即位,疑忌乐毅,以骑劫代乐毅为将,乐毅被迫逃往赵国。燕军易帅,士卒纪律松弛,到处抢劫,齐国人民纷起反抗。齐将田单在人民的支持下,利用燕军混乱之机,设计大破燕军于即墨,燕军溃退,齐军收复了全部失地。

2. 秦统一中国

(1)统一的历史趋势。战国时期的社会经济在发展,可是当时诸侯割据混战的政治形势与社会经济发展的要求存在严重的矛盾。如《战国策·东周》曰:"东周欲为稻,西周不下水。"《孟子·告子》(下)曰:"以邻国为壑。"同书《离娄》(上)曰:"争地以战,杀人盈野;争城以战,杀人盈城。"战争对当时的社会经济和人民的生活带来了极大的破坏,人民普遍厌战。因此,消除封建割据混战的政治局面,实现中国的统一,是当时历史发展的客观要求。时代呼唤一位英雄来统一天下,以实现长期的和平。这个伟大的使命由秦始皇完成了。

关东六国虽然搞过一些政治改革,但极不彻底,基本上是贵族掌权,各贵族拥有分封土地的全部权力,拥有自己的军队,国君没有设置官僚体系去管理分封出去的土地,统治集团内部各贵族小领主经常发生火并,国力薄弱。可是,秦国的情况与关东六国的情况有很大的不同。秦在战国中期,在商鞅的主持下,大搞改革开放,变法比较彻底,基本上收缴了皇亲国戚等贵族的土地管理权,建立官僚队伍、派出行政官员、设置管理机构、施行国家集权管理,排除了国内政治割据行令不通的局面,国家内外贸易畅通,鼓励内外贸易和外商投资,重用人才不分国籍。在此后的一百年间,秦在国家治理方面,已基本上建立起了一套先进的中央集权官僚政治制度,基本弃绝了贵族分封的封建割据管理制度。《荀子·强国篇》曰:秦的官吏"出于其门,入于公门;出于公门,归于其家,无有私事也。不比周,不朋党",工作效率高,社会很稳定,政权也较巩固。形成了中国最早的国家公务员制度,并具有良好的政治风尚。

在经济方面,相当彻底地废除了封建领主制的农奴制度,建立了资本主义市场化的土地私有制度和劳动力市场化佣工制度;又实行奖励耕织的政策,促进了社会生产力的发展。耕地面积不断扩大,生产技术也不断提高。

在军事方面,秦对士卒的训练是极严格的。又实行"军功爵"的政策来提高士兵的政治地位,"以功劳,行田宅"来重奖勇士,所以士卒勇于战斗来建功立业,通过勇敢作战来出人头地。《荀子·议兵篇》曰:"齐之技击不可以遇魏氏之武卒,魏氏之武卒不可以遇秦之锐士。"可见秦之锐士是很厉害的。秦的疆土也在不断扩大,至昭王(前306~前251年)时,已包括了西到今甘肃、四川、南到湖北、湖南,东到河南中部、河北南部,北到山西、陕西北部。这样大的疆土已远远超过了关东六国所剩疆土的总和。至此时,已可以看出,由秦来消灭六国,实现全国的大一统,是历史的必然趋势。

(2)秦灭六国。秦的统一战争可分为两个阶段。从公元前278年(秦昭王二十九年)至前232年(秦王政十五年)为第一阶段;从前231年至前221年(秦王政即秦始皇二十六年)为第二阶段。

第一阶段,秦从前278年起,开始对关东六国展开了凌厉的攻势。就是在这一年,秦国著名的将军白起率军攻下了楚都郢(今湖北江陵纪南城),秦在这里设立了南郡。迫使楚迁都于陈(今河南淮阳)。白起因功封为武安君。这就揭开了秦灭六国、统一中国的序幕。次年,秦派蜀守张若夺得楚的巫郡和黔中郡。前260年(秦昭王四十七年),白起攻韩,又与赵争夺韩的上党郡。在长平(今山西高平),大破赵军,杀赵军统帅赵括,全坑赵的士卒四十余万人。此战役的胜利奠定了秦灭六国统一中国的基础。

第二阶段,此阶段是在秦王政的直接领导下进行的。秦王政于公元前246年即位,时年13岁。由相国吕不韦掌权。前238年,秦王亲政,镇压了嫪毐(làoǎi 烙藹)的叛乱。次年,免除吕不韦的相国之职,后吕不韦自杀。秦王政整顿了国内的政治之后,就展开了对六国的进攻。前230年派内史腾灭韩,前225年灭魏。前224年,秦将王翦以60万大军伐楚,次年灭楚。前222年灭燕、赵,前221年灭齐,统一了六国。从此,中国由一个诸侯割据称雄的国家转变为一个中央集权的国家。

第四节　西周、春秋、战国时代的科学文化

西周、春秋、战国时期,中国古代文化与科学有较大的发展,取得了辉煌的成就,主要文化成就有如下四个方面。

一、五经三传的文化思想

1. 五经

"五经"是《诗》、《书》、《易》、《礼》、《春秋》,这五部书是中国保存至今的最古的文献,也是中国古代重要思想学术流派儒家的主要经典。

《诗》也叫做《诗经》,是中国最早的一部诗集,现存305篇,由风、雅、颂三部分组成。风包括15国风,共160篇;雅分大雅和小雅,共105篇;颂分周颂、鲁颂、商颂,共40篇。各篇的创作年代,大部分已不可确知。根据部分诗篇考查,最早的约作成于西周初年,最晚的约作成于春秋中期。全书是经过五、六百年时间的积累、并经过搜集者的加工和润色而成的。

《诗》的内容很丰富。国风主要是民间歌谣;雅和颂主要是领主贵族用于宗庙、朝廷上的诗歌。雅和颂虽为贵族乐章,但有些是叙事诗,记录了不少史事和制度等,有很高的史料价值。

《书》也叫做《书经》或《尚书》,是中国最早的一部文集。全书分为《虞书》、《夏书》、《商书》、《周书》四部分,主要记述商、周两代的一些重大政治事件,如重要战争、政治制度和政策等,有很高的史料价值。不过现存本《尚书》有今文和古文的区别。《今文尚书》是西汉初年由老儒口头传授,弟子们用隶书(今文)记录下来的。现存29篇,其中大部分是商、周的遗文;但有少部分为战国时期的托古之作,旧时谓之伪作,如《尧典》、《禹贡》、《洪范》等皆是。这几篇作为战国时的著作,其史料价值仍是很高的。如《禹贡》记述了战国以前的黄河、长江两大流域的山脉、河流、土壤、物产等情况,是中国现存的一部最早的地理志。

《易》也叫做《易经》或《周易》,是中国最早的占卜用书。内容包括《经》和《传》两部分,可能出现于商、周之际,成书于战国或秦汉之际。其对人、自然或社会变化的论述,富极高的哲学思想。

《礼》也叫做《仪礼》、《士礼》或《礼经》,是春秋、战国时期的部分礼仪制度的汇编,共有17篇。

旧说周公制作或经孔子修定。据近人的考证,认为可能成书于战国前、中期。

《春秋》也叫做《春秋经》,是中国最早的一部编年体历史著作,以鲁国的历史为主,简要记载了从鲁隐公元年至鲁哀公十四年(公元前722～前481)共242年间的史事。相传经孔子整理成书。在此书中,还记录了中国当时观察到的日食三十次,地震七次,这些资料都有很重要的科学价值。

2. 三传

"三传"是解释《春秋》的三部书,就是《左传》、《公羊传》和《穀梁传》。《左传》也叫做《春秋左氏传》或《左氏春秋》,相传是春秋、战国之际的左丘明所撰。《左传》以《春秋》为纲,博采各国史事,编次成书,叙事明晰,繁简得宜,保存了较丰富的历史资料。

《公羊传》也叫做《春秋公羊传》或《公羊春秋》,旧题战国时公羊高撰;唐人考证,为西汉前期人所作。《穀梁传》也叫做《春秋穀梁传》或《穀梁春秋》,旧题战国时穀梁赤撰。初仅口述流传,西汉时才成书。后两书的体裁相近。都是研究先秦历史和思想史的重要资料。

二、诸子百家的思想争鸣

春秋、战国时期是由封建领主制向地主制过渡的时期,新旧力量之间,各阶层之间的斗争复杂而又激烈。代表各阶层、各派政治力量的学者或思想家,都企图按照本阶层或本集团的利益和要求,对宇宙对社会对万事万物做出解释,或提出主张,于是出现了一个思想领域里的"百家争鸣"的局面。参加争鸣的各派,史称为"诸子百家"。其中主要的有儒、道、墨、法、名、阴阳、兵、纵横、农、杂等家。在思想领域影响最大的是前四家。

1. 孔子和儒家

孔子名丘字仲尼(前551～前479年),春秋后期鲁国人,曾在鲁国任下级和中级官吏。后自办学校,以教书为业。为宣传他的政治主张,先后游访了卫、宋、陈、蔡、楚等国,但均不被采用,后回鲁国潜心研究传统文化,著书立说,直到病逝。

孔子是一位伟大的思想家和教育家。他在政治上尊崇尧、舜、文、武、周公,赞扬西周的礼仪制度和道德思想,认为那时是人类的理想社会。他的这一思想并不是要历史倒退,而是反映了他对当时战乱纷飞的现实不满,希望当政者有所兴革,主张仁义,反对战争,以求人民过上幸福生活。

他认为大至国家,小至家庭,人与人之间的关系都要以一定的伦理来维系。因此,人们都要加强个人的修养,各守其位,各司其事,各尽其职。他把这些行为规范概括为八个字,即"君君、臣臣、父父、子子。"再进一步升华为一个字,那就是"仁"。"仁"是孔子的政治观和社会观的核心和最高境界。为实现"仁"而制定的制度和行为准则为"礼"。孔子主张行"仁政","使民以时";反对暴政和战争,反对"非礼"和反叛抗上不尊,主张上对下要仁,下对上要尊,这样才能保证社会文明秩序,这也是他从诸侯国不遵从周室,反逆抗上导致天下大乱,战乱不止的现实中体会出来的,任何思想的产生,总有其时代需要的背景。孔子在这种历史背景下,提出了仁与礼的社会道德思想。

孔子有关"仁"和"礼"的学说把中国古代的政治和社会伦理思想推进到一个新的阶段,由此产生的儒家思想,是中华民族几千年来不断实践、验证、补充完善的社会理论精华。

孔子是中国古代私人办学的先驱。他以六科教育学生。六科亦称六艺,就是礼、乐、射、御、书、数。他的教育思想进步,主张"因材施教","有教无类"。他熟悉古代经典,相传他曾删定"六经"以为教材。六经即《诗》、《书》、《易》、《礼》、《乐》、《春秋》。《乐》今已佚失,其他五经尚存。孔子的主要言论保存在《论语》一书中。

在战国时代,继承和发展儒家思想的代表人物还有孟子和荀子。孟子(前390~前305年)名轲字子舆,邹(今山东邹城)人,一生以教书为业。他曾游访宋、滕、魏(梁)、齐等国,向有关国君或卿大夫阐述政见。他继承孔子的学说而有所发展,其学说的核心是"仁、义"。他主张行"仁政",主张"保民",反对诸侯混战,反对残酷的暴政,对当时各国的政治和战争多所抨击。他的主要学说多收在所著《孟子》一书中。

荀子(前313~前238年)名况,赵国人,为儒家学派主将,但有较浓厚的法家思想,时人尊称他为荀卿。曾游访齐、楚、秦、赵等国,当过齐国稷下学官和楚的兰陵县令。他把道德规劝的"软弱"之礼,发展到了依法治国的法制之礼,主张以强"礼"治国,他所说的"礼",已经到了"制度、政策"的角度,和"法"无甚区别,强化了法制观念。他很赞扬各国实行富国强兵政策,尤其是称赞秦国的政治和军事。他对统治者与人民的关系比作舟与水的关系。他说:"君者,舟也;庶人者,水也。水则载舟,水则覆舟。"这一理论观点对后代几千年的政治思想有很大的影响,成为帝王们的座右铭,以时刻提醒帝王对民意、民情的重视,具有明显的民主思想。他的主要学说多收在所著《荀子》一书中。

2. 老子和道家

老子姓李名耳字聃(dān 丹),楚国人,约与孔子同时,是道家的创始人。老子《道德经》一书约成于战国时期。学术界认为此书的世界观是客观唯心主义的,方法论是形而上学的。但有些观点具有朴素的辩证法因素。老子在政治上消极,提出"弃智绝圣",主张愚民政策,反对社会进步和个人积极进取,于国主张"无为而治",于个人主张逍遥退隐。他自己也终身不娶,乐得逍遥自在,退休后归隐。因其主张独身、无为、逍遥与归隐自然,遂被道教追尊为思想教主。

道家在战国时期的代表人物是庄周,庄周(约前369~前286),宋人,著有《庄子》一书。他的世界观和老子相同,方法论是相对论。

3. 墨子和墨家

墨子(约前468~前376年)名翟(dí 敌),鲁国人,是墨家的创始人。《墨子》一书基本上保存了他的思想。他的最有代表性的主张是"兼爱"和"非攻"。他反对战争,谴责由于战争而给人民造成的灾难,反对精英阶层的奢华生活,反对铺张浪费的厚葬礼俗。他的信徒称为"墨者",多是下层民众,生活比较艰苦朴素。墨子死后,墨者的首领称为钜子,领导墨者活动。

4. 法家和韩非

法家是反映新兴地主阶层利益的思想流派。前期法家的代表人物有李悝、商鞅和申不害,后期法家的代表人物是韩非。

韩非(约前280~前232年)出身于韩国贵族,和秦国宰相李斯同是荀子的学生。著有《韩非子》一书,阐明他的思想和主张。他反对儒家的说教,也反对民间的游侠的横行。他说:"儒以文乱法,侠以武犯禁,而人主兼礼之,此所以乱也。"他主张:"明主之国,无书简之文,以法为教;无先王之语,以吏为师。"就是主张"罢黜百家",弃文用兵,用拳头说话,崇尚严刑酷法,推行暴力治国。秦王欲征服六国,很欣赏韩非的的强权政治思想。后韩非自韩至秦做官,与秦相李斯的政见相左,成为李斯的政敌,后被李斯处死。

三、文学的发展

西周至战国时期,文学的代表作,前期有《诗经》,后期有《楚辞》。屈原的著作又是《楚辞》的代表。

1. 屈原和楚辞

屈原(约前340~约前278年)名平,楚国贵族,曾任楚的三闾大夫。他对楚国的命运很关心,想改善政治状况,还想联合齐国以抵抗强秦。可是,由于楚王不赞同他的政治主张,反感他坚持不懈、苦口婆心的"唠唠叨叨",多次对他拒绝接见,但是屈原忠心赤诚,爱国心切,坚持不懈的要找国王"唠叨",于是被楚怀王和顷襄王两次放逐到江南,后投汨(mì 密)罗江而死。著名的《离骚》就是他在放逐中的抒怀之作。传说《九歌》、《天问》、《九章》、《招魂》等祭祀神灵的歌词也是他作的。

屈原的作品是采用楚国民间诗歌的形式,用楚国的方言,又吸收了《诗经》中的某些成果写成的。其中有不少篇章是借用美丽的神话形式,生动而形象地表达了他对祖国的热爱、怀才不遇的苦闷,以及对国王不赏识他和贵族排挤他的愤怒;使诗歌的思想性和语言艺术都达到了一个新的境界。楚辞的主要作者还有宋玉、景差等。

2. 散文

散文也相当发展,《左传》、《孟子》、《庄子》、《荀子》、《韩非子》等书中的许多篇章说理透彻,语汇丰富,都是优秀的散文集。《左传》叙事生动,《孟子》长于论辩,《荀子》的个别篇章还采用了民歌形式,对后来的赋有一定影响。《韩非子》中的"守株待兔"、"自相矛盾"等寓言,对后代的文学创作也有一定的影响。《庄子》一书,文辞多彩,想象宽广。第一篇《逍遥游》叙述了一个能展翅九万里的大鹏和腾跃不过丈尺的小雀等的对话,用这个故事来阐述一种超然物外、无往而不适的理想。这种铺张的文学手法对中国古代的浪漫主义派文学有着深刻的影响。

四、科学技术上的成就

在社会生产力迅速发展的情况下,战国时代科学技术也有相应的发展。

1. 天文历法

战国时代天文学的研究,着重在对星宿的观测与记录方面,比如对金、木、水、火、土五大行星的运行规律,对恒星的观测和发现,研究水平都有新的提高。当时已编写两部著名天文学著作,一部是齐人甘德《天文星占》(8卷),另一部是魏人石申《天文》(8卷),后人将这两部著作合为一部,取名为《甘石星经》。书中有世界上最早的恒星表,记录了120多颗恒星的位置。现在研究证明都是准确的。它比欧洲第一个恒星表希腊伊巴谷的星表,约早200年左右。

战国时代的历法,继续使用阴阳合历的十九年七闰法,以冬至后的二月为正月,按夏历计算,比较符合一年四季的气候变化,便于农业生产。战国时代历法上的突出成就,是"月令"的出现。《礼记》有"月令"篇;《吕氏春秋》每卷之首都有专章说明"月令"。这表明人们已有丰富的历法知识,也很重视历法研究。

2. 历法的建立

西周的历法,亦有进一步的发展。至春秋时,已有冬至、夏至、春分、秋分、立春、立夏、立秋、立冬等八个节气,并能准确地推算出冬至的日期。《左传》记载,公元前655年(鲁僖公五年)春"正月辛亥朔,日南至"。这是中国最早关于冬至日的记录。

春秋时期,各国使用了三种不同的历法。以冬至月为正月的,叫做"周正";以冬至后一月为正月的,叫做"殷正";以冬至后二月为正月的,叫做"夏正"。"夏正"也叫做"夏历",比较符合一年四季气候的变化,最便于农业生产。到战国时期,"夏历"被普遍采用。

3. 医学

祖国医学,早在春秋时代已掌握治疗知识与技术,及至战国又有新的发展。治病已分科进行,据说还掌握了人类解剖学知识,已知人体有三百六十节、九窍、五脏、六腑。当时已有医学专门著作《黄帝内经》,内容丰富,阐述了生理、病理、诊断、预防和药物性能等方面知识,是中国第一部医学著作,也是世界上最早的医学专著。

战国著名医学家是扁鹊,姓秦,名越人,生于春秋末年,齐国人。他毕生行医,积累了丰富的医疗经验,能医治疑难病症,据说还能"起死回生"。他到虢国行医,听说虢太子刚死,主动提出抢救,经诊断,确认是"尸蹶"(类似休克),"形静如死状",实际"未死",乃针"三阳"、"五会"穴,不一会,太子果然"苏"。

4. 司南

中国是指南针的故乡。早在指南针发明之前1000多年前的战国,就有了指南针的雏形——司南。司南是利用磁性常指南的原理制成的方向仪。据说,人们在"东西易面,而不自知"的情况下,则"立司南以端朝夕"(日朝出东方,夕没西方)。司南的形式,如同汤匙,有一长柄和光滑圆底,置于刻有方位的盘中,将柄轻轻转动一下,静止时长柄所指的方向便是南方。这是世界上最早的指南仪,是中国劳动人民对世界科学技术的重大贡献。

5. 光学

战国时代,人们已发现光沿直线传播,并根据这个原理,论证了透过墙壁小孔入影倒立的道理。在一间黑暗小屋朝阳一方的墙上钻一小孔,人立户外小孔前,室内相对方向的墙上则出现倒立人影(从照相机内看人正如此)。其原因据《墨子·经说下》说,"足蔽下光,故成影于上,首蔽上光,故成影于下"。这是符合光学原理的解释,表明战国时代已掌握了光学科学知识。

第四章

强大的秦、汉

（前221~189年）

秦汉时代是中国统一的多民族封建国家建立与巩固的时代，也是中国封建社会的上升时期。因而，这一时期无论政治、经济、军事、民族融合、对外交流，还是思想、科技、文学艺术都为此后2000余年的中国君主制中央集权的确立和发展奠定了基础。

第一节 秦 朝

秦始皇于公元前221年（始皇二十六年）结束了吞并六国、统一中国的战争，建立了大一统的秦王朝，从此结束了中国的贵族分封和领主分割治理国家的封建制度，进入了较为先进的中央集权三级行政管理体制，以适应农业化经济发展的需要。为此，秦朝颁行了若干项新的重要政治、经济制度或政策、措施，为中国君主制中央集权行政管理体制的确立和发展奠定了基础。秦朝虽只存在了十四年，但它的历史功绩是不可磨灭的。只是他缺乏儒家的仁爱治理思想，使用法家的暴力治国思想，激起了民众的反抗，导致了秦王朝的短命。后世的帝王和政府汲取了这一教训，在汉武帝时期将儒家治理纳入正统，使国家政权和社会出于"超稳定"状态，避免了不断裂地分封带来的国家长期战乱，使中国文明快速发展，并迅速超过欧洲。而这一成就与秦始皇统一中国和建立中央三级行政管理体制是分不开的。为中国以后的文明发展奠定了基础和建立了政治框架。

一、建立中央集权行政管理体制

1. 建立帝王领导下的中央政府集权管理制度

秦始皇在统一中国的当年，即宣布废除西周创立并实行了800余年的封建领主制政治体制，创行新的适合于新生地主阶层利益和自由农业生产方式的中央集权制度。这一制度自中央到地方由三个主要管理环节构成：

（1）皇帝制。在中国的帝王概念里，只有管理"天下"的天子才能称"帝"，是全国的最高统治者，诸侯国领主只能称"王"。至战国中期以后，周天子的权威已极度衰落，各诸侯争相"挟天子以令诸侯"，但是谁也没有资格称帝，因为"帝"是管理"天下"的。秦王政消灭六国，统一中国，"天下归一"，诸侯争战的局面结束，天下安定。秦王政自然成了管理天下的"帝"，并且大臣们认为他的功劳高于古代所有的帝王，所以要在"帝"字的前面加个"皇"，而他是第一个加皇的帝，故而是"始皇帝"。

在这件事情上他和大臣们讨论此事,征求大臣们的意见。大臣们说:"古有天皇,有地皇,有泰皇,泰皇最贵。"建议秦王政称"泰皇"。秦王政决定取古代"三皇"之"皇"和"五帝"之"帝",合而为一,称为"皇帝"。从此,"皇帝"一词就成为中国古代中央集权的最高统治者的尊号。诸侯国时期的国王自称"寡人",皇帝自称为"朕",精英阶层自称"余",百姓自称"我",意思一样,只是显示的地位尊贵不同。自秦王政开始为"始皇帝",他的子孙和后人继皇位者,依次称二世皇帝、三世皇帝,直至万世……这就是"秦始皇"一名的由来。

皇帝拥有最高裁决权力,从中央到地方的主要官吏,如郡守、县令等,大都由大臣们推荐商议,再以皇帝的名义任免,直到后来朝代的科举考试制度建立以后,才有了更公平的干部选拔制度,但是依然以皇帝的名义下发委任状。秦朝时期的军权集中到皇帝手中,凡调动士卒五十人以上,必须持有皇帝的虎符为凭,才准调动,以防军事叛乱,保证国家稳定。

(2)三公九卿制。秦朝在皇帝之下,设中央政府机构,执行以宰相为首的政府内阁管理体制,以协助皇帝领导全国,并处理政务。此中央机构采用"三公九卿制"。三公为丞相、太尉、御史大夫。丞相是"百官之长","掌丞天子,助理万机"。秦朝设左、右丞相,以右为尊;太尉掌军事,处理全国的军事事务;御史大夫"掌副丞相",主管监察,处理政法事务。

九卿有奉常,掌宗庙礼仪,主持国家祭祀和礼制的执行;郎中令,掌宫殿警卫,保障首都的安全;卫尉,掌宫门屯卫,确保皇宫和中央的安全防卫;太仆,掌御用车马;廷尉,掌刑法;典客,掌外交和民族事务;宗正,掌皇族、宗室谱系、名籍,管理史料档案;治粟内史,掌财政;少府,掌山海池泽之税及皇帝的生活供应。

九卿之外,还有列卿,如中尉,掌京师治安;将作少府,掌修治宫室等。

三公和九卿以及列卿等,都各有自己的办公府寺,以处理日常事务。大事总汇于丞相,或最后商议拿出方案请皇帝裁决。皇帝同意后盖章生效,然后通过各级官员执行。

(3)郡县制。秦朝在地方上彻底废除"裂土封诸,建立藩卫"制度,在全国范围普遍实行从中央到地方郡县的三级管理制度。初设三十六郡,后增至四十郡。

郡的最高长官是郡守,掌政事和军事;另有郡尉,辅佐郡守,并分管军事;还有监御史,是中央派遣的监察官吏,类似于省纪委书记的权力和职责。郡下设若干县,主要长官,万户以上的大县设"令",不满万户的小县设"长",令(长)全权处理该县事务;另有丞,分管文书、刑法;尉,分管军事。是县长的左右助手。

县以下有若干乡,乡以下有若干亭,亭以下有若干里,里就是村落。这是最基层的干部,通常都是基层民意推举产生,政府不再任命,大都是有威信、有文化的地主乡绅担任,由有影响力的大家族长者组成村委会和乡委会,负责推举和任免基层干部,推举和任免结果上报县政府备案,这是中国式的基层民主制度。《汉书·百官公卿表》(上)曰:"大率十里一亭,亭有长。十亭一乡,乡有三老、有秩、啬夫、游徼,三老掌教化,啬夫职听讼,收赋税,游徼徼循禁贼盗。"

里的头人为里正。乡、亭、里官吏由当地有文化的富庶人家充当。当时的教育很落后,普通百姓大都缺乏文化教育,不识字,难以胜任行政工作。

皇帝制、三公九卿制和郡县制是一套完整的国家政治管理制度,这套制度执行者主要是那些有条件接受教育的地主阶层担任。这是中国古代政治制度的一个新的发展,在当时,在此后相当长的时间中,这一制度对巩固我们祖国的统一,对促进社会经济、文化的发展,起过积极的作用。在此后两千多年的社会中,基本上沿用了这一制度,并不断得到完善。

2. 实行统一经济、文化政策

秦始皇大力实行有利于国家经济、文化发展的、有助于巩固国家统一和安定的经济、文化政策。主要内容如下:

(1)实行土地私有制以促进经济的发展。始皇三十一年(前216年),始皇下令"使黔首自实田"。就是要人民向政府据实登记所有田地,按亩纳税。这是秦王朝在全国范围推行土地私有制的法令。这个法令的推行,实现了土地私有制的法典化,使私有财产有了法律保障,促进了经济的进一步发展。

(2)统一货币。始皇二十六年(前221年),下令废除六国旧货币,制定新的统一的货币。新币分为二等,黄金为上币,以镒(重二十四两)为名;铜钱为下币,圆形,中有方孔,面文有两字,曰"半两,重如其文。"旧币的废除,新币的实行和货币的统一,消除了过去由于币制复杂而造成商业交换中的困难,促进了商业的发展。铜钱的价值单一,交换方便;圆形中孔,规格一致;个体轻巧,便于携带,是一种进步的币制形式。自秦朝至于清朝末年,此种币制形式一直被采用了两千多年。

(3)统一度量衡。秦始皇下令废除六国旧度量衡,以原秦国的度量衡制为基础,向全国颁行新的统一的度量衡制度及标准器。当时所下诏书文曰:"廿六年,皇帝尽并兼天下诸侯,黔首大安,立号为皇帝,乃诏丞相状、绾,法度量则不壹,歉疑者,皆明壹之。"在历代发现的为数众多的秦权和量器上,都带有这一诏书的全文。这说明了秦始皇对于统一度量衡一举是很重视的。

统一车轨 秦始皇还在全国范围统一车轨,大车的两轮之间,皆宽六尺,史称"车同轨"。这样,便于在大路上运行。这一措施对发展交通运输业起了促进的作用。

(4)统一文字。华夏文化的文字,本来是同源的,在商和西周的800余年间,有很大的发展。可是至春秋和战国时期,由于长期分裂割据,诸侯各自为政,独立发展,这就影响到文字的发展。所以秦统一之后,在全国范围面临的情况是:"言语异声,文字异形。"这样的情况不仅严重妨碍各地区间的经济、文化交流,还是一种严重的易于导致分裂割据的因素。秦始皇有鉴于此,命李斯主持进行文字改革工作。办法是以原秦国的字体为基础,参照六国的文字,制定字形固定、笔画简省、书写比较方便的"小篆"(也叫做"秦篆"),作为规范化文字,推行于全国,从此统一了文字。

狱吏程邈(miǎo 秒)又根据民间已行用的新字体,造隶书,字体方正,笔画更简省,也更便于书写。到西汉初年,隶书已成为通行的字体。秦始皇和李斯改革并统一文字,对于巩固国家的统一,促进经济、文化的发展,起了巨大的作用。对祖国此后两千多年的历史文化的发展,也发生了极好的影响。

二、防止分裂、统一思想、巩固统一

秦始皇为了巩固新建立的国家,对六国妄图分裂国家的旧贵族和政治上的反对派,采取了坚决的镇压。

1. 严刑峻法

秦王朝以秦国原有的成文法为基础,加以修改、补充,制订出较完整的法典《秦律》,颁行全国。《秦律》早佚,但1975年12月在湖北云梦县睡虎地出土秦代竹简1000余支,多为秦朝法律及文书,竹简秦律有田律、仓律、捕盗律等20多项。另有"法律问答"190余条,"治狱案例"25例,其中所规定的治罪条令非常繁琐严酷,如刑法有墨(刺面)、劓(割鼻)、刖(砍脚)、宫(毁坏生殖器)、大辟(杀头)、抽筋、车裂、镬烹等残酷肉刑。对人民镇压也十分严酷,如服徭役的应役农民失期要治笞刑,谋反者要族诛。秦后期,严刑峻法更加残酷。

2. 迁徙豪富削弱分裂势力

秦灭六国后,下令迁徙各国在当地有影响力的旧贵族和豪富到咸阳及南阳、巴蜀等地,以削弱他们的政治、经济势力。文献记载,仅被迁到秦的国都咸阳一带的,就有12万户之多。有些旧贵族被逮捕关押,大量的旧贵族或与他们有关系的旧官吏、士人,隐名埋姓,四处逃亡。在秦灭六国时,六国的许多兵器流散于民间,或被埋藏起来。构成了社会的不安定因素。后来要求全部收缴。

3. 修治国道发展国家经济

秦始皇为了在全国范围加强治理和发展经济,为了调发士卒、转运粮饷以及发展国内贸易,又大修国道。国道以咸阳为中心,东至今浙江江苏、山东、河北,西至今甘肃东部,南至今湖北、湖南,北至今河北和山西北部。国道宽广50步,每隔3丈,植树一株,用铁椎(chuí 锤)夯打路基,使国道平坦坚实。

还修直道,自云阳(今陕西淳化)直达九原(今内蒙古包头市西),"堑(qiàn 欠)山堙(yīn 音)谷"约1800里,这是专为加强北面的边防而开通的。秦始皇在统一后至他去世的11年中,曾5次到各地巡游。巡游视察之路,就是沿着国道走的。第一次是巡察西北地区,直到临近边境;其他4次是东巡旧楚、齐、燕、赵、韩、魏等地区,都东至东海之滨,南巡至江南,北巡至北边长城沿线。每次巡视都历时约1年。他巡游时曾在峄(yì 邑)山(今山东邹城境)、泰山、琅邪(今山东胶南)等处立碑,谴责旧六国统治者的黑暗统治和列国互相攻杀,歌颂始皇消灭六国,统一天下、解放全中国的丰功伟绩。还伸张秦法,宣扬威德。这些活动对威慑伺机造反的旧贵族势力、巩固国家的统一稳定起了重要的作用。

4. 焚书坑儒与统一思想认识

秦始皇灭六国之后,六国的大部分知识分子官员失去官职,大部分知识分子依然留恋古国时代和旧君主,充满"爱国之心"和"爱国之情"的复国主义思想的文章和书籍不断问世,他们在学生中间鼓吹独立,鼓励旧国民众反对秦的统治,开展复国运动,秦始皇看到这些儒释文人学者蛊惑分裂主义,企图把刚刚统一起来的中国再次搞成四分五裂,于是就对他们进行了无情镇压,坑杀分裂主义文人,焚烧主张分裂主义的书籍,这就是著名的焚书坑儒事件。

秦朝焚书坑儒事件是秦始皇在意识形态领域内对于主张分裂国家的反动文人的残酷镇压。其目标是要全国各族人民统一思想和认识,要人民紧紧团结在以秦始皇为首的中央政府周围,以巩固刚刚建立的还不稳定的国家统一政权,以企实现中国的长治久安。其出发点符合当时的政治需要,只是他错误的推崇"强力治国"的法家思想,对待反动人文过于残忍,对知识分子的打击面过大,并因此排斥主张仁义治国的儒家学说,结果缺乏仁义的酷法暴政导致秦王朝的短命。

始皇三十四年(前213年),秦始皇在咸阳宫举行宴会,博士仆射(yè 业)周青臣在为始皇祝寿时,称颂始皇"神灵明圣",并说始皇"以诸侯为郡县,人人自安乐,无战争之患,传之万世"。始皇很高兴。可是有一个思想保守的博士名叫淳于越,原齐国人。他当场批评周青臣是阿谀逢迎。他说:"殷、周之王千余岁,封子弟功臣,自为枝辅。"他批评秦始皇废分封,置郡县。说如发生大臣篡权之事,无以自救。他又讥讽说:"事不师古而能长久者,非所闻也。"丞相李斯当场进行了批驳,他指斥淳于越是"愚儒",还谴责儒生们"不师今而学古,以非当世,惑乱黔首","入则心非,出则巷议,夸主以为名,异取以为高,率群下以造谤",来扰乱民心,他认为这样一群不安分的知识分子是一种破坏安定团结的危险势力,建议始皇坚决制止他们的非法活动,政权统一了,文字统一了,语言统一了,度量衡统一了,也必须要把思想意识统一起来,才能防止分裂主义思潮,以保证中国的长治久安,于是提出了焚书以统一国家意识形态的建议。主要内容:

（1）史书除《秦纪》以外,歌颂六国君主的史书一律烧掉;以避免各地复国主义思想的泛滥,导致叛乱和国家分裂。

（2）《诗》、《书》、百家语除博士官收藏的以外;其他人藏书都集中到郡,由郡守、尉监督烧掉;以便于全国人民统一思想和认识。

（3）偶语《诗》、《书》者弃市,是古非今者诛,吏见知不举者与同罪,令下三十日不烧,黥为城旦;严厉打击破坏国家安定团结和反对新政权的分裂主义和复国主义言论。

（4）医药、卜筮、种树等不涉及政治的科学、宗教、民俗书籍不在禁列。

（5）若有学法令者,以吏为师。从官员那里学习国家统一的法律知识。

秦始皇批准了这个建议并在全国范围内推行,于是发生了焚书事件。

第二年,又发生了坑儒事件。起因是由于有些主张复国主义和推崇分封制度的儒生和方士对始皇的发家严厉治国思想不满,骂始皇"专任狱吏",乐以刑杀为威","贪于权势"等等强化中央集权管理的制度。秦始皇认为他们"或为妖言,以乱黔首",就把他们逮捕,严加拷问。先后逮捕了460多个儒生方士,全部在咸阳坑杀。

焚书坑儒是秦始皇在建立大一统国家政权之初,为了巩固新中国的政治稳定,镇压政治上的反对派之举,这些人的政治思想比较保守,多向往西周时代的导致分裂的分封制度,有很强的复古主义思想,反对现行的新政和中央集权管理制度,要回到裂地封侯、分裂国家的老路上去,这种思想是需要制止的。但是秦始皇的镇压是野蛮的、不人道的,这是一种暴行。对于中国的古代文化是一个极严重的摧残。儒家文人的不满与怀旧,与秦始皇崇尚法家思想排斥儒家思想冷落儒家文士有密切关系。

三、征服四夷,开疆扩土

秦始皇灭六国后,军锋继续向前推进,不仅巩固了六国的原有疆土,还进占了与楚、秦、燕等国已有密切的政治、文化关系的民族地区,并在那里设置了郡、县行政管理机构,为我们伟大祖国的统一的多民族国家的形成和疆域的奠定,打下了基础。

1. 征服越族,统一岭南

越族是居住在中国东南沿海和五岭以南的古老民族,古称"百越"。居今浙江和江西东部的为瓯越(东瓯),居今福建境内的为闽越,居今广东和广西东部的为南越,居今广西西部、南部及云南东南的为雒越(西瓯、西瓯骆)。越人"披发文身,错臂左衽",从事农业生产,多居水边,喜食稻米,以盛产犀角、象牙、翡翠、珠玑著称。战国时,百越大部分臣属于楚国,受楚文化影响很大。秦灭楚,在瓯越地置会稽郡,在闽越地设闽中郡。公元前214年(始皇三十三年),秦始皇命屠睢率大军50万,五路南下进攻南越。为了转运粮草,命监御史禄开凿沟通湘江、漓江的灵渠(在今广西兴安县境,后称兴安运河)。秦军遭越人顽强抵抗,屠睢战死。秦始皇增派援军,终于征服越人。于是在南越之地置桂林、南海、象三郡。次年,秦始皇又发徙50万人戍守五岭,与越人杂居并带去铁器及其他先进生产工具、生产技术,促进了岭南地区经济、文化发展,也加强了当地民族融合的过程。

秦经过对边疆地区的不断开拓,使疆域"东至海……,西至临洮、羌中,南至北向户,北据河为塞,并阴山至辽东",是当时世界上最早的也是最大的帝国。这个广大地区的各族人民,统一于一个国家政权之下,辛勤耕作,相互往来,形成统一的多民族国家。

2. 北防匈奴,修万里长城

匈奴是中国北方草原上的一个古老的游牧民族,商、周时期,称为严(xiàn 鲜)允、荤粥(hūnyù 昏玉),战国时期始称匈奴。匈奴人没有城郭,不经营农业,而是随畜牧而转移,过着游牧的生活。主要牲畜有马、牛、羊、橐(骆驼)等。战国中期,匈奴一再南侵,多次与秦、赵、燕三国发生战争。三国在北部边境地区修长城,驻重兵,以防卫匈奴。

约在秦灭六国期间,匈奴已建立奴隶制国家,其最高统治者称单(chán 蝉)于,名头曼。他乘中原地区战争方炽,赵、燕、秦的北部边防都松弛之时,就率领控弩之士(能骑善射者)进占河南(今内蒙古鄂尔多斯)。秦灭六国后,秦朝于始皇三十二年(公元前215年)使将军蒙恬率士卒三十万人北击匈奴,收回了河南地区。

秦在这里设置了三十四县,都筑有县城,从中原迁来人口,以充实这一地区的农业发展。蒙恬又北渡黄河,据守于阳山(狼山之西)和北假(阴山下)一带,利用地势,修缮、增补旧秦、赵、燕长城,并连接起来,西起临洮(今甘肃岷县),东至山海关,延袤万余里,这就是著名的万里长城。头曼因不胜秦,就向北面迁徙。

秦始皇北防匈奴,修筑长城,对保卫黄河流域先进的经济、文化的发展,起了巨大的作用。

四、秦末战乱与秦朝灭亡

秦始皇统一中国并建立了中央集权制度,胜利地进行了北逐匈奴、南略五岭的战争,确是雄才大略的皇帝。同时他也实行了许多暴虐措施,激起百姓的反抗,加上几十年的和平,人口猛增,农民失业严重,饥民和无业流民增多,促使了全国农民大起义的爆发。

1. 陈胜、吴广大泽乡起义

陈胜,字涉,阳城(今河南登封)雇农。吴广,字叔,阳夏(今河南太康)农民。他们于秦二世元年(前209年)七月,与900名农民被征兵入伍,到渔阳(治今北京怀柔)戍边。行至蕲县大泽乡(今安徽宿县境),阴雨连绵,道路不通。即使赶到渔阳,也要误期。秦法规定:戍卒误期当斩。军令如山,他们都很恐惧。与其被杀,不如造反,于是陈胜、吴广就发动这群刚入伍的农民举行了起义。先后攻占大泽乡、蕲县,在攻下楚的故都陈县(今河南淮阳)时,已有兵车六、七百乘,战马千余匹,战士数万人。陈的造反,得到了各地分裂复国主义者和不满秦朝政府的反政府力量的响应。

陈胜以陈县为都城,被推举为"张楚王",建立了地方割据政权;还提出了"伐无道,诛暴秦"的口号,以号召民众起来响应。吴广为假王(代理王事),率主力军西击荥(xíng 形)阳(今属河南)。

吴广围攻荥阳不下,陈胜又以周文为将军,率军直取关中。在打到函谷关(今河南灵宝东北)时,已有战车千乘,士卒数十万,一举而攻占了戏(今陕西临潼东),直逼咸阳。这时,秦以少府章邯为将军,编骊山刑徒为军队,大败周文部反军。周文退击关中,又被章邯军击败,周文战败自杀。吴广的将军田臧劝吴广放弃攻荥阳,去迎击章邯,吴广不听,为田臧杀死。田臧又为章邯击败而死。

第四章　强大的秦、汉

在章邯进攻陈县时,陈胜率军迎战,以兵力薄弱,败退至下城父(今安徽蒙城),被自己的车夫庄贾所杀,庄贾降秦。后庄贾被陈胜的将军吕臣杀死。可是这时的农民军因连遭失败,士卒散亡,已无力抗击政府军。这是起义军第一次遭到巨大挫折。

2. 项羽巨鹿之战

在陈胜起义不久,六国旧贵族也乘机起兵,企图趁乱恢复旧国。这时他们的反政府活动与农民起义是一致的,是农民起义的"同盟军"。

当时楚国大将项燕之子项梁与梁之侄项羽正在吴(今江苏苏州)避难,也乘机起兵。在陈胜死后,他们叔侄率八千精兵渡江北上,连破秦军,吕臣、刘邦都归项梁节制,队伍达六七万人,立故楚怀王之孙(名心)为王,仍称楚怀王,以为号召。项梁、项羽叔侄成为当时农民起义军的领袖。可就在这时,秦将章邯突袭项梁军于定陶(今属山东),项梁战死,起义军大败。这是起义军第二次遭到巨大挫折。

这时,秦政府命戍守长城的将军王离率军回中原镇压农民起义。王离军大约有二十万人南下攻击赵国。赵为新恢复的国家,都邯郸(今属河北)。王离军进攻邯郸,赵王歇逃至巨鹿(今河北平乡西南),为王离军所围困,赵派人向各地求援。秦将章邯亦率军北渡黄河,为王离军供运粮饷。秦军王离部和章邯部共约有四五十万人,声势浩大。各路反秦义军来救援赵者都筑垒壁守,不敢与秦军接战。

楚怀王命宋义为上将军、项羽为次将,率七万人救赵。宋义畏缩不前。项羽杀宋义,率军北渡漳水,"破釜沉舟",每人只带三日的粮食,与秦军进行决战。九战九捷,大破王离军,王离被虏,章邯南逃,随解巨鹿之围。秦军破后,各路反秦军组成联合阵线,组成联军,推项羽为诸侯上将军,统率联军,继续追击章邯部秦军。章邯退至殷墟(今河南安阳),率二十万人投降项羽。项羽怕降卒有异心,行至新安(今渑〔miǎn 免〕池),把这二十万人全部坑杀。

巨鹿之战是秦末农民大起义中最激烈的、具有决定意义的一场战斗。这场大战的胜利,基本上消灭了秦王朝赖以存在的军队,扭转了整个战局,为最后推翻秦王朝的统治创造了极有利的条件。

3. 刘邦入关灭秦

刘邦,丰(今江苏丰县)人,原为秦的泗水亭长(类似于乡镇派出所所长)。陈胜起义后,他与沛县县吏萧何等杀掉沛令,举行起义,自称沛公,后投奔项梁。秦军围攻巨鹿时,楚怀王与项羽、刘邦约定,谁先入关灭秦,谁为"关中王"。在项羽救巨鹿时,刘邦奉命西击秦。刘邦起初只有数千人,一路收集散亡各地的起义军,以扩大自己的势力,又对秦军避实攻虚。经过一年的迂回进军,于二世三年(前207年)八月,攻入武关。九月,进抵蓝田。在农民起义军的节节胜利的形势下,秦的统治集团内部发生了火并。起初是赵高与秦二世勾结,杀掉忠臣丞相李斯。不久,赵高又杀掉秦二世,取消皇帝称号,另立二世之子婴为秦王。子婴又杀赵高。十月刘邦军至霸上(今陕西西安市东),子婴投降,秦亡。刘邦宣布他应为"关中王",同时公布《约法三章》:"杀人者死,伤人及盗抵罪"。刘邦的这些作法对于恢复关中的社会秩序和发展经济有很大的好处。经过几年的战乱,百姓流离失所,饿死战死无数,中原人口减半,百姓渴望和平,所以刘邦所到之处,很受地主豪绅们的拥护。

4. 楚汉战争

项羽听说刘邦已先入关,要当"关中王",就大怒,也率军于同年十二月入函谷关。这时,项羽有士卒四十万人,刘邦只有十万人。项羽压服了刘邦,刘邦军队撤出京城住在城外以迎接项羽的到来,项羽以霸(盟)主身份封立随他入关的主要将领和秦的重要降将为王,时称"新王";又封或改封关东已恢复旧国的贵族的王号,时称"故王"。刘邦被封为汉王,都南郑(今陕西汉中)。关中被分为三国,封给秦降将章邯等三人。新、故王合计十八人。项羽自立为西楚霸王,都彭城(今江苏徐州)。分封完毕,项羽带着复仇的怒火,西屠咸阳,杀秦的降王子婴,烧秦宫殿,大火烧了三个月,又把宫中的财宝和妇女抢劫而去。

项羽封新王,给予富庶地区。封故王,给予边远地区。有不少故王要将原占疆土让给新王。因之,分封不久,即引发新、故王之间为争夺疆土而进行的战争,分封制度以及各省独立是战乱的祸根。项羽支持新王,也卷入军阀混战之中。刘邦乘机自汉中出兵北上,迅速占领关中。又东向出关,与项羽展开争夺天下的长期内战。军阀混战的结果就是最后的两大势力最强者决一雌雄,争夺冠军了。

刘邦采用"斗智不斗力"的战略方针,长期把项羽及其主要兵力吸引在荥阳、成皋(在今荥阳汜水镇西)一带,另派大将韩信自关中东渡黄河,先后灭掉河北诸国,又东向灭齐,最后再南下与刘邦夹击项羽。汉五年(前202年)十二月,刘邦、韩信等会师于垓(gāi该)下(今安徽固镇),项羽大败,逃至乌江(今安徽和县境),因无颜见江东父老,憾恨自杀。刘邦建立了西汉王朝。开始了一个强盛的朝代。

楚汉战争是由农民战争发展到军阀混战,最后形成两个军事集团之间为争夺统治权而进行的内战。

但刘邦代表新兴地主集团的利益,在楚汉战争中,他基本上推行秦朝的郡县制度,在政治上主张国家统一,恢复秦朝时期的国家统一管理,反对裂土分封、各地独立自治的民族分裂主义落后制度,这是符合历史发展趋势的;他善于用人,如重用萧何、张良、韩信等;他的战略比较正确,又有稳定的后方,以补给兵员和粮饷,所以取得胜利。项羽虽在反秦斗争中立有大功,但在秦亡以后,他已成为旧贵族复辟势力的代表,妄图恢复春秋、战国时期诸侯割据的局面,这违背了历史发展的趋势;又多次屠城,乱杀无辜,失掉民心;他专断自信,不善用人,不听谋臣范增的意见;又没有巩固的后方,战略上处于被动地位,所以失败。

5. 秦末农民战争的历史意义

秦末农民大起义的最终结局,是由以嬴姓为首的地主集团统治的秦王朝改换为由以刘姓为首的地主集团统治的西汉王朝,是由农民暴动引发的改朝换代。秦朝的国家经济和政治制度基本上继续了下来,并有所改进,为大汉王朝的强盛和长治久安奠定了基础。并由此使中国赶上和超过欧洲文明,一路引领世界文明两千来年。

第二节 西 汉

西汉建立之初,社会形势是处在秦末以来的长期战乱之后,人口散亡减半,经济凋敝,物价飞腾,社会动荡不安。刘邦为了稳定社会秩序,恢复发展生产,改善人民的生活,以建立稳定的治理,他汲取了秦朝"强力治民"的失败教训,采纳了士人陆贾的建议,用黄老"无为而治"的思想指导政治,基本上沿用秦朝的政治制度,适应当时的政治和社会形势以制定政策,将他的新建王朝稳定了下来。

一、西汉前期对秦朝制度的继承与发展

1. 西汉初的制度和政策

(1)汉承秦制。刘邦在创建西汉王朝时,在政治上未采用周代的分封诸侯制度,基本上沿用了秦始皇创立的中央集权制度,即设立以皇帝为首的中央政府机构,即朝廷,由三公九卿组成,地方行政基本上是郡县制度。史称这一情况为"汉承秦制"。

不过,刘邦在与项羽争夺天下的时候,为了争取一些拥有强大兵力的中间派或观望派势力,曾封立韩信、英布、吴芮等数人为王,都有广大的疆土。可是项羽败后,刘邦与这些人的矛盾迅速暴露,韩信、英布等相继被诛除,以剪除分封制度埋下的国家分裂的遗患,只剩下一个长沙王吴芮,因势力孤弱,又无恶迹,被暂时保留了下来。这时,刘邦认为:秦始皇全面实行郡县制,不分封子弟为王侯以为中央的藩辅,是一个失策,致有"孤立之败"。他在实行郡县制的同时,又大封子弟为王,称为"诸侯王"。诸侯王简称"王",在"列侯"之上。此制度史称"郡国并行制"。

刘邦所封韩信等人为王,史称"异姓王"。后来所封他的子弟为王,史称"同姓王"。同姓王共有九国,自北而南,为燕、代、赵、齐、梁、楚、淮阳、淮南、吴。异姓王尚存长沙王吴芮。这些封国几乎占去了旧时燕、赵、齐、魏、楚等国的全部疆土;而且他们的地位、权力不同于列侯。在封国内是国君,权力很大。王国的政权机构和中央基本相同,除太傅和丞相由中央任命外,自御史大夫以下的各级官吏,都由诸侯王自己任命。诸侯王还有一定的军权,有财政权,可在国内征收赋税。王国的疆土广大,人口众多,多数王国很富庶。如齐王刘肥有6郡,计73县。吴王刘濞有3郡,计53县。王国在政治上处于半独立状态。不过他们要奉行中央的制度法令,国内实行土地私有制。

刘邦又封功臣和亲属、外戚140多人为列侯。列侯与诸侯王不同,在封国内无治民之权。封国只是列侯的食邑。列侯有大小之分,大侯食万家,小侯食五、六百户。侯国设相,其职掌和县令(长)相同,由中央任免,归所在郡守统辖。侯国相每年将列侯所食租税,按数拨给列侯享用。列侯与侯国相无隶属关系。列侯有一个小小的侯府,有少数职官,为列侯服务。当时只有15个,主要设置在旧秦国的疆域之内和魏、韩、楚的西部地区。郡下设县,郡守、县令等主要官吏都由皇帝直接任命。诸侯王国和郡都直属于中央管辖,但诸侯王的地位远远高于郡。王国的太傅和丞相的职位也高于一般郡守。直到景帝以后,郡和王国的地位才真正相当。

(2)赋税制度。西汉和秦一样实行土地私有制。主要赋税有田租、算赋和口赋、更赋。

田租——土地税。自战国以来,均为"十税一"。后来刘邦称帝,减为"十五税一"。算赋和口

赋都是人口税。算赋是丁税,15~56岁的男女,每人每年纳120钱(一算),因称算赋。口赋是儿童税,7~14岁的儿童每人每年纳20钱。

更赋——代役税。西汉规定,男子23~56岁之间,要为国家服兵役两年。此外,每人每年在本郡服役一个月,以参加地方政府的建设工程,叫做更卒或卒更。不服役的,每月出钱2000,叫做践更。每人每年还要戍边3天,不服役的,出钱300,叫做过更。

西汉的田租比较轻,人口税和更赋很重,这对无地少地的劳动人民是很不利的。

(3)重农抑商政策。刘邦初即帝位时,商贾们囤积居奇,操纵物价,物价飞腾,米一石至价一万钱,马一匹价一百金(一百万钱),人民生活无着,国家财政也很困难。刘邦为了打击不法商贾,稳定社会秩序,就实行"重农抑商"政策。

刘邦的"重农"政策,主要有四点:一是复员军队,士卒都给予土地和宅舍,其中的少数成为地主,多数成为自耕农;二是号召逃亡人口回乡,"复故爵田宅";三是减轻田租(税),十五税一;四是下令解放因生活困难而自卖为奴婢的人,彻底废除奴隶制残余。这些措施增加了农村的劳动力,在一定程度上稳定了社会秩序,对调动农民的生产积极性,恢复农业生产,起了积极的作用。

刘邦的"抑商"政策,主要也有四点:其一,商贾及其子孙不得为官吏,以避免官商一体造成政治腐败;其二,商贾不得拥有私有土地;其三,商贾不得穿锦、绣、絺(chi 痴)、纻(zhù 住)、罽(jì 计)等名贵的丝、葛、毛织品,不得乘车、骑马、携带兵器;其四,加倍征收商贾的算赋(每人两算,即240钱)。

(4)对匈奴、两越的羁縻政策。秦末农民大起义时期,长城沿线空虚,匈奴单于冒顿(mòdú 末读,头曼之子)率众乘机入长城,到鄂尔多斯(今属内蒙古)和山西北部一带,劫略烧杀,造成严重破坏。刘邦在灭项羽后,亲率大军32万人,北击匈奴。至平城(今山西大同),被匈奴四十万骑兵困于白登山。后虽突围而出,但难与匈奴再战;就对匈奴采取了"和亲"政策,把宗室之女作为公主,嫁给冒顿,汉、匈"约为昆弟",汉朝每年要赠送若干絮、缯、酒、大米等给匈奴贵族,以换取单于的欢心,减少侵扰。这种"和亲"外交政策是一种"羁縻"政策;但具有屈辱性质,效果不大,匈奴仍不断侵扰。

两越是南越和东越的合称。秦末农民大起义时,秦的南海郡尉赵佗起兵,占据了南海、桂林、象三郡,自称南越王,都番禺(今广东广州)。东越的首领无诸和摇两人也起兵反秦。刘邦称帝后,南越和东越都割据一方。当时,刘邦感到"天下初定,士卒罢(Pí 皮,疲)于兵",无力再进行征伐,于是对两越采取了羁縻政策,承认赵佗为南越王,另立无诸为闽越王,都东冶(今福建福州)。惠帝时,又立摇为东海王,都东瓯(今浙江温州),亦称东瓯王。三越王在名义上臣属于汉王朝,实际是三个封建割据势力。

2. 文景之治

刘邦的儿子文帝和孙子景帝统治时期,由于社会稳定,广大农民积极生产;也由于他们父子进一步改善政策,减轻了人民的负担,使社会经济由恢复而发展,人民生活更加安定,物资丰厚。史称此时为"文景之治"。当时的主要社会政策有五项:

(1)贵粟政策。"贵粟政策"是文帝时的政论家晁错提出来的。晁错指出,商人们坐列贩卖,囤积居奇,操纵物价,放高利贷,而许多农民,则"卖田宅,鬻(yù 育,卖)子孙,以偿责(债)者"。他说:"此商人所以兼并农人,农人所以流亡者也。"他认为刘邦制定的重农抑商政策至此时不仅已行不通,而且与社会的实际颠倒。他说:"今法律贱商人,商人已富贵矣。尊农夫,农夫已贫贱矣。"要改变这一情况,必须改变现行政策,制定新的政策。"贵粟政策"就是在这样的情况下提出的。

他说:"粟者,王者大用,政之本务。"实行贵粟政策的具体做法是"使民以粟为赏罚"。就是人民可用粮食向国家买爵位,也可以用粮食赎罪。国家的粮食多了,可以减轻租赋;商人要买爵位,就要向农民买粮,粮价也会提高。这样,国家有粮,"富人有爵,农民有钱"。有三种好处;"一曰主用足,二曰民赋少,三曰劝农功。"汉文帝采纳了这个建议,于前元十二年(前168年)下卖爵令:上造(二级爵),价六百石;递增至五大夫(九级),价四千石;大庶长(十八级),价一万二千石。五大夫以上,除家中一人的徭役。为了北防匈奴,令为买爵或赎罪而入粟者将粟运至长城沿线。这里的粮食足够五年之用后,再运至内地各郡县收藏。

这项政策一实行,国家的存粮大增,农民的生活和生产都一度得到改善;商人的社会、政治地位也大大提高。

(2)轻徭薄赋。文帝实行"贵粟"政策的当年,又实行"轻徭薄赋"政策,主要内容有三项:

第一,减免田租:田租原为十五税一,今收田租之半,即三十税一。次年,又全免天下田租。直至十二年后,即景帝前元二年(前155年),才复收田租,以三十税一为制,直至西汉末年。

第二,减轻算赋:民年十五以上至五十六岁纳算赋。原每人每年纳一算(一百二十钱),今减为四十钱。

第三,减轻徭役:民年二十三至五十六岁,服兵役两年。其他时间,原为每人每年在本郡充更卒一个月,今减为"三年而一事",即三年充更卒一个月。

修"马复令""马复令"也是晁错提出的。就是民家养马一匹,可以免三人的徭役。这是一项鼓励人民养马的政策。晁错说:"车骑者,天下武备也,故为复卒。"鼓励人民养马,主要目的是为了加强武备,以准备打击匈奴。

(3)惠商政策。文帝还变"抑商"政策为"惠商"政策。下令,"开关梁,弛山泽之禁",就是取消在关口津梁处检查来往行人的制度和山林川泽樵采、捕捞的禁令。商人们可以自由贩运,任意开山鼓铸,砍伐木材。这些措施实行后,商业和手工业都获得迅速的发展,出现了"富商大贾周游天下,交易之物莫不通,得其所欲"的隆盛局面。这项政策对于劳动人民也有好处,人民可以进入山泽自由樵采、捕捞,以补助生活。景帝时,"复置诸关,用传(zhuàn 撰,信符)出入。"主要是为了治安需要,对商人的政策仍在逐步放宽。但文、景时期,抑商政策中之"市井之子孙亦不得仕宦为吏"的规定一直未取消。

(4)废除肉刑。西汉初年,沿用前代刑律,用刑很重,死刑、肉刑使用较多。文帝时,齐太仓令淳于意犯罪,他的女儿缇萦上书文帝,说"死者不可复生,刑者不可复属,虽后欲改过自新,其道无由也。"自愿"为官婢,以赎父刑,使得自新。"文帝很受感动,随下诏废除肉刑,将黥、劓、刖等酷刑改为笞或徒刑,对原有各种徒刑亦有所减轻。文帝死后,景帝即位,以为笞刑太重,继续减轻。还下诏强调:"笞者,所以教之也。"批评了滥用笞刑,对笞用刑具的长、宽、厚度及其光滑度都有所规定。

3. 削藩

刘邦封"同姓王"时,诸王都还年少,王国的太傅、相国(丞相)主事,中央和诸侯王之间的矛盾还不太大;可是至文帝时,诸侯王的年龄已长,国势日盛,都成为雄踞一方的势力,有的还存有争夺皇位的野心,于是,中央和诸侯王之间的矛盾也日益发展。中央为加强集权和国家稳定,开始削弱诸侯王的割据势力,以防战乱。

(1)《治安策》与《削藩策》。文帝时,政论家贾谊上《治安策》,指出:现在中央和诸侯王的关系,像一个人得了肿胀病,一条腿肿得和腰一样粗,一个脚趾肿得和腿一样粗,如不抓紧治疗,"必为痼疾"。他说:"欲天下之治安,莫若众建诸侯而少其力。"就是要将王国再分割为若干小国,以削弱其力量。文帝起初就很重视贾谊的建议,但有些犹豫不决;后来形势更加严重了,他才把齐国分为6个小王国,立齐王肥的6个儿子为王;又把淮南国分为3个小王国,立淮南王长的3个儿子为王。史称推恩令。

景帝时,中央和诸侯王之间的矛盾更加尖锐。御史大夫晁错上《削藩策》,建议借诸侯王犯错误的时机,削减诸侯王的封区。他说:"今削之亦反,不削之亦反;削之,其反亟,祸小;不削,反迟,祸大。"景帝采纳了这个建议,于景帝前三年(前154年),削楚王戊的东海郡,削赵王遂的常山郡,削胶西王卬的6个县。被削地之王,对景帝和晁错都很不满。

(2)平定七国之乱。"七国之乱"是以刘邦之侄吴王刘濞为首发动的一次皇家同姓王联合大叛乱。刘濞蓄谋叛乱,为时已久。导火线是当时景帝和晁错认为吴王刘濞有罪,欲削减他的会稽和豫章两郡。刘濞就乘机串通楚、赵、胶西、胶东、菑川、济南六国的诸侯王,发动了联合叛乱。刘濞发兵20万,号称50万,为主力。又派人与匈奴、东越、闽越贵族勾结,用"请诛晁错,以清君侧"的名义,举兵西向。叛军顺利地打到河南东部。景帝因很惶恐,就听信了谗言,捕杀了晁错,乞求刘濞退兵。刘濞不仅不退兵,还公开声言要夺皇位。叛军至梁国(治今商丘),为景帝之弟梁王武所阻。至此时,景帝才决心以武力进行镇压。他命太尉周亚夫与大将军窦婴率36将军,以奇兵断绝了叛军的粮道,只用了3个月的时间,就大破叛军。刘濞逃到东越,为东越人所杀。其余六王皆自杀,七国全被废除,以郡县制管理。

七国之乱平定后,景帝为了进一步削弱诸侯王的权力,以加强中央政府的管理权,就下令取消了诸侯王治民之权,只"衣食租税"。又减缩王国的政权机构,降低王国官职的等级,改丞相为相,总掌王国政事;内史治民,和郡太守相同,直接听命于中央;取消御史大夫、廷尉等官,重要官员都由中央任命。

至此,诸侯王国虽仍存在,但和郡基本相同,成为中央直接管辖的一级地方行政单位。至成帝时,又取消内史一职,由相治民。王国相与郡太守相同。王国除了还有一个无权干预王国政事的诸侯王之外,其他方面与一般的郡完全一样。

七国之乱的平定和诸侯王权力的削弱,沉重地打击了分裂割据势力,在制度上,基本解决了刘邦实行诸侯王制度时所产生的弊病,进一步加强了中央政府的集权管理制度。

二、汉武帝加强中央集权

公元前140年,汉景帝死,太子刘彻即位,是为汉武帝。虽然这时西汉王朝经过六七十年恢复发展,国力相当强盛,但汉初封立的诸王尚有一定势力,是社会不稳定因素。同时,地主、商人经济膨胀,人口在六七十年里也翻了一番,农民失业严重,社会动荡不安,加之匈奴经常入侵,边境不宁。汉武帝认识到,强盛的背后隐伏着危机。于是汉武帝在统治的54年中(前140~前87年),承继先帝未竟之业的同时,对政治体制进行了一些重大改革,并在军事、经济、思想上采取强有力的措施,进一步加强中央集权,把西汉社会推向空前繁荣。

第四章 强大的秦、汉

当时有三大问题需要解决:一是诸侯王尚有一定的政治、社会势力,是一个不稳定的因素;二是土地兼并严重,社会动荡不安,社会矛盾在发展;三是匈奴不断入侵,两越不断制造事端,边境不宁。这三个因素促使汉武帝决心进一步加强中央集权。

1. 改革中枢体制

建立中朝"中朝"亦称"内朝"主要是由皇帝身边的较低级的亲信官吏和侍从人员组成的决策机构。

西汉前期,丞相都由列侯充任,有自己的"根据地",位高权大,是构成了国家的不稳定因素。汉武帝为了削弱丞相的权力,加强中央政府的权力,就重用身边的非贵族官员,于是尚书令一职日益重要。尚书令原是少府的属官,为皇帝管章奏文书。此时,大臣们的章奏不能直接进呈皇帝,要先送尚书台(尚书令的官署)。武帝又选用一些有才能的士人为郎,加以侍中、给侍中、常侍等头衔,出入宫廷,与尚书令共议军国大事,组成"中朝"。原以丞相为首的三公九卿组成的中央政府为"外朝"。从此以后,尚书台的权力日重,大臣要参与中枢,必须加"领尚书事"或"平尚书事"的头衔。"中朝"是皇帝身边的内阁枢要机关和办事机构。

(1)设置刺史。秦朝于每郡置监御史一人,以监察地方。西汉初,省废。武帝时,为了加强对地方的控制,于元封五年(前106年),分全国为13个州部(监察区),每个州部设刺史一人,以监察地方。刺史"以六条问事",一条是监察"强宗豪右",五条是监察郡守、尉和王国相。征和四年(前89年),又于首都所在地设司隶校尉,掌纠察京师百官(三公除外)和三辅(京兆、冯翊、扶风)、三河(河东、河内、河南)、弘农七郡。这套监察制度比秦朝的监察制度严密得多,进一步加强了中央对全国官僚机构的控制。

(2)《推恩令》和《附益法》。"七国之乱"以后,诸侯王制度和诸侯王本身都大大削弱了。可是这些皇子皇孙的地位特殊,有恃无恐,常常有不法行为;又有很多人趋炎附势,为之出谋划策,所以诸侯王问题仍是国家的一大问题。元朔二年(前127年),主父偃上《推恩》之策。建议在诸侯王死后,除嫡长子继承王位外,其他庶子由皇帝分割原王国的部分土地为列侯,列侯归郡统辖。武帝采纳了这个建议,下"推恩令",王国越分越小,力量很弱;列侯们"人人喜得所愿",拥护中央,中央的直接辖区(郡县)在日益扩大,进一步加强了中央集权。

就在这时,淮南王刘安和衡山王刘赐又招结宾客,暗造兵器,阴谋反叛。元狩元年(前122年),武帝下令逮捕了二王,二王皆自杀,列侯和大小官吏、宾客因牵连被杀的数万人,二国废为郡。武帝又制定《附益之法》,不许诸侯王招结宾客,限制诸侯王的活动,"诸侯惟得衣食税租,不与政事。"享受贵族待遇,不参与政治权力。

元鼎五年(前112年),武帝为祭宗庙,要列侯献酎(zhòu宙)金助祭。他又以所献酎金的分量不足或成色不好为借口,废列侯一百零六人。此后,还以种种罪名废掉一些侯国。

(3)加强法治。西汉初年,萧何以《秦律》为基础,增《户》、《兴》、《厩》三篇,制成《汉律》9章。后又一再增补,至武帝时,增至359章,大辟(死刑)409条,1882事,死罪决事比(判例)13472事。汉律一再增补,是西汉王朝加强统治的需要,为维护社会秩序,安定人们的生产、生活都起过一定的积极作用。

汉武帝为了维护他的统治,重用"酷吏"。酷吏主要是因曾对某些豪强地主或宗室、外戚进行过"严酷"打击而著名,起过积极的作用。但他们多为非作歹,嗜杀成性,妄杀无辜,鱼肉人民。后多为汉武帝罢官或杀掉。

2. 建立侍从军和禁卫军

西汉前期实行征兵制,以正卒两支守卫京师。一支为南军,守卫宫城,归卫尉率领;另一支为北军,保卫京师,归中尉率领。两支各有2万人。武帝时,各减至1万人。正卒一年一轮换,不利于保卫京师。武帝着手组建职业兵为侍从军和禁卫军。期门军和羽林骑侍从军有三支,就是期门、羽林和林孤儿。

期门军是汉武帝于建元三年(前138年)建立的,由侍中、常侍、武骑及待诏陇西、北地等六郡良家子能骑射者组成,共约有1000人,归光禄勋掌管。因常为侍从武帝而期待于殿门,故有"期门"之名。羽林骑是于太初元年(前104年)选六郡良家子组成,约700人,亦属光禄勋。羽林骑原叫做建章营骑,因守卫建章宫而得名。后更名"羽林骑",取"如羽之疾,如林之多"之意。羽林孤儿是由战死者的子弟组成的,因养在羽林官署,教习战射,而有此称号。

八校尉禁卫军是于元鼎六年(前111年)建立的,共有8支,每支有士卒约700人,由八个校尉率领,因称"八校尉"。八校尉为中垒、屯骑、步兵、越骑、长水、胡骑、射声、虎贲。八校尉的士卒都由招募而来,是职业兵,这是中国古代有募兵制的开始。这支军队后来发展为西汉王朝的军事主力,经常用于镇压劳动人民或进行民族战争。

3. 改革财政

汉武帝初即位时,国家十分富庶。《史记·平准书》曰:"汉兴七十余年之间,国家无事,非遇水旱之灾,民则人给家足,都鄙廪庾皆满,而府库余货财。京师之钱累巨万,贯朽而不可校(jiào叫);太仓之粟陈陈相因,充溢露积于外,至腐败不可食。众庶街巷有马,阡陌之间成群。"可是后来汉武帝对匈奴连年进行战争,物资粮饷耗费严重,国家财政困难,但战争仍在进行。汉武帝为了扩大财政收入,支援战争需要,在桑弘羊的协助下,进行了大规模的财政改革。

(1)改革币制。西汉前期,币制很不稳定,经常改变。时大时小。又除中央铸造外,各郡、国官府和地主、商人,都可仿铸货币。同一种货币的大小、轻重、规格、质量都极不相同,货币混乱,严重影响了国家的赋税征收和商业发展。

元狩五年(公元前118年),汉武帝下令由上林三官(钟官、技巧、辨铜)铸造五铢钱,作为法定货币,通行于全国;而且严禁各郡、国和私人仿铸。旧时的货币一律作废。五铢钱有周郭,钱上有"五铢"二字,式样规整,重量为五铢,盗铸不易,流通方便。这种货币相当稳定,一直沿用到三国时期。

统一盐铁西汉前期,国家对盐铁业实行自由经营政策。当时有国营(归大司农)、官营(郡、国)、民营,以民营为主。民间的盐铁商向国家承包某些资源,自由经营,国家征收承包税(即占租、顾租)。至汉武帝时,因长期对匈奴战争,财政十分困难。汉武帝认为:许多大盐铁商家累万金,为非作歹,违法乱纪,从不支援国家之急。于是他断然采取了废止盐铁自由经营、代之以国家垄断经营的政策。其主要目的就是为了增加国家的财政收入,以支援对匈奴的战争和其他经济需要。

国家经营盐铁的方式,中央,是在大农令(大司农)之下,设盐铁丞,总管全国的盐铁经营事业。各郡(国)、县,设盐官或铁官,经营盐、铁的生产和销售。不产铁的地区设小铁官,主收集废铁,改铸农具。盐、铁生产者有刑徒,也有雇工,由国家供给生产工具。

盐、铁国营是首先由东郭咸阳和孔仅提出的。东郭咸阳是大盐商出身,孔仅是大冶金企业家出身,二人同被汉武帝任为大农丞(盐铁丞),管盐铁事。他们"乘传(zhuàn 撰)举行天下盐铁作。"所有盐、铁官,几乎都是商贾出身。至此,旧时的"市井之子孙,亦不得仕宦为吏"的规定已不存在,刘邦在西汉初年制定的"重农抑商"政策被彻底废除。汉武帝还曾下令由官府垄断酒的产销,称为"榷沽",也是为了增加财政收入。

均输、平准均输法就是由国家在各地统一征购、运输货物,以谋取利益的政策。这项政策是由大农令孔仅和大农丞桑弘羊创行的。起初是由官府专营盐铁的运输销售,以增加国家的收入。后来桑弘羊任治粟都尉(领大农事),增设大农部丞数十人,分部掌管各郡国的均输事。各郡国多设均输官和盐、铁官,扩大均输业务。凡商贾所贩运的货物,只要有利可图,均输官都以地方所收租赋为本钱,购置当地物产,转运到外地牟利,或运到首都长安,储于大农令(大司农),供给国家各部门的需要或作出售之用。平准法就是由国家平抑物价的政策。其办法是由国家在长安和其他主要城市中设置掌管物价的官吏,利用均输官所储存的物资,根据市场上的物价,贵时抛售,贱时收购,这样打击富商大贾的囤积居奇行为,使市面物价保持稳定。

(2) 算缗、告缗。算缗(mín 民)就是征收财产税。汉武帝于前119年(元狩四年)实行算缗钱政策,令商贾、手工业者、高利贷者,都向官府自报资产价值,每值二千钱,纳税一算(一百二十钱);经营盐、铁、铸钱(时尚未国营)已纳租者,其财产每四千再纳一算,商贾的轺(yáo 尧)车一辆纳二算,船五丈以上纳一算。又规定匿(nì 昵)财不报,或报而不实者,一经查出,判戍边一年,没收全部资产。有揭发的,奖给所没收资产之半。

算缗令下后,豪富大家隐藏财产,不肯具报。元鼎三年(前114年),武帝令杨可主持告缗事,鼓励揭发。《史记·平准书》曰:"杨可告缗遍天下,中家以上大抵皆遇告"。国家没收的"财物以亿计,奴婢以千万数,田大县数百顷,小县百余顷,它亦如之。于是商贾中家以上大率破。"国家利用没收的大量田地,到处设农官,建立国营农场。没入的奴婢分到诸苑养狗马禽兽,或从事手工操作。分到长安为官奴婢的有10万多人。在西、北边郡有牧师诸苑36所,有官奴婢3万人,养马30万匹。没收的其他财物充满了府库。

算缗、告缗事件是与汉武帝的财政改革联在一起的,虽然打击了许多大、中商人,但也有大量的地主。此事件并非刘邦的"重农抑商"政策的延续。汉武帝的财政改革为加强中央权力,为打败匈奴的侵扰,提供了相当雄厚的经济基础。

三、匡正儒家思想,引领世界文明

西汉前期,最高统治集团以黄老道教思想指导政治,信奉鬼神政治,任用方术道人,测字算卦决策政治,政治杀戮不断,杀死太子,逼死太后,把官员轮番杀了好几遍,搞得宫廷和朝廷鸡鸣狗跳,这样的情况是不利于加强中央集权的。汉武帝后期,幡然醒悟,开始重视儒家仁义治国思想,重用儒士,儒家思想的代表人物董仲舒提出了"罢黜百家,独尊儒术"的建议。董仲舒是"春秋公羊学"家,是当时有名的大儒。他说:"春秋大一统者,天地之常经,古今之通谊(义)也。今师异道,人异论,百家殊方,指意不同,是以上亡以持一统,法制数变,下不知所守。"他建议"诸不在六艺之科、孔子之术者,皆绝其道,勿使并进。"

汉武帝基本上采纳了这个建议,从此儒家学说逐步成为西汉中后期的统治思想,也成为中国两千多年的正统治国思想。董仲舒还建议在长安兴办太学,置明师,培养人才,以选拔官吏。汉武帝接受了这个建议,于建元五年(前136年)置《诗》、《书》、《易》、《礼》、《春秋》五经博士,博士均为今文学家。元朔五年(前124年),又为博士官置弟子50人,太学正式开学。充当博士弟子的条件是民年18岁以上,仪状端正者,由太常负责选拔。又从各郡国县道中选拔有文学、有教养的青年到太学与博士弟子一同受业,称"如弟子"。每年考试一次,优秀的补为郎中、文学、掌故。如是下材则罢斥之。从此,汉朝官吏中多文学之士了。也为后世科举考试的国家公务员选拔制度奠定了基础。

自此,中国以仁义治国,政权稳定,经济文化发展迅猛,科技文化诸多方面的成就已超越了欧洲文明,一路引领人类文明两千来年。

四、社会经济的发展

西汉自初建到武帝时期,社会经济由恢复而迅速发展,为此后两千余年间的地主经济奠定了基础。

1. 农业

(1)土地兼并与租佃关系。西汉自文帝时起,经过70来年的人口增长,人多地少的矛盾开始出现,失业农民开始增多,贫富差距不断加大,土地兼并也迅速发展起来,自耕农增人口而不增地,多子多孙不断分割祖业田产,而陷入赤贫,人丁兴旺的家庭几代之后便无地可分,纷纷破产,佃农日益增多。土地所有者向国家缴纳的土地税,起初为"十五税一",后减为"三十税一"。可是人口不断增加,无地可耕的农民越来越多,失业压力越来越大,增加了社会的不稳定因素。

(2)铁器与牛耕。西汉时期,铁农具的使用已相当普及。尤其是在黄河、长江两大流域,情况更是如此。在人们的观念中,农业生产是和铁农具联在一起的。《盐铁论·水旱》曰:"农,天下之大业也;铁器,民之大用也。"就说明了这问题。

在考古工作中,发现有西汉铁农具的地区,黄河流域有甘肃、内蒙古、宁夏、陕西、山西、河南、河北、山东;长江流域有云南、四川、湖北、湖南、江西、安徽、浙江、江苏;珠江流域有广西、广东、贵州;此外,还有辽宁、福建等边远地区。主要铁农具因地区而有差异。总的说来,主要有犁铧、铲、锸、镈、锹、镐、锄、镰、耙、刀等。

黄河流域以旱地为主,出土犁铧也集中在这一区域,铲、锸类掘土工具亦发现很多。长江流域以水田为主,出土铲、锸类工具亦较多,但不见犁铧出土,可见铁犁牛耕技术尚未在长江流域推广。在黄河流域已发现的犁,有大、中、小多种类型,适用于不同的土质和耕作要求。在不少地方还发现了铁犁壁(䥯土),这是在耕地时的一种帮助翻土、碎土的装置。西汉铁犁壁的发现,证明了中国使用此种农具的时间比欧洲要早一千年左右。

西汉时期以牛耕为主,主要是用二牛抬杠的形式。也有马耕。自汉文帝实行"马复令"以后,养马的人很多,马的数量迅速增加。到汉武帝即位时,"众庶街巷有马,阡陌之间成群。"以马耕田是一个普遍现象。在缺牛马的地区,也有人耕。

(3)代田法。西汉时期有关农业的知识已相当丰富,土壤学、作物学等都在发展。广大农民有辨土、施肥、选种、田间管理等方面的丰富经验。"代田法"就是一种先进的耕作方法。

代田法是一种轮耕制的耕作方法,是汉武帝时的搜粟都尉赵过总结了西北地区农民们的生产经验而加以推广的。这种耕作方法是,以宽一步(六尺)长百步的一亩地为例,纵分田地为三甽(quǎn 犬、畎)、三陇,甽、陇各宽一尺,布种于甽中。苗长高时,一再用陇土培固根部,作物能耐风旱。第二年,甽、陇互换其位,以调节地力。这是一种适应西北地区的自然条件的比较科学的耕作方法。文献记载,代田法用二牛三人耕作,每年可耕种五顷地,亩产量比用通常的耕作方法耕种的田地可增加一斛(石)以上。多的可增加两斛或更多一些。

所谓"二牛三人",不是二牛各挽一犁,二人各扶一犁,一人在前牵牛,两犁并耕;可能是二牛抬杠,一人牵牛,一人扶犁,一人掌耧,以控制犁铧入土的深度。代田法推广的范围包括了三辅、河东、弘农和居延等边远地区。

赵过还推广耧(lóu 楼)播技术,耧和犁形相近似,有三个铁制耧足,同于三个小铁犁铧,三个耧架相连,耧足中空,上通耧斗,斗中盛种子。播种时,一牛拽引,一人扶耧,一边开沟,一边下种,种自耧斗经耧足下播,一日可种一顷。文献记载,亦有二足耧和一足耧。

兴修水利 汉武帝时,国家富庶,开始大规模的兴修水利。首先开凿的是漕渠,于元光六年(前129 年)开工,三年完成。主持这一工程的是水工出身的徐伯。过去运粮,自黄河入渭水,运至长安,路程九百余里,需时 6 个月。漕渠凿成后,西起长安,东通黄河,运程只有 300 余里,漕运时间减少了一半,还可灌溉田地 10000 余顷。

关中因是国都所在地,开渠也比较多。除漕渠外,还有灵轵渠、成国渠、六辅渠、白渠等。以白渠为最著名。白渠始凿于太始二年(前 95 年),在渭水之北,西起谷口(今陕西礼泉东北),东入栎阳,引泾水,注入渭水,与郑国渠平行,长 200 里,溉田 4500 余顷。当时有歌谣曰:"田于何所?池阳谷口。郑国(渠)在前,白渠起后。举臿为云,决渠为雨。水流灶下,鱼跳入釜。泾水一石,其泥数斗;且溉且粪,长我禾黍;衣食京师,亿万之口"。

其他郡县的水利也较发达。西北地区的朔方、河西、陇西、酒泉等郡,都开渠引黄河或川谷的水以溉田。中原地区的汝南、九江等郡,引淮水以溉田,泰山下引汶水以溉田。其他新开水渠、陂池也很多,溉田各在数千顷或万顷以上。

武帝时修治黄河,也是一项重大功绩。黄河原于元光三年(前 132 年)夏在瓠(hù 户)子(今河南濮阳南)决口,水经瓠子河入巨野泽,流于淮、泗,被灾地区达十六郡。武帝自泰山回长安,路过此处,发卒数万人堵塞决口,并下令随从他的官员自将军以下,都要背柴薪填决口。在决口堵塞后,武帝又下令在新修的拦河大堤上盖了一座"宣房宫"。从此河水又北行,"梁、楚之地复宁,无水灾。"

2.手工业

西汉时期的手工业有国营、官营和民营三种。此外还有家庭副业性质的小手工业。最重要的有冶铁、铸铜、煮盐、纺织和漆器业。

(1)冶铁业。西汉前期,冶铁业有国营、官营(郡、国经营)和民营三种。

国营或官营冶铁业的劳动者主要是刑徒、士卒和雇工。民间的大冶铁家很多。最著名的有蜀郡的卓王孙、程郑和南阳的孔氏。这一时期的私营铁冶者或冶铁家,由于有强烈的追求利润乃至发家致富的要求,往往倾全力以关注他的事业,例如很注意市场信息、成本核算、产品质量和经营方法。小的冶铁手工业者尤其如此。这一时期是冶铁业的蓬勃发展时期。

汉武帝于元狩四年(前 119 年),收冶铁归国营,垄断了冶铁业。铁官均为官僚,不关心生产和销售,产品种类少,质量差,弊端严重。尽管这样,因为冶铁国营对国家的财政收入有利,终西汉一代,基本上未改变这一政策。

西汉一代的冶铁业有很大的发展。至西汉后期,铁器皿和铁兵器已基本上代替了铜器皿和铜兵器,产品除农具外,还有手工工具斧、锛、锯、凿等,生活用具有灯、釜、炉、剪、刀、镜等,兵器有长剑、长矛、环首大刀、铁戟、铁斧、勾镶等。冶铁技术也有很大的进步,燃料除用木柴、木炭外,还使用了原煤和煤饼。当时的工人们已发明了焠(cuì 翠)火技术。就是在锻造刀剑时,把刀剑烧红,浸入水中,以增强硬度。

纺织业纺织业以丝织业为最进步,亦有国营和民营之分。国营纺织业主要是为皇室和官府织造服装。最重要的国营纺织业有三处:(一)东织室和西织室,都设在长安,专为皇室织造衣物。每一织室的花费,每年为五千万钱以上。(二)三服官,设在齐国的都城临淄,每年用精美的丝织品制作皇室的冬、夏、春(秋)三季的服装。所以有"三服"之称。三服官分在三处,各有织工数千人,每年花费数亿钱。(三)陈留郡襄邑(今河南睢县)也设有服官,专为皇帝和贵族、大臣们制作礼服。

1972年在湖南长沙马王堆一号汉墓出土了大量的用作随葬的丝织品,有绢、罗纱、锦、绣、绮等,花色有茶褐、绛红、灰、朱、黄棕、棕、浅黄、青、绿、白等,花纹有各种动物、云纹、卷草、变形云纹、菱形几何纹,织制技术有织、绣、绘画等。有的纱料质轻而薄,和今天的尼龙纱差不多。其中的一件素纱单衣身长128厘米,袖通长190厘米,重量仅49克(不到一市两)。

(2)漆器业。西汉的统治者和地主、商人都很喜爱漆器,漆器业有很大的发展。西汉王朝在蜀、广汉等郡设有工官,专造皇室、贵族使用的漆器和金银器,每一工官每年花费五百万钱。马王堆一号汉墓出土漆器180多件,中有耳杯、盘、鼎、壶、钫、盒、屏风等。漆胎有木质、夹纻、竹质,多在漆面上绘有草叶、花瓣、云气、动物等图案,质地轻巧,造型美观,色泽光洁,工艺水平很高。制造漆器的工序很多,技术复杂,要求很高。

《盐铁论·散不足》曰:"一杯棬(quān 圈)用百人之力,一屏风就万人之功。"说法并不很夸大。

3. 商业

随着农业和手工业的发展,商业的发展也很迅速。标志这一发展的,除汉武帝改革币制,统一使用官铸五铢钱外,还有大量的商业性质的都会的出现、交通发展和经商哲学的产生。

(1)都会与经济区。西汉时期,在全国范围已形成了十几个大的经济区。每个经济区中,有一、二个经济中心。这些经济中心当时叫做"都会"。重要的经济区及其都会:关中地区有长安,河南地区有洛阳,漳河地区有邯郸,勃碣地区有燕(今北京),海岱地区有临菑,梁宋地区有陶、睢阳(今河南商丘县南),颍川、南阳地区有宛(yuān 渊,今南阳),西楚地区有江陵、陈,东楚地区有吴(今江苏苏州),南楚地区有寿春(今安徽寿县),岭南地区有番禺(pānyú 潘鱼,今广东广州),巴蜀地区有成都等,均名重一时。

这些地区的商品,多聚集到这些都会中,或就地销售,或转运他地。这些都会对本地区的经济起着沟通有无、调剂多寡的作用。各大都会之间,亦有大道或河渠相通连,是一个地区的交通中心。

(2)陆路与海外交通。这里所说的陆路交通,是指自中原达于边疆乃至国外的重要陆上交通情况。这样的交通在西汉前期已经存在。至汉武帝时,随着对于边疆的经营,更推进了陆路交通的发展。当时的重要陆路约有四条:一条是自蓟(今北京城西南)出发,东北经渔阳、右北平、辽西、辽东、直到朝鲜半岛。一条是自长安出发,西经河西走廊、今之新疆,远达中亚、南亚、西亚,乃至地中海东岸各国和南欧、北非等地。这就是著名的"丝绸之路"。一条是自巴蜀出发,经西南夷,通于今之缅甸和印度。一条是自南海(今广东广州)出发,经苍梧(今广西梧州)、郁林(今广西桂平),达于交趾、九真、日南等地。

海外交通也很发达,这和国与国之间的政治、经济关系日益发展及航海、造船技术的日益进步是分不开的。重要的航线有两条:一条向东,自齐(今山东北部)东渡渤(勃)海,可达朝鲜半岛,再绕半岛而东,可达日本。当时日本称"倭"。一条向南,自徐闻(今广东徐闻)、合浦(今广西合浦)沿今印度支那半岛近海南行,可到半岛南部及马来半岛各国;又经今马六甲海峡,西过印度洋,可达黄支国(今印度东南)。这些国家运至汉地的货物有明珠、璧流离等奇石异物,汉人运往这些国家的为黄金器物和各种丝织品。这条海上航线就是最早的海上丝绸之路。

(3)经商哲学。经商哲学就是所谓的"生意经",是一种简明扼要的经商理论,是经商的成功经验的总结。

这种理论在战国时期已经产生。至西汉中期,有些已成为商人们的座右铭。例如把"求利"看作是人生的主要追求目标的,有"天下熙熙、皆为利来;天下壤(攘)壤,皆为利往。"为了求利而总结的经验,有"夫用贫求富,农不如工,工不如商,刺绣文不如倚市门。此言末业贫者之资也。"

在这时,农工商三业中,农已被看作是"拙业",是难以"用贫求富"的。求富最有效的途径是经商。经商也有经商的学问,在财产私有制之下,"富无经业,则货无常主;能者辐凑,不肖者瓦解。"因此经商也要兢兢业业,时刻把握发家致富的诀窍。

通常的经验有:"无财,作力;少有,斗智;既饶,争时。此其大经也。"又有"百里不贩樵,千里不贩籴。居之一岁,种之以谷;十岁,树之以木;百岁来之以德。"所谓来之"德",就是当大地主,以恩惠乡里建立名望,可以乐比封君。商人致富之后,把过剩资本投入到土地上去,已是常有的做法,此条经验之重要,已与用武力夺取天下,用文治巩固江山的道理相提并论了。例如说:"以末(经商)致财,用本(农田)守之;以武一切,用文持之。变化有概,故足术也。"这是商人与地主结合的道路。

在西汉前中期,在人们的思想或行动上,出现了"用贫求富"的热潮。司马迁说:"夫千乘之王,万家之侯,百室之君,尚犹患贫,而况匹夫编户之民乎!"于是,被长期贱视的商人阶层至此时,居然成为不可忽视的重要社会、政治势力,所谓"大者倾郡,中者倾县,下者倾乡里者,不可胜数。"

五、民族关系的发展

西汉时期,随着国家的日益富强,国家的统治逐步深入到边疆的民族地区。边疆各民族的经济、文化也在发展,与中原地区的联系日益密切,这些情况促进了多民族国家的统一和发展。

1. 匈奴

西汉前期,对匈奴实行羁縻政策,主要是汉匈"和亲"政策;可是这时的匈奴一再南侵,曾火烧汉之回中宫(在今陕西陇县),"烽火通于甘泉、长安。"迫使文、景二帝一面继续执行与匈奴"和亲"政策;一面储备军粮,增殖马匹,训练士卒,准备反击匈奴。

(1)汉匈战争。汉武帝即位以后,于元光二年(前133年)开始对匈奴进行战争。从元朔元年(前128年)到元狩四年(前119年)的十年中,共有大战三次。第一次大战是在元朔二年。这年,匈奴以2万骑入侵,杀汉辽西太守。汉使使军卫青以3万骑击匈奴,收复了河南地(今内蒙古鄂尔多斯),设朔方、五原郡,解除了匈奴对首都长安的威胁。第二次大战是在元狩二年(前121年),由将军霍去病率数万骑北击匈奴,出陇西、北地,深入匈奴2000余里,夺得祁连山和河西走廊,汉在这里设置了酒泉、武威,后又增置张掖、敦煌,为河西四郡。匈奴退出河西走廊,编了一首怀恋河西的歌曲,词曰,"亡我祁连山,使我六畜不蕃息;失我焉支山,使我妇女无颜色。"

汉夺得河西走廊,隔断了匈奴与羌人的联系;又为汉通西域开辟了重要通道。第三次大战是在元狩四年(前119年)。匈奴各以数万骑入侵右北平和定襄郡,杀略惨重。武帝以卫青出定襄,霍去病出代郡,各将骑5万,步兵数十万,另有志愿从征者4万匹马,粮食辎重还不计在内。卫青大破单于军,北至寘(tián田)颜山赵信城(今蒙古杭爱山南)而还。霍去病出代郡2000余里,大破左贤王军,至狼居胥山(今蒙古乌兰巴托东),临瀚海(今呼伦湖与贝尔湖)而还。从此,匈奴北徙漠北。汉自朔方,西至令居(今甘肃永登),以六十万吏卒屯田,加强防守。

(2)昭君出塞。汉匈战争,汉损失士卒数万人,马十余万匹,无力再进行大规模的战争。匈奴也损失惨重,后分裂为五部,互相攻杀。其中的一部首领为呼韩邪单于,投降汉朝,南徙于长城一带,要求与汉和亲。

公元前33年,呼韩邪单于到长安,汉元帝以宫人王嫱(qiáng墙,字昭君)嫁与呼韩邪单于,号宁胡阏氏(yānzhī烟支,单于妻);元帝亦改年号为"竟宁"。汉、匈从此友好相处。王昭君在中原的兄弟和她在匈奴生的子女及其后裔,有三代人在为汉匈之间的和平友好而工作。汉、匈在四十多年间没有发生战争。直到东汉初年,王昭君的弟弟还以和亲侯身份代表东汉政府出使匈奴。匈奴的其他各部有的仍居漠北,与汉亦有往来;有的向西迁徙,到今新疆北部和中亚一带。

汉、匈在战争间歇之时,一直有互市关系。"昭君出塞"后,汉、匈关系密切,促进了匈奴的经济、文化的发展。在今包头市附近出土的"单于和亲"砖,文曰:"单于和亲,千秋万岁,安乐未央"。可能是这一时期的遗物。在匈奴地区出土的很多汉制丝织品、汉式铜鼎、铁剑、漆器、陶器等与匈奴的"鄂尔多斯"式的文化,如蝴蝶展翼状短剑、弧背铜刀、透雕动物形象的铜饰牌等共存,这也证明了汉、匈民族和睦相处与文化交流的情况。

2. 西域与丝绸之路

(1)西域三十六国。西域一词是中国古代对西部疆域的泛用名称。西汉初年,西域的概念主要是指今天的南疆,在"匈奴之西,乌孙之南,南北有大山,中央有河,东西6000余里,南北1000余里。

东则接汉,阨(è饿)以玉门、阳关,西则限以葱岭。"这里沙漠很多,土地很少,人们居于河流灌注的绿洲上,共有三十六国。绿洲大则国大,绿洲小则国小,大国二、三万人,最大的龟兹(qiūcí丘词)有八万人;小国数千人,最小的依耐只有六百七十人。从事农业生产的,被称为城郭国家;随畜牧逐水草而居的,没有定处。西汉末年,分为五十余国。

西汉中期,人们对于西域的地域概念扩大,已包括了北疆和中亚、西亚、南亚等地。

(2)张骞出使西域。西汉时期,人们把玉门关、阳关以西直至中亚或更远的地方统称为西域。但狭义来说。西域又主要是指天山南北、葱岭(帕米尔)、巴尔喀什湖以东的广大地区。西汉初年,这里有36国,各有分长,兵众分弱,无所统一。

汉初,西域受制于匈奴。汉武帝即位后,为了联合被匈奴驱迫西迁的大月支夹击匈奴,于公元前138年(建元三年)派张骞出使大月支。张骞,汉中成固人,以郎官应募出使。张骞率100多人去西域。不幸中途为匈奴所掳,被拘禁10余年,但他历经磨难,坚贞不屈。后乘机逃出,经大宛、康居到达大月支。因大月支已建立王廷,新地肥饶,生活安定,又距汉朝太远,不愿共击匈奴。张骞在大月支停留一年有余,其间又访问了大夏等国,公元前126年,终于回到长安。张骞出使西域13年,历尽千辛万苦,同行者100余人,归来时,只剩下他与奴隶出身的堂邑父2人。出使目的虽未达到,但把西域诸国的政治、社会、地理、物产、风俗等情况介绍到国内,扩大了中国古代人民的世界视野。

公元前119年,汉对匈奴已取得决定性胜利,但匈奴仍控制西域一部分地区。这时,乌孙在西域强盛起来,在伊犁河流域建国。张骞又建议汉武帝联络乌孙。对匈奴成东西夹击之势。于是,汉武帝拜张骞为中郎将,任正使。张骞偕随同人员300余人,携牛羊万头,金银丝帛巨万,第二次出使西域。虽然劝乌孙东归,夹击匈奴目的未实现,但张骞及其副使游说、访问西域诸国,使之与汉朝建立了密切的友好关系。自此以后,汉与西域贸易大盛。汉去西域的使者"相望于道",东来的胡商客贩,"日款于塞下"。

张骞是中国历史上第一个通西域的人,他历尽千辛万苦,两次出使西域,由于他的活动,在某种程度上更加削弱了匈奴势力。所以张骞是西汉杰出的外交家和爱国者。汉朝开始积极经营西域,一方面派兵攻取河西走廊,设立亭障,建置酒泉、武威、张掖、敦煌等河西四郡。一方面与乌孙联姻,嫁公主细君于乌孙王。汉武帝即位后,在乌垒(今新疆轮台东南)设使者校尉,管理汉在渠犁(今新疆塔里木河北)、轮台等地屯田,兼掌西域请国事。公元前60年,匈奴内乱,日逐王降汉,汉宣帝乘机驱逐匈奴驻西域的僮仆都尉。从此,今巴尔喀什湖以东、以南广大地区完全为汉所控制,成为汉王朝疆域的组成部分。汉宣帝又改使者校尉为西域都护,在乌垒城设府,总管西域事务,汉王朝正式在西域地区行使政治、经济、军事权力,汉族人民与西域各族人民的经济文化联系也日益加强。

(3)丝绸之路。西汉王朝在西域设置行政机构以后,促进了中国与中亚、西亚的经济、文化联系。当时,自长安经河西走廊通向中亚,共有两条道路:一条出阳关,经鄯善(今罗布淖尔附近),沿昆仑山北麓西行,过莎(shā 沙)车,西逾葱岭,出大月氏,至安息,西通犁靬(jiān 肩,罗马共和国);或由大月氏南入身毒。另一条出玉门关,经车师前国、沿天山南麓西行,出疏勒,西逾葱岭,过大宛,至康居、奄蔡。这就是著名世界的"丝绸之路"。

汉朝遣使者至安息、奄蔡、犁靬、条支、身毒等国,在一年中,多时十余批,少时五、六批。一批多则数百人,少则百余人,都携带金币帛等。近的,要二、三年,远的要八、九年,才能返回长安。当时运往中亚、欧洲的商品,有蚕丝、丝织品、铁器、漆器等,铸铁和凿井技术也在这时西传。西方经"丝绸之路"输入中国的商品,有良马、橐驼、香料、葡萄、石榴、苜蓿、胡麻、胡瓜、胡豆、胡桃等。

3. 两越

(1)东越。东越分为闽越和东瓯两国。建元三年(前138年),闽越进攻东瓯,东瓯向长安告急,汉武帝派兵救东瓯,闽越退兵。东瓯请求内迁,武帝迁东瓯人于江、淮之间。

建元六年(前135年),闽越又进攻南越,南越也向长安告急,武帝出兵击闽越,闽越贵族杀了闽越王,又与汉对抗。武帝派陆海士卒进攻闽越,后亦迁闽越人于江、淮之间。

(2)南越。武帝时,南越王婴齐的后为樛(liú 流)氏,邯郸人,是他为太子在长安宿卫时娶的。婴齐死,樛氏子兴立,母子上书:"请比内诸侯,三岁一朝,除边关。"丞相吕嘉反对内属,杀樛氏和南越王兴及汉使,另立婴齐的越妻之子建德为王,与汉对抗。元鼎五年(前112年)秋,武帝遣伏波将军路博德、楼船将军杨仆等以楼船(水兵)10万人,分四路进攻南越。第二年,破番禺(今广东广州),俘吕嘉、建德等,以南越地置儋(dān 单)耳、珠崖、南海、苍梧、郁林、合浦、交趾、九真、日南九郡。

4. 西南夷

西汉建立之初,因国力薄弱,曾一度放弃秦始皇在通西南夷的五尺之道附近设置的政区。虽是这样,西南夷与巴蜀之间的联系却在日益发展。汉武帝伐南越时,夜郎侯请求改夜郎为郡县。武帝以夜郎为犍(qián 钳)为郡(今四川宜宾),封夜郎侯为王,赐王印。

张骞从西域归来,说在大夏见到蜀布和邛(qióng 琼)竹杖,得知是从在身毒(今印度、巴基斯坦)的蜀商买来的。又得知身毒在大夏东南数千里,在邛西两千里。他认为汉欲通大宛、大夏、安息等国,经河西,易为匈奴、羌人所阻。如自蜀通身毒,路既近,又无阻碍。这就是通向西南的丝绸之路。武帝派出十余批人经略西南夷,寻求通身毒之路。但过滇而西,至今洱海附近,都为昆明夷所阻。武帝就以且(jū 居)兰为牂牁郡(今贵州黄平),邛都为越巂(xī 西)郡(今四川西昌),筰都为沈(chén 臣)黎郡(今四川汉源东北),冉(máng 忙)为汶山郡(今四川茂汶北),白马为武都郡(今甘肃西和),滇为益州郡(今云南晋宁)。赐滇王王印。五十年代,考古工作者在云南晋宁石寨山的考古发掘中发现了一颗汉式金印,文曰"滇王之印",证明了文献记载是可靠的。

5. 朝鲜高句丽

朝鲜和高句(gōu 勾)丽东西并列分布于鸭绿江南北。战国时期,属于燕国。秦和汉初,中原战乱,旧燕、齐、赵地区的人民逃入朝鲜的达数万口。汉武帝曾在这里置玄菟、临屯、乐(lè 勒)浪、真番(pān 潘)四郡。这里受汉文化影响很大。

在今吉林、黑龙江及其以东以北地区,还有乌桓、鲜卑、夫余、挹娄等族,已与西汉王朝有政治或经济联系。

六、西汉中后期的政治与社会

1. 汉武帝政策的转变

(1)土地与奴婢问题。西汉自文帝时开始,人口达到饱和,人多地少,农民失业率日益增加,土地兼并日益激烈。至汉武帝时,情况已很严重。大量的农民失掉土地,到处流亡,找不到工作,没有出路自卖为奴婢就食的人极多。汉武帝也征调大量的民工在长安大造宫殿苑囿,以增加无业农民的就食机会。其他贵族官僚也是如此,但是也解决不了越来越大的失业大军吃饭问题。人口超重问题再次困扰国家政局。

1968年发掘出的汉代贵族埋葬里,出土有铜器、铁器、金银器、玉器、漆器、丝织品等大量随葬品,还有两件保存完整的金缕玉衣。这样多而精美的器物反映了当时手工业的发达程度,和贫富差距的巨大。这在粮食不足又无法进口粮食的农业国家里,加剧了社会的危机。

(2)流民起义。人多地少,无田可耕,连租地做佃农的就业机会也很少,当时的失业农民,成群结队地流亡要饭,社会治安开始混乱。据元封四年(前107年)统计,当时的关东流民多达二百余万口。流民无法生活,只有铤而走险,青壮者结帮成匪,老弱者饿毙路边,各地相继发生农民起义。南阳一带,以梅免、百政为首;楚一带以段中(jiǎzhòng 假仲)、杜少为首;齐一带以徐勃为首;燕、赵之间以坚卢、范主为首。多者数千人,少者数百人,自立名号,攻城夺邑,释放囚犯入伍作战,捕杀守、令,抢库府,夺富豪,严重地威胁了国家的稳定和安全,极大的破坏了社会生产秩序。

(3)铁官徒申屠圣起义。早在汉武帝时,南阳、楚、齐、燕赵之地就不断爆发流民起义,汉武帝在发兵镇压无效的情况下,制定"沉命法",规定自郡太守以下大小官吏,对辖区内农民起义不及时发觉镇压者,一律处死,可是农民失业率居高不下,没有饭吃,政府无粮救济,对政府不满情绪日重,与其饿死不如"奋起而夺之",起义已有燎原之势,郡守县令无力镇压,就欺瞒不报,起义更加发展。

汉成帝阳朔三年(前22年),颍川(今河南禹州)铁官徒申屠圣等180人发动起义。他们攻陷城池,捕杀地方官吏,夺取兵库武器,掠走库粮财物,自称为将军,转战附近九郡,声威远震,很快,铁官徒申屠圣起义失败。公元前14年(永始三年),山阳(今山东金乡)铁官徒苏令率众起义、杀东郡太守及汝南都尉,转战19个郡国。

(4)轮台罪己诏。武帝的暴力镇压政策失败了,他感到问题很严重,需要改变政策。早在元封五年(前106年)以前,他就感到社会问题已很严重。他曾对卫青说:"汉家庶事草创,加四夷侵陵中国,朕不变更制度,后世无法;不出师征伐,天下不安。为此者,不得不劳民。若后世又如朕所为,是袭亡秦之迹也。"

征和四年(前89年),桑弘羊建议武帝在新疆轮台以东扩大屯田,加派屯田卒,增置校尉领护,移民种田,以解决内地农民人口的失业压力,但是汉武帝没有采纳这一减轻内地就业压力的建议。

农业社会在和平时期人口增长是很快的,每一个家庭都是七八个甚至十几个孩子,每一代子女人口都在"倍倍增",而耕地却无法倍增,即使拼命开疆拓土、开垦荒地,土地增长总是有限的,而人口增长是无限的,中国的每个朝代,到了繁荣期之后,人口都要达到饱和状态,之后失业率就开始增加,古代农民一对夫妻一生平均要生七八个孩子,甚至有的生十几个孩子,和平繁荣时期人口增长极快,到了汉武帝后期,人口已经增长了三、四倍,通常发生在第四、第五任皇帝身上,百姓经过四五代繁衍之后,原来几十人的村庄能发展到一二百人,甚至更多,人口翻了几翻,而耕地却无法翻翻,耕地的开垦速度远远赶不上人口倍增速度,必然出现农业经济的崩溃。农民失业率不断增加,流民成群结队逃荒要饭、结帮成匪,饥民起义不断,形成朝代的中衰。汉武帝后期,从饥民起义,到镇压平息,中国的人口整整减灭了一半,土地的压力得到了彻底的缓解,为以后的朝代中兴奠定了人口基础。

但是当时的人们认识不到这一规律,他认为是自己的过失,下诏罪己,昭告天下,向百姓认错谢罪。他说:"朕即位以来,所为狂悖(bèi 倍),使天下愁苦,不可追悔。自今事有伤害百姓,糜费天下者,悉罢之。"又说:"当今务在禁苛暴,止擅赋,力本农,修马复令以补缺,毋乏武备而已。"

此时的国内人口已经减半,大量耕地荒芜,需要复耕,因此汉武帝停止了对外的征伐,转向对内政的整顿,主要是实行"息民重农"政策。他任命田千秋为丞相,封富民侯。

田千秋和桑弘羊不同,是一个老成持重的人,在政治上不愿有所兴革,只想平安无事。这种作风符合武帝当时的思想。武帝又以赵过为搜粟都尉,推行代田法,改进耕作技术,发展生产。汉武帝的政策的改变,收到了良好的效果,社会逐步安定下来,生产有所恢复发展。

昭帝和宣帝前期,霍光辅政,继续奉行武帝的这一政策,减少徭役和赋税;放弃酒榷政策,改归民营;又在首都长安和各郡县广置常平仓,控制物价;还"假民公田",就是将国有土地出借给贫苦农民耕种,不收租税。这些办法亦促进了社会的安定。所以史称"宣帝中兴"。至西汉末年,据官方统计,西汉王朝的本部(西域都护区除外),东西9302里,南北13368里;有郡国103,县邑1314,道32,侯国241;已垦田827万多顷;民户1223万多,口5959万多人。

2."限田"与"再受命"

西汉后期的主要社会问题,还是土地和人口增长关系问题。这个问题是中国几千年来各个朝代都认识不到的问题,也无法解决的问题,只能通过农民暴动和战争来"自动减灭",能挺过来的朝廷,因为人口压力解决了,接着是朝代中兴,挺不过来的就只能是改朝换代了。

(1)限田之议。哀帝时,为了缓和社会矛盾,稳定社会秩序,大臣师丹、孔光、何武等建议实行限制私人占有田地和奴婢数量的政策,史称"限田限奴婢之议"。办法是:"诸王、列侯得名田国中,列侯在长安及公主名田县、道,关内侯、吏、民名田,皆毋得过30顷。诸侯王奴婢200人,列侯、公主百人,关内侯、吏、民30人。年60以上、10岁以下不在数中。贾人皆不得名田为吏。犯者以律论。诸名田、畜奴婢过品,皆没入县官。"这个办法制定之后,遭到了外戚丁氏、傅氏和权臣董贤的反对。"限田"的政策未能实行。以后哀帝一次就赏给董贤田地2000顷,完全违背了"限田"政策的精神,"限田"之事再也无人提了。

(2)"再受命"闹剧。西汉王朝的统治迫近于末日,此事不少人认为已无法挽救。于是,有些方士和儒生就用"五德终始"的理论来附会这一政治形势,并编造出了"汉运将终,当再受命"的说法,以为政府需要另谋政治出路,实际就是说要改朝换代。起初,刘邦的子孙们对这一说法非常仇视,斥之为"邪说",妖言惑众,并把传布这一说法的人关押起来,或加杀害。可是到哀帝时,农民暴动四起,镇压不断,起义更多,连哀帝本人也感到刘家的江山已岌岌可危,转而把希望寄托在"再受命"上。

建平二年(俞5年),哀帝果真宣布"再受命",改元为"太初元将",自号"陈圣刘太平皇帝"。"陈"为舜后,"刘"为尧后。哀帝自称"陈圣刘",意为尧后禅位于舜后,这是应天之命。此闹剧演过两月,社会情况仍无好转,哀帝又自动取消了"再受命"之事。

3. 王莽改制

(1)王莽建新代汉。王莽,字巨君,汉元帝皇后王政君之侄。王氏在元、成二帝时,权高位显,有9人封侯,5人任大司马。朝廷中许多重要官吏及地方上刺史、郡守都出自我王氏门下。王莽在汉末浮华的统治者中保持独清,他恭谦俭约,礼贤下士,招纳儒生,赢得朝野赞誉。公元前8年(成帝绥和元年),王莽出任大司马大将军,辅政一年多。汉哀帝即位后,王莽一度失势。公元前1年,哀帝死,王莽复出,以大司马领尚书事,操纵汉政权。

王莽东山再起后,更加注意个人节操,清廉节俭,夫人"衣不曳地,布蔽膝",如同奴仆。又奉公守法,儿子获杀奴,王莽严厉斥责,迫其自杀偿命。同时铲除了专横一时、作恶多端的外戚董贤,大快人心。王莽还关心人民疾苦,公元2年,郡县发生灾荒,王莽带头捐钱百万,田30顷,令大司农分发灾民以赈灾;又废呼池苑,改设安民县,安置无家可归的灾民;在长安城中建造住宅200区,让贫民居住。

王莽采取这些措施,使他在官僚、地主、儒生以至下层贫苦人民中树立了良好的威信。王莽在一些志于改善社会、改善政治状况的贵族、官僚的拥戴下,以周公辅政的故事称"安汉公"。

公元5年,汉平帝死,另立2岁的刘婴为帝,号孺子,史称孺子婴,王莽自称"假皇帝"。公元8年,王莽在一片劝进声中,废孺子婴,自立为帝,改西汉国号为"新",次年改年号为"始建国",取西汉刘姓天下而代之。

(2)王莽改制。王莽称帝后,为了缓和日益加深的社会危机,颁发诏令,进行改制,其具体内容有以下几方面:

第一,实行"王田"、"私属"制。公元9年,王莽承继西汉中期限田限奴之议,又根据《周礼》记载的井田制度,实行王田、私属制,规定:更名天下田为王田,奴婢曰私属,不准买卖。凡丁男8口以下之家占田超过一井(900亩)者,分余田与九族、邻里、乡党;原无田者,按一夫一妇百亩受田。"奴婢"之名一律改称"私属"。有违令者治罪。

第二,实行五均六筦(管)。这是汉武帝某些财政政策的继续和发展。公元10年(始建国二年),王莽下令在长安及全国五大城市洛阳、邯郸、临淄、宛、成都设五均官,长安分为东西市,设市令,兼五均官,统称五均司市师。下置交易丞,掌管市肆交易,平抑物价。置钱府丞,掌管征收农工商税收和赊贷(农民在生活发生困难时,可向官府借贷,年利息十分之一)。各郡县也设司市,职掌同于司市师。

六筦是官府专营盐、铁、酒、铸钱、征收山泽税和五均赊贷。

第三,改革币制。王莽为了表示天命所在,一切均标榜周代古法,改变汉制,于是从公元7年至14年,三次改革货币制度。第一次是公元7年,王莽于五铢钱外,另造大钱、契刀、错刀。公元9年,王莽又以刘字有金,刀作为偏旁,刀币犯忌,废除刀币和五铢钱,另铸二十八种货币,称二十八品,计有黄金一品,钱货二品,龟宝四品,贝货五品,钱货六品,布货十品,因钱和布都为铜制,所以第二次改革的币制称之为五物(金、银、龟、贝、铜)、六名(钱货、黄金、龟货、贝货、布货)、二十八品。第三次是公元14年,王莽又废大小钱,另作重二十五铢的货币,重五铢的货泉两种货币并行,但在流通中,一个货布却值二十五个货泉。王莽还未来得及进行第四次货币改革,就被推翻。

第四,改革政治制度。王莽为附会西周官制,在中央设四辅(太师、大傅、国师、国将)、三公(大司马、大司徒、大司空)、四将(更始将军、卫将军、立国将军、前将军)。三公之下设九卿、二十七大夫、八十一元士,组成中央机构。改地方上的郡太守为大尹、卒正、连率等。县令(长)为宰。郡、县行政区划和名称也多次划分变更。国号改称有"新家"、"新室"、"新世"、"新成"等。

第五,改革度量衡。王莽于公元9年,制造新的标准度量衡器颁行全国,分为斛、斗、升、合、龠五种。魏晋以来,全国各地相继有王莽颁行的度量衡器物出土,尤以现存台湾的王莽铜斛最为珍贵。东汉以后各代度量衡多承此制。

第六,修改少数民族首领的称号。王莽称帝后,为了显示自己的威德,特派五威将王奇将周边少数民族的汉印绶收回,重新颁发新朝印绶,把原汉朝所封的少数民族的王改为侯。如改钩町王为钩町侯,改高句丽王为下句骊侯,改匈奴单于为降奴服于,改匈奴单于玺为新匈奴单于章。把王降级为侯,失去了独立王国的尊位,引起了周边各少数民族的反抗,王莽即遣兵镇压,先后发动了对高丽、匈奴和西南夷的战争。

(3)改制失败。王莽改制很快就失败了。失败的原因是多方面的,最根本的问题是解决不了人口与土地的紧张关系问题,解决不了失业农民的就业难问题。解决不了全国的粮食总产量养活不了全国人民的根本问题。

王莽改制本来是为了解决西汉中期以来日益严重的社会危机,拯救国家于危难。但是,他彻底废除土地私有制,收土地归国有,恢复孟子所说的西周的井田制,以企"人人有田种,家家有饭吃"的国有制大锅饭制度,但这是使历史倒退,是办不到的。所以命令下达后,贵族、官僚、地主不仅未交出一点土地来,反而激烈反对这项政策。贫苦农民不仅未分到田地,反而由于家庭里嘴多粮少,为生活所迫,出卖自己的小块土地或出卖亲生儿女,但是这样又触犯了这项禁令,以致沦为罪犯,所以这项法令遭到了全国人民的抵制。这项政策是脱离实际,行不通的,过了三年,王莽就下令废除了。这项政策的废除,标志着王莽改制已基本上失败了。

"五均、六筦"政策本来是用以制止囤积居奇,平抑物价,阻止土地兼并,增加财政收入。汉武帝时实行"均输、平均",与之基本相同,但当时的人口压力不大,有一定成效。但是到了王莽时代,人口比武帝时又增加了一倍多,人口减灭的内战就不可避免的要爆发了,任何人都无法阻止这一必然的历史规律。王莽改制,不仅没有收到理想的效果,反而造成政治、经济的极大混乱,社会危机更为严重。举国上下汇成一股强大的反对王莽的洪流,这样,爆发了绿林、赤眉大起义。

七、西汉末年农民战争

西汉末年的农民大起义是长期的社会矛盾发展的结果;但是王莽的所谓改制造成的混乱加速了大起义的爆发。起义军逐渐汇成为三大支,就是在今湖北地区的绿林军、山东地区的赤眉军和河北地区的铜马军等。

1. 绿林军

(1) 绿林军起义。王莽统治时期,荆州一带的广大农民人口增长最快,失业率最高,饥民最多,由于生活困难,成群结队地逃到野泽中,掘食凫茈(fúzǐ 符子,野荸荠)为生。新市(今湖北京山)人王匡、王凤常为群众排难解纷,得到群众拥护。天凤四年(17年),贫苦农民数百人推举王匡、王凤为首领,以绿林山(在今湖北当阳)为根据地,举行起义,杀官员,抢官仓,从别人口里争夺活命的口粮。队伍发展到七、八千人。地皇二年(21年),饥民起义军打败官军两万多人,攻占竟陵(今湖北天门),横扫云杜、安陆(今安陆一带),队伍发展到数万人。第二年,民饥体弱,瘟疫流行,死人极多,起义军分为两支,一支由王常、成丹率领,南下江陵,称为"下江兵";另一支为主力,由王匡、王凤率领,北入今河南境,称为"新市兵"。

昆阳之战与刘玄称帝 西汉的宗室痛恨王莽篡位,侵夺了他们的利益,也乘农民起义的时机,起兵反对王莽,南阳蔡阳(今湖北枣阳西南)人刘縯(yǎn 衍)率宗族、宾客七、八千人,起兵于春陵(今湖北枣阳南)。他的弟弟刘秀率宾客起于宛(yuān 渊,今河南南阳),后与刘縯军会合。刘氏兄弟为西汉皇族后裔。他们与新市兵联合作战。起义军主力连败王莽军,士卒发展到10余万人,并攻下了宛,准备西入武关。由王凤、刘秀率领的另一部起义军攻下昆阳(今河南叶县)。

起义军节节胜利,王莽十分恐慌,急派大司徒王寻、大司空王邑,征调各州郡精兵42万人,迎击起义军。先以10万人围攻昆阳。起义军将领王凤自率八、九千人坚守昆阳城,派刘秀率小部突围,收集各县起义军回救昆阳。刘秀收集了数千人,突入王莽军的指挥中心,莽军大乱。城内守军乘势杀出,莽军大败,死伤以万数,王寻被杀,王邑狼狈逃窜。这就是历史上以少胜多的著名战例之一——"昆阳之战"。

地皇四年(23年),王匡、王凤等立刘縯的族兄刘玄为皇帝,国号"汉",年号"更始"。刘縯极力反对立刘玄,自己很想称帝,刘玄和王匡杀掉了刘縯。刘秀因兵力薄弱,不敢公开反抗,表面上表示忠顺于起义军。刘玄以刘秀为破虏将军行大司马事。刘秀乘机北上,率军到河北略地,图谋发展自己的势力。

(2) 新莽覆灭与绿林军瓦解。绿林军的一支,由王匡率领,攻下洛阳;另一支由申屠建率领,攻破武关(今陕西商南东南)。更始二年(24年)十月,申屠建军攻破长安。此时,长安城里也爆发了市民起义。起义群众攻入皇宫,追捕王莽。王莽逃到渐台,被起义商人杜吴杀死,王莽试图力挽狂澜的努力彻底失败。刘縯被杀,农民军中的有知识、有文化、有实力的西汉贵族势力最终成为军队领袖。刘玄也是一个旧贵族,他进入长安以后,在他身边形成为一个旧贵族集团。刘玄住在长乐宫,生活奢侈,有宫女数千,"日夜与妇人饮讌(yàn 宴)后庭。群臣欲言事,辄醉不能见。"贵族们攻击王匡等是"戎阵庸伍"出身,才能低下,只可当个亭长,不应占据"公卿大位"。又借口绿林军不可靠,阴谋杀死了申屠建、陈牧、成丹等起义军将领。王匡率领部分士卒武力反抗旧贵族集团的迫害,但却被刘玄等击败,王匡投降了赤眉军。绿林军基本上瓦解了。

2. 赤眉军

赤眉军起义赤眉军是于天凤五年(18年)在莒(今山东莒县)起义的。初起时只有百余人,首领是琅邪人樊崇。后来以泰山地区为根据地,展开斗争。一年之间,发展到一万余人。樊崇的同乡逢安、东海(今山东郯城)人徐宣、谢禄、杨音也先后率众起义,共有数万人,与樊崇会合,以樊崇为首领。这支起义军都是由贫苦农民组成的,首领们不识字,所以在军队中不用文书、旌旗、号令等等,而是以口头传达命令。他们之中地位最高的称三老,其次称从事,再次称卒史,战士之间,互称巨人。三老、从事、卒史是汉朝的乡官或士卒小头目的名称。他们有约法:"杀人者死,伤人者偿创。",推行以牙还牙的政策,他们在和莽军作战时,为了识别敌我,就染红了自己的眉毛,从此就被称为"赤眉"。

王莽派太师王匡、更始将军廉丹率十余万人进攻赤眉军。莽军缺乏军需,到处抢劫,甚至乱杀无辜。相反,赤眉军靠打土豪满足军需,不骚扰贫苦百姓,失业农民踊跃参军"就食",所以民间流传着这样一首歌谣:"宁逢赤眉,不逢太师(王匡)。太师尚可,更始(廉丹)杀我。"

赤眉军在群众的支持下,大破莽军,杀敌万余人,廉丹被杀,王匡逃走。赤眉军在胜利声中迅速发展到十余万人,转战于青、徐、兖、豫(今山东和苏北、豫东一带)四州。王莽极为震恐,忙派大司徒王寻率十余万人守卫洛阳;又派王邑、哀章率30万人,严尤、陈茂率10万人,合力进击赤眉军。正在这时,绿林军已攻下昆阳,围攻宛,进逼关中。王莽被迫,又改调王寻等南下,企图夺回昆阳,并解宛之围。

(1)赤眉军入关与刘盆子称帝。赤眉军分兵两路,一路由樊崇率领,战斗在今河南南部;一路由徐宣率领,战斗在今河南中部。这时刘玄已建都长安,派军和赤眉对抗。

更始三年(25年)冬,徐宣部在弘农(郡治河南灵宝东北故函谷关城)击杀刘玄的守将和士卒3万余人,由陆浑关(今河南嵩县东北)打进关中。樊崇部也由武关打进关中。两路军连破刘玄军,至华阴附近会师。樊崇等在这里整编士卒,以万人为一营,共有30营,营置三老、从事各一人。他们立起义军中的年仅15岁的西汉宗室刘盆子为帝,由徐宣任丞相,樊崇虽为起义军所爱戴,但因不识字,就任御史大夫,这样就建立了赤眉军的政权。这时,原绿林军中以刘玄为首的贵族集团和以王匡为首的农民军将领在长安发生了激烈的战斗,王匡失败,投入赤眉军。九月,赤眉军攻入长安,杀刘玄。

(2)赤眉军失败。赤眉军进入长安后,京城长安在战乱中已残破不堪,物质文明和精神文明遭到战争的巨大破坏。长安城外各县,到处是地主的武装壁垒,都扛着"汉"的旗号,宣布独立自治、割据一方,与赤眉军相对抗。赤眉军在长安日久,缺乏军粮,就离开长安,到安定(今宁夏固原)、北地(今甘肃庆阳)一带掠食就粮。又遇大雪,抢夺的粮食有限,士卒因饥寒而死的极多,赤眉军又回到长安。这时,刘秀已派邓禹率军进入关中,一再进击赤眉军。赤眉军的士卒死伤惨重,势力大大削弱,于是决定东归。这时,赤眉军尚有20万人。在行至崤(xiáo淆)底(今河南洛宁)时,中了刘秀军的埋伏,士卒大乱。奋战到宜阳(在河南洛宁境),再中埋伏,士卒死伤极多。樊崇被迫投降,后为刘秀处死。

3. 铜马等异号各军

在今河北省全境和山东北部,有农民起义军数十支,大者数十万人,小者数万人,总共约有百余万人,各立名号,各自掠食,不相统属。其中最著名的有铜马、城头子路等部,声势浩大,给予这一地区的官府和生产秩序以及社会文明以沉重的打击和破坏,加快了人口减灭的速度。

可是,这一地区的利益争夺很复杂,西汉宗室贵族、王莽时的郡守、县令、拥有武装自我保护、抵制义军抢掠的地主很多。这时,原西汉赵王之子刘林声言卜者王郎是汉成帝下妻(妾)之子名刘子舆,他拥立王郎为天子,建都邯郸,并派兵收降附近郡国。原西汉广阳王之子刘接也在蓟城(今北京)起兵,响应王郎。王莽时的上谷太守(称连率)耿况、信都太守任光等都拥有强大的军队,各据一方。还有不少地主武装,亦与农民军对抗。

4. 刘秀建立东汉王朝

(1)刘秀称帝。刘秀,西汉宗室春陵节侯刘买之后。当农民起义蓬勃发展时,刘秀与其兄刘縯起兵反莽,后归依于绿林军。后来刘縯因与刘玄争权夺利而被杀。刘秀不露声色,卑躬屈膝,免得一死,被刘玄封为大将军,派往河北略地。刘秀到河北后,以恢复汉家天下为号召,积极发展自己的势力。一方面寻求官僚、地主的支持,凡王莽时代的官吏,只要归顺于他,既往不咎,一概任用。一方面,消灭了河北地区的王郎势力,镇压了河北铜马、高湖、重连等起义军,利用分化、利诱手段收编部分农民起义队伍,壮大势力,军队扩充到几十万人,基本上稳定了他在河北地区的统治。

刘秀在河北地区站稳脚跟后,乘绿林、赤眉相互火并之机,派邓禹率大军进攻关中,冯异率军守孟津关(今河南孟津),与刘玄派驻洛阳的守军对峙。

刘秀在更始三年(25年),连破铜马等部,破降的起义军首领,都封为侯。就是用这种软硬兼施的办法,把铜马军等搞垮,他的军队扩大到数十万人,他还被关西(绿林军等在关西,即关中)称之为"铜马帝"。

刘秀想当皇帝,跟随领袖打天下的功臣们也愿意他当皇帝,以便将来捞到一个爵位或官职。就在这时,刘秀在长安读太学时的老同学强华向刘秀献《赤伏符》,上面写着:"刘秀发兵捕不道,四夷云集龙斗野,四七之际火为主。"四七是二十八,意思是自刘邦即位到刘秀起兵,为二百二十八年,火为汉火德。这是为刘秀当皇帝制造"受命于天"的根据。官僚、地主们、社会精英阶层一再拥戴,百姓饱经战乱之苦,也呼唤时代英豪来快速结束战乱,刘秀于六月己未,在鄗(hào号)南(今河北柏乡)千秋亭即皇帝位,恢复"汉"的国号,年号为建武,大封功臣。七月,攻下洛阳,以洛阳为国都。不久,又消灭赤眉军,在中原地区恢复了精英阶层的社会统治秩序,史称"东汉"。

(2)进行统一战争。刘秀在消灭了赤眉军后,继续围剿其他农民起义军。这时,在中原地区和边疆地区还有若干割据势力,自立名号,分裂国家,与刘秀相对抗。主要的有睢阳(今河南商丘)的刘永,称梁王;东海(今山东郯城北)的董宪,称海西王;淮南(今安徽寿县)的李宪,称天子;陇西的隗嚣(wěixiāo委枭),称上将军;巴蜀的公孙述,称皇帝。此外,琅邪郡有张步,河西(今甘肃西部)有窦融等,刘秀从建武二年(26年)开始进行统一中国清扫内乱和地方割据的战争,用招降和进攻两种手段,逐步消灭割据势力。

建武九年(33年),打败隗嚣,隗嚣忧愤而死,其子降汉。公元36年(建武十二年),刘秀亲率大军攻公孙述,汉军与公孙述在广都(今四川双流)和成都之间多次激战,汉军屡胜,公孙述大败,被杀身死。至此,最后一个割据政权被消灭,全国归于统一。

第三节 东 汉

东汉王朝始建于公元25年(建武元年),在名义上存在到公元220年(献帝延康元年)。可是,公元184年(灵帝中平元年),人口经过一百多年的繁衍,又翻了几翻,再度达到经济崩溃的地步,黄巾大起义爆发,东汉王朝的统治逐步分崩离析。中平六年(189年),灵帝死,董卓率兵入洛阳,废少帝刘辩,另立献帝刘协,自掌大权。各地牧守将校推袁绍为盟主,联兵进伐董卓。董卓部众以力量不抵,将洛阳及其附近焚掠殆尽,将献帝挟持到长安。东汉至此时,已名存实亡,全国陷入军阀割据和军阀混战之中。

一、加强中央集权治理

刘秀建立东汉王朝,以"中兴"汉家为目标。在他即位之初,就废除了王莽制定的一切倒退制度和政策,基本上恢复了西汉时期的制度和政策,有些制度、政策也有发展或变化。

1. 中央集权

东汉王朝创建者光武帝刘秀以汉室中兴者自命。他鉴于西汉一朝诸侯强横、权臣跋扈、外戚篡权等严重教训,为防止西汉那些触目惊心的历史重演,乃采取各种措施,加强皇帝权力,削弱贵族和各级官僚的权力;加强中央对地方的控制,从而把西汉武帝建立和健全的一套中央集权的政治体制推向一个更高更新的阶段。

(1)退功臣,进文吏。东汉初年,刘秀认为他的功臣多是戎马出身,不熟悉典章制度,不懂得治理国家;可是他们多自恃功高,不听命令,或不遵守法纪,但是他们又功勋卓著,怎么办?给他们优厚的生活待遇和荣誉,但是不给他们治理国家的官职和权力,这一措施非常英明。

为了表彰他们的功勋,刘秀封其中功劳最大的360多人为列侯,给予他们尊崇的地位和物质待遇;但却解除了他们的实权。除高密侯邓禹、固始侯李通、胶东侯贾复三个将领参与议论军国大事外,其余大多数列侯成为闲员,只是"以列侯奉朝请"。这些列侯的食封数量,如邓禹、吴汉二人,都食四县,其余为县侯、乡侯、亭侯,小的只食数百户。总的说来,比西汉少得多,也是给他们衣食租税而已。

刘秀很重视隐居山林、不仕王莽的博学多彩的士人。他认为这些人既熟悉典章制度,懂得治理国家;又情操高尚,不趋炎附势。所以就多方访求,重礼征聘。平帝时的高密令卓茂不仕王莽,刘秀征为太傅,名儒伏湛(zhàn 占)征为尚书。尚书的权力是很大的。

虽置三公,事归台阁,刘秀削弱三公的权力,加强尚书台的权力,这是他的重要集权措施之一。东汉初年,中央最高的官职是三公,就是司徒、司空和太尉。司徒是由丞相改称的,管民政,权力比丞相小的多。司空是由御史大夫改称的,不再管监察,而是改管重大水土工程。太尉管军事。太尉一职应改称司马,因刘秀曾任刘玄的"行大司马事",为避讳而未改。三公的职位虽高,徒有虚名,并无实权。权力集中于尚书台,尚书台则直接听命于皇帝。东汉后期的政论家仲长统曰:刘秀"愠(yùn 运,)数世之失权,忿强臣之窃命,矫枉过直,政不任下,虽置三公,事归台阁。自此以来,三公之职备员而已。"

东汉初年,进一步扩大尚书台机构。设尚书令一人,领取千石(西汉时为六百石)的工资待遇,为尚书台的主管长官;另设尚书仆射一人,秩六百石,为尚书令之副;又设左、右丞各一人,秩四百石,为令、仆之佐。尚书台下分六曹,每曹有尚书一人,秩六百石。尚书的职掌:吏曹尚书(亦称常侍曹尚书),主公卿事。二千石曹尚书,主郡国二千石事。民曹尚书,主官吏上书事。三公曹尚书,主断狱事。南主客曹尚书,主少数民族和外国事。北主客曹尚书,主管同于南主客曹。

每曹置侍郎六人,称尚书侍郎或尚书郎,秩四百石;置令史三人,称尚书令史,秩二百石,各有职掌。这是一个组织完善的、具体而微的中央政府,尚书令的权力在日益加强。章帝以后,已有"尚书出纳王命,赋政四海,权尊执重,责之所归"之说。至此时,尚书台已是决策和发号施令的中枢机关。三公、九卿只受成事。东汉时的太傅、三公或大将军等要直接预中枢决策,必须加以"录尚书事"的头衔。

(2)加强监察制度。东汉初年,就恢复了西汉时设置过的三套监察机构,而且有所加强。

御史台——东汉初年,改御史大夫为司空,管工程。原属御史大夫的御史中丞主管御史台(府),掌监察,秩千石。御史中丞下有治书侍御史二人,掌解释法律条文;侍御史十五人,掌察举官吏违法,接受公卿、郡吏奏事。官吏朝见皇帝或国家举行祭天、祀庙、封王侯、拜将相等大典时,御史中丞或侍御史监察威仪。御史中丞的权力仅次于尚书令。

司隶校尉——西汉武帝时置司隶校尉,至成帝时废除。东汉又复置;兼领一州事,秩比二千石。设从事史十二人,主管察举中央百官犯法者和本部各郡事务。司隶校尉既是京官,又是地方官。参与议论朝政时,位在九卿之上,朝贺时,处于公卿之下。监察权之大,"无所不纠,唯不察三公。"在公卿朝见皇帝时,尚书令、御史中丞、司隶校尉会同并专席而坐,号曰"三独坐"。

州刺史——东汉初年,在司隶校尉辖区之外,分全国为十二州(部),每州设刺史一人,秩六百石。刺史于每年八月巡行所属郡国,检阅刑狱情况,考察长吏政绩,年终奏于皇帝。刺史的属官与司隶校尉略同。三套监察机构的恢复和加强,对加强皇帝的权力起了巨大的作用。

(3)集军权于中央 刘秀一再削弱地方的军权,加强中央的军权。他在建国不久,就下诏撤销了郡国都尉的建制,将兵权并归守、相。后又取消了各郡、国的轻车、骑士、材官、楼船士四种常备军,还取消了每年一度的都试制度。从此,守、相的军权也被取消了。郡、国的军队很少,一般不能作战,仅够维护地方治安、打击土匪和小的民乱。大的战争要依靠中央的军队。

中央的军队主要有四支。在首都有两支,就是南军和北军。南军又分两部,一部归光禄勋管辖,下设有七署,就是五官中郎将、左中郎将、右中郎将、虎贲中郎将、羽林中郎将、羽林左监、羽林右监,掌守卫宫殿和侍从;另一部归卫尉管辖,掌守卫宫门。北军置中候一人,下分为五营,就是屯骑、越骑、步兵、长水、射声,每营设校尉一人,掌营兵,保卫京师。

地方上有两支,一为黎阳营,合幽、冀、并三州兵骑而成,驻黎阳(今河南浚〔xùn 迅〕县东),以谒者监军。主要任务是守卫黄河以北,以为首都洛阳北面的屏障。一为雍营,驻雍(今陕西凤翔南),主要任务是守卫三辅(左冯翊、右扶风、京兆尹,为西汉皇陵所在地),亦是首都洛阳西面的屏障。安帝时,为了防御鲜卑贵族的侵扰,又增置渔阳(今北京怀柔)营兵。此外,还有使匈奴中郎将、度辽将军、护乌桓校尉、护羌校尉等统率的边防驻军,亦直属于中央。

2. 社会经济政策

刘秀采取的社会经济政策,绝大部分都是西汉的政策的继续和发展。主要有三个方面。

(1)解放奴婢。奴婢问题是西汉中后期留下来的重要社会问题之一,是历史遗留的半奴隶残余,汉哀帝和王莽时期都没能解决。刘秀称帝的次年(建武二年,公元26年),就下令彻底解放奴婢。从这年至建武十四年,共下六道解放奴婢诏令,解放奴婢的地域范围,适用于全国各民族;奴婢种类,包括了因贫穷而"嫁妻卖子"以保生存者,在战乱和困苦年代,卖身为奴是屈尊"就业"求生存的一条无奈的出路,此时刘秀下令解放了他们。王莽时没入为官奴婢者,被权势之家略为私奴婢者等等也得到全面解放。有抗命不解放奴婢者,以"略人法从事"。刘秀还在建武十一年的二、八、十月中,三次下令禁止残害奴婢。如二月的诏令曰:"天地之性人为贵,其杀奴婢,不得减罪。"刘秀的解放奴婢、禁止残害奴婢的政策的实行,保障公民人身自由权力的措施,对稳定社会秩序,恢复发展社会经济,都起了巨大的作用。

(2)度田事件。土地问题是西汉中后期留下来的另一重要社会问题,也是最主要的社会问题,汉哀帝和王莽时期亦没能解决。

东汉初年,在农民大起义之后,土地问题稍有缓和。当时刘秀亦未想对这一问题做进一步解决。他于建武十五年(39年)下令各州、郡,清查人们占有田地数量和户口、年纪。这样做有两个目的:一、限制豪强大家兼并土地和奴役人口的数量,制止了扩大再生产的资本集约化经营势头,以保障小农经济的稳定;二、便于国家征收赋税和征发徭役。

当时,许多大地主拥有武装,号称"大姓兵长",他们隐瞒的田地和依附于他们的吃饭的员工很多,反对清查。地方官吏惧怕他们,或出于地方保护,就睁一只眼闭一只眼,任凭地主谎报;对国家税赋征收带来了极大的困难。刘秀为了改变这种现状,以"度田不实"之罪诛杀了十余个郡太守,下令加紧度田。于是大姓兵长们就武装反抗,许多农民跟从大姓兵长反抗,这就是史称的"度田事件"。

刘秀一再发兵镇压抗税叛乱者。"郡县追讨,到则解散,去复屯结。"后来刘秀采取了镇压与分化相结合的政策,规定反抗者们"自相纠擿(tī 惕,揭发),五人共斩一人者,除其罪。"对捕获的大姓兵长,迁徙到他郡、县,给予优厚的田宅安排,不予处罚。这实际是一种安民妥协政策,以避免再度发生大规模农民暴动和战乱。

二、社会经济的发展

东汉前期的社会秩序和经济生活的恢复、发展速度比西汉前期慢一些,至刘秀之子明帝时,情况已相当好转。《后汉书·明帝纪》记载永平十二年(公元69年)的状况说:"天下安平,人无徭役,岁比登稔(rěn 忍),百姓殷富。粟斛(石)三十,牛羊被野。"至和帝永兴元年,有户九百二十三万七千一百一十二,口五千三百二十五万六千二百二十九;垦田七百三十二万一百七十余顷。此后百年间,官府历次统计的数字基本上维持了这一水平。这个统计数字比西汉末年的统计数字要少得多。所以这样,不能说东汉的户口、田地比西汉少了,主要是由于刘秀的度田、检查户口的措施未得较好的实施,豪强地主们(大姓兵长)隐瞒了大量的田地和依附的雇工人口。

1. 农业

农具的改进东汉时期的农业生产较西汉更有发展,这和铁农具、耕牛更加广泛的使用有密切关系。在黄河和长江两大流域的各个省份的考古工作中,都有大量的属于这一时期的铁农具出土。在云南、贵州、广东、广西、甘肃、内蒙古、宁夏、新疆等边远地区亦都有不少铁农具被发现。铁农具的种类和西汉基本相同,略有增加,主要是在器型方面有很大的改进。以铁犁为例,有长宽各四十多厘米和各三十多厘米的大型铁犁,有长、宽各二十多厘米的中型铁犁,也有宽度只有十几或不足十厘米的小型铁犁,这些犁有一个共同的特点是犁锋部的角度缩小,刃部加宽,而且较普遍地使用了犁壁,这样的犁具便于深耕、快耕、翻土、碎土,而且坚固耐用。今湖北、湖南、浙江、江西四省未发现铁犁,但其他铁农具发现很多。这一时期还出现了一些新式铁农具,重要的有全铁曲柄锄和钹(pō 泼)镰等。曲柄锄是中耕农具,全铁曲柄使用起来既坚固又省力。钹镰是割草用的大镰刀,长约三十五厘米,接以长木柄,可直立砍草,生产效率很高。

牛耕已很普遍,从已发现的属于这一时期的壁画、画像石及有关模型的牛耕图像上可知,不仅中原地区在使用牛耕,远至甘肃、内蒙古、广东等边远地区也已使用牛耕。大多数是二牛抬杠,也有少数用一牛的,还有马耕。

水利的发展 西汉后期以来,水利长期失修,河水"侵毁济渠,所漂数十许县"。汴渠亦溃决,黄河的水自汴渠东侵,淹没兖、豫二州的许多地方。

东汉初年,官府已注意水利的兴修。明帝时,命民间水利专家王景和将作谒者王吴主持修治黄河和汴渠,为这项工程而征调的农民和士卒有数十万人。王景等自荥阳东至千乘(shèng 胜,今山东博兴)海口千余里,勘察地形,决通壅积,疏瀹河道,十里立一水门,控制水流和水量。化了约一年多的时间,费钱约有百亿,完成了这一工程。从此,黄河和汴水分流;两水沿岸出现了大量的淤土,后多开为良田。黄河经过这次整治后,大约有八百多年(到 1048 年)的时间,未再发生改造之事。

有些郡守县令也重视本地区的水利兴修。邓晨任汝南太守时,用民间水利专家许杨为都水掾(yuàn 院,官名),主持修复鸿郤陂(xìbēi 隙碑,今河南正阳、息县间),历时数年,起塘四百余里,灌溉了广大农田,年年丰收,"鱼稻之饶,流衍它郡"。后来何敞亦任汝南太守,主持修治鲖(zhòu 宙)阳(今安徽临泉)旧渠。渠修复之后,不仅灌溉方便,还增垦田地三万余顷。杜诗任南阳太守,大力修治境内陂池,开垦荒地,南阳逐渐富足。张堪任渔阳太守,在狐奴(今北京顺义东北)开稻田八千余顷,引沽水和鲍丘水(今潮白河)以灌溉田地,使这一地区逐渐殷富。当时有民歌曰:"桑无附枝,麦穗两歧,张君为政,乐不可支。"

顺帝时,马臻任会稽太守,在会稽、山阴两县(今浙江绍兴)修镜湖,周迴三百余里,灌田九千多顷。此外,下邳、广陵、河东、河内、河南、左冯翊(píngyì 平亦)、右扶风、京兆尹、陇西、武威等郡国,也修复或新开了许多湖陂沟渠,灌田多者达三万余顷,少者数百顷。这些陂塘、沟渠的修复或开凿,对于农田灌溉和交通运输都起了很大的作用。

东汉初年,各地已在利用水力进行生产。可能这种新的水力技术的发明要早于东汉建国之时。其中影响最大的是水碓和水排。水碓是粮食加工工具,主要用于舂米。水排是鼓风工具,用以冶炼铜铁,亦提高了生产力。东汉末年,还发明了翻车,翻车就是龙骨水车,"设机车以引水"。又发明了渴乌,"为曲筒,以气引水上也",似是使用了虹吸管原理。这都是很先进的汲水工具。

东汉后期的农业产量,据仲长统说:"通肥(qiāo 敲,瘠薄)之率,计稼穑之入,今亩收三斛。"这与西汉前期"百亩之入,不过百石"相比,有所增加。

地主大庄园经济的形成 西汉后期以来,大地主都占有大量的田地和雇农,资本实力增强。至东汉时,这一情况更有发展,宗室贵族也竞相发展土地产业,广招奴婢雇工。如刘秀的儿子济南王刘康就有田八百顷,奴婢雇员一千四百人。有些大商人地主,"连栋数百,膏田满野,奴婢千群,徒附万计。"这样拥有大范围田地的地主可称为庄园地主。庄园就是田庄。农业开始向规模化、集约化、企业化经营方向发展。

对地主庄园而言,属于田庄范围的田地不仅为地主财团所有,而且其中的山林川泽也为地主所购买。如东汉后期的中常侍苏康和管霸,就"遂固天下良田美业、山林湖泽。"在地主庄园内,绝大多数农民是地主的雇员,农民租地耕种,地主则雇佣一些有才华的知识分子组成一套班子来管理农业生产,进行企业化经营。山林川泽的私有化和农民的雇员化,是以土地私有制为基础的生产关系进一步发展的标志,是走向资本主义发展道路的先声。

在地主庄园中,以满足市场的生活需要为主组织生产。雇农们在地主或总经理的管理指挥下,按照一定的企业管理规则,组织农业或农副产品的生产。如种植各种粮食作物、蔬菜、瓜果和各种经济作物以及药材等等。副业有建造工场作坊造酒、酿醋、制酱、作饴糖、养蚕、缫丝、织缣帛和麻布、染色、制衣服和鞋袜等,一些大的庄园逐步工业化、城镇化和城市化。农业经济逐步向工业化方向迈进,以解决更多的失业农民的就业问题。

农具和手工工具也由本庄园制作。庄园对地主经济来说,是一个自给自足的单位。地主对农民的雇佣是全面的,就业范围逐步扩大。新生的青壮年待业农民,受雇于地主充当部曲或家兵,负责企业的保安工作。

每年二、三月青黄不接,或八、九月寒冻将临之时,地主们就驱使部曲、家兵在庄园里进行战射训练,以防御饥民和土匪对庄园的偷袭。地主庄园内都修有坞堡,是地主们藏身之处。坞堡四周有高墙、深沟围绕,还筑有三层、四层、五层、六层警楼,上有部曲、家兵守卫着。很多雇农家庭,全家人都在地主家就业工作,他们的生存与地主的利益紧密相关,所以,在地方利益保护思想上,雇农们和地主是紧密团结的。

所以,一旦社会混乱,地主能立刻把雇员转化成军队,开始是为了在战乱中保卫家乡的安全和利益不受流匪的侵扰,壮大后就带领家乡的子弟兵去攻城略地军阀割据,甚至争夺天下。在中国的每一次战乱时期,都有这种情况出现。中国总是在即将进入工业化阶段时期,就出现人口与粮食的紧张问题,由于中国的地理特征,对外交通困难,运费很高,只能对外做高档贵重产品贸易,无法进行粮食进口贸易,最后导致经济的全面崩溃,"人口减灭机制"不可阻挡的被启动。

2.手工业

东汉时期的重要手工业有煮盐、冶铁、铸铜、漆器、纺织等,以私营为主,生产技术都较西汉进步。

(1)冶铁业。东汉时期,冶铁业自由经营。国家或官府经营的冶铁业以制造国家或官府需要的兵器、车马具及其他生产、生活用具为主。民营的冶铁业以生产商品为主,以供市场上的需要。产品以农具、手工工具及生活用具为最多。生活用具有锅、剪、灯、刀、钉子、顶针等,还制作兵器。

东汉的冶铁技术有很大的进步。"水排"的发明和使用是主要进步技术之一。水排就是水力鼓风机。机器是木制的,用水力转动。鼓风的部分用牛皮制成。《后汉书·杜诗传》曰:建武时期,杜诗为南阳太守,"造作水排,铸为农器,用力少,见功多,百姓便之。"南阳自西汉至东汉,都是重要冶铁地区。水排的使用,是冶铁技术的一大进步。东汉冶铁技术的另一重大成就,是低温炼钢法的发明。这一技术的发明和推广,使钢的使用更加普遍。于是,铁兵器如刀、剑等最后完全代替了铜兵器。

(2)铸铜业。东汉时期的铸铜业仍有发展。官府在许多重要铜矿区设有冶铜场或铸铜作坊,制作皇家或官府使用的铜器。地主、商人经营冶铜业的也很多。

当时的铸铜业遍及全国,最著名的地区有广汉、蜀郡、朱提(shúshí 孰实,今云南昭通)、丹阳(今安徽宣城)等。常见的东汉铜器有洗、釜、甑、壶、鐎斗、奁、博山炉、铜镜等,主要是生活用具。有的制作精致,花纹工巧,还有饰以鎏金、错以金银的。有些洗上带有"朱提造"、"堂狼(今云南东川)造"、"青蛉(今云南大姚)造"等铭文,注明产地;花纹则有双鱼、羊、鼎等图案,或铸有祝福吉祥、富贵的话语。

(3)纺织业。东汉的桑、麻种植的范围比西汉扩大,养蚕和丝织业、麻织业都有很大的发展,纺织技术也有进步。

主要丝织品产地在今山东、四川等省,设置有服官,京师洛阳设有织室,专为皇室和高级贵族、官僚制作服装。在"丝绸之路"上发现的属于东汉至魏晋时期的丝织品中,有锦、缎、绫、绮、罗、纱、縠、绸、绢、缯、帛等,所织花纹有流云、鸟兽和吉祥语等图案,还有秀丽古雅的刺绣花纹。

麻葛织品中最著名的是越布,也叫做越葛,是会稽地区的产品。刘秀称帝后,就把越布列为贡品。皇帝、皇后和贵族、官僚、地主们都喜爱越布,越布名贵一时。

3. 商业

商业与城市 东汉时期,由于农业和手工业的发展,商品较多,因之商业也在发展。建武十六年(40年),刘秀下令重铸五铢钱,废除了一切旧币,消除了王莽制造的货币混乱的局面,对于商业的发展起了一定的促进作用。东汉的商品种类比西汉多,市场扩大,交通发达。在城市中都设有交易市场,叫做"市"。市内按所卖商品种类,分为若干"市列"或"列肆",每个列肆又有很多店铺或商摊。主要商品有农产品和手工业品,如有粮食、盐、铁器、丝织品、麻织品、皮毛制品等,还有金、玉、琥珀、玛瑙、玳瑁、象牙、犀角等珍贵器物以及中外药材等。在人口较密的乡村或交通要道地区,也有市集出现。

合市 民族间由官方组织的定期(或不定期)的商业交换关系,叫做"合市"或"互市"。合市在西汉已出现。东汉时期,汉和匈奴之间,定期"合市"。每次合市,汉商以巨量的铁器、丝织品和其他手工业品,交换匈奴的数以万计的牛马。汉和羌、乌桓、鲜卑以及西南各族之间,也定期合市。合市这一交换形式在促进民族间的经济、文化交流方面,起了重大的作用。汉族的小商贩还载负货物,深入到少数民族地区,以商品换取民族地区的土特产,进行民族间的物资交流。

西域距离中原遥远,两地的商业交换关系不是采用合市的形式,小贩往来也很困难,汉朝多是由国家或官方以使节的名义,派遣商队,经过长途跋涉,到各国进行交换。也有商人结伴前往贸易的。运往的商品以丝绸等为主,沿丝绸之路西行,有的销于西域都护区内各国,有的远达于中亚、西亚、南亚、东南欧、北非等地。这些地区的皮毛制品和香料等也运来中国。贵族和高级官僚们凭借权势,从西域买进奢侈品,以供享受。如外戚窦宪以八十万钱从西域买得杂罽(jì 寄,毡子)十余张,又使人载杂采七百匹、白素三百匹,以换取月氏马、苏合香和毾㲪?(tàdēng 榻登)。《后汉书·梁冀传》说外戚梁冀"遣客出塞,交通外国,广求异物。"

陆路与海外交通 商业交换关系的发展,促进了交通事业的发达。中原地区的陆路和水路都有新的发展,中原和边疆地区的交通也有发展。自关中通向巴蜀的千里栈道多次得到整治。东汉初年开通的飞狐道,自代(今河北蔚县)至平城(今山西大同),约三百余里。又开通峤道,自零陵(今属湖南)、桂阳(今郴县),通岭南,远达交趾、九真、日南等郡,道长一千余里。自巴蜀亦有通向西南夷地区的大道。此道再向西南,可经今缅甸,达于印度,这就是西南丝绸之路。这些栈道、大道的沿途,多筑有亭障、邮驿,以保卫商旅,安顿食宿,便利交通。在各郡之内,也多"凿山通道","列亭传(zhuàn 篆),置邮驿",发展交通事业。

东汉时期海外交通进一步发展。往来各国的关系更加密切。建武二十年(44年),光武帝刘秀封韩人苏马諟(shì 是)为汉廉斯邑君,属于乐浪郡,四时来朝。建武中元二年(57年),倭国派使臣来赠送方物,刘秀赐以印绶。公元1784年,日本人在九州志贺岛(今福冈县粕屋郡志贺町)发现了一方汉制金印,文曰"汉委奴国王",可能就是刘秀所赐的金印。安帝永初元年(107年),倭国王帅升派人献奴婢一百六十人,并愿至洛阳朝见。这时汉已通日本以东以南数千里以外的岛屿、地区,有的航程需一年以上。

东汉与南洋、印度洋各地的往来更加密切。和帝(89～105年)时,天竺(今印度)几次遣使前来,赠送方物。顺帝永建六年(131年),叶调国(今爪哇岛或苏门答腊岛)王遣使师会赠送方物,汉封师会为汉归义叶调邑君,又赐国王金印紫绶。桓帝延熹九年(166年),大秦国(罗马帝国)王安敦又赠象牙、犀角、瑇(dài 玳)瑁等。

三、民族关系的发展

东汉时期,中国各民族间的经济、文化关系进一步发展,边疆地区各民族的社会发展变化较快,朝廷对于边疆地区的政治统治也逐步加强。

1. 南匈奴北匈奴

东汉初年,匈奴贵族为争夺单于继承权而分裂为南、北两大部,史称南匈奴和北匈奴。南匈奴立比为单于。比的祖父呼韩邪单于与汉"和亲",娶王昭君为阏氏。比亦向东汉"奉藩称臣",刘秀命中郎将段郴(chēn 琛)监护南匈奴,单于庭内迁到云中(今内蒙古托克托),后又迁美稷(今准格尔旗北)。其部属也随同内迁,势力日益强大。

北匈奴立呼韩邪的另一个孙子蒲奴为单于,曾为南匈奴击败,退居漠北。光武帝后期,北单于向汉求和亲,遭拒绝。明帝时,北匈奴又一再侵扰边郡,

汉联合南匈奴及乌桓兵连续进击北匈奴。北匈奴一再被击败。章和元年(公元87年),北匈奴为鲜卑所破,北单于被杀,北匈奴五十八部降汉。永元元年(公元89年),汉以车骑将军窦宪、征西将军耿秉发汉和南匈奴共四万余骑,分三路击北匈奴于稽落山(今蒙古国西北部),单于遁逃,北匈奴八十一部二十余万人投降,窦宪和耿秉登燕然山(今蒙古国杭爱山),去塞三千余里,刻石纪功而还。此后,北匈奴有的降于汉或南匈奴,有一部分随北单于逐步西迁。

2. 西域

西汉末年,西域(今新疆一带)分为五十五国。匈奴乘中原大乱,不能顾及西域,就大力入侵西域。

西域诸国。汉莎车国在塔里木盆地西端,距匈奴较远。莎车王康之父名延,做王子时曾在长安为质子,学习先进的汉文化,与汉的关系密切。东汉初年,莎车王康受其父的影响,一心向汉。联合其他国家,抵抗匈奴,并救护了原西域都护的吏卒和家属一千余人。

刘秀表彰其功,委任康为汉莎车建功怀德王、西域大都尉,管理西域诸国。康死,其弟贤代立,对其他国家侵暴勒索严重。鄯善王上书要求朝廷派都护到西域,刘秀以国力薄弱,回信说:"今使者大兵未能得出。如诸国力不从心,东西南北自在也。"鄯善等国因得不到东汉的庇护,被迫投降了匈奴。

班超经营西域明帝初年,北匈奴一再胁迫西域各国出兵,寇掠东汉的河西等地。永平十六年(公元73年),明帝派将军窦固、耿忠率士卒出酒泉塞,入伊吾庐(今新疆哈密),进行屯田驻兵。第二年,又进军车师(今吐鲁番、吉木萨尔一带),置西域都护,驻乌垒城(今新疆轮台东北小野云沟)。这时,西域多数国家向汉,少数追从匈奴。窦固派假司马班超率吏士三十六人与南道诸国联系。班超得到鄯善、于阗、疏勒的支持,杀掉匈奴使者,控制了南道。这时,匈奴与北道的焉耆、龟兹等国,攻杀西域都护陈睦,控制了北道。

东汉政府决定召回班超,也放弃南道。可是南道诸国惧怕匈奴的报复,苦留班超。班超决心留在西域,组织西域兵马反击匈奴。班超先用疏勒兵击败为匈奴控制的姑墨(今新疆阿克苏)和莎车,全部控制了南道。又率领南道各国的士卒,击退了大月氏贵霜王国七万人的入侵。和帝永元三年(91年),北道的龟兹降于班超,中央委任班超为西域都护,驻龟兹(今新疆库车东郊皮朗旧城)。永元六年,班超又控制了焉耆。至此,西域五十余国又摆脱了匈奴的奴役,纳于东汉都护的统辖之下。

永元九年(97年),班超派甘英出使大秦(罗马帝国)。甘英西经条支(今伊拉克)、安息(今伊朗)诸国,至安息西界(波斯湾),未过海而还。甘英是中国古代继张骞的副使之后到达西亚的使节,为打通欧、亚贸易交通做出了重要贡献。

班超是历史学家班彪的少子,史学家班固的弟弟。他从明帝永平十六年到西域,至永元十四年,奉召回到京城洛阳。班超在西域守护西域三十年,在缺少中央政府的援助的情况下,以其聪明才智和忠心爱国的信心,组织西域各国奋勇作战,反击匈奴入侵,对巩固中国的西部疆域,促进多民族国家的发展,做出了卓越的贡献。他于八月回到洛阳,九月病故,享年七十一岁,他的英名事迹,被后人载入史册,永世得到中华民族子孙后代的颂扬。

东汉恢复在西域的主权,保卫了中国与中亚和西亚之间的"丝绸之路",促进了中国和中、西亚各国的经济、文化交流。

3. 羌族

东汉初年,羌族主要居住在今青海和甘肃南部、四川北部一带。东汉王朝为了防止羌人作乱,强迫部分羌人迁徙到关中和河东,与汉人杂处。汉羌之间民族摩擦增大,汉族官员偏向与汉人,引起羌人的激烈反抗。东汉中后期,羌人大规模地反抗斗争共有三次。第一次是发生在安帝永初元年(107年),第二次是发生在元初五年(118年),第三次是发生在桓帝延熹二年(159年)。战争范围扩大到三辅、三河、益州等地,每次战争都时长十几年或几十年。东汉损兵折将极多,人力物力耗费极大。

东汉政府在镇压羌人叛乱过程中,士卒和汉、羌人民死伤的不可胜数。由于持久的战乱,百姓为了逃避战乱灾难而离家流亡,致使田园荒芜,社会经济受到严重破坏。当时有童谣曰:"小麦青青大麦枯,谁当获者妇与姑,丈人何在西击胡。吏买马,君具车,请为诸君鼓咙(lóng 龙)胡。"从这首歌谣所反映的关于东汉政府镇压羌人叛乱的战争给社会经济和人民的生活带来的后果。

4. 东北各族

乌桓、鲜卑 东汉初年,乌桓和鲜卑都曾侵扰东汉的东北边境。建武二十五年(公元49年),辽西的乌桓大人郝旦与汉通好,到洛阳朝见刘秀,刘秀封乌桓八十一人为王、侯等,允许乌桓迁居于沿边诸郡,协助汉防御匈奴和鲜卑。汉在上谷宁城(今河北宣化附近)置护乌桓校尉,兼领与乌桓、鲜卑互市等事。

鲜卑继乌桓之后,也归附东汉,刘秀封鲜卑的首领为王、侯。和帝时,北匈奴大部分西徙,鲜卑向西发展,占据了蒙古高原的大部。北匈奴未西徙的部属十余万落(户),都自称是鲜卑人,鲜卑更加强大。桓帝时,鲜卑大人檀石槐统一鲜卑各部。立庭(首府)于今张家口北。分三部进行统治:自右北平(治今河北丰润县东南)以西至上谷(治怀来),为中部,慕容部世为中部大人;上谷以西至敦煌,为西部,拓跋部世为西部大人;右北平以东至辽东(治今辽宁辽阳),为东部,宇文部世为东部大人。都以部为氏。不久,檀石槐死,鲜卑又分裂为数部,力量减弱。

夫余等族在今鸭绿江以北,乌苏里江和黑龙江两岸,直到东海之滨,居住着夫余、挹娄、高句骊、貊耳、沃沮等族。东汉初年,这些民族都接受汉的封号,国王或使臣常到洛阳。汉在这里设置郡政府(在辽宁沈阳东),并进行军屯戍边,以节制各族贵族的统治,防止叛乱。

5. 蛮族

蛮族分布在长江中上游,因地区和血缘、习俗的不同,分为武陵蛮、廪君蛮和板楯蛮三大支系。武陵蛮居住在武陵郡(治今湖南常德)的山区,廪君蛮居住在巴郡(治今重庆北)和南郡(治今湖北江陵纪南城)一带,因之也叫做巴郡南郡蛮,板楯蛮居住在今四川的嘉陵江流域。

武陵蛮和廪君蛮在战国时期,属楚国,板楯蛮在战国后期属于秦国。东汉时期,这些民族的社会经济都有进一步的发展,人口膨胀日益严重,蛮人和当地的汉人一再联合起义,反抗东汉王朝。有时起义人数达十余万之多,捕杀地方官吏,焚烧官府,斗争时起时伏,一直延续到东汉末年。

6. 西南夷

西南夷居于今之贵州西部,云南全部,四川西部和西藏的昌都一带。西汉武帝经略西南夷,势力仅达于今洱海以东,设置西南七郡。此后,中原地区的先进的文化、技术相继传入七郡,这里各族居民的社会变化较快,经济发展迅速。东汉时期,夜郎和滇人地区已兴办学校,读儒家经典,和中原地区差不多。

哀牢夷 西汉时期,生活在今澜沧江流域的哀牢夷,与西汉官府没有什么联系。哀牢地区土地肥沃,宜于种植五谷和桑麻,经济以农业为主,人民善于织帛叠、兰干细布、文绣、绫锦和毛罽等;还用梧桐木华(木棉)织布,幅广五尺,洁白,不易污损;并且还掌握了染色的技术。

建武二十七年(51年)至明帝永平十二年(69年),哀牢夷有两支愿内属,人口共有五万余户,五十余万口。汉在哀牢地区设置哀牢(今云南盈江东)和博南(今云南永平南)两县。后来汉又在今保山置永昌郡,以郑纯为永昌太守。规定哀牢夷的赋税,为"邑豪岁输布贯头衣二领,盐一斛"。一般居民不直接承担国家的赋税。

永昌郡为横断山脉地区,山高水深,气候湿热,东汉经营这一地区,十分艰苦。当时被征发到这里来的人作歌曰:"汉德广,开不宾。度(渡)博南,越兰(澜)津。度兰仓(澜沧),为它人。"

掸族 永昌郡的西南面是掸(shàn 扇)族聚居区。自永昌郡设置以后,掸族与汉发生了直接的联系。和帝永元九年(97年),掸王雍由调和附近各族遣使到首都洛阳,奉献珍宝。和帝赐给雍由调金印紫绶,亦赐给其他掸族贵族印绶和钱、帛。安帝永宁元年(120年),雍由调又遣使来京,"献乐及幻人,能变化吐火,自支解,易牛马头;又善跳丸,数乃至千。"

这些魔术师自言是海西人,海西是大秦国,就是罗马帝国。安帝让乐人和魔术师在宫廷表现,并封雍由调为"汉大都尉",赐给印、绶、金、银及各种丝织品。至此,永昌郡西南地区,也入汉的版图。

白狼等部明帝时,汶山郡以西的白狼、槃木、唐菆(zōu 邹)等部约有一百三十余万户,六百余万口,自愿内属。他们作诗歌三章,献给东汉皇帝。当时的犍为郡掾田恭译出,题为《远夷乐德歌》、《远夷慕德歌》、《远夷怀德歌》,合称《白狼歌》,备述"白狼王、唐菆等慕化归义"之意。《白狼歌》的原文(用汉字对音写出)和译文都保存在《后汉书·西南夷列传》及注中。译文虽经官僚之手,带有浓厚的大汉族主义倾向。但基本内容应是符合实际的。原文中保存了大量的古代羌语的音、义和语汇,是研究西南地区与古羌人有关的少数民族的历史与语言的宝贵资料。

四、宦官与朋党

东汉从中期开始,政权主要控制在外戚和宦官两大集团手中。这两大集团各谋私利,互相斗争,政治黑暗。东汉后期,宦官专权,一部分比较正直的官吏和太学生结合起来,与宦官集团展开了激烈的斗争。

1. 外戚与宦官

东汉前期,皇帝很注意外戚干政,严格限制他们的政治权力,不使权势过大。章帝死后,和帝十岁即位。以后的继位皇帝也多是小儿,太后则是少年寡妇。太后临朝听政,实是依靠娘家的父兄掌权,因之往往形成庞大的外戚权力集团,左右朝政。小皇帝多非太后亲生,年长之后,畏忌外戚的权势,怕被废黜,就以身边的宦官为心腹,伺机除掉外戚集团,宦官又掌大权。这样的斗争在东汉中期的和、安、顺、桓四帝时各发生过一次。宦官干政的情况日益严重。第四次斗争是外戚梁冀擅权和宦官单超等诛除梁氏。

梁冀擅权顺帝时,后兄梁冀继父梁商为大将军。顺帝死,他立两岁的小儿为帝,是为冲帝。次年冲帝死,他又立八岁的小儿为帝,即质帝。质帝虽小,但却知道梁冀专权骄横。在上朝时,他说梁冀,"此跋扈将军也"。梁冀很愤恨,就把质帝毒死,另立宗室十五岁的刘志为帝,是为桓帝,梁太后临朝。梁冀专权近二十年,亲属党羽布满朝廷和州、郡。大小官吏升迁,先向他谢恩,送大量的贿赂。这些官吏到任后,再疯狂搜刮人民。地方官吏向中央送贡品,要将最好的贡品先送给梁冀,次品送给皇帝。扶风(即右扶风,今陕西兴平)人士孙奋家中很富,梁冀送给他一套车马(四马一车),向他借钱五千万。士孙奋畏于梁冀的权势,不得不给;但却只给他三千万,他大怒,胡说士孙奋之母是梁家的奴婢,偷盗了梁家白珠十斛、紫金千斤。

于是逮捕了士孙奋兄弟,士孙奋死于狱中,全部家产被没收,其资产共值一亿七千余万钱。梁冀还劫略几千口平民为奴婢,称这些奴婢为"自卖人"。梁冀在洛阳周围强占民田,调发农民,建造了一座私人苑囿,周围千里,梁冀不许人触动苑中的一草一木。有人误杀了苑中的一只兔子,竟有十多个人因受牵连而遭杀害。

梁冀一家前后有七人封侯,出了三个皇后,六个贵人,两个大将军,娶公主为妻者三人,其余任卿、将、尹、校的,有五十七人。桓帝本是河间王刘开之孙,十五岁时,为梁太后和梁冀所立。他对于梁冀也很惧怕。

单超等诛除梁氏公元159年(延熹二年),梁皇后死,桓帝与中常侍单超、具瑗(yuàn 院)、唐衡、左悺(guàn 贯)、徐璜等五人合谋,以虎贲、羽林千余人包围了梁冀的府第,梁冀自杀,梁氏的族人亲戚不论长少,皆弃市。因牵连被杀的公卿、列校、刺史、二千石有数十人,故吏、宾客被免官的有三百余人。据说"朝廷为空"。没收梁冀的财货被出卖后,共得钱三十余亿。这是宦官对外戚的第四次打击。单超等五人以功同日封侯,史称"五侯"。诛除梁冀及其党羽,对当时的政治、社会都有好处;但从此以后,东汉政权为宦官垄断。

2. 清议与党锢

宦官垄断政权以后,政治日益黑暗,一些比较正直的高级官吏、在野的地主士人和太学生,采取各种形式,对宦官集团展开了斗争。于是中央政府内部相继发生了"清议"运动和"党锢"事件。

宦官专权以后,排斥打击一般官僚士大夫,重用宦官的子弟、亲属和投靠他们的官僚。《后汉书·朱晖(huī 挥)传》附《朱穆传》曰:宦官"手握王爵,口含天宪","天朝政事,一更其手,权倾海内,宠贵无极,子弟亲戚并荷(hè 贺)荣任。"他们贪污公款,中常侍侯览购买宅舍三百八十一所,购买田地百一十八顷,起立第宅十六区,还房略良人为奴婢。他的哥哥侯参任益州刺史,为了侵夺豪绅财产,诬人以"大逆"之罪,捕杀后,霸占财产,前后侵夺豪绅财产以亿计。《后汉书·单超传》曰:"五侯宗族宾客虐遍天下,民不堪命,起为寇贼。"政治腐败加速了土地的兼并,此时的人口已经超重,广大农民纷纷破产,又无业可就,饥民流离失所,社会治安严重混乱,经济秩序受到很大破坏。

清议宦官执政期间,人口超饱和。这一时期,太学生已发展到三万余人,各郡县的儒生也很多,政府部门早已人满为患,他们上进无门,前途暗淡,于是对政府大为不满,就与官僚士大夫结合,在朝野形成一个庞大的官僚士大夫反宦官的社会政治力量。他们"激扬名声,互相题拂;品覈(hē 核)公卿,裁量执政。"这就是"清议"。

所谓"激扬名声,互相题拂",主要是比较廉正的官吏、士人、太学生等互相标榜。如说:"天下模楷李元礼(李膺),不畏强御陈仲举(陈蕃),天下俊秀王叔茂(王畅)。"所谓"品覈公卿,裁量执政",主要是批评政府腐败官员。如说:"举秀才,不知书;察孝廉,父别居。寒素清白浊如泥,高第良将怯如鸡。"这样的议论自社会流入太学,太学生以郭泰为首,奉司隶校尉李膺、太尉陈蕃为领袖,公开与政府相对抗。

官僚士大夫和太学生们不仅在舆论上抨击宦官,还试图在政治上打击宦官势力。桓帝永兴元年(153年),冀州刺史朱穆在安平(今河北冀县)逮捕了宦官赵忠的不法家属。桓帝大怒,把朱穆撤职,关进左校服劳役。太学生刘陶等数千人诣阙上书,为朱穆申辩。并说:"愿黥首系趾,代穆校作。"桓帝迫于知识分子们的舆论压力,赦免了朱穆。

延熹五年(162年),中常侍徐璜、左悺向中郎将皇甫规勒索钱财,皇甫规不理。徐璜等就给他强加以罪名,关进左校服劳役。一些官吏和太学生张凤等三百余人,诣阙上书。皇甫规亦被赦免。这样,官僚士大夫和太学生与宦官集团之间的派别斗争愈演愈烈。延熹九年,术士张成教唆其子杀人,为司隶校尉李膺逮捕。

适逢国家有赦令;可是李膺因张成与宦官关系密切,就把他们处死。张成的弟子牢脩上书,诬告李膺与太学生、诸郡儒生及游学士人"共为部党,诽讪(fěishàn 匪善)朝廷,疑乱风俗。"桓帝大怒,逮捕了李膺等二百余人。后经尚书霍谞(xǔ 许)、城门校尉窦武等一再向桓帝说情,才得赦免回归田里,但却禁锢终身。这是第一次"党锢"。自这次事件之后,"正直废放,邪枉炽结"。大量的不愿与宦官集团为伍的士大夫、太学生等进一步结合,并推出了他们的首领或代表人物。就是三君、八俊、八顾、八及、八厨等,三君是窦武、刘淑和陈蕃,君就是"一世之所宗"之意。他们与宦官集团的政治对立和斗争进一步激化。

第二年,桓帝死,灵帝立。太后之父窦武以大将军的身份与太傅陈蕃辅政。他们起用了李膺和其他一些被禁锢的名士。次年,他们又共谋诛除宦官集团。可是,由于事泄,宦官曹节发兵逮捕窦武,窦武自杀。窦氏宗族、亲戚几被杀光。又次年,曹节等以"部党"之罪名,再次逮捕了李膺等一百余人,这些人都死在狱中。他们的父子、兄弟、门生、故吏等,凡是做官的,一律免官禁锢,禁锢范围扩大到五服以内的亲属。这是第二次"党锢"。

这次党锢直到中平元年(184年)黄巾大起义时才被解除。建议解除禁锢的也是一个宦官,即中常侍吕强。他怕受禁锢的人心怀不满,与张角等"合谋",因之提出这一建议。灵帝接受了这个建议,下诏解除了"党锢"。中央政府内部的这场长达数十年的整风运动和政治斗争,在农民起义面前,暂告中止。农民起义的爆发,以为着人口又超负荷了,上层混乱和罢,饥民暴动也罢,说来其根源都出在人口问题激发出来的种种社会矛盾。自然,人口减灭机制又要启动了。民如江水,能载舟,也能覆舟,这水太多了,河道难以承载,就要江河泛滥,发生水灾,政府之舟就危险了。

五、东汉末年农民战争

汉武帝一方面倚仗汉初以来积聚的雄厚财力,一方面实行有效的政治、经济、军事、文化政策措施,从而把西汉王朝推向空前繁盛。但在这繁盛背后,埋藏着严重的社会危机,人口膨胀严重,农民无处就业,大批农民自卖为奴婢谋生,无业可就的农民流亡各地,结伙上山做匪,小股流民不断杀官夺粮,严重影响着统治的稳固利社会的安定。昭、宣以后,人口危机已经达到了崩溃的边缘,社会危机四伏,最后饥民起义爆发。

人口问题是社会的总根本问题,引发各种社会矛盾,包括宫廷矛盾,看似没有直接关系,但是是一个有机的整体,一旦在吃饭这个生存根本上出了问题,一切矛盾都可能发生。

因为民机无力纳税,人口多得养不活,下层民众首先挨饿,国家税收难征,国库空虚,无粮救济饥民,汉武帝为了积聚国家财力,在西园公开定价卖官,但是,无论采取什么措施,都无法组织人口减灭机制的启动。当时,在农村中广泛流传着这样一首歌谣:"发如韭,剪复生;头如鸡,割复鸣。吏不必可畏,小民从来不可轻。"这首歌谣的出现,预示着饥民暴动的大风暴即将到来,人口减灭机制要启动了。

1. 黄巾大起义

(1)太平道。人民疾苦时便把希望寄托于神灵,所以,在饥荒年代宗教组织发展甚快,百姓无钱吃饭或无钱看病,都会导致宗教甚至邪教的泛滥,困苦民众会趋之若鹜,太平道就是在这种情况下迅速发展的,而教主们也往往是以行医治病加神灵神迹的方式来号召饥民的,无论是西方当年的耶稣,还是中国古代的张角,都是同样的方式和做法。

太平教是早期道教的一支,大约产生于东汉中期。东汉末年,太平道首领张角是巨鹿(今河北平乡)人,自称大贤良师,在各地传教,手执节杖,教病人叩头思过,饮符水以治病。耶稣当年也是以类似的方式行医传教的,不过耶稣更神奇,摸一摸病人的额头或手,病人就痊愈了,至少圣经上是这么写的,当时的犹太人也出于人口膨胀的苦难边缘,犹太人也是多子多孙的家庭,圣经里记载的很多著名人物的家庭都是十几个孩子,人口以这种速度膨胀,不发展战乱和瘟疫来减灭人口才叫怪事。

汉朝末年,中国人口又达到最高峰,土地养活不了民众,广大下层人民饥寒交迫,生活痛苦,穷人以信奉太平道寄托精神,张角利用穷苦百姓的这种心理,宣传神灵能够解救穷人苦难,并以宗教方式给穷人治病,信徒甚众,他和信们在条件成熟的情况下,走向了暴动夺权的战争,拉开了人口减灭机制的历史序幕。

张角四处宣传宗教,以宗教给百姓治病,传教治病十余年,在青、徐、幽、冀、荆、扬、兖、豫八州,有信徒几十万人。他为了准备发动推翻政府的战争,分各郡国为三十六方,大方有部众万余人,小方六、七千人,为暴动的基本力量。他们宣布了这样一个口号:"苍天(东汉)已死,黄天当立,岁在甲子,天下大吉。"意思是汉朝气数已尽,改朝换代的时候到了,他是上天受命的新天子,鼓动广大农民拥护他推翻政府,建立新王朝,跟随他的人将来都是开国功臣,可以当官发财。他还派人到京师洛阳和各州郡,在官府的门上,用白土书写"甲子"二字,以警告政府官员,并扩大宣传鼓动工作,策反政府军队投奔于他。当时的形势,已是"山雨欲来风满楼"。很快,这场暴动就要实现饿尸遍野、人口减半的伟大目标了。

(2)黄巾大起义。张角原定于184年三月五日起义。可是由于叛徒唐周告密,决定提前于二月间起义,各地起义军以黄巾包头。张角称天公将军,以示"替天行道",其弟张宝称地公将军,张梁称人公将军,领导巨鹿的黄巾军。其他地区如颍川(治今河南禹县)、汝南(治今上蔡)、陈国(治今淮阳)、南阳、东郡、扬州(治今安徽和县)以及幽州、益州等地,都爆发了黄巾起义。《后汉书·皇甫嵩传》描述说:"所在燔(fán 凡)烧官府,劫略聚邑,州郡失据,长吏多逃亡,旬日之间,天下响应。"杀富豪,抢官仓,一夜之间发大财,穷苦百姓纷纷投奔。

黄巾起义后,汉灵帝和宦官们十分震怒。他们一面调集军队,保卫京师洛阳;一面以皇甫嵩、朱儁(jùn 俊)、卢植为中郎将,率军进攻黄巾军。各地的豪强地主也把宗族、部曲、家兵组成地主武装,修筑坞堡,保家卫国,抵制黄巾军的流动掠夺。

皇甫嵩和朱儁共有四万余人,在进攻颍川黄巾时,朱儁被击败,皇甫嵩被围困在长社(今河南长葛)城中。后来他们得到曹操的支援,打败颍川、汝南、陈国的黄巾军,斩杀黄巾军数万人,其他大都逃散而去,或投降后加入政府军。

东汉政府原派卢植进攻张角,被张角打败。朝廷撤了卢植的职,另派董卓进攻张角,亦被张角打败。朝廷再调皇甫嵩进攻张角。此时,张角病死,部众由张梁和张宝率领。皇甫嵩随后打败黄巾军,张梁战死,黄巾军战死八万多人。皇甫嵩又进攻下曲阳(今河北晋县)张宝部,张宝战死,所部死伤被俘十余万人。

东郡和南阳等地的黄巾军也先后被皇甫嵩、朱儁等清剿,义军的首领均战死。

各地黄巾大起义从中平元年(184年)二月开始,到十一月失败,持续了九个月。以黄巾旗号起义的饥民约有百余万人,起义风暴席卷全国。这次起义是有长期准备的,有计划、有纲领、有组织的,起义地区广大,给予国家经济以严重的破坏。这次起义虽被镇压下去,可是人口超重问题还是没有彻底解决,各地的斗争依然前赴后继。战争至少得持续几年甚至几十年才可能达到国家人口减半的规律性目标。起义还将陆续爆发,军阀大战还没有真正开始,好戏还在后头。

2. 黑山黄巾与青徐黄巾

黑山黄巾 张角领导的黄巾军失败后三个月(中平二年二月),各地又爆发了新的农民起义。战斗在中山、常山、赵郡、上党、河内等郡国山区的起义军有上百万人,号称"黑山军"或"黑山黄巾",部属很多。大部二、三万人,小部六、七千人,他们共同推举张牛角为帅。张牛角战死,又公推张飞燕(原姓褚)为帅。这支起义军转战于河北诸郡十余年,和军阀袁绍、曹操进行了艰苦的战斗,处死了许多郡守、县令(长)和地主,掠取了大量钱财以供军需。后来,在军阀混战中,张飞燕为公孙瓒所利用,进攻袁绍,被袁绍击败,张飞燕率部投降了曹操。

青徐黄巾 中平五年(188年),黄河以南的青州和徐州一带再次爆发了农民大起义,在青州的称"青州黄巾",在徐州的称"徐州黄巾",合称"青徐黄巾军",连破州、郡,诛杀长吏,许多官僚、地主被迫逃亡他郡或渡海逃到辽东,义军没收富豪和当地政府财产,收获颇丰,遂供养队伍一百余万之众。青徐黄巾多为破产流亡饥民组成,很多流亡饥民携家带口,家属随军的很多,如青州黄巾,有主力军三十万人,而随军妇孺老弱竟达一百余万口,粮草不继,行动困难,严重妨碍战斗。后来在济北(今山东长清)连被击败,又为曹操的军队尾追,最后投降了曹操,为曹操收编为"青州兵",为曹军效力,徐州黄巾也先后被击破。

3. 汉中、巴蜀的农民政权

五斗米道 张角领导的黄巾起义爆发不久,天师道首领张修也于同年七月领导巴郡和汉中的农民起义。天师道的传教方式和太平道基本相同,用宗教方式给人治病,因每次治病收取病人五斗米的费用,所以也叫做"五斗米道"。

天师道的另一个首领张鲁,三代传教为生,自号师君,下属有祭酒,各领部众,部众多者称治头大祭酒,信徒很多,是一个很大的政治势力。

张鲁政权 益州牧刘焉为了扩充自己的势力,在益州搞独立王国,于初平二年(191年),以五斗米道首领张鲁为督义司马、张修为别部司马,攻占汉中(治今陕西汉中)。张鲁杀张修,又镇压了一些豪强地主,聚敛了大笔财富,在汉中、巴郡建立了一个农民政权。这个政权是政教合一、劳武结合的。他的主要经济、政治纲领是:一、诸祭酒各在辖区内的大路上设置义舍(旅舍),内储有米、肉等,来往行人吃饭不要钱,目的是为了招徕关中地区的流民,以充实汉中人口;二、犯轻微罪过的人罚修道路;三、犯法的人,以说服教育为主,初犯者处理从宽,"先加三原,然后行刑";四、不设置官吏,以宗教首领祭酒兼管政事。史书说张鲁在汉中实行这些政策的结果,"民夷便乐",流民来归的,前后有数万家。

在汉中、巴郡,汉族、夷族地主仍然很多,张鲁采用杀富济贫的办法利用农民夺权成功后,又恢复正常的私有制秩序,在统治的二十多年中,土地兼并不断发展,张鲁及其统治集团也越来越贵族化了,和所有起义政权一样,曾一度站在农民利益的张鲁政权逐渐恢复为地主政权的经济秩序上来。建安二十年(215年),曹操率十万人进攻汉中,张鲁向曹操投降。

第四节　秦汉文化

秦汉时期,是中国古代文化大发展的时期。这一发展是对先秦文化成就的总结和升华,又为此后二千多年的中国文化的发展奠定了基础。决定这一发展的主要因素有两个:一是以地主土地所有制为基础的经济发展,二是国家长期统一和社会比较稳定。

一、经学、哲学与宗教

1. 经学

秦朝不仅"焚书坑儒",还下"挟书令",藏有儒家经典者治罪,因之在秦代无传授和学习儒家经典者。

(1)今文经。西汉初年,汉高祖刘邦很不重视儒学。至惠帝时,废除"挟书令",儒家思想言论这个禁区开始松动。从这时起,到文帝时期,一些尚存的老儒依靠记忆,口头传经。弟子们因找不到书籍,就用当时通行的隶书将老儒背诵的经典本文和解释记录下来,这样的经典就是所谓的"今文经",释文谓之传。文帝时,开始设置经学博士,由今文经学家充任,以备顾问。武帝时,置五经博士,亦由今文经学家充任,在中央政府办的太学教授弟子。从此,今文经学得到广泛的传播。

今文经来自老儒的记忆,因每个老儒的记忆有出入,解说有差异,于是出现了一经有几家说法的情况。代代相传,逐渐形成了一些学术流派。宣帝时,在太学中立学官的,《易》有三家,《书》有三家,《诗》有三家,《礼》有一家,《春秋》有两家,共十二博士。东汉初年,增为十四博士。

(2)古文经。古文经是用秦统一以前的篆书抄写的经典。秦在焚书时,人们将这样的经典和其他一些古书埋藏起来。西汉前期,由于拆除老房,相继发现了一些古书。武帝时,下令献书。

成帝时,设官负责收集古书,并着手进行整理。西汉末年,刘歆在整理古书时,发现古文经典不仅经文与今文经互异,而且篇章也多出不少。如《礼》多三十九篇,《书》多十六篇。《毛诗》和《左氏春秋》等则为今文经所不载。这些新发现的经典就叫做"古文经"。

刘歆对于古文经很赞赏,建议在太学立学官,但却遭到今文经学博士们的激烈反对。刘歆批评这些博士"专己守残,党同门,妒道真。"可是由于执政大臣也反对,刘歆的建议未被采纳。平帝时,王莽主政改制,为了利用古文经进行"改制",就立《古文尚书》、《毛诗》、《逸礼》、《左氏春秋》四个博士。东汉初,又被取消。

古文经虽不得立学官,但在民间却广为流传。古文经中固然有些内容是经过两汉学者窜改或增加者;但总的说来,古文经学家是按字的形、音、义解经,极力恢复经的本义,不作任意发挥。于是形成了系统的训诂方法。古文经学家贾逵、马融、郑玄兼通今文经。郑玄破除各家传统,广采众说,遍注群经,得到经今、古文两派的赞许,号称"郑学"。至此,基本上结束了经今、古文斗争。贾逵的学生许慎为了反对今文经学派根据隶书经典,穿凿附会,曲解经文,用了二十二年的时间,写成《说文解字》一书,收小篆九千三百五十三个,收古文(战国文字)、籀(zhòu 宙,西周、春秋文字)文一千一百六十三个为重文;每个字标明字形,注出音读,推究字义,全书分为五百四十部,全部解说不过十三万三千多字,简明扼要。是中国最早的一部编辑完善、内容丰富的字典。

2. 哲学

两汉时期,哲学的唯心主义的代表人物是西汉中期的董仲舒,唯物主义的代表人物是东汉前期的王充。

(1) 唯心主义。董仲舒是今文经学派的《公羊》学家。他的思想集中体现在《天人三策》和《春秋繁露》一书中。他反对天道自然观,进一步发展了先秦的"天人同一"思想,这个思想的核心是"天人感应"说。他说:"国家将有失道之败,而天乃先出灾害以谴告之;不知自省,又出怪异以警惧之;尚不知变,而伤败乃至。"他又说:"道之大,原出于天;天不变,道亦不变。"道是法则、规律,这里借为国家制度。

(2) 唯物主义。王充出身于"细族孤门",曾做过州郡小吏,大部分时间以教学为生。他著《论衡》一书,计八十五篇(今存八十四篇),二十余万言。他认为万物由元气构成,"元气未分,混沌为一。及其分离,轻者为天,浊者为地。"人和禽兽也是由元气演化而来。他认为元气是一种客观存在的物质。他反对天人感应说,反对有神论,发展了古代的天道自然观。他说:"人之所以生者,精气也;死而精气灭。能为精气者,血脉也;人死血脉竭,竭而精气灭,灭而形体朽,朽而成灰土,何用为鬼?"他又说:"人之死,犹火之灭也。"他认为鬼只是人们的一种幻觉。

王充的论证方法是"引物事以验其言行",是比较科学的。但由于当时自然科学不甚发展,引作论据的事物有些不真实,因之做出的结论也难免有错误。他在对社会问题或历史人物评述时,往往归之于命,这是唯心主义。

3. 宗教

两汉时期的主要宗教有道教和佛教,都是在东汉时期开始流传的。道教道教是由黄老学说与巫术结合而形成的。东汉顺帝时,琅邪人宫崇向朝廷献其师于吉所得《太平清领书》一百七十卷。这是中国最早的道教经典。今存的《太平经》残本基本上保存了这部经典的面貌。

东汉末年,道教分为三大支派,一支为太平道,以张角为教主,在黄河南北传教;另一支为天师道,亦称为五斗米道,以张修和张鲁为教主,在汉中、巴蜀一带传教;第三支以于吉(与上同名)为教主,在长江下游传教。三派的信徒多为贫苦农民,这些信徒的多数成为农民大起义的主力。

佛教是迦毗(pí 皮)罗卫城(今尼泊尔王国境内)净饭王太子悉达多创立的。释迦牟尼是佛教徒对悉达多的尊称。西汉末年,佛教传到了长安。东汉明帝时,蔡愔(yīn 音)至印度研究佛学归来,在洛阳建寺译经,中国开始有汉译本佛经。东汉末年,安息(今伊朗)僧人安世高、月氏僧人支谶(chèn 衬)等相继来到洛阳,翻译佛经。汉人严浮调从安世高学经,并参与翻译。从此,佛教教义也在中国流传。

二、文学艺术

1. 文学

秦汉时期的文学,以散文、赋和诗歌为主。

散文可以《史记》为代表,这是一部很好的散文集,许多篇传记具体生动地记述或刻画了社会各个方面的事件或人物,形象曲折地表达了作者的爱和憎。两汉时期有很多文字生动、说理深刻的政论文章,其中以贾谊的《过秦论》、《治安策》,晁错的《论贵粟疏》、《徙民实边策》最有代表性。桓宽撰的《盐铁论》是一部以讨论西汉王朝的盐铁政策为中心内容的著作,文字生动,语言流畅,是一部优秀的对话体文学作品。

赋是两汉时期的一种新的文学体裁,一般文人都喜作赋。西汉的赋起初尚以表达作者的思想感情为主。西汉中期以后,成为最高统治者歌功颂德的工具。这样的赋篇幅很长,叫做大赋。如司马相如的《子虚赋》、《上林赋》等,是这样一些典型。虽有一点讽刺统治者的味道,但不起什么作用。东汉时期的赋篇幅短小,向反映现实的方向发展,叫做小赋。张衡的《思玄赋》、《归田赋》,赵壹的《刺世疾邪赋》等,都表达了作者对当时社会的不满,揭露了官场的弊端,对于人民的贫困生活也有一定的同情。

两汉的诗歌以《乐府》和《古诗十九首》为代表。《乐府》也叫做《乐府诗》,是汉武帝时期由乐府采集民间诗歌选编配乐而成的诗集,内容广泛地反映了当时社会生活的各个方面。其中《战城南》、《十五从军征》、《平陵东》、《思悲翁》、《东门行》、《有所思》、《陌上桑》等,分别反映了人民的悲惨遭遇,对繁重徭役、横征暴敛的不满,反映了妇女不幸的命运及其坚强不屈的性格等。

《古诗十九首》是东汉中后期的中下层知识分子的作品。这些知识分子在当时的黑暗社会中,为求功名利禄,背井离乡,四处奔走。他们把对社会的感触,倾注到作品之中。如《冉冉孤生竹》、《孟冬寒气至》、《明月何皎皎》、《迢迢牵牛星》等,就是倾述生离死别、情感追求、仕途坎坷的诗篇。《生年不满百》、《青青河畔草》等,则充满了人生无常、及时行乐的消极颓废思想,反映了作者走投无路,内心苦闷的境况。两汉的诗歌形式自然朴素,用语通俗深刻,与赋体大不相同。它发展了《诗经》中的《国风》的现实主义精神,对于后代文学的发展有很大的影响。

2. 艺术

两汉时期的绘画艺术有很大发展。宫廷府寺的墙壁上,贵族、官僚、地主的宅第的墙壁、墓壁上,盛行以绘画装饰。其中最有代表性的是汉景帝子鲁恭王在曲阜修建的灵光殿。据王延寿《鲁灵光殿赋》记载,壁画先是太古裸体粗犷(guǎng 广)奇怪的神话人物,其次是穿戴冠冕的黄帝、尧、舜,再次是夏、商、周三代兴亡。凡历史上著名的忠臣、孝子、烈士、贞女的事迹,国君的贤愚,政事的成败,莫不绘载。主题之外,饰以天文、万物、神怪、异事,是一组色彩鲜明、情态生动的巨幅图画。

长沙马王堆一号汉墓出土了一幅彩绘帛画,全长205厘米,上部宽92厘米,下部宽47.7厘米。帛画内容由三个部分组成,上部左右分别绘扶桑九日和嫦娥奔月两个神话故事,中部绘贵妇出行图,下部绘宴饮图。主题之外,饰以飞龙、异兽、特钟、巨磬等,以朱砂、石青、石绿绘制,线条流畅,着色鲜艳精细,人物神态自若,鸟兽栩栩(xǔ 许)如生。

雕塑秦汉时期的雕塑艺术很发展。秦始皇陵的兵马俑坑是一座雕塑艺术的宝库。这个俑坑是1974年发现的,陈列着武士俑六千余个,每个武士身高1.8~1.86米,有的身着短褐,有的外披铠甲,有的持弓,有的执剑,都生气勃勃。出土陶马,高1.7米,长两米多,都翘首仰颈,双目前视,四腿挺立,气宇轩昂。这实在是一个强大的军阵,似在待命出征。

西汉的石刻最有代表性的,是霍去病墓前的石刻群。其中的"马踏匈奴"刻石是为纪念霍去病的战功而刻的,形象生动逼真,最为著名。其他石刻都是用巨大完整的天然石料顺势加工而成的。有伏虎、卧马、牯(gǔ 古)牛、跃马、卧象、人熊相搏,猛兽食羊等。

东汉时期的雕塑,以1969年在甘肃武威雷台的一座墓葬中发现的铜马、铜俑最有代表性。有铜马四十匹,铜奴婢二十八件。有一匹天马,凌空飞驰,形姿矫健,头微左扬,三足高举,一足踏一飞燕,燕展翅疾飞,作惊悸回首状。这是中国古代雕塑艺术中的一件极为优秀的代表作。

东汉时期主要用于垒砌墓葬的画像石(砖),也是一种很有价值的雕刻艺术。画像多用单线阴刻或阳刻技法,内容有官吏出行图、狩猎图、战争图,还有农业生产、煮盐、锻铁、木工、纺织、宴饮、百戏、烹调等场面,这是中国最早的一批浮雕艺术。

三、史学研究

两汉时期,统治者继承了前代由国家修史的传统,在中央设史官,编修历史。其中最有名的史书是《史记》和《汉书》。

1. 司马迁与《史记》

司马迁(前135~前93年)字子长,夏阳(今陕西韩城)人。父司马谈,武帝时,为太史令,学识渊博。原拟撰写一部史书,未及撰述,就因病去世。司马迁幼时聪慧,十岁开始诵习古文。二十岁时,周游今江苏、浙江、江西、湖南、安徽、山东、河南的许多名山大川和名胜古迹,了解了各地的一些风尚习俗和民间传说,接触过社会各个方面的人物。后为郎中,奉使到今四川、云南等地,对当地少数民族等有所了解。继父任太史令后,又得博览史官所藏图书。他的学术根基深厚,经历丰富,这是后来他撰写《史记》的极有利的条件。

《史记》的撰述,开始于武帝太初元年(前104年),约用了近十年的时间撰成。上起黄帝,下迄"当代"(武帝时),以人物传记为主,辅之以编年体和纪事本末体,体例严整,内容丰富,是中国古代第一部纪传体通史,为此后二千年间的正史编纂创立规范。全书分为十二本纪、十表、八书、三十世家、七十列传,共一百三十篇,五十二万六千五百字。

司马迁作为一位史官,原来写作目的是为了宣扬"明圣盛德","功臣世家贤大夫之业,先人所言。"以为西汉王朝的统治服务。可是天汉二年(前99年),他为李陵投降匈奴一事辩护,触怒了汉武帝,被处腐刑(宫刑),这对他是一个很大的打击,思想上起了某些变化。他说:"诟莫大于宫刑"。

他当时极度悲愤,曾想到死;可是为了完成《史记》一书的写作,还是需要活下来。他孙子膑脚、屈原放逐等古人古事来自勉,借撰述以抒发郁结,申述己志。他对西汉统治者极不满,对皇帝、宗室贵族、外戚和官僚在政治方面的残暴行为,生活方面的奢侈,有所揭露。他对陈胜、吴广等农民起义领袖,则给予同情。他说:"秦失其政,而陈涉发迹,诸侯作难,风起云蒸,卒亡秦族。天下之端,自涉发难。"因而为陈胜、吴广作"世家",同五霸、七雄等诸侯并列,评价很高。除此以外,还为古代、当代的著名学者、医者、商贾以及其他各行业各阶层的代表人物立传,又对天文、历法、礼乐、水利、经济、少数民族,以专章论述,比较具体生动地反映了中国早期正在形成的多民族国家的面貌。

2. 班固与《汉书》

班固(32~92年),字孟坚,扶风安陵(今陕西咸阳东北)人。他的父亲班彪,是著名的史学家。因司马迁的《史记》只写到汉武帝太初年间,乃收集史料,作《史记后传》六十五篇,以补足《史记》的西汉部分。书未成,彪死,其子固为兰台令史,转迁为郎,典校秘书,奉诏完成其父所著。他用了二十余年的时间,修成《汉书》一百卷(后分为一百二十卷)。全书分为十二纪、八表、十志、七十列传。始于刘邦起兵,终于王莽覆灭,记述了二百三十余年间的史事人物。属于西汉前期的内容,多采自《史记》。全书体例也仿照《史记》,惟改"书"为"志",废"世家"入"列传"。《汉书》十志比《史记》八书的内容详备。《刑法》、《五行》、《地理》、《艺文》四志和《百官公卿表》等是班固的新创。《汉书》是中国第一部体例完整、内容丰富的断代史。各传、志多载录有关学术、政论文章,因之又兼有一代文章总集的性质。班固死时,"八表"和《天文志》还没有写好,后由他的妹妹班昭和史学家马续完成。

《汉书》的主要特点是维护正统思想,维护帝王的权威和形象。晋人傅玄在评论《汉书》时说:"论国体则饰主阙而折忠臣,叙世教则贵取容而贱直书。"《汉书》的记述比较偏向于维护帝王,没有《史记》公正。

四、科学成就远超西方

秦汉时期,科学技术有很大的发展。九章算术、天文历法、本草纲目、造纸技术,都得到巨大成就,科学技术远超欧洲。并从汉朝时代起,无论是科技还是政治、思想文化,一路领先人类文明两千来年,直到明朝后期,西方才赶上和超过中国。

1. 算学

大约在西汉中期,中国古代的第一部算学著作《周髀(bì 币)算经》成书。这部书主要是讲述天文和历法的。在数学方面,使用了相当复杂的分数算法和开平方法。还用竿标测日影以求日高,使用的是勾股定理,这部书是中国现存文献中最早引用勾股定理的著作。

稍晚于《周髀算经》的算学著作是《九章算术》,约成书于东汉前期。全书分为九章:(1)方田(分数四则算法和平面形求面积法),(2)粟米(粮食交易的计算方法),(3)衰(cuī 催)分(分配比例的算法),(4)少广(开平方和开立方方法),(5)商功(立体形求体积法),(6)均输(管理粮食运输均匀负担的计算法),(7)盈不足(盈亏类问题解法),(8)方程(一次方程组解法和正负术),(9)勾股(勾股定理的应用和简单的测量问题的解法)。其中负数、分数计算,联立一次方程解法等,都是具有世界意义的成就。全书由二百四十六个算术命题和解法汇编而成,标志着中国古代数学的完整体系的形成。

2. 天文学

两汉时期,关于天体结构,有三种说法,一是宣夜说,已失传;二是盖天说,《周髀算经》即持此说,认为"天象盖笠,地法覆槃。"这种说法违失太多,史官多不采用。三是浑天说,认为天地之象如卵之裹黄,"天转如车毂之运也,周旋无端,其形浑浑,故曰浑天。"这种说法对于天体结构的设想比较近于实际,多为史官采用。

东汉安帝时,太史令张衡掌天文,撰《灵宪》一书,比较正确地阐述了许多天文现象。如说:"月光生于日之所照,魄生于日之所蔽;当日则光盈,就日则光尽也。"他在西汉的浑天仪的基础上,设计了一种新的浑天仪,以漏水转动,星宿出没,与灵台观象所见的情况相符合。张衡还作候风仪和地动仪。候风仪制法失传。地动仪是用精铜制造的,圆径八尺,形似酒樽,内置机关,在八个方向各安一个龙头,口衔铜丸一枚。哪个方向发生地震,同方向的龙头就口吐铜丸,发出警报。

张衡是一位伟大的科学家,浑天仪和地动仪的制造,不仅是科学技术上的一大成就,还促进了唯物主义世界观的发展,对东汉喧嚣一时的谶纬迷信思想是一个有力的打击。崔瑗在张衡的碑文中称赞他"数术穷天地,制作侔造化。"

3. 历法

秦统一中国后,在全国颁行《颛顼历》。《颛顼历》是一种四分历。一回归年为365又1/4日,一朔望月为29又499/940日,以十月为岁首,闰月放在九月之后,称为后九月。武帝时,《颛顼历》已行用百余年,出现了"朔晦月见,弦望满亏"的情况。武帝以司马迁、星官射姓、历官邓平和民间历算家唐都、落下闳等二十余人修改历法,于太初元年(前104年)编成新历,这就是有名的《太初历》。《太初历》比四分历科学,行用一百八十九年才出现重大差误。《太初历》根据天象实测和多少年来史官的记录,制定了一百三十五个月的日食周期(称为"朔望之会",约在十一年中有二十三次日食)。自有了这个周期,历家可以校正朔望,预知日食。太初历还把二十四节气第一次收入历法(二十四节气:立春、雨水、惊蛰、春分、清明、谷雨、立夏、小满、芒种、夏至、小暑、大暑、立秋、处暑、白露、秋分、寒露、霜降、立冬、小雪、大雪、冬至、小寒、大寒。),这对于农业生产起了重要的指导作用。《太初历》的编制是中国历法史上的第一次大改革。

4. 医学成就

两汉时期,医学很发达,官府设有医官,民间医师也很多,多数方士兼通医道。西汉初年,著名的医学家有淳于意,因曾任齐的太仓长,号仓公。他年少时,从同郡人阳庆学"黄帝、扁鹊之脉书,五色诊病,知人死生,决嫌疑,定可治及药论甚精。"西汉后期的楼护也是一位造诣很深的医学家,他读过医经、本草、方术书计有数十万言,在长安一带行医很有名。东汉时期的医学更加发展。最著名的医学家有张仲景和华佗。

张仲景名机,南阳人。东汉末年,南阳一带伤寒流行,病死者很多。他为了给人治病,钻研《内经》、《难经》等古代医书,并广泛收集有效方剂,著《伤寒杂病论》一书。至北宋时,分为《伤寒论》和《金匮要略》二书,前者论述当时属于"伤寒"的若干病症,后者论述妇科、内科等多种常见病。张仲景还从临床实际出发,吸取当时医学上的新成就,把《内经》以来的病因学说,脏、腑经络学说同四诊(望、闻、问、切)、八纲(阴、阳、表、里、虚、实、寒、热)等辩证方法,有机地联系起来,并且总结出汗、吐、下、和、温、清、补、消等治疗法则,还论述了一些处方用药的加减变化规律。这些都是对祖国医学发展的重大贡献。张仲景为后世医家尊为医圣。

华佗字元化,沛国谯(今安徽亳州)人,约于张仲景同时。他是一位杰出的外科医生,亦精于针灸技术。他在长期的医疗实践中,发展了中国的麻醉学和外科手术学。他施行手术时,先使病人用酒冲服麻沸散,然后破开腹或背,剜去瘀积,或清洗内脏,然后缝合,敷上药膏,四、五天伤口便愈合,一个月后,就能痊愈。华佗的麻醉学和腹腔手术,在当时的世界上是最先进的。

华佗还模仿虎、鹿、熊、猿、鸟的活动姿态,编成"五禽之戏",传授给人们,以锻炼身体。五禽戏是以体育活动为主,与气功结合的健身运动。《神农本草经》约成书于东汉时期,共著录药物365种,计有植物药252种,动物药67种,矿物药46种。如桂枝、麻黄、杏仁、石膏、附子、黄芩、黄连、知母、柴胡、地黄、当归、芍药等,在临床上有卓越的疗效。这是中国最早的一部较完善的药物学著作。

5. 造纸技术

周秦时期,以竹木简牍和缣帛作为书写绘画材料。简重帛贵,不便使用。西汉中后期,宫廷中已使用一种丝质纸,薄而小,叫做赫蹏(xìtí 戏蹄)。社会上已有用植物纤维制造的纸张。

东汉和帝时,宦官蔡伦改进了造纸方法,将树皮、麻头、敝布、渔网等植物纤维捣成浆液,制造出了质量较好的纸张,于元兴元年(105年)献给和帝。从此,这样的造纸方法得到推广,造出的纸被称为蔡侯纸。造纸术又经过二百多年的发展和改进,到了晋朝,有很大进步,纸张成本低廉,平滑合用,完全代替了简帛,成为主要的书写材料。

中国的造纸术约在公元三、四世纪传入朝鲜半岛,后又传到日本。唐中期,传到中亚,后经阿拉伯诸国传到北非和欧洲。造纸术的发明与传播,对于世界文化的发展起了重大的作用。

第五章
魏 晋 南 北 朝
(190~589年)

魏晋南北朝时期是中国历史上长期分裂割据的时期,也是北方少数民族和汉族依次向南大迁徙、大同化、大融合的时期。在此期间,北方的割据势力之间,民族之间,发生过频繁激烈的战争。长江以南相对稳定,得到较好的开发,社会经济的发展较快。

第一节 三国西晋

本书以公元190年(汉献帝初平元年)为三国时期开始,至280年晋灭吴,统一中国,为三国时期结束,西晋时期开始。

历史从公元2世纪末开始,在世界范围内,这是一个剧变的时代。欧洲的罗马奴隶制帝国,陷入了全面危机。中亚的安息,被萨珊王朝的波斯所取代。南亚的贵霜帝国,正在解体为若干小国。而中国的东汉帝国,也分裂为魏、蜀、吴三国。

公元1世纪后期,罗马扩展为一个庞大的帝国,埃及、叙利亚、巴勒斯坦、小亚细亚、希腊都先后被罗马所征服,处在罗马的统治之下。但是,自公元2世纪中期起,罗马的奴隶制生产方式盛极而衰,帝国的统治危机初露端倪。各省不断爆发起义,进而动摇了帝国的统治基础。还处在原始社会的"蛮族"也乘机发起攻击,日耳曼人诸原始部落开始越过多瑙河南下。公元3世纪,罗马城市衰落,农村枯竭,政治经济全面混乱。

君士坦丁两次重申主人有权处死奴隶,加重对逃亡奴隶及其煽动者的刑罚。隶农的地位下降,他们没有自己的财产,不得离开主人和原居地,如想逃跑,就会像奴隶一样被带上镣铐,强制劳动。凡窝藏隶农者课以罚金,逃亡隶农加镣押解回去。而农民因不堪国家税吏的催逼,宁可接受地主的"庇护",沦为隶农。投奔大地主的还有皇帝的隶农和奴隶。

中国的奴隶早已经解放几百年了,欧洲最辉煌的罗马文明还在奴隶制中苦苦挣扎,更为不幸的是,罗马又被更野蛮落后的原始部落民族攻占,接受着更加野蛮的统治。罗马奴隶制文明的发展就此中断。

相比之下,虽然这个时期的中国历史也经历了剧变,在西晋短期统一后,北方建立许多少数民族政权,最后实现了民族大融合,到了魏晋南北朝时期,中国的科技文化成就超越秦汉。中国文明在汉朝时代,无论是思想、文化、政治、科技都已经远超欧洲,而此时的中国文明虽然经受了一场长期的战乱,也已使欧洲人望尘莫及。他们依然在经受着奴隶制社会残暴统治的黑暗。

一、魏、蜀、吴三国鼎立

1. 曹操统一北方

（1）董卓之乱。董卓原是临洮（今甘肃岷县）的地方豪强，曾参加镇压羌人和黄巾大起义。后任并州（治今山西太原）牧，驻河东（今山西夏县）。中平六年（189年）灵帝死，何皇后之兄何进任大将军，立皇子刘辩为皇帝，史称少帝。何进被宦官杀死，袁绍率兵全部诛杀大小宦官两千余人。董卓乘机率军入洛阳，废少帝，另立九岁小儿陈留王刘协为帝，即献帝，董卓辅政，独揽大权，袁绍被迫逃出洛阳。次年，关东各州郡牧守、军事集团推举袁绍为盟主，联兵进攻洛阳，讨伐董卓。董卓以武力不敌，就带着献帝西走长安，洛阳居民倾城与之同行。行前，董卓大肆放火，焚烧建筑，不给对手留下可用之财，洛阳周围二百里内尽成瓦砾。董卓到长安后，中了反间计，为部将吕布杀死，部属分裂为数支，互相火并，长安城内外的居民死亡逃散，关中一带路无行人。就在此时，汉献帝亦乘机东逃，投奔曹操寻求保护。

董卓西逃后，关东的联盟也随之瓦解。各割据势力开始互相攻杀吞并，全国军阀混战，逐鹿中原。几年之后，逐渐形成若干个较强大的割据势力，其中最主要的有占据冀、青、并三州的袁绍，占据兖、豫二州的曹操，占据幽州的公孙瓒，先后占据过徐州的刘备、吕布，占据淮南的袁术，占据荆州的刘表；此外，还有占据益州的刘焉，占据江东的孙策，占据凉州的韩遂、马腾，占据辽东的公孙度等。

（2）官渡之战。官渡之战是曹操和袁绍为争夺对黄河中下游的地盘而进行的一场有决定意义的战争。

曹操字孟德，沛国谯（今安徽亳州）人。父曹嵩是宦官曹腾的养子，曾任东汉太尉。曹操二十岁时，任洛阳北部尉，后参与镇压黄巾起义崭露头角。初平三年（192年），他在济北（今山东长清）打败黄巾军，并收编青州黄巾军三十余万人，叫做"青州兵"，加强了他的军事力量。建安元年（196年），他又把在逃难中的汉献帝迎到许（今河南许昌），取得了"奉天子以令不臣"的有利地位。

袁绍字本初，汝南汝阳（今河南汝南）人，父祖四代有五人官至三公，属于名门大族。他于公元199年灭了公孙瓒，地跨青、冀、并、幽四州，势力很强。他想以消灭公孙瓒之余威，率兵南下，一举消灭曹操，进而把黄河中下游地区全部纳在他的统治之下。

袁绍以精兵十万，劲骑万余匹，南渡黄河。袁绍虽兵多粮足，但内部矛盾重重，军纪松弛，人心涣散。曹操能用于迎击袁绍的士卒虽不过两、三万人，兵、粮都远不及袁绍；可是曹操的统治集团内部比较稳定，将士用命。公元200年（建安五年）十月，他以五千奇兵，夜袭袁绍军于官渡（今河南中牟）附近的乌巢，全烧袁军粮食、辎重一万余车，袁军大乱。他又乘势以万人，大破袁军主力于官渡，全歼袁军七万余人，袁绍仅率八百骑兵逃回河北。这就是历史上以弱胜强的著名战例之一"官渡之战"。官渡之战以后，袁绍气病而死。

曹操在巩固了他在兖、豫地区的统治之后，又进兵河北，消灭了袁绍的儿子袁谭、袁尚、袁熙等势力。建安十二年（207年），又北出卢龙塞（今河北迁西喜峰口），打败与袁氏勾结的乌桓头人，基本上统一了中国的北方。

2. 三国的形成

（1）赤壁之战。赤壁之战是曹操为统一中国而与刘备、孙权进行的一场有决定意义的战争。

曹操在统一北方以后,于次年(208年),乘胜挥师南下,想攻下荆州,进而出兵江东,统一长江流域。当时,荆州牧是刘表,有士卒十万余人,物资比较富厚。可是就在这年,他因病死去。他的长子刘琦和异母弟刘琮不和,刘琮掌权。在曹军压境时,刘琮投降了曹操。

刘备字玄德,涿郡涿县(今河北涿州)人,西汉中山靖王之后。年少时读过书,黄巾起义引发战乱之后,家贫,曾以贩鞋织席为业。后来参与镇压黄巾军,兵力一直比较薄弱。后为曹操所破,南下依附于刘表,驻樊城(今湖北襄樊)。就在这时,他请得诸葛亮为谋士。曹军南下荆州,刘备退至夏口(今湖北武汉),遣诸葛亮与孙权结盟,共拒曹军。

孙权字仲谋,吴郡富春(今浙江富阳)人,孙策之弟。孙策死后,他继续统治江东各郡,势力比曹操弱得多,对曹操兼并荆州、顺流而下很担忧。当时,刘备有关羽部万余人,还有与他关系密切的刘琦部亦万余人;孙权派将军周瑜率兵三万余人,与刘备联军。联军沿江西上,与曹军二十余万(号称八十万)相遇于赤壁(今湖北武昌县西赤矶山)。曹军多是北方人,不习水战;又由于长期行军作战,疲惫不堪;原荆州的降卒,心怀不安,内部矛盾严重;再加之军中瘟疫流行,士气更加不振。曹操下令在长江之北岸屯兵,战船用铁环连起,以减少颠簸。周瑜乘东南风之便,用火攻曹营,全部烧毁曹军的战船。周瑜、刘备水、陆并进,曹军大败。这就是决定"天下三分"的著名战役"赤壁之战"。

(2)三国的建立。赤壁之战后,曹操知道自己一时还无力统一长江流域,就回到北方。在略事休整之后,于公元211年(建安十六年),进兵关中,打败韩遂和马超,占据凉州(今甘肃和青海的一部分)。公元215年,又进兵汉中,张鲁投降,汉中也归曹操所有。公元213年,汉献帝封曹操为魏公。216年,曹操晋升魏王。220年(建安二十五年),曹操病死,太子曹丕袭位。不久,曹丕夺了献帝之位,改国号魏,历史上亦称曹魏,曹丕自立为帝(魏文帝),追尊曹操为魏武帝,建都洛阳。

刘备在赤壁之战后,占据了荆州在长江以南的四郡,孙权夺得的南郡的一部,也借归刘备,但是有借无回,孙刘之间也时有战事。从此,刘备有了自己的统治区。公元214年,刘备率军入益州,时刘焉已死,其子刘璋投降,刘备自为益州牧。219年,刘备又进军汉中,打败曹军,势力扩大到汉中,自称汉中王。曹丕篡汉称帝,刘备于次年(221年)亦称帝,建都成都,国号汉,因与汉朝皇帝同姓,于是以恢复汉王朝相号召,史称"蜀汉"或"蜀",自喻为中国政权之正统。

孙权在赤壁之战后,巩固了他对江南的统治。公元211年,以建业(今江苏南京)为都城。同年,占据岭南。公元219年,乘刘备留守荆州的将军关羽北上与曹军作战之机,命吕蒙乘虚而入,截杀关羽,夺得荆州。曹丕称帝后,孙权于次年称吴王。又次年(222年),刘备亲率大军出巫峡,企图夺回荆州。孙权任陆逊为大都督,率五万士卒,以逸待劳,在夷陵(今湖北宜昌东南)用火攻,蜀军大败。这就是历史上另一个以弱胜强的著名战例"夷陵之战"。自这次战役之后,蜀、吴的势力处于均衡状态,但都弱于曹魏。两国为了共抗曹军,又互相遣使通好,恢复联盟关系。公元229年,孙权称帝,国号吴,历史上亦称孙吴。

二、三国的政治、经济

1. 魏

曹魏占据黄河流域,这里地区广大,人口众多,经济、文化发展,人才也很多,曹操实行了不少比较有益的政策,所以曹魏在三国中最强大。今举两项政策述下:

（1）"唯才是举"与"九品中正"。曹操的用人政策是"唯才是举"，这是用人政策的一大改革。他反对东汉时期的把所谓"门第"、"道德"作为用人的主要标准，而主张只要"有治国用兵之术"的人，不论品德如何，都可重用。他先后杀掉了不服从于他的恃才自傲的名士孔融、杨修等人，擢用了不少庶族平民出身的有才之士。这种不论出身门第、唯才是用的用人政策，大大吸引了各地有志之士和人才，纷纷前来投奔；也为曹操建立他的强有力的统治集团选拔了不少有用的人才。

曹操死，曹丕称帝，用"九品中正制"以选拔官吏。就是中央一些官吏兼任原籍所属郡的"中正"，由他们察访本郡有才能的士人，列为九等，享受一定的薪水，作为国家人才库以备选用。选用的原则，"盖以论人才优劣，非谓世族高卑"，这与其父的"唯才是举"政策的精神是一致的。

（2）屯田与水利。黄巾起义以后，中原地区长期陷入军阀混战的状态。不仅广大劳动人民生活无着，就是各地军阀也严重缺粮。如"袁绍之在河北，军人仰食桑椹（shèn 甚）；袁术在江淮，取给蒲蠃（luǒ 螺）。"曹操的军队在缺粮的情况下还有吃人肉干的。所以军阀，大军所到之处，皆为三光政策，甚至还要吃人肉来充饥，试想，百姓会怎样生活？曹操感叹到：白骨成堆，百里无人烟，在中原大地行走十日，遇不到一个人。连人肉都没得吃。从黄巾起义开始，到三国鼎足之后，中国人口减灭百分之七十。

曹操为了解决军粮问题，于公元196年开始在都城许县屯田，开展军民大生产运动，下令在各郡国屯田。屯田分民屯和军屯两种。民屯的屯田民由国家拨给田地，按军事编制，成立农业建设兵团，不打仗的时候是农民，打仗时是军队。地租率：用官牛的，官得产粮的六分，民得四分；不用官牛的，对分。屯田民有国家组织、保护，还供给耕牛、种子等，又无徭役苛扰，可以安心生产。史载，建安元年（196年），"是岁乃募民屯田许下，得谷百万斛（石）。于是州郡例置田官，所在积谷。征伐四方，无运粮之劳，遂兼灭群贼，克平天下。"

军屯是以士卒屯田，用"十二分休"制，即每十人中，有八人佃耕，二人巡守。史载，邓艾在淮水流域屯田，用五万人，五里置一营，营六十人，绵亘四百余里，穿渠三百余里，溉田二万顷。每年所收，除众费开支之外，约可积谷五百万斛。"每东南有事，大军出征，泛舟而下，达于江、淮，资食有储，而无水害。"

曹魏为了军事和经济发展的需要，先后开凿或整修了许多沟渠陂堰。在今天的河北地区，自南而北，曹操开凿的有白沟、利漕渠、平虏渠、泉州渠、新河、戾陵堨（è 鄂）、车箱渠等农业灌溉渠道，被历朝历代沿用至今。在今河南地区的，有睢阳渠、讨虏渠、贾侯渠等。其他大小陂堰还有很多，不少地方官吏亦重视农业生产和水利兴修。曹魏的屯田政策和水利事业的发展，不仅解决了他的军粮问题，对于遭受长期战乱破坏的中原地区的社会秩序的恢复，对于农业生产的恢复和发展，都起了重大的作用。

2. 蜀

蜀国的政治制度与东汉基本相同。刘备在夷陵之战失败后，不久病死。他的儿子刘禅（shàn 扇）即位，由丞相诸葛亮独裁辅政。诸葛亮是一位很有才能的政治家和军事家。在他掌权的十多年中，蜀国的政治比较稳定，经济也有发展。

蜀帝系表（208～263年）：（一）昭烈帝刘备——（二）后主禅（208～223年）（223～263年）

（1）平定南中。南中就是两汉时期的南夷地区，民族众多，民族关系复杂，交通又极不方便，蜀汉在这里的控制力很薄弱。夷陵之战后，建宁（今云南晋宁）豪族雍闿和彝族首领孟获起兵反蜀。

蜀的牂柯(今贵州黄平)太守朱褒、越巂(今四川西昌)彝帅高定元也相继举兵反叛,以响应雍闿。在这样的形势下,诸葛亮一面派人至吴,重申盟约,以巩固吴、蜀的联盟关系。一面又增兵汉中,以防御曹魏。公元225年(蜀建兴三年),开始出兵南中,先在越巂杀高定元。高定元的部下杀雍闿,孟获成为叛军的统帅。诸葛亮又率军渡过泸水(今金沙江),采取了"攻心为上,攻城为下;心战为上,兵战为下"的策略,连败孟获,"七擒七纵"。南中之乱终于平定下来。

诸葛亮对南中实行羁縻政策,任用本地或本民族的地主豪绅为地方官吏,任孟获为蜀的御史中丞,民族关系有所改善,南中的局势也逐步稳定。南中的稳定不仅消除了蜀的后顾之忧,还成为蜀的比较富庶的后方,为蜀对曹魏的斗争提供了一定的人力和物力。

(2)经济。蜀汉地区受战争的破坏较轻。刘备入蜀后,实行团结当地地主豪绅的政策,发还地主们的田地和房屋,鼓励他们领导和组织流民发展农业生产,恢复农业经济。这时的手工业和商业也由恢复而发展。最著名的手工业有织锦业。《丹阳记》说:"魏则市于蜀,而吴亦资西道。"可见蜀锦是为各地的达官贵人所喜爱的。

3.吴

吴国的政治制度与魏、蜀基本相同。孙权也是依靠江南大地主以建立统治。这些大地主多世代为吴的高官,有的拥有众多的私兵。

(1)招抚山越。吴国境内有大量的山越人,散处于今江苏南部及浙江、安徽、福建、江西等地的山区。他们大约是秦和西汉时的东越、南越人的后裔。孙权建立统治后,颇感兵员和力役不足。越人居于深山,不易征发。又越人时出劫掠,亦为孙吴的内患。孙权以诸葛恪为抚越将军,领丹阳(治今江苏南京)太守。一面坚壁清野,一面招劝抚慰。在一年之间,约有十万多人被迫陆续出山,部分青壮年编入军队中,一般人口被安置在平原地区。吴的统治得到稳定。

(2)经济与海外交通。吴国地区在黄巾大起义时,这里比较稳定。北方人口南迁,带来了先进的农业生产技术。吴还在许多郡县组织屯田,促进了农业生产的发展。吴的手工业有制青铜镜和青瓷器等。养蚕业能在一年中培育八辈之蚕,都能作茧抽丝。

吴的商业更加发展,水路交通发达,内河、海上都有大量的船舶往来。当时的造船经验和技术都有很大的进步。海船都很坚固,大船长达二十余丈,高出水面二、三丈,远望如楼阁,可载六、七百人,货运一万余斛。用四帆,帆随风势调整,可逆风而行。远航大秦的巨型船舶有用七帆的。大秦的使者或商人常来吴国。吴国与倭国(今日本)也有定期的船舶往来。公元230年

吴黄龙二年,孙权遣将军卫温和诸葛直率甲士万人航行至夷洲(今台湾)。这是中国古文献有关大陆人到台湾的最早记录。公元242年(赤乌五年),孙权又遣将军聂友等率士卒三万人到朱崖(今广东徐闻)、儋耳(今海南省儋县),这都是规模很大的海上航行。

三、西晋统一中国

1.西晋的统一

(1)魏灭蜀。在三国中,蜀是很弱的一国。为了能够生存下去,诸葛亮采取了以攻为守的策略。他于平定南中之后不久,即率军进驻汉中,与魏展开争夺关陇地区的激烈战争。公元234年(建兴十二年),他进驻五丈原(今陕西眉县),病死军中,蜀军撤退。此后,蜀军以姜维任统帅,屡次伐魏,都无进展。

公元263年(景耀六年),魏派钟会、邓艾两路大军伐蜀。钟会率十万大军为主力,由斜谷入汉中,姜维在剑阁(今属四川)防守。邓艾以三万士卒出阴平道(今甘肃文县),直逼成都。刘禅投降,蜀亡。这时姜维被迫降于钟会。次年,钟会谋叛魏,姜维伪与钟会联合,准备乘机恢复蜀国,后失败被杀。

(2)晋灭吴。曹魏后期,司马懿掌握大权。公元260年(景元元年),司马懿之子司马昭杀皇帝曹髦,立曹奂为帝,有成语道"司马昭之心,路人皆知",就出于此。263年,司马昭封晋公,不久又封晋王。265年,司马昭病死,其子司马炎继为晋王,旋废曹奂自立,是为晋武帝,国号晋,史称西晋。晋代魏之后,即在长江上游大造战舰,训练水师,为灭吴进行了充分的准备。

这时,吴帝孙皓为了加强对长江上游的防守,就迁都于武昌(今湖北鄂城)。可是江南人民为统治者逆流转运粮饷财物,劳苦异常。当时有民谣曰:"宁饮建业水,不食武昌鱼;宁还建业死,不止武昌居。"江南人民不断起义,反抗孙吴的统治。孙皓为顺应民意,不得不还都建业。从此,上游的防务严重松弛。公元279年(天纪三年),晋调六路大军共二十余万人伐吴,次年三月,水师至建业的石头城,孙皓被迫投降,吴亡。

全国自黄巾起义之以后,即陷入战乱和分裂割据的军阀混战之中,时间长达九十年。至此,又归于统一。

2.晋初的经济

西晋统一中国,改元太康(280~289年)。至太熙元年(290年),司马炎死,此十年间,为西晋的社会经济最好的时期。

(1)户调式。户调式是西晋的基本经济和财政制度,是西晋灭吴、统一中国的当年颁行的。晋武帝颁行户调式的目的,主要是为了给百姓均分土地,孙中山也提出过平均地权的口号,但没有实现。平均土地,限制土地兼并,以保证国家的赋税收入和徭役征发。户调式共有三项内容,即占田制、户调制和品官占田荫客制。

占田制——占田制也叫做占田课田制,是把占田制和田税制结合在一起的。《晋书·食货志》曰:"男子一人占田七十亩,女子三十亩。其外,丁男课田五十亩,丁女二十亩,次丁男半之,女则不课。""占田"数是国家准许农民占有田地的数量,"课田"数是国家征收田租(税)的亩数,每亩纳粮八升。曹魏之制,田租每亩四升,西晋的田租高出曹魏一倍。

户调制——户调制是征收户税的制度。《食货志》又曰:"丁男之户,岁输绢三匹,绵三斤;女及次丁男为户者半输。"还对边郡及少数民族地区的"户调"作了具体规定。边郡与内地同等之户,近的纳税额的三分之二,远的纳三分之一。少数民族,近的每户纳賨布(税名)一匹,远的纳一丈。户调不分贫富,以户为征收单位。曹魏之制,每户纳绢二匹,绵二斤。西晋的户调额比曹魏增加了二分之一。

品官占田荫客制——品官占田荫客制是一种保障贵族、官僚们的经济特权的制度,但也有为贵族、官僚们的占田和奴役人口的数量立"限"的用意,以制止土地兼并和隐瞒户口的情况。《食货志》曰:"其官品第一至于第九,各以贵贱占田。品第一者占五十顷,第二品四十五顷,第三品四十顷。"每低一品,少五顷,第九品占田十顷。"又得荫人以为衣食客及佃客,品第六已上得衣食客三人,第七第八品二人,第九品..一人。其应有佃客者,官品第一第二者佃客无过五十户,第三品十户,第四品七户,第五品五户,第六品三户,第七品二户,第八品第九品一户。"庇荫户和佃客,为私家人口,归主人役使,不再负担国家徭役。

晋武帝的占田制是以西周的井田制为模式的。在当时的土地私有制下这是行不通的。其限制兼并的用意也难实现,是违背经济发展规律的。所以此制自公布之后,文献再也未见记载此事。

(2)社会经济的恢复。晋武帝的户调式虽难完全实行;但为了保证国家的税收,而用行政的办法将大量的流动人口安置到土地上去,进行生产,这对稳定社会秩序,促进社会经济的恢复、发展,都起了积极的作用。晋武帝很注意开垦荒地,兴修水利。如在汲郡开荒五千余顷,郡内的粮食充裕起来。又修整旧陂渠和新开陂渠也很多,对于灌溉和运输都起了重大的作用。晋武帝司马炎在位二十六年,制定了不少改革政策。《晋书·食货志》曰:太康时期,"天下无事,赋税平均,人咸安其业而乐其事。"

3. 贵族门阀政治

(1)藩王拥兵擅权。司马炎篡魏之后,认为魏的最大的问题是未给宗室诸王军政大权,以为皇帝的藩辅,重用他这个外臣,结果他就篡权了,所以他要避免人学他的夺权路子,军权不再交给外臣。因此,他就学习西周,大搞分封。希望司马氏的统治能因此而"历纪长久,本支百世。"他封同姓王二十七国,公、侯、伯、子、男五百余国。所封户数几占全国户口的半数。这些宗室贵族位高权大。尤其是诸王,如出镇一方,则拥有重大兵权,又得自置官吏,实是一方的土皇帝;如人在朝中,则居卿相之位,权倾内外,专断独行。这样的情况严重削弱了中央集权制,是西晋政局不稳的重要原因之一。

(2)上品无寒门,下品无势族。曹丕制定的"九品中正制"到了西晋,已发生相当大的变化。主要是由于中正官一职多为世族门阀出身的官僚所把持,这一制度变成为他们培植门阀们私家势力的重要工具。段灼曾对晋武帝说:"今台阁选举,徒塞耳目。九品访人,唯问中正。故据上品者,非公、侯之子孙,则当涂(途)之昆弟也。二者苟然,则筚(bì 闭)门蓬户之俊,安得不有陆沉者哉。"这样,九品中正制已不再是真正选拔人才的途径,而出现了"上品无寒门,下品无势族"的情况。这一情况的出现,加速了士族制度的形成,也是西晋的政治迅速走向黑暗的一个重要原因。

经过长期的和平之后,人口再度达到饱和,税收安人口计算,人口成倍增加政府收入也成倍增大,但是土地却没有太多增加,人口膨胀后百姓的人均土地反而减少,所以出现又到了"国富民穷"的虚假繁荣时期。统治集团收入丰厚,生活奢侈,百姓人多地少,日渐贫困,"朱门酒肉臭,路有冻死骨",就出现在这个时期。再接下去,百姓就交不起税了,结果又出现"税收难征,国库空虚"的局面,流民百万,逃荒要饭,饥民暴动一旦爆发,政府无力镇压又面临垮台的军阀混战局面。

上百年的和平和人口膨胀之后,西晋的经济又要面临崩溃了,人口减灭机制又要启动了,王朝更迭的战乱又开始了。

四、西晋灭亡

(1)八王之乱。太熙元年(公元290年),晋武帝死,其子司马衷即位,是为惠帝。惠帝是个白痴,皇后贾南风荒淫凶残,是个政治野心家。惠帝初即位,外祖杨骏辅政。贾后为了掌权,即召都督荆州诸军事楚王司马玮入京,杀掉杨骏。这是"八王之乱"的开始。杨骏死,朝廷推举汝南王司马亮和元老卫瓘(guàn 灌)共同辅政。贾后因仍未掌权,心中不甘,又让惠帝密令楚王玮杀掉汝南王亮和卫瓘,贾后又以"擅杀"的罪名杀掉玮,从而夺得大权。此后,赵王司马伦又捕杀贾后,废掉惠帝而自立。齐王司马冏在许昌,成都王司马颖在邺(今河北临漳),河间王司马颙在关中,相继起兵讨伦。于是战火从洛阳迅速燃遍大河南北和关中地区。

在战争中,赵王伦、齐王冏、长沙王乂、河间王颙、成都王颖先后被杀。东海王司马越于永兴三年(306年)毒死惠帝,另立皇太弟司马炽为帝,是为怀帝。前后混战了十六年的"八王之乱"至此结束。"八王之乱"是一场大破坏,再加上天灾不断发生,瘟疫流行,广大劳动人民或死于战火,或流离失所。

(2)"五胡"亡晋。魏、晋时期,北方少数民族不断内迁至黄河中下游,四川、甘肃的民族也在川、甘、陕间移动。内迁的主要民族有匈奴、羯(jié杰)、氐、羌、鲜卑,史称"五胡"。内迁民族群众,随着人口不断增加,生活变得十分困难。在"八王之乱"时,国家人口又处于超负荷状态,他们又多被利用于争战,死亡很多,因之不断发动武力反抗。

惠帝元康四年至六年(294~296年),匈奴人在谷远(今山西沁源)、氐和羌族在关中先后起义,众至数十万人。永康二年(301年),賨人在李特的领导下起义,大败晋军,攻占广汉,进围成都。太安二年(303年),李特自称益州牧,建立革命政权。李特战死,其弟李流率领部众继续战斗。李流病死,李特之子李雄为首领,攻下成都,自称成都王。永兴三年(306年),改称皇帝,国号大成。

晋惠帝永兴元年(304年),匈奴贵族刘渊在汾河流域起兵,自称汉王。晋怀帝永嘉二年(308年),刘渊称帝,建都平阳(今山西临汾),国号汉。永嘉四年,刘渊死,其子刘聪立。次年,派其族弟刘曜攻破洛阳,俘晋怀帝。晋在关中的官僚又拥立秦王司马邺为帝,是为愍(mǐn皿)帝,都于长安。建兴四年(316年),刘曜又攻入长安,俘愍帝,西晋灭亡。

第二节 东晋南朝

东晋、南朝的政治、经济制度是两汉政治、经济制度的继续和发展。在这期间,长江以南的开发迅速,经济发展较快。

一、东晋偏安江南

1. 东晋的建立

(1)永嘉南渡。永嘉(307~313年)是西晋怀帝司马炽的年号。在这期间,内迁的北方少数民族匈奴、羯、氐、羌、鲜卑等相继起兵,匈奴贵族刘渊、刘聪等相继称帝,还连续攻破洛阳、长安,俘虏晋怀帝、愍(mǐn皿)帝,灭亡西晋。史称此事件为"五胡乱华"。当时的战争带有严重的民族仇杀的性质,所以十分残酷。如匈奴人刘曜攻破洛阳时,杀戮贵族、官僚、庶民三万余人,京师洛阳变为一片瓦砾。羯人石勒在东郡击败晋军,杀王公以下十余万人。汉族官民纷纷南逃,史称"永嘉南渡"。

西晋末年,琅邪王司马睿(ruì瑞)为安东将军,都督扬州诸军事,驻建邺。江南战争很少,社会稳定,在永嘉及以后的时间中,北方的贵族、官僚及士族、大地主纷纷携眷南逃。随同南逃的还有宗族、部曲、宾客等等。同乡同里的居民也往往随从大地主南逃。随从一户大地主南逃的居民多者有千余家,人口达数万人。少的也有百余家,数百口人。有的逃到广陵(今江苏扬州),有的逃到京口

(今江苏镇江)以南。《晋书·王导传》曰:"洛阳倾覆,中州士女避乱江左者十六、七。"

"王与马,共天下"。公元316年(建兴四年),西晋灭,南方的官僚和南逃的北方士族的首领们于次年拥立司马睿为晋王,又次年立为帝,是为元帝,建都建康,史称东晋。司马睿在洛阳时,就与王导"素相亲善","契同友执"。王导属琅邪王氏,是北方士族的代表人物。他随司马睿到建邺(建康),建议睿从南来的士族中,"收其贤人、君子,与之图事,"争取"侨姓士族"的拥护。又建议拉拢江南"吴姓士族"。司马睿果然得到"侨姓士族"和"吴姓士族"的拥护。司马睿称帝,王导和其族兄王敦的功劳最大。他以王导任丞相,掌大权;以王敦任镇东大将军、都督江扬荆湘交广六州(几乎包括当时东晋全境)诸军事、江州刺史,所以当时有"王与马,共天下"之说。在司马睿登帝位,接受将吏朝拜时,他让王导"升御床共坐",可见王家在东晋政权中的地位之高。朝廷和地方官吏,几乎都由侨姓和吴姓士族及其子弟充当。

(2)"侨置"与"土断"。永嘉南渡及以后的一段时间中,中原地区的人口南逃的极多,仅登录于官府户籍的,就约有七十万人。还有相当数量被控制在大地主手中,作为私家雇员的人口,未登于户籍。也有不少漂流不定的人口,叫做"浮浪人",亦没有户籍。这些南渡的人口叫做侨人、侨户。侨人的绝大多数是按照宗族、乡里相聚而居的,侨姓士族、地主往往是侨人的自然首领或主人,他们以拥有侨人作为自己的势力。

东晋统治者为了控制侨人,也为了维护侨姓士族的利益,在侨人比较集中的地区,暂时借地重置了许多侨人的原籍州、郡、县,并仍用旧名,叫做侨州、侨郡、侨县,简称"侨置"或"侨立"。如在京口侨置徐州,在江乘(shèng胜,今江苏句容北)侨置琅邪郡与临沂县。刘裕收复青、徐等州后,曾在原州、郡名前加一"北"字,与侨州、郡相区别,如北兖州(治今河南滑县东旧滑县)。刘裕代晋后,又取消"北"字,恢复旧名,而另在侨州、郡名前加一"南"字,如南兖州(治今江苏镇江)。初置侨州、郡、县时,规定侨人有户籍的,免除赋役,这对招徕北人和鼓励登录流人于户籍都起了一定的作用。南方原有的郡县叫做"土郡县"。

土断是东晋和南朝废除侨置、将侨人的户口编入土郡县的办法。

东晋设侨置,本来是一种临时措施。侨置设立后,出现了许多严重问题:

版籍混乱——侨置某个州、郡、县,本来是为某原州、郡、县的南来人口而设。可是南来人口都是流民性质,在同一侨置中,往往杂居着来自不同州、郡、县的侨人,因之侨置郡县林立。如今江苏南部就有侨郡三十三,侨县七十五。又在侨置郡县中,所居不全是侨人。如南徐州(治今江苏镇江)境内,全部人口为四十二万余人,其中侨人约为二十二万余人,其余二十万为土著。许多土郡县内也有或多或少的侨人散处。又由于侨人居处并不固定,经常流动,致使侨置郡县也常改变。

影响财政——侨置郡县或侨人是不征租税徭役的。士族地主们乘机广占田地,大量地隐瞒户口,时间己久,这就严重影响了国家的财政收入和徭役的征调。

晋成帝(326~342)时,已开始推行"土断"。哀帝兴宁二年(公元364年)三月庚戌,又大规模地实行"土断",称作"庚戌土断"。土断由桓温主持,严厉清查户口,对隐匿(nì昵)户口的豪族地主也给予惩处。这次"土断"的成果很大。"土断"之后,国家控制的户口大量增加,赋税收入也增多了。

2. 东晋北伐,前秦南征

东晋建立前期,曾多次出兵北伐,最重要的是祖逖(tì替)和桓温的北伐。在北方由少数民族建立的一些国家也曾一再南征,最重要的事件是由前秦南征而发生的"淝水之战"。

(1)祖逖北伐。祖逖是范阳遒(qiú 酋,今河北涞水北)人,士族家庭出身,曾做过职位不高的官吏。在刘曜攻陷洛阳时,他率亲族邻里数百家,南逃至泗口(今江苏清江市北)。司马睿任命他为徐州刺史;后又调他到京口,任军谘(zī 兹)祭酒。

祖逖上书司马睿,要求北伐。他说:"戎狄乘隙,毒流中原,今遗黎既被残酷,人有奋击之志。"他估计,只要南方的晋兵一出,北方人民必然群起响应,中原可以收复。可是司马睿只想在江南建立他的统治,对北伐并无兴趣。因之给了祖逖以奋威将军、豫州刺史的名义,又给了一千人的口粮和三千匹布,作为军用物资,要他北伐;但却不给士卒和兵器,要他自行招募和打造。

永嘉七年(313年),祖逖毅然率领自己原有的部曲百余家渡江北上。他在长江中流击楫(jí 集)、慷慨发誓曰:"祖逖不能清中原而复济者,有如大江!"祖逖在淮阴(今江苏清江)冶铸兵器,招募士卒,队伍扩大到二千余人。他进军至今河南地区,联合当地的起义武装,大破石虎(石勒之侄)军五万余人,又连破石勒军,一时"黄河以南,尽为晋土","石勒不敢窥兵河南"。

可是正当祖逖准备渡河北上,"扫清冀、朔"的时候,司马睿派来了戴渊为都督兖豫幽冀雍并六州诸军事、征西将军,以牵制祖逖。祖逖忧愤成疾,于公元321年(大兴四年)病死于雍丘(今河南杞县),北伐停止。后来祖逖收复的土地又相继失去。

桓温是龙亢(今安徽怀远)人,晋明帝之婿,任都督荆梁四州诸军事、荆州刺史。公元347年(永和三年),他率军入蜀,灭了賨人李氏的汉国,声威大震,他后来曾三次北伐。第一次是在公元354年(永和十年),他亲率步骑四万余人,连败氐族所建的前秦,直抵霸上(今陕西长安东),当地居民"持牛酒迎温于路者十八、九。

耆老感泣曰:'不图今日复见官军!'"桓温因军粮不继,未能攻克长安,退返襄阳。第二次北伐是在公元356年,桓温击败羌族贵族姚襄,收复洛阳。桓温向晋穆帝建议还都洛阳;又建议自西晋末年以来南迁的士庶人等,一律返回故乡。可是这时自皇帝下至达官贵人,均安于江南一隅,不愿北还。桓温的建议未被采纳。后来桓温返回江南,洛阳和其他已收复的土地又相继失掉。

第三次北伐是在公元369年(太和四年),桓温率步骑五万人大破前燕军,进抵枋头(今河南浚县)。可是前燕得到前秦的支援,截断了晋军的粮道,桓温只得退兵。在退兵途中,晋军遭到前燕骑兵的追击,死者三万余人。桓温北伐,虽得到广大人民的支持,可是东晋统治集团内部却钩心斗角,破坏北伐,所以很难成功。

(2)淝水之战。桓温死后,其弟桓冲为中军将军、扬豫二州刺史,代掌兵权。这时前秦已基本上统一了北方,对东晋的威胁日益严重。桓氏原来与世家大族谢氏有矛盾。桓冲为了缓和桓氏与谢氏以及东晋统治集团内部的矛盾,以便联合抗击前秦,就主动解除了自己所兼扬州刺史一职,让与辅政的谢安。他出镇京口,与谢安协力,加强对前秦的防御。

谢安为了组织一支归中央直接指挥的得力军队,就让其侄、广陵(今江苏扬州)相谢玄招募来自徐、兖二州的侨人或其子孙,组成军队,并进行长期严格的训练,号为"北府兵"。北府兵的将卒都深受匈奴和羯人的仇杀之苦,因之有抵御前秦、保卫江南的决心。

前秦于公元382年统一了中国的北方。其疆域"东极沧海,西并龟兹,南苞襄阳,北尽沙漠"。当时只有东晋与它对峙。东晋在前秦皇帝苻坚的眼里,是不足道的。苻坚在统一北方的次年,就决定调士卒九十余万人南下灭东晋。他还傲慢他说:"投鞭于江,足断其流。"《晋书·苻坚载记》曰:

"坚发长安,戎卒六十余万,骑二十七万,前后千里,旗鼓相望。"秦军前锋为二十五万人,由苻坚之弟苻融率领,很快攻下寿阳(今安徽寿县)。东晋以谢安之弟谢石为征讨大都督,以谢玄为前锋都督,率北府兵八万人迎击秦军。

　　谢玄军淝水东岸,与西岸的苻融军相对峙。当时,苻坚曾派朱序至晋营,劝说谢石投降。朱序原是晋的梁州刺史,镇守襄阳,在与秦军作战时,城破被俘。他心向东晋,建议谢石曰:"若秦百万之众皆至,则莫可敌也。及其众军未集,宜在速战。若挫其前锋,可以得志。"谢石采纳了这个建议。谢玄遣使和苻融相约,建议秦军自淝水西岸"小退",晋军愿到淝水西岸决战。苻融企图乘晋军半渡之时,加以邀击,全歼晋军于淝水中,便下令士卒稍退。可是秦军内部民族复杂,氐人很少,十之八、九是汉和其他族人民,他们被胁迫而来,不愿作战;特别是汉人,心向南方。

　　因此,一旦退却,不可复止,以为前方被击败,于是奔逃溃散,自相践踏,死伤遍野。晋军乘势猛攻,秦军大败,苻融被杀,苻坚中流矢,单骑北逃。他在路上"闻风声鹤唳,皆谓晋师之至。"苻坚逃到洛阳,收集散乱士卒,仅剩十余万人。各族首领乘机反秦自立。两年后(385年),苻坚为羌旅首领姚苌(cháng 常)所杀。

　　淝水之战后,东晋收复了徐、兖、青、司、豫、梁六州(今河南、山东、陕西等部分地区)。在淝水之战中,前秦所以失败,是由于前秦内部民族复杂,矛盾严重;南侵是不义战争,士卒和人民并不支持;在军事上由于骄傲自满,缺乏周密计划和正确指挥。东晋所以胜利,是由于在强敌压境之时,统治集团内部的矛盾有所缓和,所谓"君臣和睦,上下同心。"北府兵有保卫江南、规复中原的思想和要求,将士用命;指挥比较正确。这次战争的胜利,进一步稳定了东晋在南方的统治;但东晋亦无力收复中原,于是南北对峙的局面长期延续了下来。

二、东晋灭亡

1. 东晋的统治

(1)世族门阀的资本发展。东晋的世族亦称士族或门阀,是社会的最上层,其中较著名的,约有数十个大家族。侨姓士族,以王、谢、袁、萧四家为代表。吴姓士族以朱、张、顾、陆四家为代表。王、谢两家又是这八家中的首姓。这些士族在政治拥有军、政大权;在经济上,不断购买土地,成为豪门大户。

　　以谢氏为例,《宋书·谢弘微传》曰:"谢混仍世宰辅,一门两封,田业十余处,僮仆千人。"再以刁氏为例,《晋书·刁逵传》曰:"逵为广州刺史..有田万顷,奴婢千人,余资称是。"他们不仅拥有田地,还拥有山泽,"万顷江湖"也会成为他们的私产。官僚地主的田庄别墅,布满于建康附近和东南诸郡。这些豪门大户富甲一方,他们大量雇佣失业农民为他们工作,一家地主竟雇佣佃客、奴仆数百、数千万至上万。官僚资本得到巨大的发展。又几乎走到了资本主义的边缘。

(2)政治主张。士族出身的官僚富甲一方,他们崇尚道家的治国思想,把"居官无官官之事,处事无事事之心"做为道家的"无为而治"的思想实践,认为是一种最高的道德规范。简文帝司马昱(yù 玉)未当皇帝之前,以善谈道教"玄"学著名,却不认得庄稼;王羲之的儿子王徽之为官,"蓬首散带,不综府事"。他任骑兵参军,车骑将军桓冲问:"卿署何曹?"

　　他答:"似是马曹。"

　　又问:"管几马?"

他答:"不知马,何由知数?"

又问:"马比死多少?"

他答:"未知生,焉知死?"

他把军事事务视为儿戏。

在这样一个道家逍遥自在、不负责任的"无为而治"政治思想气氛中,上层社会,不思进取,逍遥享乐似神仙。

孝武帝太元元年(376年),废除了度田收租制,改为百姓不论有无土地或土地多少,一律安人头纳税,每口人一律纳税米三斛,以后又增至五斛。这种人人纳税的制度对于失业农民很不利,对孩子多的家庭也不利。范宁在上疏皇帝时说:"……今之劳扰,殆无三日休停,至有残形、剪发,要求复除。生儿不复举养,鳏寡不敢妻娶。"人头税政策无形中抑制了广大穷人们生孩子的速度,对抑制人口膨胀起到一定作用。

(3)统治集团割据混战。人口到了崩溃的边缘,没有生活依靠的失业者增多,战争就会不可避免的爆发,淝水之战以后,东晋统治集团内部争权夺利的斗争愈演愈烈。安帝隆安元年(397年),兖青二州刺史、皇舅王恭联合荆州刺史殷仲堪起兵,反对皇族、宰辅司马道子。第二年,广州刺史桓玄、雍州刺史杨佺期也起兵响应,联合进攻建康。不久,王恭败死,桓玄又火并了殷仲堪和杨佺期,控制了长江中、上游的广大地区,成为一个独立王国,与东晋的朝廷对立。这时,长江下游的江北地区也脱离东晋朝廷的控制,成为独立王国。朝廷所能控制的地区,不过是东南八郡而已。

东南八郡是侨姓和吴姓士族集中的地区,饥民众多。这时又惨遭内战的破坏,东晋王朝的全部负担几乎都压到这八郡劳动人民的头上,所以这里的百姓负担日益加重,加上人口同样超重,农民暴动一触即发。

2. 东晋末农民战争

内战刚结束,司马道子之子司马元显掌朝政,想建立自己的军队,就征东南八郡的失业农民至建康当兵,称为"乐属"。官府在征发"乐属"时,又加重了其他农民的负担,"东土嚣然,人不堪命,天下苦之矣。"于是爆发了农民大起义。

(1)孙恩起义。孙恩,琅邪人,世代信奉五斗米道。他的叔父孙泰是著名的道教首领,曾任东晋王朝的太守等官。后因密谋起兵,被司马道子诛杀。孙恩逃到海岛上,聚合了一百余人,准备起事报仇。司马元显征发"乐属"时,各地饥民已经纷纷起义,征兵正是为了镇压动乱,但是饥民一旦开始起义,就意味着整个国家的人口普遍超重,政府无力赈济,起义很快就像燎原之火,遍烧中华大地,人口减灭机制已经启动,不可阻挡。饥民踊跃参军去吃军饭,一向信奉"好男不当兵"的百姓为了活命纷纷参军打仗。

孙恩乘机率众登陆,攻破上虞(今属浙江),杀县令。又破会稽郡治山阴,杀内史王凝之(王羲之子),抢仓就粮,声威大震。东南八郡的广大饥民纷起响应,"旬日之中,众数十万。"京师建康附近各县的饥民也起义响应,"朝廷震惧,内外戒严。"这时,孙恩自称征东将军,率领起义群众,与东晋王朝展开了斗争。许多官僚和士族被杀掉,不少官府和地主庄园被焚毁。

东晋王朝征调卫将军谢琰(谢安子)和辅国将军刘牢之,率领北府兵前往镇压。起义军在进行了英勇的抵抗之后,转移到海岛上,当时有众二十万人。

隆安四年(400年)五月,起义军第二次登陆,攻破余姚(今属浙江)、上虞,进至邢浦(今浙江绍兴),击杀谢琰,使东晋朝廷大为震恐,连忙征调了几个将军前来截击,孙恩又率众回到海上。第二年五月,孙恩第三次率领起义军登陆,进攻沪渎(今上海),杀吴国内史袁山松。六月,又率十万众由长江直抵京口,进逼京师建康。可是在建康附近遇到大风,行进困难,就转而北上郁洲(今江苏连云港东),为北府兵将领刘裕击败,孙恩又南浮海上。

元兴元年(402年),起义军第四次登陆,在临海(今属浙江)为晋军击败,孙恩投海而死,部众仅剩数千人,由他的妹夫卢循率领,继续战斗。

(2)卢循领导的农民战争。卢循,涿(今河北涿州)人,士族出身。元兴二年,他率军泛海南到番禺(今广东广州),俘东晋广州刺史吴隐之,卢循自称平南将军,以他姐夫徐道覆为始兴(今韶关南)太守,政绩饥民建立军队就地割据。在这时,卢循曾遣使向东晋皇帝进贡,并接受了东晋皇帝给予他征虏将军、广州刺史等封号。谁给饭吃就为谁打仗,有的参加政府军,有的参加起义军,甚至这边打败了又投到对方参军就食,饥民参战并无任何其他动机,为活命而已,即便是一份危险的卖命工作,也总比饿死强。

安帝义熙六年(410年),东晋派刘裕北伐南燕。徐道覆催促卢循乘机北上。当时,起义军有众十余万人,分为两路:一路由卢循率领,从番禺出发,沿湘江北上,进攻长沙;一路由徐道覆率领,从始兴出发,沿赣江北上,直取豫章(今江西南昌)。大军所至,"诸郡守相皆委任奔走"。至长江,两路大军会师东下,"戎卒十万,舳(zhú逐)舻千计。"大败东晋卫将军、北府名将刘毅于桑落洲(今江西九江江心),乘胜顺流而下,直抵建康城外。

这时,刘裕已灭南燕,率军南归,进驻京口。卢循对于刘裕很惧怕,下令南撤。在路上,多次作战失利,后来只剩下几千人。义熙七年三月,卢循退至广州,此时番禺已为晋军所占。卢循连攻不下,又西南进攻交州(治龙编,今越南境内),战败投水而死。徐道覆退至始兴,二月间,与晋军作战,在战场上战死。这次大起义共打了十二年,至此失败。

(3)农民战争的历史意义。孙恩、卢循领导的农民大起义,前后共有数十万人参加,战斗了十二年之久,几乎扫荡了东晋的全境,生产力全面破坏,把具备了资本主义发展基础的官僚集团经济彻底洗荡,再一次于资本主义官僚资本社会的门口轰然倒下,战争使人口减灭数量巨大,白骨盈野。为下一个王朝——宋王朝初期的兴旺奠定了人口的宽松环境。又将进入下一轮建设与毁灭的文明循环。

3.刘裕代晋

刘裕,字德舆,原籍彭城(今江苏徐州),后南徙丹徒(今镇江东南)。幼年家贫,及长,在北府兵中任将领,成为镇压孙恩、卢循农民起义军的主力。在东晋统治集团中,是寒族地主中层的主要代表人物。

(1)灭南燕、后秦。南燕是鲜卑贵族慕容氏建立的国家,在今山东和河南东部,以广固(今山东益都)为都城,屡次南侵,东晋的北边很不安宁。义熙五年(409年),刘裕亲率大军北伐,水陆并进,连破燕军。次年二月,就灭掉南燕。

后秦是羌族贵族建立的国家,在今陕西、甘肃和河南西部,以长安为都城。桓玄、谯纵叛乱,都得到后秦的支持。义熙十二年(416年),后秦的统治集团发生争权斗争,刘裕乘机出兵两路,于次年八月攻破长安,灭掉后秦。

刘裕伐南燕时,"河北居民荷戈负粮至者,日有千数。"伐后秦时,军粮不继,"百姓竞送义粟",

使晋军"军食复振"。可见这两次出兵都得到北方汉族人民的欢迎和支援。

(2) 整顿政治、经济。刘裕从他掌权时起,到他代晋做了皇帝,曾对当时积弊已久的政治、经济状况有所整顿。主要有如下四个方面:

整顿吏治——一朝天子一朝臣,刘裕当了皇帝后罢掉和处死了很多官吏,有许多是士族或皇族出身。他的亲信、功臣中有"骄纵贪侈,不恤政事"的,他也严厉惩罚,甚之处死。

重用寒人——东晋时期,中央和州、郡的大权一直掌握在王、谢、庾、桓四大家族手中,选拔官吏,主要依据门第,所谓"下品无高门,上品无贱族"。选出的官吏多是无才无识之辈。刘裕掌权后,下令改变这种状况,要求按照九品中正制初置时的精神选拔人才。他重用出身"寒微"的人,如刘穆之、檀道济、王镇恶、赵伦之等。

继续实行"土断",抑制兼并——刘裕于义熙九年(413年)再次实行"土断"政策。除南徐、南兖、南青三州都在晋陵(今江苏镇江、常州一带)界内,不在土断之列外,其余都依界土断。多数侨置郡、县被合并或取消。在户籍上,不再分土著和侨人。对于势家大族隐藏户口的,严厉清查。还禁止豪强封锢山泽、乱收租税,人民可以任意樵采捕捞。

整顿赋役制度——刘裕下令严禁地方官吏滥征租税、徭役,规定租税、徭役,都以现存户口为准。凡是州、郡、县的官吏利用官府之名,占据屯田、园地的,一律废除。凡官府需要的物资,"与民和市",照价给钱,不得征调。还减轻杂税、徭役等。

刘裕对政治、经济的整顿,平息了民怨,改善了政治和社会状况。

(3) 废晋建宋。刘裕由于功高权大,在安帝义熙十二年(416年),任相国,封宋公。次年,晋爵为王。又次年,安帝死,恭帝立,刘裕辅政,掌握东晋军政大权,而且"冕十有二旒(liú 流),建天子旌旗,出警入跸,乘金根车,驾六马,""乐舞八佾(yì 艺)"。几乎已是皇帝了。元熙二年(420年)六月,迫使恭帝禅(shàn 善)位,刘裕正式称帝,是为武帝,国号宋,史称"刘宋",年号永初。

三、南朝各代的更替

刘宋建立,中国的南方开始了"南朝"时期。南朝相继出现的王朝为宋、齐、梁、陈。此四个朝代的统治时间都很短,各为几十年,最后为隋朝所统一。

1. 宋

战乱之后没有了人口压力,国家开始发展经济,重振家园。刘裕称帝后二年即死了。其子文帝即位,继续执行改善政治、发展生产的政策,还多次免除人民所欠租赋,赈济灾民,帮助流民返乡复耕,因之社会稳定,生产有所发展,史称文帝时为"元嘉之治"。这时每个朝代初期都会出现的必然现象,其主要原因是人口压力解除了,百姓有足够的土地耕种。

但是到了元嘉后期,人口再次饱和,刘宋统治集团内部又一再发生争夺帝位之事。元嘉三十年(453年),宋文帝被他的长子刘劭所杀,刘劭自立为帝。不久,刘劭又为其三弟刘骏所杀,刘骏即帝位(孝武帝)。当时,民间有一首歌谣曰:"遥望建康城,小江逆流萦(yíng 营),前见子杀父,后见弟杀兄。"从此,宗室诸王间,内战连年不断,政治更加黑暗,横征暴敛日益严重,社会动荡不安,各地人民不断起义。

刘宋末年,皇族之间又连年混战,大权集中在中领军将军萧道成手中。升明三年(479年),萧道成废宋顺帝刘准,自立为帝(齐高帝),国号齐,史称南齐或萧齐。

2. 齐

萧道成称帝后,为了稳定社会秩序,以巩固他的统治,采取了一些比较积极的措施。主要有继续实行"土断"政策,整理户籍,减轻租税等,还下令"诸王悉不得营立邸邸,封略山湖。"这些措施起过一定的作用。可是,萧道成在位四年就死了,此后,他的子侄发生了争夺皇位的斗争,后来便爆发为内战,父子相杀,祖孙相杀。萧鸾(道成侄)于公元494年,连杀两个新立的皇帝,夺得了帝位(即明帝)。在位五年,把萧道成和武帝萧赜(zé 责)的子孙几乎都杀光了。政治之黑暗,是历史上少有的。

萧道成死后,社会就日益动荡不安。公元485年(永明三年),唐宇之在富阳(今属浙江)领导农民起义,各地农民纷起响应,队伍迅速发展到三万余人,次年攻占钱塘(今浙江杭州),自立为帝,国号吴。后来益州地区也发生了大规模的农民起义。这些起义虽相继被镇压下去,可是齐王朝的统治已被大大削弱。和帝中兴元年(501年),雍州刺史(治襄阳)萧衍率兵进入建康,任大司马录尚书事。次年,衍为相国,晋爵梁王。不久,自立为帝(梁武帝),国号梁,史称萧梁。

3. 梁

梁武帝即位后,看到前代人子杀父、弟杀兄,犯上作乱现象日益严重,社会道德伦理教化严重丧失,为了恢复社会道德伦理,稳定国家政权,他一方面采取了对皇族、官僚、地主在生活上优容、在政治上严加提防的方针。他给予宗室诸王以崇高的政治地位,但却严加提防他们的政治动向,以防止他们再出现亲情作乱夺权。另一方面,梁武帝极力提倡儒学,以恢复被长期战乱破坏了的社会伦理道德,同时提倡佛教,以抑制人们内心的贪欲、夺权和仇杀。建康城内外修建了许多寺院,他自己三次舍身同泰寺为寺奴,群臣又聚钱把他赎出。以身作则带动社会道德教化的复苏。

尽管如此,国家经济依然不振,"民尽流离,邑皆荒毁。由是,劫抄蜂起,盗窃群行……抵文者比室……囹圄(língyǔ 玲予)随满"。社会混乱依然严重。

在梁武帝统治的后期(太清元年,547年),东魏大将侯景降梁。侯景原为东魏河南道大行台,有士卒十万人。降梁不久,即又叛变,并渡江围攻建康。梁武帝的子孙各拥兵不救。太清三年三月,建康城被攻破,城内原有十余万人,在被围的一百多天中,几乎都被饿死,活下来的只有二、三千人,梁武帝也被饿死。侯景纵兵焚烧抢劫,建康城化为焦土。侯景自立为帝,国号汉。旋被镇守江陵的将军王僧辩和陈霸先击败。侯景在逃跑时被部下杀死。梁武帝之七子萧绎在江陵自立为帝(元帝),后为西魏所杀。陈霸先立元帝之子萧方智为帝(敬帝),自掌大权。太平二年(557年),陈霸先废敬帝自立(陈武帝),国号陈。

4. 陈

陈霸先只在位两年,就病死了,由他之侄陈蒨继位,是为文帝。陈自建立后,江陵、襄阳以西为西魏(北周)所夺,江北则为北齐所占。江南的土地,中央能控制的也不多。如湘州、桂州、广州等地的刺史或郡守等,多拥兵众,割据一方,不听中央的命令。

陈朝末年,陈叔宝为帝,人口饱和,国富民穷,帝王大建宫室,贵族奢侈荒淫,百姓失业,流离失所。陈叔宝祯明三年(589年),隋军南下,攻破建康,陈叔宝被俘,陈亡,隋朝统一中国。

四、南朝社会经济的发展

1. 农业与水利

农业技术 两汉时期,南方的农业生产比较落后,以种水稻为主,"火耕水耨"。虽然铁农具在推广,毕竟还不很普遍,许多地区亦未开发。三国时期,孙吴建都建业,促进了南方经济的发展。东晋建立前后,自北方南来的人口中,有许多农民,为开发南方增添了大量的劳动力。他们南来,带来了北方先进的生产工具和耕作技术,尤其使铁制锤、铲、钁、锄和犁铧等工具及深耕细作、积肥粪田等技术得到推广,因之南朝时期的农业技术有很大的进步,产量得到提高,土地对人口的承载力加大。

这一时期,南方的水利事业有新的发展。东晋时期,在晋陵曲阿(今江苏丹阳)修建的新丰塘,溉田八百余顷。在乌程(今浙江湖州)修建的荻塘,溉田千顷。又修复芍陂,溉田万顷。南朝时期,在荆州枝江开获湖,"堰湖开渎,通引江水,田多收获。"这也是"获湖"名称的由来。与兴修水利的同时,各地大量围垦湖田。刘宋时期,山阴县田少人多,有大量的贫苦农民迁移到余姚、鄞(yín 寅,今浙江宁波)、贸(今浙江宁波东)三县,开垦湖田。沿海的一些地区还修建了海塘,以保护农田,免受潮水侵袭。

上述这些情况,都是南方农业生产发展的重要条件。沈约曰:刘宋时,"江南之为国盛矣。地广野丰,民勤本业。一岁或稔(rěn 忍),则数郡忘饥。"

南方的农业生产发展很不平衡。三吴地区最发达,此外,鄱阳湖、洞庭湖沿岸和成都平原,也是重要的粮食产地。广州地区的农业生产也有很大发展。其他地区仍相当落后,铁农具和耕牛缺少,以火耕水耨为主,耕作粗放,产量较低。

(1)官僚地主庄园经济的发展。官僚地主主要是士族地主。他们的庄园有四个主要特点:

庄园广大,田地众多,集约化经营——一般庄园,都有良田数十顷至数百顷,甚至还会更多。庄园内有山有水,灌溉方便,生产条件比较好,整体规划生产和灌溉,大大提高了国家的粮食总产和供给。

雇佣农民多——一般庄园的劳动者都是雇农。他们当中有土著农民,也有来自北方的侨人或其子孙。这些流民多在官府无户口,是地主的庄园企业的员工。

自然经济——一个地主庄园自成一个独立集团化经济单位,按照利润最大化进行生产,进行农产品生产加工等多种经营。以农业为主,种植谷物、蔬菜、桑麻、药草等等。此外,还有手工业,如纺织、刺绣、酿酒、制饴(yí 仪)、冶铁、铸铜、制竹木器等。手工业者多由失业农民充当。就整个庄园内的生产和生活来说,是首先满足自身需要,然后将产品在市场上交易,是农业企业化、资本化、高效化发展的初级阶段。

封锢山泽——山林川泽在东汉以前,都归国家所有,劳动人民可以进入樵采捕捞,以补助生活。东汉后期政府收税难征,出卖山林湖泽以充国库,于是官僚资本集团、大地主等开始购入山林川泽,加速了国有资产的自由化进程,但是山林川泽变为私有后,不许百姓随意进入砍伐渔猎,引起民怨。《宋书·武帝纪》(中)曰:"山湖川泽,皆为豪强所专,小民薪采渔钓,皆责税直(值)。"原本山林川泽是国有大锅饭,谁都可以进入砍伐和渔猎,现在不灵了,但是引起了周围百姓的不满,使他们失去了一部分生活来源,因之也就造成了不安定的社会问题。

国家无力保护地主在庄园经济的财产安全,所以地主庄园开始建立保安武装,招收失业流民就业,保护庄园集团的财产和生产不受土匪和强盗的袭扰,他们平时与政府合作,但是一旦社会动乱,饥民暴动,他们就很快招募大量流民组建军队,行成一方保护家乡的割据势力,理想更大的财团会参与"逐鹿中原"的军阀大战。中国的庄园经济往往是具备了企业化、集团化经营规模,具备了走向资本主义社会基础的时候,又恰恰正是人口超重的时候,人口自动减灭机制一旦启动,新生的庄园经济和官僚资本经济立刻早到重创,这些富豪首先成为土匪、饥民、义军打击和掠夺的对象,萌芽的资本主义经济立刻死亡。

(2)寺院地主庄园。南朝的不少皇帝就笃信佛教,力图重振战乱中破坏的社会道德教化,并大造佛寺。如宋明帝造湘宫寺,梁武帝造大爱敬寺,都是重振社会教化之举。梁武帝时,建康一地就有佛寺五百余所,僧尼十余万人,多少缓解了一些失业压力,延迟了饥民暴动的时间。每个佛寺都拥有大量的田地和其他财产,众多僧尼在此劳动就业,同时加大对流亡饥民的施舍范围,一定程度上缓解了社会矛盾。

寺院经济和世俗的官僚地主的庄园经济差不多。也是多种经营,但是属于集体所有制经营性质,寺院乐善好施,收留无家可归的饥民,他们多来自破产的农民或其子女,寺院还有雇农,为寺院耕种田地,解决当地土著的就业压力。寺院除经营农业外,还兼营商业和放贷。借贷要以黄金、白银、衣物、耕畜、农产品或其他财物为抵押。这样的借贷关系是中国早期的典当业,是资本主义社会的初级形式。

2.手工业

东晋南朝时期,手工业相当发展,这是南方的社会经济的一大进步。

冶铁业冶铁业以国营为主,当时著名的冶铁地点有梅根冶(今安徽贵池)和冶唐(今湖北武昌)等。所制铁器有锄、斧、凿、釜等农业和手工业及生活用具,还有各种兵器。地主庄园企业内也多冶铸铁器。冶铁时,多用水排以鼓风。在炼钢技术上,也有很大的进步。陶弘景的"灌钢"法,把生铁和熟铁放在一起冶炼,再加锻打,可以成为优质钢。还有一种"横法钢",是经过百炼而成的。

(1)青瓷业。青瓷业有很大的发展,三吴地区是青瓷器的主要产地。所产瓷器多饰以莲花纹,光泽度也在不断提高。三吴地区之外,不少州郡也烧造瓷器,技术水平相当高,有的接近于三吴地区的水平;在造型和釉色方面,又有自己的特点。由于瓷器的大量生产,部分陶器、金属器和漆器,已为瓷器所代替。

(2)纺织业。纺织业有丝织业和麻织业,相当发展,主要是与农业结合的家庭副业。许多地区的农民,掌握了很高的养蚕抽丝技术。如豫章郡(治今江西南昌),一年培育四、五辈蚕;永嘉郡(治今浙江温州),一年培育八辈蚕,都可以做茧抽丝。所以每年三至十月,都是育蚕、抽丝季节。

江南在三国时期,丝织技术还较落后,没有织锦业。东晋末年,刘裕灭后秦时,将长安的百工迁于建康,建立锦署,让他们生产锦,从此织锦技术也传于江南。用亚麻织布的技术也有进步,夜间浣(huàn 换)纱,天明即织成布,叫做"鸡鸣布"。

(3)造船业。江南多水,自古以来重视造船业。三国以后,南方的人口增多,经济发展,促进了造船业的发展。内河有较小的船只往来运输,海上有巨型船只远航各地,或远达外洋,大船载重可达二万斛。刘宋时,荆州作部已能"装战舰数百千艘"。侯景之乱时,出战舰千艘。可见当时江南船只之多。

(4)造纸业。南方文化的发展,促进了南方的造纸业的迅速发展。造纸的原料除用麻、楮(chǔ

楚)皮外,还有桑皮、藤皮。三吴地区及剡(shàn 善)溪(今浙江嵊州县)、由拳(今浙江嘉兴)等地产的藤纸,都很有名。由于造纸原料多了,造纸技术有提高,纸的产量增多。质量提高,成本降低,所以纸就代替了简帛,成为主要书写材料。

3. 商业

(1)国内商业。江南的商业也有发展。尤其是地主庄园的企业化管理和规模化生产加工,比个体户家庭小作坊的生产更具规模和效率,大大促进了市场经济的发育。

首都建康的商业最发达,城内有四个市,秦淮河两岸的市集很多。此外,江陵、山阴、成都、寿春、襄阳、番禺等,都是一方的政治中心或军事重镇,也是一方的商业中心。主要商品为农产品和手工业品,有粮食、绢、绵、纸、席、青瓷器、漆器、金银器、铜器、铁器、盐等,此外,还有玛瑙、琉璃、玳瑁、香料等奢侈品,主要是供给城市中产阶层以上的人口使用,而大量的产品是来自官僚地主和庄园地主资本企业的产品。就欧洲的工业化历史发展进程来看,他们正是推动资本主义社会产生和发展的最初力量。但是,每次饥民暴动,他们首先遭殃,即使饥民和土匪不毁灭他们,政府也要打击他们,以便"均贫富,消民怨"。政府要稳定社会,饥民要造反活命,每个朝代中后期萌芽的资本主义自然要灭亡。人口的膨胀和减灭循环规律在当时的历史条件下谁也无法抵抗。

南方的交通运输,以水路为主。长江及其主要支流如赣江、湘江、沔(miǎn 免)江(汉水)和郁水(粤江)及其支流,几乎遍布于南方各地,构成两大水运系统,把许多城市和乡村连结起来。

(2)海外贸易。东晋南朝时期的海外贸易相当发展,番禺是最主要的口岸,当时有载重二万斛的大船远航南洋各国,西经印度洋,远达天竺(今印度)、狮子国(今斯里兰卡)、波斯(今伊朗)等国。这些国家的海船也经常成批的前来。东晋末年(399年),高僧法显赴印度取经,去时自长安西行,经今阿富汗、巴基斯坦,至印度、尼泊尔。回来时,乘船赴狮子国,又到爪哇岛,本来可航行到番禺,因中途遭遇大风,于公元412年(义熙八年)漂到青州长广郡劳山(今山东青岛崂山)登陆。当时中国自西亚、南亚和南洋输入的商品主要有象牙、犀角、玳瑁、珠玑、琉璃、香料等,输出的商品以绫、绢、锦等丝织品和丝为主。

南方和日本之间有海船定期往来。所经路线有南北两条。北线自长江口沿今山东半岛南部,经百济,到日本;南线自会稽东冶(今福建福州)出海,经夷洲(今台湾)之北、琉球,到日本。两国之间不仅有商品交换关系,刘宋时期,中国的一些织工、缝工、陶工随日本使者到了日本,对日本的纺织业、缝纫业、制陶业等的发展做出了贡献。

第三节 十六国与北朝

西晋灭亡以后,黄河流域的广大地区成为进入中原的北方各族争夺统治权的战场。参与这一战争的主要民族有匈奴、羯、氐、羌、鲜卑,史称"五胡"。建立的主要国家有一成(汉)、二赵、三秦、四燕、五凉、一夏,史称"十六国"。这一历史阶段史称"五胡十六国"时期。其实参与斗争的民族在"五胡"之外,还有汉人和賨人,建立的国家还有代(北魏)、冉魏和西燕。自公元316年西晋灭亡以后的一百二十多年中,黄河流域一直是纷纷扰扰,没有宁日。北魏统一北方,开始了"北朝"时期。北朝时期是中国北方民族大融合、社会经济由恢复而发展的重要历史阶段。

一、十六国的兴亡

十六国时期,按照各国兴亡的先后,可划分为三个阶段。

1. 两赵、冉魏的民族仇杀

十六国时期的第一阶段是前赵、后赵、冉魏的相继统治时期(317~352年),共约三十六年。此一时期,这些统治者曾进行过残酷的民族屠杀。

(1)前赵。前赵原为汉国,公元318年刘聪死,刘曜为匈奴贵族,夺得帝位,以长安为都城,改国号赵,史称"前赵"。刘曜非常残暴,他在永嘉五年(311年)攻破洛阳时,屠杀西晋官民三万余人,繁华壮丽的京师洛阳顿时变成一片瓦砾。他在建兴四年(316年)围攻京师长安时,"京师饥甚,米斗金二两,人相食,死者大半"。

刘曜称帝之后,征战不已。"又发六百万功,营其父及妻二塚。下洞三泉,上崇百尺,积石为基,周回二里,发掘古塚以千百数,迫督役徒,继以脂烛。百姓嗥哭,盈于道路"。关中又有瘟疫流行。前赵地区各族人民与匈奴贵族统治集团之间的矛盾很尖锐。

(2)后赵。后赵是羯人石勒建立的。石勒原是刘渊、刘聪的大将。在匈奴贵族互相争权之时,他的势力迅速发展。刘曜在关中建立赵国时,他于次年自立为帝,国号亦称"赵",史称"后赵",以襄国(今河北邢台)为都城。公元328年,石勒在洛阳大败前赵军,杀刘曜,灭前赵。

石勒在他的统治区内采取了不少巩固、加强他的统治的措施。他很注意提高本族(羯)人的社会、政治地位,作为他的基本依靠力量。如称羯人为"国人",严禁称"胡人";称汉人为"赵人"。又用羯人和其他北方民族青壮年组成强大的禁卫军,由勒之侄石虎(石季龙)率领,作为基本军事力量。

另一方面,石勒又注意笼络投靠他的汉族士人,把他们编成"君子营",作为自己的幕僚。他用汉族的先进文化来强化社会管理,任用汉族文人做官来帮助他治理国家,他用士人张宾为大执法,总管朝政。他还在襄国设太学,选送本族将吏子弟受学,学习汉文化。又下令各郡、国立学校,提倡尊孔之道,读圣贤经书。石勒虽未读书,但他"雅好文学,虽在军旅,常令儒生读史书而听之。"这些自我汉化的积极做法,赢得了汉族地主、士人的逐渐认同和帮助。

石勒杀人是很多的,可是石虎比石勒更加残忍暴虐,对于反抗者破成后进行屠杀,是游牧民族几千年来一贯原则。石勒死,石虎敌视石勒自我汉化的做法,几乎全部杀光了石勒的妻子和儿子,其中包括了刚即帝位的石弘,还有主要大臣。石虎对于汉族人民更疯狂屠杀,残酷奴役。他在战争中,"降城陷垒,坑斩士女,鲜有遗类"。

他夺得帝位后,迁都于邺(今河北临漳),大造宫殿,建台观四十余所。在邺北筑造华林苑和数十里的长墙,为运土石,征发近郡男女十六万口,车十万乘。又在长安、洛阳修造宫殿,征发劳民四十余万人。为运送材料而征发的船夫就有十七万人。由于各种原因而死亡的,常以万数。石虎和他的统治集团都荒淫无耻。石虎下令各郡县,强选美女三万余人,置于后宫,其中有夫之妇九千余人,杀人之夫或妇女自杀者极多。匈奴贵族们乘机抢夺民女一万余人。

公元348年,石虎的太子石宣杀其弟石韬,又欲杀石虎。石虎得知,杀宣,把东宫卫士十余万人发配凉州。卫士都是被征发来的农民,在去凉州的沿途受尽了虐待。其中的一万多人行至雍州(治今陕西凤翔),推举梁犊为首,发动起义,队伍发展到十万余人,攻破长安,东出潼关,又攻占洛阳、荥阳、陈留等地。次年,梁犊在荥阳战败被杀,起义失败。可是石虎也由于惊悸而病死。他的儿子们为争夺帝位而互相残杀,帝位最后为汉人冉闵夺得,后赵亡。冉闵建国号魏,史称"冉魏"。

(3)冉魏。冉闵是汉族,其父瞻,是匈奴贵族石虎的养子,冉闵很得石虎的信任。冉魏仍都于邺。冉闵为了巩固他的统治,一再挑起民族间的互相仇杀。他在刚夺得帝位时,在邺宣布:"与官同心者住,不同心者各任所之。"于是羯人纷纷逃出邺城,汉人在百里之内的都往邺城内迁徙。冉闵又下令大杀羯人,凡杀一羯人的,即可封官晋爵。羯人在一天中被杀的有数万口之多。前后被杀的贵贱、男女、老幼共约有二十余万口。后来凡是"高鼻多须"的,就遭滥杀。

冉闵制造民族仇杀不仅未能巩固他的反动统治,相反的,境内更加动荡不安,民族矛盾和社会矛盾都很尖锐。他才建国两年,即公元352年,前燕国君慕容儁(jùn俊)率军南下,攻破邺,冉闵被俘而死,冉魏亡。慕容儁自立为皇帝,国号燕,史称"前燕"。

2. 前燕、前秦的兴亡

十六国时期的第二阶段,是前燕和前秦统治的时期(352~383年),共约三十二年。

(1)前燕。前燕贵族是鲜卑族的一支,姓慕容氏。慕容氏原居于今辽河流域。公元337年,慕容皝(huǎng恍)称燕王,以龙城(今辽宁朝阳)为国都,招徕中原地区的汉族流民,组织垦荒屯田。地租比率:用官牛者,民得收获物的十分之四,官得十分之六;用私牛者,对分。这里是比较安定的,中原地区的许多劳动人民逃到这里,带来了比较进步的生产技术,促进了这一地区的社会经济的发展。

慕容氏灭冉魏后,迁都蓟(今北京城西南),五年后,又迁都于邺。后来,统治集团的生活日益浮华,皇帝慕容皝有后宫四千余人,僮仆四万余人,穷奢极欲,日费万金。太傅慕容评极力搜刮人民的财产,强占田地,还封锢山泽,劳动人民乃至军队砍柴打水,都要纳钱。军队饮水要纳绢一匹,才可以取水二石。慕容评搜刮的钱绢,堆聚如山。贵族官僚们还大量的占有庇荫户,庇荫户的总数超过国家控制的户口,致使国家的赋税征收和徭役调发都很困难。因此,前燕后期的社会矛盾和民族矛盾都日益发展,府库空虚,"三军莫有斗志"。

公元369年,前燕贵族内部又发生了激烈的征战,贵族之一慕容垂投降前秦苻坚。苻坚以王猛为统帅,慕容垂为先锋,率步骑三万人进攻前燕,攻占洛阳,次年又以六万人大败慕容评四十余万人,后攻下邺,俘皇帝慕容皝,前燕亡。

(2)前秦。前秦是氐族首领苻洪建立。不久,苻洪死,其子苻健继位,公元351年称天王大单于,次年称帝,国号秦,都长安。355年,苻健死,子苻生立,昏庸残暴。苻健之侄苻坚杀苻生自立。

苻坚比较重视改善政治状况。他任用家世寒微的汉人王猛为中书侍郎,参掌机要。王猛为加强中央集权,限制打击氐族贵族及汉族地主不法势力,整顿吏治。氐族贵族反对王猛。曾辅佐苻健立有大功的氐族豪酋樊世当众侮辱王猛,并声言:"要当悬汝头于长安城门!"苻坚得知后大怒曰:"必须杀此老氐,然后百僚可整。"苻坚处死樊世,还在朝廷上责骂、鞭挞攻击过王猛的其他氐族贵族。后王猛为中书令、京兆尹,在数十天中,诛杀贵戚强豪二十余人,"于是百僚震肃,豪右屏气,路不拾遗,风化大行"。苻坚为之感叹曰:"吾今始知天下之有法也,天子之为尊也。"

王猛很重视发展农业生产,奖励开荒,又开放山林川泽,允许劳动人民樵采捕捞,还注意兴修水利,发展交通运输,整齐风俗,兴办学校。《晋书·苻坚载记》(上)曰:"关陇清晏,百姓丰乐。自长安至于诸州,皆夹路树槐柳,二十里一亭,四十里一驿,旅行者取给于途,工商贸贩于道。"

公元370年,苻坚灭前燕。374年,夺得东晋的益州。376年,灭前凉和代。382年,又控制了西域。至此,前秦基本上统一了中国的北方。前秦的疆域虽大,武力虽强,在战争中屡获胜利,可是统一的时间尚短,境内民族众多,民族关系复杂,矛盾重重,政局并不稳定。王猛在病危时,认为东晋的力量还是强大的,建议苻坚,不要南侵东晋,要巩固前秦的统治。可是王猛死后,苻坚日益骄傲。他在统一西域的次年,就调集了九十余万大军进攻东晋。在淝水一战,为晋军打得大败。苻坚逃回北方后,原来归附于他的鲜卑、羌的贵族乘机反叛。385年,羌族首领姚苌(cháng 常)杀苻坚,整个北方陷于混乱,民族斗争又激烈起来。

3. 北魏统一北方

十六国时期的第三阶段,是淝水之战后,北方再度分裂至北魏统一北方的时期(383～439年),共约五十七年。淝水之战以后,至409年北燕建立,仅仅二十六年中,北方就先后出现过十二个国家,寿命最短的国家只存在九年,一般的也只存在二、三十年,可见当时斗争的激烈。

北魏的前身是代国,为鲜卑族拓跋部于公元315年建立的。至376年,为前秦所灭。淝水之战后,前秦瓦解,拓跋珪(道武帝)于386年乘机复国,不久改国号为魏,史称"北魏"、"后魏"、"拓跋魏"或"元魏"。起初都于盛乐(今内蒙古和林格尔北),398年,建都平城(今山西大同)。次年,称帝,为道武帝。他在位期间,重视发展社会经济,使鲜卑人"分土定居",从事农业生产;又重用汉族士大夫,注意改善民族关系。公元422年(泰常七年),北魏攻占刘宋的青、兖二州。次年,魏太武帝拓跋焘即位,连年攻战。公元431年(神〈jiā 加〉四年)灭夏国,436年(太延二年)灭北燕,439年(太延五年)灭北凉。自西晋灭亡以后,北部中国纷纷扰扰了一百二十余年,至此复归于统一。从这时开始,中国的北方进入北朝时期。

二、北魏的政治

1. "混一戎华"政策

北魏太武帝拓跋焘是一位雄才大略的帝王,他以一个鲜卑族一部的君主统一了北部半个中国,并能巩固其统治长达一百余年,这是中国历史上的一件大事。他的统一,号称"混一戎华",把中国早已形成并正在发展的统一的多民族国家这一伟大事业向前推进了一大步。他初统一时所采取的主要政策就是从有利于"混一戎华"出发的。

(1)发展经济文化。拓跋焘为促进北方内迁民族经济文化的发展,巩固"混一戎华"大业,他采取了如下两项重要措施。

分土定居,发展农业——为了适应对黄河流域的统治,鲜卑族拓跋部需要改变其以狩猎、游牧为主的生产、生活方式,而转向以农业为主。此政策早在道武帝时即已提出并开始实行。《魏书·外戚传·贺讷传》曰:"太祖(拓跋珪)平中原,其后离散诸部,分土定居,不听迁徙,其君长大人皆同编户。"对被征服的地区或民族,也以组织或安排农业生产为主。拓跋焘统一北方,亦很重视发展农业生产,还在京师平城(今山西大同东北)一带倡行有牛家与无牛家变工互助,一般是有牛家出牛一头,为无牛家耕种二十或二十二亩;无牛家出人,为有牛家耘锄七亩以为报偿。北魏统治者这些政策措施在促使鲜卑族和其他北方民族转向农业生产方面起了巨大的作用。

设立太学,重用士人——拓跋珪复国后,很重视用儒学以培养官僚,以便巩固拓跋氏的统治。复国之初,即于平城建立太学,置五经博士,有太学生一千余人。天兴二年(399年),增国子太学生至三千人。此后,国子学、太学都有发展,乡学也有很大发展,郡学都置有博士、助教和学生。"于是,人多砥尚,儒林转兴。"此外,北魏统治者还令各州郡荐举有才学的人,委以重任。当时中原知名的士族、儒学家如高允、卢玄等都被征用,对北魏制度、法律的建立和文化的发展,都起了巨大的作用。

宗主督护制宗主原称坞主或壁帅,是在"五胡十六国"时期未南逃的大地主。他们拥有众多的宗族、部曲,修有坞壁,缮制甲兵,是一些大大小小的地主武装首领。其依附农民往往有数百家、上千家,乃至万家,为其私家人口。

北魏统一北方以后,要将其在广大汉族地区的统治稳定下来,并长期统治下去,实现"混一戎华"的理想,单纯依靠武力来压服上述这些地主是无法办到的。唯一可行的办法是与这些地主取得妥协,即首先承认他们的根本利益为合法,以获得他们的合作。

于是,北魏统治者就任命他们为地方宗主,以督护当地百姓。这就是"宗主督护制"。宗主督护制是北魏当时的地方基层政权组织,曾为北魏统治的稳定及赋税徭役的征调起过一定的作用。可是,宗主毕竟是些大大小小的割据势力。宗主控制下的苞荫户多数没有户籍,国家不得对这些人做人事征调和征税。苞荫户仍为宗主的私家人口,依附和忠于宗主,对其使用私刑国家亦不得干预。《魏书·食货志》曰:"魏初不立三长,故民多荫附。荫附者皆无官役,豪强征敛,倍于公赋。"可见这种制度只对大地主有好处;对广大农民没有好处,对国家来说,只是一种权宜之计,对征徭征税的帮助并不大。

(2)九品混通税制。九品混通是北魏前期实行的赋税制度。当时,民户的赋税负担,正税为每户平均纳调帛二匹、絮二斤、丝一斤、粟二十石。此外,另有附加税,每户平均纳帛一匹二丈,"以供调外之费"。按照国家规定,在征收赋税时,不是这样平均分摊给各户,而是由县令和乡吏"计赀定课",分为"三等九品"。九品是赋税高低的品级。三等是按不同等第将赋税送到不同地区。即"上三品户入京师,中三品入他州要仓,下三品入本州。"这就是"九品混通"。可是实际在征收赋税时,并不按此规定办事。主要由于官吏们畏于权势,多与地主勾结,"纵富督贫,避强侵弱。"

(3)各族人民的反抗斗争。北魏统一北方以后,经过几十年的和平发展,人口又超重。许多饥民流亡异乡。社会一直动荡不安,各地不断发生农民起义。

公元445年(太平真君六年),卢水胡人盖吴在杏城(今陕西黄陵)领导起义,纷起响应的有羌、氐、汉等族人民,起义军很快发展到十余万人,盖吴自称天台王。次年,魏太武帝亲率军队镇压起义军,盖吴又自称秦地王。后盖吴战死,起义军被镇压下去。此后,农民起义仍不断发生。据不完全统计,自孝文帝即位的那年(471年),到480年,仅在关东地区就发生农民起义九次,甚至就在北魏的首都平城也发生了反抗北魏统治的斗争。

上述情况说明了北魏统治继续使用原有的制度和办法进行统治是很困难的,于是在一些比较有作为的统治者中产生了进行政治和社会改革的要求。

2. 孝文帝改革

孝文帝拓跋宏即位时(471年)才只有五岁,由他的祖母冯太后垂帘辅政,孝文帝改革主要由冯太后主持。这次改革的大事有六项,其针对性和现实意义都是很强的。

(1)整顿吏治。北魏前期,地方行政区划为州、郡、县三级制。其长官州为刺史,郡为太守,县为令长(亦称县宰)。但吏治混乱,地方守宰不论治绩好坏,任期都是六年。这时没有俸禄制度,官吏到任以后在当地自筹薪水和办公费用,导致任意搜刮民财的现象。这次改革,首先整顿吏治。规定守宰的任期要按治绩的好坏决定,不固定年限。又制定俸禄制度。俸禄统一由国家筹集,按品第高低发给官吏;不许官吏自筹。为了杜绝贪赃枉法,又制定了惩治贪污的办法。凡贪污帛一匹及枉法者,一律处死。

就在这年秋天,朝廷派出官吏到各地巡察,检举犯法的守宰,有四十多人因贪赃被处死。经过这样的整顿,吏治改善,贪赃枉法之事大大减少。

(2) 均田制。在宗主督护制下,官府对辖区内的户籍、田数都无从掌握,徭役、赋税亦无从征调。太和九年(485年),孝文帝下均田令,主要内容有如下四点:

男子十五岁以上,受露田四十亩,桑田二十亩;妇人受露田二十亩。露田加倍或加两倍授给,以备休耕。年满七十岁,还田于官。桑田为世业,不还官。桑田按照规定,种植一定数量的桑、榆、枣树等;不宜蚕桑的地区,改授麻田,男子十亩,妇人五亩。

露田不得买卖,桑田亦不得买卖。但"盈者得卖其盈,不足者得买所不足"。

奴婢受田数量和办法与农民相同。壮牛一头,受田三十亩;每户限受四牛之数,不再给桑田。

地方官吏各随在职地区给予公田,刺史为十五顷,太守十顷,治中、别驾各八顷,县令、郡丞六顷。新旧任相交接,不许出卖,后代谓此"公田"为"职公田"或"职分田"。

均田制名为均田,实际是基本上保持原有的土地占有不均的状况不变。因为大族地主除了继续用隐瞒土地的手段以对付官府之外;他们又拥有众多的奴婢,还有耕牛,按均田制的规定,"家庭人口"众多自然应分到许多土地。这样,足以保住地主们自己原来的产业。但均田制在当时对当时稳定社会是有积极意义的。如规定每户占有土地的数量,并不准买卖,这些规定在一定的时间内和一定程度上,限制了穷人卖地和豪强大家对土地的收购兼并,也阻止了农业的企业化经营和农民的员工化发展,对规模化集约化农业发展是不利的。只能永远在低效率的小农经济生产低水平上停滞不前。无法向资本市场化社会方向发展。

国家公开授田,可以招徕流民和豪强大家控制下的依附农民,有助于开垦荒地,发展生产。自耕农增多,鼓励人口出生,户口滋殖,有利于国家征收赋税和调发徭役。同时又埋下了下一轮人口膨胀、经济崩溃、王朝更迭的祸根,目光短浅的政府等于在自掘坟墓。小农经济家庭最容易助长人口的增长,而雇工化家庭社会则能抑制人口的增长,这已被东西方历史所证明。中国历史上不是政府"均富贵"打击资本经济,就是人口膨胀后饥民暴动"打土豪,分田地"来毁灭资本经济,使中国经济和社会文明总是在小农经济的落后层次循环不前。

(3) 三长制。继实行均田制之后,于486年,又下令实行三长制。三长就是五家立一邻长,五邻立一里长,五里立一党长。这是用来代替宗主督护制的基层政权制度。这是符合中央集权制要求的新的制度。三长要挑选乡里中能办事而又谨守法令的人担任,其职责是掌握乡里人家的田地、户口数量,征收赋税(户调),调发徭役,维持治安。废除宗主督护制和实行三长制,是对世家大族地主庄园资本经济的一次沉重打击。所以有不少地主的反对。冯太后曰:"立三长,则课有常准,赋有恒分,苞荫之户可出,侥幸之人可止。何为而不可?"冯太后的态度是坚决的。

(4) 户调制。废除九品混通制,实行定额租税制。即一夫一妇的家庭,纳户调帛一匹、粟二石。民年十五岁以上未娶妻的,四人出一夫一妇之调。能从事耕织的壮年奴婢,八口出一夫一妇之调。耕牛二十头,出一夫一妇之调。产麻之乡,以布代帛,数同。这一新的户调制度的实行,改变了过去赋税征收的混乱现象,对于自耕农来说,户调减轻了很多;对于大地主来说,由于户调征收到奴婢和耕牛,虽然比率较低,毕竟加重了他们的负担。

(5)迁都洛阳。公元490年,冯太后死,孝文帝亲政,继续进行改革。公元494年(太和十八年),把都城由平城迁到洛阳,改变了过去对中原遥控的形势,有利于统治整个国家;也解脱了一百多年来在平城形成的鲜卑贵族保守势力的羁绊和干扰,有利于继续进行改革。迁都本身虽不属于制度的改革,但却是孝文帝改革的总体工作中的一个重要环节。

(6)改易习俗。孝文帝迁都洛阳以后,开始第二期改革,改革的重点,是改变鲜卑族内迁者原有的生活习俗,促进鲜卑族积极接受汉文化。主要内容有如下四点:

易鲜卑服装为汉服——公元495年十二月,孝文帝在先极堂会见群臣时,"班赐冠服",这是易鲜卑官服为汉官服的具体实行。

规定在朝廷上使用汉语,禁用鲜卑语——称鲜卑语为"北语",称汉语为"正音"。孝文帝曰:"今欲断诸北语,一从正音。"

三十岁以上的鲜卑官吏,在朝廷上要逐步改说汉语。三十岁以下的鲜卑官吏在朝廷上要立即改说汉语。如有故意说鲜卑语的,要降爵罢官。

迁洛阳的鲜卑人,以洛阳为籍贯,死后不得归葬平城。

改汉姓,定门第等级——改变鲜卑贵族原有的姓氏为汉姓。所改汉姓,以音近于原鲜卑姓者为准。拓跋氏为首姓,改姓元氏,为最高门第。丘穆陵氏改姓穆氏,步六孤氏改姓陆氏,贺赖氏改姓贺氏,独孤氏改姓刘氏,贺楼氏改姓楼氏,勿忸于氏改姓于氏,纥奚氏改姓嵇氏,尉迟氏改姓尉氏,这八姓贵族的社会地位,与汉族北方的最高门第崔、卢、李、郑四姓相当。其他稍低一些的贵族姓氏亦改汉姓,其等第与汉族的一般士族相当。孝文帝还设法使皇族和鲜卑贵族与汉族的主要士族通婚,以此为光荣。

3. 改革的意义

孝文帝改革曾遭到鲜卑贵族中的保守派的激烈反对。反对者中有太子恂、东阳王拓跋丕父子及大批的贵族。许多贵族还在平城发动叛乱,这些叛乱都被坚决镇压下去了。

孝文帝的改革,是在中国北方各族人民长期的民族斗争的影响、推动下进行的,也是北方民族融合和鲜卑族拓跋部的必然结果。改革的意义是重大的。一、整顿吏治,始班俸禄,严惩贪赃枉法,对于消除百余年来的官吏、守宰鱼肉人民之积弊,改造官僚政权,起了积极的作用。二、实行均田制、三长制和改革户调制,一方面,在一定程度上打击了士族门阀地主,抑制了他们的恶性发展;另一方面,有助于招引广大劳动人民回到土地上来,开垦荒地,恢复发展生产。三、提倡鲜卑族接受汉文化,推动了北方民族的融合过程。

三、北朝社会经济的发展

黄河流域的社会经济,只是在西晋的太康时期一度有恢复发展,此后经"八王之乱"和"五胡十六国"时期的破坏,社会经济长期处于停滞状态。北魏统一以后,社会比较稳定,情况稍有好转。孝文帝改革以后,才开始有所发展。

1. 农业

(1)农业技术。北魏孝文帝实行均田制、三长制和新的户调制以后,暂时促进了农业生产的发展和长期促进了人口的增长。尤其是迁都洛阳以后，这一情况更加明显。首先表现在开荒上面。在北魏前期，洛阳一带乃至黄河中流的广大地区，到处荒芜，人烟极少。自孝文帝改革之后，许多过去逃亡异乡的汉族劳动人民相继回到这里，还乡复耕，耕地面积在不断扩大，粮食生产也在增加。内迁的鲜卑族劳动人民和其他族人民，逐渐减少乃至放弃以狩猎或畜牧为主的谋生之道，而转向农业生产，也在开荒种地，成为农民。

在农业生产上用牛的情况增多，铁农具使用的范围也有扩大，农具种类增多，式样也有改进。主要农具有铁制犁、镬、铲、锸、锄、镰等。其中的全铁曲柄锄增多了，这对于中耕、除草都很有利。农民们在生产中很注意深耕细作，亦积累了丰富的经验。例如很关心时令，鉴别土壤，防旱保墒，田间管理等。对于各种作物的选种、育种、栽培、积肥、施肥等技术，也积累了丰富的知识或经验。

水利自改革之后，水利事业也有恢复和发展。太和十二年（488年），冯太后和孝文帝下诏，指令长城以北和阴山以南的北边六镇和云中、河西、关内各郡，都要开种水田，并要通渠灌溉。不少地方官吏也注意兴修水利，发展生产。因之在关东和关中修复和新开的沟渠、陂池很多。"范阳郡有旧督亢渠，径五十里；渔阳燕郡有故戾陵诸堰，广袤三十里。皆废毁多时，莫能修复。"裴延儁（jùn俊）任幽州刺史，修复了这些水利工程，灌溉田地百万余亩。水利的兴修对于农田灌溉和交通运输都起了重大的作用。西晋时期，各地有很多水碾、水磨和水碓。十六国混战时期，几乎破坏殆尽。这时随着农业生产的恢复和发展，这种先进的粮食加工工具相继在洛阳和关中一带重新出现。仅洛阳城西的谷水沿岸就有水碾、水磨几十区，"计其水利，日益千金。"

（2）寺院地主庄园。北魏的统治者亦利用宗教来教化民众道德，因之佛教发展很快。北魏末期，洛阳的佛寺多达一千三百六十七所，全国佛寺多达三万余所，僧尼二百余万人。后来，北齐有寺院四万余所，僧尼一百余万人。北周有寺院一万余所，僧尼二百余万人。

大大小小的寺院都有自己的田产。大部分寺院和地主庄园差不多。较大的寺院都拥有较多的僧祇（qí其）户，僧祇户是由国家拨给的。寺院还拥有寺户（亦称佛图户），是由官府拨给的犯罪百姓或官奴充当，"以供诸寺扫洒，岁兼营田输粟。"接受劳动改造和道德教化。孝文帝时，"僧祇户、粟及寺户，遍于州镇。"

寺庙与政府是合作性质，接受政府的资助，属于半国有的集体所有制性质，带有社会福利机构的职能，僧祇户和寺户都不再负担国家的租税和徭役。有些土地较少的自耕农或贫困农民无力承担国家的赋役，则投奔寺院，将田产献给寺院，自己充当寺院的佃农。许多寺院拥有大量的田地和农工，并购买山泽，形成寺院庄园经济。这些寺院不仅组织僧祇户、寺户、雇农从事农业生产，还进行各种手工业生产，形成规模化、集约化生产，不仅满足寺院自身的需要，还向社会提供各种农副产品和手工业产品，所得利润用于寺庙自身建设和施舍帮助穷人，成为社会福利机构，寺庙僧众始终过着简单朴素、克欲守戒的苦行僧侣生活。但是他们在战乱期间也总是遭到缺乏粮食来源的土匪、军阀和义军的掠夺。

2. 手工业

北魏自改革以后，手工业也由恢复而发展。主要手工业有冶铁业、纺织业和制瓷器。

（1）冶铁业。当时的冶铁技术有锻铁和铸铁。兵器、铁甲和车马具等，主要使用锻铁制造的。从考古发掘来看，这时用锻铁制造的器物，其数量之多，质量之高，都超过了魏晋时期。铁制手工工具很多，也很进步，这是兴建土木工程和水利工程的重要条件。这时，中国的北方开始大规模的开凿石窟寺。属于北魏前期的最具有代表性的石窟寺有大同的云冈石窟。北魏迁都洛阳以后,有洛阳的龙门石窟。以云冈石窟为例,始凿约在公元452年(兴安元年),止于494年(太和十八年),现存洞窟53个(主洞21个),造像五万一千余尊,最大的一尊高达十七米。开凿这样一些巨大的艺术宝库,高超的技术条件固然是一个重要的因素,但铁工具的增多和进步,无疑起了决定性的作用。

(2)纺织业。北魏中后期,纺织业亦有发展,主要是丝织技术有很大进步。织有各种花纹的锦、绮和刺绣,都有新的特点。

在敦煌莫高窟发现的满地施绣的佛说法图残片,是公元487年(太和十一年)在中原地区制作的。在残宽60~70厘米、残高41厘米的画面上,绣有坐佛、立菩萨、男女供养人、多样的散花,还有一百五十四个字的发愿文,而且线条流利,还使用了前所未见的两三晕的配色技法,使画面接近于绘画。

(3)制瓷业。北魏中后期,制瓷业有新的发展,工艺技术也有进步。在北魏中期,北方瓷器的形态和纹饰,多和长江流域的产品相类似,主要是厚釉的青瓷器。此后,北方的制瓷业迅速发展,出现了自己的风格。不仅出现了各种深浅不同的青色釉,而且在青瓷基础上较成熟的烧造出黄釉、酱釉、褐黄釉和黑褐釉等。器具的种类也增多了,出现了形态不同的罐、壶、瓶、盘等。高约70厘米的、仿金属器的饰有仰覆莲的六系青瓷尊,是当时中原地区青瓷的代表作。

3. 商业

随着农业和手工业的恢复和发展,商业也在恢复、发展。

(1)洛阳商业。北魏孝文帝自迁都洛阳以后,洛阳的长期荒凉的面貌迅速改变了,不仅成为北魏的政治中心,也逐渐成为北方最大的商业城市。

当时的洛阳有居民十万多户,城内外的居民区共有二百多个里(坊),多分行业或按身份分别居住。洛阳的市场很多,城西面的西阳门外,有"洛阳大市,周回八里,"是洛阳最大的市场。在大市的东、西、南、北四面共有十里,亦分行业居住。《洛阳伽蓝记》卷四曰:"凡此十里,多诸工商货殖之民。"每个里都有很多因从事工商业而发家致富的人。例如通商、达货二里,"资财巨万"者很多。其中最富的名刘宝,为经营商业,竟在各州郡都会之处遍设有联络点,养有马匹,以便向他报告各地的物价信息。

洛阳城南修有四夷馆,还有四个里。其中的金陵馆和归正里,主要是用来安排南朝人来归者居住的。燕然馆和归德里主要是用来安排漠北民族来归者居住的。这里街道整齐,"青槐荫陌,绿树垂庭。天下难得之货咸悉在焉。"在洛水南有"四通市",伊水和洛水的鱼,多在市上出卖。当时有"洛鲤伊鲂,贵于牛羊"的谚语。

上述的情况反映了当时的洛阳是很繁盛的。

(2)国内商业。洛阳以外的北方各地在孝文帝改革之后,商业也有发展。商业有官营和民营两种。官营盐、铁是专营性质,包括了生产和销售。北魏后期,在沧、瀛、幽、青四州境内,傍海取盐,每年收约二十一万斛。大部分冶铁业也掌握在官府手中。北魏王朝还在一些重要城市设立常平仓,丰年销售绢帛,收购粮食;荒年则减价出售粮食。这样以保持物价的稳定。这项制度在北齐和北周时,亦被采用。

民间出现了不少以贩卖为主的大小商人,主要经营农产品和手工业产品。在北方和南方对峙的情况下,商业往来也在发展,主要是由民间商人进行的。商业有所发展,商品交换关系对货币的需要也日益迫切。太和十九年(495年),孝文帝下令铸造"太和五铢"青铜钱,于是,市场上以货币为交换手段的渐多,商业进一步发展。

(3)国外贸易。北魏和朝鲜半岛诸国、日本、中亚、西亚以及地中海沿岸诸国,都有商业往来,外国人来洛阳经商或居住的很多。《洛阳伽蓝记》卷三曰"葱岭已西至于大秦,百国千城,莫不欢附;商胡贩客,日奔塞下。是以附化之民万有余家。"

丝绸之路仍然是沟通中国和中、西亚的重要商道。中国的丝织品继续输出到西方,养蚕、缫丝和丝织技术也于这时传到西方,伊朗人很快地掌握了这种技术,并织出了具有民族色彩的"波斯锦"传到中国。解放以前和解放以来,中国考古工作者在新疆、青海、陕西、河南、山西、河北、内蒙古等地,发现了许多拜占庭的金币和伊朗人建立的萨珊王朝的银币,其中大量的是北魏时期传来的。这也反映了当时北魏与中、西亚的商业往来是密切的。

四、北魏末各族人民大起义

1. 起义背景

孝文帝迁都洛阳以后,社会经济有所发展,社会比较稳定;可是多数鲜卑贵族在政治上无所追求,在经济上却成为豪富,生活富足奢华。孝文帝死后,社会正处于太平盛世,孝文帝的儿子宣武帝,"无为而治","好游骋苑囿","不亲视朝",放权给大臣们管理国家。咸阳王元禧为宰相,是大官僚资本家,家中有宾客、奴婢雇员千余人,在许多地方置有田产和以经营盐、铁为主的手工业或商业,形成官僚资本集团,官员向资本化方向发展,吏部还公开卖官为政府筹集钱款,大郡太守价绢二千匹,次郡一千匹,下郡五百匹,其他大小官职都有定价,加速了官僚资本化,资本官僚化的进程,资本主义的萌芽正在形成。但是也促成了官僚体系的腐败之风。

每次在资本主义萌芽之时,也往往是人口超负荷失业最严重之时,也是社会向资本方向过渡之时,也是社会转型期的政治腐败之时,也是为饥民暴动、造反有理提供最好的"正义"理由之时,于是,社会动荡不安,各地的农民或沙门起义风起云涌。人口减灭机制再次被启动。

2. 各地相继起义

(1)六镇起义。六镇是沿长城一线之北的六个军镇,自西而东,为沃野、怀朔、武川、抚冥、柔玄、怀荒,位置南北交错,是北魏为防御柔然等漠北民族而设立的。镇将和镇兵都是鲜卑族人。另有镇民,为汉族和其他民族的居民以及内地因犯罪而发配北边的人等。

孝明帝正光四年(523年),柔然南侵,怀荒镇的兵、民缺少食粮,请求镇将开仓发粮,以便抵御柔然。镇将拒绝开仓,兵、民异常愤怒,随聚众造反,捕杀镇将,举行起义。次年春,沃野镇镇民、匈奴人破六韩拔陵也聚众杀镇将起义,其他各镇的兵、民纷起响应,一时北疆边防诸镇纷纷造反起义,国家安全失去保障。

北魏朝廷屡派军队前往镇压,都遭到失败。正光六年春,北魏政府联合柔然主阿那瓌(guī 龟)联合镇压起义军。阿那瓌以十万大军进攻破六韩拔陵,结果战斗不利,遂率众渡过黄河南移,当时尚有众二十余万乌合之众。之后北魏军所截击,义军大败。破六韩拔陵被杀,叛乱被平息。

(2)河北起义。在破六韩拔陵失败以后,他的二十万兵民都成为北魏官府的俘虏,被官府分散安置到定(治今河北定县)、冀(治今河北冀县)、瀛(治今河北河间)三州就食。当时河北连年遭受水旱之灾,人民四处逃散。这些被俘的兵民前来,更增加了这一地区的粮食紧缺。于是,这年八年,柔玄镇兵杜洛周率领被俘兵民在上谷（治今河北怀来大古城）起义，安州（治今河北隆化）一带的戍兵两万多人和汉族饥民群起响应。次年（孝昌二年，526年）四月，大败魏军于蓟城（今北京城西南）北。十一月，攻破幽州（治今北京城西南），逮捕魏幽州刺史王延年及行台常景，声威大震。

孝昌二年初，怀朔镇兵鲜于修礼亦在定州左人城（今河北唐县西北）起义，六镇余众和汉族农民纷起响应。八月，鲜于修礼死，部众在怀朔镇将出身的葛荣率领下继续战斗，曾击杀魏章武王元融。葛荣自称天子，国号齐。这时，杜洛周和葛荣两支起义军所向披靡，已控制了今河北省的大部分地区。可是葛荣怀有个人野心，于武泰元年（528年）二月杀杜洛周，吞并了杜洛周的部众。九月，葛荣在滏口（今河北磁县西北）为魏柱国大将军尔朱荣击败被俘，在洛阳战死，余众败散逃亡。

（3）山东起义。在河北大起义期间，河北地区约有二十多万汉族饥民盲流到了青州（治今山东益都）一带，他们生活无着，饥寒交迫，政府无粮救济。公元528年（孝庄帝建义元年）六月，邢杲领导河北饥饿流民在北海（治今潍坊西南）起义，开仓夺粮，山东的饥民纷纷响应，部众迅速发展到十余万人，邢杲自称汉王。

邢杲是河间（今河北献县）大地主，是个有文化的地主，曾任北魏幽州北平府主簿，后随流民到青州。他起义后，曾攻占光州（今山东掖县）等地。次年，为北魏上党王、大将军元天穆所败，邢杲投降，在洛阳被斩法。

（4）关陇起义。六镇起义不久，关陇地区也发生了各族人民大起义。这里的起义军主要有两支，一由高平镇（今宁夏固原）敕勒族酋长胡琛率领，一由原秦州城兵、羌人莫折大提率领。胡琛是响应破六韩拔陵起兵的，自称高平王，遣军进攻豳（今甘肃宁县）、夏（今内蒙古乌审旗南白城子）、北华（今陕西黄陵县西南）三州。他死后，部众由万俟（mòqí 末其）丑奴率领。丑奴为鲜卑族人（亦说匈奴别部）。他攻占魏的东秦州（今甘肃天水），复围攻岐州（今陕西凤翔），自称天子。

公元530年（孝庄帝永安三年），丑奴为尔朱天光击败被俘，在洛阳被斩法。莫折大提起兵后，自称秦王。他派兵攻破高平镇，杀镇将赫连略和行台高元荣，不久病死。其子莫折念生继续率众战斗。念生自称天子，国号秦。在攻占岐州时，杀北魏都督元志和岐州刺史裴芬之等，一度攻占潼关，威胁洛阳。后来念生为叛徒所杀，所部并入万俟丑奴的领导下，又战斗了三年，最后失败。

五、东魏、北齐、西魏、北周

孝明帝武泰元年（528年），战争方炽，可是胡太后却毒死己子孝明帝元诩（Xǔ 许），另立宗室三岁小儿元钊为帝，自掌大权。尔朱荣以为孝明帝报仇为借口，率兵南渡黄河，进攻洛阳，将胡太后和元钊小皇帝一并投入黄河溺死，又杀王公卿士一千余人，这就是"河阴之变"。另立元子攸为帝。是为孝庄帝。孝庄帝杀尔朱荣，尔朱荣之侄尔朱兆又杀孝庄帝，另立元恭为帝，是为节闵帝。尔朱荣的大将高欢于普泰二年（532年）四月，打败尔朱兆，杀节闵帝，另立元脩为帝，是为孝武帝，欢自为大丞相，总揽大权。永熙三年（534年），孝武帝逃向关中，投靠宇文泰。高欢另立元善见为帝，是为孝静帝。从此北魏分裂为东、西两国。

1. 东魏北齐

东魏高欢，原籍渤海郡蓨（tiāo 挑）县（今河北景县），世居怀朔镇，为兵户，是鲜卑化的汉人。他所立元善见才十一岁。高欢将国都自洛阳迁至邺（治今河北临漳县西南邺镇），史称"东魏"，控制着洛阳以东的疆域，高欢掌大权。

东魏时期,在长期战乱之后,社会阶层关系、民族关系仍很紧张。高欢一再设法调和这种关系。他对"诸勋贵掠夺百姓者"采取宥容的态度。他说:"诸勋人身犯锋镝,百死一生,虽或贪鄙,所取者大,岂可同之常人也!"又经常讲缓和民族矛盾的话。对鲜卑人说:"汉民是汝奴,夫为汝耕,妇为汝织,输汝粟帛,令汝温饱,汝何为陵之?"对汉人说:"鲜卑是汝作客,得汝一斛粟、一匹绢,为汝击贼,令汝安宁,汝何为疾之?"这些作法在缓和统治集团内部矛盾及调和民族关系方面,都起了一定的作用。高欢执政十六年,于公元550年病死,其子高洋废东魏孝静帝而自立,国号齐,史称北齐,亦称高齐。

北齐北齐在河清三年(564年),再次颁行均田令。均田制基本上和北魏的相同。均田令规定:"一夫受露田八十亩,妇四十亩。"家庭仆役也给受田,但对家庭仆役人数有限制,"奴婢受田者,亲王止三百人,嗣王止二百人,第二品嗣王已下及庶姓王止一百五十人,正三品已上及皇宗止一百人,七品已上限止八十人,八品已下至庶人限止六十人"。

按照这样一个标准,贵族、官僚、地主们以家庭仆役奴婢人数合法领受田地,数量安标准分配。以确保人人有地种,人人有饭吃。

公元559年,高洋死,统治集团内部发生了长期的权力之争,社会矛盾日益尖锐化,鲜卑贵族和汉族地主之间的矛盾也很严重。公元577年,北周武帝宇文邕出兵北齐,俘齐帝高纬(时已让位给子恒),北齐亡。

2. 西魏北周

(1)西魏。北魏孝武帝于公元534年逃到关中,依靠宇文泰。宇文泰,代郡武川(今内蒙古武川)人,汉化的鲜卑族,曾参加河北大起义。后投降尔朱荣,并在尔朱军中参加镇压关陇起义军。只有几年的时间,他全部控制了关陇地区。孝武帝逃到长安,他于当年十二月将孝武帝毒死,另立宗室元宝炬为帝,是为文帝,以长安为都城,史称"西魏",控制着洛阳以西地区。宇文泰自为都督中外诸军事、录尚书事,掌大权。宇文泰以鲜卑族原有的部落兵制为基础,建立府兵制,共有二十四军,分别由六柱国率领,总统于宇文泰。军士另立户籍,与民户有别。公元556年,宇文泰死,其子宇文觉废西魏恭帝,自称天王,国号周,史称北周,亦称宇文周。

北周宇文觉即帝位不久,为其堂兄宇文护杀死。公元560年,宇文邕为帝,是为武帝,宇文护仍掌大权。572年,宇文邕杀宇文护,亲自掌权。周武帝是一个有才能的皇帝,他掌权后,做了许多改革,如整顿吏治,释放奴婢,严惩隐瞒田地、户口的官僚、地主,注意发展农业生产,加强中央集权,积极训练军队。他还发动对佛、道二教的打击,烧毁大量佛像和佛经,强制三百余万僧尼还俗,寺院占有的大量田地被没收,寺院占有的大量人口要向国家纳税服役。周武帝的这些改革促进了社会经济的发展,加强了北周的人力、财力和军力。

公元577年(建德六年),北周出兵灭北齐。至此,整个黄河流域和长江的上游,都由北周统一了。

(2)杨坚代周。周武帝灭北齐、统一北方后,次年病死,太子宇文赟(yūn 晕)即位,是为宣帝,时年二十岁。宣帝重用亲信,大杀异己。搜天下美女充实后宫,整日沉湎酒色,不理政事。他于即位之次年,就传位给七岁的儿子宇文阐,自为太上皇帝,称天元皇帝;又次年即病死。宇文阐继位,是为静帝。宣帝皇后之父杨坚以假黄钺、左大丞相总理朝政。

杨坚祖上为弘农杨氏,是著名的世家大族。后居武川镇,累世有功于北魏王朝。其父杨忠在西魏时,屡有战功,赐姓普六茹氏。北周代魏,进位柱国大将军,封随国公。杨坚以父功,十五岁授散骑常侍、车骑大将军,后袭父封随国公。在灭齐时,立有大功。坚之妻为鲜卑大贵族、柱国大将军独孤信之女,坚之长女为宣帝之皇后。所以坚在宣帝时,已官高极大,"位望益隆"。

杨坚辅政,曾引起宇文氏贵族和皇亲国戚的疑忌,有的曾起兵反对,但都被镇压下去。杨坚在掌权后进行了许多改革,《隋书·高祖纪》(上)说他"大崇惠政,法令清简,躬履节俭,天下悦之。"

这时,周取消左、右丞相之制,以杨坚为大丞相,又加大冢宰之称号。十二月,晋爵为王。次年(大定元年,581年)二月,杨坚废静帝自立,国号隋。从此,北朝结束,隋朝开始。

第四节 魏晋南北朝文化

魏晋南北朝时期,政治上虽然长期处于分裂割据状态,战争也比较多,但就全国范围来说,社会经济还是在缓慢发展的;尤其是南方,更是这样。这一时期南方和北方的文化,也有新的发展。

一、哲学宗教

魏晋南北朝时期的哲学主要有两大派,一为以"玄学"为代表的唯心主义,一为以"神灭论"为代表的唯物主义。

1. 哲学

(1)玄学。玄学主要盛行于魏晋时期的士人中,是以道家唯心主义理论解释儒家经典《易》为中心形成的思想流派。"玄"是幽远之意。《老子》曰:"玄之又玄,众妙之门。"王弼注:"玄者,冥也,默然无有也。""无"是玄学的核心。这就是所谓的"贵无"思想。

清谈玄学之风,始于曹魏正始时期(240~249年)。当时的代表人物是何晏和王弼。他们认为:道就是天地万物的本体,也就是"无"的别称。"无"是神秘的,不具有物质属性。而"有"却是从"无"产生出来的。稍晚于何晏、王弼的清谈玄学的代表人物有阮籍、嵇康等竹林七贤。他们反对司马氏专权,经常遭受迫害。于是在思想和生活方面,采取了崇尚自然,反对名教,放荡不羁,使酒任性的态度。在政治上崇尚无为,主张国君要无为而治。甚至主张"无君"、"无臣"的无政府自由主义主张。

(2)无君论。两晋之际,鲍敬言继承了阮籍、嵇康的"无君"思想加以发展,著《无君论》,系统地提出了"无君"的主张。他认为:"远古之世,无君无臣,穿井而饮,耕田而食;日出而作,日入而息……不竞不营,无荣无辱。"可是到了后来,有了君臣和国家制度,纷争不断。他认为造成人民痛苦的根源,都是由于产生了君主和官僚阶层造成的。他的中心思想是"古者无君,胜于今世"。

鲍敬言的《无君论》反映了他对现实不满的思想,揭露谴责了魏晋以来的政治黑暗、战争残酷的情况。

(3)范缜与《神灭论》。范缜,字子真,原籍南阳舞阴(今河南泌阳西北)。少时孤贫,学习刻苦。先后仕齐、梁,任尚书殿中郎、尚书左丞等官。他发展了魏晋以来的无神论思想,对佛教和唯心主义哲学思想进行了尖锐的斗争。

南齐时,司徒、竟陵王萧子良笃信佛教,曾与范缜发生过激烈争论。范缜很明确地说明了人生富贵、贫贱的偶然性,反对佛教的因果报应学说。范缜又著《神灭论》,进一步阐明了他的观点。其中论证的一个重要观点是"形与神"的关系问题。他说:"神即形也,形即神也。是以形存则神存,形谢则神灭也。"他认为神与形是两个概念,但却是结合在一起的,形是第一性的,神则是由形派生的,是第二性的。

他又说:"形者神之质,神者形之用……神之于质,犹利之于刀;形之于用,犹刀之于利。利之名非刀也,刀之名非利也。然而舍利无刀,舍刀无利。未闻刀没而利存,岂容形亡而神存?"范缜用刀与利的关系比喻形与神的关系,指明了精神对物质之依赖性,这是当时的唯物主义理论思想,他批判了精神不灭的宗教思想。

2. 宗教

(1)佛教。西晋"八王之乱"以后,又发生了永嘉时期及以后的民族仇杀,南北各族统治者亦都为他们兴亡无常的命运而担忧,在设法巩固他们的统治;各族人民受战乱之苦,亦想将自己的希望有所寄托。于是佛教在这样的情况下,获得迅速的发展。

当时,西域的许多僧人东来传教,中国人西去求法的也不少。后赵时,龟兹(qiūcí 丘词,今新疆沙雅北)僧人佛图澄很为石勒、石虎所敬重,尊为"大和尚",利用他传播佛教,以加强对广大劳动人民的思想统治。佛图澄先后有门徒将近万人,所到州郡,兴立佛寺共有八百九十三所。佛图澄的弟子释道安博学多识,对佛教经典很有研究。他为佛教僧徒制定了"戒律"三条;又致力于佛教经典的整理工作。这两件事对于当时和后代的佛教都发生了重大的影响。道安的弟子慧远为东晋著名僧人,在庐山东林寺建"莲社"(亦称"白莲社"),宣扬死后可"往生"西方"净土"的说法,后世净土宗人尊之为初祖。龟兹僧人鸠摩罗什于后秦时到长安传教,译佛经七十四部,三百八十四卷。他的著名弟子有道生、僧肇等。

自中国西去求法的有东晋著名僧人法显。法显本姓龚,平阳武阳(今山西襄垣)人。从长安西行,自海上归来,前后共十四年,历访三十余国,携回很多梵本佛经。归国后在建康译经。又撰《佛国记》,亦名《法显传》,记录他的旅行见闻。是研究五世纪初期亚洲佛教的重要史料,也是研究中外交通史和南亚各国古代历史、地理的重要资料。

(2)道教。黄巾大起义失败以后,道教开始分为两派,一为祈祷派,在农民群众中传布,以符水治病,叩头思过,属于秘密结社性质。一为炼丹派,主要为士人信奉,讲求炼丹、辟谷、导引之术,以求延年益寿。这一派多为上层社会信奉和服务,以两晋之际的葛洪和北魏前期的寇谦之为代表。

二、文学艺术

魏晋南北朝时期,是中国文学和艺术的一个大发展时期。所以这样,是和当时的时代特点分不开的。

(1)建安文学。建安(196~220年)是东汉献帝的年号。这一时期的文学很盛,史称建安文学,以诗歌的成就最为显著。诗人们继承了汉代乐府民歌的优良传统,以当时社会的战乱、人民的颠沛流离为题材进行创作,许多诗篇在一定程度上反映了人民的疾苦与要求。建安诗人的代表有曹操父子、建安七子和蔡琰等。

曹操是三国时期的第一流的政治家和军事家,又是第一流的诗人。从现在保留下来的他的少数诗篇可以看出,他的诗苍凉雄健,才气横溢。五言诗中著名的有《蒿里行》,是描述东汉末年军阀混战、连年兵甲不解、生灵涂炭的情况。有名句曰:"铠甲生虮虱,万姓以死亡;白骨露于野,千里无鸡鸣;生民百遗一,念之断人肠。"四言诗中著名的有《步出夏门行》,是建安十二年(207年)北击乌桓时之作。有名句曰:"骥老伏枥(lì立),志在千里;烈士暮年,壮心不已。"表达了自己的政治抱负,气势雄伟,慷慨悲凉,为传世名作。

曹丕是曹操的次子,后代汉为皇帝,是为魏文帝。他的名作之一《燕歌行》,是中国现存最早最完整的七言诗。有名句曰:"秋风萧瑟天气凉,草木摇落露为霜。""星汉西流夜未央,牵牛织女遥相望。"

曹植是曹操的第三子,曹丕的同母弟。他的诗歌以五言为主,词采华茂。曹操在世时,他以才学受到曹操的宠爱。他这时的诗歌以表现其政治抱负和描写贵族游乐生活为主,也有反映当时割据混战、社会残破、人民苦难的诗篇。其兄曹丕即帝位后,对曹植一直猜忌,并严加监视。使曹植长期处于被软禁的状态。他这一时期的诗歌则充满了苦闷、消极思想。如他的《野田黄雀行》曰:"不见篱间雀,见鹞自投罗? 罗家得雀喜,少年见雀悲。拔剑捎罗网,黄雀得飞飞。飞飞摩苍天,来下谢少年。"诗歌表达了幻想逃出困境,获得自由的渴望心情。

王粲是建安七子之一,曹操的幕僚。他的成名作《七哀诗·西京乱无象》描写了董卓死后,其部将李傕(jué 决)、郭汜(sì 寺)在长安互相攻杀焚掠造成的悲惨景象。诗曰:"出门无所见,白骨蔽平原。路有饥妇人,抱子弃草间。顾闻号泣声,挥涕独不见。未知身死处,何能两相完?"

蔡琰字文姬,蔡邕之女,博学多才,通晓音律。初嫁卫仲道,夫死,又归母家。董卓之乱时,被掳入匈奴,嫁左贤王。居匈奴十二年,生二子。曹操与蔡邕有旧交,以金璧将文姬赎归,再嫁董祀。她有五言和骚体《悲愤诗》各一章,五言体尤著名。全长一百零八句,倾述了自己的悲惨遭遇,也反映了劳动人民在战乱中所遭受的痛苦。如"马边悬男头,马后载妇女。""旦则号泣行,夜则悲吟坐。欲死不能得,欲生无一可"等句,揭露了董卓诱使匈奴和羌贵族残杀汉族人民的罪恶行径。《悲愤诗》还描述了她热爱故国但却要与两个孩子永别的愁苦心情。如说:"邂逅(xièhòu 谢厚)徼时愿,骨肉来迎己。己得自解免,当复弃儿子。天属缀人心,念别无会期。存亡永乖隔,不忍与之辞。"

(2)田园、山水诗。东晋时期,田园诗产生并有发展。陶渊明的作品是田园诗的代表。陶渊明名潜,东晋大司马陶侃的曾孙。少年时代,家道衰微。义熙元年(405年),任彭泽(今江西湖口东南)令,因不肯"折腰"迎接郡里来的督邮,自动解职回家,从此过着田园生活,直至病死。陶渊明的田园诗的代表作有《归去来辞》、《归田园居》等。《归田园居》的五首之一曰:

少无适俗韵,性本爱丘山。

误落尘网中,一去十三年。

羁鸟恋旧林,池鱼思故渊。

开荒南野际,守拙归园田。

诗歌表达了他不随俗浮沉,不追逐名利;而是从内心喜爱他那悠闲恬静的田园生活。山水诗派的开创者是谢灵运。他是谢玄之孙,曾任宋永嘉太守、侍中、临川内史等职。他与陶渊明不同,是世家大族之冠,又身居高位。他描写山水,着意于欣赏、刻画,注重词藻。如《山居赋》,就是描写他的山庄景物之美的。

(3)民歌。魏晋南北朝时期的民歌相当发展,出了许多传世之作。建安时期著名的长篇叙事诗《孔雀东南飞》,全诗三百五十余句,一千七百余字。是描述庐江(今安徽潜山)小吏焦仲卿与妻刘兰芝的悲剧。他们是包办婚姻,婚后爱情日浓,夫妻的感情本来很好,可是焦母对兰芝看不惯,百般虐待,一纸休书把兰芝赶回娘家,兰芝被迫投水自杀,焦仲卿也殉情自缢而死。诗歌歌颂了兰芝夫妇的真挚感情,和对这对鸳鸯小夫妻之死的惋惜之情。原题《古诗为焦仲卿妻作》,因诗之首句为"孔雀东南飞,五里一徘徊。"故用此名。

魏晋以后,中国长期处于南北对立的状态。民歌的发展也就带有地区特点。南方的民歌有吴歌和西曲之分。

吴歌为建康一带的民歌,西曲为荆、郢、樊、邓一带的民歌。吴歌和西曲多以表述情爱为主要内容,以婉转缠绵为其特色。

北曲包括了北方少数民族如鲜卑、吐谷浑、步落稽等族的民歌,汉族也有不少优秀之作。多以反映社会情况、北国风光为主要内容,以慷慨爽朗为特色。著名的《敕勒歌》原为一首鲜卑语诗歌。在高欢为西魏军击败时,他曾命敕勒族人斛律金唱此歌,高欢合唱,以激励士气。词曰:"天苍苍,野茫茫,风吹草低见牛羊。"描写了北方草原苍茫无际的景色,气势豪放。

《木兰诗》大约写成于北朝后期,是汉族民歌。长三百余字,内容是描述一位少女木兰代父从军、胜利归来的故事,表达了劳动人民热爱祖国,不畏强暴,不慕名利,淳朴贞洁的思想感情。词句通俗,叙事清晰,脍炙人口。

(4)文学评论。文学评论是魏晋南北朝时期成长起来的一种新的文学形式,是在文学发展的基础上产生形成的。其内容包括了文艺理论和文艺批评。代表作有刘勰的《文心雕龙》。刘勰,南朝齐、梁时人,所撰《文心雕龙》,是一部文学理论专著,全书十卷五十篇。他在研究了历代各家作品的基础上,全面论述了文学中的若干重要问题,其中有各类作品的特征和历史演变,有关创作、批评的原则和方法,文与质的关系等。他主张文学应当反映现实,不应当片面地追求形式。

他还认为文学的发展受社会情况及其发展的制约。他在《时序篇》中曰:"歌谣文理,与世推移","文变染乎世情,兴废系乎时序。"他对于许多作家和作品的优劣工拙进行了评论。《文心雕龙》总结了齐、梁以前的文学发展状况,把文艺理论和文艺批评推向了一个新的阶段,它是中国古代文学批评史上的光辉著作。

南朝梁人钟嵘撰《诗品》三卷,选择自汉至梁时部分诗人及其作品,进行评论。他批评了片面追求声律及以用典为贵的风气,亦反对玄学对诗歌的影响,主张作品要古朴自然,不要"使文多拘忌,伤其真美。"

(5)石窟寺雕塑艺术。魏晋南北朝时期的艺术很发展,其中的石窟寺艺术是雕塑艺术的杰出代表。

中国的石窟寺的开凿是随着佛教传布的方向亦由西而东、由北而南的。最早的石窟寺开凿于新疆,以拜城县克孜尔石窟为代表,现存洞窟二百三十六个,始凿时间约在西晋后期(三世纪末)。甘肃敦煌的莫高窟(千佛洞)稍晚,始凿于前秦建元二年(东晋太和元年,366年)。后历经隋唐至元代,均有修建。现存有雕塑和壁画作品的共四百九十二窟,其中属于前秦至北朝的有二十多窟。此外,甘肃还有不少属于这一时期的石窟。例如永靖县的炳灵寺石窟,为西秦建弘年间(五世纪初)开凿的;天水的麦积山石窟,是北魏宣武帝景明三年(502年)开凿的。

东方最早的石窟是山西大同武周山的云冈石窟,始凿于北魏文成帝即位(兴安元年,452年)之时,主要的洞窟大都开凿于和平元年至孝文帝太和十八年(460~494年)之间。大同时称平城,为北魏的国都。太和十八年,北魏迁都洛阳,又开始在洛阳城南的龙门凿窟造像。龙门石窟现存一千三百五十二个,造像九万七千余尊,约有三分之一的洞窟为北魏时所开。

石窟寺是一种佛教寺庙的建筑形式,起初是以洞窟为主,后来出现了露天摩崖造像。石像有佛、菩萨、天王、力士等。大型佛像神态肃穆安详,虽静欲动。云冈石窟最大的佛像高达十七米。窟壁多饰以浮雕,有小型佛像,佛教故事,还有礼佛图像等。图像个个姿态逼真,场面生动。

绘画、书法 东晋南朝时期有三大画家,即东晋的顾恺之、刘宋的陆探微、萧梁的张僧繇。顾恺之善画人物,注意点睛传神。他的名作有《女史箴》,经唐人临摹,为传世珍品。1900 年八国联军侵入北京,将这张画抢走,现藏在英国伦敦不列颠博物馆。陆探微擅画人物,造型有"秀骨清像"之评。与顾恺之并称"顾陆"。张僧繇亦善画人物,尤善绘佛像,兼工画龙。相传有画龙点睛、破壁飞去的神话。

魏晋南北朝时期的书法家很多,其中以东晋的王羲之与其子王献之最著名。羲之曾从师多人,后博采众长,一变汉、魏以来质朴的书风,成为妍美流便的新体。后人称他为"书圣"。其书法真迹已无存,唐人双钩廓填的行书《姨母》、《丧乱》等帖,犹可传真。其子王献之兼精诸体,尤工行、草和隶书,与其父齐名,被称为"小圣"。

三、史学地理学

1. 史学

魏晋南北朝时期的史学很发展,官家很重视修史,私家修史之风也很盛。最著名的史学著作有刘宋时范晔的《后汉书》和西晋陈寿的《三国志》。

《后汉书》是在前人所修的几家"后汉书"的基础上撰写的一部纪传体断代史。所记为东汉二百年间的重要史事和人物等。原书为九十卷,只有纪、传,无表、志。萧梁时,刘昭把西晋司马彪的《续汉书》中的八志收入,并为作注,分成三十卷。至北宋时,又将范晔原书与刘昭的八志合刊为一书,成为今本《后汉书》,共一百二十卷,为研究东汉史的重要资料。

《三国志》是一部记述三国时期一百余年间的重要史事和人物的纪传体断代史。全书分为魏、蜀、吴三部,共六十五卷,取材较精,文字简练;但无表、志。南朝刘宋时,裴松之作注,博引群书一百四十余种,注文多出本文数倍,保存了大量的史料。此书是研究三国史的重要资料。

《宋书》为南朝梁人沈约撰,是一部记述刘宋一代的纪传体断代史。书中载录诏令奏章甚多,保存了若干资料。"八志"概述先秦两汉以来的某些典章制度及其变化,补充了《三国志》无志的缺陷。可是无"食货"、"艺文"等志。原书传至北宋时,已有散失,后人取李延寿的《南史》等补入。《齐书》亦名《南齐书》,为南朝梁时萧子显撰,亦为纪传体断代史,共六十卷,今本佚序录一卷。有志无表,志亦缺"食货"、"刑法"、"艺文"等。《魏书》为北齐魏收撰,为纪传体北魏史,共一百三十卷。本书十志中有《释老志》,为考证宗教源流的重要资料。《官氏志》叙述门阀豪族势力,《食货志》叙述北魏的经济制度,都有一定的史料价值。

2. 地理学

魏晋南北朝的地理学有很大的发展。除正史中的地志之外,专门记述州郡地理、名山大川、地区风物的著作也很多。其中最著名的为郦道元撰的《水经注》。

郦道元字擅长,范阳涿县(今河北涿州市)人。历任北魏的太守、刺史、河南尹、御史中尉等职。

《水经》为东汉桑钦撰,记载全国水道一百三十七条,每条水撰为一篇,记其源流和所经地方。郦道元为之作注。全书以《水经》所记水道为纲,补以枝流小水共一千二百五十二条,逐一探求源流,述其变迁,又详记所经地区、山陵、原隰(xì 席)、城邑、关津的地理、历史情况,以及名胜古迹等,对有关史事多所考证。其字数多于原书二十倍,是原书内容的重大补充和发展,是中国古代的一部全面系统的综合性的地理名著。文笔生动流畅,有较高的文学价值。

四、科学技术

1. 数学

魏晋时期,最有成就的数学家是刘徽。他于魏景元四年(263年)撰成《九章算术注》九卷和《重差》(《海岛算经》)一卷提出了很多创见。《九章算术》中的圆面积的量法仍为"周三径一",即 $\pi=3$,是很不精确的。内接正六边形开始,增加到内接正192边形,推算出 $\pi=3.1416$,把圆周率求到小数点后第四位。

南朝宋时的大数学家祖冲之进一步求出圆周率 π 的值在 3.1415926 和 3.1415927 两个数值之间,把圆周率求到小数点后第七位。他并提出了 π 的明历》,规定一年为 365.2428 天,这个数据比当时其他一些历法更为准确。

2. 医学

西晋时期最著名的医学家是王叔和。他曾任太医令,精于医学,重视诊脉。他收集整理张仲景的《伤寒杂病论》一书,使这部重要的医学文献得以保存,并成为后代从医者的经典。

当时有许多僧、道研究医理、方剂。两晋之际的葛洪撰《金匮药方》一百卷,另有简约本《肘后救卒方》(亦称《肘后备急方》)三卷。南朝齐、梁时的道士陶弘景修补《肘后备急方》,称《补阙肘后百一方》。他又撰《本草经集注》,分为七卷,著录药物七百三十种,首创以玉石、草木、虫、兽、果、菜、米食分类,对本草学的发展有一定的影响。

3. 农学

贾思勰是北魏时期的农学家,曾任高阳郡(治今山东高阳)太守。他平时关心农业生产,具有丰富的农业知识,他从文献中搜集了许多古代和当时的农业生产经验和知识,又访问老农,撰成《齐民要术》一书。全书分为十卷,共九十二篇,分别论述各种农作物、蔬菜、果树、竹木的栽培和育种,家畜家禽的饲养,农产品加工及副业等。是中国古代的一部很有价值的农业科学著作。

第六章

隋唐五代
(581~960)

隋朝结束了自东汉末年起200余年的大分裂局势,重新统一了全国。尽管隋朝只存在了37年,但毕竟为其后唐王朝的兴盛打下了基础。唐朝是秦汉之后中国封建社会又一强大帝国,其疆域之大,境内民族之多,对外交往之广都是空前的,他在人文社会的各个方面都达到了中国君主制封建社会的新的巅峰,对中华文明乃至世界文明都产生了极其深刻的影响。而进入五代时期,中国重又陷入了分裂的局面,社会的发展又进入了一个低谷时期。

第一节 隋 朝

公元581年,杨坚废北周静帝,建立隋朝,自立为帝,是为文帝,改元开皇,国都仍在长安,称大兴城。

一、隋前期的政治

隋文帝即位以后,摆在他面前的有两项重要的政治任务:一是消除北周后期的积弊,维新朝政;二是出兵江南,消灭陈朝,统一中国。

1. 统一中国

北朝时期,居住在黄河流域的各少数民族基本上与汉族融合,北方的社会经济也由恢复而发展。至隋建国,中国南北方的民族矛盾与经济、文化差别基本上消除了。可是这时南北在政治上的对立和斗争,不仅阻碍了南北经济、文化交流,也给两地人民造成很大的负担和痛苦。因之,结束南北对立,实现国家的再统一,是当时历史发展的趋势,也是南北方广大人民群众的要求。就南北方的实力而言,陈朝统治已分崩离析,国力薄弱;而隋朝的政治比较清明,生产发展,国力强盛。因此,由隋灭陈来实现统一是历史的必然。

陈朝是陈霸先建立的。陈朝末年,皇帝陈叔宝,内政混乱,边防薄弱。隋开皇八年(588年),隋文帝杨坚命其子晋王杨广率兵五十余万,分数路大举攻陈。次年初,隋将韩擒虎、贺若弼率军渡江,一举攻下建康,俘虏了陈叔宝,陈朝灭亡。岭南诸郡也在少数民族首领洗(xiǎn 冼)夫人的率领下,归顺隋朝。至此,中国重归统一。

2. 维新朝政

隋文帝即位以后,即大力革新朝政,废除北周的落后制度,采用了一些汉魏以来实行的符合需要的制度,另外还有所创新,史称"维新朝政"。

(1) 三省六部制。隋文帝对中央官制和地方官制都有较大的改革。在中央,废除了北周实行的"六官制",确立了"三省六部制"。三省为内史省、门下省和尚书省。内史省是决策机构,负责草拟、颁发皇帝的诏令,其长官为内史令。门下省是审议机构,负责审核政令,驳正违失,其长官为纳言。尚书省是执行机构,负责贯彻执行重要政令,其长官为尚书令,副长官为左、右仆射(yè 叶)。

三省为中央最高统治机构,三省长官(包括仆射)同为宰相,共同负责中枢政务。六部即尚书省下属的吏、民、礼、兵、刑、工等六部。吏部主官吏的考核任免,民部主户口、赋税等,礼部主礼仪制度,兵部主军政、刑部主法律、刑狱,工部主水陆工程。各部长官为尚书,副长官为侍郎。三省分权改变了以往宰相一人执掌大权的状况,削弱了相权,加强了皇权。三省六部职司划分明确,提高了行政效能,加强了中央统治力量。

(2) 州县制。在地方上,隋文帝撤销了郡一级建制,改地方行政州、郡、县三级制为州、县两级制,又合并了一些州县,裁汰冗员,消除了过去层次、机构过多的弊端,改善了吏治,节省了开支。后来还规定,九品以上的地方官吏都由吏部任免,每年进行考核。州县佐吏三年必须更换,不得连任,而且不许用本地人,必须用外地人,这改变了秦汉以来地方官自聘僚属的惯例,防止了本地豪强地主垄断地方政权,进一步加强了中央对地方的控制。

(3) 改革府兵制。开皇十年(590 年),隋文帝对府兵制做了重大改革。府兵制原为西魏、北周的兵制。府兵为职业军人,兵士都由军府统领,不列入州县户籍,家属也随营居住,编为军户。改革后,军人除仍有军籍、隶属军府外,又与其家属一起编为民户,隶属于州县;有了固定的住处,可以按均田令分得土地,从事生产;同则还要按规定轮番到京城宿卫,或执行其他任务。从此,府兵制与均田制结合起来,成为兵农合一,寓兵于农的制度。

(4) 创立科举制。南北朝时期的九品中正制,主要按门第高低选拔官吏,庶族出身的士人很难有仕进的机会。隋文帝即位后,废除九品中正制,选官不问门第。令各州每年向中央选送三人,参加秀才、明经等科的考试,合格者录用为官。隋炀帝即位后,创立进士科,这标志着科举制的产生。"科举"即分科取士之意。这一制度产生后,把读书、应考和做官三者联系起来,成为以后士人仕进的必由之路。科举制的产生,打破了数百年来世族门阀垄断仕途的局面,一般地主子弟甚至贫寒子弟也可能由此走上仕途。从此,选拔官吏之权从世家大族手中收归中央政府,从制度上限制了世家大族把持政治大权,为庶族地主参与政权开辟了道路。

(5) 编制《开皇律》。北周时期,法律时宽时严,刑罚混乱。隋文帝即位后,制定了《开皇律》。该律分为十二卷,共五百条,将刑罚分为死刑、流刑、徒刑、杖刑、笞刑五种二十等。还规定对犯"十恶"者要严惩不贷。《开皇律》废除了前代的一些酷刑,简化了律文,是唐及其以后各代法典的基础。

3. 发展经济的措施

(1) 实行均田制。开皇二年(582 年),隋文帝下令实行均田制。隋代均田制规定每丁(十八岁以上)受露田八十亩,桑田或麻田二十亩,妇人受露田四十亩。露田在受田人死后要归还国家,桑田或麻田为永业田,可以传给子孙,可以买卖。奴婢受田与平民相同,但对受田人数有限制,亲王之家限三百人,平民之家限六十人。丁牛(壮牛)一头受田六十亩,一家限四牛。亲王至都督皆给永业田,从百顷递减至四十亩(一说三十顷)。京官皆给职分田,一品为五顷,每低一品,减少五十亩。

至九品递减至一顷。外官除职分田外,还有一定数量的公廨田。职分田的收入是官吏俸禄的一部分。公廨田的收入则为官署的办公费用。这两种田在新旧任官吏交接时,要随之交接,不得出卖。

虽然农民受田往往不足定额,但继续实行均田制毕竟使无地少地的农民分到一些土地,提高了他们的劳动积极性,并在一定程度上抑制了土地兼并,因而对当时解决温饱问题起到了积极作用。

(2)租调力役制。隋文帝实行"轻徭薄赋"政策。开皇二年规定:十八岁以上为丁,要负担租调力役;六十岁为老,免除租调力役。租为田租,调为户调,力役即劳役。一夫一妇为一床,每年交租粟三石;受桑田者交调绢一匹(四丈)、绵三两,受麻田者交调布一端(六丈)、麻三斤。无妻室的单丁及奴婢纳一半租调。丁男每年服力役一个月。开皇三年,减轻租调力役,规定成丁年龄由十八岁提高到二十一岁,受田年龄仍为十八岁。受田者前三年不纳租调不服力役。调绢由每年一匹减为二丈,力役由每年一个月减为二十天。开皇十年(590年),又规定五十岁以上者,可"免役输庸",即纳布帛以代替力役。租调力役的减轻和输庸代役制的实行,在一定程度上减轻了农民的负担,提高了他们的生产积极性,促进了农业生产的发展。

(3)"大索貌阅"与"输籍之法"。南北朝时期人民脱离户籍或佃客为豪强隐瞒户口的很多。开皇五年(585年),隋文帝下令清查户口,依照户籍簿上登记的年龄体貌进行核对,此即所谓"大索貌阅"。如有不实,三长要发配远方。清查的结果,使国家户籍增加了四十四万余丁,一百六十四万余口。另外还根据宰相高颎(jiǒng窘)的建议,实行了"输籍之法"。即由国家制定"输籍定样"(划分户等的标准),发到各州县,每年正月五日,县令派人到农村,依定样划分户等,作为征调赋税、力役的依据。由于国家规定的赋税、力役数量低于豪强地主对佃农的收租量,许多原来依附豪强地主的农民纷纷脱离地主,向官府申报户口,纳税服役,成为国家的编户。由于"大索貌阅"与"输籍之法"的推行,政府增加了所辖户口和财政收入,扩大了力役来源;豪强地主势力受到很大削弱。

4. 加强对东南地区的控制

(1)营建东都。隋在统一全国后,为了加强中央对东方和南方的控制,决定修建洛阳以为东都。隋炀帝大业元年(605年),开始营建东都,历时十个月,每月征调民夫二百万人。东都在旧洛阳城之西,规模宏大,周长五十余里,分为宫城、皇城、外郭城等三部分。宫城是宫殿所在地,皇城是官衙所在地,外郭城是官吏私宅和百姓居处所在地。外郭城有居民区一百余坊,另有丰都市、大同市、通远市等三大市场。隋炀帝常住洛阳,将其作为东方的政治、军事、经济中心。

(2)开凿运河。隋炀帝在营建东都的同时,又下令开凿大运河。大运河以洛阳为中心,分为三大段。中段包括通济渠与邗沟。通济渠北起洛阳,东南入淮水。邗沟北起淮水南岸之山阳(今江苏淮安),南达江都(今扬州)入长江。南段名江南河,北起长江南岸之京口(今江苏镇江),南通余杭(今浙江杭州)。北段名永济渠,南起洛阳,北通涿郡(今北京城西南)。大运河分段开凿,前后历时五年,全长两千余公里,是世界著名的伟大工程之一。开凿大运河的目的是为了加强中央对东方和南方的统治,同时也是为了从南方漕运粮食和便利对东北用兵。大运河对中国南北的经济、文化交流和巩固国家的统一都起了巨大的作用。

5. 经略边疆

隋朝对边疆的少数民族采取积极的政策,既有军事对抗,也有和平交往。民族关系的主流是友好往来和经济文化交流。当时主要的少数民族有突厥、吐谷浑以及流求人等。

(1)突厥。突厥原居今西伯利亚叶尼塞河上游,以狩猎、游牧为生。五世纪中叶,被柔然征服,迁于金山(今阿尔泰山)南麓为柔然做铁工。六世纪中叶,突厥逐渐强大,打败柔然,其首领土门(姓阿史那氏)自称伊利可汗,建立突厥汗国。其子木杆可汗时,全部占据柔然的疆土,又西破嚈哒,东败契丹,北并契骨,其疆域东至辽河上游,西至里海(一说咸海),南至大漠,北至贝加尔湖。这时突厥已有文字、官制、刑法和税法等。

隋初,突厥强大,有战士四十万,不断入侵内地。隋朝被迫修长城,驻重兵,加强防守。开皇三年(583年),隋军大败突厥。不久,突厥分裂为东、西两部,东、西突厥互相对立,两部内部各派也互相攻战。开皇十九年(599年),东突厥突利可汗战败降隋。隋封他为启民可汗,并以宗女义成公主嫁之。大业七年(611年),西突厥处罗可汗亦降隋。突厥与隋的政治、经济关系日益密切。

(2)吐谷浑。吐谷浑,原是鲜卑族慕容部一支的首领的名字。该部原居今辽宁一带,西晋末,吐谷浑率部西迁至今甘肃、青海之间。后来以吐谷浑为姓氏,建立国家,都伏俟城(青海湖西十五里)。其官制、衣服、器用都仿效中原王朝,并使用汉文。隋初经常入侵。开皇十六年(596年),隋文帝以光化公主嫁于吐谷浑可汗。大业四年(608年),隋炀帝派军大败吐谷浑。在其地设河源(今青海兴海东南)、西海(今青海湖西)、鄯善(今新疆若羌)、且末(今新疆且末西南)四郡。

(3)流求。隋代之流求是指今台湾。当时岛上的居民是今高山族的先民,其文化与中国内地东南沿海的文化有密切关系。隋炀帝曾于大业三年(607年),派朱宽、何蛮前往流求。次年,复命朱宽前往。大业六年,又派陈稜、张镇州率兵万人前往。"流求人初见船舰,以为商旅,往往诣军中贸易"。可见台湾与大陆之间在此之前已有贸易往来。

二、社会经济的发展

隋统一中国后,消除了南北长期对立的局面,为南北经济的交流和发展创造了有利条件。隋文帝时期,采取劝课农桑,轻徭薄赋的政策,有利于社会的安定,调动了农民的生产积极性。因而社会经济的恢复、发展都较快。

1. 农业

隋代农业的恢复、发展,主要反映在田野垦辟、户口增殖和府库充实等方面。

田野垦辟,户口增殖隋初,全国垦田数字为一千九百四十万顷。到隋末,增至五千五百八十五万余顷。这个数字虽包括了许多过去未登记的田地,但显然也包括大量新开垦的田地。

隋初,仅有三百五十九万余户,九百万口。灭陈时,得五十万户,南北合计近四百一十万户,三千余万口。至大业二年(606年)户口已增至八百九十万余户,四千六百余万口。户数增长了一倍,口数增长了三分之一。这个数字当然包括大量原来隐漏的户口,但人口的迅速增殖也是事实。

由于社会经济迅速发展,国家的赋税收入也不断增加,官府为储存粮食,在各地修造了许多官仓,除京师的太仓外,其中较著名的有黎阳仓、河阳仓、常平仓、广通仓(后改称永丰仓)、含嘉仓、子罗仓、洛口仓(又称兴洛仓)、回洛仓等。这些粮仓规模巨大,储粮多者可达数千万石,少者也有数百万石。各地府库中储存的布帛也很多,如京都和并州(今山西太原)府库的布帛就各有数千万匹。由于收入远超过支出,至隋文帝末年,"天下储积,得供五、六十年。"

2. 手工业

隋代的手工业有较迅速的发展,当时主要的手工业有纺织业、制瓷业和造船业等。

(1)纺织业。纺织业中以丝织业最为有名。主要产地为今之河南、河北、山东、四川等地,所产绫、绢、锦等都很精美。当时还采用外来的波斯锦的织造技法,织出了质量很高的仿波斯锦。在今安徽、江苏、浙江、江西等地,麻布的产量很大。豫章(今江西南昌)妇女勤于纺绩,"夜浣纱而旦成布者,俗呼为鸡鸣布"。

(2)制瓷业。隋代的制瓷业有很大的发展。隋代已经出现了白瓷器,其造型美观,色泽晶莹,质地坚硬。隋代的青瓷制造技术也有所发展,其胎厚重,釉透明,硬度远胜于前代。

(3)造船业。隋代造船业也有很大发展。当时中国的造船技术与规模在世界上都名列前茅。隋文帝准备伐陈时,大造战船,其中的大舰名"五牙",高百余尺,上有楼五层,前后左右设置六个拍竿,各高五十尺,可载战士八百人。隋炀帝即位后,造龙舟、凤船等各种船数万艘。他游江都时所乘龙舟高四十五尺,阔五十尺,长二百尺,上有四层楼,上层有正殿、内殿、东西朝堂,中间两层有房一百二十间,下层为内侍居处。除官府外,民间造船的也很多,尤其是吴、越、闽等地,濒临大海,善造大船。

3. 商业

由于农业、手工业和交通运输的发展,国内外市场的扩大,隋朝的商业也迅速发展起来。长安是全国最大的商业中心,也是国际贸易的重要城市。长安有东、西两市,国内外商人云集。东都洛阳也是重要的国内外贸易城市。有东、南、北等三市。商旅众多,货物山积。江都(今江苏扬州)、丹阳(今江苏南京)、成都、太原、余杭(今浙江杭州)、南海(今广东广州)、宣城等城市也都很繁荣。各州(郡)县都设有市,州县治所往往是本地区或更大范围的商业中心。

三、隋末农民战争

1. 起义背景

(1)统治者骄奢淫逸。隋炀帝是中国历史上少有的暴君。虽然他在历史上有一定的作为;但骄奢淫逸,好大喜功,挥霍无度,给人民带来了极大的痛苦,以致激起了全国规模的农民大起义。

隋炀帝为满足其骄奢淫逸的生活,在各地大修宫殿苑囿、离宫别馆。其中著名的有显仁宫、江都宫、临江宫、晋阳宫、西苑等。西苑在洛阳之西,周围二百余里,苑内有人工湖,周围十余里,湖内有山,堂殿楼观,布置奇巧,穷极华丽。隋炀帝常在月夜带宫女数千人骑马游西苑,令宫女在马上演奏《清夜游》曲,弦歌达旦。炀帝游江都时,率领诸王、百官、后妃、宫女等一、二十万人,船队长达二百余里,所经州县,五百里内都要贡献食物,挥霍浪费的情况十分严重。

隋炀帝为夸耀国家富强,每年正月当少数民族和外国首领、商人聚集洛阳时,命人在洛阳端门外大街上盛陈百戏散乐,戏场绵亘八里,动用歌伎近三万人,乐声传数十里外。西域商人要到市上交易,炀帝就下令盛饰市容,装潢店肆,房檐一律,珍货充积,连卖菜的都要垫以龙须席。当这些商人从酒店饭馆前经过时,都要请他们就座用餐。并说:"中国丰饶,酒食例不取直(值)。"还将市上树木缠以丝织品做装饰。有些胡商说:"中国亦有贫者,衣不盖形,何如以此物与之!缠树何为?"。隋炀帝穷奢极欲,贵族官僚们也竞相仿效,统治集团的无限挥霍。

(2)大兴土木。隋炀帝不惜民力,无限制地征发徭役,兴建了许多规模巨大的工程。为掘保护东都的长堑,征发民伕数十万;营建东都,每月役使民伕二百万;开凿运河,先后征发民伕数百万;**修长城,征发民伕一百余万;修大兴城,又征发民伕十万**。兴建这些工程时,不仅毫不考虑农时,而且役期严急,劳役过重,致使服役者大量死亡。

(3)劳师远征。隋炀帝还多次劳师远征高丽。高丽地跨鸭绿江两岸,位于今中国辽宁东部、吉林中部和朝鲜北部。辽宁东部、吉林中部古称辽东,很早即入中国版图,后被高丽占据。开皇十八年(598年),高丽又攻隋的辽西。隋文帝派大军三十万攻高丽,后因士卒多病,高丽亦遣使谢罪,遂罢兵。隋炀帝即位后,又三次大举进攻高丽。

大业八年(612年),隋炀帝第一次进攻高丽。征调士卒一百一十三万余,陆军集中于涿郡(今北京),水军集中于东莱(今山东莱州)。另调民伕二百万,以运送衣甲、粮食等。造海船的民工日夜站在水中,皮肤溃烂,腰以下生蛆,死者甚众。隋军虽曾攻至平壤附近,最后却大败而还。大业九年(613年),第二次进攻高丽。正当双方相持不下时,礼部尚书杨玄感起兵叛隋,隋炀帝仓皇撤军。大业十年(614年),第三次进攻高丽。隋炀帝因国内农民起义已成燎原之势而不敢久战,高丽也疲于战争而遣使请降,隋炀帝就此撤军。

进攻高丽的战争,先后动用人力数百万,征调财物无数,大量士兵、民伕死于战场和劳役,由于农村中极度缺乏劳力和耕畜,大量土地荒芜,社会经济受到严重破坏,人民难以生活下去。

(4)长白山起义。进攻高丽的战争成为隋末农民大起义的导火线。起义首先在山东爆发。当时山东、河北人民为征高丽而负担的兵役、徭役及受过境军队的骚扰最严重,所以起义在炀帝第一次出征之前首先在这一带爆发。大业七年(611年),邹平人王薄在长白山(今山东邹平、章丘境内)首揭义旗,自称"知世郎",作《无向辽东浪死歌》曰:"长白山前知世郎,纯著红罗锦背裆。长矟(shuò朔)侵天半,轮刀耀日光。上山吃獐鹿,下山吃牛羊。忽闻官军至,提刀向前荡。譬如辽东死,斩头何所伤!"以此号召农民参加起义。

长白山起义之后,山东、河北广大地区的人民纷起响应,起义军"多者十余万,少者数万人。"攻郡县,杀长吏,震撼了隋朝统治。

"皇帝昏庸、骄奢淫逸、不务朝政、大兴土木、横征暴敛、劳师远征……",中国史书在分析朝代灭亡的原因时,几乎千篇一律的都是这些用词,以为这就是朝代灭亡的根本原因,实则大错特错,这些都是内在规律表现出来的外在现象,是表面现象,而不是本质原因。当人口达到饱和期的巅峰时,政府财政收入最丰厚,财阀和上层社会也最富有,生活奢华是必然现象,老百姓富足了也一样要享受生活的,任何人都不例外,生活奢华、不务朝政、大兴土木,都是极其富有的结果,国家的钱多得花不完,自然也就不去劳心勤政了,自然更崇尚"无为而治"、逍遥自在了,何须去扰民呢?但是,人口顶峰时也正是"国富民穷"之时,老百姓一代代成倍繁衍,家庭人口增多,土地却不断被子孙分割,越来越少,虽然还能交得起税收,但是交完之后已经接近赤贫,所以说,此时是"国富民穷"之时。

人口继续增长,紧接着就是税收难征了,再接着就是国库空虚了,再接着就是横征暴敛了,再接着就是政府无粮救济饥民了,抗阻抗税开始出现,即使政府不收税,即使政府救济他们,人口继续增长下去,也要发生饥民暴动,所有,在所有朝代灭亡的末期,都会出现雷同的这些现象,这是必然规律,而世人误把这些现象当成问题的本质原因。

当国内出现社会矛盾,民众疾苦,对政府产生不满情绪时,有的帝王往往通过发动对外征战,树立国家敌人来转移人们的注意力和不满情绪,来唤起民族凝聚力和强化内部团结,所以,接着会出现"劳师远征"了。

人口达到超负荷时,人多地少,农民严重失业,征调几万几十万人大兴土木,或是穷奢极欲,仆役上千,歌妓三万等等,所有这一切一切穷人见了气愤的各种现象都只是表面现象而已,而不是王朝灭亡的根本原因。

根本原因是粮食总量养不活人口总量问题,小农经济的人口膨胀,也是农民自身造成的问题,然后再由农民自己暴动引发战争,启动人口减灭机制,接着起义失败,豪绅之间进行长期的军阀混战,大规模破坏生产力,全面的破坏粮食生产秩序,快速的饿死下层民众,大量的减灭下层人口,最终实现人口减灭。

2. 三大农民起义军

大业十三年(617年)前后,各地农民起义军逐渐汇合为三大主力,即河北起义军、瓦岗起义军和江淮起义军。

(1)河北起义军。河北起义军的领袖是窦建德。他是漳南(今河北故城东北)人。大业七年(611年),因与农民起义军有联系,家属被官府杀害,于是率众参加起义军,转战于今河北、山东交界一带。大业十三年,窦建德在乐寿(今河北献县)称长乐王。同年,隋炀帝命涿郡留守薛世雄率兵三万余南下进攻瓦岗军。窦建德在河间歼灭了薛世雄军,支援了瓦岗军的斗争,此后河北大部分地区都为起义军所占有。大业十四年,起义军领袖窦建德裂地为王,自立为夏王,割据一方,建国号为夏。次年,迁都洺州(今永年东南)。

(2)瓦岗起义军。在三大农民起义军中,瓦岗军的力量最为强大。其创始人是翟让。翟让原是隋朝东郡(治今河南滑县东)的司法小吏,因犯法被判死刑,后从狱中逃走。约于大业七年(611年),在瓦岗寨(今河南滑县东南)起义。单雄信、徐世勣、王伯当等先后率部入伙。大业十二年,曾帮助杨玄感起兵的贵族李密也来投奔。李密招来许多小股起义军加入瓦岗军,又谋划攻下金堤关(在今河南荥阳东北),又在荥阳重创隋军,杀死隋将张须陀。次年,攻下兴洛仓(洛口仓),开仓赈济饥民,四方饥民归之如流,饥民队伍迅速发展到数十万人。翟让自觉才能不及李密,主动让位给李密。李密称魏公,建元永平。

此后,瓦岗军接连攻下回洛仓(在河南洛阳北)、黎阳仓(在河南浚县)及附近郡县,直逼洛阳城下。还发布檄文,声讨隋炀帝的十大罪状,文曰:"罄南山之竹,书罪未穷;决东海之波,流恶难尽。"瓦岗军屡败政府军,声威大震。但此时李密却由于担心翟让夺他的权而将其杀害。瓦岗军内部争权混乱,遂后走向衰落。

(3)江淮起义军。江淮起义军的领袖是杜伏威、辅公祏。杜伏威是齐州章丘(今山东章丘北)人,辅公祏是齐州临济(今山东章丘西北)人。他们都曾在大业九年参加长白山起义军,后来自己组织队伍向淮南发展。江淮间各支起义军多来归服。大业十三年,杜伏威率军大败隋军,乘胜攻克高邮(今江苏高邮北)、历阳(今安徽和县),次年攻克丹阳(今江苏南京),控制了江淮流域的广大地区,威胁隋朝的军事重镇江都。

3. 隋朝灭亡

(1)江都兵变。大业十二年(616年)隋炀帝第三次到江都后,畏于北方农民起义的发展,不敢北还。隋炀帝自知大势已去,日夜常醉,想保据江东。大业十三年,太原留守李渊起兵反隋,江都人心惶惶。次年,隋将司马德戡(kān 刊)等利用北方籍卫士思归的情绪,在江都发动兵变,攻入宫中,推举宇文化及为丞相,缢杀隋炀帝。此后,宇文化及率部北还。

(2) 李渊建唐。李渊即唐高祖。其祖其父均为西魏、北周的高级将领,其母为鲜卑人,与隋文帝皇后为从姊妹。李渊七岁袭封唐国公。大业十三年,任太原留守。当年五月,起兵反隋。攻陷长安后,立炀帝之孙代王杨侑为傀儡皇帝,遥尊隋炀帝为太上皇,自任大丞相,掌握大权。次年三月,宇文化及杀隋炀帝,李渊亦废杨侑,自立为帝,国号唐,建元武德,仍以长安为国都。

李渊称帝以后,即开始对各方的异己势力展开清剿,以平息战乱。当时,全国各地有多支大小农民起义军,还有原为隋朝之贵族、官僚,以及一些豪强地主,他们多拥兵割据一方,大者称皇帝,称王公,小者称总管,称录事。互相兼并,战火不断。李渊对农民起义军首领或割据势力,用招降或武力消灭两种方式同时进行。如河北起义军之窦建德、刘黑闼,江淮起义军的辅公祏相继被杀,杜伏威和瓦岗起义军的李密、徐世勣则投降。地方割据势力如陇右的薛仁杲、幽州的罗艺、洛阳的王世充等相继投降,陇右的李轨、巴陵的萧铣、朔方的梁师都等相继败死。至贞观二年(628年),中国又统一起来。

第二节 唐 朝

唐朝是中国君主官僚时代最强盛和统治时间最长的王朝之一。其疆域之大,境内民族之多,都是空前的。唐朝的历史可以公元755年"安史之乱"为界,"安史之乱"以前为唐前期,是国力强盛、文化繁荣时期;"安史之乱"以后为唐后期,则是分裂割据、国力日衰时期。

一、唐初的主要制度

唐初所行制度,基本上沿用隋制,但在某些方面有所改进,因而比隋制更完善,更严密,进一步加强了中央集权。

1. 政治制度

唐初,中央的主要机构为三省、六部、一台、五监、九寺。地方上实行州县两级制。太宗时,又在州之上设道,作为监察区。

三省六部制 三省为尚书省、门下省和中书省(隋称内史省),职掌与隋制同。尚书省下设吏、户(隋称民部)、礼、兵、刑、工六部,职掌亦与隋制相同。中央还另有殿中省和秘书省,但在中枢政治中的作用不大,故习称唐代是三省六部。

三省长官起初均为宰相,共议国政。但由于尚书令权力太大遂以唐太宗曾任此职为理由,不再授人,而以左右仆射代行职权。左右仆射起初是当然的宰相,但后来要加"同中书门下"头衔才是宰相。

由于中书令、门下侍中的名位较高,所以也不常设。于是就给其他官员加上"参预朝政"、"参议朝政"、"参议得失"、"同中书门下三品"、"同中书门下平章事"等头衔,担任宰相。宰相们平时在政事堂讨论军国大事。政事堂会议是协助皇帝统治全国的最高决策机构。宰相的权力分于三省,又由品级较低的官吏担任宰相,这就进一步削弱了相权,加强了皇权,但同时也更便于发挥整个统治集团的意志。

一台五监九寺。一台即御史台,掌监察中央和地方官吏,参预大狱的审讯。五监即掌文教的国子监、掌皇家手工业生产的少府监、掌土木工程的将作监、掌制造军器的军器监和掌水利建设的都水监。九寺即掌礼仪祭祀的太常寺,掌皇室酒醴(lǐ 李)膳羞的光禄寺,掌兵器仪仗的卫尉寺,掌皇族谱籍的宗正寺,掌皇帝车马和国家牧政的太仆寺,掌刑法断狱的大理寺,掌国宾、礼仪的鸿胪寺,掌国家仓廪储备的司农寺和掌财货,贸易的太府寺。

州县和道唐初的地方行政制度与隋朝基本相同,仍为州县两级制。州的长官为刺史,县的长官为县令,县下设乡,乡下设里。唐太宗时,为加强对地方的控制,把全国划分为十个监察区,称为道。时常派黜陟使或巡察使到各道巡察。唐玄宗时,又分全国为十五道,每道设采访使一人,督察所属州县。

2. 府兵制

府兵是唐初的主要军事力量。其编制的基本单位是折冲府(又称军府)。府分三等,上府一千二百人,中府一千人,下府八百人。军府长官为折冲都尉,副职为左右果毅都尉。府兵称卫士或侍官。军府分别隶属于十二卫和六率。十二卫各设大将军一人,直接听命于皇帝。六率各设率一人,隶属于太子。军府最多时有六百三十四个,约百分之四十分布在京师所在的关中,以便中央政府手握重兵,控制四方。府兵必须凭尚书省兵部的兵符才能调拨。战时由皇帝命将率军出征,战争结束,将领回朝,士卒归府,将无常兵,难以干预国政。

唐代府兵制建立在均田制基础上,是兵农合一的制度。卫士二十一岁入军,六十岁免役。征点标准是"财均者取强,力均者取富,财力又均,先取多丁"。府兵农忙时生产,农闲时操练。其经常性任务是轮流到京城宿卫(称为"番上"),或到边境和内地的要地戍守。战时则应征作战。卫士服役期间,免除其自身的租调,但衣装、口粮和大部分兵器要自备。府兵制虽减轻了国家的负担,但卫士个人的负担却很沉重。在均田制破坏的过程中,此制亦随之破坏,后为募兵制所代替。

募兵(又称兵募)在唐初不是常备军,只是战时才临时招募,后来逐渐制度化,成为常备军。另外,还有北衙禁军,其主要任务是守卫皇宫。

3. 科举制

科举制始创于隋朝。至唐朝进一步发展、完善,成为选拔官僚的主要方法。随着科举制的推行,学校教育也日益发展。中央设国子监,下辖国子学、太学、四门学、律学、书学、算学等六学。地方上设有州、县学。学生称生徒,学习成绩好的,由学校保送参加科举考试。

唐代科举分为常举和制举。常举每年举行考试,科目主要是明经、进士、明法、明书、明算等,另外还有秀才、道举、童子、一史、三史等科。

常举的应考者有两个来源,一为生徒,即由各级各类学校保送者;二为乡贡,即经州县考试选拔的自学者。应考者主要集中在明经和进士两科。明经科主要考试对儒家经典的记忆,比较容易;进士科主要考诗赋和政论,难度很大,而且又是做高官的主要途径,因之最受重视。人们有"三十老明经,五十少进士"之说。说明考中进士之不易。常举初由吏部主持,后改由礼部主持。制举是为了搜罗非常人才而临时设置的考试,不常举行。所设科目有贤良方正直言极谏、才识兼茂明于体用等一百多种。一般士人和官吏都可应考,录取者优予官职或提升。科举制有利于庶族地主参政,进一步扩大了国家治理的全民参政权力。

4. 土地与赋役制度

唐继隋末大乱之后,人口死散很多,土地大量荒芜,社会经济凋敝。唐朝为稳定社会秩序,恢复、发展农业生产,保证赋税收入和徭役调发,采取了许多措施,其中最主要的是武德七年(624年)四月颁布了均田令和租庸调法。

(1)均田制。均田令规定:继续实行均田制,庶民依据户籍授田。人三岁以下者为黄,四岁为小,十六岁为中,二十一为丁,六十为老。丁男和十八岁以上的中男授田一顷。其中二十亩为永业田,可以传给子孙,八十亩为口分田,死后要还官。老男、残废、重病者授口分田四十亩。寡妻妾授口分田三十亩。这些人如为户主,加授永业田二十亩。和尚、道士授口分田三十亩,尼姑、女冠(女道士)授口分田二十亩。工商业者的永业田、口分田减半给;若在狭乡(人多地少地区)则不授。狭乡农民亦减半授田。贵族和官员授田另有规定:最多者为亲王,可授永业田一百顷,最少者为武骑尉,可授永业田六十亩。各级官员另有数量不等的职分田,以其收入作为俸禄的一部分。各级官府还有数量不等的公廨田,以其收入作为办公费用。职分田和公廨田在原任官离职时,则由新任官接管,不得出卖。

土地买卖受到严格控制。但官僚贵族的永业田和赐田可以出卖;百姓的永业田在人死家贫无力埋葬时亦可出卖;百姓的口分田在由狭乡迁往宽乡,或者卖充住宅、邸店、碾硙时,亦可出卖。买地者不准超过本人应占田限额。唐代的均田制和前代一样,是在土地私有制的基础上实行的,并不触动地主拥有的私人土地。所谓授田,主要是从无主荒地上调拨。农民生育速度太快,人口太多,人口一代代的翻倍增长,没有那么多荒地可供开垦,所以大多数农民授田不足额,甚至有些地区每户农民有田不过十亩、五亩,在古代粮食产量很低的情况下,这些地根本养不活一家人。虽然如此,但农民在均田制下毕竟得到了一些土地,而且均田制禁止随意买卖土地和无限占田,在一定程度上起了抑制土地兼并,维护小农经济的作用,暂时以牺牲农业经济的发展来维持农民的社会稳定。所以均田制的实行对唐初的社会稳定起到了积极作用。

(2)租庸调法。租庸调法是唐前期的主要赋役制度,是在均田制基础上实行的。租庸调按丁征收。每丁每年交纳粟二石,称为租。每年植桑区交纳绢二丈、绵三两,种麻区交纳布二丈五尺、麻三斤,称为调。每丁每年服徭役二十天,闰月加二日。如果不服徭役,每天折纳绢三尺或布三尺七寸五分,称为庸。如果政府额外加役,十五天免调,三十天租调全免。额外加役最多不能超过三十天。隋朝规定五十岁以上的人才能以庸代役,而唐朝将此加以推广并制度化,并规定了役期的最高天数。这些都使农民有较多的时间从事农业生产,有利于社会经济的恢复和发展。

5. 法律

唐代法律分为律、令、格、式四种。律是刑法典。令是关于国家各种制度的规定,如《户令》、《田令》等。式是各项行政法规,办事细则,如《水部式》等。格是对律、令、式所做的补充和修改。律、令、格、式互为补充,以律为主,同时并行。

唐律是直接从隋《开皇律》发展而来的。唐律从唐高祖时开始制订,到唐太宗时修订完成。唐高宗永徽年间,又对律文加以解释。释文称为"疏",具有和"律"同等的效力。二者合编,称为《永徽律疏》,后世称之为《唐律疏议》。这是中国现存最早的一部完整的国家法典。唐律分十二篇,共五百零二条。刑名有笞、杖、徒、流、死等五种。在量刑定罪上,唐律比隋律又有所减轻。

唐律的基本精神是维护国家稳定统治,亦把谋反、谋大逆、谋叛、恶逆、不道、大不敬、不孝、不睦、不义、内乱等定为"十恶"。对属于"十恶"的罪要严惩,而且大多不能减、赎,有些甚至遇大赦也不能免罪。为了保证国家的税收,唐律对隐匿户口、谎报年龄、私自出家以及不按期交纳租调服徭役者,规定了各种刑罚。唐律还规定了贵族、官僚、平民、部曲以及奴婢在法律上的不同地位。贵族、官僚犯罪可以减罪、赎罪以及用官抵罪。平民如果冒犯贵族、官僚,要加等治罪。主人可以任意殴打部曲甚至打死。主人只要报请官府,就可以杀死奴婢。

二、贞观之治

唐高祖李渊只当了九年皇帝就将皇位传给次子李世民,自己退入后宫当太上皇去了。李世民为建立唐朝立有巨大军功。他与其兄、太子李建成都有继承皇位的要求,明争暗斗激烈。武德九年(626年),李世民发动"玄武门之变",杀李建成,争得太子之位。不久,其父又将皇位传给他。他即位后,于次年改元贞观。贞观共二十三年,当时的政治比较清明,经济由恢复而迅速发展,社会稳定,人民生活得到改善,国力强盛,边境安宁。史家称此时为"贞观之治",被认为是中国君主时代少有的"太平盛世"。李世民死后,谥号为"太宗",史称唐太宗。唐太宗(626～649年)是中国古代史上杰出的政治家。所谓"贞观之治",除了当时的政治、经济、文化等都有所发展之外,还有如下的四个重要特点:

1.唐太宗君臣论治

唐太宗经常与其大臣们论古说今,总结历史经验,以改善统治。他很重视强盛的隋朝在短时间内土崩瓦解一事,经常议论隋亡的教训,并引以为戒。他们还议论历代王朝兴衰成败的原因,从中吸取经验教训。参与论治的主要有魏征、房玄龄、杜如晦、褚遂良、马周等人。

唐太宗曾多次引用荀子的话说:"君者,舟也;庶人者,水也。水则载舟,水则覆舟。"魏征也曾说,强盛的隋朝之所以速亡,就是由于隋炀帝"驱天下以从欲,罄万物以自奉","徭役无时,干戈不戢",所以"载舟覆舟,所宜深慎。"他们认识到一个政权如果过分暴虐,使人民无法生活下去,就会被人民推翻,所以对人民的税赋要有节制,不能超过一定的限度。唐太宗君臣论治的范围很广,涉及到加强、巩固国家安定统治的各个方面,其主要内容多收入《贞观政要》一书。因而该书深受后代政界的重视。

2.选能举贤

(1)选贤任能。唐太宗在用人方面坚持"选贤任能"的原则,不因亲故而取庸劣;不因关系疏远或曾是政敌而舍贤才。不拘一格,因材致用,因而从各阶层、各集团搜罗了许多人才,他重用的一批大臣如房玄龄、杜如晦、魏征、李靖、李勣等,都是当时杰出的政治家或军事家。唐太宗认为地方官直接管理人民,与天下治乱有直接关系,所以非常重视对地方官吏的任用和考察。他把各地都督、刺史的姓名写在宫内屏风上,随时记其功过,以备奖惩。

(2)兼听纳谏。唐太宗很重视听取大臣的意见,注意兼听众议,虚心纳谏。他还鼓励大臣直言极谏,因之一时朝廷上出现了良好的政治风气。大臣魏征曾对唐太宗说:"兼听则明,偏信则暗。"唐太宗很赞成此说。常对太宗进言的大臣以魏征最为著名,而且敢犯颜而谏。太宗有时想不通,十分生气,甚至还很恼恨;可是转念一想,又认为魏征是对的,接受了魏征的意见。后来魏征去世,太宗十分难过,也很怀念魏征。太宗曾对大臣们说:"夫以铜为镜,可以正衣冠;以古为镜,可以知兴替;以人为镜,可以明得失。朕常保此三镜,以防己过。今魏征殂逝,遂亡一镜矣!"太宗兼听纳谏,纠正了不少错事或错误意见,防止了一些可能发生的问题,使政治保持清明。

3.轻徭薄赋发展生产

唐太宗时,君臣们都很重视实行"轻徭薄赋、发展生产"的方针政策。太宗曾对大臣们说:不爱惜百姓的"亡国之主"是咎由自取。如他说:"齐主(北齐后主高纬)深好奢侈,所有府库用之略尽,乃至关市无不税敛,朕常谓此犹如馋人自食其肉,肉尽必死。人君赋敛不已,百姓既弊,其君亦齐主是也。"唐初的赋税徭役都比隋朝有所减轻,尤其是力役减轻了很多。在征发力役时,比较有节制,注意不夺农时。

唐太宗即位之初,关东、关中各地连续数年发生水旱霜蝗等灾,灾民很多。太宗下令免除受灾地区的租赋,开官仓赈恤,并准许灾民到非灾区就食,还拿出御府金帛为因灾荒而出卖子女者赎回其子女。为减轻人民负担,太宗精简政府机构,把中央官员从二千余人减少到六百余人,并省了许多州县,还节约了政府开支。

唐太宗曾派使者到突厥,用金帛赎回隋末被突厥掳去的男女八万余人,还放出宫女三千多人回到民间,这些都对稳定社会秩序、增加社会劳动人手起了作用。为解决耕畜不足,曾与突厥等少数民族"互市",换取了大量马、牛,用以耕田。

由于采取了一系列措施,再加上广大农民的辛勤劳动,使农业生产连获丰收,米价最低时每斗不过三、四钱,流散的人民逐渐返回故乡。社会生产逐步恢复、发展,出现了一派太平景象。

4. 华戎同轨爱之如一

在与少数民族的关系方面,唐太宗虽曾多次派兵反击突厥、吐谷浑等的侵扰,并进而征服了突厥、吐谷浑等,但他主要还是采取以怀柔为主的羁縻政策。他曾说:"自古皆贵中华,贱夷狄,朕独爱之如一。"对于依附的各族,他一般不改变其生产方式,社会制度,注意保存其部落体制,尊重其习俗。在边远少数民族地区设立羁縻府州,任命各族首领为都督、刺史等,以统辖本族。不但基本上不征税,而且还经常给各族贵族以大量赏赐。对于归附的少数民族首领也很信任,不少人被授以高级官职、册封爵位。还帮助他们的部属,发展生产,稳定社会秩序。他通过"和亲"的方法,进一步发展民族关系。又开通通往西域的大碛道和通往北方边疆地区的参天可汗道,以加强内地与边疆民族地区的经济、文化联系。

唐太宗对少数民族采取的政策是比较成功的,促进了各民族的经济文化交流,同时也为唐朝树立了声威。贞观四年(630年),唐太宗被少数民族尊奉为"天可汗"。

三、武则天主政

1. 则天称帝

武则天(624~705),名曌(同照),并州文水(今属山西)人。其父武士彟(huò获),隋末为武官,从李渊进入长安。唐初,官至工部尚书。武则天自幼聪慧机敏,兼通文史。太宗时入宫为才人,时年十四。太宗死,她削发为尼。

高宗即位,召入宫为妃。永徽六年(655年),废王皇后,立她为皇后。则天自入宫后,因高宗长期生病,她即参预国政,逐步显露治国才华,不久又掌握大权,与高宗并称"二圣"。

弘道元年(683年),高宗死,立第七子(则天所生)李显为帝,是为中宗,则天以皇太后临朝称制。

次年,废中宗,立豫王李旦(高宗第八子,中宗母弟)为帝,是为睿宗,则天继续临朝称制,垂帘听政。这时,一些失意官僚以徐敬业为首,打出拥护唐朝李氏的旗号,在扬州起兵,反对武则天掌权,叛军众至十余万人,一度攻下润州(今江苏镇江)。则天坚决以武力镇压,当年即将叛乱平定。

永昌元年(690年),则天又废睿宗,改国号为周,改元天授,自称"圣神皇帝"。武则天是中国历史上唯一名副其实的女皇帝。

2. 武氏政绩

武则天自入宫为妃掌权,到自立为皇帝,共主政五十余年。旧史骂她"牝鸡司晨",给她编织了许多罪名。甚至说"武后之恶,不及于大戮,所谓幸免者也。"可是实际情况并不如此。她主政时,基本上继续推行唐太宗时的各项政策,因之使当时的政治、经济、文化都得到进一步发展,为此后唐玄宗时的"开元之治"奠定了基础。她的主要功绩如下:

削弱士族,扶植庶族武则天打击削弱士族势力,提拔重用了许多庶族出身的官吏。废除唐太宗时所撰《氏族志》,另修《姓氏录》。打破以往士、庶界限,按照现任官职的高低,另立门第序列。以高级贵族至尚书仆射之姓为第一姓,文武二品及知政事三品为第二姓,都以品位高下序其等级,共九等。凡有军功至五品的,不论出身,都升入谱中,列为"士流"。削弱士族,扶植庶族,具有进步意义。

(1)改进科举制度。武则天增加进士科的录取人数,开创殿试制度,亲行殿试。以文词取士,不重经学。还曾增设武举。这些做法都为庶族地主知识分子和有文武才能的人大开仕进之门。使唐朝人才辈出。

(2)选贤任能。武则天很喜欢正直而有才能的人,又肯破格选贤任能。当时的名相狄仁杰、张柬之,后来开元时期的名相姚崇、宋璟等,都是她选拔的,有的得到重用。徐敬业举兵反叛时,发表了一篇《讨武曌檄》,此文措辞激烈,用语刻毒,不仅历数则天种种"罪恶",还对她个人的品德及私生活进行了恶意歪曲和疯狂攻击。最后还骂她"包藏祸心,窃窥神器。"而以"试观今日之域中,竟是谁家之天下!"这样的语句煽动人们反对她。可是则天读此檄文之后,不仅未发怒,相反的却询问写此檄文的是谁。在得知是一曾任八品小官的骆宾王所写时,她惋惜并抱怨说:"宰相之过也。人有如此才而使之流落,不偶乎!"足见其爱惜人才的心情。

(3)勤课农桑。武则天很重视发展农业生产。一再下令勤课农桑。州县田畴垦辟,户有余粮的,官长可得升迁;为政苛滥、户口流散的,官长要受惩罚。在她统治期间,户口增殖,社会经济继续发展。

四、玄宗励精政事

1. 李唐复国

武则天首开女流之辈做皇帝的先河,所以,在武则天主政期间,李氏皇族、宗室和许多保守派官僚都激烈地反对她,欲将她置之死地而后快,因之朝内朝外和宫廷之中,斗争剧烈而残酷。武则天杀死了不少以欲"报先帝之恩,卫吾君之子"为己任的反对派人物。当然其中也有诛杀不当之事。这在当时,成为她的重要"罪状"。又她重用的大臣周兴、来俊臣、索元礼等,结党营私,乱杀无辜,亦成为反对派反武则天的口实。神龙元年(705年),则天病重,宰相张柬之等发动政变,夺了则天之权,迎中宗李显复帝位,废"周"国号,恢复李氏的"唐朝",中宗为则天上尊号曰"则天大圣皇帝"。则天不久病死。主政五十余年。

唐中宗复位以后,皇后韦氏掌权,她勾结武三思,逐杀张柬之等大臣,又毒杀中宗,立重茂为帝(殇帝),自己临朝称制。就在此时,李隆基发动政变,杀韦后及其党羽,拥睿宗李旦复位。**李隆基**

是李旦之子,被立为太子。李旦在位两年,即传位给李隆基,自称太上皇。

２．开元盛世

李隆基(685～762年),即唐玄宗,史称唐明皇。他在诛除韦后之前,已封临淄王,曾任中央和地方许多官职,经历过不少政治斗争,有较丰富的政治和社会经验。即帝位后,励精图治,先后任用姚崇、宋璟、张九龄等为宰相,革除积弊,改善吏治,发展生产。在他统治的前期开元年间,唐朝进入鼎盛时期。史称"开元盛世"。

唐玄宗即位之初,即采取措施,保持了政治上的稳定。曾裁汰冗员,裁减闲散机构,慎选官吏,整顿吏治。又曾亲自复试吏部新任县令,斥退不合格者四十余人。

唐玄宗重视农业生产。开元三、四年(715、716年),关东连续发生严重的蝗灾,他接受姚崇的建议,派出专使督察州县大力捕蝗,大大减轻了灾害。另外还在各地大兴屯田,加强对农田水利的管理。

高宗以后,府兵制逐渐破坏。开元十一年,玄宗废府兵番上宿卫制,改用募兵制,即招募壮士充任中央宿卫。开元二十五年(737年),又募人戍边。这样的兵制改革,节省了番上、戍边往来于途的大量人力物力消耗,减轻了人民的负担。开元时期是唐朝最隆盛的时期。史书上说:"贞观之风,一朝复振。"

五、唐前期社会经济的发展

唐代前期的社会经济在经过一段时间的恢复之后,就开始迅速发展。

１．农业

(1)推广铁器牛耕。唐朝的农业迅速发展,其重要原因之一是铁犁牛耕进一步推广。在黄河流域乃至今甘肃、新疆地区,铁犁牛耕已普遍用于农业生产。关于这一情况不仅在文献中有记载,在一些墓葬和敦煌、榆林石窟的众多的壁画"牛耕图"中,都有反映。其中多数为二牛抬杠,用长单直辕犁;少数用一牛耕田,犁有双长直辕,亦有短曲辕。犁均为铁制,多使用犁壁。这时在江南地区也推广牛耕,并使用曲辕犁。(唐)陆龟蒙《耒耜经》中详细记载了江东(今江南)所用曲辕犁的结构和使用功效。曲辕犁比直辕犁轻巧,犁辕上舅,便于深耕;牵引点低,犁架平稳;犁辕缩短,回转方便。这是古代步犁中最先进的类型。惟当时使用此种犁者极少,以用二牛抬杠者为最多。据文献和考古资料证明,这时边疆地区也在推广铁犁牛耕。

(2)兴修水利。唐代的水利事业有很大发展。唐前期见于记载的重要水利工程有一百六十多处。遍布于黄河中下游之南北,南到淮水和长江流域。一般渠塘,可溉田数百顷。如开元时在文水(今属山西)所修甘泉渠等,溉田数千顷。在彭山(今四川眉山)、武陵(今湖南常德)所修堰渠,各溉田一千余顷。

所用灌溉工具也有进步,如辘轳、桔槔、翻车等传统汲水工具,已被普遍使用。此外,还在江南水田地区出现了一些新的灌溉工具,其中主要的有水车和筒车。水车和筒车相似,都是用巨型木轮缚若干木桶或竹筒于轮上,随水流转动,将河水汲至高处水槽中,引入沟渠浇灌。水车在北方也有推广。水碓、水磨、水碾也在广泛的使用。水利事业的发展,对农业生产的发展和粮食加工都起了重要的作用。

(3)垦田与产量。唐初田地荒芜的很多,后来逐渐垦辟。至天宝年间,许多高山深谷地带也开垦出来,垦田面积达八百五十万顷。粮食亩产量也有增加。天宝八年,官仓存粮达九千六百万石。青州、齐州一带,米价最低时每斗才五文。

2. 手工业

唐代的手工业可分为官营和私营。

(1) 官营手工业。官营手工业在唐代手工业中占有重要的地位。中央主管官营手工业的最高机构是工部。官营手工业的产品一般不在市场上出售,只供皇室和官府消费。官营手工业中的劳动者有工匠、刑徒、官奴婢、官户、杂户等。官营手工业规模较大,分工较细,又有最好的工匠从事生产,有利于生产的发展和技术的提高。但官营手工业强制性劳动的特点突出,束缚了工匠们的劳动积极性。

(2) 私营手工业。私营手工业主要是农村的家庭手工业,其产品在纳税后自用有余时,也在市场上出售。手工业作坊大多集中在城市,有纸坊、毡坊、酒坊、铜坊、染坊、绫锦坊等。有的作坊规模很大,如定州(今河北定县)富豪何明远,"家有绫机五百张"。由于政府征调手工业者到官营作坊服役,私营手工业的发展受到了严重阻碍。

(3) 主要手工业部类。唐前期的主要手工业有纺织业、陶瓷业和矿冶业等。纺织业中以丝织业和麻织业最为重要。丝织品的主要产地仍在今河北、河南一带。主要品种有绢、绫、锦、罗、绮、纱等,花色繁多,图案精美,色彩鲜艳,织造精巧。当时生产的布绝大多数是麻布,麻织品盛产于南方,黄州(今湖北黄冈)的货布是其中的上品。毛织品主要产于今西北地区。棉织品主要产于高昌(今新疆吐鲁番)和岭南一带。当时棉布称为白叠布,已在内地销售。唐代的印染技术也达到了相当高的水平,夹缬、蜡缬、绞缬等印染方法都广泛流行,印染的花纹十分精美。

陶瓷业在唐代有很大发展,制瓷技术亦有很大进步。越州(治今浙江绍兴)的青瓷类玉类冰,邢州(治今河北邢台)的白瓷类银类雪,昌南镇(今江西景德镇)的青瓷、白瓷,四川大邑的白瓷,都很有名。陶器以唐三彩最为著名。这是一种造型生动、色彩艳丽的铅釉陶器,因主要是青、绿、黄三色,故名三彩。

唐代采矿业比较发达,主要矿产有金、银、铜、铁、锡、铅、矾、水银、朱砂等。铸造业的规模以铸钱业为首。玄宗时,政府有铸钱炉九十九处,每年铸钱三十二万七千缗。另外还有许多私人盗铸钱。唐代的金属制造加工技术已达到相当高的水平,武则天曾在洛阳铸造高达一百零五尺的天枢,其下还有周围一百七十尺的铁山。盛唐的一些精美的金银器,采用了铸造、切、削、抛光、焊接、铆、镀、刻凿等工艺。当时可能已有了手摇脚踏的简单车床。

3. 商业与交通

唐前期,随着农业和手工业的发展,商业和交通也迅速发展。

(1) 商业与市集。当时的城市仍以政治性城市为主,纯商业性城市极少,但所有政治性城市都在程度不等地迅速增加商业城市的性质。京城长安既是全国的政治中心,又是最大的商业城市。长安城周围七十多里,由宫城、皇城和外郭城等三部分构成。外郭城是居民区和工商业区,共有一百零八坊和东西两市。坊是住宅区,市是工商业区。市内出售货物的店铺称"肆",经营同类货物的肆集中在同一区域,称"行"。东市有二百二十行,数千肆,四周还有许多为商人存放和批发货物的邸店。西市比东市更繁华,而且外商云集,"胡风"甚盛。当时各大城市和州以及多数县的治所都设有市。在乡村也有定期进行交易的场所,称为"草市"、"墟"或"集"。

(2)国内交通。唐代的交通相当发达。国内陆路交通以长安为中心,东至宋(今河南商丘)、汴(今开封),远达山东半岛;西至岐州(今陕西凤翔)、成都;西北至凉州(今甘肃武威),远通西域;北至太原、范阳(今北京);南至荆(今湖北江陵)、襄(今湖北襄樊),远达广州。国内水路交通有大运河贯通南北,黄河、淮河、长江与南方的许多河流湖泊形成纵横交错的水道网。国内海运也初具规模,今河北、山东、江苏、浙江、福建、广东、广西等地都有沿海航线。

唐代驿传制度也有很大发展。在水陆交通要道上,大约每三十里设一驿,全国共有驿一千六百四十三所,其中陆驿一千二百九十七所,水驿二百六十所,水陆相兼驿八十六所。陆驿备有马,水驿备有船,以供官吏往来和文书传递。在水陆交通线上,还有私人开设的旅店,接待来往客商,供给食宿和马匹等。

(3)国外交通。唐与国外的交通亦甚发达。主要交通线有西北的陆路和东南沿海的海路。陆路由洛阳、长安经河西走廊、西域,通往中亚、西亚、南亚和欧洲,这就是历史上著名的"丝绸之路"。东南海路从广州、扬州、登州(今山东蓬莱)、楚州(今江苏淮安)、明州(今浙江宁波)等港口可达东南亚各国以及新罗、日本、波斯、大食等国。

六、统一的多民族国家的发展

唐代是中国历史上统一的多民族国家发展的重要阶段。唐前期,疆域辽阔,东至大海,西越葱岭、巴尔喀什湖至咸海,南至南海诸岛,北越贝加尔湖,超过了汉朝极盛时期的疆域。辽阔的边疆地区民族众多,唐朝在这些地区设置了许多都护府、都督府,以行使权力。一些少数民族建立过地方政权,唐朝与这些地方政权有密切的联系。各民族之间的政治、经济、文化联系进一步发展,统一的多民族国家进一步巩固。

1. 统一大漠南北

唐代活跃在大漠南北的少数民族主要是东突厥、回纥和黠戛(xiájiá 侠夹)斯。东突厥隋末唐初,占据大漠南北的东突厥屡次攻掠内地,成为唐朝的重大威胁。唐高祖曾被迫考虑迁都。唐太宗即位之初,东突厥骑兵深入到长安附近。为消除东突厥的威胁,唐朝训练了精锐的部队,积聚了大量的物资,并稳定内部,准备反击突厥。此时,由于东突厥对依附于它的少数民族进行残酷压榨,薛延陀、回纥等部起而反抗,摆脱了东突厥的统治。奚、霫、契丹等也脱离东突厥,投向唐朝。东突厥内部也发生了严重矛盾,颉利可汗和突利可汗不和;再加上连年有灾,牲畜大量死亡,东突厥的势力大大衰落。

贞观三年(629年),唐太宗派李靖、李勣等率十万大军,六路出击,大败东突厥,突利可汗投降,颉利可汗被俘,东突厥灭亡。唐朝将归降和被俘的突厥人安置到漠南,在原属突利可汗之地设顺、祐、化、长四州都督府,在原属颉利可汗之地设定襄、云中两都督府,任命东突厥贵族为都督,统率部众。其余来降的酋长也都授以官职。原臣服于东突厥的各族在摆脱其统治后,转向唐朝。唐朝采取怀柔政策,对来归附者不加歧视。唐太宗因而得到各族的拥戴,被尊为"天可汗"。

高宗时,东突厥复兴。此后,与唐时战时和。天宝四年(745年),被回纥灭亡。

回纥。回纥是铁勒的一支。起初居住在娑陵水(今蒙古国色楞格河)、嗢(wà 袜)昆水(今鄂尔浑河)流域及天山一带。公元六世纪中叶起,先后依附于突厥和薛延陀。贞观二十年,配合唐军灭薛延陀,并占据其大部分土地。次年,回纥首领吐迷度被唐封为瀚海都督兼怀化大将军,吐迷度自称可汗。安史之乱时,回纥曾助唐平叛。贞元五年(789年),改名回鹘(hú 胡)。回鹘最强盛时,其领地东起额尔古纳河,西至阿尔泰山,南至漠南。开成五年(840年),回鹘内部纷争,黠戛斯乘机灭亡回鹘汗国,回鹘人大部分西迁。

2. 经略西域

(1)安西四镇。唐太宗在统一大漠地区之后,即向西进军。贞观九年(635年),唐将李靖在今青海地区击降吐谷浑。此后,唐军继续向西进军,与西突厥争夺对西域的控制权。贞观十四年,唐将侯君集率兵灭高昌国(今新疆吐鲁番、鄯善一带),以其地为西州,在交河城(今新疆吐鲁番西北)设安西都护府。贞观十八年,唐灭焉耆。贞观二十二年,又灭龟兹(今新疆库车),西域诸国纷纷摆脱西突厥,投向唐朝。显庆三年(658年),唐把安西都护府迁至龟兹城,统辖龟兹、于阗(今新疆和田)、疏勒(今新疆喀什)、碎叶(今吉尔吉斯斯坦托克马克附近)等四镇。此即著名的安西四镇。

(2)西突厥。西突厥占地很广,东起今新疆巴里坤湖,西至中亚的里海,南达巴基斯坦之北,东北至阿尔泰山。唐高宗永徽二年(651年),阿史那贺鲁统一西突厥各部,自称沙钵罗可汗,多次与唐发生战争。显庆二年(657年),唐派将军苏定方等进攻西突厥,沙钵罗可汗战败被俘,西突厥灭亡。

唐在其故地设昆陵(在碎叶水东)、濛池(在碎叶水西)两都护府,均以突厥贵族为都护。长安二年(702年),唐在庭州(今新疆吉木萨尔以北)设北庭大都护府,统辖昆陵、濛池两都护府,管辖天山以北地区。安西大都护府则管辖天山以南地区,两大都护府是唐在西域的最高统治机构。

3. 唐蕃和亲

吐蕃(bō 播)是今藏族的祖先。公元六世纪后期,在今西藏西南部建立奴隶制国家,其王称赞普。七世纪初,赞普松赞干布统一西藏高原,都于逻些城(今拉萨)。他数次遣使向唐求婚。贞观十五年(641年),唐太宗以文成公主入吐蕃和亲,嫁与松赞干布。唐高宗时,又封松赞干布为驸马都尉、西海郡王,从此确立了吐蕃对唐朝的臣属关系。景龙元年(707年),唐中宗又以金城公主嫁吐蕃赞普尺带珠丹。唐蕃"遂和同为一家。"

高宗总章三年(670年)以后,吐蕃与唐时战时和。长庆元年(821年),吐蕃遣使请求会盟。于是双方在长安会盟,约定各守境土,不相侵犯。次年,唐穆宗又遣使到吐蕃,与之会盟于逻些。长庆三年,吐蕃赞普为纪念这次会盟,建立"唐蕃会盟碑"。此碑至今尚存于拉萨大昭寺前。

自文成公主入吐蕃,带去了许多书籍、精致的手工艺品、药物以及菜种等。唐高宗时,又给吐蕃送去蚕种,并派去了许多会造酒、碾、硙、纸、墨等的工匠。内地的历法、算学、医学、文学、音乐、佛教等在吐蕃传播,茶叶等也大量输入吐蕃。这些都对吐蕃经济文化的发展起了重要作用。吐蕃的马匹、金器、药材等也输入内地。长安的不少妇女喜欢模仿吐蕃人在脸上涂赭红色,称"吐蕃妆"。

4. 册封南诏

唐朝时期,在今云南一带居住着许多民族,其中最主要的是乌蛮和白蛮。七世纪后期,乌蛮征服洱海一带的白蛮,在那里建立了六个不相统属的政权,史称"六诏"。其中的蒙舍诏在最南边,又称南诏。后来南诏吞并其他五诏,建立南诏国,以太和城(今大理太和村附近)为都城。唐朝封其首领皮逻阁为云南王。南诏与唐时战时和。乾符四年(877年),双方恢复和好关系。南诏最强盛时,曾占据今云南大部,四川、贵州一部以及今越南、老挝、泰国、缅甸的部分地区。天复二年(902年),南诏执政大臣郑买嗣推翻蒙氏王朝,建立大长和国(902~928年),南诏灭亡。

南诏对促进其境内各民族的联系及其与内地的经济文化交流都起了积极作用。南诏的政治、经济、军事制度受唐朝的影响很深,内地的文化及建筑、丝织技术等都传入南诏。南诏的生金、丹砂、浪剑、白叠布等各种土特产和音乐等也传入内地。

5. 经营东北

(1)经略辽东。唐初辽东地区仍在高丽的控制之下。当时朝鲜半岛中南部还有另两个国家,即百济和新罗。唐太宗曾亲征高丽。唐在新罗的配合下,于高宗显庆五年(660年),破百济;乾封三年(668年),灭高丽。唐在平壤设安东都护府,作为这一地区的最高统治机构。后迁辽东(今辽宁辽阳),再迁新城(今辽宁抚顺)。

(2)靺鞨、室韦、契丹、奚。唐代在高丽以北以西,居住着靺鞨、室韦、契丹、奚等少数民族。

靺鞨是今满族的祖先,古称肃慎、挹娄、勿吉。隋唐时称靺鞨,分为数十部,其中最著名的是粟末、黑水两部。粟末部居于粟末水(今松花江)流域。圣历元年(698年),粟末首领大祚荣自立为振(一作震)国王。先天二年(713年),唐玄宗在其地设忽汗州都督府,以大祚荣为渤海郡王、忽汗州都督。此后,粟末靺鞨即称渤海国。都上京龙泉府(今黑龙江宁安东京城),其疆域北至黑龙江,南至朝鲜半岛北部,西至今吉林西部、东越乌苏里江至海滨。渤海国的政权组织、制度深受唐朝影响,并派留学生至长安,大量吸收唐文化和先进技术,与唐的经济、文化往来很密切。黑水部因居于黑水(今黑龙江)一带而得名。唐玄宗时,在其地设黑水都督府,以其首领任都督。

室韦居于今黑龙江上游和额尔古纳河一带,唐初归附。唐在其地设室韦都督府,以其首领为都督。契丹游牧于辽水流域,唐初归附。唐在其地设松漠都督府,以其首领为都督。奚居于濡水(今滦河)上游,唐初归附。唐在其地设饶乐都督府,以其首领为都督。

七、唐与外国的经济、文化交流

唐代经济、文化空前发展,与外国的经济、文化交流,远远超过前代。所交往的国家遍及亚洲乃至非洲、欧洲的部分地区。

1. 东亚

(1)新罗。唐与新罗的关系很密切。新罗原居朝鲜半岛东南部,在唐前期,统一了朝鲜半岛的大部,史称"统一新罗"。其商船经常往来于朝鲜半岛与中国的山东、江苏之间。唐从新罗输入药材、皮毛、金银和工艺品等,向新罗输出丝织品、茶叶、瓷器、药材、书籍、精致的金银器物等。

新罗在文化方面深受唐朝的影响。新罗派到长安的留学生是所有外国留学生中人数最多的。中国的文化典籍大量传入新罗。朝鲜古代没有文字,最早使用的是汉文。七世纪时,新罗人薛聪利用汉字字形作音符,创制了"吏读",以帮助阅读汉文。雕版印刷术在唐末五代时传入新罗,佛教也由唐传入新罗。新罗的天文,历法、服饰、艺术、建筑都受唐朝的影响,各项制度也大都模仿唐朝。朝鲜文化也传入中国。如唐太宗十部乐中就包括"高丽乐"。

(2)日本。隋唐时期,日本正处于社会大变革时期。从隋朝起,即不断派人到中国学习,到唐朝时达到高潮。日本先后派出遣唐使十三次,另外还有未能成行的及迎送使节的迎入唐使和送唐客使六次,共十九次。每次派出的遣唐使团多达百人以上,有时多至五百余人。其中有不少留学生、学问僧,他们长期在唐学习各种文化知识。中国的许多律令制度、文化艺术、科学技术以及风俗习惯等,通过他们传入日本,对日本的社会发展产生了很大影响。

日本的政治、经济制度都深受唐朝影响。起初日本没有自己的文字,使用汉字记事。九世纪时出现的日文字母"平假名"、"片假名"就是根据汉字创制的。相传平假名是学问僧空海所创,片假名是留学生吉备真备所创。日本的城市建筑深受唐朝影响,平城京(今奈良)即仿唐长安修建。中国的丝织品、瓷器、文具、文化典籍等大量输往日本。日本的彩帛、香药、珍宝等也输入中国。

在唐代中日交往史上最著名的人物是日本的阿倍仲麻吕和中国的鉴真。阿倍仲麻吕,汉名晁衡,唐玄宗时来中国留学,在中国五十多年,担任过唐朝的高级官员,工诗文,与王维、李白等是密友,后逝于长安。鉴真和尚俗姓淳于,扬州人,曾主持扬州大明寺。唐玄宗时,应日僧之请前往日本传授戒律。十多年间,五次东渡都失败了,第六次东渡方获成功,此时他双目已失明。

他除在日本传授戒律外,还将大量佛教经典、建筑技术、雕塑艺术以及医药书籍等传入日本,对日本的医学、雕塑、美术和建筑的发展做出了贡献。后逝于奈良唐招提寺。

2. 东南亚南亚

东南亚诸国东南亚诸国在今中南半岛上的,有林邑(今越南南部)、真腊(今柬埔寨)、堕和罗(今泰国南部)、骠(今缅甸南部)等国;在今马来半岛上的有盘盘、狼牙修等国,在今印度尼西亚的有室利佛逝(今苏门答腊)、诃陵(今爪哇)等国。这些国家都曾遣使与唐通好,有船只航行到中国。这里的香料、珠宝、棉布、犀牛、大象等,都输入中国;中国的丝织品、瓷器和工艺品也大量运往这些国家。

玄奘。南亚求经南亚的国家很多,最重要的有狮子国(今斯里兰卡)、天竺(今印度)、罽宾(今巴基斯坦北部)、尼婆罗(今尼泊尔)等,都与唐朝有经济和文化联系。如狮子国的船经常来广州,是当时来中国的最大的船只。天竺的天文、历算、医学、音乐、舞蹈、佛学、制糖技术,罽宾的珠宝、名马以及犍陀罗艺术等,相继传到中国。中国的丝织品、纸张、造纸术等也传到南亚诸国。唐与天竺的文化交流主要是围绕佛教进行的。当时中国的许多僧人曾前往天竺求经,其中最有名的是玄奘。

玄奘,俗姓陈,河南缑氏(今河南偃师南)人。贞观元年(627年),他为到天竺求经,从长安出发,途经今新疆、中亚,访问了今印度、尼泊尔,巴基斯坦和孟加拉等国。他在佛教学术中心那烂陀寺(今印度伽雅城西北)等地研习佛学,成为佛学大师,获得很高的声誉。贞观十九年(645年),他返回长安,带回梵文佛经六百五十七部,后译出七十五部,一千三百三十五卷。他又撰《大唐西域记》一书,记载旅途所见所闻一百三十八国的历史和地理等,这是研究中古时代中西交通和中亚、南亚以及西亚部分地区历史、地理的宝贵资料。

3. 中亚西亚

波斯波斯(今伊朗)是西亚的重要国家,地当丝绸之路的孔道。唐初即与波斯有使节往来。高宗时,波斯遭大食侵略,王子卑路斯曾来唐求援。波斯被大食灭亡后,波斯反抗大食的政治势力仍继续以国家的名义遣使来唐。许多波斯商人来唐经商,不少人留居长安、扬州、广州等地。波斯商人把珠宝、香料、药材等输入中国。中国的丝织品、瓷器等也大量输往波斯。

(1)大食。大食是阿拉伯帝国在中国史书上的名称,最强盛时领土横跨欧、亚、非三洲。在中亚与唐为邻。唐高宗时,大食即遣使来唐。此后双方的经济、文化交流通过陆路和海路发展迅速。许多大食商人来中国经商,长安、洛阳、扬州、广州、泉州等地都有他们的集居地。他们运来香料、药材、珠宝等。大食的天文、历法、数学、医学、建筑术等也传入中国。中国的丝织品、瓷器等,大量输往大食。造纸术、炼丹术、医学、养蚕和丝织技术也传入大食,并再传至其他地区。

八、安史之乱

1. 安史之乱的原因

安史之乱发生的主要原因是：还是人口问题。局部的饥民起义已经爆发，这使很多人把饥民起义看成是"朝代气数已尽"的信号，于是边防节度使安禄山拥兵自重，乘机反唐。

于其他朝代鼎盛之后的现象一样，土地兼并不断扩大，向资本化规模化发展的趋势不可阻挡，土地买卖必然进入市场化，这时经济的发展规律，是农业经济发展的必然结果。唐初虽然实行均田制，但后来贫富差距产生之后，土地便可以在各种名义下买卖，因而不能阻止土地兼并和经济发展。后来均田制逐渐废除，土地兼并随经济的昌盛日益发展。到唐玄宗后期，人口达到顶峰，许多农民租不到种种，或者是家庭人口不断增多，原来租到的地已经养不活一大家子人，而又没有新的土地可租，人口翻番增长，耕地无法翻番增长，农民失业日益严重，四处流亡谋生，饥民结帮成匪，贼盗四起，社会混乱，朝代进入崩溃期。

边防节度使的权力膨胀是和府兵制的破坏分不开的。唐初，府兵的地位高，待遇好，因而兵源稳定。高宗以后，征战频繁，府兵戍边、出征往往逾期不得轮换，而其优厚待遇多被取消，府兵逃避征调或逃亡的很多。于是唐玄宗时废除了府兵制，普遍实行募兵制。招募而来的士卒长期驻守边疆，与边将关系密切，因而极易成为边将的私人武装。同时边将的权力也在逐渐加强。睿宗景云元年（710年），开始在边地设节度使。至天宝元年（742年）时，共设平卢、范阳、河东、朔方、河西、陇右、北庭、安西、剑南等九节度使及岭南经略使。他们各领兵二、三万至八、九万，并由起初只管军事发展到兼管行政、财政，集大权于一身，成为强大的地方势力。

而此时唐玄宗依然"无为而治"，将政事则先后委于宰相李林甫、杨国忠。君主不去管事，类似于君主立宪的民主政治了，后来杨贵妃的族兄杨国忠为相。他结党营私，贿赂公行。此时唐又与吐蕃、南诏多次发生战争。唐军攻南诏屡败，天下骚然，国力不支。

2. 安史之乱的经过

安史之乱的主要首领是安禄山和史思明。安禄山为营州柳城（今辽宁锦州）胡人，聪明能干，通晓六种少数民族语言。青年时代，在幽州节度使张守珪部下为低级武官，后升为高级将领。至天宝十载（751年），兼任平卢（治今辽宁朝阳）、范阳（治今北京）、河东（治今山西太原）三镇节度使。他竭力奉迎唐玄宗，拜杨贵妃为干娘，甚得唐玄宗的信任。他见唐朝国力逐渐虚弱，饥民开始暴动，即生反叛之心。史思明也是胡人，官至平卢兵马使，与安禄山关系密切。

天宝十四载（755年），安禄山与史思明在范阳起兵，假传"密旨"，顺应饥民对政府的不满，以讨杨国忠相号召，发兵十五万，号称二十万。唐玄宗闻变之后，慌忙派封常清去洛阳募兵防守，又派高仙芝率兵屯陕州（今河南三门峡西）。二将都被叛军打败，退至潼关，为唐玄宗处死。唐玄宗又派哥舒翰领兵二十万守潼关。天宝十五载（756年），正月，安禄山在洛阳称帝，国号大燕。六月，破潼关，进占长安。唐玄宗仓皇出逃。行至马嵬驿（今陕西兴平西），禁军哗变，杀死杨国忠，又迫唐玄宗缢死杨贵妃。唐玄宗逃往成都。太子李亨逃到灵武（今宁夏灵武西南），即帝位，即唐肃宗，年号至德，遥尊玄宗为太上皇帝。

唐肃宗即位后，依靠朔方节度使郭子仪和河东节度使李光弼的兵力，又调集西北各路军队，积极准备反攻。南面则有张巡和许远坚守睢阳（今河南商丘南），鲁炅（jiǒng 炯）坚守南阳，挡住叛军南下的通道,保障了唐朝江、淮财赋的来源。叛军到处掳掠屠杀,入长安后,也大肆杀掠,关中和各地人民纷起反抗,叛军在多处战斗失利。

至德二载(757年),安禄山被其子安庆绪杀死,庆绪自立为帝。郭子仪乘机率十五万大军收复长安,不久又收复洛阳。安庆绪退至邺(今河南临漳西南)。乾元二年(759年),史思明大败唐军于邺城外,又杀安庆绪,自立为大燕皇帝,并乘胜再陷洛阳。上元二年(761年),史思明又被其子史朝义所杀。次年,唐在回纥兵的帮助下,夺回洛阳。史朝义退至河北自杀。安史之乱至此平息,前后共经历八年(755~763年)。中国人口减灭2/3。

3. 安史之乱的影响

"安史之乱"是唐朝由盛而衰的转折点。从这以后,朝廷的权力日益削弱,逐渐形成藩镇割据的局面;在民族关系方面,唐朝日益失掉"天可汗"的优势;吐蕃、南诏等民族政权不断侵犯唐朝;在经济方面,黄河流域遭到严重破坏,而江南的经济未遭破坏,日益发展,经济超过北方。

九、唐后期的政局

1. 藩镇割据

割据局面的形成 安史之乱平定后,藩镇势力不仅没有消除,相反却更加发展。唐朝无力彻底消灭"安史"的余部,只得任命"安史"降将为节度使:李宝臣为成德节度使(治恒州,今河北正定),田承嗣为魏博节度使(治魏州,今大名),李怀仙为卢龙节度使(治幽州,今北京),史称"河朔三镇"或"河北三镇",后来发展成为最强大的割据势力。安史之乱时,边兵大量内调,边防空虚,吐蕃、南诏乘机进扰。因而安史之乱平定后,唐朝又在西北,西南加强藩镇。

为了巩固统治,在内地也实行"以方镇(藩镇)御方镇"的方针,在关中、关东、江淮流域广置藩镇,以求互相制约,防遏河朔,屏障关中,沟通江淮。可是这些藩镇往往不听命于朝廷,甚至自行任免官吏,自掌军队,自专刑赏,户口不报中央,赋税不交朝廷。于是逐渐形成"天下尽裂于方镇"的局面。有些节度使亦不由中央任命,而是父死子继,或由将士拥立。他们之间有时互相火并,有时联合对抗朝廷,成为唐朝重大的政治问题。

朝廷对藩镇的斗争 唐朝曾多次对藩镇进行斗争,其中规模最大的是德宗和宪宗时期的两次斗争。

德宗建中二年(781年),成德节度使李宝臣死,其子李惟岳请求继位,被德宗拒绝,于是李惟岳就和魏博节度使田悦、淄青节度使李正己,山南东道节度使梁崇义联合发动叛乱。史称"四镇之乱"。德宗调兵平叛,梁崇义、李惟岳先后败死;但后来奉命平叛的卢龙节度使朱滔、淮西节度使李希烈因对朝廷不满,也参加叛乱,致使叛乱规模越来越大。建中四年(783年),德宗调泾原(治泾州,今甘肃泾川)兵五千人援救被李希烈叛军围困的襄城。泾原兵途经长安时,因犒赏菲薄而哗变,德宗逃往奉天(今陕西乾县)。泾原兵拥朱滔之兄朱泚(cǐ此)为首领,称秦帝,以兵围攻奉天。河中节度使(治蒲州,今山西永济县西蒲州镇)李怀光来援德宗,亦与朱泚联合反叛。德宗又逃往梁州(今陕西汉中)。后依靠李晟、马燧等将领,收复长安,消灭了朱泚、李怀光等叛军。李希烈为部下毒死,朱滔、田悦等自动取消王号,表示服从朝廷,这场叛乱才告结束。但河朔三镇和淄青镇并未把任何权力交还朝廷,朝廷软弱,只好妥协。

唐宪宗即位后,由于两税法的长期实行和大量转运江淮财赋,中央政府的财力增强,宪宗决心裁抑藩镇,于是再次展开了对藩镇的斗争。元和元年(806年),首先讨平了西川节度副使刘辟的叛乱。次年,又平息镇海节度使李琦的叛乱。元和七年(812年),魏博镇内讧,继任节度使田弘正归附朝廷,使河北的形势发生重大变化,加强了朝廷在与藩镇斗争中的地位。元和九年,淮西节度使吴少阳死,其子吴元济自领军务,并派兵四处攻掠。次年,宪宗下令讨伐吴元济。

元和十一年又下令讨伐与吴元济勾结的成德节度使王承宗。元和十二年,大将李愬在一个大风雪的夜晚,率兵奇袭蔡州(今河南汝南),活捉吴元济,平定了淮西。成德节度使王承宗和卢龙节度使刘总也先后归顺朝廷。元和十四年(819年)。朝廷又消灭了淄青的李师道。至此,藩镇暂时都服从中央的号令,但是藩镇割据的基础并没有被摧毁。唐穆宗时,河朔三镇再次叛乱,又割据一方。藩镇割据局面一直延续至唐朝灭亡。

藩镇割据期间,藩镇与朝廷之间,藩镇相互之间,经常发生战争,生产遭到严重破坏,人民生活困难。朝廷能够控制的地盘日益缩小,只能加重赋税;藩镇在其控制区内更是增加赋税、兵役、徭役,这些都阻碍破坏社会经济的发展,使社会矛盾日益尖锐。

2. 宦官专权

安史之乱以后,唐朝统治集团内部的矛盾斗争更加复杂激烈。

宦官专权唐朝初年,宦官人数不多,只管宫廷内部事务,不与闻国家大事。至唐玄宗时,宠信宦官高力士,四方所上表奏,都先经他看过,再转呈玄宗,小事就由他处理,大事才由玄宗裁断。玄宗还派宦官出使或监军,甚至率兵出征。从此宦官开始掌权。不过当时宦官的权力还比较小,要听命于皇帝。安史之乱后,宦官逐步掌握军政大权,形成了宦官专权的局面。

宦官能够专权的首要原因是他们掌管禁军。唐肃宗时,宦官李辅国由于拥立有功,开始掌管禁军。唐代宗时期,宦官程元振、鱼朝恩也先后掌管禁军。但此时宦官掌管禁军还未成为制度。唐德宗时,由于朱泚、李怀光等将领先后叛乱,统率禁军的朝臣白志贞无能,致使他认为文臣武将都不堪信赖,只有宦官最为可靠,于是设统率禁军的护军中尉二人,中护军二人,都以宦官担任。从此宦官掌管禁军成为制度。其次是宦官执掌机要。肃宗时,就曾让宦官李辅国宣传诏命,掌管四方文奏。代宗时,又设立执掌机要的枢密使,规定由宦官担任。于是宦官正式参预国家政事。两枢密使和掌管禁军的两中尉合称"四贵",是最有权势的宦官,掌握了中央政府的军政大权。他们能够任免将相,地方节度使也有不少出自贿赂中尉的禁军大将,各道和出征军队中也都有宦官监军。甚至皇帝的生杀废立,也由宦官决定。唐后期的穆宗、文宗、武宗、宣宗、懿宗、僖宗、昭宗,都是宦官所立;顺宗、宪宗、敬宗、文宗均为宦官所害,昭宗也曾为宦官囚禁。

(1) 南衙北司之争。宦官专权骄横,引起皇帝和朝官们的强烈不满,朝官和宦官之间不断发生斗争。宰相官署在宫廷以南,称"南衙";宦官所在的内侍省在宫廷北部,称为"北司。"史称此斗争为"南衙北司之争"。其中最为激烈的是发生在顺宗和文宗时期的两次斗争。

永贞元年(805年),顺宗即位,任用王叔文、王伾、韦执谊、刘禹锡、柳宗元、韩泰、韩晔、陈谏、凌准、程异等人,进行政治改革,史称"永贞革新"。这次改革的内容相当广泛,主要内容有免除民间的欠税和各种杂税,禁止官吏在正税以外额外进奉,罢去扰民的宫市,抑制藩镇割据势力,选拔人才,计划收夺宦官兵权等。改革受到了宦官和藩镇的联合抵制。在巨大的压力下,顺宗被迫退位称太上皇,立太子纯为帝(即宪宗),改革至此失败。王叔文先是被贬,后又被杀死;王伾死于贬所,韦执谊、刘禹锡、柳宗元、韩泰、韩晔、陈谏、凌准、程异等八人被贬为边州司马。这就是所谓"二王八司马事件"。

唐文宗即位后,对宦官的专权非常不满。太和五年(831年),他以宋申锡为宰相,谋诛宦官。事泄,宋申锡被宦官反诬,欲立漳王李凑为帝,结果文宗反而贬逐宋申锡。太和九年(835年),文宗又任用李训、郑注等,再谋打击宦官势力。起初利用宦官内部矛盾,除掉了韦元素、王守澄等大宦官。后来李训又在同年十一月,让左金吾卫大将军韩约奏称大明宫左金吾大厅后石榴树上夜降甘露,诱骗仇士良等大宦官前往观看,准备在那里一举消灭他们。不料事泄,宦官派出禁军大杀朝官,李训、郑注、韩约和宰相王涯等都被杀。这次事件史称"甘露之变"。此后,宦官的权势更大,文宗直到死,都处于宦官监视之下。宦官势力延续百余年,直到唐末昭宗时,才被宰相崔胤借用宣武节度使朱温的兵力消灭。

宦官专权造成了严重的后果。在政治方面,他们分帮结派,争权夺利,营私舞弊,以至废立皇帝,使政治更加黑暗混乱。在军事方面,各镇和出征军队中,都有宦官监军,破坏了军队的统一指挥,大大削弱了军队的战斗力,削弱了朝廷对藩镇叛乱势力及民族反抗势力进行斗争的能力。在经济方面,宦官大肆掠夺百姓的田产,又通过"宫市",强买货物,敲诈勒索。

3.朋党之争

牛李两党的形成。在中央除宦官专权外,还有朋党之争。所谓朋党之争是指朝官们拉帮结派,互相斗争。其中最激烈,影响最大的是"牛李党争"。牛党是以牛僧孺、李宗闵和杨嗣复为首领的政治集团,李党是以李德裕和郑覃为首领的政治集团。牛李两党主要是由不同的仕进途径形成的。牛党是通过进士科进入仕途的官僚集团。牛僧孺、李宗闵、杨嗣复三人都是进士出身,主张选用官员应通过科举考试,首先应看文采,李党是通过门荫进入仕途的官僚集团,李德裕、郑覃都出身于关东士族,都是宰相之子,主张按门第选用官吏,重视经学。两党互相轻视,互相倾轧,进行着激烈的门户之争。

牛李党争。牛李党争总的来看是统治者内部争权夺利的斗争,但其中也存在着一些是非问题。比较重要的有两个:一是如何对待科举取士。李党主张废进士科,按门第取士。牛党则赞成科举制度,反对按门第取士。在这个问题上,牛党胜于李党,因为科举是通过考试选拔人才,虽然也有弊病,但总比按门第取士要合理进步。二是如何对待藩镇割据。李党重视统一,主张以武力讨伐藩镇的叛乱。而牛党多主张对藩镇妥协姑息,只求平安无事,不求统一。在这个问题上,李党胜于牛党。因为藩镇割据对国家统一,社会安定,人民的生产、生活等,都有极大的危害。

牛李党争从宪宗时期开始,一直延续到宣宗时期,前后斗争数十年。斗争最激烈的时期是在文宗时期,当时两党势力不相上下,每逢议政,总是争吵不休。文宗对此也无可奈何。武宗时,李党得势,牛党的首领被贬逐到岭南。宣宗时,牛党重新得势,李德裕被贬逐,死于崖州(今海南省琼山)。至此牛李党争才基本结束。

宦官专权、藩镇割据、朋党之争是唐后期政治的三个特点。三者互相交织,使政治日益黑暗,社会矛盾加剧,唐朝逐渐走向衰亡。

十、唐后期社会经济的变化

唐后期,社会经济发生了重大变化。自北魏以来实行了近三百年的均田制被彻底破坏了,地主田庄迅速发展起来。建立在均田制基础上按丁征收赋税的租庸调法也随之废坏,出现了按财产收税的两税法。这些变化都是中国经济和赋税制度发展到了一个新阶段的标志。同时,南方经济发展较快,逐渐超过北方。

1. 地主经济的发展

均田制的瓦解 唐朝初年实行均田制时,虽有"田里不鬻"的规定,可是也规定在某些情况下可以买卖。所以当时就存在着土地兼并的情况,不过还不太严重。武则天至玄宗时,土地兼并日益严重,均田制遭到极大破坏。至两税法实行,宣告均田制彻底瓦解,从此,土地兼并就不再受任何限制,大量的田地更加迅速地向地主手中集中。

地主田庄的发展 随着土地兼并的发展,许多自耕农贫困破产,成为地主的佃户,地主由此而掌握了大量的土地和人口。他们把一片片相连的土地组成田庄,进行生产。田庄又名庄宅、庄田、庄园、田园、田业、别业、别墅等。唐前期即存在田庄,安史之乱后,田庄在各地普遍发展起来,而且成为土地占有的主要形式。唐后期的田庄大致可分为皇帝私有的皇庄、政府所有的官庄、官僚贵族的田庄、一般地主的田庄、寺院的田庄等,其中多数是官僚贵族和一般地主的田庄。田庄的经营多采取租佃形式,即把土地出租给佃户,收取实物地租。佃户被称为客户、庄户、庄客等。

2. 财赋制度的改革

财政危机 土地兼并的发展和均田制的破坏,使越来越多的农民失掉土地,到处流亡,大量的农民脱离户籍,成为地主私家的佃农。安史之乱以后,这一情况更加严重。据统计,肃宗上元元年(760年),国家控制的人口只有一千六百九十九万零三百八十六,其中纳税人口只有二百三十七万零七百九十九,与天宝十四载(755年)相比,国家控制的人口减少了三千五百九十三万八千七百三十三,纳税人口减少了五百二十一万零四百三十二。这种状况使国家的收入锐减,造成了严重的财政危机。

为了解决这个问题,唐朝政府采取了各种措施。一是整顿均田制,把流民、客户重新安置在国家的均田土地上。但由于土地兼并迅速发展,恢复均田制的努力失败了,通过整顿均田制来解决财政危机的措施收效甚微。二是征收各种苛捐杂税,如酒税、青苗钱、间架税、除陌钱、茶税、借商、白著等,扩大赋税范围,这激起了人民的强烈反抗。八世纪后半期至九世纪初,从长安、洛阳附近到江淮地区,到处都爆发过农民起义。这些起义虽先后被镇压下去,但社会危机却日趋严重,唐朝的财政已面临崩溃。

(1)刘晏理财。唐朝政府为了解决财政困难,决定进行以财政和赋税制度为主的改革。乾元元年(758年),第五琦建议实行榷盐法。即国家在产盐区设盐院,居民凡以产盐为业者,免其杂徭,隶属于盐铁使,所产盐由国家统购专卖。人民私煮盐者判罪。盐价由每斗十文提高到一百一十文,国家赚钱很多,初步改善了国家的财政状况。上元元年(760年),刘晏任度支、铸钱、盐铁等使,后又兼任转运常平等使,进一步整顿财政。他采取的主要措施有三:

进一步改革盐法——撤销非产盐区的盐官,只在产盐区设盐官,统购亭户(产盐户)生产的盐,加价转卖给商人,任其运到各地出售。后来又取消州县加收的榷盐钱,禁止征收通过税,以保持盐价平稳,便于转运。这样,到代宗大历末年,盐税收入从初创时的六十万贯增加到六百余万贯,占财政收入的一半。

整顿漕运——为了由江淮向关中漕运粮食,他疏浚了运河,建造了坚固的漕船,并以盐税雇用船夫,不再在沿河州县征发丁役。另外,还继续使用行之有效的分段转输法。经此整顿后,不仅降低了漕运的运费,减少了损耗,提高了效率,而且还免除了沿河人民挽船的艰苦劳役。

实行常平法——在各道设巡院,以勤廉干练者为知院官,让其随时上报当地物价的涨落,政府遇贵则卖,遇贱则买;同时还让其每旬每月上报各州县的雨雪丰歉情况,在丰收地区,以高于市价的价格收买粮食;在歉收地区,以低于市价的价格出卖粮食。这样就使政府能及时调整物价,稳定市场,政府也获得了大利。另外,刘晏还提前筹划各地的蠲(juān捐)免、赈济事宜,减少了逃亡现象。

(2)两税法。唐朝政府实行的一系列理财措施,虽然在一定时期缓解了财政困难,但并未能从根本上消除赋税征收中的混乱现象和从根本上解决财政困难。因之德宗建中元年(780年),宰相杨炎建议颁行"两税法"。两税法是以原有的地税和户税为主,统一各项税收而制定的新税法。由于分夏、秋两季征收,所以称为"两税法"。两税法是对当时赋役制度较全面的改革。

两税法的主要内容是:

取消租庸调及一切杂徭、杂税,但保留丁额。

不分主户(当地土著户)、客户(外来户),一律以当时居住地为准登入户籍,交纳赋税。

不再接丁征税,改为按资产和田亩征税。根据资产定出户等,按户等征收户税,定税计钱,折钱纳物,即以钱计算税额,折合成实物交纳;根据田亩数量征收地税,地税以大历十四年(779年)的垦田数字为准,交纳谷物。

没有固定住处的行商也要纳税。税额初为其收入的三十分之一,后改为十分之一。

每年分夏、秋两次征收,夏税要在六月交完,秋税要在十一月交完。

"量出制入"。中央根据财政支出的需要先做预算,定出总税额,分配到各地征收,全国没有统一的税率。

两税法是一种比较适应当时情况及历史发展趋势的制度。它与当时土地高度集中,大多数农民失去土地,成为佃户以及商品经济不断发展的情况相适应。两税法由主要按丁口征税转向主要按土地和资产征税,这是中国经济的新发展在赋税制度上的反映,是税制的一个重要改革,是税制的一大进步。

两税法的进步意义:一、此法把租庸调和各种杂徭,杂税合并,建立了统一的税制,在一定时期内,既保证了国家的财政收入,也使人民的负担有所减轻。二、此法规定官僚、贵族、客户、不定居的商人都要纳税,这就扩大了税源。又此法规定按土地资产的多少征税,比租庸调不管居民有多少土地资产,一律按丁征税合理。这样的一些做法,在一定程度上改变了赋税集中在贫苦农民身上的不合理状况。三、此法关于定税计钱、折钱纳税的规定,在一定程度上有助于商品经济的发展。四、建立了统一的税制,在一定时期内保证了国家的财政收入,也使人民的负担有所减轻。

但是两税法也有许多弊病。实行两税法后,土地兼并由于不再受任何限制而发展得越发严重。两税法规定量出制入,致使税额不断增加,而且后来两税之外又增加了许多苛捐杂税。两税法规定户税钱要折合成布帛交纳。后来由于货币不足,出现了"钱重物轻"的现象,即货币增值,物价下跌。刚实行两税法时,一匹绢值三千二、三百文,到贞元十年(794年)前后,仅值一千五、六百文。如果原来交纳一匹绢,此时就要交纳两匹,致使纳税者的实际负担增加。

3.南方经济的发展

安史之乱使北方经济受到严重破坏。后来北方又有藩镇的割据混战,所以北方的社会经济屡遭破坏,恢复、发展缓慢。南方没有受到这些破坏,社会比较安定。北方人民为了逃避战乱,大量南迁,使南方不仅增加了劳动人手,还获得了先进的生产经验和技术。所以唐朝后期,南方的经济发展迅速、逐渐超过了北方。

(1)农业。唐后期,南方农业的发展与水利工程的兴修有密切关系。唐前期兴建的水利工程是南方少,北方多。唐后期兴建的水利工程则是南方多,北方少。南方修建的水利工程不仅数量多,有些水利工程的规模也很大,如练塘、孟渎、仲夏堰等都能灌溉成千上万顷以至几个县。唐后期,南方备地开垦了许多湖田、渚田、山田,这使水域、山区的土地也得到利用。水利的兴修和土地的垦辟,使江南的粮食生产大为增加,居于全国首位。

(2)手工业。唐后期,南方手工业有很大发展,其中比较突出的是纺织业、造船业、造纸业和制茶业。

唐后期,南方丝织业有较大发展,在数量和质量两方面都超过北方。如越州(今浙江绍兴)的缭绫,宣州(今安徽宣城)的红线毯,荆州(今湖北江陵)的贡绫,益州(今四川成都)的蜀锦等都很著名,棉织业也有一定的发展。如岭南,棉织业就比较普遍。

唐后期,南方的造船业很发达。官府经营的造船业规模很大。刘晏曾在扬子县(今江苏扬州)造船二千余艘。民间造的大船也很多,著名的俞大娘航船,载重上万石。从事海外贸易的商船,大者长达二十余丈,载客六、七百人。在荆南一带,还出现了用脚踏动两轮前进的轮船。

唐后期的造纸业比唐前期更为发达,重要产地多在南方。益州的麻纸、浙东的藤纸、韶州的竹笺、宣州的宣纸、扬州的六合笺、临川的滑薄纸等都是著名产品。

制茶业在唐后期有很大发展。茶树的种植遍及南方各地,制茶业具有相当规模。如歙州祁门县有十分之七、八的人以种茶、制茶为业。唐德宗时,开始收茶税,后来茶税成为政府的重要税收。宪宗时,仅浮梁一县每年的茶税就有十五万余贯。在制茶业不断发展的情况下,唐人陆羽写了《茶经》一书,记述了茶的性状、品质、产地、采制饮用方法及用具等,这是中国也是世界上第一部论茶专著。

(3)商业和草市。唐后期的商业有很大发展,南方商业的发展尤为显著。长江流域的城市比以前更多,更繁荣。扬州是漕米、海盐、茶叶等的集散地;许多大食、波斯等国的外商在此经营珠宝等奢侈品,商业十分繁荣。益州(今四川成都)是西南的政治、经济中心,西南生产的丝织品、食盐、纸张、瓷器等,多由此运销外地,商业也很繁荣。所以当时谚称"扬一益二"。即扬州居天下第一,益州居第二。洪州(今江西南昌)、鄂州(今湖北武汉)都是长江流域繁荣的城市。苏州、杭州是新兴的商业城市。在沿海,除广州外,泉州和明州也开始成为重要的对外贸易城市。

由于城市和商业的发展,原来住宅区"坊"和商业区"市"被严格分开的旧制度,在扬州等一些城市开始打破,商业活动不再局限于市。在扬州等大城市中出现了夜市,打破了日落闭市的旧制。在一些大城市中还出现了柜坊和飞钱。柜坊经营钱物存付,代人保管钱物,向存钱物者收取一定的柜租、凭书帖或信物支付钱物。这种书帖类似于后世的支票。飞钱又称便换。商人在长安把钱交给某道进奏院(驻京办事处)或某军、某使、某富家,然后带着当事人付给的文券,到目的地凭文券取钱。这种文券类似于后世的汇票。柜坊和飞钱都是商业发展、交易频繁,营业额巨大的产物。此制产生后,减少了支付钱币的麻烦,避免了携带重金走远路的危险,有利于商品经济的发展。

由于商业的发展,唐后期在各州县普遍设置管理商业活动的市令。在农村的交通要道上出现了更多的草市、墟市,这些市定期交易,交易后即散去。其中有些草市、墟布生意兴隆,迁来定居从事交易或谋生活的渐多,就发展成为市镇。

十一、唐末农民战争

1. 起义背景

(1)土地兼并。唐朝后期,土地兼并日益壮大,至唐朝末年,已出现"富者有连阡之田,贫者无立锥之地"的局面。地主官僚的大小庄田遍布各地,大者有田上万顷,又出现了资本主义生产方式的萌芽,但是大量农民失业,导致社会动乱不断发生。

(2)赋税繁苛。唐后期,由于对藩镇和边疆各族战费的支出,官僚机构膨胀以及统治集团生活奢侈等原因,政府的财政支出日增,不断加重赋税。初行两税法时,规定定税计钱,折钱纳物;但由于铜钱的流通额不能满足社会需要,致使钱价不断上涨,物价不断下跌,即使税额不变,纳税者的实际负担也在增加。地方官更是任意增加税额。在不断提高的两税之外,政府还巧立名目,横征暴敛,收取各种杂税,如漆、竹、木、金、银、蔬菜、水果、木炭、食粮、布绢、牲畜等都要收税,几乎是无物不税。另外,还通过盐、茶、酒的专卖来榨取人民。其中对人民危害最大的是榷盐。开元十年(722年),唐朝政府开始征收盐税。当时的盐价是每斗十文。乾元元年(758年),实行榷盐政策,盐价猛增到每斗一百一十文。至德宗时(780~805年),又增到每斗三百七十文。以至民间有用数斗谷子换一升盐的情况。官盐价过高,人民或被迫淡食,或买价钱较低的私盐。政府为垄断盐利,严禁贩卖私盐,致使矛盾更加激化。

唐朝政府还通过"和籴"、"和市"等,以低于市场的价格强买人民的粮食、布帛,有时甚至不给钱。懿宗以后,政府的财政危机严重,经常向农民预征两三年的赋税,使农民的负担更加沉重。

到了唐末,府库空虚,权贵殷实。咸通十年(869年),陕州大旱,有百姓告灾,观察使崔荛(ráo 饶)竟指庭院中树说:"此尚有叶,何旱之有?"并痛打告灾者。实则是政府无粮救济。

唐末,翰林学士刘允章曾向皇帝上书,指出当时国有九破,民有八苦。九破是终年聚兵,蛮夷炽兴,权豪奢僭,大将不朝,广造佛寺,贿赂公行,长吏残暴,赋役不等,食禄人多而输税人少;八苦是官吏苛刻,私债征夺,赋税繁多,所由乞敛,替逃入差科,冤屈不得申理,冻无衣、饥无食,病不得医,死不得葬。这说明了唐朝至此时,人口问题已经很严重了,到了崩溃的边缘,再也不能继续统治下去了。

(3)农民起义不断爆发。大中十三年(859年)十二月,浙东农民在裘甫的领导下发动起义,并很快攻占象山、剡县(今浙江嵊州)等地,队伍发展到三万余人,又连下上虞、余姚等县。次年七月失败,裘甫被杀。咸通九年(868年),驻守桂林的徐州、泗州戍卒八百人又发动兵变,拥立粮料判官庞勋为首领,结队北归。至徐州时,已发展至十万人。占有今山东南部、安徽和江苏北部广大地区,屡败唐军。至次年九月,庞勋战死,余部败逃,后多加入黄巢军中。

2. 黄巢领导的农民战争

黄巢,冤句(今山东菏泽西南)人,曾以贩私盐为业。乾符元年(874年),王仙芝等率领农民数千人在长垣(今属河南)起义,黄巢于次年起义响应。后与王仙芝会师,队伍发展到数万人。

(1)转战南北,四处掠食。王仙芝、黄巢都是贩卖私盐出身,熟悉各地情况和交通路线,具有和官军斗争的经验。他们领导起义军采取了避实击虚、流动作战的方针。乾符三年(876年),攻克汝州,包围郑州,洛阳为之大震。后来,在湖北时,王仙芝动摇,欲接受唐朝的招降,遭到黄巢等人的坚决反对,未成事实。但是起义军也开始分裂为两支,一支由黄巢率领,北上转战于今山东南部、河南东部、安徽北部一带掠食;一支由王仙芝率领,继续在今湖北和河南南部战斗。乾符五年(878年)二月,王仙芝在湖北黄梅战死,其士卒的一部由尚让率领北上,并入黄巢部;另一部南下湖南、江西、安徽、浙江一带。

黄巢自称"冲天太保均平大将军",有部众十余万人。由河南率军南下,进入湖北,再渡长江,进入江西、安徽、浙江、福建,并攻克福州。乾符六年(879年)九月,攻占广州,部众号称百万。黄巢向全国发布檄文,宣告将北上。指斥朝廷宦官专权,官吏贪暴,纲纪败坏,用人惟亲。宣布"禁刺史殖财产,县令犯赃者族。"黄巢又分兵西取桂州(今广西桂林),控制了岭南的大部分地区。

起义军在广州停留了一段时间,由于不服南方水土,军中疾疫流行。十月,黄巢率领起义军北上,自桂州乘大木筏,沿湘江北上,攻克潭州(今湖南长沙),消灭唐军十万。后又占领江陵,转战于湖北、江西、安徽、浙江一带。

广明元年(880年)五月,起义军歼灭唐招讨都统高骈的精锐部队,杀其骁将张璘。七月,由采石渡过长江,进入河南。十一月,起义军六十万向洛阳进军。黄巢以"天补大将军"的名义向唐朝藩镇发布文告说:"各宜守垒,勿犯吾锋,吾将入东都,即至京邑,自欲问罪,无预众人。"这个文告把斗争锋芒集中于唐最高统治者,分化了敌人的营垒,减少了进军的阻力。起义军不战而克洛阳。十二月,攻克潼关。唐僖宗仓皇出逃成都。黄巢率领起义军进入长安,百姓夹道聚观,起义军大将尚让向居民宣慰说:"黄王起兵,本为百姓,非如李氏不爱汝曹。汝曹但安居无恐"。

(2)建立大齐政权。黄巢在长安称帝,国号"大齐",年号"金统",建立农民革命政权。以尚让、赵璋、崔璆等为宰相;并宣布唐朝官员三品以上者停职,四品以下者留任。还命令唐宗室、王侯、官员一律向农民政权自首。

(3)黄巢败死。黄巢起义军犯了流寇主义错误,只知四处打仗掠夺,不重视政权建设。起义军进入长安后,没有乘胜追击逃往成都的唐朝廷,也没有去消灭关中地区的藩镇势力和中央禁军残部,致使假投降的凤翔陇右节度使郑畋得以纠集力量与起义军对抗;使唐朝廷亦得到喘息之机,利用南方财富,重新集结力量,向起义军反攻。

中和元年(881年)三月,唐朝以郑畋为"京城四面诸军行营都统",率军进攻起义军。四月,唐军包围长安。次年九月,起义军驻同州的将领朱温叛变降唐。唐朝任其为河中行营招讨副使,赐名全忠。起义军处境更加困难。中和三年(金统四年,883年),唐朝引沙陀贵族李克用前来进攻起义军。起义军退出长安,转向河南。又遭朱全忠(温)和李克用等部的追击。尚让叛变降唐。黄巢率千余人退至泰山,为唐军所追及,黄巢在狼虎谷(今山东莱芜西南)自杀。农民起义至此失败。但军阀混战并没有结束。

3.唐朝灭亡

黄巢大起义后,唐朝的统治已虚弱不堪,地方上的藩镇势力又有所发展,王室日卑,号令不出国门。各地拥有军权的节度使及一些刺史纷纷割地称雄,互相攻战。在经过兼并之后,形成了宣武节度使朱全忠(据今河南)、河东节度使李克用(据今山西)、凤翔节度使李茂贞(据今陕西凤翔)、卢龙节度使刘仁恭(据今河北北部)、镇海节度使钱镠(据今浙江)、淮南节度副大使杨行密(据今江苏扬州一带)、西川节度使王建(据今四川成都一带)等几个强大势力。其中又以朱全忠和李克用的势力最强大。

朱全忠、李茂贞、李克用等都企图控制朝廷,以号令全国。此时朝廷里的宦官、朝官之争仍在继续,他们都分别勾结藩镇作为外援。

天复元年(901年),朝官与宦官的矛盾尖锐化,宰相崔胤勾结朱全忠进军长安,宦官韩全诲劫持唐昭宗逃往凤翔,依附于李茂贞。朱全忠率军攻凤翔,李茂贞屡败。天复三年,李茂贞与朱全忠和解,杀韩全诲等人,并将昭宗交给朱全忠。昭宗回长安后,朱全忠杀宦官数百人,宦官长期专权的局面至此结束。

天祐元年(904年)初,朱全忠派其部下杀死宰相崔胤等人,又挟持昭宗迁都洛阳。当年八月杀死昭宗,立昭宗幼子十三岁的李柷(chù处)为帝,是为哀帝。天祐四年(907年),朱全忠废哀帝,改国号梁,史称"后梁";自立为帝,即梁太祖;年号"开平",建都汴(今河南开封)。唐立国二百八十九年(618~907年),至此灭亡。

第三节 五代十国、契丹(辽)

公元907年,唐朝灭亡。原唐朝的各藩镇和地方武力集团相继割据独立,建立国家。在中原地区相继更代的王朝为梁(后梁)、唐(后唐)、晋(后晋)、汉(后汉)、周(后周)五个朝代,史称"五代"。在南方,则先后建立了吴、南唐、吴越、楚、闽、南汉、前蜀、后蜀、荆南(南平)九个国家,连同割据在今山西一带的北汉,史称"十国"。五代存在的时间自公元907年至960年,只有53年。十国先后存在的时间自公元891年至979年,共88年。

史学界一般把公元907年后梁建立到公元960年北宋代周这一段历史称作"五代十国"时期。但是,当时并不是只有五代十国。在北方,还有契丹(辽)政权;在河西,有曹氏政权;在云南,有大理政权。五代十国是唐末藩镇割据的继续和发展。但在割据政权互相攻伐、兼并的过程中,在契丹南进、民族矛盾上升的情况下,又逐渐出现了走向统一的趋势。

一、五代更替契丹兴起

1. 梁、唐递嬗

公元907年,朱温灭唐,建立后梁,年号开平,都于开封。在后梁周围,还存在着其他一些割据势力,即河东的李克用父子、幽州的刘仁恭父子、淮南的杨行密、西部的李茂贞等。其中以李克用父子的势力最大。

李克用,沙陀族人,靠镇压黄巢起义发迹,任唐朝的河东节度使,封晋王。为了争夺对黄河流域的统治权,他同朱温争战不休。后梁开平二年(908年)正月,他去世,其子存勖继晋王位。朱温乘机攻晋,结果在潞州(今山西长治)大败。开平四年(910年),双方又在柏乡(今河北柏乡)会战,朱温再次惨遭败绩。从此后梁元气大伤,迅速衰落。

乾化二年(912年)六月,朱温被其子朱友珪杀死。朱友珪在位数月,其弟友贞杀友珪自立,是为后梁末帝。此时后梁政治黑暗,统治残暴,对人民的压榨日益繁重,社会矛盾尖锐。

晋王李存勖的势力在此时却大有发展。913年(乾化三年),兼并了幽州刘仁恭、刘守光割据势力。915年,后梁的魏博镇(治今河北大名)又降晋。923年(梁龙德三年、后唐同光元年)四月,李存勖称帝,自以为继唐而有天下,故国号唐,建都洛阳。史称后唐。不久,李存勖灭后梁,北方基本统一。925年(同光三年),后唐又出兵四川,灭前蜀。926年(同光四年),李克用养子李嗣源在率兵讨伐魏博镇叛军时,回师洛阳夺位。李存勖为部将所杀,李嗣源即位,政治有所兴革,是后唐较好的时期。

2. 契丹建国

契丹族原为鲜卑族的一支,居住在辽水上游的潢水(今西拉木伦河)流域,以游牧为主。全族分为八个部落,各有经选举产生的"大人"(即酋长)。大约在唐代初年,契丹族已经形成了由八部联合组成的部落联盟。八部"大人"推举一人做联盟首领,称为可汗。五代初年,契丹族在其杰出的首领阿保机的领导下建立国家。

阿保机姓耶律氏,亦称耶律阿保机,出身于迭剌部显贵家族。其祖先屡任迭剌部的夷离堇(qín 芹),即酋长。唐天复二年(901年),阿保机被选为迭剌部的夷离堇。后梁开平元年(907年),八部大人罢免软弱的遥辇氏的痕德堇可汗,改选阿保机为可汗,从此他连任九年。阿保机在任可汗前后,一面率军四出征讨,扩大迭剌部势力;一面注意吸收先进的汉族文化,发展本部的政治、经济。于是,迭剌部愈益强大。这引起了其他七部酋长的嫉恨,他们便联合起来,于公元915年(后梁贞明元年)迫使阿保机让出可汗之位。

一年后,阿保机骗七部酋长赴宴,以伏兵尽杀之,随即统一契丹各部,并建立了奴隶制国家,国号大契丹。阿保机自号天皇王,年号神册(916~922年)。神册三年(918年),阿保机建西楼城为皇都(后名上京临潢府,今内蒙古巴林左旗南波罗城)。神册五年,由突吕不等人参照汉字,创制契丹大字。后又由阿保机之弟迭剌参照回鹘文和汉文,创制契丹小字。从此,契丹社会发展更快。天赞四年(925年),阿保机率军亲征渤海国。次年,灭渤海国,改名东丹国,命长子突欲(耶律倍)为东丹王。不久,阿保机死于班师途中,谥号辽太祖。次子耶律德光继位,是为辽太宗。

3. 后晋兴亡

契丹强大后,开始向中原扩张。但在后唐以前,常常受阻。石敬瑭是李嗣源的女婿,也是沙陀族人。任后唐河东节度使。933年(长兴四年)、李嗣源病逝,其子从厚即位。次年,嗣源的义子从珂起兵杀从厚自立。石敬瑭向与从珂不和,欲取而代之。清泰三年(936年),他以割地、称臣、称子为条件,请求契丹皇帝耶律德光出兵助其叛变。同年九月,耶律德光率骑兵五万,援助被困晋阳(今山西太原)的石敬瑭,大败后唐兵。

之后,耶律德光册立石敬瑭为"大晋皇帝"。四十五岁的石敬瑭认三十四岁的耶律德光为父,每年输帛三十万匹,割幽(今北京)、蓟(今天津蓟县)、瀛(今河北河间)、莫(今河北任丘)、涿(今河北涿州)、檀(今北京密云)、顺(今北京顺义)、新(今河北涿鹿)、妫(guī 圭,今河北怀来东南)、儒(今北京延庆)、武(今河北宣化)、蔚(今河北蔚县)、云(今山西大同)、应(今山西应县)、寰(今山西朔县东北)、朔(今山西朔县)十六州之地与契丹。十一月,契丹与晋联兵入洛阳,后唐灭亡。不久,石敬瑭入开封,并以此城为晋之国都。契丹得幽云十六州后,即以幽州为陪都,称南京,又称燕京。幽云十六州的割让,使中原地区失去了北方的重要屏障,契丹兵马从此可以长驱直入,中原王朝在同契丹的战争中,开始处于被动不利的地位。

942年(天福七年),石敬瑭病死,其侄石重贵即位,便改变态度,对契丹皇帝只称孙而不称臣。耶律德光大怒,于是自944年(开运元年)至946年,三次大规模南下攻晋。前两次均告失利,第三次由于后晋执掌重兵的杜威(杜重威)率军叛变,耶律德光得以顺利进军。946年十二月,契丹攻入开封,灭后晋。次年二月,耶律德光在开封登基,表示自己是中原的皇帝,并改契丹国号为大辽,欲久据中原。但他并没有治理中原的经验和适当办法,而是放纵契丹士卒四出抢掠,自筹给养,叫"打草谷";下令在开封和各州"括借"钱帛,储于内库,拟运回北方;不放已降的节度使和其他官员还任,而另派自己的子弟亲信担任地方长官。这种作法给中原人民带来了巨大灾难,激起了人民的反抗,义兵遍及中原。耶律德光开始感到在中原无法立足,不久,便率军北归。947年初夏,他病死于途中。

汉、周更代 耶律德光走后,刘知远乘虚占据了中原。刘知远也是沙陀族人,原是石敬瑭的心腹,曾任后晋的河东节度使。契丹入开封后,他分兵守四境。947年二月,他即位称帝,但仍用晋的国号与年号。辽兵北还,他入开封,始改国号为汉,在位仅一年即去世,其子刘承祐继位。刘氏父子均无善政,社会矛盾和统治集团内部矛盾都非常尖锐。950年(乾祐三年),将军郭威统兵回京,夺取了政权。刘承祐为乱兵所杀。郭威于951年正式登基,国号周,年号广顺。

二、十国兴亡

1. 南方九国

五代时期,南方存在着诸国并立的局面,在江淮地区先后有吴和南唐;两浙地区有吴、越;四川地区先后有前、后蜀;两湖地区有荆南(南平)和楚;两广地区有南汉。

吴、南唐 吴的奠基者是唐淮南节度使、吴王杨行密,首府在扬州。919年(后梁贞明五年),杨行密子隆演始建吴国。吴国建立后,实权一直掌握在大臣徐温、徐知诰(gào告)父子手里,皇帝只是傀儡。937年(后晋天福二年),徐知诰取代第四位吴主杨溥(pǔ普)称帝,改国号唐,史称南唐。他自称本是唐朝后裔,故改名李昇(biàn变),建都金陵(今南京)。李昇死后,其子李璟(jǐng景)与其孙李煜(yù玉)相继在位。李璟父子是著名的词人,但却没有治理天下的才能,所以南唐国力日渐衰弱,终于在975年(北宋开宝八年)为北宋所灭。

(1)吴越。唐末,钱镠(liú流)任镇海节度使,封越王(后又改封吴王),首府杭州。907年,钱镠被梁封为吴越王。吴越在表面上始终臣事中原王朝,使用中原王朝的年号,保持藩王的格局。978年(北宋太平兴国三年)降于北宋。

(2)前、后蜀。唐末四川节度使、蜀王王建在907年朱温代唐时,自己在成都称帝,国号蜀,史称"前蜀"。925年(后唐同光三年),为后唐所灭。后蜀为后唐西川节度使孟知祥建立。934年(后唐清泰元年),孟知祥在成都称帝,不久去世,其子孟昶(chǎng敞)继位。965年(北宋乾德三年),孟昶降宋,国亡。

(3)楚。唐武安节度使马殷所建。后梁时,马殷被封楚王。后唐天成二年(927年),封马殷为楚国王,始正式建国,建都长沙。马氏始终臣事中原王朝,使用中原王朝的年号。951年(后周广顺元年)为南唐所灭。

(4)荆南后梁。荆南节度使高季兴所建。高季兴在朱温死后,割据一方。后梁封他为渤海王。后唐时封他为南平王,史称荆南或南平,建都江陵。高季兴及其子孙名义上始终向中原王朝称臣,保持藩镇格局。963年(北宋乾德元年)为北宋所灭。

(5)闽。唐末,王潮任威武军节度使。潮死,弟审知继任。后梁开平三年(909年),朱温封审知为闽王。审知及嗣王延翰在位时,一直奉中原王朝为主。至延翰弟延钧时,始于933年(后唐长兴四年)称帝,国号大闽。建都福州。945年(后晋开运二年)为南唐所灭。

(6)南汉。后梁时,原唐清海军节度使刘隐先后受封为南平王、南海王。刘隐死后,弟龑(yǎn 掩)继位。917年(后梁贞明三年),龑称帝,国号大越,建都广州。翌年改国号为汉,史称南汉。南汉的国君从刘隐开始,都暴虐无道,社会矛盾非常尖锐。971年(北宋开宝四年),南汉为北宋所灭。

2. 南方经济的发展

唐末五代时期,南方战争相对较少,同时北方人民为了逃避战祸,不断南迁,使先进生产技术和大量劳动力流到南方,从而为南方提供了发展生产的客观条件。另外,南方多数政权的前期统治者都采取休养生息、鼓励生产的政策,所以南方经济得以继续发展。

当时,南方各国都很重视农田水利建设,使农业生产条件有了明显的改善。吴越和南唐的劳动人民还发明了圩(wéi 围)田,即在水乡河床较高,田面较低的地方,沿河渠岸和田边筑堤,内以围田,外以隔水。一圩方圆几十里。沿堤建水闸,旱则开闸引水灌溉,涝则闭闸拒水,从而把涝地改造成了沃土。圩田的出现是中国古代劳动人民的一个创造,也是农业发展史上的一大进步。

南方的经济作物也日益增加。如南唐"桑柘满野"。楚也盛产蚕桑,"民间机杼大盛"。茶树的种植更是遍及南方各地。

手工业以制茶业的发展最为迅速。仅楚一国,每年向中原王朝交纳的贡茶即达二十五万斤。茶叶已成为重要的商品,南平首都江陵是全中国最大的茶市。其他如丝织、矿冶、制盐、造纸、造船、制瓷业等也比较发达。农业和手工业的发展促进了商业的活跃。扬州、金陵、潭州、江陵、杭州、成都都是商业繁盛的城市,其发达程度超过北方都市。南方各国之间的贸易往来频繁,有的国家还通过陆路和海路,同中原王朝乃至南洋诸国和日本、大食等国通商。

3. 北汉

后汉时,高祖刘知远弟刘崇(称帝后改名旻)历任太原尹、中书令。951年后周代汉,他即称帝,仍以汉为国号,史称北汉,都太原。北汉"征敛一方,略无虚日,人甚苦之"。社会矛盾十分尖锐,政权很不稳固。979年(太平兴国四年)为北宋所灭。

三、后周改革,北宋代周

1. 人民的疾苦

五代时期,军阀割据混战,人民深受苦难。尤其在中原地区,政权屡屡更迭,战争激烈而频繁,人民颠沛流离。各地军阀为了应付战争,苛捐杂税严重,刑罚残酷。此外,北方百姓经常遭受契丹蹂躏,苦难更深。广大中原人民渴望国家统一,抗击契丹。适应这种社会要求,后周统治者开始整顿政治,并进行统一战争。

2. 后周改革

后周的建立者郭威出身于破落官僚家庭,对民间疾苦比较了解。称帝之后,即着手改革弊政,显德元年(954年)。郭威去世,其养子柴荣继位,是为周世宗。他继续郭威的事业,进行了全面的改革和整顿。在政治上,纳士求贤,倡导节俭,严惩贪污,整顿机构,抑制藩镇,加强中央集权。在经济上,整顿庄田,罢营田,招民垦荒,均定赋税,兴修水利,发展生产;并废寺院,毁佛像铸钱,增加财政收入。在军事上,加强禁军,淘汰老弱,这些措施使后周的国力大为增强。

3. 后周的征伐

柴荣即位,即开始进行统一战争。他先于955年(显德二年)派兵伐蜀,夺得秦(今甘肃天水)、凤

(今陕西凤县东)等四州。又在955年冬至958年(显德五年)春,三次亲征南唐,夺得江北淮南十四州六十县,使长江以北地区尽归后周所有。959年(显德六年),柴荣亲自率兵北伐辽国。出师四十二天,收复瀛、莫、易三州及军事要冲瓦桥关(今河北雄县境)、益津关(今河北霸境)、淤口关(今河北霸州境)所谓三关之地。正当全军鼓舞,准备乘胜进取幽州之际,柴荣突患重病,只好撤兵南返。当年六月,柴荣在开封去世。他虽然没有完成统一大业,但为后来北宋王朝的统一奠定了基础。

4．陈桥兵变

柴荣死后,其子宗训即位,年仅七岁。大权落在殿前都点检(中央禁军统帅)、归德军节度使赵匡胤(yìn印)手中。赵匡胤,涿郡人,出身军官家庭,早年从伍,受郭威、柴荣重用,逐步培植了自己的势力,为以后代周打下了基础。960年(显德七年)元旦,他谎报军情,说契丹联合北汉大举南侵。恭帝与大臣商议,派赵匡胤领兵出征。大军刚到开封东北陈桥驿(今河南封丘境),赵匡胤与其弟光义及赵普等人共同策动军队哗变,奉赵匡胤为天子。赵假意不允,士兵以黄袍加其身,回师开封。恭帝被迫禅位,赵匡胤称帝(宋太祖)。因归德军治所在宋城(今河南商丘南),故国号宋,仍都开封,史称北宋,年号建隆。

第四节　隋唐五代文化

隋唐时期,尤其是唐代,是中国古代文化光辉灿烂的时期,各种文化艺术在中国文化史上都达到了新的高度,在当时的世界文化领域,也处于领先的地位。隋唐文化所以这样发达,主要有三个原因：一是政治的长期稳定,二是社会经济的空前发展,三是大量吸收融合边疆民族和邻近国家的文化成果。五代时期在政治上虽然分裂割据,但在文化方面却继续发展。

一、哲学宗教

1．哲学

唐朝的哲学,唯心主义思想家以韩愈为代表,唯物主义思想家以柳宗元和刘禹锡为代表。

(1)唯心主义。韩愈(768~824年)字退之,河阳(今河南孟县)人,是著名的文学家。他极力反对佛教和道教的荒谬不经之说。可是从哲学的观点来说,他是以儒学的唯心主义思想去反对佛、道二教的唯心主义思想,他的哲学思想基本上是唯心主义的。韩愈主张天命论。他认为,天有意志,能赏罚。贵贱祸福都取决于天的意志,人对天只能随顺敬畏,不可以人力改变天命。

(2)唯物主义。唐代对唯物主义思想有较大贡献的是柳宗元和刘禹锡。柳宗元(773~819年)字子厚,河东(今山西永济)人。他认为,宇宙没有起点,也没有极限,天地未分之前,只有元气,天地既分之后,元气充塞其间。天地、元气、阴阳都是物质的,都没有意志,不可能赏功罚祸。向天呼号,希望它进行赏罚,希望得到它的怜悯,都是非常荒谬的。

他反对君权神授思想,认为帝王"受命不于天,于其人"。他认为社会历史的发展遵循着不以人们的主观愿望为转移的客观必然之势,指出历史的发展"非圣人意也,势也"。但是柳宗元的唯物论是不彻底的,他崇信佛教,其思想中有明显的唯心主义成分。

刘禹锡(772~842年)字梦得,彭城(今江苏徐州)人。他进一步探索天与人的关系。认为天与人各有其特点,既相互区别,又相互作用,天与人"交相胜,还相用"。人虽不能干预自然界的职能和规律,但却可以利用和改造自然。

他还认为,当是非颠倒,法制不行,赏罚不明时,人们对不合理现象找不到解释,就不得不把一切归之于天命,神就是由人在这种情况下创造出来的。

刘禹锡的唯物论也是不彻底的,他也和柳宗元一样崇信佛教。

2. 宗教

唐代的宗教很多,这和当时的社会经济发展,中外经济文化交流,以及朝廷尊崇宗教是分不开的。国内原有的宗教如佛、道二教有很大发展,还有一些国外的宗教在这时也传入中国。

(1)佛教。佛教原是印度的宗教,汉代传入中国,此后有很大发展。南北朝末年至隋唐之际,中国的佛教开始出现宗派,各宗派不仅有自己的教义,还有自己的寺院。隋唐时期,佛教的主要宗派有天台宗、华严宗、法相宗、净土宗和禅宗。唐后期,禅宗分为南宗和北宗两派,南宗宣传顿悟,北宗宣传渐悟。南宗最为盛行,几乎取代其他各宗派,垄断了佛坛。由于以禅宗为代表的佛教,除原有的哲理丰富等长处外,又逐渐中国化,因而在与道教的竞争中占有优势。

隋唐时期佛教的发展与中外交通的发达,佛经的大量传入,译经工作的进步以及统治者的大力提倡都有密切关系。统治者为了巩固自己的统治,积极提倡佛教,不少皇帝和官僚贵族佞佛,佛教更广为流传。但是随着佛教的发展,僧尼越来越多,寺院占有的土地和劳动人手也越来越多,而且不负担国家的赋税徭役,这就使政府与寺院之间在经济利益上产生了严重的矛盾。因此,唐武宗时禁断佛教,给佛教以沉重的打击。但佛教毕竟是统治人民的有力工具,唐宣宗即位后,又继续扶植佛教。

佛教的主要作用和其他宗教一样,都有慰藉穷人精神,和促进社会道德教化的功效,只要不参与世俗权力,都能对社会起到好的作用。佛教传入中国,同时伴随佛教传来的哲学思想和文学、艺术等,对中国的文化产生了重大影响。中国文化吸收了佛教文化,丰富了自身,并得到促进和发展。如在艺术方面,佛教建筑和雕塑对中国的建筑雕塑有很大影响;在文学方面,佛经的大量翻译丰富了中国文学的体裁和内容;在哲学方面,佛教唯心主义哲学影响了儒家思想,产生了宋代的理学。

(2)道教。道教形成于东汉,追尊老子李耳为教祖。唐朝皇帝以与老子同姓为由,认老子为自己的祖先,于是大力提倡道教,倡导无为而治,不理朝政。唐太宗规定道教的地位在佛教之上。唐高宗追尊老子为太上玄元皇帝。武则天称帝时,利用佛教《大云经》,宣传女人也可以当皇帝,遂规定佛教居道教之上。唐睿宗时,又规定两教地位平等。唐玄宗则大力提倡道教。他声称曾梦见老子,让人画老子像颁行天下,并令王公百官皆习《老子》,还在科举考试中增设道举。当时两京(长安、洛阳)和各州府都建有玄元皇帝庙。各地道观曾多达一千九百余所。

道教在政府的大力扶持下,颇为盛行,许多道士受到皇帝的宠信,不少文人如李白、贺知章等人都崇信道教,喜欢游山玩水,逍遥自在。但是由于道教教义中的哲理不如佛教丰富,而且道教大多是讲炼丹服食,求长生不死,这需要大量的钱财和空闲时间,一般人民不具备这种条件,所以主要在上层社会流行,影响不如佛教那样大。

(3)伊斯兰教、祆教、摩尼教、景教。伊斯兰教是公元七世纪初阿拉伯人穆罕默德所创。唐代主要由大食的使臣、商人传入中国,在长安、广州、泉州、扬州等地均有信徒。唐中叶以后,传布益广。

祆教是琐罗亚斯德教的中国名称,约在前七至前六世纪,始创于波斯人琐罗亚斯德。早期流行于中、西亚,南北朝时期,传入中国。在中国亦称火祆教、拜火教。该教认为,宇宙间有光明的善神和黑暗的恶神互斗,以火代表善神而加以崇拜。当时在长安、洛阳、凉州、沙州(治今甘肃敦煌西)等地都建有该教寺庙,信奉者为来唐的波斯及中亚其他地区商人。未在中国人中传布,后渐失传。

摩尼教是公元三世纪时波斯人摩尼所创,约于唐前期传入中国,也叫做明教。该教宣传善恶二元论,认为光明是善的本原,黑暗是恶的本原,人应助明斗暗。教徒应制欲,不食肉,不饮酒,不杀生。在长安、荆州、扬州、洪州(今江西南昌)有寺,在民间逐渐传播。

景教即基督教的聂斯脱利派。公元五世纪前期,兴盛于中、西亚。唐贞观九年(635年),叙利亚人阿罗本由波斯来中国传教,改教名为景教,并在长安等地建寺礼拜,称"波斯寺"。后改称"大秦寺"。建中二年(781年),波斯教士景净等在长安立《大秦景教流行中国碑》,记述景教传入中国和在长安建寺度僧、宣传教义的情况。此碑现存陕西省博物馆内。此教在唐后期逐渐失传。

二、文学

隋唐五代时期的文学有很大的发展,其主要成就是诗歌,其次则为散文、传奇和词。

诗歌。唐代是中国古典诗歌的黄金时代。当时所作诗歌的数量之多,题材之广泛,风格流派之多样,艺术之精湛,都远远超过了以往的朝代。清人所编《全唐诗》共收录有二千二百多位诗人的四万八千九百多首诗,这当然还不是唐诗的全部。

唐初著名的诗人有王勃、杨炯(jiǒng窘)、卢照邻、骆宾王等,号称"初唐四杰";此后,诗人名家辈出,盛唐有孟浩然、王维、岑参、高适、王昌龄、王之涣等,李白与杜甫更是名震一时。中唐有白居易、元稹、韩愈、刘禹锡、柳宗元、李贺等。晚唐有李商隐、杜牧、皮日休、聂夷中、杜荀鹤等。

在唐代诗人中,影响和成就最大的是李白、杜甫、白居易三人。

李白是一位伟大的浪漫主义诗人。他的诗内容广泛,豪迈奔放,气势磅礴,想象丰富,手法夸张,语言生动明快。他关心国事,有远大的抱负,不愿迎合权贵,有强烈的反抗精神,"安能摧眉折腰事权贵,使我不得开心颜!"就是他的精神风骨的写照。他一生漫游名山大川,许多描绘壮丽河山的诗篇都是传世佳作。但是由于他一生很不得意,又深受道家思想影响,因之诗中有一些消极成分,常常流露出人生若梦、及时行乐的颓废思想。

杜甫是一位伟大的现实主义诗人,所作诗有"诗史"之称。他的诗博采众长,感情真挚细腻,基调沉郁雄浑,语言精练。他忧国忧民。其名句"朱门酒肉臭,路有冻死骨。"深刻地揭露了当时的社会矛盾。著名组诗《三吏》、《三别》,反映了人民所受的种种苦难。

白居易是一位杰出的现实主义诗人。他诗作中的精华是讽喻诗,《卖炭翁》、《杜陵叟》、《轻肥》、《歌舞》等都是其中的名篇。这类诗或揭露官府的横征暴敛,或指斥豪门贵族的骄奢淫逸,或抨击穷兵黩武的不义战争,具有高度的思想性和艺术性。另外,他的长篇叙事诗《长恨歌》和《琵琶行》也有很高的成就。他的诗深刻地反映现实,诗风平易通俗,所以广泛流传于国内以及新罗、日本等国,影响很大。由于他晚年政治上不得意,意志消沉,所以其晚期作品的思想性较差。

古文运动。"古文"是唐朝人对汉魏散文的称呼。"古文运动"是唐中期兴起的一次以发扬汉魏文风为主的文学运动。汉魏的散文质朴,不尚辞藻。至六朝时,盛行绮丽、颓靡的骈俪文,以四字、六字为句,形式僵化,内容空洞,追求辞藻,不能自由地表达思想。古文运动反对六朝以来的浮艳文风,主张发扬汉魏风骨。

古文运动的代表人物是韩愈和柳宗元。韩愈是古文运动的积极倡导者,写了大量优秀的散文,气势雄健,奔放流畅,后人推他为唐宋八大家之首。他把散文广泛地应用于各个方面,对当时和后世都产生了重大影响。他主张"文以载道",认为写文章应重视思想内容,但他所说的"道"是指儒家思想。柳宗元也是古文运动的倡导者,他也主张"文者以明道"。他的散文丰富多彩,峭拔俊秀,含蓄精深,对散文的发展也有很大贡献。

传奇。传奇是中国古典小说的一种形式,出现于隋朝末年,兴盛于唐代。由于唐末裴铏曾编有《传奇》三卷,后人即以此书名作为这类作品的名称。唐代传奇可分为讽喻小说、侠义小说、爱情小说、历史政治小说等四类。其中的名作主要有李朝威的《柳毅传》、蒋防的《霍小玉传》、元稹的《莺莺传》、白行简的《李娃传》、沈既济的《枕中记》、李公佐的《南柯太守传》、陈鸿的《东城老父传》、《长恨传》等。唐代传奇在中国文学史上占有重要地位,对后世文学的影响很大。如宋元以后的白话小说,有不少取材于唐代传奇。还有些传奇被后人改编为戏剧。

诗词又称长短句,始见于唐代,兴盛于五代、两宋。五代词人的代表是李煜。李煜是南唐末代国君,世称"李后主"。能诗文、音乐、书画,尤擅填词。早期作品大都描写宫廷生活,继承晚唐以来"花间派"的词风,绮丽柔靡。后期作品则抒写对往日帝王生活的怀念,吟叹亡国后的身世,语言生动,戚楚感人。扩展、提高了词表现生活、抒发感情的能力。"问君能有几多愁?恰似一江春水向东流"等名句至今脍炙人口。

三、艺术

隋唐五代时期的艺术既继承了汉魏以来的文化传统,又大量吸收了当时边疆各少数民族和外国的艺术成果,融会发展,取得了辉煌的成就。其中最重要的有绘画、雕塑、书法和音乐、舞蹈等。

1. 绘画

隋唐五代时期,绘画艺术有很大发展,名家辈出。隋代的著名画家有展子虔、董伯仁、杨契丹、郑法士等人。

唐代著名画家更多,初唐的阎立德、阎立本兄弟善画人物。阎立本的《历代帝王图》、《太宗步辇图》,流传至今。其画布局匀称,笔力刚健,简练传神。盛唐时的吴道子(又名道玄)有"画圣"之称。他兼擅人物、山水,尤擅长佛道画。他在继承前代技法和吸收西域画派技法的基础上,有所革新创造,所画富于立体感。其画中人物的衣带似会随风飘动,因而有"吴带当风"之说。盛唐、中唐之际的张萱、周昉,都以善画仕女闻名。张萱的《捣练图》和《虢国夫人游春图》,现存宋人摹本。周昉的《簪花仕女图》亦存后人摹本。诗人王维善画水墨山水画,苏东坡称其"画中有诗"。

唐代的壁画在南北朝壁画的基础上有了很大发展。壁画的数量很大,仅吴道子一人即曾在长安、洛阳的佛寺道观中绘壁画达数百面墙壁之多。著名的敦煌千佛洞中有许多壁画,其中大多是唐代画的,敦煌壁画的内容多是佛教故事,但也反映了当时的社会生活状况,为研究这个时期各方面的历史提供了珍贵资料。敦煌壁画的艺术水平很高,其中的飞天尤为杰作。唐代有些墓葬中的壁画艺术水平也很高。如章怀太子李贤墓中壁画有出行图、仪仗图、客女图、客使图、打马球图等,所绘人物各具情态,栩栩如生。此外,懿德太子李重润墓、永泰公主李仙蕙墓、淮安王李寿墓都有壁画,艺术水平也很高。

五代时期,绘画艺术进入新的发展阶段。西蜀、南唐开始设立画院,征召大批著名画家供职。五代时期的著名山水画家有善画北国风光的荆浩、关同,善画江南景色的董源、巨然;著名花鸟画家有黄荃、徐熙;著名人物画家有周文矩、顾闳中。顾闳中的《韩熙载夜宴图》为传世名作。

2. 雕塑

隋唐五代的雕塑艺术很发展,主要有石窟造像、陵墓石雕和陶俑等。隋唐以前已开凿的石窟寺,如敦煌、龙门、天龙山、麦积山、炳灵寺等,此时大都在继续建造,在技法和人物造型方面,都有很大的进步。如龙门奉先寺是武则天统治时开凿的,共有雕像九尊。中央为卢舍那佛坐像12米(连座通高17.14米),两旁各四像略低,都气势宏伟,形象生动。四川乐山的石雕大佛坐像从头顶到脚底通高58.7米,是中国最大的石雕佛像。敦煌千佛洞是一座巨大的艺术宝库,现存四百九十二个石窟中,有唐窟二百一十三个。其中的立体泥塑佛像,形象生动,神态自若,造型工巧,与壁画交相辉映,配置和谐。

唐太宗墓前的高浮雕石刻昭陵六骏,生动地刻画了六匹骏马的不同神态,造型遒劲,形象逼真,是唐代石雕中的名品。唐代墓葬中的三彩陶俑,既有武士、文吏、乐工、舞女等人物俑,也有马、骆驼等动物俑,这些俑造型生动,色彩鲜艳,形态逼真,十分精美。唐代有不少优秀的雕塑家,其中最为著名的是被称为"塑圣"的杨惠之。据说他曾在长安为著名艺人留盃亭塑像,人们一看到塑像的背影,便能认出所塑是谁。

3. 书法

隋唐时期,出了许多著名的书法家。欧阳询、虞世南都是由陈入隋、再入唐的大书法家。欧阳询的楷书笔力劲峭,法度严整。虞世南的楷书字体匀圆,兼含刚柔。唐初的褚遂良综合各家楷书之长,微参隶书笔法,别创一格。唐中期的颜真卿把篆、隶笔法运用到楷书上,独创一体。他的书法气势雄浑,形体敦厚,对后世影响很大。唐后期的柳公权是与颜真卿齐名的大书法家,他兼采欧、颜二家之长,自成一体,世称柳体。

4. 音乐、舞蹈

隋唐时期的音乐、舞蹈也有很高的成就。由于民族关系密切及中外文化交流,当时中原地区的音乐、舞蹈中融合了大量来自少数民族和外国的成分。隋炀帝时曾定九部乐,唐太宗时又增为十部乐,即燕乐、清商乐、西凉乐、天竺乐、高丽乐、龟兹乐、安国乐、疏勒乐、康国乐、高昌乐,其中大多数来自少数民族和外国。唐高宗以后,十部乐逐渐衰亡,音乐家们吸取少数民族和国外音乐的精华,创作新乐,逐渐形成坐部伎和立部伎。隋代的著名音乐家有万宝常、郑译、何妥等,唐代著名音乐家有祖孝孙、王长通、白明达、曹善才、李龟年、米嘉荣、唐玄宗等。唐玄宗善击羯鼓,长于作曲,他曾选坐部伎三百人,教于梨园,号称"皇帝梨园弟子"。又选宫女数百人,亦为"梨园弟子",教以音声。这也从一个侧面反映了唐代音乐的发达。

唐代舞蹈有许多来自西域。当时的舞蹈多配以音乐,所以称为乐舞。唐代舞蹈主要分为健舞和软舞。健舞有剑器、胡旋、胡腾、柘枝等,软舞有乌夜啼、凉州、回波乐等。初唐乐舞以武舞"七德舞"(本为"秦王破阵乐")、文舞"九功舞"(本为"功成庆善乐")、"上元舞"(本为"上元乐")为代表。盛唐乐舞以"霓裳羽衣舞"为代表,唐代诗人白居易曾写《霓裳羽衣舞歌》,详细描绘了此舞。

四、史学地理学

隋唐五代时期,史学与地理学都有较大的发展,很重要的一点是出现了国家开馆设官修史的制度;其次是在史学和地理学著作方面亦有所创新。国家正式开馆修史始于唐太宗时期,由宰相监修。从此,官修史书由史官撰写并由宰相监修成为制度,直到清朝。唐初史馆奉诏所修正史有《晋书》、《梁书》、《陈书》、《北齐书》、《周书》、《隋书》等共六部。史家李延寿私人撰《南史》和《北史》两部。此八史占二十四史的三分之一。五代后晋时官修的《旧唐书》亦为二十四史之一。

1. 通典

《通典》是一部政书,唐代杜佑(735~812年)撰。佑字君卿,京兆万年(今陕西西安)人,曾任宰相。政书是一种新体史书,不同于纪传体、编年体史书,以记载典章制度为主。《通典》记事,上起黄帝,下迄唐天宝之末。全书共有二百卷,分为食货、选举、职官、礼、乐、兵、刑、州郡、边防等九门,每门又分若干目。对于每一制度,都从上古记述到唐朝,唐代尤详,有很重要的史料价值,并开创了典章制度专史的编撰方法。

2. 史通

《史通》是一部史学评论著作,唐代刘知几(661~721年)撰。知几字子玄,彭城(今江苏徐州)人。曾在史馆参与修史二十余年。后离开史馆,撰成《史通》一书。全书分内篇和外篇两部,共二十卷四十九篇。内篇三十六篇,论述史书源流、体例和编纂方法。外篇十三篇,论述史官建置沿革和史书得失等。此书的主要特点是总结历代主要史学著作,指出优缺点,提出自己对修史的主张。他指出,史学家要兼有才(写作能力)、学(历史知识)、识(认识能力)三长,而尤以"史识"为最重要。他主张,撰写史书要"不掩恶,不虚美","良史以实录直书为贵",反对"妄生穿凿,轻究本原"。刘知几是中国古代最早的一位史学评论家,他的理论、观点在当时是很进步的。《史通》对后代治史、著史发生了巨大的影响。

3. 元和郡县图志

《元和郡县图志》为唐代李吉甫所撰。李吉甫长期任宰相,熟悉当时的图籍。全书以当时四十七镇为纲,每镇篇首有图,分镇记载府、州、县及其户口、沿革、山川、道里、贡赋等内容。这是一部重要的全国性历史地理著作。北宋时,图佚,因称《元和郡县志》。

五、科学技术

1. 天文、历法

隋代的刘焯制《皇极历》,这是一部很精密的历法。隋时未颁行,唐时始行用。此历确定岁差为七十五年差一度,已同准确值接近。当时欧洲还采用一百年差一度的数值,比中国落后。

唐代的一行和尚是一位杰出的科学家,俗姓张名遂,自幼博览经史,精通天文、历算。后来出家为僧。唐玄宗时,他受命主持修历工作,有不少创造。他是世界上第一次发现了恒星移动现象的人,比英国人哈雷发现恒星移动几乎要早一千年。他又倡议测量子午线的长短,根据在河南实际测量的结果,算出子午线每一度长三百五十一里八十步。这个数字虽不很准确,但却是世界上第一次实测子午线的记录。他还同梁令瓒合作,制成水运浑天铜仪(利用漏水激轮转动)。这不仅是表示天象的仪器,也是计时的仪器,是世界上最早的用机械转动的天文钟。他编成的《大衍历》是一部比较准确的历法,其编写体例结构亦为后代所沿用。

2. 医学

隋代名医巢元方撰《诸病源候论》是中国第一部详论病因、疾病分类、鉴别和诊断的著作,书中还记述了用肠吻合手术治疗外伤断肠等。该书对后代医学影响很大。

隋至唐初的名医孙思邈(581~682年),著有《千金要方》和《千金翼方》,这是两部著名的医学著作。两书的内容十分丰富,共收集了五千三百多个药方,记载了八百多种药物。由于他对医药学的重大贡献,后人尊称他为"药王"。

唐高宗时,苏敬等人奉命编纂了《唐新本草》,这部书图文并茂,记载药物八百多种,是世界上第一部由国家编定颁布的药典。唐玄宗时,王焘撰《外台秘要》,收集了六千九百多个药方,汇集了前代药方的精华。

3. 建筑

隋朝著名的工匠李春设计建造的赵州(今河北赵县)安济桥,是中国历史上最著名的桥梁之一,又是世界上现存最古老的单孔大拱桥。桥全长50.82米,桥面宽约10米,大桥洞跨径37.02米,高7.23米,在大桥洞两端上方,各有两个小桥洞,既可节省工料,减轻桥的重量,又便于排洪,而且增加美感。该桥跨度之大是空前的。这样的设计与施工技巧,在当时的历史条件下都是难能可贵的。隋唐时期的国都长安城(隋名大兴城)是由名家宇文恺等设计建造的。

总的特点是建制严密,规模宏伟,为秦汉都城所不能比。城内建有皇城、宫城。据考古勘测,长安城南北长8651米,东西长9721米,周长36.7公里,面积84平方公里。长安城内街道宽阔笔直,布局东西对称,街道呈棋盘式,宫殿、衙署、坊市分置,里坊呈封闭式,市场集中。是当时世界上第一流的大城市。

唐代的木结构建筑已达到很高的水平,至今尚存的有山西五台县的南禅寺大殿和佛光寺东大殿。南禅寺大殿建于建中三年(782年),是中国现存最古的木结构建筑。佛光寺东大殿相传建于北魏孝文帝时,唐武宗时被毁,大中十一年(857年)重建。

唐代建造的佛塔很多,至今尚耸立于西安的,有著名的大、小雁塔。大雁塔始建于永徽三年(652年),是高僧玄奘按照印度风格设计的。塔呈方形,砖砌七级,高六十四米。唐人考中进士后,多于此处题名,以为纪念,称"雁塔题名"。小雁塔建于景龙(707~709年)年间,为密檐式砖构建筑,原为十五级,最上两级已塌毁,其下十三级完好。现高四十三米。基底四周装饰精美砖雕。

4. 雕版印刷术

隋唐时期,文化繁荣,读书的人增多,抄书已不能满足社会需要,于是出现了雕版印刷术。

雕版印刷术发明于隋末唐初。唐太宗曾令印行长孙皇后的《女则》。玄奘也曾印刷佛像。但当时还不普及。唐中叶以后才逐渐推广。元和、长庆年间,白居易、元稹的诗已被大量印刷出售。文宗太和年间,印刷的历书已在民间广泛流传。唐朝末年,成都已大批印书,成为全国印书业的中心。现存最早的雕版印刷品是印于咸通九年(868年)的《金刚经》。该书卷首有画,画和文字都很精美。但已被斯坦因盗走,现藏英国伦敦博物院。国内现存最早的雕版印刷品是晚唐的龙池坊卞家印《陀罗尼经》。印刷术后来传到国外,推动了世界文化的发展。

第七章
辽　　朝

　　唐朝末年,群雄纷争,各种独立的政权形式相继出现,以省、藩地区政权形式的割据后,相继出现了以少数民族自治政权独立的形式。这些少数民族自治政权遵循或者借鉴周边成熟政权的发展模式,同时依据自身的现有条件,从政治到经济、从文化到科技,都取得了长足的发展,呈现了蓬勃的发展势头。这其中,由契丹部落发展而成熟的辽朝,便是其一。

第一节　辽（契丹）朝前期的皇位更迭

　　927年2月24日,耶律德光改契丹国号为辽,改年号为大同,升镇州(今河北正定)为中京,以赵延寿为中京留守,表明了辽太宗直接统治中原的意图。但是,原后晋北京留守、河东节度使刘知远随后即帝位于太原,直接与辽对抗。辽太宗也任命耿崇美、高唐英、崔延勋分任昭义军(今山西长治)、昭德军(今河南安阳)、河阳军(今孟县南)节度使,以控扼河东。辽太宗纵兵"打草谷"进行劫掠,各地人民纷纷起兵反抗,辽太宗随即作北归的准备,任命后族萧翰为宣武军(今开封)节度使镇守中原。

　　四月,辽太宗率部属及后晋降臣北返,并准备日后平定各地,讨伐河东。然而,同月下旬,辽太宗病死于北归途中的栾城(今属河北)。不久,原后晋地区为后汉占有,辽太宗统治中原的企图终于落空。

　　契丹对渤海国的占领,特别是儿皇帝石敬瑭奉献幽蓟十六州后,大大增加了契丹的官僚化因素,东丹王耶律倍,尤其是耶律德光在灭后晋前后对汉文化的吸收,也促进了官僚化进程,但是固有的奴隶制势力还十分强大,他们竭力维护奴隶主利益,两种势力通过争夺皇位进行着斗争。太子东丹王耶律倍的被迫避让,述律太后通过立次子耶律德光为帝斗争的胜利,反映了官僚化势力的第一次失败。

　　但是,耶律德光在继承皇位后推行南侵及逐渐官僚化的政策,却遭到了述律太后的反对,辽太宗之死引起了又一场帝位之争。前太子东丹王耶律倍在出逃后唐时,王妃萧氏及子耶律阮(兀欲)仍留在东丹国,耶律阮后随耶律德光南侵,并于灭后晋后即受封为永康王,当辽太宗死于北归途中时正在军中。从征的辽军将领大多拥护辽太宗的现行政策,同时害怕述律太后在辽太宗继承皇位时诛杀异己势力做法的重演,掌握实力的北院大王耶律洼与南院大王耶律吼,反对述律太后扶立其少子李胡,定策拥立永康王耶律阮。

耶律阮则考虑到辽太宗所立的皇太弟耶律李胡,以及辽太宗长子耶律璟的存在,他们都会得到以述律太后为首的守旧势力的支持,因而犹豫不决,即找担任宿卫的耶律安博商议。耶律安博的父亲耶律迭里,就是因为当初反对述律太后立辽太宗,坚持辽太祖所定的嫡长继承制,拥立太子东丹王耶律倍,被述律太后杀害。耶律安博此时不仅支持并帮助耶律阮坚定继承皇位的决心,而且传播皇太弟耶律李胡已死的谣言,借以坚定北归将士拥立耶律阮的信念。他又作为耶律阮的代表与耶律洼、耶律吼商议对策。他们以辽太宗曾想立耶律阮为继承人作托辞,即于辽太宗死后的次日,拥立耶律阮即帝位于北归途中的镇州,是为辽世宗。

耶律阮之立违反了述律太后要立少子耶律李胡为帝的意志,她即派耶律李胡率军南下攻击,但为辽世宗的前锋军所打败,述律太后又亲率大军与耶律李胡军会师于潢河(今西拉木伦河)横渡的北岸,和已抵达南岸的辽世宗大军隔河对峙,一场大战即将爆发。

辽世宗上书述律太后以求和平解决冲突,述律太后与惕隐耶律屋质商议对策,耶律屋质劝述律太后承认既成事实以避免互相屠杀,在和谈过程中,辽世宗质问述律太后当初耶律倍当立而改立辽太宗为帝之事,并说明自己作为耶律倍之子而当皇帝是应该的。述律太后虽然推说她扶立辽太宗为帝是辽太祖的遗旨,但与述律太后一起参与和谈的耶律屋质却指出当初立辽太宗为帝,是"太后牵于偏爱,托先帝遗命,妄授神器,并以礼有世嫡,不传诸弟,昔嗣圣(太宗)之立,尚以为非",驳斥了耶律李胡想以弟继兄为帝的意图。述律太后不得已同意辽世宗为帝,横渡和议反映了契丹族官僚化的进程,长子继承制在理论上已为契丹贵族所接受并开始付诸实践。

世宗随后又追谥其父耶律倍为让国皇帝,以示世宗继位的正统性。然而守旧势力仍不断企图推翻辽世宗的统治,辽世宗在镇压内部叛乱后,又遣将乃至亲自率军攻掠后汉的河北地区,这时中原政局已发生了重大变化。天禄五年(后周广顺元年,951年)正月,郭威取代后汉建立后周政权。同月,后汉宗室、北京留守刘崇也即帝位于太原,割据河东地区,建立北汉政权,并依附辽朝,自称侄皇帝。

天禄五年(北汉乾祐四年)九月,北汉向辽求援,辽世宗亲自率军南下,到达归化州(今河北宣化)时,祭祀其父耶律倍,宴后酒醉,为耶律察割所害,又一次皇位更迭事件摆在辽朝贵族面前。这时辽太宗长子耶律璟(述律)随行在军中,耶律屋质等又拥立耶律璟为帝,是为辽穆宗。

辽穆宗即位后,北汉多次求援,辽穆宗只是派兵遣将,并不亲自出征,这是因为他忙于排斥异己,将当初拥立辽世宗及辽世宗亲信的大臣置于闲地。另一方面是镇压不断发生的谋反事件,为首的人物既有辽世宗之弟耶律娄国,也有辽太宗弟耶律李胡之子耶律宛和耶律喜隐,甚至还有辽穆宗自己的二弟耶律罨撒葛、四弟耶律敌烈。不仅发生了那么多的皇室谋反事件,加上辽穆宗游猎无度,歌舞狂饮,通宵达旦,白日睡眠,从不认真处理国事,被国人称为"睡王",而且喜怒无常,滥杀无辜,以致亲信近臣们也人人恐惧,辽朝因而国势中衰。

当应历四年(后周显德元年,954年)二月,应北汉世祖刘崇的请求,辽穆宗派大将耶律敌禄率辽军南下,企图乘后周太祖新死,后周世宗刚即位之际,辽汉联合消灭后周,但遇到的却是雄才大略的后周世宗,三月的高平之战,辽汉联军败归。应历九年(后周显德六年)初,后周世宗开始攻辽,志在夺取后晋割给辽朝的燕云地区。

四月中旬,后周世宗亲率大军进入辽境,辽莫州、瀛州及益津关(今河北霸州)、瓦桥关(今雄县西南)、淤口关(今霸州东)守将,纷纷迎降,周军又攻占易州(今易县),辽南京(今北京)留守萧思温惊惶失措,南京居民纷纷逃入西山,萧思温只得要求辽穆宗亲征抵御,当辽穆宗于五月中旬末赶到南京时,后周世宗已因病回开封(今属河南),退兵前又对新占领区作好了防务安排。辽穆帝无心南下夺回被后周占领的地区,辽与后周的边界遂北移至今霸州、雄县以北的白沟河(大体相当于今海河、永定河、北拒马河)为界。

辽穆宗依然醉生梦死,甚至昼夜酣饮者九日,而谋反的事件也仍不断发生,这时南边的北周已为赵宋皇朝所代替,由于宋皇朝采取先南后北的战略,虽也进攻北汉,但对辽采取防御政策,辽宋处于相对平静的状态。然而,辽北方的乌古部,大、小黄室韦部又先后叛乱,经过连年征讨、损兵折将之后才得以平定。辽穆宗依然花天酒地,游猎无度,晚年甚至连饮二十日而不理朝政,经常是乘醉赏罚,甚至多次在醉后随意杀人,终于在应历十九年(969年),二月,游猎至怀州(今内蒙古巴林左旗西),一天晚上酒醉之后为近侍所杀。辽朝又面临第四次,也是最后一次非正常的皇位继承。

第二节 辽的发展

在经过前期皇位争夺的动荡期过后,辽政权真正进入一个政治稳定、经济文化繁荣的发展阶段。正是在这样的一个历史阶段,辽朝开始了其向周边拓展的征战。

一、景宗中兴与初期的辽宋战争

1. 景宗中兴

辽世宗于天禄五年(951年)遇害时,其子耶律贤年仅4岁。辽穆宗耶律璟末年,耶律贤已长大成人,与韩匡嗣、女里、耶律贤适等过从甚密,对穆宗的败政,时加评论讥讽,但为了避祸,韬光养晦,等待时机。

应历十九年(969年)二月,穆宗遇害于怀州,时任飞龙使的女里立即自怀州奔赴都城上京临潢府(今巴林左旗)耶律贤处,并调集禁兵进行保卫。曾任南京留守、参与朝政的萧思温"总汉军事"的高勋与女里,次日清晨率甲骑拥护耶律贤从上京赶至怀州,并随即继位为帝,是为辽景宗。从此,原太子东丹王耶律倍一系确立了在辽朝帝位继承中不可动摇的地位,而辽太宗一系自辽穆宗被刺后终于被排斥出帝位继承系列。

辽景宗即位后不久,即娶因定策功晋升为北院枢密使兼北府宰相的萧思温之女萧绰(燕燕)为妃,同年五月又立为皇后。萧皇后辅佐景宗中兴,后来成为中国历史中重要的政治人物。

辽景宗承穆宗衰乱之余,励精图治,任人不疑,信赏必罚,而且更多地任用汉人为官,因而更多地吸收了汉人的统治经验。早年投靠辽朝的汉人高勋、郭袭、室昉、韩匡嗣及其子韩德让等,先后得到重用。辽景宗内任萧思温、高勋、耶律贤适,外用耶律斜轸、耶律沙、耶律休哥、韩匡嗣、韩德让,虽仍有反叛事件,但数量很少且都很快平定,与穆宗时期相比,总的来说内部稳定、政治清明、将相协和,牧业兴旺,农业丰收,辽朝开始中兴。

2. 辽初对宋的战略

辽从建国之日起,就一直没有停止过与北宋争夺中原地区的征战。保宁十一年(宋太平兴国四年,979年)正月,宋太宗出兵进攻北汉,辽景宗遣使质问,得到的回答是:"河东逆命,所当问罪,若北朝不援,和约如旧,不然则战。"辽随即在派遣耶律沙、冀王耶律敌烈、耶律斜轸等率军相继南下援北汉的同时,派耶律奚底、耶律撒合率军防守南京(幽都府,今北京)。三月,耶律敌烈率先锋军在后军未到的情况,间道由白马岭(今山西盂县北)渡涧西进,为宋将郭进大败于石岭关(今沂州南)南,耶律敌烈等战死,从而切断了辽援。五月,北汉为宋所灭。六月,宋太宗乘胜率军转攻辽南京。

辽增戍南京的耶律奚底、耶律撒合等率军阻击于北郊沙河,战败后撤往清河,宋军遂围辽南京。辽南京在权知南京留守事韩德让、新到的援军权南京马步军都指挥使耶律学古等防守下,宋军久攻不下。七月初,耶律沙、耶律休哥、耶律斜轸等大败宋军于高梁河(今北京西直门外),宋军溃败。辽乘胜以韩匡嗣为统帅,率耶律沙、耶律休哥、耶律斜轸等南下。十月,为宋将刘延翰、崔翰、李汉琼所部大败于满城(今属河北)后退回。辽大同军(即云州,今山西大同市)节度使耶律善补所率西路军,在南下途中也为代州(今代县)宋将折彦赟所败,耶律善补在听到主力败于满城后也北归。

次年三月,宋将杨业击败辽军于雁门北(今代县北),声名大振。十月,辽景宗亲征攻宋,自南京南下,进围瓦桥关(今河北雄县),大败宋军并追击至莫州(今任丘)后退兵,辽宋边境又暂时趋于平静。

辽乾亨四年(宋太平兴国七年,982年)四五月间,辽景宗再次亲征攻宋,发生第二次满城之战,被宋将崔彦进击败后退回。同年九月,辽景宗前往云州,游猎于祥古山(今河北宣化境)时得病,在前往云州途中病死于焦山(今山西大同西北)。

二、圣宗盛世

1. 承天太后摄政

辽景宗病死的次日,年仅12岁的长子耶律隆绪即位,是为辽圣宗,遗诏由皇后萧绰(燕燕)摄政。次年,上尊号承天皇太后,并改元统和,又改国号为契丹,开始了长达27年的承天太后摄政时期,继承与发展景宗时开始的中兴步伐,终成盛世。

承天太后为了巩固统治地位,重用顾命大臣耶律斜轸、汉人韩德让以及室昉。韩德让以南院枢密使"总宿卫事",与北府宰相室昉,共掌国政,尤得承天太后的信任。当时辽朝的主要敌手是始终企图夺取燕云地区的宋朝,承天太后摄政后即任命名将、北院大王、于越耶律休哥为南面行军都统,当皇叔祖南京留守耶律道隐去世后,又接任南京留守,总理边事。以南院大王耶律勃古哲总领山西诸州事,负责西南边防事务,并节制党项。任命枢密副使耶律抹只为东京(辽阳府,今辽宁辽阳)留守,控扼女真、高丽。同时整顿吏治,审理滞狱,减免与调整徭役负担,稳定内部。

正当辽军东讨女真取胜后,并积极准备东征高丽之际,辽宋关系也逐渐紧张。统和四年(宋雍熙三年,986年)正月,宋太宗认为:"契丹主年幼,国事决于其母,其大将韩德让宠幸用事,国人疾之",决定乘机攻取燕云地区。派曹彬、崔彦进率主力为东路军,又派米信率军出雄州(今属河北)、田重进率军出飞狐(今涞原北),并派潘美和名将杨业为西路军统帅,北出雁门关(今山西代县北)。

面对宋军的全面进攻,岐沟关(今新城西北)、涿州(今涿县)、固安(今属河北)、新城(今新城东南)相继失守的形势下,承天太后立即派东征女真时的统帅、宣徽使耶律阿没里(蒲领)为南征都统,作为南京留守耶律休哥的副帅。又命东京留守耶律抹只立即统军南下,征调原准备东征高丽的辽军增援南京,并决定亲赴南京督战。另一方面派名将、北院枢密使耶律斜轸为山西兵马都统,萧挞览(凛)为副帅以代替大同军节度使耶律善补,抗击宋西路军。

五月,耶律休哥、耶律阿没里大败宋东路军曹彬、米信等于岐沟关。当宋东路军败退南逃时,宋西路军在连克寰州(今山西朔州东)、朔州(今属山西)、应州(今应县)、云州(今大同)之后继续东进。五月,承天太后在取得岐沟关胜利的情况下,立即派左皮室详稳萧排押统率原辽太祖、太宗所属弘义宫、永兴宫的宫卫军及皮室军等赶往山西。六月,又命耶律休哥派兵增援,而宋西路军也在宋太宗的迁徙云、朔、寰、应四州民至宋境命令之下退兵。八月,宋名将杨业因西路军统帅潘美、监军王侁争功违约,擅离设伏地陈家谷口(今宁武东北),后又望风而逃,退回宋境,杨业为耶律休哥伏兵所败,率残部百余人力战于陈家谷口,子延玉、部将王贵及残部全部阵亡,杨业受伤被俘,不食而死。

承天太后乘胜于当年十二月初率军南下,耶律休哥先败宋军于望都(今属河北),宋雄州守将刘廷让率部分军队抗击辽军于君子馆(今河间西北),虽死伤数万,将领战死或被俘,刘廷让也仅率数骑脱逃,但宋军主力退保乐寿(今献县),而且定州宋将田重进率军进入辽境,并一度攻占燕南重镇岐沟关(今河北新城西北),南下辽军在攻掠祁(今安国)、深(今深县南)等州后北还。

统和六年(宋端拱元年,988年)十月,承天太后再次率辽军攻宋,宋定州守将李继隆、袁继忠出战耶律休哥军,胜负相当,各称战胜。此前,驸马萧勤、勇将萧挞览皆已先后中箭受伤,辽军在攻掠数州县后于次年初北返。

承天太后在数次攻宋未取得重大进展的情况下,虽不与宋议和,但对宋改以防守为主,有时派兵南扰的政策,辽宋边境相对平静的同时,自统和四年开始即接纳与宋对抗的党项族首领李继迁的降附,授予定难军(银州,今内蒙古乌审旗南)节度使。李继迁又向辽求婚,以求巩固依附关系。辽在与宋战争的状况下,以部族女耶律汀封义成公主出嫁李继迁,并于统和八年进封李继迁为夏国王,以支持并鼓励西夏侵扰宋西北边境。李继迁出于自身利益的考虑,于次年(宋淳化二年,991年)七月,也向宋降附,受任为银州观察使,并受赐姓名赵保吉。辽对党项主要仍采取安抚政策,后又进封李继迁为西平王,但也加强对党项的控制,于统和十二年任命萧挞览镇抚西部边境。并一直任用耶律休哥为南京留守以对抗宋朝,耶律休哥在境内采取轻徭薄赋,与民休息,发展生产的措施,对宋则采取和平相处的安边政策,南京地区成为辽农业经济最发达的地区。

萧太后也不时减免税赋、徭役,对地方官采取考任制,进一步实行汉官制,改各部的令稳为节度使,又推行部分汉律,统和六年还开始科举考试,最初虽只录取一二名汉人进士,却开辟了吸收汉族地主通过科举进入仕宦的途径,又在南京设立太学以培养汉族地主进入统治集团,进一步巩固了辽的统治基础。南院枢密使汉人韩德让在辽统治集团内的地位日益提高,统和十二年北府宰相室昉致仕后,韩德让兼任北府宰相,北院枢密使耶律斜轸于统和十七年死后,韩德让再兼知北院枢密使事,不久又升任大丞相,并赐名德昌,成为辽朝举足轻重的政治人物。

2. 澶渊之盟前后

当辽统和十六年(998年)十二月,主张辽宋和平相处的于越、南京留守耶律休哥死后,辽改而采取经常攻扰的政策。次年(宋咸平二年,999年)七月,下诏攻宋,辽军虽攻城略地,但在进攻遂城(今河北徐水西)时,由于北宋名将杨延昭(杨业之子)防守有方,久攻不下,廉良河(当在今保定北)之战也胜负相当,辽军遂退回南京。十九年十月,又以南京留守、皇弟耶律隆庆率前锋军攻宋,与宋前锋军张斌相遇于遂城北长城口,宋军先胜后败退保遂城,辽军虽南进至满城(今属河北),又因积雨泥淖而退回南京。二十年春又派北府宰相萧继先、南京统军使萧挞览攻宋,亦无多大进展。次年四月,再遣南府宰相耶律奴瓜、萧挞览攻宋,望都(今属河北)之战,宋将王继忠战败被俘,辽军也退回。

辽在多年攻扰无大进展的情况下,承天太后于统和二十二年(宋景德元年,1004年)闰九月亲征,大举南下,主力进驻望都。宋主将王超率主力于唐河(今定州北)设防,辽军攻击无功后东攻瀛州(今河间)又未下,转而回师攻占祁州(今安国),由于宋将王超不敢出战,辽军主力遂乘虚南下。宋真宗也在宰相寇準力主下,决定北上澶州(今河南濮阳)抗辽,宋各地守军都坚守城池,辽军在攻击无功后继续南下。

十一月二十日攻占德清军(今清丰),二十二日抵达澶州城北,决战前辽军主将萧挞览在观察地形时为宋军伏弩射中伤重而死,辽军士气受挫。二十六日宋真宗到达澶州并渡河登上北城门楼,宋军士气大振,但宋真宗并不真想抗辽,辽承天太后亦由于后方宋军援军聚集,在攻战无必胜把握的情况下,和议遂在宋使曹利用与降辽的王继忠之间开始进行。

由于宋真宗求和心切,寇準虽力主与辽决战,亦不得已主持议和。十二月,以每年输银10万两、绢20万匹给辽,宋真宗称辽承天太后为叔母为条件订立和议,澶州郡名澶渊,史称"澶渊之盟"。参与这次南下及和议的韩德昌以功受赐姓耶律,录籍皇族,改封晋王,位亲王之上,权倾朝野。

澶渊之盟开始了辽宋长达一百多年和平相处的对峙政局,辽朝不仅改变了长期对宋作战带来的财力、物力的巨大消耗,而且每年还可从宋方得到大量岁币,财政状况得到重大改善,人民也能安居乐业,生产发展,使得从景宗开始的中兴事业得到继续发展的和平环境。面对新的形势,承天太后、辽圣宗决定将统治中心适当南移,统和二十五年(1007)初,在上京之南两百多公里处营建中京(大定府,今内蒙古宁城西大明城),成为新都,辽帝的常驻地。

3. 侵高丽、征阻卜

统和二十七年(1009年)十二月,当政近28年的承天太后病逝,圣宗才亲政。耶律德昌继续受到重用,并赐名隆运。二十九年(1011年)三月耶律隆运死。次年十一月,改当年为开泰元年(1012年),以示政局更新,并改南京幽都府为析津府。

辽圣宗继续推行重用汉人的政策,不仅在亲政之初任用刘晟(慎行)、邢抱质为南院枢密使,还在连年入侵高丽的战争中,于开泰四年(1015年)五月一度任命刘晟为主帅,虽以未及时出兵而被免职。开泰六年(1017年)五月还曾任命辽宋望都之战中被俘的宋将王继忠为副帅,不久也被任为南院枢密使。科举录取进士也由每次五六人扩展为数十人,扩大了吸收汉族士人加入统治集团的规模。

澶渊之盟是辽朝盛极而衰的转折点,承天太后死后辽圣宗做的第一件大事,就是统和二十八年七月干预高丽内部事务,决定亲征高丽,萧敌烈当时指出:"国家连年征讨,士卒抗敝,况陛下在谅阴,年谷不登,创痍未复。"但辽圣宗一意孤行,开始了历时十年征讨高丽之战,高丽因此遭受巨大灾难,于开泰九年(1020年)臣附。但辽也劳民伤财,不断损兵折将,尤其是开泰七年十二月的茶、陀河之战,损失惨重。

辽在东征高丽的同时,又西讨阻卜部的叛乱。统和二十九年六月,为了加强对阻卜的统治,分部设置节度使统治阻卜各部,然而往往任用非才,引起阻卜人民的愤怨,开泰元年十一月,阻卜石烈部酋长阿里底杀节度使以叛,辽派耶律化哥率军进讨,虽不久阿里底即为阻卜部民擒献于辽,而沿边诸部皆叛,开始了历时18年的讨伐阻卜的战争。太平六年(1028年)八月以后,"自是阻卜诸部皆叛,辽军与战,皆为所败",直至八年九月阻卜虽相继降附,但其势力已不断壮大。

4. 叛乱相继

辽开泰二年(1013年)后的数年间,还曾北讨乌古部及敌烈部,乌古部、敌烈部虽遭残酷镇压或被迫降附,但此后仍降叛不常。太平六年辽西讨甘州(今甘肃张掖),连攻三天不克,史称"东有茶、陀之败,西有甘州之丧",为辽圣宗时期的两大败仗之一。

太平九年八月,原渤海国人民在大延琳率领下,反抗辽朝的苛役杂税,杀死户部使韩绍勋、副使王嘉等,据东京(今辽宁辽阳)称帝,建国号兴辽,年号天庆,不仅辽东地区大多响应,而且南、北女真部族也归附反辽,历时一年。次年八月,由于部将叛降,辽军始得占领东京,大延琳被俘,此乱才逐渐平定。辽圣宗亲政后战争连续不断,几乎与之相始终,大延琳之乱平定后不到一年即病逝。辽圣宗虽然也注意吏治,关心民生,在辽代中世诸帝中亦属明君,但末年战乱不已,国势渐衰。

第三节 走向衰亡的辽朝

辽太平十一年(1031年)六月辽圣宗病死的当天,年已16岁的太子耶律宗真即位,改元景福,是为辽兴宗。生母肃妃(耨斤)为擅权自立为皇太后,摄政,并诬陷圣宗皇后萧菩萨哥谋反,萧菩萨哥被囚禁于上京(今内蒙古巴林左旗南),次年春被害死。

重熙三年(1034年)五月,皇太后肃耨斤阴谋废兴宗另立次子耶律重元为帝,由于耶律重元告密而阴谋破产,皇太后被迫归政于辽兴宗,并被囚禁于庆州(今巴林左旗西北)。辽兴宗随后立耶律重元为皇太弟,不久又任命为判北南枢密院使事,这既是赏功,也是为了安抚耶律重元所代表的那部分势力,顺利地处理了这次政治风波,但并没有能彻底解决问题。任用萧孝穆为北院枢密使、萧惠为南院枢密使,辽兴宗初期,承接圣宗中兴余绪,还注意轻徭薄赋,澄清吏治,"时天下无事,户田蕃息","政赋稍平"。对西夏仍采取安抚与支持的政策。

重熙十年(宋庆历元年,1041年)十二月,乘宋、夏战事紧张之际,辽兴宗在萧惠为首的群臣支持下,虽遭萧孝穆反对,仍决定以宋修边防与攻夏为借口,派耶律重元、萧惠聚兵南京,作出攻宋的态势,并于次年初派使臣赴宋廷,索取被后周世宗攻占的关南十县。九月,宋为避免两面作战而又不愿割让土地,遂以岁增银、绢各10万匹、两为代价重订和约。不久,萧孝穆死,萧惠继任北院枢密使,成为辽兴宗的宠臣。

一、征夏失利

西夏对辽宋议和不满,认为辽背弃辽夏联合对宋的政策,随后支持和接纳辽西部边境部族的叛降,辽兴宗遣使责问时,夏景宗元昊态度强硬,"自称西朝,谓契丹为北边。又曰:请罢所管部落,所贵不失两朝欢好"。重熙十三年(夏天授礼法延祚七年,1044年)十月,辽兴宗率军西征,以皇太弟耶律重元、萧惠分统诸军,元昊在辽军连续获胜的情况下,一面遣使请和以示弱,一面退守贺兰山,沿途清野,烧光野草,使辽军马无草可吃,当辽军马饥士疲之际发起攻击,辽军大败,辽兴宗单骑突出,几不得脱。

西夏在得胜后再度遣使求和,辽兴宗不得已许和。十一月退兵,并升大同军为西京大同府,任命北院宣徽使耶律马六为西京留守,以加强对西部边境的统治。辽重熙十七年(1048年),西夏元昊死于内乱,未满周岁的稚子谅祚继位,外戚擅权。

次年(夏延嗣宁国元年,1049年)七月,辽兴宗决定乘机亲自率军攻夏,以萧惠为河南道行军都统,由于萧惠轻敌无备,为西夏击败。只有北道行军都统耶律敌鲁古所率偏师攻至贺兰山,战胜西夏军并俘获元昊妻及官僚家属。重熙十九年(夏天祐垂圣元年,1050年),在两次击败西夏侵边战役之后,三月,派西南招讨使萧蒲奴统军攻夏,西夏采取避让战术,以致"萧蒲奴等入夏境,不与敌遇,纵军俘掠而还"。一度攻至西夏都城兴庆府(今宁夏银川)境内,并攻破西北的摊粮城(今内蒙古阿拉善左旗北)。西夏军多次战败以后,没藏太后遣使要求依旧降附。重熙二十二年(夏福圣承道元年,1053年)春,辽、夏重修旧好。

二、耶律重元叛乱

辽兴宗虽立弟耶律重元为皇太弟,并在酒后许以继承皇位。但为确保长子耶律洪基继承皇位,不仅于重熙十二年任命为知北南枢密使事,二十一年又任为天下兵马大元帅,参与朝政,二十四年八月辽兴宗病死,耶律洪基即位,是为辽道宗。

辽道宗即位之初,为稳住耶律重元为首的势力,不仅随即拜为皇太叔,又任为天下兵马大元帅,其子耶律涅鲁古后也被任为知南院枢密使事。然而非但没有满足耶律重元等人的欲望,反而助长了他们叛乱的气焰,以他们父子为首组成庞大的叛乱集团,原计划让耶律重元装病,诱使辽道宗探望,以谋杀夺取皇位。

清宁九年(1063年)七月,辽道宗进行秋捺钵于太子山的滦河(今内蒙古宁城西南),敦睦宫使耶律良密告耶律重元父子图谋叛乱,道宗用耶律良之计,急忙召见耶律涅鲁古,并命南院枢密使耶律仁先逮捕耶律重元父子。耶律仁先还未及出发,耶律涅鲁古已因阴谋暴露,提前发动叛乱,纠集党羽四百多人,并诱胁弩手军进攻行宫。耶律仁先等率宿卫军士数千人抵抗,叛党纷纷投降或奔逃,耶律涅鲁古又被射死,耶律重元见大势已去,逃入沙漠后自杀。

三、耶律乙辛擅权

辽道宗吸取耶律重元叛乱的教训,及早确立合法继承人,咸雍元年(1065年)正月,年仅8岁的长子耶律浚被立为太子。此前,平定耶律重元叛乱的主要功臣耶律仁先任北院枢密使,耶律乙辛任南院枢密使。耶律乙辛原是道宗宠臣,此时也任北院枢密使,与耶律仁先共事而权势更大,道宗"诏四方有军旅,许以便宜从事"。由是"势震中外,门下馈赂不绝"。

耶律乙辛的恃宠擅权行为,常受到耶律仁先的抑制。同年十二月,耶律仁先被排挤而出任南京留守。从此,耶律乙辛更为骄纵不法。咸雍二年(1066年),又改契丹国号为辽,直至辽亡。

大康元年(1075年)六月,太子耶律浚总领朝政,从而抑制了耶律乙辛等人的不法行为。耶律乙辛及其党羽为继续控制朝政,首先诬陷太子生母、皇后萧观音与伶官通奸。十一月,皇后被赐死。大康三年,又一再诬陷太子谋反,太子也终于被废并被囚禁于上京,十一月,又被耶律乙辛派人杀害。两案均由耶律乙辛及其主要党羽、北府宰相汉人张孝杰等审实定案。两人深受辽道宗信任,道宗曾说:"先帝用仁先、化葛,以贤智也。朕有孝杰、乙辛不在仁先、化葛下,诚为得人。"张孝杰被赐姓耶律,后再被赐名仁杰。

耶律乙辛从此把持朝政,为所欲为,党羽满布朝野。昏庸无能的道宗,即位之初还算谨慎求治,"遣使分道平赋税,缮戎器,劝农桑,禁盗贼",复按冤狱,政治尚属清平。及至平定耶律重元叛乱,宠信耶律乙辛等奸佞,排斥忠良,拒纳忠谏,以致丧妻失子而不悟。当大康五年正月道宗进行春捺钵时,耶律乙辛奏留下太子的5岁独子耶律延禧,意欲加害,斩草除根,道宗只是在萧兀纳提醒下才带皇孙随行。道宗也亲见随行官员大多舍己而追随耶律乙辛,这才看到问题的严重性。六年,耶律乙辛、张孝杰等先后被排斥出朝廷。

八年,耶律乙辛被囚禁,后以叛逃被杀。

耶律乙辛擅权结束后,道宗为太子耶律浚昭雪,并注意培植皇孙耶律延禧为皇位继承人。大安七年(1091年),还不满17岁的耶律延禧,即被任为天下兵马大元帅、总北南院枢密使事。但道宗在政治上依然昏庸无能,政事日非,他所宠信并被作为新帝顾命大臣的北院枢密使耶律阿思,就是一个贪赃枉法,被"讥其以金卖国"者。再加上"诸部反侧,甲兵之用无宁岁",辽朝终于走向衰落。

四、辽的灭亡

寿昌七年(1101年)正月,辽道宗死,皇孙耶律延禧即位,是为辽末帝天祚皇帝。无独有偶,一年前(宋元符三年)的正月,北宋的徽宗也登上了皇帝的宝座。真是南北辉映,相映成趣,一对昏君,分别断送了辽朝与北宋皇朝。

天祚帝即位后的第一件大事,就是追奉其父耶律浚为皇帝,接着即惩治耶律乙辛余党,由顾命大臣耶律阿思主持,而贪赃枉法的耶律阿思受赂,多所宽贷。天祚帝继承道宗败政,贿赂公行,他自"即位,拒谏饰非,穷奢极侈,盘于游畋,信用谗谄,纪纲废弛,人情怨怒",叛乱相继。乾统二年(1102年)十月,首先发生了萧海里劫掠乾州(今辽宁北镇南)武库器甲的暴乱,在辽军的攻击下,逃入女真部落,后为女真所杀。差不多同时或稍后,在上京还发生被称为"剧贼"的赵钟哥,攻入上京皇宫,劫宫女、御物,为副留守马人望等所镇压。

正当辽朝在天祚帝腐朽统治下日益衰败之时,东北部的女真族正在迅速兴起。辽天庆五年正月(1115年1月),女真族首领完颜阿骨打摆脱辽的统治,即皇帝位,国号金,是为金太祖。为实现灭辽的目标,金太祖与宋联盟,筹划灭辽,先后攻占辽东京、上京、中京、西京、南京(燕京)。辽天会三年(1125年)三月,天祚帝被擒,辽亡。辽灭亡前一年,辽太祖的八世孙耶律大石在叶窟里(今新疆塔城附近)称帝,号仍称辽,史称西辽。

第四节 辽的牧业与农业经济

牧业是契丹等部落民的生活来源,也是辽朝所以武力强盛,所向克胜的物质条件;而农业的发展和作用的增强,则始于辽太祖灭渤海和辽太宗时燕云十六州的并入。农业的发达,不仅为辽社会提供了丰富的粮食和其他农产品,而且燕云地区的赋税还是辽朝的重要收入之一,它不仅增强了国力,而且对政治、经济、军事、思想文化和人民生活都产生了广泛而深刻的影响。

一、畜牧与渔猎业

羊、马是游牧民的主要财产,是契丹等游牧民的主要生产和生活资料。乳肉是他们的食品和饮料,皮毛提供衣被,马、骆驼则是他们重要的交通工具,在战争和射猎活动中马匹又是不可缺少的装备。同五代各政权、南唐以及后来的北宋之间的交往,羊马等是重要的礼物和商品。因此,阿保机之妻述律氏曾自豪地说:"我有西楼羊马之富,其乐不可胜穷也。"

羊、马也是辽朝向契丹诸部和西北东北属国、属部征收的赋税和贡品,是国家的重要经济来源,也是国家富强的资本和标准,因而受到统治集团的重视。

契丹等游牧民族牧养的牲畜,羊、马为多,牛、驼次之。四至八月,牧草繁茂,是他们放牧的黄金季节。冬季则驱牲畜迁于朝阳背风的平沙处。据苏颂《后使辽诗》中记载:契丹马群动以千数,每群牧者才二三人而已,纵其逐水草,不复羁绊,有役则驱策而用,终日驰骤而力不困乏。彼谚云:一分喂,三分骑。蕃汉人户以羊、马多少定其贫富等差。其马之形皆不中相法,蹄毛俱不剪剃,认为马遂性则滋生益繁。羊也以千百为群,纵其自就水草,无复栏栅,而生息极繁。他的诗生动地描述了契丹羊、马生息情况,也如实地反映了辽国畜牧业的发展情况。

每一部落都有自己的游牧范围,部民在各自的游牧范围内,逐水草"随阳迁徙"。皇帝的四时捺钵就是契丹人游牧业生产、生活方式的反映。

除部落民这众私有的畜群和部落所属的草场外,还有国有的畜群与草场——群牧,国有的群牧当建于辽太祖时,辽太宗设官置牧,群牧的组织建设已有了一定规模,成为国家军用马匹的重要牧养场所。

群牧的马匹,来源于征伐的掳获、属部的贡纳和群牧的自然繁息。每有战事,五京禁军的马匹多取自群牧;有时也用来赈济贫苦牧民。一旦群牧因战事频繁耗损过多或自然灾害造成牲畜死亡,则指富人马以益群牧。"自太祖至兴宗垂二百年,群牧之盛如一日"。盛时群牧马匹达百万以上。

群牧由北枢密院管辖,设林牙掌管部籍,另有马群、牛群太保等负责掌管群牧的具体事务,朝廷定期验检簿籍,以了解牲畜繁息情况,以牲畜数量的增减考察群牧官政绩的优劣,决定升黜。群牧的盛衰,直接关系到辽朝武装力量的强弱。

辽朝所属各游牧部族,依其社会发展的程度和所居地域的自然条件,或主要从事游牧业,或仍以渔猎为主。契丹各部虽主要从事牧业,却也没有放弃渔猎。渔猎仍是契丹诸部经济生活中不可缺少的部分,是畜牧经济的必要补充。

如果说,契丹统治者平时以渔猎作为习武和娱乐手段,而在战时,或长途行军粮粮不继时,也常常以渔猎所获充军食。普通百姓则以"挽强射生"为解决生计、日用的手段之一。牧业闲暇的冬季,契丹人常常组织围猎,苏颂在使辽途中就亲眼见到了契丹人的围猎场面。宋绶和程大昌也分别记录了契丹人的钩鱼活动。辽朝在宴饮、款待宋使时,熊、鹅、雁、鹿、貂、兔、野鸡等腊肉和鲜肉,都是必不可少的美味佳肴。

胪朐河下游,呼伦湖一带,也有丰富的鱼产资源,胡峤说:乌古(姬厥律)地苦寒,"水出大鱼,契丹仰食"。

渔猎工具除弓箭、网罟外,狩兔、捕狼有练锤;捕鱼有鱼叉、鱼钩,冬季凿冰取鱼时,有专用的冰穿;秋季射鹿有鹿哨;春季捕鹅时,有惊鹅用的扁鼓,刺鹅用的锥。这些猎具,近年来考古发掘的辽墓中皆有出土,辽墓壁画也有对契丹人狩猎活动生动形象的描绘。同时,他们同后来的蒙古人一样,狩猎时也借助于训练有素的猎犬、猎豹。宋绶曾见辽兴宗的三只猎豹,"甚驯,马上附人而坐,猎则以捕兽"。

北方极寒地区的狩猎部落,以滑雪板代替马匹在高山丛林中狩猎,即因"地多积雪,惧陷坑井,骑木而行"。北方沿江和山林地区各部族,如五国部、生女真等,渔猎业仍占主要地位。辽帝秋捺钵时即有来自女真的"唤鹿人",阿骨打的兄弟子侄,也曾为辽帝刺虎搏熊。

二、农业的发展

辽朝统治者大多十分重视农业,对农业采取支持、鼓励、保护的政策和措施,因而使历来被视为互相矛盾、彼此冲突的农牧业两种经济在辽朝统治范围内形成了一个和谐、稳固、统一的整体,将矛盾和冲突化为互利互补,使农、牧业共同发展繁荣,农民和牧民在辽朝疆域内各得其所,在我国古代历史上创造了独特的、比较完整的管理体制。这是辽朝统治者的功绩和成功的经验之一,也是对前人经验的继承、发展和为后人留下的宝贵财富之一。

发达的牧业,为游牧民族提供了生活必需品,供给军事征伐所需的大量马匹;长于骑射、吃苦耐劳的游牧民,是维护统治和对外征伐的主要军事力量。发达的农业为国家提供了丰富的农产品,创造了大量财富,弥补了牧业产品比较单调的缺憾,丰富了农、牧民的生活内容,为手工业提供了广泛原料,促进了商业的发展,从而促进了辽境内经济的发展、繁荣,增强了综合国力,使之避免了前此草原各游牧政权倏起倏落的命运,在我国北方立国二百余年,并在与北宋、西夏的对峙中长期起着主导作用。

契丹各部的农业,大约出现于大贺氏联盟时期。唐朝在给大贺氏联盟首领的敕书中常常农牧并提,说明这时联盟中某些部落已经有了简单粗放的农业。迭剌部的农业生产当始于阿保机的祖父匀德实时期,即遥辇氏联盟的中后期。史称"祖皇匀德实为大迭烈府夷离堇,喜稼穑,善畜牧,相地利以教民耕。仲父述澜(释鲁)为于越,饬国人树桑麻,习组织"。

阿保机本人也重视农业,在遥辇氏联盟期间,曾以所俘汉人在炭山东南滦河上(今河北沽源境)置汉城,种植五谷,兼收盐铁之利,并采纳汉人韩延徽的建议,治城郭邑屋廛市如幽州制度,以故部落发展很快,实力迅速增长。其后,平定诸弟之乱,弭兵轻赋,更专意于农。尝因"户口滋繁,统辖疏远,分北大浓兀为二部。程以树艺,诸部效之"。

这些措施,不仅妥善安置了所俘汉人,同时也为草原地区的农业生产输入了大量有经验有技艺的劳动力。他们带来了先进的工具和优良的作物品种,在草原上开出了部分农田。这正是上京(今内蒙古巴林左旗南)、中京(今宁城西大名城)地区投下制和州县制产生的背景。上京地区的农业发展起步较晚,故沈括说当地"谷宜粱麦,而人不善艺,四月始稼,七月毕敛"。

天显元年(926年),上京周围地区又迁入了大批渤海人,再一次充实了草原地区的农业人口,加之地沃宜种植,水草便游牧的自然条件,农业生产得到了迅速发展。上京周围成为农牧兼营地区,部分契丹人也开始走上半农半牧的道路。

太宗会同三年(940年),以乌古之地水草丰美,诏北、南院徙三石烈户居之。于是将欧堇突吕(欧昆石烈)、乙习本(乙斯勃)、斡纳河刺(温纳何刺、斡纳阿刺)三石烈迁至乌古地,拨赐于诸里河(诸里河、海勒水,今海拉尔河)、胪朐河附近地区为农田,从事农业。这样,上京、中京地区在迁入

· 203 ·

大批汉人、渤海人的同时,契丹各游牧部落也随之向北迁徙,并根据水土所宜从事农耕。

契丹北部的室韦人中,有从事农业生产的部落,只是气候多寒,田收甚薄。近年来,考古工作者发现了位于海拉尔附近的浩特陶海古城。它有土筑的城墙和护城壕,出土了辽代的篦文陶片,这里当有从事农耕的定居居民。

黑龙江泰来塔子城,为上京道泰州遗址,这里发现了辽大安七年(1091年)石刻,记有47个汉人姓名,说明这一带最晚到辽道宗时已经有了汉人居住。

辽圣宗统和年间,对西北阻卜各部控制加强。齐王妃、萧挞凛受命统乌古等部和永兴宫分军镇守西境,置镇州,迁渤海、女真、汉人配流之家700余户,分居镇、维、防三州(皆在今蒙古乌兰巴托西)。为解决西戍诸军的粮饷供给,辽圣宗又命耶律唐古于胪朐河侧和镇州附近督劝诸军屯田垦种,连续15年获得好收成,积贮粮食数十万斛,不仅解决了军粮供给问题,而且为漠北地区农业的发展打下了基础。此后直至元朝,这里仍是粮食产区之一。

通过汉人、渤海人、女真人的北迁和契丹人的屯田戍守,在潢水、海勒水、胪朐河、土兀拉河(土拉河)流域一带,农业生产逐渐得到发展。

中京地区曾是奚人的居住地。辽朝的奚人,除畜牧、狩猎外也从事农耕。早在唐朝时,他们中的一些部落就开始经营农业。种植稷、麻等作物。欧阳修在《新五代史》中说西奚去诸部落"颇知耕种,岁借边民荒地种稷,秋熟则来获,窖之山下,人莫知其处。爨以平底瓦鼎,煮稷为粥,以寒水解之而饮"。苏颂、苏辙更将奚人耕作的情况写入自己的诗中。早期中京地区的奚人曾借唐、五代边民土地种植收获,入辽后大量汉人流入,成为中京道农业生产的主要承担者。

东京(今辽宁辽阳)、西京(今山西大同)和南京(今北京)道是辽朝的农业区。东京辽阳地区,地衍土沃,有木铁盐鱼之利。

渤海灭亡后,太宗于天显三年迁渤海人至此,圣宗时又迁入大批熟女真,他们都从事农业,良好的自然条件和较轻的赋役,为东京道农业的发展提供了条件,使东京地区成为拱卫辽政权的强劲左翼。东京道北部生女真也有粗放的农业,种植麻、谷、稗,蔬菜有葱、韭、蒜、瓜等。早在辽代,东京道西北已有果树栽培,并积累了防冻越冬的知识和经验。

南京道和西京道南部的大同府、蔚(今河北蔚县)、朔(今属山西)、武(今神池)、归化(今河北宣化)、可汗(今怀来东南)、儒(今北京延庆)等州也有较发达的农业和丰富的物产,是辽朝的重要农业区。云中郡白道川"地至良沃,沙土而黑,省功多获",也有谷物种植。南京道"蔬蓏、果实、稻粱之类,靡不毕出,而桑、柘、麻、麦、羊、豕、雉、兔,不问可知,水甘土厚,人多技艺"。

但自唐末以来,社会动荡不安,战事频繁,生产遭到很大破坏。军民逃亡入契丹者为数不少。契丹累年南下俘房幽、蓟(今天津蓟县)之民北迁,使这一地区人口大量减少,直接影响了农业生产的发展。

辽建国后,多次南下攻掠冀中地区,将所俘人户迁往冀北、冀东,以充实幽、蓟。南京道的行唐县(今北京密云东南)、平州的安喜(今迁安东北)、望都(今卢龙南)等县,都是以所俘真定府(今河北正定)和定州的行唐(今皆属河北)、安喜(今定州)和望都(今属河北)等地民户设置,仍以其原籍地为县名的。

此外,滦(今滦县)、营(今昌黎)二州也各有定州俘户错置其间。这一措施恰可弥补燕、蓟人口北迁草原造成当地人口减少的弊端,对恢复燕、蓟的农业生产无疑是有利的。

第七章 辽 朝

辽朝统治者多重视农业生产，注意安置农业人口，为他们安业力农提供必要的支持和保护，因而燕云等农业地区的经济，不但没有因契丹人的征服而造成大规模的破坏，而且得到了恢复和发展。

太宗会同初，"诏有司劝农桑，教纺织"，听从诸臣劝谏，不以射猎妨农事。会同六年伐晋时，"征山后诸州兵，因下令曰'兵行有伤禾稼损租赋者，以军法论'。又敕有司每村定有人力户充村长，与村人议，有力人户出剩田苗补贫下不逮顷亩，自愿者据状征收"。甚至在灭晋回师病笃之际，仍以"纵兵掠刍粟"、"括民私财"为此行之失而痛悔不已。

景宗乾亨四年（982 年），因宋辽战争负担加重，民力凋敝，田园荒芜，或为兵行所毁，辽景宗下诏免当年租赋，又命"诸州有逃户庄田，许蕃汉人承佃，供给租税。五周年内归业者，三分还二分；十周年内还一半；十五周年内三分还一分"，使农田不致荒废，并使无地农民得以耕种。

圣宗和太后萧绰执政时期，更重视发展农业，开垦荒闲土地，减轻人民负担，整顿赋税，赈济灾贫，安置流亡，保护商旅。这些政策直至辽道宗时都没有改变，苏辙见到并如实记录了这种情况。

由于辽朝最高统治者重视和保护农业，各级官僚也多能以劝课农桑为己任，不仅汉官、渤海官韩德枢、韩德让、室昉、刘伸、杨佶、马人望、大公鼎等在任上整纷剔蠹，劝课农桑，兴教化，薄赋息民，而且契丹官僚也多身体力行。

如耶律挞烈在任南院大王时，"均赋役，劝耕稼，部民化之，户口丰殖。"耶律休哥为于越，总南面军务，驻守南京时，立更休法，劝农桑，修武备，边境大治。耶律学古为彰国军节度使驻应州时，以"南境未静，民思休息"，能"禁寇掠以安之"。耶律抹只任开远军节度使驻守云州时，"州民岁输税，斗粟折钱五，抹只表请折钱六，部民便之"。萧孝穆为北院枢密使时，"请籍天下户口以均徭役"，使"政赋稍平"，并力主维持辽宋和好，反对败盟兴兵，以使"燕民乐业，南北相通"。耶律昭在被流放期间，还念念不忘"为今之计，莫若振穷薄赋，给以牛种，使遂耕获"。

辽朝境内农作物品种齐全，既有粟、麦、稻、穄等粮食作物，也有蔬菜瓜果。他们不但借鉴和学习中原的农业技术，引进作物品种，而且还从回鹘引进了西瓜、回鹘豆等瓜果品种，同时结合北方气候特点形成了一套独特的作物栽培技术。

从辽墓出土情况看，辽朝农业生产工具种类齐全，犁、铧、锄、镰、锹、镐、镢、刀、叉等，应有尽有。

在辽朝各级统治者的提倡、保护下，各族农民辛勤劳作，共同发展了辽朝境内的农业生产，使辽朝仓廪充实，军民粮用不致多缺，甚至在辽景宗时，就可"以粟二十万斛助汉"。圣宗时，边城春州斗米才值六钱；唐古屯田镇州积粟数目可观；东京道积粟也有二三十万硕，虽然常有战事，也足以支应，不曾匮乏。沿边诸州各有和籴仓，新陈相易，民得以低息借贷。辽末天祚播迁之际，耶律敌烈立梁王雅里向西北迁移时，尚能征调盐泊（今内蒙古东乌珠穆沁旗境）诸仓所储之粟。

第八章

北　宋
(公元960～1127年)

　　继唐之后,宋朝政权的建立的,是我国历史上中原地区出现的又一政权形式,它的建立,结束了唐末五代十国的藩镇政权割据,使中原地区重新归于大统,使中国社会主流文化得以接续并再次全面达到新的高度。

第一节　宋的建立

　　960年2月4日,宋太祖赵匡胤通过陈桥兵变,正式建立宋朝政权,此后,他通过"杯酒释兵权"达到以文制武、互相牵制的目的,从制度上稳固了宋朝的统治,消除了名高望重的禁军将领发动兵变夺取政权的可能性;削弱和取消节度使的职权,消除地方割据势力。

一、陈桥兵变

　　宋朝的建立者赵匡胤,早年应募从军于后汉的郭威部下,后周时屡立战功,逐渐升任禁军高级将领。后周世宗临终前为防止军事政变,免去后周太祖女婿张永德的殿前都点检军职,而代之以名位较低的赵匡胤。

　　显德七年正月初三,传闻辽军南侵,赵匡胤奉命出征,次日清晨到达黄河南岸的陈桥驿(今河南封丘南,在黄河北岸)按照预谋的计划发动兵变,史称"陈桥兵变"。当日即返回开封夺取政权,初五日(960年2月4日)正式建立宋朝,建元建隆,仍都东京开封,以洛阳为西京。真宗时以宋州(今河南商丘南)为南京应天府,仁宗时又以大名府(今河北大名)为北京,作为陪都。为区别于以后建"行在所"于临安府(今浙江杭州)的南宋,史称建都开封的宋朝为北宋。赵匡胤是为宋太祖。

　　宋朝建立后,首先致力于对原后周统治区内藩镇的安抚与镇压。名位高于赵匡胤的李筠、李重进先后叛变。当年四月,昭义军(潞州,今山西长治)节度使李筠勾结北汉,起兵反宋,宋太祖派石守信、慕容延钊分兵进讨,并亲自前往督战,李筠、北汉联军大败于泽州(今晋城)南,李筠逃入泽州固守。六月初,宋军攻占泽州,李筠自杀,其子李守节亦以潞州降宋。

　　九月,淮南(扬州,今属江苏)节度使李重进亦反。十月,宋太祖亲征。十一月,宋军攻占扬州,李重进自杀。

　　宋太祖迅速平定李筠、李重进,为巩固刚建立的宋政权具有极其重大的意义,那些虽然心念后周,但势力名位均弱于李筠、李重进的藩镇,不得不对新朝俯首听命。

二、杯酒释兵权

宋太祖为了不使宋朝成为后周之后的又一个短命朝,首先是将那些名位与自己相近的高级将领免除军职。建隆二年(961年)春末,首先免除慕容延钊的殿前都点检,同时还免去侍卫亲军马步军都指挥使韩令坤的军职,两人都出任节度使。

七月,宋太祖又对自己的亲信下手。据说在一次宴会上,宋太祖向石守信等亲信指明利害关系,次日他们就主动交出兵权,史称"杯酒释兵权"。

侍卫亲军都指挥使石守信、殿前副都点检高怀德、殿前都指挥使王审琦、侍卫亲军都虞候张令铎等,都被免去军职而出任节度使,石守信虽然名义上还兼任侍卫亲军都指挥使职位,但并没有军权。

经过这两次调整,殿前司的正副长官都点检、副都点检,实际上已被取消,而以原来的属官殿前都指挥使、副都指挥使、都虞候作为殿前司的长官。

侍卫亲军司的最高长官都指挥使石守信,不久也辞去这一名义上的兼职。从此,侍卫亲军司的都指挥使、副都指挥使、都虞候等长官,也逐渐被取消,侍卫亲军司的下属机构马军司和步军司都成为直属机构,长官为都指挥使、副都指挥使、都虞候,与殿前司合称"三衙",任命名位较低的将领担任三衙的长官,各分管一部分军队,一改原先由重臣名将统领禁军的局面,而且三衙只有管兵权,发兵权则属于通常由文臣担任长官的枢密院,出征作战则临时任命将领统率军队,以达到以文制武、互相牵制的目的,从制度上稳固了宋朝的统治,消除了名高望重的禁军将领发动兵变夺取政权的可能性。

三、皇权的加强

削弱乃至取消节度使的职权,是消除地方割据势力的根源。宋太祖首先是从乾德元年(963年)攻占荆湘后开始的,将新统治区的各府州直属朝廷,继而又于乾德四年命令各地选送精兵给朝廷,编入禁军,而以遗留在地方的老弱军人编为厢军,以削弱地方,主要是削弱节度使的兵权。同年还命令各地的财赋收入除留下日常经费外,全部运送到朝廷,又剥夺了节度使的财权。

太平兴国二年(977年),宋太宗又将节度使属下的支郡全部收归朝廷直辖,节度使只领一府或一州,进而消除了节度使统治大片地区的局面。不久又将节度使留在京城,而以朝官出任知州、知府,节度使终于成为虚衔。中唐以来危害皇权的节度使,从此只是宗室、将相大臣的荣誉衔。

为了安抚后周留下的大批官员,以及适应皇权的需要,在保留了唐代以来三省、六部及各寺、监的官称的同时,实行官职名称与实际职务相脱离的政策,另派官员担任实际职务,称为"差遣",原来的官称只是官品高低、俸禄多少的标志。

政权集中于"中书"(政事堂、政府、东府),除以侍中、同中书门下平章事为宰相外,另设参知政事为副相以分宰相之权。与中书对称"二府"的枢密院(枢府、西府),则掌握兵权,兵权不归朝廷是宋太祖沿袭五代旧制的决策。宋代又沿袭五代旧制以三司使掌财政,使政、军、财三权分立,互相制约。

对地方上的府、州,则另设通判以抑制知府、知州的职权,这在宋初对于消除地方割据势力曾起到一定的作用。至道三年(997年)又将全国划为15路,各路设转运使,后又设提点刑狱,除负责转运财物、审理刑狱外,还负责监察地方官员,称为监司(包括后来设置的提举常平司),以加强朝廷对地方的统治。

第八章 北宋

第二节 宋朝政权的巩固

宋朝建立时,政局与五代时相同,同时存在的割据政权中,不仅有表示臣附的南唐、吴越、泉漳、荆南、湖南,还有称帝的后蜀、南汉、北汉,这还不算北方的辽,西北党项李氏、回鹘,以及西南的大理诸政权,仅就汉族聚居区而言,也是九国并存。宋朝在采取巩固统治措施的同时,即继续进行后周世宗未竟的统一事业。

一、吞荆、湘

宋朝建立时,荆南节度使高保融随即臣附,同年八月病死,由其弟高保勖继任,建隆三年(962年)十一月高保勖病死,由高保融的长子高继冲继任。

乾德元年(963年)正月,宋朝以应湖南周保权请求的名义,起用宿将慕容延钊率军南下,讨伐湖南的叛将张文表,出兵之际,授权慕容延钊以借道南征的名义,在途经江陵时先灭荆南。二月初九日宋军到达荆门(今属湖北),荆南节度使高继冲派叔父、掌书记高保寅前往劳军并探听消息。当夜,慕容延钊采取在欢宴高保寅之际,派数千骑兵偷袭江陵,高继冲闻讯惊慌出迎,宋军迅速占领江陵。初十日(963年3月26日)高继冲被迫投降,荆南成为被宋朝消灭的第一个割据政权,得3州17县。高继冲以后任武宁军(徐州)节度使十年,开宝六年(973年)十一月病死于徐州(今属江苏)治所。宋朝建立时,湖南武平军(朗州,今湖南常德)节度使周行逢也臣附,建隆三年(962年)九月病死,子周保权继位,年仅11岁。十月,故将张文表据衡州(今衡阳)叛变,袭占潭州(今长沙),自称权留后,并向宋臣附以期获得宋朝的承认。周保权遵照周行逢的遗嘱,命杨师璠率军抗击,同时向荆南及宋朝求援。十二月,宋朝任命周保权为武平军节度使,随后又命张文表入朝。乾德元年正月初,决定以讨伐张文表为名,出师吞并湖南。

宋军在二月初吞并荆南后,日夜兼程向南进发,这时湖南已将叛将张文表消灭,宋军出师的公开理由已不复存在,但宋军此次南下,志在吞并荆南及湖南,荆南虽已归降,但湖南却派兵抗拒。二月中旬,宋军先锋丁德裕率部到达湖南首府朗州城下,湖南守将张从富采取坚壁清野的防守战略,丁德裕因未受命攻城而退兵等候朝廷命令。下旬,宋军大败湖南军于岳州(今岳阳)城外的三江口并攻占岳州,三月上旬末,宋军到达朗州城下时,城中军民惊恐出逃。

初十日(936年4月6日),宋军进入朗州,湖南周保权出逃后被俘。宋得14州1监66县。周保权后长期以环卫官住在首都开封,太平兴国(976~983年)中曾任并州(今山西榆次)知州,雍熙二年(985年)死。

二、取后蜀

宋军迅速消灭荆南、湖南,使后蜀后主孟昶十分惊恐,企图与北汉联合攻宋,而宋朝也早有灭蜀的意图。

后蜀广政二十七年(宋乾德二年,964年)十月,后蜀派往北汉的密使之一赵彦韬向宋告密,宋遂以此为借口,十一月,即派王全斌率主力由陕西南下,刘光义率偏师沿长江西上,进攻后蜀,后蜀随即派知枢密院事王昭远和赵崇韬统军北上抗击王全斌。

十二月末,王全斌军连克兴州(今陕西略阳)、西县(今勉县西)、三泉(今宁强),俘蜀主将韩保正、李进,宋军进至嘉川(今四川广元),蜀军遂烧栈道,退保葭萌(今昭化南)。宋军分兵修复栈道,并派小部队出敌背后,与主力合击蜀军,蜀军连战皆败,退守剑门(今剑阁北)。宋东路军刘光义亦连败后蜀水军,蜀守将高彦俦兵败自杀,宋军遂攻占夔州(今奉节),后蜀东部门户首先丢失。

次年(965 年)正月初,宋军王全斌又以小部队由小路出剑门后,与宋军主力夹击剑门,攻占剑门,并俘蜀军副统帅赵崇韬,接着攻占剑州(今剑阁),又俘蜀军统帅王昭远。后蜀太子孟玄喆率领的援军刚进至绵州(今绵阳),闻讯后随即逃回成都。后主孟昶见大势已去,于正月初七日(2 月 11 日)派使臣前往宋军前奉表投降,初九日(13 日)宋军于魏城(今绵阳东北)受降,宋得 45 州 198 县。孟昶于五月到开封,受封为秦国公,六月中旬病死。

三、灭南汉

宋朝建立后,南汉不仅不称臣归附,反而出兵进攻已属宋朝的道州(今湖南道县),宋太祖遂命南唐后主李煜致书南汉后主刘鋹,令其向宋称臣并归还在后周时侵占的桂州(今广西桂林)、郴州(今属湖南)等地,遭到拒绝。

宋灭后蜀,南唐后主李煜再次遣使致函南汉后主,劝其归附宋朝"以小事大",免致讨伐,以保持实际割据的政权。南汉后主不但不听劝告,回函还出言不逊,南唐后主李煜遂将其书送呈宋太祖,说明规劝无效。

开宝三年(南汉大宝十三年,970 年)九月,宋太祖派湖南驻军将领潘美、尹崇珂统率湖南地方部队讨伐南汉。此时,"南汉旧将多以谗死,宗室剪灭殆尽,掌兵者惟宦者数辈,城壁壕隍,但饰为宫馆池沼,楼舰器甲,辄腐败不治"。

南汉后主得知宋军南下,派宦官龚澄枢到贺州(今广西贺县东南)措置防务,但当宋军迫近贺州时,龚澄枢立即逃回广州,宋军遂围攻贺州,并在大败伍彦柔的援军后迫使贺州守将投降。南汉后主不得已,只得起用宿将潘崇彻,潘崇彻统兵 3 万屯防于贺江(今广西、广东境内),而当宋军转而西攻昭州(今广西平陆)时,潘崇彻只是拥兵自保并不出兵救援。十月,宋军连克昭州、桂州;十一月,又克连州(今广东连县)。至此,南汉乘湖南内乱时攻占的原湖南地方已全为宋攻占。

十二月,宋军进至韶州(今韶关),南汉都统领李承渥统兵 10 余万以象兵为前锋,抗击宋军,宋军以强弩射象,象中箭奔回,冲散南汉军,宋军遂攻占韶州。南汉后主慌忙在广州城北郊部署防务。

次年正月,宋军占领英州(今英德)、雄州(今南雄)后,统率重兵的潘崇彻降宋,宋军长驱南下,直至广州城北十里。二月初,宋军以火攻焚毁南汉以竹木筑成的防栅,攻至广州城下,南汉后主刘鋹见大势已去,纵火焚烧宫殿、府库。开宝四年二月初五日(971 年 3 月 4 日),后主出降,南汉亡,宋得 60 州 214 县。刘鋹以环卫官居京师,历封侯、郡公,太宗即位后进封卫公,太平兴国五年(980 年)三月死。

四、平南唐(江南)

南唐在宋朝建立后即表示臣附,南唐中主李璟因都城金陵(今江苏南京)隔江即是宋境,建隆二年二月,迁都南昌(今属江西)。六月,中主死于南昌,子李煜即位于金陵,仍以金陵为都城,是为后主,史称李后主,对宋谨修臣节,两次遣使致函南汉劝其臣附,以期保留割据政局。

宋朝平定南汉后,李后主害怕宋军继而攻打南唐,遂于当年不仅加倍进贡,并改国号唐为江南(为便于行文,仍称为南唐),进一步表示为宋朝属国以求保持割据现状。但宋朝消灭割据势力的决心并不因此而动摇,相反更加紧了进攻南唐的准备。南唐的落第进士樊若水,为了寻觅投靠宋朝的资本,在采石矶附近以钓鱼为名,往返于两岸,用丝绳测量江面宽度,并向宋朝建议造船建浮桥以渡宋军消灭南唐,受到宋太祖采纳。

宋派官员前往江陵(今属湖北)督造船只,并派兵遣将作好进攻准备,但是师出无名,遂于开宝七年(974年)九月遣使召见李后主,李后主害怕被扣留而称病不赴,并表示准备抵抗宋军的进攻。开宝七年十月,宋太祖以曹彬、潘美为帅,自江陵顺流而下进攻南唐,水陆并进,连克长江南岸的池州(今安徽贵池)、铜陵、芜湖、当涂、采石(今皆属安徽)。十一月中旬初,宋军于采石以船建成浮桥,宋军主力得以渡江长驱南下。南唐以郑彦华、杜真分统水、陆军各万人抗击渡江宋军,杜真与宋军接战,因郑彦华拥兵不救而战败。南唐都城金陵开始戒严,并募民为兵,以神卫都指挥使皇甫继勋负责防务。

开宝八年年初,宋军进攻金陵,再败城外的南唐守军,南唐又派兵逆流而上图谋夺取采石浮桥,但又被宋军击败。吴越王钱俶受命派兵助攻南唐,南唐常州(今属江苏)守将在吴越军长期围攻后于四月投降,吴越军又进围润州(今镇江)。南唐杀死防守不力而又阴谋降宋的皇甫继勋,并命令镇守湖口(今江西)的朱令赟统兵十余万东下金陵抗击宋军。

九月,朱令赟率舰、筏顺江大举东下,进至皖口(今安徽安庆西),为宋兵击败而被俘。在此之前,润州守将也已经向吴越投降。金陵自春至冬,屡战屡败,仅能守城,现在又粮尽援绝,开宝八年十一月二十七日(976年元旦),宋军攻占金陵,李后主被迫出降,南唐亡,宋得19州3军108县。李后主以环卫官居住在首都开封,初封侯,太宗即位,进封陇西郡公。李后主虽无治国之才,但工书画,更长于作词,是五代宋初最有成就的词人,尤以亡国后思念故国之情的词作,开辟了词的新意境。太平兴国三年(978年)七月,李煜被毒死。

五、泉、漳纳土割据

泉、南(漳)两州的泉州(今属福建)节度使留从效,自宋朝建立即表示臣附。建隆三年七月留从效病死。不久,统军使陈洪进推举节度副使张汉思任节度使,自任节度副使并实际掌握政务。陈洪进,仙游(今属福建)人,早年从军以功升副兵马使,为留从效部属,后升任统军使。宋乾德元年四月,废张汉思自立,南唐即任陈洪进为清源军(泉州)节度使、泉南等州观察使。割据泉、南两州。陈洪进又以清源军节度副使、权知泉南等州事名义向宋表示臣附,次年正月,宋改清源军为平清军,任陈洪进为节度使、泉南等州观察使,又分任其两子为节度副使、南州刺史,正式承认其为宋控制下的割据政权。乾德三年七月又改南州为漳州(今属福建)。

宋太宗即位后,继续进行消灭割据的政策。太平兴国三年(978年)四月,陈洪进入朝,见宋朝决心消灭割据,主动献出2州14县,史称泉、漳纳土。

陈洪进受到宋朝廷的优厚礼遇,被命为使相(武宁军节度使、同平章事)居于首都,奉朝请,不任实职。其弟及诸子也都分任刺史、知州。陈洪进后封岐国公,雍熙二年(985年,一作次年)三月病卒。

六、吴越归地

宋朝建立,吴越随即表示臣附,钱弘俶避宋讳改为单名俶,仍受封为吴越王,宋攻南唐时以钱俶为东南面行营招抚制置使,与宋军主帅曹彬会攻南唐。

开宝九年(976年)春,入朝宋太祖,备受优遇。太平兴国三年(978年)三月,又入朝宋太宗。四月,泉漳割据者陈洪进主动"纳土"后,钱俶提出罢去吴越王、天下兵马大元帅,解除兵权,要求回吴越,但遭到拒绝。五月初一日(6月9日),钱俶为了避免杀身灭族之祸,被迫献上所属13州1军86县,史称吴越归地。钱俶受到可称为最优厚的礼遇,改封淮海国王,其他官衔也都保留,但长住京师,奉朝请。雍熙四年(987年)春,出任武胜军(邓州,今属河南)节度使。端拱元年(988年)八月,宋太宗派最宠信的宦官王继恩等前往邓州祝贺钱俶60寿辰,钱俶在与王继恩等宴饮后的当晚突然死亡。

七、消灭北汉

宋朝建立后,北汉投靠辽朝继续与宋为敌,小规模战争时有发生,宋军虽然胜多败少,但亦无多大进展。

宋太祖初年,致力于消灭南方割据政权,开宝元年(北汉天会十二年,968年)七月,北汉帝刘钧死,养子刘继恩即位。这时,宋已消灭荆南、湖南、后蜀三个南方割据政权,认为刘钧新死正是攻灭北汉的良好时机。八月,即任命李继勋、党进为正副统帅进攻北汉。宋军进入北汉境内时,刘继恩已被杀,刘钧养子刘继元即位。十一月,辽军救援北汉,李继勋等退回宋境,北汉因而侵入宋晋州(今山西临汾)、绛州(今新绛)境内。

次年正月,宋太祖决定亲征北汉,曹彬、党进率军先行,李继勋率军继发。二月,屯守团柏谷(今祁县东南)的北汉军得知宋军主力到来,立即逃回太原(今山西太原西南),宋军遂进抵太原城下。四月、五月,宋军虽然分别击败辽的援军于阳曲(今属山西)北和嘉山(今河北定县西),但北汉军仍坚守太原,并杀死动摇军心的宰相郭无为以稳定民心。围攻太原数月的宋军终因夏雨连绵、疫病流行,辽军又将到来之际,不得不于同年闰五月退兵。此后,宋朝采取了不时侵扰,迫迁北汉民户南下以削弱北汉的政策。

宋太宗于太平兴国三年迫使陈洪进"纳土"、吴越"归地"以后,决心消灭北汉,遂于次年正月亲征北汉,任命潘美为主帅。三月,郭进击败辽军于石岭关(今山西忻县南)南,并断绝了北汉与辽的交通以孤立太原。宋军于四月围攻太原,太平兴国四年五月五日(北汉广运六年,979年6月2日)北汉帝刘继元出降,宋朝终于消灭了最后一个汉族割据政权,得10州1军41县。刘继元被封为彭城郡公,以环卫官居京师。雍熙三年十二月任保康军(房州,今湖北房县)节度使,淳化二年(991年)十二月死。

第八章 北 宋

第三节 争夺燕云的宋辽之战

宋自建国之日起就同辽保持着对峙的局面,大大小小的争夺领土的征战一直没有停止过,辽一直是宋在北方边境上的威胁。

一、高粱河之战

在宋太祖、太宗的心目中,夺取后晋时割给辽朝的燕、云地区才能算是完成统一政局。宋太祖原想储备巨额款项向辽朝赎买,如遭辽朝拒绝即以此巨款作军费,攻取燕、云,但未及进行而死。宋太宗于太平兴国四年(辽乾亨元年,979年)五月灭北汉后,六月即乘势自太原直接进攻辽南京(今北京),宋军随即攻降辽涿州(今属河北)、东易州(今涿州西南),进至辽南京城南。

辽南京原有萧讨古率军驻防,三月间辽出兵救援北汉时,又派耶律奚底、耶律撒合率军前来南京戍守。当宋军进至辽南京城下时,辽军耶律奚底、萧讨古所部与宋军激战于沙河(今北京城北),辽军战败后退屯沙河北。宋军遂四面围攻辽南京城。

七月初,宋辽两军大战于高粱河(今北京西直门外),辽军耶律沙部战败退却,宋军乘胜追击,但遭到辽军耶律斜轸、耶律休哥两部的左右夹击,耶律沙又率部反击,宋军大败,全线溃退,宋太宗也在中箭后随乱军南逃,直到涿州(今属河北)才乘上驴车继续南逃。宋太宗逃到定州(今属河北),才命崔翰守定州、李汉琼守镇州(今正定)、崔彦进守关南(后改为高阳关,今高阳东),以防辽军进攻,然后回首都开封(今属河南),攻辽战争以失败告终。

辽朝为了报复,决定大举南攻宋朝。辽军在稍事休整以后,当年九月即以韩匡嗣为统帅,率辽军主力自辽南京南下,另以耶律善补率偏师自大同南下。辽宋东路军大战于满城(今河北满城西),宋军伏兵突起,辽军战败溃逃,耶律善补得知后也退回辽境。

次年十月,辽景宗决定亲征。十一月,辽军围攻瓦桥关(雄州,今雄县),宋军突围南逃,辽军追至莫州(今任丘),宋廷大震,宋太宗出巡北边以稳定军心。辽军耶律休哥部与宋关南守将崔彦进激战,胜负相当,辽军无法取胜,遂又退回辽境。

太平兴国七年(辽乾亨四年)四月,辽景宗再次亲征,分兵三路南下,主力于满城、唐兴(今安新东南)为宋高阳关守将崔彦进所击败,辽主将奚瓦里战死,耶律斜轸率部救出被围辽军后退回辽境。进攻雁门关(今山西代县北)、府州(今府谷)的西路辽军,也被宋守军击败。辽景宗进行的三次攻宋战争,皆以失败告终,宋守军志在自保,击退辽军进攻已属幸事,未敢进行追击。

同年九月辽景宗病死,子圣宗即位,年仅12岁,母承天太后摄政,对内镇压女真族的反抗,对宋采取防备与小部队侵扰,以破坏宋朝修筑边境城池的活动。宋朝廷依靠边防部队三次击退辽军大举进攻后,决心继续采取防守政策,增筑边防城池,并严禁宋军出境攻辽,宋辽边境暂时相安数年。

二、岐沟关之战

雍熙三年(辽统和四年,986年)正月,宋太宗听信雄州知州贺令图等的进言,认为辽圣宗年幼,承天太后专政,宠臣韩德让掌权,内部不稳,是攻辽的好时机。最初曾议论过由宋太宗亲征,但宋太宗高梁河之战狼狈逃跑的记忆犹新,于是顺水推舟采纳大臣建议,改命曹彬、崔彦进为统帅率东路军出高阳关,持重缓进,等待中、西路军到达后共同会攻辽南京。又以田重进统率中路军出飞狐口(今河北涞源北),攻占山后(太行山西北)地区。以潘美、杨业为西路军统帅,北出雁门(今山西代县)东进。

宋西路军很快就攻下寰州(今朔州东)、朔州(今属山西)、云州(今大同)、应州(今应县)等地,中路军也攻占灵丘(今属山西)、蔚州(今河北蔚县)等山后要地,东路军则攻占了新城(今新城东)、固安(今属河北)、涿州等地。

辽朝得到宋军进攻的奏报后,立即派耶律抹只统兵驰援南京,承天太后、辽圣宗也亲自赶往督战,并调回正在东方征讨女真的耶律斜轸,命他率辽西路军抗击宋军中、西路军的进攻。

宋东路军攻占涿州后因粮运不继又退回雄州,但是当听到中、西路军节节胜利的消息后,重又进占涿州,却又因缺粮只得再次退兵。五月初,辽援军耶律抹只部赶到并与南京留守耶律休哥会合,随即进攻正从涿州南退的宋军于岐沟关(今涿县西南)北,宋军大败,辽军追击至拒马河(今河北省南拒马河),宋军继续溃退,争向逃遁,无复部伍。宋运粮军民数万人来不及南逃,只得坚守岐沟关,抗击辽军的围攻,辽军不知岐沟关的虚实,加上大战之后元气大伤,需要休整,并防备可能的反攻,遂退回辽境,宋数万运粮军民才得平安南归。

宋太宗得知东路军战败,遂即命令中路军回驻定州,西路军退回代州。并以在这次战争中未打败仗的田重进为定州路的军事统帅,李继隆为定州知州,镇守北方门户,还起用功高望重但早已罢实职的宿将张永德为沧州(今沧州东南)知州,以及任命宋偓为霸州(今属河北)知州、刘廷让为雄州(今雄县)知州,以镇守边防,防御辽军可能发起的进攻。

宋辽东部战场已经结束,但西部战场的战事仍在进行。八月,宋西路军主帅潘美、监军王侁拒绝副帅杨业的合理战略,迫令杨业在不利的形势下,前往朔州接应南撤的居民,杨业为此要求统帅潘美设伏兵于陈家谷口,准备伏击追击的辽军,杨业与辽军主帅耶律斜轸激战于朔州南,又为辽军萧挞览部伏兵所袭击,当杨业按预定战略退到陈家谷时,潘美、王侁却早已违约率军逃跑,遂使杨业全军覆没,杨业身负重伤后被俘,不食而死。西部战事亦告结束。

宋朝此次攻辽,损失惨重,宋太宗从此放弃攻辽,改而采用防御战略。但是,辽朝决定进行报复。当年十一月,辽承天太后、圣宗亲征,以耶律休哥为先锋,首战于保州(今保定),辽将卢补古临阵脱逃,致使辽军战败。十二月,辽军击败宋军于望都(今属河北)。时任瀛州(今河间)主帅的刘廷让主动出击,耶律休哥闻讯后东进截击,两军大战于莫州(今任丘)

境内的君子馆,宋军大败,辽军乘胜攻掠邻近州县后于次年正月退兵。宋端拱元年(辽统和六年,988年)九月,辽承天太后、圣宗再度亲征,虽也曾攻占了一些州县,但在唐河(今定县北)北为宋军定州主帅李继隆、监军袁继忠击败后退回,宋军追击至曹河(今徐水南)而回。

宋辽多次战争,辽虽略占优势,但大体相当,辽朝处理对宋军务的南京留守、于越耶律休哥也感到连年战争,燕地人民疲惫不堪,遂长期采取休民息兵的政策,宋辽边境因而得以相对平静。

三、澶渊之盟

宋至道三年(辽统和十五年,997年)三月,宋太宗因高梁河之战的箭创复发而病死,太子赵恒即位,是为真宗。次年,辽决定来年攻宋,从此,宋辽战争再次进入高潮。

宋咸平二年(辽统和十七年,999年),冬,承天太后、辽圣宗亲率辽军大举攻宋,宋名将杨延昭(名将杨业之子)被围于遂城(今徐水西),杨延昭命令士兵乘夜以水浇城墙外侧,次日即冻成冰城,使得辽军不能靠近城墙而无法攻城。辽军虽攻占乐寿(今献县),但战果不大,只得于次年正月退兵,但此后仍连年派兵南侵。

宋景德元年(辽统和二十二年,1004年)闰九月,承天太后、辽圣宗又以收复被后周世宗占领的关南地区为名,发动大规模战争。宋廷虽也调整和部署了边防的将领,准备抗击辽军,但宋朝君臣对于辽军采取避实就虚战略长驱直入的态势,惊恐万分,副相王钦若请真宗南逃金陵(今江苏南京),枢密院的副长官陈尧叟则请真宗西逃成都(今属四川)。真宗则犹豫动摇,只是在宰相寇準陈明利害关系力请真宗北上抗辽的形势下,真宗才不得已而同意亲征,但求和心切,尚未离京,就先派曹利用和辽将王继忠(原宋定州路副帅,望都之战被俘后降辽)进行议和活动。

十一月间,宋真宗才从京城开封北上,但前进不到二百里到达韦城(今滑县东南)时又想南逃金陵,只是在寇準和禁军统帅高琼说明了如果南逃,辽军必将追杀而不可能逃到金陵的情势下,宋真宗只得继续北上,并在寇準、高琼迫请下渡过黄河,进到澶州(今濮阳)北城,宋军士气因而大振。辽军也早已进至澶州北城下,但辽军主将萧挞览(凛)却被宋军伏弩射伤致死,宋朝重兵驻守的定州(今河北定县)也威胁着辽军的后方,因而辽承天太后、圣宗也想议和退兵。十二月,双方订立和议,规定宋朝每年交给辽朝绢20万匹、银10万两以换取和平,澶州的郡名为澶渊,故史称这次盟约为"澶渊之盟"。从此,宋辽和平相处直至北宋末年。

第四节　北宋初期王小波、李顺起义

宋代是中国历史上社会情况发生剧烈变化的时代,主要反映在阶级关系的变化上。自唐中叶以后,藩镇的割据与战乱,尤其是唐末农民大起义,沉重地打击和清扫了世族地主阶层。土地自由买卖成了地主阶级获得土地的主要途径,宋初的"不立田制",正是最高统治者承认这种状况的反映。租佃制成为地主剥削的主要形式,佃户通常以一半甚至更多的收获物,作为地租交给地主。佃户在户籍上主要是客户,这已不是唐代专指外来的人户,而是指没有土地或房产的"客居"之户,对于拥有土地或房产的城乡居民则称为主户,而不问其是本地户还是外来户。

农村主户分为五等,通常一、二、三等户称为上户,二、三等户也称中户,属于地主阶级;四、五等户称为下户,属于农民阶级。其中三等户则既有小地主,也有富裕农民;而五等户则有相当一部分户的财产很少,需要租佃部分土地,其地位与客户相近。客户中极大多数为佃户,但也有很少一部分有了田产,甚至还比较富裕成了佃富农,也有的成为商贩,极少数的户还成了富商。宋代的城镇户口单列,称为坊郭户,也分为主、客户,主要依据有无常产来区分,主户依据财产多少划分为十等。

主客户在户籍中所占的比重,在一定程度上反映了当地的阶级关系,凡是在经济比较发达的地区,主户所占的比例通常是比较大,占近80%至90%的,如江南的苏州、杭州;而经济比较落后的地区,常常是主户所占的比例较小,有的仅占25%左右,甚至不到17%,如川中的嘉州(今四川乐山)、昌州(今重庆大足)。虽然宋代总的来说租佃制占主导地位,但是,川蜀地区除川西平原以外,许多山区的住户还处于农奴制的阶级关系时期。

· 215 ·

中国历史

由于五代十国时期各个统治者或想扩张、或图保境,都要维持一支庞大的军队,需要大量的军费;而且各国统治者几乎无不称王称帝,大多穷奢极欲。于是纷纷巧立名目,加紧剥削境内人民,阶级矛盾已十分尖锐。宋朝对于新征服地区,总的来说继承了原统治者的各种剥削制度,被取消的苛捐杂税不多,有的地方还乘机掠夺,促使阶级矛盾进一步恶化。宋朝在进行统一战争期间,各地就不断发生过农民起义,大多发生在宋朝征服之后不久,新旧政权交替,统治相对削弱之际。开宝三年(970年)南汉灭亡后,岭南地区农民起义相继发生,到开宝六年才平定。开宝八年南唐灭亡后,宣州(今属安徽)也发生过小股农民起义。太平兴国三年(978年)泉漳、吴越归附后,仙游、莆田(今皆属福建),爆发了规模较大的农民起义,常州(今属江苏)等地也有小股农民起义。

但是,就宋朝整个统治区来说,阶级矛盾更为尖锐复杂的是西南的川蜀地区,中唐以来的安史之乱和唐末农民大起义,都没有触及蜀中,成为唐玄宗、僖宗避乱之所。五代时期前蜀、后蜀相继统治达60年之久,蜀中也是相对平静,生产关系很少受到重大冲击。和宋朝其他区域相比,川蜀地区除成都(今属四川)附近的川西平原外,官僚统治比较落后,尤其是山区,农奴制还占有很大的比重,基本上是被称为"旁户"(客户)的佃户,在许多州的总户数中占半数以上,有的甚至高达80%以上。被称为豪民的地主,往往拥有几十户,乃至几百户、上千户"旁户",而且是世代相承。旁户们不仅向地主交纳高额地租,还要代地主负担本应是地主承担的赋税和徭役。他们在地主的监督下劳动,鞭策驱役,过着牛马不如的生活,阶级矛盾非常尖锐。

一、全师雄兵变

宋朝在灭后蜀时,曾经要诸州报告后蜀苛捐杂税的情况,准备免除其中的一部分,但是还未及实行。而平蜀的宋军将士居功骄恣,将领们私开府库,侵吞财宝,军校掠夺子女、抢夺钱物。可以说,除个别将领外无不恣意妄为,引起原后蜀军民的怨忿。

乾德三年(965年)正月,后蜀亡。二月,梓州(今四川三台)就发生原后蜀将领上官进率领三千多的军队夜攻州城的事,后被镇压。三月,后蜀降宋的军队在被迁往首都开封(今属河南)的途中,途经绵州(今四川绵阳)时又起兵反宋,推举原后蜀文州(今甘肃文县)刺史全师雄为帅,很快发展到十余万人,进攻绵州之战虽失败,但很快即攻占彭州(今四川彭县),并一再击败宋军,两川州县纷纷起兵响应,全师雄自称兴蜀大王,署置官吏。

同年七月,全师雄连败于新繁(今新都西)、郫县(今属四川),退守灌口寨(今都江堰市)。次年六月,宋军攻占灌口,全师雄退保金堂(今金堂西),同年秋,全师雄病死后,谢行本继续领导兵变部队进行抗击,退往铜山(今中江南),不久,为宋将康延泽所破,这次反宋的兵变终于失败。乾德五年初,宋太祖虽将激起兵变的主要将领王全斌、王仁赡、崔彦进等,剥夺军权降职闲居,但川蜀的阶级矛盾并未因此而缓和。

宋廷于平定叛乱后,不仅将后蜀府库的物资全部运往开封。又于成都、梓州、蜀州(今崇庆)设立官手工业作坊,制造锦、绮等贵重丝织物,供应皇亲国戚、高官贵妇使用。又将川蜀的田税改以布帛折充,称为"科折";设"市买场"低价强买民间的布帛,称为"和市";宋太宗又设"博买务",民间织造布帛全都被以低价购入,严禁商人贩运。川蜀地区又是茶叶的重要产区,宋灭蜀后虽然废除了茶叶专卖制度,但对于边境少数民族地区的茶叶贸易,则完全由官府控制。加上贪官污吏乘机敲诈勒索,无恶不作,阶级矛盾日益尖锐。

二、王小波、李顺起义与王均兵变

1. 王小波起义

早在开宝六年(973年)初,川东渠州(今渠县)就发生过李仙起义,渝(今重庆)、合(今合川)、果(今四川南充)、涪(今重庆涪陵)等州人民纷纷响应,起义军进入广安军界,李仙为知军朱昂所俘,起义失败。淳化二年至四年(991~993年),昌州、合州、荣州、资州(今四川资中),先后发生过小规模起义,相继为官军所镇压。

淳化四年二月,青城(今都江堰市南)茶农王小波领导一百多人起义,终于发展成宋初规模最大的起义。王小波针对社会上贫富对立这一主要矛盾,提出了"均贫富"作为号召,被称为旁户的佃农纷纷响应,随即攻下青城县城,挥军南下,同月又攻下彭山(今属四川),杀死贪官、县令齐元振,民心大快,参加起义的人日益增多。北上邛州(今邛崃)、蜀州,所到之处命令富人除留家用外,其余财物调发分给穷人,得到广大穷人的拥护。

十二月,王小波率起义军与宋西川都巡检使张玘所部激战于江原(今崇庆西南),王小波杀死张玘,但此前也被张玘射中头部,伤重而死,起义军推李顺为首领继续进行斗争。

同年冬天两川大旱,官府又督催税赋,人民无以谋生,纷纷参加起义。起义军接连攻下蜀州、邛州,杀死知州、通判、监军等官吏。又与宋巡检使郭允能部战于新津,杀死了郭允能。随后攻占永康军(今都江堰市)、新津、双流、郫县、温江等川西平原的许多县城,起义军的矛头随即转向成都。

2. 李顺起义军"蜀"政权的建立与失败

成都知府吴元载因未能镇压王小波起义军而被罢官,淳化五年正月初,新任知府郭载刚到职,起义军已经攻下汉州(今广汉)、彭州,仅剩成都孤城,但不久也被起义军攻占,知府郭载率残兵败将逃往梓州(今三台)。

正月十六日(994年3月1日),李顺起义军攻占成都,随即建立政权,国号蜀,李顺称蜀王,建元应运,建官设职,并派兵四出,所向无敌,北至剑门关(今剑阁北),东到巫峡(今重庆、湖北两省市接界处),无不是农民政权势力所及的地区。

李顺起义军在川西平原攻城掠地的消息传到开封,宋太宗即派心腹宦官王继恩率兵攻讨。二月初,宋军还未入川,起义军攻占成都并建立政权的消息又传到开封,宋太宗随即加派王果率军由北路攻蜀,尹元率东路军沿江西上,都受宦官王继恩节制。

此时,杨广正率起义军追击逃往剑门的宋军郭延濬残部,起义军虽小受挫败,仍直奔剑门,以便迅速攻占川北门户剑门关。剑门关原只有监关官上官正所部数百宋军,但成都监军宿翰所率残部已先期逃到剑门关,起义军不知虚实,遂被守关宋军击败,退保剑州(今剑阁)。进攻川东门户夔门(今重庆奉节)的东路起义军,也被阻于夔门之西,起义军夺取剑门、夔门以控制川北、川东门户,阻击宋军两路进攻的计划受挫,使宋两路大军得以长驱直入,数十万起义军则陷于长期围攻眉州(今四川眉山)、梓州的战役中,为宋军主力攻蜀提供了有利时机。

四月,北路宋军自剑门关西小剑门南下,击败研石寨(今剑阁北)防守的起义军,攻占剑州。又于柳池驿(今剑阁西南)大败起义军,进而攻占绵州。北路另一支由曹习率领的宋军,由剑门关东的葭萌(今剑阁东)南下,攻占阆州(今阆中)。另路宋军又攻占巴州(今巴中)。尹元所率东路宋军西进至新宁(今开江),虽击败起义军,但被起义军层层阻击于川东的梁山(今重庆梁平)、广安

(今属四川)、渠州(今渠县)、果州(今南充北),久久不能继续西进。20万起义军围攻梓州达80多天仍未能攻占,反而为进犯的北路宋军所击溃。

宋军遂直扑成都城下,并于五月六日攻占成都,李顺被俘。起义军又推举张余为首领,继续进行斗争,他们避开宋军主力,顺岷江、长江而下,势如破竹,半个多月连克嘉州(今四川乐山)、戎州(今宜宾)、泸州(今属四川)、渝州(今重庆)、涪州(今重庆涪陵)、忠州(今忠县)、万州(今万县)、开州(今开县),并乘胜进攻夔州(今奉节),企图夺取川东门户,阻止宋东路军继续西上。宋东路进蜀的白继赟部生力军赶到夔州,起义军腹背受敌,大败而退,死2万余人,元气大伤,被迫退往云安军(今云阳)。

宋军虽然占领成都已四个月,但四郊仍属于起义军,直至九月,宋军才进攻成都附近的起义军。宋军攻占蜀州、双流等地,起义军分成小股退往山区继续斗争。至道元年(995年)二月,起义军首领张余在嘉州(今四川乐山)兵败就义。次年五月,起义军残部又推举王鸬鹚为邛南王,活跃在邛州(今邛崃)、蜀州一带,又为石普扑灭。散处各地的起义军残部,也相继为当地官府招降或消灭,如坚守西充(今属四川)大木槽山区的何彦忠部起义军,即为果州(今南充北)知州查道所招降。李顺起义军的残部终于相继失败。

3.王均兵变

王小波、李顺起义虽然失败,宋廷对川蜀地区的政策也作了些调整,减少或减轻了一些税赋徭役,生产关系也多少得到了一些调整,但阶级矛盾仍然很尖锐,人心未宁,等待时机,准备斗争。加上川蜀的地方军政官员也并未从全师雄兵变及王小波、李顺起义中吸取教训,依然享乐腐化、克剥军民,终于激起王均兵变,上距王小波、李顺起义失败不过五年。

咸平三年正月元旦(1000年2月8日)戍守益州(成都府改,今成都)的神卫军指挥使王均所部,发动兵变,占领益州,王均称帝建元,国号蜀。

益州知州牛冕等逃往汉州(今广汉),汉州随即也被王均攻陷,他们又逃往东川(梓州,今三台)。王均即率兵攻打绵州、剑门,企图占据川北门户,但均未成功,只得退回益州。蜀州知州杨怀忠乘王均北上剑门时,进攻益州,一度攻入城内,但杨怀忠所调集的壮丁中有许多是原王小波、李顺起义军战士,临阵变乱,杨怀忠因而战败,退保江原(今崇庆东)。二月,王均企图向南发展,但又遭到杨怀忠部宋军的阻击。不久,杨怀忠部宋军再次攻入城内,胜负相当,杨怀忠只得退保鸡鸣原(今双流东),王均也闭门守城。

二月十六日,北巡到德清军(今河南清丰西北)的宋真宗得知王均叛乱,随即作出反应,立即从抗辽前线抽调负责督运粮草、曾参与镇压王小波、李顺起义有功而担任过益州知州的雷有终,再任益州知州兼主帅,并抽调抗辽先锋官、也曾担任过镇压王小波、李顺起义的先锋石普为副帅,率步骑八千,立即赶往川蜀镇压,以后又派宦官秦翰率军增援。

王均向外发展先后受挫后,只得困守益州城,因而未能引发广大人民参加斗争,兵变没有能发展为人民起义。王均虽然百计抗击,但是独守孤城,到九月初不得不突围南逃,途经广都(今四川双流东南)、陵州(今仁寿)、荣州(今荣县),直奔富顺监(今富顺县),准备南渡沱江,企图进入当时还是少数民族地区的戎州(今宜宾)、泸州(今属四川),徐图发展。十月,王均到达富顺监,正准备南渡沱江,为宋军先锋杨怀忠追及,仓促间未及应战,王均被杀,兵变失败。川蜀地区又趋平静,宋朝对川蜀的统治终于稳固。

第五节 北宋中期的改革活动

景德元年(1004年)十二月的"澶渊之盟",结束了宋、辽之间40多年来的敌对状况,开始了大体上和平相处的新局面。宋真宗因此非常钦佩寇準,当初主张南逃的王钦若却称寇準力请真宗亲征是"孤注一掷","澶渊之盟"是城下之盟,不以为耻反以为荣。

景德三年二月,寇準以"无大臣体"而被罢相。王钦若建议真宗"封禅"以粉饰太平。封禅是秦汉以来帝王建有非常功业,并得到上天所赐的"祥瑞"才能进行的所谓"大功业"。王钦若又说祥瑞可人为制造。

一、"澶渊之盟"以后的政治形势

1. "天书"与"封禅"

景德五年正月,真宗向王旦、王钦若说,去年他见到神人降临说,当有天书下降,刚才臣下奏称左承天门屋南角挂有黄帛,当即是天降之书,随后改当年为大中祥符元年。又决定在当年十月东封泰山。在一个半月的行程中,真宗不仅带着"天书"封祀天帝于泰山(今泰安北),禅祭地神于社首山(今泰安西南),又去曲阜祭祀孔子。四年二月,再次带着"天书"西祀汾阴后土,并升所在地宝鼎县为庆成军(今山西万荣西南)。次年十月,又有了赵氏祖先降临延恩殿的闹剧。五年,改谥孔子为"至圣文宣王"。七年正月,真宗又去亳州(今属安徽)太清宫,祭祀被道教徒尊为教祖的老子李耳,并加封为"太上老君混元皇帝"。还在京城修建宏伟的宫观,祭祀活动更加频繁。

宋真宗自澶渊之盟以后主要的活动,就是进行各种各样的祭祀,达到了空前绝后的程度,其意图除了掩盖其处理宋辽关系方面的无能,还有表明宋朝受命于天,以影响崇奉天帝的辽朝君臣放弃攻宋的企图,这种以迷信活动作为国家朝政的荒唐举动,直至乾兴元年(1022)二月真宗去世,同年十月,伪造的"天书"随他一起葬入陵墓才结束。

2. "纳"、"赐"银绢换取边境安宁

真宗晚年多病,皇后刘氏协助处理政事。仁宗即位,皇太后刘氏(后谥章献)垂帘听政达11年之久,明道二年(1033年)三月,章献太后死后仁宗才亲政。

在边境上除辽外,新兴于西北的夏(西夏)是对宋的又一威胁势力。宋太宗时反对降宋的李继迁起兵抗宋,后又归附辽朝受封为夏国王、定难军节度使,宋朝多次派兵攻打,均以失败告终。宋真宗即位后李继迁亦表示愿归附宋朝,宋即任命李继迁为定难军节度使,并赐姓名为赵保吉,但李继迁仍不断侵扰并攻占灵州(今宁夏灵武西南),改为西平府,将首府从夏州(今陕西靖边北)迁到西平府。

景德元年李继迁死,子德明嗣位,先受辽封为西平王;景德三年又与宋议和,并受宋封为西平王、定难军节度使,西北地区因而出现了"有耕无战"的局面。李德明与宋保持相对友好关系的同时,积极发展势力,修城于怀远镇(今宁夏银川)建为兴州,作为新首府,并准备称帝,但未及称帝而于宋仁宗天圣九年(1031年)去世。子元昊嗣位,并于宋宝元元年十月十一日(1038年10月31日)称帝,国号夏,史称西夏,维持30年的和平政局再次破裂。

从宋康定元年(西夏天授礼法延祚三年,1040年)到庆历二年(1042年)的三年中,宋夏三川口(今陕西延安西北)之战、好水川(今宁夏隆德西北)之战和定川寨(今固原西北)之战,宋军三战皆败,西夏军亦伤亡近半,双方的人民生命财产都受到重大损失,宋夏终于谋求妥协,于庆历四年(西夏天授礼法延祚七年)十月订立和约,西夏臣附于宋朝,宋则每年"赐银、绢、茶等大量财物,开放边境贸易,宋夏关系趋于缓和。

辽兴宗乘宋与西夏作战无力北顾之机,于庆历二年(辽重熙十一年)九月以索取后周世宗所占关南10县进行要挟,宋仁宗则以每年增"纳"银、绢各10万两、匹为条件换取和平。

3. "冗官、冗兵、冗费"

宋对辽、夏是以每年支出数十万两银、数十万匹绢,以及大量其他物品以换取和平。然而,成为宋仁宗庆历初年政治经济重大危机的,是所谓"冗官"、"冗兵"、"冗费"的三冗。

宋初内外官员只有三五千员,由于宋朝实行官职名称与职务分离的官与差遣制度,而且官员不问有无才能按年资升迁,加上由于科举及其他途径加入仕途的人数日益增多,景德年间(1004～1007年)已有1万余员,皇祐年间(1049～1054年)多达2万余员,大量的官员享受着优厚的待遇,耗费了巨额经费。

宋初有军队22万,开宝(968～976年)时增至37.8万,至道(995～997年)时是66.6万,天禧(1017～1021年)时为91.2万,到庆历(1041～1048年)时竟达到125.9万的最高数额,宋夏战争结束后才略有裁减,亦维持110余万人。巨额的军费开支占国家总收入的大部分。

所谓"冗费"是指皇帝的各种祭祀活动,修建佛寺宫观,以及各种赏赐等等的开支。"三冗"导致宋朝廷入不敷出。为了维持庞大的开支,只有加紧剥削。

田赋不均是另一个重要问题,真宗在大中祥符六年(1013年)就曾说过:"人言天下税不均,豪强形势者田多而税少,贫弱者地薄而税重,由是富者益富,贫者益贫。"这种情况引起一些地方官员的重视,企图予以解决,仁宗景祐三、四年(1036～1037年)间,郭咨在肥乡县(今属河北)为了解决"田赋不平,岁久莫治",用"千步方田法","除无地之租者四百家,正无租之地者百家,收逋赋八十万"。窥豹一斑,由此可见宋仁宗亲政初年全国田赋不均的概况,然而得到解决的只是极个别的县份。

二、庆历新政

1. 范仲淹《条陈十事》

宋朝经历太祖、太宗、真宗三朝及仁宗初年章献太后执政时期,已有70余年,积弊日深,明道二年(1033年)三月章献太后死后,仁宗始亲政,群臣希望革新政局,右司谏范仲淹上《救弊八事》指出:"暴敛未除,滥赏未革"。要求"销冗兵,削冗吏",节省费用。后又指斥时政,得罪宰相吕夷简而被降官,余靖、尹洙、欧阳修等也因支持范仲淹而先后被降职,但是群臣要求改革的呼声日益高涨。

庆历三年(1048年)三月,吕夷简罢相,正值宋与西夏交战而连战皆败,西北形势严重,京东、京西地区人民起义时有发生,仁宗也想要改革弊政,遂重又任命欧阳修、余靖等人为谏官,议论时政。四月,又任命范仲淹、韩琦为枢密副使。八月,任命范仲淹为参知政事,富弼为枢密副使。仁宗想依靠他们改革弊政,更新政局,并多次督促。九月,范仲淹与富弼商议后奏上著名的《答手诏条陈十事》,所谓十事是指"明黜陟、抑侥幸、精贡举、择官长、均公田、厚农桑、修武备、减徭役、覃恩信、重命令",这是以整顿吏治为中心的改革建议,被仁宗采纳。

2. 以整顿吏治为核心的"新政"

新政从十月起陆续实行,首先实行的是"择官长",改变即使是无能、老弱、贪污的官员,也一例依资格选任的状况。由朝廷选任各路转运使,由转运使选任各州知州,再由知州选任各县知县、县令,不称职者必须随时撤换或降职,政绩特出的提拔重用。

同月末又颁布了改革考绩的诏令("明黜陟"),改变原先那种文官三年、武官五年,一律升迁官资,刚上任不久并无政绩,遇到例行考核也照样升迁的磨勘法。规定不仅要实际任职期满,对曾经犯法及贪赃的官员,则视情节轻重及现任政绩优劣等奏报决定是否升迁。中级官员则还要不犯"私罪"才能进行考绩,还限制了较高级官员的随意升迁官资。

十一月下半月,又先后颁布诏令"抑侥幸",首先不许权贵子弟担任馆阁职务,高等第的进士也须担当一任官职后,经过考试成绩优秀者才能担任。

继又对"恩荫"制进行改革,分别限制及降低以"恩荫"取得官资的人数、等级,并规定了担任实际职务的最低年龄等。

同月末,又下诏"限职田"("均公田")。为使地方官在俸禄之外增加收入,真宗于咸平二年(999年)复行唐代地方官的职田制,重定数额、等级。但是40多年后产生了多少不均、苦乐悬殊的情况。这次将各级地方官的职田标准降低,但要限时补足数额,使他们都能得到比较优厚的待遇,促使有才的官员乐于担任地方官。

次年三月,又改革科举制度("精贡举"),改变专以诗赋、墨义取士的旧制,重视德行与策论,以求录取德才兼备的人士,改善吏治。关于"减徭役",是以合并县份及机构,以兵士代替役户。这年五月,开始撤销河南府(今河南洛阳)的五县,降格为镇而并于邻县,每减少一县可以减少役户二百余户,减少乡村的一耆保可以减少役户十余户,以使更多的人力投入农业生产。

以范仲淹为首的改革派,都认为改善吏治是根本,尽管这些措施都尽可能照顾到官吏们的既得利益,只作了不太大的改革,却遭到权贵们的攻击,指责支持改革的官员是"朋党",夏竦更指使婢女学习石介的字体,伪造石介替富弼起草的诏书,说要废仁宗另立新皇帝,并传布流言,宋仁宗虽表示不信谣言,但范仲淹、富弼已经不能自安于朝廷。

3. 改革失败

庆历四年(辽重熙十三年)五月初,辽朝决定讨伐西夏,遣使告宋并派人前往宋朝河东境内的宁化军(今山西宁武西南)、岢岚军(今岚县北)探测攻夏的进军道路。范仲淹提出辽、夏双方聚兵于河东路境外,万一双方联合南下,河东路将被攻占,并故意夸大局势的严重性,坚决要求亲自前往处理。

六月下旬,范仲淹出任陕西、河东路宣抚使。富弼则强调辽军如果攻宋,必定重点进攻河北路,自愿前往训兵备敌,八月初,富弼出任河北宣抚使。其实他们都是为了逃避夏竦造谣毁谤可能带来的灾祸,虽保留参知政事、枢密副使的官职,但已不再参与朝政。

十月初,宋夏议和。十一月初,王拱辰、宋祁、张方平等借小事攻击宰相杜衍的女婿苏舜钦以及其他改革派官员,江休复、宋敏求等11人因此被降职或罢职,以致王拱辰宣称被他一网打尽,改革终于走上末路。

庆历五年正月中旬,辽使到开封告知辽夏战争结束,这是对宋友好的表示,辽、夏威胁相继解除。同月下旬,仁宗认为天下已经太平,参知政事范仲淹、枢密副使富弼同日被罢免而出任地方官。守旧派代表贾昌朝、陈执中接替杜衍、章得象而任宰相,完全掌握了朝政。这次因在庆历年间进行而史称"庆历新政"的改革,最后失败。

4. 庆历年间的农民起义与兵变

"庆历新政"还未开始进行的庆历三年五月,京东沂州(今山东临沂)的"虎翼"(禁军番号)军卒王伦,率四五十人杀巡检使朱进后起义,因受到都巡检傅永吉的追击,王伦转战南下江淮,发展至数百人,沿途不少州县官吏不敢阻击,而是以茶酒相待,或献衣物器甲,或弃城逃走。傅永吉采取尾击穷追战略,迫使起义军不停地转移而得不到休整,又受到制置发运使徐的所部官军阻击,同年七月在历阳(今安徽和县)为傅、徐两军合击而失败。

王伦失败前后,京西张海发动起义,在邓州(今属河南)时还只有 60 多人。陕西商山(今陕西商州南部)的郭邈山占山为王已十年,这时也出山活动。两支起义军迅速壮大,州县地方军队抵挡不住。同年八月,宋派朝廷禁军前往镇压,但张海起义军主力数百带甲骑兵,行动迅速,州县地方大多采取听任自由往来,甚至用鼓乐相迎设宴招待,同年底张海兵败牺牲。被先后镇压的还有郭邈山、党君子、范三、李宗等几支起义军。"庆历新政"失败后,宋廷更加腐败,各地的小股起义连续不断。

贝州(今河北清河西)驻有禁军骑兵骁捷军与步兵宣毅军等,王则为宣毅军小校,利用佛教弥勒派组织起义,在派往大名(今属河北)联络起义的人员被捕后,提前于庆历七年(1047 年)十一月发动兵变,建立政权。虽然俘知州,杀通判、县令、主簿,但兵马都监、提点刑狱等统兵治安官员逃出城后据守南关,并控制了驻守城外的禁军,河北安抚使贾昌朝立即派兵从大名府北上镇压,同时向朝廷报告。仁宗立即派兵北上进行镇压。高阳关(今高阳东)驻军长官王信得知王则兵变,也立即率本路禁军南下直达贝州城下。宋朝廷及地方政府的迅速反应,使得王则始终只是困守贝州孤城,未能发展为较大规模的人民起义,宋又派参知政事文彦博前往督率宋军攻城。次年闰正月,宋军挖掘地道攻入城内,兵变失败。王则自东门出逃后被俘,同月被杀于开封。

三、王安石变法

1. 变法前的形势

"庆历新政"失败以后,"三冗"问题越来越严重,官吏们又纷纷要求改变现状,并认为均税法也遭罢除是失策。皇祐三、四年(1051、1052 年)间,沧州(今属河北)知州田京、博州(今山东聊城西北)知州蔡挺,都进行过均税。沧州的均田税在至和元年(1054 年)被明令取消。博州的均税法虽被采纳,推行于全国,实际是不了了之,嘉祐四年(1059 年)八月,旧事重提,又派孙琳等四人分往诸路均田税,实际上也只是为了应付官吏们的议论,并不认真推行。孙琳前往河中府(今山西永济),用千步方田法均田税,遭到欧阳修的反对,三司判官张田从朝廷财政收支考虑,建议皇帝祭祀活动后给官吏的赏赐应稍有减少,被认为有亏国体而被贬出任地方官。宰相富弼、韩琦和欧阳修一样也已不再赞成改革。这反映了当初积极支持"庆历新政"的官员,现在大多认为维持现状为好。

嘉祐八年(1063 年)三月仁宗死,宗室赵曙入继帝位,是为英宗,因病由仁宗皇后曹氏垂帘听政。英宗病愈后处理的政事,仍须经曹太后复审后才能施行,治平元年(1064 年)五月中旬,曹太后勉强撤帘还政。英宗提出:"积弊甚众,何以裁救。"也关心国家财政及"冗兵"情况,希望改革积弊。

然而首相韩琦、副相欧阳修、枢密使富弼都没有支持改革的意向。加上尊奉英宗已故亲生父母的礼仪问题，成为英宗时最重大的事件。直到治平三年九月，英宗才又提出"去冗官之患"，并对官员考绩升迁官资的制度作了一些改革。但是，英宗于次年正月去世，他的改革愿望只能留待太子赵顼去进行。赵顼即位，是为神宗。

2. 王安石变法

宋神宗即位前即已关心国家大事，僚属韩维不时将好友王安石的见解告诉神宗。王安石曾于嘉祐四年(1059年)上《言事书》，列举时政弊端及改革意见，虽未被采纳，却代表了要求改革者的共同意志，声望日益高涨。神宗即位时，王安石已经独负天下盛名多年，司马光也说大家都认为只要王安石当政，"则太平可立致，生民咸被其泽"。

宋神宗即位不久，即召王安石赴京，但王安石引病不赴，神宗即令王安石就在本地任江宁(今江苏南京)知府，同年召为翰林学士兼侍讲。熙宁二年(1069年)二月，王安石任参知政事，首先创设变法改革的指导机构"制置三司条例司"，由王安石和枢密副使韩绛兼领，吕惠卿任"检详文字"，章惇为编修三司条例官，曾布任检正中书五房公事。同年七月至十一月先后颁布实行均输法、青苗法(常平法)、农田水利法，熙宁三年五月，废"制置三司条例司"，并其职权归中书(宰相府)，司农寺成为推行新法的机构，吕惠卿改任判司农寺。同年十二月，王安石与韩绛同时拜相，变法一直在守旧派的攻击和变法派内部意见不一致的艰难情况下进行。

熙宁七年四月，王安石在实行免行法时，受到神宗和曾布的联合抵制，辞相就任江宁知府，吕惠卿升任参知政事。八年二月王安石复相，受到吕惠卿的攻击，神宗对王安石的意见也事多不从，加上爱子王雱病死，精神受到重大打击，遂力请辞相。同年十月王安石第二次罢相，出任判江宁府，次年六月又辞官闲居江宁，元祐元年(1086年)四月去世。

四、开湘西、拓熙河、战西夏、克交趾

1. 开发湘西

今湖南西部及其边临地区为宋代少数民族聚居地区，原设羁縻州数十，北部称北江，南部称南江，合称两江，由荆湖北路的辰州(今湖南沅陵)管辖。熙宁五年(1072年)闰七月，王安石派新法主将章惇以察访荆湖北路常平等事为名开发两江地区。同年十一月首先开发荆湖南路的梅山地区(今新化、安化、武冈地区)，设新化县，次年又于临近地区设安化县(今安化东南)。熙宁七年开发南江，设沅州(今芷江)及卢阳县(州治，今芷江)，后又设黔阳县(今洪江市西北黔城)。熙宁九年，北江也得到开发，以后又在湘西陆续设置县、镇、寨，湘西地区逐渐得到开发。

2. 经略熙河

王韶曾上书称："欲取西夏，当先复河湟。"熙宁四年八月，设洮河安抚司，以王韶为长官。次年五月又设通远军(今甘肃陇西)，王韶兼任知军，经略河湟地区，得到王安石的全力支持。八月，占领武胜军，改名镇洮军。十月，升为熙州(今临洮)，并设熙河路经略安抚使司，王韶为长官兼知熙州，本路所辖州、军，其时河、岷、洮三州尚未占有。次年三月占河州(今临夏市)，军行近两月，千八百里，又占宕(今宕昌)、岷(今岷县)、叠(今迭部)、洮(今临潭)等州，宋复设河、岷、洮州，其余改为城、寨。熙河路辖区终于全部占有，对西夏起到了抑制作用。

3. 对西夏的战事

王安石变法时期宋夏边境虽时有小战事，但相对平静。元丰四年(夏大安七年，1081)，西夏惠

宗秉常拟割地与宋议和,被梁太后囚禁。七月,宋乘机出兵,五路攻夏。十一月末,宋将刘昌祚攻至灵州(今宁夏吴忠西南)城下,即将攻入城内,为主帅高遵裕嫉功驰使制止,以致贻误战机,久攻不下,反被西夏决河水所淹,宋军被迫退回。李宪率熙河路宋军于九月初二攻占兰州,随即筑城。神宗采纳李宪建议,于次年正月改熙河路为熙河兰会路。七月,宋神宗采纳徐禧建议,筑永乐城(今陕西米脂西北),作为攻夏基地,九月初城建成即受到西夏大军进攻,激战十余日后被西夏攻占。宋神宗从此遂放弃攻夏意图。

4. 对交趾(越)的反击战

熙宁八年(越大宁四年,1075年)九月,交趾军攻占宋古万寨(今广西扶绥西北),十一月又大举进攻,水路渡海攻占廉州(今合浦)、钦州;陆路于次年正月攻占邕州(今南宁)。九年二月,宋任命郭逵、燕达统兵5万号称10万进行反击,失地相继收复。同年十二月十一日,宋军攻入交趾境内,击败交趾的象阵,交趾军溃逃,宋军攻占门州(今越南同登)。宋军从山间小道直插富良江(今红河),离交州(今河内)30里,交趾将舰船全部聚集南岸,宋军无法渡河,设伏诱敌,交趾中计渡河出击,宋军伏兵齐发,交趾大败,洪真太子战死。十二月二十一日(1077年1月18日)交趾王李乾德割地求和,宋军统帅郭逵接受降书后班师北返。

第六节　北宋中期思想、文化领域的革新

北宋中期是我国历史上少有的思想、文化学术繁荣,学派林立的时代。宋学——新儒学的产生,古文运动,乃至绘画、书法的革新,等等,都对后代产生了重大影响。

一、宋学——新儒学

1. 儒学的演化

儒学在汉代"递禀师承,非惟诂训相传,莫敢同异,即篇章字句,亦恪守所闻",史称"汉学",这种学风一直延续到五代、宋初。

儒学自东汉末年起逐渐衰微,佛、道盛行,直至唐代后期,韩愈在创导古文运动的同时,力排佛道,提倡儒学,倡"儒学道统说"。韩愈对孟子特别推崇,在"道统"中将原先被列为上承孔子的颜渊,排斥在主线之外,以孟子上承孔子,而自承孟子,并且将儒学研究从章句训诂引导为对经典义理的探求。

韩愈将《孟子》提高到与《论语》相近的地位,并推崇《大学》,其弟子李翱又推崇《中庸》,都对"宋学"产生了深刻影响。而唐代后期的啖助对《春秋》、李景俭对《孟子》所持的批评态度,也对"宋学"产生了影响。

宋学先驱与宋祁一起撰写《新唐书》的欧阳修,就是"宋学"先驱中的主要人物,苏轼在《居士集序》中称:韩愈之后"三百有余年而得欧阳子,其学推韩愈、孟子以达于孔氏。士无贤不肖,不谋而同曰:'欧阳子今之韩愈也。'宋兴七十余年,民不知兵,富而教之,至天圣、景祐极矣。而斯文终有愧于古,士亦因陋守旧,论卑而气弱,自欧阳子出,天下争自濯磨,以通经学古为高,以救时行道为贤,以犯颜纳说为忠,长育成就,至嘉祐末,号称多士,欧阳子之功为多"。

被称为"宋初三先生"的胡瑗、孙复、石介,通常被称为"理学先驱",其实不只是理学的先驱,而且是整个"宋学"的先驱。其他如晁迥、范仲淹、李觏等人,也都可以列入"宋学"先驱人物之列。他们或以废弃"汉学"专事章句训诂,而"疑经"、撰著"新义";或发扬儒家"内圣外王"之道,"救时行道";或在吸纳佛、道等诸家学说、思想,以丰富宋学内涵方面,都对"宋学"的新学、蜀学、理学等各个学派,产生了重大影响。

2. 宋学的特征

苏轼不仅把欧阳修作为宋学的创导者,而且把他列入韩愈创设的儒家道统中,上承韩愈、孟轲以继孔子的儒学正统。还谈及"通经学古"与"救时行道",作为宋学的主要特征。

(1)通经学古。不是原先的章句训诂,而是探求儒经的新意。"疑经"是宋学建立时期一个重要特点,欧阳修景祐四年(1037年)的《易或问》,"或问《系辞》果非圣人之作",回答是"何止乎《系辞》"。他所著的《毛诗本义》,四库馆臣在《提要》中称:"自唐以来,说《诗》者莫敢议毛、郑,虽老师宿儒亦谨守《小序》。至宋而新义日增,旧说几废,推原所始,实发于修。"被称为"宋初三先生"的胡瑗、孙复、石介,年岁略长于欧阳修,主要活动时期也都在北宋中期的仁宗时期。胡瑗的《周易口义》"其说《易》以义理为宗",孙复"讲说多异先儒",石介也同样是不取旧说的。

救时行道为宋学另一个主要特征,也是宋学建立之初许多学者共同追求的目标。不仅欧阳修积极参与"庆历新政",被《宋元学案》列为首位的胡瑗,也尤其重视"救时行道"。康定元年(1040年)八月,胡瑗被陕西经略安抚副使范仲淹辟为以丹州(今陕西宜川)军事判官而任经略安抚司勾当公事,史称"君在丹州,建议更阵法,治兵器,开废地为营田,募土人为兵,给钱使自市劲马,渐以代东兵之不任战者",而且"访边备利害,得以资其帅府。府多武人,初谓君徒能知古书耳,既观君之所为不以异己,翕然称之"。其"后在湖州置治道斋,学者有欲明治道者,讲之于中,如治兵、治民、水利、算数之类"。

石介在"庆历新政"时期,更是积极参与,"出入大臣之门,颇招宾客,预政事",与"新政"主持者之一富弼关系密切,以致反对新政的夏竦,指使人伪造石介给富弼的书信,借以攻击"新政","新政"失败后,石介被指责为"新政"的党羽而被迫自求外任。

(2)吸收佛、道学说。为宋学的又一个特征,即所谓援佛入儒、援道入儒,以及援法入儒、援诸子百家入儒,吸收各家学说以丰富儒家学说。正如清代戴震所说:"宋以前,孔孟自孔孟,老释自老释","宋以来,孔孟之书尽失其解,儒者唯袭老释之言以解之"。

宋代在这方面进行得最早的人物之一,是北宋前中期的晁迥,史称"通释、老书,以经传傅致,为一家之说"。他是一个熔儒、释、道三家学说于一炉的儒学家,为形成中的宋学学术取向的先导。

二、宋学中的三个学派——新学、蜀学、理学

宋学在发展中形成不少派别,其中在当时或对后世产生重大影响的,主要有新学、蜀学、理学等。

学术界通常把宋学(或称之为新儒学)与理学等同。1984年,邓广铭在中国宋史研究会年会上提出:"把萌兴于唐代后期而大盛于北宋建国以后的那个新儒家学派称之为宋学","宋学是汉学的对立物",并首先指出:"应当把宋学与理学加以区别",理学只是宋学中的一个学术流派。这是符合宋代学术发展史的实际情况的。

1. 新学

新学,也称荆公新学。王安石于庆历二年(1042年)进士及第后,任签书淮南节度判官厅公事的三年间,著《淮南杂说》,史称"自先王泽竭,士习卑陋,不知道德性命之理,安石奋乎百世之下","著《杂说》数万言,其言与孟轲相上下"。这是王安石创立"新学"的开始,嘉祐八年冬至治平四年秋(1063～1067年)间,王安石居丧于江宁(今南京),聚徒讲学。后推行新政时,与吕惠卿、王雱等训释《诗》、《书》、《周礼》,"先儒传注一切废不用"。

熙宁八年(1075年)《三经新义》完成并颁于学官,标志着王安石学派的完成,当时称为新学,从此新学大行,不久即为宋学中的最大学派。王安石后封荆国公,史称王荆公,因此也称荆公新学。

2. 蜀学

蜀学,为苏洵所创,其子苏轼、苏辙继成。苏氏父子为蜀眉山人,史称"蜀学"。嘉祐元年(1056年),"闭户读书"、"大究'六经'百家之说"的苏洵及其子苏轼、苏辙到京师开封应举,次年,苏轼、苏辙中进士。苏氏父子创立的蜀学才开始逐渐形成,苏洵著《六经论》等,阐述论点,"晚而好《易》","作《易传》未成而卒"。

治平三年(1066年)苏洵死,"疾革,命公(轼)述其志,泣受命"。元丰二年(1079年),苏轼被贬,次年初至黄州,筑室东坡,号东坡居士,此后数年间,苏辙亦以其所作的部分《易解》寄给苏轼,苏轼"卒以成书,然后十载之微言,焕然可知也"。《易传》可说是苏氏父子三人合作的结晶,也标志着"蜀学"学派的基本完成,其时当在元丰六七年间。苏轼在黄州期间苏辙还将所著《论语略解》寄给苏轼,苏轼"复作《论语说》,时发孔氏之秘",以后又有《书传》。苏辙也有早年所作的《孟子解》及晚年的《诗集传》、《春秋集解》、《老子解》等。苏轼在《居士集序》中攻击"新学以佛老之似,乱周孔之实",而"蜀学"的特征,正是兼容释、老。

3. 理学(洛学、关学)

理学,宋代称为道学,北宋中期主要分为两个学派,洛学与关学。洛学,由河南程颢、程颐兄弟所创立。学术界通常以二程、周敦颐、张载、邵雍为北宋理学五子,而以周敦颐为理学开山,二程则师承周敦颐。

关于二程师承周敦颐之说,创自南宋初年朱震,经朱熹多方论证并将周敦颐推为理学开山,遂为理学家所接受。但是,在二程自己并不认为其学源自周敦颐,而是"谓孟子没而圣学不传,以兴起斯文为己任","盖自孟子之后,一人(程颢)而已"。程颐所述其兄程颢对于理学的开创之功,并无任何直接的师承,邓广铭先生曾著《关于周敦颐的师承和传授》,论证"二程决非周敦颐的学业传人","周敦颐在其时(按指北宋)的儒家学派当中,是根本不曾占有什么地位的"。

程颢,明道元年(1032年)生,弟程颐,次年生。程颢,嘉祐二年(1057年)中进士,时年26岁。十一年前的庆历六年(1046年),其父程珦署理南安军(今江西大余)通判,时周敦颐任南安军司理参军,程珦"使二子颢、颐往受业焉"。程颢时年15岁,程颐时年14岁,二人还是少年,而同年冬,周敦颐即因调任郴县(今湖南郴州)令而离开南安军,二程兄弟受业于周敦颐最多也只有半年多。所以,周敦颐至多也只能算是启蒙老师,只是"少年尝从学",决不是"道德性命"高深学问的传授。程颢此后在"未知其要",也就是在还不知求"道"门径的情况下,自己"泛滥于诸家,出入于老、释者几十年,返求诸'六经'而后得之"。程颢经过近十年的探索而创立的理学,其开始的时间大约在程颢中举前的至和(1054～1056年)、嘉祐元年(1056年)间。元丰二年(1079年)程颢因反对新法被罢职,"既不用于朝廷,……居洛几十年,……学士皆宗师之,讲道劝义",直至元丰八年被召用,未赴而卒,史称明道先生。其弟程颐,史称伊川先生,同在洛阳讲学。二程学派的形成,应是这一时期,史称"洛学"。

程颢死后,程颐继续著书、讲学,门人渐多,大观元年(1107年)死,已是北宋晚期。洛学作为北宋中期形成的理学(道学)的主要派别,但在北宋学术界始终是一个较小的学派,关学的影响更小,在学术界占统治地位的是"新学",理学兴起成为学术界的重要学派,已是南宋孝宗初年。

关学为张载所创。他于康定元年(1040年)上书给陕西经略安抚副使范仲淹。范仲淹劝他读《中庸》,张载时年21岁,他也经过"又访诸释、老,累年究极其说,知无所得,反而求之'六经'"的过程,他创立理学学说开始的时期,大致也在至和年间,他也是嘉祐二年中举进入仕途,熙宁三年(1070年),因弟张戬被贬而不安,遂辞职回家乡眉县横渠镇(今属陕西),研读"六经",讲学授徒,世称横渠先生,成为关中士人的宗师,张载建立了自己的学派,史称"关学"。熙宁九年被荐出任知太常礼院,因病辞归,中途病死。张载死后,门生大多转依洛学,致使北宋中期形成的四个主要学派(新学、蜀学、洛学、关学)之一的关学,逐渐衰落,到南宋初已不复存在,张载后来被朱熹作为北宋理学五子之一。

被朱熹推为理学开山的周敦颐,他不仅未能形成自己的学派,而且在当时甚至算不上知名学者,就连极端推崇周敦颐的朱熹也说:"濂溪在当时,……无有知其学者。"周敦颐所著《太极图》、《易通》等,深为朱熹所推崇。周敦颐于景祐三年(1036年)荫补入仕。时年20岁。嘉祐六年(1056年),途经江州(今江西九江),筑室庐山莲华峰下濂溪旁,号濂溪书屋,世称濂溪先生。历任州、县官,熙宁六年(1073年)去世。

被列为北宋理学五子之末的邵雍,字尧夫。早年受学于李之才,后长期居住在洛阳,隐居不仕,依靠富弼、司马光等接济为生,熙宁十年(1077年)死,后谥康节。著《皇极经世》等书,创象数学体系,但二程对邵雍并不重视,认为"邵尧夫犹空中楼阁"。但其学说,仍被认为是理学的组成部分,被朱熹列为北宋理学五子之一。而在南宋理学家心目中的地位并不高,其从祀孔子的时间,不仅晚于周、张、二程、朱熹20多年,甚至还晚于南宋的张栻、吕祖谦。

三、文学、绘画、书法的革新

1. 古文运动

北宋中期,在文学、绘画、书法等方面,也有着重大的革新,对后世同样产生了不可估量的影响。

北宋初期柳开、穆修、王禹偁提倡的古文(散文),北宋中叶经文坛领袖欧阳修倡导后,名家辈出,"古文运动"才蓬勃发展起来,明白通畅的散文终于成为文坛正统,并为后代所承袭。

号称为"唐宋八大家"中,六家在北宋中叶,欧阳修自己的议论文简洁流畅,写景文形象生动,成为散文作者的典范。王安石尤长于政论文,结构严谨,说理透彻。才华横溢的苏轼,各体文章无不才情奔放,挥洒自如,达到了空前的成就。其他三家如曾巩、苏辙、苏洵的散文,也达到相当高的成就。

"古文运动"的组成部分之一,是诗风的革新,反对西昆体的浮艳晦涩的诗风。欧阳修的诗也平易流畅,但成就不如他的散文。而王安石的诗,尤其是近体诗俊逸平易,其成就超过他的散文,尤其是他的诗涉及了许多社会重大问题,字里行间不时流露出激愤不平的心情。晚年的写景诗,意境

清新,

尤为后代所推崇。苏轼诗的内容较他的散文更为丰富,极大多数诗作,不仅极富想象力,而且如他的散文一样,自然奔放的诗风,反映出他极高的才华。

2. 豪放派词风的兴起

宋初的词风深受唐末五代婉约派词风的影响,连文坛革新领袖欧阳修的词,虽清新明丽,但内容主要仍是风花雪月、情恋相思之类。柳永在词的创作上,取得了杰出的成就,其创作新调,语言口语化,均产生了重大的影响,但内容上也还是离情别意,灯红酒绿。除范仲淹曾写过边防征战内容的词外,整个词坛都为婉约派所垄断。

继欧阳修之后成为北宋中期文坛领袖的苏轼,在词坛上更是突放异彩,创豪放派词风,把词引向健康、广阔的道路,不仅将词的内容扩大到各个方面,而且不受过分严格词律无原则的束缚,自由抒发情意,对后世产生了极大影响。苏轼写爱情题材的词作,又以婉约见长。词终于取得了与诗同样的地位,使宋词与唐诗一样,在中国文学史上同放光芒。

3. "文人画"画派

绘画到了宋代有了重大进步,尤其是被后世称为"文人画"画派在北宋中期的出现,对中国画坛的影响,更是不可估量。

"文人画",时称"士人画",首先由北宋中期的文同画墨竹开创的。

文同,字与可,皇祐元年(1049年)进士,元丰元年(1078年)十月任湖州(今属浙江)知州,次年正月死于赴任途中,史称文湖州,其画风世称湖州派。文同诗文字画俱佳,以画名世,墨竹画虽起于唐代,而文同的墨竹画成就空前。经文豪苏轼的品题与发展,遂成"文人画"的开山。

苏轼与文同既是亲戚,又是诗朋画友。苏轼不仅用以画竹,更以画古木怪石著称。自称:"东坡虽是湖州派,竹石风流各一时",与文同抗礼。苏轼还以之画飞禽。作画提倡意似(神似,写意画),自然天成,诗画相通,认为:"高人岂学画,用笔乃其天";"论画以形似(工笔画),见与儿童邻";"诗画本一律,天工与清新"。《宣和画谱·墨竹叙论》所说的,"有以淡墨挥扫,整整斜斜,不专于形似,而独得于象外者,往往不出于画史,而多出于词人墨卿之所作"。正是文人画从画工画、画院画中独立出来的新流派的写照。由于苏轼在文人画的创作中取得了比文同更大的成就,以及杰出的文人画画论的提出,加上苏轼文坛领袖的影响,文人画很快在文人中传播,对中国画史上文人画派的发展,产生了极大的影响。

4. 尚意派书法

北宋四大书法家苏(轼)、黄(庭坚)、米(芾)、蔡(襄),都是书法革新者。

蔡襄,字君谟,兴化仙游(今属福建)人,活动时期在仁宗、英宗朝。书法当时号称第一。是宋代书法的开创者。唐人书法"尚法",宋人书法"尚意",蔡襄正是承上启下的历史性人物,尚法、尚意兼修,楷、行、草、隶无不工。

苏轼虽晚于蔡襄,而列于北宋四大书法家之首,尤工于行、草,书法讲求自出新意,追求书法的情趣、意境,与他的画论相通,为北宋中期书法革新的领袖人物。

黄庭坚,字鲁直,分宁(今江西修水)人,苏轼门人,为苏门四学士之一。以诗、书法名家,诗与苏轼并称苏、黄,书法尤长于草书,创新的结字法,自成一家。

米芾,字元章,襄阳(今湖北襄樊)人,与黄庭坚大体同时。以书、画名家,画以水墨大写意山水画创文人画山水画派,史称大米。其子米友仁亦长于书、画,世称小米。米芾行书成就最高,新意迭出,超绝尘寰。

四大书法家对书法"尚意"的革新,是北宋中期思想、文化全面革新的标志之一,对后世同样产生了深远的影响。

第七节 北宋后期的政治形势宋江、方腊起义

北宋哲宗前期,先朝所推行的新法逐步被守旧派逐渐废除,而哲宗一直都是新法的拥护者,到了哲宗亲政时期,打击守旧派愈演愈烈,成为主要政事,而不是集中精力进行改革,其情况同守旧派当政的元祐时期相类似,北宋政权遂逐渐走向衰落。

等北宋到了宋徽宗的时期,政治更加腐败,以丞相蔡京为首的腐化势力更是加深了统治集团与人民的矛盾,最后,终于爆发了宋江、方腊起义。

一、"更化"与"绍述"

1. 元祐"更化"

元丰八年(1085年)三月,宋神宗去世,年仅10岁的太子赵煦即位,是为哲宗。英宗皇后高氏以太皇太后垂帘执政。神宗生前高太后就不赞成变法改革,执政后任命司马光为门下侍郎、吕公著为尚书左丞,参与朝政。司马光用"太皇太后以母改子(神宗)",作为废除新法的理论依据,新法遂渐被废除。七月,首先废罢保甲团教,半年之内,方田均税法、市易法、保马法等相继被废。元祐元年(1086年)初,司马光生病,而新法尚未完全废除,司马光恐自己在世之日不多,因而叹息道:"四患未除,吾死不瞑目矣。"

所谓四患,是指新法的青苗法、免役法和将兵法,以及与西夏的和战问题,在加速废除新法的同时,还将废除新法的任务交给吕公著,使废除新法的事不致中断。并随即提出废除免役法,不顾守旧派中范纯仁、苏轼、苏辙等人反对仓促废除而应进一步考察利弊的意见,仍下诏五日内废除免役法,恢复差役法。蔡确、章惇先后被罢左相、知枢密院事而出任地方官,司马光、吕公著先后升任左、右相,并借重年已81岁、已致仕的四朝元老、太师文彦博复出,担任平章军国重事。八月,罢青苗法。

这次被称为"元祐更化"的废除新法、恢复旧法的活动,在元祐元年九月司马光去世后,由右相吕公著独相,继续进行。但守旧派内部因政见、学术见解分歧,加上人事倾轧而互相攻击,分化为洛阳人程颐为首的洛党,以四川人苏轼为首的蜀党,以及河北人刘挚、梁焘、王岩叟、刘安世等人为首组成的朔党,三党皆继承司马光废除新法的遗志,势力很大。

程颐得到司马光、吕公著的推荐而任崇政殿说书,以师道自居,多以古礼训诫哲宗及处理世事,为苏轼所讥讽,而程颐门人亦攻击苏轼,洛、蜀两党势成水火,程颐又因事对宰相吕公著及高太后不满,终于被贬。苏轼后也因受到攻击,自请外任而出知杭州。

元祐三年吕公著以年老辞相,改任同平章军国事,以吕大防、范纯仁分任左、右相。范纯仁在司马光当政之初,即反对完全废除新法,对于废除免役法认为尤应慎重缓行,此时任右相,对变法派的

章惇、邓绾和守旧派的苏轼、韩维等贬官或受攻击,多所维护,元祐四年即因不赞成过分贬逐新党蔡确,为朔党所攻击而被罢相。

元祐六年朔党首领刘挚升任右相,同年也以交结变法派蔡确、章惇受到攻击而罢相。废罢新法,贬斥变法派官员;守旧派内部也排斥异己,甚至借口袒护或交结变法派官员进行互相攻击,成为元祐年间的重要政事,而不是同心协力改善政局。

2. 绍圣"绍述"

元祐八年(1093年)九月,太皇太后高氏病故,哲宗亲政。哲宗在高太后生前就对她一味废罢新法、打击变法派的作为不满,想继承神宗遗志推行新法,亲政后不久即恢复变法派主将章惇、吕惠卿的阶官(寄禄官)、职名。

九年二月,首倡"绍述"的邓润甫、李清臣同时任执政。执政苏辙感到政事将变,不同意再行新法。四月,哲宗改年号元祐为绍圣,明确宣示继承神宗改革事业,苏辙被贬出任知州,袒护苏辙的首相范纯仁也被贬出任知府。任命章惇为首相,曾布入主枢密院,蔡卞、许将、黄履等先后任执政,林希任同知枢密院事,变法派控制了朝政。各项新法先后恢复,并根据神宗时推行新法的弊病,多少作了些改进,以便于推行;但也采用一些元祐时制定的法规。

元符元年(1098年)八月,宰相章惇进呈《新修海行敕令格式》时,"其间有元丰所无而用元祐敕令修立者"。以致哲宗询"问(章)惇等,元祐亦有可取乎?惇等对,取其是者修立"。反映出章惇为首的改革派,不像元祐时守旧派那样,对熙宁、元丰时的政令采取一味排斥的态度。

当时的政治也比较清明,如哲宗亲政的七年,章惇独相,"不肯以官爵私所亲,四子连登科,独季子援尝为校书郎(从八品),余皆随牒东铨仕州县,迄无显者",就是很好的例证。在打击守旧派官员方面,变法派官员的做法,有过之而无不及,守旧派的重要官员吕大防、刘挚、苏辙、梁焘,相继被贬往广南东路(今广东)。已被贬为知府的范纯仁还曾上奏论救,以致最终也被贬往永州(今属湖南)。宰相章惇在当政之初也并不赞成打击过分,曾经"乞正所夺司马光、吕公著赠谥,勿毁墓仆碑",但遭到曾布的反对,司马光、吕公著终于被夺谥毁碑。

此外,韩维等30人也被相继贬官,主要是朔党成员,也有一些蜀党成员,蜀党首领苏轼被远贬于惠州(今属广东)、昌化军(今海南儋县西北)。已被放归田里的洛党首领程颐,也被贬往涪州(今重庆涪陵)。元符元年六月,塞序辰、安惇相继提出元祐初守旧派设"诉理所",对变法期间因反对改革而被贬逐的守旧派官逐一审查平反,并对有关的改革派官员进行贬逐。他们请求设"看详诉理文字所"(诉理所),对元祐初的诉理案件进行复查,这将扩大打击守旧派官员,"章惇迟疑未应,(蔡)卞即以二心之言迫之,(章)惇默不敢对,即日置局,士大夫得罪者八百三十家"。

在哲宗亲政时期,打击守旧派愈演愈烈,成为主要政事,而不是集中精力进行改革,其情况同守旧派当政的元祐时期相类似,北宋政权遂逐渐走向衰落。

二、宋徽宗的腐朽统治与宋江、方腊起义

元符三年(1100年)正月,年仅25岁的哲宗病死,宰相章惇主张依礼、律,当立哲宗同母弟简王赵似,否则当立长弟申王赵佖,但向太后(神宗皇后)以自己无子,神宗诸子皆庶子,排除患有目疾的赵佖后,主张立哲宗次弟端王赵佶,章惇指出赵佶"轻佻不可以君天下",但向太后在曾布、蔡卞、许将等执政的支持下,立赵佶为帝,即著名的昏君徽宗,终于将北宋皇朝推上了灭亡的道路。

第八章 北宋

1. 宋徽宗、蔡京的腐朽统治

徽宗即位后，向太后"权同处分军国事"。太后在神宗时即是守旧派，当政后随即任命守旧派、韩琦长子韩忠彦为执政，不久又升任右相，左相章惇、执政蔡卞等相继受攻击，蔡卞首先被贬任知府；同时恢复被贬逐的守旧派官员的名位，守旧派官员接着相继上台。当年七月，向太后还政后不久，反对立徽宗为帝的左相章惇被罢相，韩忠彦升任左相，曾布升任右相。当时守旧派与变法派的斗争日趋激化，也有官员认为元祐、绍圣均有失误，应该消除偏见，调和矛盾。于是改次年为建中靖国，以示"本中和而立政"，"昭示朕志，永绥斯民"。但是新旧党争不仅没有停止而是愈演愈烈。

建中靖国元年（1101年）十一月，邓洵武首创徽宗应绍述神宗之说，攻击左相韩忠彦并推荐蔡京为相，得到执政温益的支持，为徽宗所采纳，首先于同月末决定改明年为崇宁元年，明确宣示放弃调和政策，改为崇法熙宁变法。

蔡京是个政治投机者，王安石变法时拥护变法改革，元祐初又附和司马光积极推翻新法，绍圣初又积极附和新法，徽宗即位后不久受守旧派攻击而被夺职提举宫观闲居杭州（今属浙江），结交赴杭收集书画的宦官童贯，蔡京以擅长书法逐渐受到可以称之为画家、书法家的宋徽宗的赏识，邓洵武、温益知道徽宗必将重用蔡京，在进呈绍述新法意见时都力荐蔡京，认为徽宗"必欲继志述事，非用蔡京不可"。

崇宁元年（1102年）五月，左相韩忠彦首先被贬任知府，蔡京升任执政。随后右相曾布也被贬任知州，蔡京升任右相，不久又升为左相，独相达三年之久。其后虽曾二次罢相，但又复相或以太师控制朝政，位在首相（徽宗改左仆射为太宰作首相，右仆射改称少宰为次相）之上。徽宗末年，致仕已多年的蔡京还以太师领三省事掌握朝政。

徽宗时期始终是蔡京及其党羽的天下，他们打着绍述神宗改革的旗号，作为排斥异己打击反对者的幌子。崇宁元年九月，首先把元祐（1086～1094年）及元符三年恢复旧法的文彦博、司马光等120人，称为元祐奸党、元符奸党，刻石于端礼门（文德殿南门）。又复查元符三年三月向太后执政时下诏求直言时应诏所上之书奏，被查者达582人，以赞成绍述新法或反对者分为正等和邪等，将蔡京的党羽列为正等，共41人，纷纷升官重用；其余541人，全部列入邪等，列入奸党及邪等的都分别受到贬逐或降、免官职的处分。崇宁三年（1104年）六月，又将元祐、元符党人与上书邪等者，删去一部分后合并为"元祐党籍"，以司马光为首，共309人，作为重点打击对象，其中有与上述三项无关的改革派章惇、曾布等10余人。并刻石于文德殿门东壁及各州、府。

被当时人称为"六贼"的蔡京、王黼、童贯、梁师成、朱勔、李彦，形成以蔡京为首的腐朽统治集团，蔡京、王黼先后任首相或太师、太傅，依靠宦官童贯、梁师成，以朱勔、李彦为爪牙，控制着整个徽宗时期的朝政，逢迎着臭名昭著的昏君宋徽宗，使北宋末期成为中国历史上最黑暗腐朽的时期之一。

蔡京等打着绍述新法的旗号，无恶不作，贿赂公行，卖官鬻爵，"三千索（"索"意与贯同），直秘阁；五百贯，擢通判"。巧立名目，增税加赋，搜刮民财。如和预买，原是官府春季预先出钱预买，民户夏、秋随两税纳绢，自愿进行的钱、绢贸易。后改为硬性分配给民户，预付的钱改为三分给钱、七分给盐。徽宗时先是不给盐，后又不给钱，完全成为民户新的赋税。

又如盐茶官府专卖，徽宗时改为全面实行钞引通商，连茶笼、盐袋也规定向官合同场购买，除交纳通常的过境税和营业税等，还要交纳"头子钱"、"秤提钱"、"市例钱"等等。又如征收所谓经制钱,是"取量添酒钱及增一分税钱,头子、卖契等钱,敛之于细,而积之甚众"。

苛捐杂税,积累了大量财富,"今泉币所积赢五千万","于是铸九鼎,建明堂,修方泽,立道观",大兴土木,不仅在宫城之北建筑稍小于宫城的延福宫和规模更大的艮岳,还乘机利用搜刮的民财大修各自的豪华宅第。为了阻止其他官员的议论,诏书也不依中书省草拟、门下省复核、上奏后颁行的正规途径,而是请徽宗亲书后即颁行,称为"御笔手诏",甚至请宦官杨球代书,号称"书杨",以达到他们任意胡作非为的目的。

当蔡京受到群臣攻击而被迫罢官致仕时,王黼继而擅权,虽一方面罢除了蔡京施行的一些苛政,另一方面则更加紧搜刮民财,以供徽宗任意挥霍。

蔡京当政时,重用苏州人朱勔主持苏州应奉局、杭州造作局,年复一年地强取民间奇花、异木、怪石。当时由十艘左右的船只组成的一个运输船队称一纲,大量的花石竹木由船队经运河运往都城开封称为"花石纲",由于抢夺来的花石竹木数量之多,络绎不绝的花石纲船队,致使运河航道不畅而部分改用海运。应奉局的官吏在抢夺民间花石竹木时,乘机敲诈勒索,逼得民户拆房毁屋,甚至卖妻鬻子,倾家荡产,民怨沸腾,终于爆发了规模巨大的方腊起义。

徽宗初年,宦官杨戬先设"稻田务",开始在汝州(今属河南)立法,可以种稻的田土,收索民户田契,辗转追寻,直至无契可证,将超出原始田契的土地称为公田,种植户即作为佃户,须交纳公田钱,继而推广至黄河中下游及淮河流域。又设"营缮所",检括公田。后皆并为"西城所",所有荒地废田都作为公田,强令百姓承佃,交纳公田钱。

宣和三年(1121年)杨戬死后,宦官李彦继任,更为凶狠残暴,凡民间好田,指使他人诬告为荒田,田主虽有地契也无用,即括为公田,甚至鲁山(今属河南)全县的农田都被括为公田,原业主即作为佃户,许多投诉者受刑致死。弥漫数百里的梁山泺(泊),是济州(今山东巨野)、郓州(今东平)数县沿湖渔民赖以生存之所,也被按船只强行收取赋税,逃税者按盗匪处罪。在李彦及其党羽的摧残之下,北方也是民不聊生,小规模起义不断发生。

2. 宋江起义

宣和元年(1119年)宋江起义于河北路,同年十二月已发展为有一定规模的农民起义军,被称为"河北剧贼",北宋朝廷曾下诏进行招降。但宋江未受招安,而是于次年转战南下京东路,被称为"京东贼",活动于青、济、郓、濮(今山东鄄城北)诸州境内。这时南方的方腊举行起义,发展迅猛,徽宗即任侯蒙为梁山泊附近的东平府(郓州)知府,负责招安宋江,侯蒙未及到任即病死。南宋时传说宋江起义军在梁山泊活动,可能就在这个时期。

其后宋江移军南下,沂州(今山东临沂)知州蒋圆假作同意起义军借道而袭击南下的宋江起义军,起义军遭受较大损失后,"北走龟蒙间"。

宣和三年初,宋江起义军南下淮阳军(今江苏邳县南),朝廷派官军追击,起义军继续南下,进入淮南路楚州(今淮安)地区,又被称为"淮南盗"。起义军转而北上,途经沭阳时,遭到县尉王师心邀击,略有损失。二月,在海州(今连云港市区西南部)为知州张叔夜"伏兵乘之,擒其副贼,(宋)江乃降"。而另一种记载是宣和四年夏季,折可存在参与镇压方腊起义军之后,又"奉御笔,捕草寇宋江",宋江向何人投降,已无从考证。

李若水在《捕盗偶成》中,记载了宋江投降后的简况:去年宋江起山东,白昼横戈犯城郭。杀人纷纷翦草如,九重闻之惨不乐。大书黄纸飞敕来,三十六人同拜爵。狞卒肥骖意气骄,士女骈观犹骇愕。宋江起义军的规模虽不大,但战斗力较强,活动的地区离首都开封又较近。起义军的三十六个将领投降后又同日封官,在首都行进时趾高气扬的神情,给居民们留下了深刻印象。

关于宋江起义军三十六个将领的传说、画像、说唱曲艺、话本小说的传播在南宋时已是名闻遐迩,元末明初的《水浒传》更使宋江之名妇孺皆知。

3. 方腊起义

北宋末年农民起义中规模最大的是方腊起义军。方腊是两浙路睦州(今浙江建德东北)青溪(今淳安西)西部山区的帮源洞(通峒,指山谷地区)漆园主(一作佣工),屡遭"造作局"酷取,他利用包括明教(摩尼教)等各种秘密宗教组织起义,为里正发觉,遂杀里正而于宣和二年(1120年)十月起义,次月即建立政权,首先攻占青溪县城。深受"花石纲"之害的两浙人民纷纷响应,起义军随即攻占睦州、歙州,消息传到首都开封,徽宗立即派亲信宦官、知枢密院事(最高军事长官)童贯统率数十万原准备攻辽的大军,迅速南下,而起义军差不多与此同时,已攻占两浙路首府杭州(今属浙江),方腊拒绝部属关于北上抢占江宁,控扼长江天险抗击官军渡江的建议,而是主力南下,先后攻占婺州、衢州、处州(今丽水西)等地。

北宋官军于宣和三年正月,受命首先抢占江宁、润州。当正月下旬,北上的东路起义军围攻秀州(今浙江嘉兴)之际,东路官军也到达秀州,起义军在官军的内外夹击下退往杭州,二月中旬官军攻占杭州。北上的西路起义军,先后受挫于旌德、宁国、歙州。三、四月之际,官军又攻占衢州、婺州等地。四月中旬,方腊放弃青溪,退回西部山区帮源洞,帮源洞在东西两路官军的夹击下,激战数日后起义军战败,二十六日,方腊为官军小军官韩世忠所俘,起义失败。起义军的余部转战于浙东地区,至八月间,才最后失败。方腊被俘后被解往首都开封,于八月下旬被杀害。

北宋朝廷虽然镇压了方腊起义,但并没有吸取教训,革新政局,而是更为黑暗腐败,其时距北宋被金灭掉不过5年左右。

第八节 宋代的农业经济

五代时期战乱时期,中原地区的农业生产在战火兵燹中受破坏尤为严重,北宋政权建立后,积极采取了一系列如对农民的新垦荒田不加赋税的政策,以奖励农民开垦荒田;兴修水利设施等措施,使得农业经济有了飞速的发展。

一、招抚流亡,开垦荒田

五代时期战乱不断,华北地区受到的破坏尤为严重,后周时虽有所恢复,但由于"五代以来,常检视见(现)垦田以定岁租",加上"吏缘为奸,税不均适"。北宋初年,人民流离,土地荒芜的情况仍然普遍存在,因而新建立的北宋采取对农民的新垦荒田不加赋税的政策,以奖励农民开垦荒田,乾德四年(966年)诏:"自今百姓有能广植桑枣开荒田者,并令只纳旧租,永不通检",用以"招复逋逃,劝课栽植。"

对于新平定的诸国地区,也有类似的专门条令,"淳化元年(990年)九月诏:江浙等路李煜、钱俶日,民多流亡弃其地,遂为旷土。宜令诸州籍其陇亩之数,均其租,每岁十分减其三,以为定制,仍给复五年,召游民劝其耕种"。

除了战乱的因素以外,自然灾害也是造成人民流离、土地荒芜的重要原因,北宋又采取使农民开垦荒地即成为其产业并减免赋税的政策,至道元年(995年)诏:"近年以来,天灾相继,民多转徙,田卒污莱","应诸道州府军监管内旷土,并许民请佃,便为永业,仍与免三年租税,三年外输税十之三",以后历朝还有类似的诏令,鼓励农民开垦荒田。

经过宋代历朝奖励开垦荒田的措施,耕地不断扩大,由北宋初开宝九年(976年)的295万多顷,发展到元丰六年(1083年)的461万多顷,最高的是天禧五年(1021年)524万多顷,最低的则是皇祐三年(1051年)的228万余顷。由于"川峡、广南之田,顷亩不备,第以田赋约之",而且实际上全国顷亩数也多非实际统计数,但这仍能大体反映出北宋垦田数在不断增加的总趋势。耕地面积的扩大,为北宋农业生产的恢复与发展提供了基本条件。

金灭北宋,又侵南宋,"建炎以来,内外用兵,所在多逃绝之田",继五代以来又一次因战争使民户逃亡,从而出现大量荒地。招抚流亡复业及耕垦荒地,成为南宋恢复与发展农业生产的首要任务。绍兴三年(1133年)九月诏:"百姓弃产,已诏二年外许人请射,十年内虽已请射及充职田者并听归业。孤幼及亲属应得财产者,守令验实给还。"这是鼓励战争中被掳民户归业和其他人户垦荒的政策。

绍兴十一年(1141年)宋金议和以后,曾经遭受战乱地区的农业有所恢复,但是受战争影响最重的京西、淮南地区,还有许多良田荒废,南宋采取资助因"蜀地狭人稠"自愿前往上述地区开垦的政策,即"愿往之人,给据津发",而且"官贷种、牛,八年乃偿";还对边境地区减免赋税,"并边悉免十年租课,次边半之",所垦荒地"满三年,与充己业,许行典卖"。

绍兴末年,金帝完颜亮南侵及随后的南宋北伐战争,再次对淮南地区造成严重破坏,隆兴二年(1164年)十二月议和后,南宋立即采取恢复农业生产的措施。乾道元年(1165年)正月,即"诏两淮民户并已复业,宜先劝课农桑,若不稍优其赏,窃虑无缘就绪",田地"许民户租佃,五年后量立租课,不得科扰"。这是五年内免税,满五年后轻税的政策,以后又一再采取类似及其他优惠政策,招抚农民耕垦荒田,恢复与发展农业生产。

二、农田水利的兴修和建设

水利与农业的关系,南宋陈耆卿曾作了很好的比喻,"水在地中,犹人之有血脉","夫稼,民之命也;水,稼之命也"。

宋代的有识之士都重视水利的兴修。北宋庆历三年(1043年),范仲淹为进行改革,在《答手诏条陈十事》中要求:"诸路转运司令辖下州军吏民,各言农桑之间可兴之利、可去之害,或合开河渠,或筑堤堰陂塘之类",于每年二月兴修水利。"庆历新政"虽然不久即失败,但兴修水利已成为官府的经常性举措,到至和元年(1054年)时已是"京畿及京东、京西等路,每岁初春差夫,多为民田所兴"。然而经常性的春天兴修农田水利,仍只限于北方。

熙宁二年(1070年)初开始的"王安石变法",作为改革主要措施之一的"农田水利法"(称为《农田利害条约》)即于当年十一月颁布,各地"开垦废田,兴修水利,建立堤防",取得了很好的效果。

宋灭南唐、吴越之后,东南地区成为宋朝的财赋之地。到宋仁宗初年,东南地区水利已因年久失修,频频发生水灾,以致"积雨之时,湖溢而江壅,横没诸邑。虽北压扬子江而东抵巨浸,河渠至多,堙塞已久,莫能分其势矣,惟松江退落,漫流始下"。明道二年(1033年),"姑苏之水,逾秋未退"。

景祐元年(1034年)六月,范仲淹出任苏州知州后,进行疏导,"不惟使东南入于松江,又使西北入于扬子江与海"。"开五河,泄去积水",到次年"积而未去者犹有二三",因而请求"增理数道(河)以分其流,使不停壅",以及开导松江(今吴淞江)的盘龙港加快出水速度,浙西"苏、常、湖、秀,膏腴千里"的水利初步修复。不久,范仲淹调任京职,浙西水利未能进一步兴修。

熙宁五年郏亶任两浙路提举兴修水利,但郏亶兴役过大过急,遭到当地官民以及吕惠卿的反对,王安石虽然肯定郏亶的方案,也认为(郏)亶所为仓卒,次年被调任京职,水利工程也停止进行。元祐七年(1092年)毛渐受命赈灾时,大兴水利。政和六年(1116年),赵霖"开一江一港四浦五十八溇,已见成绩"。

宋代农田水利建设,总的来说大规模的创建较少,工程质量一般较差。王安石变法,首重农田水利,成绩算是最好的。

这一时期,农田水利建设方面值得提及的有下列几项工程:大观年间(1107~1110年)把北宋初被毁坏的泾渠改建为丰利渠,在旧渠之北另行开凿了渠口;引水渠改建为石渠;渠首工程有相当完善的防沙、防洪设备以及横绝溪河的工程设计,水工技术比前代有所进步。

北宋比较独特的一项农田水利措施,是为对付辽朝骑兵的侵袭,在河北沿边利用淀泊并挖河渠,曲曲折折形成一条长约900里,各地宽窄不一的水田交错地带,最宽处达150里,最窄处6~7里。因为"利在蓄水,以限[辽]戎马而已",因而农业生产效果不大。王安石变法时设置"淤田司",专门从事引浊放淤,则为北宋农田水利的又一独特措施。放淤河流有黄河、汴河、汾河、漳沱河等,地区广及今河南、河北、山西、陕西,对肥田和改良盐碱地起到一定的积极作用。但由于没有全面规划,单纯追求统治阶级的利益,任意决河放水,有时反而造成水害。

北宋时,太湖水利很差,水旱灾害严重。水利专家郏亶父子和单锷曾提出全面治理的规划。郏亶强调治水是为了治田,应以蓄水灌溉为主,泄水、送水不是治理的真正目的。在这一认识的基础上,提出了支分密布的渠网规划,配合圩田体系和农田沟洫,使涝旱兼顾,两获其利。由于朝廷根本没有治好水利的决心和力量,在权臣、地主的反对下,他们的建议无法实现。不过,他们的著作却成为宋、元、明代议论太湖水利者的经典。

三、土地的充分利用和地力的维持

由于江南"土地迫狭,生籍繁夥",为了寻求耕地,人们付出了艰辛劳动。王祯《农书》描写宋、元时期人们到处找地种的情景说:"田尽而地,地尽而山,山乡细民必求垦佃,犹胜不稼。"因而宋代在农田开发,采用多种方式发挥土地效用的技术方面取得了不少成就。

在宋代,南方梯田有迅速的发展。王祯《农书·田制门》讲到修造梯田必须注意的几个技术要点:一是在山多地少的地方,把土山"裁作重蹬",即修成阶梯状的田块;第二如果有土有石之处,则要垒石包土成田;第三,上有水源可自流灌溉则种植水稻,如无水源只好种粟、麦。在条件不同的地区,梯田的修筑形式和效果是有差别的,西北黄土高原地区的梯田主要作用是拦截,防止水土流失,而在南方则表现为对水土的高度利用。

南方圩田的修筑,在宋代发展更快更普遍。从历史发展阶段看,"圩田"和"围田"有所区别。"围田"仅是"筑土作围以绕田也"的低级阶段;"圩田"则是和灌溉渠系互相配合、互相促进的有机结合,即必须通过置闸、开渠以及灌溉、车戽、检修、防护等一系列工程技术和管理措施,才能取得农业生产的好收成。把本来只滋生水草的低洼地改造成为圩田,对促进农业生产的发展是一大成就,但乱围乱垦则反招致灾祸。

其他土地利用形式较重要的还有"沙田""涂田",说明了人们确实是想尽一切办法扩大种植面积,力争多得到一些蔬菜粮食。

"用地与养地结合",通过耕作、换茬、种植豆科作物和以施肥为主的措施来维持地力的技术,到宋代在实践中已积累了丰富的经验,理论上也有重要突破和发展。

四、农作物品种的交流

宋朝的统一不仅结束了南北分裂割据的政局,也为农作物品种的交流提供了便利条件。

端拱元年(988年),何承矩为沧州节度副使"实专郡治",提出"大作稻田以足食"。所属临津县(今东光东南)令福建人黄懋,看到河北良好的水利条件,也上书提出:"今河北州郡陂塘甚多,引水溉田,省功易就,乞兴水田,三五年内必公私大获其利。"何承矩后任制置河北缘边屯田使,黄懋任判官,"雄、莫、霸州,平戎、顺安等军,兴堰六百里,置斗门,引淀水灌溉。初年种稻,值霜不成"。黄懋提出改种江东路的早稻,淳化四年(993年)八月,种稻成功,"由是自顺安以东濒海,广袤数百里,悉为稻田,而有莞蒲蜃蛤之饶,民赖其利"。这是北宋初年一次大规模南稻北种取得成功的事例,黄懋、何承矩作出了重大的贡献。

同一时期,宋太宗下了一道粮食品种南北大交流的诏令。当时"言者谓江北之民杂种诸谷,江南专种粳稻,虽土风各有所宜,至于参植以防水旱,亦古之制"。大中祥符四年(1011),真宗又"以江、淮、两浙稍旱即水田不登,遣使就福建取占城稻三万斛,分给三路为种,择民田高仰者莳之,盖旱稻也。内出种法,命转运使揭榜示民"。"稻比中国者,穗长而无芒,粒差小,不择地而生"。

三次大规模的粮食品种交流,不仅提高了农民抗御自然灾害的能力,也促进了农业生产的发展。经济作物如棉花在宋代也不断扩大种植区域,棉花的种植在北宋时主要是在广南东西、福建路,到南宋后期也扩展到两浙、江南东西路,并作为夏税交纳。

宋棉花、西瓜等品种的交流,发展了农业生产,也丰富了人们的物质生活。

五、农业科学技术知识的普及和提高

北宋和南宋在大多情况下基本上采取了鼓励发展农业生产的方针,实行奖励耕种的政策,招徕流民务农;做农业推广工作,如提倡江南参种粟、麦、黍、豆,推广占城稻;天禧四年(1020年)又"诏令馆阁校勘镂板颁行"《齐民要术》和《四时纂要》二书;地方官员中有人兼管劝农工作;曾一度施行过由民众推选懂得土宜、熟练种植技术的人做地方农师。

地方上也不乏倡导农业并作出贡献的官员。宋代文集、笔记中,有不少"劝农文"。"劝农文"的内容主要是劝勉农桑和宣传农业生产技术。与农书不同之处是,它比较注意针对当地农业生产情况,文句简练,篇幅短小,带有文告性质,便于普及推广。

除"劝农文"外,宋代还采用过绘制耕织图的方式宣传推广耕织技术。元末虞集说,南宋于郡县治所大门东西壁绘耕织图,"使民得而观之,而今罕为之者"。全图为耕图21幅、织图24幅,每图皆配八句五言诗。"农桑之务,曲尽情状,虽四方习俗间有不同,其大略不外于此"。

宋代私人编著农书开始兴盛,但约有三分之二今已不存。现存宋代农书中,论及农桑生产的综合性农书只有《陈旉农书》和楼璹《耕织图诗》。其他多为专业性农书,如秦湛《蚕书》、蔡襄《荔枝谱》、韩彦直《橘录》、赞宁《笋谱》、陈仁玉《菌谱》、王灼《糖霜谱》、陈翥《桐谱》以及若干部茶书和花卉谱录等。有关农业生产方面的谱录类图书一般能兼及理论和实际两个方面。

六、以租佃制为主导的生产关系及与之相适应的户籍制度

1. 租佃制生产关系

宋代除边远山区以外的广大地区盛行租佃制,除私有土地外,还有少量的国有土地、寺观占有的土地,以及职田、学田、屯田、营田等占有土地的形式。

出租土地的地主与承佃土地的佃户之间,订立契约,不仅规定了租佃的年限,还规定了田租为定额租还是分成租,以及交租的形式及其他要求等,用以确定地主与佃户间的法律关系。太平兴国七年(982年),宋太宗诏令由众民户推举而由官府任命的农师,与里正村耆一起组织上述各类农户,按照民间租佃制的关系订立契约,收成依契约分成,达到恢复与发展生产的目的。

这里提供土地户即是地主或小土地出租者,耕租他人土地户即是佃户,"依契约分""收成",即是分成制的租佃关系。这种租佃制的生产关系,不仅反映在普通的地主与佃户之间,也反映在寺院土地、学田、职田、官田的田主(或官府)与佃户(或屯田兵士)之间。

租佃制的地租形态是实物地租,其主要形式为分成制,尤以对半分成制为主;四六制或倒四六制(地主四成佃户六成或地主六成佃户四成),也是常见的分成制地租。官营而招民户或由兵士佃耕的营田内,也实行同样的分成制。

除分成制外也有实行定额租制的,如官府实行的定额租也是按照民间的规定,绍兴六年对江南东、西路及镇江府(属浙西路)的"不成片段闲田","比民间体例,只立租课,上等立租二斗、中等一斗八升、下等一斗五升","召人耕种"。

2. 与租佃制生产关系相适应的户籍制度

随着社会经济的发展,尤其是租佃制生产关系、手工业和商业的发展,唐代的户籍制度早已不能适应新的形势,一种城乡分开、有产户无产户区分的新的户籍制度在北宋前期形成。

唐代没有单独的城市户口,客户指离开本地寄居他处不分贫富的客籍户;"官户"是没有户籍,低于"杂户",高于奴婢,上番服役,也称"番户"的贱民;而工匠及在官府服杂役的人户称为"杂户",虽有户籍附于州县,但地位低于普通民户甚至不能与之通婚的贱民;普通民户则依资产多少分为九等纳户税,也称税户,客户(寄庄、寄居户)按贫富依税户七、八、九等纳税,等等,到宋代都发生了变化。

唐代城市居民虽有"坊郭户"之称,但没有单独设立户籍。宋代由于手工业、商业的发展,实行城乡分治,在户籍制度上单独设立城镇户口的"坊郭户"户籍,坊郭主户还单独划分为十等,承担赋税与"科配"(属临时性赋税性质)等。

宋代没有"番户"、"杂户"之称,客户也不是寄居户,而是指没有常产的民户,有常产的民户则称为"主户",分别列入户籍。坊郭户与乡村户都划分为主户、客户。坊郭客户为城镇贫民,多为小

商小贩,商业、手工业的雇工、帮工及富户的佣工;乡村客户则主要为佃户、主户的雇工、佣工等,除川峡山区等少数地区外,佃户与地主之间主要是契约关系,在法律上基本上是平等的。官户则是指品官之家,成为高于普通民户享有免除大部分差役、科配的特权。而官府的杂役由普通民户(主户)轮差担负,工匠则已是有技术而受雇于政府、私人手工业作坊或其他雇主的人。

　　3. 乡村主户的五等户制

　　租佃制的生产关系反映在宋代的乡村户籍与户等上,即乡村主户与客户,以及乡村主户的一、二、三、四、五等户。凡有常产的税户即为主户,否则即是客户,主户按财产多少划分户等,如何计算与计算何种财产,各地有所不同。最主要的是依据家业钱,也称家活、物力、产业钱等,作为划分户等的标准,涉及整个北方地区,以及南方的大部分平原地区。其次是按交纳田赋的税钱数划分,如江南东西、福建、广南东西、成都府、梓州等路,以及浙东山区的广大南方地区,北宋时基本上以田税划分户等,南宋中期开始,浙东、江南东西、广西等路逐渐改以家业钱多少划分。南方部分地区有按所播种子多少,也有按田亩多少划分户等。

　　主户中的五等户,宋人常将其分为上户、中户、下户,上户通常指一、二等户,属于地主;但也常将三等户列为上户,称为上三等户,而三等户在多数情况下则被称为中户,属于中小地主及富裕农户,由于各地划分标准不一,有时也将二等户列为中户;四、五等户则称为下户,属于一般农户及少地而需佃种部分土地的农户。

　　按官府的规定,两税的支移、折变及和买、科配等应是先富后贫,差(职)役按户等也是上户承担重役而下户承担轻役,赈灾时也是先赈下户或免税等,实际上则常是上户勾结官吏将赋役转嫁给中下户。

　　一等户中有些特别富有的,被称为"极户"、"无比户"、"高强户",元祐元年(1086)定为"出等户";享有一定特权的"官户",也大都在一等户内;而包括官户以及州县的公吏和乡村政权头目中的上户,称为"形势户",都是租佃制生产关系中的大、中地主。

第九章

金 与 南 宋

(1127~1279年)

　　1115年1月28日,完颜阿骨打建立了金政权。1127年,金灭北宋,南宋政权建立。在大致相同的历史阶段,金与南宋通过战火、在互相的征伐和委屈中把历史命运紧紧联结在了一起。

第一节　女真族的兴起与金政权的建立

　　女真先世称肃慎、挹娄、勿吉、靺鞨。女真源出自靺鞨七部中的黑水靺鞨,原居住在今黑龙江与松花江合流以下的黑龙江流域的南北地区,后来黑水靺鞨有一部分向南迁徙。当契丹建国后,在译名上始被称为"女真"。

　　在女真始祖函普时,生女真完颜部居住在仆干水(今牡丹江、镜泊湖附近)。函普从今朝鲜的咸镜北道(当是黑水靺鞨一支迁于此者)来到居住在仆干水的完颜部,因他为之立约解决了完颜部与其他部族的哄斗,娶同部与完颜邻寨姓结徒姑丹、名鼻察异酋长的室女为妻。后女真众酋长结盟,函普又被推为首领。从此,完颜部内便出现函普一系的完颜氏(宗室完颜)与其原来同部的完颜氏(异姓完颜),以及与函普有族属关系的疏族(同姓完颜)。

　　后来又出现以完颜等几个著姓为主的包括各姓在内的白姓与黑姓几个婚姻集团。

一、以完颜部为核心的军事部落联盟

　　函普时女真已进入父权制的氏族社会末期,到献祖绥可时又迁居到海古水,社会发生了显著的变革,开始冶铁、耕垦树艺、修筑房屋、造舟,定居在按出虎水(今黑龙江阿什河)之侧。昭祖石鲁在绥可发展的基础上,已由亲属部落联盟发展为更加扩大和持久的军事部落联盟,稍立条教,部落渐盛,并接受辽赐给的惕隐官职,在氏族内展开新旧两种势力的激烈斗争,始以完颜部确立的条教治理诸部。

　　在发展斗争中函普家族一系完颜姓虽已取得军事部落联盟首长的地位,而作为军事部落联盟政治辅佐人物则由同部完颜姓中担任。其初是由同部完颜姓的石鲁辅佐昭祖,昭祖称"勇石鲁",即联盟军事首长;石鲁称"贤石鲁",即军事首长的政治辅佐,地位相当于后来的国相,女真人军事部落联盟内实行的是军事、政治的二府制,后来作为军事首长的政治辅佐称国相,由雅达担任,雅达属同部完颜姓。由此可见,在景祖没有把国相交给本家族肃宗之前,是由同部完颜家族中选任的。

实际上是函普一系与同部完颜氏共同管理军政事。

景祖乌古廼时,是女真军事部落联盟组织扩大和发展的关键时期。景祖继承其父昭祖石鲁的事业,他在其母徒单氏的支持下,在对本氏族的旧势力和同各部的斗争中确立了自己军事部落联盟首长的地位。景祖把昭祖所建立的军事部落联盟组织更加扩大和发展,对那些不肯听命的各部加以制服,于是"景祖稍役属诸部,自白山、耶悔、统门、耶懒、土骨论之属,以至五国之长,皆听命"。联盟组织空前扩大和发展起来。景祖被辽任命为"生女真部族节度使",官属、纪纲渐立。

所谓官属,只不过是军事联盟内的职掌分工的制度化。《金史·百官志·序》:"金自景祖始建官属,统诸部以专征伐,巍然自为一国。其官长,皆曰勃极烈,……其部长曰勃堇,统数部者曰忽鲁。"勃堇出现在始祖时,勃极烈是勃堇的转音,勃极烈与勃堇分职,据此记载则出现在景祖立官属时,即勃极烈成为联盟中最高职掌的官长之称,而勃堇为部长之称。

但景祖、世祖身为军事联盟首长,仍称"诸部长"、"众部长",不称"都勃极烈",地方的小部落联盟首长亦称"都部长",直至穆宗由于太祖的建议才取消地方称"都部长"的资格。由诸部长改称为都勃极烈,是联盟的部落长向官职演变的结果,联盟首长已不再是单纯的诸部之长,而成为官长之长,康宗去世,"太祖袭位为都勃极烈"即是这一变化事实的反映。

随着这种变化,勃极烈成为联盟内最高官属之称,以他们为主组成官属会议——议事会,而勃堇逐渐演变为一般官吏的称呼。景祖为加强本家族在联盟中的绝对地位,用财物和马匹换取了雅达的国相,由三子颇剌淑(肃宗)担任,从此这个重要职位便由本家族所掌握。景祖凭借着"生女真之俗,生子年长即异居",命劾者与世祖同居,劾孙与肃宗同居,由劾者、劾孙治家务,世祖、肃宗、穆宗为联盟首长的继承者,从而确立了世袭制,否定了联盟长的世选制。

女真庞大的军事部落联盟形成于景祖时,但是联盟内部不是团结和十分巩固的。此后主要是围绕联盟首长和国相而发生斗争。跋黑是世祖叔父,不仅不能充当联盟长而且世祖命他为勃堇不许领兵。散达兄弟因其父雅达被夺去国相不满,温都部乌春及纥石烈部腊醅、麻产也与联盟离心,于是联合反抗。肃宗、穆宗时斗争仍在继续,如穆宗袭位之初,诸父之子习烈、斜钵与诸兄反对说:"君相之位,皆渠辈与之,奈何?"同部完颜欢都说:"汝辈若纷争,则吾必不默默但已"。终未酿成大乱。

经过世祖到穆宗的斗争,部落联盟异常巩固,"自景祖以来,两世四主,志业相因,卒定离析,一切治以本部法令,东南至于乙离骨、曷懒、耶懒、土骨论,东北至于五国、主隈、秃答,金盖盛于此"。在发展和巩固联盟中,太祖完颜阿骨打作出重要贡献,如他建议取消地方都部长的称呼,把名称集中到完颜部首领一人身上;他建议令诸部不得擅置信牌、驰驿,把号令统一到联盟中来。

二、社会组织结构

女真部落联盟发展的层次,最初是把亲近的分散的氏族部落联合起来,出现众多的地方的小联盟,其次是把分散的不持久的小联盟结集成为大的联盟,最后以完颜部为核心,统一为一个巩固持久的庞大的联盟,这样国家就即将产生了。从领地看,由氏族部落的领土发展为地方的小联盟和大联盟的领地,最后统一为一个共同的领地。女真建国前,已非氏族血缘,而是以部族的地缘为主要基础的。建国前,女真由氏族社会向国家转变的一切因素都已成熟。

地域是国家形成的必要条件,其突出的表现在以地缘为特点的城堡、村寨组织在各地的普遍出现。在城堡、村寨组织中除由血缘构成的家族外,还包括非血缘的居民,在一个家族组织中既包括本家族的成员,也包括来自非本家庭的奴隶(即隶人、奴婢、部曲)或收养的人,通称之为"家人"。这些家族的奴隶不同于奴隶制社会的奴隶,他们还未完全失去人格,尚可随同当兵。一般平民被称为庶人或部民,氏族贵族是指那些"官属"和"耆老"。

在女真军事部落联盟时,存在着由氏族贵族组成的贵族议事会和人民大会。但随着历史发展的要求,议事会越来越变成官僚的机构,即将由皇帝(原都勃极烈)主持的诸勃极烈(中央的最高统治机构)所代替。在女真氏族社会的氏族部落中,出现了私人家族的家兵和部落兵——猛安、谋克。开始是非常设的,后来发展为常设的军队,猛安、谋克长成为军职的氏族贵族,并进而演变为生产、政治和军事相结合的地方行政组织。

《金史·循吏传·序》记载:"金自穆宗号令诸部不得称都孛堇,于是诸部始列于统属。太祖(即皇帝位前一年)命三百户为谋克,十谋克为猛安,一如郡县置吏之法。"由以夫计的军事组织改革为以户计的地方行政组织,标志着这种制度是为建立国家而制定的。

在女真社会中,当时还没有出现私人土地所有制,但家族的占有制已经出现,土地所有制的最高权限向国家的代表者君主集中,这也是土地由公有制向私有制转化的一种形式。随着社会的发展,勃堇与勃极烈成为国家的一般官吏与高级官吏,史称为官人和大官人。勃堇、勃极烈的官制化则与猛安谋克成为社会统治的官(政事)与职(军事)的区别。实际上猛安谋克本身也分为军官、地方官与封爵。

在女真由氏族制向阶级社会的变革中,对完颜部所确定的新的条教的推行,使女真统一民族的形成以及对社会的变革起了重要的催化剂作用,促进了女真各部族制度的统一。女真人由分散的部族发展为统一民族的过程,也就是国家的形成过程,除内部的原因外,也有外部的原因,如辽朝的先进制度对女真的吸引和影响,女真人为了防御契丹保存自己,也加速了女真共同民族意识的形成,同时为了反抗辽朝的残酷剥削与压迫,也加速了其政权建立的过程。

三、金政权的建立

完颜阿骨打嗣位为都勃极烈后,便把反辽作为斗争的主要目标,为反辽进行了各方面的准备工作。

辽天庆四年(1114年)九月,辽朝加强对宁江州(今吉林扶余东)的防御,阿骨打集诸路兵誓师于来流水(今拉林河),举起抗辽斗争的义旗。接着攻占辽的宁江州、出河店(今黑龙江肇源西南的吐什吐)、宾州(今吉林农安东北)、咸州(今辽宁开原)。

随着战争的胜利,新的占领区的扩大和降附者的增多,以及女真社会内部奴隶制的增长,旧的氏族制度已不再适合社会发展的需要,国相撒改派其长子宗翰和欢都长子完颜希尹等劝阿骨打立国称帝,阿骨打弟吴乞买和撒改、辞不失等又劝进,终于在次年(辽天庆五年,宋政和五年)正月初一日(1115年1月28日)即帝位,国号为金,年号为收国,是为金太祖。

金朝诞生在抗辽斗争的凯歌声中,是在氏族制废墟上建立起来的奴隶制国家。金朝从建国伊始就确定了以农为本,不改易旧俗,发展奴隶制和抗辽灭辽的对内对外的方针。为建设和巩固新建立的奴隶制国家,采取了一些重要措施:把部落联盟军事首长改称为皇帝,确定皇帝在全国的最高统治地位。

立储贰,以谙班勃极烈为皇帝继承人,仍保持兄终弟及制。在中央设最高的统治机构,把国相与勃极烈结合起来称国论勃极烈,把原来由官属组成的贵族议事会改革为由诸国论勃极烈组成的相府。以猛安谋克为地方行政组织,并用猛安谋克改编汉人和渤海人等,因地制宜在女真人聚居地方设万户府路,在原辽地方建立都统、军帅司下的路,在个别地区设都勃堇的路。禁止同姓为婚,确定新的法制,刑、赎并行。命完颜希尹创女真文字。

作为女真人国家产生的诸因素已孕育在氏族社会之中,但那只是雏形,金政权的建立标志着女真族奴隶制国家的诞生和确立,但仍残存着氏族制的余痕。

第二节　金灭辽

金朝建立,得到辽东渤海杨朴等人的支持,他帮助建立制度,筹划灭辽,所以金在建立政权之初,就已确定了继续抗辽灭辽和取而代之的方针。但是金与辽的战争前后有变化,大致可分为前后两个时期,前期是属于抗辽战争的时期,后期则为统一战争的时期。

一、攻占辽东京

金太祖完颜阿骨打即帝位后,坚持抗辽斗争。抗辽斗争的宗旨是致辽之罪,以义师征伐无道,这诚如在来流水起兵,申告于天地时所说:"世事辽国,恪修职贡,定乌春、窝谋罕之乱,破萧海里之众,有功不省,而侵侮是加。罪人阿疎,屡请不遣。今将问罪于辽,天地其鉴佑之。"

收国元年正月,金太祖亲自领兵进攻辽统治东北方女真族的重镇黄龙府(今吉林农安),首先攻下达鲁古城(今前郭尔罗斯蒙古族自治县的塔虎城),九月攻下黄龙府。辽天祚帝闻讯率契丹、汉军10余万向金军进讨,金太祖以2万兵迎战。两军战于护步答冈(今黑龙江五常西),辽军大溃,死者相属,天祚帝逃往长春州(今吉林大安西北),辽军主力被击溃,为南下夺取辽东京奠定了基础。

在辽军屡败的情况下,辽统治阶级内部不断发生叛变,各族人民起义和士兵厌战的情绪也不断高涨。当时辽国"军中汹汹,迟疑不行",溃不成军。

辽初对契丹人杀汉人从不加刑,但这时对本族人也不能再信任,"命汉儿遇契丹则杀之"。于是辽之军民纷纷向金归附。阿骨打兴师与天祚帝相反,对内则不断论功行赏,对来归附的各族人民也尽力安抚。收国二年正月,下诏:"自破辽兵,四方来降者众,宜加优恤。自今契丹、奚、汉、渤海、系辽籍女真、室韦、达鲁古、兀惹、铁骊诸部官民,已降或为军所俘获,逃遁而还者,勿以为罪,其酋长仍官之,且使从宜居处。"

阿骨打在对辽的问题上有作战的长远打算,对所俘附的东京渤海人多行释放或留养,以便日后为其效用。这些政策在一定程度上得到渤海人等的拥护和支持,起到瓦解敌人的作用。

收国二年闰正月,辽朝的统治进一步分裂,渤海人反辽复国和归顺于金朝的浪潮更加兴起。东京渤海人高永昌据辽东京(今辽宁辽阳)反辽,称大渤海国皇帝,据有辽东50余州,改元隆基。天祚帝派萧韩家奴、张琳等镇压,高永昌向金求援。

高永昌的反辽复国,对辽朝来说是民族的分裂,削弱了辽的力量,有利于金朝,但高永昌复国终于要发展为地方的割据势力,对新兴起的金朝来说是所不能允许的,乘机进讨高永昌是金进军抗辽的一个组成部分。四月,太祖以斡鲁统内外诸军,与蒲察、迪古乃会同咸州路都统斡鲁古,合力讨高永昌。辽为阻止金军南下,派军6万攻昭散城(当在今吉林海龙东南)。金派阿徒罕、乌论石准击辽军,辽军大败,于是斡鲁南下攻沈州(今辽宁沈阳)、东京。五月,高永昌兵败被擒,东京州县尽为金所有,渤海、汉人、易苏馆女真归附,以斡鲁为南路都统。

二、攻取辽上京

天辅元年(辽天庆七年,1117年),金军获悉辽在长春州和泰州(今吉林白城东南)方面没有任何准备,奏闻太祖。太祖决定派斜也取长春州,派宗幹、宗雄攻金山县(今黑龙江齐齐哈尔西),然后两路合攻辽西北重镇泰州。

宗幹、宗雄所率领的攻取金山县的队伍,行近白鹰林,获辽哨兵七人,纵其一人回县城。县人闻金大军已到,不战自溃,金军顺利地占领金山县。宗雄以兵三千属宗幹,招集尚未降附的诸部。宗幹择选土人之有才干的,以诏书招谕,于是女古、脾室四部及渤海人都降,接着攻下泰州。

同年九月,辽为抵抗金军西进,招募饥民得2万多人,其目的是使这些辽东人报怨于女真,叫做"怨军",以渤海铁州(今辽宁盖县东北)人郭药师为渠帅。这时在辽统治的境内更加骚动。十二月,金军大举进攻,败辽军于蒺藜山(今北镇、义县之北),拔显(今北镇西)、乾(今北镇南)、懿(今彰武西)、徽(今阜新北)、成(今阜新西北)、川(今北票南)、惠(今建平北)等州。

天辅二年正月,辽双州(今铁岭西)节度使张崇降。六月,通(今吉林四平)、祺(今辽宁康平东南)、双、辽(今新民东北)等州800余户来归。这时辽上京已处于被包围之势,辽朝的灭亡大局已定。在这种形势下,引起了金、辽、宋之间关系的新变化,从辽朝方面看大势已去,派太傅习泥烈来封太祖为"东怀国皇帝",目的在于缓兵以求喘息;从宋朝方面看,见金势强大,辽即将灭亡,也在此时派使到金,约定与金夹攻辽。

金太祖为把握灭辽的目标,同意与宋联盟。

天辅四年,金决意攻取辽上京(今内蒙古巴林左旗南),上京留守挞不野投降。天祚帝逃往中京(今内蒙古宁城西大名城),金班师。天祚帝在中京大定府,闻辽军败,"昼夜忧惧,潜令内库三局官打包,珠玉珍玩五百余囊,骏马二千匹",准备逃跑。他还厚颜无耻地说:假若女真军来时,我怕什么,我有很多日行三百五十里的骏马,又与宋是兄弟,和西夏也是舅甥关系,两处都可以去,到那里也不失一生富贵。但当他又听到金军已班师未来进攻时,却又洋洋得意地说:"威德可加,彼何能为,复自纵肆。"这是一张令人可憎的丑恶的亡国者脸谱。

金破辽上京,捣毁了辽朝统治的中心,占有辽过半的土地,金抗辽斗争已取得彻底胜利,即将使金对辽的战争发生转折性的变化。天辅五年(辽保大元年,1121年),辽都统耶律余覩来降,得辽虚实。耶律余覩降金,标志着辽契丹贵族内部的分裂,现在的形势已不再是抗辽,而是如何把统一(辽境的)战争进行下去的问题。由金太祖所领导的对辽战争,从此便转向第二个时期的灭辽统一战争。

三、连克诸京

金太祖以斜也为内外诸军都统,以完颜昱、宗翰、宗幹、宗望、宗磐为副,率大军伐辽。下诏:

"辽政不纲,人神共弃。今欲中外一统,故命汝率大军以行讨伐。"又诏:"若克中京,所得礼乐仪仗国书文籍,并先次津发赴阙。"以前的对辽战争是"重吊伐之义",与民除害,现在则是"欲中外一统",得辽神器代而统治之。

天辅六年,金军攻克高(今内蒙古赤峰东)、恩(今赤峰南)、回纥(亦当在今赤峰一带)三城,取中京,进据泽州(今河北平泉南)。天祚帝逃往鸳鸯泊(今河北张北西北),斜也与宗翰分道追捕,天祚帝又逃到西京(今山西大同)。

金军占领西京后,进而招降了天德(今内蒙古乌拉特前旗北)、云内(今土默特左旗东南)、宁边(今准格尔旗东)、东胜(今托克托)等州、军。原奔逃在辽的纥石烈部长阿疎被擒。天祚帝又逃入夹山(今萨拉齐西北)。六月,金太祖从上京出发,追击天祚帝到大鱼泊(当即鱼儿泺,今内蒙古克什克腾旗西达来诺尔湖),天祚帝又逃去。十二月向燕京(辽南京,今北京)进发,此时燕京小朝廷耶律淳已死,萧德妃出奔,燕京降。

金占领燕京,一方面履行与宋订的和约,把燕京六州之地与宋。斡鲁、宗望等继续追捕天祚帝。另一方面,由于已占领原辽汉人的燕云地区,在统治制度上不得不适应新的变化作出新的改变,即在原辽汉人地区仍行汉制,由过去较为单纯的推行猛安谋克制,改为南北面的两种制度并存。天辅七年,金太祖以左企弓为枢密使,设枢密院于广宁(营州治所,今河北昌黎);改平州(今卢龙)为南京,以张觉为留守,后张觉据南京城叛金,杀左企弓。

同年八月,金太祖死,弟吴乞买即位,是为太宗,基本上继承太祖事业,继续平定张觉,张觉叛军被宗望平定,张觉逃奔于宋。张敦固以南京降,复叛,阇母则执杀张敦固。宗望以平州为鉴,奏请不在汉人地区推行猛安谋克制,保留汉制,与知枢密院事刘彦宗共同裁决大事。

四、抚夏灭辽

金对当时西北的西夏没有出兵,主要是争取其对金称藩。天会二年(西夏元德五年),金太宗命宗翰、宗望与西夏商议割地议和,把下寨以北、阴山以南的原辽地割给西夏。西夏向金上誓表称臣,接受金朝的主属。

金太宗即位之初,对宋朝守太祖的命令,与西夏议和,这主要是为稳定南京(原平州)的形势以及进一步擒捉辽天祚帝,这是当时灭辽所需要的,也是为巩固金代辽而统治所需要的。金对宋不断派遣使臣通好。

天会二年(辽保大四年)十月,辽天祚帝想逃往天德军,进驻应州西余睹谷。完颜娄室派兵追击。天会三年三月二十日(1125年3月26日),天祚帝被擒,辽亡。金派李用和等充告庆使如宋。金封天祚帝为海滨王,居于长白山东,天会六年(1128年)病死。

金灭辽后,继辽与宋对峙。金与辽不同,是个新兴起的政权,这个政权的出现和发展使当时南北双方的政治关系发生了新的变化。当时亦不再是金宋夹攻灭辽,而是金代辽与北宋的和战问题。金代辽而为宗主。

第三节　金军侵（北）宋

北宋末年，政治腐败，农民起义此伏彼起，宋徽宗、蔡京、童贯统治集团想乘辽朝衰亡之际，采取联金灭辽的战略，夺取五代后晋割给辽朝的燕、云十六州，以建立万世功业。

一、宋金燕云交涉

政和元年(1111年)，郑允中、童贯使辽，辽人马植夜谒童贯献灭辽之策，受到童贯的重视，遂约马植归来，马植到宋首都开封童贯家后，上书给徽宗，献计宋派遣使臣自登州（今山东蓬莱）、莱州（今属山东）渡海到辽东与女真结盟，共灭辽朝，可以夺取五代后晋割给辽朝的燕、云地区。深受徽宗赏识，赐马植姓名为李良嗣，后又赐姓赵。金朝建立后宋曾遣使渡海，但未能登陆而回。

重和元年(金天辅二年，1118年)马政使金口头表达宋金联合攻辽及燕、云地区归来，金遣散觌等人使宋商议结盟事务。宣和二年(金天辅四年，1120年)宋遣赵良嗣、马政先后使金，金亦数次遣使来宋，双方议定夹攻辽朝，辽燕京由宋军攻取，金军进攻辽中京大定府（今辽宁宁城西）等地，辽亡后燕云地区归宋朝，宋将原纳给辽朝的岁币转给金朝，史称"海上"之盟。

但是，由于宋军腐败，缺乏战斗力，数十万大军两次攻打辽南京（燕京），均被辽守军打败，辽南京还是由金军攻占。宋每年加付一百万贯钱为代税钱，随同每年的"岁币"交付给金朝，宣和五年四月，金方将燕京及所属九州中的西部六州归宋。但燕京居民大部已被金俘往东北作奴隶，宋所得的只是"城市邱墟、狐狸穴处"残破不堪的一座空城，宋设燕山府路统治新得的燕京地区。云州（辽西京）地区，金太祖也表示在宋出犒军费给金的条件下归属宋朝。五月，金已许将朔（今属山西）、武（今山西神池）、蔚（今河北蔚县）三州先归宋，还没有来得及执行，就因同年六月金太祖病死而中止。

金太宗即位之初也是遵守盟约的。天会二年(宋宣和六年，1124年)，当时的主将宗翰、宗望都反对割山西地与宋，太宗还说："是违先帝之命也，其速与之。"宗翰、宗望反对割山西地，《金史·宗翰传》有一段记述很清楚："宗翰复奏曰：'先皇帝征辽之初，图宋协力夹攻，故许以燕地。宋人既盟之后，请加币以求山西诸镇，先皇帝辞其加币。盟书曰：无容匿逋逃，诱扰边民。今宋数路招纳叛亡，厚以恩赏。累疏叛人姓名，索之童贯，尝期以月日，约以誓书，一无所致。盟未期年，今已如此，万世守约，其可望乎。且西鄙未宁，割付山西诸郡，则诸军失屯据之所，将有经略，或难持久，请姑置勿割。'上悉如所请。"据此宋朝亦知求山西地并非失约，因之请加币以求之，金太祖不要宋朝的加币独许之，这是把合法占领的原辽地让给宋，其目的是为和好，其条件是"无容匿逋逃，诱扰边民"。宗翰认为宋朝已违反条件的规定，是败约的行为，因此反对再割山西诸镇与宋朝，同时也是从巩固金朝西边的形势出发的。

二、金军侵宋

宋宣和五年五月，降金辽将、金南京（平州）留守张觉据平州（今河北卢龙）叛金，六月初，张觉兵败逃往燕山府，为宋朝收纳，招纳叛亡破坏了宋金盟约，"失信于金，必启外侮"，宋随后虽将张觉处死并将人头函送给金朝,还是成为金太宗侵宋的借口。

宣和七年(金天会三年,1125年)三月,金俘辽天祚帝,扫清了除西迁的耶律大石外的辽残余势力。金将宗翰奏"宋数路招纳叛亡","斡鲁奏宋不遣岁币户口事,且将渝盟","宗翰、宗望俱请伐宋",金太宗于同年十月下诏攻宋。

金军兵分两路,西路军以左副元帅宗翰(粘罕)为统帅,自西京大同府(云州)南攻太原(今属山西)。东路军以南京路都统宗望(斡离不)、六部路都统挞懒为主将,自南京(平州)西攻燕山。

十一月,东路金军占领檀州(今北京密云)、蓟州(今天津蓟县)。十二月初,西路金军统帅宗翰首先派使臣前往太原,要童贯"急行奏请只且割与河东、河北两路地土,以大河为界,存取大宋宗庙社稷"。童贯立即逃向开封。宗翰随即自河阴(今山西山阴东南)南下,首先攻占已属宋朝的朔州(今属山西),又克代州(今代县)、忻州(今属山西),遂围太原。同月,东路金军进至三河(今属河北),大败宋军郭药师部于燕山府东之白河(当即今北京通县东潮白河),又败另部宋军于古北口(今属北京),郭药师以燕山府降金。

当金军进围太原,占领燕山府消息传到首都开封,昏君徽宗才下诏"罢浙江诸路花石纲、延福宫、西城租课及内外制造局","罢道官,罢大晟府、行幸局"、应奉局等。在金军大举南下的情况下,徽宗只想逃跑,匆忙任命太子赵桓为开封牧,并下诏各地起兵勤王,并企图以太子"监国"名义,将抗金的重任推给太子赵桓。徽宗急于逃往南方,几乎是在吴敏、李纲等人逼迫下,于当年十二月下旬传位给太子,是为宋钦宗。

东路金军在攻打中山、真定两府时,未能攻占,遂越城南下。钦宗即位后,东路金军相继攻占庆源府(今赵县)、信德府(今邢台)。靖康元年(金天会四年,1126年)正月初,东路金军又占领相州、浚州,黄河南岸的守军焚河桥溃逃。初三日消息传到开封,作为太上皇的徽宗立即于当天半夜出逃。

东路金军迅即渡河南下,初七日即到达开封城下,开封军民在执政、东京留守李纲的率领下,打退金军的多次进攻。但金使要求宋割让太原、中山、河间三镇,并以宰相、亲王为质的条件下退兵时,钦宗决定派九弟康王赵构、少宰(次相)张邦昌前往金军中谈判,当二月初宋钦宗直接主使的宋军夜袭金军失败后,却随即将李纲罢职以示求和诚意,并同意割让三镇。以陈东为首的太学生及数万居民群起反对,要求李纲复职领导抗金斗争,钦宗不得已而恢复李纲执政职务兼京城防御使,但继续进行割地求和的活动。

当宋朝勤王军兵不断到达开封,西路金军因久攻太原不克而滞留在河东未能前来。在钦宗同意割让三镇,改以三弟肃王赵枢代替赵构、张邦昌由少宰升太宰(首相)作为人质的条件下,二月九日东路金军从开封退兵。西路金军在太原久攻不下的情况下,留部分金兵攻城外,主力转而南下,连下威胜军(今山西沁县)、隆德府(今长治),到泽州(今晋城)时,遇到北上的宋割地使后北返。

徽宗逃到镇江后,随即以太上皇帝圣旨,将东南地区的"递角(报告)"、"纲运(物资)"和"勤王"的军队扣留,掌握东南地区的军、政、经济大权,企图重新上台当皇帝。钦宗为了维护帝位,不仅首先贬逐"六贼"中的王黼、李彦、朱勔,不久又将王黼、李彦、梁师成处死,随后将徽宗身边的童贯、蔡攸,以及南逃的蔡京贬官,并下诏太上皇宋徽宗不得干预政事。徽宗被迫以密信向钦宗表示,愿回开封,"乐处闲寂",不再"窥伺旧职"(重当皇帝),回开封后行动即受到限止。蔡京死于贬途,蔡攸、童贯、朱勔等相继被处死。

虽然宋钦宗下诏割让三镇以求和,但太原、河间、中山三府军民不接受割地诏书,西路金军主将宗翰只得留下部分金军继续攻打太原,自己退回大同。东路金军也在宋将种师中率宋军尾随的情况下,暂时退回燕京。

宋钦宗在李纲等坚持抗金与三镇军民抗拒割地的形势下,二月中旬又废除割地议和的协议。种师中等率军西进增援太原,主力于寿阳与金军遭遇,五战三胜,继续向榆次进发,增援太原。在榆次又与金军相遇,宋军饥困交迫,激战近半日,另两支援军又失期未能到达,种师中部宋军溃败,师中战死,河东其他宋军也连连战败。

八月上旬,金太宗以宋废除割地和议,命宗望、宗翰分率东西路军第二次侵宋。王禀率军民在粮尽援绝的情况下,坚守太原长达八个多月之久,终于在九月初被金军攻破,王禀率军巷战兵败后自尽。十月初,重镇真定府以二千宋军抗击东路金军主力围攻近四十天后被攻占,宋将刘翊巷战后兵败自杀,太守张邈被俘不屈被害。两路金军攻城略地迅速南下,宋钦宗又急忙派出康王赵构为使、刑部尚书王云为副使,前往东路金军统帅宗望军前,再次同意割让三镇。东路金军已经再次渡河南下,金使提出划河为界,宋钦宗立即派出执政官耿南仲、聂昌分使两路金军统帅宗望、宗翰军前,同意划河为界议和,此时赵构、王云才到磁州,王云当即被磁州城人民杀死,康王赵构慌忙退还相州,耿南仲与金使前往卫州,乡兵要杀他们,金使逃走,耿南仲前往相州见康王赵构,相约起兵勤王。聂昌到达绛州,为守军所杀,都未能完成割地议和的使命。

十一月末、闰十一月初,两路金军先后到达开封城下,多次攻城,均为开封军民击退,但宋钦宗竟然听信骗子郭京以所谓"六甲神兵"攻打金军。闰十一月二十五日,郭京声称神兵出战而开城门逃跑,金军乘机攻占开封的城墙。十二月初二日宋钦宗奉上降表,宋靖康二年(金天会五年)二月六日(1127年3月20日),金下令废宋徽宗、钦宗二帝,四月初,宗望、宗翰押着徽宗、钦宗二帝"及其宗族四百七十余人"北归。

金太宗已决定灭宋,另设傀儡政权以统治黄河以南原宋统治区。在废宋徽宗、钦宗二帝后,下诏册立张邦昌为楚国皇帝,在开封登基为帝,定都城为金陵(今江苏南京)。张邦昌是宋东光(今属河北)人,宣和元年(1119年)起在宋朝廷执政。后升任少宰(次相),力主割地求和,并先后随康王赵构、肃王赵枢同为金人质,升任太宰(首相)。金在册封他为伪楚皇帝后,于四月初撤军。张邦昌迫于形势,迎哲宗废后孟氏为宋太后,自己为尚书左仆射。金为统治黄河以南地区而设立的伪楚政权,实际上仅历时32天便自行消灭。

第四节　南宋政权的建立

北宋靖康元年闰十一月中旬,钦宗在开封被攻危急之际,以蜡书诏令在相州的康王赵构为河北兵马大元帅,同时任命坚守中山府(今河北定州)孤城已达半年之久的知府陈遘为元帅,相州知州汪伯彦、磁州(今磁县)知州宗泽为副元帅,起兵抗金,入援首都开封。

康王赵构于十二月一日于相州建大元帅府,就任大元帅,此时金军早已攻占开封的城墙,北宋处于存亡危急之际,钦宗再次蜡书诏令赵构入援开封。

赵构一面传檄河北各州府起兵会于北京大名府,于中旬派小部队南下汤阴(今属河南)作疑兵,自率近万军队出北门北上,经临漳(今河北临漳西南),踏河冰渡过黄河,到达大名。副元帅宗泽率军二千人,信德(今邢台)知府梁显祖率部将张俊、杨沂中及三千军兵,刘光世、韩世忠也率所部,相继到达。副元帅宗泽主张迅速南下援救开封,遭到赵构、汪伯彦的反对。赵构要宗泽打着大元帅赵构的旗号,率数千兵南下开德府(今河南濮阳),向开封进发以吸引金军。自己则率大队人马于靖康二年正月初逃到东南方的东平府。

二月下旬初,赵构等逃到济州。金军建立伪楚后,在济州的群臣即想奉康王赵构在济州称帝以重建宋朝,赵构采纳了宗泽的建议,前往作为宋太祖赵匡胤兴王之地的南京应天府(今河南商丘),然后再即位当皇帝。当金军北撤,伪楚不得不自行消灭以后,垂帘听政的元祐皇后孟氏布告中外,由赵构嗣位当皇帝,张邦昌不仅率在开封百官上表劝进,还赶到南京表明拥戴赵构为帝,并当面认罪。赵构见时机成熟,遂于五月初一日(1127年6月12日)在南京应天府即位,改元建炎,是为宋高宗,后建都(行在所)于临安(今浙江杭州),史称南宋,而称宋太祖赵匡胤建都开封的宋为北宋。南宋的建立延续了宋政权的统治生命。

高宗即位后,尊元祐皇后为元祐太后(后改隆祐太后,即孟太后),任命黄潜善为执政、汪伯彦为枢密院长官,分别兼任统兵的御营使和副使,实际掌握军政大权。封原伪楚帝张邦昌为太保、郡王,并参决大事。随后任命主张抗金的名臣李纲为右相,六月,李纲首先参奏张邦昌,张邦昌被贬往潭州(今湖南长沙),李纲随即进行抗金部署,荐张所为河北招抚使,招抚河北地区抗金义军,岳飞投张所部下为小军官。又任命宗泽为开封知府(随即升为东京留守、开封尹)整顿首都开封,以备高宗回京。

在高宗是回开封坚持抗金斗争,还是南逃的大政方针上,李纲与黄潜善、汪伯彦间展开了激烈的斗争,高宗被迫表示:"朕当与卿等独留中原,训练将士,益聚兵马。虽都城(开封),可守;虽金贼,可战。"同时将孟太后、六宫及卫士家属发往东南,作南逃的准备。当八月初孟太后等离开封府到应天府后,高宗已决定逃往江南地区,遂于八月初升黄潜善为右相,李纲虽同时升为左相,但十多天后即因反对逃往东南而罢相,任相仅两个半月,高宗随即令孟太后逃往江宁。

九月,金军按照与伪楚的地界划分,逐渐分兵占领河北、河东州县,而被贬的伪楚帝张邦昌也于同月下旬被处死于贬地潭州。为了躲避金军可能的南侵,十月初一,高宗立即从南京应天府乘船南逃,同月末即逃到扬州。南宋的建立、伪楚的消灭与张邦昌被杀,违背了金太宗不立赵氏而立异姓为帝,作为附属国的条件。宋高宗还否定了北宋钦宗割让河北、河东两路并成为金朝属国的承诺,而且任命了河北招抚使与河东经制使以图收复两河地区,公然与金抗衡。

金太宗随即于同年十二月下诏进攻南宋,但在战略上是采取会师河北进攻南宋,还是先取陕西,然后进攻南宋,金军将领意见不一。金太宗决定:"康王(赵)构当穷其所往而追之,俟平宋,当立藩辅如张邦昌者。陕右之地,亦未可置而不取。"于是,命娄室率西路金军,作为偏师,以进取陕西;左副元帅宗翰(粘罕)率军会合右副元帅宗辅(讹里朵)于濮阳(今属河南),组成东路金军,作为进攻南宋的主力,发动了南宋建立后金军第一次大规模南侵的军事行动。

第五节 南宋与金的对峙

金灭北宋,南宋政权建立后,金朝统治者一直都没有放弃对江南(南宋)的觊觎,,经济、文化发达的江南的战略意义对于金朝统治者来说不言自明。而这时的南宋,人民的抗金情绪同样也达到的高潮,一些抗金名将也辈出,这一阶段基本维持在和议阶段。

一、南宋初年的政治形势钟相、杨么起义

1. 金军渡江南侵

宋高宗即位之初,首先处置了张邦昌,但害怕抗金会招致金可能把徽宗、钦宗二帝送回来,从而影响自己的帝位,因此决意走避江南。当时东京留守宗泽请高宗回东京开封,主战派宰相李纲提出"车驾不可不一到京师,见宗庙,以慰都人之心","以天下形势而观,长安为上,襄阳次之,建康又次之"。但高宗都听不进去,即于建炎元年(金天会五年,1127年)逃到扬州(今属江苏)。

同年十二月,金军开始第一次大举南侵,兵分两路:西路由娄室攻陕窥蜀,次年攻占陕西中部许多州县。主力为东路由左副元帅宗翰(粘罕)、右副元帅宗辅(讹里朵)率领,宗弼(兀术)攻陷京东州县,宗翰从大名府(今河北大名)渡黄河,克兖(今属山东)、郓(今东平),袭庆府(今济宁)等地。

建炎三年正月末,金军由徐、泗(今盱眙北)二州奔袭扬州,二月初金军临近扬州之际,高宗仓皇渡江逃到镇江,喘息未定,又逃往杭州。金军小部队虽到达扬州,但主力仍在徐州,加上渡江有困难,金随即焚扬州北返。高宗于二月中旬逃到杭州后,立足未稳。三月初,将领苗傅、刘正彦即发动兵变,迫使高宗让位给3岁的儿子赵旉,孟太后垂帘听政,四月初高宗复位,苗傅、刘正彦后被处死。高宗决定向金称臣求和,先后派出的两批求和使臣还在途中,金军第二次大规模南侵已经开始。

金军仍分东西两路,西路再攻陕以入蜀,东路准备南越长江追击高宗。宋高宗此时正在建康,于是在同年八月间先让孟太后及六宫往洪州(今江西南昌)避难,自己接着于九月间又急忙从建康逃向杭州(升为临安府)。这时,金军宗弼已从京东南下渡淮,分两路南侵,一路从滁、和二州渡江攻江东,另一路从蕲(今属湖北)、黄(今属湖北)二州渡江攻江西。十月上旬,高宗不等金兵来到,随即在风声鹤唳中从临安渡过浙江南逃到越州。

当金军宗弼于十一月中旬末渡江进攻建康的消息传来,高宗又于十二月初逃到明州(今宁波),并决定下海以逃避金军追击。金军宗弼随后即由广德军越过天目山,占领临安。高宗则从明州乘船逃到定海(今镇海),随即入海到昌国(今定海),金将阿里也渡浙江追击,取越州。建炎四年正月,金军攻占明州,高宗自昌国南逃台州(今临海)海边,金军阿里入海攻占昌国,并乘海船追击,被宋提领海舟张公裕引大舶击退,高宗又乘船逃往温州。

二月初,金军退回临安,宗弼听说宋浙西制置使韩世忠将从江阴截击其后路。于是在二月中旬纵火烧临安城后北返,入平江府。三月,高宗离开温州,由余姚回到越州。宗弼也北返抵镇江,韩世忠以舟师扼江口,金军渡江不成,沿长江西上,黄天荡(今南京东北)之战,金军大败。建康战役中,宗弼又被宋通泰镇抚使岳飞打败。五月中旬初,金军宗弼自建康渡江北返。

2. 伪齐的建立及灭亡

伪齐是金继伪楚被灭后在黄河以南重建的又一个傀儡政权。金朝进攻南宋的最初目的本想消

灭南宋,在黄河以南重建傀儡政权,出兵前,金太宗曾说过:"康王构当穷其所往而追之,俟平宋,当立藩辅如张邦昌者。"金将宗弼渡江穷追高宗未获,不得不渡江北返,说明消灭南宋的目的在短期内达不到,决定随即在已占领的黄河以南地区建立傀儡政权。高庆裔乘机献议于金左副元帅宗翰说:"吾君举兵止欲取两河,故汴京(今河南开封)既得而复立张邦昌。后以邦昌废逐,故再有河南之役,无以恩归他人。"宗翰即向金太宗推荐刘豫,挞懒也力荐刘豫,金太宗遂同意册立刘豫为伪齐皇帝。

刘豫,字彦游,阜城(今河北交河)人,原任宋朝济南知府,金左监军挞懒攻济南,刘豫杀抗金将领关胜降金。任金京东、淮南安抚使,知东平府兼诸路马步军都总管,节制河外诸军,子刘麟任济南知府,金将挞懒率军镇抚刘豫控制的地区。

宋建炎四年(金天会八年)七月二十七日(1130年9月1日),金太宗册立刘豫为帝,国号齐,建都大名(今属河北)府,辖区为原宋朝黄河以南的全部领土。九月九日(10月12日),刘豫在大名府正式受金册命为齐帝,为金的子皇帝,以大名府为北京,东平府为东京,汴州(原北宋首都东京开封府)为汴京,刘豫登基后即仍回东平府,当年仍用金天会八年年号,改次年(金天会九年、宋绍兴元年,1131年)为阜昌元年。实际控制区为原北宋的京东、京西两路及淮南路的部分地区,绍兴元年十一月,金又将新占领的陕西诸路划为伪齐辖区。次年四月,刘豫迁都汴京,成为南宋与金之间的缓冲地区。

金朝在伪齐境内驻兵、干涉政治、索要巨额岁币,伪齐在境内又不得民心,宋朝旧臣大多不肯归附,"沿河沿淮及陕西、山东等路,皆驻北军,由是赋敛甚重,刑法太峻,民不聊生"。金军只有30万,其余靠从南宋逃来的溃军,如宋行营左护军副都统制郦琼,流窜于江淮湖湘的李成,逃离荆湖的孔彦舟等。

绍兴三年,刘豫派兵攻陷南宋河南的唐州(今河南唐河)、信阳军(今信阳市)以及湖北的襄阳府、郢(今湖北钟祥)随(今属湖北)两州。当年就被岳飞所收复,刘豫因出师不利,乞援于金,于是在次年七月,金、齐联合南侵。伪齐夺民船500艘,运载战具,派徐文取海道声言攻定海(今浙江镇海);而以刘豫子刘麟率军会合金将宗弼为前军主力,配合挞懒、宗辅分道南侵。步兵从淮北的楚(今江苏淮安)、承(今高邮)南进;骑兵从淮南的泗州(今盱眙南)趋滁州。

十月,宋高宗下诏征讨,令淮西宣抚使刘光世守建康,淮东宣抚使韩世忠自镇江渡江。韩世忠用伏兵四起的办法打败金兵于扬州大仪镇,别将董旼也再捷于天长县的鸦口(今安徽天长东)。金兵惊溃,宗弼连夜退兵,并命刘麟兄弟退兵,伪齐兵弃辎重亦遁。金兵既退,南宋重新布置防务,由张俊屯盱眙,韩世忠屯楚州,刘光世屯合肥(今属安徽),岳飞屯襄阳。

绍兴六年,伪齐二次分道侵宋,刘麟兄弟窥伺淮南,被宋将杨沂中大败于滁州附近的藕塘镇(今安徽定远东南),伪齐从此即一蹶不振。伪齐不但不能与南宋抗衡,反而常被南宋打败,只是依靠金军的支援,才得苟延残喘,引起金朝许多大臣与将领的不满。加上主张建立赵氏以外的属国,统治原北宋地区的金太宗已去世,首荐建立伪齐的首相宗翰也已去世。绍兴七年(金天会十五年)十一月十八日(1138年1月1日),在挞懒等人提议下,伪齐终于被废,金设行台尚书省于汴州。刘豫被降封为王,宋绍兴十六年(金皇统六年,1146年)九月死。

3. 宋金对川陕的争夺

早在建炎元年冬金军第一次大规模进攻南宋时,除东路由主帅宗翰、宗辅率军追袭宋高宗外,西路由大将娄室率军攻陕窥蜀,当年十二月,占同(今陕西大荔)、华(今华县)二州。建炎二年正月,入长安、凤翔,关陕大震。

建炎三年春,金军又陷延安、鄜州(今富县)。建炎二年春夏之交,高宗正从扬州渡江南逃,惶惶不可终日,大臣中即有人看到川陕和东南关系的密切,知枢密院事张浚首先提出"中兴当自陕始。虑金人或先入陕取蜀,则东南不可保",并自请任川陕之事。高宗即任张浚为川陕宣抚处置使。张浚于建炎二年七月到任,置幕府于秦州,练兵于兴元府(今陕西汉中),任用吴玠、吴璘兄弟为统制。南宋与金在关陕展开的争夺战从此开始,自建炎四年至绍兴四年(金天会十二年,1134年)前后五年中,主要的战争有三次。即富平之战、和尚原之战、仙人关之战。

(1)富平之战。建炎四年七月,金将宗弼从建康渡江到六合后,即引兵趋陕西与娄室会合,由右副元帅宗辅指挥。九月,张浚合熙河、秦凤、泾原、环庆永兴军五路兵号称40万人、马7万匹,在渭水北富平丘陵地带决战,激战半日,金军先败后胜,关陕大震,史称"富平之战"。张浚从邠州(今彬县)退守秦州,关陕从此不能恢复。金军进驻德顺军(今宁夏隆德),张浚再退至兴州(今陕西略阳)。

(2)和尚原之战。绍兴元年十月,金左监军宗弼乘上年秋间富平战胜之势,西进至凤翔府西南的和尚原(今宝鸡市西南)。和尚原西南紧靠秦蜀往来要道的大散关,为军事形胜之地。张浚任吴玠为陕西诸路都统制,扼守于此。时关陇六路已为金占有,南宋只剩秦凤路的阶(今甘肃武都)、成(今成县)、岷(今岷县)、凤(今陕西凤县东北)、洮(今甘肃临潭)五郡及凤翔的和尚原、陇州的方山原(今宝鸡西)。所以,吴玠的扼守和尚原是死里求生。他吸取富平战败的教训,收散卒,积粮缮兵,为死守计,以图保蜀。又团结附近凤翔人民,使其夜输刍粟助军。金军自宝鸡攻和尚原。金军自侵宋以来,习于常胜,宗弼合10余万人,造浮桥跨渭水上,隔涧与宋军对峙,进逼宋军,吴玠命诸将坚阵以待,更迭休战,用劲弩分番迭射,矢注如雨,金军稍却则以奇兵绝其粮道,进兵夜击,遂大败金军,史称"和尚原之战",为南宋在陕西最后一道防线的保卫战。

(3)仙人关之战。绍兴三年春,金将撒离喝会合伪齐刘麟从商於(今陕西商州至河南内乡一带)攻陷宋金州(今陕西安康),吴玠被动地从河池(今甘肃徽县南)驰援饶风关(今陕西石泉西北),与金军展开激战,宋军不支溃退,金军遂入兴元府,四川大震,吴玠放弃和尚原,退守河池南的仙人关,筑垒关右,号"杀金坪",严阵以待。

绍兴四年二月,金将率步骑10万占领和尚原后,进攻仙人关,吴玠、吴璘以万人坚守关右杀金坪堡垒,以长刀大斧砍杀金骑兵得胜,迫使金军退屯凤翔,史称"仙人关之战"。张浚已于绍兴三年调回临安,陕西一地仅赖吴玠兄弟节制兵马,支撑局面,仙人关之战最大的贡献是保全了巴蜀。

两河、两淮抗金义军与"兵匪合一"的"游寇"正当金军南侵黄河、长江流域,一方面是两河以至两淮人民义军纷起抗击金军,另一方面却是几股流窜骚扰江西、湖北的"游寇",在宋军追击下,最后投降伪齐。两河(河北、河东)或三河(加河南)的"忠义巡社"(或简称忠义军),是当时整个华北地区人民的抗金武装组织的统称,人民"愤于兵乱,自结巡社",进行抗金斗争。有一套比较严密的组织,人数多达几十万。南宋初,他们接受南宋朝廷抗战派李纲、宗泽、张所等人的领导,在收复部分失地、截击敌人粮饷等方面,屡建奇勋。

太行山义军以太行山为根据地,太行山脉绵延于两河之间,地处金军南侵途中,有侧击的便利。太行山义军中最著名的是王彦的"八字军"。八字军以士兵面部刺"赤心报国,誓杀金贼"而得名,有众 10 余万。其总部设在太行山东麓的共城(今河南辉县)西山中,势力达到并、汾、相、卫、怀、泽等地区,他们与金军作战数十次,后归属宋东京留守宗泽。

两河红巾军是北宋末年开始的两河人民抗金的组织,以头包红巾为标志。他们联合宋朝抗金将士,"出攻城邑,皆用建炎年号,见有脱身南归者,往往助以衣粮"。他们曾劫过金朝左副元帅的营寨,几乎全部将其剿灭,可见力量之大。两淮山水寨是两淮人民自己起来武装,依山阻水,据险负固,与金军进行斗争的武装组织总称。时间从建炎三年(1129年)金军从江北徐、泗进攻扬州开始,至绍兴四年(1134年)金军北还止。在这短短五年的时间中,两淮著名的山水寨有招信军横山寨和泰州缩头湖水寨。

建炎初,刘位"聚乡民保守横山(今江苏盱眙西北),分乡民为军,使诸弟侄各统之。是时西北衣冠与百姓奔赴东南者络绎道路","流移之人,渡淮(原作江,误)入招信(今安徽嘉山东北旧县镇)投横山为乐国"。张荣原是梁山泊(今山东梁山南)渔人,两宋之际聚众二三百人于梁山泊,攻击金军,人称张敌万。

建炎三年金军南攻扬州时,张荣船队南下至楚州(今淮安)鼍潭湖筑水寨抗金,有众万余人。建炎四年十一月,湖结冰,金军踏冰攻寨,张荣率船队南下通州,转入"缩头湖作水寨以守。挞懒在泰州,谋往渡江,欲先破荣水寨,尽载兵于舟,直犯水寨。时荣亦出数十舟",张荣率军"弃舟登岸,大呼而杀之。金人不能骋,舟中自乱,溺水或陷于泥淖者不可计。挞懒收余众二千,奔还楚州'"。张荣俘杀金军五千余人。当两河、两淮人民义军抗金的同时,南宋京西、荆湖南北、淮南东西诸路因金兵入侵而引起的溃卒、饥民,被野心家利用,流窜各地,蜂起为盗,多的达十多万人,少的也有几万人,骚扰各地州郡,南宋朝廷称之为"游寇"。

其中最大的有流窜于江淮湖湘十余州的李成,盘踞荆湖南北数州的孔彦舟以及由江西经湘南窜道(今湖南道县)、贺(今广西贺县东南)等州的曹成,较小的如据蕲州(今湖北蕲春北)的刘忠,其中除曹成最后归附韩世忠外,其余李成、孔彦舟、刘忠先后投降伪齐,伪齐亡后降金。

李成原为北宋末年的河北、京东捉杀使,建炎二年八月,乘金兵南下而叛乱,攻掠淮东宿州和淮西光州(今河南潢川)。建炎四年,占淮西舒州(今安徽潜山)。绍兴元年春,已据有江淮湖湘十多个郡,有席卷东南之意,又围江东江州(今江西九江),陷江西筠州(今高安)。被宋将杨沂中与张俊夹攻,李成兵败渡江北走,窜入淮西蕲州、黄梅(今湖北黄梅东南),李成部将马进为追兵所杀,李成北走投降伪齐。

孔彦舟原为南宋初年的东平府兵马钤辖,金军即将到来时,率领所部劫掠财物,渡淮南犯黄州。建炎四年钟相起义时,孔彦舟攻入鼎州(今湖南常德),后又率众移往潭州(今长沙)。绍兴二年,投降伪齐。

曹成原为禁军拱圣军卒,北宋末金军南侵时,参加张用所部,为东京留守宗泽招安,后受杜充攻击后南下,又随马友进荆湖地区,后率军单独活动,绍兴元年冬,经汉阳(今属湖北武汉),继续南向攻下道、贺二州。南宋命岳飞权荆湖东路安抚、都总管进讨,曹成奔连州(今广东连县),绍兴二年五月,曹成在岳飞追击下向韩世忠部投降。

刘忠,两宋之际起兵于山东,号花面兽。南宋初流窜南下淮西,建炎三年十一月在蕲州为宋军击败后窜入湖南,据岳州(今湖南岳阳)平江县东北的白面山。次年七月,韩世忠进兵岳州,大破刘忠,刘忠北窜淮西。九月,韩世忠部将再次大败刘忠于蕲阳口(今湖北蕲春南),刘忠遂北降伪齐。

第九章 金与南宋

4. 钟相、杨么起义

从南宋建炎四年至绍兴五年,以钟相、杨么为首的农民起义,继承了北宋初年王小波、李顺起义时提出的"均贫富"口号,又加上了要铲除社会等级的"等贵贱"口号的提出,反映了南宋初年土地剥削进一步加剧和农民起义政治纲领的趋于成熟。

北宋末年,金兵侵宋,北方官僚地主等大族纷纷南逃,湖湘地区当南北交通要冲,州县希旨,备加优容。于是那些显贵大族的随从及亲属,倚势恃强,鱼肉细民,侵占湖沼淤田,筑堤成田,恢复过去的剥削生活;而本地的一些歹徒,投充爪牙,助桀为虐。

两湖地区农民赋税负担特重,南宋初朱胜非曾记载:"自桂岭而来,入衡州界,有屋无人;入潭州界,有屋无壁;入袁州界,则人屋俱无。"

钟相,武陵县(今湖南常德)人,出身于小商人家庭。在起义前的二十多年,他利用"左道"(可能是摩尼教)为农民治病,联络群众。他自号老爷,亦称天大圣,并提出"法分贵贱贫富,非善法也。我行法,当等贵贱,均贫富"。钟相的心腹裴宥、王宗石、刘衡、杨钦、杨么等,吸收当地"困于赋役"的人"入法"。参加者络绎不绝。北宋末,钟相曾派其子钟子昂率领信徒三百人"勤王",参加抗金,但中途被解散回乡。

建炎四年二月,金军攻陷潭州,大肆掳掠。游寇骚扰荆南(今湖北江陵)、澧州(今湖南澧县)一带,冒充为"钟相民兵"。钟相"因托言拒彦舟以聚众",决定起兵,抗拒金军和孔彦舟部的侵扰。参加起义的群众,多数为由贫苦农民、渔民与溃散士兵组成的"忠义军民",还有少数避难来的知识分子。

建炎四年二月二十一日(1130年4月1日),钟相即在其故里天子岗(今常德南)筑垒浚壕,建立农民政权,定国号为楚,自称楚王,改元天载(一作战),子钟子昂为太子,"行移称圣旨,补授用黄牒"。宣布宋朝国法为邪法,夺官僚地主的财产分给农民,称为"均平"。鼎(今常德)、澧两州及荆湖广大地区农民首先参加,起义军势力很快扩充到洞庭湖周围的19个县,起义军发展到40万人,当月攻入桃源县城,杀知县钱景,又攻克澧州,杀知州黄琼。

同年三月,宋朝廷以孔彦舟为荆湖南北路捉杀使,使其进入鼎州镇压起义军。

南宋孔彦舟看到起义军力量强大不能以战取胜,故意散布歌谣:"爷(指钟相)若休时我也休,依旧乘舟向东流",暗示可以和钟相停战言和而使其放松警惕,又派出奸细以请求"入法"为名,打入起义军内部。孔彦舟即乘筏夜渡,以奸细为内应,发动总攻击。三月十六日,钟相大败,父子战败被俘,后被杀害。仅有少子钟子仪逃入洞庭湖。

钟相起义失败后,余部杨么(原名太,因年少,楚人呼幼为么,故名)、黄诚、刘衡、周伦、杨钦、夏诚、黄佐、杨华、杨广等继续斗争,起义中心从武陵迁至杨么家乡龙阳(今汉寿),分置栅寨,聚众10余万。其中以杨么、杨钦、杨华的势力最大。

同年六月,宋朝鼎澧路镇抚使程昌寓由水路前往鼎州赴任,对杨么等施行招安。途经鼎江口时,遭起义军攻击,宋军大败,辎重、眷属等全被起义军所俘,只有程昌寓一人幸免,后又逃往公安。

绍兴元年正月,程昌寓升为主管荆湖西路安抚司公事,制造车船,装载水军,犯夏诚寨,被夏诚打得大败,车船也被缴获。绍兴二年十一月,荆湖、广南路宣抚使李纲和刘洪道、解潜会兵,准备围剿起义军。

绍兴三年四月杨么自号"天圣大王",且用以纪年。拥立钟相少子钟子仪为太子做领袖。随后派起义军2万人奇袭公安县,截断宋军的饷道,以打破由李纲为主的围剿。四月十六日,宋军罗广所部抵鼎州城西时,以军饷不继,引兵北退,潭州将领刘深、鄂州将领颜彦恭也相继引所部从鼎州返回,李纲所策划的四路官军围剿宣告破产。

起义军充分利用"洞庭重湖"的地利,战士陆耕水战,"春夏则耕耘,秋冬水落,则收粮于湖寨,载老小于泊中,而尽驱其众四出作战,官军陆攻则入湖,水攻则登岸"。

起义军又打造车船,车船以人踩轮,以轮激水,其行如飞,是水战的主要武器。

绍兴三年六月,宋湖南安抚使折彦质会同辛太等,对杨幺起义军进行围剿。荆南府制置使王燮总领舟师,十月率兵抵鼎州沅江上游的鼎口,与起义军接战。官军大败,死伤无数,王燮本人为流矢射中,狼狈逃到桥口,率领神武前军万余人,奔返鼎州。王燮随后进兵岳州,想封锁洞庭湖的东口,以便"围剿"起义军于洞庭湖中,在岳州之南湘江口的阳武口等处捎泊水军。十一月三日,起义军使用车船进攻,踏车回旋,横冲直撞,将官军战船大小数百艘,尽碾没入水,官军大败。同年十二月,宋廷又派人招安,也都被杀。起义军已扩大到20万人。

绍兴五年二月,南宋朝廷派岳飞前往洞庭湖地区镇压起义军。四月下旬,岳飞率军到达潭州,遣使招降了黄佐。五月中旬,右相张浚到潭州督战。下旬,岳飞移军鼎州。六月二日,岳飞派黄佐潜入杨钦大寨招安,杨钦即率所部战士3000人投降。接着,杨钦又诱全琮、刘铣出降。同时,岳飞又命各州对于起义军投降者多方存恤,首领授官,其余的给以闲田耕种。南宋朝廷又对洞庭湖起义军根据地减免赋税。

岳飞命令诸路官军将紧靠洞庭湖沿岸的各农民军水寨分别包围,同时在环湖周围多筑堡垒,堡堡相连,实行陆地封锁的方针。对于起义军车船的优势,岳飞命令砍伐附近君山上的木头,多打巨筏,以堵拦湖中诸要塞;又以腐木乱草从上流浮下来,使得草木垫积,车船不能行驶。杨钦投降后,岳飞随即派牛皋等进攻杨幺水寨,起义军将领陈瑶首先投降,起义军战败,纷纷投降,杨幺投水死。十一日(1135年7月23日),岳飞进攻起义军最后据地夏诚寨,夏诚战败被俘,杨幺起义终于失败。黄诚随后又斩杨幺首级并押钟子仪向官军投降。

二、绍兴和议

1. 绍兴初次议和

绍兴七年(金天会十五年,1137年)二月,宋高宗派王伦赴金奉迎宋徽宗棺木,王伦"入辞,帝使伦谓金左副元帅昌(挞懒)曰:'河南地上国既不有,与其付刘豫,曷若归我。'"王伦九月末到涿州(今属河北),向挞懒转达了南宋愿代替伪齐成为金朝属国以求和的意愿。同年十一月,在挞懒倡议、首相宗磐(蒲鲁虎)等人的支持下,金废伪齐。挞懒随后送王伦回宋,并说:"好报江南,自今道途无壅,和议可以平达","又许归河南地"。

十二月下旬,王伦回到南宋向高宗报告后,高宗随即再命王伦使金以求和。

宋高宗决意向金投降求和,并于绍兴八年(金天眷元年,1138年)二月下旬,自建康回到临安后,不想再东奔西跑,遂定都临安,但为了表示还要收复失地,因而名义上的首都,仍是还在金军占领下的原北宋首都东京开封府,临安府不称京都而称"行在所",表示只是"行幸"之所;并以建康作为陪都。三月初,即任命秦桧为右相兼枢密使,处理投降求和事务。

同年四月,宋使王伦到祁州(今河北安国),向挞懒再次表示,宋高宗愿意代替已被废的伪齐作金属国的求和意愿。七月,挞懒又倡议将原伪齐辖区划归南宋,以换取南宋的臣属,不仅得到首相宗磐的赞同,又得到新任右丞相宗隽(讹鲁观)的全力支持。八月,金熙宗终于决定将原伪齐辖区划归南宋,以得到南宋的臣属。并派使臣张通古等与王伦到南宋议和。

十月,当议和的金使即将到来之时,宋高宗首先将反对议和的左相赵鼎罢相,由秦桧独相,主持议和,其他文武大臣不得参与。

十二月下旬,金使张通古到临安,称南宋为"江南"而不称"宋",用"诏谕"而不称"国书",并要宋高宗拜接金熙宗诏书,虽遭文武大臣强烈反对,但宋高宗决意投降求和,并对官员们说:"向使在明州时,朕虽百拜亦不复问矣。"但后来还是以宋高宗在居丧(徽宗丧)期间难行吉礼为借口,改由奸相秦桧于二十八日代高宗拜接金诏书,金将原伪齐统治区河南、陕西地区划给南宋,南宋以称臣,并"许每岁银、绢五十万"两、匹议和。

绍兴九年(金天眷二年,1139年)三月中旬,金右副元帅宗弼(兀术)与宋东京留守王伦完成交割河南、陕西地区,金将原在开封的行台尚书省移往大名,后又迁往燕京,宋也随后任命新收回地区的各种官员。

2. 顺昌保卫战与陕西保卫战

但是,同年七月,金朝主和的宗磐、宗隽被以谋反罪处死。八月,挞懒也以谋反罪被杀。主战的首相完颜宗干(斡本)、升任都元帅的宗弼等掌权。

绍兴十年五月初,金撕毁和议,决定分兵两路重占已划归南宋的河南、陕西地区。宗弼随即率东路金军自黎阳(今河南浚县)南下,河南各地相继投降。

顺昌府(今安徽阜阳)是南宋新收复的地区,年近70的知府陈规到任后即屯粮修城。东京副留守刘锜率以原"八字军"为主的1.8万军队,乘船沿淮北上赴任,五月中旬到达顺昌时,金军已经南下,东京被金军占领,并已占领陈州(今淮阳),距顺昌不足300里,刘锜遂决心与陈规共守顺昌以抗击金军。五月末,金军围攻顺昌,为宋军击败。

六月初,金都元帅宗弼率亲军到达顺昌城下,在督率10万金军攻城的前一天,"宗弼见其城陋,谓诸将曰:'彼可以靴尖趯倒耳。'即下令来早府治会食",根本不把刘锜放在眼里。九日晨,金军大举攻城,刘锜取擒贼先擒王的战略,决定重点攻击宗弼亲统的身穿重甲的亲军,时值盛夏,刘锜采取"早凉则不与战",到中午过后金军"力疲而气索"时,派精兵5000出南门猛攻宗弼的亲军,"士殊死斗,入敌阵中,斫以刀斧,至有奋手捽之与俱坠于濠者,敌大败,杀其众五千"。宗弼战败后移指挥部于城西,采取长期围困战略以取顺昌。当晚大雨,平地水深一尺多,刘锜又不断派小部队袭击,两天后宗弼终于支持不住而退往开封。顺昌之战,宋军以少胜多,挡住了金军渡淮南侵的矛头。

在宗弼率东路金军南侵的同时,右监军撒离喝也于五月中旬初自河中(今山西永济西)渡黄河进入同州(今陕西大荔),直奔永兴军(今西安),沿途州县纷纷迎降,金军很快占领永兴军,随即西向凤翔,陕西宋军近半数被隔在陕北。四川宣抚副使胡世将派吴璘率军2万自河池赶往宝鸡,吴璘部将姚仲于凤翔府石壁寨击败金军前锋,金军退屯武功(今武功西)。

六月初,吴璘、杨政主动约金将撒离喝会战。宋军击败金军并攻占扶风,又攻击凤翔城西的金军,"萨里干(撒离喝)怒,自战于百通坊,列阵二十余里",也被吴璘部将姚仲等打败,杀获尤多。吴璘、杨政等布防于渭河两岸,抑制撒离喝南下侵蜀,撒离喝见宋军已有防备,改而想北攻邠州(今彬县),宋军也在北面设防,经多次战斗,青溪岭(今甘肃泾川西南)之战,撒离喝所率北出的金军又被宋军击败,金军又退回凤翔。

闰六月中旬,金军又北攻泾州(今泾川北),宋军奋力抗击,金军虽战胜,但伤亡惨重,再次退回凤翔后息兵休战,宋军也撤离河池退保仙人原(今陕西凤县西南),以防金军攻蜀,宋军经过苦战,扼制了金军南侵的锋芒,隔在陕北的宋军也南归蜀地,保存了军力,但陕西已被金军占领。

3. 岳飞北伐与再次和议

当绍兴十年五月金军围攻顺昌时,宋高宗首先起用刘光世,驻太平州,节制李显忠、王德两军进援顺昌。六月初,宋高宗接着命韩世忠、张俊、岳飞皆兼河南、北诸路招讨使,作全面攻击态势,命张俊进取亳州,韩世忠进取宿州、淮阳军(今江苏邳县南古邳),命岳飞以骑兵出陈(今河南淮阳)、许(今许昌)、光(今潢川)、蔡(今汝南)诸州,应援顺昌刘锜。实际上只是为了防备金军大举南下,宋高宗随即派李若虚前往岳飞军前"计事",见岳飞于德安府(今湖北安陆),传达高宗要岳飞退兵的旨意,此时岳飞已作好进军中原的部署,因而不同意退兵,李若虚见岳飞抗金意志坚决,愿意自己承担矫诏之罪,支持岳飞北进。

岳飞军于闰六月中下旬攻占颍昌(今许昌)、陈州、郑州、中牟等地,距金军指挥中心开封只有60多里。七月初,又攻占北宋西京洛阳。金都元帅宗弼亲率精骑1.5万,于七月中旬初奔袭宋军指挥中心郾城,岳飞率少量留守部队奋战,击败金军。金军败退后转而进攻颍昌,也被守城宋军打败。

正当金军准备撤离开封北上,河南地区即将收复之际,宋高宗认为金军南侵的威胁已经消失,即命各路宋军退兵回防,张俊首先退兵,韩世忠接着撤退,只有岳飞仍要求抗金,宋高宗下诏不许深入,还将原守顺昌的刘锜所部宋军调回江南,将顺昌防务也交给岳飞,迫使岳飞如不退兵将面临违抗宋高宗班师的诏令和单独抗击全部金军的不利局面。岳飞只得于七月中旬末奉诏退兵。这是金军侵宋以来唯一的一次宋军主动进攻中原地区,并取得辉煌胜利的战局,终于在宋高宗、奸臣秦桧的降金求和中被断送。

绍兴十一年初,金都元帅宗弼又率金军渡淮侵宋,攻占寿春,进至庐州附近,宋军刘锜、杨沂中部奉命进援,并令岳飞东进江州策应,岳飞提出北进中原直接攻击开封,迫使金军退兵的战略,遭到宋高宗、秦桧的拒绝,只令岳飞救援淮西。刘锜率2万宋军赶到庐州,见城池残破,只得退屯东关(今安徽巢湖东南),金军攻占庐州后继续南侵。

二月,当金军即将临江之际,王德率宋军渡江北上进驻和州(今和县),宋金两军在和州、含山、巢县,以及昭关(今含山北)、清溪(今含山西南)一带展开激战。金军都元帅宗弼率主力与宋将杨沂中、刘锜等所部决战于柘皋(今巢湖市西北),宋将刘锜率部首先进攻,杨沂中、王德等各率所部继进,金军大败,退守紫金山(柘皋西北)。宋军又败金军于店步,收复庐州。三月,金军于退军途中在濠州(今凤阳西北)设伏,击败宋将杨沂中、王德所部后渡淮北归。

柘皋之战,金军主力10万在宗弼指挥下,仍被南宋次要将领刘锜、杨沂中、王德等所部打得大败,显示了宋金军力强弱转化的态势,改变了此前只有岳飞、韩世忠、张俊三大将左右南宋战场形势的局面。宋高宗意识到金军已不可能威胁到南宋的存亡,他又不愿打败金朝,促使金朝放出宋钦宗作为金朝傀儡而威胁自己的帝位,决心向金称臣求和以保留对南方半壁江山的统治。

范同向秦桧献计,要达到降金求和的目的,首先要将抗金最坚决的岳飞、韩世忠等人的兵权收回,于是借赏柘皋之功,召三宣抚使至杭州,随即任命韩世忠、张俊为枢密使,岳飞为枢密副使,到枢密院办公。张俊附和宋高宗、秦桧降金求和国策,随即交出兵权,宋高宗乘势宣布撤消三宣抚司,收回韩世忠、岳飞兵权。秦桧也由右相升为左相。

宋高宗、秦桧首先把打击的矛头指向声望最高的韩世忠,五月,"诏韩世忠听候御前委使,张俊、岳飞带本职前去楚州按阅(韩世忠原部)御前军马",随后设枢密行府于镇江。张俊向岳飞暗示宋高宗、秦桧陷害韩世忠的意图,为岳飞所拒绝。因为岳飞没有贯彻宋高宗意图,当七月回到杭州后,又反对罢除名将刘锜的兵权,宋高宗、秦桧接着把矛头转向岳飞,也将岳飞留在杭州,只命张俊前往镇江枢密行府措置军务。八月,岳飞被罢官,随后被罗织谋反罪状,并于十月与部将张宪同下大理寺狱,与此同时,高宗、秦桧加紧进行降金求和活动,韩世忠在反对无效后辞官。十一月,和议成,南宋称臣,划淮为界,岁贡银25万两、绢25万匹,史称"绍兴和议"。十二月末,岳飞终于以"莫须有"的罪名,与子岳云、部将张宪被害。

奸相秦桧自绍兴八年独相兼枢密使以来,集军政大权于一身,贿赂公行,赃吏恣横,贬斥异己,亲信布满朝廷。绍兴和议后,更是横行不法,遭到军民的普遍反对。其子秦熺升为知枢密院事,秦桧更被吹捧为"圣相"、"元圣",由少保而太师,封国公,权势熏天,就在秦桧声势煊赫不可一世的绍兴二十年(1150年)正月,殿前司后军使臣施全因反对秦桧降金政策,行刺秦桧于上朝途中,被捕后遭杀害,反映了南宋军民反对秦桧降金求和的意向。

秦桧于绍兴二十五年十月下旬病危时,宋高宗才将秦桧进封为郡王而令其致仕,子秦熺也进官致仕,秦桧随即病死。朝廷结束了秦桧长达18年的独相擅权时期,但继任宰相如汤思退等仍是秦桧的党羽。

三、隆兴和议

1. 采石之战

当绍兴二十年(1150年)正月施全谋刺秦桧未成的前一个月,金皇统九年(1149年)十二月,金副相(平章政事)完颜亮刺杀金熙宗后夺取帝位(死后降封海陵郡王,称完颜亮或海陵王、海陵)。完颜亮在帝位稳固以后,决定破坏"绍兴和议",企图消灭南宋。

金贞元元年(1153年)由上京会宁府(今黑龙江阿城)迁都中都大兴府(今北京),并积极备战。正隆六年(宋绍兴三十一年,1161年)二月,以巡狩名义前往南京开封府。五月中旬,完颜亮遣使赴杭州,直接向宋高宗提出划江为界,且以军事相威胁。南宋被迫作出防御部署,任命吴璘为四川宣抚使守川,侍卫马军司长官成闵率部3万出戍鄂州,任京西、湖北制置使,节制两路军马,控扼长江中游。任命名将刘锜为江、淮、浙制置使,节制诸路军马,自镇江进驻扬州,负责长江下游全面防务。

七月,金迁都南京开封,随即进行侵宋部署,西路军由徒单合喜、张中彦统兵5万出凤翔,拟取大散关(今宝鸡西南)以扼制宋军出川攻金;中路由刘萼、仆散乌者统兵2万,出蔡州(今河南汝南)进攻长江中游地区;东路为金军主力,由完颜亮自统,拟渡淮取寿春(今安徽寿县)以攻淮西;另派徒单贞统兵2万拟取淮阴以攻淮东;以苏保衡、完颜郑家奴于胶西县(今山东胶州)东南海湾(今青岛西侧胶州湾)率水军由海道南下,直取南宋首都临安。

九月初,金军西线首先出兵攻占大散关后修垒自守。同月下旬,中路金军进攻信阳(今属河南),完颜亮也自开封南下,侵宋战争全面展开。宋高宗于十月初下诏亲征,两淮宋军统帅刘锜扶病自扬州进驻淮阴抗金前线。

金军自涡口(今安徽怀远东)大举渡淮,淮西主将王权违背刘锜节制,自庐州南逃昭关(今含山西北),再逃至和州,金军攻占庐州、滁州。刘锜不得已而从淮阴退回扬州。在金军即将到达长江北岸之际,宋高宗准备再次东逃入海,百官也纷纷送家属出城,准备逃亡。

在宰相陈康伯等人的反对下,宋高宗决定亲征,遂任命知枢密院事叶义问任督视江淮军马,中书舍人虞允文任参谋军事,统一指挥江淮战事,他们还未从临安出发,王权已弃和州逃到江南的东采石(时属当涂县,今安徽马鞍山市南),金军随即占领和州,完颜亮进抵江北岸的西采石附近的江北渡口杨林渡。另路金军此前已攻占真州(今江苏仪征),并进攻扬州,刘锜等退守瓜洲(今扬州南),扬州为金军占领。

时刘锜已病重,奉命渡江退守镇江。

金东路主力虽然取得重大进展,进抵长江北岸,其他各路却进展不大,水军甚至未及出发,即于十月下旬被宋将李宝所率水军自明州千里奔袭,完全消灭于胶西县东南海湾中的陈家岛金水军基地。

当十月初二金军渡淮大举南侵之后数日,金朝后院起火,反对完颜亮穷兵黩武南侵的将领拥立金东京(今辽宁辽阳)留守完颜雍(乌禄)即帝位于东京,是为金世宗,改元大定。一月之内迅速占领黄河以北地区。十一月初二,金帝完颜亮得知消息后,决定立即渡江进攻南宋,于初七日临江誓师,决定次日于西采石渡江南侵。

宋督视军马叶义问初五日才到达建康,当夜免除王权兵权,改任李显忠为都统制,次日即派参谋军事虞允文前往芜湖督促李显忠立即上任,并负责到东采石慰问渡江逃到长江南岸的原王权所部官兵。虞允文到达东采石时,形势已十分严重,遥见长江北岸金军大量水军船只已出杨林渡口,虞允文临时部署宋军进行防御,并命当涂县民兵乘海鳅船冲击金水军船队,击败了金军。次日宋将盛新率军乘船防守于长江江心,控制金水军基地杨林河口,不让一艘金军船只出河入江,宋军又以火攻烧毁金水军的大量船只,完颜亮被迫烧毁其余船只,转往扬州。

都统制李显忠到达采石时,采石之战已经结束,随即派李捧率军万余人及船只随虞允文前往镇江防守。完颜亮在扬州下令三日内渡江南侵,金军在采石战败后士气已经很低落,接着金在胶西县东南海湾的水军被宋水军全部消灭的消息传来,由于镇江宋军守备严密,金军将领认为渡江南侵必将战败,加上金世宗已控制了金大部地区,促使金都统制耶律元宜(完颜元宜)等在十一月二十七日杀死金帝完颜亮于扬州。三十日,完颜元宜以金军都督行牒镇江宋枢密行府,以奉金世宗诏令名义而杀死完颜亮,即将退兵以修旧好。金军随即退兵,十二月中旬初已渡淮北归。

采石之战摧毁了金帝完颜亮渡江南侵的企图,也打击了金军的士气,促使金军将领杀死完颜亮后退兵。

2. 孝宗即位

貌似强盛的北宋皇朝在金军进攻下很快就灭亡,南宋建立后风雨飘摇几乎无立足之地,高宗的独子又3岁夭折,而且高宗再未生育子女,使上自孟太后下至低级官员,产生了一个共识,认为这些都是因为宋太宗杀太祖夺位所致,只有还帝位于宋太祖后裔,宋朝才能保存。

建炎四年(1130年)四月,金军从明州(今浙江宁波)北退,宋高宗从温州(今属浙江)回到越州(今绍兴)并作为行都。八月,孟太后也到达越州。

约在绍兴元年(1131年)正月,孟太后以做梦的形式秘密建议高宗选立太祖赵匡胤的后代作为继承人,才能巩固宋朝的统治,"高宗大悟"。此后宰相范宗尹的建议又和孟太后相同,于是高宗决定选太祖后裔一人为安定郡王,实际上作为帝位继承人选,受到执政大臣李回、张守等人的赞许。六月,九品小官上虞县丞娄寅亮公然上书,要高宗"于'伯'字行内选太祖"后裔作继承人。宋高宗终于在绍兴二年选中宋太祖的次子赵德芳的六世孙赵伯琮作继承人选,但始终只作为宗室,直至金军南侵在即的绍兴三十年(1160年)才被立为皇子。

绍兴三十一年(金大定元年,1161年)十一月,金将杀死完颜亮后北归,但宋金战争并没有因此停止。当金世宗于十二月中旬到达中都后,下旬即派左监军高忠建为即位报谕使前往南宋。三十二年(1162年)正月,当金使即将来临之际,南宋君臣在对金作战还是议和问题上,争论不休,莫衷一是,宋高宗说:"朕料此事终归于和","至如以小事大,朕所不耻",仍坚持对金臣属求和的方针。但是在群臣的建议下,企图重划疆界,收回河南地区改变臣属关系,于是在四月派出贺金世宗即位使洪迈所带的"国书"中提出:"愿划旧疆,宠还敝国,结兄弟无穷之好,垂子孙可久之谋。"但是,宋高宗深知金朝决不会同意,宋金战争必将大起,再次面临和战不定的政局,决心将责任推给嗣子赵玮(伯琮)。五月末,立赵玮为太子,并改名昚,六月十一日即宣布退位为太上皇,太子赵昚即位,是为宋孝宗。

3. 隆兴和议

孝宗即位后,面对的是宋金战争仍在进行中,而且形势严峻。指挥采石之战的虞允文已以兵部尚书出任川陕宣谕使,张浚任两淮宣抚使,副相(参知政事)汪澈视师湖北、京西。孝宗为岳飞平反昭雪,起用因主张抗金而被贬的官员,以鼓舞抗金斗志。但是,宋孝宗在抗金举措上仍受制于太上皇宋高宗,朝中大臣也大多仍执行太上皇降金求和的意志,因而主张由川陕进取中原的虞允文被罢职。

金世宗于大定二年(1162年)九月镇压契丹族移剌窝斡起义后,决定与南宋仍按照"绍兴和议",要求南宋臣属,索回采石之战前后被宋军攻占的淮北州府,并要南宋依旧每年纳贡银绢,为此于十一月初命右丞相仆散忠义(乌者)兼都元帅统兵攻宋。

隆兴元年(金大定三年,1163年)三月,金左副元帅纥石烈志宁致书南宋枢密使张浚,要求"凡事一依(金)皇统以来旧约(按指"绍兴和议")",并索取"侵地"和贡赋。南宋关于地位平等和重议划分疆界的要求,遭到金世宗的完全拒绝,宋金之战势所难免。

宋孝宗决定对金作战以改变宋金臣属关系,同年四月,命枢密使、都督江淮军马张浚督军北伐。五月初,张浚命宋将李显忠、邵宏渊分别自濠州(今安徽凤阳东北)、盱眙(今属江苏)渡淮北攻,李显忠首先攻克灵璧,金河南路都统奚人挞不也(《宋史》作右翼军都统萧琦)战败出逃后降于李显忠。

邵宏渊兵围虹县(今泗县),李显忠挥师东进,虹县金守将泗州知州蒲察徒穆等向李显忠投降,都督张浚随即渡江前往濠州督战。中旬,李显忠率军进攻宿州,守城金军不遵守坚壁清野守城待援的军令,出城抗击宋军,被宋军打得大败而逃。李显忠军首先攻下宿州北门,邵宏渊军继进,经过激烈巷战,又杀敌数千,攻占宿州。金宿州防御使乌林答刺撒等率残军北逃。

宋军攻占淮北重镇宿州,一度使南宋君臣大为振奋,随即任命李显忠为淮南、京畿、京东、河北招讨使,邵宏渊为副使,孝宗也下诏亲征。

宋军迅速攻占灵璧、虹县、宿州,也震动了金世宗,随即派中使督战,金左副元帅纥石烈志宁

（撒曷辇）立即率精兵进攻宿州，李显忠率所部主动出击，连日激战，金河南道副统、勇将孛术鲁定方战死，双方伤亡都在万人以上，胜负相当，但邵宏渊不仅按兵不援，而且还制造谣言动摇军心，邵宏渊之子及邵部中军统制等首先乘夜南逃，其他将领也相继南逃，李显忠移军入城后，仍制止不住将领的逃亡。金军加紧攻城，李显忠亲自上城守卫砍杀攻城金兵，邵宏渊仍坐视不援，宋军遂于夜晚撤军南还，诸军溃逃，军资尽失，金军也以伤亡重大而未穷追，宋军遂移军守淮，史称"符离之战"。

符离之战，不仅挫折了南宋抗金派的意志，议和活动又开始进行，而且秦桧党羽汤思退重新上台任右相后竭力主和，当南宋遣使议和时，"上皇甚喜，谕上（孝宗）以欲自备一番礼物"，以表示太上皇宋高宗全力支持议和，汤思退随后升为左相。主战的张浚虽升为右相兼都督，竭力反对和议，也得到宋孝宗的支持，但汤思退公然以太上皇宋高宗压制宋孝宗，"请上（孝宗）以社稷大计，奏禀上皇而后从事"。以致宋孝宗很生气地批示："敌无礼如此，卿犹欲和。今日敌势非秦桧时比，卿之议论秦桧不若。"但宋孝宗仍下诏称："朕以太上圣意，不敢重违"，而进行议和活动，却仍想以较好的条件才议和。

金军渡淮南下以压宋议和，宋孝宗也积极部署抗金防务。十一月，汤思退被罢相（随后死于贬途中）。在与金议和的草约中，表明不再向金称臣，"请正皇帝号，为叔侄之国，易岁贡为岁币，减十万"。闰十一月，宋使与金左副元帅纥石烈志宁就上述条件初步达成协议。十二月，宋使以正式国书出使金朝。乾道元年（金大定五年，1165年）正月，宋使到达金都面呈金世宗。因和议基本上已于隆兴二年（1164年）冬达成，所以史称"隆兴和议"。

第六节 南宋中后期的政局

孝宗时期，藉着隆兴和议后的休战阶段契机，南宋的军政、经济、文化得到了恢复性的发展，出现了中兴的历史阶段。1206年五月初七日，宁宗下诏"伐金"，史称"开禧北伐"，但此役的结果却是耻辱性的"嘉定和议"。

一、孝宗中兴

隆兴和议后的军政、经济。隆兴和议虽然是宋金达成的和议中最接近于平等的和议，但毕竟不是平等的协议，何况宋孝宗的目的是收复中原恢复北宋旧疆。所以，隆兴和议在太上皇宋高宗迫使下虽然达成，但孝宗心中一直愤愤难平，以致多次要宋使向金世宗提出在接受金朝国书时采取平等礼仪，但遭到金朝的拒绝，宋孝宗决心以战争来达到收复中原的目的，以雪国耻。

宋孝宗原先依靠为"长城"的抗金派大臣张浚，已于隆兴二年八月病逝。此后，孝宗转而依靠采石之战的指挥者虞允文，虞允文很快受到重用，由知府历签书枢密院事而参知政事而右相。

乾道七年（1171年）三月，宋孝宗将三衙之一的侍卫亲军马军司，迁往陪都建康府（今江苏南京），便于将来进军中原时进驻建康以指挥作战。次年二月行宰相新官称时，虞允文又由右仆射、同平章事升为左丞相。宋孝宗曾对他说："丙午（靖康元年，1126年）之耻，当与丞相共雪之。"虞允文也决心协助宋孝宗出兵中原,收复旧疆。同年九月,虞允文以节度使任四川宣抚使,虞允文辞别时,孝宗"谕以进取之方,期以某日会河南"。并说:"若西师出而朕迟回,即朕负卿;若朕已动而卿迟回,即卿负朕。"决定与虞允文东西两路出兵攻金。

孝宗决定以受书礼仪不平等作为攻金的理由,次年十月,当金使回国时"别函申议受书之礼",同时要虞允文积极准备出兵。当同年末金贺年使到来后,孝宗即"以议受书礼不合",拒绝接受金国书。太上皇宋高宗立即进行干预,孝宗只得"以太上皇有旨",而"姑听仍旧",仍以旧仪接受金国书,加上虞允文到四川后,虽经过一年的准备仍因准备不足而未能定出近期出兵之期,又过了不到半年,虞允文于淳熙元年(1174年)二月病死于任上,使孝宗两路出兵北伐中原的设想落空。

但孝宗仍然注意武备,经常亲自检阅军队,还调阅两浙、福建民兵,一直不忘恢复中原。但得不到如张浚、虞允文那样的大臣支持,大臣们已满足于宋金和平相处的现状,加上太上皇宋高宗随时可能出现的干预。而金世宗也满足于现状,不再考虑侵宋,相反的而是防备南宋北进攻金,所以"世宗每戒群臣积钱谷,谨边备,必曰:'吾恐宋人之和,终不可恃。'亦忌帝(宋孝宗)之将有为也"。所以,尽管宋孝宗不忘攻金雪耻,但直至逝世也终于未能如愿。

宋孝宗在位时期,也是南宋政治上最清明,经济、文化最繁荣兴盛的时期,宋孝宗不仅慎选官吏,注意吏治,还轻徭薄赋,兴修水利,发展生产。

轻徭薄赋方面如宋孝宗在取消无额上供钱时说:"既无名额,则是白取于民也。"又如遇到灾荒,宋代例将当年税赋移到丰收年,分为二或三年补纳,孝宗也说既是灾荒,不应再收税赋,下诏不准到丰年再补收。福建路兴化军(今福建莆田)自建炎三年起每年以"犹剩米"为名,额外征收2.4万多石供应福州,孝宗于乾道元年减去一半,至乾道八年又将剩余部分全部减免。又如徽州(今安徽歙县)自唐末五代初陶雅任郡守(任职自唐景福二年至后梁乾化三年前后,893~913年左右)时,增收的额外"科杂钱"1.2万多缗,一直沿征了260多年,直到乾道九年才免除,等等。

兴修水利,预防水旱灾害,发展农业生产,是宋孝宗时期最为重视的事情,也是南宋最为发达的时期,宋孝宗不仅奖励兴修水利,还不断派官员复查兴修后的水利工程,对于质量不好或虚报的还要降官处罚。如淳熙二年十月,孝宗在给江东路有关官员处分时说:"昨委诸路兴修水利以备旱干,今岁灾伤乃不见有灌溉之利,若非当来修筑灭裂,即是元申失实。"

但是,农民起义时有发生,主要是反对朝廷茶叶专卖政策的茶贩,常是数百人成群进行武装贩运私茶,称为"茶寇",规模较大的是淳熙二年四月,荆南(今湖北江陵)赖文政,率众400人起义,转战入荆湖南路,屡败官军,南下广南时,被广东路提刑林光朝所率摧锋军700多人所阻击,退而东向江西。六月,任命辛弃疾为江西提刑,节制诸军督捕"茶寇",闰九月初,赖文政战败后被辛弃疾所诱杀。

二、理学的发展

政治的相对清明,学术思想比较开放,经济发展,社会繁荣,带来了思想文化方面的兴盛与发展。正如南宋末年的黄震所说:"乾、淳正国家一昌明之会,诸儒彬彬辈出。"

孝宗朝是南宋思想界最活跃的时代,南宋的著名学派差不多都是这个时期形成的。对后世影响最大的朱熹,就是在此时逐渐建立起完整而系统的理学体系,形成集理学大成的学派。朱熹出生于尤溪,主要活动于建阳、崇安(今武夷山市),都属于福建路,称为闽学派。理学心学学派的创建者陆九渊,江西路金溪人,因而也称江西学派,也是在此期内形成。著名的"鹅湖之会",就是淳熙二年(1175年)六月,由吕祖谦邀请朱熹、陆九渊两大学者在信州(今江西上饶)铅山县城(今铅山东南)东北的鹅湖寺,进行的著名哲学辩论会。

反理学的主要学派是陈亮、叶适的功利学派。陈亮出生和主要活动在永康(今属浙江),也称永康学派。他倡导功利主义,反对空谈义理。在淳熙九年以后的数年间,与朱熹通过书信展开了思想史上著名的"王霸义利"之辩。叶适是永嘉(今浙江温州)人,是永嘉学派的代表,其观点和陈亮相近。

他们倡导的事功之学,与朱熹的理学、陆九渊的心学相抗衡,鼎足而三。

此外,还有张栻为代表的理学湖湘学派、吕祖谦为代表的吕氏婺学派、唐仲友为代表的唐氏婺学派,等等,反映了孝宗时期的学术繁荣。

三、文学与教育

文学方面,如被称为"中兴四大诗人"的陆游、范成大、杨万里、尤袤,南宋著名的豪放派词人辛弃疾,主要活动期都在孝宗朝。大诗人陆游创作最多的时期,是乾道六年至淳熙五年期间,后来汇编入《剑南诗稿》,诗人正是在此时获得"诗家三昧"的。而诗人杨万里自称也是"戊戌(淳熙五年)三朝时节赐告,少公事,是日作诗,忽若有悟",从而走上诗歌创新之路,创作出大量清新而雅俗共赏的诗篇。范成大乾道六年出使金朝,不辱使命,还写下了72首充满爱国主义思想的诗篇,后任至副相(参知政事),其所写反映人民生活的田园诗,被认为是我国古代田园诗的典范。尤袤也是当时的著名诗人。辛弃疾在孝宗朝历任封疆大吏,所作大量词作,慷慨豪放,是苏轼之后的第一人,充满爱国主义思想,反映时代精神,取得了辉煌的成就。

学术繁荣也带来了教育的发达,除了国家办的府学、州学、县学,南宋书院大量兴起,也在孝宗时。官员修建的,如乾道元年潭州知州刘珙重建岳麓书院、淳熙六年南康(今江西星子)知军朱熹重修白鹿洞书院、淳熙十二年衡州知州潘时重建石鼓书院等。私人创办的书院更多,著名的有朱熹于淳熙十年在武夷山下创办的武夷精舍,陆九渊于淳熙十三年被免职后回家乡贵溪象山创办的象山书院,婺州城东的吕祖谦创办的丽泽书院,等等。

四、开禧北伐与嘉定议和

1. 绍熙政变及禁"伪学"

终生奉行投降求和的太上皇宋高宗在淳熙十四年(1187年)十月死去,宋孝宗终于摆脱太上皇的制约,但已是年至花甲的老人,已经损失了进取中原的信心,次年十一月即向丞相表示将传位给太子,退位休养。淳熙十六年二月传位给太子赵惇,是为光宗。

光宗初期还注意吏治,但不久即有病,逐渐受制于皇后李凤娘。李后悍妒,不仅离间光宗与孝宗的父子关系,并于绍熙二年(1191年)十一月,乘光宗郊祀而宿于斋宫之际,杀死光宗宠妃黄贵妃,光宗突闻黄贵妃暴病身亡,受惊病发,朝政遂为李后所制,"自是政治日昏","而乾、淳之业衰焉",南宋终于逐渐衰落。

绍熙五年(1194年)六月,宋孝宗在南宋日益走向衰落,子、媳不孝的情况下病逝。李后以光宗有病为由,拒绝主持孝宗丧礼,左丞相留正、知枢密院事赵汝愚请高宗吴后以太皇太后主持。丞相

第九章 金与南宋

留正主张皇子嘉王赵扩监国,丧礼后光宗再复政或禅位,先请立嘉王为太子,光宗批示"历时岁久,念欲退闲",只是表示对他们的请求不满,并将难题推给丞相留正。

赵汝愚主张利用光宗御批,以太皇太后诏令嘉王即位,迫使光宗退位,留正认为光宗未下建太子诏而立即以嘉王即位不妥,为逃避责任,留正装病出城。赵汝愚遂即请知阁门事、外戚韩侂胄设法面见太皇太后陈述意见,定策即于嘉王临丧时即位,并秘密制作黄袍作嘉王登位之用,赵汝愚又命殿前都指挥使郭杲部署禁军于宫外。七月初,太皇太后即于孝宗灵前下诏,迫使光宗退位为太上皇,李后为太上皇后,由其子嘉王赵扩于重华宫东庑即帝位,是为宁宗。这是由赵汝愚通过韩侂胄等人制造的一次宫廷政变,事过数月,光宗还不知道已被迫退位,宁宗是在孝宗生前退居的重华宫即帝位,并在相当长的时间里,一直在这里处理政务,称之为"行宫便殿",这是因为其母李太后以光宗有病,不想让光宗知道已被迫退位而变成太上皇为借口,拒绝宁宗作为皇帝进入皇宫正殿处理政事。以致宁宗曾下诏将原东宫改建为福宁殿,以便作为宁宗居住及处理政务的场所。

这次政变的主要参加者韩侂胄,原期望以"定策"功而获得重大的晋升,但被赵汝愚以"吾宗室也,汝外戚也,何可以言功"为名而只微升为枢密都承旨,而作为"宗室"的赵汝愚在不到两个月的时间内,由知枢密院事而兼参知政事,升枢密使再升右丞相,且是独相,掌握政权。而韩侂胄则先受新任右正言黄度弹劾,继又受右丞相赵汝愚所荐引的朱熹奏劾,后又受吏部侍郎彭龟年的弹劾,三人虽均被逐出朝廷,但也迫使宁宗免除韩侂胄的具体职务。韩侂胄遂与赵汝愚势不两立,决心排挤赵汝愚。

韩侂胄的祖父是神宗驸马,父亲为立宁宗为帝的太皇太后吴氏的妹夫(韩侂胄生母可能为侧室或继室),自己又是太皇太后的侄女婿,还是宁宗韩皇后的族叔祖,是世代的皇亲国戚,而且在宁宗即帝位中起着很重要的作用,所以宁宗曾说:"(韩)侂胄朕之肺腑,信而不疑。"因此,韩侂胄在此后的十年中虽由观察使升承宣使,再升节度使,这些都是允许皇亲国戚升迁的官阶,但始终只是提举佑神观的闲职,后虽历少傅、少师、太傅而太师,但都没担任具体职务。然而却通过向宋宁宗荐用亲信、拉拢等而掌握实权。

丞相赵汝愚则为宋太宗长子汉王赵元佐的后裔,又侈谈自己曾"梦孝宗授以汤鼎,背负白龙升天",以此说明他扶持宁宗登位是先有梦兆。李沐、胡纮等奏劾赵汝愚以宗室而任丞相,又"唱引伪徒,谋为不规,乘龙授鼎,假(借)梦为符",阴谋夺取帝位,引起身为宋太祖后裔的宋宁宗的猜疑,庆元元年(1195年)二月罢相,后又贬往永州(今属湖南),死于贬所。

赵汝愚及朱熹等人被贬逐,引起朝野的不满,朝臣、太学生等纷纷上书论救并请斥逐有关官员。上书人中大多为理学人士,同年六、七月间,刘德秀、何瞻等遂请考核道学真伪。后称朱熹的道学(理学)为"伪学",禁止传播。庆元三年十二月,又定以赵汝愚、朱熹为首的朝野文武59人为"伪学"党籍,其重要成员遭贬斥,一般官员"与闲慢差迁"。至嘉泰二年(1201)初,韩侂胄感到权势已巩固,才解除伪学之禁,列入党籍的人士也逐渐恢复官职。

2. 开禧北伐与嘉定和议

金章宗即位后不久,蒙古在西北兴起,金从明昌六年(宋庆元元年)起不断出兵进攻蒙古部族,蒙古日益强盛,金朝兵祸连结。

金泰和三年(宋嘉泰三年)秋、冬,金朝境内发生小规模起义,金章宗于九月末下诏猛安、谋克要及时应官府公文出兵镇压。恐南宋趁金内乱迭起而攻金,在沿边屯兵聚粮,并关闭襄阳榷场,禁止金宋边贸。南宋朝廷则以为是金朝准备南侵,驻守襄阳的江陵(今属湖北)副都统郑挺害怕抵挡不住金兵,首先要求内调,宋朝廷改任李奕为江陵副都统兼知襄阳府,任前参知政事张岩为淮东安抚使,前知枢密院事程松为淮西安抚使,全面部署防务,任命丘崈为知庆元府(今浙江宁波),以防金军由海道南侵。但不久南宋朝廷即知道金于沿边聚粮屯兵是防南宋乘金内乱、边患迭起而攻金,于是南宋臣僚也想乘此攻金。

宋嘉泰四年正月,终生主张抗金的辛弃疾被召,进见宁宗,也主张出兵攻金以恢复中原。南宋朝廷随后为韩世忠在镇江建庙祭祀,又追封岳飞为鄂王,其后又追夺秦桧的王爵,改谥号忠献为谬丑,为攻金制造气氛。

开禧元年(1205年)七月,韩侂胄出任高于丞相的平章军国事,积极部署攻金。这年冬金使进见宁宗时态度倨慢,引起宁宗及朝臣的不满,次年(金泰和六年)三、四月间,全面部署攻金。四月二十六日,东路宋军不宣而战,宋将毕再遇渡淮一举攻克泗州(今江苏盱眙西北),宋军又攻克虹县(今安徽泗县);中路宋军也进占新息(今河南息县)、内乡(今西峡)等地,消息报到临安,韩侂胄认为时机已到,宋宁宗遂于五月初七日下诏"伐金",史称"开禧北伐"。

面对南宋的进攻形势,确实让金朝君臣紧张了一阵,由于金在河南地区的兵力不强,随即结集兵力驻防要地,金河南统军使纥石烈子仁提出:"不敢无备,乃聚郑、汝、阳翟(今禹州)之兵于昌武(今许昌),以南京(今开封)副留守兼兵马副都总管纥石烈毅统之;聚亳(今属安徽)、陈(今河南淮阳)、襄邑(今睢县)之兵于归德(今商丘南),以河南路副统军徒单铎统之,而自以所部兵驻汴(今开封)",以抵挡南宋军队的进攻。

金朝廷(尚书省)还提出,以"山东东、西路军七千付统军纥石烈执中驻大名(今属河北),河北东、西路军万七千屯河南(今河南洛阳)",而且必须"皆给以马,有老弱者易其人"。金章宗准许尚书省的意见后,又对河南、陕西军事将领进行调整补充,还命副相(平章政事)仆散揆兼左副元帅设尚书行省于汴州,统一指挥宋金战争的主战场河南战事,并"尽征诸道籍兵"以抗击宋军。

金章宗于南宋下诏"代金"之后的第五天,五月十一日下诏"征南"攻宋,但金章宗认为南宋军事强盛,河南地区的金军不一定能抵挡住北进的宋军,必须再作更进一步的防御措施,以预防南宋军队可能在占领河南地区后继续北上进攻金都。随即"以宋兵方炽,东北新调之兵未集,河南之众不足支,命河北、大名、北京(今内蒙古宁城西)、天山(今四王子旗西)之兵万五千,屯真定(今河北正定)、河间(今属河北)、清(今清县)、献(今献县)等以为应"。这是一条西起今石家庄北,东至今天津南的几百里长的东西防线,也可以进而支援河南金军。

但是,南宋军队远不是金朝君臣想象的那样强大,多数宋军缺乏战斗力和战斗意志。战争初期,宋军虽然主动进攻,一遇金军坚守,甚至只有几百名金援军到达,多数宋军一战即溃,甚至不战而溃。五、六月间,北进的宋军纷纷自宿州(今属安徽)、蔡州(今河南汝南)、唐州(今唐河)前线,败退回南宋境内。由于金河南军力单薄,志在守地,因此金军虽胜大多也不追击,宋军西线的四川宣抚副使吴曦暗中降附于金,求封蜀王,企图割据四川,这使金军西线无后顾之忧,可以集中主力攻击南宋两淮和襄樊地区。

同年十月初,金军主力8万分别自清口(今江苏淮阴西北)、涡口(今安徽怀远东)、寿州(今凤台)渡淮南下;另以中路金军2.5万出唐(今河南唐河)邓(今属河南),西路金军4万分驻川陕六地的千里防线。金军围楚州(今江苏淮阴)、襄阳、和州,攻庐州、六合,宋将毕再遇、田琳、周虎等在保卫六合、庐州、和州的战役中，均击败攻城的金军，四川宋将李好义也抗击了进攻七方关(今甘肃康县东北)的金军，尤其是毕再遇的军事才能迅速得到展现，战无不胜。金军虽攻占了淮南、汉水流域及川陕边境的一些州县，许多地方的宋军仍然奋力抗击、坚守城池。

但是，金军抵达长江北岸附近的形势，促使宋朝向金求和，自十一月中旬两淮宣抚使丘崈遣使向金左副元帅仆散揆求和以后，东路金军于十二月中旬开始退兵，至下旬初除尚占据淮河南岸的濠州外，全部退回淮北。下旬末，宋军西线主帅吴曦接受金封的蜀王称号，割关外的凤(今陕西凤县东北)、阶(今甘肃武都东)、成(今成县)、西和(今西和南)四州给金。开禧三年(1207年)正月下旬，在兴州(今陕西略阳)称蜀国王，割据川蜀。二月末，兴州中军正将李好义与李贵率70多人冲入"王宫"内杀死吴曦，宋军随即收复被割让的四州。此后的宋金战争主要在西线进行，宋金议和也在不断进行中。十一月初，礼部侍郎史弥远在与杨皇后密谋下，伪称宁宗密旨伙同参知政事李壁，命殿前司长官夏震秘密杀死韩侂胄，庸君宋宁宗在韩侂胄被杀死后三天，认为韩侂胄还活着。李壁后又以原韩侂胄党羽而被罢官。

奸臣史弥远比之秦桧有过之而无不及，不仅也杀死金朝要杀的人，而且又传首级给金朝以乞和，还为奸臣秦桧恢复名誉。

宋嘉定元年(金泰和八年，1208年)三月，宋金达成和议，史称"嘉定和议"。改金宋叔侄关系为伯侄关系，岁币由每年银、绢各20万两、匹增为各30万两、匹，比之"绍兴和议"还各多5万两、匹，是宋金和议中"岁币"最多的一次。还有一次性的犒军费(战争赔款)300万贯钱，这是以前和议所没有的。给南宋人民带来最沉重的经济负担。

"开禧北伐"受到辛弃疾、陆游的赞同，他们希望在有生之年能见到恢复中原，由于奸臣史弥远的乞和窃权，终于断送了北伐事业。辛弃疾在和议达成前赍志以殁，陆游则是在和议之后的次年，带着"王师北定中原日，家祭毋忘告乃翁"的遗恨辞世。

第七节 南宋后期的政局

庸君宋宁宗从此重用史弥远，在不到一年的时间内，由礼部侍郎，历同知枢密院事、知枢密院事、兼参知政事，而右丞相兼枢密使，号称"更化"。

从嘉定元年十二月开始了独相宁宗、理宗两朝，长达25年的奸相史弥远擅权时期，宋朝从此一蹶不振。

一、嘉定夺储政变

史弥远自嘉定元年签订屈辱的宋金"嘉定和议"后，受到杨皇后信任，很快升为丞相掌握政权，庸君宋宁宗对他几乎是言听计从。史弥远也千方百计保护自己的权位。

宁宗无子，曾立宋太祖长子燕王赵德昭后裔赵询为太子，但赵询于嘉定十三年病死。次年六月再立宋太祖次子秦王赵德芳后裔赵竑为皇子，作为继承人。史弥远为了掌握皇位继承人赵竑的动静，送美女给赵竑，赵竑身边几乎都是史弥远安置的人员，皇位继承人赵竑对史弥远擅权的不满言论，因而都被史弥远掌握。史弥远不断在宋宁宗前进谗言，企图动摇赵竑皇位继承人的地位未能成功后,随即暗中为夺储政变作准备。

宋光宗二兄魏王赵恺之子沂王赵抦死后无嗣,先立赵均为嗣子,后赐名贵和,赵贵和被立为皇子,赐名竑,作为宁宗嗣子、皇位继承人后,又以宋太祖长子燕王赵德昭的后裔赵贵诚为沂王赵抦的嗣子。奸相史弥远与九品小官国子学录郑清之密谋,以赵贵诚代替皇子赵竑作为皇位继承人,任命郑清之兼任王府教授以培植赵贵诚,并以夺嗣即位事成之后提升为丞相为饵,郑清之遂成为史弥远爪牙与心腹。

嘉定十七年(1224年)闰八月,宁宗病死,奸相史弥远乘夜密召赵贵诚进宫,迫使杨皇后废原皇子赵竑为济王,后被迫迁往湖州(今属浙江)居住。

伪造宁宗遗诏,改立赵贵诚为皇子,改名赵昀,即位,是为宋理宗。宝庆元年(1225)正月,湖州人潘壬拥立赵竑为帝,史称"霅川之变"(霅川,即苕溪,今苕溪下游,为湖州别称)。赵竑后虽讨平潘壬,仍被史弥远迫害而死。

二、理学思想统治地位的确立

史弥远自开禧三年(1208年)杀死主张抗金的权臣韩侂胄,降金乞和,订立屈辱的"嘉定和议",虽受庸君宋宁宗的重用,很快升任丞相,但是不得人心,包括文臣武将不少人反对史弥远。名将毕再遇随即请求解甲归田以示抗议,史弥远为收买人心,不但没有同意他解除军职,后又升毕再遇为俸禄丰厚与丞相相同的承宣使,最后还升为俸禄最高与三公相同,被称为武臣之最的节度使才致仕。就在毕再遇致仕的嘉定十年(1217年),考中武举第二名的毕岳,也反对奸相史弥远降金乞和政策,早在嘉定六年就印卖《北征谠议》、《治安药石》,遭到毁版禁卖。嘉定十四年任为殿前司同正将的毕岳,以"谋去丞相史弥远"而被杀。

史弥远的倒行逆施,不仅遭到不少武将的反对,也受到许多正义文臣的抵制,南宋后期著名的理学家真德秀、魏了翁等,对史弥远唯金命是听的投降乞和政策深为不满,真德秀说:"金人欲多岁币之数,而吾亦曰可增;金人欲得奸臣(韩侂胄)之首,而吾亦曰可与;往来之称谓,犒军之金帛,根括归明流徙之民,皆承之唯谨,得无滋嫚我乎!""时史弥远方以爵禄縻天下士",企图以此改善自己的丑陋形象,真德秀愤慨地说:"吾徒须急引去,使庙堂知世亦有不肯为从官之人。遂力请去。"魏了翁在"收召诸贤"之列,"会史弥远入相专国事,了翁察其所为,力辞召命"。

史弥远当宁宗病死,进行夺嗣政变,废皇子赵竑改立理宗并杀害赵竑,在理宗已经即位的情况下,许多人通过不同方式表示了不满。魏了翁对于"宁宗崩,理宗自宗室入即位,时势忽异",更是"积忧成疾,三疏求闲"。真德秀、魏了翁在奏章中对前皇子赵竑被害表示不满,因而于宝庆元年(1225年)被以"谤讪"、"诬诋"而被落职闲居。

史弥远的谋士刘熽为其出谋划策,除了"收召诸贤"、"以爵禄縻天下士"外,就是提倡理学,他"言于丞相史弥远,请以(朱)熹所著《论语》、《中庸》、《大学》、《孟子》之说以备劝讲,正君定国,慰天下学士大夫之心"。"又请以(朱)熹《白鹿洞规》颁示太学,取(朱)熹《四书集注》刊行之",竭力把奸臣史弥远装饰成正人君子。史弥远因"推崇"理学有"功",因而在元代理学信徒们修撰的《宋史》中,逃脱了被列入《奸臣传》的命运。

南宋后期的理学名家们虽然对史弥远的为人不满,但还是赞成提倡理学,嘉定十三年(1220年),在魏了翁等人的请求下,追谥北宋周敦颐为"元",史称周元公;程颢为"纯",史称程纯公;程颐为"正",史称程正公;张载为"明",史称张明公。为理学走上思想统治地位奠定了基础。这次追谥非同寻常,赐谥号按规定主要是高级官员的专享礼遇,此四人都不符合赐谥的条件,这次赐谥是特殊的礼遇,大大提高了理学的地位。

宋理宗是由史弥远通过夺嗣政变扶立的,他深知不得人心,推崇理学也成了他改善形象,取悦士大夫的举措之一。宝庆三年下诏称朱熹的《四书集注》,"发挥圣贤蕴奥,有补治道"。并追封朱熹信国公,不久进封徽国公。

绍定六年(1233年)十月,史弥远死,理宗"亲政",史弥远党羽郑清之在史弥远病危时,升任右丞相,知道史弥远擅权时期不得人心,十一月即诏改明年为端平元年,以示"更化",对史弥远的帮凶,史称"甘为史弥远鹰犬,遗臭万年"的"三凶"李知孝、梁成大、莫泽,以及"谄附"、"纳赂"史弥远的袁韶、陈昈、郑损等,纷纷贬逐。随后又重用真德秀、魏了翁等10多位名士,并恢复前皇子赵竑的官爵,竭力改变郑清之是史弥远亲信爪牙的形象。

端平元年(金天兴三年,蒙古窝阔台汗六年,1234年)正月,蒙古、宋联军攻占金朝行都蔡州(今河南汝南),金哀宗完颜守绪自杀,末帝完颜承麟为乱兵所杀,金亡。开始了蒙古(元)、宋对峙时期,同年八月,宋军企图乘蒙军北退之际攻占河南,九月,宋军战败退回,从此宋蒙古(元)战事不断,直至宋亡。

端平二年正月,又下诏讨论北宋理学家邵雍、周敦颐、张载、程颢、程颐等人从祀孔子的问题。三月,又任命真德秀为副相(参知政事),但真德秀已病,四月,辞副相,五月病卒,未及有所作为。另一位理学家魏了翁也受到重用,但是,原史弥远的爪牙、左丞相郑清之不愿让魏了翁在朝,因而魏了翁于十一月被任为同签书枢密院事、督视京湖军马;十二月,又兼任督视江淮军马,肩负长江中下流的全部抗蒙古军事重任,任非其长,力辞不允,开督府于江州,奏陈边防十事,又受到左丞相郑清之等阻难,不到一月,郑清之等又以不宜设立督视府为由把魏了翁召回朝廷,魏了翁知道难以成事,遂以病辞职。

淳祐元年(1241年)正月,北宋周敦颐、张载、程颢、程颐和南宋集理学大成的朱熹终于被从祀孔庙,又封周敦颐为汝南伯、张载为郿伯、程颢为河南伯、程颐为伊阳伯,并将王安石排挤出从祀孔子的行列。理宗还下了一道完全是理学家口吻的诏书,称:"朕惟孔子之道,自孟轲后不得其传,至我朝周敦颐、张载、程颢、程颐,真见实践,深探圣域,千载绝学,始有指归。中兴以来,又得朱熹精思明辨,表里混融,使《大学》、《论》、《孟》、《中庸》之书,本末洞彻,孔子之道,益以大明于世。"又亲自祭祀孔子,并撰写《道统十三赞》以赐给国子监向诸生宣示等一系列活动,正式确定了理学为南宋官方的统治思想,下距南宋灭亡只有30多年。庸君理宗因而被修撰《宋史》的元代理学信徒称赞:"后世有以理学复古帝王之治者,考论匡直辅翼之功,实自帝始焉。庙号曰理,其殆庶乎!"至于邵雍从祀孔庙并封为新安伯,已是度宗咸淳三年(1267年)正月的事,下距宋恭帝降元已不到10年。

理学家真德秀、魏了翁先后出任执政大臣,这在宋代历史上是绝无仅有的,但这决不是真的要重用他们;包括推崇理学、确立理学为官方统治思想,都是宋理宗、史弥远、郑清之等为了改善他们的丑陋形象而采取措施中的一部分。

三、嘉定抗金及宋金局势的变化

金章宗在"嘉定和议"的当年十一月去世,完颜永济即位,是为金卫绍王,金朝从此迅速走向衰亡。蒙古成吉思汗已在三年前崛起于漠北,与金战,金军屡战屡败,蒙古军兵临金都中都(今北京)城下。金至宁元年(1213年)八月,右副元帅纥石烈执中(胡沙虎)杀卫绍王,完颜珣即位,是为金宣宗。

在蒙古军多次兵临金都城下,河北大部地区被蒙古军攻占的情况下,金宣宗于贞祐二年(蒙古成吉思汗九年,宋嘉定七年,1214年)三月,向蒙古求降乞和后,五月南迁,七月中旬至南京(今河南开封)。同月下旬,对"嘉定和议"中关于金朝各项要求"皆承之唯谨"不满、认为"金有必亡之势"的真德秀奏请后,南宋终于停止了每年给金朝30万两、匹的银绢的"岁币"。

宋嘉定十年(金兴定元年,1217年)四月,金宣宗在被蒙古军打得无招架之力的情况下,以南宋不送"岁币"为由,决定以武力迫使南宋屈服,以乌古论庆寿、完颜赛不率金军南侵襄阳,为宋京湖制置使赵方击败。在赵方的奏请下,五月下旬宋宁宗下诏"伐金"。

五月间,宋军渡淮河一度攻占涟水县(今属江苏)。七月,宋军又进围泗州(今盱眙西北)、灵璧(今属安徽)等地。十月,陕西金军完颜赟攻占天水军(今甘肃天水西南)、大散关(今陕西宝鸡西南),后又退回,此次宋金之战,规模都不大,胜负相当。金兴定二年十二月,金宣宗在蒙古军不断攻击下,遣使赴宋议和,被宋军拒绝入境。次年金朝发动了一次规模稍大、全面进攻的侵宋战争,此后的三年内,东自涟水军,西至西和州(今甘肃西和西南),几十处战场,互有胜败。

嘉定十二月闰三月,金军进至全椒、来安、天长(今皆属安徽)及六合(今属江苏)县境,游骑数百曾到长江北岸的东采石、杨林渡(皆在今安徽和县东),也使南宋惊恐了一下,但上述各地宋军坚守城池,金军无力攻占,只得退走。至宋嘉定十四年(金兴定五年,蒙古成吉思汗十六年,1221年)四月,金军退回淮北后,在蒙古军攻击下,已无力南侵,在史弥远当政下的宋朝,也从没有真正攻金的意图,宋金战争"不宣而停",时停时战,规模都不大。

金元光二年(宋嘉定十六年,1223年)十二月,金宣宗去世,太子完颜守绪即位,是为金哀宗。金正大元年(宋嘉定十七年,1224年)六月,金哀宗宣布"更不南伐",宋金终于停战,金朝统治已接近尾声。

第八节 南宋的灭亡

金朝连年侵宋,消耗了大量人力、物力,国势更加衰弱。与此同时,金的背后已兴起了一个强大的蒙古。1211年以后,金连续受到蒙古军的打击,已无力招架。这样,蒙古在1226年灭掉西夏后,于宋绍定五年(1232年)12月,遣王檝使宋,提议与宋联合攻金,宋遣邹伸之报聘,议定灭金后以河南土地归宋。

一、蒙古侵宋

1. 宋与蒙古联合攻金

宋与蒙古结盟以后,宋绍定六年(金天兴二年,1233年)南宋孟珙出兵攻占邓州(今属河南)、唐州(今唐河)等地,击败金将武仙于浙水(汉水支流,今淅川)。

金哀宗逃到蔡州后,八月,蒙古都元帅塔察儿使王檝至襄阳,约宋攻蔡,十月,宋将孟珙帅兵万人,携粮50万石,与蒙古将塔察儿合兵围蔡州,蒙古军筑长垒围城。时金尽籍民丁守城,括壮健妇女穿男子衣冠,运大石防御。金哀宗试图突围不果,重又守城。

金天兴三年(蒙古窝阔台汗六年,宋端平元年)正月,蒙古与宋联军急攻蔡州,蔡州城守危急,金哀宗以自己体肥不便骑马奔逃,于正月初十日(1234年2月9日)传位给族人、东面元帅完颜承麟,是为金末帝。即位仪式刚结束,宋军已攻入南城,金哀宗自缢焚死,蒙古与宋联军攻占蔡州,末帝为乱兵所杀,金亡,从此结束了在中原地区金与宋保持的一个世纪之久的对峙局面,也结束了金在北方统治的120年的历史。

2. 南宋收复三京的失败

蒙古和南宋合力灭金后,窝阔台汗违背将河南归宋的诺言,只以陈、蔡东南一隅归宋,同时任刘福为河南道总管,南宋朝廷不得已而接受这一改变后退兵,蒙古军主力也北归。南宋一些官员提出乘河南空虚,出兵守黄河、据潼关(今属陕西)、收复三京(东京开封府,今河南开封;西京河南府,今洛阳;南京应天府,今商丘南),乘时收复中原。这种不考虑双方实力,破坏已达成的分界新协议,企图乘虚进占三京,迫使蒙古承认既成事实的提议,遭到不少有识之士的反对,但是宋理宗都听不进去,一意收复三京,以建立不世功勋。

宋端平元年(蒙古窝阔台汗六年,1234年)六月,金亡刚刚半年,南宋也未经再与蒙古协商,即单方实行收复三京,诏知庐州全子才率淮西兵赴开封,开封蒙古将杀长官崔立降宋。权兵部尚书、荆湖制置使兼淮东制置使赵葵率淮西兵5万经泗州到开封会师,计划先攻洛阳、潼关。七月,宋军先锋抵达洛阳城下,洛阳守御空虚,民众登城投降,宋军遂入城,次日,粮食已竭。蒙古将速不台急由陕州(今三门峡西)返兵洛阳,击败宋军后续部队,洛阳城中宋军出战,胜负相当,但因缺粮只得退兵。赵葵、全子才所收复的州县,大多只是空城,无兵饷接济,加上蒙古军决开黄河水灌开封,宋军多溺死,余众也相率弃城南还,南宋收复河南的行动终于以失败告终。

3. 蒙古侵宋

蒙古灭金后,以南宋为用兵的主要对象。宋端平元年十二月,蒙古遣使责问宋破坏盟约出兵河南,作为侵宋的借口。宋也因此进行了部分防御准备。

次年正月,南宋孟珙进驻襄阳(今湖北襄樊江南部分),分屯樊城(今襄樊江北部分)、唐、邓间,以防备蒙古军南侵。六月,蒙古决定侵宋,兵分三路大举南侵。七月,西路蒙古军由窝阔台次子阔端统帅侵蜀。十二月,从凤州(今陕西凤县东)取沔州(今略阳),围宋制置使赵彦呐于蜀北咽喉的青野原,宋利州(今四川广元)守将曹友闻往援,击败蒙古军,既而又败蒙古军于大安军(今陕西宁强),遂引兵扼守凤州西南的仙人关。

端平三年,蒙古合兵50万攻入汉中,宋军退守由陕入蜀的诸山隘。同年九月,阔端大败宋曹友闻军于大安军的阳平关(今汉中西南),曹友闻牺牲。蒙古兵遂长驱入蜀,一月之间,成都府、利州及潼川(今三台)府三路俱陷。西蜀所存,仅夔州一路,以及潼川府路所属的顺庆府(今四川南充)。蒙古的西路军曾遇到宋军的强烈抵抗,阔端兵进围文州(今甘肃文县),知州事刘锐昼夜拒守,搏战逾月,城破后殉难,军民死者数万人。不久,蒙古皇子曲出死,阔端遂暂退兵。

宋嘉熙三年(蒙古窝阔台汗十一年,1239年)八月,蒙古将塔海再度率兵入蜀,由蜀取道施(今湖北恩施)、黔(今四川彭水)以达湖湘,宋将孟珙分军屯守湖广西境各要隘,蒙古军不能东出,又败于巴东(今属湖北),宋军遂收复夔州。

中路蒙古军于宋端平三年正月南侵,遇到强烈抵抗,但襄阳宋军降蒙。三月,蒙古军陷随(今属湖北)、郢(今钟祥)两州及荆门军(今荆门)。

八月,陷枣阳军(今枣阳)、德安府(今安陆)。十一月,蒙古军中路统帅阔出死于军中。蒙古军副帅忒木儿攻江陵(今属湖北)时,宋孟珙来救,攻破蒙古军24砦。宋将孟珙又与蒙古军在信阳(今属河南)和光化军(今湖北丹江口市)展开激战,三战皆胜,遂收复樊城、襄阳。后蒙古将张柔侵宋,也无多大进展。

东路蒙古军于宋端平二年六月,由口温不花及察罕等率军南侵江淮。十一月,攻入淮西蕲(今湖北蕲春)、舒(今安徽潜山)、光(今河南潢川)州,在攻真州(今江苏仪征)时,被宋知州邱岳置炮设伏所败后北还。宋嘉熙元年十月,蒙古将口温不花攻击黄州(今属湖北),被宋将孟珙所率援军击败。蒙古军转攻安丰(今安徽霍邱西),宋将杜杲竭力固守,宋池州(今安徽贵池)都统制吕文德率援军突围入城,合力抵御,蒙古军才退走。次年九月,蒙古将察罕率兵号称80万围庐州,新任庐州守将杜杲百计固守,又用炮击并乘胜出击,蒙古军又败走。

宋淳祐元年(1241年)11月,窝阔台病死。蒙古争夺汗位的斗争激烈。直至宋淳祐十一年(1251年)初,蒙哥继承汗位后,又不断派军向宋进扰。1253年,皇弟忽必烈和大将兀良合台进军云南,攻陷大理。此后,招降吐蕃,控制了西南地区,从西南方面对南宋造成了大包围的形势。

宋宝祐五年(1257年)春,蒙哥汗下诏大举侵宋,次年二月,自率西路蒙古军4万号称10万侵蜀,分兵三道。一趋大散关(今陕西宝鸡西南),一趋米仓关(今四川南江北),一趋沔州(今陕西略阳)。蒙哥汗所部一路占城夺地,宋开庆元年(蒙古蒙哥汗九年,1259年)正月,进攻合州(今四川合川)钓鱼山(时宋合州徙治于此,山三面临江,依山筑城,守御甚固),宋知州王坚杀蒙招降使者,坚决抵抗。二月,蒙哥汗亲至钓鱼城下督战,王坚抗击,蒙古军连攻五月不克,伤亡很大。七月下旬,蒙哥汗因攻城受伤死于钓鱼山下,蒙古军解围。

蒙哥汗之弟忽必烈率东路军南侵,当年八月才渡淮,入大胜关(今湖北大悟东北),月末进至长江北岸。九月初一日,蒙古西路军所遣使者从合州钓鱼山下到达忽必烈军营,报告蒙哥汗死讯,请忽必烈北归以继承汗位,忽必烈以不可无功而返,决定北归前加紧攻宋以取得重大战果。随后自阳逻堡(今新洲西南)渡江,三道并进,三次击败阻击的宋军后到达南岸,进围鄂州(今武汉),宋军坚守抗击,蒙古军始终未能攻下。

十一月,蒙古军兀良合台部已由云南入广西,破湖南,攻至潭州(今湖南长沙)城下,也遇到宋军的顽强抵抗。

这时蒙古宗室阴谋夺取汗位,情况紧急,忽必烈妻察必遣使于同月下旬驰至忽必烈军中,请忽必烈立即北返以夺汗位。忽必烈随即回驻长江南岸青山矶(今武汉东北),准备渡江北返,却扬言进军南宋首都临安。

时在鄂州督战的南宋右丞相贾似道遣使向忽必烈求和,愿意称臣纳贡、割让长江以北土地。蒙古军出发在即,忽必烈命使臣前往鄂州谈判,并嘱蒙古使见蒙古军旗动即返回随军北归,蒙古使在鄂州城头与宋谈判正在进行,见蒙古军旗动立即签订密约后返回。兀良合台也奉命北归,鄂、潭两州相继解围。

贾似道隐匿私订和议,而妄称战胜蒙古军,鄂州解围,因而有"再造功",加官晋爵。

次年(宋景定元年,1260年)三月初,忽必烈返抵开平(今内蒙古正蓝旗东),蒙古诸大臣劝进,遂即汗位。四月,下即位诏,称帝。并于五月首次建年号中统,遣郝经为国信使来宋告即位,并索取岁币。贾似道怕私自议和的秘密暴露,密令淮东制置使拘留蒙古使郝经等于真州。贾似道既对蒙古、宋双方都进行欺骗,又扣押蒙古使郝经等不遣,也不作防守准备。宋沿边诸将又纷纷无故被扣上莫须有的罪名罢职或下狱死。宋骁将潼川安抚使刘整,以需要边费为蜀帅俞兴所阻,心益疑惧,遂于次年六月降蒙。七月,忽必烈以宋拘禁使臣郝经为背约,下诏侵宋,但忙于镇压内部叛乱,侵宋战事无大进展。

二、南宋的灭亡

宋咸淳七年十一月十五日(1271年12月18日),忽必烈改蒙古国号为元,以示正统,是为元世祖。次年二月,迁都大都大兴府(今北京)。

早在宋咸淳三年(蒙古至元四年,1267年)十一月,刘整"奏攻宋方略,宜先从事襄阳"。如攻占襄阳浮汉入江,则宋可灭。次年七月,忽必烈命刘整协同阿术围攻襄阳,宋将吕文德艰苦拒守。咸淳五年十二月,吕文德病死后宋军继续抗击。宋咸淳九年(元至元十年,1273年)正月,樊城在被围4年后失陷。二月,宋襄阳守将吕文焕降元,历时5年的襄樊保卫战结束。

元军占领襄阳后,次年六月决定大举伐宋,以伯颜领河南等路行中书省,并晋升为统帅,会师于襄阳,分军为三路侵宋。七月,度宗死,恭帝即位,年仅4岁,理宗皇后谢道清以太皇太后垂帘听政。

宋德祐元年(元至元十二年,1275年)初,元军已顺流东下,宋沿江城邑纷纷败降。二月,宋相贾似道以战舰2500艘、战士7万,抗击元军于丁家洲(今安徽贵池北),伯颜命左右翼骑兵夹江而进,炮声远震百里,宋军大败,贾似道逃往扬州,江东及淮西诸郡相继败降。

同年十一月,伯颜分军三路直奔南宋首都临安,阿剌罕率西路军从建康出广德,东路董文炳率舟师向澉浦(今浙江海盐南);伯颜从中路节度诸军,定期会于临安。

元军长驱直入,宋将王安节保卫常州达两月之久,十一月中旬常州破,死者无数,邻邑望风奔溃,遂迫临安。次年正月初八日(1276年2月4日),伯颜进至皋亭山(今浙江杭州东北),宋遣使迎降,但还求保留宋朝。次日,勤王抗元的文天祥被宋任命为右丞相兼枢密使,并奉命与伯颜交涉,文天祥因坚持不降而被元军扣留。二月初五,南宋恭帝降。五月初,恭帝及生母全太后等被押至大都,6岁的宋恭帝被降封为瀛国公,元至元十九年(1282年)被迁往上都(开平府,今内蒙古正蓝旗东),后为僧,元至治三年(1323年)死。

从1235年窝阔台汗对宋用兵至1276年伯颜入临安,南宋恭帝降,共约40年之久。

元军兵临临安前夕,恭帝的异母兄赵昰被封为益王,判福州;异母弟赵昺被封为广王,判泉州。元兵至皋亭山,驸马都尉杨镇等奉二王走温州,陆秀夫、苏刘义继追及于道,遣人召陈宜中、张世杰。五月初一,益王赵昰即帝位,改当年为景炎元年(1276年),是为宋端宗,年仅7岁,母杨太后听政。

陈宜中为左丞相,李庭芝为右丞相,张世杰任枢密副使,陆秀夫任签书枢密院事,晋封赵昺为卫王,改福州为安福府。不久,文天祥从被元军押往大都途经镇江时逃回,被任为右丞相兼知枢密院事,南宋流亡朝廷继续进行抗元斗争。

时南宋疆域已大部丧失,只有李庭芝、姜才坚守淮东,张钰坚守重庆。其余仅有闽、广以及浙、赣南部,元兵日逼。李庭芝、姜才、张钰先后战死,浙东、闽、广也相继失守。

七月,元兵三道侵闽。十一月,元军至建宁(今福建建瓯)。陈宜中、张世杰以元兵日迫,奉端宗及卫王、杨太后以下俱航海逃亡,元军占领福州,右丞相文天祥转战于福建、江西、广东等地。

同年十二月,端宗等率舟师到广州港口,被元守兵抗拒不得入,舟还大海,驻师秀山(今东莞西南海中),寻次于惠州(今属广东)的甲子门。景炎二年(元至元十四年,1277年)九月,宋水师次于广东路的浅湾(今汕头东北的南澳岛附近),十一月,为元将刘深所攻。张世杰战败,乃奉端宗退保秀山。十二月,至井澳(今中山南海中横琴岛)。三年四月,端宗病死。

卫王赵昺嗣立,是为宋末帝,时年6岁,杨太后听政,陆秀夫升任左丞相,张世杰升任枢密副使,改当年为祥兴元年。六月,张世杰攻雷州(今海康)失利后移于新会的崖山(今台山东南)。十二月,右丞相文天祥兵败,于五坡岭(今海丰境)被俘。元至元二十年(1283年)正月,就义于大都。

宋祥兴二年(元至元十六年,1279年)正月,元将张弘范以舟师围崖山海口,张世杰结大舶千余驻海中抗击元军,元军切断宋军淡水汲路。二月初六日(1279年3月19日)元军大举进攻,宋军战败,左丞相陆秀夫背负年仅7岁的南宋末帝赵昺投海自尽,杨太后亦投海死,南宋亡。

张世杰率部分宋军冲出重围,后遇台风,海船倾覆,张世杰溺水死,宋军残部亦被消灭。

第九节 金与南宋的农牧业经济

金在建国之初就确定了发展农业的方针,提倡不忘稼穑的艰难,所到之处屯种,轻徭薄赋以劝农,金太宗时期把奖励农桑作为恢复生产的主要政策也极大地促进了农业的生产,同时,金代农业生产工具和生产技术有很大的改进和进步;牧业在女真部族的社会生产中长期占着重要地位。随着铁器的出现和使用,社会生产力的增长,农业不断发展并成为社会生产的主要部门,但牧业仍占有重要地位,并由迁徙不常的游牧向较高的定居的牧业发展。

而这时的南宋,主要是接续了北宋时期的农业经济生产,并发展了江南独特的农业经济生产模式。

一、金的农业和牧业

1. 农业

金在建国之初就确定了发展农业的方针,提倡不忘稼穑的艰难,所到之处屯种,轻徭薄赋以劝农,特别是金太宗在对宋战争已取得胜利之后,把奖励农桑作为恢复生产的主要政策。从太宗起经熙宗、海陵王到世宗大定、章宗明昌,北方各族人民在较为安定的生产环境中,从事正常的生产劳动,使北方农业逐渐走向恢复、发展和繁荣。"当此之时,群臣守职,上下相安,家给人足,仓廪有余","天下治平,四民安居",号称"小康"。

金代农业生产工具和生产技术有很大的改进和进步。现已出土的金代农业生产工具,与中原的形制相似,远远超过辽末的水平,继承了北宋中叶以后的发展状况。其种类与北宋相比更为繁多和复杂,有铧、犁碗、趟头、牵引、锄、镰、镐、锹、铲、铡刀、垛叉等,文献记载还有耙、水碓等。犁由多种部件配合,铧有形制、大小不同的几种规格,以适应开荒、翻地、起垄、播种、中耕等不同作业需要。犁的全部构造与元王祯《农书》所绘形式相同。

在今黑龙江最北部爱辉、逊克出土的犁铧是把犁刀接铸在犁铧刃的一侧,以适应开垦荒地的需要。镰有直刃细柄、曲刃有銎和钹镰三种形式,还有专用于割谷穗的手镰,且大小样式不同,是为便于收割高棵和矮棵作物的不同需要而制。

农业户口的增长与农业的发展和对土地的开垦有着密切的关系。北宋末及金初,北方人口锐减,到金世宗大定初年方恢复到300余万户,二十七年(1187年)增至6789449户,44705086口。《金史》没有记载全国的垦田数字,有关于猛安谋克户口、田亩、牛具之数。大定二十三年猛安谋克、在都宗室将军司、迭剌和唐古二部五糺总计垦田数是1690380顷有余。毕仲衍《中书备对》谓:北宋神宗时全国垦田为4606556顷,减去东南九路田数则北方垦田为1662978顷。金朝仅猛安谋克垦田就浮出北宋垦田307022顷。当然猛安谋克分布区域要远远大于北宋在北方的管辖区域,但在世宗时原北宋地区的垦田也有增长当是事实。

农田水利是金代农业发展的命脉,从熙宗时已开始恢复。世宗大定六年,张仅言"护作太宁宫,引宫左流泉溉田,岁获稻万斛"。二十八年,卢庸为定平县(今甘肃宁县东南)令,"庸治旧堰,引泾水溉田,民赖其利"。

兴修水利也与当时推广水田种植有关,大定六年,李纶《创修泉池碑》记载,河内(今河南沁阳)郡西北大雄山南数里有唐帝古寺,"数泉出于祠下,南抵于沁,上下数十里,灌溉田园,植竹种稻,获利益多"。曹(今山东菏泽)、单(今单县)二州以水利为生,虽黄河李固渡决口,所害农田无几。农田发展也促进对原粮水力加工事业的发展,如水碓、水磨等水力加工机械的利用。

金代农作物种类,主要有粟、麦、豆、稻、荞麦、稗等,而以粟麦为大宗,稻次之。由于各地土质不同和发展状况的差异,农作物分布也因地而异。

中都(今北京)、河北、辽东、南京(今河南开封)等路处于领先地位。燕京(即中都)产稻、粱、麦、麻等;南京路产麦、粟、稻;辽东路许多州也盛产稻;威平、临潢、泰州等府州农业也较发达。

金代农作物的单位面积产量,河南上田可收一石二斗,中田一石,下田八斗,平均亩产一石。河北、山东产量高于河南。水田单位面积产量高陆地数倍,其中河南有亩产五石者。由于农业生产量增多,国家储积粮食也多。

大定二十一年,金世宗对宰臣说:"前时一岁所收可支三年,比闻今岁山西丰稔,所获可支三年。"世宗时设常平仓,到明昌三年(1192年)常平仓共有519处,积粟3786.3万余石,可备官兵五年的食用,米810余万石,可备四年的食用。金于大定、明昌间,国家仓廪积粟充足时久,因此采取减税收的办法以减轻积粟和保存的困难。明昌元年四月,上封事者恐怕积粟时久腐败,请求再减少民间租税,因尚书省议奏应备万一,为防腐败,乃下令诸路以时曝晾,不得使积粟腐坏,违者论如律。史称金代盛时"仓廪有余"当是事实。

金代农业发展也表现在对东北边疆地区的开发上。金代在东北农业开发史中是承前启后的,占有重要的一页。

金代女真兴起,以其地为"内地",称上京(今黑龙江阿城南),以此为中心空前地开发和发展了东北边疆地区的农业,成为一个地域辽阔的农业经济开发区,南与咸平(今辽宁开原北)、东京(今辽阳)、北京(今内蒙古宁城西)农业较为发达的地区相连。

金代建国之初即把农业作为立国之本,大批地向"内地"移民。太祖天辅六年(1122年),把山西诸州人民向上京迁徙以实"内地"。次年取燕京路,又尽迁六州氏族富强工技之民于"内地"。金在灭亡北宋的战争中更有数量众多的中原汉人被迁到上京。

由于金初的移民政策使这里人口骤然增长,中原的先进农业生产工具和生产技术传播到这里,并适应耕地和农作物种植收割的需要,改进了农业生产工具和技术,在黑龙江省各地出土的农业生产工具充分说了这点。金代把东北边疆的各族人民纳入京与路的管辖之下,于各地设猛安谋克。金设上京路会宁府(今黑龙江阿城南),以及上京路管下的胡里改路、蒲与路、恤品路、曷懒路等,路置万户或都勃堇。通过各路的猛安谋克行政机构组织农业生产。《金史·食货志》记载,明昌四年(1193年)尚书省奏,当时上京、蒲与、速频、曷懒、胡里改等路,有猛安谋克民户17.6万有余,每年收税粟20.5万余石,其每年粮食生产量是可观的。

2. 牧业

牧业在女真部族的社会生产中长期占着重要地位。随着铁器的出现和使用,社会生产力的增长,农业不断发展并成为社会生产的主要部门,但牧业仍占有重要地位,并由迁徙不常的游牧向较高的定居的牧业发展。女真在建国前有着相当繁荣的牧业,《金史·世纪》记载:腊醅、麻产时常掠取拉林河及穆宗的牧马,交结诸部,因此两部时常发生战争。辽圣宗统和四年黄翩入女真界徇地,俘获人、马、牛、豕,不可胜数。金占领辽契丹人活动的草原地区,增大了牧业在社会中的成分,对牧业的发展是相当重视的。

金朝初,因辽诸抹而置群牧,设官以治之。海陵王天德间,置迪河斡朵、斡里保、蒲速斡、燕恩、兀者五个群牧所,皆因辽时旧名。又于诸色人内,选家富丁多及品官家子、猛安谋克蒲辇军和司吏家的余丁及奴隶,使之司牧,谓之"群子",分牧马驼牛羊,并为他们立蕃息衰耗的刑罚和奖赏制度,后复增群牧所为九。

世宗时,置群牧所七。《金史·地理志》记载西京路有群牧十二处:斡独椀群牧,大定四年(1164年)改为斡觌只群牧;蒲速斡群牧,本斡觌只地,大定七年分置,承安三年(1198年)改为板底因乌鲁古;耶鲁椀群牧,在武平县(今内蒙古敖汉旗东)、临潢(今巴林左旗南)、泰州(今吉林洮南东)之境;讹里都群牧;紥斡群牧;欧里本群牧,承安三年改为乌鲜乌鲁古;乌展群牧;特满群牧,在抚州;驼驼都群牧;讹鲁都群牧;忒恩群牧与蒲鲜群牧,皆承安四年创置。金朝为管理诸群牧,设乌鲁古使和副使,掌检校群牧畜养蕃息之事。又设有扫稳脱朵,分掌诸畜,即所谓牛羊群子。

明昌四年又在使之上置提控诸乌鲁古。

金大定间为发展牧业,加强了对诸群牧所的规定,如二十年三月更定群牧官、详稳脱朵、知把、群牧人滋息损耗赏罚格。二十一年又敕诸所,马三岁者要付给女真人牧之,牛或以借民耕,或又令民畜羊,或以赈贫户。并遣使阅实其数,缺少的杖其官,而令牧人赔偿,隐匿其实的监察举觉。到二十八年,牧业经过较长的蕃息,马发展到47万,牛13万,羊87万,驼4000,是金牧业发展的极盛时期。

二、南宋的农业经济

1. 水田的精耕细作技术和江南的多熟种植

南宋初的《陈旉农书》对水田种植技术,整地、培育壮秧、掌握适宜秧龄的栽插以及耘田、烤田等都有比较精要的叙述。

整地,可分作秧田整治、冬作田整治和冬闲田整治。秧田整治强调"于秋冬即再三深耕之",经过冬天"霜雪冻沍,土壤松碎",开春"又再三耕耙转"和施有机肥。总之,把秧田整治精熟才能撒种。南方一年二熟,要抓紧时间利用两茬作物之间的空隙来细致整地施肥,因此强调早田收获后,随即耕治、晒垡、用粪,以保证多收一季作物和维持地力。对分布于山区的冬干田和平川地区的冬水田则采取不同的耕翻处理。

培育壮秧是水稻生产的关键环节。要使根苗壮好,必须"种之以时,择地得宜,用粪得理"。朱熹在漳州任内发布的《劝农文》说:"浸种下秧,深耕浅种,趋时早者,所得亦早,用力多者,所收亦多。"强调投入较多劳动和及时管理。总之,这一时期从浸种、播种时间的掌握到秧田水层的管理、播种育秧、插秧等技术都已达到相当高的水平。

随着丘陵坡地利用的发展,农田用水量的增加,耘田和烤田技术随之有新的发展。《陈旉农书》记载了耘田和烤田相结合"旋干旋耘"的方法。具体办法是先于上处收蓄水,接着自下而上,边放水,边耘田,使田面晒得极干;然后再灌水,使干燥泥土很快酥碎,三五天稻株就会缓转过来。此法不仅使田干水暖,草死土肥,而且使水不会白白流失。

南宋时,南方人口激增,如宝庆(1225~1227年)《四明志》"奉化志风俗"条称:"右山左海,土狭人稠。"在地少人多的情况下,人们除千方百计增辟耕地外就是设法增加复种指数。在一块土地上每年尽量多种一次,以求多获些产品,这是宋代农业生产发展的大致趋向。正如《陈旉农书》中《六种之宜篇》所说:"种无虚日,收无虚月,一岁所资,绵绵相继。"

由于中原农民迁来南方,对麦类需求增加,再加上"参植以防水旱"。稻麦两熟制得以在江南推广,小麦秋种夏收可以缓和农民青黄不接之时粮食匮乏的矛盾。同时种麦较为省力,稻麦轮种可以起"熟土壤而肥沃之"的作用。除稻麦两熟制外,也有在水稻收割后种植其他粮食、蔬菜、油料作物或绿肥作物的。

宋代,江浙一带种植早、晚稻两熟已较普遍,广东由于有更好的水利和气候的条件,水稻种植有一年两熟和一年三熟的。周去非《岭外代答》记述钦州地区一年三次种收水稻,指出那里地暖,"故无月不种,无月不收"。水稻一年中能安排多次种植与品种的多样化有密切关系,仅嘉泰(1201~1204年)《会稽志》中就记述了56个水稻品种。

还值得一提的是,"占城稻"的种植推广有重要意义,由于它耐旱、适应性强,在推广过程中出现了许多适合各地特点的变异类型,与当地栽培的早、中、晚稻相搭配,为稻麦两熟和双季稻的较快发展创造了更好的条件。

2. 农业生产工具

南宋乾道五年(1169年)正月,金朝归宋的"归正人"王琮等402名,被安置在淮南东路宝应(今属江苏)、山阳(今淮安)地区的空闲官田。

由于"归正人"没有土地,也没有任何农具,南宋朝廷决定"每名给田一顷,五家结为一甲","每种田人二名,给借耕牛一头,犁、杷(耙)各一副,锄、锹、钁、镰刀各一件,每牛三头用开荒䎬刀一副,每一甲用踏水车一部、石辘轴二条、木砺一具"。乾道七年十二月,薛季宣受命行边淮南西路,"复合肥三十六圩,立二十有二庄于黄州故治东北,以户颁屋,以丁颁田,二丁共一牛,犁、杷(耙)、锄、锹、钁、镰具,六丁加一䎬刀,每甲辘轴二、水车一"。

两地相距二三千里,反映了宋代江淮地区从事农业生产的基本工具可说是完全相同。其中不同的是淮东的"开荒䎬刀"与淮西的"䎬刀",䎬刀是宋代创造用于开荒的新农具。从䎬刀与开荒䎬刀配置相同的情况看,䎬刀也应是开荒用的。

缺牛的地区，耕种只能依靠人力，北方通常使用钁翻地称为"钁耕"。宋太宗中叶以前，武允成曾献"踏犁"式，但当时没有使用。淳化五年（994年）三月，因宋（今河南商丘南）、陈（今淮阳）、亳（今属安徽）、颍（今阜阳）数州，民户缺耕牛，"至是令搜访，其制犹存"，因命官"往宋州依其制，造成以给民"，造数千具给民使用，"踏犁之用，可代牛耕之功半，比钁耕之功则倍"。这种创自北宋初年的新农具，景德二年（1006年）因河朔地区缺牛，"诏取式付转运司，令询于民间，如可用则造给之"。并说："淮、楚间，民用踏犁，凡四五人力可以比牛一具"。

南宋建炎二年（1128年）三月，再次提出使用踏犁以解决缺牛问题，但已不知式样，"诏令诸路转运司取索以闻"，踏犁遂在南宋境内流行。周去非于淳熙五年（1178年）所写的《岭外代答》卷4《踏犁》中，记载他在静江府（今广西桂林）时所见踏犁的形制、操作方法，其功效是"踏犁五日可当牛犁一日"，正和北宋时相同。而且使用相当普遍，在"荆棘费锄之地"，"甚易为功，此法不可不存"；"若夫无牛之处，则踏犁之法胡可废也"。可见南宋孝宗时踏犁已推行到珠江流域。

1956年，江苏扬州出土的宋代四齿扁齿铁耙，宋代称为铁搭，王祯《农书》卷13说"铁搭四齿或六齿，其齿锐而微钩"，南方农家以此代牛耕，"尝见数家为朋，工力相助，日可耙地数亩"。这是宋代长江下游、太湖流域使用的农具。

苏轼在武昌"见农夫皆骑秧马"，这是一种腹如小舟、首尾上翘在水田滑行的插秧时以省体力的农具。

元代王祯《农书》中记载的农具，在宋代也大多使用，不一一介绍。

3. 南宋的副业经济

全国经济重心的南移，促进了南方热带、亚热带果树的发展。南宋韩彦直的《橘录》是我国，也是世界上最早的一部有关柑橘的专著。此书反映出我国久已种植的柑橘栽培技术水平是相当高的。书中对各种品名的柑、橘、橙，注意从树冠形状、枝叶生长状态、果实形状、品味特点、果实成熟期早迟、种植适应地区等方面加以描述。

有些技术经验是第一次见于此书记载，如关于土壤、地势的选择，说"宜斥卤之地"；"方种时，高者畦垄，沟以泄水"等。关于柑橘的施肥、嫁接、修剪、防治病虫害、采摘保鲜等技术经验的记述，在此以前也很少见于其他文献。蔡襄的《荔枝谱》记载了32个荔枝品种。人们对品种的形成，已注意到"善壤"、"赋生之异"两个方面，还提及春季开花和风雨适时与否的关系，大小年、营养枝和结果枝的情况等等。

在北方寒冷地区，人们为栽培果树也竭尽全力。《大金国志》记载说，宁江州地苦寒多果木，"桃李之类皆成园，至八月则倒置地中，封土数尺，覆其枝干，季春出之，厚培其根，否则冻死"。此法近似现代葡萄枝栽培的一套技艺。

第十章

西　　夏

西夏政权是由羌族中党项支系发展起来的少数民族政权,它的发迹跟由契丹部落发展形成的辽朝有着相似的过程经历。

第一节　党项的兴起及与宋、辽的关系

党项是我国古代羌族中的一支,又称党项羌,由于党项政权在发展伊始较宋、辽要小的多,在初期阶段和宋、辽更多的是一种依附关系。

一、党项的兴起

党项是我国古代羌族中的一支,又称党项羌。南北朝末期,已活动于今青海省东南部黄河河曲一带。他们按姓氏结为部落,大者五千余骑,小者千余骑,互不统属。以畜牧为生。没有法令、赋税,也没有文字、历法。其时党项社会大约处于氏族社会的父权制阶段。

隋末唐初,党项羌的活动范围逐渐扩大,在"东距松州(今四川松潘北),西叶护(今新疆境),南春桑、迷桑等羌(今青海南部),北吐谷浑(今青海北部)的广大地区内,散居着大大小小无数个部落,著名的有细封氏、费听氏、往利氏、颇超氏、野利氏、房当氏、米擒氏、拓跋氏等八部。其中以拓跋氏最为强大,后来建立西夏的就是拓跋氏。

隋开皇四年(584年)党项羌有千余家归附隋朝。次年,党项拓跋部大首领拓跋宁丛率部落内迁到旭州(今甘肃庆阳境),被授予大将军称号。唐贞观三年(629年),党项细封部首领细封步赖率部落附唐,唐朝在其住地设立轨州(今四川松潘境),授步赖为刺史。同时在其他内附的部落地区,分别设立岷、奉、岩、远四州,各以其部落酋长为刺史。到贞观六年,党项居住的河曲一带已设有16州,人户30万口。贞观九年(635年),在唐朝不断施加的政治诱逼与军事压力下,党项拓跋部首领拓跋赤辞也率部落降唐,唐朝在其原居地,分别设立了懿、嵯、麟、可等32个羁縻州,以松州为都督府,拓跋赤辞被封为西戎州都督,赐姓李。

唐玄宗时期,地处青藏高原的吐蕃强盛起来,不断袭击党项诸部,迫于吐蕃的威胁,拓跋部首领请求内徙。在近半个世纪的时间内,党项拓跋部辗转经历了从原居地松州向今甘肃和陕西北部一带的大迁徙。一支迁到夏州(今陕西靖边境)的部落,被称为平夏部。西夏就是在平夏部的基础上发展起来的。

唐末农民大起义时，平夏部首领拓跋思恭帮助唐朝廷镇压黄巢起义，被任为夏州节度使，爵夏国公，再赐李姓，建夏州为"定难军"，统辖夏、绥(今绥德)、银(今榆林境)、宥(今靖边境)、静(今米脂境)五州地区，从此开始出现以夏州为中心的党项李氏藩镇割据势力。

五代时期，党项夏州李氏僻居西北一隅，充分利用藩镇势力之间的矛盾，增强自己的势力。在这50多年(907～960年)中，李氏政权对中原的梁、唐、晋、汉、周及北汉政权，相继保持着"臣属"关系，实际上尽力于摆脱中原皇朝的约束。

后唐长兴四年(933年)，定难军节度使李仁福死，其子彝超继为"留后"，后唐明宗企图用调任延州(今延安东北)节度留后的办法，迫使李彝超离开夏州，以图兼并夏州。遭到了夏州李氏的军事抵抗后被迫妥协，任命李彝超为节度使。清泰二年(935年)李彝超死，李彝殷继任节度使，后周显德元年(954年)受封为西平王。

随着党项政权政治威望的提高与军事实力的加强，党项羌活动的范围也逐步扩大。一些党项部落更进入汉族居住的地区，或入居州城，与汉族杂居，接受汉族文明，被汉人称为"熟户"，与散处于山野、以游牧为生的党项"生户"相对。吐蕃势力衰微后，"回鹘、党项诸羌夷分侵其地"，说明党项羌势力进入吐蕃地区，并与回鹘势力接触。

二、"献地"与抗宋

宋朝建立后，党项李氏政权处在宋、辽两大政权之间。五代时"向背不常"的定难军节度使李彝殷，这时派族子银州防御使李光睿奉表贺宋太祖即位，并避宋讳改名彝兴。建隆元年(960年)三月，受宋太祖诏遣部将李彝玉领兵御北汉兵于麟州(今神木境)。建隆三年，又向宋朝贡马。宋太祖也特别优礼，加太尉，亲遣使赐玉带，死后追封夏王。彝兴子光睿、孙继筠相继为定难军节度使时，曾出兵进攻北汉，声援宋朝，和宋朝保持友好关系。

太平兴国七年(982年)，党项政权内部因承袭问题发生矛盾难于解决，新任定难军节度留后李继捧于五月十八日(6月22日)朝见宋太宗时，不得已向宋朝献出所管辖的夏、银等五州地。李继捧族人也被召来京师居住。太宗对李继捧重加赏赐，并晋升官职。宋朝轻而易举地取得了党项李氏世代相承辖的领土。

李继捧归附宋朝，引起了党项内部的急剧分裂。李继捧族弟李继迁，时任定难军管内都知蕃落使，不愿内迁，留居银州。召集弟继冲和亲信张浦商议对策。李继迁认为："吾祖宗服食兹土，逾三百年；父兄子弟，列居州郡，雄视一方，今诏宗族尽入京师，死生束缚之，李氏将不血食矣！"李继冲也认为，不能放弃夏州故土，就像"虎不可离于山，鱼不可脱于渊"一样，主张乘夏州不备，杀宋朝诏使，以绥、银为据点，抵抗宋朝。张浦在分析了双方形势和实力后认为，用兵要能屈能伸，不因小失大，主张"不若走避漠北，安立室家，联络豪右，卷甲重来，未为晚也"。李继迁采纳了张浦的建议，率部落亲属数十人伪装出逃，在夏州东北300里的地斤泽(今内蒙古鄂托克旗东北)驻扎，出示祖先拓跋思忠像，号召部族，抗宋自立。

从这时起到雍熙三年(986年)是李继迁独立反抗宋朝时期。前后四年，三起三落。太平兴国七年十二月，李继迁初攻夏州，闻宋朝援兵来，不战而回。

次年五月攻葭芦川(今陕西佳县西北佳芦河)，九月又攻三岔口(今靖边北内蒙古境内)，都遭到失败。宋太宗又下诏令，招抚夏、绥、银等州党项与汉族流民归业，给李继迁造成很大困难。张浦

第十章 西 夏

建议攻打富庶而恃有横山之险的宥州，扼险观变，以图光复旧业。十二月，继迁率党项兵2万人进攻宥州，被宥州巡检使李询击退。雍熙元年，李继迁退守地斤泽，派李继冲招诱党项族众。五月，党项咩嵬族与南山诸部族投奔李继迁。七月，李继迁率众进攻夏州西北的王庭镇，宋军赴援不及，被继迁取胜，俘获万计。

对宋作战的胜利，使李继迁昏了头脑，立刻聚兵万人，令张浦、李大信带领四外出击。被宋知夏州尹宪与都巡检使曹光实探得虚实，乘其不备，夜袭地斤泽，李继迁大败，几乎全军覆没，其妻与母罔氏被俘。李继迁仅与弟继冲及亲信张浦等几人逃脱，居无常所，靠党项部落的接济，图谋东山再起。

李继迁仍以恢复"李氏世有西土"的基业相号召，得到党项部落首领的纷纷响应，聚兵于夏州以北的黄羊坪。野利等族首领还把女儿嫁给继迁。银州党项首领拓跋遇派人来与继迁联络攻取银州。继迁等总结了地斤泽失败的原因，认为"漠北不足以立室家"，遂利用这个时机占领银州。雍熙二年二月，李继迁与其亲信以诈降计诱曹光实出城，于葭芦川设伏，杀死曹光实，利用其旗帜占领银州。

李继迁占据银州后，采纳了张浦的建议，暂不称王。自称都知蕃落使、权知定难军留后，封张浦、李仁谦为左、右都押牙，李大信、破丑重遇贵为蕃部指挥使，李光祐、李光允为团练使，李延信为行军司马。并预署各部落首领折八军、折罗遇、嵬悉咩、折御乜等为并、代、麟、丰等州刺史。

同年三月，李继迁乘胜攻宋会州（今甘肃靖远）、三族砦，进围抚宁砦（皆在今陕西米脂境）。四月，又与宋閤门使王侁军战于浊轮川（今神木北），大败后撤出银州，其部下党项首领多战死、被俘或投降。六月，联络夏州岌伽、罗腻等14族和吴移、越移等党项部落继续对宋作战，但又多次被击败，党项部落亦溃散或降宋，李继迁又一次陷入势孤力单、无家可归的困境。

附辽侵宋经过多次失败，李继迁总结失败的教训，认为自己"兵单力弱，势不得安，北方耶律氏方强，吾将假其援助以为后图"，即结辽以抗宋。雍熙三年（辽统和四年，986年）二月，遣张浦到辽朝归附，辽圣宗授李继迁"定难军节度使，银、夏、绥、宥等州观察处置等使，特进，检校太师，都督夏州诸军事"；以李继冲为副使。同年十二月，李继迁又向辽求婚，辽圣宗许以宗室女义成公主下嫁。淳化元年（辽统和八年，990年）十二月，辽又封李继迁为夏国王。辽对李继迁的结盟、通婚、封王也是利用他牵制宋朝。

在这种形势下，端拱元年（988年）五月，宋太宗采用宰相赵普的建议，重授李继捧为定难军节度使，赐姓名赵保忠，令其回镇夏州，以收抚李继迁。李继迁则暗中勾结李继捧，于淳化二年（991年）七月攻占银、绥二州，宋朝被迫授予银州观察使，赐姓名赵保吉。同年（辽统和九年）十月，李继迁策诱李继捧以夏州降辽，辽封李继捧为西平王。淳化四年（993）李继迁向宋索取宥、夏等州，又连攻庆、原、环等州。淳化五年三月，宋朝派李继隆进讨李继迁，李继捧闻知后告知李继迁，但反被所图，资用被夺。李继迁在宋军打击下再次避居沙漠。四月，宋朝隳毁夏州城，迫居民内迁，以削弱李继迁。李继捧在遭李继迁袭击后逃回城中即被囚。后以右千牛卫上将军，闲居京师。咸平（998～1003年）中，迁右金吾卫上将军，并曾出任岳州（今湖南岳阳）、复州（今湖北天门）地方官，景德元年（1004年）六月病死。

至道元年（995年），李继迁又上表宋朝乞还夏州，宋太宗不与，并扣留贡使张浦。继迁出兵攻乌白池（今宁夏盐池）、清远军（今银川东）等地，不断邀劫宋军粮草。二年四月攻西凉府（今甘肃武威），五月又集众数万围攻灵州（今宁夏灵武），并向宋朝索要张浦。宋太宗命李继隆等五路救援，李继迁怕平夏有失，解围而去。三年（辽统和十五年）四月，辽封李继迁为西平王。其时宋太宗已死，真宗即位。李继迁向宋表示臣附并再次索要夏州，真宗妥协退让，同年末授李继迁夏州刺史，定难军节度使,夏、银、绥、宥、静五州观察处置押蕃落等使,并放还张浦。

李继迁收复"故土"后,不久又连年侵扰宋朝西北沿边各地。咸平五年(1002年)三月,在辽朝的鼓动下,李继迁集重兵陷灵州,杀死知州裴济,改灵州为西平府。六年正月从夏州迁居西平府。

同年十月,李继迁攻取当时在吐蕃首领潘罗支统治下的西凉,潘罗支伪降,乘李继迁无备反击于三十九井(灵州附近)地方,李继迁中箭逃回。景德元年(1004年)正月,死于西平。由其子李德明继位。

三、倚辽惠宋

李德明继位时,正是辽准备继续侵宋前夕,李德明"假北朝威令慑之",遣使赴辽请求册封以抗宋。同年(辽统和二十二年)七月,辽册封李德明为西平王。十二月,宋辽订立"澶渊之盟"议和,宋辽关系缓和。次年六月,李德明为稳定人心,遣使到宋请和,但条件未谈妥,经过长时间的讨价还价,直到第三年十月,宋也封李德明为西平王、定难军节度使,并"赐"大量物资,终于议和。

李德明在位的近30年中,基本上同宋朝保持了和平友好关系,所谓"塞垣之下,逾三十年,有耕无战,禾黍云合,甲胄尘委……",就是这种情况的写照。李德明把主要力量放在对西方的开拓上,以实现李继迁曾提出的"西掠吐蕃健马,北收回鹘锐兵"的战略任务。

李德明即位的当年,景德元年六月,派兵和投附潘罗支的李继迁旧部者龙族迷般嘱及日逋吉罗丹二族,里应外合,杀死潘罗支,报了杀父之仇,乘胜攻取潘罗支弟厮铎督占据的凉州。吐蕃折逋、游龙钵等部归附李德明。六谷部首领厮铎督继续对抗,李德明于景德四年九月谋出兵攻之,厮铎督结援回鹘为备,李德明则屯兵不出。

回鹘同吐蕃一样,也依附宋朝对抗党项。李继迁在世之时,咸平四年四月,谋攻回鹘,西州回鹘可汗禄胜向宋朝请兵,欲"缚继迁以献"。禄胜又与甘州回鹘可汗夜落隔多次出兵袭击李继迁。李德明继位后,于大中祥符元年(1008年)正月至次年十二月,分别四次派张浦等亲信或亲自出击回鹘,但都失败而还。数攻回鹘不利,李德明改派凉州守将苏守信截断甘州回鹘向宋朝进贡的道路,抢掠甘州的贡奉使。大中祥符九年,苏守信死,子罗麻自领府事,十一月,被甘州回鹘可汗夜落隔攻破,罗麻逃走,凉州又被回鹘所占,回鹘遂成为对李德明的严重威胁。直到天圣六年(1028年),德明派子李元昊一举攻克甘州,夜落隔出逃。八年,瓜州回鹘首领贤顺也率部归附李德明。明道元年(1032年)九月,李德明又派元昊从回鹘手中收复凉州,解除了回鹘的威胁。

李德明同时臣服于辽、宋,倚辽之势,得宋实惠;辽、宋为了各自的利益也竞相拉拢、争取李德明。大中祥符三年(辽统和二十八年)九月,辽进封李德明为夏国王。宋朝也不断为李德明加官。天圣九年(辽景福元年),新即位的辽兴宗封宗室女为公主归嫁李德明子李元昊。明道元年,宋朝也加封李德明为夏王。

在宋、辽两国的竞相鼓励下,助长了李德明称帝的欲望,并在加速地进行称帝建国的各项准备。其时李德明出行时已是"大辇方舆、卤簿仪卫,一如中国帝制"。大中祥符九年,李德明追尊父李继迁为"太祖应运法天神智仁圣至道广德光孝皇帝"称号。天禧四年(1020年)于灵州怀远镇修建都城,改名兴州,正式建都。

明道元年十月,李德明病死。李德明虽未来得及登上皇帝的宝座,但为西夏建国作好了一切必要的准备。

第二节　夏国的建立及其政治形势

西夏国早期的政权形象是受宋、辽册封的形式。到了李元昊时期，他逐渐摆脱了这种受制，走向了独立发展的时期，此后，西夏一直保持着与宋、辽两个政权的战战和和的关系。

一、夏国（西夏）的建立

李德明在世之时，其子李元昊对父亲依附宋朝的政策十分不满，他说："衣毛皮，事畜牧，蕃性所便，英雄之生，当霸王耳，何锦绮为？"主张"招养蕃族，习练弓矢，小则四行征讨，大则侵夺封疆"。李德明死，李元昊继立，他按照自己的主张，积极摆脱宋朝的控制。

宋明道元年（辽重熙元年，1032年），李元昊嗣位伊始，辽即册封为夏国王。宋朝也派使臣来封元昊为定难军节度使、西平王。元昊对宋使给以很不礼貌的接待。随即又废掉唐、宋所赐的李、赵姓氏，改姓嵬名氏。自己更名曩霄，称"兀卒"。实行一系列强化民族意识的措施，如下令恢复"秃发"风俗，创制记录党项语言的西夏文字，规定服饰，简化礼乐制度等。

另一方面，则又尽力完善国家的各项措施。明道二年以避父讳改宋明道为显道，并积极准备称帝建国。首先于次年开始建元开运。五月，升兴州为兴庆府，营建宫室殿宇。又仿宋朝官制设官、定朝仪、建蕃学。在实现统一河西走廊之后，更规定兵制，增设新的军种；全国共置左右厢十二监军司，仿宋制立军名，规定驻地；部署兵力与调防办法等。

元昊在对河西的战争中表现了他卓越的军事才能，在李德明对回鹘的战争中他崭露头角。元昊继位后，继续向河西用兵。明道二年七月，遣将苏奴儿攻吐蕃唃厮啰牦牛城（今青海西宁北），苏奴儿兵败被俘。九月，元昊亲领兵复攻，诈和而克城。

夏广运二年（宋景祐二年，1035年），十一月，元昊又攻宗哥（今西宁东）、带星岭诸城，进围青唐（今乐都境），与唃厮啰部将安子罗10万大军昼夜奋战二百余日，子罗败，元昊退兵时也遭到暗算，大溃而还。元昊攻占河西后，隔断了吐蕃和宋朝的交通，但始终未能制服唃厮啰。三年七月，元昊再度举兵进攻回鹘，攻占瓜（今甘肃安西）、沙（今敦煌）、肃（今酒泉）三州，占领了整个河西走廊。至此，夏国的疆域"东尽黄河、西界玉门、南接萧关、北控大漠"，境土方两万余里。

元昊在对河西作战的同时，又以防止宋朝入侵为由，在边境上部署兵力、修筑堡寨，并不时对宋朝边地发动小规模进攻。早在夏开运元年（宋景祐元年）二月，元昊开始进攻府州（今陕西府谷），接着又攻掠环（今甘肃环县）、庆（今庆阳）二州。在宋朝境内筑白豹城与后桥堡。次年七月，元昊又派首领讹遇领兵进攻环、庆。夏天授礼法延祚元年（宋宝元元年，1038年），元昊谋进攻宋朝河东路，向宋朝"表请供佛五台山"，藉此窥探进兵道路，得知河东已有防备。七月，元昊召集各路首领于贺兰山会盟，"约先攻鄜延，欲自德靖、塞门砦、赤城路三道并入"。将要发兵时，有人劝阻元昊，"未建大号，不足以服众"，于是元昊决定立即称帝建国。

十月间，元昊与大臣野利仁荣、杨守素等谋划称帝事宜。十一日元昊在兴庆府即帝位，国号大夏，史称西夏。元昊自称世祖皇帝，是为西夏景宗。

并改当年为天授礼法延祚元年，以兴庆府（今宁夏银川）为都。大封文武官员，追尊祖父李继迁为"神武皇帝",庙号太祖,父李德明为"光圣皇帝",庙号太宗。立子宁明为太子。并于十一月去西凉府祀神。

二、西夏与宋、辽的战与和

元昊建国称帝的目的是为了摆脱宋朝的控制,实现党项政权的独立自主。但是,元昊又希望他的建国称帝能得到宋朝的承认。元昊于建国后不到两个月,即天授礼法延祚二年(宋宝元二年,1039年)正月,立刻遣使向宋朝上表,表文主旨是说明自己是"帝胄",表明称帝的合法性,请求宋朝皇帝"许以西郊之地,册为南面之君"。宋仁宗见到表章后却于六月间下诏,削夺过去封给元昊的官职爵位,停止互市,"揭榜于边,募人能擒元昊若斩首献者,即为定难军节度使"。

十二月,元昊遣贺永年向宋朝边境投置"嫚书",指责宋朝背信弃义,质问宋朝:"蕃汉各异,国土迥殊,幸非僭逆,嫉妒何深。况元昊为众心所推,循拓跋之远裔,为帝图王,有何不可!"又警告宋朝说:"倘契丹闻中朝违信嫚言,亦遣全师请罪,西北交困,庙算何施!"元昊想用"嫚书"激怒宋朝,宋朝著作郎张方平向宋仁宗建议:请"顺适其意,使未有以发",再谋对策,但遭到多数大臣的反对。宋朝决计用兵,给元昊造成了进攻宋朝的借口。

从天授礼法延祚三年至五年(宋康定元年至庆历二年,1040～1042年)元昊对宋朝发动了三次大战。

天授礼法延祚三年(宋康定元年)正月,元昊声言将攻延州(今陕西延安),宋鄜延、环庆路经略安抚使、知延州范雍闻讯,惊惧不敢战。元昊诈降,乘其不备,突然袭击保安军(今志丹),一举攻克金明砦,进围延州。范雍召部将刘平、石元孙来援,途中与鄜延都监黄德和军集结东进,至三川口(今延安西北),中元昊埋伏,黄德和率后军先逃,宋军遂败,刘平、石元孙被俘。转攻延州七日,适逢天降大雪;元昊亦恐后方有失,遂撤军而去。史称三川口之战。

四年(宋庆历元年)二月,元昊领兵进攻渭州(今甘肃平凉)。宋新任陕西经略安抚副使韩琦命部将任福统军迎击。元昊诈败,诱任福军入好水川(今宁夏隆德西北),陷入元昊所设的包围圈中,在羊牧隆城(今西吉东南)附近,全歼宋军,任福战死。元昊又一次获得胜利。史称好水川之战。

五年闰九月,元昊又于天都山(今海原南)集左、右厢兵10万,分东西两路合攻镇戎军(今固原)。宋知渭州王沿派部将葛怀敏出击。葛怀敏轻敌冒进,并入定川寨(今固原西北),被元昊军尾追包围,切断其归路、水源。葛怀敏及部下皆战死,宋军全军覆没。元昊挥师东进,直抵渭州,大掠而回。史称定川寨之战。

元昊并用"诏书"的形式,告谕宋朝关中军民:"朕欲亲临渭水,直据长安!"骄狂之态于此可见。元昊对宋战争虽连续获胜,"然死亡创痍者相半,人困于点集,财力不给",国内危机重重,想结束战争。宋朝也力图谋求妥协苟安。双方经过交涉,于天授礼法延祚七年(宋庆历四年,1044年)十月达成协议。宋朝册封元昊为夏国主,夏对宋名义上称臣。宋朝每年"赐"给夏国绢13万匹,银5万两,茶2万斤。逢节日与元昊生日另"赐"礼物银2万两,银器2千两,绢、帛、衣2.3万匹,茶1万斤。宋、夏恢复贸易往来。

元昊对宋朝作战时,倚辽为援;宋朝也在积极争取辽朝,并以经济利益为钓饵。后来辽朝企图以出卖夏国利益从宋朝得到好处,又发生了辽朝境内党项族投附夏国的事,于是元昊不愿再受辽的约束,使辽、夏关系日趋恶化。天授礼法延祚七年(辽重熙十三年)十月,辽兴宗亲率骑兵10万进攻西夏,辽军兵分三路渡过黄河,深入夏境,在贺兰山北与元昊军接战。西夏军初战不利,败退请和,辽将萧惠继续进攻。元昊连续三次退兵近百里,进行坚壁清野,"每退必赭其地,辽马无所食,因许和"。元昊待机反攻,大败辽军,俘辽驸马萧胡睹,辽兴宗单骑逃走。元昊在战胜辽军后,立即同辽议和以缓和辽夏矛盾。元昊对宋、辽战争的胜利,显示了西夏的实力,西夏与辽、宋鼎立对峙的局面形成。

天授礼法延祚十一年(1048年)正月,元昊在宫廷之乱中被太子宁令哥刺死,太子也被杀。

三、没藏太后、梁太后和外戚专政

元昊死后,相继的谅祚和秉常两代皇帝都是幼年即位,青年早亡,由于母族篡权秉政,在政治上作为不大。

元昊死后子谅祚即位,年仅周岁,是为西夏毅宗。由母舅没藏讹庞拥立。讹庞自任国相,朝政大权实际上完全掌握在没藏氏兄妹手中。没藏太后死后,讹庞又将自己的女儿嫁给谅祚为后,进一步控制国政。奲都三年(1058年),谅祚12岁,开始参与国政。讹庞又借故杀害了谅祚的亲信高怀正、毛惟昌。

五年,没藏讹庞父子阴谋杀害谅祚,谅祚因与讹庞的儿媳梁氏私通,因而获此消息,随即派大将漫咩擒杀讹庞父子及其家属,又杀没藏后,立梁氏为后,结束了没藏氏专权的局面。

谅祚亲政,以梁后弟梁乙埋为家相。在摆脱外戚干政的情况下,谅祚虽对内在政治上有所建树,对外仍奉行侵宋政策。但他只活到21岁,当政六年,于拱化五年(1067年)十一月病死。由子秉常继位,时年8岁,是为西夏惠宗。

太后梁氏执政,以弟梁乙埋为国相,夏国政权又一次落入母党手中。大安二年(1076年),16岁的秉常虽开始亲政,但实权仍操在梁氏兄妹手中,秉常仍无所作为。七年(1081年)三月,夏将李清劝秉常与宋朝结好,以削弱梁氏,被梁太后得知,召幸臣罔萌讹密谋,杀害李清,囚禁秉常。夏国内乱,宋朝乘机发动大举进攻夏国的战争,在两年战争中,夏国矛盾重重,梁氏为了稳定人心,只好让秉常复位,形同傀儡。大安十一年(1085年)梁乙埋与梁太后相继死去,乙埋子乙逋自任国相,与大将仁多保忠分掌兵权,夏国皇族与母族的斗争更加尖锐。一年后,秉常死去,只活到26岁。

谅祚、秉常在位时期,夏国在政治上存在着蕃礼与汉礼的斗争,并与皇权和后权的斗争紧密地联系在一起。奲都五年五月,谅祚亲政不久,即派大臣拽浪撩礼与宋朝划定屈野河边界,解决了没藏讹庞执政时期长期存在的侵耕问题。不久双方又恢复了榷场贸易,复通互市。十月,谅祚下令国内停止使用建国以来实行的党项蕃礼,并上表告宋改用汉仪接待宋朝来使。次年,向宋朝表请宋太宗御制诗文、草隶书石本及《九经》、《唐史》、《册府元龟》与宋朝贺仪;又请大藏经,乞求工匠。提出与宋皇室联姻,请尚公主。改复唐赐李氏汉姓等。宋朝有选择地给以允纳。同年五月,谅祚对元昊设立的十二监军司作了部分更改,增设了新的监军司。又仿宋制在中央官制系统设立尚书、侍郎、南北宣徽使、中书学士等官,使夏国的官制更加完备。

秉常时期,母党篡权,为了讨好党项贵族与地主阶级,稳定国内局势,他们于乾道二年(1067年)七月,以秉常的名义上表宋朝,请求恢复"蕃仪",并迫害不附梁氏的皇族大臣。秉常亲政后,在皇族支持下,曾下令取消"蕃仪",恢复汉礼,但因遭到母党势力的反对而未能实行。秉常的被囚、复位,直至忧愤而死,反映了这个时期皇权与后权的激烈斗争,说明了后权势力的强大。

夏国的对外战争此时也由主动开始转为被动。延嗣宁国元年(辽重熙十八年,1049年)七月,辽兴宗乘元昊刚死,谅祚新立,下诏亲征夏国,以报"南壁旧怨"。九月,没藏讹庞率军重挫辽南路萧惠军。十月,辽北路军推进到贺兰山,夏军3000被击败。二年二月,夏军主动出击辽金肃城(今内蒙古准格尔旗西北)被击败,三月又败于三角川。五月,辽军围攻兴庆府,纵兵掳掠,六月,攻破贺兰山摊粮城,尽发廪积而去。夏军屡次失败,没藏氏被迫遣使赴辽投降,依旧称臣纳贡。夏辽重新议和。终秉常之世,夏国国力衰弱,却又穷兵黩武,所以在对宋战争中就不得不经常求助于辽国的支持。

夏国自元昊与宋朝议和后,基本维持了近二十年的和平局面,到这时又开始发生冲突。

拱化元年(宋嘉祐八年,1063年)迫于宋朝的压力,西使城(今甘肃定西南)吐蕃首领禹藏花麻降夏。二年(宋治平元年)七月,谅祚乘宋仁宗死,英宗初即位,借口宋朝有意侮辱夏国,出动10万军队,分别进攻宋朝的秦(今天水)、凤(今陕西凤翔)、径(今甘肃泾川北)、原(今宁夏固原)等州,掳胁党项熟户归夏。

三年正月,又以万人攻庆州(今甘肃庆阳)王官城,三月围顺宁砦,八月再扰泾原,十一月争德顺军(今甘肃静宁)外同家堡。四年九月,谅祚亲率军数万又攻庆州,围大顺城,三日不克,谅祚亲临督战,中流矢退走。五年正月,宋朝遣使责问夏国"违誓诏"事,谅祚不得已遣使向宋朝献方物、谢罪,宋夏又复和好。但到十月间,夏国绥州监军司左厢监军嵬名山被宋知清涧城种谔胁迫,以绥州降宋。十一月,谅祚诱杀宋保安军知军杨定、都巡检侍其臻,遣兵屯守银州,夏宋又面临战争危机。

从乾道二年(宋熙宁二年,1069年)四月至第二年八月,秉常母梁氏以宋朝不肯归还绥州为由,向宋朝沿边的绥、环、庆、秦等州发动多次进攻,一度造成"陕右大震"的局面。因有吐蕃董毡的后顾之忧,只好退兵。天赐礼盛国庆三年(宋熙宁五年,1072年)正月至三月,宋夏进行了横山战略要地罗兀城的激烈争夺战,罗兀终为夏军占领。四年七月,夏国梁乙埋同宋将王韶进行争夺吐蕃占领的武胜城,武胜为王韶占领,宋朝控制熙(今甘肃临洮)、河(今甘肃临夏境)二州,断西夏右臂。

当大安七年(宋元丰四年,1081年)五月秉常被囚时,夏国统军禹藏花麻请求宋朝出兵讨伐梁氏。八月,宋神宗从熙河、鄜延、环庆、泾原、河东五路调兵50万进攻夏国。宋军连连得胜,直抵灵州城下。梁氏采取"坚壁清野",断宋军粮运,又决黄河水灌宋营,大败宋军。夏国击败宋军五路进攻后,又于第二年九月,由梁氏派遣统军叶悖麻、咩讹埋等,领兵30万进攻宋朝新筑于银、夏、宥三州界的永乐城,永乐城终被攻陷。永乐之战后,夏国对宋作战多失利,损失重大。夏国对宋战争,从整体上看,从这时起已由战略进攻转为战略防御。

第三节　西夏的盛世

西夏在崇宗(乾顺)、仁宗(仁孝)时进入鼎盛时期。政治形势的特点是,统治集团内部之间的斗争与阶级斗争的激烈化、表面化。对外在很大程度上受到辽、宋、金三方局势急剧变化的影响,表现了依附性。

第十章 西 夏

一、乾顺亲政

天安礼定元年(宋元祐元年,辽大安二年,1086年),秉常(惠宗)死,乾顺嗣位,年仅3岁,是为崇宗,先后受宋、辽册封为夏国主、夏国王。夏国政权又落入乾顺母梁太后和其兄梁乙逋手中。皇族嵬名阿吴和仁多保忠虽分掌兵权,但梁乙逋依仗着梁氏"一门二后"的威势,残酷迫害皇族、大臣。

他常常对众人夸耀说:"嵬名家人有如此功否?"以此来贬低皇族,抬高自己。甚至也不把梁太后放在眼里,又与太后争夺权力,引起了太后的反感。

天祐民安五年(1094年),嵬名阿吴、仁多保忠等人制造借口率部众杀死梁乙逋及其全家,但军政大权仍由梁太后掌握。永安二年(辽寿昌五年,1099年)正月,乾顺年满16岁,理应主持国政,但梁太后不许,辽国得知后出面干预,派使臣至夏国,用药酒害死梁太后,乾顺在辽国的支持下开始亲政。乾顺亲政后,鉴于外戚专权的历史教训,积极采取了巩固皇权的措施。四月,以梁太后之死归罪于嵬名阿吴、仁多保忠,将他们处死。贞观四年(1104年)二月,又解除了仁多保忠的卓罗监军司统军职务,收回兵权。与此同时,又采用汉人封王的制度,对皇族嵬名氏宗室加封王爵,授以实权。贞观三年(1103年)九月,乾顺封弟察哥为晋王,掌管兵权。元德二年(1120年)十一月,又封宗室景思子仁忠为濮王,次子仁礼为舒王。

乾顺十分热心于汉文化,亲政之后,采纳汉官御史中丞薛元礼的建议,在蕃学之外,特建"国学"即汉学,设置教授,选派皇亲贵族子弟300人,建养贤务,供给食用。乾顺企图通过儒学来作为巩固皇权统治的手段之一,但提倡汉文化却遭到了党项贵族的反对。党项人御史大夫谋宁克任上疏说:"吾朝立国西陲,射猎为务。今国中养贤重学,兵政日弛。"提醒乾顺"既隆文治,尤修武备,毋徒慕好士之虚名,而忘御边之实务"。乾顺不予采用。乾顺之世,正是外部政治局势极大的动荡变化之时,西夏也适时地变动着自己的对外方针,由依辽抗宋,到援辽抗金,最后臣附于金朝。

二、依辽抗宋

乾顺亲政前的十多年中,梁氏与梁乙逋兄妹,穷兵黩武,连年对宋朝发动战争。

天仪治平二年(宋元祐二年,1087年)七至九月,梁乙逋两次派统军仁多保忠进攻宋朝泾原路镇戎军(今宁夏固原)等地。八月,梁乙逋集十二监军司兵于天都山(今海原东),约吐蕃阿里骨出兵攻宋熙河路,都失败而还。三年,又发兵连攻宋府州(今陕西府谷)、德静(今榆林南)、塞门(今安塞北)、延州及兰州、龛谷(今榆中南)等砦。时国内大旱,点集不应,只好遣使与宋议和,宋夏暂时休战。

天祐民安元年(宋元祐五年,1090年),梁乙逋在遣使同宋朝"议疆事"的同时,又出动人马攻毁宋朝的质孤(今榆中北)等堡。二年四月,又以10万大军进攻熙河路通远军(今陇西)、围定西(今属甘肃)。五月之后,连攻泾原路怀远(今宁夏固原西)及土门(今陕西安塞西北)。九月,集兵15万分攻麟(今神木北)、府二州。三年正月,借助于辽兵的声援,又进攻绥德城(今属陕西)。三月,集3万兵于韦州(今宁夏中卫东南)进攻环(今甘肃环县)、庆(今庆阳)二州。十月,梁太后又亲率10万大军进攻环州,七日城不下,被宋军包围于洪德寨(今环县北),遭到痛击,梁太后弃帷帐、首饰,改装逃走。

梁乙逋被杀后,梁太后继续对宋作战。天祐民安七年(宋绍圣三年,辽寿昌二年,1096年)二月,梁太后发兵从绥德界攻义合砦(今陕西绥德东),三月围塞门,八月攻顺宁砦(今志丹西北),俱出师不利。十月,梁太后同乾顺领兵号称50万三路入鄜延路,攻占金明砦(今安塞南),向辽献俘。八年,宋朝为了控制西夏南侵的要隘,于好水川北筑平夏城(今宁夏固原北)。第二年,永安元年(宋元符元年,1098年)十月,梁太后亲率40万大军向平夏城发动攻势,夏军连营百里,使用高车飞石猛攻,经过十三日的苦战仍未能攻下,夏军粮草渐乏,一天夜里,西北大风骤起,战车折损,夏军溃逃。

梁氏兄妹对宋朝的战争依靠辽朝的援助。乾顺凭借辽的力量结束了母党专权的局面。乾顺当政后政治上更加依附于辽。其时宋朝徽宗在位,宰相蔡京与宦官童贯勾结,对外实行开边政策,用武邀功。从西夏贞观四年(宋崇宁三年,1104年)到元德元年(宋宣和元年,1119年)的十余年中,西夏不断遭到宋朝的攻击。乾顺经常乞援于辽,依靠对辽朝的卑辞厚礼与姻戚关系,由辽的出面斡旋或对宋施加压力,才顶住了宋朝的压力,稳定了政局。

三、辽亡金兴之际西夏的扩张

西夏元德四年(辽保大二年,金天辅六年,1122年)三月、五年正月,乾顺两次出兵援辽。元德六年(辽保大四年,金天会二年,1124年)三月,乾顺见辽亡已成定局,为了保全西夏,即派出使节向金奉表称臣,愿以事辽之礼事金。金则把原属辽的西北一带的"阴山以南、乙室耶刮部吐禄泊之西"地区割让给西夏。

元德八年(宋靖康元年,金天会四年,1126年)三月,乾顺按照金割地的许诺,乘金攻宋的机会,出兵攻占天德(今内蒙古乌拉特前旗东北)、云内(今土默特左旗东南)、武州(今山西神池)等八馆之地。天德、云内等州旋被金强占。四月至十二月,又攻宋震威城(当在今陕西府谷西北)、西安州(今宁夏海原)、麟州建宁砦(今府谷西北)、怀德军(今宁夏固原北)、天都寨(今海原东)、兰州等地,宋朝在靠近西夏边境修筑的城堡相继被攻占。正德元年(金天会五年,1127年)三月,金朝把陕西北部约千里之地割给西夏,以河为界,以抵偿占领的天德、云内等地。

正德二至三年(宋建炎二年至三年),西夏攻取南宋的定边军(今陕西定边南)、德靖寨(今志丹西南)。大德二年(宋绍兴六年,1136年)七月,又攻占南宋的乐州(今青海乐都南)和西宁州(今西宁)。三年(金天会十五年),乾顺又遣使向金朝请求河外诸州,金朝将乐州、积石州(今青海贵德西)、廓州(今尖扎西北)"河外三州赐"给西夏。乾顺在依附金朝之后,利用宋、金交战的时机扩张领土,西夏疆域为建国以来所未有。

四、仁孝盛世

大德五年(金天眷二年,1139年)六月,乾顺死,子仁孝继位,时年16岁,是为仁宗。

仁孝即位之初,西夏内部面临着严重的危机。辽成安公主的扈从萧合达当时担任夏州(今内蒙古乌审旗南)统军,对西夏投附金朝不满,乘仁孝新立,于大庆元年(1140年)四月,据夏州起兵,联络阴山和河东的契丹余部,图谋恢复辽朝。六月,萧合达军包围西平府(灵州,今宁夏吴忠西南),七月又攻陷盐州(今陕西定边),"游骑直逼贺兰,兴州(兴庆府,今宁夏银川)大震"。仁孝命静州(今银川南)统军任得敬迅速平定了萧合达叛军。

次年(金皇统元年),仁孝又遣兵捕杀了降金的慕洧、慕濬兄弟。三年,西夏发生饥荒,米价飞涨,升米高至百钱。四年三、四月间,兴庆府和夏州连续发生强烈地震,房舍倒塌,人畜死亡者数以万计。饥荒和地震,使无法生存的西夏人民起而反抗。这一年七月,威州(今同心东北)的大斌、静州的埋庆、定州(今平罗南)的笆浪和富儿等部民纷纷起义,规模大者万余人,小者也有五六千,他们攻打州城,杀掠豪富,震动了西夏。各地纷纷告急,仁孝又派任得敬领兵镇压起义军,这时任得敬以平息萧合达之叛升任西平都统军,他以残酷的手段镇压和瓦解威、静等州的起义军,定州笆浪、富儿族的起义队伍在哆讹的领导下,坚持抵抗,但最后也被任得敬偷袭大营,起义领袖哆讹被擒,惨遭杀害。党项部民的起义终于被镇压。

仁孝初期西夏在政治上面临着许多困难,但由于有乾顺奠定了较为稳固的基础,使仁孝度过了难关。加之这个时期外部条件对西夏的发展是有利的,金军南下侵宋,减少了宋金对西夏的威慑,西夏获得了发展的机会和时间。仁孝时期,直接统辖的"河之内外,州郡凡二十有二",疆域达到全盛时期。

仁孝时期在政治制度上大力模仿宋朝,以适应小农经济生产力发展的要求。天盛年间(1149~1169年)编纂的《天盛改旧新定律令》及以后编纂的《新法》,是这个时期西夏政治制度和法令的汇集,它依据宋代律令内容和体例编纂而成,因而也反映了西夏在政治制度体系上的汉化程度。政治制度方面的另一重大措施,是仿宋制实行科举,改革了任官制度,与此相应,在境内普遍设立学校,设立"太学"、"内学","尊孔子为文宣帝",尊崇儒学达到了空前的高度。仁孝推崇儒学,重文轻武,对适应经济的发展与抑制豪酋大族的政治特权有一定积极作用,但同时也造成了统治集团日趋文弱,使外戚、军阀任得敬的步步高升以至篡权分国成为可能。

乾祐元年(金大定十年,1170年)五月,以军事起家的外戚、楚王任得敬,公然胁迫仁孝分西夏国之半归他统治,另立楚国。又强迫仁孝为他向金朝请求册封,遭到金朝的反对。八月,仁孝"诛(任)得敬及其党与",政局恢复正常。

第四节 西夏从衰落走向灭亡

仁孝以后由于皇室日趋腐朽软弱,外部蒙古强敌威胁,因此在短短的34年中,帝位五易,衰落之势不可逆转。

一、政变迭起

乾祐二十四年(1193年),仁孝死,子纯祐继位,时年17岁,是为桓宗。天庆三年(1196年)十二月,仁孝弟越王仁友病死,其子安全请求承袭王爵,纯祐不许,降封安全为镇夷郡王。安全不满,遂生篡夺之心。

天庆十三年(1206年)正月,镇夷郡王安全在罗太后的支持下废纯祐,自立为帝,是为襄宗。皇建二年(1211年),西夏又一次发生宫廷政变,七月间,宗室齐王遵顼废安全,继立为帝,是为神宗。遵顼是齐王彦宗子,年少力学,博通群书,以廷试进士第一,袭封齐王,并擢升大都督府主,统领军队。即位时已49岁,实行附蒙古侵金而遭到失败,光定十三年(1223年)十二月,在内外交困中,

"遵顼自号上皇,传位于其[次]子德旺",是为献宗。

乾定四年(蒙古成吉思汗二十一年,1226年)五月,在蒙古军队的强大攻击中,遵顼病死。七月,德旺也惊吓而死。其弟清平郡王子南平王继位,是为末帝,西夏已临近灭亡。

二、从附蒙攻金到联金抗蒙

西夏在纯祐时期,基本上仍奉行附金和宋政策。但当北方蒙古势力兴起并向南扩张时,西夏与金的关系开始发生了新的变化。安全篡位后,受金册封为夏国王,继续附金以抗蒙古。然而当应天四年(金大安元年,蒙古成吉思汗四年,1209年)九月,蒙古军包围夏都中兴府,安全向金朝求援时,金却拒绝出兵,企图借蒙古势力消灭西夏。安全被迫向蒙古求和,并于次年八月,发兵万余骑攻打金朝的葭州(今陕西佳县),夏、金关系正式破裂。

遵顼即位,不再向金朝求封册,反而乘蒙古攻金之机,也向金边境发动攻势,扩张领土,掳掠财物。在遵顼在位的13年中,对金的作战几乎年年都有。遵顼自知实力不强,所以尽量利用一切有利时机。光定三年(金贞祐元年,1213年)十一月,遵顼得知金卫绍王完颜永济已被弑,国中大乱,乘机出兵攻打会州(今甘肃靖远南)。次年十一月,又出兵3000援助金叛将程陈僧。后又与程合兵攻金临洮府(今临洮县)。遵顼还曾令吐蕃路招讨使万庆义勇派人到南宋西和州(今西和西),约宋制置使董居谊出兵夹击金朝,遭到南宋拒绝。

光定九年(宋嘉定十二年,金兴定三年,1219年)到十年,遵顼又两次遣使入四川,请南宋合兵夹攻金朝,都无结果。金迫于几方面的压力,尽量笼络讨好西夏。如光定二年(金崇庆元年)三月,在遵顼侵金的情况下,金还派使臣来封遵顼为夏国王,遵顼也遣使谢册封,但攻金如故。金遭到西夏的攻击,也不断给予反击,如光定六年十二月,金兵分两路进攻西夏的盐、宥(今内蒙古乌审旗西南)、夏、威、灵、会诸州,遵顼分兵抵抗,双方势均力敌,相持不下。

遵顼的侵金政策,给西夏造成了严重的后果,"国经兵燹,民不聊生,耕织无时,财用并乏"。到处是"败卒旁流,饥民四散"。由于战争,金关闭了向西夏开放的榷场,中断了双方贸易,使西夏在经济上遭受重大损失。

对金战争,也激化了西夏统治集团内部的矛盾。在皇室中以太子德任和大臣梁德懿为首的联金抗蒙古派,反对遵顼的侵金政策。光定十三年,德任即因拒不领兵侵金而被废囚禁于灵州,御史中丞梁德懿上疏谏阻,也被罢官。这一年,蒙古军大举攻夏,遵顼在附蒙古侵金政策彻底失败后退位。次子德旺继位后实行联金抗蒙古以挽救危机,采纳右丞相高良惠的建议,于乾定二年(金正大元年,1224年)十月,遣使同金朝议和。次年,金、夏又成为"兄弟之国",但此时金也已处于灭亡前夕,兵虚财尽,自顾犹不及,更无力量去援西夏抗蒙古了。

三、西夏的灭亡

西夏政权仁宗(仁孝)后期,外戚任得敬分裂西夏,后依靠金朝而得以平定,但此后统治集团腐朽没落,内乱不断,日渐衰亡。此时蒙古最强盛的克烈部落也因其内部矛盾,一部落长亦剌合桑昆逃入西夏境内避难,引起蒙古与西夏的矛盾。

西夏北境与漠北蒙古高原上的克烈部与乃蛮部接界,并早有交往。在漠北各部的相互争战中,克烈部首领汪罕联合蒙古部成吉思汗的父亲也速该打败其叔古儿罕,古儿罕曾逃入西夏避难。夏

第十章 西 夏

乾祐四年(1193年)二月,乃蛮部首领亦难赤进攻克烈部,汪罕逃往河西时曾路经西夏,仁孝馈赠粮饷。天庆十年(1203年)成吉思汗灭克烈部,汪罕之子亦剌合桑昆逃往西夏,后被逐出。西夏一贯支持蒙古部成吉思汗的敌人,成为蒙古决心灭夏的原因之一。后来成吉思汗即以西夏曾经纳其仇人亦剌合桑昆为借口,首先发动了对西夏的进攻。

成吉思汗统一漠北诸部后,把进行掠夺战争的目标对准了金与西夏。西夏在金之西,蒙古之南,成吉思汗想先进攻金,但顾虑金与西夏联合,所以决定攻金之前先攻西夏,解除侧面威胁,采取扫除外围的战略。从天庆十二年(1205年)至宝义二年(蒙古成吉思汗二十二年,1227年)的23年中,成吉思汗对西夏发动了六次大规模的进攻。

蒙古军破力吉里、取斡罗孩、围中兴府。西夏天庆十二年(1205年),成吉思汗以"西夏纳其仇人桑昆"为借口,第一次征西夏,破力吉里寨(今地不详,当在今甘肃西部)、瓜(今敦煌西)、沙(安西东南)诸州,以天暑将盛,不敢久留,引兵还,经落思城(一说在河套北),大掠西夏人口及牲畜而去。西夏主纯祐先是不敢抗拒,后以蒙古兵退,即修复被破坏诸城,大赦境内,改都城兴庆府为中兴府(今宁夏银川),以示西夏中兴。

西夏应天二年(蒙古成吉思汗二年,1207年)秋,成吉思汗获悉西夏安全废主自立,于是第二次出兵侵西夏,攻取斡罗孩城(当在今内蒙古阿拉善右旗西南的龙骨山,与甘肃山丹县接界处),四出攻掠,夏帝安全召集右厢诸路兵准备抵抗。成吉思汗见西夏兵势尚盛,未敢再进。逾五月,以粮尽自动退兵。

应天四年春,因金朝降蒙古叛臣劝蒙古伐金。成吉思汗恐西夏助金,决意先攻西夏,于是第三次侵西夏。成吉思汗率兵由黑水城(当在今内蒙古杭锦后旗境喀喇木伦[蒙语"黑水"]河滨)北入侵西夏腹地,夏帝安全遣其子承桢为主将督兵5万抵抗,夏兵大败,副元帅高令公(逸)被俘不屈死。

四月,蒙古军攻占兀剌海城(当在今杭锦后旗境),太傅西壁讹答率兵巷战被俘。蒙军遂进攻西夏都城中兴府的外围克夷门(今宁夏石嘴山北),克夷门两山对峙,中通一径,极为险要。夏帝遣嵬名令公再率兵5万抵御,相持两月,蒙军设伏以游兵诱嵬名令公,将其擒获,遂破克夷门,进围中兴府。九月,蒙军引黄河水灌城,夏帝安全亲督将士登城守御。会大雨,河水暴涨,成吉思汗遣将筑防,遏水灌城,居民死者无数。十二月,堤决,河水久灌,城将圮,而水势四溃,蒙古军也不能支,将解围退,乃遣原西夏太傅讹答入城谕降。

夏帝安全登城,隔水与成吉思汗相见,面约和好,且请纳女、称臣。蒙古军始退,西夏从此一蹶不振。

西夏光定七年(蒙古成吉思汗十二年,1217年)十二月,蒙古第四次进攻西夏,围攻西夏首都中兴府,夏主遵顼出奔西凉(今甘肃武威,或作逃往西京,即灵州,今宁夏吴忠西南)。旋即遣使请降,蒙古兵退。

西夏乾定元年(蒙古成吉思汗十八年,1223年),新即位的夏帝德旺改变降蒙政策,当听说成吉思汗远征西域未返,乘机遣使联结漠北诸部,企图联合抗蒙古。次年,成吉思汗从西域返还,得知西夏阴怀异图,遂自将攻沙州(今甘肃敦煌西),逾月未下后退兵。同年九月,蒙古大将孛鲁由东面攻下西夏的银川(今陕西米脂北)。守城主将塔海出战,兵败被俘,死伤数万,被掳掠牲口牛羊数十万,损失惨重。

西夏宝义元年(蒙古成吉思汗二十一年,1226年)正月,成吉思汗以西夏纳其仇人亦剌合桑昆(一作亦腊喝翔昆)及不遣质子为藉口,发动东西两路夹攻。东路为主力,大军10万由成吉思汗亲自率领,从蒙古草原南向取沙碛古道直捣河西走廊之背,破黑水城,死者数万,进攻贺兰山(今宁夏西北与内蒙古接界处),西夏大将阿沙敢卜战败被擒。西路由将领忽都铁穆儿率领,出兵先破沙州,屠肃州(今甘肃酒泉),东进而下甘州(今张掖)。

七月,东西两路会师,合攻西凉府,西夏守将斡札篑力屈投降。成吉思汗率兵越过沙陀进军黄河九曲(皆在今宁夏中卫西南)处,破应里(今中卫)等县。十一月,攻灵州(西京),逼近首都中兴府,新即位的西夏末帝遣大将嵬名令公领兵10万赴援,蒙古军渡河邀击,西夏军英勇抵抗,领军佐里等战死,灵州失守,蒙古军遂围中兴府。

次年初,成吉思汗仅留一部分兵力攻西夏,自率大军南下攻金。六月,中兴府被围已半年,西夏末帝力屈投降,末帝举族入蒙古军中,旋即被杀,西夏亡。

蒙古于1227年灭西夏后,又于1234年灭金,于1276年灭南宋。在继续清除了南宋的残余势力后,建成了统一的元皇朝。

第五节 西夏的农业和牧业经济

党项族是在迁居西北地区后逐渐学会了农耕生产,西夏建国后,农业成为了西夏的主要生产部门,同样的,农业方面,西夏在兴修水利、使用先进农具和生产方式也有较大的发展。

畜牧业是西夏的重要生产部门,西夏牧业的畜类,主要有羊、马、驼、牛、驴、骡、猪、狗等。

一、农业

农业是西夏主要的生产部门,西夏设农田司管理农业生产。党项族是在迁居西北地区后逐渐学会了农耕生产。西夏境内河西陇右地区的兴(今宁夏银川)、灵(今灵武西南)、甘(今甘肃张掖北)、凉(今武威)等州,"地饶五谷,尤宜稻麦",汉唐以来就支引黄河修建了"唐来"、"汉源"等渠。

西夏建国前,自李继迁开始就曾役使各族劳动人民兴修水利。李元昊建国后又修筑了自今青铜峡至平罗的水利工程,后人称之为"昊王渠"。据有的书记载,西夏时期有大小渠道68条,灌溉9万顷土地。西夏仁宗时期修订的法典《天盛改旧新定律令》中,专设条文具体规定了水利灌溉事宜。西夏大力发展水利灌溉事业,使这一地区"岁无旱涝之虞",为农业的迅速发展提供了优越的自然条件。

西夏在农业生产中已普遍使用铁制农具和牛耕,"耕稼之事,略与汉同",即耕作技术和方法和当地汉族都差不多,如使用"二牛抬扛"耕作方法,农具有犁、铧、镰、锄、锹、耧、耙等,粮食加工器具碌碡、叉、车、碾、碓等。农作物中,粮食作物主要有麦、大麦、荞麦、糜粟、稻、豌豆、黑豆、荜豆;蔬菜有芥菜、香菜、蔓菁、萝卜、茄子、胡萝卜、葱、蒜、韭等,也有果树的栽培。

由于自然条件的不同,西夏境内农业的发展也极不平衡。兴、灵、甘、凉和绥德(今属陕西)无定河以东的一些地方,自然条件优越,发展为西夏的粮食生产基地。所谓"国人赖以为生者,河南膏腴之地",即指兴、灵一带。西夏曾占领的陕北米脂、葭芦一带,有良田不下一二万顷,以盛产粮食著名,有"歇头仓"、"真珠山"、"七宝山"美称,"夏人赖以为国"。这些地区所产粮食除供当地食用外,还常调运西夏其他地区。

由于西夏连年战争和灾荒频繁发生,西夏人有藏粮的习惯。西夏时期曾在邻接宋朝的沿边地区建窖或筑仓,贮藏大量的粮食。如德靖镇(今横山北)的"七里平",桃堆平的"国官窖",鸣沙川的"御仓",贺兰山的"摊粮城"(今石嘴山西)等地区或库仓中都贮粮上万至百万石。有记载毅宗时曾在西市城(今甘肃定西境)"建造行衙,置仓积谷"。

西夏粮食生产不能自给,常以畜类和畜产品、青盐等向宋朝换取粮食。每遇战争或灾年歉收时,劳动人民则要依靠采集野菜、野果、野草充饥。宋人的著作中记载:"其民春食鼓子蔓、咸蓬子,夏食苁蓉苗、小芜荑,秋食席鸡子、地黄叶、登厢草,冬则蓄沙葱、野韭、拒霜、灰条子、白蒿、碱松子,以为岁计"。

二、牧业

畜牧业是西夏的重要生产部门,西夏设群牧司管理牧业生产。党项族有从事畜牧业的丰富经验,西夏境内的夏(今陕西靖边北白城子)、绥(今绥德)、银(今米脂西北)、盐(今宁夏盐池北)、宥(今陕西定边东)诸州,鄂尔多斯高原,阿拉善和额济纳一带的山地和沙漠草原地带,土地比较瘠贫,不利农耕,仍宜于畜牧。河西走廊地区有广阔的草原,"瓜、沙诸州,素鲜耕稼,专以畜牧为生",甘、凉等州,则水草丰美,凉州素有"畜牧甲天下"之称。

西夏牧业的畜类,主要有羊、马、驼、牛、驴、骡、猪、狗等。马匹在牧业经济中占有特别重要的地位,除用于军事和生产外,还作为大宗商品同周边进行贸易,又是对宋、辽、金的主要贡品。西夏境内所产的"党项马"在当时是驰名的良种马,宋朝对外战争所需马匹以"陕右诸州最盛",多购自西夏。

骆驼在西夏具有重要作用,主要用作高原和沙漠地区的运输工具,阿拉善和额济纳地区是主要养驼地区。羊、牛、猪、狗是西夏农牧民日常生活的衣食来源。西夏畜牧业有着较高的生产水平,在史书记载的西夏与宋朝的每次战争中,西夏损失的羊、牛、马、驼等各种畜类,动辄数以万计,反映了西夏畜牧业的生产程度。

西夏的主体民族党项族在长期从事畜牧业生产中,积累了丰富的知识,反映在西夏时期编纂的辞书《文海》中,对牲畜的分类与观察尤为细致;特别是对马、牛、羊品种的区分,对牲畜的管理、繁殖、饲养、疾病及治疗等,都有独特的方法与一套完善的经验。

第十一章
宋、辽、金、夏时期周边的民族及其政权

前几章我们重点地介绍了有关宋、辽、金、夏的具体情况,这是因为它们相对来说都是比较大的政权组织形式,但它们并不能涵盖当时中国疆域的全部,在它们周围,同时还并存着诸多大小政权形式,在本章中我们来共同了解一下。

第一节 奚 族

奚族,属阿尔泰语系原始蒙古语族,隋朝以前称库莫奚,《魏书》首立其传。

早在东汉时,部分南匈奴人迁到以紫蒙川为中心的广大地区(今辽宁朝阳西北,老哈河上游),与鲜卑人杂居,遂被融合。史称这部人为鲜卑宇文部。公元345年,该部为慕容部所灭,余部窜入松漠间(今内蒙古东南部西拉木伦河、老哈河一带),其后逐渐向东发展,其中一部分始以库莫奚见称。

北朝时,库莫奚多次越过长城,南下到靠近今河北省中部的地区。其自然条件和接受中原影响等方面,较东北许多民族优越、直接,因此经济发展较快。北魏登国三年(388年),道武帝从弱洛水(今内蒙古西拉木伦河)南的四部掠夺了牲畜10余万头。

北齐天保三年(552年),文宣帝讨西徙于代郡(今山西大同北)的部分奚人,获杂畜10余万头。这两次牲畜数字表明,奚人的剩余产品是相当可观的。登国三年战争后,奚人进入相对稳定时期,人口随之增长,明确记载为五个部:辱纥主、莫贺弗、契个、木昆和室得,每部首领称俟斤。为调节内部纠纷、组织战争和抵御灾害等,形成以阿会氏为首的部落联盟,无疑这是原始社会末期的象征。

唐代前期,除畜牧业外,奚人还掌握了种植、加工和储藏粮食(稷)的技术,制造车辆、武器等手工业也占有一定地位。大量的剩余产品为各级酋长占有,大小酋长成为奴隶主贵族,对广大部曲进行残酷的剥削和压迫。唐末光启年间(885~887年),契丹对奚人的一次战争就俘虏部曲7000户,可见奚族中处在奴隶地位的部曲是相当多的。唐代前期,部落联盟长就正式以奚王相称,而且又得到"都督"等唐朝的封号。奚王王位早已世选——世袭化。饶乐府(今内蒙古赤峰)及其所属各州机构,实际上也是阶级压迫的工具。

辽代,奚族社会发展深受辽朝影响,为朝廷控制的奚人部曲、俘虏,与奴隶相同。奚王府所辖奚人,辽前期仍维持奴隶制度。是时,奚族经济有很大的发展,农业、手工业比重逐渐上升。汉人、渤海人相继迁入奚人地区,奚贵族将大量土地租佃给汉族农民。那些输租于地主,又纳课于官的奚人

"二税户",慢慢成为国家编民,于是行政管理因素逐渐增加,并占有重要地位,但奴隶制度并没有全部退出奚族社会舞台。金代,随着奚族的分散和汉化加深,国家管理更加巩固。

奚族历史始终与中原皇朝的历史紧紧联系在一起。北魏"开辽海、置戍和龙(今辽宁朝阳)",奚族归服,并入塞贸易。同时还不断南下与安州(今河北隆化)、营州(今辽宁朝阳)民杂居,"并无疑贰"。6世纪中叶,突厥汗国征服奚族。突厥降隋,奚族与隋朝的往来频繁,隋朝通过营州总管府经略奚族。唐贞观四年(630年),东突厥汗国瓦解。同年八月,大部分奚人内附。二十二年(648年),全部奚人内附。唐朝在奚族地区置饶乐都督府,阿会部置弱水州,处和部置祁黎州,奥失部置洛瑰州,度稽部置太鲁州,元俟折部置渴野州。各部酋长为该州刺史,大酋长可度者持节五州诸军事、饶乐都督。鉴于民族和地区的特点,均属于羁縻性质的州府。治于柳城(今朝阳)的营州都督府,系代表朝廷直接管辖饶乐等地区的最高权力机构。

武则天时,两蕃(奚和契丹)亲突厥势力抬头。万岁通天元年(696年),奚族随契丹反唐,唐争取奚、契丹失败。后东突厥可汗默啜(691~716年)趁机控制了饶乐地区,营州都督府南撤至渔阳(今天津蓟县)。开元四年(716年),奚请降,饶乐府恢复。唐封其首领李大酺为都督,饶乐郡王。翌年,以固安公主嫁大酺。其后,还有两位公主嫁奚王。七年(719年),赐奚绢3万匹;二十二年(734年),再次赐绢20万匹。应大酺等人之请,营州都督府重治柳城。都督宋庆礼开垦屯田80余所,几年内便"收岁储",免除从千里之外挽运粮食的旧例。宋庆礼又"集商胡,立邸市"。开元四年,奚族土特产品进入当时最大国际市场唐首都长安(今陕西西安)西市。饶乐地区经济的发展,也带来了政治稳定,这种局面一直保持到都督李鲁苏任内。

天宝元年(742年),平卢节度使直接管辖饶乐地区。安禄山假造奚人"谋反",多次进行镇压。再以此"战功"取得平卢(今辽宁朝阳)等三大节镇的重权。然后又利用民族矛盾,将数万奚人丁壮编入军中,并成为其主力。安史之乱不仅荼毒北部中国,而且奚人也遭到了巨大伤亡,此后奚族即一蹶不振。

安史之乱后,奚族成为回鹘汗国的属部,但与唐朝仍保持附属关系。唐以范阳节度使为"押契丹、奚两蕃使"。奚王及其各级酋长不断接受唐朝的封官、赐爵、赐姓和赏赉。鉴于奚使往来频仍,于元和十一年(816年)规定,奚使团行至幽州(今北京)时,"选其酋渠三、五十人赴阙"。开成五年(840年),回鹘汗国灭亡,奚族从中解脱出来。

一、辽时的奚族

唐光启年间(885~887年),契丹打败奚王吐勒斯,奚人元气再次挫伤。9至10世纪之交,契丹首领耶律阿保机对奚族交替使用战争和诱降手段。后梁开平五年(911年),契丹终于征服奚族,奚族五部先后纳入契丹统治。阿保机建国前后,战火连年不熄,相当一部分奚人丁壮编入辽军,从事征战和守边,所以伤亡很大。如辽天显三至四年(928~929年),在契丹与后唐的战斗中,奚军万余骑全部战殁。当时契丹初起,尚缺乏管理统治其他民族的经验,竟出现虐待贵族首领的事件。酋长去诸带领部分奚人逃奔妫州(今河北怀来)北山,依附幽州(今北京)节度使刘守光父子,陆续来到这里的有数千帐,史称他们为西部奚,去诸为西部奚王。这支奚人处于契丹与后唐间,并与后唐关系日益密切,不断朝贡往来,后唐庄宗赐第二任西部奚王扫刺国姓李氏,名绍威。但严重影响契丹与奚关系的还是"逐不鲁事件"。逐不鲁系契丹舍利,绍威以其姐为妻。逐不鲁得罪契丹帝,亡奔

第十一章 宋、辽、金、夏时期周边的民族及其政权

奚,绍威纳庇。

契丹以此为借口,对西部奚发动战争,双方终至决裂。同时西部奚进一步向后唐靠拢,成为其臣属。后唐清泰三年(939年),石敬瑭联合契丹灭后唐,辽得到包括西部奚驻地在内的燕(今北京)云(今山西大同)16州。西部奚民最终还是归属辽朝,并被强迫迁回本土。

契丹与奚,习俗语言相同,地区毗邻,友好关系源远流长。因此阿保机早就选定奚族作为自己最好的联盟者。为建立并巩固这种联盟,辽将奚族分成两大部分,采取不同的统治形式。

1. 辽朝直接控制的七部奚族

唐天复三年(903年),契丹阿保机将所俘奚族7000户编为迭剌迭达部,亦称奚迭剌部。辽神册六年(921年),辽太祖阿保机又将另一部分所俘奚族编成乙室奥隗部和楮特奥隗部。这三个部均列入太祖二十部之中。撒里葛、窈爪和耨盌爪,原为奚族三个营,系著帐子弟,籍于宫分。圣宗将他们各置为部,又置讹仆括部,这四个部都列入圣宗三十四个部之中。

上述七个部皆隶南府,直属辽朝廷。因其摆脱了奴隶地位,故与辽朝的对立情绪也就越来越少。他们接受契丹影响较多,各有不同程度的契丹化。

2. 奚王府管辖的各部

辽太祖阿保机毅然保留奚族最高的军政领导机构奚王府。该府除奚王外,至太宗时还加设二宰相、二常衮。二宰相匡辅奚王;诰命大常衮,在奚王左右;副常衮,总知五房族事。奚王均由奚人担任。奚王府管辖遥里、伯德、奥里、楚里和梅只(知)五个部,与唐代的奚五部具有直接对应关系。每部长官为节度使。奚王府与契丹北大王院、南大王院、乙室王府合称四大王府。后三个大王府下的民众,在契丹本族中的地位很高。奚王府能够与三大王府并列,可谓荣宠。奚贵族和朔奴、萧莆奴、萧阳阿、萧韩家奴等入仕辽朝,在朝廷和地方任高官,享厚禄。奚"五王族,世与辽(契丹)人为昏(婚)",又多了一层血缘宗亲关系。统和十五年(997年),辽圣宗免除奚王府所属各部税贡。通过这些措施,使得奚贵族与契丹贵族的关系更加密切。

以契丹族为主体的辽朝,对奚族毕竟存有戒心,担心奚王府壮大而无法驾驭,更害怕他们反戈相向,故不断地采取控制和防范的措施。如辽太祖于天赞二年(923年),镇压胡损领导的奚人起义后,便改组奚王府,任命忠于朝廷的奚人贵族勃鲁恩为奚王。其后,奚王一直由朝廷任命。同时清理各部,裁撤奚王府"给役户",查出大量"隐丁",再加上起义失败后的"流散"者,由这三部分人组成"堕瑰部",于是奚王府统属的五个部变为六个部。

奚王对六部的实际权力仅维持到辽中期,圣宗将奚王府对六部的"单线"领导改成由奚王府和朝廷的"双线"领导。统和十二年(994年),圣宗对奚六部进行大规模调整,将梅只、堕瑰二部合并到奥里部之中。分奚王府二剋为南剋部和北剋部,从而削减该府常备军。奚王府所属六部军队,由契丹贵族任监军。奚六部秃里太尉,系巡回地方、监理词讼的官员,铁剌之后也一直由契丹人担任。这些措施削弱了奚王府的力量,使其地位和权力不能超出固有的限度。

辽对奚族的基本政策即契丹与奚族结成的政治联盟,从不同的角度发挥作用,既保证奚贵族的特殊地位,使奚变成第二等级的统治民族;又使得奚族能够就范,更好地为契丹所用。不仅化干戈为玉帛,而且在辽朝的创业、守成和拓疆等过程中,奚族都充当了忠实可靠的助手,在很大程度上弥补了契丹族许多先天性的不足。

二、金时的奚族

辽金嬗递之际，奚王回离保率部分奚众以迁州（今河北秦皇岛市北）箭笴山为根据地，金天辅七年正月初三（1123年1月31日），建立奚族历史上第一个较为完整的政权，即大奚国，回离保被拥戴为皇帝，建元天复。在错综复杂的形势中，他们举起"抗金"的旗帜。同年五月中、下旬间，回离保为部下所杀，政权瓦解，余党金臣阿古者坚持抗金，后也战败被俘，奚人先后归附金朝。

金朝对奚族采取笼络上层、分散诸部的政策，具有代表性的奚族上层人物纷纷进入金朝统治集团。如伯德特离补，天德间（1149～1152年）任大理卿、同知东京（今辽宁辽阳）留守。萧恭，天辅间（1117～1122年）先后为兴中（今朝阳）尹、兵部尚书。海陵王（完颜亮）时（1149～1161年），萧怀忠官至西京（今山西大同）留守、西北部招讨使。萧肄，有宠于海陵，入相。萧裕，系海陵王心腹，官至中书令。

奚人各部多次被拆迁，一部分西徙于数千里之外的云内州（今内蒙古土默特左旗东南），一部分北上临潢（今巴林左旗东南）、咸平（今辽宁彰武西）和泰州（今吉林洮南东北），还有一部分南下中原。留在原地的奚人不多，也就不可能形成统一的抗金力量。奚人被编置在猛安、谋克中，担负着沉重的兵役。12世纪60年代初，奚人参加了契丹耶律窝斡等人领导的反金大起义。被拆散的奚人，逐渐地与当地民族融合。

元代，随着民族融合的迅速发展，也就很难辨认谁是纯粹的奚人。大部分奚人被融合在汉、契丹人之中，女真和蒙古人中也有奚人血统。被契丹、女真人融合的奚人，后来也多半融合在汉人之中。

奚族虽然消失，但是其后人仍以其他民族的身份生活在祖国大家庭里，这个民族的历史作用应当肯定。由于自然条件等因素，在较长的时间里，奚族保持着畜牧业、农业、狩猎业和手工业相结合的经济，因此也就突破了单纯游牧民族的文化框框。

奚人的马，善于在山岭林莽间奔驰，奚人熟练地掌握了培育、驯养这种良马的技术。辽代，相当一部分奚人由逐水草而居发展到造屋定居，在奚王避暑庄中还建有亭台。奚车早就享有盛名，其特点是不能任重而利于山行。

辽代，奚人造车成为专门手工行业，不仅自用而且供应契丹，连造车技术也传给了契丹，甚至辽朝皇帝也经常乘坐奚车。宋代，奚琴已演变为马尾琴，使用马尾弓，成为擦弦乐器。这种乐器，声音悦耳，音色明亮，广泛流传于民间。它是现在二胡、四胡和京胡的前身。由此判定，奚人喜爱歌舞。奚人不仅骁勇善战，而且还出现一些知识分子和政治家，辽、金朝尤多。这些成就进一步丰富了祖国大家庭的文化遗产。

第二节 鞑 靼

"鞑靼"之名最早见于公元732年突厥文《阙特勤碑》，突厥人把位于其东方的蒙古语族室韦诸部称为"三十姓鞑靼"。

隋唐时室韦诸部分布在今内蒙古呼伦贝尔盟及其附近地区，主要从事渔猎业。南部的室韦人

第十一章 宋、辽、金、夏时期周边的民族及其政权

由于受靺鞨等邻族的影响,也兼营粗放农业和养猪,其特点是"无羊少马"、"多貂"、"多猪"。

8世纪初,一部分室韦人已西迁。9世纪中叶回鹘汗国崩溃后,室韦人大量西迁或南迁,进入今蒙古国境内和我国内蒙古西部各盟草原。迁到大草原上或草原、森林交界地区的室韦人,改变原来以渔猎为主、兼营粗放农业和养猪等生活方式,成为草原游牧部落或半游牧半狩猎部落。这些室韦人在外迁的过程中,不断吸收大量突厥、回鹘及其他突厥语族人作为自己的部落成员,在语言、习俗、生活、种族成分等方面,经历了相当程度的突厥化过程;进入漠南的室韦人除吸收突厥、回鹘人外,还吸收了不少党项、吐谷浑、沙陀、汉人等作为自己的部落成员;在长期过程中逐渐形成为颇不同于原室韦人的新的室韦系蒙古语族诸部落。

此外,一部分原室韦人在数世纪中逐渐西迁到今俄罗斯贝加尔湖附近广大森林地区,与当地居民融合,形成新的室韦系蒙古语族森林狩猎部落。以上这些由原室韦人外迁后形成的新的室韦系蒙古语族诸部落,就是唐末五代辽宋夏金时期的鞑靼诸部。

一、鞑靼诸部

鞑靼即新的室韦系蒙古语族诸部落,包括敌烈、乌古、阻卜、梅里急、萌古、斡朗改等部。

1. 敌烈

又译敌烈德、迪烈得、迪列子等名,是由八个分部组成的大部落,分布于今中蒙境内的克鲁伦河中、下游和今中蒙边界的贝尔湖及今内蒙古呼伦湖之间,即金代塔塔儿部的前身,主要从事游牧。

2. 乌古

又译于厥、羽厥、于厥里、乌古里、妪厥律等名。为人数众多的强大部落集团,分布于今克鲁伦河下游、呼伦湖、今中蒙边界的哈拉哈河以及今中俄边界的额尔古纳河的东岸,今内蒙古的根河、海拉尔河等地。主要从事游牧。

3. 阻卜

又译术不姑等名,为分布于北起今克鲁伦河、今蒙古国土拉河、鄂尔浑河流域,南至今内蒙古阴山一带大草原上的,众多室韦系蒙古语族游牧部落的泛称。所谓"阻卜诸部",意为"草原游牧民"、"草原游牧部落",实为蒙古大草原上室韦系蒙古语族游牧民之自称,转而成为契丹人对蒙古大草原上尚无部落专名的室韦系诸游牧部落之泛称。

4. 萌古

即蒙古,辽时为人数不多的半狩猎、半游牧小部落,分布于今俄、蒙境内的鄂嫩河及贝加尔湖东南面,到辽末金初时逐渐强大起来。

5. 梅里急

又译密儿纪、蔑儿乞惕,分布于今俄、蒙境内色楞格河的下游一带,为强悍好战的半狩猎、半游牧部落。

6. 斡朗改

又译嗢娘改,即拉施特《史集》所载森林兀良合惕诸部,分布于今贝加尔湖地区,为辽时该地区森林狩猎部落的总称。

二、辽时的鞑靼

辽初,神册三年(918年),斡朗改诸部向辽廷进献挽车人(拉车奴隶),从此开始归属辽朝。次

年,辽太祖征服乌古诸部。天赞三年(924年),敌烈诸部主动归附辽朝,从此不断向辽廷进贡。

辽朝为统治乌古、敌烈,在乌古部和敌烈部各置节度使或详稳(大部分由契丹人充任),又于其上置乌古敌烈都详稳(由契丹人担任)以统辖之。

咸雍四年(1068年),设置乌古敌烈都统军司为统辖两部的最高机构,其最高长官为统军使(有时仍称都详稳),由契丹人担任。

辽初,阿保机征服了分散于大漠南北的阻卜诸部后,尚未建立牢固的统治。保宁三年(971年)起,辽廷委派耶律速撒为阻卜九部都详稳,在漠北招抚诸部,他在任的二十年间对阻卜诸部实施了颇为有效的统治。速撒死后,一些阻卜部落叛辽。

统和十二年(994年),辽廷派皇太妃(承天太后之姊)统率军队进屯克鲁伦河,并委派萧挞凛为阻卜都详稳协助太妃掌管军事,讨伐阻卜诸部中不服从辽朝统治的部落,加强对阻卜诸部的统治。萧挞凛奏请辽廷在漠北腹地建立三座城以镇抚阻卜诸部。

统和二十二年(1004年),建成了镇州、防州、维州三城(皆在今蒙古乌兰巴托西、西南)。此后,辽设置了西北路招讨司驻镇州(今蒙古土拉河支流喀鲁哈河南面),最高长官为招讨使。西北路招讨司是辽西北边疆地区的最高军政机构,负责镇守西北边疆地区,管辖阻卜等部落。

统和二十九年(1011年),西北路招讨使萧图玉奏称:"阻卜今已服化,宜各分部,治以节度使。"辽廷同意他的建议,从此向阻卜各部委派节度使进行管辖,阻卜各部酋长也多由招讨使推荐给辽廷正式任命为节度使。

僻处今鄂嫩河及贝加尔湖东南面的萌古部,在辽大康十年(1084年)向辽廷遣使进贡,其酋长接受了辽廷封授的部族官称号令稳、详稳,成为辽的属部,例如,成吉思汗的五世族祖察剌孩被辽廷封为令稳,四世族祖必勒格被辽廷封为详稳。

斡朗改,这些活动在今贝加尔湖地区的森林狩猎部落,虽从辽初即已归属辽朝,成为辽的属部,但这些森林部落由于居于僻远地区,并不经常向辽廷遣使进贡,《辽史》仅载三次。

受辽朝统辖的乌古、敌烈、阻卜等属部每年必须缴纳大量贡赋。例如,阻卜诸部岁贡马2万匹。除每岁常贡外,属部还须服兵役,自备武器马匹,接受征调,随从出征。

此外,阻卜等属部必须负担各种徭役。圣宗统和年间,在漠北辽军屯驻区,"西北诸部,每当农时,一夫为侦候,一夫治公田,二夫给纠官之役,大率四丁无一室处"。

由于辽西北边疆地区都详稳、统军使、招讨使等高级官员以及各部节度使,对待阻卜等属部骄横暴虐、征敛无度,阻卜、敌烈、乌古等部在辽代各个时期不断掀起反抗斗争。

应历十四年(964年)十二月,乌古部起义,辽详稳僧隐与起义军交战,败死。次年正月,辽廷派枢密使雅里斯等统率军队镇压,经过一年半交战,未能摧毁起义军。后辽廷增派萧幹等征讨乌古部起义,又经过半年,萧幹等人到应历十七年正月才讨平乌古后返回。

开泰二年(1013年)正月,阻卜诸部起义,围攻西北路招讨使萧图玉于镇州(可敦城)。三月,辽北院枢密使耶律化哥率军来援,萧图玉又遣人诱降诸部,才将这次起义平定。

开泰三年九月,敌烈八部起义,邻近诸部皆响应,攻占巨母古城(今内蒙古满洲里东南)。这次起义延续了半年多,次年四月,才被北院枢密使耶律世良讨平。

太平六年(1026年),西北路招讨使萧惠统率军队出征甘州(今甘肃张掖)回鹘,征兵诸部,"阻卜酋长直剌后期,立斩以徇",于是阻卜诸部起义,攻杀辽都监涅鲁古、国舅帐太保曷不吕等人。这

第十一章 宋、辽、金、夏时期周边的民族及其政权

次起义延续了数年,辽军征讨累年,未能成功。后来改用招抚的办法,阻卜诸部才逐渐归顺辽廷。

从辽兴宗时起,分散的阻卜诸部逐渐形成了部落联盟。辽廷为招抚阻卜诸部,封阻卜诸部联盟长屯秃古斯为大王;其弟撒葛里为太尉。重熙十四年(1045年),屯秃古斯曾率领阻卜诸部酋长至辽廷朝觐。重熙二十二年(1053年),屯秃古斯又率领阻卜诸部酋长进贡马匹、骆驼。

辽道宗时,磨古斯担任阻卜诸部联盟长。大安八年(1092年),由于西北路招讨使耶律何鲁扫古误击磨古斯部,磨古斯杀死辽金吾(武官)吐古斯叛辽。何鲁扫古战败,他所统率的二室韦、六院部、宫分等军及特满群牧均陷没。辽廷改任耶律挞不也为西北路招讨使,征讨磨古斯。磨古斯假投降,诱杀挞不也。

大安十年(1094年),辽知北院枢密使事耶律斡特剌等统率大军讨伐磨古斯,打败磨古斯所率阻卜四部,斩首千余级。磨古斯尽管战败遇挫,但此后六年间继续坚持抗辽斗争,到寿昌六年(1100年)才被斡特剌擒获,押回辽廷处死。磨古斯死后,阻卜、乌古、敌烈等部的起义此起彼伏,不断发生,以迄辽末,成为对辽朝的严重威胁。

三、金时的鞑靼

在辽朝势力衰落时,尤其是辽亡金兴的过程中,形成了若干较强大的鞑靼部落集团,如克烈(又译客列亦惕,即辽时北阻卜诸部)、蔑儿乞惕、斡亦剌惕、汪古、广吉剌(又译弘吉剌、翁吉剌惕)、塔塔儿、蒙古等等。这些部落集团在12世纪金代时,互相掠夺、争战不休,尚未形成统一的力量。

他们大部分对金朝保持某种程度的臣属关系,向金朝纳贡,其首领接受金廷的封号。金朝设置西北、西南、东北三路招讨司,管辖各归属部落,收受贡赋,颁发赏赐,并统军征讨叛部。

与辽代相比,金代对漠北地区的统治已大为减弱,由于鞑靼诸部的强大,三路招讨司的治所均设在内地,未能设到漠北,如东北路招讨司治所设在泰州(今吉林洮安东),承安三年(1198年),迁治所于泰州长春县(今大安南),西北路招讨司治所在桓州(今内蒙古正蓝旗西北),西南路招讨司治所在丰州(今呼和浩特东),实际上只能较严格地控制接近内地的各部落如塔塔儿、汪古等部。鞑靼诸部反抗金朝统治、侵扰内地的战争不断发生,形成对金朝愈来愈严重的威胁。

金朝除采取派遣军队征伐以及利用若干鞑靼部落之间的矛盾,挑动它们互相仇杀以达到分而治之的目的外,在内地与鞑靼诸部分布地区之间开浚壕堑、构筑边墙进行防御。

早在金熙宗天眷(1138~1140年)年间,就曾在东北路开浚界壕;金世宗(1161~1189年)时,东北、西北、西南三路全面动工,构成了东北从今内蒙古锡林郭勒盟东乌珠穆沁旗起,向西南延伸,经今阿巴嘎旗、苏尼特左右旗,以迄今乌兰察布盟四王子旗北部,连绵不断的界壕边墙,这也就是著名的"金长城"。但是13世纪初当以成吉思汗为首的蒙古游牧贵族崛起于漠北时,历时数十年、耗费巨大人力物力开凿构筑起来的金壕、边墙,并未能阻挡住蒙古铁骑的进攻。13世纪初,成吉思汗统率的蒙古大军轻而易举地越过边墙南下,驰骋在华北平原上,开始严重地威胁到金朝的存在。

第三节 回鹘（附喀喇汗王朝）

以甘州回鹘为中心的河西回鹘。公元840年,曾左右中亚和东亚形势近百年的回鹘汗国(744~840年),在内乱迭起、天灾频仍的情况下,又遭黠戛斯的突袭而溃散,其部族分三支西迁。

一、回鹘诸部

早在7世纪末至8世纪20年代(唐武则天时),复兴后的东突厥默啜可汗(691~716年)方强,向外扩张,攻取铁勒故地。所以在漠北色楞格河流域时期,回纥汗国中的一部分人,会同其外九部的契苾、思结、浑三部从漠北度碛,首批迁住河西走廊甘(今甘肃张掖)、凉(今武威)二州之间,唐朝常取其壮骑参加当时设在凉州的赤水军,这是回鹘人迁往河西的先驱者。

唐天宝十四载(755年),发生安史之乱,西边空虚,于是吐蕃乘机东向,尽占陇右、河西。所以到唐开成五年(840年),回鹘一支西迁河西时,初依吐蕃。唐会昌二年(842年),吐蕃赞普达玛被刺,贵族内讧,混战二十余年,于是河西汉人张议潮(原任唐沙州节度使)的政权崛起。张议潮受唐封为归义军(沙州)节度使,节度瓜(今甘肃安西东南)、沙(今敦煌西)、伊(今新疆哈密)、肃(今甘肃酒泉)、鄯(今青海乐都)、甘、河(今甘肃东乡西南)、西(今新疆吐鲁番东)、兰(今属甘肃)、岷(今岷县)、廓(今化隆西)等11州。唐大中五年(851年),在甘、凉二州的一支回鹘又西向与张议潮联合,以共击东南的吐蕃(时其主要据地在陇右)。五代时吐蕃势衰,回鹘渐强,牙帐设在甘州。

唐咸通八年(867年),张议潮入朝长安(今陕西西安),其侄张淮深代行归义军节度使事。十三年,张议潮死于长安,张淮深继任节度使。借唐朝的声威镇抚河西,与各族和睦相处,河西遂成富庶之区。唐中和二年(882年),黄巢起义占领长安,唐僖宗出奔,"是后中原多故,朝命不及"。归义军又卷入当地藩镇(李茂贞)的斗争之中,力量削弱。

唐大顺元年(890年),张淮深在内乱中被害。二年后,河西内乱,直至唐光化三年(900年),唐昭宗任命张淮深之侄张承奉为节度使,河西内乱始告结束。张承奉建西汉金山国,自号白衣天子,占据瓜、沙等州。当时甘州回鹘扼河西入唐的孔道,又控制河、兰两州,成为金山国的劲敌,双方战争频仍,最后回鹘打败张承奉,两国议和,张承奉尊称回鹘可汗为父。

张承奉的后嗣到五代后梁贞明年间(915~920年)断绝,州人推长史曹义金做首长,他于同光二年(924年)受后唐册命任节度使领瓜、沙二州事。曹义金继张承奉之后,仍尊称甘州回鹘为"父大王",目的是希望通过他能同中原后唐相通。所以事实上,这时瓜、沙二州是依附于甘州回鹘的。

从五代至北宋,整个河西回鹘的分布,除以甘州为中心外,还有下列各处:

1. 沙州

上已述及,瓜、沙二州到五代初已依附于甘州回鹘。而曹义金后人在瓜、沙二州的势力还绵延到北宋景祐、皇祐之间(1034~1053年)。宋太平兴国五年(980年)时,沙州开始为回鹘所控制。宋庆历二年(1042年)、皇祐二年(1050年),到宋朝贡骆驼、名马、玉等物。辽开泰三年(1014年),到辽朝贡方物。

2. 凉州（今甘肃武威）

宋天禧四年(1020年)时,凉州回鹘常到北宋贡奉。

第十一章 宋、辽、金、夏时期周边的民族及其政权

3. 贺兰山（今宁夏西北边境与内蒙古交界）

宋端拱二年(989年)时,这里的回鹘都督石仁政、么啰王子、邈拏王子越黜、黄水州巡检等四族并居贺兰山下。

4. 秦州（今甘肃天水）

宋大中祥符四年(1011年),那里的回鹘人安密到宋朝献玉带贺祀汾阴,礼成,宋朝封其首领翟符、守荣为神武大将军,安殿民为保顺郎将,余皆赐冠带器币。宋乾兴元年(1022),秦州回鹘赵福献马并银缨钹,自此每年到宋朝朝贡。

5. 合罗川（今额济纳河,即内蒙古西部额济纳旗境东河、西河）

宋雍熙四年(987年),这里的回鹘族第四次太子遣使到北宋贡鍮石,又回鹘等四族首领也遣使朝贡。

6. 肃州

这里连同东面的甘州回鹘合称"黄头回鹘"（即"撒里维吾尔"）,人数达1万左右,与蒙古族、汉族杂居,从事游牧。他们原信萨满教,后来又信佛教,但没有受到过伊斯兰教的影响。因此,在他们的语言里没有阿拉伯语和波斯语,但却夹杂有一小部分汉族政治和佛教语汇。

二、河西回鹘的官制与风俗

在官制方面,五代时,甘州回鹘的官号仍用突厥名,如史载后唐庄宗"册仁美为英义可汗","仁美卒,其弟狄银嗣立"。又如后唐清泰二年(935年)入朝的"密录都督"、"相温",似即突厥语借汉语将军的音译。同时,甘州回鹘这时兼采汉制,有宰相、枢密使的职名,如宋大中祥符三年(1010年),甘州回鹘可汗夜落纥遣左温宰相、何居录越枢密使、翟符守荣等来贡。

在风俗上,甘州回鹘可汗常楼居,其国相"见可汗,则去帽被发而入以为礼。妇人总发为髻,高五六寸,以红绢囊之；既嫁,则加毡帽"。又甘州回鹘的妇女常着青衣如中国道服的样子,用薄青纱罩面而露其脸。

整个河西回鹘为游牧社会,但尚保留有原始氏族社会的残存。如五代时,甘州为整个河西回鹘游牧大领主牙帐的所在地。至于合罗川的小部落,每一部落又有分封的小领主,领主有管辖他自己部落——"族帐"的权力。其他散居瓜、沙、凉三州间的回鹘也"各立君长,分领族帐"。在游牧社会中,牧民是固定地依附于其世袭的领主个人。

北宋天圣六年至景祐三年(1028～1036年),甘、凉、瓜、沙、肃等州被西夏赵德明父子攻取,河西回鹘变成西夏之属。西夏宝义二年(蒙古成吉思汗二十二年,1227年),西夏又亡于蒙古。

三、高昌回鹘的形成及政制

高昌回鹘,高昌为唐代西州,故亦称西州回鹘,阿拉伯史家称为"九姓乌古斯"。

据《隋书·铁勒传》和《唐会要·结骨国》记载:隋唐时,今新疆哈密(古称伊吾)以西,焉耆之北,傍天山(白山),已有乌护(Ohur)或乌纥(Oqhur)。乌护或乌纥与回纥(Uyqhur)即一音之转,实为一族。从此可以证明,从公元6世纪末起,今新疆东部天山附近已有回纥人居住。

又《宋史·高昌传》也有记载,在唐安史之乱(755～763年)时,高昌一地"颇有回鹘"。此外,《新唐书·回鹘传下》还说在唐代,北庭(今吉木萨尔北)和焉耆之北一带,还有回纥外九部的拔悉

密和葛逻禄。到唐开成五年(840年),漠北鄂尔浑河流域回鹘汗国政权崩溃,由贵族庞特勤率领,分三支西迁,其中一支先到龟兹(今新疆库车)定居,不久分出一部分人东去高昌。

唐咸通七年(866年),回鹘首领仆固俊从北庭南下,击败吐蕃,收复西州(高昌)、轮台(今乌鲁木齐北)等要地,使回鹘人以高昌为中心所建立的政权遂安定下来。高昌(广义的指今整个吐鲁番盆地)是当时回鹘人巨大的政治和文化中心。除首府高昌(今吐鲁番东南哈喇和卓)外,另在天山北麓唐代北庭的旧址,建设夏都,作为其王室在夏季中避暑及放牧之地。整个高昌回鹘王国的疆域,到9世纪后半期即已形成。东起哈密力(今哈密),西至冰达坂(今阿克苏北),北抵赤列河(今伊犁河),南距吐蕃。境内实行双王制,即高昌回鹘和龟兹回鹘分立。

高昌回鹘,从9世纪50年代建立后,历五代、北宋、西辽、元,到14世纪60年代末、70年代初,随元朝及察合台汗国之亡而亡。前后存在500多年(龟兹回鹘大约在12世纪初西辽西迁时即消亡)。其政治史略从其王室即亦都护的谱系,可分为前后两大段:

从唐末至北宋、西辽为第一段,其政治倾向是和内地唐朝、北宋往来密切,如唐末其首领仆固俊斩吐蕃大将尚恐热后,传首于唐首都长安(今陕西西安),即为明显的例子;又北宋太平兴国六年(981年),高昌回鹘王阿斯兰汗遣使臣麦索温到宋朝赠送礼物,自称"西州外甥",追认从前与唐朝的姻亲关系。而稍前即从辽天赞三年(924年)开始,辽太祖耶律阿保机即西征北庭,其势力及于今阿尔泰山,威震西域。

从元初至元末为第二阶段,其总的政治趋势,因蒙古兴起,脱离西辽的统治而归附于蒙古,且助成吉思汗西征,有助于元朝的建立和统一全国,还曾好几代娶元朝皇室公主为可敦。

从13世纪亦都护纽林的斤(1308~1318年)时起,高昌回鹘一直忠于元朝皇室,与蒙古西北诸王笃哇之乱作战,纽林的斤的长子帖木儿补化曾从其父入元朝备宿卫,后拜中书左丞相,和内地的政治发生极其密切的关系。在政治制度上,高昌回鹘的最高统治者为"亦都护"(突厥语,意为幸福的君主),他自称为"阿斯兰汗"(意为狮子王),其政治权力是专制和世袭的。其下有宰相和枢密使,再下有"于尔奇"(大臣)、断事官(司法首长)以及大小伯克(存在于首府高昌以及各地方)。被统治阶级主要为农民,分为:卡朗奇(受雇的农民)、伊得如(即燕齐户,近似奴隶)、库瓦克(要向国家和官吏缴纳实物和捐税)、图图克(作为农奴被使用,期满可自由)、卡达篱(在自由民与农奴之间);其次为奴隶;第三种为萨里,是佛僧的仆人。如果哪一种农民失去土地,那就被迫去租种地主的土地。

四、高昌回鹘的经济、文化与宗教

高昌回鹘在吐鲁番盆地定居以后,其发展起来的农业、畜牧业以及手工业的生产,都已基本上摆脱了过去在漠北时期以游牧为主的内容,而具有西域的特点。

在农业生产上,放弃过去在漠北草原上的游牧生活而以经营定居的农业为主,地产五谷,产葡萄酒,在种植棉并织成布方面有长远的传统,梧桐的树脂称为梧桐泪,可做药用及工业上金属的焊剂。在农业上利用水力,引导天山上的雪水以灌田园,造作水祐碨即水磨,便于粮食加工,因地制宜,用骆驼耕田,也有一部分畜牧业。

在手工业上,丝织品有兜罗、锦、纻丝、熟绫。棉、毛织品有斜褐、棉布、绣文花蕊布。矿物中有著名的硇砂,是一种氯化钠,为制皮革不可缺少的原料。铁制品中,回鹘人已有镔铁即钢,当时回鹘

第十一章 宋、辽、金、夏时期周边的民族及其政权

人手工业操作的各种器械,许多得用钢铁才能制成。

在商业上,从其和内地商业的往来频仍可以看出商业之发达。回鹘人多到辽南京(今北京)做买卖,善于鉴别珍宝。也常到辽上京(今内蒙古巴林左旗南)进行贸易,辽朝特别在上京南城设立"回鹘营"作为居留地。与五代、北宋也进行贸易。向宋的洛阳、开封源源不绝地输送马匹,其中最大的一次是元丰八年(1085年)将战马约24000匹送抵开封。又如棉布一项,后周广顺元年(951年),一次运到开封的就达1329段,这也说明当时内地植棉业还很不发达。

高昌人的文化宗教事业也十分发达。高昌回鹘人在宗教信仰上,先信最早从波斯传来的摩尼教,而后信佛教。

所以,在今新疆吐鲁番西的木头沟或吐峪沟的墙壁上或废墟内,已发现大量回鹘人的宗教壁画,表现出与波斯文化融合的倾向。高昌回鹘人"乐多琵琶、筷","好游赏,行者必抱乐器"。高昌壁画中,经常有天堂中跳舞的画面。塔里木盆地的戏剧表演,在汉代已产生,这由20世纪在吐鲁番、哈密发现的译成回鹘文的《弥勒会见记》抄本的残卷、写本,以及近代在库车出土的有关当时戏剧演出的场面和文物可以证明。

19世纪末,法国人伯希和曾在我国敦煌千佛洞发现几百个属于元朝初年回鹘文木刻活字。据研究,这些回鹘文木刻活字很可能是元朝初年因在敦煌、吐鲁番一带大量翻译佛典,就参考同时代王祯那一套汉文活字印书的办法,用于畏兀儿地区所留的痕迹。在唐代,已从内地传去七曜历,有十二地支及生肖,这由我国前西北科学考察团在吐鲁番得到的回鹘文历书残页(现存中国社会科学院考古所)可以证明。

在回鹘文书方面,除零星契约及文书外,主要的有回鹘文的《玄奘传》,原译本为10世纪中别失八里回鹘佛僧详古舍利所译,1930年在新疆出土,现已整理。《金光明经》(汉文译者为唐高僧义净)的回鹘文译本,是从汉文译本转译的,另从梵文添译了好多处,成为研究古代维吾尔语和宗教(佛教)的基本材料。《乌古斯可汗传说》,这是未经14世纪波斯史家拉施特·丁掺入伊斯兰色彩的、维吾尔族最早有关其自己始祖的民间传说。传说写成的时间大约在10世纪,地点在天山南路,为一佚名回鹘人的手稿,现收在拉得洛夫氏的《福乐智慧·导言》之中。

吐鲁番古代各族人民在与疾病作斗争中,早有成熟的医药(如唐代的《西州续命汤》)。北宋大中祥符六年(1013年),高昌回鹘境内龟兹进奉使李延庆等36人到宋朝献香药。元代畏兀儿人军医月举连赤海牙曾在合州(今四川合川)钓鱼山,"奉命修觏药以疗师疫"。

在宗教信仰方面,高昌回鹘人曾先后信奉摩尼教、佛教和景教,所以回鹘文佛典中有些与摩尼教相混合之处,即将佛教诸神披上摩尼教的神名。至于景教,则与摩尼教几乎同时在高昌流行,但只为少数人所信仰。到元朝时,畏兀儿人景教徒在促使伊利汗国中的蒙古人和欧洲基督教国家的国王相互往来中作出了贡献。

五、喀喇汗王朝(黑汗王朝)的兴亡

公元840(唐开成五年),回鹘从漠北分四支外迁,除一支南下,其他三支西迁,其中最大的一支在汗族成员庞特勤和相驭职的率领下西奔葛逻禄(今阿尔泰山以西地区)。这支西迁回鹘,建牙于巴拉沙衮(今吉尔吉斯斯坦托克马克东),称之为喀喇斡尔朵。这个王朝,国外史学家有的称为阿弗拉西亚勃王朝,有的称为伊利克汗王朝;中国史学家有的称为黑汗王朝,有的称为黑韩王朝;现在

史学界通称之为喀喇汗王朝。

喀喇汗王朝在七河地区巩固住地位以后,迅速把领域扩大到喀什噶尔(今新疆喀什)地区。根据喀喇汗王朝史学家阿布杜·加费尔在公元11世纪写成的《喀什噶尔史》(此书已佚,只有一些片断保存在杰马尔·卡尔希于14世纪写成的《苏拉赫词典补编》中)所记载的传说,喀喇汗王朝创建者的称号为"毗伽阙·卡迪尔汗"。

喀喇汗王朝的政治体制是阿尔泰语系各民族古老的习惯法"双王制",即汗国分为两部分,由汗族中最长者任大可汗,次长者任副可汗,分别统治汗国的一部分。汗位的继承,是传长制,不是嫡承制。大可汗称为阿尔斯兰(突厥语意为"狮子")喀喇(意为"伟大"、"最高")可汗,驻巴拉沙衮,以后随着王朝统治民族定居农业文化的发展,多驻喀什噶尔。所以喀什噶尔又称为"斡耳朵坎特"(意为"汗城")。副可汗称博格拉(意为"公驼")喀喇可汗,初驻怛逻斯(今哈萨克斯坦的江布尔),中迁喀什噶尔,后又迁回怛逻斯。

喀喇汗王朝是历史上第一个接受伊斯兰教的突厥语民族的王朝。据史料记载,10世纪前期,驻喀什噶尔的博格拉汗萨图克正式接受伊斯兰教。他的儿子阿尔斯兰汗穆萨·阿布杜·克里木把伊斯兰教定为国教,推行到全境。公元960年(宋建隆元年、辽应历十年),有20万帐游牧民皈依了伊斯兰教。

992年(宋淳化三年,辽统和十年),博格拉汗哈桑(哈龙)率军占领萨曼王朝的首都蒲华(今乌兹别克斯坦的布哈拉),因染病撤兵,死于返回的途中。999年(宋咸平二年,辽统和十七年)阿尔斯兰伊利克(意为"狮子王")纳赛尔再度出兵,几乎完全没有遇到什么抵抗,长驱直入蒲华,灭掉萨曼王朝,河中地区被纳入喀喇汗王朝的版图。11世纪初,卡迪尔汗玉素甫攻下于阗(今新疆和田南),灭掉于阗李氏王朝,结束了长达30多年的所谓"圣战",把喀喇汗王朝的东部疆界扩大到约昌城(今且末南)以东(今若羌境内)。11世纪前期,喀喇汗王朝在政治上和军事上达到鼎盛时期。

1140年(西辽康国七年),喀喇汗王朝在河中地区的统治者布里特勤伊卜拉欣脱离东部大可汗的统治而独立,自称桃花石(意为"中国")·博格拉汗。从此,统一的汗国分裂为东、西两个汗国。东部汗国为哈桑支系统治,首府仍是巴拉沙衮和喀什噶尔。西部为阿里支系统治,首府最初是乌兹根(今吉尔吉斯斯坦的乌支根),不久迁往萨末鞬(今乌兹别克斯坦的撒马尔罕)。后来,西部汗国的汗位也转到哈桑支系手中。

喀喇汗王朝实行分封制("伊克塔"制),这导致了统治集团内部为争夺汗位、王位和封地而经常发生内讧和混战,使国力日趋衰弱。1089年(宋元祐四年、辽大安五年)塞尔柱王朝攻下蒲华,西部喀喇汗王朝从此在政治上成为塞尔柱王朝的附庸;东部喀喇汗王朝在1130年(西辽耶律大石称帝前一年),也曾一度表示臣服于塞尔柱王朝。

1134年(西辽康国元年),东部喀喇汗王朝大可汗伊卜拉欣同葛逻禄首领和康里首领不和,发生冲突,请求西辽王朝出兵支援。西辽趁机占领巴拉沙衮,作为自己的都城,把东部喀喇汗王朝降为附庸,从此东部喀喇汗王朝的辖地只有喀什噶尔与和田地区。1137年西辽在和毡(今塔吉克斯坦的霍占)击溃西部喀喇汗王朝的军队。

1141年九月九日,塞尔柱王朝与西辽王朝在卡特万草原(萨末鞬以北)上进行了历史上著名的会战。西辽以少胜多,塞尔柱王朝惨败,结果退出了河中地区,西部喀喇汗王朝改换宗主,仍以附庸形式保存下来。后来乃蛮部酋长屈出律篡夺了西辽王朝的统治权,放还东部喀喇汗王朝统治者穆

第十一章　宋、辽、金、夏时期周边的民族及其政权

罕默德。

1211年(蒙古成吉思汗六年,西辽天禧三十四年)喀什噶尔的贵族暴动,杀死了这个末代可汗,东部喀喇汗王朝灭亡。次年,即1212年(蒙古成吉思汗七年),花剌子模沙摩诃末出兵占领萨末鞬,处死西部喀喇汗王朝统治者苏丹奥斯曼,西部喀喇汗王朝也灭亡,河中地区成为花剌子模的疆域。

喀喇汗王朝社会经济与文化　喀喇汗王朝时是中亚社会经济结构发生巨大变化的时期。在这一时期,回鹘以及一些其他的游牧部落开始并完成了由游牧生活向定居农业生活的过渡;随着这一过程的完成,官僚制度在中亚农业地区得到普遍确立。

喀喇汗王朝采取一些促进措施,使经济制度进一步巩固和发展,公社制的残余受到有力的冲击,原来氏族贵族的"迪杭"土地所有制为"米尔克"土地所有制(即土地私有制)所代替。这在当时是一种社会进步。喀喇汗王朝的赋税和徭役较其前其后的王朝都要轻些,在一定程度上减轻了劳动人民的负担。因此,在喀喇汗王朝时期农业、畜牧业、手工业和商业都得到了相当大的发展,特别是手工业和商业空前的繁荣昌盛。随着工商业的发展,不仅城市的规模扩大,而且一批新的城市建立起来,尤其在七河地区。建筑业有了巨大的进步,在蒲华、萨末鞬、喀什噶尔等城兴建了一批宏伟壮丽的建筑物,其中一些至今尚完好存在,显示了喀喇汗王朝当年光辉灿烂的物质文明。

在喀喇汗王朝时期,由于大批突厥语的游牧民转入定居,加快了中亚土著民族突厥化的进程;同时由于喀喇汗王朝定伊斯兰教为国教,广大居民在宗教、习尚上也伊斯兰化。

在社会经济发展的基础上,在这种民族相互异化和融合的过程中,科学文化也获得巨大的发展,一种新的文化,伊斯兰 - - 突厥文化形成。这种文化的核心是作为王朝统治民族的、具有古老文化传统的、深受汉族文化影响的回鹘文化。在这一时期出现了一些优秀的回鹘学者和诗人,他们写下了一些不朽的著作,如马赫穆德·喀什噶里和他的百科全书式的语言学巨著《突厥语大词典》,玉素甫·哈斯 - 哈吉甫和他的劝诫性长诗《福乐智慧》。它们不仅是重要的语言学著作和哲学 - 伦理学著作,优秀的文学作品,而且是研究喀喇汗王朝时期社会经济、政治制度、道德观念、风俗习惯以及自然科学的珍贵资料。它们是我国的优秀文化遗产,世界文化的瑰宝。它们为今天绚丽多姿的维吾尔文化和突厥语各民族的文化奠定了坚实的基础。

与宋、辽的政治、贸易关系　喀喇汗王朝统治者自称"桃花石汗"或"东方与中国之王",喀喇汗王朝同当时中国的其他几个皇朝都有密切的外交、贸易关系。《宋史·回鹘传》说:"先是,唐朝继以公主下嫁,故回鹘世称中朝为舅,中朝每赐答诏,亦曰外甥。五代之后皆因之。"

喀喇汗王朝可汗称宋朝皇帝为"汉家阿舅大官家"。根据《宋会要辑稿》记载材料,喀喇汗王朝向宋朝派出的使团前后有50多次,他们受到宋朝的礼遇。这些使团实际上多是商队,运往宋朝的货物以乳香为大宗,运回的主要是丝织品、衣服、金银器皿和茶叶。《福乐智慧》写道:"要是[从]中国来的商队砍倒自己的旗子,千万种珍宝从何而来?"喀喇汗王朝与辽朝相互聘问相当频繁,并结为姻亲,一直保持着友好的关系。贸易往来不断,每当春天,"大地铺上绿毯,契丹商队运来了中国的商品"。喀喇汗王朝同高昌回鹘汗国和西夏是近邻,也应有更多的交往,但史籍所留下的记载较少。

第四节 吐 蕃

强盛的吐蕃王朝末代赞普(王)、反佛教的达磨(也作达玛,俗称郎达玛),于唐会昌二年(842年)被佛教僧侣拉隆贝吉多杰刺死后,发生了达磨小妃所生的遗腹子哦松(也作欧松),与冒充为掌权的大妃的亲生子实为领养的云丹(也作永丹,即《新唐书·吐蕃传》"乞离胡")争夺王位,吐蕃王朝迅速分裂。随后发生了东部多康地区(今西藏昌都地区、四川甘孜地区)的韦·科协列东(阔协列登)起义,一直打到逻些(今拉萨)附近;伍如地区(今拉萨西)的韦·洛波洛琼(罗泊罗穷)起义;南部的秦浦(今札囊地区)和逻些城东的工布(今工布江达及以东地区)秦木贡米珠、许布达孜聂(许布岱则)等起义,许布达孜聂起义军,一度攻占历代赞普陵墓所在地秦瓦达则(今琼结),并捣毁了除松赞干布陵以外的所有陵墓。

一、分裂割据下的吐蕃诸部

这次从相当于唐末到五代前期,长达半个多世纪,先后爆发在广大地区的奴隶、平民大起义,藏史称为"邦金洛",意为编氓反上。不仅给奴隶制以毁灭性的打击,促进了农奴制经济的发展,也摧毁了吐蕃王朝,形成了以吐蕃王室后裔为主的,分裂割据的众多领主政权。吐蕃王朝云丹后裔据有首府逻些城地区,史称拉萨王系。哦松后裔之一退居纳里(今阿里)地区布让城(今普兰),史称阿里王系;其中一支居于西部麻域(亦作孟域,即拉达克,今印度控制的克什米尔地区)地区,史称拉达克王系;另一支的后裔居于布让东的亚泽(今尼泊尔西部)地区,史称亚泽王系。哦松的另一支后裔在雅隆地区(今地不详,当在今西藏东南部),史称雅隆觉阿王系;其中的一支后在青唐(今青海西宁地区)活动,史称青唐羌,宋代的唃厮啰,就是青唐羌的著名首领。

除了上述由吐蕃王朝王室后裔建立的各自独立的割据政权外,其他许多领主也分别割据一地,各自为政,史称:"族种分散,大者数千家,小者百十家,无复统一矣",这种状况一直延续到蒙古国和元朝统治吐蕃地区为止。

二、藏传佛教(喇嘛教)的兴起

相当于唐代初年,公元7世纪前期的松赞干布(弃宗弄赞)时期,佛教已传入吐蕃。相当于唐代中叶,公元8世纪后期的赤松德赞(婆悉笼腊赞)时期,佛教成为吐蕃的国教,就在唐武宗会昌五年(845年)毁灭佛教之前十多年,吐蕃的达玛(达磨)赞普即位(唐文宗开成三年,828年),不久即开始大规模的毁灭佛教,除边远地区外,吐蕃的佛教基本被毁灭。在此之前吐蕃地区的佛教,基本上是印度佛教及其教义、形式的传播,西藏佛教史称之为"前弘期"。

随着社会秩序的相对稳定,社会经济的发展,农奴制经济普遍建立,佛教首先在沿边地区逐步发展,重新兴起的佛教,吸收了吐蕃的原始宗教,史称"本教"("黑教")的许多特色,因而也缓解了佛教与本教曾经有过的长期斗争,更容易为吐蕃的农奴主和农奴所接受。这种带有吐蕃本教特色的佛教的僧侣,被称为喇嘛,意为"上人"、"上师",因而也称为喇嘛教,这个与其他地区有别的佛教,西藏佛教史上称之为"后弘期"。

第十一章 宋、辽、金、夏时期周边的民族及其政权

吐蕃王朝后裔拉萨王系的意希嘉参(意希坚赞),是山南地区的桑耶寺主、农奴主,在相当于宋太平兴国三年(978年)时派人前往多康(今青海西宁地区)学习佛法、求取佛经,这一年被佛教徒定为后弘期的开始,也是具有吐蕃本教特色的藏传佛教(喇嘛教)的开始。此后所译的佛经(主要是密宗经籍)称为新译,所以,史亦称后弘期为"新经"时代。

差不多在同一时期,吐蕃王朝另一支后裔阿里王系的益喜哦(意希沃、松额、智光)是古格地区(今西藏普兰以西)的农奴主、僧侣,他派人前往天竺(今印度)取经学法,邀请天竺僧侣到吐蕃地区传播佛法。西藏佛教史上称为"下路弘法"和"上路弘法"。藏史称下路指东部地区,这里是指前往多康取经求法;上路指西部地区,这里是指古格地区派人前往天竺求取佛法。藏传佛教不久就发展出多个派系。

最早的是"噶当派"。"噶"意为佛语,"当"意为教授,堆龙(今堆龙德庆)地方的农奴主仲敦巴·甲哇迥乃(仲敦巴嘉迥乃)邀请天竺僧侣阿底峡(阿底厦)大师讲经传法,他主张显教与密教结合,循序渐进,以佛语作为僧侣修行和行为的准则,他死后,仲敦巴作为大弟子继承并传布他的教法,相当于宋嘉祐元年(1056年),建造第一座寺院热振寺(今林周北),作为传教的基地,逐渐形成为藏传佛教第一个教派"噶当派",噶当派发展很快,成为藏传佛教各派中最大的教派,但政治实力不如后起的萨迦派、噶举派,噶当派的庙宇为白色。明代噶当派教徒宗喀巴创立的格鲁派,因教徒戴黄帽,习称"黄教",人们因而亦称噶当派为"老黄教"。

相当于宋熙宁六年(1073年),自称吐蕃王朝贵族昆(款)氏后裔的贡却杰布(衮乔杰布、宝王)在家乡创建了萨迦寺(在今萨加),萨迦意为灰土,据说其地为灰白色土壤,因而取名。寺主由昆氏家族世袭,其子贡噶宁布(衮噶宁保)继承后形成萨迦派,主要宣扬密宗的喜金刚,寺主称"萨勤",意为萨迦大喇嘛,是为萨迦始祖。庙宇墙上涂有两小幅红、白颜色,一大幅灰色,象征萨迦无上部本尊喜金刚,外观华丽,汉人称之为"花教"。

萨迦派是政治势力最强的教派,萨迦四祖贡噶坚赞(衮噶坚赞、功嘉监藏),知识渊博,通晓"五明"(内明、因明、声明、医方明、工巧明),因而被称为萨迦班智达,简称萨班(《元史》称为班弥怛),意为萨迦大博士,是吐蕃地区主要的僧俗代表人物。

蒙古乃马真后三年(宋淳祐四年,1244年),他受蒙古皇子阔端之召前往凉州(今甘肃武威)。蒙古贵由汗二年(宋淳祐七年,1247年)贡噶坚赞进见阔端表示归附,随后向吐蕃地区僧俗宣布,纳里(今阿里地区)、乌思(今前藏地区)、藏(今后藏地区)皆已降附蒙古。蒙古蒙哥汗元年(宋淳祐十一年,1251年)贡噶坚赞死于凉州,其侄罗追坚赞贝尔桑(八思巴)继任为萨迦五祖,蒙古中统元年(宋景定元年,1260年)受封为蒙古国师,并开始在吐蕃地区建立了在蒙古统治下的萨迦政权。

噶举派,噶举意是佛语传承、口传,重视师徒口头传授,是藏传佛教中支系最多的教派。噶举派一开始就分为两个传承体系,一个是由琼布南交(琼波南交)创立的"香巴噶举",后在香地(今南木林)建寺传教。后又在山南建桑顶寺(桑定寺、桑丁寺),在今浪卡子南羊卓雍湖南。

另一派为"塔布噶举",创建者塔布拉杰(塔波拉结)原是噶当派僧侣。此前,创始人玛尔巴(玛巴)两赴天竺学习密法回来后传授,弟子米拉日巴(米拉热巴)最为著名,塔布拉杰师从米拉日巴,在相当于宋宣和三年(1121年)建造岗布(波)寺(今朗县西北)传教,创立"塔布噶举"派。庙宇为白色,教徒衣服也为白色,汉人称之为"白教"。

他的四个门徒又分别创立四个支派,其中最大的支派,为都松钦巴在噶玛建噶玛丹萨寺(在今

类乌齐),因而得名的噶玛噶举(噶玛巴)派。相当于宋淳熙十四年(1187年),又在逻些城(今拉萨)西堆龙(今堆龙德庆)建粗朴寺(磋卜寺),成为噶玛噶举派主寺。公元13世纪时,首创了"活佛转世"制度。

蔡巴噶举创建者是向蔡巴,后为逻些城东的农奴主噶氏把持,势力很大,噶氏蔡巴是元初十三万户府之一。拔戎噶举曾在拉堆绛(今昂仁境)建立过较小的政教合一的政权,势力较小。

帕竹(帕主)噶举,帕竹(帕主)是帕木竹巴(帕摩主巴)的简称,创建者即是帕木竹巴·多吉杰布(意为金刚王),在帕木竹(今桑日县境)建寺(即后来的丹萨替寺),为山南地区的农奴主朗氏家族(在今乃东泽当)控制,势力强大,也是元初十三万户府之一。

帕竹噶举还有八小支派,其中重要的有止贡巴(在今墨竹工卡东北直孔)、达垅巴(在今林周)、雅桑巴(在今乃东亚桑)、主巴等。藏传佛教还有其他一些小的教派,势力不大。而吐蕃原始宗教"本教"(钵教),俗称"黑教",主要崇拜天、地、水、火、雪山、湖泊、守护神、祖先等,也在吸收佛教教义、形式,后继续流传在边远地区。前弘期所传的佛教密宗,称为"宁玛"派,因僧侣戴红色僧帽,俗称红教,"宁玛"意为"旧"、"古",受"本教"影响较多,与后弘期兴起的各教派有明显区别,势力也较小,建造于8世纪的桑耶寺(在今扎囊雅鲁藏布江北岸),后弘期时成为宁玛派的重要寺院。

三、藏传佛教文化

藏传佛教文化方面,有噶举派创建人塔布拉杰(达波拉结,1079~1153年)著的《喇嘛格言》,萨迦四祖萨班·贡噶坚赞(萨迦班智达,1182~1251年)著的《萨迦格言》、《正理藏论》、《三律仪论》等,宣扬教义、教规。还有成书于13世纪,署名为海如嘎所著,著名的传记文学作品《米拉日巴传》。

米拉日巴(1040~1123年)是噶举派创始人之一,塔布噶举派创建者塔布拉杰的老师。传记通过歌颂米拉日巴,反映了当时社会状况。著名的史诗是《格萨尔王传》,格萨尔王是吐蕃(藏)族传说中的英雄人物,相当于宋仁宗时代。从11世纪以来陆续进行创作,以诗歌形式歌颂格萨尔王。《格萨尔王传》规模之大世所罕见,仅已译成汉文的已达1500多万字。此外还有蒙文译本及英、法、德、俄文节译本。吐蕃交际礼节所用的"哈达",传说也是从这一时期开始的。

藏医学方面,藏传佛教噶举派的创建者塔布拉杰和萨迦派四祖贡噶坚赞,都是著名的藏医,贡噶坚赞精通的藏学"五明学"中的"医方明",就是专门研究藏医学的。塔布拉杰在所著《喇嘛格言》的"十应避"中,有"饮食习惯不合卫生者应避",反映了普及医学知识的要求。

藏历"胜生"历法也是这个时期建立的,这是吐蕃历法、数学、天文学发展的综合标志,胜生历是从相当于宋天圣五年(1027年)开始计年的。

绘画雕塑也有了新的发展,今拉当寺的弥勒佛、哲公寺的智明佛母铜雕佛像,夏鲁寺的舞伎和群神供养的壁画,以及拉当寺的滚噶吉祥、白度母的卷轴画,也是这时期传留下的宝贵文化遗产。

第十一章 宋、辽、金、夏时期周边的民族及其政权

第五节 唃厮啰（青唐羌）

公元842年，吐蕃王朝赞普达磨被弑，建国二百数十年的吐蕃王朝解体，后经贵族、边将混战和奴隶平民大起义，王朝在各地的统治机器被彻底摧毁。因此，到9世纪晚期至11世纪，无论在吐蕃本部（今西藏），还是在河陇地区，吐蕃社会发生了深刻的变化。农奴制的因素不断增长，奴隶制逐渐为农奴制所代替；政治上则是出现了一些僧俗首领割据的地方势力集团。在这些割据势力中，有赞普后人建立的政权，河湟地区的唃厮啰，就是其中之一。

一、唃厮啰政权的建立

唃厮啰，本名欺南陵温，"绪出赞普之后"。藏文史籍《西藏王统记》也说唃厮啰是吐蕃王朝达磨赞普五世孙赤德的后人。当他12岁时，被大贾何郎业贤带到河州（今甘肃临夏）；不久，又被大户耸昌厮均迁到移公城，"欲于河州立文法"（即联合各部落首领聚众举事，建立政权组织）。当时"河州人谓佛为'唃'，谓儿子为'厮啰'，自此名唃厮啰"，故史称其建立的政权为"唃厮啰"。

吐蕃人有尊崇贵族的传统，被奉为佛的化身的唃厮啰在河湟吐蕃人中有巨大的魅力。因此，宗哥（今青海平安）李立遵、邈川（今乐都）温逋奇等大首领，得知河州有赞普后人这样一位政治人物后，旋即以武力将唃厮啰劫持到廓州（今化隆境），立文法，尊之为"赞普"。不久，李立遵将王城迁到经济比较发达的宗哥城，自立为相（论逋），挟"赞普"以令诸部，遂"帐族甚盛，胜兵六七万"。

大中祥符八年（1015年）九月，李立遵派人到宋朝，号称聚众数十万，"请讨平夏以自效"，争取宋室的支持。后又上书秦州宋朝守将曹玮，请求朝廷册封其"赞普"号。"朝议以赞普戎王也，立遵居厮啰下，不应妄予"，仅"授立遵保顺军节度使"。对此，李立遵甚为不满。遂于大中祥符九年（1016年）亲率3万余众攻打秦（今甘肃天水）、渭（今平凉）二州一带城寨，与曹玮战于三都谷（今甘谷县境），为宋军所败，落荒而走。

李立遵得势后骄恣好杀，御下严暴。唃厮啰对他的所作所为日渐不满，相互之间嫌隙日深，遂带领亲信及属下部族到邈川。以温逋奇为首的当地首领拥戴唃厮啰为主，自为"论逋"，并派人到宋朝进贡修好，请求封赐。

明道元年（1032年），宋授唃厮啰为宁远大将军、爱州团练使、邈川大首领，温逋奇为归化将军。后来，温逋奇对唃厮啰的势力增长甚为不安，欲取而代之，于是发动了"宫廷政变"，囚禁唃厮啰。唃厮啰被守卒放出，以"赞普"的地位和威望集部众捕杀温逋奇及其党羽。平息政变后，唃厮啰举族迁徙青唐（今青海西宁）。此后的近百年间，唃厮啰政权遂以青唐为首府，成为这一地区吐蕃人的政治、经济、文化和宗教的中心。

二、与宋、辽、夏、金的关系

正当唃厮啰刚刚立足青唐，专心经营河湟之时，近邻西夏又继占领甘、凉二州后，把矛头直指唃厮啰。西夏广运二年（1035年），元昊亲率大军进入湟水流域，攻城占地，掳掠人畜，吐蕃人甚苦之。唃厮啰指挥吐蕃诸部奋起反击，与之激战二百余日，终以奇计破元昊，大获全胜。

唃厮啰抗击元昊之胜利,不仅保卫了新生的政权,而且极大地提高了在吐蕃人中的威望,许多不甘屈服于元昊统治的凉州(今甘肃武威)的六谷部吐蕃人和甘州(今张掖)回鹘人都纷纷南下投奔唃厮啰,进一步壮大了与西夏抗衡的实力。后来,宋、辽、西夏为争夺西北战略要地而互相角逐,唃厮啰的地位就显得特别重要了。

西夏天授礼法延祚元年(宋宝元元年,1038年)十月,西夏元昊称帝,国号夏,史称西夏,宋室为之大震。宋朝为了牵制西夏南下,不得不重赏在西北地区能为之效力的唯一"同盟者"。十二月,加封唃厮啰为"保顺军节度使"。次年六月,派左侍禁鲁经带上宋仁宗的诏书和2万匹丝绸的厚礼出使唃厮啰,"使背击元昊以挠其势"。

宋康定元年(1040年)八月,又派屯田员外郎刘涣到青唐,与唃厮啰商议讨伐西夏事宜,受到隆重接待。唃厮啰并上"誓书及西州地图"。宋加封唃厮啰为"保顺、河西等军节度使"。唃厮啰与辽国亦有往来,元昊称帝,辽夏关系恶化。辽为了继续牵制西夏,曾西联甘州回鹘、唃厮啰为外援,策划对西夏用兵。为此,辽于清宁四年(1058年)以公主(当为宗室女)下嫁唃厮啰子董毡,共图夏国。吐蕃与辽贡使之往来,自李立遵时起皆不乏记载。

宋治平二年(1065年)十月唃厮啰卒,次年五月安葬,终年69岁。其第三子董毡继位,史仍称唃厮啰后裔的政权。唃厮啰有三房妻子,前二妻为李立遵之女,各生一子,一为瞎毡,一为磨毡角。李立遵死后皆失宠,各携其子逃出青唐,磨毡角居宗哥;瞎毡居龛谷(今甘肃榆中境),后其子木征迁河州。

董毡为乔氏所出,甚为唃厮啰宠爱,从少年时代起就受到良好的教育。唃厮啰在世时,董毡就已参与军政事务,征战沙场,屡立战功。他即位后,仍继续执行其父的施政措施,与宋朝保持着友好关系。宋熙宁三年(西夏天赐礼盛国庆元年,1070年),西夏出兵攻宋环(今环县)、庆(今庆阳)二州,董毡提兵助宋,乘西夏西线空虚,沿边抄掠,迫使西夏撤兵,宋军大部分将士遂得生还。但是,这种友好关系在王安石任相后就蒙上了一层黑色的幕纱。这时有一个"试科不中,客游陕西,访采边事"的王韶,向宋朝廷上《平戎策》,提出"欲取西夏,当先复河湟"的主张。王安石遂命王韶前往秦州主持边事。熙宁五年,又命王韶率大军向唃厮啰政权属下的熙河地区发动了进攻,到次年九月,相继占领熙(今临洮)、河(今东乡西南)、洮(今临潭)、岷(今岷县)、叠(今迭部)、宕(今宕昌)等地,"招抚大小蕃族三十余万帐"。

熙河之役给董毡政权造成了严重威胁,加剧了宋朝与河湟吐蕃的民族矛盾,从此这一带成为战争频仍、烽火不灭的地方,给吐蕃人民带来了莫大的灾难。宋军占熙河后,遇到董毡的奋力抵抗。他首先与西夏通好,夏国以公主、秉常妹下嫁董毡子蔺逋叱,结为婚媾,共同对付宋朝。同时派出部将鬼章攻打河州,杀宋将景思立于踏白城。董毡侄河州大酋木征也率部助鬼章围河州宋军,后因军力悬殊而败绩。木征降宋,赐名赵思忠,成为宋朝的命官。

熙河之役后,由于政治和经济的原因,董毡和宋朝恢复了中断七年之久的友好关系。熙宁十年十月,董毡派人到宋进贡,宋依旧例回赐。董毡由保顺军节度使改为西平军节度使,后又由常乐郡公进封武威郡王,其他首领则依其实力授团练使、刺史、本族军主、副军主等职。宋神宗接见董毡使者时也称赞"其上书情辞忠智,虽中国士大夫存心公家者不过如此"。

元丰六年(1083年)十月,董毡卒,终年51岁。其养子阿里骨继嗣。

《宋史·吐蕃传》记述:"阿里骨本于阗人,少从其母给事董毡,故养为子。元丰兰州之战最有功。

自肃州团练使进防御使。"由于阿里骨非唃氏家族,所以遭到唃厮啰族人的竭力反对,在这种形势下,阿里骨为了巩固自己的地位,曾一度改变前朝依宋抗夏以自保的政策,欲利用夏国的力量收复被宋占领的熙河地区,并通过战争缓和内部矛盾。遂与西夏相约在对宋的战争中如能取胜,熙、河、岷三州归阿里骨,兰州、定西归西夏。元祐二年(西夏天仪治平元年,1087年)四月,阿里骨令鬼章攻洮州,西夏也出兵围河州。后因鬼章被宋军俘获而结束战争,阿里骨收复失地的希望破灭。

阿里骨受挫折后,于次年派人携带厚礼到宋朝上表谢罪,并要求释放鬼章,边界息兵。宋朝同意了阿里骨的请求,亦"依旧许般次往来买卖及上京进奉",后又加封阿里骨等人官爵。自此,阿里骨与宋朝的关系重归于好。绍圣三年(1096年)九月,阿里骨卒,终年57岁。其子瞎征继承青唐主位。

瞎征执政后,唃厮啰家族溪巴温及其后人、各地的部落首领纷纷据地而治,自立为王,整个政权处于分崩离析的状态。瞎征执政之初,宋朝授其为"河西军节度使"。后来看到瞎征不能控制政局,属下各有篡夺之心,窥伺河湟已久的北宋认为进取的时机已经成熟。遂于元符二年(1099年)六月命王愍、王赡为正副统军,由河州北渡黄河进入湟水流域,连下宗哥、邈川诸城,直逼青唐。

瞎征和其他首领纷纷往宗哥城降宋。瞎征出走,青唐无主,大首领心牟钦毡父子迎溪巴温入青唐,立木征之子陇拶为主,陇拶不能控制早已造成的残局。遂于同年九月同契丹、西夏、回鹘三公主以及大小首领出城降宋,迎王赡入青唐城。

宋军占领河湟后,由于遇到吐蕃人的反抗,后方供应不继,于次年开始撤出河湟,当地首领又立溪巴温第三子溪赊罗撒为主。河湟一带"仍旧文法管勾"。建中靖国元年(1101年)十一月,宋朝授溪赊罗撒为"西平军节度使、邈川首领"。

蔡京当国后,复主开边事宜,于崇宁二年(1103年)六月再次出兵河湟,次年四月取青唐。龟兹公主及诸大首领开青唐城出降,溪赊罗撒走投西夏。北宋在濒临崩溃前夕两度占领河湟。仅维持了20年统治。

北宋宣和七年(1125年)以后,金兵大举南下,宋朝江山危在旦夕,无暇西顾,由陕西经制使钱盖寻唃厮啰血统封立,以图为之守边。有益麻党征者,是为陇拶之弟。"素为国人信服",遂命其为"措置湟鄯事",赐名赵怀恩,这是北宋在河湟的最后一名命官。南宋绍兴元年(1131年),金人占河湟。绍兴四年,赵怀恩弃离部族田宅,驱携老小来到阆州(今四川阆中)投附南宋。绍兴二十三年(1153年),赵怀恩由熙州观察使改授"鼎州观察使,充成都府路兵马钤辖",至死亦未再回到河湟。唃厮啰政权及其后人在河湟地区百多年的统治从此结束。

经济、文化。唃厮啰政权统治河湟期间,特别是在唃厮啰和董毡时期,在内外施政方面制定了一些较为得体的措施,因此,其经济和文化都有长足的发展。据载,牧业是河湟吐蕃人的传统经济部门,牧放牲畜是人们的主要生产活动。李远《青唐录》说当地人们善逐水草,"以牧放射猎为主,多不粒食"。又农业比较发达,在湟水、洮河、黄河诸水两岸,宜五谷种植。李远笔下的河湟竟是一派江南村色,邈川一带"川皆活壤,中有流水,羌多依水筑屋而居,激流而硙"。宗哥川则"川长百里,宗河行其中,夹岸皆羌人居,间以松篁,宛如荆楚"。

贸易也是唃厮啰的重要经济支柱。西夏崛起后,传统的"丝绸之路"受到严重威胁,到景祐三年(西夏大庆元年,1036年),西夏完全控制了河西走廊。夏人对过境商人十分苛刻,沿途"夏国将吏率十中取一,择其上品,商人苦之"。因此,来往于宋朝和西域的商队和贡使绕道青唐,改走青海故道。

当时,在青唐城东就居住着好几百家往来做生意的于阗、回鹘商人。所以《宋史·吐蕃传》说:"厮啰居鄯州,西有临谷城通青海,高昌诸国商人皆趋鄯州贸易,以故富强。"

唃厮啰使用传统的藏文,向宋朝上表皆用"蕃字",时人称之为"蕃书"。

宗教以藏传佛教为主,古老的本教在民间仍有极大影响。据藏文史籍记载,河湟地区是藏传佛教后弘期"下路弘传"的发源地,对藏传佛教在西藏再度弘传起了重要作用。唃厮啰迁青唐后,"尊释氏",开始在青唐城西建寺院,"广五六里,缭以周垣,屋至千余。为大像,以黄金涂其身,又为浮屠十三级以护之"。此外,在河州有"积庆寺",在青海湖海心山岛上,也有"习禅者赢粮居之",佛塔则遍及各地。唃厮啰执政者不仅大力提倡佛教,而且自己也信奉佛教,"有大事必集僧决之"。国主处理军政大事的宫殿旁就供有高数十尺的"金冶佛像"。岷州"广仁禅院碑",也说广仁禅院之建成与当地吐蕃大首领赵醇忠、包顺、包诚等施财造像有关,这些都是河湟地区藏传佛教得以兴盛的重要原因。

第六节 大 理

唐天复二年(902年),南诏政权崩溃之后,白族中的贵族分子郑买嗣、赵善政、杨干贞、段思平先后起而进行政权的争夺,郑买嗣继南诏之后建立了长和国(902~928年)。赵善政推翻郑氏政权,建立天兴国(928~929年)。杨干贞取代赵善政,建立义宁国(929~937年),及至后晋天福二年(937年),段思平乃夺得政权而建立了大理。

一、大理政权的兴亡

段思平建立大理之后,对南诏统治时期遗留下来的阶级关系和民族关系都进行了调整。首先是肯定新兴的白族地主们的经济和政治地位,并进一步对他们进行扶持。如封白族高方为岳侯,除承认其家族在洱海地区原有的领地之外,更赐与巨桥(今云南普宁)地方为其世袭领地;封董伽罗为宰相,亦除承认其家族在洱海地区原有的领地之外,更赐与成纪(今永胜)为其世袭领地;其余洱海地区的白族地主如杨氏家族的庄园,也都得到扩大。对于洱海地区的白族和彝族中的村社农民,则是在承认他们原来使用的土地前提下,减轻税粮负担,宽免徭役三年。对于"凡有罪无子孙者"的奴隶,则一律"赦免",即加以释放。对于被统治的部族和部落,则解除他们南诏时期的集体奴隶地位,免除奴隶性质的徭役。大理政权终于稳固下来。

大理和南诏一样,仍然是一个多民族集合体国家。这个多民族集合体国家,以白族中的大地主为主要统治者。在政权组织方面,则是以段氏国王为首,布燮(宰相)等大臣作辅佐来进行统治。白族诸侯们各有领地,以作为统治的主要基础。地方行政单位,划分为府和郡,分派白族中的地主们作为各府、郡的长吏来进行管理。

府和郡是在南诏统治时期的基础上加以调整建立起来的。各府、郡分管的区域内都仍然存在许多不同民族的部族和部落。这些不同民族的部族和部落,都保持着自己内部原有的政治、经济结构不变,由本民族的贵族分子管理自己内部的事务,接受府、郡长吏的统治。

第十一章　宋、辽、金、夏时期周边的民族及其政权

宋绍圣元年（1094年），大理国权臣、白族高升泰夺取政权，称"大中国"。两年之后，高升泰的儿子高泰明被迫把政权重新归还段氏，以段正淳为国王，此后或称大理国为"后理国"。大理国后期，段氏国王失去了实际上的控制权力，以高氏家族为首的白族领主们，则在白族的主要聚居区进行割据统治；其他被统治民族中的贵族分子，则为发展自己的地方势力而相互兼并纷争，造成分裂局面。

蒙古蒙哥汗三年（宋宝祐元年，1253年），一支蒙古兵南下，打破了大理国境内各民族贵族分子对立纷争的局面，十二月十二日（1254年1月2日），蒙古军到达大理首府大理（今属云南）城下，蒙古军入大理城，大理国亡。

二、大理的民族

大理国的主体民族是白族（"白人"、"白蛮"、"僰蛮"），白族主要聚居在今澜沧江中、上游以东，今红河以北的城镇和平坝地区。在这里，除了主要城镇中和城镇附近的平坝地区有白族人口之外，其余的小城堡和广大的村落中，则为许多其他不同民族的氏族、部落人口所聚居、杂居和散居。

主要城镇中的白族官僚地主们，是通过政治、经济组织与大理国王联系起来。并以白族中的政治、经济组织为主要依靠力量，把所统辖的府或郡内的其他民族的氏族、部落统治起来。而在被统治的各民族内部，却又分别保持着一套与白族不同的政治、经济结构。白族地主们对于这些被统治民族中的氏族和部落，是任其内部的生产方式和组织形式保留着，然后通过它们内部的贵族分子来进行贡纳的征收。

被统治的各民族的分布状况，与南诏统治时期相比较，大的范围基本上未曾发生变动。在今澜沧江中、上游以东，今红河以北地带的山区、半山区和少部分平坝区，主要是"乌蛮"（彝族）系统的村落和氏族；今金沙江上游两岸是么些（纳西）的分布区域；今澜沧江和今怒江上游之间是"卢蛮"（傈僳族）；南部和西南部边境地带是"金齿百夷"（傣族）、阿昌和孟高棉系统的部落；东南部边境地带则是和泥（哈尼）、僚（壮族）、"白衣"（傣族）等的共同杂居区。

部分民族中的一些部落，居住区域较之南诏时期有所变动。如南部边境的"金齿百夷"（傣族）中的部分人口，北迁入威远（今云南景谷）、开南（今景东）一带，与"朴子"（布朗）、和泥（哈尼）等相杂居。这里原来就有一部分"金齿百夷"（傣族）人口，至此则"金齿百夷"的人口增多了。又一些民族中的部落组织和部落名称，较之南诏时期未变。如今大渡河南、金沙江北的"乌蛮"（彝族）中的邛部、两林、丰琶，仍按原来的部落组织和部落名称出现在原地。

而一些民族中的一些部落，却在人口增多、分裂繁衍的情况下，在原来居住的地区或原来居住地区的周围，出现了一些新的部落。如西南部边境的"金齿百夷"中，有勐梯（今盈江境）、勐卯（今瑞丽）、勐生谷（今缅甸克钦邦境内）、勐生喜（今缅甸南掸邦一带）、勐生威（今缅甸北掸邦一带），它们分别联系着附近同族的各个小部落，共同结成一个联盟集体；又如建昌城（今四川西昌）北部"乌蛮"（彝族）中的落兰部（今冕宁南部的泸沽一带），繁衍成为许多小部落；东爨区（今云南楚雄以东）部落分裂繁衍的情况就更为复杂了，一定时间阶段内，在这里出现了"东爨乌蛮三十七部"。但实际上并不止于三十七部。因为，各个部都不断繁衍出一些新的氏族、部落来。如罗伽部（今澄江境）即繁衍出强宗部、步雄部、普舍部等，分散到邻境的其他地方去。

三十七部中的各个部，都不断繁衍，不断分裂为大大小小的氏族、部落，各有地界，筑营垒以闭

关自守。

各民族中的各个氏族、部落,划定一个区域作为聚居的地方,分别从事各种生产。如边境的"金齿百夷"(傣族)的各部落,依旧进行他们的农业与小手工业相结合的生产;威楚府(今楚雄)辖境内则为"杂蛮耕牧之地",这里的"乌蛮"(彝族)、朴子(布朗)、和泥(哈尼)等,或耕田,或狩猎、畜牧,或半耕半牧,自按其内部原有的生产方式进行生产。

大理国王把各民族的居住区域分别划归各府、郡管辖,或分封给白族诸侯。除了一部分仍然从事更为原始的采集和狩猎的氏族、部落之外,在大部分的氏族、部落中,各个家庭在从村社那里分得一块土地之后,每个居民耕种自己的田地,女人和女儿从事于家庭纺织。

而部分"乌蛮"部落中的男子,则在从事耕种之外,也从事畜牧和狩猎。他们在生产中获得的各种产品,以其中的一部分交由本民族中的贵族,以贡纳的形式提供给当地白族地主或大理国王。实际供给白族贵族或大理国王的那一份,往往少于本民族中的贵族分子所留下的那一份的数量。所以,本民族中的贵族分子在地方的统治权力,得以世世代代地牢固地承袭下去。这种情况,以"金齿百夷"和"乌蛮"各部中最为突出。因此,在农业和手工业生产比较发达的"金齿百夷"(傣族)及一部分"乌蛮"(彝族)、"和泥"(哈尼)等的"村社内部有奴隶制和阀阅制",他们中的贵族,一直世袭地统治着他们的部落或村社,部分地使用奴隶来进行生产,而且控制着自己的区域,与邻境的其他氏族、部落相对抗。

三、与宋朝的关系

当南诏政权崩溃之后,内地的唐皇朝也在相距仅五年的时间即趋于瓦解,进入五代十国的割据状态中。当时,内地的任何一个小王朝,皆疲于应付纷争,无力顾及云南;云南的郑、赵、杨氏政权,也谋求巩固自己的统治地位不暇,同样不可能与内地作更多的联系交往。

大理建立之初,内地汉族区仍处于割据纷争的状态中,及至宋朝建立,传统联系也就逐渐恢复。宋乾德三年(965年),宋灭后蜀,大理便立即由建昌城(今四川西昌)派官吏送公文入宋朝廷,祝贺宋朝平定后蜀。此后,宋开宝元年至宝元元年(968~1038年)间,大理曾九次派遣使臣向宋朝廷"入贡"和要求通好。

宋太平兴国七年(982年),宋太宗曾经命令黎州(今汉原北)官吏在大渡河上造大船,以便大理"入贡"。这种"入贡",既表示了政治上的藩属关系,也是大理与宋朝之间进行官方贸易的一种形式。大理与宋朝之间政治、经济、文化的联系从此展开。宋政和七年(1117年),宋朝廷正式册封大理国王段和誉(即段正严)为"金紫光禄大夫、检校司空、云南节度使、上柱国、大理国王"。然而,大理与宋朝之间的政治关系以及经济文化交流,却为当时政治形势和复杂的民族关系所限制。

辽与西夏先后给宋朝以较大的威胁,因此,对于西南的大理,宋朝的统治者们也就存在戒心。当宋朝廷对大理国王进行册封而使关系进一步正常化之时,金已兴起于东北,并随即展开与辽的纷争,进而攻宋,政治形势愈来愈趋于复杂化。所以,宋朝廷虽对大理国王进行了正式的册封,而在原来对大理国的戒心并未完全解除的情况下,又随着形势的发展而日渐加深,就在对大理国王进行正式册封的当年,便有一部分人要求在大渡河外置城邑,以便进一步与大理国展开互市。

宋朝廷命令黎州知州宇文常了解情况之后,再作具体措施,宇文常说:"自孟氏(后蜀孟昶)入朝,艺祖(宋太祖)取舆地图观之,划大渡河为境,历百五十年而无西南夷患。今若于(大渡)河外建

第十一章　宋、辽、金、夏时期周边的民族及其政权

立城邑，房情携贰，边隙寖开，非中国之福。"其实，宋太祖并不曾"划大渡河为境"而拒绝与大理国交往。宇文常所说，不过是在当时政治形势复杂的情况之下，作为拒绝与大理国交往的借口。接着便是建炎元年(1127年)宋政权为金所迫而南移，南宋君臣惶惶于自己统治地位的难于巩固，目光也就更多地注意着近在肘腋的大理国。于是，宇文常之说，便普遍成为南宋君臣拒绝与大理国进行政治上接触的借口。

然而，无论是北宋还是南宋，与大理国之间的经济文化方面的交流始终是频繁的，而且南宋时期胜于北宋时期。只是在政治方面的接触，南宋少于北宋。

第七节　壮　族

五代和宋代时期，壮族分布在今两广及云南部分地区。壮族古称越人，五代和北宋时称俚僚、土僚、侬僚、蛮僚，南宋时一部分始称僮(亦作㽔)，大部仍称土、僚、侬、越、俚。1950年后统一名称为僮族。1956年改称壮族。

五代时，壮族地区大部为刘隐所建的南汉所统治，部分为马殷所建的楚国所据。南汉乾和六年(后汉乾祐元年，948年)，南汉乘楚内乱，攻取贺州(今广西贺县)。九年(后周广顺元年，951年)又乘楚灭亡之际，攻占桂州(今桂林)、宜州(今宜山)、严州(今来宾)、梧州(今属广西)、蒙州(今金秀)等地，壮族地区几乎全部为其所占领。

南汉统治岭南壮族地区，从后梁开平四年(910年)封刘隐为南海王算起，到宋开宝四年(971年)宋灭南汉，共经60余年。在此期间，中原扰乱，而南汉王朝僻处岭南，便于避乱，于是中朝士人多归之，使壮族地区货宝增加，渐臻富饶。北宋建立(960)后，南汉仍割据岭南，与宋朝抗衡，战事频繁。

南汉刘氏统治集团对岭南壮、汉等族人民的统治极为残酷，对所谓"罪人"施以"烧煮、剥剔、刀山、剑树之刑，或令罪人斗虎抵象。又赋敛烦重，邕民(壮族)入城者，人输一钱，琼州(今海南海口)斗米税四、五钱。置媚州都(今广西合浦)，定其课，令入海五百尺采珠。所居宫殿以珠、玳瑁饰之"。不过十数年，就把富饶的岭南变成"芝菌生宫中，野兽触寝门"、"狐鸣鬼哭"的悲惨之地，很多壮族人民被迫迁往西部山区。

宋朝对壮族的统治宋开宝四年(971年)，南汉被宋将潘美攻灭，宋朝受到岭南壮、汉等族人民的热烈欢迎，各地壮族首领纷纷"率土来归"。如开宝七年(974年)，南丹州(今广西南丹)壮族首领莫洪遣使奉表求内附，宋朝封为南丹州刺史；淳化元年(990年)，其弟莫洪皓向宋朝进贡银盎、铜鼓、绣真珠红罗襦，诏赐袭南丹州刺史，为宋朝统一岭南作出了贡献。

宋朝统一壮族地区后，根据当时当地政治、经济、文化发展很不平衡的实际情况，把壮族地区划分为两种类型来进行统治：

一类，在政治、经济、文化比较发达，交通比较便利的桂、柳(今属广西)、贺、梧、容(今容县)、浔(今桂平)、象(今属广西)、贵(今贵港)等州，设置一般州县，与内地一样，其民称"齐民"，不以"蛮僚"称之，实际上其中许多是壮族。

另一类，在比较边远、交通闭塞的邕州(今南宁)左、右江流域，宜州龙江流域及钦州(今属广

西)部分地区,则参照唐朝的"羁縻"制度,"分析其种落,大者为州,小者为县,又小者为峒,(在邕州辖境)凡五十余所。推其雄长者为首领,籍其民为壮丁"。对归附宋朝的壮族首领授以知州、权州、监州、知县、知峒等官职。当时仅邕州就有50余所,宜州有16所,钦州有7所。宋朝又于土州、县、峒之上设寨,作为邕州、宜州和钦州的派出机构,由朝廷委派汉族官员去担任寨官和提举,就近对土官进行监督。这就是宋朝在壮族地区推行的"土官"制度,亦称"羁縻"制度。这种制度,一直沿用到南宋末年。元、明、清时期的"土司"制度,就是在宋代"土官"制度的基础上发展而来的。

宋朝在壮族地区采用的两种政治制度(一般州县和土州县峒),基本上是同壮族地区当时存在的两种经济形态(地主经济和领主经济)相适应的。一般州县地区的自然条件较好,交通比较便利,受汉族影响较大较早,土地私有、土地买卖、地租剥削占主导地位,宋时已经进入地主经济的社会发展阶段。

土州、县、峒地区发展较晚,受汉族影响较少,土地在名义上还是公有,实际上完全掌握在土官手里。由土官把土地分为两大份,把其中好的一份留给自己,作为"自营田",所谓"知州别得养印田,犹圭田也,权州以下无印田者,得荫免田"。把另一份划分为若干"份地",而后"计口给民,不得典卖,惟开荒者由己。谓之祖业、口分田"。领种"份地"的农奴,以村社为单位与土地一起,服属于一定的土官(主户)。他们用一半时间耕作"份地",以其收入来维持一家最低的生活,用另一半时间去服与其"份地"名称相同的劳役。例如领耕"伙夫田"的农奴要给土官当伙夫,领耕"挑水田"的农奴要给土官挑水,领耕"看水田"的农奴要给土官看水,领取"割稻田"的农奴要给土官割稻打谷,领耕"粮田"的农奴要替土官耕种粮田,领取"兵田"的农奴要"耕其田而为之甲士",给土官当兵等等。于是,农奴中就有"提陀"(平民百姓)、"田子甲"、"马前牌"、"家奴"、"家丁"的区别,总谓之"峒民"、"峒丁"或"峒僚"。今壮族地区还有"挑水田"村、"马草田"村、"鼓手田"村等,就是从前那种领主农奴制度遗留下来的痕迹。

宋朝在壮族地区推行的两种政治制度,是由当时壮族地区的实际情况决定的,尚能符合壮族地区生产力发展水平的要求。所以,具有一定积极意义的一面,有利于团结民族上层和联系群众,有利于稳定边疆局势,有利于民族间的经济、文化交流。宋代壮族地区的农业已有相当程度的发展,僻居桂西的龙江两岸,北宋时已"种稻似湖湘"。南宋时广西曾一度出现稻米自给有余,贩运广东的米船,首尾相衔,长达数里。壮锦远近闻名,时称"緂布"。"練子布"为特产,"一端长四丈余,而重止数十钱,卷而入之小竹筒,尚有余地",一匹值钱千余文。重要的商业城镇有邕州、横山寨(今田东)、钦州、宜州(今宜山)、柳州、桂州等。

但是,宋朝在壮族地区推行的两种政治制度,又是建立在民族压迫和阶级压迫基础上的,它必定带有许多消极因素,特别是随着生产力的进一步发展,它就日益走向腐败和反动,日益成为生产力发展的桎梏,这就是明清时期"改土归流"的基本原因。

宋朝从建立以来,兵变、民变、农民起义接连不断地爆发,北方受西夏、契丹、女真统治集团的压迫,南方受交趾(阯)的蚕食和威胁。庞大的官僚机构和统治阶级的腐化堕落,使庞大的行政、军费开支越来越集中到南方各民族人民的头上。宋朝对壮族土州县峒的压迫剥削也日益残酷,只顾利用两江州峒之民以御"外蛮","以诸洞财力养官军,以民丁备招集驱使",而对交趾的蚕食、压榨则不闻不问,因此许多壮族人民自己组织起来,反抗交趾的掠夺,另建政权。邕州"羁縻州"侬峒起义事件,就是其中突出的一起。

第十一章　宋、辽、金、夏时期周边的民族及其政权

侬峒起义,亦称侬智高起义,是北宋时广南西路邕州左、右江侬峒地区壮族人民反抗交趾掠夺的重大事件。北宋宝元二年(1039年)正月,分布在今左右江上游、地属邕州"羁縻州"的广源州(今越南高平境内)、傥犹州(今广西靖西境)、安德州(今靖西安德乡)雷灿峒(今靖西东)等地壮族(总称侬峒)人民,首领侬全福在广源州建立长其国,众推侬全福为昭圣皇帝,封其长子侬智聪为南衙王,抗击交趾。同年,兵败被交趾所执,遇害。

庆历元年(1041年),侬全福的次子侬智高与其母阿侬在傥犹州建立大历国,继续反抗交趾。皇祐二年(1050年)十一月,在安德州改称南天国,年号景瑞,拜广州汉族进士黄伟、黄师宓为军师。为交趾所迫,穷无所归,又多次要求宋朝支援而被拒绝,于是,侬智高由拥宋变为反宋,想夺取两广以自存,发兵沿右江而下。

皇祐四年五月初一(1052年5月31日),攻占邕州城(今南宁),改称大南国,侬智高自称仁惠皇帝,改元启历,采用宋朝官制任命官员。接着,乘胜沿郁江而下,连克横(今横县)、贵(今贵港)、龚(今平南)、浔(今桂平)、康(广东德庆)、端(今肇庆)等州。围攻广州(今属广东)达57天,不克,旋经清远(今属广东)、连州(今连县)、贺州(今广西贺县),回师邕州。次年正月十五日,宋将狄青率骑兵偷度昆仑关(今宾阳南),大败起义军于归仁铺(今邕宁县三圹)。侬智高战败后与黄伟等投奔大理国。其母阿侬率领一部分军队奔特磨道(今云南广南),收集余众,习骑备战。至和元年(1054年),阿侬被宋军所俘,遇害于洛阳(今属河南)。

次年四月,大理国为宋朝胁迫,杀侬智高,函其首级献于宋。

第十二章

元　朝

　　元朝一百六十余年历史,大体可分为四个时期,每个时期各有特点。
　　一、前四汗时期(又称蒙古帝国时期)(太祖、太宗、定宗、宪宗,1206~1259年):蒙古统治者不断地进行大规模的征服战争,时间长达半个多世纪,地域从朝鲜半岛直到东欧,建立了空前庞大的世界帝国;大汗的政令、军令行于全境,整个大蒙古国基本上维持着统一局面,但西北各汗国逐渐出现分裂的倾向;政治中心在漠北,保持以蒙古本土为主体、对辽阔的被征服地区实行统治的体制;其统治方式和剥削方式虽因不同地区社会经济基础的差异而有一些变化,但基本上是推行蒙古制度。
　　二、忽必烈时期(1260~1294年):忽必烈与阿里不哥的帝位之争引起一系列连锁反应,西北各汗国进一步独立化,原属大汗政府直接管辖的西域各地区也分别被他们所控制,大汗只能统治蒙古本土和原金、宋、西夏之境以及大理、吐蕃、畏兀儿诸地区;尽管忽必烈的大汗地位最后得到了各支宗王的承认,但大蒙古国实际上已分裂了;忽必烈推行"汉法",改革旧制,立年号,置省部,定都邑,建国号,确立了以中原王朝的传统制度为主干的中央集权体制。忽必烈的政治、经济改革,使长期遭受战争破坏的中原社会经济逐步恢复。但为了保证蒙古贵族在政治上的优势地位和经济上的特权,又保留了不少蒙古制度,两种制度的矛盾冲突,使得采用"汉法"的进程出现起落反复现象;灭南宋后,忽必烈继续进行野心勃勃的海外远征,又多次出兵讨伐北方蒙古诸王的叛乱,征调频繁,军费浩大,不得不增加剥削,因而未能在大统一后给人民以较长期的休养生息机会,影响了社会生产的发展。
　　三、元代中期(包括成宗、武宗、仁宗、英宗、泰定帝、文宗诸朝,1295~1332年):成宗时期,内外战争基本停息,政治上继续奉行忽必烈的采用"汉法"政策;仁宗、英宗进一步实行改革,如广用儒臣,恢复科举,颁布《通制》,经理田赋,限制投下权力等。虽然改革屡遭挫折,但终究造成不可逆转的趋势;统治集团内部各派的争权夺利和行"汉法"与反"汉法"的斗争交织在一起,每一次的皇位的交替都伴随一场激烈的政治上甚至军事上的争斗,到文宗即位初竟发展为大规模内战。政局不断动荡削弱了元朝中央政府的统治地位。
　　四、元代末期(顺帝朝,1333~1368年):统治集团的腐败日益严重,军政废弛,吏治败坏,脱脱当政时虽然力图更新政治,但已难于挽回颓势;阶级矛盾与民族矛盾极端尖锐化,终于爆发了红巾军大起义,元朝统治土崩瓦解。
　　在通常的编年史中,蒙古的前四汗时期,我们一般把它称作蒙古帝国时期,其政治、经济、军事、文化的发展模式与元朝建立后还是有很大区别的。加上篇幅所限，所以本章暂不把蒙古前四汗时期逐一详述。

第一节　忽必烈建立并巩固元朝

忽必烈在蒙哥时期就早已留心汉地事务，并在藩府中聚集了一批汉族谋士，受命后，即移驻于漠南金莲川之地（滦河上游原野），继续广招人才，访求治国之方，藩府谋士刘秉忠、姚枢等人向他报告"汉地不治"的严重情况和对宋战争的诸多失策，主要是"军将惟利剽杀"，以致南宋人不愿降附，而且造成沿边一带"城无居民，野皆榛莽"，使战争缺乏坚实的后方基地。

一、忽必烈攻宋与其汉地政策

忽必烈根据谋士们的建议，奏准设置了邢州安抚司、河南经略司，并在关中封地置陕西宣抚司，荐举名士及藩府侍臣任长、次官，惩办贪残官吏，约定法制，奖励农桑，均平赋税。河南地处对宋战争前沿，奏以史天泽、杨惟中、赵璧为经略使，不令燕京断事官干预其事；命经略司于唐、邓、汝、蔡、颍诸州设立屯田以广积粮储，并修复襄阳、光化、均州等处城堡，充实边备，与宋襄樊防线对峙，为经久之计。

忽必烈在三个地区实行"新政"，成效颇著，很得中原人心，但不免侵害了惯于肆意征索的贵族们的利益。1256 年，他又在滦河上游筑开平城，营建宫室。藩府势力日益壮大，必然引起蒙哥的疑忌，一些贵族、大臣们又不断进谗，谓"王府得中士心"，"王府人擅权为奸利事"（当指将财赋输于王府），这样，蒙哥与忽必烈之间在汉地政策和权益上的矛盾终于爆发了。

1257 年，蒙哥派遣大必阇赤（左丞相）阿兰答儿和刘太平等到陕西、河南"钩考"钱谷，审查和迫害两司大小官吏，实际上是打击忽必烈藩府势力，迫使忽必烈交出了邢州、河南、陕西三地区的权力，撤销三司。同时，蒙哥决定亲自统兵征宋，并解除了忽必烈的兵权，令他在家休息养病，改派宗王塔察儿统领左翼进攻京湖、两淮，自统右翼军进攻四川，以幼弟阿里不哥留守和林。

1258 年四月，蒙哥驻夏六盘山；七月进发，分兵三道入蜀，攻拔苦竹隘（隆庆府）、鹅顶堡，连取长宁山城、大获城（阆州）、运山城（蓬州）、青居城（顺庆府）、大良城（渠州）及巴州等城。原在四川的都元帅纽璘，打败宋四川制置使蒲择之对成都的进攻，乘胜攻取云顶山城；蒙哥入蜀后，他即留密里火者、刘黑马守成都，率军攻叙州，大败宋守军，突破马湖江防线，沿江而下趋重庆下游，封锁江面，以堵截南宋援蜀之军。

1259 年初，蒙哥大军入合州，遣使至钓鱼城谕降，被守将王坚所杀。蒙哥大军进围钓鱼城，王坚率军民奋勇拒守，蒙古军连攻五个多月不克，损兵折将，七月，蒙哥病死，蒙古军撤围北还。

塔察儿率领的左翼军于 1257 年秋进攻樊城，不克，退回。此后一年多，除四出抄掠外，一城未取，毫无战功。次年十一月，蒙哥不得不命忽必烈出来统率左翼军攻宋。忽必烈在罢兵闲居期间，日与谋士商议大计，待时而动。接到出师之命，即欣然从开平南下，1259 年春，会诸王于邢州，接收兵权。

但他并不急于进兵，先召名士宋子贞、商挺、李昶、杜瑛等访问政治得失及攻宋之计。七月，始至汝南，遣大将霸都鲁先行；下令军中，戒诸将毋妄杀，毋焚掠；命杨惟中、郝经等宣抚江淮，并遣官

· 320 ·

督办粮秣。八月,蒙哥死于合州的消息传来,忽必烈以兵马已动,决定继续进兵,渡淮而南,沿途未遇重大抵抗,到达黄陂,临江而阵。

九月初,弟末哥从合州遣使至军前,报告蒙哥死讯,并请北归,忽必烈不愿无功而还,亲自指挥诸军由阳逻堡附近强渡长江,驻南岸浒黄州。越日,进围鄂州,守将张胜、高达奋勇抵抗,吕文德率援军从重庆东下,突围入城,鄂州防守益坚;贾似道以丞相兼制各路军马援鄂,统一指挥守御。蒙古军围攻近二月,不能破,军中乏食,疾病者十四五。

十一月,忽必烈妻察必合敦遣使至军前,报告阿里不哥已派亲信大臣征兵于漠南北,并以脱里赤为断事官行尚书省事于燕京,有夺取汗位的企图,请忽必烈速返。此时,统领诸路援鄂大军的宋右丞相兼枢密使贾似道,却不敢乘忽必烈陷入困境之际发起反攻,反而遣使求和,愿割江为界,岁奉银绢各二十万(两、匹)。忽必烈顺势许和,撤围北还,留霸都鲁统领一部分军队驻江北待命。奉旨从云南北上会合的兀良合台军,于十一月抵潭州(长沙),宋湖南制置使向士璧坚守,久攻不下。忽必烈撤军北还时,特派兵接应兀良合台军随后渡江北撤,蒙古攻宋战争至此暂告一段落。

二、忽必烈与阿里不哥争夺王位

1260年初,从蒙、宋前线匆匆北返的忽必烈抵达燕京。他在燕京附近驻扎了将近三个月。蒙哥汗亲征时留镇漠北的阿里不哥,竭力诱使忽必烈回到草地,好逼迫他就范,再名正言顺地登上大汗宝座。忽必烈则清楚地意识到,在阿里不哥鞭长莫及的情况下,自己在控制和调动进入汉地的蒙古军及汉军方面拥有莫大的优势与便利。因此他不肯轻易离开经营有年的中原而贸然北上。双方间使臣往返,交涉不断,矛盾日趋激化。

1260年4月中,忽必烈拘禁阿里不哥派往燕京的心腹脱里赤,先发制人,在新筑成不久的开平城宣布即大汗位。

拥戴忽必烈最积极的宗王,是成吉思汗幼弟斡赤斤的孙子、在东道诸侯中居长的塔察儿。他曾因攻宋无功而返,受到蒙哥汗的严厉训斥。早在事态还相当微妙时,忽必烈就派廉希宪到军前结欢于塔察儿,相约"若至开平,首当推戴,无为他人所先"。这为日后由塔察儿"率先",从而诱逼在场的其他宗室"相继劝进"安排了最关键的一着。合辞推戴的诸王,还包括移相哥(合撒儿子)、忽剌忽儿(合赤温孙)、合丹(窝阔台子)、阿只吉(察合台曾孙)等。一度滞留于汉地军中的蒙哥子阿速台这时已北投阿里不哥,没有与会。

践祚次月,忽必烈以《即位诏》颁行天下。诏书明确宣布:"祖述变通,正在今日"。它表明了新政权参用中原王朝的传统体制以改变"文治多缺"局面的决心。又次月,复以建元中统诏天下,更明确地强调新政权之为中朝正统、"天下一家"的地位。

建国之始最早的新行政机构,是统辖中原汉地政事的燕京路宣慰司。翌月,以王文统、赵璧为中书省平章政事,但这时候的"中书省"似乎还不像是国家正式的中枢机构,建制也极不完备。倒是燕京宣慰司所属的各路宣抚司则渐次创置;不久就进一步完善为十路宣抚司的建制。主持各路宣抚司的官员,大多是汉人(包括祖居中原的契丹人)出身的政治家,少数是汉化程度很高的色目人如廉希宪、赛典赤等。中统元年七月,升燕京宣慰司为燕京行中书省,王文统、赵璧并以中书省平章领行省事,它实际上承担了当时朝廷临时行政中枢的职能。中统二年敦促南宋履行鄂州城下之盟的移宋三省牒文,就是以燕京行中书省的名义颁布的。

与此同时,忽必烈又毫不迟疑地着手征调和组编忠于他个人的精锐部队,用以保卫大汗,戍守北方各地,尤其是燕京、开平一线心腹地区。由于蒙哥的怯薛大军在扶柩北归后大都滞留于漠北,忽必烈便在潜邸宿卫的基础上迅速扩充、重建大汗的怯薛部队。此外他还多次征集各地兵员,很快组建起拱卫京畿的侍卫亲军。统领侍卫亲军的,是多年跟随他出生入死的亲信董文炳等将领。

立国之初,为防范阿里不哥,朝廷亟命"诸路市马万匹送开平府","诏燕京、西京、北京三路宣抚司运米十万石"至漠南沿线,很快完成了扼守大漠南缘、伺机渡漠远征的战前部署。为了集中力量首先征服阿里不哥,忽必烈在中统头两年对南宋的背约行为也采取极为克制的态度。他虽在蒙宋交界线"置江淮、江汉两大都督,东则李璮,开府益都;西则史权,开府邓州,与宋扬州、襄阳两别帅犄角"。但他的意图只在镇边,并不急于攻宋。国信使郝经被拘,不过遣官诘问而已;宋私商违禁越境买卖,"诏宥之,还其货,听榷场贸易";甚至当南边将士求战心切,"皆以举兵南伐为请"时,忽必烈也只是下一纸诏文,虚称当待"秋高马肥,水陆分道而进,以为问罪之举",藉以慰抚军心。

忽必烈在漠南抢先即位,完全打乱了阿里不哥的预谋。后者只得匆匆于1260年夏季,在驻夏据地阿勒泰山中,召集留守漠北份地的诸王宗戚,举行大会,并在会上被拥立为大汗。出席大会的,有察合台子哈剌旭烈的寡妻兀鲁忽乃妃子、察合台孙阿鲁忽、窝阔台孙觊尔赤(合丹子)、海都(合失子)、术赤孙忽里迷失和合剌察儿、蒙哥子阿速台和玉龙答失、塔察儿子乃马台、别勒古台之子等。这样就出现了两大汗相抗衡的局面。站在阿里不哥一方的有影响的东道诸王似乎很少,但他从西道诸王那里获得的支持,又要多于忽必烈。

尽管当时正在经营西亚的皇弟旭烈兀和立国伏尔加河流域的拔都后王别儿哥,态度都不无暧昧之处,然而替旭烈兀留守漠北份地的他的儿子药木忽儿,最初是支持阿里不哥的。而别儿哥冲制的钱币上刻有阿里不哥的名字,更表明钦察汗国在阿里不哥失败前一直认为只有后者才真正代表了蒙古大汗的统系。

成吉思汗直系各支宗王的政治态度对忽必烈颇为不利。为改变此种局面,忽必烈先派支持自己的察合台后王阿必失哈(阿只吉长兄)急驰西北,企图用他控制察合台兀鲁思的政局,使之与中原汉地势力为犄角,拊制漠北。阿必失哈一行在途经河西时为阿里不哥的军队截留,察合台兀鲁思落入阿里不哥派去的阿鲁忽之手。

不久,阿鲁忽和旭烈兀渐与阿里不哥生隙。忽必烈抓住时机,以明确承认二者在各自势力范围内的既有权益为条件,争取他们对自己的支持。他宣布,自阿姆河西至马木鲁克疆界的塔吉克地面当归旭烈兀统治守卫,自阿勒泰山至阿姆河之地则由阿鲁忽镇守。至此,除术赤后王早已分治于钦察草原之外,突厥斯坦西部及河中地区、波斯和呼罗珊也正式从大汗直接领有的国土中分立出来,成为中央汗廷的守藩之国。建国次年,忽必烈与西道诸王的关系基本和解,遂使他得以全力对付阿里不哥。

1260年秋,阿里不哥兵分两路,大举南下。东路军由旭烈兀子药木忽儿、术赤后王合剌察儿统率,自和林逾漠南进。西路军由阿兰答儿统领,直指六盘山,意在接应从四川前线退屯该地的蒙哥攻宋主力,这支军队在蒙哥死后曾归阿速台节制,阿速台投奔漠北后,一直控制在阿里不哥的大将浑都海和哈剌不华手里。

阿里不哥的左路军以宗王为帅,而且直接威胁汉地政治经济中心燕京,因此忽必烈亲自领军逆之,而以移相哥、纳邻合丹(当为合赤温孙)为其前部。移相哥军击溃药木忽儿和合剌察儿,阿里不哥难以继续立足和林,匆匆退到由他继承的拖雷分地吉里吉思。忽必烈大概是循帖里干道,顺利进至和林。其时约在当年初冬。当时和林城的残破或许相当严重,所以到达不久,忽必烈便南至汪吉河(今翁金河)冬营地,以为短期休整。

阿里不哥生恐忽必烈乘胜追击,乃遣使假意求宥,并称待马力稍复,再赴阙谢罪。忽必烈深以汉地政局为念,遂留移相哥镇漠北,自己冒严寒逾漠南返。

南指六盘山的西路军虽为偏师,但它牵动川蜀关陕,使那里本已化险为夷的形势又紧张起来。原来早在廉希宪受命宣抚京兆、四川时,屯兵观望于六盘山的浑都海就企图联络阿里不哥遣往关中的刘太平、霍鲁怀及川蜀军中亲阿里不哥的将领发难。廉希宪当机立断,捕杀刘太平、霍鲁怀,以处于弱势的秦巩世侯汪家的军队拒阻浑都海,"但张声势,使不得东"。

浑都海果然中计,"闻京兆有备,遂西渡河,趋甘州",采取了"重装北归,以应和林"的下策。关陕之危竟得安然解脱。可是当阿兰答儿提兵与北归途中的浑都海会师之后,这支军队重又折返东向,并派人约结陇蜀诸将,一时"人心危疑",朝士至有捐弃两川、退守兴元之议。两军兵锋初接,朝廷方面又先失利,遂愈使"河右大震"。这时候,忽必烈增派的诸王合丹(窝阔台子)、哈必赤(合撒儿子)等率师与汪惟良、八春等"合兵复战西凉,大败之,俘斩略尽"。阿兰答儿、浑都海被擒杀。关陇遂安。

中统二年二月,诏命燕京行省及各路宣抚使北上开平,会议军国大政。三月末,燕京省官毕集开平。本年夏季,除检核钱谷、充实省部、擢用辅弼外,朝廷还为中央和地方官府制定了若干具体的行政条款,行政中枢既经调整扩充,更明确地分为两个班子,以史天泽、张文谦等人留中,王文统、廉希宪等行省事于燕。秋,又置大司农官,并置十道劝农使司,"为之使者,皆取于故国老人、君子长者,亲行田里,谕以安辑,教之树艺"。

溃败远遁的阿里不哥,歇息于吉利吉思;至1261年秋天,元气稍有规复,又举兵东来。他事先遣使向移相哥伪称率众来归,使移相哥疏于防备,因而突袭成功。移相哥大军溃散,和林城再次失守。十月,忽必烈率诸路汉军与蒙古诸王所部再度北征。两军相遇于昔木土脑儿之西,阿里不哥先因所部外剌军队溃败撤兵。待阿速台率领的后继部队赶到,阿里不哥回军再战。其右翼被击败,左、中两翼与忽必烈军鏖战至夜仍不分胜负。自是双方引军后退,相峙于大碛南缘。

是年冬末,忽必烈师还,"诏撤所在戍兵,放民间新签军"。形势似乎缓和下来。1262年,据守和林的阿里不哥因粮饷不继,而由他派往察合台兀鲁思的阿鲁忽又拒绝听命,截留他征集的货物,因此愤而移兵西讨阿鲁忽。阿里不哥自知一旦挥兵西指,和林终将不守,所以临行指令和林城诸长老,许其举城归降忽必烈军。阿里不哥西徙后,忽必烈所部果然不战而收复和林。

1262年冬,阿里不哥在击败阿鲁忽后驻营于阿力麻里。他肆行杀掠,伊犁河流域为之残破不堪。1264年春,阿力麻里大饥,军心愈亦涣散。阿里不哥计出无奈,被迫向忽必烈输诚。长达五年的汗位纠纷由此结束。这次纷争,客观上为蒙古军事贵族中主张"祖述变通"以"补偏救弊"的一派把统治中心从碛北移至漠南,从而更加便利于他们采纳汉法,加强对中原的统治,提供了一个适逢其时的契机。

三、强化中央集权统治的措施

中统三年二月,李璮之乱爆发,对忽必烈而言,事件的发生表明,自金末以来尽专中原兵民之权的大小世侯,无疑是新王朝有效地巩固和强化自身统治的极大障碍。虽然公开称叛的只有李璮和个别响应者,但曾与李璮互相交通、非议朝政的诸侯为数并不少。为"潜销诸侯之横"以除后患,忽必烈当机立断,以"惩青徐之乱"为由,采取了一系列削弱世侯势力的措施:

1. 在各地实行兵民分治的制度,避免地方长官集军、民之权于一身。中统三年十二月,诏"诸路管民官理民事,管军官掌兵戎,各有所司,不相统摄"。至是,诸路军民总管,正式转变为只理民政的官职即路总管。诸侯如真定史氏、保定张氏等,都一度被削去军权,保留的都是文职。

2. 至元元年(1264年)十二月,罢各地管民官世袭,立迁转法,收世侯符节,易地为官;死后,其子孙按荫叙法授官而不再承袭父职。

3. 对一家有数人居于要职的汉地世侯,规定兵民之权不可聚于一门,诸侯总兵者,其子弟勿复任兵事。制下,史天泽子侄同日解兵符者十七人。朝廷宣称这是"务裁诸侯权以保全之"。

4. 中统四年五月,立枢密院,以皇子真金兼判枢密事,统一调度侍卫亲军和各地的蒙古、汉军万户。由是确立了千户、万户—统军司(分立于河南、山东)或元帅府(立于东西两川等地,后亦改为统军司)—枢密院的指挥系统,把军权集中控制在中央政府的手中。

上述措施的推行,不仅较为有效地抑制了汉地世侯的割据势力,同时也在行政和军事两大系统内,使专制主义中央集权制度的各主要环节基本上得以互相衔接,整合为一体。在这样的基础上,中统后期和至元之初,忽必烈加快了按中原王朝的传统模式进一步完善新政权的步伐。

中统四年升开平府为上都。至元元年下诏,按前年议定给官员俸禄,颁公田,考殿最,定官吏员数,分品从官职。同年,改燕京为中都,定中外百官仪从,设翰林院。二年,依诏命省并州县,共省并地方建制二百二十余处。三年,正式实施对京、府、州、县、司官吏颁给官俸职田的制度。四年,始于中都东北营建新都城。八年十一月,下令禁行自国初以来用以折抵量刑的金朝刑律《泰和律》;以建"大元"国号诏颁天下。九年,改中都为大都,确定以大都为国家首都。从此,中书省、御史台、枢密院均置于大都,省台大员随皇帝巡幸上都时,则置分省、分台于彼。两都畿辅,成为国家的"腹里"之地。

在北方的统治秩序渐趋稳定的同时,攻取南宋逐渐被提上元朝政权的议事日程。

四、忽必烈统一江南

1259年末,忽必烈与贾似道在鄂州订立城下之盟,蒙古退兵。贾似道向宋廷隐瞒了议和、纳币之事,以所杀获俘卒上功,谎称"诸路大捷"、"江汉肃清"。之后,长期甘弱幸安的宋廷对来自北边的严重威胁置若罔闻,"从容如常时",仍然沉溺于穷奢极欲之中,南宋政权的腐败发展到了无以复加的地步。

贾似道擅权无上,集百官议事时居然厉声斥问他们:"诸君非似道拔擢,安得至此?"时人至有"辇毂谁知有赵皇,宫廷也只说平章"之讥。被誉为"真将才"的刘整受统帅吕文德、俞兴忌恶构陷,被迫北降,"蒙古由是尽得国事虚实"。甚至当襄阳已下,元军"旦暮斧斤不绝,整兵练众,意在渡江"之时,宋朝的方面大员中仍有人认定"渔舟如叶,江涛渺然",北兵自然攻不破"长江天堑"。朝廷大权掌握在这样一班将相手中,遂使宋朝爱国军民一城一地的英勇抗战终于不能挽回亡国的命运。

刘整降蒙后向忽必烈建议:"攻宋方略宜先从襄阳。"至元五年,忽必烈命阿术、刘整督军,攻宋军重镇襄阳,"张平宋本"。元军于汉水东岩的鹿门山和白河口等筑堡,以逼襄樊。

由于守城之战素为宋所擅长,元军意在以长围久困克复之,故于同年立河南行省,经理屯田,就便供给襄樊前线。六年,命史天泽至前线经画。史天泽用张弘范建言,"城万山以断其西,栅灌子滩以绝其东"。七年,又筑实心台于汉水中流,置弩炮于其上,与夹江堡相应;继而复筑围城,完全切断了救援襄阳的陆路。同时,由刘整选卒七万,日练水军,以济己之短。宋人援襄之兵多次失败。八年,宋将范文虎率舟师十万来援,至鹿门山大败,船舰百余及辎重全部落入元军之手。九年,宋将李庭芝又遣民兵都统张顺、张贵自襄阳西北清泥河乘舟突入重围,接应襄阳。张顺、张贵先后战死,襄樊之围仍不得解。是年,元军对樊城实施攻坚战。

襄阳和樊城隔汉水南北相望。宋人列木植江中,贯以铁索,上造浮桥,互相应援。冬,元军断木沉索,焚毁浮桥,绝两城间的联络,并用回回炮猛击樊城。至元十年正月,樊城破。襄阳守将吕文焕见大势已去,即向元军投降。到这时为止,宋军苦守襄阳首尾达六年。

攻克襄樊之后,阿术奉命移军略淮东,游弋扬州城下。直到这时候,忽必烈仍未最后下定一举灭宋的决心。十一年元月,阿术入觐,坚请兴师平江南。诏令相臣会议,史天泽也力主平宋。在几经犹豫以后,忽必烈终于接纳了阿术、刘整等人的建言。他遣使潜入宋境,到信州(治今江西上饶)龙虎山问天命于张天师,当即在此前后。

至元十一年三月,元廷调兵数十万,以伯颜、史天泽(寻以疾还)、阿术、吕文焕行省荆湖,由江汉图宋;以合答、刘整、董文炳等行省淮西(八月改为行枢密院),驻扎正阳,"南逼江,断其东西冲";以淮东地区地元军授大将察罕统一节度,配合攻宋,构成三路进兵态势,而以伯颜一军为主攻。七月,伯颜等将领陛辞,忽必烈叮嘱他要效法曹彬,"不杀"而取江南。九月,伯颜亲自领军,自襄阳沿汉水趋郢(今湖北钟祥),揭开大举灭宋的战幕。

时宋军在郢州聚重兵十万,夹汉水而城,铁索横江,阻遏元军水师。伯颜弃城不攻,由藤湖绕过郢州,复舟行汉水,长趋直入,于十二月抵达汉口。

宋淮西制置使夏贵以战船万艘列置江中,戍重兵于江北重镇汉阳军、阳逻堡,与江南鄂州互为应援,力图阻拦元军从这里入江东下。伯颜麾军佯攻汉阳,扬言将由汉口入江,同时暗遣别骑倍道袭取沙芜,计成。元军遂从汉水下游开坝导水,接通沧河下游水域,使舟师得以由此进入大江。而后又佯攻阳逻堡,别遣精兵溯流西,屯于青山矶对岸;至夜,抢渡大江,占青山矶,起浮桥引大军绝江而南。夏贵闻元军渡江,大惊,引麾下三百艘遁还庐州(今安徽合肥)。

元军克阳逻堡,南宋江汉守军士气瓦解,汉阳、鄂州、德安(治今湖北安陆)相继投降。

是年底,伯颜留阿里海牙兵四万于鄂,以规取荆湖,自己与阿术领兵沿江东下。次年三月,阿里海牙于洞庭湖口击溃宋高世杰军;四月,攻取江陵,荆湖北部州县多降。阿里海牙的这一胜利,完全解除了伯颜"上流一动,则鄂非我有"的后顾之忧。

伯颜与阿术自鄂州顺流而东,仍以吕文焕为前军。宋沿江将帅多为吕氏旧部、门生,每不战而降。十二年二月初,元军进至安庆,在这里与从正阳南下的董文炳会师,又进至池州(治今安徽贵池)。南宋自鄂州失守,阖朝震惊。

贾似道迫于太学生及群臣的舆论压力,只好亲自都督诸路军马,集诸路军十三万,上表出师。他与夏贵会师江上,复进至芜湖。这时候,他还想以岁纳币与元军议和,遭到伯颜拒绝。至元十二年二月,伯颜自池州向东推进,与宋军遇于丁家洲。伯颜部骑兵沿大江两岸掩杀,举巨炮猛轰宋军,阿术则驱船舰突入宋水师。宋前军孙虎臣战线动摇。夏贵见状不战而走,宋军全线溃败,军资器械全为元军所获。伯颜军进至建康(今南京),不战而降镇江,时近暑夏,遂遵旨驻兵建康、镇江休整。

五月,伯颜奉召赴阙议事,攻宋战争稍有间歇。

入秋,宋沿江制置使赵晋、枢密都承旨张世杰等陈舟师于镇江水面,邀元军会战。宋水师"舳舻连接,旌旗蔽江",每十船为一舫,连以铁锁,以示必死。时伯颜北觐未归,元军由阿术指挥,分兵逆战。元军以火延烧宋师篷樯,宋军大溃,董文炳军追张世杰至海。自此战后,宋人基本上失去与元军正面交战的能力。江北扬、泰等州,江南常州等地虽都固拒达数月,却已无法阻止元军南进的破竹之势。

八月,伯颜还军前。十一月,伯颜以阿术驻瓜洲绝扬州之援,余部分军三道发动总攻。右路以步骑自建康趋广德军四安镇,由独松关(在今浙江旧余杭西北九十里)包抄临安;左路以董文炳、范文虎率水军从京口循大江蹈海,绕行入杭州湾;伯颜自率中路水陆诸军,沿运河,历常州、无锡、平江(治今江苏苏州)、嘉兴,趋临安。

元军强克常州后实行屠城,"城内外积骸万数,至不可计。井池沟堑,无不充满。仅余妇女婴儿四百而已"。自元军下建康,宋廷"举朝相顾失色","台谏哭声震天"。大臣们相率"接踵宵遁",以至"朝中为之萧然"。贾似道被罢黜后,宋廷以王爚、陈宜中为相,并都督诸路军马。寻复以二相论事不合,免王爚相位,改任留梦炎与陈宜中。陈宜中当危难之秋,竟"以王师务宜持重"为辞,拒绝文天祥、张世杰以勤王之师与敌决战的建言,一意向元朝求和,甚至不惜晋用降元将领吕文焕的侄子吕师孟(吕文德子)为兵部侍郎,以求和议。这时候,陈宜中主持下的宋廷,几度遣使至日益逼近宋都的伯颜军前,乞求罢兵,表示愿意称侄,如不许,称侄孙亦可,再不许,甚至只求封一小国。但这时元军灭宋之意已决,不许和。

至元十三年正月,元三军毕会于临安府郊外。张世杰、文天祥坚请三宫入海,愿率众背城一战。陈宜中沮之,说太皇太后谢氏献传国玉玺及降表于伯颜军前。当夜,陈宜中便遁温州。张世杰眼看临安不守,亦在此时移师定海(今浙江镇海),抗命拒元。宋度宗子益王赵昰和广王赵昺在廷臣保护下潜出临安府,渡浙江(今富春江),趋婺州(治今浙江金华),经温州,由陈宜中等相拥入闽。是月,阿里海牙破潭州(治今湖南长沙),招降湖南诸郡。元廷诏阿术所部李恒从逊都台趋江右,立都元帅府于江州(治今江西九江),经略江西。这样就使元军从荆湖至浙东,完全连成一片。

二月,伯颜遣官入临安视事,籍府库,收百官符印,遣散禁军。三月,伯颜入临安,依旨押送全太后与宋少帝北上,留阿剌罕、董文炳领行省事,忙兀台镇浙西,唆都镇浙东。谢太后因疾暂留南方,后来也被押到大都。宋少帝先受封为瀛国公,后入吐蕃学佛,号合尊大师,一号木波讲师,英宗时被毒死;全太后则入庵为尼。

是年五月,逃到福州的陆秀夫、张世杰、陈宜中等拥益王昰为帝,进广王昺为卫王。临安投降前使于伯颜军前遂被羁的文天祥,在北解途中逃脱,这时也辗转来投赵昰。流亡小朝廷力图凭借福建,规复两浙和赣南。江西、两浙地区闻闽廷颁诏,亦"在在起应,蜂屯蚁附"。秋,张世杰以十万大军攻建昌(今江西南城),败绩。文天祥先开府南剑(今福建南平),至冬,遂引军西趋,次汀州(今福建长汀),遣军攻宁都、雩都(今江西于都)等地。

这时候,元大军沿处州(今浙江丽水)、建宁(今福建建瓯)、邵武一线由浙东入闽,张世杰、陈宜中等却不敢组织抵抗,奉赵昰及卫王昺从福州蹈海至泉州。时宋军尚有17万人,并民兵30万、淮兵万人。宋军因征用船只与闽广招抚使蒲寿庚冲突,蒲叛宋降元,二王又从泉州逃到潮州海面飘泊。不久移至甲子门(在潮、惠二州交界处海岸)。

至元十四年正月，江西元军入闽趋汀州。文天祥退至漳州界内，移入梅州（今梅县）。五月，他逾大庾岭复入赣南，连破诸邑，势稍振；八月，文天祥被元将李恒袭破于兴国，损军20万，妻妾子女亦被元军追获；是冬，转战至南岭屯戍。元军下汀州后，进兵广东，二月，复取广州。四月，南宋小朝廷辗转移驻官富场（今深圳西南）。秋，元军一路由塔出统率，自江西再逾大庾岭入广东；一路由唆都统率，自泉州之西攻入广东，小朝廷移至广州湾内的秀山，寻又出逃到井澳（即今澳门以南诸小岛所在洋面），遇风舟败，军士死过半。继而避追兵入海至七洲洋（今海南岛以东海域），欲直航占城，由陈宜中扁舟先往联络，而大队未行。

次年四月，赵昰死，张世杰、陆秀夫等拥八岁的卫王赵昺为帝。六月，张世杰率军收复雷州（今广东海康），失败，乃奉帝昺移师至广州湾内新会南百里洋面上的崖山，扼险自固。张世杰余部尚有士卒万人，舟八百余艘。在此前后，文天祥至乾溪山（船澳），上表自劾兵败江西之罪，再次请入朝，仍不许。他只好在潮、惠一带领残军坚持抗元。

元廷在至元十五年五月末获知赵昰死而赵昺立。六月，张弘范、李恒率水陆军二万赴闽广灭宋残部。元军由赣南出兵入广。是年冬，张弘范至潮阳，前军击溃自潮阳走海丰的文天祥军，擒文天祥。这时候元军已从宋降卒口中确知赵昺在崖山。

至元十六年正月，张弘范大军由海路自潮阳港径往崖山，途中命囚系随军的文天祥修书招张世杰，文天祥乃书《过零丁洋》诗授之，留下了"人生自古谁无死，留取丹心照汗青"的千古名句。

至元十六年二月六日，张弘范、李恒两军会合后，对宋崖山水师发起总攻，激战经日，宋兵全军溃败。陆秀夫杖剑赶妻子入海，随即负幼帝昺自沉；张世杰率十六舰趁夜间突出重围，欲奔交趾再图恢复，途中遇飓风舰败，溺死于海。

临安降元后，淮东、四川许多地方仍坚持抗战。守卫扬州的李庭芝拒绝遵从太后命他归降的旨意，声言奉命守城而未闻有奉命投降者。但不久，扬、泰诸州相继失陷；四川泸州、重庆及东川诸州于至元十四年末十五年初亦被元军占领。十六年初，坚持抗战三十多年的合州也被迫投降。南宋版图至此全为元有。

五、忽必烈时期对西北边地的争夺与北方、东北边疆的巩固

1. 西北的平定

中统、至元初期，元朝西北边地的形势，经历了几度急剧而复杂的变化。

忽必烈和阿里不哥的汗位之争，极大地便利了察合台兀鲁思势力的迅速扩张。阿里不哥在委命阿鲁忽为察合台兀鲁思汗的同时，把统辖西至阿姆河东岸的西域绿洲城邦的权力授给了阿鲁忽；原来由大汗派驻该地区的官员和军队，现在也都改属阿鲁忽。不久，当阿鲁忽改换门庭，归命于忽必烈时，后者又重申了阿鲁忽业已在手的上述既得权益。

阿鲁忽在解除了阿里不哥的威胁后，即乘术赤后王与旭烈兀之间发生战争的时机，出兵占领和劫掠阿姆河中游属于术赤后王的重镇讹打剌。接着，他又借大汗在不花剌括户的机会，残杀术赤后王在该城的五千属民，霸占了他们的财产和妻女。这就迫使术赤后王别儿哥决定支持正在向他求援的窝阔台后王海都，与阿鲁忽相抗。

海都是窝阔台子合失的儿子，或许是成吉思汗家族中唯一不喝酒（包括马奶子酒）的成员。蒙哥汗夺得汗位的时候，窝阔台系诸王势力遭到严重的打击。他们在阿勒台山外的份地，被分割为若

干小块,分授给未参与反对蒙哥的窝阔台子孙们。海都也在这时候徙封海押立(在今哈萨克斯坦共和国塔迪库尔干东北),开始暗暗地重集自己的兵力。中统末年,海都利用术赤后王与察合台兀鲁思之间的矛盾,依靠别儿哥的支持起而反抗阿鲁忽。汗位危机平息以后,忽必烈意图收回对阿勒台以西的控制权。恰在这时,海都的势力发展起来,而且与术赤后王结为联盟,这不能不引起忽必烈对西北局势的关注。

至元初,忽必烈把自己相信的察合台诸王八剌派往察合台兀鲁思,企望通过他加强大汗对西北政局的控制。他还遣铁连出使钦察之地,力图离间术赤后王与海都的关系。至元三年(1266年)六月,又任命皇子那木罕为北平王,至漠北镇守,增强对阿里不哥系诸王的监视弹压,同时也为从蒙古高原出兵西北边地作好了军事准备。

在这个时期,忽必烈还一再诏命海都驰驿入觐。鉴于窝阔台系诸王遭受蒙哥清洗报复的教训,海都对忽必烈的朝觐之命充满疑虑,因此托辞不至。很难说他对祖父曾据有的大汗宝座有多少觊觎之心,但他坚持自己作为窝阔台后王有权控制一块相对独立的分地,声明将在自己"所至之处"服从大汗。忽必烈与海都在互相猜忌之中日趋敌对。

至元五年,海都一部游弋东趋,入岭北,驰突蒙哥子玉龙答失所统巴邻部众。这很可能只是偶然事件,但马上被驻扎在蒙古高原的忽必烈军队视为海都称叛的信号。于是漠北元军出兵,"逆败之于北庭,又追至阿力麻里,则又远遁二千余里,上令勿追"。直到这时,海都似乎还力图避免与忽必烈军正面开战,因此才会从阿力麻里西撤。

海都的西奔,引起了当时的察合台兀鲁思汗八剌的疑惧。八剌深恐海都就此西渡锡尔河,夺取河中,因此急忙出兵拦截,两军在锡尔河畔相遇,发生大战。八剌先胜,海都在获得术赤后王的援兵后再度出战,大败八剌。八剌军退至河中,预备整军再战。

为了避免河中城郭地区遭到更大破坏,海都遣合丹(窝阔台子)的儿子钦察去与八剌约和。1269年春,术赤兀鲁思、察合台兀鲁思和窝阔台兀鲁思三方会盟于塔剌思河。三方议定:互结为"安答";河中地区三分之二划归八剌,剩下三分之一属于海都和蒙哥帖木儿;诸王各自退回山地和草原,不得进入城郭地区,不在农耕地上放牧牲畜,也不向城郭居民滥行征发;农耕定居区域的管理仍由麻速忽负责;为了增加八剌的牧场、土地和军队,将由海都派兵,援助八剌西越阿姆河去侵夺伊利汗阿八哈的疆域。翌年开春,八剌便从河中西攻呼罗珊。伊利汗阿八哈在也里(今阿富汗赫拉特)附近设计大败八剌军。八剌败退河中,不久死去。察合台孙聂古伯(撒里班之子)被海都立为察合台兀鲁思的新汗,察合台兀鲁思沦为海都的附庸。

海都取得对突厥斯坦和河中的支配权后,对元朝的态度逐渐强硬起来,开始了与元朝在天山南北两路直接对峙和争夺的阶段。

至元八年,忽必烈命北平王那木罕建幕庭于阿力麻里。十年,那木罕趁察合台汗聂古伯与海都不睦,往征之。聂古伯死,不花帖木儿(察合台第七子合答海之子)继位为察合台汗,寻亦死。八剌之子都哇遂立。此两汗均由海都援立。

十一年,元廷置畏兀儿断事官;增斡端、鸦儿看(今新疆莎车)水驿,并"诏安慰斡端、鸦儿看、合失合儿等城"。十二年正月,诏追拘海都、都哇金、银符凡三十四道。

拘收牌符更加激化了双方的冲突。大约十二年夏季,窝阔台系诸王禾忽(贵由子)沿塔里木沙碛南缘进至蒲昌海(即罗布诺尔,在今罗布泊西)一带,断元朝通向巴达黑伤山地的驿路。

都哇和他弟弟不思麻率兵围攻别失八里,应当也在这时候;他们很可能是与禾忽分道征进,即沿天山南麓、塔里木沙漠北缘东袭,然后越过天山直至别失八里城,并一度攻占此城。是后不久,畏兀儿亦都护就从残破的别失八里南徙,移治于哈剌火州(在今新疆吐鲁番以东)。

针对海都、都哇东进的形势,元廷派昔班出使海都,谕之罢兵。十二年七月,又诏安童以行中书省、枢密院事,增援阿力麻里,助那木罕镇边。海都被昔班说动,"退军置驿";而这时安童已经率部"先克火和大王部曲,尽获其辎重"。

2. 北方的平定

那木罕所部,除斡赤斤曾孙札剌忽、阔列坚孙兀鲁歹以外全部是拖雷系诸王的军队,包括对忽必烈夺取汗位心怀不满的昔里吉(蒙哥子)、药木忽儿和明理帖木儿(均为阿里不哥子)等等。

至元十三年,那木罕所部脱帖木儿(拖雷孙,岁哥都子)先叛,继又诱引昔里吉、药木忽儿等实行兵变。叛王们推昔里吉为大汗,械系那木罕、阔阔出(忽必烈庶子)和安童,分别把他们送到术赤后王忙哥帖木儿和海都处,并欲与二王结盟以抗元朝。可是海都除了乘元军前线大本营瓦解、叛师东移的机会夺得阿力麻里空城外,并不热心于与这位新"大汗"配合行动。昔里吉于当年冬天兴师东逾阿勒台山,回到拖雷系诸王份地所在的岭北地区。途中他们又与另一支叛王撒里蛮(蒙哥孙、玉龙答失子)的部众相合并。这以后几年里,元朝在北线的战事,主要是在岭北地区展开的。

至元十四年春,叛军从他们的吉利吉思、谦州大本营南进,结集在和林北面鄂尔浑河、土拉河一带。夏,漠南元军击溃驻牧应昌的翁吉剌贵族只儿瓦台响应昔里吉的叛乱后,绝漠增援和林地区。七月,伯颜奉诏统领岭北诸军平叛。元军在土拉河、鄂尔浑河连胜叛军。昔里吉等败退吉利吉思。至元十五年,元军在唐麓岭(今唐努山)以南巡弋,逐渐形成对吉利吉思的军事包围。

十六、十七两年,双方不断交战,元军一度进至位于叛王巢穴的谦河(今叶尼塞河上源)、兀速水(今叶尼塞河上游支流乌斯河流域)一带。这时叛军已失去继续作战的能力。连叛王中最号强盛的脱帖木儿,亦"以兵屡动而弗战,士马离散,众皆怨忿"。于是叛王之间发生了内讧。昔里吉和撒里蛮互相攻杀。至元十九年,他们先后赴阙谢罪,长达七年的昔里吉之乱遂告结束。

至元十七年,术赤后王忙哥帖木儿病死。翌年,脱脱蒙哥继位为金帐汗,将被拘质的那木罕遣回。十九年,昔里吉乱平。元廷因改封北平王那木罕为北安王。看来那木罕东归以后,主要驻扎在岭北。突厥斯坦方向的经略,大约在这前后已由察合台诸王阿只吉负责。岭北局势渐趋平静,岭西地区却又在酝酿一场新的战争。

至元十五年以后,元政府不断向别失八里增兵,力图收复天山南路诸城。海都也逐步改变已恪守多年的拥兵观望立场。至元十七年,禾忽子秃古灭袭攻哈剌火州,劫掠附近地区。十八年,刘恩率元军击败海都部将,进据斡端;翌年又击退前来攻城的海都系诸王。二十年,海都遣八把率众三万攻斡端,刘恩以众寡不敌,破围退师。元军虽然丢失了斡端,但从二十一年元朝的"游击军"曾进至可失哈儿一带的事实判断,至少北道的曲先(今新疆库车)这时仍被元军控制着。

可能就是在收复斡端之后,海都再次向元廷表示愿意和解,遣回了拘禁于窝阔台兀鲁思的安童和石天麟。二十一年三月,那木罕、安童相继回到漠南。但元朝不甘心轻易放弃天山南路。海都方面未获得预期反应。二十二年,都哇、不思麻领兵十二万,击败诸王阿只吉,进围畏兀儿亦都护所驻之哈剌火州。围城之战持续六个月。城中食尽。火赤哈儿亦都护献女求和。都哇解去。元廷遂派伯颜西巡,取代阿只吉,负责别失八里军事。

二十三年,海都以偏师袭阿勒台山地区,自率主力由阿力麻里东进,在马纳思河(今玛纳斯河)与元军交战,击溃元军,掩杀至哈密力之地。畏兀儿亦都护火赤哈儿这时屯驻于哈密力,战死。此后亦都护移治甘肃永昌。海都不久退回。元军重戍于畏兀儿之地。斡端也再度回到元朝控制下。二十四年,西北相对平静,但东北地区爆发了斡赤斤后王乃颜的叛乱。

3. 东北边疆的巩固

斡赤斤份地,位于以哈剌哈河流域为中心的蒙古高原极东地区,这就极便于斡赤斤向哈剌温山以东今松嫩流域扩展自己的势力。窝阔台时期,斡赤斤镇守辽东,反映出他的份地扩至哈剌温山东面的事实已为大汗所承认。蒙哥死后,斡赤斤孙塔察儿以率先推戴忽必烈建功,因此获得忽必烈的恩宠。塔察儿一家在辽东的势力,日渐坐大。他甚至派人到高丽"收拾民户"。

塔察儿孙乃颜为斡赤斤后王时,建于今通肯河支流毕剌河源以西的乃颜城(在今黑龙江拜泉县以南中兴镇东南),应为斡赤斤家族在哈剌温山以东份地的统治中心。

忽必烈开府金莲川以后,原来驻牧于开平附近的札剌亦儿、兀鲁等部被移至辽西一线。以后五部成为从东北部护卫两都的重要力量。至元三年二月,调整辽东建制,立东京、广宁、懿州、开元、恤品、合懒、婆娑等路宣抚司。不久又设行省统辽东诸路。至元十五年,复改为宣慰司。至元后期,乃颜反状日益明显;二十三年,以宣慰司"望轻",重建行省于辽东,先治东京(今辽宁辽阳),寻徙治威平(在今辽宁开原县)。

辽东设省虽不到半年就被撤销了,仍然成为催发乃颜之乱的直接原因之一。二十四年四月,乃颜联合哈撒儿后王势都儿、合赤温系诸王哈丹秃鲁干等,举兵称乱。叛军的活动,东线从水达达地直指辽河流域,西面一度达克鲁伦、土拉二河。元朝如不能迅速控制事态发展,就很可能会形成东、西道诸王夹攻岭北、连兵南下的危险局势。因此,乃颜发难次月,忽必烈就亲自率师北征。

元军偏师沿哈剌温山东侧北进;忽必烈所部由应昌(旧城在今达尔泊西南)出,缘哈剌温山西侧东北行;戍守杭海岭(今杭爱山)的土土哈则奉命疾驰东趋,渡土拉河,逆克鲁伦河而上,肃清沿途叛军。六月,忽必烈"至撒儿都鲁之地。乃颜党塔不带率所部六万逼行在而阵",忽必烈贸然乘象临阵。"意其望见御驾,即就降"。但叛军强弓劲射,悉力攻象舆。忽必烈被迫下舆御马,以汉军前列步战。塔不带惧中伏引退,被元军掩杀,大败而去。

元军进至哈尔哈河,占领了乃颜的斡耳朵。这时,乃颜屯兵于今哈拉哈河与其支流诺木尔金河交汇处之东的三角地带不里古都伯塔哈(意为有鹰的山)。元军由玉昔帖木儿率领,与乃颜决战于此,当时,"卯乌温都间,天日为昼冥。僵尸四十里,流血原野腥"。乃颜军败出逃,被元军追获于失列河流域。忽必烈下令将他处死。玉昔帖木儿逾哈剌温山北端的蒙可山,追乃颜残部至那兀江(今嫩江),师还。

乃颜败死后,哈丹秃鲁干和其他东道叛王仍不断起兵作乱,并两次进入高丽骚扰。至元二十九年,元朝完全平息乃颜余部的叛乱,中央政府对辽东地区的统治由此获得巩固。

忽必烈亲征乃颜的那年,元朝西线宁静无事。但在次年即至元二十五年,海都方面又拉开战幕。这次他们的兵锋直逼岭北。二十六年,元朝岭北驻军在皇孙甘麻剌统率下,与海都、都哇会战于杭海山,元军战败东撤。海都军跟踪追击,和林宣慰使、同知、副使等皆叛应之,海都占领和林。七月,忽必烈以七十四岁高龄亲征,从海都手中夺回和林,命伯颜镇守之。时断时续的岭北争夺战,前后进行了五年。二十九年,元将土土哈逐敌直至阿勒台山。岭北局势基本稳定下来。

元朝在西北的军事行动,并没有获得很大的成果,反而屡屡引发海都为维护西北宗王的势力范围而起兵称乱。为削弱元廷对西北的军事压力,海都一再进攻岭北。而当战火烧到岭北的时候,要同时维持远离中原根据地的西域和岭北这两个地区的战事,对忽必烈来说确实有些力不从心。岭北是"祖宗根本之地"。保住岭北对保持号令诸藩兀鲁思的大汗地位至关紧要。

为了集中力量确保岭北,元廷被迫收缩它在西北方向的战线。至元二十六年,元朝撤出斡端。自此别失八里从元朝在西北地区的统治中心变为西北前沿的边城。忽必烈死后,元朝虽曾再度在曲先设置都元帅府,但不久就连同别失八里、哈剌火州一起被察合台兀鲁思占有,至是,元朝势力基本上退出中亚。从此元与西北诸藩也大体相安无事。

六、元朝前期社会经济的恢复与统治秩序的稳定

1. 社会经济的恢复

忽必烈时代,蒙古统治集团越来越清楚地意识到:"夫争国家者,取其土地人民而已。"战争破坏因而日益减少。"保守新附城壁,使百姓安业力农"的方针获得部分实施。

在中原汉地,元政府也采取一些相应措施来扭转长期战乱所造成的残破局面。元朝社会经济由战时的衰敝状态渐臻恢复乃至一定程度的发展。这种恢复乃至发展,在全国各地区呈现出颇为明显的不平衡性。黄河中下游流域自金末以来迭经残破,中统、至元之初,山东又"中更叛乱",因而"多旷土"。至元中,立司农司,分道设劝农使,负责在各地促进垦殖。这个地区的农业生产获得了较好的恢复和一定的发展。"民间垦辟种艺之业,增前数倍"。

长江中下游流域的襄、郢、东西淮之地,是宋元长期对抗作战的地区,战争破坏相当严重,土旷民寡。元政府以免税优惠吸引鼓励百姓到那里耕植,同时在两淮地区经营屯田。时人称"屯田之利,无过两淮"。这一地区农业经济的恢复,从此后二十余年之间地价的迅速上涨也可以看得相当清楚。不过,在忽必烈时期,这里的生产,显然还没有恢复到黄河流域那样的水平。

宋元之间长期争夺的又一地区四川,入元版图时,土著之姓十亡七八,户口凋零,生意萧条。直到中元,仍"遗墟败棘,郡县降废几半"。其经济的恢复,与两淮、襄汉地区相比更为缓慢。

元朝对于江南的征服,不可能不伴随杀戮与破坏。阿里海牙经略两湖,留下不少残酷杀戮的记录;伯颜大军在长江下游,也一度由于"利财剽杀,是致降城四壁外,县邑丘墟,旷土无民"。江西闽浙一带,亦因元军"左蹂右躏,数年未平",迭经战争残破。

但是总的说来,元军在灭宋过程中的破坏行动,还是受到相当程度的节制。尤其是临安降附以后,南宋朝廷下诏,亟谓"根本已拔","民何辜焉",指示各地"诏书到日,其各归附,庶几生民免遭荼毒"。于是诸多未下州郡的守令得以心安理得地望风出降。因此,在农业生产的基础原来就比较好的南方各地,当时的社会经济基本上被维持在南宋原有水平上下,而没有受到太大的损害。忽必烈时期,在江南推广棉花种植,收效甚大。所以就某些方面而言,元朝前期社会经济与南宋时期相比,也有一些进步和发展。

相对而言,边疆地区的社会经济,在元代前期表现出长足的进步,云南的农业、水利和蚕桑,这一时期都有很大的发展;南诏以来流行于该地的"儒释文化"逐渐向内地的汉文化靠拢。漠北地区的富实繁荣,也远较其他时代为甚。当然这种富实,很大程度上是依靠漠南支援的结果。诚如虞集所说:"朝廷岁出金缯、布币、糇粮以实之。转输之事,月日相继,犹以为未足。又捐数倍之利,募民

入粟其中,亦不可胜计。由是遂为殷富"。

2. 统治秩序的稳定

元朝前期的社会经济恢复,为元政府强化自己的统治提供了必要的物质基础。元王朝的统治秩序由是进一步获得确立与稳定。

元朝政治中心大都和上都所在的腹里,是元王朝立国的根本之地。这个地区是蒙古、探马赤军的镇守重点。淮河以南广大地区,主要由汉军、新附军戍守,亦掺以蒙古探马赤军,以相互制衡。其中临江沿淮之地,是联结位于北方的政治中心和南方经济重心的关键地带,因此是南方戍守的重点。元人所谓"各路设总管府以治民,万户府以治军"。就这个地区而言,大致是不错的。军队多驻扎在城市近郊。各地城池的防御工事、城门都被拆毁,以防被人利用来扼险固守,对抗政府。

大运河的贯通和海运的开辟,则从经济上使北方和南方紧密地联合在一起。为了加强中央对地方的行政控制,至元二十年前后,元廷改变了过去以行某处省事系衔派往地方行使中书省职权的作法,将行省从中央政府的派出机构转变为最高一级的常设地方行政机构。

元朝的行省,经过至元二十七年的调整,基本形成定制。中书省和行省以下的行政区划,则为路、府、州、县。各地都有一些诸王勋戚的封地。除衣食租税外,封主对这些地方行政事务还拥有一定的干预权。

社会的基层行政设施,在城关为坊、隅,在农村为乡、都。在构成一乡或一都的各自然村中,还建立了"社"的组织,以劝农桑。

蒙古统治者仿效金朝在用人方面先女真、次渤海、次契丹、次汉儿的作法,分全国居民为蒙古、色目、汉人、南人四等。蒙古人为"国族"。色目人在当时是指唐兀人、畏兀儿人及其以西诸族出身的人们。汉人指淮河以北原金朝境域内的汉族、女真、契丹、渤海人,四川、云南两省人口,以及高丽人等。南人又称蛮子,指江浙、江西、湖广三省以及河南行省襄、郢、两淮等地的原南宋臣民。

迄今所知,元朝政府并没有为四等人的划分颁布过专门的法令。但它却反映在有关他们政治、法律地位以及其他权利和义务方面的诸多不平等规定中。忽必烈在位时期,这种民族分化政策已经基本形成,其后构成元王朝统治秩序的一个很大特点。

另一个特点,是儒生在参预国家治理方面失去了宋金时那种优越的地位。直至中统、至元之初。儒学在北方,仍由于历经事变、丧乱而不甚发达,连《资治通鉴》也是很难见到的书籍。而这时候理学在南宋已经相当盛行了。

南北的统一,为儒学发展提供了很大的便利。儒学著作之流入北方,达到"捆载"而至的地步。"北方贤士大夫官辙南迈者,往往嗜古绩学,考索研稽,唯恐未逮"。但是,儒学在元代以前早成为入仕从政所需要的专业训练。

对大多数人来说,读书是为了做官。而元朝统治者却选择由吏入仕的途径解决中低级官僚的来源问题;江南平服后,甚至公开拍卖官职,以至"南方郡县官属,指缺愿去者,半为贩缯屠狗之流、贪污粮糟之辈"。这就断绝了普天下读书人由儒学进身步入仕途的希望。因此,他们当中"有去以技术鸣者,有去而买贾取赢者,有去而结绶于刀笔、辇金于纵横者"。当然也总有一些迂腐夫子,"独匡坐蓬蒿环堵之中,愤然而已"。

一部分儒生不甘寂寞,企图通过"游学",结交名门,求得一官半职。尤其是南方读书人,"南士志于名爵者率往求乎北",但他们当中大多数只能失望而归。儒生处在这样的境遇中,再加上元政府在赋税方面优遇儒户的规定经常不得贯彻,他们的社会地位不能不受到很大损害,以至当日戏台上竟有一官二吏、九儒十丐的谑语。学而优则仕的途径不能畅通,也是元朝吏治从建国伊始就相当腐败的一个重要原因。

元王朝的统治秩序,仍然是在官僚地主的社会关系基础之上建立起来。蒙古、色目贵族通过赐田、战争掠夺以及强占兼并等手段,成为占有大片田地的地主。汉人和南人中的官僚、军阀,也依附新朝政治势力扩大自己的权益。南方有许多大地主,虽经改朝移代,其经济利益并没有受到太大的损害。也有一些人,还乘"江山易主"的机会,投机发家,成了新的富豪大户。这些地主豪强,与当地官员和军队长官结为亲戚友好,"通家往来",共同欺压贫弱人户。

蒙古军和汉军军户,占有四顷免征赋税的"赡军地"。蒙古军户所占有的这部分地产,主要来自政府分给他们的荒闲无主地。他们自己并不直接从事农作,而将这些农田出租给汉族佃户,或者由依附于他们的驱户及"种田户计"耕作。大量蒙古军户由此转化为中小地主。不过由于不善经营,其中也有不少人很快又丧失了手中的土地。元代农业生产的直接承担者,仍然主要是小土地自耕农以及私有土地和国有土地上的佃农。

元代存在着数量巨大的依附人口,称为奴婢、驱口或奴隶。在灭宋过程中,"江南大州小邑,四民子弟,无少长悉为人所俘获。流离播迁之余,可矜可哀,益不胜道"。掠民为驱的现象发展到南方各地。元政府允许奴婢驱口的买卖,并从中抽取税收。北方城镇,多有人市,"等级其坐,贸易甚盛"。奴婢驱口对本使有极强的人身依附的关系。使用于农业劳作的驱口,一般有自己的家庭和个体经济。另外还有许多不事生产的家内奴婢,其中一部分跟着主人享受奢侈的寄生生活。所以时人说"生子侄幸而天禀俊秀,不入于工商必入于胥吏,不入于胥吏必入为奴隶"。

忽必烈在位三十余年,元政府已注意到必须使百姓安居乐业,才能巩固自身的统治。灭亡南宋以后,元廷又宣布免除故宋繁冗的科差;公私逋欠,一概不予追理。元朝征之于南方各地的正额赋税,较之宋代,有所减轻。但由于吏治不清,至元中叶以后又进行对外战争,使兵役和徭役异常繁重,再加上经济重心所在的南方地区生产关系未曾因为改朝换代的动荡而获得适当的调整,以及历次"钩考"的负担最终被转嫁到社会直接生产者身上,所以,元朝前期的社会状况和阶级关系一直存在着若干紧张因素。

至元中叶以后,南方相继发生了多起规模较大的起义。

至元十三年(1276年)至二十年,福建有陈吊眼、畲族女豪杰许夫人及黄华先后起义,他们或与南宋残部相联合,或用南宋年号,这些斗争多少是在恢复宋朝的政治口号下开展的。

至元二十年,南方各地发生的起义二百余起,其中以广东爆发的欧南喜、黎德起义规模最大。其兵众达二十万,有舰八百艘。二十四年,福建又有畲族钟明亮的举事。他拥众十万,"声摇数郡,江南、闽、广交病焉"。起义持续五年之久,才最终失败。

二十六年,江南发生的起义达四百余处。二十九年,广西僮族土官黄圣许起兵反元。这个时期发生在边远少数民族地区的许多起义,反映出元朝统治之深入边徼之地,是伴随着沉重的民族压迫和剥削而实现的。这一时期江南人民起义如此之多的重要原因,是由于忽必烈连年用兵海外,徭役异常沉重,民不能堪。不过这些起义,大多局限于较小的地域范围,互相之间也很少呼应联系,因此往往在较短的时间内就被元政府镇压下去。这时的社会阶级矛盾和民族矛盾,总的说来,并没有达到十分尖锐的程度。

第二节 成宗"守成"与"惟和"政治

　　至元十年(1273年),忽必烈依汉制册立真金为皇太子。二十二年真金去世,以后没有再立皇太子。不过,至元三十年(1293年),世祖命真金幼子铁穆耳抚军漠北,行前以皇太子旧印授之,使其位居于数年前即已出镇岭北的兄长甘麻剌之上。忽必烈逝世之前,又遣内侍谕真金遗孀,向她推荐张留孙,谓"张上卿朕旧臣,必能善事太子"。看来忽必烈确实有意要让铁穆耳继承帝位。但由于没有经过立诏建储的法定手续,即使从汉制的角度说来,铁穆耳的嗣君地位也不是必定无疑的。而若按照蒙古旧制,大汗去世后,则当由皇后临朝摄政,再择期举行忽里台大会,由宗室勋旧"协谋推戴"新汗登位。在这个过程中,皇后的个人意志就很可能在新君人选问题上发生重要影响。

　　至元后期,继察必以后被立为皇后的南必,权势日大,经常干预朝政,"相臣常不得见帝,辄因后奏事焉"。南必有一子,名铁蔑赤;世祖的其他儿子,当时活着的也还有好几个人。忽必烈死后,铁穆耳能否顺利地入继大统,困难是很大的。

　　世祖病危之前,显然已意识到身后帝位继承问题上的层层阴霾。三十年十二月,他驿召待命大同的伯颜回朝。看来他决心沿用中原王朝以顾命大臣宣布遗诏的故事,来实现自己的意志。这时的中书右丞相完泽虽然曾任詹事府首任长官,是真金旧人,但他是一个典型的圆滑世故的官僚,很难期望会有刚毅果敢的作为;而伯颜是平宋战争的主帅,这时又以知枢密院事掌天下兵权,所以最终被忽必烈选为"扬命群王"的代言人。

　　三十一年正月,伯颜抵达大都。自是他与中书平章政事不忽木便始终不离世祖左右。十天后世祖病死,二人遂以顾命大臣的身份控制朝廷,由伯颜"总百官以定国论";由不忽木主持引枢北葬等治丧事宜。

　　至元三十一年年初,木华黎后人持一玉石求售,经鉴定竟是秦以来历代相传,刻有"受命于天,既寿永昌"玺文的传国玉玺。因此,在世祖"宫车晚出之后甫八日,传国神宝不求而出于大功臣子孙之家,速由台谏耳目之司,直达于皇太妃(按指真金妃)御前"。这件事,很可能是伯颜及其支持者们精心安排的,藉此把帝位将归于真金系的定策抢先昭示天下,以正视听;同时也可以预防南必通过扣留世祖御印来干预选君。此后两个多月,伯颜执朝政,"守正体"一如平日,等待铁穆耳从北边南返。

　　四月初,铁穆耳和随同出征的知枢密院事、御史大夫玉昔帖木儿赶回漠南。玉昔帖木儿立即成为临时执政集团最核心的成员之一。右丞相完泽不得预议机密,只好结托真金妃打听消息。真金妃召伯颜、不忽木和玉昔帖木儿探问,却受到玉昔帖木儿的一顿抢白。

　　这时候,与铁穆耳竞争帝位的最强有力的对手,应是他的胞兄、真金长子、出镇岭北的晋王甘麻剌。玉昔帖木儿先发制人,在宗亲合议前私下逼迫甘麻剌说:"宫车晏驾,已逾三月。神器不可久虚,宗祧不可乏主。畴昔储闱符玺既有所归,王为宗盟之长,奚俟而不言。"甘剌麻虽然勉强表态:"皇帝践祚,愿北面事之。"但他内心终究仍有些不服。后来经真金妃提议,命兄弟两人当众比赛诵读祖宗宝训,优胜者为大汗。甘麻剌因口吃,竞赛失败。至此,亲王间犹有违言者。"伯颜握剑立殿陛,陈祖宗宝训,宣扬顾命,述所以立成宗之意,辞色俱厉。诸王股栗,趋殿下拜。"铁穆耳终得以继位为帝,由真金妃亲手授以新发现的传国玉玺,并于四月十六日正式登基,是为成宗。也直到这时,他的拥立者们才如释大负。

一、成宗"持盈守成"的国策

成宗即位后起用的军国重臣,差不多全是忽必烈朝后期政府的原班人员,这就从人事方面保证了按世祖遗规实施"持盈守成"的国策。成宗一朝守成政治的基本精神,是对内外都强调宽宥"惟和"。

即位翌月,成宗即决定罢征安南,将年前被忽必烈拘留的安南国陪臣陶子奇释放回国,遣使持诏抚慰;同时将至元三十年任命的安南行省平章刘国杰改授为湖广行枢密院副使。大德二年(1298年),臣下用兵日本的建议亦被成宗拒绝。在西域方面,元军防线到大德中叶也稍事退缩,从火州撤至哈密,以期减少西北藩王对岭北的侵扰。在此前后,广西洞寨骚乱,帅臣建言征讨,枢密院已奏准发兵,廷议后仍追回成命,遣人诏谕。

元贞、大德中叶以前,从江南海运漕粮入京,每年仅四十万石到七八十万石不等,当时漕运能力已达每年百万石以上。漕粮减额北运的主要原因,是"京畿所储充足"。可见中原农业经济当时相对稳定。在南方,自平宋以后,一时间新政未孚,"如大病始愈,必有余疾,此才已而彼又见";"新官莅任,数有重难之役,并缘侵渔豪横吞噬之徒,又乘间而出,短于支拄者,率身陨家毁"。直到元贞、大德年间,这里的局势才逐步澄清,"世道清平,人获休息"。完泽为相,虽然尚苟且而不图进取,但在当时情况下,他凡事"处之以安静",毕竟还是收到了一定的成效。时人称赞最初举荐完泽的燕公楠"一荐完泽,天下享和平清静之乐余十五年"。由是可见元贞大德的"守成"政治在当时人心目中的估价。

二、元贞大德间的朝政和社会

1. "惟和"政治

"惟和"政治虽然在某种程度上促成了天下粗安的局势,但自然不可能完全消除朝廷政争和社会对抗。在成宗从世祖手里接过来的中书省班底里,首相完泽"小心慎密",遇事敷衍推诿,得过且过;其他成员则大都是精通回回法的理财家。至元时期的回回名臣赛典赤之孙伯颜,世祖末年起入为中书平章政事中的第一人,并被赐予其祖父的旧称,所以史料中亦多称之为赛典赤。阿合马余党阿里,也在世祖末年以待罪之身进入中书省。成宗即位后,御史台想乘一新朝政的机会将他参罢,但结果他仍在中书省臣庇护下"执政如故"。中书省的另一名核心人物梁德珪虽然是汉人,却有一个回回名字梁暗都剌,且曾"奉国朝旨,学西域法","钱谷出入高下,若指诸掌"。

汉人儒臣在当时多讳言财利事,对这些理财大臣视若仇雠,遂利用御史台执掌风纪之司,"朝廷之所甚尊,宰相所不得而治,贵巨大职莫之与抗"的特殊地位,不断寻找机会参劾"时宰",由此引起中书省臣的忌恨。省官与言官的冲突在成宗一朝至为激烈。

至元三十一年六月初,成宗即位不到两个月,御史台上言:"名分之重,无逾宰相,惟事业显著者可以当之,不可轻授。"另一名台官则声称:"陛下方虚心求治,而大臣不肯任事。人主之职,在论一相。今宰相员太多,论议不一,伯颜及先帝旧臣,留以遗陛下,宜亟相之"。这些议论当然引起了中书秉政大臣的不快。

据《元史》，此事起于大德元年，侍御史万僧诣架阁库，取崔彧旧上奏章告于成宗御前，说他"私党汉人李御史，为大言谤佛，不宜建寺"。成宗大怒，教完泽等鞫问。崔彧大惧，遂靠张留孙引荐，疏通完泽和成宗近臣，事方止息。侍御史万僧显然是在"时宰"唆使下告发崔彧的。从完泽周旋弥缝于两造之间看，此处的"时宰"当指赛、梁等辈理财大臣而言。在处置省官与台官之间矛盾冲突的问题上，成宗恪守世祖遗规，即倚重省官理财，同时也能容忍台官直言，力求折中不偏。后来那种诛杀言官的情形，在成宗朝始终没有发生。

2. 成宗对西南边区的平定

大德中叶，随着守成政治稍见成效，成宗渐起开边之心。

大德二年（1298年），缅国掸族势力日益强盛，遂在土官阿散哥也兄弟等人率领下攻入缅都蒲甘，翌年杀缅王及世子宗室等百余人。阿散哥也等人曾奉贡入朝，向元政府报告废黜缅王的原因。但忠于缅王的地方官员和出逃的缅王王子，都向元朝告发阿散哥也兄弟在称乱过程中渺视元朝对缅国的宗主权。

大德四年（1300年），元廷以阿散哥也擅自废立元朝册立的国王，命云南行省平章政事薛超兀儿、左丞忙兀都鲁迷失等率军一万二千，取道永昌腾冲，于十月间入缅作战，宗王阔阔受命随行监军，"以镇兵威"。十二月中，元军围阿散哥也所守之木连城。元军围攻木连城达两个月。五年二月末，"城中薪食俱尽，势将出降"。从攻的云南行省参知政事高阿康（云南土官，又名高庆）、宣抚使察罕不花、万户章吉察儿等收受阿散哥也重金贿赂，以"天热瘴发"为理由，擅自引兵撤围班师。薛超兀儿、忙兀都鲁迷失等实际上"皆受贿赂"，因此制止不力，也随后撤军。

蒲甘王朝的掸族举事时，曾与八百媳妇相通。元西南边境小骚乱时起时绝。廷议征缅前后，出镇云南的梁王"请自讨贼"，要求出兵八百媳妇。

大德五年二月，成宗以原荆湖占城行省左丞刘深及合剌带并中书右丞行云南省事，率湖广、江西、河南、陕西、江浙五省军二万人趋赴云南，与在云南、四川征调的军队会合，出征八百媳妇。这次军事行动在朝中引起很大的争执。中书省臣以"彼地出金"，支持出兵。御史台臣则以"今其过恶未著，师出无名；暑天瘴疠，山路险远，征行之苦，转输之劳，奚啻动百万众"为谏。久戍南方的宿将刘国杰提出，若发兵征南，"必先积粮思、播、顺元"。但成宗一意孤行，坚持原议。结果，为向刘深供给馈饷，引起荆湖全省骚然。"溪洞险恶，无木牛流马可运。率一斗粟数十倍其费始达"。

深军行至顺元（治今贵州贵阳），葛蛮（今仡佬族先民）土官宋隆济、水西（今贵州西北部）土官之妻蛇节乘刘深军沿途骚扰、民怨沸腾的时机举兵起事，乌撒（治今贵州威宁）、乌蒙（治今云南昭通）、东川（治今云南会泽）、芒部（治今云南镇雄）、武定、威楚（治今云南楚雄）、普安等民族地区群起响应，西南震动。刘深军被阻绝于深山雾谷之中，突围后被迫放弃西进，中途折回。沿路"诸蛮要击，饥疫相仍。比至，将士存者才十一二"。成宗在朝臣坚请下诛刘深，改用刘国杰平定西南各族。临行之前，成宗命刘国杰署状，若不克成功，将籍其家。是为大德五年十一月。直到大德七年春夏之际，蛇节被俘杀，宋隆济亦在此后不久被杀，西南地区才渐次安定。

3. 平定西北边境

在西北方面，成宗朝继承了至元后期收缩畏兀儿地区的元军防线、腾出力量确保岭北的政策。元贞年间，元军曾力图维持在畏兀儿地区与海都、都哇对峙的态势，在天山南、北分别立曲先塔林都元帅府（当设治于塔里木河流域的库车城，故名）、北庭都元帅府，分别节度西域驻军。

到大德中期,在都哇紧逼之下,元军已东撤到哈里迷(今新疆哈密)一线,而将东至火州的畏兀儿之地完全放弃了。但对岭北,元廷丝毫无放松之意。成宗从北边回朝继位后,任命叔父宁远王阔阔出镇北总军。元贞、大德之际,元军在加强吉利吉思防戍的同时,从岭北逾金山,溯亦马儿河(今鄂毕河上游)出攻八邻之地。这次行动,很可能带有联合钦察汗东支,挟制海都、都哇的性质。

大德二年冬,阔阔出疏于戒备,遭都哇偷袭兵败。成宗婿阔里吉斯马仆被俘处死。都哇获胜后退兵。翌年,成宗遂令皇侄海山出总北边。五年秋,元军与海都、都哇会战于金山附近的铁坚古山。元军先败海都。都哇后至,两军再战。双方互有胜负,但都受到重创。海都、都哇在会战中负伤,前者不久即死去。

铁坚古山之战对于元与西北宗藩的关系有决定性的影响。海都死后次年,即大德七年(1303年),都哇扶立察八儿为窝阔台兀鲁思汗。都哇即于同年"先众请和"。接着,他以元廷支持为后盾,向察八儿要求归还海都从察合台汗国夺去的草地,并胁迫他与元廷约和。

大德七年秋,都哇、察八儿约和使臣到达元廷。接着,他们又联合遣使到伊利汗、钦察汗王庭。翌年秋,伊利汗完者都在木干草原会见钦察汗脱脱的使臣,元与西北诸兀鲁思之间的约和至此完成。自从忽必烈与阿里不哥争位以来,元朝西北边境的战火基本平息。

第三节 武宗时期的"惟新"

元成宗有数子,唯德寿太子为卜鲁罕皇后所出。

大德九年(1305年)六月,成宗在病中册立德寿为皇太子。甫半年,德寿先于成宗死去,无后。卜鲁罕皇后为此痛心疾首地问帝师胆巴说:"我夫妇以师事汝至矣。止有一子,何不能保护耶?"此后仅一年多,成宗也去世了,生前未再立皇太子。由于缺乏明确的法定继承人,更加激发起汗位觊觎者之间的激烈角逐。

成宗后卜鲁罕在大德后期干政多年,与中书省、枢密院里的许多回回大臣深相结纳。他们与皈依伊斯兰教的成宗堂弟、安西王阿难答之间,也有不同寻常的关系;后来的仁宗甚至宣称阿难答与成宗后有私通情节。因此卜鲁罕打算内而操纵朝议,外而倚重阿难答手中的兵权,临朝称制,并起用阿难答辅国。而阿难答本人也因手握重兵,欲以世祖嫡孙的身份争夺皇位。双方为了共同对付出镇漠北的海山和他弟弟爱育黎拔力八达而结为联盟,被当时的汉人儒臣称为"回邪诱张,势挟中闱"。

为了试探舆情,卜鲁罕等人几次召集馆阁会议。朝中汉人儒臣大多对回回势力集团存有戒心,所以往往持冷淡态度。

争夺皇位的另一方,是海山兄弟。海山长年总兵北边,在大德年间与西北藩王的几次硬仗中战功卓著,又是真金嫡孙,颇得在漠北作战过的诸王将领的拥护;海山弟爱育黎拔力八达则雅重儒术,从成宗朝起就在身边聚集起一批汉人士大夫或倾心汉文化的蒙古、色目侍臣,被中原和南方汉族士人看成振兴文运的希望所在。卜鲁罕显然早就对海山母子染指皇位存有戒备。大德九年十月,她以中宫秉政,出爱育黎拔力八达母子于怀州,企图通过割断他们与朝廷中枢的联系来限制其行动。

按照蒙古旧俗,大汗死后,例应由皇后摄政,主持召开选立新汗的忽里台大会。但卜鲁罕企图控制朝议以遂其私的行动表明,元皇朝确立的中央集权官僚政治体制,已在相当程度上腐蚀了漠北旧制。处于皇权制约的官僚中枢的权力,在皇权暂时中断的情形下非但没有消失或弱化,反而对整个政治结构具有了更关键的影响力。最终掌握着这种影响力的右丞相哈剌哈孙,多年以来一直处于若明若暗地与卜鲁罕相对立的地位,现在成为阻止卜鲁罕得逞的重要因素。

成宗死后,哈剌哈孙立即秘密地遣人通知在漠北的海山和在怀州的答己及爱育黎拔力八达。这时卜鲁罕已下密制切断通往漠北的驿路。受哈剌哈孙之命北趋报讯的康里脱脱,通过其兄阿沙不花疏通通政院,改署手中驰驿文书的日期,使先于卜鲁罕下谕之日,遂得乘驿马往海山处告警。自是,哈剌哈孙悉收京城百司符印,封府库,"称病卧阙下,内旨日数至,并不听,文书皆不署"。

既"称病"而又"卧阙下",一方面可以沮泥卜鲁罕动员行政中枢的权力资源发号施令、筹划临朝称制的计划,另一方面又防止了皇后集团以左丞相阿忽台取而代之,控制中书省。哈剌哈孙的行动取得了掌御印的典瑞院太监董士恭的全力支持。史称成宗死后,"亲王有觊觎神器者,亟欲得符玺。公横身坚守,至废寝食"。哈剌哈孙等人坚持在中书省守值凡三月,"未尝一至家休沐",耐心等待反击的时机成熟。

戍守和林的海山接到成宗去世的消息后,曾准备立即离开大军回朝。后因乞台普济以漠南事宜"难以遥度"为劝,遂暂时缓行,以观局势。大德十一年,率军自金山前线东返的海山抵达和林,召集岭北诸王勋戚大会,诛杀与阿难答通谋的合赤温后王也儿里,与会宗亲大臣一齐劝进。

海山这时已获悉答己与爱育黎拔力八达先至大都,决计在和林窥视动向,"俟宗亲毕会,议之"。他依仗手中握有重兵,因此对于帝位,志在必得而不稍疑。与卜鲁罕、阿难答和海山相比,爱育黎拔力八达的最初行动显得最为迟疑不决。他的汉族侍臣们尽管从中原王朝立嫡立长的皇统观念出发,把阿难答称为"庶子"、"支子",但即使作为真金嫡传、"裕皇贤孙","次序居长"者也应是海山。如按蒙古传统,则新君当选又必持强大的军事实力作为后援,这也是爱育黎拔力八达根本缺少的。只是由于不甘心等卜鲁罕"邪谋得成,以一纸书召还"而使母子束手就擒的命运,他才在接到哈剌哈孙的密报后,几经犹豫,勉强赴都。

大德十一年二月下旬,答己母子回到大都。爱育黎拔力八达立即派李孟装扮成医生,入皇宫探视称病坚卧的哈剌哈孙,取得秘密联系。

卜鲁罕这时已定于三月初三御殿听政,并谋以伪贺爱育黎拔力八达生日拘禁答己母子。直到这时,爱育黎拔力八达仍意存观望,在幻想等海山带兵到京再行举事。李孟等人反复以"得时弗为"、"临机不断"将遗祸天下劝谏,爱育黎拔力八达遂同意"以卜决之"。李孟唆使卜者但言以祯吉,爱育黎拔力八达这才决意行动,乃在阿难答发难前一天"振袖而起",从大都郊外寓所秘密驰入禁中。哈剌哈孙诈称海山遣使至京,约阿难答、卜鲁罕、阿忽台等入朝议事,遂将他们全部拘捕。

爱育黎拔力八达以实力最弱的一方而得以"廓清宫阙",关键在于他取得了朝廷官僚中枢的支持和配合。原来以清君侧的名义"入造内庭"的爱育黎拔力八达,一旦清除卜鲁罕集团之后,禁不住对近在手边的皇位产生垂涎之心。站在他一边的诸王阔阔出、牙忽都等人都进言:"今罪人斯得,太子实世祖之孙,宜早即大位。"他的师儒李孟亦"尝劝皇弟(按指爱育黎拔力八达)以自取"。颇不安份于枯坐内宫的答己太后,深知爱育黎拔力八达"天性孝友",比海山更易于受她控制,所以也倾向于让前者践帝位。这时答己托阴阳家推算,言"重光(指至元十八辛巳年,海山生年)大荒落有灾,旃蒙(指爱育黎拔力八达出生的至元二十二乙酉年)作噩长久",遣近臣往谕海山,试探他的反应。

海山在和林一心等待漠南派人迎他就位,想不到等来这样一套星命休咎的说教,立即命驰抵不久的脱脱疾还京师,表示自己已决意继承帝位,并将阴阳家所传谴责为"近日任事之臣"动摇大本的"奸谋"。接着海山本人亲率大军,分三道南下。

面临海山强大的军事威慑,答己母子及大都诸臣被迫改变原来的想法,向武宗明确表示宗王大臣推戴之意。大德十一年五月,海山会答己、爱育黎拔力八达于上都,在忽里台大会上就任新汗,是为武宗。

武宗自幼由党项人乞台普济抚育,元贞、大德初虽一度受李孟辅导,却很快就奉命戍北,"捍御边陲,勤劳十年"。他入继大位以后,朝廷中枢用人,差不多都在西北从征的蒙古、色目将领中挑选。崇儒右文的哈剌哈孙最初仍留任中书右丞相,但两个月以后就被改调为新成立的和林行省左丞相。这班新君臣似乎已感悟到,大德后期以来元代社会所面临的政治和经济问题正在逐步恶化,所以他们要调整成宗的"重简守成"国策。

武宗施政,可以用"惟和惟新"四个字来概括,即在政治上强调对贵族官僚"溥从宽大",专从滥封泛赏的角度去加倍发挥成宗的"惟和"精神,在经济上则恢复忽必烈立尚书省综理财用的措施,"诞布惟新之令"。两方面的选择,同样深刻地反应出海山君臣对儒家文化十分隔膜的文化背景。

即位之初,对诸王勋戚行朝会赏赐,武宗不但坚持按成宗称汗时赏额锐增的先例发放,而且对先前会于和林时"已蒙赐与者",也重复颁发,结果给者未及半而两京府储已虚。其后,请赏者仍络绎不绝;财赋不支,只好用滥封爵位的办法作为补偿。世祖时非嫡系子孙不封一字王,至武宗时其例遂大破,晋封一字王多达十五六人。除魏王阿木哥和宁王阔阔出是世祖直系后人外,其他十数人如越王秃剌、豳王出伯、定王药木忽儿、寿王乃蛮台等全是疏族,甚至驸马也封了一字王。中书省、枢密院和御史台负责大臣的员额,这时候也比前朝大增。枢密院从世祖朝六员、成宗朝十三员激增至三十二员。还有更多的"遥授"职衔。

选法的混乱必然会促成吏治的紊乱。朝廷制诏变更不常,"甚则朝出而夕改,于事甫行而止者随至"。地方官吏往往擅自离职,营干私事。云南行省丞相铁木迭儿私离职守赴都,竟以答己懿旨贷免复职。朝中正在讨论的未决事宜,也经常泄露到民间。甚至"诏稿未脱,而奸民已复群然诵之"。

在经济方面的"惟新"政策,酝酿了两年之久方始出台。

大德十一年九月,武宗曾下诏立尚书省,以脱虎脱、教化、法忽鲁丁立省政,俾其自举官属,并铸尚书省印。因为遭到御史台的反对,这项诏令似乎没有实施。拖了一年多,自大德六年以来一直在急速上涨的物价仍无止息迹象,至元钞贬值发展到很难收拾的地步。武宗这才决心专任尚书省整顿财用,时在至大二年(1309年)八月。最初由中书右丞相乞台普济兼任尚书右丞相,不久又擢升脱虎脱出任此职,与三宝奴、乐实等人一起受信用之专,主持财政改革。

至大二年九月,诏行"至大银钞",以新币一两准至元钞五贯、白银一两、赤金一钱。按官方原定的兑换价格,以至元钞二贯准花银入库价一两、赤金入库价一钱;因此新币的发行,实际上是通过由政府明令宣布至元钞贬值一倍半的方法,把通货膨胀的患害转嫁到私人用户身上。

新钞行用后,面额一贯的中统钞只抵至大银钞一两的二十五分之一,名实严重不符,因此颁行至大银钞同时,废中统钞,限一百日内赴库倒换。至大银钞的面额,有以文、十文、百文、两计者,共十三等。以文为单位的通货作为小额辅币在民间日用品的零售方面使用甚为广泛,但厘钞因为流通过于频繁,最易昏烂,既不便于民,印刷和发行也不经济。大概就是出于这些原因,三年正月,元廷又决定行用铜钱,发行"至大通宝",其一文准至大银钞一厘,并以历代铜钱与至大钱相参行用。在币制改革的敏感时期,以行用信誉稳定的金属辅币来平抑小额零售商业领域内物价的过份波动,应当是一项具有积极意义的经济措施。

自从至元二十年由朱清、张瑄创通漕粮北运的海路以后,七八年之内,从江南海运到北方的漕粮就由不到十万石剧增至一百五十万石。大德后期,海运粮更达到一百七八十万石。至大二年尚书省理财的重要措施之一,就是把海运粮数量再次大幅度提高。二年运出二百四十六万石,至者二百三十八万石;三年运出二百九十二万石,至者二百七十一万石。海漕的运输成本比陆运节省十之七八,比之河漕也节省十之五六。

海漕粮主要来源于南方官田岁入(部分出自分赐给诸王贵戚的赏田,由政府以钞"酬值")。对京畿地区粮食供应的明显增加,使政府能够通过控制粮价保持市面的基本稳定,从而缓解币制改革对社会发生的冲击。

尚书省其他的理财政策,包括增加盐引价格(每引增至大银钞四两,按至元钞计,每引比元贞年间增加七贯);开酒禁,立酒课提举司;增加江南富户高收入税;凡收入五万石粮食以上者,每石输二升于官;追征各地逋欠钱粮;拘收外任官职田,改颁禄米,以"拘田之米"补京畿米粟不足。这些做法,与至元时期尚书省的举措颇为相似,却不如那时偏激。

尚书省臣执政的重点,是通过各种途径开辟财源,以增加国入。这一点与儒家传统中占统治地位的只注重节流的观点正好相悖。儒臣们主张兴利不如除弊;"利源不可启,以其一启而不可复塞也"。因此他们从尚书省初建,就一直通过各种方式批评和阻挠这些理财措施的实行。

至大四年正月,武宗死于大都,年三十一岁。爱育黎拔力八达以武宗册立的储君身份入主朝政,罢尚书省。至大"惟新"政治全面推行不到一年半便遭到废止。

成宗、武宗两代,元朝统治大体上是在忽必烈时期奠定的汉法、蒙古法和回回法三种成份微妙平衡的基本格局下实现的。当时和后世的儒臣文人忌恶武宗信任的敛财之臣,断言忽必烈的祖制在至大年间"稍有变更"。实际上,武宗的尚书省几乎是照搬了至元年间尚书省的各种措施,执行时还温和得多,所以武宗的"惟新",其实还是力图在不改动前代制度体系的基础上,去缓和逐渐加剧的社会和经济危机。武宗以后,元代诸帝中除了泰定帝以外,差不多都留下了翰墨手迹。证明他们的汉文化素养与漠北四汗和世祖、成宗、武宗相比都要高得多。因此,正是从爱育黎拔力八达开始,元代政治中进一步汉化的趋势明显增强,它最初似乎表现出可能冲破前代体系格局中汉、蒙、回回法的原有平衡,从而使制度一新的迹象;但随着各种政治势力之间的反复较量,最后演变为一系列粉饰文治的行动,并贯穿了中元历史的中后期。

第十二章 元朝

第四节 仁宗时期的政治

皇庆、延祐之初，汉法再一次被皇权政治推行，主要是围绕着两个侧重点开展。一是力图抑制诸王贵戚们基于草原分封制而获得的权益，进一步加强皇权；二是想用儒术澄清吏治，强化中原式官僚政治的运作程序。

但是从一开始就处在答己太后集团的掣肘之下。这个集团的主要成员之一铁木迭儿，武宗初任宣徽使时就与答己关系非同寻常。至大元年，铁木迭儿被外调江西、云南。后来他擅自"离职赴阙"，偷偷回到了答己身边，最后以皇太后旨"得贷罪还职"。武宗一死，答己趁仁宗尚未即位，从兴圣宫降懿旨，抢先召铁木迭儿回京，并用为中书右丞相。这年春天，答己以"内降旨除官千余人"，"徽政、宣徽用人，率多罪废之流"。太后这种纵情私欲、浊乱朝政的行为，用儒家学说关于端坐宫闱、"母仪天下"的规范来衡量，相差实在太多。她与仁宗所信任的儒臣之间的潜在对立，毫无疑问是存在的。

仁宗对答己母后的态度颇有微妙之处。他对答己肆行威福，心中肯定怀有不满。延祐元年敕内侍只授中官，很大程度上当针对内降旨除授而发。皇庆二年初，太后起用的中书右丞相铁木迭儿"以病去职"。是年十二月，以归葬父母规避铁木迭儿的李孟还朝，仁宗立即以中书平章政事之职复授之。

事隔不到半年，铁木迭儿复为首相，李孟即行乞退。延祐元年末李孟虽仍拜为中书平章，但似乎只是为了以中书执政地位主持策试进士的科举考试，自此以衰病不任事。仁宗出于无奈，又起用御史中丞萧拜住为中书右丞，寻升平章政事，期以牵制铁木迭儿。中书省内这种变动不居的人事更替，曲折地反映出帝、后之间对官僚中枢的暗中争夺。

汉族文人多把仁宗对答己的曲意退让奉承为"孝养顺承，惟恐不至"，称赞他"视虞舜而不愧"。但是，除了仁宗个性的孝顺以外，另一个重要因素，实际是他一意改变叔侄相继的先约，要把皇位传给自己儿子的私心。

延祐二年十一月，仁宗迭经犹疑之后，终于下决心采取行动，遂封武宗长子为周王；次年三月，又置周王常侍府，命随周王道经陕西、四川之云南就藩。周王到陛前入辞，赖伯铁木儿向仁宗力谏，方得"留燕钱而后行。道途委积，百尔所须皆为之豫备"。周王行至陕西，遂利用关中驻军发动兵变，分军攻潼关、河中府。已而以内部不和退兵；周王"盘桓屯难，草行露宿"，狼狈西奔，到金山投靠察合台后王。

在遣周王出京的同年年底，仁宗便迫不及待地立自己的儿子硕德八剌为皇太子，并于次年闰正月诏告天下。汉文记载，都将仁宗胁迫周王离京就藩、改立己子为皇太子的行为归咎于答己集团，或云"兴圣诸臣定谋禁中"，或云"丞相铁木迭儿欲固位取宠，乃议立英宗（按即仁宗子硕德八剌）为皇太子"。无论如何，仁宗改储的意图亟须母后的赞同，而且事实上也获得了答己太后这一方的支持。他为此不可能不付出某些代价。差不多与此同时，在河南、江南等地实施的"经理法"，由于蔡五九起事而宣告失败。这一挫折也促使他在政治上趋于消极，转而向后党妥协。

延祐经理本来是仁宗推行改革的重要经济措施之一，是要通过核实田土占有状况来甄别隐占，考较田粮。延祐元年冬,遣张驴等人分道经理江浙、江西、河南三省田粮,"诏江南东、西道及浙西道民先自实土田"。由于当时各地吏治腐败,"郡县并缘以厉民",因此"经理考核多失其实"。

奉行过当的结果,"自实土田"演变为括田的暴政,有些地方甚至撤毁民庐,"夷墓扬骨"以虚张顷亩。延祐经理的惨烈,于"赣为甚,宁都又甚"。二年四月,蔡五九在宁都州起兵反元,进围州城,烧四关,转攻福建;至九月,方在江浙、江西两省元军合剿下失败。

由于怨言腾沸,仁宗被迫下诏,凡在三省经理中查出的漏隐田土,免征租税三年。五年,又下诏罢河南新括民田,依旧例输税。江西部分地区,后来亦因民众反抗而免征新税。尽管这次经理所确定的土田亩积,在很多地方还是被登入籍册,作为后来的征税依据,但延祐经理在当时人们印象中,仍是仁宗在位期间的一项重大劣政。

由于上述种种原因的综合影响,元仁宗即位之初那种一新政治的锐气,到延祐二、三年间逐渐悄然退失。他本是一个好酒之徒,又颇为迷信。这时他的个性更在内心矛盾的浸逼下变得乖戾多疑。哈剌乞台氏人回会"尝朝仁宗皇帝别殿。见近臣疾趋出,公徐入,玉色殊不怡。左右无一存者,公退拱立。上默然以手命公辟户。久之,复手命阖户。又久之,命公取某物敬奉以前。公出,左右入。翌日,平章萧拜住入朝。上若曰:'朕端居深念,忧形于色,左右望走。然回会色不变。彼望走者皆内愧于心者也。回会自信无愧,朕亦信之。'"仁宗对近臣的猜忌或不实,但他所谓"端居深念,忧形于色",确实是发自内心的自言。在这种心态下,原先颁定的一些措施,甚至有收回的。

延祐四年六月,敕诸王、驸马、功臣分地,仍旧制自辟达鲁花赤。诸王的滥封滥赏又逐渐开始。延祐五年,礼部奉旨铸三公等印竟达二十六颗。早在延祐三年编定的制诏格例汇集,延宕多年不克颁行,也反映了仁宗后期政府工作效能的疲软。

在帝后矛盾缓和的同时,省台冲突又显得激烈起来。延祐四年六月,内外监察御史四十余人,以御史中丞杨朵儿只为首,参劾中书省右丞相铁木迭儿受上都民张弼贿赂六万贯,强使上都留守贺胜释其殴人至死罪行,并盗视国史、占夺晋王田产、受伊利汗合儿班答使人钞十四万贯等事。仁宗闻奏,震怒于宫廷,"击碎太师印,散诸左右"。铁木迭儿惧,走匿太后近侍家中,有司无法捕拿。仁宗为此不乐者数日。此案最后以铁木迭儿罢相了结。

但是,铁木迭儿居家未逾年,又起为太子太师。可见最高统治层内部一旦互相妥协,以台臣为代表的朝廷舆情即使再有声势,亦不能真正匡救时弊。

仁宗晚年倦于政事,关心硕德八剌的顺利继统甚乎其他一切。早在仁宗即位之初,已为硕德八剌置四宿卫。延祐六年六月,以至大年间隶于仁宗的东宫卫军左卫率府(后改中翊府,又改御临亲军、羽林亲军)万人隶皇太子硕德八剌。甫逾月,又以由者连怯耶儿(译言黄羊川)万户府等军人组编的右卫率府(延祐五年建)隶东宫。八月、十月复以授皇太子玉册、郊祀诏天下。应是在此前后,仁宗甚至向近臣放出空气说:"朕闻前代皆有太上皇之号。今皇太子且长,可居大位。朕欲为太上皇,与若等游观西山,以终天年,不亦善乎!"这些异乎寻常的举动,表明仁宗迫切地希望硕德八剌能平稳地继承帝位,甚至想在自己生前就看到这一天。

延祐七年正月,仁宗死,年三十六岁。硕德八剌在皇祖母答己的扶持下继承皇位。少年气盛的英宗,在太皇太后和她的幸臣铁木迭儿死后,力图一伸平生抱负,厉行新政,终因果于刑戮,使朝内外保守势力普遍产生怨惧心理,遂招致权臣弑宫的历史悲剧。

第十二章 元 朝

第五节 英宗时期的政治

元英宗自出生以后,便一直在他父亲仁宗的身边长大。他所接受的儒家的说教相比较而言算是很充分的,所以颇思大有为于天下。但他又是元代唯一的一个在临朝执政前未经过任何困厄磨砺的皇帝。他要实现自己的志向,主观条件并不很有利,客观上的阻力和障碍也相当大。

仁宗一死,答己太后便以太皇太后之尊制出中宫,把被罢了相的铁木迭儿重新调入中书省,出任右丞相。铁木迭儿复相后,对从前弹劾过他的人肆行威福,予以打击。英宗本人缺乏象忽必烈和仁宗那样的既有声望又足可信赖的潜邸侍臣班子,这时候差不多处于孤立无援、孑然宫中的境地。所能托付者,一个是与他同样迂阔而不谙世故的年轻宰相拜住,另一个则是暗藏祸心的妻舅铁失。至治新政在这样的形势下开场,即使没有铁失弑宫的突发事件,其结局也是可以想象的。

一、至治新政

自延祐七年正月仁宗去世直到至治二年(1322年)秋,从元朝中央政府的政令中,可以明显地看出两个不同政治派别的施政倾向及其互相冲突。仁宗死后第三天,英宗尚在的居丧期间,答己便故伎重演,抢先命铁木迭儿为右丞相。翌月,铁木迭儿即与内朝相为表里,夺前中书平章政事李孟所受秦国公印,命四川拘捕行省平章赵世延到京,并以违太后旨之罪杀前御史中丞杨朵儿只、中书省平章萧拜住。

与此同时,与答己集团关系密切的黑驴、木八剌、赵世荣等人则相继从外省调入中书任职。这样,仁宗时期曾与答己和铁木迭儿相对抗的汉法派中坚分子,在英宗即位之前就遭到了答己的清洗,幸免于祸的汉人儒士,也在淫威慑逼之下箝口摇手,不敢再多出议论。答己还想进一步扩大清洗的范围,通过徽政院使向英宗"请更朝官"。

延祐七年三月,英宗即帝位于大都。此后,在有关朝廷中枢机构的人事安排问题上,帝、后双方长期争持不下。铁木迭儿以赵世延尝劾其奸,诬以不敬下狱,请杀之,并究省台诸臣。英宗不允,私下对近臣说:"顷铁木迭儿必欲置赵世延于死地。朕素闻其忠良,故每奏不纳。"

铁木迭儿又以和市织币薄恶,请免右丞高昉,英宗还是不允。时而仍有后党得逞的迹象。最早揭发张弼案的上都留守贺胜,即于英宗继位以后两个月,被后党乘隙奏准,以"便服迎诏"罪弃市。英宗的态度,有时也很强硬。贺胜坐弃市的同月,有告岭北平章阿散(原中书左丞相)、新任中书平章黑驴、徽政使失列门等谋废立,英宗不待鞠状,命悉诛之。他估计此案很可能与答己有关,所以急忙将案犯诛杀了事,一则除去太皇太后的几名心腹,二则也阻止了案犯旁牵蔓引,致使帝、后矛盾进一步表面化。

尽管有后党的牵制,英宗登基之后,还是急切地希望有所动作,求收速效以逞快一时。他下诏由吏入官,秩止从七品,恢复了仁宗时曾经公布但又很快收回的规定;命京师势家与民均役;课回回散居郡县者,户岁输包银二两;罢僧、工、伶滥爵及建寺、豢兽之费,禁僧人驰驿;禁献珠宝;此外还有一大批官僚机构被压低品秩,有的干脆被撤罢;为了增加收入,又增两淮、荆湖、江南东西道田赋,斗加二升。

但是这些措置的实际效果有一些在京城之内都不克实行。关于罢建寺之费等规定,更被他本人热衷营造的行为所破坏。延祐七年十一月,诏"各郡建帝师八思巴殿,其别视孔子庙有加"。这应是在全国范围修建帝师寺的开始。这一时期的其他营建项目也不少,甚至已到"民劳役巨"的地步。

至治二年(1323年)八九月,权臣铁木迭儿和太皇太后答己相继死去。英宗感受到的政治压力顿时减轻,他推进新政的决心也大为加强。十月,英宗擢升木华黎后人拜住为中书右丞相,虚左丞相之位而不拜,以示对拜住信任之专;次年五月又以铁失独署御史大夫事,与专任拜住用意相同。这时两人还已分别兼领左、右钦察卫和宗仁卫事,以及左、右阿速卫和中翊卫事。

军政权力的高度集中也隐约反映出,英宗身边堪受信用的人似乎不是很多。自十月以后,英宗新政的主要措施包括:

1. 大量起用汉族官僚和士人,张珪、王结、王约、吴险等人都被召超擢。为召起虞集,朝廷遣使赴蜀未遇;求之江西,又不见;时虞集方省墓吴中,使至,乃受命趋朝。可见当时朝廷起用儒臣心情之迫切。

2. 推行"津助赋役法",即在各地确定一部分田亩,"使应役之人更掌之,收其岁入以助役费,官不得与"。在苏湖地区,"凡民田百亩,令以三亩入官,为受役者之助"。此处所谓"入官",仅指在各义上被征用为官田,实际上助役田多被分配到承当差役的各人户,归他们经营(自种或招佃),以其收入作为当役补贴。

3. 至治三年正月,诏令朝臣听读审议仁宗时编纂的累朝格例,并将延祐二年以来新颁格例类集增补入内。二月,遂定名《大元通制》,颁行天下,所收断例、条格、诏赦、制令凡二千五百三十九条。是书条格和断例部分的篇目和编排,分别依照金《泰和律令》和《泰和律义》。

《大元通制》中的许多条款,在形式上虽然属于临事制宜的个别指令或纪录公文,但它们作为单行法,对处理类似事务具有普遍的法律效能。因此,《大元通志》是具有法典性质和权威的官方政书,对于统一元朝的政制法程起了积极的作用,也体现了元廷通过颁布法典来加强它作为一个中原王朝的正统形象的用心。

4. 清算太后集团遗毒,澄清吏治。至治二年十一月,答己死后甫两月,英宗再次发出"罢世祖以后冗置官"的诏令。翌日,即罢去徽政院。

按徽政院原是侍奉皇太后的机构,答己死后撤罢徽政院本来理属当然,但在当时情况下,减罢"徽政院断事官、江淮财赋之属六十余署",这一行动难免带有雷厉风行、倾其巢穴的政治色彩。与此同时,拜住把原先受铁木迭儿压制而未加追究的"诳取官币"案重新提出来,遂诛杀当时尚在世的铁木迭儿之子八里吉思以及刘夔、囊加台,仆铁木迭儿父祖碑,追夺其官爵及封赠制书,他的另一个儿子锁南也被黜职。

二、南坡事变

英宗对铁失的宠信,似乎并未因他涉及了诳取官币案而马上改变。以铁失独署御史大夫事,就发表在事后两个多月的至治三年五月。但是到六月,形势突然发生了变化。由于拜住等人将铁木迭儿的"过恶"反复陈奏,英宗对这个死去已近一年的权臣的憎恶,竟急剧加深而不能自抑。他的怒火开始发泄到被视为铁木迭儿"奸党"的那些朝臣,包括先已宣布赦免不究的铁失身上。此时恰逢英宗在上都夜寐不宁。"惧诛者"于是唆使番僧建言作佛事禳灾,希冀作佛事而获得大赦。但拜住却声色俱厉地责备番僧:"尔等不过图得金帛而已,又欲庇有罪邪?"铁失等人把拜住的话理解为英宗又要惩治"有罪"的暗示。"闻之益惧,乃生异谋"。

八月,英宗在从上都南还途中驻跸南坡。铁失以所领阿速卫兵为外应,先杀拜住,又入行幄刺杀英宗。自答己死后重新推行的至治新政,不到一年复遭中止。从表面上看来,南坡之变完全是一次难以事先预料的突发性事件。但它的发生,又与英宗的个人性格以及当时的蒙古-回回贵族与汉法派之间的斗争形势,具有某种程度的必然联系。

虽然汉族文人经常喜欢按照儒家观念将元英宗的形象理想化,英宗的个人性格却绝非如此单纯。或许恰恰是由于长期受太皇太后的压抑,他似乎比在他之前的任何一位皇帝都热衷于表现天子的威严。史称"英宗临朝,威严若神;廷臣懔懔畏惧";又称当时"禁卫周密,非元勋贵戚,不得入见"。但是在"威严若神"的虚名下处处受制于答己,反过来更增加了英宗的心理挫折,结果只好迁怒于臣下。因此,英宗朝"大臣动遭谴责",与以前诸朝讲求"惟和",对臣下宽纵有余的政风完全不同。

另一种发泄的方法是酗酒,酗酒又往往以乘醉杀人收场。英宗曾为宪台谏修寿安山佛寺而杀观音保、锁咬儿哈的迷失,杖窜成珪、李谦亨,引起轰动朝野的"四御史"之狱。这可能也是在狂怒不可自制的情形下做出来的事情。

英宗这种个性,使他难以在自己身边聚集起真正积极维护新政的政治势力,同时却把越来越多的人推向自己的政敌一边。答己、铁木迭儿死后,他不但没有利用时机示以宽恕,争取缓解与太后集团党羽的关系,而后再伺机各个击破,反而自以为对立面已经瓦解,因此继续对他们任情用法。铁失敢以臣子弑君,重要的原因之一,是看出了蒙古诸王勋贵已经对英宗产生普遍的怨忿。南坡之变发生时,"宗戚之中,能自拔逆党、尽忠朝廷者,惟有买奴"。这条材料生动地说明,英宗当时已经何等孤立。

第六节 泰定帝时期的政治

自从忽必烈建国以后,元朝虽然一直没有放弃"王政"(即宗王出镇制)与"省政"(即行中书省制)并用的制度,但是由于国家行政职能现在主要是通过中央集权的官僚政治来实现的,蒙古诸王对日常行政事务的干预,毕竟受到了很大的限制。不过当大汗去世,需要选举和拥戴新汗的时候,他们仍然拥有不可忽视的传统权力,特别是在先帝没有按汉制册立皇太子时,就更是如此。

一、晋邸继统

仁宗和英宗父子在位十余年,与接近权力中心的蒙古诸王中大部分人的关系都已相当疏远。当铁失与他们秘密串联的时候,他们似乎都同意在英宗之后拥戴真金长子甘麻剌的次子、镇守漠北四大斡耳朵的嗣王也孙铁木儿作为新君。

至治四年六七月间,铁失决计以孤注一掷的刺杀行动来中止英宗对他的追究和诛罚,遂遣急使至土剌河行营,将谋逆计划密告晋王和他的亲信倒剌沙,并相约"事成,推大王为皇帝"。也孙铁木儿立即囚禁来使,遣人往上都告变;未至,南坡之变发生。不久,诸王按梯不花、前太师月赤察儿

(曾佐甘麻剌镇边)之子淇阳王也先帖木儿奉皇帝玺绶至漠北。九月,也孙铁木儿在"其余争立的哥哥兄弟也无有"的情形下,于克鲁伦河畔即大汗位,后人多以泰定帝称之。

帝位异常顺利地从真金次子答剌麻八剌系转到他的长子甘剌麻系,既是因为晋邸具有"宗盟之长"的地位并且重兵在握,而且也因为倾向于蒙古本位文化的"迤南诸王大臣",对于仁宗和英宗以牺牲他们的既得利益来推行汉法的政策深为不满。除此以外,也孙铁木儿个人历武、仁、英三朝,"不谋异心,不图位次,依本分与国家出气力行来",所以在蒙古贵族中的口碑应当也比较好。

也孙铁木儿对南坡之变的直接参与者,采取了相当策略的作法。与即位诏一同公布的大赦宣布,十恶中除杀祖父母、父母,妻妾杀夫不赦外,其余如谋反、大逆、奴婢杀主等罪概赦不问。被赦的罪行中包括儒家最为不容的谋反、大逆,和最为蒙古人所见恶的奴婢杀主。这些罪名历来与杀祖父母、父母等一样。

泰定帝的诏赦别出心裁,显然意在宽慰铁失等人。因为当时乘舆尚在数千里外,"各贼雄据两都,或握兵权,或操省印,或在宪台,布满要地,号令百姓",因此"故以宽恩而释其疑,使恶逆之徒,有以自安,不至狂肆"。最初发表的中枢官员中,即包括谋害英宗的主犯也先铁木儿(任中书右丞相)、铁失(知枢密院事)等。

十月,在行帐诛也先铁木儿、铁失弟锁南、英宗宿卫士秃满等,以原左丞相、晋邸旧臣旭迈杰为右丞相,并遣他先行南下主持政务。这时候,铁失还在大都以执国命的重臣自居,与泰定帝派来的使节一起,以新帝即位告祭太庙。

旭迈杰等到达大都后,又按泰定帝已颁旨诛杀铁失、赤斤铁木儿等人,并戮其子孙,籍其家产。十一月中,泰定帝由北边抵达大都。这时逆臣中的首恶差不多已都诛杀。对其他案犯,大概原来都有从宽之意。比如铁木迭儿次子锁南,因"亲与谋逆"断杖决。但是制命甫下,"物议喧腾",最后也被定为死罪,同时处死的还不止他一人。不过这次事件牵涉到的人太多,泰定帝抱定的宗旨是"逆党胁从者众,何可尽诛"。尤其是对于与谋的诸王,最后都以流远处置,一个没有杀。

二、泰定"治平"

也孙铁木儿是在元朝最高统治集团刚经历了一次大变故之后的困难形势下君临天下的。仁、英两朝汉法的再推行,打破了世祖制定的汉法、蒙古和回回法兼而用之的平衡格局,由此引起各种政治势力的不满。泰定年间又是一个自然灾害频繁的年代。西北连年雨雹、地震,其影响达于荆湖北部地区,东南从浙东到苏北沿岸不断发生海溢,华北则时而雨雹山崩,时而旱蝗。也孙铁木儿先立年号曰泰定,末年改元致和,表明他的政策重心是要用惟和来求稳定。

为了弥平内部疮痍,在即位之初,他就将英宗朝被流徙远地及遣还原籍的"诸王官属"二十四人调回京师,前朝被冤杀和流远的御史台官,亦多被昭雪,存者召还录用,已死者追加赠封。被远徙的诸王,也都获赦还部。宗王图帖睦尔(即日后的文宗)、阿木哥分别从海南和大同召还京师;同时,他又将自己的外侄女八不沙送往西北作日后的和世㻋(文后的明宗)之妃。辽王脱脱在英宗末年矫旨擅杀宗亲不花即里等百余人;台丞奏请治罪,但最终被泰定帝宽宥,受厚赐后放还辽东。

这个时期,出镇内地的宗王也比前朝增加,如以买奴为宣静王镇益都,以宽彻不花为威顺王镇湖广,以阔阔不花为靖安王镇陕西等。按时人理解,"王皇子视封建,置行中书省、廉访司视中国",宗王出镇被视为一种分封建藩的制度形式,在内地扩大这种制度,实际上是以损害中央集权的官僚政治为代价而增加诸王的权益。

在财政方面,泰定帝仍用世祖成法,用回回人理财。尽管汉族儒臣对"时相多西域人"颇为反感,但是他们毕竟在灾变连年的情况下大体维持了经济的稳定。这时继续采用南粮北运的办法来平抑京畿物价,稳定民间市场。泰定三年海运粮总数达三百三十七万石,实到三百三十五万石,是为元代抵京海运粮的最高纪录。

自延祐三年以往,元政府一直通过压低钞币发行额来抽紧银根,控制物价上涨。延祐六年、七年,大概是因为政府财政状况恶化,突然增加钞币发行额来弥补收支亏负,结果引起又一次通货膨胀。这次涨风一直延续到英宗末年。泰定朝继续实行显著减少印钞数的措施,结果物价逐渐跌落到延祐六、七年以前的水平,有些物品甚至还低于腾贵前的价格水平。

为增加政府收入,这时还实行入粟拜官的制度。盐引的官定价格,仁宗初年涨到一百五十两钞一引,泰定二年居然又下跌到钞一百二十五两,到四年后的天历年间才恢复旧价。旧史家评定泰定年间是"天下无事"的"治平"时期,从经济方面来说是很允当的。

在竭力平息蒙古、色目人怨情的同时,泰定帝实际上也敏锐地意识到,儒臣和一般汉族民众的感情态度,对于增加或削弱王朝政府的合法性具有不容忽视的影响力。汉人儒臣对元英宗及其丞相拜住的追思和仰慕,乃是当时一种很普遍的情绪。

泰定帝作为一个具有更多的蒙古文化个人背景的君主,要在这样的气氛当中取得朝中汉人的拥护,是很不容易的。尽管他不太听得进汉人儒臣的各种建言,但在表面上对他们仍相当尊重。张珪有病,诏常见免拜跪,并赐小车,得乘至殿门下。英宗留下的旧臣王约等人,泰定间仍以"三老"受到尊礼,奉诏商议中书省事。自世祖以来,太庙岁仅一祀;英宗复古制,一岁四祭。

时太常院臣请裁择,泰定帝说:"祭祀盛事也。朕何敢简其礼,命仍四祭。"不过庙祀仪式十分繁琐复杂,泰定帝命大臣摄之。

科举取士这时也遭到主政大臣的反对,"惴惴几坠",但泰定帝终于还是保留了被汉人看重为"国家文治,正在于此"的这项制度。由名儒向皇帝进讲帝王之道的作法,则在泰定元年发展成正式的经筵制度,"始以省、台、翰林通儒之臣知经筵事,而设其属焉"。以吴澄、邓文原、虞集、王结等名士担任进讲官,执经以从。

然而,虚崇儒臣的措施,即便是表面文章,也仍然是很有限的。"当国得君"的大臣,多是与汉文化隔膜颇深的蒙古、色目人,"日趋禁中,固宠苟安,兼旬不至中堂"。泰定间省台冲突又一次趋于尖锐。这个时期的省台冲突,依然曲折地反映着蒙古回回势力与汉法派之间的斗争。与他们在仁宗和英宗时期高涨的情绪相比,汉人儒臣在泰定一朝始终怀有难以言状的受挫感,大多数人的政治态度都相当消极。

三、两都之战

真正对泰定帝具有吸引力的一项中原王朝制度,是册立皇太子制。泰定元年三月,泰定帝在册封皇后八不罕氏同时,立年幼的长子阿剌吉八为皇太子,并命朝臣摄祭太庙以告。致和元年(泰定五年二月诏下,改当年为致和元年)七月,泰定帝死于上都。半个月后,阿剌吉八便以储君名义,与皇太后联名降旨谕安百姓。他的正式登基,似乎只剩下一个时间问题。但到八月初,燕铁木儿抢先在大都发动政变,两都之间争夺帝位的斗争很快演变为遍及北部中国的内战。

燕铁木儿是元武宗漠北旧部中最受宠信的武将床兀儿之子。武宗夺得帝位之后,床兀儿继续在岭北带兵,燕铁木儿则以宿卫身份随驾南下。仁宗朝,燕铁木儿袭左卫亲军都指挥使,到泰定朝更兼佥枢密院事。

这时候,仁、英宗两朝大受削弱的武宗旧人的子女中,渐生用世之志者绝不仅燕铁木儿一人。虞集提到哈剌拔都儿说,其先人在武宗朝当政之日,哈剌拔都儿"兄弟尚幼。及其长也,慨先世之遭逢,伤事变之不易,思愤忠鲠以报国家,未尝一日忘也"。他们所谓"报国家",实际上就是抱着"天下者我武皇之天下也"的观念,要把帝位夺还海山系。

致和元年,泰定帝以染疾罢猎,不久即赴上都度夏。这时,留守大都的燕铁木儿不仅直接掌握着左卫亲军以及由其同族统率的钦察卫侍卫亲军,而且身居"总环卫事"的要职,有权调度拱卫京畿的其他宿卫部队。他与随驾北巡的同党相约,一旦泰定帝去世,就在上都和大都同时行动,用政变方式迎立武宗后人即位。泰定帝死后,上都局面迅速被拥立皇太子的倒剌沙控制,燕铁木儿同党在上都发难的计划没有实现。但在大都,政变行动按原计划顺利实施。

八月四日黎明,燕铁木儿与西安王阿剌忒纳失里(忽必烈子奥鲁赤后人)集大都百官于兴圣宫,兵皆露刃。燕铁木儿号于众曰:"武皇有圣子二人,孝友仁文,天下归心,大统所在,当迎立之,不从者死。"乃手缚平章乌伯都剌等数人,众皆溃散。于是燕铁木儿与阿剌忒纳失里入守内庭,宣言遣使迎武宗太子入京,封府库,拘百司印,分处腹心,调宿卫军严守皇宫和京畿诸要害;燕铁木儿自居禁中,夜则更迁无定所。未几,又命人分别诈称图帖睦尔及和世㻋的赴都使臣,扬言两太子已先后启程,"旦夕即至"。大都形势基本被他左右,"中外乃安"。

泰定帝病死时,武宗长子和世㻋仍羁留在察合台后王封地。虽然燕铁木儿"宣言已遣使北迎帝",但他是否真心希望和世㻋入居帝位,实际上很难说。他曾紧急任命过一批宿卫军官以待调遣。"既受命,未知所谢,注目而立,乃指使南向拜,众皆愕然,始知有定向矣"。

可见从一开始,燕铁木儿便属意于武宗次子、这时刚移藩江陵的怀王图帖睦尔。政变当日奉命南迎图帖睦儿的明理董阿等人,虽然迟至八月中旬方至江陵,但先行的报讯急使八月六日已驰驿到达图帖睦尔处。十四日,亦即明理董阿等人抵江陵次日,图帖睦儿立刻从藩府北上,经河南汴梁,由伯颜扈从,于二十七日赶到大都。

差不多与图帖睦儿抵京同时,上都方面兵分四路,实施对大都的军事行动。梁王王禅、诸王失剌、诸王也速帖木儿分别领军直逼居庸关、古北口和辽东迁民镇(今山海关);湘宁王八剌失里等则绕道山西,再向东回攻紫荆口,同时可能还带有与拥护上都的陕西军队互相接应的意图;辽王脱脱、左丞相倒剌沙等人仍留守上都。这种对拱卫大都的长城诸关隘实施同时突破、然后从四面包围大都的战略,确实严重地威胁着防守兵力十分有限的大都集团。但是,把兵力分散在长城一线东西千余里的上都军队,如果各自为战,互相间缺少配合和精确呼应,那么也很容易被集中相对优势的大都军各个击破,从而使全线攻势陷于瓦解。

燕铁木儿似乎敏锐地看到了这一点。除了分出一部分兵力把守长城各关以外,他把最能作战的主力集中在自己的直接指挥之下,采用迅速转移奔袭的方式,往返转战于最需要增援的那些战略要地。九月初,大都主力先出师居庸关,击败关外的王禅,迫使他稍事后退。三日,辽东军破迁民镇后由东向西挺进。燕铁木儿立即从居庸关星夜赶赴三河、蓟州(今北京市蓟县)一线进行拦截。王禅见大都军主力东去,又整军来攻,于十六日破居庸关。燕铁木儿闻讯,遂留脱脱木儿屯蓟州堵击辽东军,自率主力西返。二十日,他与王禅先头部队遭遇于榆河流域,遂为争夺横跨榆河的红桥发生激烈的交战,王禅部退至榆林河北。

二十二至二十六日凌晨,两军在红桥北面的白浮之野(在今河北昌平东北)日夜激战,王禅指挥失当,连续两夜被燕铁木儿用计惊扰,在黑暗中自相攻斗,又遭到燕铁木儿的掩杀,终于全军溃败。居庸关方面的战事平息。

二十六日,上都兵破古北口。燕铁木儿立即乘白浮决胜之威,倍道兼行,在白浮山以东百余里的石槽堵截由古北口西南行的上都军,大获全胜。上都官兵降者万余人,残部北逃,被燕铁木儿前锋逐出古北口。

古北口解危前后,在蓟州阻击辽东军的脱脱木儿以兵力单薄战败。二十八日,上都军进据通州(今北京通县),逼近大都。但这支辽东军在通州逗留不进竟长达两天之久,遂使燕铁木儿得以从古北口率师南救,于十一日黄昏赶到通州。辽东军被燕铁木儿奇袭败绩,放弃通州。十月五日,它在后撤到通州东南的枣林获得后续部队增援,又与追军激战至晚,仍败绩,被迫从古北口退至长城以北。燕铁木儿遣偏师尾追未及。

取道山西迂回包抄大都的西路军,在燕铁木儿赴援通州同时,于十月一日攻破紫荆关,五日,游骑进逼大都南城。燕铁木儿留下部分军队防卫古北口,自己再次领军昼夜兼程,循北山而西。六日,大都方面月初从通州遣往紫荆关增援的四千精兵赶到良乡南,与上都军激战,忽剌台受创。翌日,燕铁木儿又自率主力趋近良乡,西路上都军闻风溃散,紫荆关复安。

从山西分兵南攻冀宁(今山西太原)的湘宁王八剌失里这时已克服该城,但是因为围攻大都的四路军队中已有两路完全溃败,退至古北口外的辽东军这时也已丧尽原先的锐气,湘宁王孤军深入,既难以进一步扩大战果,更不可能直接影响千里之外的大都战局,所以攻占冀宁对上都方面来说至多只是一枝无果之花。十月十一日,退出长城的辽东军经过整顿,再次破古北口南进。燕铁木儿遂由大都领军往迎,在檀州(今北京密云)南与上都军会战,再溃之。至是,上都方面出攻大都的四路军队全部瓦解。

随着上都方面的军事行动渐次受挫,驻牧辽东的东道诸王中一部分起先居于观望立场的人,逐渐倒向大都方面。屯防辽东的东路蒙古军元帅府元帅不花帖木儿是燕铁木儿的叔父,他在策反东道诸王方面应当起了一定的作用。齐王月鲁帖木儿(合撒儿后王)、不花帖木儿聚集的若干左手诸王及其将领,进围上都。这时候上都兵力差不多已完全消耗在分道南攻的战事中,辽王脱脱等勉强整军出城应战,兵败;脱脱被斩杀于阵前,梁王王禅脱遁。

倒剌沙被迫奉皇帝宝玺出降(不久即被诛杀),阿剌吉八失踪。

两都之战虽然只是蒙古、色目高级贵族集团之间的一场内争,但是由于他们掌握着中央政府和各行省的政治、经济和军事控制权,所以还是把大半个中国拖进了内讧的旋涡。当时各行省的倾向可以分为三个类型。

一类如河南、江西、湖广等省,被坚决支持大都的官员或诸王所控制。河南行省平章政事蔑儿乞氏伯颜,十五岁即入藩邸为武宗侍臣。武宗即位后成为政府中枢的军政要员。但他自仁宗朝起就差不多一直外放,所担任的虽然也是行台长官、方面大员等要职,毕竟失去了在朝官"密近天光"的优越地位。

燕铁木儿发难大都后,受命南迎图帖睦尔的特使明理董阿道过河南时,以所谋密告伯颜。伯颜当即表示："此（指图帖睦尔）吾君之子也。吾夙荷武皇恩，委以心膂。今爵位至此，非觊万一为己富贵计，大义所临，曷敢顾望。"明理董阿遂拘执行省平章曲烈、右丞别铁木儿，伯颜"集行属明告以故。于是会计仓廪、府库、谷粟、金帛之数，乘舆供御、牢饩膳羞、徒旅委积、士马刍供亿之须，以及赏赉犒劳之用，靡不备至。不足，则檄州县募民折输明年田租，及贷商人货资，约倍息以偿。又不足，则邀东南常赋之经河南者，输止之以给其费"。可见大都方面通过伯颜，不仅调动了河南，甚至还调动了东南地区的经济资源来支持对上都的战争。

伯颜本人在图帖睦尔赴大都途经河南时，亲自勒兵扈从北行。在此之前，他已以"权署官摄其事"的方式，将亲信安排到各郡县，牢牢控制了河南局势。到九月底、十月初，河南更成为抵拒响应上都的陕西军队东指京畿的重要屏障。湖广行省平章政事高昌王铁木儿补化、镇武昌的威顺王宽彻不花可能早与图帖睦尔有密切交往，所以也在燕铁木儿发难之初即拥护大都。江西行省亦因两平章倾向燕铁木儿而成为大都集团的积极支持者。

另一类行省则对两都之争持消极观望的立场。大都传檄各地时，江浙行省平章换住、高昉等态度暧昧，燕铁木儿原拟"锁系行省宰臣"，后来因为担心民心震骇，易生他变，遂改为"给官舸"召省臣五人入京，另任亲信明理董阿为江浙平章；高昉在赴都途中受惊而死。上都方面也遣人从海上到杭州活动，虽然被行省当局戮之于市，但仍不免"人心汹惧"，可见局势并不稳定。

由于明理董阿的监临，江浙行省始终没有公开称兵，而在大都从该地征调军队和物资时，它也还是基本服从的。这与大都政权采取了尽可能不激发新对抗的正确策略，当有一定的关系。甘肃行省亦因省臣分裂为支持大都、上都的两派，互相僵持而反侧不安。直到两都之战结束，当地局势才渐次明朗。四川和云南的情形可能更特殊。西省宰臣虽然都无疑站立在武宗系一边，但他们都欲拥立武宗长子和世㻋为帝，而对燕铁木儿集团偏向图帖睦尔的种种迹象极其敏感和警惕。所以两都之战进行过程中，四川和云南对大都集团的观望多于支持。图帖睦尔即位以后，两省先后起兵失败。实际上他们都是站在和世㻋一边反对图帖睦尔－燕铁木儿集团的。

最后一个类型如陕西、辽东等省，是上都集团的坚决支持者。辽东行省的军队，是围攻大都的主力部队之一，已见前述。陕西行省驻军差不多与上都军同时采取行动。其中路于九月二十五日入潼关，进据陕州（今河南三门峡市西）。北路于九月末从大庆关渡黄河，破河中府（治今山西永济），河东郡县守官多弃城而走。惟是后两路军队进展迟缓。

北路在十月十五日方至晋宁（今山西临汾），虽与自北而南的湘宁王八剌失里互为呼应，但这时京畿地区的战事业已结束，陕西军继续东进，其势不过强弩之末而已。十月下旬，北路军以余勇进至潞州（今山西长治），此后军心懈怠，终在十一月初投降。中路军的情况亦相类似。它在十月末破虎牢关（在今河南荥阳和巩县之间），十一月上旬进逼汴梁（今河南开封）。这时全国局势已基本稳定。

大都政权乃遣使传檄，放散陕西军以示宽宥。屯于汴梁至虎牢关一线的陕西中路军闻诏，"各已骇悟"，终而从汴梁撤军返陕。陕西南路军出兵更晚，于十月中旬末取武关，十月下旬至十一月间向南攻占邓州、襄阳。是军亦于十一月中旬末奉大都诏命罢兵撤还。两都之战的余烬至是始告熄灭。

燕铁木儿凭借他出色的政治谋略和卓越的军事才干，将帝位夺归海山系后，海山长子和世㻋及次子图帖睦尔之间争夺皇位的暗斗便立即突现出来。

燕铁木儿既然居功自傲、一心以专任独署的权臣自期，就必定要从巩固自己权势的角度出发竭力干预新君人选。于是与南坡之变同样惊骇朝野的血腥杀戮事件，再一次在元朝宫廷发生。

第七节 文帝时期的政治

燕铁木儿自大都发难之初，即属意于出藩江陵的武宗次子图帖睦尔为帝位继承人。虽然他"且宣言已遣使北迎"武宗长子和世㻋于北边，后来又矫称和世㻋使者南来，"云周王从诸王兵整驾南辕，旦夕即至矣"，但两都之战结束前，大都政权并没有真正派使者去邀约过和世㻋南还。当时由大都通往漠北，不一定非取道上都。因此燕铁木儿的这种作法，很难用两京道路不通来解释，应当别有用心。

一、明文之争

图帖睦尔到达大都的翌月（致和元年九月），燕铁木儿即以"人心向背之机，间不容发"为谏，示意图帖睦尔抢先即位。五天之后，图帖睦尔在大都称帝，以当年为天历元年，同时宣布"谨俟大兄之至，以遂朕固让之心"。

上都克复后，图帖睦尔迫于元仁宗在大德末年"推奉圣兄、谦居储贰"的前例，遣使往迎和世㻋。寄居于西北宗藩封地的和世㻋，这时刚满三十岁。

根据叔侄相继原则，他本应是仁宗的帝位继承人，却被逼迫流落北徼，因而博得北方宗王的普遍同情；仁、英两朝加强汉法而引起的草原贵族的不满心理，可能更刺激起他们要把和世㻋推上大汗宝座的政治动机。所以当大都使者抵临时，"朔漠诸王皆劝帝（按指和世㻋）南还京师"。

和世㻋在一片拥戴声中，飘然启程，于天历元年（1328 年）底东至金山。岭北行省平章泼皮、出镇北边的武宁王彻彻秃相继西驰奉迎。和世㻋已完全陶醉在这番太平景象中。天历二年正月末，他在事先没有告知图帖睦尔的情况下，仅仅经过扈行的察合台宗王以及在场的其他漠北诸王、大臣合议，就在和林之北即皇帝位。

但是，和世㻋似乎过高地估计了漠北舆情在决定嗣君人选方面的影响力。他一心以为自己可以重演乃父武宗在皇弟"肃清宫闱"之后从漠北南返即位的历史故事，却忘记了武宗作为总兵北边的统帅，是以三万精兵相扈从的强大武力为后盾而取得帝位的。和世㻋并没有直接控制强大的军队，只有贴身卫士一千八百多人；察合台后王燕只吉台虽然与他一同南返，但是也未见有重兵随行。和世㻋欲凭极其有限的政治资源，去染指大都集团几经浴血奋战才到手的皇位，前途本来就不容乐观。但他对此毫不经心，任情举措，终于导致杀身之祸。

四月，携带玉玺北迎和世㻋的燕铁木儿一行至行在入觐。这个左右大都局势的盖世功臣，现在要当面试探一下新君对他的态度。和世㻋虽然宣布"凡京师百官，朕弟所用者，并仍其旧"，对燕铁木儿"仍命为中书右丞相，开府仪同三司、上柱国、录军国重事、监修国史、答剌罕、太平王并如故"，但是却削去了他手中的大部分兵权，没有将图帖睦尔原授的知枢密院事一职重新委任给他。

与和世㻋一同流亡的孛罗和哈儿秃儿，则分别被任命为御史大夫和中书平章政事。五月，复选用潜邸旧臣及扈从士，受制命者八十有五人，六品以下二十有六人。很明显，如果和世㻋临朝，燕铁木儿很难会有君恩独厚的宠遇;随明宗入京的新贵必定要来分享由他出生入死才争得的胜利成果,甚至逐渐将他排挤到权力集团中的次要地位。这是他不能接受的。

对图帖睦尔来说,一经即位为帝,原先的"固让之心"也逐渐销蚀。可是因为已有前言昭示天下,他的心情十分矛盾。

天历元年十一月,迎接和世㻋到京即位的首批使臣离开大都。仅仅十几天以后,图帖睦尔又下令为自己的元妃卜答失里造皇后玉册、玉宝。次年正月,和世㻋的使者抵达大都。图帖睦尔在明知大兄已决意南归的情况下,仍抢先完成以册命皇后告于南郊、太庙,以及在大明殿册封皇后的一系列仪式。当时朝臣中有人建言:"陛下已诏天下,让位于大兄。今立后,是与诏自相违也。"图帖睦尔闻奏,"嘉其直,赐金织文币以旌之。后闻之,亦有金币之赐";惟册后典礼仍照行不误。不过至少直到五月下旬,图帖睦尔自大都北行、亲迎和世㻋的前后,他还是准备恪守让位诺言的。

出发后第三天,他在途中"置江淮财赋都总管府,秩正三品,隶詹事院"。这个机构初建于元朝灭宋之后,掌宋谢太后、福王献纳产业及贾似道等人田地所纳赋税,原隶属皇后中宫,于大德八年(1304年)罢废。图帖睦尔在此时恢复江淮财赋府的建制,并将它改隶东宫官署詹事院,显然是为自己日后以皇太子身分控制这笔重要的财产资源预作准备。

图帖睦尔用了一个多月,才走完从大都到上都这段沉重的路程。在上都停留或有二旬,再取原路趋赴旺忽察都(在今河北张北县境,是为大都至上都驿路的大拐角处,武宗时建行宫于兹,故名中都),与和世㻋会面。八月一日,和世㻋抵达旺忽察都。次日,图帖睦尔见大兄于行宫。和世㻋设宴待皇弟及诸王、大臣。兄弟欢合的场面前后未满五天,和世㻋即于八月六日"暴崩"。图帖睦尔"入临哭尽哀。铁燕木儿以明宗后之命,奉皇帝宝授于帝",遂簇拥图帖睦尔疾驱还上都,一路上"昼则率宿卫士以扈从,夜则躬擐甲胄绕幄殿巡护"。

八月十五日,图帖睦尔在返回上都的第六天再次匆匆即位,是为文宗。

二、至顺年间的"文治"

文宗的汉文化修养超过在他之前的所有元朝皇帝。他的书法,"落笔过人,得唐太宗晋祠碑风,遂益超诣"。他还会作画,所绘"万岁山画"草图,"意匠、经营、格法,虽积学专工,所莫能及"。他曾经转辗流落于江南、海南和荆湖,对当时民情也应有相当的了解。

不过,文宗却处在一个很难有所作为的时代。天历年间连续两次重大的变故,致使蒙古色目上层人心离散。两都战后遭籍没财产的官员贵族在百人以上;对隔绝在围城中的上都官员,后来虽然停止追究,但很多仍被削去官职不复任用。明宗被弑,蒙古朝官中即有人"移疾不出",有诸王、高级官员甚至西域名僧参与的"谋不轨"案接连发生,有的迳以"明宗太子"为号召。天历元年四川平章政事囊加台举兵,实际上是"欲翊戴明宗";和世㻋一死,文宗担心原已诏赦的囊加台复举事,立即以其"指斥乘舆,坐大不道弃市"。

云南行省丞相也儿吉尼是武宗旧臣乞台普济之子,本人亦曾扈武宗镇北。天历元年文宗即位后,两次召也儿吉尼入朝,不至。他不大可能站在上都一边反对武宗后人;抗命不至,当是出于效忠和世㻋的立场。二年三月,也儿吉尼大概犹疑动摇,想要投奔文宗,故被云南诸王及其他省官黜斥,取道八番赴大都。六月,明宗南归途中曾"赐驸马脱必儿钞千锭,往云南"。直到明宗暴死、文宗再即位之后,云南诸王秃坚等才最后改变观望态度,于至顺元年正月公开称兵。

第十二章　元　朝

　　战火弥漫整个滇东北,元廷先后调四川、江浙、河南、江西、陕西、朵甘思、朵思麻等处军队,历时年余,方始平乱。自忽必烈朝以来,蒙古高层内部的躁动不稳,以文宗朝为甚。所以陈思谦在至顺元年"建明八事",除了"正君道"外,最先提到的就是"结人心";虞集为殿试拟制策,亦首以"劝亲亲,体群臣,同一风俗,协和万邦"为问。

　　可是文宗在天历之变中涉嫌太深,甚至不可能像泰定帝那样采取超脱立场,通过"诛逆"来收拢人心。这就迫使他只有完全倒向燕铁木儿,不惜进一步养成他的震主之威,依恃他来维持自己的统治。至顺之年,诏燕铁木儿"宜专独运,以重秉钧。……凡号令、刑名、选法、钱粮、造作,一切中书政务,悉听总裁"。所谓"时省台诸臣,皆文宗素所信用,同功一体之人",其实不过是以这个颇具才干的独夫为核心的同气相求的权力小集团。

　　文宗为曲意交好燕铁木儿,竟听凭他娶泰定帝妃为夫人,前后尚宗室女四十人,甚至将自己的儿子寄养于燕铁木儿家,又以燕铁木儿子为己子。由这班社会基础异常狭隘的"同功一体之人"施政,自然不易求得政治的兴盛。

　　社会经济也在这时遇到较为严重的困难。天历时,关陕地区"饥馑疾疫,民之流离死伤者十已七八"。江西和岭南等地,则连年低温。江浙的海运粮也连续几年因民饥而不克征满旧额,乃至需要江西、湖广等省分漕米"以纾江浙民力"。由于政治和经济环境的限制,文宗临朝四年间,只好专心着意,以追求振兴文治的表面效果为满足。通过建立奎章阁学士院和修撰《经世大典》,他将当时几乎所有的名儒都笼络在自己周围,用虚崇文儒的手段来收揽汉地民心。

　　奎章阁是元代大都皇宫内收藏文物书画、图书宝玩的殿阁,在兴圣殿西廊。天历二年,文宗建奎章阁学士院于此,设大学士、侍书学士、承旨学士、供奉学士等职。文宗的意图,是欲借此标榜自己以儒治国。他曾诏谕奎章阁诸学士说:"朕以统绪所传,实在眇躬,夙夜忧惧,自惟早岁跋涉艰阻,视我祖宗,既乏生知之明,于国家治体,岂能周知。故立奎章阁,置学士员,日以祖宗明训,古昔治乱得失陈说于前,使朕乐于听闻"。

　　学士院还专设授经郎二人,为蒙古贵族子弟传授经学。但是这种聊备顾问式的问对,"无益时政",讨论大多不切近务,事实上文宗也不准许他们议论时政,明白宣布:"若军国机务,自有省院台任之,非卿等责也"。因此奎章阁学士院虽有为朝廷以儒治国张本的虚名,实际上却变成聚集名人学士,入侍燕闲,观览经书,鉴赏文物的场所。

　　奎章阁诸臣的真正身份,其实并不是君主的政治智囊团,不过是一批才识超诣的"文学之士"而已。奎章阁学士院建立的当年,即受命与翰林国史院官一起,采辑本朝典故,准唐宋会要,纂修《经世大典》。翌年二月,以纂修事专属奎章阁学士院,燕铁木儿为国史例监修。至顺二年五月书成,凡君事四篇(帝号、帝训、帝制、帝系),臣事六篇,即治典(吏部典志)、赋典(户部典志)、礼典(礼部典志)、政典(军事方面的典志)、宪典(刑部典志)、工典(工部典志),总共880卷。分别节录中央、地方官府的有关文件于各篇目之下,但删去吏牍繁词,由蒙文文书译为汉语者,多重加润色,由直译体改为汉文文言。通过纂修这样一部大规模的官颁政书,来强化"示治平之永则"的正统形象。

　　史载文宗在建康(今江苏南京)作藩王时,"日以酒韬晦"。他死于至顺三年八月,年仅二十九岁,"隐亏天伦"的负罪心理和好酒的性情应是损害他健康的重要原因。次年,权臣燕铁木儿也因纵欲过度病死。但是,元代政局为天历之变的惯性所推动,继续遵循原来的轨道行进六七年之久。长期积聚的统治集团的内部矛盾和更为广泛普遍的社会对抗,促使元代社会进入它的后期。

第八节　元朝统治的衰败与元末农民大起义

至顺四年(1333年),妥欢贴睦尔即帝位。从此,元朝进入元顺帝统治的最后36年衰败时期。

一、元朝统治的衰败

1. 至正新政

年仅13岁的妥欢贴睦尔,面临着年复一年造成的积重难返的政治局面:权臣擅权、吏治腐败、财政空虚、社会动荡。随着年龄的增长,他深感社会危机的严重,因而力图推行新政,实现中兴,以摆脱危机。为了达到这一目的,铲除权臣伯颜是当务之急。

文宗图帖睦尔与权臣燕铁木儿相勾结,一手制造了旺忽察都事件,把兄长明宗和世㻋毒死。文宗临终前嘱咐道:"昔者晃忽叉(即旺忽察都)之事,为朕平生大错。朕尝中夜思之,悔之无及"。他决意传位给明宗长子妥欢贴睦尔。当时权倾天下的燕铁木儿担心事情败露,决定封锁文宗遗诏,传位给明宗次子懿璘质班,是为宁宗。

年仅7岁的宁宗在位53天后得病而死。燕铁木儿千方百计阻扰妥欢贴睦尔继位,直到燕铁木儿病死,妥欢贴睦尔才登基称帝。当年翊戴明宗、文宗夺位的伯颜起而代之,拜中书右丞相,进封秦王,在与燕铁木儿子、左丞相唐其势争夺权势的斗争中取胜。此后,伯颜"独秉国钧,专权自恣,变乱祖宗成宪,虐害天下,渐有奸谋"。他的官衔加起来总共达到246字,"势焰熏灼,天下之人惟知有伯颜而已"。

伯颜秉政达7年之久。在当时阶级矛盾、民族矛盾日益尖锐的形势下,元朝统治出现了严重的动荡不安。为了在这种不稳定的社会条件下求得个人权利的绝对稳定,伯颜推行了一系列"变乱祖宗成宪"的政策。这些政策归纳起来主要有:

首先,排斥汉人、南人,加强民族压迫措施。他下令禁止汉人、南人习蒙古、色目文字,以阻止他们参与政权机关的管理活动,并于至元元年(1335)宣布废除科举,以防止汉人、南人通过科举入仕。在中书省内,汉人、南人遭到前所未有的排斥。至元二年以来,只有王懋德、许有壬、傅岩起分别担任过左丞和参知政事,其中许有壬为了争论废科举事,丢掉了参知政事的职务。当至元三年先后爆发广东朱光卿、河南棒胡起义后,伯颜竟提出杀张、王、刘、李、赵五姓汉人的主张,尽管这一荒谬的建议是无法执行的,但是已暴露出伯颜集团对汉人、南人的仇视和歧视心理。与此同时,对汉人、南人还实行了禁军器、刷马匹等防范措施。

第二,对蒙古统治集团内部的异己者实行排斥、打击。伯颜出身蔑儿乞部,该部曾被铁木真击败,部众大多被俘为奴,故伯颜幼时曾为剡王彻彻秃家奴。剡王彻彻秃为宪宗蒙哥第三子玉龙答失之孙,立有军功,地位显赫。

伯颜擅权,剡王自然是他的障碍,但伯颜每见到剡王仍呼之为"使长"。伯颜至是怒曰:"我为太师,位极人臣,岂容犹有使长耶!"遂奏剡王谋为不轨,杀剡王并王子数人。妥欢贴睦尔不准杀剡王,伯颜强行传旨行刑。世祖忽必烈第九子脱欢之孙宣让王帖木儿不花和威顺王宽彻普化,也被伯颜矫旨贬斥。

第三,滥发纸币,大肆敛财。至元三年(1337年)发行纸币75万锭,比顺帝即位前一年的至顺三年(1332年)增加50%以上。伯颜把大量钱财攫为己有,仅得赐田一项就达1万多顷。

由于伯颜倒行逆施,使整个社会动荡不安,湖广、四川、江西、江浙等行省农民起义和少数民族起义连绵不断。至元三年(1337年)正月,广州增城县民朱光卿发动起义,石昆山、钟大明率众响应,称"大金国",改元"赤符";四月,归善县民聂秀卿、谭景山私造军器,以宗教为号召,拜戴甲为定光佛,并与朱光卿联合,朱光卿虽被镇压,但其余部一直活动了三年之久。

与此同时,河南汝宁信阳州爆发棒胡起义。棒胡本名闰儿,因好使棒,人称"棒胡",与其徒百余,"以烧香惑众,妄造妖言作乱,焚陈州,屯营于杏岗"。他们显然是白莲教徒。以后,又有胡山花、辘轴李、棒张等起兵响应,直到次年四月棒胡等被俘杀,起义才失败。

同年,四川合州大足县有韩法师起义。至元四年(1338年)六月,福建漳州路南胜县李志甫领导畲民起义;江西袁州(今宜春)爆发彭莹玉及其徒周子旺起义,子旺称周王,改国号,旋被镇压。至元五年十一月还发生了河南省台掾史范孟等假传圣旨、杀行省平章月鲁帖木儿等人、自称河南都元帅的事件,受牵连者以千百计。

至元六年二月,伯颜的侄儿脱脱在妥欢贴睦尔支持下发动政变,伯颜被贬至南恩州阳春县(今属广东),病死于龙兴路(治今江西南昌)驿舍。清除伯颜是符合当时社会发展要求的。自元朝建立以来,附会"汉法"与抵制"汉法"在蒙古统治集团内部虽然一直存在着尖锐的矛盾,但推行"汉法"已是不可逆转的社会潮流。伯颜擅权以来,排斥汉人,废除科举,采取民族压迫政策,是元朝后期一场罕见的抵制"汉法"运动,显然是逆社会潮流而动的不得人心的举动。脱脱的政变是得人心的。

伯颜被逐后,妥欢贴睦尔命脱脱之父马札儿台为太师、中书右丞相,脱脱为知枢密院事,也先帖木儿为御史大夫。马札儿台热衷于经商敛财,半年后下台。至元六年十一月,脱脱出任中书右丞相。当时天子图治之意甚切,把大权交给脱脱,脱脱立即大刀阔斧地废除伯颜"旧政",推行一系列新政,史称"更化"。主要措施有:

第一,恢复科举取士制。脱脱任相后仅一个多月,即恢复科举制度。这一措施对于笼络汉族士大夫、消除伯颜排儒带来的民族隔阂心理有一定作用。脱脱又大兴国子监,蒙古、色目、汉人三监生员,达到三千余人。

第二,置宣文阁,开经筵,遴选儒臣以进讲。文宗时置奎章阁,一时精英荟萃,文采焕然。文宗卒后,奎章阁无人顾问,文士四散。脱脱上台后,改奎章阁为宣文阁,主要用作宫廷教育,在翻译古籍、编撰史书等方面起了不小作用。脱脱又选儒臣欧阳玄、李好文、许有壬等人进讲。至正九年(1349年)冬,宣文阁改为端本堂。

第三,恢复太庙四时祭及其他礼仪制度。

第四,调整蒙古统治集团的内部关系。正式为剡王彻彻秃昭雪;召还宣让王贴木儿不花、威顺王宽彻普化,使返回所属领地;功臣博尔术四世孙阿鲁图正广平王之位。

第五,开马禁、减盐额、蠲逋负,减轻对人民的控制与剥削。如减盐额方面,河间盐场自至正二年(1342年)起,免余盐3万引;两浙盐场自至正三年起,额盐量减少10万引;福建盐场自至正三年起,免余盐3万引。另外,对地方官提出六条标准,制定《守令黜陟之法》,"六事备者减一资,三事备者平迁,六事俱不备者降一等"。

第六，修撰辽、金、宋三史。自至正三年四月起修，至四年三月完成《辽史》，四年十一月完成《金史》，五年十月完成《宋史》。《金史》、《宋史》成书时脱脱已辞去相位，但脱脱在决定三史"各与正统，各系年号"的编史方针和筹措资金、组织班子方面其功不可没。

自从脱脱在妥欢贴睦尔支持下推行新政以来，元朝统治集团的主要人物作风大有改变。妥欢贴睦尔用心攻读圣贤书，裁减宫女、宦官，节省御膳、御装，关心政治，常在宣文阁与大臣商谈国事。广大汉族和其他少数民族知识分子因受到重用，多"知无不言，言无顾忌"，欢呼"至正宾兴郡国贤，威仪重见甲寅"。脱脱因为推行"更化"政策，朝政为之一新，"中外翕然称为贤相"。

至正四年五月，脱脱辞相。由博尔术四世孙阿鲁图出任右丞相；七年正月由别儿怯不花任右丞相；当年十二月，朵儿只任右丞相；九年闰七月，脱脱复相。其间共5年多，妥欢贴睦尔仍有励精图治之志，也继续推行一些新政，但从整体来说，元朝的政治腐败已不可挽救，加之天灾频仍，人民起义愈益强烈，社会矛盾进一步激化。

这段时间内，妥欢贴睦尔起用的三相能力较差，威望远不如脱脱。故新政大多由妥欢贴睦尔亲自过问。这段时期内推行的新政主要有：

第一，颁行《至正条格》。自英宗颁布《大元通制》以来，二十余年间一直未曾修订过新的法律，"以致诸人罪状，议拟有轻重之殊。……每罚一辜，或断一事，有司引用，不能偏举。……事至于斯，深为不便"。故妥欢贴睦尔命平章政事阿吉剌监修新律，于至正五年十一月成，赐名《至正条格》。

第二，定荐举守令法。妥欢贴睦尔深知当时官吏素质下降，因而制定新法，凡选转某人为官，他都亲自过问，予以审查，意欲选拔一些无劣迹的清廉之士为地方官。

第三，遣奉使巡行天下。至正五年十月下诏曰："遣官分道奉使宣抚，布朕德意，询民疾苦，疏涤冤滞，蠲除烦苛。体察官吏贤否，明加黜陟，有罪者，四品以上停职申请，五品以下就便处决。民间一切兴利除害之事，悉听举行"。于是调遣大批高级官员分巡全国各道，意图改变贪官污吏状况，开创廉政建设新局面，"然奉使者，类皆脂韦贪浊，多非其人。惟四川一道，得王士熙（即王守诚）、武子春（即武琪），稍振纪纲，余皆鼓吹而已"。

第四，举逸隐士，沙汰僧尼。推行新政以来，朝廷颇感人才缺乏。在修撰三史和奉使巡行天下时，注意采访山林遗逸，推荐到京任职。"隐士无求于朝廷，而朝廷有求于隐士"，成为当时的名言。

自后至元末到至正九年脱脱复相的近9年时间内，妥欢贴睦尔励精图治，大有中兴之意。其中前4年由脱脱主持更化政策，主要是废除伯颜乱政，调整与汉族地主阶级的关系，巩固蒙古统治集团内部的团结，加强文治，这一目的基本上达到了；后5年主要由妥欢贴睦尔亲政，新政的内容主要是完善法制、加强廉政、选拔人才，这一目的基本上没有达到。

综观至正新政的内容，基本上没有触及遏制土地兼并、解决财政危机等更尖锐的问题。即使至正新政全部成功地推行了，也改变不了元朝整个政治肌体败坏、大厦将倾的局面，更不可能出现一个"中兴"的奇迹。

开河与变钞至正新政没有解决社会危机。妥欢贴睦尔不得不于至正九年（1349年）闰九月召回脱脱，命他复为中书右丞相。脱脱重新执政后，面临着一大堆极其棘手的问题。至正四年五月，大雨二十余日，黄河暴溢，受害地区之广阔，是河患史上所罕见的。更由于政府没有采取果断治河措施，水势不断北侵。

更为严重的是,河患加剧了社会的动荡不安。河南、山东等河泛区"所在盗起,盖由岁饥民贫",大批流民涌入长江下游,"沿河盗起,剽掠无忌,有司莫能禁"。全国其他地区的农民起义和少数民族起义也是此起彼伏,其中山东私盐贩郭火你赤起义,福建汀州连城县罗天麟、陈积万起义,湖南吴天保领导的瑶民起义,台州黄岩盐贩方国珍起义,辽东女真人锁火奴和兀颜拨鲁欢反元,云南死可伐起义等影响最大。妥欢贴睦尔曾制定《守令黜陟之法》和《荐举守令法》,又遣奉使巡行天下,意欲改变官贪吏污的状况。结果收效甚微,贪污、贿赂之风随着社会矛盾的尖锐更加严重。朝廷像哈麻这类奸臣,"自藩王戚里,皆遗赂之"。地方官更是天高皇帝远,其向民征钱,各有名目,有所谓拜见钱、撒花钱、追节钱、生日钱、常例钱、人情钱、赍发钱、公事钱等等。就是号称清廉的廉访司官员,也是声名狼藉。

至元八年十月,御史台承认:"近年以来,江南各道廉访司书史奏差,间有不务守慎,恣尚贪饕,……滋长奸恶,废坏纪纲。若不严为立法,无以效劝将来。"民间甚至作诗嘲笑廉访司官员:"解贼一金并一鼓,迎官两鼓一声锣。金鼓看来都一样,官扔穗贼不争多。"时人叶子奇说:"及元之将乱,上下诸司,其滥愈甚。"

赋役沉重且不均,这是造成广大人民不满的重要原因。此类情况,江南尤其严重。福州崇安共有50都,纳官粮6000石,"其大家以五十余家而兼五千石,细民以四百余家而合一千石。大家之田,连跨数郡,而细民之粮仅升合。有司常以四百之细民配五十大家之役,故贫者受役旬日而家已破"。

福州也是役法不均,官府常常"聚数百人于庭,鞭笞拷掠,责成于一二日之间,吏巧法与豪猾表里,贫民受抑无诉"。

浙西则以赋税重而闻名。至正间,平江路长洲县(今江苏苏州)"地下水悍,岁赋五十万硕,民避其役,不啻如猛虎"。广大农民的极度贫困,是促使元末农民起义爆发的根本原因。

面对这疮痍满目的社会,其实是没有任何灵丹妙方可以把它治理好的。黄河听其泛滥,钞法任其混乱,社会危机势必加深,人民起义迟早会如同烈火一般燃起;立即开河变钞,解决财政危机,使灾民重返家园,在脱脱看来这是摆脱危机的唯一良策。但脱脱对人民群众对元朝统治的极度不满估计不足,更不会估计到开河变钞成为农民起义的导火线。

变更钞法的原因,一是国库严重空虚,入不敷出。世祖至元后期以来,财政渐见拮据,因而纸币发行量猛增。大德以来,开始动用纸币准备金;武宗至大时,动用钞本更为严重,又发行至大银钞,使之五倍于至元钞,同时恢复使用铜钱;仁宗即位,加以整顿钞法,罢至大银钞与铜钱,但又大量印钞,曾连续四年每年印数在200万锭以上,官定钞银比值只及中统初的1/20。日积月累印发的纸币到至正年间形成了巨大的压力。

二是伪钞横行。元代钞法对造伪钞者一律处死,但冒险者仍为数不少,"坐罪虽曰匪轻,获利自是甚重"。历年印造的伪钞几乎流通于全国,愈积愈多,对钞法具有很大的破坏性。

至正十年(1350年)四月,左司都事武琪向脱脱建议变更钞法,吏部尚书契哲笃对他的建议表示支持。他们提出以楮币一贯文省权铜钱一千文为母,而钱为子。脱脱原则上同意这一方案。为慎重起见,脱脱会集中书省、枢密院、御史台及集贤、翰林两院官进一步商议。经过激烈争论,压制了不同意见,决定变更钞法。

变钞的具体办法,一是印造"至正文钞"(实际上是用旧日的中统交钞加盖"至正交钞"字样,故又称"至正中统交钞"),新钞一贯合铜钱一千文或至元宝钞两贯,两种钞并行通用,而中统交钞的价值比至元宝钞提高一倍。专置宝泉提举司,"每日印造,不可计数。舟车装运,轴轳相接,交料之散满人间者,无处无之。昏软者不复行用"。

二是发行"至正通宝钱",与历代旧币通行,形成钱钞通行局面,并以钱来实钞法。

至正十一年(1351年)新钞与通宝同时发行,"行之未久,物价腾踊,价逾十倍","京师料钞十锭(每锭50贯)易斗粟不可得","所在郡县,皆以物货相易,公私所积之钞,遂俱不行"。到至正十六年时,纸币"绝不用,交易惟用铜钱耳。钱之弊亦甚……且钱之小者,薄者,易失坏,愈久愈减耳"。

变钞本是以"钞买钞"的办法,即用新钞来压低民间的至元宝钞,达到增加国库收入,摆脱财政危机的目的。结果由于新币发行额过大,广大人民群众加以抵制,因而出现了恶性通货膨胀,变钞的目的不仅没有达到,政府的信誉却一落千丈。

至正十一年四月初四日,妥欢贴睦尔正式批准治河,下诏中外,命贾鲁为工部尚书兼总治河防使,发汴梁、大名13路民15万人,庐州(今安徽合肥)等地戍军18翼2万人供役。四月二日开土,七月完成疏浚黄河故道工程,开始堵塞黄河故道下游上段各决口、豁口,修筑北岸堤防。八月二十九日放水入故道。九月七日,贾鲁用船堤障水法开始堵水工程,至十一月十一日终于使龙口堵合,"决河绝流,故道复通"。贾鲁在治河工程上取得了成功。

然而,农民领袖韩山童、刘福通等果然用开河机会发动了农民起义。时人作诗云:"丞相造假钞,舍人做强盗。贾鲁要开河,搅得天下闹。"又有《醉太平小令》称:"堂堂大元,奸佞专权,开河变钞祸根源,惹红巾万千。"时人把开河变钞看作是农民起义爆发的根源。其实元朝社会矛盾的激化由来已久,非一朝一夕之故,开河变钞只是元朝社会矛盾总爆发的导火线而已。

二、元末农民大起义

1. 起义的爆发和暂时挫折

贾鲁开河后,农民领袖韩山童等决定抓住这一时机,发动武装起义。

韩山童是河北栾城人,出身于北方白莲教世家。其祖父韩学究为白莲教主。武宗时禁白莲教,韩学究被谪徙广平永年县。

白莲教渊源于佛教净土宗的弥勒净土法门,得名于五世纪初东晋庐山慧远之白莲社。南宋初昆山(今属江苏)人茅子元创立白莲宗,即白莲教。该教信奉阿弥陀佛,认为死后可"往生"西方极乐世界。该教要求徒众做到三皈(皈佛、皈法、皈僧)、五戒(不杀生、不偷盗、不邪淫、不妄语、不饮酒),主张素食。元朝建立以后,白莲教进一步得到发展。"南北混一,盛益加焉。历都过邑,无不有所谓白莲堂者,聚徒多至千百,少不下百人,更少犹数十"。至元十七年(1280年)江西都昌杜万一利用白莲教"妖言惑众",发动武装起义,之后白莲教徒起义屡有发生。武宗时白莲教被禁。仁宗时恢复。

韩山童成为北方白莲教主后,即以"弥勒佛下生"和"明王出世"为号召,"河南及江淮愚民,皆翕然信之"。在韩山童的周围拥有刘福通、杜遵道、罗文素、盛文郁、王显忠、韩咬儿等一批骨干,他们积极"倡言天下大乱",煽动起义反元。

治河开工前,韩山童等凿好石人一个,只开一眼,在其背上镌刻"莫道石人一只眼,此物一出天下反"14个字,预先埋于黄陵岗,同时散布民谣:"石人一只眼,挑动黄河天下反"。至正十一年(1351年)四月下旬,开河民工挖出独眼石人,消息传出,人人惊诧,以为天下真要大乱了。

五月初,韩山童与刘福通等聚众3000人于颍州颍上县(今属安徽),杀黑牛白马,誓告天地,宣布起义。韩山童发布文告称:"蕴玉玺于海东,取精兵于日本。贫极江南,富称塞北。"假托南宋卫王赵昺走崖山、丞相陈宜中走日本,来达到"复宋"的目的。刘福通又鼓吹山童系宋徽宗八世孙,当为中国主;刘福通自称是南宋将刘光世的后代,当辅之。起义军打出了"虎贲三千,直抵幽燕之地;龙飞九五,重开大宋之天"的旗联。

很明显,起义爆发后,韩山童等用鲜明的政治口号来代替宗教迷信作为号名。所谓"贫极江南,富称塞北",揭露了广大汉族劳动人民的贫困和蒙古、色目贵族搜刮掠夺财富的社会现实,把阶级斗争与民族斗争结合在一起。至于"复宋"的口号,则迎合广大汉族人民心理,是达到阶级斗争的一种手段和策略。

正当起义军汇集在一起,誓告天地之时,地方官闻讯突然袭击,韩山童被捕牺牲,妻杨氏、子林儿逃奔武安(今江苏徐州武安山)。刘福通冲出重围,率起义军于五月初三占领颍州(今安徽阜阳),大起义正式爆发。起义军头裹红巾作标志,称红巾军;起义军多为白莲教徒,烧香拜佛,故又称香军。红巾军占领颍州后,妥欢贴睦尔十分惊慌,立即遣枢密院同知赫厮、秃赤率"素号精悍,善骑射"的6000名阿速军及各路汉军,又令河南行省徐丞相派兵协同镇压。这三个元将"但以酒色为务,军士但以剽掠为务",无心恋战。

双方对阵后,赫厮见红巾势大,临阵逃跑。刘福通据朱皋(今河南淮滨东南),攻破罗山、真阳(今河南正阳)、确山等地,进兵舞阳、叶县。九月,刘福通占领汝宁府及息州(今河南息县)、光州(今河南潢川)等地,众至10万。

颍州起义成功后,对全国各地人民群众鼓舞很大。北方地区响应起义的主要有徐州李二和濠州郭子兴。

邳县(今江苏邳县北)人李二,又称芝麻李,于至正十一年(1351年)八月,与社长赵均用(一作赵君用)、彭大及其子早住等起兵占领徐州,从之者十余万人,也以"烧香聚众",称红巾军。未几,占领徐州近县宿州、五河、睢县、虹县、丰、沛、灵璧、安丰(今安徽寿县)、泗县等地。十二年二月,定远(今属安徽)富豪郭子兴与农民出身的孙崖、俞某、鲁某、潘某等起兵,攻占濠州(今安徽凤阳东北),郭子兴称元帅,亦以红巾为号。闰三月,贫苦农民出身的朱元璋投奔郭子兴,为亲兵。

南方白莲教首领们也立即抓紧这个时机,发动起义。彭莹玉是南方白莲教主,至元四年发动袁州起义失败后,逃匿于淮西民家。"淮民闻其风,以故争庇之,虽有司严捕,卒不能获"。他奔波于江淮、江西、湖南、湖北一带,化名彭翼、彭国玉,又称彭和尚,教徒称之为"彭祖",敌人诬之为"妖彭",其徒遍及南方各地。

至正十一年夏,彭莹玉起兵于淮西。八月,麻城(今属湖北)铁工邹普胜、罗田(今属湖北)布贩徐寿辉等起兵于蕲州(今湖北蕲春南),他们宣传"弥勒下生,当为世主",烧香拜佛,也头裹红巾,故亦为红巾军。十月,攻克蕲水(今湖北浠水)。并以此为都,建立政权,国号"天完"(压倒"大元"之意),改元治平,推徐寿辉为帝,邹普胜为太师。

天完政权是元末农民起义中建立最早的农民政权,行政和军事机构均仿元制。中央设中书省(又称莲台省),下设六部;地方有行省;军制有百户、千户、万户、总管、统军元帅等及其相应管军机构。

自至正十二年(1352年)正月开始,天完军队分兵四出:丁普郎、徐明达攻克汉阳、兴国(今湖北阳新),邹普胜克武昌、龙兴(今江西南昌),曾法兴克安陆(今湖北钟祥)、沔阳(今湖北沔阳西南)、中兴(今湖北江陵),欧普祥克吉安,陶九克瑞州(今江西高安),陈普文克吉安,周伯颜入江西、湖南、广西,王善攻福建。

彭莹玉这时也与天完军会合,与项普略(又名项甲、项奴儿)东去九江,入安徽,激战于徽州(今安徽歙县),过昱岭关,破杭州,在杭州"不杀不淫,招民投附者,署姓名于簿籍"。旋因元军反扑,弃城去苏南,又转战于徽州等地,最后退至瑞州。红巾军所过之处,所在农民纷纷响应,"不旬日,众辄数万,皆短衣草屦,齿木为杷,削竹为枪,截绯帛为巾襦,弥野皆赤"。

南方红巾军的重大胜利是与他们的政治口号分不开的。据记载,至正十二年(1352年)四月,江西宜黄的红巾军首领涂一、涂佑,新城红巾军首领童远攻占建宁(今属江西)、泰宁(今属福建),不久,入邵武(今属福建),"扬言'摧富益贫',以诱村氓从逆。凡窭者之欲财,贱者之欲位,与凡子弟之素无赖者,皆群起趋之。旬日间,聚至数万,掠富民家,散入山谷搜劫,无获免者"。"摧富益贫"这一针对当时社会上贫富不均而提出的战斗口号,具有极大的吸引力,所以南方起义队伍的发展异常迅猛。

与此同时,江淮起义军在赵普胜(双刀赵)、李普胜(李扒头)领导下,于至正十二年春,渡江南下,克无为,入繁昌,占领铜陵、池州,进围安庆,再下湖口、彭泽,势如破竹,号称百万水师。

在北南红巾军起兵后不久,河南、湖北一带则有"南锁红军"和"北锁红军"。至正十一年十二月,王权(又名布王三)、张椿等攻占邓州(今河南邓县)、南阳(今属河南),称"北锁红军",又攻占唐(今河南唐河)、嵩(今河南嵩县)、汝(今河南临汝)、河南府(今河南洛阳),进逼滑(今河南滑县东)、浚(今河南浚县)。明年正月,孟海马等攻占襄阳(今属湖北),称"南锁红军",旋克房(今湖北房县)、归(今湖北秭归南)、均(今湖北均县西北)、峡(今湖北宜昌)、荆门等州。

面对红巾军起义的浪潮,元朝廷加紧了对汉人、南人的防范。规定凡议军事,汉人、南人官吏必须回避。脱脱上奏妥欢贴睦尔:"方今河南汉人反,宜榜示天下,令一概剿捕。诸蒙古色目因迁谪在外者,皆召还京师,勿令违误。"同时,元廷又用卖官、募捐等办法来求助于富豪巨商,组织和支持地主武装——义兵。河南沈丘畏兀儿人察罕帖木儿和罗山人李思齐纠集地主武装至万人,元廷授察罕帖木儿汝宁府达鲁花赤,李思齐汝宁府知府;淮东豪民王宣,募得丁壮达三万人之多,号称"黄军"。此类地主武装,农民起义地区处处皆有,他们配合元军,使红巾军遭受很大损失。后来元廷在许多地方设置义兵万户府,"募土人为军,免其差役,令讨贼自效。因其乡人自相团结,号'毛胡芦',故以名之"。

元廷将中原红巾军视为心腹之患,不断派出重兵血腥镇压。赫厮、秃赤率阿速军镇压失败后,又于至正十一年九月派御史大夫也先帖木儿以知枢密院事与卫王宽彻哥率诸卫兵十余万前往河南;十月,又增派知枢密院事老章至河南。十二月,元军破上蔡,俘杀红巾军将领韩咬儿。十二年三月,元军陷汝宁。红巾军偷袭驻守沙河岸边的知行枢密院事巩卜班军,杀巩卜班,元军退数百里。不久,也先帖木儿再驻沙河,某夜,军中夜惊,也先帖木儿尽弃军资器械、粮草、车辆,率残兵退至朱仙镇。当时官军之腐败,由此可见一斑。

至正十二年(1352年)八月,脱脱亲率大军出征徐州芝麻李。九月,破城,元军进行大屠杀,芝麻李被俘杀,赵均用、彭大、彭早住等率余众奔濠州郭子兴。脱脱命贾鲁围濠州,贾鲁不久病卒。次年五月,元军撤围。彭早住称鲁淮王,赵均用称永义王,势力在郭子兴之上。十四年,彭、赵东去盱眙、泗州等地。

南锁红军和北锁红军活跃于南阳、襄阳及汉水流域一带,拥众达十余万。元廷遣四川行省参知政事答失八都鲁等分路"围剿"。至正十二年五月,答失八都鲁陷襄阳,布王三被俘杀,北锁红军先被镇压。十四年正月,答失八都鲁再陷峡州(今湖北宜昌),南锁红军也被镇压。

南方红巾军虽分兵四出,夺取许多城池,但所得多不能守。北方红巾军受察罕帖木儿、李思齐"义兵"牵制,脱脱又荡平了徐州芝麻李,北锁红军被答失八都鲁镇压,使南方红巾军失去屏障。于是,南方各省元军从四面八方前来"围剿"。赵普胜、李普胜率领的江淮水师因孤立无援,退守巢湖自保。

至正十三年(1353年)十一月,元江西行省右丞火你赤破瑞州,彭莹玉等惨遭杀害。十二月,江浙行省平章卜颜帖木儿、南台御史中丞蛮子海牙、四川行省参知政事哈临秃、左丞秃失里、西宁王牙罕沙等联合进攻天完政权都城蕲水,城破,天完政权四百多名官员被屠杀,徐寿辉等遁入黄梅山和沔阳湖中。

至此,南北红巾军经过最初两年的战斗,虽然摧毁了许多元朝地方政权,对元朝统治和各地地主富豪打击十分沉重,但敌人的势力仍然十分强大,红巾军又牺牲了韩山童、彭莹玉这样的杰出领袖,因而遇到了暂时的挫折。

2.起义再起和最后失败

正当红巾军处于劣势之时,至正十三年正月,泰州白驹场(今属江苏东台)盐贩张士诚与其弟士义、士德、士信及李伯升等18人,杀多次窘辱过士诚的弓兵丘义及诸富户,募集盐丁起兵。四月,攻破泰州,拥众万余。五月,克兴化。未几,又克高邮。十四年正月,士诚自称诚王,国号大周,改元天佑。

九月,妥欢贴睦尔命脱脱出师高邮。脱脱总诸王各爱马、诸省各翼军马,领兵大小官将,号称百万,"旌旗累千里,金鼓震野,出师之盛,未有过之者"。十一月,元军抵高邮,士诚大败,退入城中不出。元军分兵破六合、盐城、兴化等地。高邮被围,城中不可支,日议投降事,但又恐罪不能赦,不敢投降。十二月,妥欢贴睦尔突然下诏削去脱脱兵权,顿时引起一场混乱,百万元军不战自溃,形势发生急遽变化。

元廷自己制造的这场动乱是元朝政治腐败、妥欢贴睦尔走向堕落的必然结果。先是脱脱复相之前,康里人哈麻、雪雪兄弟屡次在帝面前为其美言,脱脱复相后深为感激,升哈麻为中书右丞。不久,哈麻与脱脱发生矛盾,降为宣政院使,于是对脱脱怀恨在心。他偷偷引进西天僧教妥欢贴睦尔运气术,哈麻妹婿集贤大学士秃鲁帖木儿亦荐西蕃僧伽磷真,所教者名"演揲儿",汉语"大喜乐"。

大喜乐是一种宗教舞蹈,又是一种气功。秃鲁帖木儿利用这种运气及房中之术,诱导妥欢贴睦尔进行淫乐。秃鲁帖木儿又荐老的沙等10人,号称"倚纳"。这些"倚纳"用高丽宫女为耳目,专门刺探公卿贵人家的命妇,市井街坊的良家妇女,引入宫中,供妥欢贴睦尔和这些"倚纳"淫乐。

妥欢贴睦尔与推行至正新政时判若两人,全然不顾皇帝尊严,与这些男女相与亵狎,甚至男女赤身裸体,寻欢作乐。其淫乐的秘室即筑于宣文阁之旁,称之为"皆即兀该",汉语"事事无碍"的意思。又在上都修穆清阁,有房数百间,亦为大喜乐的场所。当时,"君臣宣淫,而群僧出入禁中,无所禁止,丑声秽行,虽市井之人,亦恶闻之"。

脱脱对此亦深恶痛绝,欲将哈麻除之。哈麻获悉后,百般挑拨皇后、皇太子爱猷识理达腊与脱脱兄弟的关系。脱脱出征高邮后,妥欢贴睦尔任命哈麻为中书平章政事,哈麻唆使监察御史奏劾脱脱和也先帖木儿罪行,故妥欢贴睦尔下诏削脱脱兵权,命谪迁云南镇西路(今腾冲西),家产籍没。十五年十二月,哈麻矫旨遣使鸩死脱脱于云南贬所。

高邮战役是元末农民战争的一个转折点。"大军百万,一时四散。……其散而无所附者,多从红军,铁甲一军入襄阳,号铁甲兵者是也"。从此,元廷再也没有力量纠集如此众多的兵力来镇压起义军,只能主要依靠地主武装来维护其摇摇欲坠的统治。农民起义军则以此为转折,重新积聚力量,组织队伍,掀起规模更大的武装斗争高潮。

至正十五年(1350年)二月,刘福通迎韩山童子林儿于砀山夹河,在亳州(今安徽亳县)正式建立宋政权,改元龙凤,立林儿为帝,号"小明王"。以杜遵道、盛文郁为丞相,罗文素、刘福通为平章,福通弟刘六为知枢密院事。不久,因杜遵道专权,被福通杀死,福通自任丞相,加封太保。宋政权的机构建设逐步完善,中央有中书省、枢密院、御史台,中书省下设六部;地方设行中书省,先后曾建立过淮安行省(平章赵均用)、江南行省(平章朱元璋)、益都行省(平章毛贵)、曹州行省(平章武某)、辽阳行省(平章毛居敬、潘诚、关铎、沙刘二等),行省下置府、县;管军机构与天完政权同。

宋政权建立后,元廷命答失八都鲁为河南行省平章政事,代替太不花为中原地区元军总指挥。答失八都鲁率军进驻许州长葛(今河南长葛东北),为刘福通军所败,士卒奔溃。十五年九月,答失八都鲁至中牟,收集溃散士卒,刘福通突然劫营,大获辎重,并俘其子孛罗贴木儿。但红巾军又遭元将刘哈剌不花袭击,孛罗帖木儿又被救回。刘福通命其将赵明达取嵩(今河南嵩县)、汝(今临汝)、洛阳,北渡孟津至怀庆路(今河南沁阳),河之北大为震动。元廷不得不自豫南调察罕帖木儿来应战,赵明达战败。

十二月,答失八都鲁进攻太康,进围亳州,刘福通使小明王避兵于安丰,自领兵与答失八都鲁战于太康、亳州,击退元军,亳州得安。

至正十六年(1356年)九月,刘福通分兵出击,发动了著名的三路北伐,意欲一举包围大都,推翻元朝。

西路军由李武、崔德率领。他们出潼关,克陕、虢(今河南灵宝),扼崤函,转攻晋南。十七年初,李武、崔德转攻陕西,下商州(今陕西商县),攻武关。二月,夺七盘,进据蓝田,前锋直抵灞上,进逼奉元路(治今陕西西安),分兵攻占同(今大荔)、华(今华县)诸州。

陕西省台连连告急,元廷不得不命察罕帖木儿、李思齐、刘哈剌不花等前去救援,西路军败走兴元(今陕西关中)。闰九月,刘福通增派白不信、大刀敖、李喜喜等入陕,与李武、崔德汇合,自兴元转攻秦(今甘肃天水)、陇(今陕西陇县),据巩昌(今属陕西),败于察罕贴木儿,西路军溃退。次年,一部分西路军在李喜喜率领下南下四川,改称"青巾",被徐寿辉部将明玉珍逐走。至正二十年(1360年)五月,李武、崔德向李思齐投降。

东路军的统帅是毛贵。他原是赵均用的部将。至正十四年,赵均用与彭早住等高濠州东去盱眙、泗州后,进据安东州(今江苏涟水),与元将董抟霄激战于北沙、庙湾、沙浦等地,大败元军于泗州。十六年三月,扬州地主武装"青军"头目张明鉴逐走镇南王孛罗普化,孛罗普化奔淮安。不久,王宣所部"黄军"反。

十月,赵均用联络青军、黄军围攻淮安,杀镇南王孛罗普化而据之。宋政权命赵均用为淮安等处行中书省平章。毛贵奉赵均用命,转战于安东、海宁、沭阳、赣榆一带。十七年初,元将也速攻海宁,毛贵夺其战船,由海道入山东。二月,毛贵取胶州(今山东胶县),击毙元山东宣慰使释嘉讷。又下海,转攻益都,益王买奴逃遁,遂下滨州(今滨县北)。四月,克莒州(今莒县)。短短二三个月内,尽有山东州县。

元廷急命湖广行省左丞相太不花,知枢密院事孛兰奚及董抟霄等出兵镇压毛贵;又命答失八都鲁攻曹州盛文郁部,防止盛部与毛部势相联结。为防止毛贵北上,急从太不花、答失八都鲁等三处军马内,择其精锐守河北。七月,元镇守黄河义兵万户田丰响应毛贵起义,克济宁路(治今山东巨野)。是年冬,驻棣州(今山东惠民)的义兵千户余宝杀知枢密院事宝童起义。负责镇压山东农民军的总指挥纽的该一直龟缩于东昌(今山东聊城),不敢出战。次年正月,田丰取东平。二月,毛贵克济南。至此,山东几乎尽为红巾军所有。

宋政权在山东设益都等处行中书省,命毛贵为平章。毛贵立宾兴院,选用官吏,又于莱州大规模屯田,官民田十止收二分,生产大有发展。毛贵把山东建成后方稳固的基地,然后挥师北上。

至正十八年(1358年)二月,毛贵兵至河北南皮魏家庄,杀河南行省右丞董抟霄。又连克清(今河北青县)、沧(今河北沧州东南)二州,据长芦镇。

三月,克蓟州(今天津蓟县),至郭州枣林、柳林(均在今北京市境内),元枢密副使达国珍战死。毛贵兵进逼大都,"京师人心大骇,在廷之臣,或劝乘舆北巡以避之,或劝迁都关陕,众议纷纷"。

当时形势对红巾军非常有利,答失八都鲁已病死,其子孛罗帖木儿与察罕帖木儿互相攻伐,京师十分空虚。但由于中路军作战失利,未能突破山西、河北元军防线,从而与东路军汇合攻大都,致使毛贵孤军深入,在柳林败于元将刘哈剌不花,不得不退师济南。十九年四月,从淮安来山东投奔毛贵的赵均用,杀害毛贵。七月,毛贵部将续继祖自辽阳回益都,又杀赵均用。山东各地红巾军虽奉毛贵子小毛平章为帅,但实力大受影响。而田丰自称花马王,王士诚称扫地王,田丰与王士诚为争夺地盘互相攻伐。

至正二十一年(1361年)夏,察罕帖木儿开始进攻山东红巾军,发并州军出井陉,辽、沁军出邯郸,泽、潞军出磁州,怀、卫军出白马,以及汴梁、洛阳诸军,水陆俱下,分道并进。自率主力军渡孟津,逾怀庆,直抵山东,相继占领冠州(今山东冠县)、东昌。八月,察罕帖木儿遣其子扩廓帖木儿及其将阎思孝、关保、虎林赤由东阿造浮桥渡河,田丰率2万人夺桥未成,元军占领长清。

田丰屡败,不得已降元,察罕帖木儿报请元廷授以山东行省平章职。田丰招降棣州余宝、东平王士诚、东昌杨诚。八月,元军下济南,南取泰安,北攻济阳、章丘,东略沿海诸州县,红巾军节节败退。察罕帖木儿因镇压红巾军有功,升中书平章政事、知河南山东行枢密院事。十月,元军进围益都。二十二年六月,田丰、王士诚设计杀察罕帖木儿,重返红巾军队伍,回到益都。

扩廓帖木儿袭父职,继续围攻益都。是年十一月,元军破城,田丰、王士诚被俘杀,守将陈猱头以下二百余人被俘后送京师处死。山东红巾军全部被镇压。

中路军是曹州盛文郁的部队。至正十七年(1357年)九月,由关先生(关铎)、破头潘(潘诚)、冯长舅、沙刘二等率领,逾太行山入山西,取泽州之陵川、高平。闰九月,克潞州(今山西长治),在冀宁路(治今山西太原)遇阻。十八年春,毛贵率东路军北上,直趋大都。为加强侧翼力量,阻止元军来援,命其将王士诚、续继祖自益都出兵攻怀庆,克晋宁,与中路军配合,势力大增。于是,中路军决定分兵两路:一路攻绛州(今山西新绛);一路由沁州(今山西沁县)攻冀宁、大同等地。

时毛贵进逼大都失利,察罕帖木儿在晋南伏击中路红巾军取胜。六月,关先生、破头潘由辽州(今山西左权)转攻冀宁,意欲从保定、定州(今河北定县)突破元军防线,失利,改向晋北。十月,关先生等从定州转攻大同、兴和(今河北张北)等地。十二月,关先生等克上都。

红巾军在上都烧毁元帝驻夏的宫阙后,再克全宁路(治今内蒙古翁牛特旗),焚鲁王府。进而攻取辽阳行省首府辽阳路(治今辽宁辽阳)。宋政权遂于此处置辽阳行省,命毛居敬、关先生、破头潘、冯长舅、沙刘二等为平章。

红巾军进入东北后,元守军一触即溃,而关内元军则仍有一定实力,为此,他们决定进攻高丽。高丽王与元廷有特殊关系,而且派军进入中原镇压红巾军。至正十九年(1359年)二月,中路军致书高丽王,准备进攻高丽。十一月,中路军前锋渡鸭绿江。十二月,毛居敬率红巾军攻占义州、静州、麟州、西京(今朝鲜平壤)。以后转战于西北沿海诸州。

二十一年九月,关先生、破头潘、沙刘二等再入高丽,一度攻占开京(今朝鲜开城),迫使高丽恭愍王逃奔福州(今朝鲜安东)。次年初,关先生、沙刘二等战死,余众在破头潘率领下退回辽阳,四月,破头潘在辽阳被俘。中路军至此全遭失败。

宋政权分兵三路后,元廷不得不分散兵力对付各路红巾军,因而为刘福通亲率的中央红巾军解除了元军的压力。至正十七年六月,刘福通攻汴梁(今河南开封),不克。八月,转攻大名、卫辉等路,很快占领豫北、冀南广大地区,屡败元将答失八都鲁,元廷对答失八都鲁十分不满,"颇疑其玩寇失机,使者促战相踵",红巾军伪造与答失八都鲁通和书,"遗诸道路,使者果得之以进"。答失八都鲁得知,忧愤而死,子孛罗帖木儿继之。十八年五月,刘福通克汴梁,并定为国都,实现了使"宋"政权名副其实的宿愿。这时,宋政权出现了鼎盛的局面。

当时元朝主要兵力仍然集中在北方地区,尤其是靠镇压红巾军起家的察罕帖木儿、孛罗帖木儿、李思齐等军阀势力,全力以赴围剿北方红巾等各路军队,所以,北方红巾军在摧毁元朝统治的斗争中,作出的贡献和牺牲是不可估量的。

由于三路北伐没有达到预期的目标,或先后遭致失败,或远离宋都汴梁,宋政权很快从鼎盛开始逆转。至正十八年七月,察罕帖木儿移军洛阳,孛罗帖木儿进攻曹州。十一月,曹州失陷,曹州行省武宰相、仇知院牺牲。十九年初,孛罗帖木儿北上代州(今山西代县)、丰州(今内蒙古呼和浩特东)、云内(今内蒙古土默特左旗东南),驻军大同,切断中路军与汴梁的联系。二十年五月,察罕帖木儿移军虎牢,分兵南路出汴南,攻陷归、亳、陈、蔡,北路出汴东,置战船于黄河内,略曹州南,据黄陵渡,又发陕西、山西各路元军,把汴梁包围得水泄不通。八月,汴梁失陷,刘福通护韩林儿冲出重围,逃奔安丰。至正二十三年(1363年)二月,张士诚遣将吕珍攻安丰,小明王急向朱元璋求救,朱元璋不顾张士诚、陈友谅东西夹击的危险,亲率大军北上,救出小明王、刘福通,安置于滁州。至此,宋政权已经名存实亡。

至正二十六年(1366年)十二月,朱元璋称吴王前夕,其将廖永安迎小明王、刘福通至应天,途经瓜步,将他们溺死。

高邮战役后,南方红巾军也利用这一机会,重振旗鼓。黄陂渔民出身的倪文俊在重建天完政权中起了重要作用。至正十五年(1355年)正月,倪文俊克沔阳,在汉川鸡鸣仪大败元军,威顺王宽彻普化之子报恩奴、接待奴、佛家奴战死。不久,倪文俊又连克襄阳、中兴(今湖北江陵)、武昌、汉阳,俘威顺王子歹帖木儿及王妃等。

元廷见其势大,下诏招抚,因谈判不成,倪文俊杀威顺王子。元廷命答失八都鲁等守蕲黄,命太不花为湖广行省左丞相,总兵湖南,全力剿捕红巾军。十六年正月,天完建都汉阳,徐寿辉仍以邹普胜为太师,命倪文俊为丞相,改元太平。是年,天完军东入浙江,西取襄阳,南克湖南常德、澧、辰、衡、岳诸州。赵普胜率巢湖水师克枞阳、池州、青阳等地,并两度围攻安庆。十七年九月,倪文俊企图谋杀徐寿辉篡夺帝位,失败后自汉阳奔黄州(今湖北黄冈),被其部将陈友谅所杀。倪文俊的部队全归陈友谅所有。

陈友谅出身沔阳谢姓渔家,因赘于陈氏,故改姓陈,曾在县衙任贴书之职。元末兵起,与弟友仁、友贵聚众起义,投奔天完政权,充任倪文俊部下簿掾,累官至统军元帅。杀倪文俊后,夺得天完政权军权,率军重点进攻东南。至正十七年底,沿江而下,在小孤山大败元军。十八年正月,与赵普胜等联军攻破安庆,杀元淮南行省左丞余阙等。此后,连克龙兴、瑞州、邵武、吉安、抚州、建昌、赣州、汀州、信州、衢州等路。使天完政权成为南方各支起义军中拓地最广、实力最强的武装力量。但陈友谅与倪文俊一样,篡权野心强烈。为此,他于至正十九年九月,杀害唯一可与之匹敌的赵普胜。

是年底,又逼迫徐寿辉徙都江州,乘机伏杀徐寿辉部属,自称汉王,改元天定。二十年五月,陈友谅挟徐寿辉攻占太平。闰五月,杀徐寿辉于采石,自称皇帝,改国号为大汉,年号大义,仍以邹普胜为太师,以张必先为丞相,张定边为太尉兼知枢密院事。

陈友谅篡位后,"其将士皆离心,且政令不一"。赵普胜、徐寿辉旧部纷纷离去。而陈友谅则把矛头指向应天(今江苏南京)的朱元璋,企图联合已经降元的平江张士诚对朱元璋东西夹击。张士诚未敢出兵。

陈友谅称帝后不久,即沿江而下直奔应天,结果在龙湾中计大败,逃回江州。朱元璋乘胜连克太平、安庆等地,赵普胜旧部张志雄、徐寿辉旧部、驻守袁州多年的欧普祥,浮梁(今江西景德镇北)守将于光等投奔朱元璋。

二十一年,陈友谅多次反扑失败,朱元璋占领江州,陈友谅逃奔武昌。陈友谅饶州守将吴宏、建昌守将王溥、龙兴守将胡廷瑞等均以城降朱元璋。二十二年,吉安孙本立、曾万中,龙泉彭昌中等降朱元璋。这时,陈友谅已面临众叛亲离、"疆土日蹙"的局面。二十三年,陈友谅不顾一切发动了鄱阳湖大战,终于自取灭亡。

陈友谅杀害徐寿辉篡夺政权后,天完旧将明玉珍宣布与陈友谅"不与相通",在四川形成割据。明玉珍是随州(今湖北随县)梅丘里平林聚农民。

元末兵起后,被当地富豪推为屯长,组织武装结寨自保。至正十三年冬,投奔徐寿辉,授为统军元帅,守沔阳。十七年秋,占领重庆,徐寿辉授为陇蜀行省参政。十八年,败李喜喜"青军"于普安(今四川剑阁)、广元,天完升玉珍为陇蜀行省左丞。十九年四月,克嘉定(今四川乐山),败元四川行省平章朗革歹等,杀右丞完者都,进克成都、隆庆、潼川。从此,元朝在四川的统治宣告结束。

二十年闰五月,陈友谅弑徐寿辉称帝,"友谅使来,宋主(即徐寿辉)崩弑外闻,乃斩使焚书,三军缟素,为宋主发丧,附膺哀悼,殆不堪忍。……自是议讨友谅,移檄四方,会兵三峡。……谥宋主曰:'应天启运献武皇帝',庙号世宗,犹舜之宗尧也",明玉珍又"立寿辉庙于城南,春秋奉祀",对寿辉表示十分忠诚。

二十一年七月,明玉珍称陇蜀王。二十三年正月,明玉珍称帝,国号大夏,改元天统,仿周制,设六卿,以戴寿为冢宰,万胜为司马,张文炳为司空,尚大亨、莫仁寿为司寇,吴文仁、周兴为司徒,刘祯为宗伯,废释老二教,上奉弥勒,赋税十取其一,"农家无力役之征"。

明玉珍曾出兵陕西、云南、贵州等地,但多不能守,以后很少出兵,重于防守。二十五年,明玉珍更六卿为中书省、枢密院,以戴寿为左丞相,万胜为右丞相,尚大亨、张文炳为知院,邹兴等为平章。二十六年春,明玉珍病死,遗言:"汝等同心协力,但可自守,慎勿妄窥中原,亦不可与各邻国构隙。"又说:"元虏未逐,余志不能遂也。"子明升即位,年仅10岁。

高邮之战使张士诚转危为安。脱脱在前线罢兵权后,元军大乱,张士诚乘机出击,扩大地盘,并且拒绝元廷的多次招安。至正十五年(1355年)底,淮东大饥,士诚遣其弟士德占领通州(今江苏南通),渡江克常熟。次年二月,攻占平江路(治今江苏苏州)。士诚改平江路为隆平府,将政权机构从高邮迁来。又分兵连克无锡、常州、松江、湖州、杭州,占有富庶的长江三角洲。

这时淮西朱元璋已攻占集庆(今江苏南京),势力向东扩展,朱、张双方在镇江形成对峙。至正十七年,朱元璋军连克长兴、常州、泰兴、江阴、常熟等地,张士德在常熟被朱元璋军擒获。"于是,士诚北有淮海,南有浙西,江阴、长兴二邑皆其要害。长兴据太湖口,陆走广德诸郡;江阴枕大江,扼姑苏、通州济渡之处。得长兴,则士诚步骑不敢出广德、宣、歙;得江阴,则士诚舟师不敢泝大江,上金、焦。至是并为我(指朱元璋军)有,士诚侵轶路绝"。张士诚战场上屡战屡败。割据台、温、庆元地区的方国珍奉元朝之命进攻张士诚。在内外交困、腹背受敌的情况下,张士诚接受元朝招安,妥欢贴睦尔降旨授士诚为太尉。

张士诚降元后,继续与朱元璋争夺地盘,双方在江南地区大体上维持原来态势,但在苏北、鲁南、皖北一带,张士诚利用宋政权衰败之机,把势力一直扩张到济宁、濠州一线。元廷为解决京师饥荒,于至正十九年九月,不惜以御酒龙衣赐张士诚,以换取海运粮。从至正二十年到二十三年(1360~1363年),张士诚和方国珍,一个出粮,一个出船,每年海运粮11万石至13万石不等,解往大都,从而延长了元朝的反动统治。

张士诚集团也是一伙新生的地主分子,他们割据平江后,"无不志在良田美宅","诸公经国为务,畜声伎,购图画,唯酒色耽乐为从,民间奇石名木,必见豪夺。……诸公宴集,辄费米千石"。张士诚"经岁不出门,不理政事",其弟张士信,有"后房百余人,习天魔舞队,珠金玉翠,极其丽饰"。

至正二十三年(1363年)二月,士诚遣吕珍进攻宋政权最后据点安丰,朱元璋救出小明王、刘福通,才使他们幸免于难。九月,士诚自称吴王,遣使赴京请命,妥欢贴睦尔不允。元廷又遣户部侍郎博罗帖木儿、监丞赛因不花到平江催海运粮,士诚不允,双方关系断绝。江浙行省的元朝官员也被士诚排挤。此后,张士诚集团更加腐朽堕落,灭亡之时也指日可待了。

自从至正十四年(1354年)高邮战役后,北南红巾军都从起义的低谷走了出来,展开了规模更大的反元武装斗争。北方红巾军分兵三路北伐,对元朝在北方的统治予以沉重打击,并为南方红巾军的发展和朱元璋队伍的壮大创造了条件。

南方红巾军战绩辉煌,按实力本可担负起推翻元朝的历史重任,但陈友谅篡权后急遽蜕变,最后众叛亲离,自取灭亡。

非红巾军系统的张士诚、方国珍,乘天下大乱之机,割据一方,叛服无常,早已失去农民起义的性质。朱元璋稳扎稳打,逐步壮大,最后终于在1368年正月初四继皇帝位,建立了大明政权。

第九节 文化的发展

元代哲学思想、文学艺术、史学等文化领域,既有承上启下的特点,又有许多创造性;而元代疆域辽阔、民族众多,在文化发展上又充分体现了多元性。

一、哲学思想

1. 理学的继承和传播

理学始于北宋周敦颐,中经程颢、程颐,集大成于南宋朱熹,它是中国古代社会后期的统治思想。理学是在儒家经学、道教与佛教相结合的基础上孕育发展起来的,理学家们把反映地主阶级利益的三纲五常加以理论化系统化,成为全社会的共同秩序和宇宙的规律,神圣不可侵犯的天理,他们使三纲五常上升到世界本体的高度,这在儒学的理论思维上,形成了一套比汉唐儒学更加成熟的唯心主义体系。

理学日益成为维护国家集权制度的思想工具。蒙古贵族占领北方地区后,面临着如何来统治这个原来是高度发达的农业社会的问题。在耶律楚材、杨惟中、姚枢等儒士的帮助下,蒙古统治者逐渐懂得了利用儒学思想的重要性。在金和南宋对峙时期,"南北道绝,载籍不相通",理学著作在北方流传不多。

太宗七年(1235年),蒙古军队占领德安(今湖北安陆),杨惟中、姚枢等从俘虏中挑出江汉先生赵复,请到燕京,建太极书院,请他讲授其中。赵复以其所记程朱所著诸经传注,选取遗书八千余卷,又著《传道图》、《伊洛发挥》等书,对程朱理学的书目、宗旨、师承关系作了全面介绍。姚枢、杨惟中等从其学,窦默、郝经、许衡、刘因等也因读了这些书尊信理学。

南方的理学家都是朱熹、陆九渊的继承者。朱熹的弟子黄干门下有金华、江右两支:金华一支,有何基的弟子金履祥、许谦等人,入元后多隐居不仕;江右一支,有饶鲁及其再传弟子吴澄。而陆学人物则以陈苑、赵偕、郑玉为代表。

元代理学家中,其政治态度与理学的特点不完全相同。许衡、郝经、窦默等积极用世,官位很高,在理学上只是"承流宣化",不重玄奥。刘因、吴澄、许谦等人闭门冥索,高蹈不仕,理学学说趋于幽玄。陆学人物多屏迹山野,不改陆学"自识本心"的宗旨。这些理学家中,以许衡、刘因、吴澄最有影响,称为元代三大"学者",许衡、刘因被称为"元之所以藉以立国者也"。

元代理学虽然继承了宋代理学的基本原则,但也有自己的一些特点。

首先,从朱陆之争趋于朱陆"和会"。南宋时朱、陆两派就如何获得天理的方法开展过争论,从"鹅湖之会"到"无极而太极"之争,始终无法调和。

入元后,朱、陆对立的气氛消失,元代朱学系统的人物,为了更好地推行理学,遂避繁就简,纷纷兼取陆学直识本心的简易方法。如许衡自问自答地说:"人与天地同,是甚底同?……指心也,谓心与天地一般。"这里所谓的"天地"是指宇宙本体,亦即天理。而"心与天地一般",也就是人心就是天理,因而"人心本自广大",故"心之所存者理也","万物皆备于我,反身而诚,乐莫大焉"。这与陆九渊的天理在心中,心具天理是一个道理。

吴澄虽然认为由于人的气质不同形成人性的善恶,而接近朱熹的见解,但在如何去恶从善、恢复天地之性上,并没有沿着朱熹格物穷理的方法,而是直接从自身去发现善端,扩充善端。他说:"所谓性理之学,既知得吾之性,皆是天地之性,即当用功其性,以着其性,能认得四端之发见谓之知,随其所发见,保护持守。""今不就身上实学……非善学也"。这种所谓"得吾之性","就身上实学",是吸取程颢的"识仁"到陆九渊的自识本心的方法。他反过来批评朱熹格物穷理的"道问学"是"偏于言语训释之末"的烦琐。

陆学人物在坚持自求本心的同时,也吸取朱学一些内容。如由宋入元的郑玉,就大谈所谓"即气以明理","即理以明气",和所谓"天地之大,人物之繁,孰能出于理气之外哉"。明显地吸收了朱熹的理气观。

总而言之,元代理学家中除一部分坚持朱、陆学统的门徒外,多数朱学和陆学的人物,如许衡、吴澄、刘因、郑玉、史豪卿、徐霖、胡长孺、许谦等,总结了南宋时朱、陆之争的教训,认为朱学过于"支离",而陆学过于"空谈",各走极端,这种学统难以为继,他们主张打破门户之见,兼取各家之长,如朱学的笃实"下学"工夫,陆学"简易"本心论,互相补充。这种"和会"趋向,正是明代王学的先声。所以元代理学实为宋明理学的过渡环节。

第二,许衡的治生论具有进步意义。许衡提出"治生最高为先务"思想,重视民生日用。他认为,理学的理、道含有"日月常行"之则,道不是"高远难行",应当接近"众人",他把"民生日用"的"盐米细事"视为道和义。他说:"大而君臣、父子,小而盐米细事,总谓之文;以其合宜之义,又谓之义;以其可以日用常行,又谓之道。文也道也,只是一般。"这就使过去空谈性命的理学与实际有所接触,对吃饭穿衣有所重视。许衡进一步提出了"治生"论。

许衡以满足人的"生理"即物质生活前提来谈"治生",这同程朱"行天道,遏人欲"的思想不尽一致。朱熹说为学之道首先在于正人心、明天理,而许衡认为"治生最为先务",把"旁求妄进"、"作官嗜利"的原因,归之于"生理不足",而不是朱熹所谓利欲昏弊的结果。许衡的治生论,为明清时代进步思想家所继承和发展。

第三,刘因的"返求六经"和"古无经史之分"的经学思想,是明清经学思想的滥觞。

刘因认为六经是理学之根本。他经过"推索究竟"之后,指出理学出自汉唐训诂,训诂又本于六经,故六经为根本。唐代韩愈、李翱,尤其是宋代理学家们,把《论语》、《孟子》、《大学》、《中庸》架于六经之上,视为理学主要经典。他们只就四书矜谈妙语,空谈心性,几与佛道相比。

刘因认为《论语》、《孟子》、《大学》、《中庸》四书要返溯六经,这是博与约的关系,不先求六经之博,而先求语、孟之约,是颠倒了关系。刘因的返求六经的思想,在当时不失为一种比较清新的思想。

刘因还认为六经中的一些经就是历史。认为"古无经史之分,诗、书、礼、春秋皆史也。因圣人删定笔削,立大经大典,即为经也"。这无异是把儒家一直奉为传世的经典,贬为普通的历史记录,剥落了经典的神圣意义。这些言论,对明代的王阳明"经史无异"、李贽"经史相为表里",乃至清代章学诚"六经皆史"的观点,是有一定影响的。

还应该特别指出的是,理学成为官学始自元代。早在赵复北传理学之时,忽必烈曾在"潜邸"分别召见过赵复、窦默。许衡等人则以程、朱之书"倡其乡人,学者寖盛"。到仁宗时正式制定科举条格。

由于把朱熹的《四书集注》定为官本,理学成为官学,势必影响到整个社会的读书、讲学之风,上自帝王贵族,下至儒生庶民,崇儒风气大盛。真金太子、仁宗爱育黎拔力八达、英宗硕德八剌、文宗图帖睦尔、顺帝妥欢贴睦尔都有较深的儒学修养。他们还提倡蒙古、色目贵族子弟研习汉文化。元代少数民族中儒家学者甚多,著名的有党项人高智耀,畏兀儿人廉希宪,康里人不忽木,钦察人泰不华,回回人伯颜师圣、瞻思,汪古人马祖常等。

2. "异端"思想和无神论思想

元代著名"异端"思想家邓牧(1247~1306年),字牧心,浙江钱塘(今杭州)人。南宋亡后,他怀着极为悲愤的心情四出漫游,决心不仕,晚年隐居余杭大涤山中的洞霄宫。他自称"三教(儒、佛、道)外人",以表明不列入任何正宗行列。他的哲学思想在《伯牙琴》中得到了充分表露。

邓牧的宇宙观与理学不同,他在《伯牙琴·昊天阁记》中说:"太极之动生阳,而静生阴。阳轻清,上为天,日月星辰,雷电风雨丽焉;阴重浊,下为地,丘陵山岳、川泽江海丽焉。阳变阴化,其气冲和则为人。其两间莫不存主宰者焉。""主宰者"是谁?邓牧认为既不是"无极",也不是"理",而是"玉皇上帝陛下"。

他强烈反对元朝之统治,以无情抨击"君"和"吏"发泄自己的感情。他认为皇帝是"以四海之广,足一夫之用"的最大的掠夺者和剥削者,官吏是"与虎豹蛇虺均为民害"。他幻想重新出现"天下无乐乎为君"的尧舜社会,这个社会"君民间相安无事","废有司,去县令,听天下自为治乱安危","君子道高而愈谦,德尊而愈恭"。既无盗贼,又无战争,人人自食其力。这种虚无飘渺的空想当然是不可能实现的。但他对专制主义的批判则孕育着古代民主思想的精华。

元末武进(今江苏常州)人谢应芳,字子兰,他是一位致力于破除世俗迷信和宗教信仰的无神论者。所著《辨惑编》共分死生、疾疠、鬼神、祭祀、淫祀、妖怪、巫觋、卜筮、治丧、择葬、相法、禄命、方位、时日、异端十五目,这十五项都是当时社会上流行的迷信思想和活动,他"引古人事迹及先儒议论,一一条析而辨之"。

他认为人有病"务求医药,不事祈祷",不要信鬼神,反对淫祀;他反对迷信风俗,对丧葬流行大作佛事、择葬惑于风水之说,一一指出其弊端,斥巫觋、卜筮为妖妄,对于相法、禄命、阴阳五行三术,以及方位、时日等忌讳迷信也一概加以反对;至于佛、道宗教,他一概斥之为"异端","古之为异端邪说者众矣,若老庄仙佛之流,自秦汉以来惑世尤甚!"

谢应芳生活于十四世纪科学水平不发达的时代,面对宫廷、民间广泛的世俗迷信、宗教活动,敢于著书立说,公开鼓吹无神论,这是十分难能可贵的。

二、文学艺术

1. 元曲

元代戏曲艺术有很大发展,元曲是元代具有创造性的文艺品种之一。元曲包括散曲和戏曲(杂剧和南戏),而杂剧以其艺术上的创造性、内容上的现实性,成为这个时代文学艺术的代表。

(1)散曲。散曲分小令和套数两种体裁。

小令源于唐末五代。通常以一只曲子为一首,相当于一首单调的词,但可以将这只曲子再重复一遍,也可采用"带过曲"的方式,即续写一二个宫调相同而音律衔接的曲调。每句用韵,并加衬字,形成腔格固定、表达自由的特色。由不同曲牌同一宫调的若干支小曲联缀成套,称为套数或散套。

散曲共有六宫十一调,共十七宫调:正宫、中吕宫、道宫、南吕宫、黄钟宫;大石调、小石调、南平调、般涉调、歇指调、商角调、双调、商调、角调、宫调、越调。

散曲曲调来源很广泛,有来自民间的"里巷之曲",又有北方、西域少数民族的"胡夷之曲"。元散曲是继承宋金人词,吸引民间俗曲和少数民族乐曲而形成的独具特色的新体文艺。

元人杨朝英编《朝野新声太平乐府》和《阳春白雪》,选录元人散曲,传世至今。明人朱权编《太和正音谱》,收录元散曲家187人,另有"词林英杰"150人,除董解元为金人外,共336人。前期曲家有关汉卿、马致远、张养浩、卢挚、王和卿等人,后期曲家有刘致、张可久、乔吉等人。元代少数民族曲家人才辈出,见于记载的有畏兀儿人贯云石、全子仁、回回人马九皋(马昂夫、薛昂夫)、萨都剌、丁野夫、兰楚芳、赛景初、沐仲易、虎伯恭、王元鼎、阿里西英、阿里耀卿、大食惟寅等,康里人不忽木、金元素、金云石等,女真人奥敦周卿、王景榆、李直夫等,蒙古人阿鲁威、杨讷等。

(2)戏剧。元代戏剧包括杂剧和南戏两大系统。

杂剧是我国历代歌舞艺术、讲唱伎艺长期发展而形成的新的戏曲形式。我国戏剧产生于唐代。自宋开始,一些大城市就曾建立勾栏、瓦舍,许多民间艺人在里面进行说唱表演。金中都的院本,就是宋代市民文学的继承和发展。元杂剧是在金院本和诸宫调基础上逐步形成的。

元杂剧把歌曲、宾白、舞蹈动作融合在一起,实际上是一种综合性的戏剧艺术。它以唱为主,唱词由同一宫调的套曲组成,句尾入韵,并有科(动作)、白(念白)相配合表述剧情。每一出剧通常分为四折,剧前或两折之间可加"楔子"。演出时由一个演员(正末或正旦)演唱到底,其他演员只作配合的科白。

杂剧初盛于山西、河北,大都(今北京)是前期杂剧创作和演出的中心。玉京书会等是大都创作剧本和唱本的团体。据《录鬼簿》、《录鬼簿续编》、《太和正音谱》等书记载,元代杂剧作家约有二百多人,剧目六百余种,现在一百五十余种。最著名的剧作家是关汉卿,他被誉为"编修师首"、"杂剧班头",自称"会插科,会歌舞,会吹弹","通五音,六音滑熟"。他共创作了63个杂剧剧本,现存曲目俱全的12个,科目残阙的3个。其中《窦娥冤》、《单刀会》、《拜月亭》等有较高的思想性和艺术性。

王实甫的《西厢记》,《录鬼簿》中称之为"天下夺魁"。马致远的《汉宫秋》、白朴的《墙头马上》、郑光祖的《倩女离魂》、纪君祥的《赵氏孤儿》等,都是这个时代的名剧。关、马、郑、白,明代以后被誉为"元曲四大家"。

元代还涌现了不少成就卓著的少数民族杂剧家,女真人李直夫(蒲察李五)编有《虎头牌》等12种,蒙古人杨讷编有《刘行首》等18种,回回人丁野夫编有《赏西湖》等5种。也有反映少数民族社会生活的剧本,如吴昌龄等编有《老回回探狐洞》等多种。著名杂剧演员有朱帘秀等,回回女演员米里哈歌喉清婉,亦负盛名。

南戏又称"戏文",原是浙江温州一带的地方剧,宋徽宗宣和年间开始流行,到南宋时已很兴盛。入元后,"南戏"被当作"亡国之音"而遭受歧视。元中期后,由于杂剧转衰,南戏得到发展。

南戏也由唱词和科诨组成。唱词多采自宋词和里巷歌谣,其曲调除民间曲调外,还有大曲、曲破、佛曲、舞队、影戏、鼓板、唱赚等,但不限宫调,不限折数,一剧演唱也不限一人,比较自由灵活。同时,它的声腔也有了发展。昆山腔是元末形成的,"善发南曲之奥"的昆山人顾坚起了很大作用。海盐腔的首创者是畏兀儿人贯云石。

现存宋元南戏剧本残本十余种,见于记载的存目约170种。南戏作家也有书会,如温州有九山书会,平江(今苏州)有敬先书会、九山书会等,杭州有古杭书会等。高则诚的《琵琶记》在艺术上有一定成就;《荆钗记》、《白兔记》、《拜月亭》、《杀狗记》被称为"四大传奇"。

2. 诗词和民歌

元代诗词。后人评论说:"元诗尤繁富观,诸作者多宗温(庭筠)、李(商隐),间学长吉(李贺),其病为纤浓,为繁缛。""元诗矫宋流弊,而失于多学晚唐,……然其佳者则婉转惆怅,附物切情,工整而流逸,清新而秀丽,虑周藻密而不涉于粗疏,意深韵远而不失之径直"。

元初诗坛,北方以耶律楚材、刘秉忠、许衡等为代表,风格淳朴;南方如方回,宗江西诗法,戴表元力主变宋代静细清新句法。

元代中期进入了元诗的繁荣时期。"大德延祐间,松雪(赵孟頫之号)尔雅风流,实为倡始"。继而虞集、杨载、范亨、揭傒斯,号称"诗歌四大家"。他们的作品讲究典雅清丽,内容多为应酬闲逸之作,比较空泛。

这一时期,回回人马九皋、萨都剌的诗颇负盛名。尤其是萨都剌的诗,敢于触及时事,表露自己内心的爱憎,如南坡之变、天历之战、明宗暴卒、黄河决堤、农民起义等等,均有诗篇反映,《鬻女谣》、《江南怨》、《征妇怨》等深刻暴露了官府的腐败和民众的苦况。

萨都剌的现实主义诗风为元代诗坛带来了新的风气,其后出现了许多现实主义的诗人和作品。萨都剌亦善词,他的两首寄调《满江红》的词——《登石头城》和《金陵怀古》就是豪迈而带感慨,抒情而又写景的好作品。

元朝后期的诗坛以杨维桢最著名,其诗号称"铁崖体",其七古歌行追求新异,竹枝词清新通俗。作品中不乏现实主义作品,如反映盐民悲惨生活和揭露盐商骄奢淫逸的《盐商行》等,又有讽刺张士诚一伙新生地主分子的不少诗篇。王冕的诗也有不少揭露元末社会矛盾的,如《伤亭户》、《江南妇》等。哈剌鲁人乃贤、回回人丁鹤年等也有许多很好的诗篇、民歌。元代民歌丰富多彩,流传至今的有一百多首。民歌的作者大多没有留下姓氏,但他们仇视阶级压迫的心情十分强烈,对揭竿而起的农民起义却加以同情和赞颂。元代劳动人民创作的民歌是我国文学史上的宝贵财富。

3. 书画

元代没有画院,画家多是士人,因而摆脱了南宋画院形式主义的习气,逐渐形成写意的画风。写意,这是画家通过自己的作品来抒写孤傲清高的情趣。开一代风气的大画家赵孟頫就主张"不求形似"。元末画家倪瓒在自题画墨竹中说:"余之竹聊以写胸中逸气耳!岂复较其似与非,叶之繁与疏,枝之斜与直哉!"这种写胸中逸气而不求形似的风格,正是元代绘画的特征。

赵孟頫是元代书画的巨匠。元代陶宗仪称:"孟頫以书法称雄一世,画入神品。"他提倡人物画要继承唐人技法,山水画要学五代人董源、巨然。他作画精于山水、木石、花竹、人马,并以书法笔调写竹,用"飞石"法画石,自成清腴华润的风格。他的书法用笔圆转流美,骨力秀劲,世称"赵体","篆、籀、分、隶、真、行、草书,无不冠绝古今,遂以书名天下"。他的书画对当时和后世影响很大。

回回人高克恭也是元代负有盛名的画家。他学画"始师二米(米芾、米友仁),后学董源、李成,墨竹学黄华,大有思致。怪石喷浪,滩头水口,洪涛泼染,作者鲜及"。时人将他与赵孟頫并提,有"近代丹青谁最豪,南有赵魏北有高"之说。

在赵孟頫、高克恭之后,黄公望、吴镇、倪瓒、王蒙称"元四家"。黄公望善画山水,设色以浅绛居多,气势雄伟。吴镇善画山水竹木,笔力劲爽,墨气淋漓,能画出山川林木峥嵘郁茂景气。倪瓒之画常有很多题跋,抒发画家的胸中逸气。王蒙为赵孟頫之甥,山水画融各家之长而独创一格。此外,钱选善人物花鸟,任仁发善人物鞍马,王冕善梅竹,著有《梅谱》一卷。

书法与赵孟頫齐名的是康里人巙巙,"善真行草书,识者谓得晋人笔意,单牍片纸,人争宝之,不啻金玉"。畏兀儿人边鲁、的颜不花,回回人丁野夫、萨都剌亦善画。畏兀儿贯云石、边鲁、沙剌班、盛熙明善书法,盛熙明有《书法考》八卷;回回人瞻思、赛景初,钦察人泰不华善书法。

元代壁画艺术成就很高。除敦煌安西榆林窟保存有元代壁画外,北方许多古寺里还留有不少遗迹。山西洪洞县广胜寺明应王殿元代杂剧演出壁画,为人们提供了十分生动的杂剧演出情况和舞台设计、服饰等珍贵资料。山西永济县永乐宫壁画是中国和世界绘画史上罕见的巨制,其中三清殿《朝元图》一套朝谒道教最高尊神元始天尊的壁画,全部构图计人物286个,每一人像高达2米以上,在形象造型和构图设计上都达到了相当卓越的水平,勾线劲紧有力而又宛转自如,流动飘荡而又严谨含蓄,绘画技法极为精湛成熟。

三、史学

1. 《元朝秘史》的修撰

《元朝秘史》是蒙古族的第一部历史、文学巨著。原文是畏兀儿体蒙古文,作者佚名。书后说"鼠儿年七月……写毕",从书中内容看,当成书于十三世纪中期。

《元朝秘史》根据古代蒙古族的民间世代传说,生动地记载了蒙古族的起源、成吉思汗先世谱系、蒙古社会生活、阶级状况,突出描写了成吉思汗早年的艰难经历和在逆境中的奋斗、蒙古国家的建立及其南侵西征的过程,以及窝阔台汗继位后的事迹。内容涉及到当时蒙古的社会生产力、生产关系、社会组织、政治军事制度、部落战争、社会意识等各个方面,是研究早期蒙古历史、文学最重要的典籍。

2. 辽、金、宋三史的纂修

世祖中统二年(1261年),王鹗请修辽、金二史,世祖命左丞相耶律铸、平章政事王文统监修,后又诏史天泽监修。南宋亡后,又令史臣通修三史。

仁宗延祐年间也曾诏修三史。但终因义例未定,一直未能定稿完成。顺帝至正三年(1343年),命中书右丞相脱脱修三史,任三史都总裁,铁木儿塔识、太平、张起岩、欧阳玄、揭傒斯、吕思诚为《辽史》总裁官,铁木儿塔识、太平、张起岩、欧阳玄、揭傒斯、李好文、杨宗瑞、王沂为《金史》、《宋史》总裁官。是年三月三史同时起修,四年三月完成《辽史》,四年十一月完成《金史》、五年十月完成《宋史》。三史是各族史学家共同劳动的结晶。

都总裁脱脱虽未亲自写史,但他在组织写作班子、拨江南原南宋学田作修史经费、确定三史各为正统的原则等方面起了很大作用。元朝建立后,辽、金、宋三史谁为"正统"问题一直争论不休,有的主张辽、金为北史,宋太祖至靖康为宋史,建炎以后为南史;有的主张以宋为世纪,辽、金作载记;又有人主张宋、金都不是正统。

脱脱独断曰:"三国各与正统,各系其年号。"这一决定确定了平等对待三史的基本原则,它符合辽、金、宋三朝互不统属的历史状况,也符合中国是一个多民族国家的客观实际,具有进步意义。

三史按历代正史体例,但各有自己特色。如《辽史》有《营卫志》为各史所无,其中保存了契丹早期的户籍、兵籍、土地制度、部族组织等史料；《辽史》又有《部族表》，将与辽有关的周边各族按年月把交往情况列入年表中，这是创举；《金史》本纪第一卷《世纪》，记太祖以前先世，第十九卷为《世纪补》，记追尊诸帝，也有其特点。辽、金二史各附有《国语解》一卷，将契丹、女真两族有关的官制、人事、物产、部族、地理、姓氏等名称，加以注释。《国语解》不仅是阅读辽、金二史的重要工具，也是今天研究契丹、女真文字的重要依据。三史在编纂方法、史料取舍上也存在不少问题，如一人两传、纪传不符、译名不一、各史互异、传闻之误等，《宋史》则显得繁芜，其卷帙浩繁为二十四史之冠。

3. 私家史学著作

元代私家史学著作十分丰富，其中以胡三省的《资治通鉴注》、马端临的《文献通考》、苏天爵的《国朝名臣事略》最为著名。

胡三省(1230~1302年)，字身之，天台(今属浙江)人。胡三省的注释具有极高的学术水平，同时又充满了民族感情。他直言不讳地表达了自己对故国的哀痛，隐晦曲折地或借古讽今地抨击元朝的统治。

马端临(1254~1323年)，字贵与，饶州乐平(今属江西)人。他是南宋右相马廷鸾之子，宋亡后隐居不仕。他在史料甄别、取舍上十分严肃，而且对许多重要问题提出了自己的见解。《文献通考》是《通典》的进一步丰富和扩大，是研究宋和宋以前中国历代典章制度的一部巨著。

苏天爵(1294~1352年)，字伯修，真定(今河北正定)人。《国朝名臣事略》取材有据，引文达一百三十余篇，保存了今已不存的若干文集中的名篇，因而具有很高史料价值。苏天爵还编有《元文类》70卷，收录元代名家诗、文八百余篇。

四、译著

元代是各族人民互相交流十分活跃的时代。在人们日常生活、政府行政、文化交流等方面需要用语言进行交往，因此，元朝政府十分重视双语教育。一方面要使少数民族本民族语言不致"断绝"；另一方面又要使少数民族尽量掌握汉语，提高他们的文化素质，更好地处理日常事务。

元朝政府于至元六年(1269年)八思巴蒙古新字颁行之后，在诸路置蒙古字学。八年，立京师蒙古国子学，从随朝官员、怯薛台、蒙古汉人官员家，选子弟俊秀者入学。命翰林院译《通鉴节要》为蒙古字习学。

二十六年置回回国子监学，从百官及富人子弟中选取生员。亦思替非文字即阿拉伯文。蒙古国子学和回回国子监学培养了大量政府部门中的译史，为各族之间沟通语言起了不少作用。

元朝统治者也非常重视蒙古、色目人掌握汉语。如蒙古人伯必之子阿八赤曾入蒙古学，真金太子问其读何书，阿八赤以蒙古书对，真金曰："我命汝学汉人文字耳，其亟入胄监。"顺帝子爱献识理达腊初学畏兀体蒙古字，后入端本堂，由名儒李好文等教授《端本堂经训义》、《大宝龟鉴》等汉文书，他善书法，也善诗。

为适应各族之间文化交流的需要，元代涌现了一批文字学家和翻译家。汪古人马祖常将《皇图大训》、《承华事略》翻译为蒙古文(《元史·马祖常传》)。回回人察罕，精通中国历史典故，曾译《贞观政要》、《帝范》为蒙古文，又译蒙古文《脱卜赤颜》为《圣武开天纪》、《太宗平金始末》为汉文(《元史·察罕传》)。汉人鲍信卿是著名的蒙文专家，元贞初曾选编史传中的故事及时务切要者二百五十余条译为《杂目》，又编蒙古、畏兀儿语法为《贯通集》、《联珠集》、《选玉集》等。

第十节　宗教的兴盛

元代的时期宗教兴盛，跟蒙古帝国的西方扩展有着直接的联系。蒙古帝国向西方世界的扩张的一个积极的因素就是打破了中西方社会彼此不通的历史局面，这时东西方民族的交流变得通畅快捷，从物资文化生活到精神文化生活逐渐开始融会贯通，开创了中国了解世界的历史新篇章。

一、佛教

蒙古统治者最先接受的佛教，似为中原汉地的禅宗。

1214年，蒙古军陷宁远（今山西五寨北），禅僧海云当时只有13岁，曾于"稠人中亲面圣颜"。1219年，成吉思汗在西域传诏，命海云及其师中观统汉地僧人，免其差发。

1242年，海云又北觐忽必烈，说佛法大意。蒙哥汗时期，中原佛教势力迅速从金末所遭受的惨重打击中恢复和发展起来。

大致在此前后，吐蕃佛教（通常称为喇嘛教）亦开始渗入蒙古宫廷。元代佛教各派当中，吐蕃佛教在朝廷的地位最高；就全国而言，最为流行的仍是禅宗；同时，从佛教派生的白云宗、白莲教等教团，在南方也拥有越来越多的徒众。

至元初，元政府设总制院以掌浮图氏之教，至元二十五年改称宣政院。在江南地区，初置诸路释教总统所领佛教事。至元二十八年立江南行宣政院，治杭州，不久遂立总名所。此后，江南行宣政院迭经废置。至顺年间废行院，立广教总管府于各地，凡16所，隶于宣政院。府设总管，以僧人为之，又设达鲁花赤一职，僧俗并用。元统二年（1334年），又废广教总管府，复置行宣政院于江南。地方上的僧官有僧录、正副都纲、僧正等，一般由政府任命僧人担任。度牒出家须由官府批准，实际上私度僧尼也很普遍。据宣政院统计，至元二十八年时，全国有寺院24000余所，经过登记的僧尼凡21万余人。

元代设有帝师一职，领宣政院事，既是吐蕃地区的政、教首领，也是全国佛教的最高统领。帝师的法旨行于全国各地僧寺。帝师而外，元廷还封若干"西蕃僧"为国师。建藩于云南等地的诸王，也往往到吐蕃延请僧人为"王师"。出身于唐兀族的吐蕃僧人杨琏真迦，曾总摄江南诸路释教。见于记载的云南诸路释教都总统节思朵、积律速南巴等人，都是吐蕃人。吐蕃佛教僧人凭借其政治势力，在内地据有不少规模很大的寺院。一些吐蕃僧人以传授"房中运气"的"大喜乐"、"秘密法"之类，向蒙古宫廷取媚固宠；同时在中原、江南等地也化度了少数信奉者。

总的来说，在内地流行的佛教，基本上还是从宋、金流传下来的各派。宋代寺院已经分为禅、教（指天台、法相或称唯识、贾首或称华严等宗）、律三大派。元人把各派特点扼要归纳为："佛宗有三，曰禅、曰教、曰律。禅尚虚寂，律严戒行，而教则通经释典。"

入元以后，禅僧德辉于1265年重编《百丈清规》（此清规最初由初创禅院的唐代后期僧人百丈怀海制定）；律僧省司等编成《律苑事规》（成于1325年）；教僧自庆编成《增修教苑清规》（成于1347年）。三类寺院的内部规定，都进一步制度化，"固各守其业"。

至元二十五年（1288年），元廷集"江南教、禅、律三宗诸山至燕京（即大都）问法"。据《佛祖统纪》，这次廷辩的结果，"使教冠于禅之上"。但不论是在南方还是北方社会，此后最为流行的仍然是禅宗中的曹洞和临济两家。

曹洞宗在元初北方势力较大。著名的万松行秀（1166～1246年）在金元之际成为出入于儒释之间的北方文士领袖，他著述甚富，《从容庵录》6卷为其举扬曹洞宗风的重要代表作。万松弟子福裕（1203～1275年），后来在西京主持少林寺。福裕一系，乃是元代曹洞宗的主要继承者之一。

临济宗的传播最广。北方的临济宗以海云印简（1202～1257年）一系最为有名，因而后来被元廷封为"临济正宗"。南方的临济宗，宋元之际亦大盛。雪岩祖钦（？～1287年）、高峰原妙（1238～1295年）、中峰明本（1263～1323年）师徒相继，阐扬宗风。这三个人可以说是有元一代禅僧的代表人物。

元朝统一云南以前，在大理白人及汉人中流行的佛教，"皆西域密教，初无禅讲宗也"。在云南，密教僧人称阿吒力（或阿阇梨），或称轨度僧，有妻子。阿吒力教虽在云南继续长期存在，但禅宗势力也同样在云南发展起来。

元代的教、律各家也产生了一些著名僧人。如天台宗的玉冈蒙润（1275～1342年），华严宗的真觉文才（1241～1302年），法相宗的普觉英辩（1247～1314年）、云岩志德（1235～1322年），律宗的光教法闻（1260～1317年）等。

由佛教派生出来的两个道门，即白云宗和白莲教，在元代也拥有不小的势力。白云宗是北宋末由洛阳宝应寺僧孔清觉（1043～1121年）在杭州白云庵发起的一个教团，提倡素食念佛，所以又称白云宗。它援引天台教义，攻击禅宗，在宋代一直被当作异端而受到禁止。入元以后，白云宗为政府承认，得以公开活动，势力发展很快。其中心在杭州普宁寺。延祐七年（1320年），复被官方作为异端邪说取缔，此后逐渐绝迹。

白莲教渊源于佛教净土宗的弥陀净土法门，其创始人为南宋初年的吴郡昆山僧人茅子元。他所创立的白莲教并不要求门徒出家，可以娶妻生子，在家出家，所以在下层社会中得到迅速的传播。至十三世纪二三十年代已经是"处处有习之者"，并在宋亡之前已经传到了北方。元代白莲教的发展比较曲折。元朝统一后，一部分白莲教徒在杜万一的领导下，于宋亡后次年曾举兵起义。起义失败后，白莲教仍然取得合法地位。

庐山东林寺在元成宗时一再受到政府的封赏，从而推动了该教在全国的空前规模的发展。但元政府内部对白莲教一直存在两种意见。因一些地方白莲教徒的骚乱活动，武宗在继位之初（1308年）下令"禁白莲社，毁其祠宇，以其人还隶民籍"。后因镇江妙果白莲寺和尚普度赴大都，通过国师感木鲁（即哈迷立）人必兰纳识里向皇太子爱育黎拔力八达活动，并为此上书武宗。

爱育黎拔力八达即位后，下旨恢复白莲教的合法地位。这时其信徒不但有下层百姓，还有社会上层人士。寓居大都的高丽国王也皈依白莲教，并在其国内创建寿光寺白莲堂。但英宗即位后，又于至治二年（1322年）下令限制白莲教的活动。在民间，白莲教徒的数目一直不断增加。到元末，白莲教为红巾军起义所利用。

元代佛教典籍的流传，颇具时代的特点。吐蕃藏经在这时传入内地。其中有一部分是从汉译佛典重译的，但也有相当部分直接译自梵文。由是出现了对汉文藏经和藏文藏经进行比较研究的目录学著作，即吉庆祥的《至元法宝勘同总录》10卷。同时有部分藏文佛典在这个时期译为汉文，被吸收到汉文藏经中。武宗时期，继八思巴字创制、改进之后，由大德29人译藏文经藏为蒙文，可惜其刊本今已不传。在汉文藏经的刊印方面，至元时期，元政府对金代传下来的大藏经板（系以北宋版大藏经为底本雕造）加以校补雕，刊印36藏，颁行各方。白云宗僧人、杭州普宁寺住持道安、如一、如志等发起刊刻的藏经称为普宁寺本，6010卷。自宋季开始雕造的碛砂版藏经也在元代完成，共6300余卷。

二、道教

宋室南迁后，在北方活动的道教，主要是太一、大道（蒙哥时期改名为太真）、全真等诸派及浑元教等。其中正一为宋以前旧教派，而全真等则为宋室南渡后北方新创教派。

全真道由道士王喆于金朝中期所创，追随他为发展全真道作出重要贡献的是其七大弟子。全真教宣扬道、儒、释三家合一，兼而修之，故号全真。

金末元初，全真道及时投效蒙古统治集团，因而后来居上，获得了比太一、大道诸教以及佛教、儒学等远为优越的地位，以至能在三四十年内在北方长期维持"设教者独全真家"的局面。

蒙哥在位时期发生了两次佛道辩论，全真道士两次遭到失败。其结果不但使道教的地位降至释教之下，而且也稍稍改变了全真道在北方道教诸派中一门独尊的状况。全国统一以后，活动于南宋故土的旧道教符箓各派继续流行于江南各地；在北方传播的仍然是全真、真大等教，而以全真道的势力最大。

道教势力在世祖至元年间又经受了一次严重的打击。蒙哥时曾勒令道教归还被他们霸占的佛寺二百余所。到至元十七年，"僧人复为征理"。据释教声言，全真教徒殴击僧徒，诬僧人纵火，声言焚米三千九百余石。这场官司仍以道教失败告终，全真道士被诛杀、剌刖、流窜者达十余人。

释教乘势要求朝廷追究曾经蒙哥禁断、但尚流行于世的道教伪经。元廷遂于次年命释门诸僧、翰林院文臣偕正一天师张宗演、全真掌教祁志诚、大道掌教李德和等人，会集长春宫，考证道藏诸经真伪。释道辩论达数十日之久，结果除《道德经》外，其余道教经典悉被判为伪经。释教敦促朝廷再次下令焚经，忽必烈于是下令，除《道德经》外，其余道教诸经一概焚毁，并禁止醮祠，遣使晓谕诸路遵行。这次打击，祸及南方道流，其影响超过蒙哥时局限于北方的焚毁道藏之举。不过，《道德经》外，"其余文字及板本化图一切焚毁"的诏令，并未完全执行。由于正一道人张留孙通过太子真金向忽必烈恳请，道经中之"不当焚者"或"醮、祈、禁、祝"等仪注皆得保存。

忽必烈末年，又撤销对醮祠的禁令，"凡金箓科范不涉释言者，在所听为"。当时由于桑哥等权臣沮遏，这道诏旨只在京师公布，"而外未白也"。成宗即位以后，又将它重新颁行天下。道教这才从焚经厄运中喘过一口气来。

自蒙哥时候起，全真、真大、太一等教门宗教领袖的掌教地位均由朝廷任命或加以承认。入元以后，更由此发展为一项特殊的制度："国朝之制，凡为其教之师者，必得在禁近，号其人曰真人，给以印单，得行文书，视官府。"各宗掌教的人选，由本宗上层推定后经皇帝批准赐印，有时也直接由皇帝委派本宗中深孚众望者担任。

在南方，世代居住在龙虎山的第三十五代正一天师张可大，南宋季年已受敕提举三山（龙虎山、阁皂山、茅山）符箓。忽必烈攻鄂时，他曾对来访的蒙古秘使预言"后二十年当混一天下"。忽必烈灭南宋后，对可大之子，三十六代天师张宗演倍加宠渥，命其主江南道教。此后，嗣位的历代正一天师，也都经过元廷的认可，受真人之号，袭掌江南道教事。

成宗时,三十八代天师张与材又受封为正一教主,主领三山符箓。江南道教符箓各派遂正式并于正一道门之下。正一天师就是正一掌教。惟元廷仍许其住在龙虎山,不像北方三派掌教"必得在禁近"。

元政府除了对各派掌教竭力加以控制外,还设置专门机构,对"教法"以外的事务,特别是涉及国家与道教之间关系的各种有关事务加以干预和管理。在中央,以道教隶集贤院;地方上各教门,郡置道官一人,领其徒属,用五品印。宫观各置主掌。元代道官主要有道录、道正、道判、提点等。道官虽多由道士充任,但一般由政府任命。地方上的道官衙门和宫观之间有时也会发生冲突。

元代道教人物中最著名的自然是长春真人邱处机。邱处机是全真道创始人王喆七弟子之一。他曾奉成吉思汗召请,远赴中亚。他死后,全真掌教尹志平(1169～1251年)、李志常(1193～1256年)在促成本宗的全盛方面显示了经营大家的才干,在他们的主持下,全真道进行了几项大规模的活动。其中包括为邱处机举行显耀的葬礼;大兴土木、广建宫观,乃至筑道院于和林;在终南祖庭会葬祖师王喆,并扩建重阳万寿宫;刊行道藏;在广度门徒的同时,竭力争取朝廷的信任和支持。

另一个值得一书的人物是真大道第九传掌教张清志。在八传掌教岳德文死后,张清志归丧大都天宝宫,"丧毕潜遁"。数年后为徒众推举,曾任掌教。因不堪谒请逢迎而隐去。后因找不到合格的继任者,朝廷遣使寻访,给驿致之。张清志度不可辞,只得入京,但他舍所赐驿乘,徒步赴京。到达大都以后深居寡出。贵人达官来见,常告病不出,但对于社会贤良却宁愿徒步去见。随着元廷对道流的利用和笼络,其上层率多趋炎附势,肆行威福,早已忘记了刻苦自励、淡泊寡营的标榜。张清志的行止,与他的同道相比,应该说还是高出一筹的。

由相传为张道陵后裔世代相袭的正一道天师的居处龙虎山,宋代已成为官定的正一道祖山。元代正一道另外还有两个著名人物,即张留孙(1249～1322年)、吴全节(1266～1346年)师徒。张留孙,信州(今江西上饶)贵溪人。少时入龙虎山学道。正一天师张宗演奉忽必烈之命北觐时,选留孙等从行。与北方的全真、真大等清修派别不同,正一诸派都持符箓念咒作法,大概更容易得到蒙古贵族的信从。

元廷选正一道士留住大都,诸人以"北方地高寒,皆不乐居中"。最后留下了奏对称旨的张留孙。张留孙以法术为皇室驱邪禳灾,渐受眷隆。至元二十五年,元廷以其预议掌管道教的集贤院事,实际上把他推上了南北道教诸派钦定盟长的席位。此后他主盟道坛三十余年,受玄教大宗师印,视二品,领集贤院事,位大学士之上,进入元代品秩最高的道官之列。

张留孙死后,至元年间由他推荐入京师的吴全节继任玄教大宗师。吴全节深通儒术,在"学问典故"方面一直是张留孙的顾问。张留孙、吴全节与朝中许多较有地位的儒臣保持着比较融洽的关系。除主盟道教外,他们亦经常利用自己的特殊身份与议国政,"国家之政令得失、人才之当否、生民之利害、吉凶之先征,苟有可言者,未尝敢以外臣自诡而不尽心焉"。这个阶段,正一道对元廷的政治影响,似乎超过了全真等教派。

由于蒙古帝国版图辽阔,道教随着被蒙古人征发的汉人传播到遥远的边疆。十三世纪二十年代,阿力麻里的道教徒曾设立三坛。和林城的一所道观"三灵侯庙"一直存在到元末。和林遗址额尔德尼召至今存有至正九年(1339年)所立的"三灵侯庙之碑",参与建设这所道观的有各民族的人。元代刊刻的道藏《玄都宝藏》,是由全真道在其全盛时代主持完成的,"全真之教以识心见性为宗,损己利物为行,不资参学、不立文字。自重阳王真人(即王喆)至李真常(即李志常)凡三传,学者渐知读书,不以文字为障蔽"。

为了争取道流正宗的地位,扩大传道手段,全真掌教尹志平决定命披云真人宋德方主持刊藏。前后设经局27处,以管州(治今山西静乐)所存《大金玄都宝藏》为基础,搜求遗佚,加上全真道人的著述,一并刊刻入藏。是役起于1239年,告竣于1244年,陆续印造了一百数十部。元刊道藏共计七千八百余卷,约比《大金玄都宝藏》多一千四百卷。可惜道藏刊成后不久,便遭到蒙哥时代和至元十八年焚经之祸。经板和相当一部分经书被毁。明正统道藏《缺经目录》所著录者,绝大多数系因元代焚经而致亡阙。

元代南方一些较大的道观,也保存了部分道藏。其来源大都是从两宋幸存下来的《政和万寿道藏》刊本。

三、伊斯兰教

从唐代开始,伊斯兰教即在留居中国沿海地区的波斯、阿拉伯商人中流行。泉州的"圣友之寺"、扬州的礼拜寺(明代重建,今存)及其创建者补好丁(今译普哈丁)之墓(地在今扬州东关对河),都是两宋时期伊斯兰文化的见证。但迄于两宋,其传播规模一直很有限。蒙元时代,中亚各族居民大批徙居内地,其中有相当部分是伊斯兰教徒。伊斯兰教就是在这个时期传播到全国各地的。

伊斯兰一词最早见于汉籍,似为金代,当时译称为移习览。但该词尚未见于元代汉文史籍。伊斯兰教徒,元代一般音译为木速鲁蛮或木速蛮,汉文史籍经常称他们为回回人。

"回纥"(回回)从指回鹘人转为指中亚人,主要是因为宋朝疆土局限于内地,宋人对西域的了解远逊于唐代。而西迁后的回鹘地处中西交通的要冲,所以宋人把途经回鹘入汉地贸易、操与回鹘人类似语言的西域人都视为回鹘人,统称之为"回纥",即回回。这应是用回回指中亚人的原因。元代中国的版图包括中亚,元人对回鹘人与中亚其他民族的区别甚为清楚,所以"回回"、回纥成为专指西域人的名词,而回鹘、畏兀儿则指唐代西迁天山东部地区的回鹘人的后裔。

在元代,回回主要指伊斯兰教徒,其所遵行的伊斯兰教法律称为回回法;但回回所指也包括其他西域人,如聂思脱里教徒等。犹太人有时被称为"术忽回回",信奉东正教的阿速人被称为"绿睛回回",吉普赛人被称为"罗里回回"等。到后来,甚至古希腊人、古罗马人都被称为"回回"。但在大多数场合下,回回人还是指伊斯兰教徒。元代徙居中国各地的回回人,是今回族先民的主体。

伊斯兰教很早就分裂为若干派别。泉州"圣友之寺"中回历710年(1310~1311年)的阿拉伯文题铭提到,愿安拉"宽恕阿里派者,宽恕穆罕默德和他的家属"。这说明泉州有什叶派活动,很可能"圣友之寺"就是一所什叶派清真寺。此外泉州的穆斯林有崇拜灵山圣墓的风俗,与苏菲派教义吻合。根据伊本·拔图塔的叙述,神秘主义和苏菲派在元代业已传入中国。元代穆斯林中常见的术语"迭里威失"也是苏菲派所特有的。从公元十世纪起,波斯语为东部伊斯兰世界文学语言的地位逐步得到确立,到蒙古兴起时代中亚已经普遍使用波斯语了。在蒙古国时期和元代,从西北方面涌入中国境内的回回人中,相当大部分亦来自上述地区。因此元朝境内,尤其是北方伊斯兰教的文献和文物留下了明显的波斯文化痕迹。

清真寺是回回人宗教活动的场所,也是穆斯林经济生活和文化水平的反映。入华的回回人很早便开始建寺。元以前的清真寺主要分布于中国沿海地区,入元以后,北方和内地的清真寺才越来越多。

元代从陆路和海路入华的回回人之间有比较明显的区别。自唐宋以来,不少波斯、大食商人从南海坐船来中国贸易,寄居在南方的对外贸易港。入元以来,回回人继续从海路入华,并定居于沿海港市。例如至大年间重修泉州"圣友之寺"的阿合马,即为耶路撒冷人。与从陆路入华的回回人不同,他们的文化更多地体现了阿拉伯色彩。近数十年来在泉州发现了许多元代伊斯兰教文物如回回人墓碑、礼拜寺碑铭等,有相当一部分是阿拉伯文的。

四、基督教和其他宗教

1. 聂思脱里教

基督教中最早传入中国内地的是唐代的"波斯经教",又称为景教或大秦景教。它就是在431年的以弗所宗教会议上被判为异端、后来在波斯王朝庇护下发展起来的基督教聂思脱里派。其教堂名为"波斯寺"。九世纪中叶以后,由于唐政府的取缔,景教在内地趋于灭绝。辽金时代汉人径以原名的音译"聂思脱里教"称呼之。元代又称为"秦教",很可能是"大秦教"或"大秦景教"的略称。

辽金时期,景教在中国西北民族中广泛传播。先后信奉景教的有居于蒙古高原中部的克烈部,居于金界壕附近的汪古部,从契丹边地西迁中亚的浑部,居于按台山至也儿的石河地域的乃蛮部,公元840年西迁后定居在东部天山南北的畏兀儿人的一部分和占据亦列河、垂河及塔剌思河的哈剌鲁人的一部分等操突厥语的民族。入元以后,在西北边地,由于信奉聂思脱里教的诸强部相继为成吉思汗并灭,其部民随蒙古军散居全国各地,它又重新传入内地。

2. 天主教与东正教

元代罗马天主教与中国已有接触。蒙古西征远达东欧,使罗马教廷为之震动。法国国王和教廷曾遣使元定宗贵由和元宪宗蒙哥的政府。此后中国与欧洲之间的联系一直保持着。蒙古西征中所掳回的战俘、军队、工匠等人口中有一些西亚、东欧的东正教徒和天主教徒,他们定居在蒙古本土和汉地,他们信仰的宗教也随之东来。不过,当时天主教在中国的影响要远小于聂思脱里教派。

1294年,孟特·戈维诺等人受教廷派遣来到大都。他在大都努力活动,使罗马天主教赢得了一批信徒。经孟特·戈维诺受洗的天主教徒不下于6000人。他在大都建立了好几个天主教堂。随蒙古军东来定居于大都的阿兰人原来信奉希腊正教,这时也皈依孟特·戈维诺,其人数在三万以上。1307年7月,罗马教廷继委任孟特·戈维诺为大都大主教暨全东方总主教之后,又派遣了一批教士来中国,其中热拉德、彼列格林和安德鲁三人抵达中国传教。

3. 犹太教

从宋代起,就有相当数量的犹太人定居在今开封。他们把自己的教士称为"满剌",把希伯来文老师称为"五思达"。由此可见,他们应来自波斯或中亚,可能是落籍不归的西域商旅的后裔。这部分犹太人在开封有自己的社区,保存了自己的宗教"一赐乐业教",即"以色列教"。

金代大定三年(1163年)开封的犹太人在俺都喇的组织下开始修建了"祝虎院",即犹太教教堂。清代发现的明弘治二年(1489年)《重建清真寺记》碑文中提到,开封犹太人曾于元至元十六年(1279年)"重建古刹清真寺",即上述始建于金代的祝虎院。元代这座重建的犹太教堂"坐落土市字街东南,四至三十五丈"。

开封的这所"祝虎院"中供奉着数部手抄《摩西五经》的古羊皮卷本。开封的犹太人在元代似未产生什么重要的人物,大约他们并没有与混在随蒙古军东来的回回人中的犹太人发生很密切的关系。

4.摩尼教

摩尼教是在唐代传入中国的,"安史之乱"以后传入漠北回鹘汗国。回鹘因协助平乱有功,成为内地摩尼教的保护者。

公元840年回鹘西迁以后,回鹘人把摩尼教带入今吐鲁番一带地区。内地的摩尼教虽遭唐政府禁断,但并未绝灭,主要在东南沿海一带的民间流传。因为摩尼教崇拜光明,所以又为"明教"。元代泉州华表山建有摩尼草庵,庵中塑有"摩尼光佛"像,明末何乔远在其《闽书》中曾有著录,此寺至今犹存。

明教在元代得到政府的承认,但元廷对波斯传来的明教和聂思脱里教并不详加区分,曾命操突厥语的汪古部贵族为官驻节泉州,专掌"江南诸路明教、秦教"。温州也是一处摩尼教徒集中的地方。那里有一所"潜光院",是一所明教寺院。元末陈高曾经提到它,并指出"瓯闽人多奉"明教,教徒们"斋戒持颇严谨。日一食,昼夜七持诵膜拜"。有一些知识分子学习明教经典,隐居于此。

明初,朱元璋于洪武三年(1370年)下旨禁"左道"时,明教与白莲教、白云宗同被禁止。洪武七年公布的明律重申了此项禁令。但摩尼教并未因之绝迹,泉州的草庵仍受到官府的庇护;而建宁的明教寺院也直到弘治二年(1489年)才为当地知府拆毁。

第十一节 元代的农业、畜牧业经济

在中国的历史中,任何一个朝代的传承,都要以农业文明的确实发展作为前提条件,元代也不会例外,尽管他们的早期生活状态是建立在游牧基础上的,马背上得来的天下却是在马背上治理不得的,所以我们得先来看元代的农业,然后再来看元代的畜牧业。

一、元代的农业

1.元代的重农政策

元代初期,江淮流域、黄河流域的农业生产逐步恢复并有所发展,南方保持宋代的发展水平,一些边远地区得到开发,农业生产显著发展。中期以后,开始出现衰敝的气象。

元朝虽囊括了金宋旧土,统治者面临的却是"地著务农者,日减月削,先畴畎亩,抛弃荒芜","中原膏腴之地,不耕者十三四;种植者例以无力,又皆灭裂卤莽"的残败景象。在中原农业文明思想的影响下,以忽必烈为代表的一批统治者为加强新政权的物质基础,很快接受了"国以民为本,民以食为本,衣食以农桑为本"的观念,全面而又雷厉风行地采取了一系列"重农"或"劝农"措施。这些措施包括设立"劝农"机构,建立相应的官员考绩制度;招集逃亡,鼓励开荒;推广"锄社"互助,设置"义仓"备荒;编修农书,制定农桑之制,组织、指导农业生产;建立周密的水利建设制度等五个方面,通过这些措施的实施,元代的农业生产有了显著的提高。

2.元代的农业生产技术

(1)时宜地宜的掌握和风土限制说的突破。生物和环境是密不可分的统一体。农业生产要获得丰收,就要尽量避免环境不宜所引起的损失。这就必须掌握时宜和地宜。我国先进的华夏文化发源于黄河流域。这里春夏秋冬季节性气候表现显著,人们容易看到天时对于农业生产的影响,而且很早就想办法来掌握农时,并取得卓越成就。到元代,在这一方面又有新的突破。

王祯《农书》把"授时"放在全书第一篇,说:"四季各有其务,十二月各有其宜。先时而种,则失之太早而不生;后时而艺,则失之太晚而不成。故曰,虽有智者,不能冬种而春收。"并指出须根据历法上的四时、十二月、二十四节气等来确定应当进行哪些农事操作。

王祯《农书》对历法和授时问题作了一个简明小结,绘出了"授时指掌活法之图"。它实际也是一种农事月历。值得注意的是,图中强调了两点。第一,"此图之作,以交立春节为正月,交立夏节为四月,交立秋节为七月,交立冬节为十月",依节气定月,可以正确地表现季节的变化。第二,"按月授时,特取天地南北之中气,作标准以示中道,非胶柱鼓瑟之谓。若夫远近寒暖之渐殊,正闰常变之或异,又当推测晷度(日影度数),斟酌先后",指出图中所列各月农事,只能适用于一个地区,以此作为标准,其他地区应按照纬度和其他因素酌量变更。

地宜问题,古文献中谈到的较多。元代人们对这一问题的认识有所发展。

第一,对自然环境作较全面的分析。《农桑辑要》说:"谷之为品不一,风土各有所宜。种艺之时,早晚又各不同",又说"一州之内,风土又各有所不同"。书中所说"风土"内容,谈到土壤种类,南北气候的不同,以及地形怎样影响气候等,反映作者已注意分析风土的多种多样性和影响风土的因素的错综复杂性。

第二,对全国地形气候作了大体的概述。王祯《农书·地利篇》:"尝以大体考之,天下地土,南北高下相半。且以江、淮南北论之,江、淮以北,高田平旷,所种宜黍稷等稼;江、淮以南,下土涂泥,所种宜稻、秫。又南北渐远,寒暖殊别,故所种早晚不同。惟东西寒暖稍平,所种杂错,然亦有南北高下之殊。"

第三,王祯《农书》根据全国风土和农产情况,绘成全国农业情况图。绘此图的目的是"审方域田壤之异,以分其类,参土化、土会之法以辨其种,如此可不失种土之宜,而能尽稼穑之利"。这是一种可贵的创举。可惜原图已经失传。第四,最重要是风土限制说的突破。

《农桑辑要》说:"苎麻本南方之物,木棉亦西域所产,近岁以来,苎麻艺于河南,木棉种于陕右,滋茂繁盛,与本土无异。……悠悠之论,率以风土不宜为解。盖不知中国之物,出于异方非一。以古言之,胡桃、西瓜是不产于流沙、葱岭之外乎?以今言之,甘蔗、茗芽是不产于牂柯、邛筰之表乎?然皆为中国珍用,奚独至于棉麻而疑之。虽然,托之风土,种艺之不谨者有之;抑种艺虽谨,不得其法者亦有之。"农业生产必须重视地宜,但作物也有较广泛的适应性,有人将地宜简单绝对地理解为以地区来划分是错误的。

而如此明确地批判风土限制说,则是始于元代。它反映出人们已不能满足于听任新作物在农业上自发地传播,而是要进一步大力促进新作物的引种和推广,以及加强人的力量来改变自然。"谨于种艺"和"种得其法"就是加强人的力量的具体表现。

(2)完整配套的农具以及旱地耕作技术的继续发展。元代王祯《农书·农器图谱》所记述的各类农具有一百零三种之多。由此可以看出,元代,推前可至宋代,农具发展的特点:一是省力、高效,减轻劳动强度。二是耕地、耘锄、收获工具在大田生产上已较为配套应用。三是农具专用化加强。

《齐民要术》对我国北方旱地耕作技术作过精湛的总结,经过六七百年后,旱地耕作技术继续有所发展。为保证耕作质量而提出一些精细的技术要求,是犁、耙、耱、碌碡等工具配套后所必然出现的事。《种莳直说》、《韩氏直说》等农书中,强调耕地,不只要犁深,而且要多耙、细耙。这样,土壤上虚下实,地力情况好;有油土四指多,就能耐旱,春季缺雨,也可及时下种,根土相接,禾苗长得整齐,少罹虫病。

王祯《农书·垦耕篇》所记述的向外缴耕(套翻)和向内缴耕相结合的方法,可保证田面平整,避免漏耕现象,利于操犁回转,减少地头空走。这是了不起的技术创造和方法改革,对后世有深远影响。王祯《农书》对麦、稻两熟田种麦前后的耕作安排,除耕法与旱地耕作类似,还总结有掘腰沟泄水的技术措施,对降低冬作地下水位,促使麦根下扎,提高产量有很重要的作用。

北方精耕细作技术的发展还有许多方面,如《种莳直说》中的种谷耘苗之法:"第一次曰撮苗,第二次曰布,第三次曰拥,第四次曰复",而且指出,一次功夫不到,就要出现草荒和秕粒。收获和场上作业的技术也有不少进步,《韩氏直说》讲麦熟要抢时间,过时收割就会造成损失。收割后地里、场上都要采取防雨措施,要精收细打。小麦收割后,又要不误秋苗的锄治。王祯《农书》中所记载的农具,场上用具占有很大比重,这与收打技术的精细和希求高效有关。

(3)棉花的推广及其种植技术。明丘濬《大学衍义补》中说:"盖自古中国所以为衣者,丝、麻、葛、褐四者而已。汉、唐之世,远夷虽以木绵入贡,中国未有其种,民未以为服,官未以为调。宋、元之间,始传其种入中国,关、陕、闽、广首得其利",而其种植逐渐广泛,形成了"地无南北皆宜之,人无贫富皆赖之,其利视丝、枲盖百倍焉"。

棉花分别从南路和北路引入大江南北,一路从云南传入四川,另一途径是自两广向北推进。长江下游于宋末元初植棉业发展迅速。胡三省《资治通鉴》注中说:"木棉,江南多有之,以春二、三月之晦下子种即生。"黄河中下游棉花的种植不晚于元初。元初的《农桑辑要》记载说:"苎麻本南方之物,木棉亦西域所产,近岁以来,苎麻艺于河南,木棉种于陕右,滋茂繁盛,与本土无异,两方之民,深荷其利。"

元政府大力提倡植棉,至元二十六年(1289年)曾在浙江、江西、湖南、广东、广西等省设立"木棉提举司",为专门征集棉布的机构。其时每年征收棉布约十万匹。

宋代农书中叙述植棉技术的还很少,到元代,《农桑辑要》一书明确标出"新添栽木棉法"专条。具体技术措施除耕、耙施肥外,尚有关于种子淘选、浸种、拌种、催芽技术,棉花移栽,保持稀疏适宜的留苗补苗措施;尤其值得重视的是控制生长,免得无效蕾铃徒然消耗养分的整枝打顶去旁心技术,以及关于收获适期的总结:"初收者未实,近霜者又不可用,惟中间时月收者为上"等。保存种子的方法则是"须经日晒燥,带棉收贮,临种时再晒,旋碾即下"。上述棉花留种、种子处理、整枝打杈等技术措施至今仍有参考意义。

(4)园艺和蚕桑技术。元人王结认为蔬菜不仅可以助味,而且可以转卖赚钱,救饥度荒。有人则说"种蔬胜种稻"。反映出蔬菜在农业生产中的地位大为提高。王祯《农书》中列有三十余种蔬菜,并记述了栽培技艺。书中虽讲葵为百菜之主,"今南北皆有之",但没有具体叙述,可能已为菘(即白菜)所取代。

宋《图经本草》提到扬州有一种菘"叶圆而大",又有牛肚菘"叶最大",并说菘"今南北皆有之"。明确讲到白菜的是元陶宗仪《南村辍耕录》,说"扬州至正丙申、丁酉间(1356~1357年)兵燹之余,城中屋址,遍生白菜,大者重十五斤,小者亦不下八、九斤"。

另一广泛种植的蔬菜是萝卜。王祯《农书》说萝卜"在在有之"。《农桑辑要》中对萝卜的整地、施肥、播种、浇灌、窖藏等有具体的记述。

总之,这一时期叶菜类、根菜类、果菜类、笋、菌等各项蔬食的生产技艺已相当精细,野菜也已为人们所注意。王祯《农书》等还记述了一些特殊栽培法,以用马粪为热源栽培韭黄。在冬季,挖掘韭根,移藏于地屋中,培以马粪。这种方法栽培的韭叶,"不见风日,其叶黄嫩,谓之韭黄",它可以"比常韭易利数倍,北方甚珍之"。这是与屋内升火增温不同的生产韭黄的方式,是这一时期的一项重要园艺技术发明。王祯《农书》中还记载了风障栽培韭菜的方法:就原韭畦,用秋秸夹防风篱障,遮挡北风,以改变韭畦的小气候,提高地温、气温。至春,韭芽可以早出。它已蕴含了现今风障阳畦保护蔬菜种植的主要内容。

《务本新书》中还提到一种整枝打叶、控制蔬菜生长发育的经验,说在茄子"初开花,斟酌窠数,削去枝叶,再长晚茄"。西瓜的留蔓条、去余蔓、掐除余花等技艺对后世也有重要意义。

果树栽培管理和嫁接技术这时期有不少有价值的创造。王祯《农书》提出了一些果树以枝条萌芽状态为掌握宜栽期的经验标准,如枣鸡口、槐兔目、桑虾蟆眼、榆负瘤等。截去果木主根,在南方高寒地方种桔柚和北方寒冷地区种植果树以及拒霜雪、耐苦寒、防虫害等方面的技术比以前也有所发展。王祯《农书》说"凡桑果,以接博为妙,一年后,便可获利",把嫁接看作生产技术中容易见到经济效果的措施。并且从原则上论述了接穗、砧木的选用要求,强调工具必须齐备,技艺要精熟,时间掌握要严格。

书中还讲到六种嫁接法,其中身接、根接、枝接为古老的嫁接方式,而靥接(相当现在的嵌芽接)、搭接(相当现在的舌接)、皮接(相当现在的腹接)则是此时期的创新。温革《分门琐碎录》所说的"脱果法",即采取压条法,是于八月间以牛粪和土包在结果树枝条的鹤膝处,状如大杯,用纸袋覆裹,麻皮缠绕,任其开花结果;第二年秋,试拆一包检视,如果生根,则切断本根另埋土中。此法是果树无性繁殖方面的一项创造。

宋元以来杭嘉湖地区开始成为我国东南最大的蚕桑基地。在栽桑技术方面,《蚕桑辑要》和王祯《农书》对桑树嫁接技术均作了总结,是我国现存古农书中关于桑树嫁接技术最完整的记载。在《齐民要术》以后六七百年间,桑树栽培技术有了迅速发展和提高。一是桑树嫁接法由三种发展为六种;二是鲁桑南移至杭嘉湖地区后,在当地通过自然选择和人为选择,形成了青出于蓝而胜于蓝的新品种——湖桑;三是对桑树的病虫害防治有了一定的认识。

在养蚕技术方面的成就:

一是民间对蚕的良种选留更为重视,《务本新书》说:"养蚕之法,茧种为先……开簇时,须择近上向阳或在茧草上者,此乃强良好茧"。

二是对蚕卵的选择作用已从单纯的"浴卵"防治增健的角度,进而从蚕卵生理方面考虑择优,于腊八至立春冬季最寒冷季节把蚕种放在室外承受风霜熬炼,此即所谓"天浴",是很有意义的创新。

三是《农桑辑要》把元代以前民间的养蚕经验总结概括为"十体、三光、八宜、三稀、五广""十字诀":"十体"即寒、热、饥、饱、稀、密、眠、起、紧、慢(谓饲时紧慢也)(《务本新书》);"三光"是看蚕体皮色变化来确定养蚕技术处理的一个概括;"八宜"则概括了应注意蚕的饲养环境全过程,"三稀"即下蛾、上箔、入簇;"五广"即一人、二桑、三屋、四箔、五簇。对蚕病发生的环境诱因,已经掌握了一般规律:"寒而骤热,则黄软多病";"蚕食湿叶,多生泻病。食热叶则腹结头大尾尖";蚕儿受饥则"气弱而生病,亦眠迟而茧薄也"。

王祯《农书·农器图谱》中对养蚕常用器具绘出了较精致的图形,使我们得以了解古代养蚕工具的全貌。"曲薄"或称"蚕箔",南方则用"蚕筐"(蚕筐),为盛蚕的主要工具;"蚕槌"是支架曲薄的木架;蚕盘与蚕架,盘也为盛蚕器,架为搁盘之用,为长江以南蚕区的创制;蚕网和蚕杓,网罩于盘上,杓为匀蚕、匀叶器,也都为南方劳动人民的创新。

此外,书中还介绍了簇具、茧瓮、茧笼、缫车等工具。

(5)元代的农书。自耶律楚材建议改变"汉人无补于国,可悉空其野以为牧地"的政策后,元朝统治者转而采取了兴办水利,劝课农桑,刊刻传布农书等措施,所以元朝建国虽然不到一百年,但在农学上还是取得了较大成就,留传下了《农桑辑要》、王祯《农书》和《农桑衣食撮要》三部著名的农书。

《农桑辑要》为元朝司农司官颁的综合性大型农书。据王磐至元十年所写序,本书至迟已于此年编写完成,是我国现存最早的官农书。元政府先后刊印了一万部,颁发给地方各级管农事的官员。今本《农桑辑要》出自《永乐大典》。《永乐大典》将七卷《辑要》并为二卷,《四库全书》馆辑出时,仍分七卷。今本《农桑辑要》的简目为:卷一,典训、耕垦;卷二,播种(即农作物栽培各论);卷三,栽桑;卷四,养蚕;卷五,瓜菜、果实;卷六,竹木、药草;卷七,孳畜(包括家畜、家禽、鱼、蜜蜂,末附岁用杂事)。全书6万字,体系完备,规模较大,引用典籍繁多,一律标明来历,注重实用。是书内容蚕桑占有较大分量,对于苎麻、棉花的推广种植,尤为重视,除了详述其栽种技术,并批判了过分强调风土不宜,障碍新引进作物传播的唯风土说。

大德八年(1304年),元政府下令有关部门刊刻王祯所著的《农书》。王祯,山东东平(今山东东平县)人,曾任旌德(今安徽旌德县)、永丰(今江西广丰县)等县县尹。该书自序作于皇庆二年(1313年)。《王祯农书》总计三十七集,十三万余言,插图二百八十余幅。全书分为三大部分:《农桑通诀》,可以说是农业总论,开端首列农事起本、牛耕起本、蚕事起本;接着是本论十六篇:授时、地利、孝弟力田、垦耕、耙耢、播种、锄治、粪壤、劝助、收获、蓄积、种植(种桑及材木、果实)、畜养(养马、牛、羊、猪、鸡、鹅、鱼、蜜蜂)、蚕缫、祈极。《百谷谱》,包括谷属(两集)、蓏属、蔬属(两集)、果属(三集)、竹木、杂类(所收都是经济作物)、饮食类并附备荒论。《农器图谱》,分二十门:田制、耒耜、钁锸、钱镈、铚艾、杷扒、蓑笠、蓧蒉、杵臼、仓廪、鼎釜、舟车、灌溉、利用(主要是利用水做动力)、蚕缫、蚕桑、织纴、纩絮、麻苎,末附杂录(二目:一是法制长生屋,一是造活字印书法)。不仅有图,并说明构造和用法。

《农桑衣食撮要》,元延祐元年(1314年)成书。作者鲁明善,维吾尔族人。此书系他在寿春郡(今安徽寿县)任监察官时编写的,为农家历书性质的农书。全书分为十二个月,每月列举应操作的农事。涉及范围很广,包括农作物、蔬、果、竹木、畜牧、蚕桑、养蜂等,兼及农产品加工、贮藏和酿造,逐条说明怎样做法,适合于一般农家实际应用,其中有造酪、晒干酪、造酥酒法,显然系受到游牧民族饮食的影响。除以上三部重要农书外,另有几部兽医书,流传不久即散失。《田家五行》及"拾遗"是专讲江南气象预测、占候的,也有一些关于稻、麦开花特点的记述资料。

3. 元代农业的恢复、发展与衰敝

(1)农业的恢复、发展。由于"重农"举措得力,元代初期在土地开发、水利兴修以及经济作物的推广栽培诸方面都取得了显著成效,呈现出一派恢复与发展的良好势头。

反映元代前期这种面貌的记载非常丰富,有些地区繁盛兴旺的景象甚至非常突出,如陕西泾汾地区在蒙金之际的状况是"蓁莽榆棘,连云蔽日"、"千里萧条"、"人迹几绝",经过招抚,民众"稍稍归集,垦芜挽犁,渐就耕业",然而"初皆食草实,衣故书纸"。垦殖之后,出现"马牛羊豕,日加蕃息,公私储蓄,例致丰饶"的景象。另一条材料证实了这种景象并非虚言:"晋地厚而气深,田凡一岁三艺而三熟。少施以粪力,恒可以不竭。引汾水而溉,岁可以无旱。其地之上者,亩可以食一人。民又勤生力业,当耕之时,虚(墟)里无闲人,野树禾,墙下树桑,庭有隙地,即以树菜茹麻枲,无尺寸废者。故其民皆足于衣食,无甚贫乏。家皆安于田里,无外慕之好"。

宋元之际的两淮大片地区,人烟断绝,"荒城残堡,蔓草颓垣,狐狸啸聚其间",六七十年后,人们见到的景象是"生聚之繁,田畴之辟,商旅之奔凑,穰穰于视昔远矣!"

元代初期农业生产的恢复与发展具体表现在以下几个主要方面。

大批荒废土地通过种种途径得到开发其中屯田是开发填实大批荒闲土地的主要措施,此项行动大概始于成吉思汗称汗后的十一至十三年(在阿鲁欢地区兴办称海屯田),中原地区大概始于十六年(由木华黎部将兴办固安屯田)。开始是随营立屯,解决军需,忽必烈时逐步成为重农措施的一项组成部分,发展成遍及全国的规模空前的屯田。到大德年间,全国屯田有一百二十余处,二十万顷左右,约占全国垦田数的三分之一。

屯田分两大系统,中央所属枢密院、大司农与宣徽院屯田,多在腹里地区。地方所属有各行省屯田,有经略使司、提举司统领或路、府、州、县所辖屯田,再有僻远地区的一些屯田点。"大抵芍陂、洪泽、甘、肃、瓜、沙,因昔人之制,其地利盖不减于旧;和林既西、四川等地则因地之宜肇为之,亦未尝遗其利焉。至于云南、八番、海南、海北虽非屯田之所,而以为蛮夷腹心之地,则又因制兵屯旅以控扼之。"地域分布之广,前所未有。

北面除和林、称海之外,更远有叶尼塞河上游地区的谦州屯田,西南面深入到云南、广西边远地带;东北的肇州屯田万户府达黑龙江江口,高丽境内也有十多处屯田;南面远及海南、海北。内地河南行省为数居首,次为腹里地区,所谓"天下无不可屯之兵,无不可耕之地矣!"

另一类开发主要集中在东南沿海地区。这一带地势低洼,土地肥沃,河湖港汊密集,南北朝时期已显示出明显的经济活力,逐步成为全国的主要粮仓和财赋之区,因而人民趋之若鹜,人口密度很高,土地与人口的矛盾也很突出。

经过长期努力,劳动人民逐步摸索出一些开发土地的特殊形式。王祯《农书》对这些形式作了系统总结,其中有"筑土作围"而成的围田(圩田与此相类),有在海边涂泥之上种植稗草而受斥卤,"其稼收比常田利可十倍"的涂田,有"似围而小"的柜田,有用木材相缚,其上积土,浮于水面,可得"速收之效"的架田(葑田)。

围田、圩田、沙涂田等经营形式,宋元时代因多施行于湖泊地区,所以也往往泛称湖田、湖地。以此类形式经营、开发土地,大致始于北宋,南宋形成高潮,元代继续盛行。如松江曹梦炎,占淀山湖大半湖田,达九十三围、数万亩之多,积粟百万石,北人称"富蛮子"。文宗赐给权臣燕铁木儿嘉兴、平江、江阴地区的芦场荡山和在沙涂沙地地带的圩田,达五百余顷。在黄河流域的一些地带,因河水"涸露"而形成"水泊淤地",称为"黄河退滩地",多为权豪抢占,其数量也相当可观。

水利建设的成就亦较可观《元史》归纳与农业有关的主要建设项目有:导浑河、疏滦水、浚冶河、障潭沱，疏陕西之三白，泄江湖之淫潦（主要指浙西水利工程，见下），立捍海之横塘（指浙江盐官州捍海石塘）。此外还有许多重大项目未被列入，如中统年间在太行山下开浚大河四道，成广济渠，附近五县农田三千余顷均获其利。

至元元年，郭守敬会同张文谦在西夏故地修复中兴州（治今宁夏银川市）的唐来、汉延二渠及西夏故境内其他水渠，"计溉田九万余顷"。二十六年起朵儿赤又用三年时间在中兴"塞黄河九口，开其三流"，使"赋额增倍"。至元十六年，王志谨于今陕西户县、周至两县交界处引涝水开长渠二百余里，使沿岸地区"了无干旱之患"。游显曾在襄阳"复铁构壅湍水为渠"，"溉稻田千数百顷"。

乌古孙泽任海南海北廉访使时，浚故湖，筑大堤，"得良田数千顷，濒海广泻，并为膏土"。赵世延在四川修都江堰，"民尤便之"。张立道任大理等处巡行使，曾为昆明池泄洪排水，并"得壤地万余顷，皆为良田"（《元史·张立道传》）。武宗时，哈剌哈孙行省和林，"浚古渠，溉田数千顷"。衢州（治今浙江衢县）总管朱景周修复黄堰，溉田数万顷。

兴修水利的高潮主要在世祖、成宗两代，此后亦续有修浚，有的工程用工高达一百数十万，如黄河于世祖、成宗、仁宗、文宗时多次决口，工役屡兴，至正九年（1349）采用都漕运使贾鲁"疏塞并举，挽河东行以复故道"之策，十一年，发动十五万民工，二万士兵，为时七个月左右，达到预期目的。

太湖流域的苏、湖、常、秀是财赋所出之地，但地势低洼，众水注入太湖，水涝则须导水入海，但湖河港汊之间，权势占为农田，围田又比比皆是，一有水涝，湖水渲泄受阻，统一二十多年来，水灾频发，历来是水利工程的重点地区。至元二年，平江设都水庸田使司，五年复立又罢。大德二年（1298年）二月，立浙西都水庸田司，"专一修筑田围，疏浚河道"。八年五月，于平江立行都水监，"直隶中书省"。泰定三年（1326年），又置都水庸田司于平江，任仁发等人围绕开江、围岸、置闸等主要问题展开热烈讨论。泰定八年、至正元年以及至顺、后至元年间多次兴役，大规模开挖淤塞的通海河道。

水稻单位面积产量水稻单位面积产量（元制），江浙地区上田五到六石，中田三到四石，下田二到三石，湖广地区上田三石，下田二石，实际就是宋代（主要指南宋）所达到的水平。云南地区的水稻产量，一般是二石。陕西汉中地区栽种的水稻"收皆亩钟"。

由于水稻是典型的高产作物，所以元代继续被引种到北方，引植较早的如河北的蓟州（治今蓟县）、渔阳（治今天津市蓟县）地区、甘肃河西走廊地区、漠北称海地区、河南怀州（治今沁阳）及沁水流域。元末海运不通，元廷在河南洼地置屯田八处，并设都水庸田使司经营水稻种植。河北保定、河间、武清、景蓟等地原来分布大批水田，至正十三、十五年在此基础上发展屯田，范围包括大都近畿的大片地区（西至西山，东至迁民镇，南至保定、河间，北至密云、顺义），一度收到"岁乃大稔"的效果。

经济作物的栽培也受到元政府的高度重视按"农桑之制"十四条中的"种植之制"的规定，每丁岁种桑枣二十株，土性不宜可改种榆、柳等，数量同；每丁至少种杂果十株（以成活为准）。所在官司必须如实上报，否则即属有罪。由于栽种普遍，所以《农书》提到楮树、榆树、漆树与桔、柑、荔枝等果木杂树的种植与经济价值。

元代农书记载的染料作物中列有兰靛多种，红色十种，青绿色十种，褐色十三种。竹是造纸、制扇、建筑的重要材料，也广泛用于手工制作业，"指地卖者，省功而利少；煮剥卖皮者，虽劳而利大"，河南怀孟、卫辉、襄阳、邓州等处山中所长竹杆"不胜其数"，怀、洛、关西等处平原"见有竹园约五百余顷"，江西行省竹园可办课额达一千二百余锭。在这些官营竹园外，尚有大量私营竹园散布于上述地区,从而形成腹里、江南所求购的产品优势。

清末以前的棉花有木本、草本之分,它们分别从南北两道传入中国。宋代南道棉(以木本为主)从闽广进入两浙、江西,北道棉(主要为草本)进入河西走廊,元代进一步进入内地,据元初编定的《农桑辑要》说,"西域所产"的木棉,"近岁以来,种于陕右","滋茂繁盛,与本土无异",因而,"遂即已试之效,令所在种之"。

尔后《农书》又说,木棉本产自海南,"诸种艺制作之法骎骎北来,江淮川蜀既获其利",可见,元代的棉花种植已推进到黄河、江淮流域以及四川地区。元代几部农书记录了从选种、浸种、育苗、深耕、畦畛、锄治、去心、采摘等棉花种植、生长的各主要环节,充分反映了棉花种植的普遍和技术的提高。

桑树是传统作物,元代与粮食作物并重,农书用大量篇幅予以记载。至元七年颁布的"农桑之制"十四条中的"种植之制"规定,在土性适宜的地区,每丁岁种桑枣二十株,于是,桑树种植遍及南北。宋代蚕桑业十分发达的河朔地区仍保持兴旺的势头,如广平路(治今河北永平县)"课树桑亿万计",真定地区"千里桑麻绿荫城",关中地区"田野桑树遍布"。

汾水流域与河南一带的农户于农居和农田周围种桑的情景十分普遍,山东滨州(治今山东滨县)由"田桑多荒"而"新桑遍野",长江中游的蕲春县,"学之闲田悉以种桑"。云南爨、僰之人虽知蚕桑,但未得其法,张立道于至元初进入云南,推广种制之法,结果"收利十倍于田,云南之人由是益富庶"。在知州的倡导下,江浙地区的海宁州(治今海宁西南)亦是一派"桑柘榆柳,交荫境内"的景象。

宋代的广南西路(治今广西桂林)、川陕路是苎麻的主要产区,元初已推广到河南。山西地区土地亦适宜种麻,麻布成为当地特色产品,农民以此"贸易白银,以供官赋"。元代产茶区主要分布于长江以南。

宋代茶叶种植区域以成都府路、利州路、江南东西路、淮南路为主,特别是淮南,北宋时增设了十三处山场,但两宋之际发生很大变化,山东、河南的大片茶树或是"恣民耕樵",或是"率多枯槁"因此,入元以后主要产茶区明显向南推移,其分布可归纳为两种类型:

一是政府实行榷茶、征收茶课的江西等处榷茶都转运司下辖的若干产茶区:杭州、宁国、龙兴、建宁、庐州、岳州、鄂州、常州、湖州、潭州、静江、临江、平江、兴国、常德府、古田建安等处。另包括四川,即四川地区也遍布茶场。

第二种类型是皇室直接控制的茶区,它们负责上贡精绝品种。宋代在福建建安设"岁取上供"的官烘三十二,采茶、制茶工两千多人,元代"掌供玉食"的宣徽院下辖的"常湖等处茶园都提举司"拥有七个提领所(乌程、武康德清、长兴、安吉、归安、湖汶、宜兴),加上另一个"建宁北苑武夷茶场提领所",共拥有采茶、制茶工二万五千以上。

除上述榷茶和贡茶的茶叶产区之外,广州、云南等地也遍布茶场。作为脱离农业而独立经营茶叶生产的专业户称为茶户、园户、磨户或山场小民。

茶叶除传统品种外,忽思慧《饮膳正要》首见记载的尚有河南的温桑茶,"出直北地面,味温甘"的女须儿,"出本土,味甘涩,煎用酥油"的西番大叶茶。

(2)元代中期以后农业衰敝气象的显现。蒙古贵族取金、宋而代之后,虽给传统的农业社会注入了一些新的活力,但就总体而言,旧的生产关系和社会积弊没有得到根本性改变,并且还带来了一些新的落后因素。

蒙元时代的农民遭受的压榨和剥削是多方面的。就社会关系而言,统治阶级由贵族、官僚、上层僧侣、大地主和豪商组成,被统治阶级有包括自耕农在内的"诸色户计",有处于最下层的奴婢和佃农。元代奴婢数量空前增加,但直接从事农业生产者所占比例不大,所以元人认为,"国家以农为重……然人家耕种,出于佃人之力,不可不以佃人为重"。

作为农业生产的主要承担者,佃户与主人之间的关系主要以契约形式构成,但佃户对主人的隶属关系尚不见明显松动的迹象。元籍记载说,浙江安吉一地主以好食鸡著称,一日经过佃户家,佃客投所好而烹鸡,他凭几午憩,鸡熟而主未醒,佃客乃"侍候于旁";黄岩地方风俗"贵贱等分甚严,佃户见主不敢施揖"。主人还可任意役使佃户及其子女,干涉其婚姻。在河南陕州地区,有的将少量荒远土地"夹带佃户典卖",称"随田佃客",甚至将佃客"计其口数,立契或典或卖,不立身份,与买卖牲口无异",体现的是更为落后的生产关系。

地租有分成租(从文献记载看,对分制比较普遍),较多实行定额租制。佃户按所属主人的不同,可分为三类,一是官田佃户,租额一般是一斗五升至三斗三升。二是职田佃户,租米由六斗至一石甚或三石。三是私田佃户,租米有三斗至一石,谷有一石三斗至二石六斗,其中如浙江地区的寺田,少至四、五斗,多至租米一石至三石二斗。

按国家规定,上田地租不过亩输三升,上述租额,至有超过十倍者,究其原因,除地主"恣意多取"外,另有值得注意之点,即"吐退转佃"现象非常普遍。官田往往由权豪势要承佃包租(称总佃),往下再有"分佃"者,另有帮助地主经理田租的管干(职田称提控总领),地租由此层层加码。职田佃户,九品不下三五十户,三品至五品七百户。

私田佃户为数更多,"富室有蔽占王民奴使之者,动辄百千家,有多至万家者"。大护国仁王寺有佃户三万七千多户,而"杭州省里管着寺家的佃户,约五十万户有余"。高额地租加上各种敲榨苛索,使大批佃户维持再生产的能力极其薄弱,危难之际,多举高利贷饮鸩止渴,如大德八年江浙省臣即反映:"江南佃民,多无己产,皆于富家佃种田土,分收子粒,以充岁计。若值青黄未接之时或遇水旱灾伤之际,多于田主家借债贷粮接缺食用",田主则"必须勒令多取利息,方才应付;或于立约之时,便行添答数目,以利作本。才至秋成,所收子粒,除田主分收外,佃户合得粮米,尽数偿还本利,更有不敷,抵当人口,准折物件,以致佃户逃移,田地荒废"。

元代土地兼并、集中的程度十分严重。据《元史》统计,贵族、官僚、寺院的赐田数分别为二千七百余顷、一万四千七百余顷和十六万七千余顷,共十八万五千余顷。如至大二年(1309年)赐鲁国大长公主祥哥剌吉平江稻田一千五百顷,泰定三年(1325年)赐伯颜河南田五千顷,大承天护圣寺所得赐地至少在十六万余顷。一般大地主占地的数额相当惊人,如延祐间松江下砂场瞿霆发"有当役民田二千七百顷,并佃官田,共及万顷"。朱清、张瑄两家田宅"遍于吴中"。

因而元代前期的赵天麟指出,在江南地区,"贫家乐岁终身苦,凶年不免于死亡。荆楚之域,至有雇妻鬻子者。衣食不足,由豪家兼并故也"。后期名臣余阙也说:"吴人之兼并武断大家,收谷岁至数百万斛,而小民皆无盖藏。"再如福建崇安地区共有田五十都(都是乡村中按一定土地数量划分的地域单位,也是县以下的一个基层单位),税粮六千石,而约占总户数十分之一的五十多户"大家"负担的税粮占去百分之八十三(五千石),其余十分之九的佃户,仅纳粮一千石,占百分之十七,"大家之田,连跨数郡,而佃民之粮,或仅升合!"

入主中原的统治者最初在政治上显示出一些振兴气象,因而他们制订和规划的"重农"举措收到一定成效,但不久局势逐步逆转,大德元年前后,一系列"妨农之役"已成为社会公害,中央不得不申令罢免。随着吏治的日益败坏,原来行之有效的种种举措便明显走向自己的反面而一发不可收拾,如中期和后期的大臣都相继指出,地方政府和劝农官名为"劝农"、"养民",其实却是"扰之"、"劳之"、"废之"。

前述苗好谦献"种莳之法",曾因收效显著而广为推行,但到了延祐年间,"有司不能悉遵上意,大率视为具文而已"。又如屯田,据当时人揭示,因"所用者多非其人",武宗以前已全面呈现"废弛"局面。设置常平仓是保障农业生产正常进行的辅助性措施,但忽必烈时代已名存而实废。生产工具的经营权由官府把持,质次价高,忽必烈时代已形成坑农图利的一大祸害,农民叹道:"一锌废夺十农功,办与官家多少利。劳形馁腹死甘心,最苦官拘卖农器!"

吏治败坏也给农业命脉所系的水利灌溉带来无穷灾难,这方面同时值得注意的是地方权豪的直接破坏,他们在排灌系统地带或是围水起田,或是起立碾硙图利,使得原来兴建和疏浚好的灌溉系统的排洪渠道遭严重毁坏,如在黄河流域,遇到干旱,河身涸露,水泊淤地便多为势家所据,"忽遇泛滥,水无所归,遂致为害"。

广济渠修成后曾灌溉良田数万顷,但后来豪民沿渠立堰起立碾磨,河北保定清苑水塘也发生类似情况,结果是"沙塞堤圮"、"灌溉利绝"。这类情况在江南水网地区更为严重,如镇江路练湖(在今江苏丹阳市西北),豪势之家在湖中筑堤,围田耕种,"侵占既广,不足受水,遂致泛滥"。

吴松江是浙西太湖地区十分重要的通海排洪渠道;淀山湖上承太湖,下经黄浦江东向入海,也是太湖地区蓄水、排洪的自然湖泊,但权豪势要不断占荡、筑影为田,每遇水旱,必然泛滥成灾。

自然灾害在所难免,但与政治腐败结合起来,后果就相当严重,所以,早在大德之初"妨农之役"屡兴不绝之时,随之而来的情况就是"旱暵雨之灾迭见,饥殍荐臻,民之流移、失业者亦已多矣!"

元代中后期,全国性的自然灾害层出不穷,如至大元年(1308年)夏秋之间,地震、风雨、饥荒、疫疠连作,巩昌、归德、泰安、济宁、真定、江浙各地"庐舍荡析,人畜俱被其灾","死者相枕藉,父卖其子,夫鬻其妻,哭声震野"。次年,益都、东平、东昌、济宁、河间、顺德、广平、大名、汴梁、卫辉、泰安、高唐、曹、濮、德、扬、高邮、滁等地"蝗蝻遍野,百姓艰食"。

天历年间,又因水、旱、疫等灾害,陕西饥民达一百二十三万余口,河南府路饥民二万七千余口,江浙北部饥民六十余万口,南部饥民十一万八千余户,华北及黄河中下游饥民六十七万六千余户,凤翔府饥民十九万七千余口。元统二年和后至元三年,京畿水灾,饥民四十余万。江浙先后两次大灾,饥民分别为五十九万和四十万。至正四年和五年,大河南北先旱后疫,"赤地千里黄尘飞,麦禾槁死粟不熟","民之死者过半",全国主要经济区的农业生产由此出现较明显的衰敝气象。

二、畜牧业

蒙古贵族以"弓马之利"取天下后,其畜牧业向内地,特别是向华北地区大力渗透,而内地也以各种方式支援牧区经济,在大统一的国度里形成农牧经济交相渗透的局面。然而,由于元代频繁用兵、自然灾害的影响以及统治集团的滥行耗费,使得有可能呈现发展势头的畜牧经济很快陷入塞涩、衰微的境地。

1. 畜产品的巨额需求与来源

大蒙古国建立以来,庞大的国家机器对畜产品的需求比过去大幅度增加了。除蒙古、色目人的日常巨额消费外,另有一系列特殊需求:

一是统治集团的奢侈消费。以武宗登位时举办的忽里台聚会为例,宴乐七日,每日食用马四十、羊四千,另用马七百、羊七千捆乳洒地,使斡耳朵附近"积乳之广,有如银汉"。一般朝会,也得用一百零五辆车和九十匹马装载马奶,提供饮用。

此外,皇室祭祀、宫人出入、上都巡行等一系列活动,都必须按例为皇帝和僚属提供大批马匹和肉食乳酪。礼佛开支也相当惊人,以延祐二年(1313年)二月的一次统计为例,各寺修佛事,曾"日用羊九千四百四十"。皇室之外,见于记载的有权臣燕铁木儿,一次宴会要宰杀十三匹马。后人还统计过,宋室后、妃人等被俘后,每日支取的羊肉达一千六百斤之多。

第二大需求是军事供给。元代频繁用兵,因而在原有装备之外不断进行大规模征敛,据《大元马政记》记载,从忽必烈中统元年到泰定帝致和元年(1260~1328年)期间,曾多次以"和市"与"刷马"的名义征取马匹,其中比较明确是出于军事目的而有数字记载的大约十二次,数量达一百万头。

第三大需求是为驿站配备牲畜。元代有驿站约一千五百处,陆站用马、牛、驴、狗、车,有些水站用船也用畜力牵引,必须常年维持的牲畜总数约分别为:马六万、牛一万、驴六七千,另有作为"首思"、消耗量更大的羊、猪之类。

第四大需求是赐予或赈济。元廷对贵族权豪不时赐予畜产品,另因大漠南北战乱和自然灾害频繁,出现了大批流民和饥民,迫使元廷不得不时时以包括畜产品在内的各种财物相赈济。

第五大项目是屯田所需大批耕牛。元代初期,政府曾不断提供牛具种子,鼓励人民垦荒,这种措施更广泛地施行于屯田,政府每设置一处屯田或每向屯田区派遣生产人员,按例要配给牛具种子。全国屯田总数在二十万顷以上,政府用各种方式组织、支拨的耕牛当在二、三十万头左右。

第六大项目是向手工业有关部门提供毛、皮、革、骨等原料。这类原料的提供固然不必以专项牲畜饲养为条件,但无疑得以发达的畜牧业为基础。

巨额的畜产品需求进一步强化了游牧民族对牲畜的法权观念。元律规定,"诸盗驼马牛驴骡,一赔九",盗窃各类牲口的主从犯都施以不同数量的杖责处罚,而"盗系官驼马牛者,比常盗加一等"。元廷对全国牲畜还实行统制性管理,律文多次强调不得"偷宰"、"私宰"牛马,特别严禁宰杀母牛、羊羔和怀孕的牲畜,马匹并严禁出口,牛马病死也必须申报备案。

蒙元之际在征战中的大量卤获,不仅充实了蒙古部队的军事装备,也构成了日后蒙元政权的畜牧业基础。全国统一后,为了保证浩繁的供给,元廷制定了一些相应的制度与措施,如建立规模空前的官营牧场,以便为皇室提供"御马"、"供宗庙影堂、山陵祭祀"及"玉食之捆乳"。

第二项重要措施是实施羊马抽分(忽卜绰儿)。据徐霆所见,"其地自鞑主、伪后、太子、公主、亲族而下,各有疆界。其民皆出牛马、车仗、人夫、羊肉、马奶为差发。盖鞑人分管草地,各出差发,贵贱无一人得免者"。后来,抽分比例逐步确定,基本精神是按窝阔台与贵由时确定的标准,满一百或三十,抽取一只,低于三十者免抽。诸王在履行"租费"义务时,采用的是每年缴纳"上供羊"的名义,征发形式似有区别,但具体内容尚不清楚。

汉地的标准似有不同,忽必烈时代的胡祗遹以"税羊并重"为题说:"既于每群内不计多少抽分讫羊,又行收毛收皮纳税,每遇造作,复于民间取要",甚至"每活牛一头,摊钞五百文、一贯",直到成宗大德八年(1304年)时,汉地抽取标准才与蒙古人趋于一致。

其三,在"遇征伐及边围乏马"的情况下,元廷便大规模实行"和市"与"拘刷"以"应仓卒之用",括取的数额更为浩大,对象包括诸王、驸马、公主以及汉地的养马户、各级官员和驿站。所不同的是,在紧急情况下,元廷向诸王和市马匹时付出的钞币要高于其他。其四,诸王在入朝或在通常情况下,也时有贡献,如至元三十一年五月(成宗在位)诸王亦里不花入朝,"以瘠马输官"。

大德八年十一月,宁远王阔阔出"以马万五百余匹给军"。皇庆元年和二年,察合台后王贡马驼、珠宝等物,至顺二年二月荆王也速也不干"贡犛牛"。至正十二年八月,齐王失烈门"献马一万五千匹于京师"。

对诸王的贡献,元廷亦照例以高出一般和市标准的数额予以酬答,因而与一般和市并不存在实质上的差别。诸王之外,畜牧业比较发达的地区可能也存在向中央进贡的义务或成例,如云南行省于至元三十一年奉命转献给梁王的二千五百匹马可能就是该地"岁贡马"的定额。

2. 畜牧业的影响及其衰败

游牧民族的价值观念在蒙元时代影响深广。从文献和文艺作品反映的情况看,畜产品已在全国范围内被当作"准折"财产的重要依据,政府亦将"多养牸牛、母羊"作为劝农桑、正风俗的一项重要内容,广泛号召"各县乡有宜畜牧去处"的"有力之家","随时牧放,如法栅圈",因而,寺院、官僚、地主甚至一般百姓比较普遍地从事牲畜的牧养,从而为农业经济注入了新的活力。

然而,蒙元时代的畜牧业也具有明显的时代特色,或者说,它虽是一个统治民族的优势,但其规划与发展又存在无法克服的弱点,这可从以下两个主要方面体现出来。

首先,蒙元时代的畜牧业以官营和贵族经营为主,建立全国性的统一政权后,元廷虽然采取了一些措施,改善牧区的条件,但仅限于利用中原的人力物力弥补畜牧业的不足,而没有象重视农桑那样,从发展经济角度,着眼于农业与畜牧业的优势互补,全面组织规划畜牧业的发展,当然更不可能注重生产关系的改善。

忽必烈统治后期,卢世荣看到了当时的供求矛盾,提出一个大胆的规划,这就是,用官方财力在上都、隆兴等路组织币、帛,到牧区贸易羊马,选蒙古人牧养,收取皮、毛、筋、角、酪酥等物,给牧人二分,官取八分;"马以供军兴,羊以充赐予"。卢世荣这一设想的积极意义在于,通过承包方式,将牲畜交给牧民放养,从而使之摆脱对贵族的隶属关系。这样,元廷所必需的牲畜就有了可靠源。

显然,卢世荣的计划并未得到推行,终元一代,"军兴"与"赐予"这两项最大的畜产品支出是采取消极手段,即通过大规模所谓的"和市"、"拘刷"等方式去实现的。

官营与贵族经营畜牧业不但没有为元廷提供坚实的经济基础,还给农耕区带来了很大的骚扰与破坏。在征服中原前后,由于生活和军马饲养的需要,部队及其随营团体(奥鲁营)大量废耕田为牧地,一些贵族与军将还乘势抢占、扩充牧地。

后来,随着大批军队的退出和统治的稳定,这种势头在忽必烈时期得到遏制,并且,元廷又多次颁布退还耕地的法令,原先在农耕区的牧地呈现缩小的趋势,但如上文所述,中原、华北地区仍然分布着一批牧场,这些牧场由特权阶层经营,并伴随大规模的围猎活动,便不可避免地带有很大的破坏性:在抚州(即隆兴府,治今河北张北)、宣德(治今河北宣化)、云州(治今河北赤城县北云州)、兴州(治今河北滦平西)、松州(治今辽宁赤峰市西南)和固安等农牧交汇区一线,每年定期有官马、官驼前来放养(马从夏至冬,驼自九月初到次年四月)。

中原、华北地区牧地的马匹则随时纵放、散逸在广大农田之间,因而,牲畜"嚼食桑枣果木诸树"、"侵扰居民,蹂践禾稼"的事件不胜枚举而无法禁止。政府和诸王马驼有时还直接摊派民户饲养;国有马匹的饲料每年"征诸内地",造成"民日益病,而有司赋之日益急"的局面,又给内地带来极大的骚扰。

其次是政局与自然灾害的影响。元朝统一后,大漠南北人口大幅度增加,元廷通过设置屯田、发展工商和南粮北调等措施,并在实际上将汉地的畜牧业当作大漠南北的补充,一时维持了牧区社会经济的相对稳定。然而政局连续动荡而导致的战争和自然灾害的袭击很快打破了这种稳定与平衡,也给畜牧业造成了直接的损害。

先说战争的影响。元初阿里不哥与乃颜的叛乱相继被镇压后,接着是持续八年之久的海都、都哇的反叛。岭北行省建立后,似给草原的安定带来转机,但不到十年,统治集团内部争夺皇位的斗争愈演愈烈,大漠南北一次又一次地卷入战乱之中。政局动荡给畜牧业带来了两点直接危害:

第一,元廷加紧了对战马的搜括。

据《大元马政记》载,世祖时期共刷马五次,最后一次预定十万匹,竭尽全力,止得七万有余,其结果,"为刷马之故,百姓养马者少"。尽管如此,成宗登位后不久,仍严令"除怀驹带驹马外(除此而外的牝马已列入征调之列),三岁以上(正常规定是四岁以上)皆刷",共十多万匹;文宗即位不久,因镇压阿撒罕等叛乱,拘刷二十五万余匹;到了天历前后两都之战爆发期间,又因"军事紧急"而"疾速拘收"近六万匹。这样的"和市"、"拘刷"在泰定以前达百万匹之多。军情急迫对大漠南北以外几次大规模的征敛从另一侧面反映了漠北已无力为战争提供全部装备,而竭泽而渔式的搜括又瓦解了在"边圉乏马"的情况下南部尚能提供一定补给的物质基础。

第二,战争加重了自然灾害的灾情,更加剧了畜牧业的停滞与衰败。

自然灾害作为影响漠北畜牧业的主要原因,这一点受到中外学者越来越多的关注,蒙元时代见于记载的主要灾情发生在中统二年(1261年)三月(和林至谦州一带火灾)、至元二十四年(1287年)(北边大风雪与连续七昼夜的"土雨")、大德五年(1301年)七月(称海至北境十二站大雪)、大德九年(1305年,乞禄伦"大风雪")、延祐三年(1314年)春(铁里干驿"风雪沙土")、延祐四年(1317)("朔方"风雪")、延祐七年(1320)七月(诸王告住等部火灾)、至顺元年(1330年)九月(铁里干、木邻等三十二驿旱)和至顺二年(1331年)八月(斡儿朵思之地"频年灾")。

上述重大灾害往往都与战乱交织在一起,如至元二十四年北边大风雪发生时正值海都、都哇反叛,并一度击败元朝漠北驻军,控制了和林。延祐四年周王和世㻋的支持者于关中发动兵变,两个月后祸及和林,这时亦正值漠北"大雪,深丈余"。

第十二节 宋元时期科学技术的成就

宋元时期科学技术的成就,主要有活字印刷、指南针、火药这三大发明的最后完善和天文历算、医学、农学的进步。

第十二章 元　朝

一、活字印刷术

北宋庆历年间,布衣(百姓)毕升在雕版印刷术的基础上发明了活字印刷术。这种方法比雕版印刷省工省力,成本较低,所以很快得到推广。毕升初用胶泥刻字,每字为一印,火烧之使坚硬,便于印制和存放。至元代,又改进为用木制活字。至明代,又出现了铜、铅活字。活字印刷术发明使用后,不久即传入日本、朝鲜、越南等国。欧洲则直到四百多年以后才开始使用活字印刷。活字印刷术是中国人民对世界文明的重大贡献。

指南针北宋时,已知道用磁石磨成针以指示方向,这就是指南针。指南针已普遍用于航海等方面。当时有四种放针方法:一是浮于水上,二是放在指甲上,三是放在碗沿上,四是悬在丝线上。以第四种方法为最好。指南针首先传到阿拉伯地区,以后又传到欧洲。

二、火　药

火药发明于唐末。北宋初年,曾用以制成"火箭"、"火球"、"火蒺藜",以抗击辽军。从此火药得到广泛应用。北宋在开封设有专门制造火药和火器的官营手工业作坊。仁宗时,曾公亮等编《武经总要》中,记有火药武器的名称、用法和三种制造火药的配方。这些火药武器是用弓箭或抛石机发射出去的燃烧性武器。北宋末发明了爆炸性的"霹雳炮"。南宋时,又先后发明了"铁火炮"和管状发射器"突火枪",又发展为用铁或铜作筒的"火铳"(chōng 充)。南宋时,火药由海上传到阿拉伯。后来金人和蒙古人也相继学会了使用和制造火药武器。蒙古军西征时,火药又从陆路传到西方各国。

三、天文、历算

宋朝历法一共改了十九次,是中国历史上历法改革频繁的朝代。历法的不断改革,反映了天文学研究的进步。南宋《统天历》相当精确。它定一回归年的长度为 365.2425 日,比实际周期仅差 26 秒,和现代国际通用的公历(《格列历》)完全一致,但比后者早了四百多年。

宋代的天文仪器制造也有成就,发明了计时的莲花漏和水运仪象台。这一仪象台用水力发动,可以有节奏的按时转动,把报时、观象测天同时显示出来。后来仪象台传入金朝。

元代大科学家郭守敬,在天文、数学以及水利工程等方面都有很高的成就。他奉命修历,认识到修历的基本工作在于实测。他创造了简仪、仰仪和圭表等一系列仪器以助观测。其中简仪的设计很精密,在当时是十分先进的。这个仪器要比欧洲的同样仪器早三百年。他又在全国设立二十七个测景所,最北的北海测景所已在北极圈附近了。现在河南登封观星台,就是当年的测景所的遗址之一。他根据观测和研究,制订了《授时历》,这是中国古代最精确和使用最久的历法。

这一时期与天文历法有关的数学也有进步,出现了北宋的贾宪、南宋的秦九韶、杨辉和金的李冶、元的朱世杰等著名数学家。秦九韶《数书九章》、李冶《测圆海镜》、朱世杰《四元玉鉴》等都是世界闻名的数学著作。他们的许多成就都领先于欧洲几百年。

四、医　学

这一时期突出的医学成就是针灸学。北宋针灸学家、太医王惟一总结历代针灸家的实践经验,设计铸造了两个针灸铜人模型,在上面刻画穴位,标注名称;并写成《新铸铜人腧(shù 树)穴针灸图经》三卷;又将《图经》刻石流传,便利了针灸的实际操作和传授。金、元时期医学理论有很大发展,产生了四大学派,称为"金、元四大家"。四大家以金代的刘完素、张从正、李杲和元代的朱震亨为代表。他们的理论和医术,对中国医学的发展有一定的影响。另外,药学、病因学、法医学也有发展,出现了许多名著。如北宋曹孝忠主编《圣济总录》、南宋宋慈撰《洗冤集录》等。

五、农　学

南宋时,陈旉(fū 夫)撰《农书》三卷,是现存最早的专门记载、论述南方农业的著作。元代的最重要的一部农业科学著作是王祯的《农书》。全书约三十万字,记述了当时全国南北方的农业生产知识。此外,官修的《农桑辑要》和鲁明善著的《农桑衣食撮要》,也是元代比较重要的农书。

第十三章

明清（鸦片战争前）

(1368～1840年)

明清时代在鸦片战争之前，中国社会相对稳定，明朝和清朝都出现了盛世阶段，都出现了资本主义的萌芽与发展。

第一节 明　朝

明清（鸦片战争前）时期世界历史发展的格局发生了重大变化。欧洲主要国家完成了从产生资本主义萌芽到实现资产阶级革命和产业革命的飞跃，相继进入近代工业文明轨道。而中国在世界范围由先进转向落后的变化也恰恰发生在明清之际。就综合国力而言，处于鼎盛时期的明前期、清前期，在生产力发展水平、生产关系状况、人口数量和疆域辽阔稳固等方面均较历代皇朝明显提高，在亚洲以至世界仍属头等强国，至少明前期在世界范围仍保持领先地位。明中后期资本主义萌芽的产生和西方显露资本主义曙光也大致处于同一历史时代，由此而引发的一系列变动曾程度不同地在东西方同时显现。

一、制度与律令

1. 中央机构

（1）六部。在中央机构方面，朱元璋建国之初，仍沿袭元制，设立中书省，综理政务。中书省有左、右丞相（正一品），左、右丞（正二品）等官。中书省下置六部，六部各有尚书（正三品）、侍郎（正四品）。这时六部是中书省的机构，尚书不过是丞相的属员，丞相大权独揽，位处皇帝一人之下，百官之上。到了洪武十三年（1380年），因丞相胡惟庸专权揽政，且欲谋反，朱元璋杀胡惟庸，废除中书省及丞相，并且规定以后子孙不准设丞相，臣下有奏请者处以极刑。

这个规定永为后人遵守。朱元璋废掉中书省和丞相后，即提高六部的地位，升尚书为正二品，侍郎为正三品，委大政于六部，由六部分理天下庶务。由此六部尚书之上更无首长，六部各不相属，六部尚书平列，上面总其成者是皇帝。明政府经过这样的改革，皇帝拥有最终裁决权，出现了君主主持议政的民主集中制政治体制。

六部是中央政府中最重要的机构。六部各有尚书、侍郎，皆为堂上官，下设各司，以理事务，都称某某清吏司，每司有郎中（正五品）、员外郎（从五品）、主事（正六品），皆为司官、属官。吏部为六部之首，因掌用人大权，在六部中权最重。吏部主管文官的考核与任免，下设四个清吏司，其中最重要的是文选清吏司和考功清吏司。

　　文官的考核与任免,即由这两个司的司官赞理尚书进行。六部中权重的,吏部以外,便是兵部。兵部主管军队调遣、武官及士官的升迁。有关军事的会议,也由兵部主持。明朝中后期,兵部尚书、侍郎常出外督师,参赞军务,甚至协理京营戎政,兼领禁军。兵部也下设四个清吏司,其中以武选清吏司最为重要。凡武官、士官的选用以及罢黜,皆归武选司。

　　户部主管土地、户口、赋税、俸饷、粮仓、钱库、铸钱等等,其中主要是征收赋税。户部因为事务繁重,按省下设十三个清吏司,各管一省之事。刑部主管天下刑政,审定和执行律例,判案定罪,管理囚犯。因为讼事繁重,也按省分为十三个清吏司,各管一省刑政。刑部在六部中的权力较小,受到很多制约。首先大狱要由三法司审理,称为"三司会审"。

　　所谓三法司即刑部、都察院、大理寺。凡有大狱发生,由刑部负责审理,都察院纠察,大理寺驳正。又有朝审、大审、热审。朝审是每年霜降后,由公、侯、伯和三法司会审重囚,由吏部尚书主笔,有时大学士也参与。大审是由皇帝派宦官一员会同三法司长官,在大理寺审录囚犯,每五年举行一次,宦官居中坐大理寺大堂,刑部尚书等只能在旁列侍。热审是每年盛暑时在京师审录轻罪囚犯,或释放,或减罪等。此外,又有特殊司法机关厂(东厂)、卫(锦衣卫)掌管诏狱,最为残酷,可以胡作非为,不受任何法律限制。礼部主管礼仪、祭祀、学校、朝贡、宴会等,也分四个司,事情也很多。工部主管修建宫殿、衙署、陵墓,以及开采、织造、治河、屯田等,也分为四个司,是容易贪污的部门。

　　(2) 内阁。皇帝日理万机,总得有辅佐的人。因此,朱元璋废丞相后,便设置殿(华盖殿、武英殿等)、阁(文渊阁、东阁)大学士,皆为正五品,使侍左右,备顾问,并不参预机务,不过是皇帝的私人秘书,仅承旨办事而已。明成祖即位以后,则特简解缙、胡广、杨荣等七人入直文渊阁,得以参预机务,称为内阁学士,渐升为大学士。

　　内阁之名及阁臣参预机务自此始。但这时内阁仍是皇帝的秘书处,入阁者官位并不高,仅六、七品的小官,有的升至大学士,也不过是五品官,而且不设置属官,不得干预诸衙门职掌,诸衙门奏事也不通告他们。阁臣虽说参预机务,仅备顾问而已,凡事不能有所参决,皆由皇帝决定。以后仁宗、宣宗时,阁臣逐渐进官,进至尚书、侍郎等。

　　从这之后,阁臣的官衔一般是六部尚书、侍郎兼殿阁大学士,这样他们的地位就高起来了。另外,内阁的职权也在发生变化。宣宗常到内阁,命阁臣票拟。特别到英宗时,小皇帝九岁即位,不能处理国事,凡章奏皆由阁臣票拟呈进,以后内阁票拟遂成为制度。所谓票拟,即是一切内外章奏送到内阁,由阁臣代替皇帝先看,提出处理意见,墨书在一张小票(纸条)上,附贴在章奏上,呈进皇帝。皇帝看过之后,把小票撕了,亲用红笔写批在章奏上,这叫做批红。

　　内阁票拟经皇帝批红之后,就变成正式谕旨发下。内阁票拟必经皇帝批示才有效,总裁权在皇帝那里,然而很能影响皇帝的决定,所以票拟极其重要,这是政府内阁最大的权力所在。自从内阁职在票拟之后,内阁之权日重,大学士虽无宰相之名,却有宰相之实。为避宰相之名,统称为辅臣,有首辅、次辅、群辅之分。票拟即由首辅执笔,其他辅臣不过参论而已。

　　(3) 五府、都察院、大理寺、通政司。中央还设有五府、都察院、大理寺、通政司等机构,以管理军事、监察、刑法等事。

　　五府是军事机关,即中、左、右、前、后五军都督府。明初原设大都督府,节制天下兵马,大都督成为全国最高的军事长官。后来朱元璋觉得大都督府的权力太大,即将大都督府分为五府,使之分别统领在京及在外的军队。设左、右都督（正一品）为各府的长官，以治理府事。五军都督府与兵部共掌兵权。兵部是任命将领、发布调遣命令的机构（调兵必须奉旨），但不直接统率军队。五军都督府则是主管军籍和军政的机构，虽然分领在京及在各地的军队，但不能自己调遣军队及任命将领。这二者互相钳制，又都不能指挥军队，以使最高统一指挥权操于皇帝手中。但是明成祖永乐以后，有关兵事大权尽归兵部，而五府不过徒拥虚名而已。

都察院为明代所创设，把历代相沿的御史台改为都察院，但不完全承袭历代的御史台制。都察院是监察机关，长官为左、右都御史（正二品）。其下设有十三道（按省分为十三道）监察御史（正七品），共计一百一十人。都御史与六部尚书平行，合称七卿。都御史操参劾及建言之权，关于官吏的考察升降，则会同吏部进行，关于重大刑狱，则会同刑部、大理寺审理。监察御史官品虽低，但权势很大，对王公大臣都有权加以纠劾。尤其监察御史在外稽查州县，则称为巡按，代表天子出巡，权力极大，大事奏裁，小事立断。

另外，在监察方面，朱元璋又按六部的建制，设立吏、户、礼、兵、刑、工六科，各置都给事中（正七品）、左右给事中（从七品）、给事中（从七品）等官，共五十余人。这六科是独立的，其职在分别稽查六部事务，六部有违失，可以驳正。给事中与监察御史合称为科道官。给事中权力很大，一是有封驳权，诏令有不当者，可以封还；一是有劾奏权，如官员有违法事实，可以劾奏；一是有论事权，朝政有失，可以上疏匡正。

大理寺是司法机关，主管复审大案，平反冤狱，长官为大理寺卿（正三品）。凡刑部、都察院问过案件，皆移送大理寺复审，听候指驳。通政司是明代创设的，掌收内外一切章奏、封驳和臣民密封申诉之件。长官为通政使（正三品）。朱元璋认为政务如水，应当使之常通，即下情上达之意，所以这个机关以通政为名。

2. 地方制度

（1）省、道、府、县。地方行政制度为省、府、县三级制。明初仍沿元制，在各地设行中书省，在各行省设平章政事、左右丞、参知政事等官。洪武九年（1376年），朱元璋改行中书省为承宣布政使司（习惯上仍称为省），简称为布政司。这不仅是名称的改变，而意义实有不同。

元朝的行中书省职权太大，几乎无所不统，而布政司的职权则仅限于掌管民政、财政。到宣德三年（1428年），全国除南北两京外，共有十三个布政司，即山东、山西、河南、陕西、四川、江西、湖广、浙江、福建、广东、广西、云南、贵州，终明之世不变。布政司设左、右布政使各一人（从二品），又设左、右参政（从三品），左、右参议（从四品），均无定员。布政使俗称为藩司或藩台，掌管民政与财政，实为一省最高行政长官，权重位尊。参政、参议掌管各道事务，详见于下。

各省除布政司外，又有提刑按察使司，简称按察司；都指挥使司，简称都司，合称为三司。按察司掌管司法和监察，设按察使一人（正三品），又设副使（正四品）、佥事（正五品），均无定员。按察使不仅主管一省刑狱，也兼有纠劾官吏之责，俗称为按台或臬台。副使、佥事的职务是分道管事，详见于下。都司掌管军政，设都指挥使一人（正二品），都指挥同知二人（从二品），都指挥佥事四人（正三品）。

都指挥使的官品高于布、按二司，号称为二品大帅，凡有联名公文，序衔皆在二司官之上。三司在省里是平行的，彼此不相统属，各同中央有关部门发生联系。如布政司与六部发生联系，也与都察院有联系。按察司听命于刑部、都察院，都司听命于兵部及五府。这样，三司分权鼎立，可以防止地方权力过大,形成独立局面。但事无总统,又有运转不灵之弊。所以明中期以后,朝廷纷纷派部院大臣出任总督、巡抚各差,以驾于三司之上。这些总督、巡抚并非官名,只是一种差遣。但日久之后,也变成定制,到清代便把总督、巡抚作为一省的最高长官。

省以下有道的设置,但道是监察区,不是行政区。道的情况比较复杂,主要有分守道与分巡道两种。凡由布政司的佐官左右参政、参议分理各道钱粮的,称为分守道。各省分道数目不等,全国共有六十道。凡由按察司的佐官副使、佥事分理各道刑名的,称为分巡道。各省分道数目不等,全国共有六十九道。

省以下的行政单位为府,直隶于布政司。全国共有府一百五十九个。府有知府一人(正四品),同知(俗称司马,正五品)、通判(俗称别驾,正六品)无定员,推官一人(俗称司理或司李,正七品)。知府掌一府之政,在明初很受重视,知府到任,多由皇帝赐给敕书,以加强威权。同知、通判分掌清军、巡捕、管粮、治农、水利、屯田、牧马等事。推官掌理刑名。但两京府的组织不同,在府之上,没有布政使。北京称为顺天府,设府尹一人(正三品),府丞一人(正四品),治中一人(正五品),通判六人(后减为三人,正六品),推官一人(从六品),等等。南京称为应天府,设官同于顺天府。

府以下为县,全国共有县一千一百七十一个。县有知县一人(正七品),县丞一人(正八品),主簿一人(正九品)。知县掌一县之政。县丞、主簿分掌粮马、巡捕之事。

(2)州。另外,还有州的设置,全国共有二百三十四州。州分为直隶州(隶于布政司)和散州(隶于府),直隶州地位同府,散州地位同县,但州官品秩皆相同。州有知州一人(从五品),同知(从六品)、判官(从七品)无定员。知州掌一州之政,同知掌清军或兼巡捕,判官督粮、管马、捕盗、治农、管河等事。

3. 卫所制度

明朝的军队的基层组织分为卫、所两级,叫做"卫所制度"。大致五千六百人为一卫,称为卫指挥使司,卫的长官是指挥使(正三品)。一卫辖有五个千户所,每千户所一千一百二十人,设千户一人(正五品)。千户所辖有十个百户所,每百户所一百一十二人,设百户一人(正六品)。百户所辖有总旗二,小旗十。约五十人为一总旗,一个总旗领五个小旗,约十人为一小旗。卫、所遍布全国各地,自京师至府、县皆有卫、所。卫隶属于都指挥使司,都指挥使司又分隶于五军都督府,并听命于兵部。洪武二十五年(1392年)统计,全国卫、所兵数有一百二十余万。永乐以后,卫、所兵数达到二百七十余万。

为保证军队的兵源及供给,明初又实行军户和屯田制度。凡军士都是世袭的,单独编户籍,叫作军户。全国军户约有二百万家,占全国户数很大的比例。凡各地卫、所皆实行屯田,以保证军饷的供应。军士分为屯田与守城两部分,屯田者专事耕垦,供应军粮;守城者专务防守操练。军士守城与屯种的比例,大致是边地三分守城、七分屯种,内地二分守城、八分屯种。明初一个时期之内,几乎无军不屯,军队大体能够屯田自养,屯田收入成为军饷的主要来源,这就使国家免去养兵之费,大大减轻了人民的负担。遇有战事发生,则由兵部奉旨调卫、所兵,临时命将充总兵官,发给印信,统兵出征。战事结束,总兵官交还印信,兵士回到卫、所。这样将不专军,军无私将,而军权集于中央。

4. 明律与《大诰》

(1)《大明律》。朱元璋自称吴王时起,即命人议定律例。在洪武六年(1373年),又命刑部尚书刘惟谦详定《大明律》，于次年年初成书。此后《大明律》几经修定，于洪武三十年（1397年）颁行天下。

《大明律》是明朝的主要法律，是依据唐律及明初实际情况写成的。全书凡三十卷，四百六十条，改变唐律的篇目，分为名例律、吏律、户律、礼律、兵律、刑律、工律等七律。《大明律》的刑名有五，即笞、杖、徒、流、死。但五刑之外，又有凌迟、刺字、充军等刑。《大明律》的主要内容是从各方面来维护封建社会秩序和封建统治制度。

如为了镇压反抗、冒犯皇权及触犯纲常名教的行为，《大明律》把谋反、谋大逆、谋叛、恶逆、不道、大不敬、不孝、不睦、不义、内乱定为十恶，凡犯十恶之条者皆从重治罪，并且遇赦不赦。又如为了政权稳定，《大明律》专设"奸党"一条，用以禁治大臣结党弄权。又如为了保障国家的赋役，《大明律》对于隐匿户口及田产以逃避赋役者，莫不加以处罚。

此外，《大明律》还规定了各等级人群在法律上的不平等地位。如有所谓"八议"之条，即议亲、议故、议功、议贤、议能、议勤、议贵、议宾，用以优待皇亲国戚及勋贵显宦之家。凡在"八议"者犯法，官吏不得擅自勾问，只能奏闻请旨。若奉旨推问，则开列应得之罪，由皇帝裁决。又如规定主人犯罪，奴婢不得首告。

凡奴婢殴家长者皆斩，杀家长者皆凌迟处死，过失杀家长者则绞，骂家长者亦绞。若家长不告官府而殴死有罪奴婢者，仅杖一百，如果杀死无罪奴婢者，也只杖六十、徒一年。凡雇工人殴家长者杖一百、徒三年，折伤家长者绞，殴死家长者斩，故意杀家长者凌迟处死。若家长殴雇工人未折伤者勿论，折伤雇工人者较凡人减罪三等，殴死雇工人者杖一百、徒三年，故意杀雇工人者绞，过失杀雇工人者勿论。

（2）《大诰》。明初的法律除《大明律》外，还有朱元璋所亲撰的《大诰》三编。朱元璋于洪武十八年（1385年）作《大诰》七十四条，又于次年作《大诰续编》八十七条及《大诰三编》四十三条，皆颁示于天下学宫，作为师生必读的教本。并且规定一切军民也必须熟观，要户户有此一本，若犯笞、杖、徒、流等罪，可以减罪一等；如果没有此本，则加罪一等。此令一出，于是天下有讲读《大诰》师生来朝者十九万余人，朱元璋皆赐钱遣归。《大诰》三编的主要内容是列举明政府用严刑峻法所处理的种种案件。凡所列凌迟、枭首、族诛等案件不只千百，而斩首以下等案件则至万余，这些案件大都出自朱元璋的亲裁。朱元璋决断这些案件，多是法外用刑，用刑要较《大明律》重得多。

《大诰》三编中有种种酷刑，如有族诛、凌迟、枭首、挑筋、去指、断手、砍脚等，不下三十余种。朱元璋颁行《大诰》三编的目的，即在于公布一系列酷刑案件，用以威慑及警戒臣民，使之安分守己，不敢轻易犯法。《大诰》三编是朱元璋用法制治国的记录，也是朱元璋推行依法治国的一种手段。

二、"分封"与"靖难"

（1）明初的分封。朱元璋为巩固朱家王朝的统治，既大力推行中央集权制度，又实行与中央集权制相矛盾的政策，即分封诸皇子为王，用他们"屏藩王室"。朱元璋实行分封制度的目的，一是在于加强对北方蒙古马队的防御，一是为了防止朝廷中奸臣篡夺皇位。朱元璋共有二十六子，除一子为皇太子、另一子出生不久即死外，先后分封二十四子为王，又分封一个从孙为王，共有二十五王，使之出镇全国各地。

一部分镇守北方以防蒙古贵族的侵扰。如燕王朱棣镇守北平（今北京），宁王朱权镇守大宁

(今内蒙古宁城县西大名城),谷王朱橞镇守宣府(今河北宣化),辽王朱植镇守广宁(今辽宁北镇),代王朱桂镇守大同,晋王朱棡镇守太原,庆王朱㮵镇守宁夏(今银川市),秦王朱樉镇守西安,肃王朱楧镇守甘州(今甘肃张掖),称为"守边"九王。其他诸王分驻内地。为了使诸王发挥作用,朱元璋规定各王府均设亲王护卫指挥使司,共三护卫,甲士少者三千人,多者至一万九千人。

在诸王中,以北方诸王的势力最大。如宁王有甲士八万,战车六千。燕王和晋王权力尤高,如中央派来的宋国公冯胜、颍国公傅友德等均受其节制,甚至朱元璋允许此二王扩展其军事势力,军中事大者方才奏闻。

为防朝廷中奸臣篡位,朱元璋规定诸王可以移文中央索取奸臣,必要时得以"奉天子密诏"领兵"靖难"。为防止诸王跋扈难制,朱元璋又允许以后皇帝在必要时可以下令"削藩"。朱元璋以为事可万全了,但分封制度却造成分裂和割据,引起骨肉相残。朱元璋一死,分封之祸就降临了。

(2)靖难之变。洪武三十一年(1398年),朱元璋死,因太子朱标早死,皇太孙朱允炆继位,年号建文,是为建文帝。建文帝即位后,即与亲信大臣齐泰,黄子澄等密谋削藩,决定先削那些力量较小的藩王,于是首先袭执周王朱橚(燕王朱棣的同母弟),把他废为庶人,又拘代王朱桂于大同,囚齐王朱榑于京师,湘王朱柏自焚死。与此同时,也在北平周围及城内部署兵力,又以防边为名,把燕王的护卫精兵调出塞外戍守,准备削除燕王。建文帝以为准备停当了,便秘密下令擒拿燕王,但是没有成功,燕王朱棣即起兵南下。

这时建文帝已无大将可用,因为元功宿将早已被朱元璋除掉,只好起用幸存的老将耿炳文统兵北伐,又派纨袴子弟李景隆继续讨伐,均被朱棣打得大败。战争历时四年(1399~1402年),结果朱棣得胜,占领南京,即皇帝位,年号永乐,是为明成祖。建文帝下落不明,或说于宫中自焚死,或说由地道逃去,隐藏于云、贵一带为僧。

(3)明成祖削藩。明成祖即位以后,继续沿用朱元璋的政策。他接受"靖难"的教训,首先积极进行削藩。在北方操兵柄的诸王,有的被迁至南方,如宁王被徙于南昌;有的被削去护卫,如代王、辽王;有的被废为庶人,如齐王、谷王,从此诸王的势力大为削弱了,军政大权更集中于皇帝。他又于永乐十九年(1421年),把都城从南京迁到北京。迁都北京有利于巩固北部边防,又能进一步控制东北地区。

三、明初对边疆地区的经营

(1)经营蒙古地区。明朝初年,蒙古分裂为鞑靼、瓦剌和兀良哈三大部。鞑靼部居住在今鄂嫩河、克鲁伦河以及贝加尔湖一带。瓦剌部居住在今科布多河、额尔齐斯河和准噶尔盆地一带。兀良哈部居住在今兴安岭以东,松花江以西,呼伦湖以南,西剌木伦河以北。永乐时,鞑靼和瓦剌不断兴兵南侵,因而明成祖曾先后五次率兵亲征,给予了沉重打击。

元朝被推翻以后,元朝皇族退回蒙古草原,起初仍保持元朝国号,继帝位者仍称皇帝,历史上叫作北元。到建文四年(1402年),始废除元朝国号,改称鞑靼,皇帝改称可汗。永乐七年(1409年),明朝遣使与鞑靼通好,被鞑靼杀死。明即派兵讨伐鞑靼,被鞑靼击败。次年,明成祖亲率五十万大军第一次北征,在今鄂嫩河沿岸击败鞑靼主力军,鞑靼归降明朝。明封鞑靼首领阿鲁台为和宁王。

瓦剌与鞑靼矛盾严重,曾攻杀鞑靼可汗。后又准备进攻明朝。明成祖于永乐十二年(1414年)第二次北征,大败瓦剌军于忽兰忽失温(今乌兰巴托东。瓦剌请降,明封其首领脱欢为顺宁王。鞑鞑后来又兴兵南下侵犯明的边区,明成祖连续北征,鞑靼也都北撤,未发生战斗。明成祖第五次亲征,是在永乐二十二年(1424年),他病死于归途中。

明成祖五次北征,打败了鞑靼和瓦剌,巩固了明朝的北部边防。兀良哈部在洪武时归附明朝,明太祖朱元璋在其居地设置朵颜、福余、泰宁三卫指挥使司,任用其首领为指挥使。又封儿子朱权为宁王,镇守大宁,以控制兀良哈三卫。明成祖发动靖难之变时,恐宁王在后扼制,即胁迫宁王入关,又借用兀良哈三卫兵从征南京。明成祖即位以后,迁宁王于南昌,因为兀良哈兵从征有功,便把大宁割给兀良哈,仍为三卫。把大宁地方割让,是明成祖的一大失策。明成祖以后,兀良哈三卫不断南迁,迁徙到辽河以西地区,一方面和明朝互市贸易,一方面对明朝叛服无常,不时入边抄掠,成为明朝北部边境的不安定因素。

(2)奴儿干都司。在东北地区,主要居住着女真族。明朝初年。女真族分为建州女真、海西女真、野人女真三大部。为加强对东北地区的管理,先是明太祖设立辽东都指挥使司,用以控制女真各部。以后明成祖于永乐二年(1404年)在黑龙江口特林地方,设置奴儿干卫。永乐七年(1409年),又在特林设置奴儿干都指挥使司(简称奴儿干都司),下设许多卫、所,统辖黑龙江、松花江、乌苏里江流域及库页岛的广大地区。明成祖以后,奴儿干都司所辖卫、所增加到一百八十四卫、二十所,以后又增加到三百八十四卫、二十四所。从永乐九年(1411年)至宣德八年(1433年),明成祖及宣德皇帝先后派遣太监亦失哈等多次巡视奴儿干地区,并在特林修建永宁寺,先后立有《敕修永宁寺记》和《重建永宁寺记》两块石碑,记述了奴儿干都司创建的经过及亦失哈等来此巡视的情形。

(3)对西藏的管理。西藏在明代称为乌斯藏,是藏族居住的地区。洪武时,明朝在西藏设立两个都指挥使司,即乌斯藏都指挥使司及朵甘卫都指挥使司,又设有指挥使司、宣慰使司、招讨使司、万户府、千户所等机构,综理军民事务。永乐时,明朝还修了从雅州(今四川雅安)到乌斯藏的驿道,设置了驿站,大为便利了西藏与内地的交通。西藏盛行喇嘛教,喇嘛教分为许多派别,其中主要是红教和黄教。红教最先兴起,在元代势力很盛,成为西藏最大的教派。明朝永乐年间,青海藏族僧侣宗喀巴在西藏另创黄教。黄教兴起以后,红教就逐渐衰落下去。永乐时,宗喀巴的弟子释迦也失来京朝见,被封为"大国师"。宣德时,释迦也失再度来京,又被封为"大慈法王"。西藏与中原王朝的关系更加密切。

(4)西南地区的土司制度。明朝在西南苗、瑶、壮、彝、傣等族聚居地区,仍沿袭元朝的土司制度,设立土官统治,任用当地少数民族的头人做土官。如湖广(今湖南、湖北)、四川、云南、贵州、广西等省皆有若干土官。土官的机构有宣慰使司、宣抚使司、安抚使司、招讨使司、长官司、蛮夷长官司等,设置宣慰使、宣抚使、安抚使、招讨使、长官等官。此外,又有土府、土州、土县等,设官同于一般府州县。凡土官机构或隶于布政司,或隶于都司,或隶于行都司。土官一般是世袭的,流官较少,容易形成割据势力。有些土官图谋割据称雄,时常叛乱。明朝在平定叛乱后,往往把乱区的土司废掉,改设流官,这叫做"改土归流"。

四、明初社会经济的恢复与发展

1.恢复与发展农业的措施

在恢复与发展农业生产上,明初统治者采取了若干措施。

奖励垦荒与实行屯田 元末战乱之后,明初荒田很多,人民流亡未归。朱元璋即位后,首先下令各地流亡人民还乡生产,还乡者皆免税三年,量力开垦土地,如果现在农户丁少原来田多,不得依前占田。如果现在丁多原来田少,地方官验丁拨给荒田。凡各处荒田均听民开垦作为己业;若原业主归来,地方官于附近荒田内拨补给土地。朱元璋晚年又下令,凡山东、河南、河北、陕西各处新垦荒地,都"永不起科"。

此外,又大兴屯田。屯田有民屯、军屯、商屯三种,其中以军屯规模最大。民屯是由政府组织人民屯田,如移民屯种、募民屯种等等。洪武年间,明政府曾不断地把狭乡(人多地少的地方)人民大量地向宽乡(人少地多的地方)迁移,这是移民屯种。又明政府曾在北方府县近城荒地上,招募农民开垦,每人给田十五亩,又给地二亩种菜,这是募民屯种。民屯与一般的垦荒不同。

一般垦荒是人民自行开垦,所垦田为人民自有。而民屯是有一定的组织,由官督民耕种,土地属于官田,人民是官府的佃户。军屯是令军队屯田,积谷自给,以减少政府的军费开支。明初各地卫、所兵士皆分为屯田与守城两部分,大致边地三分守城、七分屯种,内地二分守城、八分屯种。当时全国军队基本上可以实现屯田自给,屯田总额达到六十余万顷,所生产的粮食十分可观。商屯是由盐商所举办的屯田。

明初为了解决边地军粮问题,即利用食盐国家专卖制度,规定盐商运粮到边地以充军粮,可以换取政府的盐引(贩盐执照),然后持盐引到指定的盐场领盐,再到指定的地区贩卖,这叫做"开中"。以后商人为免去运粮的麻烦及费用,便在边地雇人屯田,就地缴粮,换取盐引,此即所谓商屯。商屯在明初对于供应军粮及开垦边地,都起了一定的积极作用。

(1)鼓励种植桑棉。明初朱元璋规定全国农民有田五亩至十亩者,栽种桑、麻、棉各半亩,十亩以上者加倍。凡不种桑者,要交纳绢一匹;不种麻者,交纳麻布一匹;不种棉者,交纳棉布一匹。到洪武末年,又下令各地农民能再多种棉花,则蠲免赋税。又下令山东、河南农民,此后凡种植桑枣果树,都永不起科。从此棉花的种植与使用普遍起来,不仅发展了农业生产,也促进了纺织业的发展。

(2)兴修水利。朱元璋即位后,即命所在官吏陈奏有关水利事宜,并派官员分赴各地,乘农民农隙之时,督修水利。据洪武二十八年(1395年)统计,全国各处所开塘堰凡四万九百八十七处,浚河四千一百六十二处,修建陂渠堤岸五千四十八处。明成祖时继续兴修水利,如户部尚书夏原吉疏浚吴淞江,使苏、松农田大得其利。又工部尚书宋礼督开山东境内的会通河,并且建闸调节水量,不仅沟通了南北大运河,而且使许多农田获得灌溉之利。

在上述措施之下,明初的荒地无不得到开垦。据洪武二十六年(1393年)统计,天下土田共八百五十余万顷,比元末增长了四倍有余。粮食的产量也大为增加,这从明政府税粮的增长上反映出来,如洪武十八年(1385年)天下税粮二千八十余万石,而到洪武二十六年,税粮则增加到三千二百余万石,和元代岁粮总数一千二百余万石相较,约多出一倍半。

2. 改革工匠制度

在手工业生产方面,工匠制度也有所变革。明初对工匠的管理,仍然沿用元朝的匠户制度,即把工匠编入专门的匠籍,不准随便脱离匠籍改业。但元朝的匠户完全没有自由,终年被勒令从事于官手工业品的制造,而明代的匠户则得到了相对的自由,应役时间大为缩短。明代工匠分为轮班工匠和住坐工匠两种。轮班工匠隶属于工部,是各地轮流赴京上工的工匠。工匠轮班制开始于洪武十九年(1386年),规定各地工匠轮班到京师服役,每三年一班,期限为三个月,服役完毕即回家。除班期外,其余时间均归自己支配。

至洪武二十六年(1393年),各地工匠轮班办法又有改变,有的五年一班,有的四年一班,有的三年一班,有的二年一班,有的一年一班。在这种新办法下,五年、四年、三年一班者,可得数年休息;二年一班者也可得一年休息。唯独苦了一年一班者,往返奔走于道路,没有休息之日。到景泰五年(1454年),全国轮班工匠又一律改为四年一班,此后终明之世不变。轮班工匠完全是无偿服役,不仅上工之日没有代价,连往返京师的盘费也要自负。轮班工匠占据工匠的绝大部分,据1393年统计,共有二十三万二千八十九人。

住坐工匠是固定在京师工作的工匠,主要为皇家从事生产,隶属于内府内官监(宦官二十四衙门之一),但其匠籍管理及征调仍归工部。住坐工匠的名称始于永乐年间。住坐工匠每月上工十日,其余二十日自由支配,并且享有一定待遇,一般每月支米三斗。明代的工匠制度仍是一种劳役制,但却给了工匠一定的自由,这对手工业的发展是有利的。

五、明中期社会矛盾的发展与张居正改革

1. 政治腐败

(1)宦官专权。明中期以后,政治日趋腐败,导致宦官专权的局面。而宦官专权的结果,更加重了政治的腐败。

明太祖朱元璋鉴于汉、唐宦官专权之祸,曾严厉禁止宦官干政。明成祖朱棣即位以后,开始信任宦官,不仅给以出使、专征、监军之权,而且设立"东厂"特务机构,由亲信宦官掌管,由此开了宦官干政之端。

明代宦官专权,自英宗时王振始。英宗即位时九岁,还不懂事,对宦官王振言无不从,呼为"先生"而不称名。当时王振掌司礼监,依仗皇帝宠信,权在内阁之上,群臣争相阿附,政治日渐败坏,内外官吏莫不贪残,贿赂公行。凡朝觐官来见王振,必献百金为礼。王振先后擅权七年,家产计有金银六十余库,皆由内外官吏所奉献,其时政以贿成可以想见。

明英宗死后,儿子宪宗即位。宪宗信任宦官,在东厂之外另设西厂,命宦官汪直掌管,所领官校倍于东厂,掌东厂太监尚铭听其指挥,锦衣卫千户吴缓为其爪牙,权势远在东厂及锦衣卫之上。汪直利用职权,屡兴大狱,任意捕杀臣民,冤死者不计其数。

明宪宗死后,儿子孝宗即位。孝宗注意勤政,政治比较清明。但孝宗死后,儿子武宗即位,年十五岁,信用宦官。得宠的宦官有刘瑾、马永成、邱聚、谷大用等八人,谓之八党,又号称八虎,而刘瑾最为跋扈。时刘瑾掌司礼监,邱聚掌东厂,谷大用掌西厂,互为声援,势倾中外。刘瑾又矫诏设立内厂,由自己管领,比东、西厂更残酷。刘瑾先后专权五年,完全侵夺了内阁权力,朝廷大政不由内阁,而在刘瑾私寓办理。当时内外所进章奏有红、白二本(按纸色区分),先送刘瑾者,号红本;然后上通政司者,号白本。

刘瑾又矫诏令吏、兵二部,凡遇进退文武官员,必先于刘瑾处详议。因而,吏、兵二部用人之权,也由刘瑾所操纵。刘瑾专权时期,整个明朝官僚集团贪污成风,吏治败坏到了极点。刘瑾的家财有金一千二百余万两,银二亿五千余万两,只此银子一项即相当于明朝六十年的国税收入。

(2)土木之变与北京保卫战。英宗正统初年,蒙古瓦剌部强盛起来,其首领脱欢统一了瓦剌和鞑靼两大部,拥立原来元朝皇室后裔脱脱不花为可汗,自称丞相。正统四年(1439年),脱欢死,其子也先继位,自称太师淮王。当时脱脱不花仅是名义上的可汗,实际上瓦剌和鞑靼两大部的统治权

完全操在也先手里。也先不仅征服了北方蒙古诸部,又西攻哈密,控制西域要道,东破兀良哈三卫,侵扰辽东,威胁朝鲜,日渐跋扈,成为明朝北方严重的边患。

正统十四年(1449年)七月,也先率军大举南下,攻掠大同。边报传至京师,王振不作充分准备,即挟英宗领兵五十万亲征。大军离京之后,北出居庸关,向大同进发。大军未至大同,兵士已乏粮,饥寒交迫,死者满路。八月初,大军抵达大同,王振得报前线各军屡败,因而惧不敢战,又立即折回,回师至土木堡(河北怀来境),被瓦剌军追上,兵士死伤过半,英宗被俘,王振被护卫将军樊忠用锤打死,此即所谓"土木之变"。

土木堡的败讯传来,举朝大震,群臣聚哭,莫知所措。有人主张迁都南京,以避瓦剌的兵锋。兵部侍郎于谦怒斥南迁之论,主张固守京师。他急调军队赴京师守卫,又转运通州仓粮入京以备守城。于谦升为兵部尚书,国不可一日无主,他与大臣拥立英宗弟郕王朱祁钰为帝(景泰帝),以稳定人心,全力抗敌。果然,不久瓦剌也先挟持英宗直逼北京城下,以英宗在手要挟明朝。于谦调二十二万大军分布于京师九门之外,不接受敌人的要挟,他亲自率兵在德胜门外,然后关闭各城门,以示背城决一死战。瓦剌军主力进攻德胜门,被打得大败,也先之弟战死。攻其他城门亦失败,也先只有挟英宗退走。英宗在也先手中已无多大用处,于景泰元年(1450年)八月,被放回。这次北京保卫战的胜利和英宗的放回,于谦有巨大的功劳。

英宗归来之后,麻烦问题就来了,老皇帝回来了,新皇帝怎么办?朝廷中出现了策划英宗复位的活动。景泰八年(1457年)正月,新皇景泰帝病危,将军石亨、官僚徐有贞等联合宦官曹吉祥发动"夺门之变",拥英宗复位。强加于谦以"谋逆罪"而诛杀。于是宦官掌权,许多官吏受株连被杀、遭贬。

(3)世宗修道与严嵩当国。明朝中期,世宗继位,年号嘉靖,他在位四十五年,虽不重用宦官,但崇奉道教,信用方士奇术,妄求长生,欲成神仙,登位不久,即于宫中,日事祷祀。先是召道士邵元节入京,封为真人,拜为礼部尚书,宠信十五、六年。邵元节死后,又大宠方士陶仲文,也封为真人,授为礼部尚书,并加三孤(少师、少傅、少保)衔,给予伯爵,恩遇二十年。自嘉靖十三年(1534年)后,世宗即不视朝。嘉靖二十一年(1542年),乾清宫里发生宫婢之变,杨金英等宫女十余人,趁世宗熟睡之际,企图把他勒死,但未成功,均被处死。自此之后,世宗遂移居西苑,不入宫内,益求长生,日夜祷祀。

世宗专意修道,喜好青词。青词是道士写在青藤纸上的祷词,用来焚化祭天。凡进青词中意者,便能入阁,称为青词宰相。凡辅臣必须力赞修道,并且善写青词,才能得到信任,否则便失帝意而去。世宗又独断自是,拒谏护短,因而直言敢谏者无所容身,只有阿意顺旨者能专宠固位。所以世宗一朝,正直的大臣日少,奸佞之徒日多,以致内阁中倾轧,首辅之争激烈,终至造成奸相柄国。

严嵩在嘉靖年间为首辅最久,影响政治也最大。他做了很多坏事,害了不少好人,成为有名的奸相。严嵩无他才略,唯一意媚帝,用心供奉青词,并尽力至西苑,勤谨伺候。尤善揣帝意,利用世宗护短的毛病,因事挑动帝怒,以倾陷他人。凡攻严嵩者,均被严嵩报复,不是得罪而去,便是被置死地。严嵩窃权谋私,卖官受贿,引用私人遍居要地,四方官员争进贿赂,弄得政治极端黑暗,边防松弛不堪。

(4)庚戌之变。严嵩当权之际,边患严重。嘉靖二十九年(1550年)六月,蒙古俺答率军犯大同。大同总兵仇鸾重赂俺答,请求勿攻大同,移攻他处。八月,俺答遂引兵东去,自古北口入犯,长驱至通州,直抵北京城下。时勤王兵四集,仇鸾也领兵来。明世宗即拜仇鸾为大将军,节制诸路兵马。兵部尚书丁汝夔请问严嵩如何战守。严嵩说塞上打仗,败了可以掩饰,京郊打仗,败了不可掩饰,俺答不过是掠食贼,饱了自然便去。因而丁汝夔会意,戒诸将勿轻举。诸将皆坚壁不战,不发一矢。于是俺答兵在城外自由焚掠,凡骚扰八日,于饱掠之后,仍由古北口退去。事后,严嵩又杀执行他命令的丁汝夔以塞责。因这年是庚戌年,史称"庚戌之变"。

2. 农民起义

明中期以来,人口超重,农民失业严重,流民已达数百万,散布至十余省。后来相继爆发了农民起义。起义军主要有如下几支。

(1) 叶宗留、邓茂七起义。叶宗留,浙江庆元人,早在正统七年(1442年),便结聚千余人,进入浙、闽、赣交界山区采银矿。这里是封禁山区,叶宗留等被官军追捕,后出没于浙江、福建、江西边境地区结帮为匪,劫杀豪富,势力日盛。邓茂七,福建沙县佃农,正统十三年(1448年),率众杀掉知县起义,自称"铲平王",连下二十余县,并进围延平府(今福建南平市),掠财巨丰,养兵达十余万人。但后来这两支起义军都为官军击败,叶宗留、邓茂七相继战死。

(2) 刘通、李原起义。这次起义发生在川、陕、豫、鄂四省交界的荆襄山区。这里自明初以来属于国有矿区,严禁百姓流入乱采乱伐。但四方破产的农民为了生存,仍然冒禁不断流入垦荒开矿。到成化时,这里已汇集流民达一百五十万人以上。成化元年(1465年),荆襄流民在刘通(又名赵千斤)、石龙(又名石和尚)等领导下发动了起义,聚众数万。官军前来镇压,刘通被擒杀。石龙率残部退入四川,后亦被杀,起义失败。

成化六年(1470年),荆襄流民又在刘通的部下李原(绰号李胡子)等人的领导下,再度揭起义旗,众至百万。明政府调动大军二十五万,分兵八路围攻起义军。次年,李原等兵败被俘,解送北京处死。至此,荆襄流民起义完全被镇压下去了。

(3) 刘六、杨虎起义。刘六(刘宠)、刘七(刘宸),河北文安人。杨虎,河北交河人。他们最初是打家劫舍、劫富济贫的绿林好汉(土匪),被称为"响马盗",后于正德五年(1510年)十月,在霸州(今属河北)举行起义,有众数千人。文安县生员赵鐩也加入农民军中。次年,农民军扩大到数万人,分为两支活动。刘六、刘七、齐彦名等为一支,主要在山东、河北一带活动;杨虎、刘惠(又称刘三)、赵鐩(绰号赵风子)等为一支,主要在河南一带活动。

杨虎一支先是在渡小黄河(黄河故道)时,受到明军袭击,杨虎不幸翻船溺死,众推刘惠为首,赵鐩为副。刘六一支曾三次威胁京师,有五、六万人,正德七年,明政府大举镇压农民军,刘惠与赵鐩相继死去,河南农民军失败。刘六等势力孤单,遂走湖北,在黄州(湖北黄冈)兵败,投水而死。刘七与齐彦名夺舟入江,顺流东下,直至南通州(江苏南通市)。后,齐彦名战死,刘七也中箭溺死。刘六、杨虎所领导的农民起义,至此失败。

3. 张居正改革

明朝镇压了农民起义后,人口略有减少,但是各种社会矛盾依然存在,在这种情况之下,出现了张居正的改革,以求缓和社会矛盾。张居正(1525~1582年),字叔大,号太岳,湖北江陵人。隆庆元年(1567年)入内阁,隆庆六年(1572年)为内阁首辅。为内阁首辅时,隆庆皇帝已死,新即位的万历皇帝年仅十岁。张居正是中国历史上著名的政治家,自出任内阁首辅,先后执政十年,尽力辅佐小皇帝,以天下为己任,实行种种改革,比较重要的有下列几项:

(1)整顿吏治。在整顿吏治方面,张居正提出有名的"考成法",规定六部、都察院各衙门,凡属应办的公事,都要根据事情缓急,立定期限办理,设置文簿登记存照,依限办完注销。又另造文册二本,一本送六科(六部的监察机关)备注,实行一件,注销一件;一本送内阁查考。若地方抚(巡抚)、按(巡按)行事迟延,则部院纠举;部院注销文册有弊,则六科纠举;六科奏报不实,则内阁纠举。明朝本有考核成宪,但年久因循,虚应故事,已成空文。张居正的为政方针是:"尊主权,课吏职,行赏罚,一号令"。和"强公室,杜私门"。考成法实施以后,法必遵行,言必有效,一时大小官员皆不敢玩忽职守,一切政令"虽万里外,朝下而夕奉行",往昔因循苟且之风为之一变,行政效率大为提高。

(2)整饬边防。在整饬边防方面,张居正支持王崇古的建议,改善同蒙古的关系,封蒙古俺答汗为顺义王,命名其城为归化城(今呼和浩特),并在大同等地设立茶马互市,与蒙古进行贸易。又调抗倭名将戚继光镇守蓟门,用李成梁镇守辽东。俺答受封以后,约束各部不来犯边,于是西北边塞安宁,二十余年没有战争。戚继光在蓟门十六年,因受张居正倚重,得以展布才能,经营规划,守备强国,边境无事。李成梁在辽东屡战却敌,多所立功,至封伯爵。

(3)兴修水利。在兴修水利方面,张居正用治河专家潘季驯治理黄河、淮河,使河永不再入淮,大大减少了水灾,保障了农业生产,多年弃地得以变为良田。

(4)清丈田地。清丈田地是整顿赋役的一项措施。明中叶以来,官僚贵族及豪强地主大量占有田地,又以种种手段,隐瞒田地与人口,逃避赋税和徭役。相反,小民不但不能逃避赋役,而且官僚地主所逃的赋役,官府还要洒派小民负担。因而,"小民税存而产去,大户有田而无粮",赋役不均是个严重问题。针对这个问题,张居正提出在全国清丈田地,凡各府、州、县的勋戚庄田、民田、屯田、职田等等,一律重新丈量。此项工作由户部尚书张学颜主持进行,开始于万历六年(1578年),告竣于万历九年(1581年)。田地清丈的结果,总计全国田地为七百零一万三千九百七十六顷,比弘治时增加了三百多万顷。这个数字有浮夸之处,因为有些官吏改用小弓丈量田地,以求增加田额。但这个数字中确有增加的部分,即清查出了一部分豪强地主隐瞒的田地,有利于抑制地主逃税现象,改变赋税不均状况。

(5)一条鞭法。一条鞭法是整顿赋役的最重要的措施,主要是解决"役"的征收问题。

明初的赋役制度是赋和役分别征收。赋是以土地为对象征收的,按田亩计算;役是以人为对象征收的,又分为按户和按丁征收两种。按户所征的役,叫作里甲,按丁所征的役,叫作均徭。在征收的内容上,主要是征收实物和劳役,实物和劳役折银的只是小量。这种赋役制度是和商品经济的不发展相联系的。在封建的自给自足的小农经济之下,商品经济极不发达,政府所需要的各种物资和劳役,不能通过市场交换来满足,只有直接向人民征取。但是明中叶以后的社会经济情况有所变化,一是土地兼并在猛烈地发展,一是商品经济在迅速地发展。在这种情况下,旧的赋役制度不能不改变,一条鞭法便应运而生。在嘉靖十年(1531年)时就出现了一条鞭法,当时只在局部地区推行。到了万历九年(1581年),张居正把一条鞭法作为全国通行的制度,大力推广。不久,一条鞭法就在全国普遍实行了。

一条鞭法的主要内容是:"总括一县之赋役,量地计丁,一概征银,官为分解,雇役应付。"可以概括为如下几点:第一,一概征银,田赋和力役都折银征收。这样就取消了力役,由政府雇人充役。第二,把一部分力役摊入田赋征收。把过去按户按丁征收的力役改为折银征收,称为户丁银。有的地方将户丁银全部摊入田赋征收;有的地方将户丁银的大部分摊入田赋征收,小部分仍然按丁征收;有的地方将户丁银的大部分仍然按丁征收,而小部分摊入田赋征收;有的地方则将户丁银按田赋和按丁平均分配。

总之,一条鞭法还没有把力役全部摊入田赋,只是部分地摊入田赋。第三,归并和简化征收项目,统一编派。把过去对各州县征收的夏税、秋粮、里甲、均徭、杂役以及加派的贡纳等项统统折成银两,合并为一个总数,一部分按丁摊派,一部分按田赋摊派。第四,赋役的征收解运,由过去的民收民解(即由里甲办理),改为官收官解(即由地方政府办理)。

一条鞭法主要有三点进步意义:第一,将力役部分地摊入田赋,有利于减轻农民的负担。因为在封建社会里,土地的多数总是在地主一方,而户丁的多数总是在农民一方,现在把户丁银的一部分摊入田赋征收,自然就相对地减轻了农民的负担。第二,把力役改为折银,这就使有部分人摆脱了一部分国家的劳役束缚,能专营于生产。第三,赋役一概征银,这就反映了商品经济的发展,而又反转来促进了商品经济的发展。

六、明中后期社会经济的发展与资本主义萌芽

1. 农业与手工业的发展

(1)农业。在农业方面,这时水稻产量较前有了提高,一般稻田亩产二石到三石,个别地区达到五、六石。这时有玉米、番薯等高产作物自外国传入。玉米(又称玉蜀黍)的原产地是美洲,在十六世纪,由几条渠道传入中国。到了明朝末年,玉米的种植已达十余省,如有浙江、福建、云南、广东、广西、贵州、四川、陕西、甘肃、山东、河南、河北等地。番薯(又称红薯,俗称地瓜)的原产地也是美洲,大约在万历年间,分别由菲律宾、越南、缅甸传入中国。首先种植番薯的是福建、广东和云南,不久浙江也引进番薯,此后番薯的种植逐渐推广。番薯产量很高,每亩可得数千斤,所以传布很快。高产作物的引进,耕地产出的增加,使中国土地对吃饭人口的承载能力大大提升,加上张居正的资本化改革,中国的资本经济发展迅猛,尽管上次内乱人口减灭数量不多,但是高产作物大大缓解了吃饭人口的压力,张居正主政期间,明朝出现中兴局面和资本主义的萌芽雏形。

这时农业经济作物的种植面积在日益扩大。棉花的种植已"遍布于天下,地无南北皆宜之。"江苏的松江以及河南、河北、山东、山西、陕西的一些地方,已经成为著名的产棉区。松江有地二百万亩,大半植棉,棉田不下百万亩。美洲的烟草在明中后期由菲律宾传入,先传至福建、广东,以后渐及长江流域等地。到了明朝末年,北方也多种植烟草。美洲的花生在明中后期也传入中国,种植于江苏、福建、浙江等地。花生是重要的油料作物,它的传入有很大意义。又桑树、甘蔗以及蓝靛(一种深蓝色染料作物)的种植也很兴旺,浙江湖州和四川阆中都是种植桑业中心,福建和广东盛产甘蔗,四川和浙江也产甘蔗,福建和江西则是蓝靛种植最多的地方。经济作物的广泛种植,带动了中国农业经济的快速发展。

(2)手工业。在手工业方面,纺织业、冶铁业、制瓷业等有了新的发展。这时棉纺织业已成为非常普遍的家庭手工业。松江地区的棉纺织业最为发达,浙江嘉善县的纺纱织布也很有名,当时有"买不尽松江布,收不尽魏塘(嘉善县治所)纱"之谣。棉纺织业的生产工具也大有改进。如去籽用搅车,工效大为提高,使用句容式搅车生产,一人可抵原来四人。使用太仓式搅车生产,两人可抵原来八人。弹弓原来是竹弓绳弦,这时改为木弓蜡丝弦,振动力加大了。元代的纺车仅有三个锭子,这时的纺车有四个锭子,甚至江西乐安的纺车有五个锭子。

· 407 ·

丝织业也比以前更加发展。苏、杭二府是全国丝织业的中心区,山西潞安府的丝织业也闻名全国。这时用的织机有腰机和提花机。最值得称道的是提花机,它的结构复杂,提花技术巧变百出,能够织出各种繁杂的花纹,鲜艳美观。

这时冶铁技术有突出的进步。炼铁不仅普遍用煤,而且使用焦炭。鼓风已经应用装有活塞、活门的木风箱,这是当时世界上最先进的鼓风工具。炼铁炉的容量也增大了,如河北遵化的大铁炉,高一丈三尺,每炉可容矿砂两千多斤。

这时制瓷业,尤其是景德镇的制瓷业,技术多有革新。如瓷器施釉法改进了,用吹釉法代替蘸釉法,施釉更加均匀光泽。彩色瓷器也发展了,明初已有精美的青花瓷,这时又有斗彩(釉上釉下争美)、五彩(多种颜色)等新产品,这就为清代彩瓷的发展奠定了基础。这时印刷业也有进步,已经应用铜活字印书了。明代的中国科技文化又有了大幅度的提升。各个方面依然处在世界领先地位。

2. 商品经济的发展

在农业和手工业生产水平提高的基础上,明中叶以后,商品经济有了很大的发展,已经超过了以前任何时期。商品经济的发展主要表现在以下一些方面。

农产品和手工业品商品化 这时粮食、棉花、生丝、食盐、烟草、绸缎、棉布、瓷器及其他各种手工艺品都成为主要的商品,其中松江的棉布"衣被天下",苏州的绫罗纱缎"转贸四方",景德镇的瓷器在全国东西南北"无所不至"。

工商业城市的繁荣 这时全国性的工商业城市,首推北京与南京,人口皆在百万以上。手工业发达的城市,如松江是棉织业的中心,苏、杭二州是丝织业的中心,芜湖是染业的中心,铅山(今属江西)是造纸业的中心,景德镇是拥有数十万人的瓷都。此外,浙江的湖州、山西的潞安和西北的兰州等地,都是纺织业的中心。山西的平阳、河北的遵化、广东的佛山,都是冶铁业的中心。至于商业大城市更是多到三十余,散布在长江两岸、运河两岸、东南沿海及其他地区。北方的工商业城市比较少,南方则占了绝大多数。明代城市经济的发展,显然是南北不平衡的。

(1) 商业资本的活跃。由于工商业的发展,商业资本也非常活跃,在全国出现了更多的商人,他们在各地设立会馆,组织各种商帮。其中最多的是徽商,其次是晋商、江右商,再次是闽商、粤商、吴越商、关陕商。他们之中大多数都是中小商人,但也有拥资数万、数十万至百万的大商人,这些商人贩卖各种农产品及手工业产品。

以银为货币 随着工商业的发达,银代替了钱、钞(纸币),成为市场上流通的主要货币。这时朝野上下普遍用银。民间不仅大的交易用银,小的交易也都用碎银。明政府的田赋、徭役,工商业税、海关税乃至官吏俸禄、国库开支,也大都是以银折价,以银计算。

3. 资本主义萌芽

所谓资本主义萌芽,即资本主义生产关系开始产生,当然还很微弱,只是在封建社会内部稀疏地存在着。明代后期,资本主义萌芽已在某些地方某些手工业中出现,如在苏州丝织业中最为明显。

当时,苏州是江南丝织业的中心,已经出现了很多机户,专以机织为生,并且存在着机户雇佣机工从事生产的企业化经营模式。这里的机户有多少不详,但知总共使用机工数千人之多。这些机工"得业则生,失业则死"的工人阶层,已是完全没有土地产业的城市人口,专赖出卖劳动力为生。

他们都是"自食其力之良民",即是具有人身自由的人。机户与机工的关系"机户出资,机工出力"的雇工关系,这是一种新的产业工人队伍,在这种雇佣关系之下,有的机户雇工不断增多,不断扩大再生产,形成了企业化经营管理的资本主义的经营方式。

明人冯梦龙在小说《醒世恒言》中,写了一个施复发家致富的故事。施复是嘉靖年间苏州盛泽镇上的小机户,夫妻两口辛勤经营,原本只有一张织绸机,后来扩大到了三四十张织绸机。象施复这样的机户,在今天也算称得上是中小企业了。施复虽是小说里的人物,但他的发家故事却来源于当时的现实社会。实际施复式的人物,也的确见于当时的明代社会。如明人张瀚在《松窗梦语》中,记其祖上在成化末年,由购机一张增至二十余张,这也是小企业主。张瀚祖上的发家是在杭州,这说明在杭州的丝织业中,也有纺织企业的出现。总之,明代后期,在苏、杭,特别是在苏州的丝织业中,已有资本主义的企业化经营和资本市场。

此外,资本主义的生产关系也见之于其他手工业部门。如在松江棉布袜制造业中,即存在着包买商形式的资本主义经营。自万历以来,这里有暑袜店百余家,店主将料分发给当地"男妇",令其为之生产暑袜,诸"男妇"各回家中做成暑袜,然后从店中领取报酬。暑袜店的店主显然是包买商,诸"男妇"变成在自己家中替店主生产,领取计件工资的雇佣工人。

在浙江嘉兴县石门镇的榨油业中,也有资本主义生产关系的记载。该镇有油坊二十家,共有雇工八百余人,平均每家四十余人,对雇工按日计工资。这样的油坊可以看作资本主义性质的油品生产小企业了。又在广东韶州、惠州等处的冶铁业中,也有资本主义性质的经营方式。在云南的铜矿业中,也存在着资本主义性质的生产。

明代后期出现的资本主义萌芽,在各个行业出现,而且并没有与国家的政治制度发生根本冲突,这表明中国传统的君主官僚制度体系是可以顺利过渡到资本主义社会的。最后等到资本阶层的力量强大之后,就会在官僚队伍中寻找自己的代言人,出现资本主义君主立宪的民主政治。类似于日本后来的制度,如果这么下去,中国将继续保持世界第一先进的文明帝国。如果郑和下西洋之后能够加强与世界各国贸易的话。可惜繁荣之时,也是人口剧增之时,土地对吃饭人口的承载力很快就会达到临界值。

七、明朝的对外关系

1. 郑和下西洋

郑和原姓马,小字三宝,云南昆明州(今晋宁)人,回族,世奉伊斯兰教。十二岁入燕王朱棣藩邸,为宦者。朱棣称帝后,升为内官监太监,赐姓郑。世称"三保(三宝)太监"。郑和有才能,又是伊斯兰教徒,时南洋诸国多奉伊斯兰教,因之成祖欲遣人前往,郑和便入选。明代以婆罗洲(今加里曼丹)以东为东洋,以西为西洋。郑和所到之处大都在婆罗洲以西,所以称为郑和下西洋。

(1)下西洋的原因。当时的中国依然是世界第一的文明帝国,而且比以往任何朝代更加辉煌,明成祖命郑和下西洋的原因,主要是为了传扬中国的国威,扩大中国在海外的政治影响,招致"四夷臣服""万国来朝"的人类领袖的无上荣光。其次,也是为了发展海外贸易,尤其是朝贡性质的交换贸易,让各国以朝贡的形式来中国做买卖。或说郑和航行的目的在于追寻建帝的踪迹。当然建文帝的下落不明,在明成祖不能没有疑问,使郑和兼有这样的动机也未可定,然而这是传说的故事,实属野史,不能当真。

下西洋的经过 郑和奉命出使西洋,从永乐三年(1405年)至宣德八年(1433年),凡七次。第一次在永乐三年(1405年)冬至永乐五年(1407年)九月,第二次在永乐五年冬至永乐七年(1409年)夏末,第三次在永乐七年九月至永乐九年(1411年)六月,第四次在永乐十一年(1413年)冬至永乐十三年(1415年)七月,第五次在永乐十五年(1417年)冬至永乐十七年(1419年)七月,第六次在永乐十九年(1421年)春至永乐二十年(1442年)八月,第七次在宣德六年(1431年)十二月至宣德八年(1433年)七月。

郑和船队所到的主要地方有:渤泥(今加里曼丹)、满剌加(今马来半岛南端马六甲)、彭亨(在今马来半岛)、苏门答腊、旧港(今苏门答腊岛巨港)、三佛齐(今巨港一带)、爪哇、苏禄(今菲律宾苏禄群岛)、占城(今越南中部),真腊(今柬埔寨)、暹罗(今泰国)、榜葛剌(今孟加拉)、古里(今印度西海岸科泽科德)、小葛兰(今印度西海岸)、锡兰山(今斯里兰卡)、溜山(今马尔代夫群岛)、忽鲁谟斯(今霍尔木兹,属伊朗)、阿丹(今亚丁)、天方(今麦加)、木骨都束(今非洲东岸,索马里摩加迪沙)、卜剌哇(今索马里的布腊瓦)、竹步(今索马里的朱巴河口一带)、麻林(今肯尼亚的马林迪)。总之,从1405到1433年,郑和率领船队七下西洋,前后二十余年,经历了亚非三十多个国家和地区,最远处到达了红海的海口和非洲东岸,并且越过了赤道。遗憾的是唯独没有达到欧洲,此时的欧洲经过漫长的黑暗世纪之后,也开始向文明迈进。如果能与欧洲通航,也许中国就不会太过自大自狂了。至少知道,有一个地方的文明正在赶超中国。虽然此时的欧洲依然处在奴隶制领主庄园经济的诸侯公国纷战时代。

(2)下西洋的意义。郑和下西洋是人类征服海洋的壮举,有着伟大的意义。

第一,郑和下西洋在世界航海事业上,做出了巨大贡献。郑和下西洋发生在地理大发现之前,开始于1405年,这比哥伦布在1492年到美洲要早八十七年,比迪亚士在1487年发现好望角要早八十二年,比达·伽马在1498年到达印度卡里库特要早九十三年,比麦哲伦在1521年到达菲律宾要早一百一十六年。

郑和下西洋的规模是无与伦比的。如第一次下西洋时,有大型宝船六十二艘,精锐官兵二万七千八百余人。第三次下西洋时,有大型宝船四十八艘,官兵二万七千余人。第四次下西洋时,有大型宝船六十三艘,官兵二万七千六百余人。第七次下西洋时,有宝船六十一艘,官兵二万七千五百余人。郑和的船队以宝船为主构成,此外,还有马船、粮船、坐船、战船等许多船只,无论是船只吨位,还是军队人数,都是当时世界上最大的远征舰队。所到之处,当地国王无不惊恐万分,以最高礼遇相迎。但是中国军队并不像欧洲那样,以掠夺、占领、屠杀和贸易为最大目的,而是一个和平舰队,一个传播先进文明的舰队。

郑和的宝船大者长四十四丈四尺(合138米多,阔一十八丈〔合56米〕)。这种宝船有九桅,张十二帆,"体势巍然,巨无与比,篷帆锚舵二三百人莫能举动。"这是当时世界上最大的舰船。而达·伽马去印度仅有四船、约一百六十人,哥伦布去美洲仅有三船、八十余人,麦哲伦去菲律宾仅有五船、二百六十余人,船都不大,这和郑和的船队相比,真是小巫见大巫。郑和七下西洋的结果,打通了从中国到东非的航路,把亚、非的广大海域联成一气,这是地理大发现之前人类航海史上的伟大成就。

第二,郑和下西洋的结果,扩大了中国同亚、非各国的和平交往,发展了中国同亚、非各国的经济文化交流。郑和下西洋是和平进行的,没有征讨和杀伐,有之完全出于自卫。如旧港王陈祖义是华侨,经常劫掠过往船只,又谋劫郑和的船,郑和即擒陈祖义携归,陈祖义伏诛。又郑和至锡兰山,国王亚烈苦奈儿发兵前来劫船,郑和即生擒亚烈苦奈儿国王携至北京,明成祖又放其归国。郑和的船队在所到之处,首先向国王、头人等,宣读皇帝诏书,赏赐大量物品,然后即展开贸易活动,甚至派小船往偏僻去处贸易。如在古里,按当地习惯交易,货物议价以拍掌为定,以后价有贵贱,再不改悔。又在祖法儿(在阿拉伯半岛南岸),其国王遣头目遍谕国人,皆以乳香、苏合油之类来交换丝绸、瓷器等物。郑和的船队总是满载货物往返,主要以中国的手工业品换取各国的土特产品,载出的手工业品有丝绸、瓷器、铁器、铜线等等,载归的土特产品有奇货重宝及珍禽异兽等,如珍珠、珊瑚、宝石、香料、麒麟(长颈鹿)、狮子、鸵鸟之类。因为所载都是珠宝财货,价值连城,所以郑和的船被称为"宝船"。

郑和开始下西洋后,亚、非各国多遣使来中国建交及进行贸易。如1415年(永乐十三年),东非麻林国遣使来献麒麟,一时轰动京师。麒麟被中国视为吉祥之物,永乐皇帝亲御奉天门受礼,文武大臣莫不称贺。1417年(永乐十五年),苏禄东王、西王和峒王三王各率人抵京,凡三百四十余人,受到永乐皇帝隆重接待。东王在归途中死于山东德州,永乐皇帝命为之建墓立碑。东王墓至今犹保存完好。1423年(永乐二十一年),忽鲁谟斯等十六国使者来京,凡一千二百人,一时使者盈满朝廷,各国的奇装异服穿行京都。

自郑和下西洋后,中国沿海渔民和商人到南洋去的日益增多,把中国进步的生产技术和手工业品带到南洋各地,对南洋的开发起了巨大作用。

第三,郑和下西洋开拓了中国人的眼界。随从郑和航行的马欢著有《瀛涯胜览》,费信著有《星槎胜览》,巩珍著有《西洋番国志》,记载了所经各国的情况,丰富了中国人的海外地理知识。又郑和下西洋时绘有航海图,原名《自宝船厂开船从龙江关出水直抵外国诸番图》(见明茅之仪《武备志》卷240),一般简称为《郑和航海图》。此图蜚声中外,其中虽有一些错误,但至今仍有重要价值。

2. 倭寇之患

(1)倭寇的侵扰。倭是当时对日本的通称。明朝初年,日本正处于分裂混战的南北朝时期,一些封建主为了取得财富,便组织许多武士、浪人和商人,结成武装集团,到中国沿海一带进行走私贸易和劫掠骚扰,被称作倭寇。倭寇先是侵扰山东,以后渐次南下,经江苏、浙江而达于福建、广东沿海,所在出没无常,忽来忽去,杀伤居民,掠夺财货。但在明朝初年,由于沿海加强海防,倭寇不敢肆虐,没有酿成大患。倭寇为患最烈的时期,是在明世宗嘉靖年间。那时奸臣严嵩当权,政治极其腐败,海防松弛。如明初沿海防倭各军,每卫约五千余人,至此无一足额,甚至仅余一半,惟余老弱。

沿海防倭战船也多年失修,存者仅十之一二。因此倭寇所至,无力抵御。另外,中国沿海地区也由于工商业的发达、许多土豪大家、富商巨贾都私自出海贸易,或与倭寇相勾结。在走私贸易中,又出现一些亦商亦盗的海盗集团,如著名的头子有许栋(徽州歙县人)、李光头(闽人)、汪直(或作王直,徽州歙县人)、徐海(徽州人)等,莫不建造巨舰,结穴于海中岛屿,不仅从事武装走私,又兼行劫掠活动,而且勾引倭寇劫掠。由于这些原因,所以倭寇更猖獗。

嘉靖三十二年(1553年),倭寇与汪直、徐海等勾结,率战舰数百艘,分路进扰浙东、西及江南、北,沿海数千里同时告警。嘉靖三十四年,倭寇流劫数省,并深入内地、攻掠徽州、芜湖、南京,所至掘坟墓,掳妇女,杀掠甚惨。有一股倭寇不过七十二人,自浙江严州、衢州,过江西饶州,历徽州等地,而至南京。南京明军与之接战,死者八、九百人,此七十二人不折一人而去。南京十三门紧闭,大小官员皆登城守门,全城百姓也被点上城,虽然倭寇已退走,犹不敢解严。

(2)戚继光、俞大猷平倭寇。正当倭寇问题长期得不到解决的时候,明军中有两位抗倭名将出现,这就是戚继光和俞大猷。他们招募训练新军,依靠人民的支持,终于讨平了倭寇。

戚继光,山东蓬莱人,原在山东防倭,嘉靖三十四年(1555年),奉调到浙江,镇守台州(今浙江临海)等地,不久升为参将。

戚继光见卫所兵不习战,乃招募农民和矿夫三千人,组成一支新军,亲自练成精兵,人称为"戚家军"。他又针对江南的地形及倭寇活动的特点,创造了一种鸳鸯阵法,将兵士十二人分为一队,用长短兵器相配合,以便于短兵相接,有效地杀伤倭寇。嘉靖四十年(1561年),倭寇大举侵袭台州,焚掠海边的桃渚、圻头。戚继光率军与战,连战皆捷,全部歼灭倭寇。浙东的倭寇之患被扫除。随后,福建方面的倭寇又猖獗起来,戚继光又奉命入闽剿寇。时福建倭寇结大营于宁德的横屿、福清的牛田、兴化(今福建莆田)的林墩,互为声援。戚继光首先破横屿,又乘胜破牛田,然后袭破林墩,痛歼倭寇。倭寇三大巢穴全部荡平,戚继光班师回浙。

不久,新倭又大量来到福建,攻陷兴化城,占据平海卫(在兴化城东南临海处)作为巢穴。明廷鉴于情势严重,升副总兵俞大猷为总兵,升参将戚继光为副总兵,驰赴福建救援。在此之前,广东总兵刘显也已奉命入闽。嘉靖四十二年(1563年),戚继光率军赶到,与俞大猷、刘显合力进攻平海卫,戚家军首登敌垒,其他两军相继突入,遂大败倭寇,攻克平海卫,接着收复兴化城。事后,戚继光升为总兵,俞大猷调入广东。嘉靖四十三年(1564年),戚继光再败倭寇,福建倭寇完全平定。

福建倭寇平定后,广东倭患转烈,有倭寇二万余人,侵扰潮州、惠州一带。嘉靖四十三年,明廷任命吴桂芳提督两广兼理巡抚,又命俞大猷为广东总兵,负责剿倭。在吴桂芳的支持下,俞大猷招收山区农民及矿夫组成新军,又调集许多官兵,先后大战于海丰等地,将倭寇擒斩殆尽。于是广东的倭寇也被肃清了。至此,东南沿海的倭患完全解除,抗倭斗争取得了最后胜利。

3.援朝抗日

十六世纪下半叶,日本已逐渐因纷争割据走向统一局面。后来,日本关白(宰相)丰臣秀吉战胜其他诸侯,完成了日本的统一。为了满足封建主与商人的要求,丰臣秀吉积极从事海外扩张,企图占有朝鲜,并借朝鲜为跳板,以侵略中国。

1590年(万历十八年),丰臣秀吉曾致书朝鲜国王李昖,要求假道朝鲜进攻明朝,并要朝鲜国王率兵作为前导,书中说道:"吾欲假道贵国,超越山海,直入于明"。"秀吉入明之日,王其率士卒,会军营为我前导"。

当然,朝鲜国王没有听从其计。1592年(万历二十年),丰臣秀吉遣小西行长、加藤清正率军十余万,战舰数百艘,侵入朝鲜,攻破釜山,连下王京(汉城)、开城、平壤诸地,"朝鲜八道几尽没,且暮且渡鸭绿江"。朝鲜国王李昖逃到鸭绿江边的义州,遣使向明朝求援。这年年底,明朝即派宋应昌为经略,李如松为东征提督,统领援军过鸭绿江。1593年,在朝鲜军队的配合下,明军进攻平壤,打败日本最精锐的小西行长部队,光复平壤。平壤大捷对于战争胜利有决定性意义。不久,明军与朝鲜军队又收复开城,随后又恢复王京及汉江以南千余里的疆土。残败日军退据釜山。

正当胜利之际,明朝兵部尚书石星力主议和,遂与日本和谈,撤兵而归。丰臣秀吉则假意和谈,准备卷土重来。最后明朝上当,遣使至日本,封丰臣秀吉为日本国王,臣服中国皇帝,丰臣秀吉不受,于是和谈破裂。1597年(万历二十五年),明朝再派兵部尚书邢玠率军入朝抵抗。在明军与朝鲜军合力战斗之下,日军又遭受到很大的挫折。次年,丰臣秀吉死,中朝军队趁机反攻,日军入海逃走,明将陈璘督水师邀击于釜山南海,日军死伤无数,余者狼狈逃去。在这次海战中,明朝老将邓子龙与朝鲜民族英雄李舜臣也壮烈牺牲。日本侵略朝鲜七年,至此以失败而告终。

万历时的援朝战争,是反对日本侵略军的正义战争,它在中朝两国友谊史上,写下了光辉的一页。

4. 西方殖民者的入侵

公元十五、十六世纪,西欧处于资本主义萌芽和成长时期。欧洲的商人、探险家及传教士们,都希望到东方来进行贸易与殖民活动,尤其希望到中国和印度。

葡萄牙占据澳门 最先来到中国的是葡萄牙殖民者,当时明朝称之为佛郎机。

正德十二年(1517年),葡萄牙殖民者首先抵达广东屯门岛(今宝安县南头附近),并在此建筑堡垒,大造火铳,杀人抢船,掠卖良民。正德十六年(1521年),明军收复屯门岛,逐走葡萄牙殖民者。

葡萄牙殖民者屡次被逐,总是不肯从中国离去,最后终于占据了澳门。澳门是广东香山县(今中山市)南端的一个小半岛,又称香山澳,也称濠镜澳。明朝原在广州设置市舶司,以管理广东对外贸易事宜。后来广东市舶司屡易地方。嘉靖时,移于澳门。从此澳门便成为广东对外贸易的中心地。嘉靖三十二年(1553年),葡萄牙殖民者托言商船遇到风涛,请求在澳门晾晒货物,贿赂明朝海道副使汪柏允准,遂得入据澳门。葡萄牙殖民者在澳门,开始不过塔棚栖息,不久渐次筑室居住,聚众至万余人,有庐舍数百区,或千区以上。又在澳门半岛以北的青洲建立大教堂,后来又借口防御荷兰人来攻,公然在澳门建筑城墙。葡萄牙殖民者以澳门为基地,从事公开及走私贸易,贩进运出各种货物,每年得利无算。

葡萄牙殖民者得以窃据澳门,完全是明朝地方官吏轻视对方和宽仁好客的结果。但明朝政府并未将澳门地方让与葡萄牙殖民者,中国澳门的主权仍在,葡萄牙殖民者每年缴纳地租银五百两,明朝政府每年在澳门征收税银二万余两。又并无骚扰中国边民之恶行,具有互惠互利的性质,所以,就没有加以驱逐。

(1)荷兰侵占台湾。十七世纪初期,葡萄牙、西班牙的海上势力渐衰,荷兰殖民者的势力突起,掌握了东方海上的霸权、占领了印度尼西亚的爪哇岛及摩鹿加岛(今马鲁古岛)等,同时也把触角伸进中国。万历二十九年(1601年),荷兰殖民者首次闯入广东沿海。天启二年(1622年),荷兰殖民者占据澎湖。天启四年,福建巡抚南居益派兵收复澎湖,大败荷兰殖民者。荷兰殖民者败走台湾南部,明军未能穷追,从此荷兰人占据了台湾南部。在此之前,西班牙人已占据台湾北部,1642年(崇祯十五年),荷兰击败西班牙人,独占了台湾,直到郑成功时,始被驱逐。

(2)传教士来中国。自从葡萄牙殖民者来到东方,西方传教士也接踵东来。其中最著名的是耶稣会士意大利人利玛窦。利玛窦于万历十年(1582年)抵澳门,后在广东及南京、南昌、苏州等地传教。万历二十八年(1600年),他同另一耶稣会士庞迪沃,由南京来到北京,向皇帝献上天主像、圣母像、圣经、十字架、万国地图、自鸣钟、西洋琴等诸方物。明神宗大喜,即留利玛窦住在北京,于宣武门内赐给房屋,并允许设堂传教,生活所需皆由中国政府供给。此后,利玛窦遂寄居北京几十年,至万历三十八年病死,年五十九岁。明神宗赐葬地于北京阜成门外滕公栅栏,以后这里又建教堂,成为北京传教士公墓。

利玛窦在中国传教,根据中国情况,开创新的传教方式,取得了很大成功。他的传教方式,主要有三条。第一,走上层路线,与官僚士大夫交接,结识公卿及大儒学者等,并且争取皇帝的支持,因而得以在中国立足。第二,随从中国风尚,以减少传教的阻力。如学习中国语言,读儒家书籍,改穿儒服,又以儒家经典来解释基督教教义,力图说明基督教教义与儒家思想相通,甚至不惜修改基督教禁止祭拜其他神灵和偶像的教规,允许中国教徒祭天、祭祖、拜孔等。第三,介绍西方先进的科学技术知识,以此作为传教的门径,由于这些科学知识有益于实用,可补中国之不足,因而得以取信于士大夫,见重于当局,徐徐引人入教。

除利玛窦外,明末来中国的著名传教士还有意大利人熊三拔、艾儒略,日耳曼人汤若望,瑞士人邓玉函,西班牙人庞迪沃等。这些传教士大都遵循利玛窦所开创的方法,服从中国政府的安排与分派,在中国各地传教。至明朝末年,全国各重要地方几乎莫不有教堂,教徒已不下数万人。到了清初,教徒更增至十五万人。

除了传教以外,耶稣会士还传入了西方的科学技术知识,主要有天文历法、数学、地理学、物理学、火器制造等。这些科学知识的输入,对于当时中国社会经济文化的发展起了一定的促进作用,对于中国士大夫阶层中的少数先进分子,起了一种唤醒的作用。可惜这些科学知识仅能为少数人所认识和接受,如像徐光启、李之藻等近代科学的先驱者;而未能在广大社会上进行推广和传授,没有发挥应有的作用。

八、满族建国

1. 努尔哈赤建国

(1)女真三部。满族的前身是女真族。女真族在明初分为建州女真、海西女真、野人女真三大部。明中叶以后,三大部女真不断迁徙,到努尔哈赤起兵以前,按地域分作建州、长白、东海与扈伦四大部分。建州所属有五部,即哲陈部、浑河部、苏克素护河部、董额部、完颜部(王甲部)。长白所属有三部,即珠舍哩部、讷殷部、鸭绿江部。此建州五部和长白三部,就是过去的建州女真,分布在抚顺以东至鸭绿江、长白山一带。东海所属有三部,即渥集部、瓦尔喀部、库尔哈部。此东海三部就是过去的野人女真和其他少数民族,分布在黑龙江流域直到东海之滨。扈伦所属有四部,即哈达部、叶赫部、乌喇部、辉发部。此扈伦四部就是过去的海西女真,分布在辽宁开原、铁岭东至吉林地区。当时女真族各部蜂起,皆称王争长,互相战杀,甚至骨肉相残。在这种混战的局面之下,人们逐渐产生了统一女真各部的要求,努尔哈赤就成为实现这一历史要求的英雄人物。

(2)统一女真各部。努尔哈赤是明初建州左卫都督、女真酋长猛哥帖木儿的后裔,姓爱新觉罗氏。"爱新"是满语"金"的意思,"觉罗"是"族"的意思,所谓"爱新觉罗"即金朝的遗族。因为女真族自以为是历史上金国之后,所以便以金为姓。努尔哈赤十岁时丧母,因不堪继母虐待,十九岁离家,入山采参至抚顺出售,由于经商关系,得以长住抚顺,能通汉语,识汉字;又精于骑射,骁勇无比,深有政治谋略,长于策划,有军事才能,善于用兵。努尔哈赤的活动,首先是统一女真各部。努尔哈赤统一女真各部的过程,大致分为三个阶段。第一阶段,征服建州五部。从万历十一年(1583年)起,努尔哈赤以祖上遗甲十三副、不满百人起兵,至万历十六年,即统一了五部。

万历十七年,明朝晋升努尔哈赤为都督佥事。次年,努尔哈赤即亲自入京朝贡及"谢恩"。第二阶段,打败九部联军及合并长白三部。努尔哈赤统一建州五部后,于万历十九年,又兼并长白鸭绿江部,引起其他部族不安。万历二十一年,以叶赫为首的扈伦四部、蒙古三部(科尔沁、锡伯、卦勒察)、长白二部(珠舍哩、讷殷)等九部联军,合兵三万分三路来攻,被努尔哈赤大败于浑河附近,努尔哈赤又乘胜消灭长白珠舍哩、讷殷二部。

万历二十三年,明朝又加封努尔哈赤为龙虎将军。次年,努尔哈赤再次赴京入贡及"谢恩"。第三阶段,消灭扈伦四部及东海诸部的大部分。努尔哈赤首先于万历二十七年灭掉哈达,又于万历三十五年灭辉发,于万历四十一年灭乌喇,于万历四十七年(1619年)灭叶赫。在兼并扈伦四部的同时,努尔哈赤又先后用兵于东海的瓦尔喀部、库尔哈部、渥集部,统一了东海诸部的主要部分。这样,从1583年至1619年,三十余年之中,努尔哈赤就基本上完成了统一女真各部的事业。

(3)八旗制度。努尔哈赤在统一女真各部的过程中,创立了八旗制度。八旗制度是由女真族氏族社会的一种牛录组织演变而来的。原来女真族凡出征狩猎,每人取箭一支,十人中设一首领,统率九人行进,此首领称为牛录额真。(牛录,汉语"大箭"的意思。额真,汉语"主"的意思。)这种牛录组织不是固定的组织,只是遇到出征及行猎,才临时编制起来,事毕即散。牛录额真也非常设的首领,乃是临时推选的指挥者,事毕即罢职。努尔哈赤起兵之后,征服及来归的女真部族日多,即根据战争的需要和女真族的传统习惯,把原来的牛录组织加以扩充,逐步建立了八旗制度,用以编制女真族人民。

万历二十九年(1601年),努尔哈赤先建立四旗,以黄、白、红、蓝四种颜色作旗帜,称为黄旗、白旗、红旗、蓝旗。万历四十三年(1615年),努尔哈赤于原有四旗外,又增设四旗,共为八旗。增设四旗是镶边的旗,将黄、白、蓝旗帜镶上红边,红色旗帜镶上白边,称为镶黄旗(俗写厢黄旗)、镶白旗(厢白旗)、镶蓝旗(厢蓝旗)、镶红旗(厢红旗)。原有不镶边的四旗,则称为整黄旗(就是整幅的黄旗,俗称正黄旗)、整白旗(正白旗)、整蓝旗(正蓝旗)、整红旗(正红旗)。每一旗内的组织分为三级,三百丁为一牛录,设一牛录额真(汉称佐领);五牛录为一甲喇,设一甲喇额真(汉称参领);五甲喇为一固山(即旗),设一固山额真(汉称都统),在固山额真左右,又设两个梅勒额真(汉称副都统),作为副手。

八旗各有旗主,由努尔哈赤的亲近子侄任之,称作八固山贝勒,也称八和硕贝勒。又有八固山额真,是旗主之下的总管大臣,由努尔哈赤的子侄及亲臣担任。努尔哈赤则为八旗旗主之上的最高君长。八旗是军政合一、兵民合一的组织,"以旗统兵",又"以旗统人",既是军事组织,又是行政组织和生产组织。凡努尔哈赤麾下的各部族人户都要被编进牛录,受牛录额真的管辖,平时耕猎为民,战时则披甲当兵。

建立后金万历四十四年(1616年),努尔哈赤即汗位于赫图阿拉(今辽宁新宾境内),被推尊为"英明汗",年号天命。数年之后,努尔哈赤又定国号为后金,表示要恢复女真先世完颜阿骨打的事业。这样,一个新兴的后金政权就在东北地区正式出现了。

(4)萨尔浒之战。努尔哈赤称汗之后,积极准备对明作战。万历四十六年(1618年),发布"七大恨"告天征明。"七大恨"中第一条是要报明朝杀父祖之仇,有四条责备明朝援助叶赫防御,另两条指斥明军越境不许满人收割禾稼。这年努尔哈赤亲率步骑二万进攻抚顺,明朝将军李永芳出降,于是捣毁抚顺城,掳掠人畜三十万而归。

万历四十七年,努尔哈赤在萨尔浒山附近,与明军发生了决定辽东形势的一次大战。萨尔浒在赫图阿拉西北,抚顺关以东,浑河与苏子河合流处。明朝为保持它在辽东的统治,企图一举消灭后金,调集大军九万人,号称四十七万,以杨镐为经略,分四路进兵,扑向赫图阿拉。明军主力一路为三万人,由山海关总兵杜松率领,至萨尔浒山,为努尔哈赤集中优势兵力所击败,杜松战死。其他三路有的被击败,有的狼狈溃逃。这一次战役,双方作战五日,后金大获全胜。萨尔浒之战的结果,辽东局势起了根本变化,从此明朝在军事上失去主动进攻的力量,被迫处于防守地位,而后金则由防御转入进攻,萨尔浒战后不久,后金又连下开原、铁岭,并灭掉叶赫,兵锋直指辽沈。

(5)辽沈之战。萨尔浒之战以后,明朝起用熊廷弼为辽东经略。熊廷弼集兵十几万,分布各要隘,小警自保、大警互援,防守甚固。努尔哈赤见无隙可乘,一年多没有进攻。可是明朝的朝中却谤议四起,攻击熊廷弼不战,结果熊廷弼被罢职,改由袁应泰经略辽东。袁应泰虽然实心任事,而兵事非其所长。努尔哈赤即于天启元年(1621年)大举进攻,夺取沈阳、辽阳,占有辽河以东大小七十余城。袁应泰兵败自杀,这就是辽沈之战。不久,努尔哈赤迁都辽阳。

辽沈既失,明廷大震,再度起用熊廷弼为辽东经略,又用王化贞为辽东巡抚。熊廷弼提出以主力屯驻广宁,以守为主,伺机进攻。这个主张比较正确。但王化贞却要领兵六万进攻,声言一举荡平辽东。明廷竟然采纳了王化贞的错误主张,而排斥熊廷弼的正确主张。王化贞在广宁拥兵十三万,而熊廷弼仅有兵一万。天启二年,努尔哈赤亲自率兵渡过辽河,明兵一触大溃。王化贞弃广宁而逃。熊廷弼只好焚烧积聚,退守关内。努尔哈赤即轻取广宁。天启五年,努尔哈赤又由辽阳迁都沈阳,后改称盛京。

(6)宁远之战。广宁败后,熊廷弼、王化贞均被逮捕下狱。后来熊廷弼却先于王化贞被处斩,并且传首九边。熊廷弼之死,主要由于阉党魏忠贤欲借熊廷弼为题目倾陷东林党人。天启二年,明朝任用孙承宗为蓟辽经略。孙承宗在任四年,采取袁崇焕的意见,使袁崇焕修筑宁远城,坚守关外二百余里地方,又命诸将修筑锦州、大小凌河、松山、杏山等城,开拓地方二百余里,几乎收复辽河以西旧地。以后孙承宗被阉党魏忠贤所排斥罢职,明朝任用阉党高第为经略。高第怯懦无能,认为关外不可守,遂尽撤锦州、大小凌河、松山、杏山诸城守兵迁入关内,并要袁崇焕撤出宁远,袁崇焕死守不去。努尔哈赤于天启六年(1626年)大举西渡辽河,进抵宁远,用兵十三万围城。袁崇焕集兵固守。努尔哈赤屡次督兵攻城不下,城上矢石如雨,并且发炮轰击,金兵损伤甚多,努尔哈赤也受重创。努尔哈赤自起兵以来,战无不胜,攻无不克,唯宁远一城不下,遂大愤恨退回沈阳,这年八月病死。

2. 皇太极改国号为"清"

改国号,称皇帝努尔哈赤死后,第八子皇太极继承汗位,年号天聪。此时金国已成为塞外大国,人口包括满、蒙、汉三族,疆土东北达黑龙江口,西边至归化城(今内蒙古呼和浩特)以西,南面与明朝锦州、宁远为界。在这种情况下,皇太极已不满足于称金国汗,而想比拟于一统天下的中原皇帝,因此在明崇祯九年(1636年),皇太极自称皇帝,改国号为清,改年号为崇德,改族名为满洲。皇太极称清国皇帝,欲进占中原,成为全中国的封建帝王。

皇太极也是一位有作为的君主,他继承和发展了努尔哈赤的事业,对内进行政治改革,逐步建立君主集权制度,积极吸收汉文化,大力推行汉化政策,发展了八旗制度;对外统一了内蒙古,继续南下伐明。

(1)继续伐明。明崇祯帝即位以后,用名将袁崇焕守北边。袁崇焕整顿防务,布置周密,修筑坚城,多置大炮,以守为主,相机出战。这是很正确的方略。皇太极见袁崇焕的坚城难攻,便计划绕道进袭北京。崇祯二年(1629年),皇太极亲自率军出动,以蒙古军为向导,从龙井关、大安口入塞,攻破遵化,包围北京。袁崇焕闻讯,自山海关疾驰入援。皇太极非常嫉恨袁崇焕,就利用俘虏又放回的两个太监行反间计,向崇祯帝报告,说袁崇焕与皇太极有密约,崇祯帝深信不疑,即将袁崇焕下狱,后来处死。皇太极先后攻克遵化、永平、滦州、迁安四城,于次年自率大军退还沈阳。

崇祯九年(1636年),皇太极命阿济格等入长城,破昌平,焚天寿山德陵(明熹宗陵),直插保定以南,凡克城十二座,俘获人口牲畜十八万。崇祯十一年(1638年),皇太极又命多尔衮等越过长城,大举深入,连下四十三城。次年,南下至山东,攻破济南,俘明德王朱由枢,然后出塞,所俘汉人四十六万余,获白金百余万两。崇祯十四年,皇太极又发大兵南下,围攻锦州。明朝忙派蓟辽总督洪承畴率兵十三万人增援。洪承畴主张徐徐逼近锦州,步步立营,且战且守,勿轻浪战。可是朝廷却迫其克期进兵。洪承畴在松山(今辽宁锦县西南)被围,明兵溃散。次年,洪承畴战败被俘,押至沈阳投降。锦州、塔山、杏山(今辽宁锦县西南)相继为清军攻陷。又次年(1643年)八月,皇太极死,庙号太宗。其子福临继位,是为世祖,年号顺治。以年才六岁,由叔父多尔衮辅政。这时山海关以外几乎都入于清。

九、明后期社会、政治矛盾尖锐

明朝后期,人口再度达到巅峰,虽然引进的高产作物增大了土地对人口的承载能力,承载能力几乎增加了一倍,原来的崩溃指在六千万左右,现在的人口已达到一亿多,又没有粮食贸易来补充缺粮的需要,社会失业现象也日益严重,像所有朝代崩溃一样,各种社会问题都出现了,最多的还是饥民流亡现象,进一步导致农业生产秩序的混乱,使粮食总量下降,最终爆发危机和人口经济的全面崩溃,饥民再度爆发。

市民反矿监税使的斗争 当人口超重农民饥馑之时,国家税收征税困难,政府在辉煌时期养成的花钱习惯也一时难以改变,于是将税收转向对城市工商业者,加大对城市工商业者的征税力度,弥补财政赤字,从万历二十四年(1596年)起,明神宗派遣大批宦官充当矿监税监(使),分往各地开矿、征税。这些宦官在各大城市中借口开矿强占土地,或巧立商税名目横征暴敛,对于反抗者严厉法办,处置地方官吏。这就引起一系列城市居民反抗矿监税使的斗争。如万历二十七年(1599年)临清百姓反对宦官马堂的斗争,二十八年开始的湖广百姓反对宦官陈奉的斗争,二十九年苏州纺织工人反对宦官孙隆的斗争,三十四年云南百姓反对宦官杨荣的斗争。此外,又有万历三十年江西景德镇窑工反对税监潘相的斗争,三十六年辽东锦州军民反对税监高淮的斗争,等等。总之,万历年间城市居民反抗矿监税使的斗争,几遍全国各大城市,先后不下二十余起。参加斗争的主要是城市手工业工人、小商人、手工业者和城市市民等。这样的类似于资本主义社会的斗争形式在中国历史上还是第一次出现。这说明随着商品经济的发展,城市居民已经形成了一定的资本力量,依赖于城市资本化生活的工人和资本阶层开始联合起来捍卫他们的商业利益,与政府斗争。

农民的人口问题,导致了地少人多失业挨饿问题,又导致了农业税收难征的问题,转嫁财政困难又导致了对工商业的盘剥,又导致了城市工商业者的反抗。一个无法解决的根本性问题,引发一系列的社会矛盾和冲突,并且加剧了政府里的政治斗争。

神宗在位四十八年,前十年由张居正内阁主政,万历皇帝年幼,类似于君主立宪政治,政治比较清明,政府内阁也有威权,能够驾驭吏部及众多言官(给事中、御史等官)。但自张居正死后,内阁再无有作为的人物,内阁、吏部、言官各为一派,互相斗争。而明朝中后期儒家思想有很大发展,对帝王立了很多规矩,一不小心就要受到大臣们的严厉指责,寇准、包拯、海瑞等都当着众大臣的面参劾过皇帝,一点也不给皇帝面子,海瑞还抬着棺材去骂皇帝,皇帝气得背后大骂海瑞,但也没辙。

明朝的"儒士道"精神颇为浓烈,儒士们以死谏言,不怕打不怕杀,整得万历皇帝怕见这些儒士官员们,一次万历在皇宫里骑马戏耍,被大臣看到,在朝堂上受到指责,说帝王代表国家,国人之表率,不可做出有失帝王之尊的事情,言行要规范,不能有失体统。儒家说,君者无戏言,既要说话小心谨慎,又要行为检点,在自家院里(皇宫)随便一点都不行,这皇帝当得也实在太累,所以,明朝没有发生为争当皇帝闹皇族内部争斗的事情,甚至有的皇帝还辞职不干了,留走当和尚去了,大臣们把万历皇帝管得像"孙子似的",万历一气之下躲在后宫再不出来,谁也不见,"看你们谁敢跑到后宫来指责我",这一躲就是38年,几乎就是个名义上的象征性皇帝,几乎就等于君主立宪的民主政治了。

如果说古代的皇帝专制的话,明朝皇帝是最民主的,是最不专制的,是最不好当的,这是儒家文化在明朝理学思想上发展的结果,程朱理学制定的"为君之道"甚为严格,皇帝几乎没有什么独裁权力,相当于"君主立宪"的立宪条款一样,对皇权和皇帝的言行严加制约,把皇帝往象征性的位置上摆放,尽量少干预政府内阁的具体政务。程朱理学对儒家的发展已经开始走向民主政治,这符合明朝资本主义萌芽时期发展的政治需要。

民主政治本身就是资本时代的产物,什么样的生产力水平和生产方式需要什么样的生产关系和上层建筑与之相对应,资本时代对应资本民主政治,小农经济时代对应家长制威权政治,对应朝堂议事的民主集中制,无法超越。这是生产力发展水平决定的。包括,资本化的程度也决定了民主化的程度。美国在其他国家推行他们的民主就祸害了很多国家,无一例成功的,原因就是其他国家的资本化程度和生产力发展水平远没有达到美国的程度,低级的生产力水平需要的是低级民主形式,而不是高级民主形式,民主程度是随着生产力水平递增而递增的,而不能超越和一步到位。

万历在后宫几乎与大臣隔绝,一切章奏皆不答批,谓之留中。尤其晚年,官缺也多不补,以致内阁、部院各衙门多空无人,地方官也缺十之六、七。万历二十二年(1594年),吏部郎中顾宪成罢官,从北京回到家乡无锡。无锡原有东林书院,为宋代杨时讲学之处。顾宪成倡议修复,遂与好友高攀龙、钱一本等讲学其中,并在讲习之余,批评朝政,议论人物。当时不仅那些"抱道忤时"的在野士大夫闻风响附,而且在朝的一般正派官员也遥相应和。于是东林的名声大著,而忌者也多。东林党人的倾向是要求改良政治,反对宦官专权肆恶,反对矿监税使掠夺城市工商业者,反对宗室贵戚无限占田。如神宗要赐给福王庄田四万顷,东林党人礼部侍郎孙慎行即起而谏阻,说祖宗朝赐田没有过千顷者,并"拼一死"力争。又如东林党人凤阳巡抚李三才一再上疏,责备神宗派遣矿监税使害民,言词非常激烈,说道:陛下爱珠玉,小民也慕温饱;陛下爱妃子,小民也恋妻子。为何陛下欲聚财货,而不使小民享升斗之需!为何小民每日外出劳作,而陛下却天天躲在温柔乡里……

明朝的朝官个个都敢上书指责皇帝,甚至以敢于当朝指责皇帝为荣,皇帝有时一生气找个理由打他们的屁股,最多时,满朝文武官员全被拉出门外打屁股,有的大臣屁股被打开了花,爬在床上还要写奏章骂皇上。真是为国家而视死如归。足见明朝程朱理学所建立的"儒士道精神"是多么厉害,对皇帝权力的制约也是多么严格。皇上无权随意贬摘大臣,皇帝权力受到很多限制,只要不犯法,触犯皇上最多是打屁股,如果说皇帝想滥用职权,也就只有打屁股的权力,所以,这些大臣们才个个都敢直言犯上。

天启初年,东林党人布列满朝,分据内阁、吏部、都察院及科(六科)、道(十三道)各部门,一时势力大盛。但是局面不久便翻了过来,变作阉党的天下。宦官魏忠贤与熹宗乳母客氏互相勾结,二人甚得熹宗信任,客氏被封为奉圣夫人,魏忠贤则为司礼秉笔太监,并且提督东厂,魏忠贤的爪牙田尔耕掌锦衣卫事,许显纯掌北镇抚司狱。熹宗深居宫中,政事一听魏忠贤所为。以魏忠贤为首的阉党,即对东林党人进行残酷打击。

天启四年(1624年),东林党人杨涟首先上疏参劾魏忠贤二十四大罪状。一时群僚响应,交章论魏忠贤不法。天启五年,魏忠贤大举反扑,逮东林党杨涟、左光斗、魏大中、袁化中、周朝瑞、顾大章六人下狱,乃借边事加以陷害,诬其曾受杨镐、熊廷弼贿。六人均死于狱中,时称为六君子。天启六年,魏忠贤又兴大狱,逮东林党高攀龙、周顺昌、周起元、缪昌期、李应昇、周宗建、黄尊素七人。高攀龙投水死,其余六人死狱中,时称为后七君子。

魏忠贤党羽又撰《缙绅便览》、《点将录》、《同志录》,提供东林党人名单,按名捕杀斥逐。魏忠贤又命人编纂《三朝要典》,颠倒三案是非,定东林党人王之寀、孙慎行、杨涟为三案罪首。至此,东林党人被杀逐殆尽。魏忠贤总揽内外大权,自内阁、六部至四方总督、巡抚,莫不遍置死党。朝中官僚为其走狗者,有五虎、五彪、十狗、十孩儿、四十孙等名号。凡内外章奏无敢称魏忠贤名者,均称为"厂臣"。即内阁票旨,也必称"朕与厂臣"。

诸官皆称魏忠贤为九千岁,甚至称为九千九百岁。又浙江巡抚潘汝桢首先为魏忠贤建立生祠于西湖。由是四方效尤,魏忠贤生祠几遍天下。又监生陆万龄请以魏忠贤配孔子,忠贤父配启圣公。其时魏忠贤毒焰之烈可以想见。崇祯帝继位后,始除掉客氏及魏忠贤,并清洗阉党,但东林党与阉党的斗争仍未停止,直到明朝灭亡。

十、明末农民战争

1. 起义爆发与早期斗争

(1)王二起义。天启七年(1627年),陕西发生灾荒,遍地都是饥民,政府不仅无粮救济,而且国库空虚,要州县加紧征税,澄城知县张斗耀严催赋税,于是王二团结几百个饥民,冲进县城,杀死张斗耀,揭开了明末农民大起义的序幕。此后,一人敢做,四方效法,响应者四起,主嘉允、高迎祥、李自成、张献忠等均先后加入农民军。农民军最初只在陕西、山西一带分散活动,游走抢掠,逐粮就食。从崇祯六年(1633年)起,农民军活动的区域扩大,转战于河南、湖广(今湖南、湖北)、南直隶(今安徽、江苏)、四川、陕西诸省,农民起义开始形成全国性的规模。

(2)荥阳大会。这时农民军中以闯王高迎祥一支最强,在群雄中最具有号召力。从崇祯七年(1634年)起,明政府连续组织大规模的围剿,以期消灭农民军。这年洪承畴受命总督陕西、山西、河南、湖广等处军务,调兵七万人向农民军展开围剿。崇祯八年(1635年)正月,主要的农民军首领高迎祥、罗汝才、张献忠、李自成等都聚集在河南,共有十三家七十二营。为粉碎明军的进攻,首领们在荥阳举行大会,商讨作战方略。会上,李自成提出"分兵定所向"的主张,就是联合作战,分兵出击,得到大家的赞同。会后,高迎祥、李自成和张献忠等即率军离开荥阳东进。正月十五日,一举攻克凤阳,焚毁明朝皇陵。凤阳是明朝的中都,又是南北大运河的重镇。起义军袭破凤阳,明廷大为震动。不久,高迎祥、李自成和张献忠等又都转进入陕西。洪承畴的围攻计划全盘破产。

2. 张献忠农民军的战斗

(1) 转战湖广、江西。崇祯九年(1636年)秋,闯王高迎祥被俘处死,李自成由闯将被推为闯王,但这时他的势力还小,起义军中以张献忠的势力最强,实际成为支撑局面的主力。崇祯十一、二年间,在明军的围攻下,很多起义军先后投降了明朝,张献忠也在湖广谷城降熊文灿;李自成在四川北部梓潼打了败仗,退入陕南商洛山中,因而一时出现了起义军斗争的沉寂。崇祯十二年五月,张献忠于谷城重举义旗,李自成也出山战斗,起义军又活跃起来。明廷急派大学士杨嗣昌督师襄阳,统兵十万,对张献忠大举围剿。张献忠奋力突破包围,进入四川,杨嗣昌也领兵入川追击。张献忠采用"以走致敌"的战略,领兵疾走掠食,从崇祯十三年(1640年)七月到十四年正月,在半年之内,几乎走遍全川,但是当时粮食饥荒非常严重,张献忠四处运动掠粮。

当明军精锐都聚集在四川的时候,张献忠急由四川开县东下,进入湖广,昼夜疾驰,仅用了八天时间,行军一千多里,突然出现在襄阳城下,一举破城,杀死襄王朱翊铭和贵阳王朱常法,时在崇祯十四年二月。杨嗣昌愤惧交集,觉得对不住国家,自缢于军中。这年正月,李自成也乘势进入河南,攻破洛阳。从此,农民军形成李自成和张献忠两大主力,分别在北方和南方战斗。

(2) 建立大西政权。张献忠自攻下襄阳后,又几经挫折,北进河南,被明军打败,便去投奔李自成;但一山容不得两虎,张又东走安徽就食,然后向西再度进入湖广掠食。崇祯十六年(1643年)五月,张献忠攻下武昌,把楚王投入江中,张献忠在武昌称大西王,后转战湘赣一带就食。

崇祯十七年(1644年)正月,张献忠率兵进入四川,七月克重庆,八月破成都,随后分兵四出,几乎占了四川的全部。十一月,张献忠在成都正式建国,国号大西,年号大顺。

在行政组织方面,成立内阁、六部等机构。内阁有左右丞相,六部各设尚书。在军制方面,设有五军都督府,军队编为一百二十营,约有数十万人。此外,又颁行新的历书,叫作"通天历"。设立铸钱局,铸造"大顺通宝"。开科取士,分为举人、进士等名目,录取者大都用为地方官吏。

张在四川掠不到粮食时,便屠杀生民制做人肉干充军粮,川民被屠杀无数,百里之内无人烟,最后把自己的部分士兵也屠杀了做肉干,离开成都时放火焚烧成都而去。

3. 李自成农民军的战斗

(1) 建立大顺政权。崇祯十三年(1640年)秋后,李自成率领着五十骑人马,经湖广郧阳到了河南。这时河南正闹饥荒,所在饥民蜂起。李自成一入河南,饥民从者如流,农民军很快扩大到数万人。崇祯十四年正月,李自成攻破洛阳,杀死福王朱常洵,掘发福王府和富户金银窖藏赈济贫民,深得饥民拥护,当时民谣"要吃粮,跟闯王,跟着闯王抢粮仓"。农民军发展到五十万人,号称百万。

李自成开始吸收知识分子入伍。如河南杞县诸生李岩,卢氏举人牛金星和宋献策等,都在这时加入农民军。李自成用他们做谋士,他们在农民军中起了两个重要作用,一是造舆论,二是出主意,对李部农民军有重大影响。李自成在李岩的帮助下,在河南明确地提出打土豪"均田地"、"免公粮"的政治口号,极符合广大饥民得到土地与减免赋税的希望,因而很能鼓舞和号召群众。

崇祯十四、五年间,明军曾连续几次集兵往河南剿李自成,但都遭到失败。李自成先后取得新蔡之战、襄城之战、朱仙镇之战、郏县之战等的胜利,消灭明军十几万人,遂占有河南全省之地。

李自成在河南掠食完毕之后,又统兵南下湖广就食,在崇祯十五年十二月攻破襄阳、荆州(今湖北江陵),不过数月,占有湖广北部(今湖北)各州县,掠粮之后,李自成又奔襄阳,称新顺王,改襄阳为襄京,初步建立了中央和地方军政制度。在中央设内阁,成立六政府。在地方上设置府尹、州牧、县令等。在军制方面,实行精兵制度,每一精兵配置司牧、司柴、司器械等二十多人,精兵共约五、六万。但是粮食很快吃完,又离开襄阳开始运动游击。

崇祯十六年(1643年)夏,明朝命陕西总督孙传庭领兵出关,向李自成进攻。李自成亲提大军北上,在河南郏县和明军对垒,先出轻骑切断敌人粮道,然后围攻,斩杀四万多人。孙传庭退守潼关,李自成乘胜直追,破潼关,孙传庭战死,西安不战而降,起义军顺利进入西安。

崇祯十七年(1644年)正月,李自成在西安建立大顺国,年号永昌,进一步充实在襄阳初建的政权机构,设天佑殿大学士,用牛金星充任,增置六政府尚书,用宋企郊等人充任。又开科取士,改八股文为散文。又造新历,铸"永昌"钱等。这时李自成有步兵四十万,马兵六十万。

(2)李自成进京。这年二月,李自成率领大军从西安出发,二月八日,攻破太原。三月一日,攻破宁武关。农民军在宁武关打了一次硬仗,明朝总兵周遇吉据关死战,农民军伤亡七万多人。但从此之后,沿途关隘和军事重地都纷纷不战而降。十四日,居庸关守将唐通献城投降。十七日,农民军进逼北京城下。十八日,太监曹化淳打开彰义门(今广安门),农民军进占外城。十九日,崇祯帝走投无路,在万岁山(景山)上吊自尽。这一天农民军攻破内城各门,李自成由德胜门转大明门,进入紫禁城。北京城内家家户户的门上都大写着"大顺永昌皇帝万岁万万岁"等字样。但是,李自成还是让士兵大抢三日,严刑威逼富人捐钱。

李自成当了新皇帝,所建立的政权基本上仿照明朝政权的模式,其制度亦仿照明朝的制度。中央主要官吏已就职,河北、山东、河南等地的有些官职,已被任命,或已赴任。对明朝的原任官吏的处置,其办法也还可取。大致是,凡三品以上的大官一律不用,四品以下的官吏则酌情录用。明朝官吏先后被录用的有相当一批,如授京职的三百多人,授外职的四百多人。

李自成还在北京执行对明朝旧官吏严刑逼缴军饷的措施,其办法是按照明官职位高低,规定不同的数目。共追得白银七千万两,不少交不够数目的清官被拷打而死。农民军将领们以个人喜怒行事,几乎对明朝官吏普遍追饷,并且用刑拷掠。这就使得明朝官吏谈虎色变,以致不能争取更多的人支持新政权。

此时明军驻守在山海关的宁远总兵吴三桂有精兵四万人;在山海关之外的清军有二十万人。这两者都临近北京,朝发夕至。李自成似知道争取吴三桂之必要,也曾设法招降吴三桂;可是他的大将刘宗敏却霸占了吴三桂的爱妾陈圆圆,并逮捕了吴三桂之父吴襄进行拷打逼饷。其结果,招降不成,反而促使吴三桂投降清朝。

4. 清兵入关

(1)吴三桂降清。满清趁明朝内乱,开始进占明朝地盘,内乱之时,也往往是外敌入侵之时。李自成进北京之前,清兵已几乎全部控制了辽西地区。明宁远总兵吴三桂退守山海关。李自成进北京之初,曾命吴三桂之父吴襄写信,由他派人至山海关招降吴三桂,并以银四万两犒吴军;另派将率二万农民军代吴守山海关。吴同意投降,即率军往北京。但行至滦州,听说爱妾陈圆圆为刘宗敏霸占,就愤怒回师,击破李自成派驻山海关的守军,急派人向清兵求援。这时清兵正由摄政王多尔衮统率南下。四月十五日,行至翁后(今辽宁阜新附近),接到吴三桂"乞师"书,多尔衮立即回书答应,并许封吴三桂为"藩王"。四月二十日,清兵抵连山(今辽宁锦西),吴三桂催兵之书再至,清兵日夜兼程。次日,在山海关外一片石败李自成将唐通部。又次日,即抵山海关。吴三桂出迎,十余万清兵迅速入关。

(2)李自成兵败西走。李自成听说吴三桂不肯投降,并击破了他派去据守山海关的军队,即率精兵六万余人东击吴三桂,并挟持吴三桂之父吴襄同行。四月二十一日,抵山海关外。时清兵也已抵山海关下。次日,多尔衮先命吴三桂军与农民军激战,清兵自右翼突然进击,大败农民军。农民军溃散南逃。至永平(今河北卢龙)境,再被击败。李自成杀吴襄。二十六日,李自成率残军退回北京,下令杀死了吴襄全家三十余口。又命部属将金银辎重发运西安,自己于二十九日,在牛金星等的策划下,在明宫武英殿即皇帝位。次日,即逃离北京。农民军在北京前后共四十二天。

李自成西逃,路上屡为吴三桂军和清兵所败,又听信牛金星的谗言,杀掉正直多谋的李岩,部众人心涣散,失去战斗力,迅速走向失败。

第二节 清朝(鸦片战争前)

清军入关前,在明朝先进文明影响下,满族社会正处于从农奴制向官僚制飞跃发展的阶段。这一剧烈深刻的社会变革,在统治集团内部引起了革新与守旧两派力量之间的斗争。清初推行的一系列弊政遭遇到广大汉族人民强烈反抗,使两派之间的矛盾更加尖锐。

一、清帝入主中原

1. 清朝定都北京

(1)顺治帝入京。李自成既败退,多尔衮领兵直趋北京,凡所过之处,皆宣布定乱安民,勿杀勿掠,因而州县官民,皆开门迎降。五月二日,多尔衮至北京,明文武官员皆出迎五里外。多尔衮由朝阳门入宫,登武英殿受朝贺,下令兵士勿入民家,秋毫无犯。

多尔衮既入京,即议定迁都,遣官往盛京迎顺治帝。九月,顺治帝自盛京出发,进山海关,经通州,抵北京。十月一日,顺治帝祭告天地,登皇极殿,即皇帝位,颁诏天下,定都北京。

(2)清初政策的得失。清兵初入关时,为了稳定政权,曾颁行一些安民措施。其一,为明崇祯帝发丧,令官民服丧三日。凡明诸帝陵,皆设官守护。其二,明官吏降附者,各予升级,仍令视事。明朱姓诸王,亦仍保留王爵。其三,赋税除正额之外,一切加派如辽饷、练饷、剿饷,尽行蠲免。明朝后期的厂、卫诸弊政,亦一律废止。其四,礼俗衣冠暂用明制,汉人薙发与否,听从其便。这样的政策对争取中原地区汉族的人心起了很好的作用。

可是才过两年,清政府的政策突变,开始强制推行一些民族压迫政策。其中主要的有"剃发、衣冠、圈地、投充、逃人"五事。剃发即"剃头",是要征服区的汉人剃发束辫,从满人习俗。衣冠即更明朝衣冠,从满人服饰。圈地即"圈田",是把畿辅五百里内汉人的田地圈占给八旗将士。大规模圈田三次,共圈占田地约十六万余顷。名义上是圈占明朝皇室、勋戚的庄田,其实这些田地已在农民战争中归于农民所有。此外,还有许多自耕农的田地亦被圈占。"投充法",凡在京城三百里内外,八旗庄头及仆从人等,将各州县村庄汉人逼充奴隶,特别是各色工匠更逼投充。但汉人废除奴隶制已经两千多年了,被强迫做奴隶的汉人纷纷逃跑,奴隶满清入关之前一直是部落奴隶制度,所以清朝制度"逃人法",即满洲贵族的奴隶有逃走者,"将逃人鞭一百,归还原主","邻右九家、甲长、乡约各鞭一百,流徙边远。"隐匿逃人者,亦要治罪。此外,在战争中还多次发生屠城之事。这样的政策的实行,加剧了民族矛盾和斗争。

2. 各种抗清势力

清兵入关以后,中原地区先后存在过四种主要反清势力。一为李自成、张献忠的农民军主力,二为李、张农民军余部,三为明朝贵族所建各南明小朝廷,四为郑成功部。

(1)李自成、张献忠之败。李自成自北京回到西安,清兵由英王阿济格及豫王多铎分别统领,向李自成大举进攻。李自成由蓝田出武关,入襄阳(今湖北襄樊市),至武昌,阿济格及吴三桂在后紧追。这年夏天,李自成死于湖北通山县九宫山,年仅三十九岁。余部由郝摇旗、刘体纯、高一功、李过等率领南下。

张献忠在四川两年多,四川地区的豪绅地主普遍组织武装与他对抗。张献忠放弃成都,焚城而去,进入川北西充山中。顺治三年正月,清廷命豪格与吴三桂统兵入川,进攻张献忠部。十一月,清兵至西充之凤凰山,张献忠在战斗中中箭身亡,余部由孙可望、李定国等率领南走云贵。

南明福王、鲁王、唐王政权顺治元年五月,南明福王朱由崧称帝于南京。这个政权内部矛盾重重。马士英、阮大铖擅权中央,马士英为操纵政权计,排斥史可法,使他督师江北。驻武昌军阀左良玉又与马士英有隙,举兵讨马士英,向南京进攻。不久,清廷命多铎移师南下。顺治二年四月,扬州城破,史可法被执,不屈而死。五月,福王被俘,多铎入南京,福王政权灭亡。

福王政权灭亡后,鲁王朱以海监国于浙江绍兴。唐王朱聿键称帝于福州,建元隆武。这两个政权不但没有联合抗清,反而互相摩擦,形成水火不容之势。顺治三年六月,清兵渡钱塘江,鲁王兵败,逃至海上;八月,唐王被执而死,两政权都灭亡。

(2)农民军余部与南明桂王政权的联合抗清。农民军余部抗清的主力有三支,一为李自成余部,二为张献忠余部,三为稍后的夔东十三家。李自成死后,其余部尚不下四、五十万人,分为两支进入湖南:一支由郝摇旗、刘体纯等率领抵达湘阴,共十余万人,与明将何腾蛟联合抗清;一支由高夫人(李自成妻)、高一功、李过等率领抵达常德,约三十万人,与明将堵胤锡联合抗清。农民军与南明军队联合后,曾一度几乎全部收复湖南之地,屡次把桂王政权从危难中拯救出来。但是至顺治六年(1649年),清廷调集大军进占湖南,何腾蛟于湘潭被俘杀死。次年,清兵攻克广州,又入桂林。在清兵压迫之下,桂王政府退居广西南宁。

张献忠的余部孙可望于顺治八年(1651年)迎桂王至贵州之安隆所,改名安龙府。次年,孙可望等发动了大规模的东征北伐。刘文秀、白文选进攻四川,大败吴三桂军,收复了四川大部分地区。李定国、冯双礼进攻广西,又接连收复湖南、广东等省。在这次征伐战斗中,农民军先后收复了西南数省。但是孙可望嫉妒李定国之军功,阴谋削他的兵权,以致挑起内战,最后失败,投降了清朝。顺治十六年(1659年),清兵三路入滇,李定国作战失败,桂王逃入缅甸。顺治十八年,吴三桂兵临缅甸,收执桂王。康熙元年(1662年),吴三桂绞杀桂王于昆明,李定国病死于猛腊。

李自成余部在湖南抗清失败后,先后转移到川、鄂地区,即夔州府(今四川奉节)以东地区,由农民领袖刘体纯、李来亨等与明将王光兴等联合抗清,称为夔东十三家军。康熙元年,清兵大举进攻十三家军。康熙三年(1664年),十三家军抗清失败。至此,明末农民战争结束。

(3)郑成功抗清及收复台湾。郑成功,福建泉州南安人,父芝龙,母日本女翁氏,出生于日本,七岁返国读书,十五岁为南安县学生员。原名森,字大木,唐王甚器重,赐国姓(朱姓),改名成功,自是人称"国姓爷"。郑成功不肯随父降清,在郑芝龙降清北去后,他入海抗清,以金门、厦门为海上抗清基地。郑成功善于治军,精练士卒,军纪严明,势力日益强大。经常派军出没于浙江、福建、广东沿海一带,攻城略地,屡败清军。其中规模最大的一次,是顺治十六年(1659年)夏秋的北伐。当时,郑成功率大兵十七万,分为八十三营,扬帆北上,直抵南京城下,收复南京附近及安徽部分地区。但郑成功犯了胜利轻敌的错误,对南京围而不攻,以待其降,并开宴纵酒,放松警惕,致遭清之骑兵突袭,郑军大乱而退,伤亡惨重,退回厦门。

郑成功为谋取抗清复明的根据地,决计进兵台湾。顺治十八年(1661年)三月二十三日,郑成功率军二万五千人,由金门科罗湾出发,二十四日抵达澎湖。在澎湖阻风乏粮数日,又冒风雨开船行进。四月一日,大队船只齐进台湾鹿耳门,顺利登岸扎营。郑军迅即攻克赤嵌城(今台南),荷兰侵略者退守台湾城(今安平)。四月二十六日,郑成功致书荷兰总督揆一招降:"台湾者,中国之土地也,久为贵国所踞,今余既来索,则地当归我,珍瑶不急之物,悉听而归。"揆一不降,郑军急攻不下,乃筑长围以困之。郑军又在海上屡败荷兰由巴达维亚派来的援军。又得知台湾城内无井,欲塞城外水源。揆一穷蹙无计,于十二月三日出降。从此郑成功驱逐了荷兰殖民者,为祖国收复了台湾,在台湾督兵大兴屯田,招集福建、广东人民前来开荒,设官府,兴学校,进一步开发了台湾,康熙元年(1662年)五月,郑成功病死于台湾,年三十九岁。

二、统一的多民族国家的巩固和发展

1. 平定三藩

(1)三藩割。据清初,利用明朝降将以镇守南方:平西王吴三桂驻云南,平南王尚可喜驻广东,靖南王耿精忠驻福建,称为三藩。三藩之中,吴三桂的势力最大,兵力不下十余万。因此,清廷对他颇存顾忌,一切不敢过问,假以专制云、贵二省的大权。当时清廷所给云、贵二省督抚的敕书,都要写入"听王节制"四字。吴三桂可以随意题补官吏,号曰"西选"。凡朝廷所选文武官至云南,吴三桂即派人加以收买,以为己用。吴三桂在经济上也有很大的势力。他占据明代世镇云南的沐氏庄田七百顷作为藩庄,又和西藏的达赖喇嘛在北胜州互市,以茶换取蒙古的马匹。又派许多人出外做生意,贩运辽东人参及四川的黄连、附子,以牟取利润。又大量地贷钱给商人,谓之藩本。还强征关市之税,开矿鼓铸。吴三桂欲效明代沐氏故事,世守云南,所以从各方面培植自己的势力。其他尚、耿二藩也和吴三桂一样,兵员众多,经商括财,强征市税,遍置私人,坐地称霸。

三藩各据一方,形成独立王国,严重威胁着清的统治。三藩的存在,每年要消耗官府兵饷二千余万两,在经济上也成为清廷沉重的负担。因此,清廷考虑撤藩。

康熙十二年(1673年)春,尚可喜请归老辽东,而欲使其子尚之信继续留镇广东。康熙帝抓住这个机会。即命其父子率属下兵丁家小同撤。吴三桂、耿精忠闻之,也奏请撤藩,目的在于试探朝廷的态度。当时朝中大臣畏惧吴三桂的武力,多数人不敢主张应允。而康熙帝则毅然作出决定,吴、耿二藩也一齐撤掉。

(2)三藩叛乱。撤藩之令既下,吴三桂首先于这年十一月杀云南巡抚朱国治而反,自称天下都招讨兵马大元帅,蓄发,易衣冠,发布檄文,倡言"兴明讨虏"。吴三桂军由云、贵直入湖南,长驱至岳州,占领湖南全省。吴军又分军入四川,四川的提督、巡抚、总兵先后投降。至此,云南、贵州、湖南、四川四省尽入吴三桂之手。响应吴三桂叛乱的还有福建的靖南王耿精忠和广东的平南王尚之信。此三王之叛乱,史称"三藩之乱"。此外,广西、陕西、湖北、河南等省的军政官长也相继响应叛乱。这样,中国的西南全部和东南沿海地区及中原、西北的大部分地区也都混乱起来。

(3) 康熙帝平三藩。以吴三桂为首的联军内部勾心斗角,矛盾重重。而且吴三桂一开始即在战略上犯了保守主义错误,本来他以锐不可当之势占领湖南全省,但却立即收住了攻势,沿江布置防御工事,与官军对峙。另遣兵一由长沙犯江西,企图与耿精忠合,一由四川犯陕西,企图与陕西提督王辅臣合。

这样一种打法,就给予康熙帝以调兵遣将、从容布置的机会。康熙帝在应付这一事变中表现出他的雄才大略。他看出主要的叛变者是吴三桂,所以其对策是坚决打击吴三桂,决不给予妥协讲和的机会;而对其他的叛变者则大开招抚之门,只要肯降,不咎既往,以此来分化敌人,削弱吴三桂的羽翼,从而孤立吴三桂。在这个方针之下,康熙帝把湖南作为军事进攻的重点,命勒尔锦等统领大军至荆州、武昌,正面抵住吴三桂,并进击湖南,又命岳乐由江西赴长沙,以夹攻湖南。此外,康熙帝又放手利用汉将汉兵作战。

康熙十五年(1676年),陕西的王辅臣和福建的耿精忠先后投降朝廷。次年,广东的尚之信也投降。吴三桂局促于湖南一隅之地,外援日削,而清军已由江西进围长沙,其失败之势已成。康熙十七年(1678年),吴三桂已起兵六年,年六十七岁,为排除胸中苦闷,于这年三月在衡州称帝,国号周,大封诸将。未几即忧愤成疾,于八月病死。吴三桂一死,其势即土崩瓦解。官军攻下岳州,占领四川,进攻云贵。康熙二十年(1681年)冬,官军进入云南省城,吴三桂之孙吴世璠自杀。历时八年,波及十数省的三藩之乱,终于被平定了。

2. 统一台湾

郑成功死后,其子孙继续占据台湾,以恢复明朝为旗帜,其实恢复明朝在大陆的统治已不可能,只是在这个名义之下走向了割据为王的道路,日益变成全国统一的障碍。

康熙二十年(1681年),三藩之乱平定,解决台湾问题的时机成熟了。这年郑成功之子郑经死,诸子争位,长子被杀,幼子郑克塽立。郑克塽时年十二岁,大权操于冯锡范与刘国轩之手。康熙帝即用施琅为水师提督,进兵台湾。康熙二十二年(1683年)闰六月,施琅统战船三百,水师二万,攻打澎湖。一战而克,大获全胜。郑军二万士卒,二百只战舰全部被击溃,守将刘国轩遁归台湾。郑克塽等见大势已去,即向施琅投降。

康熙帝在台湾设一府三县——台湾府和台湾、凤山、诸罗三县,隶于福建省。并在台湾设总兵一员,驻兵八千,在澎湖设副将一员,驻兵二千。康熙帝收复台湾,完成台湾和大陆之间的政治统一,大大促进了以后台湾的政治、经济与文化的发展。从此台湾成为中国东南海上的重镇,有利于加强和巩固中国东南沿海的国防,有利于抵御西方殖民势力的入侵。康熙帝统一台湾,其意义极为重大。

3. 平定准噶尔部首领叛乱

准噶尔部首领叛乱,始于康熙年间,继续于雍正年间,终结于乾隆年间,历时达七十余年之久。清廷平定准噶尔叛乱,关系到国家对新疆、青海、西藏、蒙古的统一问题,具有重大的意义。

(1) 蒙古三部。明末清初之际,中国蒙古族分为漠南蒙古(内蒙古)、漠北喀尔喀蒙古(外蒙古,明时称作鞑靼)和漠西厄鲁特蒙古(明时称作瓦剌)三大部。漠南蒙古分为二十五部,早在皇太极时就已归附清朝,清廷封其封建领主以亲王、郡王等爵,并与之世代通婚。喀尔喀蒙古分为四部,即扎萨克图汗部、三音诺颜部、土谢图汗部、车臣汗部,在皇太极时,各部已向清廷进贡,还各遣子弟入朝为质。厄鲁特蒙古分为四部,即准噶尔部、和硕特部、杜尔伯特部、土尔扈特部。四部各有其牧地,准噶尔部游牧于伊犁,和硕特部游牧于乌鲁木齐,杜尔伯特部游牧于额尔齐斯河,土尔扈特部游牧于雅尔(即塔尔巴哈台)。明末,和硕特部又迁徙游牧于青海。土尔扈特部也因受到准噶尔部压迫,弃雅尔牧地,全族西走,进入已为俄罗斯占据的旧日牧地额济勒河(今伏尔加河)游牧。在土尔扈特部迁走以后,本属于杜尔伯特部的辉特部则进入雅尔地方,又自成为一部,所以厄鲁特仍为四部。在厄鲁特四部中,以准噶尔部最为强大。

(2)平噶尔丹叛乱,统一外蒙古。康熙初年,噶尔丹做了准噶尔汗。他野心勃勃,首先把厄鲁特各部并入在他的统治之下,又征服南疆的回部(今维吾尔族),成为控制今新疆、青海的巨大割据势力。他于康熙二十七年(1688年)向东推进,打败喀尔喀蒙古,迫使喀尔喀数十万众南徙。噶尔丹成为对清朝北部疆域的重大祸患。康熙帝一面把喀尔喀部众安置在内蒙古北部放牧,一面命噶尔丹退兵,要他归还属于喀尔喀部的牧地。但噶尔丹在俄罗斯贵族的支持下,不但不听康熙帝之命,相反的却继续东进,侵入内蒙古。在此情况下,康熙帝决定讨伐噶尔丹。

康熙帝对噶尔丹三次亲征。第一次在康熙二十九年(1690年),清军分左右两翼出击。右翼军在内蒙古乌珠穆沁地方和噶尔丹接触,作战失利,噶尔丹乘胜急进,深入乌兰布通(今赤峰市境),距北京仅七百里,京师震动。左翼军则以优势火器击破噶尔丹用万驼围成的"驼城",噶尔丹军遂大败。第二次在康熙三十五年(1696年),清军于昭莫多(今乌兰巴托东南)地方大败噶尔丹,噶尔丹仅以数十骑逃走。第三次在康熙三十六年,康熙帝亲往宁夏对噶尔丹实行包围,噶尔丹穷蹙无计,饮药而死。

战争结束后,康熙帝使喀尔喀诸部仍回原牧地,并把喀尔喀各部一律改编为旗,共分为五十五旗,旗设扎萨克(旗长),由蒙古封建领主担任。雍正年间,喀尔喀又分为七十四旗,到乾隆年间,因人口繁殖,更增为八十四旗。从康熙朝开始,喀尔喀蒙古正式归附清廷,外蒙古地区完全处于清廷的管理之下。至雍正、乾隆两朝,清廷又先后在乌里雅苏台(今蒙古国扎布哈朗特)及科布多(今吉尔格朗图)筑城,设定边左副将军驻乌里雅苏台,设参赞大臣驻科布多,以掌管喀尔喀蒙古的军政大权,从此遂为定制。

(3)平策妄阿拉布坦叛乱,加强对西藏的管理。噶尔丹死后,其侄策妄阿尧为大将军、岳钟琪为奋威将军,统兵进讨。雍正二年(1724年)二月,岳钟琪发动奇袭,罗卜藏丹津军大败,罗卜藏丹津逃到准噶尔部,清朝加强了对青海的统治。

5. 改土归流

(1)西南土司制度。中国西南少数民族,分布在今云南、贵州、四川、湖南、广东、广西一带,其居住地区与汉族地区犬牙相错。这些民族中人口最多的一支是苗族,其他还有瑶族、僮族、彝族、傣族、黎族等。清初对苗族及其他少数民族的统治是沿袭元、明的土司制度,即以少数民族的首领担任当地的土官,文职有土知府、土知州、土知县等,武职有宣慰使、宣抚使、安抚使、招讨使、长官等。这种土司制度的最大弊病在于世袭,得以世代统治其土地和人民,名义上虽是朝廷的命官,实际是独立王国,极容易与朝廷对抗。所以自明朝以来,为了加强中央的权力,消弭土司之患,即开始改土归流,就是废除世袭的土官,改设可以随时任免的流官。清朝也不断实行改土归流政策,但集中地、较大规模地改土归流,是在雍正一朝。

(2)鄂尔泰改土归流。雍正四年(1726年),鄂尔泰任云南巡抚兼云贵总督,奏请改土归流。雍正帝同意他的意见,把四川的东川、乌蒙、镇雄三土府改隶云南,命他总督云南、贵州、广西三省,负责规划其事。从雍正四年至九年,改土归流在云南、贵州、四川、广西等省次第推行,许多土司被撤销,清廷在原土司地区设立府、厅、州、县,实行与汉族地区相同的制度,如清丈土地,编制户口,纳粮当差等。大大加强了西南地区与内地的联系,有利于促进少数民族地区经济文化的发展,有利于巩固国家统一及巩固西南边防。改土归流是进步性的措施。

不过这次改土归流以后,土司之未改流者仍然很多,主要分布于云南、贵州、四川、广西等省的边远地区,也有一些散布于甘肃、青海、西藏地方,直至民国时期。

三、奠定疆域

1. 反对沙俄侵略

(1)沙俄侵入黑龙江流域。十六世纪八十年代之初,俄罗斯帝国的势力开始越过乌拉尔山,积极向东方扩张。至十七世纪四十年代末,西起乌拉尔山东至太平洋沿岸的辽阔的西伯利亚地区即基本被吞并。此后,屡次派遣武装匪徒闯入黑龙江流域烧杀劫掠,并先后占据尼布楚和雅克萨地方,在此筑城据守。这时正值清朝顺治年间,清廷忙于国内战争,无暇北顾,遂使俄罗斯的侵略势力得以肆虐。

(2)雅克萨之战与《尼布楚条约》。在平定三藩之乱后,康熙帝即着手部署,准备驱逐俄罗斯侵略势力。康熙二十四年(1685年),彭春、林兴珠等率兵三千五百出征,水陆并进,大败俄罗斯军,毁雅克萨城而还。但俄罗斯军在清军撤退后,又返回雅克萨城固守。康熙二十五年,萨布素等率军二千余人再次进攻雅克萨,俄罗斯兵八百余人死守不去,双方相持三月之久。然俄罗斯损兵折将甚惨,守城头目死于炮火,兵卒伤亡最后只剩下几十人,雅克萨城旦夕可下。但就在这时,双方和议开始,康熙帝宣布撤围休战。俄罗斯派遣戈洛文,清廷派遣索额图、佟国纲等,于康熙二十八年会于尼布楚(今俄国涅尔琴斯克),签订了《尼布楚条约》。

条约用满、蒙、汉、俄、拉丁五种文字写成,其中最重要的是拉丁文本,因为双方署名盖章都在这一文本上。条约规定:两国以格尔必齐河、外兴安岭和额尔古纳河为分界线,外兴安岭以北属俄罗斯,以南属中国,额尔古纳河以北属俄罗斯,以南属中国。至于外兴安岭与流入鄂霍次克海的乌第河之间的地方暂行存放,留待以后定议。又规定毁雅克萨城,迁俄人出境,此后两国商旅凡持有文票(护照)者,听其往来贸易不禁。这是中俄签订的第一个边界条约,这是一个平等的条约,它规定了中俄东段边界,肯定了黑龙江和乌苏里江流域的广大地区都是中国领土,黑龙江和乌苏里江都是中国的内河。不过在这个条约中,贝加尔湖以东的中国领土割让给了俄国,这是清廷在边界谈判中的失策。

(3)《布连斯奇条约》与《恰克图条约》。沙俄在与侵略我黑龙江流域的同时,又把侵略魔掌伸进中国北部的喀尔喀蒙古地区,积极支持准噶尔部叛乱首领噶尔丹攻击喀尔喀,迫使喀尔喀举族南迁,遂趁机向南扩展势力,占据喀尔喀大片土地,并且阴谋全部吞并喀尔喀。康熙帝平定噶尔丹叛乱之后,喀尔喀蒙古重返家园,沙俄依然侵扰蚕食喀尔喀不止,致使中俄中段边界的形势日趋紧张。尼布楚条约签署后,清政府曾一再要求划定中段边界,但沙俄政府置之不理。

直到雍正三年(1725年),彼得一世死,其妻叶卡特林娜一世才派遣萨瓦·务拉的思拉维赤为特命全权大使,到北京谈判贸易和边界问题,使团共有一百二十人,由一千五百人的庞大卫队护送。次年,萨瓦到达北京,与清政府代表吏部尚书察毕纳、理藩院尚书特古忒、兵部侍郎图理琛会谈了数十次,历时达半年之久。

北京谈判只是达成初步协议,商定了边界和贸易问题的一些原则。此后双方移到色楞格河支流的布尔河畔举行边界谈判。萨瓦在谈判中调遣军队,公然以战争相威胁。清方代表隆科多不肯示弱,与之力争。雍正帝为免谈判破裂,错误地将隆科多撤回,改由策凌充首席代表。策凌态度比较软弱,终于接受俄方的划界方案。

雍正五年(1727年),双方签订《布连斯奇条约》,规定了中俄中段边界:以恰克图为起点,由此向东至额尔古纳河,向西至沙毕纳伊岭(即沙宾达巴哈),以北属俄罗斯,以南属中国。布连斯奇条约签订后,双方又于雍正六年(1728年),在恰克图签订了《恰克图条约》,这是谈判的一个总结果。条约共十一条,主要有这样一些内容:在边界方面,再次肯定《布连斯奇条约》中关于中段边界的划分,并且重申《尼布楚条约》中关于乌第河地区作为待议区的规定。在贸易方面,规定俄国商人每隔三年来北京一次,每次不得超过二百人,一切货物均免税。

此外,还可在恰克图、尼布楚边界贸易,也不征税。在宗教方面,允许俄国可以增派东正教士来北京,并可派遣留学生来北京学习满、汉文。

《布连斯奇条约》和《恰克图条约》使俄国占到很大便宜,确认了俄国在此以前所侵占的中国北部蒙古地区的大片领土,把贝加尔湖一带和唐努乌梁海以北的叶尼塞河上游地区都划入了俄国的版图。此外,又使俄国取得了在北京贸易和传教的巨大权利。不过这两项条约的签订,总算是确定了中俄中段边界。此后这段边界未有重大变动,目前大部分已成为蒙俄边界。

2. 制止廓尔喀侵扰

乾隆时,廓尔喀(今尼泊尔),受英国殖民者的唆使,又与西藏大农奴主沙玛尔巴相勾结,积极图谋西藏。乾隆五十三年(1788年),廓尔喀以同西藏地方的商务争执为词,发兵侵入西藏,攻占聂拉木、宗噶、济咙等地。乾隆帝命御前侍卫巴忠等统兵入藏。但巴忠等入藏后按兵不动,遣人与廓尔喀议和,私许元宝一千个作为赎金,令其退回所占地方;并以廓尔喀投降奏闻。乾隆五十六年(1791年),廓尔喀又大举进犯,深入日喀则,大掠扎什伦布寺,盘踞聂拉木、济咙等地不去。乾隆五十七年,清兵由青海入藏,击败廓尔喀军,尽复失地。廓尔喀遣使乞和,并献出所掠扎什伦布财物。此后,清廷提高驻藏大臣的职权,整顿西藏的防务,改革西藏的赋役制度及宗教制度,进一步加强对西藏的管理。

3. 清朝的疆域

清朝在康熙、雍正、乾隆时期,经过同外部侵略势力及内部分裂割据势力的一系列重大斗争,建立起一个空前统一和巩固的国家。乾隆时期,清朝的疆域已经最后形成,计有内地十八行省,东北的盛京、吉林、黑龙江,以及内蒙古、外蒙古、唐努乌梁海(在萨彦岭和唐努山之间)、青海蒙古、西藏、新疆等少数民族地区,幅员辽阔,西到巴尔喀什湖和葱岭,北到唐努乌梁海,东北到外兴安岭、库页岛和鄂霍次克海,东到海及台湾诸岛屿,南到南沙群岛,这就基本上奠定了今天中国疆域的规模。康熙、雍正、乾隆帝在加强和巩固国家统一事业上,是有重大贡献的。

第十三章　明清(鸦片战争前)

四、政治、军事制度

1. 中央制度

(1)政府内阁。清朝沿袭明制,仍以内阁作为政府的中枢机构,以内阁大学士作为宰辅,但实际上内阁的实权远不及明朝。内阁系由皇太极时的文馆及内三院演变而来。天聪三年(1620年),皇太极设立文馆,后改文馆为内三院,即内国史院、内秘书院、内弘文院。入关以后,清廷仿照明制,改内三院为内阁。后经几次反复,到乾隆年间,内阁的体制才稳定并得到发展。

内阁的主要官员定为大学士满、汉各一人,均为正一品;协办大学士满、汉各一人,均为从一品;学士满六人,汉四人,均为从二品。内阁大学士自定为正一品后,遂成为有清一代最高的官员,犹如历代的宰相,地位极为尊崇。清代也承袭明代的票拟制度,内阁的职务主要即在于票拟,这是内阁权力的集中表现。清初官员奏事,公事用题本,私事用奏本,题本用印,奏本不用印。乾隆前期以后,废止奏本,一概用题本。所谓票拟,就是内阁有权代替皇帝预先阅看官员的题本奏本,并且提出处理意见,写在一张小纸票上,然后呈送皇帝裁定。这种内阁预先用小纸票标写批答之辞,便叫作票拟,也叫做票签。

然而内阁的权力愈来愈低。清初,在内阁之外,设有议政王大臣会议,皆由满族大臣组成,凡军国机要重务都不经过内阁票拟,而径由议政王大臣会议策划方案,最后由皇帝裁决。康熙时又有南书房,翰林文学之士,入内当值。凡一切特颁诏旨,皆由南书房翰林撰拟,内阁之权更分。到雍正年间,清廷又普遍推行奏折制度,凡属密办之事,皆令官员使用奏折直达皇帝,由皇帝亲自批答,发还奏人付诸执行。由此许多题本变成例行公事,已无机要可言,内阁之权力遂大为削弱。特别是雍正时设立军机处以后,一切军国大政皆由军机处办理,而内阁不过徒拥虚名而已,只能办一些寻常事务,内阁大学士如果不能进入军机处,则一切要政皆不得预闻。

(2)军机处。军机处的设立是清代中枢机构的重大变革,标志着清代君主集权发展到了顶点。军机处成立于雍正七年(1729年);初名"军机房",不久改称"办理军机处",乾隆以后多省去"办理"二字,简称"军机处"。军机处的职官有军机大臣,俗称"大军机",有军机章京,俗称"小军机"。军机大臣由皇帝从满、汉大学士、尚书、侍郎等官员内特简,有些也由军机章京升任。军机大臣之任命,其名目为"军机处行走",或"军机大臣上行走"。所谓"行走"者,即入值办事之意。军机大臣没有定额,军机处初设时为三人,以后增加到四、五人至八、九人,最多至十一人。军机章京初无定额,至嘉庆初年,始定为满、汉章京各十六人,共三十二人,满、汉章京又各分两班值班,每班八人。军机章京之任命,或称为"军机司员上行走",或称为"军机章京上行走"。

军机处成立后,议政王大臣会议于乾隆五十六年(1791年)废止了,内阁变成只是办理例行事务的机构,一切机密大政均归于军机处办理。军机处总揽军、政大权,真正成为执政的最高国家机关。

皇帝行动所到的地方,军机大臣也无不随从在侧。但军机处在形式上始终处于临时机构的地位,不像正式国家机关的样子。军机处办公的地方不称衙署,仅称"值房"。军机大臣的值房称为"军机堂",初仅板屋数间,后来才改建瓦屋。军机章京的值房,最初仅有屋一间半,后来才为五间。军机处也无专官,军机大臣、军机章京都是以原官兼职,皇帝可以随时令其离开军机处,回本衙门。军机大臣既无品级,也无俸给。军机大臣之任命,并无制度上的规定可供遵循,完全出于皇帝的自由意志。军机大臣的职务也没有制度上的规定,一切都由皇帝临时交办,所以军机大臣只是承旨办事而已。"只供传述缮撰,而不能稍有赞画于其间",这些都说明军机处是皇帝的御用工具。

(3)六部与三法司。中央机构又有各部院衙门,分掌各方面事务。其中比较重要的有吏、户、礼、兵、刑、工六部。吏部主管全国文职官员的任免及考核,户部主管全国土地、户口、田赋、关税等事,礼部主管国家典礼及学校、科举等事,兵部主管全国军事及武职官员的考核任免,刑部主管全国刑罚的政令,工部主管各种工程事务。又有都察院,作为监察机关。有大理寺,作为审理刑狱的机关。清朝和明朝一样,刑部、都察院、大理寺称为"三法司"。凡重大案件(斩绞案件),皆经三法司会勘,先由刑部审明,再由都察院参核,再由大理寺平允,然后奏请皇帝裁决。

(4)理藩院。理藩院是管理边疆少数民族地区事务的机关,其体制同于六部,地位列于工部之后。职官有尚书一人,左、右侍郎各一人,额外侍郎一人,其下又有属官若干人。主要官员由满洲,蒙古人担任。属官亦有少数汉军旗人担任。理藩院的职务是掌管内外蒙古及青海、新疆、西藏等地区的蒙、维、藏族事务,诸如政令、爵禄、朝会、刑罚等等。此外,理藩院也掌管一部分外交事务。凡与俄罗斯交涉事宜,皆归理藩院办理。

(5)内务府。内务府是掌管皇帝家务的机关,其全称为"总管内务府衙门",最高官员为"总管内务府大臣",由满洲贵族王公大臣担任。内务府的职权很广,凡宫廷的典礼、祭祀、库藏、财用、服御、赏赐、建造、供应、刑律等事,皆统于总管大臣。内务府的设立,是清代首创,是对历代皇帝家务管理制度的改革。在中国历史上,皇帝家务都照例由宦官掌管,因之宦官往往得到皇帝的亲幸重用,从而得以执掌大权,干预政事,出现宦官专权之祸。清代设立内务府,以大臣统领,革除明代宦官二十四衙门,尽收宦官之权归入内务府,从此宦官在宫内不过从事洒扫之役。这就排除了宦官对皇权的干扰,根绝了宦官专权之祸。在清代,虽也有个别宦官受到宠幸,但从未在政治上酿成大祸。

2. 地方制度

在地方机构方面,分省、道、府、县四级。另外又有厅、州,或直属布政使司管辖,其地位如府;或属府管辖,其地位如县。

(1)行省制。行省之名始于元代,明代改行省为布政司,清代又恢复行省之名。清前期共设置内地十八省,即直隶、山东、山西、河南、江苏、安徽、江西、浙江、福建、湖北、湖南、陕西、甘肃、四川、广东、广西、云南、贵州。清朝末年,台湾、新疆也改为行省,又将东北改为奉天、吉林、黑龙江三省,合旧日十八省,共有二十三行省。

省的最高官员为总督和巡抚,这是因袭与发展明制而来。清初总督、巡抚之设变动无常,到乾隆时才固定下来,大致两省或三省设一总督,每省设一巡抚,其无巡抚省份,例由总督兼理。总督为正二品,综治军民,统辖文武,考覈官吏,修饬封疆。巡抚职务大致与总督同,唯权力略小,为从二品。乾隆时全国共设有八个总督,即直隶总督,管辖今河北省及内蒙古一部分地区,驻保定;两江总督,管辖江苏、安徽、江西三省,驻江宁(今江苏南京);闽浙总督,管辖福建、浙江二省,驻福州;两湖总督,管辖湖南、湖北二省,驻武昌;陕甘总督,管辖陕西、甘肃二省,驻兰州;四川总督,驻重庆,又驻成都;两广总督,管辖广东、广西二省及南海诸岛,驻广州,云贵总督,管辖云南、贵州二省,驻贵阳,又驻云南。八总督中,直隶、四川总督各兼其省之巡抚事,陕甘总督亦兼甘肃巡抚。以后到光绪末年,又增设东三省总督,合为九督。至于巡抚之设置,乾隆时期,除直隶、四川、甘肃三省外,他省皆置巡抚一人,因成定制。至光绪时期,诸新建省份,亦皆设置巡抚,后罢奉天巡抚,以东三省总督兼理。

督抚以下,各省均设承宣布政使司和提刑按察使司,设布政使、按察使各一人。布政使又称

"藩司",也称"方伯",为从二品官,品级与巡抚同,主管一省的民政、财政。按察使又称"臬司"(司法之意),为正三品官,地位略逊于布政使,主管一省的司法、刑狱、纠察,并兼管驿传事务。

(2)道。省下有道,道设道员。道有"守道"与"巡道"之分,大致由布政使的辅佐官参政、参议驻守在一定地方,叫作"守道",由按察使的辅佐官副使、佥事分巡某一带地方,叫作"巡道"。守、巡道员本来和明代一样,是一种临时性的差使,本身没有品级,完全看他所带的是什么衔,如带参政衔是从三品,带参议衔是从四品;带副使衔是正四品,带佥事衔是正五品。

乾隆十八年(1753年),取消参政、参议、副使、佥事诸衔,道员一律定为正四品,于是道员就不是差使而是实官了。守道与巡道的分工,大致是守道管钱谷,巡道管刑名。此外,还有一些专职道,是主管一省某一方面事务的,如粮储道、盐法道、兵备道、河工道等。道员或统辖全省地方,或分辖三、四府州地方,是省与府之间的地方长官。

(3)布政使司、按察使司及守、巡各道,即是所谓司、道。司、道都是监督府、县的,所以通称"监司"。司、道虽不及督抚地位之高,但可以直接向皇帝奏事,都自有办事衙门,所以也是很重要的地方长官。

(4)府、县。道下为府,府设知府一人,初为正四品,后改为从四品,惟顺天府尹、奉天府尹为正三品。全国共有二百一十五府。府下为县,县设知县一人,称为"亲民之官",官阶正七品。全国共有一千三百五十八县。

3. 边疆制度

清朝前期,在边疆地区也逐步建立起了比较完善的统治制度。由于这些边疆地区都是边远和民族地区,其情况比较复杂,因之所建制度多照顾到当地的情况或需要,与内地制度有所不同。

(1)东北地区。在东北地区,盛京(今辽宁沈阳)为陪都重地,设立户、礼、兵、刑、工五部,各置侍郎一人为长官,分掌盛京财赋、祭祀、军事、刑狱、工程事务。又设奉天府,置府尹一人,掌盛京地方之事。又设盛京将军一人,掌军政,驻盛京,并设盛京副都统三人为辅,分驻盛京、锦州、熊岳城(在今辽宁盖县西南)。又吉林、黑龙江地方,皆设将军以掌军政,而以副都统为辅。吉林将军一人,驻吉林城(今属吉林)。吉林副都统五人,分驻吉林城、宁古塔城(今黑龙江宁安)、伯都讷城(今吉林扶余)、三姓城(今黑龙江依兰)、阿勒楚喀城(今黑龙江阿城)。黑龙江将军一人,驻齐齐哈尔城(今黑龙江齐齐哈尔)。黑龙江副都统三人,分驻齐齐哈尔城、墨尔根城(今黑龙江嫩江)、黑龙江城(今黑龙江爱辉)。

(2)内外蒙古。在内外蒙古地区,均实行札萨克制,即盟旗制度。蒙古各部划分为旗,旗是基本行政单位,合若干旗为一盟。旗有札萨克(即旗长),盟有盟长。札萨克为世袭之职,盟长则由中央任命。此外,中央又派大员驻在各要地,以加强控制。在内蒙古地区,设察哈尔都统,驻张家口;设热河都统,驻承德(今河北承德),设绥远城将军,驻绥远城(在今内蒙古呼和浩特),设归化城(今内蒙古呼和浩特)副都统,由绥远城将军统辖。在外蒙古地区,设定边左副将军,驻乌里雅苏台城(今蒙古国扎布哈朗特),下有乌里雅苏台参赞大臣;设科布多参赞大臣,驻科布多城(今蒙古国吉尔格朗图),由定边左副将军节制;设库伦办事大臣,驻库伦(今蒙古国乌兰巴托)。

(3)青海。在青海地区,设办事大臣一人,驻甘肃西宁府(今青海西宁市),专掌青海之军政。蒙古诸部族共分为二十九旗,亦各设札萨克治理一旗之事,唯不设盟长,盟会则由西宁办事大臣主持。

(4) 新疆。在新疆地区,乾隆时征服准噶尔及回部后,为加强对新疆地区的统治,设伊犁将军,驻惠远城(今新疆霍城东南),又设参赞大臣为辅,总理天山南北路之军事、政治、边防诸务。

在天山北路地区,于伊犁将军下设领队大臣数人,分驻惠远城及惠宁城。在乌鲁木齐设都统及副都统,掌乌鲁木齐之军政,并在吐鲁番、巴里坤等地各设领队大臣,听乌鲁木齐都统节制。在哈密设办事大臣,掌哈密之各项事务。在塔尔巴哈台(今新疆塔城)设参赞大臣,掌塔尔巴哈台之军政。蒙古族仍按旗编制,设札萨克,由蒙古贵族充任,制度与内外蒙古相同。

在天山南路地区,也就是在回部(维吾尔族)地区,于喀什噶尔(今新疆喀什)设参赞大臣,节制天山南路各城。在喀什噶尔、叶尔羌、和阗、阿克苏、乌什、库车、喀喇沙尔设办事大臣,在英吉沙尔(今新疆英吉沙)等地设领队大臣,均归喀什噶尔参赞大臣节制,而喀什噶尔参赞大臣又归伊犁将军节制。维吾尔族仍设各级伯克,由维吾尔贵族充任,以管理各城事务。但废除原有的伯克世袭制,伯克可随时升调,其制与内地的官制基本相同。

(5) 西藏。雍正五年(1727年),清廷在拉萨设西藏办事大臣(全称"钦差驻藏办事大臣"或"钦命总理西藏事务大臣"(简称驻藏大臣),驻拉萨,进一步加强了对西藏的管理。乾隆年间,清廷又提高了驻藏大臣的职权,明确规定驻藏大臣和达赖、班禅的地位平等。西藏地方的行政、军事、财政长官及各大寺庙的管事喇嘛,都由驻藏大臣会同达赖简选。西藏的对外联系,均由驻藏大臣全权办理。西藏的僧俗人员出境,须由驻藏大臣给予照票,限以往返日期。外国人到西藏来礼佛通商,亦须由驻藏大臣批准。达赖、班禅的财政机构的一切收支,统归驻藏大臣稽查总核。

达赖、班禅的继承人问题,也必须由驻藏大臣监临决定。乾隆帝特创金本巴瓶制度,在大昭寺内设一金本巴瓶,凡遇达赖、班禅圆寂后,找出其呼毕勒罕(化身)若干名,均由驻藏大臣将其姓名各写一签,贮于金本巴瓶内,然后驻藏大臣亲往监同抽签决定。总之,有关西藏的重要人事、行政、经费、军事及外交等,都由驻藏大臣裁定。

4. 兵制

清朝的军队主要有八旗兵和绿营兵两种,这二者都有定额,大致八旗兵有二十余万,绿营兵有六十余万。

(1) 八旗兵。八旗是清朝特有的制度,早在入关以前,已有满洲、蒙古、汉军各八旗,实际是二十四旗;但习惯上仍称之为八旗。八旗原来是兵民合一的组织,即既是军事组织,又是行政组织和生产组织,八旗成员既是兵,又是民,出则征战,入则务农。

但是后来,特别是入关之后,八旗制度就发生了变化,由兵民合一走向了兵民分离,兵是兵,民是民,各有其职。按照制度,八旗子弟都有当兵的义务,凡男子十六岁以上就可以披甲当兵,但不是人人都入伍当兵,而是从各佐领挑选出一部分人来当兵,另外立营训练,委派官员统领,这就是所谓八旗兵,完全是职业兵。其余留在佐领内的家属和闲散人丁,其任务是从事生产和准备挑补为兵,这就是民。

清朝定都北京后,把八旗兵分成为京营和驻防两大部分,人数大约各占一半,即各有十余万人。京营保护皇帝和拱卫京师。保护皇帝的叫作郎卫,即侍卫和亲军。侍卫都是由上三旗子弟才武出众者组成,担任"随侍宿卫",分为一等侍卫(正三品)、二等侍卫(正四品)、三等侍卫(正五品)、蓝翎侍卫(五、六品),共有五百余人。凡侍卫事务由领侍卫内大臣及御前大臣掌管,御前大臣权位尤重。亲军由满洲、蒙古八旗内挑选,共为一千七百余人,都由领侍卫内大臣统领。拱卫京师的叫作兵卫,计有骁骑营、前锋营、护军营、步军营、火器营、健锐营、虎枪营等,分别防守紫禁城、内外城及京郊地方。

八旗兵在北京以外分驻各地,称为驻防,驻在全国各重镇要地,设有专官统辖。各驻防地的旗兵都是满洲、蒙古、汉军合以为营,组成佐领若干。驻防地设官,最重要的地方设将军,较次要之地设都统或副都统,再次要之地设城守尉或防守尉。

(2)绿营兵。绿营兵又称绿旗兵,采用绿色旗帜,是清兵入关后改编和新招的汉人部队。绿营兵配合八旗兵驻守北京和各省。在北京的称巡捕营,隶属于步军统领(或称九门提督,正二品)。在各省的,其最高组织为标,由总督统辖的称"督标",由巡抚统辖的称"抚标",由提督统辖的称"提标",由总兵统辖的称"镇标",由八旗驻防将军统辖的称"军标",由河道总督统辖的称"河标",由漕运总督统辖的称"漕标"。标下设协,由副将统领。

协下设营,由参将、游击、都司、守备分别统领。营下设汛,由千总、把总、外委分别统领。实际各省绿营的独立组织就是提标、镇标,提督实为地方的最高武职官,为从一品。总兵的地位略低于提督,为正二品。总兵之下,则是副将、参将、游击、都司、守备、千总、把总、外委等官。

清朝把八旗兵和绿营兵交错分布在京师和各省重镇要地,在全国构成军事控制网,既便于防御和镇压人民的反抗,又便于八旗兵监督和控制绿营兵。

五、社会经济的发展

1.恢复、发展社会经济的措施

明末清初几十年的战乱,使社会经济受到极大破坏,人口流散、土地荒芜、城市萧条。康熙、雍正、乾隆三朝,颁行了一些有利于生产的措施,社会经济由恢复而发展起来。这些措施主要有如下几项:

(1)招民垦荒。清廷在顺治年间一再下令,允许各处流亡人民开垦"无主荒田",所垦土地由州县官给以"印信执照","永准为业"。凡农民垦荒,一般可以免税三年,个别的还可以免税五年或六年。但是顺治年间战争正在进行,军费开支浩大,清廷一面宣布招民垦荒,一面又严令地方官吏追逼赋税,以致三年或六年不起科(征税)的命令不易得到执行。所以农民以垦荒为畏途,裹足不前。

康熙帝为了加速对荒田的开辟,从康熙十年(1671年)开始,即陆续放宽垦荒起科年限,将三年宽至四年,又宽至六年,再宽至十年。在平定三藩之后,免去了浩大的军费负担,康熙帝更进一步放松起科令,对于农民开垦成熟应该限起科的田地,则常常"未令起科","不事加征"。这样,康熙年间的垦荒措施得到较好的推行,而且获得效果。到康熙末年,全国荒地基本上"开垦无遗"、"尽皆耕种"。

(2)更名地。康熙八年(1669年),清廷下令将明代藩王庄田免价给予原来佃户耕种,佃户"改为民户",田地"永为世业",号为"更名(明)地"。这种"更名地"散布在很多省份,数目约为十六万顷,对于鼓励农民从事生产及开荒是有积极作用的。

治河顺治、康熙以来,黄河屡次泛滥成灾,淮河、运河受其影响,也随之梗塞不通。康熙帝即用靳辅为河道总督负责治河,先后完成了许多重要工程,使水患大致平息,黄、淮各归故道,运河南北畅通,被淹没的农田也退水可耕。此外,康熙时还修治了永定河,消除了京东十余县的水患。

(3)蠲免钱粮。康熙帝在位期间,屡次下令蠲(juān 捐)免钱粮,或一年蠲免数省钱粮,或一省连续蠲免数年钱粮,从康熙五十年(1711年)开始,更在全国范围内普遍蠲免钱粮一年,而分三年轮免一周。计康熙六十余年中,"前后蠲除之数,殆逾万万"。以后雍正、乾隆年间,清廷继续大行蠲免钱粮。特别在乾隆年间,曾多次"普免天下钱粮"。这对于发展社会经济是有利的。

(4)地丁合一。地丁合一是在一条鞭法的基础上出现的改革,旨在改变丁税的征收方法。清初的赋役制度因袭明代的一条鞭法,地有地税银,丁有丁税银。丁税银有的按地征收,有的按丁征收,而以按丁征收为主。按丁征收的丁银在清初共有三百余万两,这个数字不很大,但按丁征收丁银所引起的社会问题却很大。由于土地兼并和土地集中进一步发展,贫富差距很大,尽管人头税很少,但是对于贫穷而又多子多孙的家庭来说就难以承受,加上人口不断增多,很多人无地可租,或是家庭租不到足够的地来种,失业和半失业严重,因而普遍出现"或逃或欠"的情况。

这不仅使国家征收丁税失去保证,又由于农民畏惧丁税的逼迫,或流亡迁徙,或隐匿户口,又造成人口不实的严重问题。因此,为了保证丁税征收,为了掌握人口实数,政府不得不对按丁征收丁税的方法进行改革。改革的经过分为两步:第一步是康熙五十一年(1712年)政府决定,以康熙五十年(1711年)的丁税额数作为定额,以后新增人丁,不收丁税。这就叫做"盛世滋生人丁,永不加赋"。这样丁税额数便固定下来了;第二步是实行地丁合一。这样以来,穷人继续猛生孩子,对抑制人口膨胀速度大大不利。

这种办法先在康熙末年开始行之于广东、四川等省,到雍正元年(1723年)以后,又相继在各省普遍推行起来。所谓地丁合一,就是摊丁入亩,即不再以人为对象征收丁税,而把固定下来的丁税摊到地亩上。具体办法是,把各省丁税原额分摊在各州县的土地上,地税一两分摊若干丁银。地银和丁银合一,叫做地丁银。

实行地丁合一在表面看来虽仅仅是一种赋税征收方式的改变,但其进步意义和社会影响却是巨大的。因为自改革之后,原来独立的丁税已不存在,而是丁随地起,田多者,丁税也多;田少者,丁税也少;无田者,亦无丁税。这就消除了"富者田连阡陌,竟少丁差;贫民地无立锥,反多徭役"的状况,贫民再也不必因担心丁税而溺婴、逃匿。这对于抑制家庭人口增长大为不利,当时人口已经达到饱和,人均土地数值已经接近经济崩溃的警戒线,这种政策表面上看似对百姓好,实际上埋下了经济崩溃、王朝覆灭埋下了火种。战乱一起,人口大批减灭,死的还都是贫穷百姓。

中国自西汉至清初,每次人口统计,其最多时,数字总是在五、六千万之间,这显然是人口不实,大量隐瞒的缘故。地丁合一之后,人口数字急剧增加,乾隆十四年(1749年)为一亿七千万,嘉庆十七年(1812年)为三亿六千万,道光二十年(1840年)为四亿一千万,这一方面是人口统计比较正确,另一方面是人口增长加快的结果。人口如此速度增长,中国近代长期战乱的灾难也就在所难免了。

(5)废除匠籍。明朝有许多官用工匠,被称为匠户,编入专门的匠籍,子孙世代为匠户,不得脱离匠籍改业。明中叶以后,匠户中的绝大部分即轮班工匠,被允许以银代役,由政府按匠籍向他们征收银两,称为"班匠银",他们可以不必再轮班到京城服役。以银代役的办法自然使工匠的地位大有改善。然而匠籍没有废除,依然是束缚工匠的一条绳索。经过明末农民大起义的冲击以后,清初匠籍已经混乱不堪,很难按照匠籍来征收班匠银了,因而,清廷于顺治二年(1645年),下令废除匠籍,免征班匠银。但此后不久,清廷又恢复征收班匠银,以致流弊丛生,如有的匠户子孙已经改业,仍要被迫征班匠银;有的匠户子孙已经逃亡或死绝,班匠银则要由民户代为赔纳。在这种情况下,康熙皇帝以来,即陆续将班匠银摊入田赋中征收,最后废除了匠籍制度。匠籍的废除,使工匠对政府的人身依附关系大为削弱,有利于民间手工业的发展。

2. 社会经济的发展

(1)农业。农业的恢复和发展,主要表现在四个方面:

大量荒地垦辟,耕地面积不断扩大。清初荒地极多,随处可见,而到康熙末年,则大部被开垦耕种。因而耕地面积由1645年的四百余万顷,增加到1724年的六百八十余万顷。

水利的兴修。康熙时曾大举治理黄河,并兼治淮河、运河,又曾修治永定河。雍正时又修筑江苏、浙江的海塘,使沿海一带的农田免受海潮的破坏,也是一项大的工程。

粮食亩产量的提高,如江苏、湖南、湖北、四川及东南沿海一带都是稻米高产区,一般亩产二、三石,多者可达五、六石甚至六、七石。这时高产作物如玉蜀黍(即玉米)、番薯(俗称地瓜)的推广,对于粮食增产有重大影响。玉蜀黍原产美洲,明中叶传入中国,渐次种植于南北许多地方,到清代,几乎遍种于全国各省。番薯也原产于美洲,明后期传入中国,先是种植于福建等沿海地区,后来推广到北方,清代普遍种植于全国各地。玉蜀黍的产量远比麦类为高,番薯更是每亩可产数千斤。

经济作物种植的扩大。如棉花的种植已遍及全国,其中江苏、浙江、湖北、河南、河北、山东都是著名的产棉区,这些地方的棉花大量外销,甚至连植棉较晚的奉天地区(今辽宁),每年也有许多棉花输往关内。甘蔗的种植在广东、福建、台湾、浙江、江苏、江西、四川等地都很普遍,如广东一些地方种植甘蔗动辄千顷,其茂盛有如芦苇。台湾有蔗田万顷。明代传入中国的烟草,这时已推广到全国各地。植桑养蚕事业也很兴盛,如浙江、江苏、广东的一些地区,植桑养蚕已成为农民的重要生产事项。经济作物种植的扩大,是商品经济发展的反映,同时又促进了商品经济的发展。

(2)手工业。清代最重要的手工业仍是纺织、陶瓷、矿冶等业。

纺织业中的丝织业,在清代有突出发展。苏州和杭州是明代的丝织业中心,这时依然保持其盛况。如苏州东城"比户习织,专其业者不啻万家"。杭州东城也是"机杼之声,比户相闻"。江宁(今江苏南京)在明代没有什么丝织业的名望,但到了清代,丝织业大为发展,已超过苏、杭而成为最大的丝织业中心,这里缎的织造非常有名。缎的种类很多,织缎之机有百余种名目。乾隆、嘉庆年间,这里仅缎机就有三万多张,其他织机尚不在内。广州也是清代新兴起的丝绸产地,所产纱、绸、缎等都很名贵。特别是广纱的精美已胜过江宁、苏、杭,有"广纱甲于天下"之称。

棉织业也有发展。松江(包括上海)、苏州、无锡都是棉织业的中心地。松江出产的棉布不但数量多,而且质量好,畅销全国各地。清政府时常在这里采购棉布。如康熙时,一次就在上海县采购青蓝布三十万匹。苏州的城乡普遍生产棉布,"苏布名称四方",行销遍于天下。棉布的加工业,在苏州也很发达。如这里有许多专门经营棉布加工业务的字号出现,每一字号拥有工匠数十名,凡漂布、染布、看布、行布,各有专人作业。无锡号称"布码头",许多富商巨贾在此开设花布行,大批收购棉布运往苏北等地发售,每岁交易不下数十百万。

制瓷业也有新的发展。江西景德镇仍是全国制瓷业的最大中心。镇的范围极大,除官窑外,有"民窑二、三百区,终岁烟火相望,工匠人夫不下数十余万。"其繁荣情况超过了明代。这里民窑所产的瓷器供应全国各地,并且大量输出国外。除景德镇外,瓷器产地还有几十处,分布于十数省。清代的制瓷技术比明代更有进步,突出地表现在彩色瓷器的工艺水平大有提高。清代的青花、五彩、素三彩和粉彩、珐琅彩等都很有名,其中尤以粉彩和珐琅彩最称精美,驰名中外。

矿冶业也有进一步发展,其中最突出的部门是云南的铜矿开采业和广东佛山镇的冶铁业。云南的铜矿开采,有官督商办的大厂,也有私营的小厂。大厂有矿工七、八万人,小厂也不下万人。全省铜矿开采量最多时,每年可以达到一千多万斤,主要作为北京及各省官府铸钱之用。佛山镇是铁器制造业的中心,有炒铁之炉数十,铸铁之炉百余,所铸造铁器多而且好。其中以铁锅最为有名,不仅行销国内各地,而且大量输出国外。此外,制糖、制盐、造纸、造船、印刷等业也都有所发展。

(3)商业。在农业和手工业发展的基础上,清代的商业也十分繁荣。农产品和手工业品越来越多地变为商品,商品的流通范围更加广泛。如粮食、棉花、棉布、蚕丝、绸缎、铁器、瓷器、食盐以及烟、茶、糖等都是重要商品,行销于全国各地。

清代城市的发展又超过了明代。特别是东南一带,工商业城市普遍兴盛,著名的有江宁(今江苏南京)、苏州、杭州、扬州、镇江、无锡等,这些城市都比明代更发展。如江宁城里几十条大街,几百条小巷,无不人烟稠密,作坊店铺到处都是,非常繁华。苏、杭二州的繁华,已有"上有天堂,下有苏杭"之谚语。镇江称为"银码头",无锡称为"布码头"。沿海城市如广州、福州、厦门等都以对外贸易的关系,日益繁荣。北方大的城市,首先是都城北京,此外又有天津、济南、开封、太原等,也都比过去繁盛。甚至比较偏僻的宣化府(今河北宣化),也成为店铺林立、商贾争趋的繁华地方。至于各地方镇市的发展,在清代尤为突出。如广东佛山镇、湖北汉口镇、河南朱仙镇、江西景德镇,已经名闻天下,被称为"四大镇",其中汉口镇又有"船码头"之称。此外,南北方农村的集市贸易也更加兴旺。

由于商业的发达,清代出现了许多大商人。最大的商人是两淮盐商、山西票号商和广东行商等。两淮盐商是享有特权的商人。那时盐是清政府控制的商品,由特许的商人掌握出卖。两淮盐商取得两淮食盐的专卖权,可赚五、六倍的利润,因而其富以千万两(银)计。票号是经营汇兑、存款、放款的金融组织,最先由山西人开办,后来山西人开办的票号遍于各省,所以称作山西票号。山西大商人往往拥资数十万至数百万两(银),乃至数千万两。因而他们有力量开办票号,而开办票号后就愈加变成巨富。广东行(即"十三行")商也是清政府特许的商人,取得对外贸易的专利权,其资本也多达数千万两(银)。

3. 资本主义萌芽的增长

随着社会经济的恢复发展,商品经济的活跃,资本主义萌芽也在缓慢地增长起来。

在清代,江南丝织业中的资本主义萌芽,较明代有非常显著的发展。这时江宁(今江苏南京)、苏州等地出现一些很富有的机户,经营着较大的手工业作坊和工场。如江宁机户在道光年间"有开五、六百张机者"。苏州机户多半"雇人工织","机户出(资)经营,机匠计工受值"。特别值得注意的是,在江宁、镇江、苏州等地出现一些大的包买商,他们开设"账房"或"行号",以从事资本主义的经营。这种"账房"或"行号"拥有大量的织机和原料,或自行设机督织,或将织机、原料分给小机户为其生产。在这种账房的周围有众多的小机户及织工受其支配,从账房到小机户到织工,结成资本主义的生产关系。在棉织业中也有不少的作坊和雇佣工人,资本主义萌芽甚为明显。如在苏州有许多踹坊出现,这种踹坊是为棉布染后的整理加工而设。

踹坊的经营者称为包头。苏州共有包头三百四十余人,开设踹坊四百五十余处,每坊容纳踹匠数十人。包头备有包踹石、场房,招集踹匠居住,向布商(客店)或染坊领布发给踹匠踹压,布商付给踹布的加工费,每匹银一分一厘三毫,全为踹匠所得;踹匠则每人每月给包头银三钱六分,以偿其房租家伙之费。在这里,踹匠和布商经由踹坊发生关系,布商是雇工的资本家,踹匠是受雇的工人,包头则居间谋利。此外,在广东的冶铁业、铸铁业中,在云南的采铜业中,在江西景德镇的制瓷业中,在四川的制盐业中,在陕西的木材采伐业中,也有资本主义性质的经营。

　　清代的资本主义萌芽虽然有所发展,但仍非常微弱。在当时中国的社会条件下,资本主义的发展遇到重重障碍。最大最根本的原因是人口超重原因,其次是政府多对内实行重农抑商的政策,对外实行闭关锁国政策,严重地阻碍了工商业及内外贸易的发展。再次是商业资本多半用于购置土地,很少投之于手工业生产。所有这些都是影响资本主义萌芽产生发展的根本性原因。

六、清代中期各族人民起义

1. 社会矛盾的加剧

　　康熙中叶以后,特别是雍正、乾隆、嘉庆、道光时期,经济发展达到鼎盛时期,土地兼并很快,随着土地兼并的发展,农民愈来愈多地转化为雇农。康熙时,北方各地"田亩多归缙绅豪富之家,约计小民有恒业者十之三、四耳,余皆赁地出租"。乾隆时,湖南"田归于富户者,大约十之五、六,旧时有田之人,今俱为佃耕之户"。广西"田大半归富户,而民大半皆耕丁"。土地大都归入官僚、地主、富商之家,走向农业规模化、集约化经营,农业有很大发展,大部分农民转化为农业雇工,这是经过康、乾盛世经济发展所取得的重大成就。再次为中国走向资本主义社会奠定了基础。

　　但是,太平盛世期间,人口也是增长最快的阶段,这期间中国人口有大幅度的增长,农民失业开始增多,承包的土地难以养活不断增加的家人,社会就业也很困难,社会矛盾加剧,流亡人口增多,社会治安开始混乱,民饥而穷,像所以朝代人口超重时期一样,一场减灭人口的战乱将不可避免。

2. 各族人民起义

　　从乾隆到嘉庆年间,人口超重,农民失业严重,流亡饥民不断增加,全国各地许多民族,由逃租逃税演变为反官府反地主的起义。其中主要的有如下几支:

　　(1)苗民起义。乾隆六十年(1795年),湖南、贵州、四川三省的苗民起义。贵州松桃厅(今贵州松桃苗)苗民石柳邓首先发动起义,湖南永绥厅苗民石三保及乾州厅(今湖南吉首西南)苗民吴八月相继起而响应。这次起义继续了十二年,直到庆十一年(1806年),才被平息。

　　(2)白莲教起义。在与苗民起义的同时,湖北、四川、陕西一带又发生了白莲教起义。白莲教是民间的秘密结社,其教义是宣传弥勒佛下凡,人民可以得救。

　　嘉庆元年(1796年),湖北宜都、枝江人民在张正谟等领导下,首先举起义旗。接着,襄阳姚之富和女艺人王聪儿(齐王氏)等起而响应,不到两月,有众数万人。随后,四川达州(今四川达县)徐天德和东乡(今四川宣汉)冷天禄、王三槐等也相继而起。次年,湖北起义军由姚之富、王聪儿率领分路进攻河南、陕西。嘉庆三年,作战失利,王聪儿、姚之富战死。此后四川的徐天德等继续斗争。这次起义共历时九年,席卷湖北、四川、河南、陕西、甘肃五省,到嘉庆九年(1804年)被平息。

　　(3)天理教起义。嘉庆十八年(1813年),又爆发了天理教起义,天理教是白莲教的一支,又名八卦教。当时信徒很多,遍布河北、河南、山东、山西等省。河南滑县李文成和北京林清是主要教首。李文成和林清预定嘉庆十八年九月十五日同时发动起义,但因李文成行动暴露,被滑县知县逮捕入狱,群众遂提前起义,救出李文成,占据滑县城,号召四方。林清则按期行事,在北京南之黄村组织队伍,以二百人潜入城内,于九月十五日,在入教太监的导引下,分由东、西华门攻进清宫。由东华门入者因门急闭,仅进入十余人,其余被阻于门外散回。由西华门入者因未被阻,全队进入,聚攻隆宗门。时嘉庆帝在热河围猎未归,皇子旻宁(后来的道光帝)在宫内,以鸟枪射击起义军。镇国公奕灝则急调火器营兵千余人入宫,镇压起义军。起义军因寡不敌众而失败,林清在黄村被捕牺牲。现在故宫隆宗门的匾额上,还保存着一支当年农民军射入的箭头。李文成在滑县起初声势很大,后为清军击败,退至辉县山中,自焚而死。

七、闭关政策

1. 闭关的背景

清朝实行闭关政策的主要原因有三:

自然经济 当时中国社会是自给自足的自然经济,不太需要外国货物,因而清朝统治者尽量限制对外贸易,把允许外国与中国通商看作是一种恩赐。如1793年(乾隆五十八年)乾隆帝在致英国国王书中说:"天朝物产丰盈,无所不有,原不假外夷货物以通有无。特因天朝所产茶叶、瓷器、丝斤为西洋各国及尔国必需之物,是以加恩体恤,在澳门开设洋行,俾得日用有资,并霑余润。"这种看法便是中国自给自足的自然经济的反映。

(1)思想保守。清朝统治者保守自大,在世界形势已经改变的情况下,依然坚持传统的天朝大国观念,认为其他国家都是蛮夷小邦,西方国家的科学技术不过是奇技淫巧而已,抵不上中国的大经大法,所以看不到西方资本主义国家的进步和中国科技经济的落后,看不到中外科技经济交流的必要和好处。两千年来一致领先于世界文明的骄傲之心还一时转变不过来。

(2)海防需要。清朝统治者害怕西方资本主义国家前来侵害,又害怕中国百姓出海结聚外寇,所以把闭关政策当作是一种国防手段,主要是用来对付外国侵略者。

2. 闭关政策的实行

(1)清初的海禁与开禁。清朝在统一台湾以前,曾经历行海禁政策,严禁商民出海贸易。同时对西洋商船的限制也很严。只许其驶泊澳门;在澳门进行贸易,并且规定大小船不得超过二十五只。这种海禁政策的实施,主要是为了对付郑成功及其子孙的海上抗清势力,并不是针对外国。1683年(康熙二十二年)清朝收复台湾后,逐渐放宽海禁,准许民间装载五百石以下的船往海上贸易、捕鱼,并开放广州、漳州、宁波、云台作为对外贸易港口,准许外国商船前来交易。

(2)清中期的闭关政策。乾隆前期,针对英国等西方国家贪得无厌的要求,清政府又加强了对外贸易的限制,下令关闭除广州以外的其他通商口岸,并且颁行严格约束外国商人的条例和章程,这样便形成了所谓闭关政策。闭关政策历经乾隆、嘉庆年间,一直延续到道光时鸦片战争前夕。

所谓闭关政策,就是严格限制对外海上贸易的政策。主要内容有:

限定一口通商——乾隆二十二年(1757年),清政府规定,凡外国商船只准在广州一地通商贸易。此后直到鸦片战争前,这一规定未变。

严格约束外商活动——清政府规定,凡外国商人来广州贸易,只能同行商打交道。行商是清政府特许的商人,又称洋商,也叫做官商。这些商人设立洋行,专门经营对外贸易。洋行通称十三行,十三行之名沿自明朝,实际洋行未必十三家,或多或少。行商的职权和责任至重,凡外国商人买卖货物、交纳商税,皆由行商代为办理;凡外国商人一切居住行动,皆由行商负责管束、担保;凡清政府有所宣示或外国商人有所陈请,皆由行商居间传达。此外,清政府又有许多条例和章程,如外国商人到广州,必须住在洋行附近的商馆(或称夷馆)内,不得擅自外出。又外国商人不得携带妇女居住商馆,不得在广州过冬,不得在广州乘轿子;不得雇用中国人服役,不得雇人传递消息等。

限制中国商民出海——清政府规定,凡出海商船装载不得超过五百石,如有打造装载五百石以上的船出海者,一律发到边境充军。又规定船上一切人员都必须详细登记姓名、年貌、履历、籍贯等,以供官府稽查。

3. 闭关的后果

闭关政策的后果是十分有害的。对外来说,闭关政策只是一种消极的防御手段,只能暂时抵制西方资本主义国家的侵略活动,不能根本阻挡西方资本主义国家的入侵,因为这不是真正的防御力量,真正的防御力量应当是富国强兵,甚至"进攻"是最好的防守,这里的进攻意思是主动和西方接触、交流、学习。

此外,这种政策也限制了中外正当贸易的发展。对内来说,闭关政策起了作茧自缚的作用,限制了中国对外贸易和航海事业的发展,也阻碍了中国资本主义因素的成长;又限制了中国人的世界视野的形成,妨碍了中国吸收西方资本主义世界的先进科学技术。这种政策长期推行的结果,使清朝统治集团更加闭目塞听,保守自大,拒绝进步,必须经过一场解放思想的运动,才能扭转很多中国人的这种保守意识。

第三节 明清(鸦片战争前)文化

明清时期的哲学思想有相当发展,唯心主义与唯物主义的对立和斗争很激烈。明清时代的礼教纲常愈趋苛严;正统礼教的弊端也开始暴露。明朝中期出现了资本主义的萌芽和"西学东渐"近代科学的传入,大大的开阔人们的视野,为思想界注入崭新的时代气息。

一、哲学

(1)唯心主义王学与王学左派。明朝前期,程朱理学很流行,在思想领域处于统治的地位。至明朝中期以后,王守仁的心学兴起,一时影响极大。

王守仁(1472~1528年),字伯安,余姚(今属浙江)人。曾结庐故乡阳明洞侧,世称阳明先生。他发展了南宋陆九渊的学说,主张"心外无物","心外无理","心明便是天理"。他又提倡"致良知"与"知行合一"。所谓"致良知"者,即是要求人们从事于"去人欲,存天理"的修养。所谓"知行合一",不是认识与实践的统一,而是知与行合二而一,知就是行,行就是知。"知行合一"说的宗旨,在于消除人们一念中之不善,以防祸于未然。王守仁的学说在明后期广为流行,几乎有取代程朱理学的趋势。王守仁的著作由门人辑成《王文成公全书》三十八卷,其中的《传习录》和《大学问》为主要哲学著作。王守仁学说被称为王学,其学派被称为阳明学派或姚江学派。

明代后期的进步思想家李贽,福建晋江人。他虽是王学传人,但他的思想含有唯物主义成分,是王学左派的代表人物。他反对"以孔子之是非为是非",反对把儒家经典看作是真理的标准,对理学进行了激烈的批判,他的著作有《藏书》、《续藏书》、《焚书》、《续焚书》等。

(2)唯物主义。明末清初,有三大思想象,就是黄宗羲、顾炎武、王夫之。黄宗羲(1610~1695

· 439 ·

年),字太冲,号南雷,世称梨洲先生,浙江余姚人。他反对宋儒"理在气先"之说,认为"理"不是实体,只是"气"中的条理和秩序。他在政治上反对君主专权,对君主专权作了深刻的揭露,指出帝王把天下当作自己的产业,乃害民之贼。又指出帝王之法乃"一家之法",并非天下人之大法。此外,在经济上,他反对"工商为末"的传统观念,提出工商"皆本"之论。这种见解代表了工商业者的利益。黄宗羲的著作有《宋元学案》、《明儒学案》、《明夷待访录》、《南雷文案》等。

顾炎武(1613~1682年),字宁人,世称亭林先生,江苏昆山人。他在哲学上受到二程和朱熹的影响,可是他也赞成张载的唯物主义观点,承认"气"是宇宙的实体。他反对君主专权的政治,异常称赞《明夷待访录》一书,认为他的主张和《明夷待访录》相合者十之六、七。他又反对理学,认为理学空言心性,那不是学问。他极力提倡"实学",主张"经世致用"。主要著作有《日知录》、《天下郡国利病书》等。

王夫之(1619~1692年),字而农,号姜斋,世称船山先生,湖南衡阳人。他在哲学上发展了张载的唯物主义观点,批判了宋、明以来的客观唯心主义和主观唯心主义,主张"尽天地之间,无不是气,即无不是理也。"把中国古代的朴素唯物主义向前发展了一步。此外,他还提出了"耕者有其田"的主张,认为土地不是帝王的私产,是耕者所有。这个观点是很进步的。他的主要著作有《周易外传》、《尚书引义》、《读四书大全说》、《张子正蒙注》、《思问录内外篇》、《噩梦》等。

二、文学

(1)小说。明清文学以小说最为发展。明代的小说最负盛名的是罗贯中的《三国演义》、施耐庵的《水浒传》、吴承恩的《西游记》。清代的小说最负盛名的是曹雪芹的《红楼梦》、蒲松龄的《聊斋志异》、吴敬梓的《儒林外史》。

《三国演义》的全称是《三国志通俗演义》,是一部长篇历史小说。其内容是根据陈寿的《三国志》和元代《三国志平话》和某些传说写成,系统而生动地描述了一百年间的重要史事和主要人物。此书的思想宣传正统主义,但文字浅近,文笔生动,情节曲折,人物各有思想、情态,尤其是对于战争和策略的描述,至今还被兵家看作是"权谋"类兵书。《水浒传》是一部描述北宋农民起义的长篇小说,其内容是根据《宣和遗事》及有关话本、故事写成,书中创造了108个农民男女英雄形象,以梁山为根据地,四处掠夺官府和富人,这是中国古代少有的描述土匪、歌颂绿林大盗的小说。《西游记》是长篇神话小说,是在民间流传的唐僧取经故事和有关话本、杂剧的基础上写成。书中的主人公孙悟空曾大闹天宫,又保护唐僧历尽千山万水,到"西天"取经。此书视野广阔,想象丰富,蔑视社会道德秩序,歌颂造反精神,情节曲折,语言生动,是一部家喻户晓、老少咸宜的通俗小说。

《红楼梦》是一部杰出的长篇爱情小说,实际是以贾宝玉、林黛玉两位青年的爱情悲剧为线索,描述了清朝前期的贵族、官僚或富商贾、史、王、薛四大家族的盛衰过程。反映了朝代循环周期中的衰败时期的各种矛盾和斗争。书中对富豪的家庭生活进行了详细的描述刻画,对于一些善良人们的不幸遭遇给予同情。这是一部具有高度思想性和艺术性的著作。《聊斋志异》是一部短篇小说集。全书以描述人与鬼、狐的关系,写成若干故事。《儒林外史》是一部以描写王朝后期儒生为主的长篇小说。书中描述了科举制度,谴责了一些追逐功名利禄的儒生的种种丑态,对于自食其力的人则给予同情。

(2)戏剧。明清时期戏剧也有很高的成就。最优秀的剧本有明代汤显祖的《牡丹亭》,清代洪升的《长生殿》,孔尚任的《桃花扇》等。

《牡丹亭》是描写爱情故事的剧本。即杜丽娘和柳梦梅在梦中相会。杜丽娘醒后思念成疾,抑郁而死。后来柳梦梅打开她的坟,她又死而复生,经过同家长的斗争,二人终于结为夫妇。此剧又名《还魂记》。《长生殿》是描写唐明皇(唐玄宗李隆基)和杨贵妃的爱情故事。剧中歌颂了他(她)们的生死不渝的爱情。《桃花扇》是描写文人侯方域和秦淮歌妓李香君的爱情故事。

三、史学地理学

(1)史学。明清的史学很发展,官修、民修的史学著作都很多。明代的官修史书主要有《元史》、《明实录》和《明会典》等。《元史》修于明初,二百一十卷,系统地记述了元朝一代的历史,是二十四史之一。《明实录》是编年体史书,是由每位新即位的皇帝命史官根据档案撰修前一皇帝的实录。明朝从太祖朱元璋至熹宗朱由校,共十五帝都有实录,只有明宗朱由检(崇祯帝)为亡国之君,没有实录。这些实录都保存下来,其内容十分丰富,涉及明朝各个方面,是研究明史的宝贵资料。《明会典》在明朝修过多次,现在通行本是万历重修本,共二百二十八卷,内容很丰富,为研究明朝典章制度的重要资料。明代私家著史以谈迁的《国榷》最有名。《国榷》一百零八卷,是一部编年体明史。此书对于研究明史,尤其是研究明代建州女真及崇祯一朝的历史,有重要参考价值。

清代的官修史书主要有《明史》、《清实录》、《清会典》、《清三通》等。《明史》是清朝特设明史馆编撰的,三百三十二卷,系统地记述了明朝一代的历史,是二十四史中较好的一部。《清实录》是编年体史书,也是新立皇帝为前一皇帝所修。《清实录》共十三部,第一部为《满洲实录》,第二部为《太祖实录》,第十三部为《宣统政纪》,每部都内容丰富,为研究清史的宝贵资料。《清会典》亦修过多次,现在通行本是光绪重修本。凡会典一百卷,事例一千二百二十卷,图二百七十卷,为研究清朝典章制度的重要资料。《清三通》就是《清朝文献通考》三百卷,《清朝通典》一百卷,《清朝通志》一百二十六卷,也都是记述清朝典章制度的重要著作。

清代的私家著史很多,其中章学诚撰《文史通义》一书是一部很重要的史学评论著作。章学诚(1738~1801年)字实斋,浙江会稽(今浙江绍兴)人,是唐代刘知几之后最著名的史学评论家。所著《文史通义》分内篇五卷,外篇三卷。他主张史学要经世致用,反对空谈义理,也反对专务考据。他又提出"六经皆史"的观点,把为儒者一直奉为圣明的经书看作只是古代史料。他还认为刘知几所主张的史家"三长(才、学、识)"并不完备,他在"三长"之外,再加上"史德"一条。"史德"是指"著书者之心术",即史学家著史要忠于客观史实,褒贬善恶力求公正。章学诚的这些观点和主张都是进步的。

(2)地理学、地图。明清的地理学和地图学都很发展。其中以《大明一统志》和《大清一统志》最重要。《大明一统志》九十卷,是一部明朝全国地理总志。《大清一统志》在清朝修撰数次,其中以嘉庆年间的重修本最完备,称为《嘉庆重修一统志》,共五百六十卷,是一部清朝全国地理总志。私家著地理书以清初顾祖禹撰《读史方舆纪要》最有名。全书一百三十卷,记述各省、府、州、县建置沿革,疆域变迁,侧重于山川险要,攻守异势,史料价值极高。

关于地图的绘制日臻科学。明代罗洪先绘《广舆图》,这是中国现存最早的地图集。郑和下西洋,绘有航海图,这是一部最早的、比较完善的自中国远航南洋、印度洋,直抵阿拉伯海及非洲东岸的实用航海路线图。清朝所绘地图尤为可贵。康熙时所绘《皇舆全图》是通过全国性的大地实测

· 441 ·

绘成的,这在中国是创举,也属当时世界的前列。此图的重要缺陷是因当时发生噶尔丹叛乱,新疆西部未得测绘。乾隆时,准噶尔部平定,新疆西部补绘;其他部分以《皇舆全图》为基础进行修订,编成《皇舆全览图》。此图在同治年间,胡林翼改编成《大清一统舆图》,公开发行。此图成为此后中国各种一览图的蓝本。

此外,地理考察工作也有新的成就,明代考察旅行家徐宏祖(别号霞客)写了一部优秀的地理著作,名为《徐霞客游记》。此书对中国河道地理的考察作出了重要贡献,特别是对中国西南石灰岩地貌的介绍,是世界上有关这方面最早的记载,在科学上有很高的价值。

四、图书整理与编纂

在图书典籍的整理和编纂方面,明代编有《永乐大典》,清代编有《古今图书集成》和《四库全书》。

1. 《永乐大典》

《永乐大典》成书于明成祖永乐时,由解缙等奉命纂修。全书为二万二千八百七十七卷,另有凡例、目录六十卷,合共二万二千九百三十七卷,装成一万一千零九十五册。全书收入古书七、八千种,上自先秦,下到明初。《永乐大典》是中国历史上最早最大的一部百科全书式的类书,而且也是世界上最早和最大的一部百科全书。可惜这部名贵典籍在清末八国联军入侵北京时,已被焚烧殆尽,少量的被劫到国外。目前经多方访查整理,已由中华书局影印出版了七百九十七卷。

2. 《古今图书集成》

《古今图书集成》一万卷,总目四十卷,共计一万零四十卷,清康熙时陈梦雷编,雍正时蒋廷锡奉敕重编。全书分为历象、方舆、明伦、博物、理学、经济六编,每编又分若干典,合共三十二典。这是中国现存的一部最大的类书。

3. 《四库全书》

《四库全书》是清乾隆皇帝委派纪昀等许多著名学者编纂的,全书分为经、史、子、集四类,收入古书三千五百零三种,共七万九千三百三十七卷,装订成三万六千三百零四册,这是中国最大的一部丛书。书成后共缮写七部,现完整保存下来的还有四部。《四库全书》编成后,编者们又撰《四库全书总目提要》二百卷,仍以经、史、子、集分类,类下又分目属,每书皆摘举要点,考其源流得失,广泛的评价了中国的古籍,可为阅读古籍入门之书。

五、科学技术

1. 天文、历法

明朝原用历法名《大统历》,实际是元朝郭守敬修的《授时历》。至明朝末年,此历已出现较大误差,崇祯时,由徐光启主持修订,聘用耶稣会士龙华民、汤若望等参与工作,比较系统地引进参考了欧洲的天文学知识,修成《崇祯历书》。此历书比《大统历》准确,与日月星辰的运行及节气的变化都相符合。可是此历书在明代并未颁行,至清初由汤若望进呈,才颁行全国,称《时宪历》,一直用到清末。

清代王锡阐是著名的天文学家,他著有《晓庵新法》等书,发明了推算金星、水星凌日的方法,提出了日、月食初亏和复圆方位角计算的新方法。

2. 数学

清代梅文鼎是位大数学家,一生不肯做官,致力于天文历算的研究,在这些方面著书八十余种之多。其中的数学著作,总结了中国古代数学的丰富成就,又介绍了西方的数学知识,为数学的发展作出了重大贡献。明安图也是一位大数学家,蒙古族人,在钦天监任职多年。他所著《割圆密率捷法》一书,在数学上有突出成就。

3. 医学

明代的医学很发展。朱橚等撰《普济方》最有名。此书取古今医方编成,凡一千九百六十论,二千二百七十五类,七百七十八法,二万一千七百三十九方,二百三十九图,自古经方以此书最为完备,为后世研究中医药学提供了极为丰富的资料。

药学方面以李时珍(1518～1593年)所撰《本草纲目》最有名。李时珍,湖北蕲州(今蕲春西南)人,他毕生行医。访采医药,阅书八百余种,撰成《本草纲目》五十二卷,记载药物一千八百九十二种,附有动植物插图一千一百余幅。全面总结了中国古代的药物学成就,把中国药物学的研究提高到一个新的阶段。在世界药物学史上亦占有重要地位。

4. 建筑

明清时期的建筑业空前发展,建筑规划、布局、材料、技术、工艺等各个方面,都远比前代进步。帝王的宫殿、苑囿,贵族官僚们的署衙、府第自不必说,就是汉和各少数民族的重要寺庙或民居也都很讲究。这里只介绍一下明代万里长城和北京紫禁城。

明代最伟大的建筑是万里长城。西起甘肃的嘉峪关,东至吉林的鸭绿江滨,全长六千三百余公里。其中自山海关至鸭绿江一段已坍塌损毁,自山海关至嘉峪关一段至今保存较好。长城为防御性军事建筑,墙身多为巨型方砖石砌成,上建女墙和敌楼、碉堡,要道设关口,因地势起伏蜿蜒,易守难攻。万里长城是中华民族伟大智慧的象征。

紫禁城是明清两代宫城的名称,以天象紫微垣比喻帝居而得名,在北京旧皇城中。紫禁城与城内的建筑合为一体,今称北京故宫。故宫始建于明永乐四年(1406年),至十八年告成。此后历代有所修缮。紫禁城南北长960米,东西宽720米,周垣3.5公里。有四门,正门曰午门,后门曰玄武门,东门曰东华门,西门曰西华门。四隅有角楼,垣外有护城河环绕。城内自午门至玄武门为中轴,前后分为"外朝"、"内廷"两部。外朝以三大殿为主,即奉天殿、华盖殿、谨身殿,嘉靖时改名皇极殿、中极殿、建极殿,为处理朝政和举行大典之处。三大殿东西两翼对称建有文华殿和武英殿。内廷以三大宫为主,即乾清宫、交泰殿、坤宁宫。三大宫东西两翼分别建有东六宫和西六宫。后为后苑。内廷为皇帝和后妃生活安息之处。清朝继续以紫禁城为宫城,改三大殿名依次为大和殿、中和殿、保和殿,改玄武门为名神武门,改后苑名为御花园,还增建了一些宫殿。

紫禁城内的宫殿建筑左右对称,规制严整,气势宏伟,辉煌瑰丽,为中国现存最壮丽的古建艺术群体,也是世界上少有的保存完好的古帝王宫城。

第十四章
西方资本主义入侵与太平天国运动

近代的西方已开始进入资本主义社会,西方各国进一步加剧了对世界的掠夺,当他们掠夺了非洲、美洲等地之后,开始针对东亚,尤其是中国。中国在面对西方列强的欺压和掠夺面前,受尽了屈辱,也进行了无数的抗争。

第一节 禁烟运动与鸦片战争

西方资本掠夺的最大商品就是鸦片,通过向中国输出鸦片赚取超额利润,鸦片毒害了中国的肌体,使中国人和中国经济进一步恶化,列强的这种行为,激起了中国军民的强烈反抗,终于爆发了鸦片战争。

一、鸦片战争前的内外环境

鸦片战争以前,中国是被清朝政府统治着的一个独立的封闭国家。其时,尽管一些少数民族地区还停留在落后的社会发展阶段,但是长江流域及东南沿海一些地区已经出现了资本主义生产关系的萌芽,但就中国社会总体而言,小农业和家庭手工业紧密结合的自给自足的自然经济仍旧占着统治地位。于小农经济相对应的上层建筑、意识形态,依然是建立在这种经济结构的基础之上的。

清朝的统治经过"康乾盛世"的发展,人口再次急速膨胀,到18世纪后期达到饱和,经济步入衰退期。人口超重,农民无地可租耕,民饥而穷,经济衰退,财政拮据,军备废弛,社会危机四伏。虽然一些大官僚拥有广阔的土地,雇佣农民施行集约化经营来发展农业生产,但是粮食的增长永远也赶不上吃饭人口的增长速度,人多地少,农民失业现象非常严重,各地流民日益增多,人民饥苦而体弱,生活艰难困苦。"其得以暖不号寒,丰不啼饥,而可以卒岁者,十室之中无二三焉"。

无业流民增多,农民普遍饥馑,由此带来的社会问题日益严重,社会矛盾日益尖锐,国家无粮救济饥民,下层饥民的反抗斗争不断爆发。1796年,鄂、川、陕等省发生了声势浩大的白莲教大起义,卷入民众数百万。起义军转战湖北、四川、陕西、河南、甘肃等地,政府调集了所能抽调的武装部队,花了9年的时间,镇压了这次起义。1813年,属于白莲教的天理教在河南滑县发动起义。

这些起义相继失败,这已经表明,像所有朝代一样,人口已经超重,土地的人均产出值已经达到将要崩溃的临界值,朝代的衰退期已经不可挽回到来了。当时的著名思想家龚自珍(1792~1841年)已经敏锐地看到了这一点,一针见血地指出:清朝已经"日之将夕",处于大乱将起的"衰世"。

他用犀利的笔调描绘出清朝政府江河日下的没落景象，说："自乾隆末年以来，官吏士民，狼艰狈蹶，不仕不农不工不商之人，十将五六。自京师始，概乎四方，大抵富户变贫户，贫户变饿者。四民之首，奔走下贱。各省大局，岌岌乎皆不可以支月日，奚暇问年岁？"

龚自珍所描述的社会失业状况已经非常严重，"不仕不农不工不商之人，十将五六"，足见无地可租耕，无业可就的饥民比例高得多么令人吃惊，按照龚自珍的说法，已经超过一半人失业，如果这在欧洲，早已爆发全面战争了，中国人的亲情互助观念较浓，总是能缓和延迟解社会矛盾的爆发，但是一旦达到崩溃点，爆发起来也是全面的。

与中国处在趋衰周期形成鲜明对照的是西方资本主义国家的迅速发展。英国在17世纪初期通过对外掠夺和贸易，已经开始对非洲和美洲的大量人口输出，建立农业种植园，源源不断的向欧洲提供粮食，使欧洲的资本主义顺利发展，资本力量不断增强，到了17世纪中期，资产阶级开始替代封建贵族走进国家政治舞台，资本的发展，不断刺激科技的进步，于18世纪后期又开展工业革命，到19世纪，各主要工业部门都采用了机器生产，极大地提高了生产力，成为世界上头等资本主义强国。在法国，爆发于18世纪末的资产阶级革命为资本主义发展开辟了道路，促进了产业革命的开展，使法国成为仅次于英国的资本主义国家。建国较晚的美国，在19世纪初，虽然它的工业不及英、法，但生产发展的速度较快。它步英、法后尘，积极向海外扩张。

欧洲资本主义的成长一开始就伴随着殖民扩张，面向全球掠夺生产资料，向外巨量移民超重的人口，倾销快速增长的工业产品，这一切保证了欧洲资本主义发展的顺利进行，而不会像中国一样在资本主义萌芽阶段被人口危机和经济崩溃彻底摧毁。

欧洲资本主义发展初期，是在惨无人道的掠夺中建立起来的，资产阶级奔走于全球各地，到处落户，到处创业，到处建立联系，疯狂的殖民掠夺，鼓励国内失业农民和工人移民世界各地，尤其是向美洲的移民，美洲有及其广阔的土地资源和矿产资源，源源不断的大移民；解决了欧洲曾经超重的人口压力，避免了经济的崩溃和战争的爆发，资源掠夺和产品倾销为欧洲带来了超额利润，促进了资本主义的快速发展；资本主义的发展又促使欧洲各国竞相出击，疯狂地对海外进行殖民掠夺。

17世纪后，英国取代了葡萄牙、西班牙、荷兰等老牌殖民主义国家的地位，掌握了海上霸权，奉行侵略扩张的炮舰政策。英国历来对中国和其他东方国家抱有侵略野心。17世纪初，英国侵占印度并建立了英国东印度公司，以掠夺印度和垄断东方贸易。之后，英国又对波斯、阿富汗、缅甸、印尼等国进行侵略，同时又把地大物博、人口众多的中国视为重要的侵略目标。

1689年，在中国开放海禁后，英船"防御号"首航广州，开始对华贸易。中国是个巨大的倾销市场，1715年，英国在广州开设商馆，对华贸易额扶摇直上。1793年和1816年，英国两次派特使来华，向中国提出允许英国使臣驻北京、开辟通商口岸、割让岛屿等要求，但遭清朝政府拒绝。然而，英国侵略者并不死心，决心诉诸武力。1827年，鸦片贩子马地臣在《广州记事报》上公开煽动武装侵华。30年代以后，英国更加紧了对华侵略的步伐。

1832年，英国当局派胡夏米、郭士立等，多次到中国东南沿海各口岸测绘地形，搜集军事情报，并通过传教士给他们提供中国的民情习俗等国情资料，传教士们被资本收买，著书立说在欧洲宣扬中国的种种"愚昧"状况，资本政治集团极力宣传中国的种种"邪恶"，以求得民众支持政府来武力传播欧洲文明以"拯救中国人民"于水火，这是西方第一次"妖魔化"中国，为其侵略战争做战前舆论准备，这种入侵之前妖魔化目标国家以获得民众支持的做法是西方民主国家惯常的伎俩，至今美国在对外侵略战争中还在使用。他们获得民众支持的"民主方式"就是这么获得的。完全是资本意志决定下的为所欲为,民意完全被资本政治的广告宣传所左右。

1835年,胡夏米把在中国沿海进行侦察活动后制定的对华作战方案,包括动用的舰只、炮火、兵力及进军计划、部署等内容,呈交英国政府参考。次年,英国政府代表、驻华商务监督义律发出对中国动武的战争叫嚣。同年,英国资本家在伦敦成立"印度和中国协会",以敦促英国政府加紧对中国的扩张。

在英国东侵的同时,法国、美国及沙俄不甘示弱,也把侵略矛头指向中国和远东地区。1698年,法国商船"安菲得里蒂号"来华。1728年法国在广州设立商馆。美国在独立战争后着手开辟对亚洲的贸易。到19世纪初,美国乘欧洲因拿破仑战争封锁欧洲大陆和沿海港口,致使美国的国际贸易陷入困顿,于是转向对亚洲的贸易,尤其大力发展对华贸易,美国成为仅次于英国的对华贸易大国。在清朝前期,沙俄与中国签订了《尼布楚条约》等几个条约,确定了中俄两国的东段和中段边界。但这并未能遏阻沙俄的侵略野心。尼古拉一世在位期间(1825~1855年),沙俄加快了对华侵略的步伐,多次派人深入中国黑龙江地区,刺探情报,违约入侵事件不断发生。

然而,当时的中国正如龚自珍所描述的那样,人口超重,失业率高得惊人,社会面临着全面危机,在这种状况下,内忧外患,政府无计可施,茫然无力。而西方野心侵略中国的国家开始拉拢中国的反政府力量,试图联合起来对付清朝政府,清朝政府在内部危机重重之际,为了防止外国势力与国内反对势力相勾结,实行了严厉的"闭关政策",把中外接触限制在狭小的范围内,试图通过这种封闭办法来维持国家的稳定。而英国则极力要求中国开放港口和国内市场,为其工业品倾销打开道路,尤其是他们的鸦片贸易,试图向中国倾销,清朝政府予以坚决抵制,1793年乾隆皇帝在《致英王第二道敕谕》中说:"天朝物产丰盈,无所不有,原不藉外夷货物以通有无",以委婉的方式予以拒绝了英国的无理要求。

闭关政策固然是清朝政府在遇到外来威胁的情况下采取的一种民族自卫政策,在一定的时期内也起到了某种抵御外侵的作用,但从历史发展来看,它也存在很大的消极作用。实行这种政策的结果,不仅切断了中国与世界的联系,阻碍了中外的经济文化交流,而且严重地束缚了国人的眼界和思想,使中国经济更难以摆脱困境。

英国人遭到拒绝后不甘罢休,决定以武力征服来推销其鸦片贸易。山雨欲来风满楼,鸦片战争即将爆发。

二、英美对中国的非法鸦片贸易与资本掠夺

为了开辟中国这个广阔的市场,以英国为首的西方资本主义国家以贸易为武器,前来敲打中国的大门。然而,在鸦片战争以前,中国在中英贸易中一直处于出超的有利地位。例如,1765~1768年间,中国对英贸易出超白银997704两;1795~1799年间,出超346957两;1830~1833年,更出超2615263两。许多运往中国的英国工业产品难以推销。1786年,东印度公司试销棉纺织品,结果"随便哪一种都卖不出去"。1821年运至广州的英国剪绒、印花布亏本达60%以上。直至1827年,英国输华的棉纺织品才获得利润,但销量极其有限。

为了抵补巨额的贸易逆差,英国每年不得不向中国运来相当数量的白银。这显然不符合英国资产阶级的利益。造成这种情况的原因,主要是由于中国社会自给自足的自然经济对西方资本主

义工业品的入侵有着顽强的抵抗力;此外,清朝政府在对外关系中实行的限制和防范政策保护了中国的民族工业和国内市场,也影响了英国商品的倾销。为了改变入超的不利地位和最终打开中国的市场,英国资产阶级不惜从事可耻的鸦片贸易来找回损失。

鸦片,学名罂粟,又名阿芙蓉,俗称"大烟",是用罂粟汁液熬制而成的一种毒品,具有强烈的麻醉性,吸食成瘾者,身体逐渐衰弱,精力耗散,神志萎靡,久成废人,一旦成瘾难以戒掉,直到倾家荡产,甚至抽死。鸦片主要产自孟加拉、爪洼、土耳其及波斯等地。西方殖民国家向中国贩卖鸦片,最早有葡萄牙和荷兰,但它们贩运鸦片的数量不大。英国则后来居上,1757年英国占领孟加拉,1773年英属印度政府给予东印度公司以在印度的鸦片专卖权,1797年又授以制造鸦片的特权,从此,在这个垄断机构的操纵下,英国对华鸦片贸易迅速发展起来。

东印度公司强迫当地农民种植鸦片,设立专门加工厂,调制成适合中国吸食者口味的鸦片。由于鸦片贸易获利丰厚,它以10倍于成本的垄断价格把鸦片卖给私贩,鸦片贩子又以50%以上的获利率在中国进行销售,赚取高额利润。由是英国输华的鸦片数量直线上升。18世纪60年代,每年输入中国的鸦片一般不超过200箱,60年代以后上升到1000箱,1786年达到2000箱。19世纪以后,增长更加迅猛。1800~1801年,为4570箱;1830~1831年增至21849箱;而在1838~1839年竟高达35000箱。这些数量庞大的鸦片,是通过走私非法进口的。清朝政府鉴于鸦片的危害,早在雍正年间就已下令禁止。其后,在嘉庆、道光朝,又反复重申禁令。

但是,英国鸦片贩子无视清朝政府的禁令,通过逃避检查、贿赂官员等方式,偷运鸦片进口,甚至凭借快船利炮,公开进行武装走私。他们用"快蟹"、"扒龙"(帆张三桅,左右快桨各二、三十,配备枪炮,航行快速的走私船)等特制快艇,从停泊伶仃洋面的趸船起运鸦片,向澳门、广州等地走私。到19世纪30年代,走私范围又从珠江口扩大到东南沿海,甚至北及直隶和奉天海岸。

除了英国之外,美国、俄国也加入了向中国走私鸦片的行列。美国主要是从土耳其贩运鸦片到中国来。为了对付中国水师的缉私,美国的鸦片贩子专门制造了一种配有大炮的"飞剪船"装载鸦片,在中国沿海贩卖。鸦片战争前,美国是仅次于英国的对华鸦片输出国。从19世纪30年代起,俄国也开始从中亚向中国输入鸦片。

据统计,1840年前的40年,西方资本主义国家从中国共掠去26000多万银元的财富,相当于清朝政府一年财政总收入的8倍多。英国资产阶级利用肮脏的鸦片贸易开辟了中国市场,同时又发展了印度市场。英国在印度大量销售工业品以购买鸦片,然后再用这些鸦片到中国换取他们所需要的丝、茶等物。在英—印—中三角贸易关系中,英国资产阶级利用鸦片走私获得了双重的利益。正如马克思所说:"英国政府在印度的财政,实际上不只是依赖对中国的鸦片贸易,而且正是依赖这种贸易的走私性质"。

西方列强的鸦片输入给中国带来了巨大的社会灾难。鸦片吸食者往往"瘾至,其人涕泪交横,手足委顿不能举"。"故久食鸦片者,肩耸顶缩,颜色枯羸,奄奄若病夫初起"。1829年,吸食鸦片者已滋蔓至十几个省。据估计,到1835年前后,全国吸食鸦片的人数达200万之众,"上自官府缙绅,下至工商优隶,以及妇女、僧尼、道士,随在吸食"。其中,包括农民、手工业者、轿夫、水手等在内的劳动者,也为数甚巨。其恶果,不仅大量吸收了中国有限的社会购买力,造成工商业的普遍萧条和衰落,而且毒害了中国人民的身心健康,摧残了社会生产力。所谓"东亚病夫"的民众形象正是西方列强一手残害出来的。

鸦片贸易使中国在中英贸易中由出超变为入超,造成大量白银外流。据估计,1830年至1840年的10年间,中国平均每年外流白银达七八百万元。白银大量外流,造成银荒,导致了银贵钱贱的现象日趋严重。道光朝初年,每两白银折换铜钱1000文左右,到1838年每两银子竟换钱1638文。而同一时期的农产品和手工业品的价格并没有变动。广大劳动人民出售有限的农产品,只能换回成本钱,过去农民卖一石谷可纳税银一两,而今差不多要卖两石谷,才可纳同样的税银。农民的实际负担大大加重,生活更趋恶化。西方的贸易侵略和掠夺使中国百姓的生活更加苦难。

鸦片贸易也严重地威胁了清朝政府财政基础和金融稳定。白银外流,银贵钱贱,增加了人民的负担,导致百姓无力纳税,各省拖欠的赋税日益增多,造成了政府的财政危机。

在八旗、绿营的官兵中,不少人也手持烟枪,吞云吐雾,军纪因之废弛,战斗力愈形下降。鸦片走私中的行贿受贿,复使政府吏治败坏。马克思指出:"中国人在道义上抵制的直接后果是英国人腐蚀中国当局、海关职员和一般的官员。"鸦片走私削弱了政府的统治力,也削弱了中国军队抵御外敌的战斗力。同时,它给中华民族造成的巨大灾难,又使中国人民与西方资本主义侵略势力间的矛盾迅速尖锐起来。

三、林则徐与禁烟运动

鸦片的走私和泛滥造成的严重危害,激起了中国各阶层人民的强烈愤慨。他们纷纷起来要求禁绝鸦片。1838年夏秋,广东民众在城乡遍贴戒烟劝善的布告,谴责外国鸦片贩子的罪行。同年12月,广州地方当局准备处决一名中国鸦片贩子,但英、美侵略者竟然无视中国主权,冲入刑场,袒护鸦片贩子。愤怒的群众不约而集,聚众万余人,包围了洋馆,举行了一次声势浩大的示威。英、美商人吓得躲在洋馆里不敢出来。这次示威集中地反映了中国人民强烈的禁烟要求,显示了正义的力量。

面对烟毒泛滥愈演愈烈和民众强烈的禁烟要求,清朝政府内部在要不要禁烟的问题上,形成了弛禁和严禁两种意见。

1836年6月,太常寺少卿许乃济向道光皇帝上《鸦片例禁愈严流弊愈大亟请变通办理折》,主张取消鸦片输入禁令,准许公开买卖。针对鸦片输入,道光朝以前采取的手段不外"塞源"(禁止鸦片输入)、"遏流"(查禁内地私销)两个办法,道光朝又加上了"正本"(禁止官民吸食)。现在许乃济则主张:"准令夷商将鸦片照药材纳税"进口,除了"文武员弁士子兵丁"应严禁吸食外,民间吸食可以"一概勿论"。

但公开允许鸦片贸易毕竟有损国体,所以许乃济的主张一经提出,便遭到许多人的反对。内阁学士朱樽、兵科给事中许球、御史袁玉麟、朱成烈等纷纷上书畅言,驳斥许乃济,请严禁鸦片。袁玉麟批驳说:如果采取"禁官弁士兵,不禁小民"的办法,会导致"坏政体而伤治化"的后果。如果把抽鸦片税当成国家财政收入的来源,"是见小利而伤大体"。这些言论驳倒了弛禁官员的荒谬说法,以至在此后一段时期内,朝野上下无人再敢公开主张弛禁。

1838年6月,鉴于鸦片泛滥日益严重,鸿胪寺卿黄爵滋上《严塞漏厄以培国本疏》,痛陈鸦片为害之烈,以为鸦片非不能禁,历年屡禁无效的原因在于稽查官员贪图利益,不能认真查办,以至积重难返。他指出,只是禁止鸦片进口不解决问题,根本办法是禁止吸食鸦片。他说:"无吸食,自无兴贩,则外夷之烟自不来矣。今欲加重罪名,必先重治吸食。"具体办法是限吸食者一年戒除,逾期不戒者处以死刑,官吏照常人加等治罪。道光帝下旨征集各地民意,令盛京、吉林、黑龙江将军和各省总督、巡抚各抒己见。围绕着黄爵滋的建议,不同意见的争论再起。

在参加国家政策公开讨论的大臣中,直隶总督琦善、云贵总督伊里布等20人,对禁烟不持异议,但认为严刑禁烟是法重情轻,要求"照定例"禁烟,即维持明禁、暗贩、暗吸的状态,实际上是反对重治吸食者的严禁措施。

湖广总督林则徐等8人坚决支持黄爵滋的主张,力主严禁鸦片。林则徐在有名的《钱票无甚关碍宜重禁吃烟以杜弊源片》中,详细阐述了鸦片泛滥的危害和严禁的必要。他驳斥主张弛禁的论调说:"或谓重办开馆兴贩之徒,鸦片自绝,不妨于吸食者稍从未减。似亦持平之论。而臣前议条款,请将开馆兴贩,一体加重,仍不敢宽吸食之条者,盖以衙门中吸食最多,如幕友、官亲、长随、书办、差役,嗜鸦片者十之八九,皆力能包庇贩卖之人,若不从此严起,彼正欲卖烟者为之源源接济,安肯破获以断来路?"

他明确指出:照旧例执行,弊病太多,"与其用常法而有名无实,讹诈正无了期,何如执重法而雷厉风行,吸食可以立断"。他大声疾呼:"若犹泄泄视之,是使数十年后,中原几无可以御敌之兵,且无可以充饷之银"。他还草拟了《严禁鸦片章程》6条,对黄爵滋的建议作了重要补充。林则徐等人的严禁主张维护了中国的利益,得到了民众的支持和拥护。

一直被鸦片问题困扰着的道光皇帝痛感鸦片泛滥已经造成政府财源枯竭,军纪废弛的严重后果,经过广泛征集各方面意见和公开民主议政措施之后,最后决定采纳林则徐等多数人的禁烟主张。1838年12月,道光下令将许乃济革职,特命林则徐进京陛见,商讨禁烟事宜,并发谕旨,要各省"同心合意,不分畛域,上紧查拿,毋得稍行松动"。

12月26日,林则徐抵京,经过多次召见,被任命为钦差大臣,节制广东水师,前往广州厉行禁烟。

林则徐(1785～1850年),字少穆,福建侯官(今福建福州)人。少负经世之志。1811年成进士,历任江苏按察使、陕西和湖北布政使、东河总督、江苏巡抚、湖广总督等职,以关心民生疾苦,办事干练著称。在湖广总督任内,他就曾力禁鸦片,成绩卓著,对这次查禁鸦片,更充满信心。

1839年1月,林则徐离京南下,3月,抵广州。当地人民群众高昂的反侵略斗志,使林则徐深受鼓舞。他说:"察看内地民情,皆动公愤,倘该夷不知改悔,唯利是图,非但水陆官兵,军威壮盛,即号召民间丁壮,已足制其命而有余"。民众的支持和拥护进一步加强了给林则徐的禁烟信心和决心。

林则徐会同两广总督邓廷桢、广东水师提督关天培加紧整顿水师,加强海防。一再晓谕鸦片吸食者立即呈缴烟土烟具,限期戒绝。并发布谕帖,勒令外国烟贩将存储于趸船的鸦片"尽数缴官",并具结保证"嗣后来船永不敢夹带鸦片,如有带来,一经查出,货尽没官,人即正法。"林则徐还严正声明:"若鸦片一日未绝,本大臣一日不回,誓与此事相始终,断无中止之理"。广东民众积极支持林则徐的禁烟措施。城乡各地纷纷呈缴烟膏烟具,揭发检举鸦片贩子。虎门附近的群众自发组织起来,一发现走私鸦片的商船,立即吹响螺号,出动船只缉捕,并纵火将其焚毁。在广大民众的支持下,禁烟运动迅速走向高潮。

林则徐经过一番努力,迫使英美烟贩先后被迫缴出鸦片19127箱,又2119袋(其中美国烟贩缴出1540箱),共计2376254斤。

1839年6月3~25日,林则徐会同两广总督邓廷桢、广东水师提督关天培等至虎门,督令将收缴的鸦片全部当众销毁。这就是著名的"虎门销烟"。

虎门销烟后,林则徐宣布开放中英贸易,但要求进口商船出具甘结,保证永不夹带鸦片。义律则不甘心失败,百般阻挠英商具结,竭力制造事端。1839年7月,英国水手在九龙尖沙咀行凶,殴毙村民林维喜。林则徐多次要求义律交出凶手,义律不但拒不交凶,而且一再进行军事挑衅。英国侵略军先后在九龙、穿鼻、珠江口海面袭击中国水师,但均被击退。

面对英国侵略者的武装挑衅,林则徐与关天培等官员一道,积极筹备战守。他们抓紧对各处炮台进行加固或改造,在虎门的上、下横档一带,增设两道拦江铁排链,并从国外购进了200门新式大炮,分列两岸。林则徐相信"民心可用",他在大力整顿水陆官兵的同时,积极倡导"由民间自行团练,以保村庄",并招募渔民、蛋户丁壮5000人,编为水勇,日夜操练,以配合水师对敌作战。他还公开发出号召,一旦敌人兵船进入内河,人人可以持刀痛杀。在林则徐、关天培的部署下,广东军民同仇敌忾,众志成城,与英国侵略者展开英勇斗争。

虎门销烟后,并不禁止外国商人进行正当的贸易,提出了"奉法者来之,抗法者去之"的正确方针。强调"一切未带鸦片之夷船应声明愿即开进黄埔,一俟验讫,即行卸货。一切私行夹带鸦片之夷船应即遵令呈缴鸦片,可免议处;一俟悉数缴实,可准进口开舱贸易"。

这种规定受到一些正直外商的称赞。当义律向这些外商挑拨离间时,他们不为所动,转而支持林则徐维护正当的中外贸易。到1839年年,具结后开进广州贸易的外国商船已有62艘,其中有美国船45艘。林则徐还不顾清朝政府高级官员不得与外国人往来的惯例,直接与外国人接触,征询意见,向他们宣讲清朝政府的禁烟政策,沟通了中外之间的必要联系。实践证明,林则徐的这些开明与理智的主张、做法在当时的禁烟运动和对外交涉中起到了积极的作用。

四、英国发动侵华战争与三元里抗英

(1)英国发动侵华战争。虎门销烟之后,英国侵略者一方面连续不断地在广州进行武装挑衅,一方面酝酿发动大规模的侵华战争,企图用武力打开中国的大门。1839年9月4日,英国军舰"路易沙"号、"珍珠"号及一艘快艇,突然窜入九龙湾,袭击中国水师,中国军队奋起还击,将其击退。11月3日,装备有28门大炮的英国巡洋舰"窝拉疑"号在穿鼻洋面挑起冲突,受挫而退。随后,英军又在官涌发动了6次进攻,均以失败而告终。然而,英国侵略者并不甘心,执意扩大事态。对华发动全面战争的计划正在伦敦酝酿形成。

1839年10月1日,英国政府在一片对华开战的鼓噪声中召开内阁会议,讨论侵略中国的问题。外交大臣巴麦尊、陆军大臣麦考莱都持强硬立场,主张对中国采取军事行动。内阁会议经过讨论作出决定,"派遣一支舰队到中国海去,并训令印度总督对于我们兵船司令所采取的任何必要行动予以合作"。

1840年2月,英国政府任命乔治·懿律和查理·义律分别为正副全权代表,懿律为侵华英军总司令。懿律组织起一支由16艘军舰、4艘武装汽船、28艘运输船及540门大炮和4000名士兵组成的所谓"东方远征军"。同年6月,这支远征舰队侵入中国广东海面。一场由英国发动的侵华战争终于爆发了。

第一次鸦片战争始自1840年6月,终于1842年8月,持续了两年多时间,经历了3个阶段。战争的第一阶段,自1840年6月英军封锁广州洋面始,至1841年1月义律单方面公布《穿鼻草约》时止,历时7个月。

1840年6月英国侵略军到达广州洋面后,立即对广州实行了封锁,但因无隙可乘,便按原计划北上。7月,犯厦门,未能得逞,遂北犯浙江,攻陷定海。8月,抵天津白河口,京畿震动。懿律向直隶总督琦善递交巴麦尊致中国宰相照会,提出赔款、割地、通商等无理要求,并威胁说,如果不满足要求,必"相战不息"。

定海失陷和英国兵舰驶抵天津海口,使中国的首都安全受到威胁。当时的沿海各省督抚,除了林则徐和邓廷桢等人外,大都没有做任何军事部署。作为北京门户的天津,负责防卫的兵丁仅800余名。山海关的守军纪律松弛,武器钝陋,甚至连一尊可用的大炮都没有。面对耀武扬威的侵略军,主张妥协的官员乘机散布流言蜚语,中伤林则徐。他们扬言:"夷兵之来,系由禁烟而起"。"上年广东缴烟,先许价买,而后负约,以至激变"。因此,唯有将林则徐治罪,才能平息事端,否则,"边衅一开,兵结莫释"。道光帝很快转向妥协立场。在接到英方照会的第二天,他即授命琦善向英军表示:林则徐上年禁烟"措置失当","必当逐细查明,重治其罪"。只要英军退回广东,"听候钦派大臣驰往广东,秉公查办,定能代伸冤抑"。懿律得到琦善的保证,又鉴于天气渐冷,北方港口将封冻,不宜于军舰行动,遂于9月中旬折回广东。

9月17日,道光帝任命琦善为钦差大臣,赴广东与英国侵略者举行谈判。同时,又以"办理不善"的罪名,下令将林则徐、邓廷桢革职查办,由琦善署理两广总督。不久,清朝政府又将林、邓发往新疆,"效力赎罪"。至此,抵抗派受到沉重打击,政府妥协派开始占了上风。

1840年11月底,琦善到达广州,一切力反林则徐所为,实行取媚于敌人的方针。同年12月,中英双方开始谈判。英方委派义律为全权代表,会谈中,琦善对义律提出的各项侵略要求,均一一应允,只对割让香港一事不敢做主,答应代为转奏朝廷。为了迫使琦善完全屈服,义律决定施加军事压力。1841年1月7日,英军突袭虎门外的沙角、大角炮台。守将陈连升率部坚决抵抗,终因孤军无援,壮烈牺牲,炮台失陷。

1月20日,义律单方面公布了《穿鼻草约》,其主要内容包括割让香港、赔偿烟价600万元、恢复广州通商等条款,琦善未在草约上签字。但英军却据此无效的草约,于1月26日强占了香港。战争的第二阶段,自1841年1月27日清朝政府对英国宣战始,至5月27日《广州和约》签订为止,历时4个月。

英国的侵华行为激起了国内各阶层民众的强烈义愤。广东爱国绅民集会要求"痛剿"英军,收复香港。许多官员上书朝廷,弹劾琦善,呼吁重新起用林则徐抵抗外敌。1841年1月27日,道光帝下令对英宣战,并令将琦善交部议处。

30日派皇侄、御前大臣奕山为靖逆将军,户部尚书隆文、湖南提督杨芳为参赞大臣,调集军队17000人,驰赴广东作战。2月,广东巡抚怡良揭发琦善私割香港的奏报到京,怒不可遏的道光帝下令将琦善革职拿问。

当奕山一行尚未到达广州时,义律先下手为强,于2月23日率兵船进攻虎门炮台。水师提督关天培率部英勇抵抗。尚在广州的琦善竟拒绝增援,致使关天培与守军400多人全部牺牲。英舰驶入省河,广州告急。

奕山等人在未做充分准备的情况下,便贸然决定夜袭英军。结果,次日英军反攻,占领了城郊的泥城、四方等炮台,包围了广州城,并开炮轰击城内。奕山在城头竖起白旗,并派广州知府余保纯出城向英军乞降。

5月27日,奕山与英军订立了屈辱的《广州和约》,规定:政府军在6天内撤驻广州城外,7天内缴纳600万元的"赎城费",赔偿英国商馆损失30万元。款项交清后,英军归还炮台,退出虎门。但事后,奕山等欺骗政府,把大败说成大胜,把自己乞降说成英人乞求通商,把兵败赔款说成归还历年"商欠"。政府不知真相,批准了《广州和约》。

(2)三元里抗英。此时,广州北郊的民众却发动了大规模的抗英斗争。1841年5月29日,小股英军窜到广州城北五里的三元里村抢掠,村民奋起抗击,当场毙敌数人,其余英军狼狈逃去。为了对付侵略者的报复,村民在三元古庙集会,议定以庙中三星旗为令旗,"旗进人进,旗退人退","打死无怨"。同时又联络附近103乡群众,共同对敌。参加斗争的除了农民、丝织工人、打石工人外,还有地主士绅。

5月30日凌晨,三元里及各乡群众数千人进攻英军盘踞的四方炮台,然后迅速退却,诱敌至三元里牛栏岗,即行包围。中午,恰好大雨倾盆,敌军火药尽湿,枪炮皆哑。手持刀、矛、锄耙的民众乘势猛攻。附近农民从四面八方赶来,人数越聚越多,"刀斧犁锄,在手即成军器;儿童妇女,喊声亦助兵威。"英军拼命突围,"无奈人如山积,围开复合,各弃其鸟枪,徒手延颈就戮,乞命之声震山谷",敌军增援部队到达后,被围英军才得以撤回四方炮台。这次战斗给侵略军以沉重打击,并缴获了大量战利品。

31日,三元里一带人民再次将四方炮台重重包围。龟缩在四方炮台中的英军派奸细混出重围,向清朝政府求救。奕山立即派广州知府余保纯带领南海、番禺知县出城为英军解围。余保纯等用威胁利诱的手段强迫解散了群众队伍。6月1日,英军撤出了虎门。义律发出告示,恫吓百姓"后勿再犯"。当地百姓当即在商馆前贴出《申谕英夷告示》,痛斥英国侵略者,并警告他们,若敢再来,"不用官兵,不用国帑,自己出力,杀尽尔等猪狗,方消我各乡惨毒之害也!"

第三阶段,从1841年8月英军扩大侵略战争,再次进攻厦门起,到1842年8月签订《南京条约》为止,历时一年。

1841年4月,英国政府接到义律关于订立《穿鼻草约》的报告,十分不满,认为条约获取的侵略权益太少,不予批准,并决定召回义律,改派曾在印度任职的璞鼎查为侵华全权代表,更换军队司令官,扩大侵华战争。临行前,巴麦尊指示璞鼎查:只有得到中国皇帝对英国政府提出的一切要求无条件依允时,英国才能停止军事行动,并要璞鼎查迫使清朝政府承认鸦片为合法贸易。8月,璞鼎查到达广东,声言要出兵北上,用武力强迫中国满足英国在上一年提出的全部要求。随后,英国侵略军便在福建、浙江、江苏等地燃起了更大的战火。

璞鼎查率兵船26只,士兵3500人,从香港北上,进犯厦门。8月26日,厦门陷落。总兵江继芸率兵御敌,力战牺牲。9月,英军犯定海。总兵葛云飞、王锡朋、郑国鸿等率5000守军与敌人血战6昼夜,最后壮烈牺牲,定海再陷。接着,英军进攻镇海。浙江提督余步云不战而逃,两江总督裕谦坚决抵抗。10月10日镇海陷落,裕谦愤而投水自尽。英军随即占宁波。英军在进犯浙江的同时,多次出动兵船侵扰台湾。台湾道姚莹和总兵达洪阿在广大民众的支持下,英勇抵抗,击退了英军的进攻。

英军侵占定海、镇海、宁波,激起了浙江人民的反抗。当地民人徐保、张小伙、钱大才等组织黑水党,神出鬼没,专门袭击小股英军。据史料记载:"两月之中,擒斩数百,英人大恐"。

道光帝再次对英开战。10月18日,他派皇侄奕经为扬威将军,侍郎文蔚和副都统特依顺为参赞大臣,从江西、湖北、安徽、四川、河南、陕西、甘肃等省抽调军队近2万人,赶赴浙江作战。奕经及随员杨熙、联芳、阿彦达及侍卫容照等,"皆纨绔少年,所至索供应,征歌舞,纵樗蒱,揽威福"。他们流连苏州多日不进,直到人言籍籍,言官弹劾,才离开苏州,于1842年2月到达绍兴。

3月10日,奕经为邀功请赏,企图侥幸取胜,在完全不了解敌情和未作认真准备的情况下,分兵三路向宁波、镇海、定海进攻。英军早有准备,结果政府军惨败而归。英军乘势攻陷慈溪,奕经则溃退杭州,从此不敢再战。浙江战争失败后,道光帝用人不当,接连战败,于是无心再战,决意和谈。他下令前线政府军停止进攻,同时任命盛京将军耆英为钦差大臣,和已被革职的两江总督伊里布赶赴浙江,办理议和事宜。但此时的英国侵略者却认为议和的时机未到,不足以"强迫清朝政府签订一个令人满意的条约",决定增派军队,按照原计划,攻打中国的心腹要地——长江流域。

5月,英军退出宁波、镇海,集中兵力攻陷江浙海防重镇乍浦。6月,英军进入长江,直取吴淞炮台。江南提督陈化成请两江总督牛鉴后援,自己亲至炮台,冒着敌人密集的炮火指挥守军猛烈还击。敌兵伤亡颇重,不敢正面突进,转攻东炮台。不料牛鉴临阵逃脱,致使炮台失守,陈化成腹背受敌,处于险境。陈化成坚守不退,虽身负7处重伤,仍奋力杀敌,力竭殉国。吴淞炮台失守,宝山、上海相继陷落。英军溯江西上,于7月下旬进攻镇江,但遇到了副都统海龄率领的守军的顽强抵抗。镇江保卫战打得异常激烈,中国军队表现出宁死不屈的战斗精神。侵略分子柏纳德在《"复仇神"号轮舰航行作战记》中说:"镇江府是满军认为一个坚强的据点他们难以忍受失败,不能容许这班来历不明而且可恶透顶的野蛮人来亵渎他们的家园,来践踏他们的土地,因而每一家房子里,都有它的殉难者"。"很多满兵直向我军的刺刀冲上前来。有的时候,满军冲到我军警卫哨来,将我方士兵捉住,然后抱起来一起跳下城墙去。"

7月21日,镇江失守,海龄在衙署自焚殉国。英军也付出了惨重的代价。就在镇江失陷当天,侵略军死亡37人,伤128人,失踪3人。入城后,英军大肆杀戮抢掠,镇江城顿成一片废墟。连侵略分子也不得不承认:"即使是心肠最硬、资格最老、以杀人越货为生的人,看到这种悲惨景象,也不能无动于衷的"。

英军侵入长江后,威胁政府的税赋重地,军队接连战败,道光帝丧失了抵抗的信心,命耆英、伊里布向英军和谈。8月初,英国军舰开到南京下关江面。耆英、伊里布先后赶到南京,与英军谈判。8月29日,耆英、伊里布等与英国全权代表璞鼎查在英舰康华利号上签订了丧权辱国的《南京条约》。历时两年多的第一次鸦片战争至此结束。

五、《南京条约》的订立

《南京条约》是中国近代历史上第一个丧权辱国的不平等条约。它是外国资本主义侵略势力通过炮舰政策强加在中国人民头上的枷锁。这个条约共计13款,主要内容是:

(1)割让香港。从此香港沦为英国殖民地,成为英国对华侵略的重要基地。

(2)五口通商。条约规定中国开放广州、厦门、福州、宁波、上海五地为通商口岸,英国可在这五口派驻领事等官。从此中国东南沿海门户洞开,外国资本主义侵略势力源源东来。

(3)中国赔偿鸦片烟价600万元、商欠300万元、兵费1200万元,三项总计2100万元。(其中

第十四章 西方资本主义入侵与太平天国运动

不包括广州"赎城费"600万元，以及英国侵略军四处抢掠勒索的银两。）条约规定赔款分4年还清，未付清之前，英军继续占领舟山群岛和厦门鼓浪屿。（直至1847年，英军始退出这两个地方）。

（4）协定关税。条约规定，居住五口的英国商民缴纳进出口货税，"均宜秉公议定则例"，破坏了中国的关税自主权。

（5）废除公行制度。条约规定，英国商民在华贸易无须与例设公行打交道，可以任意与华商直接交易。这就便利了西方列强在中国培植买办势力。有关关税税率、开埠通商等问题在《南京条约》中还未作明确规定。对此，中英双方继续在广东谈判。

1843年10月，璞鼎查又强迫清朝政府签订了中英《五口通商章程》、《五口通商附粘善后条款》（即《虎门条约》），作为《南京条约》的补充条款。英国侵略者通过这两个约章又取得以下权益：

（1）领事裁判权。《五口通商章程》规定，中国人与在华英人打官司，英人如何定罪，"由英国议定章程、法律发给管事官照办。"这项规定严重地侵犯了中国的司法主权。

（2）片面最惠国待遇。《虎门条约》规定，中国将来"有新恩施及各国，亦应准英人一体均沾，用示平允"。这条规定后来被侵略者广泛利用，只要一国与中国签订不平等条约，其他国家都可分享其中特权，对中国造成的危害极其严重。

（3）低关税。《五口通商章程》附带的《海关税则》，把中国的海关税率大幅度压低，将其减少到5%至6%左右。这种低关税率极大地削弱了中国海关对民族经济的保护作用，便利了西方资本主义各国在中国倾销商品和掠夺原料。

（4）在华租赁土地。《虎门条约》规定，英人可在通商口岸租赁土地、房屋，永久居住。这便成为日后西方殖民势力在华设立"租界"的口实。鸦片问题虽然是导致这场战争的导火线，但在《南京条约》及其附件中没有提及。因为清朝官吏认为这用不着明文写入条约，他们曾向璞鼎查作过保证：无论外国商船是否载有鸦片，清朝政府都不会查问，也不采取任何行动。

继英国之后，美国、法国接踵而来，要求"公平对待"，1844年先后强迫清朝政府签订了中美《望厦条约》和中法《黄埔条约》。这是中美两国缔结的第一个不平等条约。《望厦条约》共34款。美国除了依据利益均沾的原则取得了英国在《南京条约》中所攫取的同等特权外，还以欺诈的手段取得其他一些权益，主要包括：扩大领事裁判权、美国兵船在中国沿海各港口的航行权、美国可在通商口岸修建教堂和医院、变更税例须与美国领事等官商议、所订条款如有变通之处可在12年后由两国派员议商修订等。

这些条款进一步严重地侵犯了中国的司法主权、领海权、关税自主权，并为其日后向中国作进一步勒索埋下了伏笔。

1844年8月，法国政府派专使拉萼尼率8艘兵船到达澳门。9月，拉萼尼会见耆英，百般威胁利诱。10月24日拉萼尼与耆英在停泊于黄埔的法国军舰上签订了中法《黄埔条约》。法国通过这个不平等条约，不仅取得了《南京条约》、《望厦条约》规定的各种侵略权益，还使法国人获得在五口建造教堂和墓地的特权。

其后，葡萄牙、比利时、荷兰、西班牙、丹麦、普鲁士、瑞典及挪威等欧洲国家也纷纷东来，相继与清朝政府签订条约。葡萄牙还在1849年驱逐中国在澳门的官吏，停付租金，强占澳门。

西方列强通过发动鸦片战争和签订不平等条约强行打开了中国的门户，战前，中国是一个主权独立的国家；战后，中国的关税、司法和领土的主权开始遭到破坏，逐渐丧失了政治上的独立地位，被迫走上了半殖民地的道路。战前,中国是一个自给自足的自然经济占统治地位的封建国家;战后,传统的自然经济日益解体,逐步成为资本主义世界的商品市场和原料产地。战后的中国,一步一步地变成了一个半殖民地社会。

六、民众反侵略斗争的继续

在战后的几年中,广州、厦门、福州、上海等地接连爆发大小不等的民众自发的反侵略斗争。其中尤以广州民众的斗争最激烈,规模也最大。

经过鸦片战争的劫难,广州人民对英军的暴虐无不切齿痛恨,决心以自己的力量继续坚持反侵略斗争。1841年夏,三元里抗英斗争结束不久,广州人民就在广州北郊石井设立升平社学。随后,东北各乡建立起东平社学,城南建立起南平社学,河南成立了隆平社学,广州城里也出现了城厢社学。继广州之后,在南海、番禺、从化、花县、增城等地,也都组织起名目不同的社学,动员的民众多达数十万人。参加社学的基本群众是农民,其次是手工业工人和店员,还有不少爱国士绅。他们"踵寓兵于农之法","无事则负耒力田,闻警则操戈御侮"。这些社学组织并无统一的领导机构,只是在抵御外侮、保卫乡的共同目标下,相互联络,守望相助。

1842~1849年间,广州人民在社学组织领导下掀起了一系列抗击英国侵略者的斗争。

1842年11月,广州城内的明伦堂贴出了《全粤义士义民公檄》,揭露英国侵略者侵华罪行,呼吁民众起来抗英。12月初,广州民众烧毁"夷楼"。1844年5月,英国侵略者企图在广州强租河南地区,当地民众3000余人于5月23日集会抗议,阻止了侵略者的行动。此后不久便发生了规模更大的反入城斗争。本来,外商来广州贸易一向住在城外珠江畔的洋馆,《南京条约》也未允许英人进入广州城。但是在《南京条约》签订后,英国侵略者硬要进入广州城,多次交涉,均未得逞。

1847年4月,英国侵略者以几名英人遭到石块袭击为借口,出动20余艘舰船,1000多名军队,再次闯入珠江,炮击广州城,提出包括进城在内的7项要求。广州民众紧急动员起来,严阵以待。徐广缙亲至英船谈判,省河两岸群众环列示威,以壮声势。徐婉言拒绝了英人的要求。这时社学已经组织起10万人的团练义勇,从2月到4月每晚操练游行。英军被迫放弃了入城要求。

广州民众挫败了侵略者强行入城的计划,也使西方侵略者再次看到中国民众中蕴藏的巨大反抗力量。文翰在给其上司的报告中不得不承认:"我绝对认为附近民众和团勇会坚决抵抗我们入城,结果使我们非用极大的武力不能达到目的,因为他们的抵抗力量比1841年第一次抵抗时要强得多"。

第二节 社会危机与太平天国运动

鸦片战争后的十年间,中国开始遭受了西方列强的悲惨压迫和资本掠夺。马克思指出:"中国在1840年战争失败后,被迫付给英国的赔款,大量的非生产性的鸦片消费,鸦片贸易所引起的金银外流,外国竞争对本国生产的破坏,国家行政机关的腐化,这一切就造成了两个后果:旧税捐更重更难负担,此外又加上了新税捐。"

第十四章　西方资本主义入侵与太平天国运动

一、社会矛盾的激化

战后,西方殖民势力采用政治、经济等相对温和的手段侵略中国,暂时缓和了中外民族矛盾;但它加重了中国百姓的负担,从而又进一步激化了中国国内的社会矛盾。

鸦片战争后,由于西方资本主义商品的冲击,中国自给自足的自然经济日渐瓦解,造成了广大农民和手工业者纷纷破产,加之超重的人口和失业大军。而鸦片贸易的进一步泛滥,白银大量外流,又使银贵钱贱的现象更趋严重。农民的负担大大超过了战前。1850年曾国藩奏称:由于银贵钱贱,农民"昔日卖米三斗,输一亩之课而有余。今日卖米六斗,输一亩之课而不足。朝廷自守岁取之常,小民暗加一倍之赋"。列强的资本掠夺,使国人的经济负担加倍。

在鸦片战争中,清朝政府耗去的兵费,加上《南京条约》规定的赔款,总数约在7000万元,相当于清朝政府一年半的财政收入。这一笔额外的支出,最终都还是由国民来承担,政府通过增加税赋来应付额外支出,国内矛盾也随之激化。民饥则反,这是中国的历史规律,"民之财尽矣,民之苦极矣!"饥民起义将再次发生。鸦片战争后,由于外国资本主义的入侵和资本掠夺,使本来就已经面临社会危机处于困难之中的中国百姓,生活更加恶化。他们无法照旧生活下去了,为了生存起而反抗。

据《清实录》记载,1842~1850年,全国各地起义约在百次以上。例如,其中较大规模的起义有:1842年年初,湖北崇阳爆发钟人杰领导的农民起义,2月攻占崇阳、通城,杀死知县,揭旗称王。参加起义群众增至万余人,清朝政府调集数省军队镇压,3月起义失败。同年安徽亳州捻党首领马宗禹起义;1843年3月,云南腾越南甸彝人刀承绪起义。6月,湖南武冈州曾如炷领导的起义……

广西地处边陲,贫瘠穷困,又是多民族杂居的地区,国家治安力量相对薄弱。由于毗邻广东,广西受鸦片战争的影响较大。洋货、鸦片充斥,当地百姓受害最重,饥民最多,而战后清朝政府裁撤的大批壮勇和武器又多流入广西,在这里形成了格外庞大的失业者队伍和动乱因素,社会急剧动荡。在鸦片战争前,天地会的活动早已遍布广西全省。战后,天灾人祸并行,以天地会为主的武装起义便在广西四处爆发,形成了较其他诸省远为浩大的声势。

1845年,广西藤县邓立奇称平地王,钟敏和称高山王,在赤水圩起义。1846年,广西桂平县爆发了李观保起义。起义军活跃在浔江及其两岸,形成了著名的水上武装。1847年,湖南新宁与广西全州交界处黄背峒瑶族雷再浩起义,转战湘桂交界各地掠食。同年,罗大纲在广西荔浦县发动天地会起义。1848年,广西武宣县陈阿贵起义。同年,湖南道州李魔旺率领的起义军攻入广西灌阳。

1849年,由于灾荒严重,饥民遍野,广西全省大多数府县都发生了民众暴动。其中,张嘉祥活跃于梧、浔、宾、横诸州;大头羊张钊、大鲤鱼田芳等则活跃于梧州、平南等地;陈亚贵在武宣县举事;王锡彬等则攻掠贵县的蒲塘圩。

1850年,广西天地会起事,在各地蔓延益广。千人以上的起义队伍即达20余股。鸦片战后十年间的民众起义已显示出了以下特点:其一,民众起义不仅遍及川、滇、湘、桂、粤、浙、苏、鲁、新疆等全国大多数地区,而且包括了汉、藏、回、苗、瑶、彝等各民族百姓。其二,湘、桂、粤是民众起义的热点地区,所以,这里后来成了太平天国革命的策源地。

各派起义军多满足于劫掠富户,"发财致富",全部都是土匪行径。各地起义军先后被政府军各个击破,旋起旋灭。但是,接下来的太平天国起义,却是非同小可。

二、洪秀全拜上帝教，耶稣父兄齐报到

鸦片战争后的十年间,中国社会急剧动荡。西方资本主义势力的入侵,加重了中国百姓的负担,中国的社会矛盾更加激化,加上人口超重,失业率极高,流亡饥民上百万,各地民众起义绵绵不绝。进入19世纪50年代后,由于太平天国运动的推动,最终汇成了中国全面的饥民暴动。最大一次是太平天国起义,领袖是洪秀全。

洪秀全(1814~1864年),广东花县官禄村人,出身农民家庭。原名火秀,谱名仁坤。幼年入私塾读书,聪敏勤奋,"五、六年间,即能熟诵《四书》、《五经》、《孝经》及古文多篇,其后更自读中国历史及奇异书籍,均能一目了然"。因家庭生活困难,在16岁时被迫辍学,在家中助父兄务农或到山野放牛。18岁时曾受聘为本村塾师。从此,他一面教书,一面继续研读中国古代典籍。对中国历史朝代更迭和农民起义的战争故事最兴趣,因此,当他发现中国再一次出现朝代衰败的各种迹象时,心理便激动不已,乱世出英雄的时代已经到来,他赶上了这个即将改朝换代的时代。

洪秀全是个饱读儒家典籍的士人,相信"学而优则仕",追求功名利禄,光宗耀祖,是人生应有的选择。所以,约从16岁开始,他便参加了科举考试,但屡试不售。1838年,洪秀全第三次赴广州应试,结果又名落孙山。6年后,即1843年,洪秀全再次赴广州应试,结果又一次失败。

洪秀全几次到广州应试,正值鸦片战争前后。他耳闻目睹了英国侵略者的暴行,和广州及东南沿海百姓轰轰烈烈的反侵略斗争,心中大受震撼,渐渐生成了忧国忧民的胸襟,也对政府感到失望,内心极度迷茫。1836年,洪秀全第二次到广州应试,在广州藏龙街从两位基督教传教士手里得到了一本小册子。在是一本基督教布道的小册子《劝世良言》。当时他并未在意,只稍作浏览,便放置于书箧中。

1843年应试失败后,他才仔细地阅读《劝世良言》,顿觉心中豁然开朗,"大觉大悟"。这本小书布道的大意是:"上帝"是唯一真神,其他人们所顶礼膜拜的偶像都是妖魔。人人都是"上帝"的子女,都是平等的;"上帝"派遣他的儿子耶稣下凡,替世人赎罪,拯救世人于苦难等等。洪秀全饱读史书,知道历史上较大的农民起义都是依赖宗教,或某些妖术和欺骗把戏以惑民众,来树立威信,假借于神灵和上天旨意,比如陈胜吴广起义、黄巾起义、白莲教起义等,自己何不利用一下上帝的神威呢?

于是,他把1837年科考失败后大病中的梦幻异象相比附,自谓曾被天使接引上天,见到了上帝。上帝赐予他一口宝剑和一颗印,命他下凡做太平真主,斩杀妖魔。因此洪秀全把《劝世良言》认作是上帝赐给他的天书,自信"已获得上天堂之真路,与及永生快乐之希望,甚为欢喜,"遂开始信奉上帝,传播他的教义。为避上帝耶和华名讳(当时译为爷火华),改名火秀为秀全。洪秀全首先向族弟洪仁玕、表弟冯云山(皆屡试不中的失意下层知识分子)传教,并在村边的小河中自行宗教洗礼,自称已经"洗除罪恶,去旧从新"。

洪秀全等人拜上帝后,便将私塾中的孔子牌位毁弃,结果遭到了众人的反对,以为"大逆不道"。洪秀全与冯云山失去了塾师职业。1844年4月,二人离开花县,辗转到达广西贵县赐谷村洪秀全的表兄家,并在那一带宣传拜上帝思想。10月,冯云山离开赐谷村,深入到桂平县紫荆山区。洪秀全则于11月回到了花县。

洪秀全在花县撰写了《原道救世歌》、《原道醒世训》等文章。《原道救世歌》宣传"皇上帝"是

古今中外的独一真神,人人都必须敬拜,劝诫人们要反对"奸淫"、"忤父母"、"行杀害"、"为盗贼"、"为巫觋"、"行赌博"等"六不正"。其旨趣在强调个人的道德净化,尚属宗教的说教。

在《原道醒世训》中,洪秀全谴责"世道乖离","人心浇薄",指出:"天下凡间,分言之则有万国,统言之则实为一家","天下多男人,尽是兄弟之辈;天下多女子,尽是姊妹之群",呼吁建立《礼记·礼运篇》所描绘的"天下有无相恤,患难相救,门不闭户,道不拾遗,男女别涂(途),举选尚贤"的大同社会。

他所开出的救世救民的药方是要人们"相与淑身淑世,相与正己正人,"强调个人的道德自律。1847年3月,洪秀全去广州,在美国传教士罗孝全处习学基督教。他第一次认真阅读了《旧约》和《新约》圣经,并请求罗孝全为其洗礼。但罗孝全认为洪秀全"对于圣经之知识无多,"拒绝给予洗礼,洪秀全愤而离去。

他通过学习圣经对基督教有更多的认识,也有了新的构思。心想,耶稣是上帝之子,是上帝派到人间来拯救世人的,那么,我就做耶稣的弟弟吧,也是上帝的儿子,是派到中国来拯救穷人苦难的。主意已定,于是洪秀全就以耶稣弟弟的身份开始了他的改朝换代行动。

是年8月,他重返广西,在紫荆山地区见到了冯云山。1844年冯云山来到紫荆山区传教,他脱掉长衫,着短袄,打工拾粪,千方百计与劳苦群众打成一片,宣传拜上帝。后来又做了村塾教师。在他的艰苦努力下,到1847年上半年,紫荆山地区已有信徒2000多人,正式建立了"拜上帝会"组织。参加拜上帝会的群众主要是汉、壮、瑶等族农民和烧炭工,杨秀清、萧朝贵是他们中的杰出人物。冯云山不仅手创紫荆山传教基地,且胸怀大局,觉得洪秀全前途可为,又是"耶稣的弟弟",于是号召信徒共尊洪秀全为教主。因此,广大会众对洪秀全十分尊敬,"称为洪先生,奉之若神"。

1847年秋,洪秀全到达紫荆山。他看到冯云山开创了如此大好的革命局面,备受鼓舞。同时,在深入劳苦群众和领导他们斗争的实践过程中,洪秀全的反清革命思想迅速确立,并日益坚定。他在此间写的《原道觉世训》及《太平天日》,就集中反映了这一点。

洪秀全在《太平天日》里写了一篇神话故事。在此文中,洪秀全把自己说成是上帝的次子,亲受帝命下凡斩邪留正、建立地上天国的太平天王。洪秀全决心发动武装起义,决心改朝换代的远大抱负已是得到了充分的表露。

为了扩大拜上帝会的力量和声威,洪秀全、冯云山一面制定了各种仪式和十款天条,加强会众内部的纪律和团结;一面派人四出宣传拜上帝,尤其是率众赶至象州捣毁了有名的甘王庙,及各处庙宇、偶像。拜上帝会的活动遭到了当地地主团练的敌视和反对。1847年12月和1848年1月,当地劣绅王作新两次出动地主团练逮捕冯云山等,并向桂平县官府控告拜上帝会,"借拜上帝妖书,践踏社稷神明","不从清朝法律。"桂平知县找不到冯云山等的反清证据,采取息事宁人态度,将冯云山以"无业游民"论处,押解回广东。

冯云山被捕后,洪秀全不顾一切立即赶回广东,设法营救。一时间广西的拜上帝会群众群龙无首,人心惶惶。眼看几经艰难开创的大好局面很可能会毁于一旦,杨秀清和萧朝贵二人挺身而出,自称天父、天兄下凡附体,并以天父、天兄的名义向拜上帝会会众发号施令,总算稳定了局势。

1849年7月,洪秀全、冯云山重回紫荆山。见到信徒们已经信服杨秀清和萧朝贵的天父、天兄身份,面对既成的事实尽管心有不满,但为了顾全大局,也只好默认,没有与杨、萧二人理论。至此,拜上帝会最高领导中枢的权力结构发生了重大变化,洪、冯失去了原来无可置疑的领袖地位,为日后洪、杨之间的矛盾发展埋下了祸根。

后来,随着太平天国运动的顺利发展,杨秀清和萧朝贵二人的野心逐渐膨胀,他们每每以天父、天兄的名义压制洪秀全,甚而让身为天王的洪秀全向他们下跪行礼。洪秀全虽为天王,但在信徒面前,他却只是上帝的弟弟,而杨秀清却是上帝的父亲,萧朝贵是上帝的兄长,他只好屈尊俯首。如此,致使太平天国高层领导由内讧纷起到互相残杀,最终成为太平天国失败的重要原因。

山文据洪仁玕口述写成的《太平天国起义记》则谓:云山在紫荆山一带,热心传教,"逾数年",发展信徒甚众,"此等新教徒即自立一会结集礼拜,未几远近驰名,而成为'拜上帝会'""成绩极大"。这说明拜上帝会是冯云山在紫荆山创建的,时洪秀全尚未到来。可是后来者居上,一个更比一个大。但是,那些灵魂附体的哥哥和父亲毕竟只能偶尔附体,不能时时刻刻附体,所以不能以神灵之身份处理日常教务,而洪秀全是上帝圣灵感孕其母而生的活生生的儿子,是真神,经这么一辩白,洪秀全又夺回了教主之位。

经洪秀全、冯云山的数年努力,拜上帝会势力在紫荆山地区迅速壮大起来。桂平县地主弟子韦昌辉和贵县地主子弟石达开等,率本家族人加入拜上帝会。至此,拜上帝会逐渐形成了由洪秀全、杨秀清、萧朝贵、冯云山、韦昌辉、石达开六人组成的领导核心。

1848～1850年,广西灾荒频仍,饥民遍野。广大的贫苦农民,被迫铤而走险,天地会起事,随处多有。有人惊呼:"粤西近日情事,如人满身疮毒,脓血所至,随即溃烂,非及良药重剂,内扶元气,外拔毒根,则因循敷衍,断难痊愈,终必有溃烂不可收之一日。"这表明社会冲突已趋恶化。1850年春,道光帝死去,其子奕詝继位,年号咸丰。洪秀全看到起义时机已经成熟,赋诗述怀:"近世烟氛大不同,知天有意启英雄。神州被陷从难陷,上帝当崇毕竟崇。明主敲诗曾咏菊,汉皇置酒尚歌风。古来事业由人做,黑雾收残一鉴中"。发动起义、改朝换代的时机到了。

1850年7月,洪秀全发布总动员令,命各地拜上帝会众于11月4日前到达广西桂平县金田村"团营"。洪秀全将聚集金田村的1万余人,按性别分别编入男营女营,广大分散的农民被组织成为一个严密的武装集团。他还命所有来金田的人,将个人私有财物全部交入公库,实行个人不许私留财物,一切由公库统一供给的公有制。一场大规模的农民起义即将爆发。

三、金田起义与定都天京

政府鉴于广西各地不断发生武装起义,先后将广西提督闵正凤、巡抚郑祖琛革职,命原固原提督向荣任广西提督,起用辞官在籍的林则徐为钦差大臣兼广西巡抚(林在赴桂途中病逝,改派前两江总督李星沅),试图尽快将广西的各路起义军镇压下去。1850年12月和1851年1月初,拜上帝会众在思旺村和蔡村江两次击败政府军,击毙政府军副将伊克坦布,揭开了金田起义的序幕。

1851年1月11日,洪秀全在金田村宣布起义,建号"太平天国",全军将士皆蓄留长发,红巾包头,以示与清朝势不两立,决心改朝换代的太平天国农民战争正式爆发。洪秀全颁布《天命诏旨书》,作为太平军的简明军令:一、遵条命;二、别男行女行;三、秋毫莫犯;四、公心和傩,各遵头目约束;五、同心合力,不得临阵退缩。

金田起义后,太平军挥师东进。3月23日,洪秀全在武宣县东乡称天王。这时,政府发现太平军远非天地会起义武装可比,"实为群贼之尤",命大学士、军机大臣赛尚阿为钦差大臣,调集皖、

第十四章 西方资本主义入侵与太平天国运动

滇、贵、湘、粤、川等省军队赴桂"全力攻剿"。7月,太平军回师金田地区。9月,在平南县官村一带大败向荣所部政府军,缴获大批枪炮军械。25日攻克永安州(今广西蒙山)。这是太平军攻克的第一座州城。

永安州三面环山,易守难攻。太平天国在此驻守半年时间,进行了各项政权和制度建设。12月17日,洪秀全颁布封王诏令,封杨秀清为东王、萧朝贵为西王、冯云山为南王、韦昌辉为北王、石达开为翼王,同时规定西王以下俱受东王节制,杨秀清坐上了第二把交椅。

由此,正式确立了太平天国的领导座次,形成天王领导于上,东王总理军政,诸王集议决策的权力运作体制。各王的分封和世袭制,导致了后来各王府均设六部,各有卫队,形成相对独立的派系和"独立王国",埋下了权力冲突的潜因。同时,太平天国再次重申了"凡一切杀妖取城,所得金宝绸帛宝物等项,不得私藏,尽缴归天朝圣库"的规定;教育全体将士"立志顶天,真忠报国";颁布了冯云山制定的新历法——天历。

太平军屯驻永安时,数万名政府军将永安团团包围。太平军米粮将尽,弹药缺乏。1852年4月5日夜,太平军避实就虚,突破了政府军防御力量较薄弱的古苏冲北上。帮办广西军务、广州副都统乌兰泰,尾追不舍。8日凌晨,太平军在大峒山山谷设下埋伏,将政府军"前后围裹,肉搏鏖战"。斩杀政府军四总兵及兵勇四五千人,乌兰泰滚落崖涧受伤,仅率数十骑逃离。

4月18日,太平军直逼省城桂林。由于城内政府军得到向荣各部的增援,太平军多次猛攻未克。5月19日,太平军撤围北上。6月3日,攻占全州,但冯云山在战斗中不幸中炮受伤,不久在蓑衣渡不治而亡。太平军遂由桂入湘,相继克道州、江华、郴州等地。同时,杨秀清、萧朝贵联衔发布《奉天讨胡檄布四方谕》、《奉天讨胡救世安民谕》、《救一切天生天养中国人民谕》,号召人们"各各起义,大振旌旗","上为上帝报瞒天之仇,下为中国解下首之苦,务期肃清胡氛,同享太平之乐"。

在这一政治口号的号召下,沿途饥民流民纷起响应,太平军队伍迅速扩大,并组建了以挖煤工人为主的"土营",专挖地道轰城,增强了自己的攻坚能力。

9月12日,萧朝贵率林凤祥、李开芳等猛攻湖南省城长沙。萧朝贵不幸中炮身亡。太平军久攻长沙不下,于11月30日撤围,继续北上掠食,克益阳,取岳州(岳阳)。在岳州太平军获得大批军火、船只,组成"水营"。由是,水陆并进,直取武汉三镇。沿江收缴一切官民船只。

12月下旬,太平军相继攻克汉阳、汉口。1853年1月12日,太平军挖掘地道至武昌城下,放置炸药炸毁文昌门城墙20余丈,攻入武昌。湖北巡抚常大淳、提督双福等力战而死。

武汉为长江中游的政治、经济中心和军事重镇。太平军攻占武汉,使政府大为惊惊。咸丰帝令将钦差大臣、署湖广总督徐广缙革职拿问,命向荣为钦差大臣,专办两湖军务,并破例增设两位钦差大臣:命署河南巡抚琦善为钦差大臣,率军进驻信阳、新野一带,防太平军北上掠食;命两江总督陆建瀛为钦差大臣,督师扼守江皖,防太平军东下。计划"约期会剿,三路并进",将太平军围歼于武汉附近。

太平天国的决策是夺取南京,"踞为根本,徐图进取"。2月10日,20余万太平军(包括随军家属)放弃武汉,离开时,放火烧毁武汉三镇,大火三月不息。武汉文明毁于一旦,全城百姓逃难流离。

太平军顺江东下,一路掳掠船只粮草,直趋南京。太平军克军事重镇九江和安徽省城安庆。3月7日,太平军兵临南京城下,19日,太平军穴地炸毁仪凤门城墙二丈许,攻入南京城。20日,破旗营。太平天国遂改南京为天京,正式定都,建立起与清朝政府对峙的割据政权。

接着,太平军乘胜东进,相继攻克仪征、金山、镇江、瓜洲、扬州等地掠食。通过水师的沟通,天京、镇江、扬州联为统一防御体系,切断了清朝政府的漕粮水道,既可北伐中原,又可继续东进苏浙,太平天国结束了起义以来流动掠食的作战局面。

四、太平军的北伐和西征

清朝政府几乎从全国调集了所能调集的全部八旗、绿营军队来围剿太平军。但八旗、绿营军毫无战斗力,一触即溃,于是又把希望寄托于地主团练。

早在1851年清朝政府已令广西筹办团练。1853年太平天国定都南京后,政府更下令各省速办团练。是年二、三月间,它在湖南、安徽、江苏、直隶、山东、浙江、河南、江西、福建、贵州等省,先后任命了43名督办团练大臣。在众多的地主团练中,曾国藩编练的湘军最具战斗力。

曾国藩(1811~1872年),湖南湘乡人,出身地主家庭。道光朝进士,官至礼部右侍郎。他推崇程朱理学,常以维护社会纲常名教己任。1852年太平军入湖南时,他适因母丧回籍,被政府任命为帮办团练大臣,在湖南兴办团练。曾国藩在湘乡地主罗泽南、王鑫招募的千名团勇的基础上,练成湘勇,后称"湘军"。

湘军与其他团练武装不同,不是只活动于本地区或本省内的地方性武装。曾国藩创办湘军之初,就决心别树一帜,要将湘军办成强有力的新型武装力量。在军制上,湘军以营为基本单位,每营500人,分为4哨;全军由陆军13营、水师10营组成,共计1.7万余人。作战时,水陆相依,互为支持。在组织上,选择中下层地主知识分子为营官,下属哨官、什长及丁勇士卒,均由营官自行招募;丁勇士卒不用"滑弁游卒及市井无赖",专募当地年轻的"朴实少心窍之人",和"农夫牧竖"。在思想上,曾国藩以理学为理论,向湘军士兵讲述"忠信"、"忠义""献身国家"的军人道德思想。力图为国家训练出一只忠信有义、能拚敢打的为国献身的铁军,一改政府军弱不能战的局面。

1853年夏,部分湘军到南昌作战。从1854年起曾国藩率水陆两路湘军1.7万余人,在湖南、湖北、江西、安徽等地与太平军抗衡。

在政府采取上述种种镇压措施的同时,定都天京后的太平天国决定分兵进行北进和西征,力图将战争引向外线。1853年5月8日,天官副丞相林凤祥、地官正丞相李开芳奉命率军自扬州回天京,在浦口与春官副丞相吉文元会师,率九个军共2万余人北进,战略目标是攻占北京,推翻政府。临行时奉到的指示是先"到天津扎住",回报天京,"再发兵来"。杨秀清又指示林凤祥等,"务宜身先士卒,格外放胆灵变,赶紧行事,共享太平"。

6月中旬,经皖北进至河南重镇归德府(今河南商丘)。北伐军原想在附近的刘家口渡黄河,经山东直逼津、京。由于政府军加强了黄河防务,把船只收拢在北岸,太平军无法渡河,遂折向西北,在巩县附近利用运煤船渡过黄河。

7月8日围攻豫北重镇怀庆府(今河南沁阳),但久攻不克,遂撤围西进山西掠食,复折向东,经豫北入直隶,克临洛关(今河北永年),长驱北上,由栾城东至深州稍停。

咸丰帝命惠亲王绵愉为奉命大将军,率军阻遏北伐军继续北上。北伐军东趋运河,连克献县、交河、沧州、静海、杨柳青等地掠食。10月30日,前锋抵达距天津10里处。天津知县谢子澄组织地主团练及壮勇6000余人,配合政府军,掘开运河。北伐军攻势受阻,遂根据从天京出发时奉到的指示,在天津附近的独流、静海"扎住",等候天京"再发兵来"。

第十四章 西方资本主义入侵与太平天国运动

僧格林沁和胜保的两支武装先后赶至天津附近，攻击北伐军。此时已届冬季，北伐军大多为南方人，不习北方干燥寒冷气候，加之棉衣、粮草、枪械等极为缺乏，开始陷入被动。

1854年2月，北伐军南撤，路上冻死和被政府军追杀者甚多。先至束城镇，又退至阜城，吉文元在战斗中阵亡。5月退至东光县连镇坚守。

在北伐军南撤待援的同时，太平天国派夏官又副丞相曾立昌、夏官又副丞相陈仕保、冬官又副丞相许宗扬率军增援。1854年4月援军被迫南撤溃退，沿途屡遭政府军及地主团练截击，伤亡惨重，结果仅有少数人回到天京。

北伐军李开芳率马队600多人突围南下迎接，途中知援军已在临清败退，遂率部扼守于高唐州。林凤祥部在连镇坚守近一年。僧格林沁利用附近州县政权力量征夫筹款，在连镇周围挖沟筑墙，长期围困。至1855年3月初，太平军绝粮，遂被政府军攻破营垒，最后尚有2000余人全部战死。林凤祥负伤被俘，槛送北京处斩。

李开芳见僧格林沁率部来取代胜保，断定林凤祥部已败亡，遂率余部突围南下。在茌平县冯官屯被僧格林沁包围，坚持至5月底，终败，李开芳被俘，解送北京后处死。北伐彻底失败。

北伐军出征不久，太平天国又派春官正丞相胡以晃、夏官副丞相赖汉英、殿左一检点曾天养等率船千余艘，溯长江而上开始西征。其战略目标是攻取安徽省城安庆、江西省城南昌、江防重镇九江及湖北省城武汉，控制长江中游地区，为首都天京树立起军事屏障，然后进兵湖南，平定两广。

1853年5月19日，西征军由天京出发。6月10日再克安庆，随即西进，由湖口南下进围南昌。西征军与政府军激战三个月，但未能攻克南昌，遂于9月下旬撤围北上，攻取九江。从此，西征军兵分两路。一路由胡以晃、曾天养率领进军皖北，1854年1月攻克庐州（今合肥），新任安徽巡抚江忠源兵败投水自杀。太平军占领二十二州县。另一路由石祥祯、韦志俊率领西上，10月中旬再克汉口、汉阳。后因兵力不足，退守黄州一带。1854年2月，西征军得到增援，兵力达4万余人，在黄州大败政府军，湖广总督吴文镕投水死，西征军三占汉口、汉阳。接着，韦志俊率万余人围攻武昌，并于6月克之，是为太平军第二次攻占武昌；曾天养率万余人向荆襄发展；石祥祯等率2万余人挺进湖南，连克岳州、湘阴、靖港、宁乡等地，但随即遭到了曾国藩率领的湘军的反击。

1854年春，曾国藩发布《讨粤匪檄》，声讨太平军"窃外夷之绪，崇天主之教"，"举中国数千年礼义人伦诗书典则，一旦扫地荡尽"。号召各地民众抗击太平军。4月底，曾国藩率湘军水师进攻靖港失败，退回长沙。但另一支太平军在湘潭被湘军打败，退守岳州。

经过三个月的休整补充，湘军的战斗力得到恢复。7月，曾国藩指挥湘军攻陷岳州，西征军多次接战失败。10月，武昌、汉阳失守。11月下旬，西征军在半壁山、田家镇与湘军激战，再次战败，又损失船只4000余艘。1855年1月，曾国藩指挥湘军进攻九江，誓言要"肃清江面，直捣金陵"。

太平天国派翼王石达开、冬官正丞相罗大纲率军西上增援，在湖口、九江与湘军主力激战。2月11日晚，西征军复夜袭湘军水师，湘军大败，曾国藩撤回南昌。2月底，西征军反攻，四占汉阳、汉口。4月，三占武昌。11月，石达开指挥西征军进军江西，至1856年3月，已控制了江西十三府中的八府50余州县，曾国藩被困于南昌城内。此时天京被政府军围困，6月中旬，由西征战场回师天京的石达开，会同秦日纲及天京城内的太平军猛攻清江南大营，江南大营被打垮。天京解围。

太平天国定都天京后，分兵进行了北伐、西征和天京破围三次重大战役。北伐失败，西征的胜利，使太平天国控制了天京上游的安庆、九江、武昌三大军事重镇，占据了安徽、江西、湖北的大部分地区,为太平天国农民战争的发展提供了可靠的根据地和物质基础。特别是天京外围的战斗,打垮了威胁天京三年之久的清江北、江南大营,解除了肘腋之患,使太平天国政权更加巩固。太平天国控制了从长江中游的武汉至下游的镇江这一广大地区,军事上达到了全盛时期。

五、太平天国的纲领和政策

(1)《天朝田亩制度》。太平天国定都天京后,为巩固政权,建立起地上"天国",洪秀全于1853年下半年颁布了以解决农民土地问题为中心,包括政治、经济、军事、文教和社会生活各方面内容的纲领性文件——《天朝田亩制度》。

《天朝田亩制度》提出平分土地,土地国有,包产到户,工商业则施行国营计划经济,平均分配生活资料,否定了土地私有制,这是中国历代农民起义所提出的"等贵贱、均贫富"、"均田免赋"等思想的体现。《天朝田亩制度》试图消灭阶级,实现"无处不均匀,无人不饱暖"绝对平均平等的理想社会。但是,它违反社会经济发展的客观规律,因而是根本无法实现的空想。

《天朝田亩制度》由于自身的空想性,在实际社会生活中无法付诸实施,又不得不施行与清朝一样的土地税赋政策。

1854年夏秋之际,杨秀清、韦昌辉、石达开等,在江西实行"计亩征粮"、"举乡官,征租赋""照旧交粮纳税"政策。也就是说,在承认旧有的地主土地占有制的前提下,肯定了"佃户交租,业主完粮","粮由租出"的旧有租佃关系和制度,承认地主向佃户收租的合法性,由地主按照清朝政府规定的田赋定额和办法,向太平天国交纳土地税。

太平军"目官为妖",所到之处,摧毁各级官府,没收他们的土地及庵观寺庙田产,"以天下富室为库,以天下积谷之家为仓",有钱人的财产补充军需。

(2)各项内政措施。在永安,太平天国已初步确立了军政合一的政权模式。定都天京后,太平天国的各级政权机构和职官制度日趋完备。

太平天国虽因袭了封建君主政体,天王洪秀全为天皇,但他只临朝决策而不理政。天王之下,设有王、侯两等封爵,可以世袭。各王王府均设有吏、户、礼、兵、刑、工六部及尚书等全套国家机构。因各王政治地位不同,所以各王府六部的设置规模及职能差异很大。石达开翼王府六部,各有尚书1人;韦昌辉北王府六部,各有尚书6人;而东王杨秀清的地位仅次于天王洪秀全,其他各王均受其节制,因此东王府六部各有尚书12人,成为总理天国军政的实际权力机关。各级官员除奏谢恩赏可直达天王外,其他军政要事皆需先由东王裁处,凡认为可议行者,才转奏天王裁可。

太平天国共设有军师、丞相、检点、指挥、将军、总制、监军、军帅、师帅、旅帅、卒长、两司马等12级职官。无论是爵位,还是职官,一直是文武不分,具有明显的军政合一,军政兼理的特点。自军师至将军的5级职官,称为朝内官,为中央政权的官员。地方政权分为省、郡、县3级。省级最高官长由王、侯兼任,郡设总制,县设监军,既是地方行政首长,又有武装守土之责,称为守土官,皆由中央政府任命。县以下分设一军至三军不等,每军设有上自军帅,下至两司马的5级职官,称为乡官。乡官大多由本地人担任,成分比较复杂。既有市井无赖及蛮横仆妇,也有本地地主士绅。乡官的主要职责是催征钱粮,供给军需;团集乡兵,协助太平军作战;管理民事,清查户口,维护地方秩序等。

定都天京后,太平天国试图遵循绝对平均主义的原则,将太平军的男女别营和圣库制度,全面推行到天京广大居民生活之中,实行类似军事共产主义的社会改革。

首先,太平天国下令废除原有的家庭制度,将全体居民分别男行女行,编入男馆女馆。除各王可以与老婆同住之外,其他军民将士,一律暂时停止婚娶,虽原为夫妻,亦不得同居,否则视为"犯天条",要从严治罪。凡16至50岁的天国男子,皆编入"牌面馆",承担参军作战及修筑工事等工作。老弱病残者,皆编入"牌尾馆",由国库供养,从事"扫街、拾字纸、看鱼塘菜园,割菜籽蚕豆"等工作。将有一技之长的手工业者分类编入诸匠营和百工衙。诸匠营按太平军军制编组,计有木营、土营、织营、金匠营……。百工衙包括典炮衙、红粉衙、战船衙、舂人衙、豆腐衙……约40种,涉及军工与民用的各个部门。诸匠营、百工衙是属官营手工业性质,其产品不参加市场交换,而是由国家直接调拨安等级分配。

其次,太平天国根据"凡物皆天父赐来,不须钱买",和"天下农民米谷,商贾资本,皆天父所有,全应解归圣库"的公有制思想,下令没收商贾的私人资本货物,废除了商业贸易,在天京水西门灯笼巷设立"天朝圣库",总管天朝公共财物。规定个人一切财产及战利品皆应上缴圣库,人们的日常生活所需由圣库供给。凡私藏金一两、银五两者,一经查出,金银没官、人即治罪。后因天京城内各种生活物资严重匮乏,太平天国开办了国营商店。

百姓从事集体生产,"凡军中所需,咄嗟立办",而百姓无所得。废除家庭,悖逆人性;取消商业贸易,实行圣库制度,不合现实生活需要;诸匠营、百工衙制度,违背了社会经济发展客观规律,导致大批工匠逃亡。所有这一切,很快引起人们的普遍不满和造成经济的萧条。

东王杨秀清在发布的诰谕中也承认说:"分为男行女行,以杜淫乱之渐,不过暂时分离……在尔民人,以为荡我家资,离我骨肉,财物为之一空,妻孥忽然尽散,嗟怨之声,至今未息。"

由于广大居民的抵制,太平天国不得不于1855年初下令解散女馆,恢复家庭。伴随家庭制度的恢复,个人不许私留资财,平均分配的圣库制度,诸匠营、百工衙制度及废止私人商业贸易的政策也逐渐瓦解。后来,为解决物资供应困难,稳定人心,太平天国对私营商业采取了某些保护和奖励措施,使太平天国统治区内出现了"农工商贾各安其业,俨然有王者风"的兴盛情形。又回到了清朝的社会制度。

太平天国还猛烈冲击了儒家思想和孔子的权威。太平天国起义前,洪秀全等从独尊真神皇上帝,反对其他一切偶像崇拜的宗教立场出发,曾弃去了私塾中的孔子牌位。金田起义后,太平军所到之处,无不将孔庙及其他各种庙宇一起捣毁。定都天京后,太平天国对孔子及儒家经书的冲击愈加猛烈。天京的孔庙被拆毁,孔子牌位被劈坏后抛入马粪堆中,江宁的"学宫"被改为"宰夫衙",学校变成了屠宰场,只许拜神,不许上学。明令规定:"凡一切孔孟诸子百家妖书邪说者,尽行焚除,皆不准买卖藏读也,否则问罪也"。时人记载当时天京城内搜禁"妖书"情形时说:"搜得藏书论担挑,行过厕溷随手抛,抛之不及以火烧,烧之不及以水浇。读者斩,收者斩,买者卖者一同斩"。

太平天国在天京还成立了删书衙,依据拜上帝的思想原则删改图书典籍,尤其是那些专讲"吉礼"和"鬼神丧祭者",统统予以删除。

太平天国对儒家典籍的焚禁、删改,是出于宗教宣传的需要。没有了孔孟之道,社会道德秩序很快混乱,道德一路下滑,所以,不久太平天国又明确宣布:"孔孟非妖书"。儒家思想中的三纲五常、等级思想、天命论等,都被当作"天情道理"保留了下来。这是保证社会道德秩序和社会稳定的基础。

定都天京后,太平天国建立起正式的考试制度。考试分为县试、省试、京试(天试)3级,考试合格者被称为秀才、举人、进士。京试一甲的前3名也分别称为状元、榜眼、探花。规定"无论何色人,上至丞相,下至听使,均准与考",和各朝代一样。

考试试题不是出自儒家的《四书》、《五经》,而是出自太平天国自己刊印的文献,如《旧遗诏圣书》、《新遗诏圣书》、《天命诏旨书》等。把儒家和圣经结合在一起编写教材。

太平天国在起义之初,根据"男呼兄弟,女呼姊妹,不别尊卑,不分贵贱"的朴素平等思想,此外还废除娼妓、纳妾、买卖奴婢等陋习。但是太平天国的领袖们例外,仍沿袭着历代封建帝王的嫔妃制度,实行着一夫多妻制,后宫嫔妃成群。

太平天国十分重视传教工作,随时对广大太平军将士和百姓进行政治和宗教思想教育。太平军每到一处,必"搭高台于旷野,屡讲道理示人"。《天朝田亩制度》规定:"凡礼拜日,伍长各率男女至礼拜堂,分别男行女行,听讲道理"。借助群众集会和用讲道理的方式,对广大人民群众进行政治与宗教思想教育。在天京,太平天国还开办有育才院,设育才官,教育官员及将士的子女。所用教材,为太平天国自己编印的《旧遗诏圣书》、《新遗诏圣书》、《天命诏旨书》以及《御制千字诏》、《三字经》、《幼学诗》等宗教教材。

第三节　第二次鸦片战争

正当清朝政府忙于和太平天国作战之际,英国、法国在俄国和美国的支持下,发动了新的侵华战争。这场侵略战争以扩大《南京条约》所取得的权益为目的,实际上是第一次鸦片战争的继续,史称第二次鸦片战争。

一、英法挑起战端与《天津条约》的签订

第一次鸦片战争打开了中国的大门,英国资产阶级一度兴奋不已。他们满以为中国从此以后就会变成自己一劳永逸的商品市场,带来巨额利润,于是,一厢情愿,源源不断地把本国商品运到中国来销售。但事与愿违,英国商品在中国很快陷于滞销。英国对华贸易在1846年出现下降趋势,直到1856年以前,一直未能恢复到1845年前的水平。出现这种情况的原因,不仅在于英国商品遭到中国传统自然经济的抗拒,而且还在于国困民穷丧失购买力,以及中国人对洋货的抵制心理。但是,英国侵略者却认定原因在于中国通商口岸开放的太少,由是不惜诉诸武力,以迫使中国开放全境。

1849年,英国在华外交官阿礼国曾上书香港总督兼驻华公使文翰说:"我们的政策就是面向那些必然引起改变现状的纠纷,制造那些纠纷,从而试图获得更多的利益。"这表明,西方列强发动第二次鸦片战争完全是蓄谋已久的。

本着扩大在华侵略权益的宗旨,英、法、美三国先后向清朝政府提出"修约"的要求,企图通过外交途径达到其侵略目的。1854年英国驻华公使包令根据中美《望厦条约》中关于12年后"所有贸易及海面各款,恐不无稍有变通之处"的规定,援引所谓"一体均沾"的条款,照会清朝政府,首先提出全面修改条约的无理要求。随后,美国公使麦莲、法国公使布尔布隆也随声附和要求修约。他们提出的要求包括:允许外国人进入中国的整个内地,至少允许进入长江流域和沿海各城市;实行鸦片贸易的合法化;改订税则;外国公使驻北京等。由于当时清朝政府对西方国家存在着很大的疑

惧，严词拒绝了各国的"修约"要求。咸丰皇帝在上谕中明确表示："至该夷呈出变通清折，所开各条，均属荒谬已极！必须逐层指驳，以杜其无厌之求"。

两广总督叶名琛、两江总督怡良也分别在与各国代表的会谈中采取了拒绝态度。"修约"交涉失败后，包令和麦莲分别报告本国政府，强调如果不使用武力就不可能达到全面"修约"的目的。只因当时英、法正同沙俄为争夺克里米亚打得不可开交，无力东顾，大规模的侵华战争才没有立即爆发。1856年，英、法、美三国再次提出"修约"要求，又被拒绝。这年3月，克里米亚战争以英、法的胜利而告结束，英、法两国便借口"亚罗号事件"和"马神甫事件"，悍然发动了一场新的侵华战争。

1856年10月8日，广东水师千总梁国定接到报告，发现几名海盗躲在停泊在黄埔的"亚罗"号船上。这是一艘鸦片走私船，虽然曾在香港注册，但已过期。梁国定率领兵丁立即赶到黄埔，上船逮捕了12名船员，其中包括2名海盗和10名嫌疑犯。广东水师缉查中国船只，本是中国的内政，即使按照不平等条约中领事裁判权的规定，英国也无权过问。然而英国驻广州代理领事巴夏礼存心挑起事端，致函两广总督叶名琛，要求释放人犯，并制造中国士兵捕人时扯落英国国旗的谎言，无端要求向英方赔礼道歉。叶名琛复函据理驳斥，但为息事宁人，同意并把人犯送交英国领事馆，而巴夏礼拒不接收。10月23日，3艘英舰在英国海军上将西马縻各里的指挥下，突然进犯广州，挑起了第二次鸦片战争。

对于敌人有准备的进犯，叶名琛事先未作战守准备，临时应敌，猎德、龟江、东安、海珠等沿江炮台接连失陷。不久，英军攻破广州外城，并一度攻入内城，抢掠了总督衙门。由于广州军民奋起抵抗，同时英军也没有久占广州的实力，侵略者被迫于10月29日晚撤出广州，退据虎门。1857年春，英国政府决计扩大侵华战争，任命前加拿大总督额尔金为全权专使，率领一支远征军来华。为了壮大声势，英国分别向法、美、俄三国发出照会，提议联合出兵。同年10月，法国政府以"马神甫事件"为借口，决定出兵参战。拿破仑三世任命葛罗为全权专使，带领侵华军，尾随英军来到中国。

所谓"马神甫事件"是指1856年2月广西当局处死非法潜入该省西林县为非作歹的法国天主教神甫马赖一案。美国积极支持英、法，但因国内处于南北战争前夕，政局动荡、没有出兵，而是派出全权大使列卫廉来到远东。沙俄与英、法虽是宿敌，但在侵略中国的问题上却携手联合。1857年初，沙皇派海军上将普提雅廷为公使来华，先向清朝政府提出在中国东北扩张领土的侵略要求，遭到拒绝后，立即南下香港，充当英法联军侵华的帮凶。至此，英、法、美、俄四国相互勾结，暂时结成了一个野心勃勃的侵华联盟。

1857年12月，英法两国在中国海域集结了5000多人的侵略军，准备进攻广州。12月，额尔金和葛罗向两广总督叶名琛递交了照会，要求入城及赔偿损失，并限期10日内答复。26日，敌人发出最后通牒。28日晨，英法联军登陆，开炮猛攻广州城。政府军猝不及防，连失海珠等炮台。29日，侵略军攻陷广州，叶名琛被俘，广东巡抚柏贵、广州将军穆克德纳投降。英、法侵略者派英国人巴夏礼、哈罗威上校和法国修莱海军大佐组成所谓"联军委员会"，对广州实行占领，并让柏贵在三人委员会的控制下担任原职，为其侵略效劳。这是外国侵略者在近代中国最先扶植的一个傀儡政权。

英法联军占领广州后，复于次年4月到达天津大沽口外，照会清朝政府要求派全权大臣举行谈判。清朝政府派直隶总督谭廷襄前往大沽接洽。英、法代表声称谭廷襄非全权大臣，无便宜行事之权,拒绝会谈。俄、美公使则假充"调停人",出面与谭斡旋,麻痹了清朝政府。在俄、美公使的俺护下,英法联军于 5 月 20 日突袭大沽炮台得逞,随即溯白河直抵天津城下,并发出攻打北京的叫嚣。

政府军败北的消息传到北京,清朝政府震动,忙派大学士桂良、吏部尚书花沙纳为全权大臣,前往天津议和。6 月 4 日,桂良、花沙纳和额尔金、葛罗等人开始在天津城南海光寺谈判。俄、美公使则以"调停人"自居趁火打劫。在俄、美的要挟下,清朝政府于 6 月 13 日、18 日,分别签订了中俄、中美《天津条约》。6 月 26 日中英《天津条约》签订,共 56 款。27 日中法《天津条约》签订,共 42 款。

这两个条约的主要内容是:英、法公使驻北京;增开牛庄(后改营口)、登州(后改烟台)、台湾(台南)、淡水、潮州(后改汕头)、琼州、汉口、九江、南京、镇江等地为通商口岸;允许外国人到内地游历、传教和通商;外国商船自由航行长江各口岸;修改关税税则;中国向英国、法国分别赔款银 400 万两和 200 万两。同时规定,条约的批准书一年以后在北京互换。同年 11 月,清朝政府又分别和英、法、美三国在上海签订了《通商章程善后条约》,主要内容有:海关聘用英国人办理税务;进出口货物一律按时价值百抽五征税;洋货运销内地或外商从内地购土货出口,只纳 2.5% 的子口税,不再纳厘金;鸦片贸易合法化等。《天津条约》及《善后条约》基本上包括了英、法等国"修约"要求的主要内容。

二、战争的再起与《北京条约》的签订

对于《天津条约》的签订,侵略者和被侵略者都不满意。英、法等国欲壑难填,蓄谋在换约之际再节外生枝,勒索更多的权益。清朝政府则认为条约款项对中国太苛刻,尤其是外国公使驻京和外国人入内地游历传教,会严重威胁中国的安全与稳定,难以接受。在政府中主战言论的影响下,咸丰帝的对外态度又开始强硬起来。他一方面下令训练水师,修筑炮台,加强津沽一线的防御,另一方面又设法阻止外国公使来北京换约,命令桂良、花沙纳在上海等候,打算英、法公使来华后就地进行换约。

1859 年年初,英、法政府分别派遣普鲁斯和布尔布隆为驻华公使,到中国赴任。普鲁斯还率领着一支"足够有力的舰队",以便用武力相威胁。6 月初,英、法公使到达上海,与美国公使华若翰会合。清朝政府得知后,要桂良等作最后的努力,以便实现在上海换约的目的。三国公使以强硬的态度拒绝了桂良等人的要求。清朝政府不得不作出退让,同意公使进京,但要求英、法公使由北塘登陆进京,随行人员不得超过 20 人,不准携带武器。普鲁斯对这些合理要求蛮横地加以拒绝,坚持要从大沽口溯白河带兵进京,并无理要求清朝政府撤除白河防御。

6 月 17 日,英国海军司令何伯率舰队到大沽口外示威,24 日向清朝政府提出"让路"的最后通牒。25 日,何伯率领由千余名侵略军组成的英法联合舰队突然闯进白河,强行拆毁防御工事。下午 2 时半,敌舰向大沽炮台发动猛烈攻击。大沽守军在直隶提督史荣椿的指挥下奋起还击,经过一昼夜的激战,击退了敌人的进攻,胜利地守住了炮台。激战中,停泊在附近的美国舰队撕下"中立"的伪装,公开援助英法军队,接应、掩护战败的英法军队撤出大沽口。但在英法联军战败逃走之后,充当帮凶角色的美使华若翰,却悄悄由北塘登陆换约。此役,英、法侵略者伤亡惨重。政府军共击沉击伤英、法兵舰 10 余艘,毙伤敌军 400 多人。英军司令何伯受重伤,其副手伤重毙命。法军司令也负了伤。但是政府军爱国将领史荣椿、副将龙汝元等 36 名官兵也壮烈牺牲。

第十四章 西方资本主义入侵与太平天国运动

大沽口之役后,清朝政府并不想把与英、法的关系搞僵,而希望乘胜议和,"息事罢兵"。咸丰皇帝在上谕中强调:"惟驭夷之法,究须剿抚兼施,若专事攻击,恐兵连祸结,终无了期,不如乘此获胜之后,设法抚驭,仍令就我范围,方为妥善"。当英、法公使返回上海后,他即令两江总督何桂清与之谈判,仍欢迎英、法公使经北塘来京换约。

联军败北的消息传回英、法两国后,在统治阶级中再次掀起了对华用兵的声浪。两国的一些报刊和政客,摇唇鼓舌,叫嚣要对中国实行大规模的报复,声称要把中国皇帝逐出皇宫,夺取北京,让西方人成为中国人的主人。在这种舆论的推动下,英、法政府于1860年2月再次分别任命额尔金、葛罗为全权专使,以克灵顿和孟斗班为两国军队总司令,率领更为庞大的联军(舰只200多艘,军队2.5万多人),卷土重来。4月,联军陷舟山,进占清泥洼(大连)和烟台,7月抵达大沽口。俄、美公使仍以"调停人"的身份暗为联军出力,并提供政府军在天津和北京的军事情报。

《天津条约》签订后,清朝政府命科尔沁亲王僧格林沁负责大沽口一带防务。他到任后,修炮台,设障碍,购巨炮,又调来蒙古骑兵,加强了防御阵地。他的这些努力为政府军在大沽口之战的胜利奠定了基础。但在此后,他只把兵力集中于守卫大沽,而忽视了对北塘的设防,使防线出现了漏洞。政府军防务上的这一疏忽被第二次鸦片战争形势图俄使伊格那提耶夫侦知,他把这些情报传递给英法联军,成为联军选择战争突破口的重要依据。

8月1日英法联军出动30多艘军舰,由俄人带路,袭击不设防的北塘,打破了政府军的防线。占据北塘后,联军分两路攻占新河、军粮城、塘沽,同时把军舰集结到大沽口外,从水陆两面夹击大沽炮台。8月21日联军猛攻大沽炮台。直隶提督乐善率众死守,奋勇迎战,但因寡不敌众,炮台失守。乐善及全体官兵阵亡。大沽失守使天津失去屏障,联军长驱直入,攻陷天津。天津失守后,咸丰帝命令僧格林沁率部向北京方向撤退,试图在通州一带建立起防线。俄国公使伊格那提耶夫为联军献策,要他们尽快进军通州,不使政府军有布防的机会。联军遂由河西务进犯通州。清廷一面命令僧格林沁加强防守,同时派怡亲王载垣、兵部尚书穆荫为钦差大臣到通州与联军议和。双方各执己见,相持不下。联军坚持进京面见清帝递交国书、载垣等根据咸丰帝的谕令不接受这一条件,以维护天朝至尊的体面。谈判破裂后,清方将英、法代表巴夏礼等39人扣押为人质,送到北京囚禁。这一错误做法不仅没有阻止联军的军事行动,反而给敌人造成借口。

9月18日,英法联军立即向张家湾的政府军阵地发动攻击,政府军溃败。21日,联军又发动了对通州城西八里桥的进攻。政府军在僧格林沁和朝廷派来的大学士瑞麟、副都统胜保等人的指挥下,英勇作战,顽强地阻击敌军。但由于部分政府军溃散,主将非伤即走,动摇了政府军的防线,使八里桥失守。此役,政府军虽败,但也使联军受到重创。张家湾和八里桥失陷后,咸丰帝知无力再战,于22日率后妃及亲信大臣出逃热河,留下他的异母弟恭亲王奕䜣"督办和局"。在英法联军兵临北京之际,伊格那提耶夫又为联军提供了政府军在北京布防的重要情报。据此,联军绕抄安定门、德胜门进犯圆明园,并于10月13日占领安定门,控制了北京城。

此间,英法联军对圆明园大肆洗劫。圆明园是融会中西建筑风格,聚集古今艺术珍品,经过百多年扩建始成的壮丽宫苑。园内收藏有大量珍宝、古玩、图书和中外珍贵的历史文物。侵略者闯入圆明园,在疯狂抢掠之后,又纵火焚烧。大火三日不灭,致使这座举世闻名的"万园之园"尽成残垣断壁。

奕䜣在侵略者的压力下屈服了。他于10月24、25日,分别与英、法代表交换了《天津条约》,并另订立了中英、中法《北京条约》(即《续增条约》)。《北京条约》除承认《天津条约》有效外,其内容还有:开放天津为商埠;准许华工出国;割让九龙司给英国;交还教产予天主教堂,准许法国传教士在各省租买田地建造房屋;赔偿英、法兵费各 800 万两,"恤金"英国 50 万两,法国 20 万两。11 月初,清朝政府与英、法公使先后换约。约文公布后,英法侵略军退出北京。沙俄借口"调停"有功,要求订立新约。同年 11 月 14 日沙俄强迫清朝政府订立了《北京条约》。美国虽然没有签订新约,但根据"一体均沾"的条款,同样可以得到其他列强获取的利益。至此,历时 4 年之久的第二次鸦片战争宣告结束。

通过发动第二次鸦片战争,西方侵略者不仅从中国获取了更多的权益,而且借助公使驻京可以直接从政治和外交上影响清朝政府,中国的半殖民地危机更加严重。同时,因为战败,清朝政府抵抗外来侵略的信心空前低落,更倾向于奉行妥协和谈的对外政策。西方侵略者也在自己的利益暂时得到满足之后,因中国内乱不止,严重影响了列强的在华利益,于是改变了与清朝政府对立的立场,转而对它进行扶植,共同平息内乱,以保护其在华利益。

三、沙俄侵吞中国大片领土

在第二次鸦片战争中,沙俄不仅充当了英法联军的帮凶,而且趁火打劫,侵吞了大片的中国领土。

沙皇俄国对中国东北及西北地区领土的侵略野心,由来已久。鸦片战争以后,沙俄利用清朝政府衰弱的机会加紧了对中国的侵略。早在 40 年代,沙俄就曾多次派人潜入中国的黑龙江境内进行窥伺。1847 年 9 月,沙皇尼古拉一世任命穆拉维约夫为东西伯利亚总督,授意他加紧侵占中国的黑龙江地区。穆拉维约夫上任后很快提出一整套侵略计划,积极部署推行。在他的支持下,沙俄海军军官涅维尔斯科伊等乘炮舰从海上侵入黑龙江口和库页岛地区,并把黑龙江河口湾附近北岸的两处港湾非法命名为"幸福湾"和"圣尼古拉湾"。此后,沙俄相继侵占了黑龙江口的重镇庙街、库页岛等地,其侵略魔爪已经伸到了兴衮河和黑龙江下游一带。

1854 年,穆拉维约夫开始实行"武装航行黑龙江"计划。他率领 70 余艘军舰,强行越过石勒喀河中俄边界,通过雅克萨、瑷珲等地,横穿中国领土 2000 多公里,并在黑龙江下游地区建立军人"村屯",迁来大批移民,强行建立俄国居民点。1856 年 12 月,沙俄宣布成立以庙街为中心的所谓滨海省,公然把中国的黑龙江下游地区划为该省辖境。1857 年,穆拉维约夫更加肆无忌惮地派兵向黑龙江中、下游推进,在沿江遍设哨所。沙俄在向中国东北地区扩张的时候,并没有放松对中国西北地区的侵占。1846 年,沙俄入侵中国巴尔喀什湖东南的库克乌苏河地区,不断对这个地区进行蚕食。到第二次鸦片战争前夕,巴尔喀什湖以东以南的大片中国领土已经落入沙俄之手。

第二次鸦片战争爆发后,清朝政府陷于内忧外患,自顾不暇。沙俄乘机加快了向中国黑龙江地区扩张的步伐。沙俄政府一方面派普提雅廷为公使,展开外交攻势,另一方面指使穆拉维约夫积极进行军事渗透,不断向黑龙江下游和中、上游北岸移民增兵,实行非法的武装占领。1858 年 5 月 22 日,就在英法联军攻陷大沽的第三天,穆拉维约夫率领数百名官兵,乘两艘炮舰,气势汹汹地直趋瑷珲,向黑龙江将军奕山提出重划中俄边界的无理要求。谈判开始后,他就拿出一份事先准备好的条约草案,以最后通牒的口气强迫奕山签字画押,并调军队示威,施加压力。奕山经不起恫吓,在没有得到清朝政府允许的情况下,于 5 月 28 日签订了中俄《瑷珲条约》。

第十四章 西方资本主义入侵与太平天国运动

该约共三款,主要内容:

(一)黑龙江以北、外兴安岭以南的大片中国领土(约60多万平方公里)划归俄国,仅江东六十四屯仍由中国人"永远居住",归中国官员管理,俄人"不得侵犯";

(二)乌苏里江以东,包括吉林省全部海岸线及海参崴海口,划为中俄"共管";

(三)黑龙江、乌苏里江只准中俄两国船只航行;

(四)准许俄国商人在黑龙江、乌苏里江、松花江一带自由贸易。

通过这一条约,俄国不仅割占了中国黑龙江以北,外兴安岭以南的大片领土,而且还为其进一步侵吞乌苏里江以东的所谓"共管之地"铺平了道路。《瑷珲条约》曾经受到马克思、恩格斯的严厉谴责。马克思说:"由于进行了第二次鸦片战争,帮助俄国获得了鞑靼海峡和贝加尔湖之间最富庶的地域,俄国过去是极想把这个地域弄到手的,从沙皇阿列克塞·米哈依洛维奇到尼古拉,一直都企图占有这个地域。"恩格斯也指出:俄国"从中夺取了一块大小等于法德两国面积的领土和一条同多瑙河一样长的河流。"

《瑷珲条约》签订后,沙俄又诱迫清朝政府签订了中俄《天津条约》。俄国公使普提雅廷费尽心机,抢在英、法、美等国之前签订了这项条约。中俄《天津条约》的主要内容有:俄国享有在上海、宁波、福州、厦门、广州、台湾、琼州等7处口岸通商特权,若他国增开新口岸,准俄国一律照办;俄国可在各通商口岸设立领事,停泊兵船;扩大领事裁判权;扩大陆路通商;俄人可在中国内地游历、传教;中俄从前未经定明的边界,由两国派员查勘。其中查勘边界的规定为沙俄后来继续侵吞中国领土埋下了伏笔。

中俄《瑷珲条约》、《天津条约》订立后,沙俄迫不及待又开始了对中国乌苏里江以东地区的领土扩张。其手法依旧是:先以军事占领造成既成事实,再继之以外交谈判,逼签条约以为确认。自1858年6月起,穆拉维约夫多次率领兵船闯入乌苏里江东岸,解除江岸的政府军哨所,驱逐那里的中国居民与官员,用武力占领了乌苏里江口的伯力。1860年6月,沙俄派军占领了海参崴,改名为符拉迪沃斯托克(寓意统治东方)。与此同时,沙俄把大批军队和移民派到江东,建立起军人村镇,实现了对乌苏里江以东地区的军事占领。剩下的问题只是从条约上获得对所占地区的法律确认了。

1859年4月,沙俄政府全权代表彼罗夫斯基趁与清朝政府互换中俄《天津条约》之机,企图诱逼清朝政府承认《瑷珲条约》,遭到清朝政府代表、户部尚书肃顺的严词拒绝。接着沙俄政府新任驻华公使伊格那提耶夫赶到北京,除了要清朝政府承认《瑷珲条约》外,还提出割占乌苏里江以东地区,开放库伦、张家口、北京等地及允许俄国在这些地区设立领事馆等要求。肃顺再一次加以拒绝,语气坚决地表示:"朝廷万难允许俄国侵占满洲寸土,为了满洲,我们不惜开战"。伊格那提耶夫恼羞成怒,公然以武力相威胁,扬言:"中国与中国的边界绵亘达7000俄里,俄国较之其他任何海上强国都更易于随时随地给中国以有力的痛击。"这样,中俄在北京的外交谈判陷于僵局。

然而,沙俄并不死心,当英、法再组联军,对中国大动干戈的时候,伊格那提耶夫又活跃起来。他一方面与英、法联军勾结,为之提供情报,出谋划策;另一方面又把自己装扮成"调停人",继续对清朝政府进行讹诈。联军陷北京后,清朝政府决意屈服,伊格那提耶夫见时机已到,借口"调停有功",竭尽恐吓、要挟之能事,终于迫使清朝政府签订了中俄《北京条约》,即中俄《续增条约》。

该约共15条,除了规定《瑷珲条约》有效外,还规定:乌苏里江以东的所谓中俄"共管"的40万平方公里的中国领土,划归俄国;中俄西部未定边界,"此后应顺山岭、大河之流,及现在中国常驻卡伦(哨所)等处,及1728年,即雍正六年,所立沙宾达巴哈之界牌末处起,往西直至斋桑淖尔湖,自此往西南,顺天山之特穆尔图淖尔(伊塞克湖),南至浩罕边界为界。"增开喀什噶尔为商埠,允许沙俄在喀什噶尔、库伦设领事,俄人在中国享有领事裁判权。沙俄通过中俄《北京条约》不仅侵吞了乌苏里江以东的大片中国领土,而且还为它后来于1864年强迫清朝政府订立中俄《勘分西北界约记》,割占巴尔喀什湖以东、以南44万平方公里的中国领土,制造了根据。

总之,在第二次鸦片战争期间,沙俄通过强加给中国的一系列不平等条约,共侵吞了中国100多万平方公里的领土。此外,它还取得除了赔款以外的英、法等列强从中国所夺取的其他权益,成为第二次鸦片战争中的侵华暴发户。

第四节 太平天国的灭亡

1859年,咸丰帝已采纳肃顺等人的意见,认定不重用曾国藩、左宗棠等汉臣不足以镇压太平天国。1860年,任命曾国藩为两江总督、钦差大臣,把镇压太平天国的重任交给了曾国藩及其湘军。从此,镇压太平天国的战争开始进入新的阶段。

一、汉族官员的崛起与湘淮两军的增强

这个消息曾使湘军将帅兴奋不已。1861年11月20日,清朝政府便任命曾国藩统辖江苏、安徽、江西、浙江四省军务,打破了两江总督只辖苏、皖、赣三省的惯例,命令所有四省巡抚、提镇以下文武各官悉归其节制。这是曾国藩自出师以来受到的最大重用。授予汉官如此重大的权力,在清朝历史上也实属罕见。所以时人称:"恭邸当国,阴行肃顺政策,亲用汉臣"。"朝用端华、肃顺等遗策,用曾氏节制诸军。"

曾国藩在受任两江总督前,只有军事指挥权而无地方行政权,长期遭受倾轧,客寄虚悬,一筹莫展;今既军政大权在握,遂得发舒。他排斥不听调遣的异己,安插得力亲信,工作效率大大提升,不仅使湘军势力迅速增强起来,而且还扶植起了以李鸿章为首的淮军势力。1861年冬,曾国藩派他的得意门生李鸿章赴安徽招募练勇,准备增援沪、苏、常。李鸿章依照湘军的营制及组建方法,于1862年春编成一支拥有6500余人的淮军,因上海有英法的在华利益,所以英船帮助将淮军运至上海,保卫上海,淮军成为继湘军之后中国又一支具有战斗力的重要武装。

1860年后,湘淮军取代八旗、绿营兵,成为政府军主力。随着湘淮军转战南北,各地的军政大权多落入湘淮系势力的手中。湘淮势力的崛起,显示了政府内部权力结构的重要变化,牵动了晚清的政局。以1837年为例,先后任总督者共10人,其中有7位旗人,占70%。同年任巡抚者共20人,其中有8位旗人,占40%。而在1864年,在10名总督中,旗员只有3人,占30%。在担任过巡抚的19人中,则是清一色的汉员。可见,从道光至同治,在封疆大吏中,满洲官员的比例大幅度下降,汉族官员的比例迅速上升,满汉势力的起落消长出现了根本性的变化。

二、太平天国的后期斗争及其失败

(1)太平天国的自相残杀。太平天国定都天京后,内部矛盾不断暴露,靠欺骗和愚弄百姓的政

第十四章　西方资本主义入侵与太平天国运动

治手段治理国家终究不能长久,"均富贵"的平均主义思想破产后,太平天国开始逐步实行"分贵贱","判尊卑"的等级尊卑礼制,从批孔又转向尊孔,并制定整套等级制度,从天王、诸王、各级将官,直至一般士兵,等级森严,礼仪繁琐,甚至连称呼、服饰、仪卫、舆马等都区分明确,不准逾越。天王及诸王、侯爵位都可以世袭。各级领导人普遍追求穷奢极欲的糜烂生活。攻占南京后,洪秀全、杨秀清等人不仅把清朝的总督、将军衙门等占为王府,而且还征调工匠,大兴土木,为自己建造新宫殿。洪秀全等人还沿用封建帝王的嫔妃制度,强选民间秀女入宫,以至天王、诸王无不妻妾成群。天王及诸王出行,都有规模庞大的仪仗队护驾。天王的轿夫有64人,东王的轿夫有48人。东王出巡,"役使千数百人,如赛会状"。官兵必须回避道旁,高呼千岁,违者要受严惩。起义队伍中昔日所提倡的那种兄弟姐妹平均平等的人际关系,已荡然无存。

政治上的倒退和生活上的腐化,必然导致组织上的宗派主义和离心倾向。太平天国定都后,从天王到东、北、翼各王,均有千人以上的亲信官员和侍从人员,形成各自的利益集团,彼此勾心斗角。在这当中,杨秀清势力的膨胀及其本人的恶劣作风,打破了诸王间权力的平衡,使彼此间的关系日趋紧张。杨秀清虽然对太平天国的发展贡献甚大,但他居功自傲,专横跋扈,成为众矢之的。他掌握了天朝军政实权意犹未足,还要取得与洪秀全平起平坐的地位。杨的所作所为使其他各王暗中联合起来,形成一个反杨联盟。太平天国诸王剑拔弩张,其矛盾的尖锐化,至此已成一触即发之势。这一点连他们的敌人都已然觉察。一位文人说:太平天国诸王间势同水火,"往之倚为心腹股肱者,今仍彼此睽隔,猜忌日生"。

1856年太平军在战场取得节节胜利,杨秀清想乘机进一步逼洪秀全让权。他诡称天父下凡,逼洪秀全"亲到东王府封其万岁"。洪秀全无奈,只好承诺加封,但约期在9月23日即杨秀清生日时正式晋封万岁,争取到应付事变的时间。他随即密诏远在江西的韦昌辉、在湖北的石达开起兵勤王。9月2日,韦昌辉率亲兵3000人奔赴天京,会同从金坛赶来的秦日纲包围了东王府,将东王杨秀清及其家属、侍从全部杀害。诛杨后,韦昌辉控制了天京,大肆搜捕杨秀清余党。在处置杨党问题上,洪与韦意见相左。洪主张赦免无辜,韦要求全部处死,双方相持不下。利令智昏的韦昌辉不顾天王反对,与秦日纲、陈承镕一起组织策划了对东王余党惨绝人寰的大屠杀。天朝2万多将士死在韦昌辉等人的屠刀之下,观音门江面漂浮着无数被害者尸体,天京笼罩在一派恐怖的气氛之中。

石达开获悉洪秀全密诏后,于9月5日离开前线,经九江来到安庆,逗留观望。后来洪秀全害怕韦昌辉杀红了眼,会伤害自己,要石达开起兵讨韦。

但石达开却主张劝韦和解,只带2名随从于9月26日赶回天京,谴责韦昌辉的暴行。韦昌辉竟然要加害于石达开。石达开闻讯于当晚只身逃出天京,但其家属惨遭杀害。石达开在安庆调集所部,进驻宁国附近,拟讨韦复仇。韦昌辉的倒行逆施激怒了天京广大将士,洪秀全接受众人的强烈要求,于11月初把韦昌辉及其家小亲信200余人擒杀。韦昌辉对天京实行的长达两个月的血腥恐怖统治至此才告结束。

韦昌辉被诛后,天朝的悲剧并没有完结。11月底,石达开返回天京,被天王任命"提理政务"。石达开文武兼备,屡立战功,是天朝深乎众望的一位统帅。由他主政,满朝文武无不欢悦。但是,洪秀全经过变乱后,不再信任外姓大臣,对石达开心存疑忌。他封少功无才的长兄洪仁发为安王、次兄洪仁达为福王,以牵制石达开。由是,"翼王与安、福王二人结怨"。石达开发现自己主持朝政,大展雄图的道路已被阻断,又不愿像杨、韦那样与天王决裂,更不甘心生活在危险四伏的环境中,于是选择了避祸出走、自立门户的道路。

1857年6月,他离开天京,决计另起炉灶,并以通军主将的名义向全军发布谆谕,说明与洪秀全分手的原因。不少太平军将士对洪氏兄弟排斥异己深表不满,纷起响应。10月,石达开率领10余万人马自安庆出发,进军江西,开始了独立的军事行动。石达开的出走,使太平天国的力量再次受到严重的削弱。

石达开率军远征,最初在江西、浙江、福建等地活动,战事不利,继而转战于湖南、广西。1860年复准备从广西远征四川。一部分太平军认识到分裂出走没有前途,要求返回天京,共扶天朝。他们在吉庆元、朱衣点等率领下,毅然"万里回朝"。1861年石达开率部出广西,攻入湖南、湖北,后流动作战于川、黔、滇诸省就食。1863年5月,石达开在四川大渡河紫打地(安顺场)被政府军包围,数战不利,伤亡惨重,陷入绝境。石达开被解至成都,被凌迟处死,时年33岁。

天京变乱是太平天国由盛而衰的转折点。由于自相残杀和分裂,太平天国损失了大批优秀骨干和久经考验的战士,极大地削弱了自己的力量,损伤了元气。出现了全面性的退却。洪、杨内讧后,太平天国先后丢失了湖北、安徽、江西及江苏的镇江、句容等广大地区,天京再度被重建后的政府军江南、江北大营包围,陷入了新的危机之中。

(2)重振天朝的努力。为了挽救太平天国的危局,洪秀全采取了一些补救措施,他先是削去洪仁发、洪仁达的王爵,以争取石达开回朝辅政;在遭石达开拒绝后,又于1857年10月任蒙得恩为正掌率、陈玉成为又正掌率、李秀成为副掌率,主持朝政。次年又恢复五军主将制度,封陈玉成为前军主将、李秀成为后军主将、李世贤为左军主将、韦志俊为右军主将、蒙得恩为中军主将(后改由杨辅清出任)。

当太平军全力破除江北大营时,湘军李续宾部从九江进犯安徽,连陷太湖、桐城、舒城,前锋直抵庐州南部要冲三河镇。洪秀全急令陈玉成、李秀成率兵回援。太平军采取迂回包抄战术,把湘军合围于三河,并于11月14日发起猛烈攻击。经数日激战,湘军6000余人全部被歼,统帅李续宾自杀,曾国藩之弟曾国华被击毙,太平军获全胜。三河大捷重创湘军,震动全局。敌酋胡林翼哀叹:"三河败溃之后,元气尽伤,四年纠合之精锐,复于一旦。"

三河之战后,太平军士气大振,接连收复舒城、桐城等失地,解除了安庆之围。李世贤在皖南也大败政府军邓绍良部,扭转了不利的局势。在江西,杨辅清于1858年12月攻占景德镇,收复多处失地。由于天朝将士的浴血奋战,天京上游的局势暂时得到稳定。1859年下半年,陈玉成、李秀成以战功卓著,分别被封为英王和忠王。

1860年5月25日,李秀成率数万大军从天京出发,直取常州、无锡,势如破竹。6月,相继攻下苏州、嘉兴、江阴、昆山、太仓、嘉定等地。7月初,夺取松江,逼近上海,开辟了苏南根据地。太平天国遂以苏州为首府,建立苏福省,鼓励发展生产和贸易,使之成为太平天国后期的战略要区。另一支太平军在陈玉成的指挥下,经宜兴入浙江,逼近杭州。

三、太平天国的败亡

安庆是天京上游最后一道屏障,处于联结太平天国和皖北捻军的要冲。因此,太平天国和清朝方面都把安庆视为各自争夺的目标。1861年,双方在这里进行了一场生死攸关的战略决战。

三河大败后,湘军一度退出皖北战场。曾国藩根据以往作战失利的教训,调整了军事部署,提

第十四章 西方资本主义入侵与太平天国运动

出"先剪枝叶,并捣老巢"的战略方针,即先夺取安庆、庐州等天京外围城市,最后攻打天京。他把夺取安庆看作实施这一战略方针的关键所在,说:"自古平江南之贼,必踞上游之势,建瓴而下,乃能成功。欲复金陵,北岸则须先克安庆、和州,南岸则须先克池州、芜湖,庶得以上制下之势。安庆一军目前关系淮南之全局,将来即为克复金陵张本。"

1860年春,曾国藩趁太平军东征之际,指挥湘军分三路围攻安庆,设大营于皖南祁门。这一作战方针抓住了战争全局的关键问题,使湘军取得了战略决战的主动权。

太平天国后期,尽管一度整饬朝政,但始终未能阻止腐化现象的蔓延和内部危机的恶化。洪秀全意志衰退,深居简出,终日沉溺于宗教迷信之中,信天不信人,信宗亲不信将帅。他所重用者除其长兄、次兄外,还有外甥幼西王萧有和、女婿钟万信、黄栋梁、黄文胜及洪仁玕。除洪仁玕外,其他宗亲既无才情,又无谋略,把天朝后期朝政搞得乌烟瘴气。陈玉成、李秀成诸将对此深表不满,曾多次直言具奏,但均被洪秀全拒绝。天朝官制在后期更加紊乱,滥设官爵,滥封诸王,愈演愈烈。先在王爵之下设义、安、福、燕、豫、侯六等爵位,后又在王爵之下、六爵之上增添了天将、朝将、神将、主将、佐将等官阶。

进入60年代后洪秀全大封诸王,到太平天国败亡前,封王多达2700余人。其结果使太平天国内部的宗派主义、分散主义恶性膨胀。诸将拥兵自重,各自为政,不顾大局,甚至在重大军事行动上也不配合。此外许多将帅广蓄财货,安富尊荣。李秀成在天京、苏州均建有豪华府第。每逢生日,他都要大事铺张,接收礼物。1862年常州守将钱桂仁以祝寿为名,聚敛民间黄金,打成金狮、金凤各一对,献给忠王。太平天国领导人的这种作风在广大官兵中产生了恶劣影响,中下级军官纷纷效尤,奢靡之风日炽。

由是太平军纪律废弛,贪污、行贿、赌博、吸鸦片等恶行在军中蔓延,极大地削弱了战斗力。太平天国昭王黄文英谈到天朝后期政治时说:"到后来就乱了,由广东跟出来的都封王,本家亲戚也都封王,捐钱粮的也都封王,竟有2700多王。天朝的事越做越坏。"

在经济上,苏浙太平天国当局仍旧实行"照旧交粮纳税"的政策,承认过去的地主土地所有制,通过地主领凭收租、设局收租和"着佃交粮"等方式向农民收取租税。各地不断发生抗租斗争和农民起义,不满的农民甚至捣毁收租局,杀死催租派捐的师帅、旅帅。每逢事发,当地乡官往往带兵弹压。靠农民起义刚刚建立的农民政权里也不断发生农民起义,真是极大的讽刺。看来起义解决不了中国农民的问题。起到的只是在战乱中快速破坏经济和加速减灭农民人口的作用。

攻占安庆后,曾国藩实现了其战略部署的关键性一步,立即筹划天京会战。他分兵三路对太平天国实行战略围攻:派曾国荃攻天京,派左宗棠图浙江,派李鸿章取苏南。围攻重点是天京,浙江和苏南是牵制战场。

1862年5月,曾国荃率湘军自安庆沿江东下直抵天京,在雨花台扎营。彭玉麟所部水师泊护城河口,保护水上交通,湘军3万余众兵临城下,再次对天京构成威胁。洪秀全急令李秀成驰援。6、7月间,李秀成在苏州召开军事会议,决定调动大军援救天京。

10至11月间,李秀成指挥10余万太平军在天京外围同湘军大战44天,虽然重创敌军,击伤曾国荃,但是终未击破湘军的包围。11月底,太平军久战无功,士气低落,加之后援不继,被迫撤出战斗。为了挽回败局,洪秀全命令李秀成渡江执行"进北攻南"的计划,目的是要联合活动在湖北、河南一带的赖文光、陈得才部,攻湘军后方,迫使曾国荃回援,以解天京之围。但曾国藩不为所动,令皖北守军固守顽抗,并推行坚壁清野政策,使太平军处处碰壁,无以立足。1863年6月,湘军攻陷雨花台。洪秀全召李秀成回师救援。渡长江时,恰逢江水猛涨,太平军又遭湘军水师截杀,损失惨重。

在苏南战场,英人戈登率领的"常胜军"和李鸿章的淮军协同作战。1863年1月,太平军常熟守将骆国忠叛降。之后,政府军连陷太仓、昆山,包围了苏州。主将谭绍光顽强抵抗。同年12月郜永宽等刺杀了谭绍光,开城降敌,苏州失守。1864年5月,双方在常州展开激战,11日,常州陷落。至此,天京失去了东南的最后一道屏障,太平天国的苏南战场宣告解体。

湘军左宗棠部于1862年初由皖赣边境入浙,联合政府军其他各部及"常捷军"攻打李世贤部。1864年3月,被政府军包围的杭州粮尽援绝,守将陈炳文被迫撤出,杭州陷落。太平军浙江战场全线崩溃。

由于江浙战场的溃败,曾国荃部湘军围攻日紧,天京内缺粮草,外无救兵,危在旦夕。1863年12月,李秀成从苏南前线赶回天京,向洪秀全提出"让城别走"的建议。但是洪秀全坚持固守孤城,拒不突围,并斥责李秀成说:"朕奉上帝圣旨、天兄耶稣圣旨下凡,作天下万国独一真主,何惧之有?朕铁统江山,尔不扶,有人扶。尔说无兵,朕之天兵,多过于水,何惧曾妖者乎?"

1864年6月3日,洪秀全病逝。天朝群臣拥幼天王洪天贵福登基,以定人心。7月19日,湘军从地道轰塌地堡城附近城墙20余丈,攻入城内。天京守军与敌人短兵相接,展开血战,绝大部分壮烈牺牲。城破当晚,李秀成保护幼天王逃出天京,并把自己的坐骑让与幼主,后与幼天王失散,被政府军俘获。在囚禁期间,他写下长达数万言的供词,充满了谀词,提出了"招降十要",以取悦于曾氏兄弟。曾国藩在8月7日将李秀成处死。幼天王突围到安徽广德,与洪仁玕会合,转战湖州一带。

10月在江西石城遭政府军袭击,洪仁玕、幼天王先后被俘处死。

天京失陷,是太平天国失败的标志。但其时在大江南北仍然有数十万太平军余部和捻军,继续坚持反清斗争。

在长江以南,李世贤部于1864年7月从江西经广东入福建,占漳州为根据地。在政府军的攻击下,撤出漳州。李世贤投奔康王汪海洋,不幸被害。1866年2月,汪海洋重伤牺牲。诸将推举偕王谭体元为首领,退走黄沙嶂。谭督后队掩护撤退,中弹受伤,怒马跳崖自尽。余部被湘军全歼。

1866年10月,捻军在河南许州分兵两支:一支由赖文光、任化邦率领,在中原地区活动,称为东捻军;一支由张宗禹率领,进军西北,称为西捻军。东捻军曾大败淮军,但在1867年12月被淮军包围于山东寿光,大部战死。赖文光突围入江苏,行至扬州东北湾头瓦窑铺遭袭击被俘,于1868年1月10日在扬州就义。西捻军先在陕西活动,后回师增援东捻军,转战于山西、河南、直隶、山东等地就食。1868年8月,西捻军在山东境内黄河、运河、徒骇河之间的狭窄地带被政府军包围,全军覆没。

至此,太平天国运动彻底被消灭。其他各地小规模的起义也陆续被镇压。中国又暂时恢复了和平。

第十五章
洋务运动与列强入侵

洋务,又称夷务,其时泛指包括通商、传教、外交等在内与西方资本主义有关的一切事务。洋务运动,则是指清朝政府为强化中国军事力量和工业力量,自上而下推行的一场以引进西方的军事装备、机器生产和科学技术为主要内容,以富国强兵为目的的强国运动。洋务运动力主向西方学习科技文化,在此过程中,也伴随着西方的入侵和掠夺,中国的国营工业和民族工业也在艰难中发展。

第一节 洋务运动

洋务运动肇端于19世纪60年代,到90年代告一段落。涉及的范围十分广泛,包括制造枪炮船舰、编练新式海陆军、兴办近代工矿交通企业、举办新式学堂、向海外派遣留学生等。随着形势的发展和主持者对西方国家和西学认识的深化,洋务运动的重点前后有所不同。前期(60~90年代)以"自强"为主,重在创办使用机器生产的军事工业和训练新式军队,力图建立一套新的防务体系;后期(70~90年代)除继续进行"自强"活动外,又在"求富"的口号下,逐渐兴办工矿、轮船、电报、铁路和纺织等民用工业。同时,还举办了一批新式学堂,向海外派遣留学生和翻译西方书籍等等。

一、师夷长技以制夷

经过两次鸦片战争,政府对西方船炮乃战守利器这一点,已看得十分清楚。曾国藩在创办湘军之初即采用洋炮装备其水师,由两广总督叶名琛源源供应"真正洋装,选验合用之炮"。在总结湘潭、岳州两个战役湘军取胜的原因时,曾国藩认为"实赖洋炮之力",并要求清朝政府"尤须有洋炮继续接济,乃能收越战越精之效"。稍后他在安庆设军械所,开始竭力仿造西洋船炮。

1862年李鸿章率淮军到上海,曾登上英法兵舰参观,更叹服不已。他说:"其大炮之精纯、子药之细巧、器械之鲜明、队伍之雄整,实非中国所能及。"李鸿章购置西洋船炮的愿望,随着太平军越来越多地使用洋枪洋炮,变得愈加急切。当时,"忠王军三分之一均有洋枪"。李秀成解天京之围时,带有"开花炮多尊及洋枪二万杆",其火器精利"远优于湘军百倍。"李鸿章向曾国藩建议,"李秀成所部最重,洋枪最多","欲剿此贼,非改小枪队为洋枪队不可。"这是购置洋枪洋炮的洋务运动最初的动因之一。

洋务运动同时还包含着强国御侮的目的。奕䜣等人在上述的奏文中也指出:"窃为夷情之强悍,萌芽于嘉庆年间,迨江宁换约鸱张弥甚,至本年直入京城,要挟狂悖夷祸之烈极矣。"他们虽然主张当务之急在联合各夷镇压太平天国,但也没忘记指出,"该夷"毕竟为"仇敌",不能"忘其害而全不设备",正确的策略是:"以和好为权宜,战守为实事。"后来这一策略思想被奕䜣、曾国藩诸人越来越明确地表述为:应充分利用剿灭"发匪"的名义,掌握西洋船炮技术,以为长远御侮之计。奕䜣说:"现在江浙尚在用兵,托名学制以剿'贼'亦可不露痕迹,此诚不可失之机会也。若于'贼'平之后始筹学制,则洋匠虽贪重值而肯来,洋官必疑忌而挠阻,此又势所必至者。是宜趁南省军威大振,洋人乐于见长之时,将外洋各种机利火器实力讲求,以期尽窥其中之秘。有事可以御侮,无事可以示威。"曾国藩、李鸿章也持同样的看法。

在第一次鸦片战争中,"天朝大国"竟败于西方"蕞尔小夷",中国的观念已经受到了世界资本主义潮流的冲击。以魏源为代表的一些志士仁人,急起"筹制夷之策",他们大声疾呼,面向世界,研究夷情,尤其要以购买和研制西洋先进的船炮为急务。魏源更明确提出了"师夷长技以制夷"的主张,并建议设立造船厂和火器局,雇佣外国工匠制造新式船炮。这已是力图对依稀感受到的历史潮流的涌动作出积极的回应。但当时魏源等人的主张不被重视,故"廿余载事局如故"。

经第二次鸦片战争,英法侵略军直入京师,这在清朝政府内外引起极大震动:"夷祸之烈极矣","实为数千年未有之变局"。由是,人们重新想起了魏源"师夷长技以制夷"的主张。李鸿章说:"师彼(西方)之长,去我之短,今及为之,而已迟矣。若再因循不办,或旋作旋辍,后患殆不忍言。"奕䜣则强调指出:"治国之道,在乎自强,而审时度势,则自强以练兵为要,练兵又以制器为先。"这话集中概括了洋务运动的目的、基本内容和实施步骤。

不仅如此,它强调"审时度势",应将"师夷长技"当作自强之本、治国之道,又说明洋务运动的主持者们与林则徐、魏源的思想一脉相承,他们对世界资本主义潮流冲击的回应,愈显自觉和积极。

1866年,清朝政府派总理衙门章京斌椿及同文馆学生数人,去英国考察。1868年,清朝政府又在离任的美国驻华公使蒲安臣的怂恿下,派他率领"中国代表团"赴欧美访问。该团共5人,竟有3人是外国人。代表团抵美后,蒲安臣擅自代表清朝政府与美国政府签订了《中美续增条约》(亦称《蒲安臣条约》),承认美国享有掠夺华工以及在中国各通商口岸设立学校的权利。

二、洋务派领袖与主将

在清朝政府内部,一部分倡导和推动洋务运动、具有资本主义倾向的官僚,被称为洋务派。

洋务派在清朝中央以军机大臣兼总理衙门大臣恭亲王奕䜣、户部侍郎文祥等人为代表;在地方上则以曾国藩、左宗棠、李鸿章等人为代表。湘淮军在办洋务的过程中,也逐渐形成两大洋务集团:以曾国藩、左宗棠为首的湘系集团和以李鸿章为首的淮系集团。

曾国藩是最早的洋务派人物。早在1854年,他就竭力购置洋枪洋炮装备湘军,以镇压太平天国。1860年后,他奏称:"目前资夷力以助剿济运,得纾一时之忧,将来师夷智以造炮制船,尤可期永远之利"。已明确提出了"师夷智"制船炮、开展洋务活动的思想主张。所以,他的洋务实践也由单纯购买西洋枪炮发展到了仿制西洋船炮的阶段。

曾国藩不仅广泛网罗懂科技的专门人才,而且重用和提拔了一大批包括左宗棠、李鸿章、郭嵩焘、丁日昌、沈葆桢等在内推进洋务运动的中坚和骨干。曾国藩去世较早,所办洋务项目有限,但他在开创风气,培养人才等方面建树颇著,因而成为公认的洋务运动之父,是洋务派的开创领袖。

曾国藩由一个著名理学思想家演变为洋务派实干家,理学思想家忠信守义、爱国为民、修身养性等优秀品质和思想作风,在他的洋务思想中留下了烙印。例如,"求强求富"讲究"铢积寸累"的方式。

左宗棠在洋务派首领中独具个性。早在第一次鸦片战争时期,他就不仅指出英国"包藏祸心",是个积极的抵抗派、而且主张改造中国的旧式船炮,是魏源"师夷长技以制夷"思想的积极拥护者。经第二次鸦片战争,其洋务思想已十分鲜明。他说:"自海上用兵以来,泰西诸邦以机器轮船横行海上,英、法、德、俄又各以船炮互相矜耀,日竞其鲸吞蚕食之谋,乘虚蹈瑕,无所不至,此时而言自强之策,又非师远人之长还以治之不可。"

左宗棠的洋务活动以造船为中心,旁及制造枪炮弹药和举办新式学堂。他认为,中国海防师船落后,致启外人轻视之心,因之,"东南要务,以造船为先著"。他提出了"借不如雇,雇不如买,买不如自造"的名言,力主设立中国新式的造船厂,且谓"内纾国计利民生,外销异患树强援,举在乎此"。

李鸿章是举办洋务事业最多,成绩最为显著的洋务派主将。1862年他率淮军到上海后,目睹西洋船炮之精良,慨叹不已,以为"中国文武制度,事事远出西人之上,独火器不能及",由是便以倡导洋务为己任。他曾对人说:"处今日喜谈洋务乃圣之时,人人怕谈、厌谈,事至非张皇即鲁莽,甚少不误国。公可不喜谈,鄙人若亦不谈,天下赖何术以支持耶?中国日弱,外人日骄,此岂一人一事之咎,过此以往自强者尽可自立,若不强则事不可知。"

70年代后,李鸿章的洋务思想得到了深化,视野愈形开阔。他认为,"必先富而后能强,尤必富在民生而国本乃可益固"。自通商以来,洋货充斥,利权大量外溢;中国既不能禁洋货不来,又不能禁民间不用,不若"亦设机器自为制造,轮船铁路自为转运。"由是其洋务活动便超越了仿制西洋船炮的阶段,而进入了办工厂、开矿山、修铁路以及举办轮船航运、电报通讯等民用工业更为广阔的新阶段。同时,李鸿章将办洋务与"变法"即内政改革联系起来,强调唯有"稍变成法",才能出人才,精制造,"转贫弱而为富强"。

大学士、军机大臣宝鋆认为,在洋务派中,丁日昌"能致其精",沈葆桢"能尽其实",而李鸿章则"能见其大"。所谓"能见其大",就是具宏观构想。李鸿章说的"外须和戎,内须变法"一句,将"和戎"、"变法"与洋务联为一体,最能体现其洋务思想的总体架构。

"外须和戎",固然包含着为推进洋务事业和内政改革应允许与外国侵略势力作必要妥协,以争取和平的外部环境这一合理的思路。他说,西洋"轮船电报之速,瞬息千里;军器机事之精,工力百倍;炮弹所到,无坚不摧;水陆关隘,不足限制;又为数千年来未有之强敌"。中国即与之抗,"彼之军械强于我,技艺精于我,即暂胜必终败"。

李鸿章认为"弱国无外交",主张先忍辱负重、妥协求合作、师夷之长技以图自强,只有自强之后才能与列强抗衡,这正是日本的强国策略,先对西方妥协忍辱,赢得和平环境,奋发图强,强国后再与列强争雄。

但是,当时人们不能理解李鸿章的忍辱负重、强兵富国的长远战略,只图眼前一时的得失与痛快,说他是战争必败论者,是卖国者,时人说:"议和则李鸿章必占人先,议战则李鸿章必落人后。"李鸿章试图在对外退让、屈和的基础上,忍辱负重,创造和平环境,以实现"求强求富"的洋务事业,当时不被世人所理解,尤其是那些满腔热血的爱国青年们。

左宗棠则是主战派,与李鸿章是政治主张上的死对头,在政见上互相攻击对方,左宗棠主张与列强拼个你死我活,而不考虑长远之计。李鸿章则认为,就算是拼上老命把列强全部打跑了,与列强决裂,列强封锁中国,中国学不到西方的科技,凭什么强大,永远还是个封闭的弱国,以后还是受欺负,要自强先学会能够忍受屈辱,学学日本的忍辱精神和奋发图强精神。他们两个一个是治国谋略式人物,一个是忠烈爱国的英雄式人物,时为当时中国之两大栋梁。

80年代中期,随着左宗棠的去世,湘系集团的势力衰落,洋务集团形成了淮系一枝独秀的局面。中央乃扶植洋务派后起之秀张之洞,以期牵制淮系势力。张之洞原为清流派健将,以批评朝政著称,很有才华。1881年外放山西巡抚,思想开始发生变化。中法战争爆发后调任两广总督,在实践中深感中国军事和工业的落后,便大力办厂、开矿、筑路、练兵、建立新式学堂,迅速组成了一个新的实力雄厚、自成系统的洋务集团。

洋务派主张学习西方科学技术,发展近代工业,是接续了林则徐、魏源等地主阶级改革派"师夷长技"的思路,并在新的历史条件下,将之付诸实践。从这个意义上说,洋务派是最初改革派的后继者。

他们之间是继承与发展的关系。二者都主张"师夷长技"以强国御侮,但林则徐、魏源等人既是倡导者,又是行者,他们大多参加了反抗外国侵略的实际斗争,具体没有太多洋务成就。但是,李鸿章、张之洞们在有所妥协忍让的情况下,获得了洋务运动巨大的成就,奠定了中国近代海军和中国近代工业的基础,成为中国近代海军之父和近代工业之父。

三、创办军事工业

洋务派认定"自强以练兵为要,练兵又以制器为先",所以,他们大力仿照西方设厂制造新式枪炮和兵舰,着意于创办近代军事工业。这构成了早期洋务运动的基本内容和重点。

这一活动肇始于60年代初。1861年,湘军陷安庆,曾国藩在这里设立内军械所,主要生产子弹、火药和炸炮。几个月之后,李鸿章到上海,他很快就着手创办洋炮局,一共3所,中国从此有了自己的军事工业,能自行生产自己的军事武器了。

1864年,湘军陷天京,太平天国失败,内患基本解除,清朝政府便全力支持洋务派开展洋务运动,把更多的人力物力投入建立军事工业的活动中。他们引进机器设备,聘用外国技术人员,近代军事工业由是迅速兴起,1865年至1894年甲午战争爆发前,洋务派共兴建了20余个制造枪炮、弹药和船舰的军工厂。其中有的规模较大,能够制造枪炮弹药,有的还能造轮船机器,并附设炼钢厂,铁矿场等一系列配套工厂。

1. 江南制造总局

曾国藩在创办安庆内军械所的过程中,发现手工生产效率低,质量也很差。1863年,从美国留学归来的容闳来到安庆,向曾国藩建议购买机器进行生产。曾国藩欣然接受,并派容闳携款赴美选购。李鸿章将苏州洋炮局的部分机器和容闳从美国买回的机器,以及上海洋炮局并入铁厂,成立了江南机器制造总局(简称"沪局"),占地400余亩,到1891年已有13个分厂和一个工程处。

江南制造局的产品主要有五类:

一是枪支弹药。

二是大炮。至1895年共生产各式大炮300尊左右,主要供南北洋海防和长江沿岸的炮台使

第十五章 洋务运动与列强入侵

用。

三是造船。1867年设立船厂和船坞,次年造成第一艘轮船"恬吉"号(后改名"惠吉"),至1885年共制造各类轮船十余艘。

四是钢铁。沪局于1890年设立炼钢厂,设备购自英国。除炼钢外,还可压轧钢板、钢轴、枪坯、炮坯等。这是近代中国生产的第一批熟钢和钢材,迈出了中国钢铁工业的第一步。

五是机器。洋务派很重视"制器之器",力图避免受制于洋人。容闳从美国购买的机器大多是供制造之用的工作母机,而非专为军工生产,沪局因此得以生产各种机器,有车床、刨床、钻床、汽锤、砂轮机、锯床、翻砂机、起重机、汽炉等,还有各种机器零件和工具,除自用外,还有调拨或卖给其他机器局的,亦有售给民间工厂的,开近代中国机器制造之先河,对工业技术发展的推动作用是不可忽视的。

2. 金陵制造局

1863年,马格里主持的洋炮局随李鸿章迁往苏州,改称苏州炮局。不久,购买了"阿思本舰队"配备的一套制造枪炮子弹的机器,成为近代中国第一个采用机器生产的军事工厂,生产能力有所提高。1865年,李鸿章署理两江总督,苏州炮局又随之迁往南京,改称金陵机器局(简称"宁局")。

金陵机器局的产品主要是大炮和弹药,80年代中期曾制造过两艘小轮船。在中法战争和中日战争期间,宁局曾日夜加班,扩大生产,以供前方军需之用,在对外战争中发挥了一定作用。

3. 福州船政局

1866年,左宗棠设立福州船政局(简称"闽局"),专门制造和修理船舰,是当时中国人创建的规模最大的船舶修造厂。

左宗棠很早就关注外国的船舰,极力强调制造轮船对巩固国防的作用。1864年他曾觅匠用手工生产的方式仿造一艘小轮船,但在西湖试航,行驶缓慢,由是决心引进机器生产。

1866年6月,左宗棠奏请设立船政局,至1873年共建有14个厂,形成了一座以造船为中心的大型机器厂。又附设船政学堂(也称"求是堂艺局"),培养轮船和驾驶的技术人员以及技工。

第一艘轮船"万年青"号于1869年6月下水,至1887年已能造铁甲船战船。

4. 天津机器局

除了曾国藩、李鸿章发展洋务事业外,恭亲王奕䜣也着手洋务军工事业,1866年,恭亲王奕䜣奏准在天津设局制造各种军火,1870年,筹建工作基本完成,自英国购买的机器安置在天津城东贾家沽,是为东局,规模较大;自上海、香港等地购置的机器安置在城南海光寺,是为西局。两局都是天津机器局的一部分。

不久,天津教案发生,崇厚被派赴法国"道歉"。是年冬,新任直隶总督李鸿章接管津局,李鸿章发现天津局工作效率低下,采取了整改措施,从江南制造局调来了沈葆靖总理局务,还换上了不少南方来的熟练工人。又先后增设了洋枪厂、枪子厂等,至1875年基本完成,生产能力提高了3至4倍。

天津机器局主要生产各种枪弹火药,以及地雷水雷等。还制造各种军用器具,如炮车、炮架等。1887年兴建栗色火药厂:开始制造最新式火药。1891年又动工建设炼钢厂,1893年正式投产。

5. 湖北枪炮厂

湖北枪炮厂是张之洞创建的。1884年中法战争爆发,张之洞调任两广总督,主持广东防务。

当时沿海各地同时告急,沪、津等局虽日夜加班生产军火,仍供不应求。张之洞不得不向洋商购买,洋商乘机哄抬物价。张之洞颇多感触,认识到"自强之本,以权操在我为先,以取用不穷为贵"。战争结束的第二年,张之洞开始了设厂制械的活动。

1889年,张之洞调任湖广总督。筹建中的枪炮厂发生去留问题。继任两广总督李瀚章对办洋务不熟悉,不愿中途接办,却积极建议将枪炮厂移往北洋,由胞弟李鸿章接管,李鸿章立即响应。总理海军衙门大臣、醇亲王奕譞非常欣赏洋务派后起之秀张之洞,乃支持张之洞续办枪炮厂,1893年全部建成。

湖北枪炮厂的设备最新,规模庞大,能够生产当时世界上最新式的小口径步枪和新式快炮,以及各种大炮、炮架、弹药等。后来还筹建了无烟火药厂。

洋务派举办的军事工业已初步具备了近代化规模和水平,基本上都是国营性质,这些企业一般都采用了机器生产,把大批工人组织在机器周围,实现了生产技术的根本转变。

四、创办民用工业

进入19世纪70年代后,洋务派在兴办军事企业的基础上,又进而大力创办民用企业。这成为洋务运动发展第二阶段中的主要内容和特点。军事工业是国民经济综合发展的产物,没有煤铁等原材料的充分供应和电讯运输等部门与之配套,新的防务体系是难以建立起来的。

洋务运动重心的转移,反映了洋务派力图阻遏外国对华经济掠夺的目的。李鸿章说:"英国呢布运至中国,每岁售银三千余万,又铜铁铅锡售银数百万,于中国女红匠作之利,妨夺不少。曷若亦设机器自为制造,轮船铁路自为转运。但使货物精华与彼相埒,彼物来自重洋,势不能与内地自产者比较,我利日兴,则彼利自薄,不独有益厘饷也。"开始有了与西方展开市场竞争的思想。

从70年代起,至1894年,洋务派大约举办了20多个民用企业,涉及航运、采矿、冶炼、纺织、电讯等工业交通运输业。比较重要的民用企业有如下几个:

1. 轮船招商局

轮船招商局是洋务派举办的第一个民用企业,采用官督商办的方式。

鸦片战争特别是第二次鸦片战争后,外国轮船公司蜂拥而至,很快垄断了中国沿海和长江中下游的航运业,旧式沙船业面临破产,漕粮北运发生了严重困难。1872年1月,内阁学士宋晋以"糜费太重"为由攻击洋务派举办的军事工业,奏请饬令闽沪两局停止制造轮船。洋务派力表反对。李鸿章提出兼造商船,华商自立轮船公司,以解决养船经费和稍缓漕粮北运之困的建议,并得到了清朝政府的批准。轮船招商局就是在这种情况下产生的。

2. 开平煤矿

为了解决军事工业的原材料供应问题,达到"权操诸我",堵塞漏卮的目的,1875年5月,清朝政府谕令沈葆桢、李鸿章在台湾和直隶试办煤矿。台湾基隆煤矿不久开始试办,并于1879年正式出煤,成为中国第一座近代化煤矿。

1878年8月,开平矿务局正式成立,1880年,自芦台至胥各庄开挖了一长约70华里的运河,专供运煤之用,取名"煤河"。同时,自胥各庄修筑一条长15华里的铁路,直通矿区。这是中国自建的第一条货运铁路。

1881年,开平煤矿开始出煤。投产后产量逐年增加,1889年已达到24.7万吨,并迅速占领了天津市场,到80年代末,天津市场上的洋煤从原来的将近20万吨,降至仅120吨,市场基本上被国产煤占领。

3. 电报总局

电报总局是成效最为显著的民用洋务企业之一。它的产生是军事需要与经济发展的结果。

70年代初,洋务派已经意识到了电报在传递军事情报上的重要作用,开始提出敷设电线的要求。1874年日本侵犯台湾,沈葆桢奉命率兵援台,实战中痛感中国传递手段的落后,得出了中国"断不可无电线"的结论,并奏准举办。

10月,电报总局在天津成立,盛宣怀任总办,并在紫竹林、大沽、济宁、清江浦、镇江、苏州、上海等处设立分局。津沪线随后开始架设,1881年7月竣工,全长2724华里。

1884年,上海至广东的线路架通,电报局从天津迁往上海,次年,至汉口的电线也接通。从此,电报局的营业迅速发展。至1894年中日甲午战争前,除西藏等少数边陲地区外,大部分省和重要商业城市都已通报,初步形成了一个四通八达的电讯网,不仅方便了官方的军事、外交、政治信息的传递,也对繁荣和促进工商业的发展起了积极作用。

4. 上海机器织布局

上海机器织布局于1878年开始筹办,直至1890年安装好部分机器开始投产。投产后,营业兴旺,获利丰厚。1893年夏,李鸿章决定扩充纺纱,向英国增订机器。不幸清花车间于10月19日失火,全厂付之一炬。负责局务的杨宗濂事先又拒绝为局产保险,"认为保险是白费钱"。致使损失无法弥补,十几年的努力付之东流,全部损失达70余万两。

11月,李鸿章派盛宣怀会同上海道聂缉椝负责恢复织布局。招徕新股100万两,在织布局旧址重新设立了华盛纺织总厂,仍为官督商办,另在上海、宁波、镇江等地设立10个分厂。1894年9月,华盛纺织总厂部分投产。

5. 汉阳铁厂

又称湖北铁政局,是洋务运动时期洋务派建立的规模最大的近代化民用重工业,兼营采矿、采炼和炼铁炼钢,是一个综合性的大型钢铁联合企业。中法战争后,张之洞亟亟于新式工业,在筹办枪炮厂的同时,又筹建炼铁厂,企图"杜绝外耗","开辟利源",改变中国"以银易铁"的现状。

1891年,汉阳铁厂在汉阳大别山下正式动工兴建。1893年年底全部竣工,有贝色麻钢厂、造钢轨厂等大小10个厂,工人3000多人,产品除供应本国使用外,还可出口。

洋务派举办的民用企业大都采用官督商办的方式,即商人经营官方督理。少数采用官商合办和官办的方式。在官督商办的企业中,经费由企业自筹,政府不再拨款,仅在必要时予以垫款或贷款的支持,但事后必须偿还。这样,筹措资金成为官督商办民用企业生存下去必须妥善解决的首要问题。克服了国营官办总是赔钱的局面。自轮船招商局始,官督商办的民用企业都采用股份公司的组织形式,通过募集商股聚集资金。

五、编练新式海陆军

洋务派主张"自强以练兵为要"。他们把编练新式海陆军、建立新的防务体系,作为洋务运动的一个重点。

1862年首批八旗京兵赴天津接受西法训练。不久,西法训练推广到沿江沿海的八旗和绿营,

1864年,总理神机营事务的奕譞等在北京设立"威远"队,练习洋枪洋炮及"洋人阵式"。1866年,总理衙门大臣奕䜣等在直隶选练6军,共1.5万人,称为"练军"。

就在政府选练八旗绿营之时,湘淮军也开始大量改用洋枪洋炮。淮军自1862年到上海后开始装备洋枪洋炮,雇用洋人担任各营教习,发展很快,至1865年就由原来的6000余人增至5万余人,其中洋枪三四万杆,炮队4营,成为装备精良、战斗力较强的一支军队。左宗棠所部湘军也在进入浙江后开始装备洋枪,1867年进军西北后,军中的洋枪比例增加到6成。

清朝政府整顿海防、筹设新式海军始于70年代。中国本无海军,只有使用木质帆船的水师,任务是"防守海口,缉捕海盗"。鸦片战争期间,英军进犯广东,先进的大炮船舰让中国人惊醒,"始有购舰外洋以辅水军之议"。林则徐曾购买美国商船加以改装,运用于实战。

1874年,日本派兵侵略台湾在中国引起了极大震动,他们意识到日本将"为中国永久大患",不能不为筹防。11月5日,清朝政府就总理衙门所上《海防亟宜切筹折》发布上谕,令沿海沿江各省督抚及左宗棠详细筹议。经过半年多的讨论,政府高层终于达成共识,确立了加强海防的方针。至1894年甲午战争爆发前夕,清朝政府已拥有船舰六七十艘,分别建成北洋水师、南洋水师、福建水师和广东水师。

北洋水师规模最大,实力最强。这是因为清朝政府出于拱卫京师的考虑,从一开始就把海军建设的重点放到了北洋。自1875年筹办至1895年被歼,北洋水师一直由李鸿章领导。北洋水师的舰船大部分购自外国,1888年正式成军,共有大小舰船20余艘,其中铁甲舰2艘,还有巡洋舰、鱼雷艇等比较先进的舰只。旅顺口和威海卫是李鸿章着意修建的两个主要的海军基地。1888年以后北洋舰队不再添购舰只。

1885年,清朝政府总结中法战争的教训,认为"陆路各军屡获大胜,尚能张我军威,如果水师得力,互相应援,何至处处牵制。当此事定之时,惩前毖后,自以大治水师为主"。是年10月,遂在北京成立海军衙门,由醇亲王奕譞任总理海军事务大臣,奕譞、李鸿章任会办,善庆和曾纪泽为帮办,意在统一各支海军的指挥权。

洋务派在创办新式海军的过程中,还在沿海各省口岸先后修建了近代化的炮台、船坞和港口。其中重要的有旅顺口、大连湾、大沽、烟台、威海卫、吴淞口、马尾、广东黄埔等。旅顺口的炮台、船坞最先进,装备最好。

洋务派大力筹设新式海军时,全国规模的农民起义已基本平息。所以洋务派的目的主要是为了防范和抵御来自海上的侵略者。福建水师和北洋水师先后在中法战争、中日战争中同外来侵略者进行过战斗,说明了它们的御侮性质。但是均被更加强大的列强舰队所败。

六、举办新式教育

在办洋务的过程中,洋务派首先感到的是急需翻译人才。在《天津条约》和《北京条约》的谈判中,奕䜣等人深切体会到了中国缺乏本国翻译人才,全凭外国翻译官传达,难保没有"偏袒捏架"的弊端。所以,奕䜣在1861年1月上的《统计全局折》中提出了设立外国语学校的建议。这个建议很快得到了清朝政府的批准。

1862年7月,酝酿了一年多的外国语学校正式成立,命名为"同文馆",通称京师同文馆。同文馆附属总理各国事务衙门,初设英文班,不久增设法文班和俄文班,招收满族学生入馆学习,除学习外文外,还要学习汉文。

　　随着洋务运动的深入,洋务派逐渐认识到仅学习外国语言文字是不够的,"洋人制造机器、火器等件,以及行船、行军无一不自天文算学中来。若不从根本上用着实功夫,即学习皮毛,仍无裨实用"。1866年底,洋务派筹备在同文馆内添设天文算学馆,招收30岁以下汉文初通并科甲正途出身的人员入馆学习,以便集中精力专攻西学。

　　京师同文馆是中国近代第一所新式的学校。以后陆续设立的以学习外国语言文字为主的学校,还有上海广方言馆、广州同文馆,以及台湾西学堂、湖北自强学堂等。

　　适应建设近代化工业的需要,洋务派还举办了以学习外国科学技术为主的各类学堂。最早建立的是1867年随着福州船政局的筹建而设立的求是堂艺局,又称船政学堂。分为前后学堂两部分,前学堂是造船学校,主要培养修造船的技术人员;后学堂是航海学校,目的是培养驾驶人员和高级轮机人员。洋务派设立这一学堂的目的是培养中国自己的技术人才,尽快摆脱依赖外国人的局面。先后主持福州船政局的左宗棠和沈葆桢都认为"船政根本在学堂","夫习造轮船,非为造轮船也,欲尽其制造驾驶之术耳"。如果将来洋匠回国,"中国匠徒仍复茫然,究于中国何益?"。求是堂艺局培养了中国第一批造船驾驶科技人才,为中国造船、航海业和海军的近代化都做出了重要贡献。

　　洋务派设立的以学习造船和航海专业为主的技术学校还有广东实学馆。此外,还有以学习电讯电报技术为主的天津电报学堂、上海电报学堂等,以及以学习测绘、采矿等技术为主的各类学堂。

　　洋务派还开办为建设新式海陆军服务的各类军事学校,如1874年设于上海的操炮学堂、1880年建立的天津水师学堂、1885年建立的天津武备学堂,以及广东黄埔鱼雷学堂、江南水师学堂、湖北自强学堂等等。截止1894年,洋务派共建立各类新式学堂20余所。

　　1872年起,清朝政府开始向外派遣留学生。这年8月12日,第一批赴美学习的幼童30人离开上海。以后清朝政府又相继派遣了3批。1873年起,福州船政局也酝酿向外派遣留学生,第一届出洋学生共35人,1877年3月13日启程。以后又派出了第二届、第三届,分赴欧洲的英、法诸国学习。总计洋务运动时期,清朝政府共向外派遣留学生200余人。

　　洋务派举办的教育事业培养了近代中国第一批新型的科技、翻译和军事人才。如福州船政局在1873年第一期合同期满后,解聘了大批洋人,大部分技术工作由船政学堂毕业的中国技术人员担任。以后又在留欧学生魏瀚、郑清濂等人的组织领导下不断实现了技术上的进步。再如新式海军的高级军官大多是留学归来的专门人才。参加中日甲午黄海海战的北洋水师12艘舰船的管带,全部是新式学堂毕业生,其中6人是船政学堂赴欧留学生,2人是第一批幼童留美学生。另外,清朝政府的许多外交官是同文馆或广方言馆的毕业生。电报学堂等专业性很强的新式学堂培养的学生,则直接促进了同一行业的发展。

　　洋务派举办的教育事业促进了西学在中国的传播。译书是京师同文馆的重要活动之一,1888年以前共翻译西书22种,涉及西方近代自然科学和部分社会科学领域,印成后免费赠送京内外官员,扩大了西学的影响。许多留学生归国后,直接把西学介绍给国人。洋务派举办的新式学堂还直接引进了西方资产阶级的教育制度,建立了不同于科举制的新的教育体制,如分年排课、按班级授课,以及考试、升级等制度,一直为后人沿用至今。

第二节　中国资本主义的产生与边疆危机

随着自然经济的逐渐解体,到19世纪70年代前后,中国出现了民族资本主义工业。具体说,它的产生有两种途径:一种是一部分中小地主、官僚、买办、商人、华侨等,投资于近代工矿企业;另一种是部分手工工场开始采用机器生产,转变为近代工矿企业。与此同时,中国的边疆不断出现危机,列强瓜分中国的企图不断出现。

一、民族工业的出现

中国的民族工业到1894年时已经有了一定的发展,民族资本企业总数为170家,投资额800余万元。其中主要的行业有:

缫丝业　机器缫丝是民族资本最早建立的近代工业之一。1872年侨商陈启源在广东南海县简村创办继昌隆缫丝厂,采用蒸汽机和传动装置,雇女工数百人,"出丝精美,行销于欧美两洲,价值之高,倍于从前,遂获厚利"。在继昌隆的带动下,南海、顺德两县的缫丝业勃然兴起,到1881年已有10个厂,缫车2400架。90年代初,广东缫丝厂发展到50~60家,大厂雇佣工人达800人之多。1892年后,上海也出现了公和永等缫丝厂。

轧花业和棉纺织业　1885~1886年,严信厚在宁波首创通久机器轧花厂。1891年前后上海也出现了几家轧花厂。1894年通久轧花厂又扩建了通久源纱厂。1891年上海建成华新纱厂,商人朱鸿度则于1894年成立上海裕源纱厂。轧花与棉纺织业便首先在上海宁波发展起来。

面粉业　1878年招商局会办朱其昂在天津紫竹林创办贻来牟机器磨坊,使用蒸汽机磨面,雇佣工人十多人,"出面极多,且面色纯白,与用牛磨者迥不相同"。80年代后,上海、福州、北京等地也陆续建起了小型机器面粉厂。

火柴业　1879年侨居日本的华侨卫省轩在广东佛山开办了第一家火柴厂。此后,天津、上海、重庆、厦门、广州、太原等地都先后开办了火柴厂。1894年以前共有11家火柴工厂。

造纸、印刷业　最早的华商机器造纸厂是80年代初由曹子俊兄弟创办的上海机器造纸局。1890年商人钟星溪也在广州开办宏远堂机器造纸厂。此外,北京、广州、杭州、武昌、苏州、宁波也陆续创办了印刷厂。

机器制造业　1866年出现于上海的发昌机器厂是近代第一家资本主义工业企业,它最初只是由一家打铁作坊,之后逐步发展壮大,1876年制造了第一艘小轮船,1877年兼造车床,到1890年已发展成为拥有车床10多台,可以容纳200人工作的工厂。1866~1894年,上海、广州、天津、汉阳先后创办的机器制造厂共16家,主要业务是船舶修造,少数兼造轧花车、缫丝车等。

此外,制茶、制糖、制药、玻璃、碾米等行业也开始使用机器。公用事业1890年华侨黄秉常创办广州电灯公司。此外广州、汉口和天津都酝酿着创办自来水公司。

采矿业　在1880年前后,安徽池州、湖北荆门、山东峄县枣庄、广西富川贺县、直隶临城等地,都先后开办了煤矿。

轮船航运业　民族资本创办的轮船航运业,要晚到90年代才崭露头角。1890年上海开办鸿安轮船公司,汕头开办汕潮揭轮船公司。1893年又有戴生昌轮船公司在上海成立。甲午战争前华商轮船业仅此3家小公司,它们只能承揽中小城镇间的航运业务。

民族资本主义企业多集中在轻工业部门,资本少,规模小。个别厂矿资本达20～30万两,大部分企业都在10万两以下。所以,民族工业的规模与实力,远不如洋务派的军事工业及官办、官督商办的民用工业。

诞生在半殖民地半封建条件下的中国资本主义近代工业,同外国资本主义和本国封建势力存在着既对立又结合的关系。

外国资本主义凭借不平等条约所获取的种种特权,压制了中国资本主义的发展。民族工业无论在原料收购和产品销售上都遭受了外国资本主义的巨大压力,处于十分不利的地位。在产品销售上,外国洋行和外国在华企业千方百计以降价销售的方式打击民资产品。

在外国资本主义压迫下,中国民族工业的发展,不能不走着一条十分艰难曲折的道路。

二、新的社会力量与早期维新思想

随着中国资本主义近代工业的出现,中国的资产阶级也就产生了。由于中国资本主义近代工业从产生之初就区分为由洋务派资本主义企业和由民间商办的民族资本主义企业,中国的资产阶级从产生之初也就区分为官僚资产阶级和民族资产阶级两部分。

官商主要是由创办、经营、控制官办和某些官督商办或官商合办企业的洋务派大官僚及大买办所组成。他们既是大地主、大官僚或大买办,同时又具有工业资本家的特征。

民族资产阶级,主要包括一般商人、华侨商人、手工作坊主。

60、70年代以后,随着洋务派举办军事工业和民用企业,以及商办企业的出现,产业工人的数量开始增多。至1894年,中国产业工人的数量约有10万人,此外还有海员、船员、码头运输工人、城市建筑工人、手工业雇佣劳动者、商店店员以及农村中的雇农和其他城乡无产者,也属于早期无产阶级的范畴。近代产业工人是中国无产阶级的核心。

19世纪70～90年代,随着民族资产阶级的产生,出现了反映新兴民族资产阶级利益的早期维新思想。王韬、薛福成、马建忠、郑观应等,是这种思想的代表人物。

早期资产阶级维新派是从洋务派中分化出来的。他们早年或出国留学,或办理外交,或参与洋务,或投身洋行,接触了不少西方文化,掌握了一些近代自然科学和社会科学知识。他们的思想主张并不完全一致,但具有共同的政治倾向。他们主张向西方国家学习,要求实行某些政治经济的改革,希望使中国变成一个独立富强的国家。

早期维新派具有反对外国资本主义侵略、维护国家主权和民族独立的爱国思想。他们谴责外国侵略者强迫清朝政府签订的不平等条约,主张发展民族工商业,把中国逐步变成独立富强的资本主义国家。他们认为,中国积贫积弱的原因,主要是外国资本主义的对华经济掠夺造成的,因此,中国在讲求武备,与西方资本主义国家进行"兵战"的同时,必须致力于发展民族工商业,与西方资本主义国家进行"商战"。富国是强国之本,"国既富矣,兵奚不强",必须"借商以强国,借兵以卫商"。他们批判中国传统的"重农抑商"思想,反对清朝政府限制私营企业发展的政策,主张听任民间自办,政府不要限制。只有做到"人尽其才"、"地尽其利"、"物畅其流",才能真正促使民族经济迅速发展。

早期维新派主张革新政治,建立君主立宪的政治制度。他们认为,随着社会不断向前发展,一个国家的政治制度也必须随之发生变化。他们比较了西方君主、民主、君民共主三种类型的政治制度，认为君民共主最优越，最适合于具有两千多年传统君主历史的中国国情。

80、90年代之交，郑观应、何启、胡礼垣等人已明确提出了在中国建立议会制度的主张。他们的这些要和谈主张，反映了新兴的民族资产阶级要求参与政权的愿望。

70、80年代，早期维新派大都是洋务运动的积极支持者和拥护者，有的直接参加了洋务运动。希望在修改、补充的基础上使洋务运动搞得更好。

但是到80年代末90年代初，开始抨击洋务运动，他们揭露国营企业和官督商办洋务企业的落后性质，认为依靠它不能求得中国的真正富强，只有私营商办企业才是发展民族工业的唯一道路。他们抨击洋务派编练的海陆军，派系林立，有名无实，不足以抵抗外国侵略、实现民族独立。他们主张进行政治上的变革，明确提出了实行君主立宪制度的要求。他们从洋务派中分化出来，宣传改革开放，制造舆论宣传。

三、美日侵略台湾

台湾岛地处东海，与福建省隔海相望。物产丰饶，战略地位重要。鸦片战争以后，它一直是外国侵略势力觊觎的重要目标。

1854年，美国舰队司令皮雷率领两艘兵舰在基隆登陆，在那里作军事和物资调查，为进一步侵略台湾作准备。皮雷在结束调查后，曾极力向美国政府建议，台湾"非常适合于作为美国商业的集散点"，美国应占领台湾，"在该岛驻泊足够的海军"。1856年英、法企图联合对中国发动第二次鸦片战争时，美国驻华专使伯驾又向美国政府提出由英、法、美分别占领舟山、朝鲜和台湾的建议，并唆使在台湾高雄的美国商人升起美国国旗，企图变台湾为美国的殖民地。1867年，美国借口失事船只"罗佛"号轮船的水手在台湾遇害，公然派海军少将贝尔率两艘军舰进攻台湾，美军180多人在琅峤（今恒春）登陆。高山族人民英勇抵抗，打退了美军的进攻，并击毙美国副舰长马肯基等多人，残敌被迫退去。

19世纪70年代以后，日本成为侵略台湾最危险的敌人。

日本自1868年明治维新后开始走上军国主义道路，表现出极强烈的向外扩张野心，其首要侵略目标就是中国的台湾和朝鲜。1871年12月，一只琉球国渔船遇飓风漂流至台湾东岸，因与当地高山族人发生冲突，死伤数十人。自1382年（明洪武十五年）起，琉球即与中国建立起"宗藩关系"。此次冲突，本是清朝政府与琉球国政府间的事情，与日本毫无关系。但是，日本为寻找侵台借口，先于1872年9月迫使琉球国王接受日本的"藩王"封号，然后诡称琉球渔民为日本管属之民，于1873年5月派遣柳原前光来华进行外交讹诈。总理衙门大臣毛昶熙等驳斥说：台湾"番民之杀琉民，既闻其事，害贵国人则未之闻。夫二岛（即台湾岛与琉球岛）俱我属土，属土之人相杀，裁决固在于我。我恤琉人，自有措置，何预贵国事，而烦为过问？"

日本政府见外交讹诈不成，遂于1874年4月任命陆军中将西乡从道为"台湾番地事务都督"，在长崎设立基地，准备武装侵台。日本的扩张野心得到了美国的鼓励和支持。美驻日公使德隆把原美国驻厦门领事李仙得介绍给日本政府。李仙得接受日本的聘请为其顾问，从而成为日本侵台的有力策士。此外，美国海军少校凯赛尔和陆军上尉华森等多人在侵台的日舰上担任指挥职务，美船"纽约"号还受雇为日本运兵。

1874年5月初，日本陆、海军3000多人在琅峤登陆，分兵三路向台湾大举进犯。当地高山族人民不畏强暴,利用有利地形据险阻击,兼之当时疫病流行,日军病亡者甚众。侵略者被迫退踞龟山,在那里设立都督府及医院,修筑道路,蓄意长久盘踞。

日本侵台后,清朝政府一面照会日本抗议,一面命福州船政大臣沈葆桢为钦差办理台湾等处海防兼理各国事务大臣,以巡阅为名率军渡海赴台,加强防务,作出准备抵抗的姿态。面对高山族人民的抵抗和中国增兵台湾,刚刚走上资本主义道路的日本实力有限,颇感进退两难,于是亟谋外交解决。日本新任驻华公使柳原前光向总理衙门提出"捕前杀我民者诛之","抵抗我兵为敌者杀之","番俗反复难制,须立严约,定使永誓不剽杀难民"等三条无理要求,甚至居心叵测地要求清朝政府承认他们占领的台湾地区并非中国领土。但遭到了总理衙门的严词驳斥。8月,日本又派大久保利通为全权办理大臣来华,继续进行外交讹诈。由于日本方面坚持其无理要求,谈判几至决裂,日本处于骑虎难下的窘境之中。10月底,在英、美等国公使的支持下,日本最终迫使清朝政府妥协,与之签订了《中日北京专约》(又称《台事专条》)。其主要内容是:日本从台湾撤兵;中国偿付日本在台修建房屋道路费用40万两及"抚恤"银10万两;中国承认日本此次侵台"原为保民义举,中国不指为不是。"

日本通过《北京专约》虽未获得很大权益,但其决不会就此罢休,其侵略野心是不会改变的。1875年,日本向琉球发出废止与中国的政治、商贸等关系,须附属于日本等五条命令。琉球国王曾为此派特使向中国求援。当时清朝政府正与沙俄交涉伊犁问题,无暇他顾,除命驻日公使何如璋与日本政府进行了几次外交交涉外,没有锉去任何大的措施。1879年3月,日本公然出兵吞并琉球,将其改为日本的冲绳县。

美、日对台湾的侵略,使清朝政府中的有识之士更加重视台湾的战略地位与防务。淮军将领刘铭传曾明确指出,"台湾为东南七省门户,各国无不垂涎,一有衅端,辄欲攫为根据",主张大力加强台湾防务。中法战争结束后,清廷于1885年10月正式在台湾建省,刘铭传为第一任台湾巡抚。由此,进一步加强了台湾与大陆的联系,促进了台湾政治、经济、文化等方面的发展。

四、英国侵略滇藏

当美、日侵略台湾之时,英国也加紧了对中国西南滇、藏地区的侵略。缅甸是与中国云南接壤的邻邦。英国在武力征服印度后,于1824年、1852年两次发动侵缅战争,占领了下缅甸。此后,英国将其侵略目光转向中国云南。英印政府不断派人偷越中缅边境,潜赴云南地区测绘地形,刺探当地政治、经济、风习等情报。事后他们向英国政府报告说:修筑一条经缅甸至云南的铁路,英国"就能有效地开发云南的资源,且可使我们与中国西南的财富和资源发生直接联系"。1874年,英国组织了一支近200人的武装"探路队",由英军上校柏郎率领,准备由缅入滇。英国驻华公使威妥玛却向总理衙门谎称,有几名英国人将赴滇游历,要求总理衙门发给护照。为保证此次"探路"成功,英国派遣其前驻烟台领事马嘉理经湖北、云南等省先期到达缅甸的八莫,接应"探路队"。

1875年2月,马嘉理等在并未知照云南地方官府的情况下,引导着这支庞大的"探路队"进入云南。当他们行至腾越西南蛮允景颇族山寨时,遇到了当地民众的盘查。马嘉理等态度蛮横,竟然开枪行凶,打死中国边民多人。愤怒的民众当即开枪还击,打死了马嘉理及随员数名,柏郎率领的"探路队"被迫退回八莫。这就是所谓的"马嘉理事件,"又称"云南事件"或"滇案"。

"马嘉理事件"完全是英国无视中国主权,悍然入侵中国领土引起的。

但英国为扩大其在华的侵略权益,故意扩大事态,称这一事件是当地官府秉承朝廷旨意,唆使兵勇所为,将边民殴毙洋人案扩大为国家间的敌对行为,并于1875年3月19日向清朝政府提出与"马嘉理事件"有关和无关的六点要求。清朝政府此时正忙于应付日本侵台和沙俄侵占伊犁问题,急于息事宁人,遂答应了其中虽然十分无理但尚属与"马嘉理事件"有关的三条要求(包括要求派员赴云南"观审";再派探路队去云南;赔款等),但对与此案无关的"优待"公使及通商税务等问题则予以婉拒。英驻华公使威妥玛十分骄横,公然辱骂"中国所办之事,越办越不是,就像一个小孩子,活到十五六岁,倒变成一岁了"。狂妄叫嚣:"非先换总署几个人不可"。他多次中断谈判,以绝交、战争相威胁。

清朝政府极为担心中国边疆危机同时并起,不愿与英决裂,"不仅滇边受害,通商各口先自岌岌莫保。南北兵力皆单,已有之轮船、炮台,断不足以御大敌。加以关卡闭市,饷源一竭,万事瓦解。"遂屈服于英国的压力,捕杀了20多名被指为"凶手"的中国边民,并于1876年9月13日与英国签订了《中英烟台条约》,(又叫《芝罘条约》)。其主要内容是:中国派专使赴英就"马嘉理事件"赔礼道歉,并赔偿白银20万两;允许英国派员到云南考察,以商订滇缅边界及通商章程;凡内地各省及通商口岸发生涉及英人生命财产案件,英国可派员前往观审;增开宜昌、芜湖、温州、北海为通商口岸,大通、安庆、湖口、武穴、陆溪口、沙市等允许外轮停泊,上下客商货物;各口岸租界内的洋货免征厘金,无论华商、洋商,将洋货运入内地,只纳子口税,其他各项内地税全免;英国人可到甘肃、青海、西藏等地"游历",开辟印藏交通等。《烟台条约》还扩大了英国在华的其他侵略特权,为其进一步侵略中国西南地区提供了便利条件。

英国早就觊觎着中国的西藏地区。18世纪中叶,英国东印度公司就曾不断派人潜赴西藏地区搜集有关政治、经济、地理等方面的情报,并力图诱使西藏地方当局与之建立商务关系。19世纪以后,英印当局一面以"游历"、"考察"等为名,继续派遣间谍分子潜入西藏刺探情报,一面加紧侵略和控制与西藏接壤的尼泊尔、哲孟雄(锡金)、不丹等国,建立侵略西藏的基地。《烟台条约》签订后,英国自恃已取得进入西藏的条约依据,于1886年组织了一个以英印政府秘书马科蕾为首的"商务代表团",经哲孟雄进入西藏。这一"商务代表团"中有测绘、翻译、医务人员,还有印度士兵300人,却没有一名商人。他们在干坝宗遭到当地宗本和藏民的阻拦。马科蕾以武力相威胁,扬言将率兵3000入藏。当地人民无所畏惧,坚决表示:若英国人恃强入藏,"阖藏僧俗大众,纵有男尽女绝之忧,"亦必"复仇抵御,永远力阻,别无所思"。马科蕾一行被迫退回印度。

西藏地方政府为防止英国人再次侵略西藏,在热纳宗的隆吐山置兵设卡,实行自卫。英国驻华公使竟照会总理衙门,要求清朝政府饬令西藏地方政府从隆吐山撤兵,声称"中国如不饬令退回,即调兵驱逐"。与此同时,英国不断向哲孟雄调集军队,准备向西藏发动大规模军事进攻。

1888年3月,英军突袭隆吐山驻防藏兵,悍然发动了第一次侵藏战争。藏兵在多尔济仁(孜本)的指挥下,依托有利地形,用土炮、火绳枪、弓箭等简陋武器英勇抗击以近代化枪炮武装的入侵者。英军不甘失败,又调来重炮和援军,向藏兵发起猛攻。经过数日激战,隆吐山失守,藏兵退守纳汤。西藏地方政府一面向清朝政府请援,一面从前、后藏征调1万余名藏兵集结于亚东地区,积极准备反攻。

清朝政府,屈服于英国的压力,斥责积极支持西藏人民抗英的驻藏大臣文硕"识见乖谬,不顾大局",并将其革职,改任升泰为驻藏帮办大臣,令其"开导"藏民,尽快实现与英国停战议和。

1890年1月,升泰以海关总税务司赫德的弟弟赫政为助手,前往印度的加尔各答与英印总督兰士顿谈判,并于同年3月17日签订了《中英会议藏印条约》,共8款。主要内容是:哲孟雄由英国保护;西藏与哲孟雄边界以咱利山一带山顶为界;有关游牧、通商等问题,在本条约批准互换之日起6个月内,由两国委派大臣再议。

1891年底,中英双方根据《藏印条约》有关规定再开谈判。经过两年的反复谈判,清朝政府代表何长荣与英国代表柏尔于1893年12月5日在哲孟雄大吉岭签订了《中英会议藏印条款》,又叫《藏印续约》,共13款。主要内容是:中国开放亚东为商埠,允许英商自由通商;五年内藏、印、哲贸易免税;英国人在西藏享有治外法权;限制藏民在哲孟雄的传统游牧权力等。从此,英国打开了西藏的大门,其侵略势力不断深入,乃至公然进行策动西藏"独立"的罪恶活动。

五、俄国侵略新疆

与东南沿海和西南边疆的危机相较,其时中国新疆地区遭受俄国等外来势力的侵略,曾出现了更加复杂和严重的局面。

1864年,新疆各族人民在陕甘回民起义的影响下,纷纷发动反清起事,先后建立起几个互不相属的封建割据政权。这些政权均为当地宗教和民族上层分子所掌握,彼此间互相攻伐,煽动民族仇杀,新疆处于纷争不已的战乱之中。

1864年8月,柯尔克孜族人思的克虽夺取喀什噶尔的回城疏附,但汉城疏勒却久攻不下,于是派回族封建主金相印赴中亚的浩罕国(现在乌孜别克共和国境内)"请援"。浩罕统治者派帕夏(陆军司令)阿古柏于1865年初率军侵占喀什噶尔,驱逐了思的克。此后两年间,阿古柏又先后攻占南疆各城,吞并了其他几个割据政权。1867年,阿古柏悍然宣布成立"哲德沙尔汗国"(意为七城国,即喀什噶尔、莎车、和田、库车、叶尔羌、阿克苏、吐鲁番),自称"毕条勒特汗"(意为"幸运者")。1870年,又将侵略势力扩张到北疆,相继侵占吐鲁番盆地和乌鲁木齐等地。阿古柏以外族入侵新疆,对各族人民进行残酷野蛮的压迫与统治,给新疆人民带来了深重的灾难。当时正在中亚进行激烈争夺的英国和沙俄,都试图通过支持阿古柏政权,染指中国新疆地区。

1868年,英印政府派遣富商罗伯特·沙敖访问喀什噶尔,将英国的商品、军火等源源不断地运往新疆。1870年,又派以道格拉斯·弗赛斯为首的英国代表团赴喀什噶尔与阿古柏政权勾结。阿古柏也于1869年和1871年两次遣使印度,带去他给英国女王和英印总督的亲笔信。沙俄一直致力于在中亚的扩张,1865年攻占浩罕国重镇塔什干,不久迫其臣服。1866年,沙俄与阿古柏达成协议:双方互不干涉对方行动;互给对方以入境追捕逃犯的权利等。

1872年6月,沙俄竟无视中国主权,擅自与阿古柏签订"通商条约"(即"俄阿条约"),规定:沙俄承认阿古柏为"哲德沙尔"首领;阿古柏则同意沙俄在南疆设立商馆和商务专员;俄货只纳百分之二点五的关税;允许俄商队经南疆至邻国等。随后,阿古柏派他的外甥赴俄访问,受到沙皇亚历山大二世"极其殷勤的,像接待王侯那样的待遇"。

此后,俄国的商品、武器等大量涌入南疆。英国不愿意看到俄国势力深入南疆,先是煽惑阿古柏臣属于自己的附庸土耳其,接着又于1873年秋冬之际任命弗赛斯为全权使节,率领由300人组成的特派使团到达喀什噶尔,带去英国女王给阿古柏的亲笔信及英印总督赠送的大批枪支弹药。翌年2月,双方签订了"通商条约"(即"英阿条约")12条,其主要内容是:英国正式承认阿古柏为"艾米尔";阿古柏同意英国在南疆驻使、通商、设立领事;英货只纳百分之二点五的关税;英国人可在南疆买卖或租用土地、房屋及货仓等。

俄英两国向阿古柏提供大量武器,支持其抗拒政府军收复新疆,分裂中国,进一步加剧了中国的边疆危机。在此期间,沙俄还借口安定边境秩序,出兵强占了中国的伊犁地区。

伊犁地区土地肥沃,物产丰饶,是清朝政府伊犁将军的驻地和新疆的军政中心。1864 年沙俄强占中国巴尔喀什湖以东以南的 44 万平方公里领土后,一直觊觎着伊犁和整个新疆地区。阿古柏侵犯北疆时,沙俄唯恐阿古柏攻占伊犁,于 1870 年 8 月出兵强占了新疆通往伊犁的咽喉要道穆扎尔特山。1871 年 5 月,沙俄军队分兵两路进犯伊犁,遭到了当地各族人民的英勇抗击,俄军经过两个月的苦战,才占领了伊犁。其后,俄军又四出侵扰,企图将天山北路全部置于自己的统治之下。

沙俄侵占伊犁后,非法设官分治,对当地各族人民横征暴敛,实行野蛮的殖民统治。各族人民纷起反抗,或逃至内地,请求清朝政府出兵"速为救援"。

1872 年 5 月,署伊犁将军荣全受命与俄方会商接收伊犁事宜。沙俄不但绝口不谈归还伊犁问题,反而节外生枝,提出诸如重新划定中俄边界;允许俄国在新疆全境通商;赔偿俄国损失等一系列无理要求。荣全与沙俄多次谈判均不得要领,空手而归。他向清朝政府报告说:沙俄的真正目的"不止在要求重币,亦不仅窃踞伊犁,将尽新疆之地皆为己有而后已"。

此后不久,日本侵占了台湾。面对西北和东南地区同时并起的严重边疆危机,清朝政府内部出现了所谓"海防"与"塞防"之争。直隶总督李鸿章等认为,东南海防重于西北塞防,断言"新疆不复,于肢体之元气无伤;海疆不防,则腹心之大患愈棘",且新疆地区北、西、南三面为列强环伺,"即勉图恢复,将来断不能久守"。既然中国兵单饷匮,"海防西征,力难兼顾",所以应放弃新疆,"移西饷以助海防。"陕甘总督左宗棠等则认为,海防与塞防并重,"但使俄人不得志于西北,则各国必不至构衅于东南"。若为节饷而停兵,如同"自撤藩篱","我退寸而寇进尺,不独陇右堪虞,即北路科布多、乌里雅苏台等处,恐亦未能晏然。"力主以刚刚镇压了陕甘回民起义的得胜之师,锐意西进,驱逐阿古柏,规复新疆。

海防与塞防之争,虽反映出淮系与湘系集团间的派系之争,但左宗棠等的主张同时又具有平叛和反对外国侵略,维护国家领土统一的进步意义,因而得到国内爱国人士的广泛支持。清朝政府权衡利弊后,于 1875 年 4 月任命左宗棠为钦差大臣,督办新疆军务,准备武力收复新疆。

1876 年 3 月,左宗棠移驻肃州(今酒泉),督率 220 营大军西征,并买了一副棺材随行上战场,以表马革裹尸、以死报国的决心。到新疆后,他根据新疆北可控南的地理形势,确定了先北后南的战略方针,指挥政府军仅用半年时间,就收复了古牧地、乌鲁木齐、玛纳斯等北疆大部分地区。在此期间,英国始则反对政府军进军新疆,继则诱迫清朝政府承认阿古柏政权为"属国",对中国"只隶版图,不必朝贡",企图牺牲中国南疆主权,维护阿古柏政权。沙俄则接连派出以普尔热瓦尔斯基为首的"考察队"和以库罗巴特金为首的"特别代表团"到达南疆,诱逼阿古柏与之签订所谓"俄阿边界条约",企图以边界的"既成事实",割占中国新疆西南部的大片领土。政府军的迅速进军,粉碎了英、俄的种种阴谋。

1877 年春,政府军向新疆推进。在新疆各族人民的支持下,政府军连克达坂、托克逊、吐鲁番等城,消灭了阿古柏的主力军队。阿古柏退守库尔勒,不久兵败自杀。他的儿子伯克胡里自立为"汗",企图继续顽抗。12 月 18 日,政府军攻克喀什噶尔,伯克胡里率残部逃入俄境。1878 年 1 月,政府军收复了除沙俄侵占的伊犁地区以外的全部新疆领土。

沙俄强占伊犁时,认定清朝政府绝对无力进军新疆,驱逐阿古柏势力,所以曾虚伪地向清朝政府表示:俄军占领伊犁,"只以中国回乱未靖,代为收复,权宜派兵驻守。俟关内外肃清,乌鲁木齐、玛纳斯各城克复之后,当即交还"。政府军消灭了阿古柏政权后,清朝政府任命吏部左侍郎崇厚为

第十五章 洋务运动与列强入侵

头等钦差大臣,赴彼得堡与俄国谈判交收伊犁事宜。

中俄谈判历时9个月,昏聩无能的崇厚在沙俄的威逼愚弄下,于1879年10月2日,在克里米亚半岛的里瓦几亚与沙俄签订了丧权辱国的《里瓦几亚条约》,又称《交收伊犁条约》。条约规定:俄国归还伊犁九城一带地方,中国将霍尔果斯河以西和特克斯河流域大片领土割让给俄国;修改塔尔巴哈台附近的中俄边界;中国向沙俄偿付"代收代守伊犁兵费"500万卢布(约合白银280万两);俄商在新疆、蒙古全境贸易免税;增辟从俄国经兰州、西安至汉口和经归化(呼和浩特)、张家口至天津的两条陆路商道;俄国可在嘉峪关、哈密、吐鲁番、乌鲁木齐、古城、科布多、马里亚苏台七处增设领事等。中国付出了极大的领土、商贸代价,收回的却是处于沙俄北、西、南三面包围,"弹丸孤注,控守弥难"的伊犁九城。

签订《交收伊犁条约》的消息传来,举国大哗,"街谈巷议,无不以一战为快。"恭亲王奕䜣、陕甘总督左宗棠及清流派官员等纷纷上奏要求改约。左宗棠提出"先折之以议论,委婉而用机;次决之以战阵,坚忍而求胜"的对俄总方针。1880年初,清朝政府以崇厚所订条约"多有违训越权之处","窒碍难行"为由,拒绝批准该条约,并将崇厚交刑部议罪,定为"斩监候"。同时,再次任命左宗棠为钦差大臣,赴新疆统筹军务。

沙俄恼怒异常,一面抗议清朝政府严惩崇厚,一面在伊犁地区大量集结军队,调集舰队游弋中国海面,对清朝政府虚声恫吓。左宗棠认为,"俄事非决战不可",于1880年5月移营哈密,积极备战。

清朝政府为避免战争,同时迫于英、德、美、法等国公使"调停"的压力,遂于1880年6月赦免了崇厚,派驻英、法公使曾纪泽兼任驻俄公使,赴俄谈判改约及收复伊犁问题。

1880年8月,曾纪泽抵达彼得堡。他深知此次谈判改约无异于"探虎口而索已投之食",任重道远。果然,在谈判中,沙俄代表代理外交大臣吉尔斯态度蛮横,声称原约"只候照行,无可商议"。同时,沙俄继续陈兵伊犁,增调兵舰到中国海面进行军事讹诈。曾纪泽为维护国家的领土主权,根据与总理衙门商订的力争收回伊犁全境,酌允通商,增加赔款的既定方针,与俄方据理力争。沙俄提出中国当割让西北边界或沿海某地作为交还伊犁地区的"补偿",曾纪泽明确拒绝说:"中国土地,断无再让之事"。面对沙俄"若再延迟,不如打仗"的战争讹诈,曾纪泽毫不示弱,针锋相对地回答说:如若开仗,"胜负难知,中国获胜,则俄国亦须偿我兵费"。

经过半年的反复交涉,中俄双方于1881年2月24日签订《中俄伊犁条约》(时称《改订条约》,因签订于彼得堡,故又称《圣彼得堡条约》)和《改订陆路通商章程》。其主要内容是:中国收回伊犁和特克斯河流域,但沙俄以安置"入俄籍而弃田地之民"为借口,仍割占了中国霍尔果斯河以西的大片领土;中国偿付沙俄"代收代守"伊犁兵费900万卢布(约合白银509万两);俄国在新疆各城贸易"暂不纳税",在蒙古贸易全部免税;俄国可在嘉峪关、吐鲁番两地增设领事馆;重新勘定中俄边界的"不妥之处",按俄国"现管之界"勘定边界,安设界牌等。此后,沙俄利用这一条款,又迫使清朝政府与之签订了中俄《伊犁界约》、《喀什噶尔界约》、《续勘喀什噶尔界约》等勘界议定书。通过"勘界",沙俄又割占中国斋桑泊以东,霍尔果斯河以西,特穆尔图淖尔(伊塞克湖)东南等地区共约7万平方公里的领土。

《中俄伊犁条约》与《里瓦几亚条约》相比,中国在界务、商务方面虽收回了部分主权,"迫使俄国做出了它从未做过的事,把业已吞下去的领土又吐出来了",但它仍是沙俄武力威胁和外交讹诈的产物,是一个不平等条约。

1884年11月,清朝政府根据左宗棠的建议,在新疆建立行省,以乌鲁木齐为首府,任命参与收复新疆的湘军将领刘锦棠为巡抚。新疆建省进一步密切了新疆与祖国内地的政治、经济、文化等方面的联系,有利于西北边疆的巩固和建设,有利于中华民族的统一。

沙俄对华扩张领土的野心永无止境。1884年,它通过迫使清朝政府订立《中俄续勘喀什噶尔界约》,已经割占中国帕米尔的西北地区,但仍不满足。1891年7月,俄军马、步、炮兵300余人侵入中国帕米尔地区,非法树立木杆,张贴布告,宣称当地居民"今已属俄国百姓"。清朝政府为此通过驻俄公使许景澄向沙俄提出抗议。沙俄政府虽口头上承认"此番俄武员带兵竟到中国境内,是其错处",但实际上仍于1892年1月和4月两次在彼得堡召开研究武装占领帕米尔问题的特别会议。1892年6月,俄军上校约诺夫指挥1000余名士兵入侵帕米尔,占领了郎库里、苏满塔什、阿尔楚尔等地,拆毁中国边防卡伦。中俄军队沿萨雷阔勒岭一线对峙。

清朝政府多次向沙俄提出抗议,要求其立即撤兵。沙俄不但拒不撤兵,反而提出中俄须"以山中水分流处"(即萨雷阔勒岭)为边界的无理要求。其后,清朝政府驻俄公使许景澄、驻法参赞庆常,又先后与沙俄代表谈判。沙俄代表蛮横无理地要求将《中俄续勘喀什噶尔界约》中有关中国边界自乌孜别里山口"一直往南"的规定,改为"先往东,再往南",并诡辩说:"所谓南者,左右均可,非必一直前往,不能挪动"。甚至大耍无赖,说什么帕米尔"荒寒不毛,无关险要,"实为无用之地,中国"何必如此坚持?"由于沙俄毫无诚意,中俄谈判历时一年半而无任何结果。

1894年4月,清朝政府被迫同意了沙俄关于在帕米尔问题最后解决之前,中俄双方军队保持各自所在位置,互不进兵的建议。但清朝政府作了明确的保留,严正声明:"在采取上述措施时,并不意味着放弃中国对于目前由中国军队所占领以外的帕米尔领土的权利,它认为应保持此项以1884年界约为根据的权利,直到达成一个满意的谅解为止"。从此以后,中俄双方再未就帕米尔问题进行过谈判,沙俄始终强占着中国萨雷阔勒岭以西的20000平方公里的领土,中俄间始终存在着帕米尔地区的未定边界问题。

1895年3月,俄、英两国利用中国在甲午战争中失败,陷于困境,背着中国非法达成瓜分萨雷阔勒岭以西中国帕米尔领土的协议。清朝政府曾分别照会俄、英两国政府,郑重声明:中国不承认俄、英有关帕米尔问题的协议,"后日必重申前说"。

第三节 中法战争

法国对越南的侵略野心由来已久,早在1787年法国传教士百多禄就曾上书法国国王路易十六,建议占领越南并开辟一条通往中国内地的商路。19世纪50年代后,拿破仑第三极力鼓吹在亚洲建立"法兰西东方帝国",进一步加紧了对越南的侵略。1862年,法国发动了侵越战争,迫使越南与之签订《西贡条约》,割占了边和、嘉定、定祥三省及昆仑岛。1867年,法军又攻占了永隆、昭笃、河仙三省,控制了湄公河三角洲。

一、法国侵略越南与清朝政府的对策

1866年,法国侵略者派遣了一个以海军中校特格拉莱和上尉安邺为首的调查团,溯湄公河及

其上游澜沧江(在中国境内)而上,进入中国云南地区。他们发现澜沧江滩多流急,不宜航行,而越南北方的红河及其上游元江(在中国境内)的航行条件要好得多,便建议法国政府占领北圻。法国侵略者公开鼓吹说:"法国必须占领北圻,因为它是一个理想的军事基地,由于有了这个基地,一旦欧洲各强国企图瓜分中国时,我们将是一些最先在中国腹地的人。"

1873年11月,安邺指挥法军相继攻陷河内、海阳、宁平、南定等地。越南政府邀请刘永福及其率领的黑旗军协助越南抗击法军。

刘永福(1837~1917年)字渊亭,广东钦州(今属广西)人。出身贫苦。原为广西一支农民起义武装的首领,因所部以黑色旗帜为军旗,故称"黑旗军"。太平天国起义失败后,刘永福率部退驻越南保胜一带,深受当地居民的欢迎。刘永福被越南国王封为"七品千户"。

1873年12月21日,刘永福率黑旗军在河内城郊大败法军,击毙安邺,迫使法军退出红河,困守海防。越南国王授刘永福以三宣副提督之职。1881年7月,法国议会通过了240万法郎远征北圻的军费案。1882年4月,法海军上校李维业(又译作李威利)指挥法军再次进攻北圻,占领河内。次年3月侵占南定。在越南政府的邀请下,刘永福再次率黑旗军开赴前线,于1883年5月19日在河内城西的纸桥附近设伏,痛歼法军,击毙李维业。越南国王授刘永福以三宣正提督之职。

法国不甘心在越南的失败。1883年5月,法议会又通过增加远征越南军费550万法郎和增派1800名侵略军的议案。法国总理茹费理继续鼓吹"必须征服那个巨大的中华帝国"。这年8月,法军兵分两路,一路由波滑率领,沿红河向黑旗军进攻,在怀德,丹凤等地遭到黑旗军的沉重打击。另一路由孤拔率领,攻入越南首都顺化,强迫越南与之签订了《顺化条约》,变越南为其殖民地。从此以后,法国便将侵略的主要矛头指向了中国。它要求清朝政府撤退驻扎北圻协越防守的政府军;开放云南边界通商;召回刘永福的黑旗军等。同时令法军进攻北圻,中法关系日趋紧张。

在法军大举进攻越南,危及中国西南边疆的形势下,清朝统治阶级内部出现了主战与主和两种意见。

主战者主要是湘系官僚,如左宗棠、刘坤一、彭玉麟以及驻法公使曾纪泽等。其次是以军机大臣李鸿藻为首的清流派,如张之洞、张佩纶、陈宝琛等。他们认为:就道义责任而言,中越存在着历史上的宗藩关系,越南受到侵略,中国"本应保护"。就利害关系而论,中越两国山水相连,唇齿相依,法国侵越,"非徒并越,而特欲以越为根脚耳。粤边之煤矿,滇中之金矿,无不垂涎"。故中国即为自固藩篱计,也断无坐视之理。主战者强调援越抗法的正义性和必要性。

主和者主要是淮系官僚,直隶总督兼北洋大臣李鸿章是其代表。他们认为,现在"越已阴降于法"(指越南政府与法国签订了《顺化条约》),中越宗藩关系不复存在,中国没有必要为越南"代为力证经营"。中国"各省海防,兵单饷匮,水师又未练成,未可与欧洲强国轻言战争",对法议和,不过"伏边患于将来,"若与法国失和开战,"则兵端开于俄倾",中国即使"一时战胜,未必历久不败;一处战胜,未必各口皆守",从此"兵连祸结",将国无宁日。他们主和的主要理由是强调援越抗法的危险性和失败的必然性。

在主战主和两种意见影响下,清朝政府对法态度模棱,举棋不定,它一方面通过外交途径对法侵越表示抗议;派人秘密与刘永福联络,向黑旗军提供饷银、军械等,暗中助其抗法;密谕两广地方督抚:"目前办法,总以固守北圻为主,倘法人侵及我军驻扎之地,则衅自彼开,自不能不与接仗"。另一方面却又授权李鸿章,谋求与法议和,再三谕令驻越政府军"不可衅自我开,转滋口实"。

清朝政府这种和战不定,消极模棱的态度,不但束缚了政府军的手脚,而且进一步助长了法国侵略者的凶焰。1883年12月,法国议会通过了追加2900万法郎军费和1.5万名远征军的侵华方案。12月11日,法军司令孤拔率兵6000亲人,从河内出发,水陆并进,向驻扎在北圻山西的政府军和黑旗军发起进攻,中法战争由是爆发。政府军统帅、云南巡抚唐炯"弃军而逃"。黑旗军拒险与法军激战数日,以力单无援撤退,山西失守。

1884年2月,法国增援部队到达河内,由米乐接任法远征军司令。3月,法军1.2万人分别由米乐和尼格里指挥,分兵两路会攻北宁。北宁南控河内,北蔽谅山,是政府军经营一年有余的军事要地。清朝政府多次命令驻越政府军全力守住北宁,阻遏法军向中越边境推进。但政府军统帅、广西巡抚徐延旭"事前既疏于布置,临时复勇于溃退,敌犹未至,望风而逃。"在东线战场上,谅江、郎甲等地失守。4月初,西线战场上兴化、临洮、宣光等地也相继失守。

山西、北宁失守的消息传到北京,清朝政府大为震惊。4月3日,祭酒盛昱上《疆事败坏请将军机处交部严议》的奏折。其本意只是要奕䜣等振作精神,力图补救。但不料却为西太后所利用,趁机大做文章。

恭亲王奕䜣自1861年11月协助西太后发动"辛酉政变"后,以议政王名义任首席军机大臣兼管总理衙门,总揽清朝政府内政外交大权。随着西太后统治地位的不断巩固,她与奕䜣间的矛盾日益尖锐。西太后此前就曾试图将奕䜣赶下台,终因时机不成熟而中止。现在盛昱的奏折正好为她提供了口实,遂于4月8日明发上谕,以"委蛇保荣,办事不力"的罪名,将奕䜣、宝鋆、李鸿藻、景廉、翁同龢一概斥逐出军机处。

恭亲王奕䜣且被"开去一切差使",令"家居养疾"。同日宣布任命礼亲王世铎、户部尚书额勒和布、阎敬铭、刑部尚书张之万、工部左侍郎孙毓汶五人为军机大臣。又命庆郡王奕劻主持总理衙门。次日又颁谕:"军机处遇有紧要事件,著会同醇亲王奕譞商办"。新组成的军机处,实权操诸奕譞及其心腹孙毓汶之手。这次清朝最高统治集团的重大人事变动,史称"甲申易枢之变",或"甲申政潮"。

与此同时,清朝政府还下令将唐炯、徐延旭革职拿问,任潘鼎新为广西巡抚,张凯嵩为云南巡抚。从表面上看,清朝政府似在重整旗鼓,倾向于抗战,实则它正依赖李鸿章,加紧与法国议和。

法军在越南战场虽取得一些军事胜利,但仍困难重重。1884年4月,法国海军中校福禄诺通过粤海关总税务司的德国人德璀琳,对李鸿章进行诱和,并威胁说:中国如不答应法国的议和条件,法国将增派海陆军进攻中国本土。清朝政府需要和平发展的经济环境,屈从法国的压力,于是任命李凤苞为驻法公使,代替主战的曾纪泽,并授权李鸿章"通盘筹划"对法议和事宜。

经过数日的艰苦谈判,李鸿章与福禄诺代表中法两国于1884年5月11日在天津签订了《中法会议简明条款》,又称《李福协定》,共5款。主要内容是:中国承认法国与越南签订的条约和对越南的保护权;中国驻越政府军调回境内(未明确规定撤军期限);法国不索赔款,中国在中越边境开埠通商;法国与越南修约时,不出现有损中国尊严的字样;三个月后,双方派遣全权大臣,制定详细办法。

二、马尾海战与镇南关大捷

1884年6月23日,法军不等中法全权大臣商定政府军撤军的具体时间与办法,突然到达北黎(观音桥),通令驻守在那里的政府军立即退回中国境内。政府军因未接到撤退命令,不便遽然撤兵,派出代表与法军交涉。法军残酷杀害了3名政府军代表,并向政府军阵地发动进攻,旋被击退。

第十五章 洋务运动与列强入侵

此事被称为"北黎冲突"或"观音桥事件"。

法国挑衅失败,反诬中国破坏《中法会议简明条款》。法国代理公使谢满禄于7月12日向清朝政府提出最后通牒,要中国立即从越南撤兵,对法赔款二亿五千万法郎(约合白银3800余万两)。否则,法国将占领中国一两个沿海港口作为赔款的担保品,并极其蛮横地限令7日内答复。7月13日,法国海军部长裴龙电令侵华海军司令孤拔:"派遣你所有可调用的船只到福州和基隆去,我们的用意是要拿住这两个埠口作质,如果我们的最后通牒被拒绝的话。"次日,两艘法国军舰以"游历"为名,开入闽江口。两天后,孤拔率法军舰队闯入闽江的马尾港。

面对法国咄咄逼人的外交及军事讹诈,软弱无能的清廷不做战守准备,而是将希望寄托在英、美、德等国的"调停"上。为表示和平诚意,清朝政府于7月16日下达了政府军将在一个月内由越南"全部撤竣"的明令,并指令两江总督曾国荃在上海与法国新任驻华公使巴德诺议和。

马尾港是福建水师的基地,著名的洋务企业马尾造船厂就建在这里。闽江口外岛屿礁沙密布,有五虎岛、大小龟屿等,形势险峻,素有"双龟守户,五虎把门"的说法。从闽江口至马尾,两岸山岭夹峙,水道狭窄,最窄处仅300米,两岸建有炮台。当时有人称"福州海口,奇险天生,当事者苟未雨绸缪,(法军)虽铁胁亦难飞渡"。但闽浙总督何璟、福州船政大臣何如璋等,唯恐阻止法舰进港会影响中法和谈,竟听任法舰自由出入,自失天险凭借。法舰驶入马尾港后,与福建水师同泊一处,长达40天之久,战争一触即发。当时有人建议根据"万国公法",对驶入马尾港的法舰予以武力驱逐,或堵塞江口,先发制人,予以聚歼。但清廷却抱定"彼若不动,我亦不动"的妥协方针,何璟、何如璋等甚至"严谕水师,不准先行开炮,违者虽胜亦斩"。

8月4日,法侵华海军副司令利士比奉巴德诺之命,率4艘军舰到达台湾基隆海面,次日发动进攻。督办台湾军务刘铭传指挥政府军奋勇抵抗,伤毙法军100多人,残敌狼狈逃回军舰。

面对法军的军事进攻,总理衙门虽向法国政府提出了抗议,然而,法国却无意妥协。8月16日,法国议会通过了一项增拨3800万法郎侵华军费的议案,茹费理狂妄叫嚣要对华进行"本世纪最大的一次征伐"。19日,法国驻华代理公使谢满禄借口基隆事件,向清廷发出最后通牒,要挟中国对法赔款8000万法郎。21日,谢满禄下旗离京,中法关系决裂。

22日,孤拔接到法国政府的进攻密令。23日中午12点左右,法驻福州副领事白藻泰始照会闽浙总督何璟本日开战。何璟急电告马尾未接电音而法人已先开炮"。法军精心策划,假宣战之名,而行偷袭之实。23日13点许,停泊在马尾港的法国军舰向福建水师发动突然袭击。在这种十分不利的情况下,福建水师广大官兵仍奋起英勇反击。

旗舰"扬武"号在被敌鱼雷击中即将沉没之时,仍以尾炮击中法旗舰"窝尔达"号,孤拔险些丧命。"福星"号被3艘敌舰包围,舰身多处受伤,犹如一条火龙,但全舰将士毫无惧色,沉着应战,直至弹药库爆炸而英勇捐躯。"振威"号受伤,船身失去控制,随波漂向下游,舰上官兵依旧发炮击敌,直到中鱼雷沉没。其他兵船,如"飞云"号、"福胜"号,也都临危不惧,奋勇杀敌,表现了崇高的爱国主义精神和大无畏的英雄气概。以致于法国侵略者也不得不承认,福建水师"表现出勇敢和英雄的优美榜样。"

激烈的战斗持续了近一个小时,由于敌我力量悬殊(法舰队计有军舰9艘,排水量为14500吨,火炮77门,官兵1800人。而福建水师虽有兵舰11艘,但排水量仅9900吨,火炮47门,官兵1100人),加之仓促应战,处境不利,福建水师遭到失败,损失惨重,11艘兵舰和19艘运输船全部沉毁,伤亡官兵700余人。24日、25日,法舰在击毁了马尾造船厂及马江两岸炮台后,驶出闽江。

8月26日,清廷正式对法宣战,谴责法国"专行诡计,反复无常,先启兵端"。同时根据"应以进兵越南,规复北圻,俾彼族不敢悉众内犯为制敌要策"的指导思想,确定了沿海防御,陆路反攻,"牵敌以战越为上策"的战略方针。法国则决定以海军攻占台湾,"据地为质,挟中国议约",同时命陆军向驻守谅山的政府军发动进攻,占领越南全境,然后由陆路将战火直接烧至中国本土。

9月中旬,法侵华海军司令孤拔率军舰5艘,副司令利土比率军舰3艘,分别进攻台湾的基隆和淡水,企图在两处得手后合击台北。10月1日,法军在猛烈的舰炮掩护下,攻占基拢10月2日,进攻淡水的法军遭到惨败。8日,得到增援的法军在强大炮火支持下强行登陆,再次猛攻淡水。刘铭传指挥政府军、民团等诱敌陆战,设伏截击,经过几个小时的拉锯战,法军死伤数十人,狼狈逃回军舰,慌乱中又有数十人坠海溺死。法军在淡水失败后,将兵力收缩至基隆,并于10月下旬封锁台湾,企图孤立台湾守军。

1885年2、3月间,孤拔率军舰多次进犯镇海,清军在浙江提督欧阳利见的指挥下沉着应战,击沉击伤法军舢板及舰只各两艘。孤拔本人中弹受伤,被迫于3月7日南撤,转而攻占澎湖岛。不久,孤拔死于澎湖。

在法军封锁台湾,侵扰浙江镇海之时,清军也在北圻向法军发起反击。在西线战场上,自1884年10月至1885年3月,中法军队在宣光反复争夺。清军与黑旗军紧密配合,虽取得歼敌千人的战绩,但因法军不断得到增援,始终未能攻克宣光,被迫撤出战斗,准备新的反攻。在东线战场上,政府军出谅山反攻船头、郎甲一线。

1885年1月底,法军7000余人分别由波里也和尼格里指挥,由河内出发,向清军进行反扑,不久攻占谷松。政府军统帅、广西巡抚潘鼎新畏敌如虎,于2月13日不战弃守战略要地谅山,逃至中国境内的龙州。

2月23日,法军攻占中越边境重镇——镇南关。后因担心战线过长,给养困难,炸毁了镇南关城墙及附近的政府军防御工事,退回越南境内的文渊(今同登)、谅山,并在关前废墟上竖起一块木牌,狂妄地宣称"广西的门户已不再存在了"。这时,称疾在乡的老将冯子材受命帮办广西关外军务,率部开赴前线,收编溃散政府军,整饬军纪,被前线各路清军将领推举为前敌总指挥。当地军民信心倍增,在法军竖立木牌的地方也竖立起一块木牌,上面针锋相对地写着:"我们将用法国人的头颅重建我们的门户。"

经过实地勘察,冯子材选定镇南关中国内侧10里处的关前隘为诱敌聚歼的战场。这里东西两面高山夹峙,中间只有一条宽约2华里的关道。冯子材指挥军民在此用土石修建起一条长3里、高7尺,底厚1丈,连接东西两岭的长墙,墙外开挖宽约4尺的深沟,切断关道。同时在东西两岭赶筑堡垒群,安设炮位,控制制高点,屏护长墙主阵地。在兵力部署上,冯子材率军居中正面迎敌,命王德榜率军驻守镇南关东北30里处的油隘,准备伺机阻击法军的增援部队,切断其军事补给线。另外,冯子材还在长墙主阵地后面半里、4里及纵深地区配置了多重预备梯队,使清军的防御较为坚强,处于进可攻,退可守的有利地位。

3月21日夜,冯子材率军突袭盘踞文渊的法军,引诱法军前线指挥尼格里来攻。23日凌晨,尼格里指挥法军2000余名和3个炮兵连,分兵两路进犯清军长墙主阵地和东岭炮台。两军展开激战。争夺东岭炮台的战斗尤为激烈,双方势均力敌,死伤相当。入夜时分,战斗渐息。政府军连夜赶修工事,补充给养弹药。24日清晨,法军利用天降大雾的有利时机,在猛烈炮火掩护下兵分三路,再次发动猛攻。"药烟弥漫,至不辨旗帜,弹积阵前逾寸"。

冯子材与各军将领商定"有退者,无论何将遇何军,皆诛之",誓与阵地共存亡。当法军接近长墙主阵地时,冯子材身先士卒,"持矛大呼越出",率自己的两个儿子首先冲入敌阵。其他官兵见状,人人感奋,纷纷冲向法军,与之展开近战肉搏。这时,清军的后援部队源源赶到,逐渐遏制住法军的猖狂攻势,并转入反攻。法军因增援部队和弹药给养遭到政府军截击,得不到及时补充,陷入困境,伤亡惨重。尼格里见大势已去,率领残部狼狈溃逃。冯子材率军乘胜追击,直至深夜,暂且收兵。此次战役击毙法军精锐1000余人,缴获枪支弹药不计其数。法国侵略者战后不得不承认,自他们入侵中国以来,"从未受此大创"。

为扩大战果,不给敌军以喘息机会,冯子材率军出关。3月26日占文渊,29日克谅山,重伤尼格里。法军将38门大炮和13万银元弃入淇江,狼狈而逃。30日清军克谷松,31日克北黎。东线陆路战场上出现了空前大好形势。与镇南关大捷同时,西线战场上的清军和黑旗军依托工事,引发地雷,在临洮击毙法军数百人。接着,乘胜相继收复了广威府、黄冈屯、老社等十几个州县。至此,越南战场的形势全然改观。

法军在镇南关——谅山惨败的消息传到本国后,引起了法国统治集团的极大震动。他们把这一失败比做1815年拿破仑在滑铁卢的失败,担心法国在远东建立的殖民统治会因此而动摇。法国人民纷纷走上街头示威,高呼打倒茹费理的口号,"几使巴黎闹成革命"。法国的反对党也猛烈抨击茹费理"是国家的蟊贼"。3月31日夜,茹费理内阁倒台,法国在政治、军事诸方面陷入一片混乱之中。

三、清朝政府乘胜和谈

冯子材联合各路清军将领,准备分兵南下。河内、太原、海阳,甚至西贡地区的越南人民,也纷纷酝酿反法起义,积极准备策应政府军乘胜追击,将法军全部赶出越南。但是就在这时,清廷却突然于4月7日下达了"乘胜即收"、停战撤兵的命令。

清廷之所以在中国取得重大军事胜利的情况下,决意对法议和,有着客观与主观两方面的原因。从客观上看,英美等国担心中国一旦取得对法战争的全面胜利,就会进一步增强中国人民反对外国侵略者的决心,清朝政府也可能不再如以前那样驯服了,从而危及自己在华的整个侵略权益。英国外交大臣就曾说:"中国的任何胜利,都会一般地对欧洲人发生严重后果。"因此,它们极力施加影响,迫使清廷尽快对法妥协。俄国和日本则企图利用中法战争,浑水摸鱼。俄国因强占中国伊犁的阴谋未能得逞,时刻都在伺机报复。

1884年9月,即法国突袭马尾港的福建水师之后不久,俄国报纸声称:"中国伊犁背约,将来法攻中国,俄亦欲夺疆土。"此时的日本,因策动朝鲜的亲日派开化党发动"甲申政变"遭到失败,也不断鼓吹武力侵朝,企图将中国拖入战争的漩涡。

1885年年初,正当中法军队在北圻激战之时,日本代表伊藤博文来华与李鸿章谈判有关"甲申政变"善后事宜,竟暗中与法国驻华公使巴德诺勾结。对此,清廷疑虑重重,以为"日人意存叵测,现又起衅端,难保不因中法有事伺机寻衅,"极为担心俄、日两国与法国南北呼应,乘机在北方挑起侵华战争。此外,当时台湾仍受到法军的严密封锁,形势险恶。而越南当局在中法战争中首鼠两端,断绝了同清廷的宗藩关系,也使清朝政府失去了继续援越抗法的信心。故清廷权衡利弊后,采取了舍越南而保台湾的方针,即以停战撤兵换取法国解台湾之围。清廷担心法国会"因愤添兵",不断扩大战争,兵连祸结。正因如此,清廷自1884年8月26日对法宣战后,实际上从未停止过谋和谈平解决争端的途径,中法之间也一直进行着秘密谈判。

1885年1月,在中国海关总税务司赫德的插手干预下,清廷授权中国海关总税务司驻伦敦办事处的英国人金登干为中国代表,同法国外交部进行秘密谈判议和。3月25日,中法谈判已进入最后阶段,中国基本上接受了法国方面提出的要求。这时,突然传来镇南关大捷的消息,法国政府极担心中国将在军事上乘胜反攻,在外交上据理力争,要求修改甚至废止已基本完成的草约。于是清廷即刻将中国军队取得的军事胜利,当作与法国讨价还价的砝码,促使和谈的成功。李鸿章表示,"当藉谅山一胜之威与缔和约,则法人必不再妄求。"复致电总理衙门说:"谅山已复,若此时平心与和,和款可无大损,否则兵又连矣。"据此,清廷授权金登干于4月4日同法国外交部政治司司长毕尔签订了《巴黎停战协定》(又称《中法议和草约》)。

清廷的停战撤兵命令,遭到了国内部分民众的愤怒谴责。在前线,广大爱国的清军将士接到停战撤兵命令后,个个痛心疾首,"拔剑斫地,恨恨连声"。许多士兵环列于将帅帐外,"摩拳擦掌,同声请战",愿先立军令状,"战如不胜,甘从军法"。冯子材、王德榜等政府军将领致电两广总督张之洞,强烈要求代奏清廷,请"诛杀议和之人",抗战到底。

清廷因国力不济,无力继续深入的作战,决意和平解决,电令张之洞"冯、王若不乘胜即收,不唯全局败坏,且孤军深入,战事益无把握,著该督遵旨,亟电各营,如期停战撤兵,尚有违误,致生他变,唯该督是问"。爱国将士被迫从越南撤兵。

1885年6月9日,李鸿章与巴德诺代表中法两国在天津签订《中法会订越南条约》(又称《中法新约》或《李巴条约》),其主要内容是:中国承认法国对越南的保护权;在中越边境指定两处为法国陆路商埠,一在保胜以上,一在谅山以北。允许法国在此设立领事馆;法货进出中国边界,应减轻关税;日后中国修建铁路,须向法国人商办;法军从台湾和澎湖撤军。

第四节　中日甲午战争

日本原是比中国更封闭落后的国家,19世纪50年代开始遭受美、俄、英、法等西方资本主义国家的侵略,逐渐沦为半殖民地国家。日本在列强的欺压下,忍辱负重,富国强兵,工商业发展迅猛,于1868年"明治维新"以后,资本主义进入快速发展的轨道,逐步建立了近代化的强国。因为日本是个地震频发的岛屿国家,加之资源贫乏,总有一种危机感,所以日本的侵略野心自古就有,永不磨灭,"源远流长",国家一旦有积蓄了力量,就会对外扩张,历史上曾多次对朝鲜半岛发动侵略,均被中国军队打败赶走,如今他们的国力强大,侵略野心再次膨胀,他们最便捷的扩展之路是入侵朝鲜,但是中国是朝鲜的保护国,所以,日本强大后开始把中国纳入主要战争对象,并试图入侵中国。

一、日本侵略朝鲜和中国的阴谋

日本明治政府建立以后,就认定"强兵为富国之本",开始了穷兵黩武对外扩展的战略,并制定了旨在征服中国和世界的所谓"大陆政策":第一步侵占中国的台湾;第二步征服朝鲜;第三步侵占中国的东北和蒙古;第四步征服全中国;最后独占东亚,称霸世界。1874年日本侵略中国的台湾,迈出了实施"大陆政策"的第一步,虽未得逞,却尝到了甜头。1875年9月,日本又发动侵朝战争,迫使朝鲜于1876年2月与之签订《江华条约》,取得了通商、租地、免税贸易和领事裁判权等一系列特权。

1884年12月,日本利用清廷忙于中法战争,无力它顾之机,操纵朝鲜亲日派开化党人发动政变,挟持国王,组织亲日政权,史称"甲申政变"。朝鲜国王在驻朝政府军的帮助下迅速镇压了这次政变,但日本却要挟清朝政府与之签订了《天津会议专条》,取得了将来朝鲜若发生重大变乱事件,日本得以向朝鲜派兵的特权,为它以后进一步出兵侵略朝鲜,提供了口实。

中法战争刚刚结束,日本"激进"的侵华分子就鼓噪发动一场侵略朝鲜和中国的战争,不给清朝政府以休整之机。但是,以伊藤博文为首的"稳健派",则认为时机尚不成熟,主张"速节冗费,多建铁路,赶添海军",积蓄力量,待实力充足后,"看中国情形再行办理"。

19世纪80年代,日本进一步加紧扩军备战。1887年日本参谋部拟定了《征讨清国策》,计划以武力攻占北京和长江中下游地区,将从山东半岛到台湾的沿海地区及岛屿划归日本版图,肢解中国其他地方为几个小国,附属于日本,并狂妄地提出,"以五年为期作为准备,抓住时机,准备进攻",对中国进行一场以"国运相赌"的战争。

1892年日本提前完成了自1885年开始的10年扩军计划,建立起一支以中国海陆军为"假想敌",拥有常备兵63000人、预备兵23万人的近代陆军和排水量为72000余吨(包括各种军舰31艘、鱼雷艇24艘)的强大海军,其力量远超中国的北洋水师。1890年和1892年,日本两次举行大规模海陆军联合演习,并不断派遣间谍潜入朝鲜和中国窃取情报,绘制军用地图,伺机对中朝发动大规模战争。与此同时,日本军国主义分子在国内极力煽动战争狂热。1890年日本内阁首相山县有朋在国会的施政演说中,公然把朝鲜、中国东北和台湾说成是日本的"利益线",是与日本"安危密切相关的地区",宣称保卫利益线是"国家独立自卫之道"。

1894年春,朝鲜爆发了东学道(又称东学党)领导的大规模农民起义,他们提出了"济世安民"、"灭尽权贵"、"逐灭倭夷"等口号,很快席卷了朝鲜南部全罗、忠清、庆尚三个道。朝鲜统治者无力镇压,于是向清廷求援。日本军国主义者认为这是挑起战争的天赐良机,一面派日本驻朝官员向清廷驻朝"总理交涉通商大臣"袁世凯表示:东学党起义"愈久愈难办,贵政府何不速代韩戡?"对此,"我政府必无他意";一面秘密下达动员令,准备出兵朝鲜,企图将清朝政府拖入战争的陷阱。

希望和平发展经济的清朝政府相信了日本的"保证",于6月4日派直隶提督叶志超、太原镇总兵聂士成率政府军2500人赴朝,驻屯于牙山,并根据中日《天津会议专条》的规定,通知了日本。日本侵略者见清朝政府中计,即借口保护使馆,派兵400人进入朝鲜首都汉城。接着又派遣大批日军在仁川登陆,占领自仁川至汉城沿线的各战略要地。6月底,在朝日军已达10000余人,此外还有10余艘日舰进泊朝鲜港口,兵力远在政府军之上。

清廷得知日本出兵朝鲜的消息后,大为惊恐,曾于6月21日由驻日公使汪凤藻照会日本政府,建议中日两国同时从朝鲜撤兵。日本非但拒不撤兵,反而提出由中日两国共同监督朝鲜内政"改革"的无理要求,蓄意扩大事态,挑起战争。当时任日本外务大臣的陆奥宗光后来回忆说,日本政府所以这样做,目的就是要促成中日关系的"彻底决裂"。

面对日本在朝鲜的蓄意挑衅,清廷内部出现了对日主战与主和两种意见的争论。翁同龢等帝党官僚持强硬态度,力主加强战备,以武力遏止日本的扩张。志锐上奏说:"综计中日交涉以来,于台湾则酬以费,于琉球则任其灭;朝鲜壬午之乱,我又代为调停;甲申之役,我又许以保护。我愈退则彼愈进,我益让则彼益骄,养痈遗患,以至今日。夷焰鸱张,贪婪无已,一误再误,则我中国从此无安枕之日!"他认为,日本咄咄逼人,战争一触即发,中国若"急治军旅,力敌势均,犹冀彼有所惮,不敢猝发"。

在翁同龢等人影响下,光绪帝也趋向主战。1894年7月中,他曾警告李鸿章:"朝廷一意主战,李鸿章若顾虑不前,徒事延宕,驯致贻误战机,定惟该大臣是问。"但是,掌握清朝政府军事、外交大权的李鸿章是洋务运动的主帅,主张先富国才能强兵强国,经济代表国力,代表强大的军事力量,发展经济需要和平环境,不主张耗资巨大的战争影响中国的经济发展。西太后也希望对日和平了结。

日军重兵压境,驻朝官员多次"请添重兵",但李鸿章复电说:"我再多调,日亦必添调,将作何收场耶。"在日军向驻牙山政府军发动进攻后,李鸿章电告政府军统帅叶志超:"日兵来牙窥探,可置不理,切勿自我先挑衅。""我不先与开仗,彼谅不动手,此万国公例,谁先开战,谁即理诎,切记勿忘。"

李鸿章在军事上主张和谈,在外交上则推行"以夷制夷"的方针,把解决中日争端的希望寄托在国际列强的"调停"上。6月20日,李鸿章首先向沙俄驻华公使喀西尼提出"调停"要求。因沙俄对朝鲜和中国东北地区垂涎已久,所以它曾劝告日本从朝鲜撤兵,但为日本婉言拒绝。沙俄担心若强力压迫日本,自己在远东的主要对手英国"很可能站在日本一边",于自己不利。喀西尼向李鸿章表示:"俄只能以友谊力劝日撤兵,未便用兵力强勒日人"。李鸿章请求沙俄调停失败后,又转而请求英国政府出面干涉。

英国为维护自己在华的政治、经济等利益优势,防止沙俄乘战争之机扩张势力,固然愿意居间调停中日争端,以维持远东现状;但日本若侵占朝鲜及中国东北,却又可以有效阻止沙俄势力南下。两利相权取其重,因而英国更乐于纵容日本侵朝。7月16日,英国与日本签订了《英日通商航海条约》,"这个条约的性质,对于日本来说,比打败中国的大军更为有利。"

7月23日,英国正式照会日本,"上海是英国在华利益的中心,因此当日后中日两国开战时,希望日本同意不在该港及其附近作战"。这就等于明确向日本表态,只要日本不损害英国在长江流域的利益,它将不反对日本发动侵略朝鲜和中国的战争。李鸿章向美、德等国请求调停的努力失败。

弱国无外交,日本的一系列外交取得了成功。日本方面通过一系列外交活动,取得了西方列强对其发动战争的默许或支持,解除了国际干涉的后顾之忧,遂决定尽快挑起中日战争。日本外相陆奥宗光密令驻朝公使大鸟圭介:"促成中日冲突,实为当前之急务,为实行此事,可以采取任何手段。"

大鸟根据这一训令,于7月19日向朝鲜政府提出了由日本架设汉城至釜山的军用电线;为日军修建兵营;令政府军自牙山撤兵;废除中朝间一切"与朝鲜独立相抵触"的条约等四项强硬要求,限令22日以前答复。7月23日清晨,日军悍然包围并闯入朝鲜王宫,劫持了国王李熙,挟持大院君李昰应组织傀儡政权,迫令其发布矫诏,"授权"日军驱逐驻牙山的政府军。

面对一触即发的战争形势,国内舆论纷纷要求增兵朝鲜备战。光绪帝也多次谕令李鸿章"速为筹备"。李鸿章试图和谈的努力失败,于是决定开战,于7月中旬派遣卫汝贵、马玉崑、左宝贵、丰绅阿等4支军队15000人由陆路入朝增援。7月21日又租用英国商船"爱仁"号和"飞鲸"号载政府军自海路增援牙山,由北洋舰队"济远"、"广乙"等舰护航。25日,"济远"、"广乙"完成护航任务返航途经丰岛海面时,突遭日舰"吉野"、"浪速"、"秋津洲"的袭击。日本不宣而战,正式挑起了侵华战争。

"广乙"号为排水量仅千余吨的钢骨木质炮舰,战斗力与防卫力都较差,开战不久即受重伤,退至朝鲜十八岛附近搁浅,后为免资敌而纵火自焚。"济远"号船舵被击毁,向西退去,日舰紧追其后。此时,清朝政府租用的另一艘英国商船"高升"号载政府军1000人,"操江"号载军械物资等正好驶来。结果,"操江"号被日舰"秋津洲"掳去。"高升"号遭"浪速"号截击。日本侵略者欲迫其投降,但是船上广大政府军官兵誓死不降。"高升"号最后被日舰击沉,大部分政府军官兵死难。

丰岛海战的同一天,日陆军4000人由大岛旅团长指挥,从汉城出发进攻牙山政府军。时聂士成率部分政府军驻守成欢,叶志超等驻守背山面江的公洲,互为犄角。聂士成部在成欢设伏重创日军,后因寡不敌众,随叶志超退往平壤。

1894年8月1日,中日两国同时正式宣战。

二、日军的野蛮进攻和中国军队的失败

中日两国宣战后,日本的战略计划是:首先在陆路击败驻朝政府军,在海路以联合舰队击败北洋舰队,夺取制海权,然后主力军队在山海关登陆,会同自辽东南下的日军与政府军进行直隶平原大决战。清朝政府的战略总方针是:"海守陆攻"。在海路,由北洋舰队集结于旅顺或威海卫,"做猛虎在山之势",使日舰"不敢轻与争锋",确保京畿门户安全。在陆路,"严饬派出各军,迅速进剿,厚集雄师,陆续进发,"将陆路战斗限制于朝鲜境内。由于卫汝贵等四支援军行动迟缓,8月上旬才陆续抵达平壤。此时,驻平壤的各路政府军计有2万余人,李鸿章命谎报战功的叶志超任诸军统帅,各军将领均不服。叶志超既不主动南攻汉城,又不择险据守平壤,而是将军队收缩于平壤城内外,坐待日军来攻,致使日军很快完成了对平壤的战略包围。

9月14日,陆军大将山县有朋指挥日军兵分四路会攻平壤,政府军与日军在城外展开激战。叶志超认为平壤"万守不住",主张弃城而逃,遭到左宝贵等的反对。15日清晨,数万名日军发起总攻,政府军奋起抵抗,城北牡丹台、玄武门一带的战斗尤为激烈。左宝贵指挥政府军"力御之,倭人死伤无数,仍猛进"。左宝贵见情形紧急,亲自登城开炮轰击日军,不幸中炮牺牲,玄武门失守。叶志超命人树起白旗,率先遁逃,狂奔500里,渡过鸭绿江,退入中国境内。

平壤战役的第二天,即9月16日,北洋舰队护送轮船招商局的"新裕"、"图南"等五艘轮船载运政府军由大连来到大东沟登陆,准备增援平壤。次日返航,将近中午时分,突遇日本联合舰队阻截。提督丁汝昌命各舰准备迎战。

日联合舰队以机动性很强的"吉野"、"浪速"、"高千穗"、"秋津洲"4舰为第一游击队,"松岛"、"千代田"等本舰队紧跟其后,成一字长蛇阵扑来。北洋舰队以主力铁甲巨舰"定远"、"镇远"居中正面迎敌,其他舰只分列于侧后翼,均以舰首临敌,力图发挥"镇远"和"定远"装甲防护性强和舰首重炮火力猛的长处。日舰队则利用其舰只航速快,速射炮多的优势,绕攻北洋舰队的侧后翼。

12时50分左右,当双方舰队相距5000米时,"定远"管带刘步蟾首先命令发主炮攻击,其他各舰亦相继开炮,但均未击中目标。双方相距3000米时,日第一游击队已绕至北洋舰队的右后翼,战斗力较差的"扬威"和"超勇"相继中敌弹起火。"超勇"很快沉没,"扬威"退出战斗后搁浅沉毁。此时,日舰本队亦与北洋舰队主力交火。

提督丁汝昌因"定远"号飞桥被震塌摔伤,但他仍裹伤坐于甲板上鼓舞士气。右翼总兵、"定远"管带刘步蟾代其指挥督战。不久,日第一游击队与日舰本队形成对北洋舰队的夹击之势。当日舰严重威胁主力舰"定远"时,"致远"管带邓世昌下令"开足机轮,驶出定远之前",迎战日舰。鏖战多时,弹药将尽,船舰受创,恰与猖獗异常的"吉野"相遇。邓世昌认为:"倭舰专恃吉野,苟沉是船,则我军可以集事",下令鼓轮怒驶,猛撞"吉野",欲与同归于尽、不幸中鱼雷沉没。全舰官兵250余人除少数获救外,其余皆壮烈殉国。"经远"号受到4艘日舰围攻,全舰官兵毫无惧色,在管带林永升指挥下"发炮以攻敌,激水以救火",在军舰被鱼雷击中即将沉没之时,官兵仍继续开炮战斗。

激战中,日旗舰"松岛"号中"镇远"舰所发巨弹,"霹雳一声,船舳倾斜了五度,"死伤日军100余人,"血流满船",日舰队司令伊东祐亨被迫改用"桥立"号为旗舰。"吉野"号受重创,几乎丧失战斗力。"西京丸"也因受重创而退出战列。下午5时许,北洋舰队的"靖远"、"来远"经抢修后重新投入战斗,泊于大东沟港内的"镇中"、"镇南"等炮艇亦来助战。伊东祐亨恐遭北洋舰队鱼雷袭击,于5时40分下令各舰撤出战斗,向东南遁去。北洋舰队稍事追击,亦收队返回旅顺。

黄海海战历时5个多小时,日舰5艘受重创,伤亡600余人。北洋舰队5艘军舰沉毁,伤亡近千人,损失略大于日方。黄海海战后,李鸿章认为北洋舰队"快船快炮太少,仅足守口,实难从令海战",更不愿"以北洋一隅之力,搏倭人全国之师",因而命令北洋海军聚泊于威海卫军港,实行所谓"保船制敌"的消极防御方针,使日本掌握了黄海制海权。

黄海海战后,日本决定首先攻占辽东半岛,然后南下直隶平原与清军决战,迫使清朝政府就范。而清廷则被迫放弃"海守陆攻"的战略方针,实行"严防渤海,以固京畿之藩篱,力保沈阳,以顾东省之根本"的全面防御方针,调集宋庆、聂士成等部政府军共计20000余人布防鸭绿江沿线,防止战火烧至中国本土。10月下旬,山县有朋指挥日第一军25000余人集结于朝鲜义州。10月24日,日军一个支队偷渡鸭绿江成功,清副都统倭恒额部惊惶败退。另一路日军则在义州附近乘夜架设浮桥,25日凌晨强渡过江。由于政府军未在纵深地区配置必要的梯队力量,防线很快被突破,九连城、安东、海城等相继失陷,日军进逼辽阳。

在日第一军偷渡鸭绿江的同一天,即10月24日,以陆军大将大山岩为司令官的第二军由14艘日舰护航,在辽东半岛的花园口登陆,搬运炮马辎重长达12天之久,驻该地的政府军竟未加阻拦。11月初,日军南犯金州。大连守将徐邦道认为,金州为大连、旅顺后路咽喉,金州若失,旅顺难守,自告奋勇率军增援金州,并请另一政府军将领赵怀业分兵前往。赵怀业声称:"我奉中堂(李鸿章)令守炮台,不与后路战事",仅派出300人前往。

11月5日,徐邦道部与日军激战于金州附近,终因寡不敌众,后援不济,退守旅顺。赵怀业不战弃守大连,大小炮120余门、炮弹246万余发及大批军用物资,全部落入敌手。11月17日,日军进攻旅顺。前敌指挥龚照玙于金州失守前乘鱼雷艇逃往天津,驻旅顺各军互不相属,公推姜桂题为临时指挥。但姜桂题"庸才无能为,诸将互观望,"只有徐邦道部奋勇迎敌,在土城子一带重创日军,但孤立无援,终至败退。

22日,旅顺失守。日军进入旅顺后,进行了惨绝人寰的大屠杀,历时四天。中国同胞遇害者达2万多人,全城幸存者仅36人。他们的脸上被刺有免杀记号,是日军留作专司掩埋尸体的。旅顺大屠杀充分暴露了日本侵略者的凶残本性。西方的报刊谴责说:"日本是披着文明的皮面带有野蛮筋骨的怪兽。日本今已摘下文明的假面具,暴露了野蛮的真面目。"

旅顺失守后,清朝政府一面派遣总理衙门大臣张荫桓、湖南巡抚邵友濂为全权大臣,赴日和谈,一面加强山海关至天津一线的防御。鉴于淮军屡屡败北,清朝政府于1894年12月起用湘军首领、两江总督刘坤一为钦差大臣,督率湘军驻防山海关内外;命原湖南巡抚吴大澂、四川提督宋庆帮办军务,分驻田庄台和营口;又调湘军旧将魏光焘、李光久等率军出关作战。山海关内外共集结了兵力60000之众,力图阻止日军入关。而部署于山东半岛沿海地区的兵力相对薄弱,仅有17000余人。

与此同时,日军则将进攻的重点转向北洋舰队基地威海卫。威海卫位于山东半岛顶端北侧,港湾南北两岸设有十余座炮台。港口有刘公岛、日岛、黄岛横列湾内,岛上还设有炮台多座,正面防御强固。

1895年1月20日,2万余名日军在25艘军舰和16艘鱼雷艇掩护下,在山东半岛荣成县成山头登陆,由陆路向西绕攻威海卫。政府军孙万龄等部未能阻止日军进攻,威海卫后防要地尽失。由是,日军得以海陆配合,用大炮轰击港内的北洋舰队。

当时北洋舰队尚有2艘铁甲舰、5艘巡洋舰、6艘炮艇、12艘鱼雷艇,仍可出海与日本舰队一搏。但是北洋舰队提督丁汝昌遵从李鸿章"保船制敌"的指示,坐困湾内不肯出战。自1月30日至2月11日,北洋舰队官兵击退了日军八次进攻,击伤日舰2艘,击沉日鱼雷艇5艘。北洋舰队"定远"号中鱼雷搁浅,"平远"、"靖远"等舰受重创,形势危急。北洋舰队内的洋员马格禄、浩威及威海卫营务处提调牛炳昶等煽动部分士兵胁迫丁汝昌投降。丁汝昌命各舰同时沉船,以免资敌,但无人执行。

2月11日,丁汝昌得到密报,知陆路援军已绝,遂召开会议,令各舰拼死突围,洋员与部分贪生怕死将领又以自动散会相抵制。丁汝昌见大势已去,当日自杀殉国。

在此之前,"定远"管带刘步蟾在命人炸沉已受重创的"定远"舰后以手枪自杀。北洋舰队内的洋员及部分将领盗用丁汝昌名义起草降书,12日由"广丙"管带程璧光乘"镇北"炮艇向日联合舰队司令伊东祐亨乞降,并签订降约11条,将"镇远"、"济远"等10艘舰艇及刘公岛上全部军用设施和物资拱手交给了日本。北洋舰队全军覆没。

1894年年底,由于日军的战略重点和主力转向山东半岛,在辽东半岛一直采取守势的政府军曾数次乘机反攻海城,力图"一举攻拔,再向南路与宋庆会合,节节扫荡",规复辽东半岛。但终未得手。1895年年初,日军既陷威海卫,遂将战略重点再度转向辽东半岛。

2月底,盘踞海城、盖平、岫岩等地的日军发动反攻。3月4日,日军分三路围攻牛庄,守将魏光焘、李光久等先后弃军而逃。广大政府军官兵在无人指挥的情况下,与日军展开激烈巷战,相持竟日,伤亡近2000人,次日牛庄失守。驻守田庄台的吴大澂闻讯大骇,星夜遁逃。驻守营口的宋庆,恐退路被日军切断,率3万大军渡过辽河,退守田庄台。3月7日,日军轻取营口。3月9日,日军分路会攻田庄台,清军溃败,宋庆率残部退至锦州附近的石山。至此,辽东半岛全部沦陷。

日军侵入辽东地区后,当地广大农民、猎户、矿工、士绅等纷纷组织团练,英勇打击日本侵略者。金州青年农民陈宝财组织起"金枪帮",在金州城东落凤沟设伏击杀日军十余人。日军占领安东、凤凰城后,东边道人民组织了十个民团,每团约一、两千人。团民纷纷助政府军作战,"同申义愤,愿做前驱","壮夫老幼,死战不降"。还有一少年,假扮为乞丐,潜入日本军营,将毒药放入水缸之中,毒死许多日军。这一少年被俘就义前慷慨陈词:

"余为国杀敌,早拼一死。所恨者,药屑犹存,未尽杀汝等耳。"这些可歌可泣的斗争事迹,充分表现出中国人民不屈服于外国侵略者的反抗精神。

三、《马关条约》的订立与三国干涉还辽

中日甲午战争爆发后,清廷始终没有勇气将战争进行到底,一直在谋求对日和谈。早在1894年9月下旬,总理衙门就曾乞请英、俄、美、德、法五国进行联合调停,结果因列强各有打算而受挫。11月,清廷又派天津海关总税务司、德国人德璀琳携李鸿章给日本首相伊藤博文的书信赴日议和。当时日军正进攻旅顺,气焰方盛,遂以其不符合交战国使者资格为由,拒绝接待。

1895年1月30日,清廷议和代表张荫桓、邵友濂等到达日本广岛。日本虽同意清朝政府遣使和谈,但并无和谈诚意,尤其是此时日军正围攻威海卫,气焰极为嚣张。2月1日,双方代表进行第一次会谈,日本首相伊藤博文、外相陆奥宗光故意无理刁难,以张、邵"全权不足"为由,拒绝谈判,并借口广岛为军事重地,将其逐往长崎。日本代表向清廷表示:如中国真正希望议和,就应派遣位高望重的人为议和代表,"爵位名望愈高,对谈判愈为有利"。明确提出:"恭亲王或李中堂者当此任务,最为适宜"。张、邵被迫于2月12日归国,清廷的和谈又一次受挫。

2月中旬,清廷鉴于威海卫失守,渤海门户洞开的严重形势,任命李鸿章为头等全权大臣,准备赴日和谈。3月上旬,辽东半岛的政府军遭到惨败,日本海陆军交乘,京畿危急。日本方面更是做出将派遣大军至京津一带进行直隶决战,攻占北京的战争姿态。清廷被迫授李鸿章以"商让土地之权",命其携儿子李经方及美国顾问科士达立即赴日议和。

3月20日,李鸿章等与伊藤博文、陆奥宗光在日本的马关(今下关)春帆楼进行谈判。谈判之初,李鸿章提出一个节略,"要求在开始媾和谈判之前,首先议定休战事项"。日本代表蛮横嚣张,提出必须由日军占领大沽、天津、山海关等的四项极为苛刻的停战条件。3月24日,李鸿章在谈判后返回寓所途中,遭到日本暴徒小山丰太郎枪击受伤,各国舆论哗然。日方担心引起列强的干涉,遂同意在中国北方停战三周,但并不放松议和谈判中的讹诈。

4月1日,日方向李鸿章提出一个要价极高的和约底稿,扬言中国若不答应这些条件,日本将派数十艘运输船载大军至中国,"这样,北京之安危,亦有不忍言者","中国全权大臣离开此地,能否再安然出入北京城门,亦不能保证"。数日后,日方提出修改案,声称这些条款"实为尽头一着,中国或允或否,务于四日内告明"。为迫使清朝政府尽快就范,日本调遣20余艘军舰故意绕经马关开赴大连,并约请英、德等国观战人员同往,制造一旦谈判破裂,将立即扩大军事行动的紧张气氛;同时进一步要挟李鸿章:"请阁下勿认为今日可侥幸得到日本允诺的媾和条件,至后日亦仍可得到允诺。"

中国迫于日本的军事压力和国力的匮乏,于1895年4月17日由李鸿章与伊藤博文等签订了屈辱的《马关条约》。条约共11款,主要内容是:

(一)承认日本对朝鲜的控制;
(二)中国割让辽东半岛、台湾、澎湖列岛给日本;
(三)赔偿日本军费白银二亿两;
(四)允许日本在中国通商口岸设立工厂,又得将各项机器任便装运进口,只交所定进口税;
(五)开放沙市、重庆、苏州、杭州为商埠。

《马关条约》是《南京条约》以来最严重的不平等条约。日本据此割占了中国大片领土,不但进

一步破坏了中国的领土完整,而且助长了列强侵略中国的野心,引发了列强企图瓜分中国的狂潮。

条约规定的对日巨额赔款及利息,几乎相当于清廷3年财政收入的总和。这不但进一步加重了中国人民的负担,而且迫使清廷向外国大借附加有苛刻条件的外债,使列强得以进一步从政治上和财政上加强了对清廷的控制。与此同时,日本利用从中国掠夺的这一巨额赔款,大力发展资本主义及军事工业,使其迅速发展成为帝国主义强国,成为侵略中国的最主要国家。

条约允许日本在华投资设厂,适应了列强对华资本输出的迫切需要。英、美、俄、德等国纷纷援引"利益均沾"的片面最惠国条款,争先恐后来华投资设厂。外国资本不但掠夺中国廉价的原料和劳动力,榨取高额利润,而且利用关税特权,严重地排挤和摧残着中国的民族工业,阻碍着中国资本主义的发展。

《马关条约》签订后的第六天,即4月23日,俄、德、法三国驻日公使分别照会日本外务省,以《马关条约》某些条款"有害于中国首都安全和将来远东的永久和平"为口实,要求日本放弃对辽东半岛的占领,并限15日内答复,否则三国海军将有所行动。与此同时,三国军舰游弋于日本海面,俄军6万余人集结海参崴,向日本施加压力。

俄、德、法三国出面干涉还辽,并不是它们突然变得对中国友善、同情起来,而是它们出于各自利益需要,为争夺中国而与日本发生的一次正面冲突。俄国在割占中国黑龙江以北、乌苏里江以东大片领土后,一直觊觎着中国的东北地区。

中日战争期间,沙皇曾四次召开御前会议,研究中日战争形势及对策。沙俄的基本态度是"假使日本的要求相当温和,我们应采取以前的不干涉政策;假使其要求触犯我们的重要利益,则我们不能置之不理。"

1895年4月上旬,俄国已获悉了日本的议和条件,财政大臣维特在4月11日的第四次御前会议上提出:俄国决"不能容许日本占领南满,如果有战争的必要,我们就坚决行动","因为迟早我们一定会与日人发生冲突"。俄国若因干涉还辽而与日本发生战争,"我们就成为中国的救星",清廷就"会同意用和平方式修改我们的国界"。沙俄出于日后自己割占中国东北领土和向清廷索取政治、经济等特权的双重目的,于4月17日《马关条约》签订的当天,便正式邀请德、法两国政府进行联合干涉。

德国是后起的帝国主义国家,迫切希望在中国扩张势力。德国政府认为,参加干涉还辽可一箭双雕:一方面可从心怀感激的清朝政府那里割占一个侵略基地,另一方面又可借此将俄国的兵力和注意力引向东方,以减轻俄法同盟在欧洲对它的压力,使自己在争霸欧洲的角逐中处于有利地位。

法国为对付德国,长期与俄国结盟。参加俄国提出的联合干涉,既是巩固俄法同盟的需要,又可借此示惠于中国,从清朝政府那里索取新的利权。日本对三国干涉还辽一事颇感震惊。长达九个月的甲午战争,已使日本军队疲惫不堪,财政和军用物资极端乏匮,"不仅对三国联合的海军无法应付,即单独对抗俄国舰队亦无把握"。日本政府曾力图争取美、英等国进行反干涉。但美、英两国均不愿为此而与俄、德、法三国发生正面冲突,因而表示采取中立立场。

日本争取其他国家反干涉的外交努力失败后,采取了"对于俄、德、法三国虽全然让步,但对中国一步不让"的基本方针。一方面向三国政府声明:"日本帝国政府根据俄、德、法三国政府之友谊忠告,约定抛弃辽东半岛之永久领有,"另一方面压迫清朝政府必须批准并如期交换《马关条约》,以维护其既得利益。

俄、德、法三国见各自的目的已经达到,遂共同向清朝政府施加外交压力,警告清朝政府:"换约一事,决不许有所迁延。"5月8日中日两国代表在烟台交换了《马关条约》的批准书。

日本虽声明放弃对辽东半岛的占领,但却于7月19日向三国提出由清廷偿付库平银五千万两作为"赎辽费"的要求。俄国为加强对清廷的影响,竭力表示办事"公正",主张减半。经过多次磋商,"赎辽费"定为三千万两。11月8日,李鸿章与日本代表林董在北京正式签订《中日辽南条约》,又叫《交还奉天省南边地方中日条约》,条约规定:日本交还辽东半岛;清廷偿付日本库平银三千万两作为"酬报";交款后三个月内日本从辽东撤兵。

四、台湾军民的反侵略抗日斗争

《马关条约》签订的消息传来,举国哗然,各阶层人民纷纷表示抗议。当时正在北京应试的各省举人一千多人集会,联名上书光绪帝,坚决反对割地议和,要求迁都抗战。台湾省举人汪春元等上书都察院,抗议清廷"弃地畀仇",表示台湾人民"与其生为降虏,不如死为义民"。许多爱国士人也纷纷赋诗作文,以抒发满腔的悲愤之情。邹增祜在《闻和议定约感赋》中愤怒鞭挞清朝统治者的卖国行径:"圣主终神武,其如国贼何?元戎甘割地,上将竟投戈。漏瓮焦难活,诒台债愈多,向来无一策,富贵只和谈。"上海《申报》更发出了"我君可欺,而我民不可欺;我君可玩,而我民不可玩"的强烈呼声。

割台噩耗传到台湾后,台湾人民更是痛心疾首,"若午夜暴闻轰雷,惊骇无人色,奔走相告,聚哭于市中"。彰化县绅民在县署门前张贴檄文,怒斥李鸿章等人无耻卖国,指出:"我台民之父母、妻子、田庐、坟墓、生理、家产、身家性命,非丧于倭奴之手,实丧于贼臣李鸿章、孙毓汶、徐用仪之手也"。要求对卖国贼,"人人得而诛之"。台北人民鸣锣罢市,集会抗议清朝政府割台,宣布台湾饷银不得运出,制造局不准停工,各种税收全部留作

抗日之用,发布檄文,宣言"愿人人战死而失台,决不愿拱手而让台",表达了台湾人民誓与台湾共存亡的坚强决心。

办理交割台湾事务的李经方不敢踏上台湾土地,在美国顾问科士达陪同下,于6月2日在泊于基隆海面的日本军舰上,向日本"台湾总督"桦山资纪出具了割让台湾及澎湖列岛的清单。台湾和澎湖列岛人民就这样被清朝政府出卖给了日本侵略者。台湾军民英勇悲壮的反割台斗争,也由此轰轰烈烈地展开了。

1895年5月底,侵台日军分两路在台湾北部登陆,不久攻占台北。台湾巡抚唐景崧附英轮逃往厦门。台湾人民和留台政府军推黑旗军首领、帮办台湾军务的刘永福为领袖,组织各方面力量继续抗日。台湾爱国志士徐骧、吴汤兴、姜绍祖等在家乡组织起义军,积极配合政府军抵御日军。

6月中旬,日军兵分两路自台北南犯新竹。政府军副将杨紫云与徐骧等部义军分路迎战。激战旬日,后因军械粮饷不济,新竹失守。7月10日,各路义军配合政府军反攻新竹。因有汉奸告密,日军预设埋伏,义军伤亡很大。姜绍祖被俘牺牲,徐骧等退守苗栗。8月中旬,日军进犯苗栗,杨紫云所部政府军与徐骧所部义军冒着猛烈炮火与敌军奋战,杨紫云不幸中炮牺牲,苗栗失陷。

8月下旬,日军涉水渡大甲溪,准备进攻台中。日军刚一登岸,即遭吴彭年所率黑旗军伏兵的突袭。日军大乱,仓皇渡河北退。但刚渡一半,徐骧所部北岸伏兵又突起奋勇截击,日军死伤惨重。后因日军收买汉奸引路偷袭,黑旗军及义军仓促应战失利,大甲溪一线陷于敌手,台中也告失守,吴

彭年、徐骧等退守彰化。

8月底,黑旗军和义军在大肚溪、八卦山迎击来犯日军精锐近卫师团。双方激战一天,白刃相接,日军被歼一千余人。但吴彭年、吴汤兴等义军将领也壮烈牺牲,徐骧率部且战且退,彰化、云林等地相继失守。

为阻止日军继续南侵,刘永福命部将王德标率军驻防嘉义,命杨泗洪率军反攻彰化。黑旗军在简精华、林义成等部义军的协攻下,收复了云林。日军败退彰化,龟缩城内待援。由于清朝政府封锁海口,严禁大陆人民支援台湾,黑旗军及义军的兵力、财力、物力,特别是武器弹药严重缺乏,多次猛攻彰化不下。

10月上旬,日本从辽东调集两个师团,在"台湾副总督"高岛丙之助指挥下分三路大举进犯:一路在嘉义西部登陆;一路自彰化出动,全力反扑,企图内外夹击黑旗军及义军主力;一路在台湾南部登陆,北攻台南。黑旗军及义军英勇阻击,重伤日第一旅团长、陆军少将山根信成,使之不久毙命,但苗栗、云林再度失守。10月11日,日军进攻嘉义,王德标、徐骧等率部在城外布设地雷,诱敌深入,炸死日军七百余人,日近卫师团长、陆军中将北白川能久亲王也受伤毙命。日军残部在溃逃途中,又遭伏兵袭击,伤亡惨重。翌日,日军在猛烈炮火掩护下全力反扑,嘉义失守。徐骧在曾文溪阻击日军时,不幸中炮牺牲。

10月18日,日军三面包围台南。刘永福鉴于台湾各战略要地尽失,抗日义军首领相继牺牲,粮饷弹药无以为继的困难局面,乘英轮退至厦门。10月21日,台南失守,台湾全部沦陷。

台湾军民在内乏粮饷,外无援兵的极端困难情形下,抗击以近代化武器装备的日本三个陆军师团和一个海军舰队,长达5个月之久,大小百余战,打死打伤日军22000人,给日本侵略者以沉重的打击。同时,他们崇高的爱国主义精神和辉煌的战绩,鼓舞着台湾人民继续战斗。1895年11月,日本宣告台湾"略定",但实际上在其后日本残暴统治的50年里,台湾人民为回归祖国,从未停止过抗日斗争。

第十六章
戊戌变法与义和团运动

自 1894 年中日甲午战争开始,中国面临瓜分危机以来,直到 1900 年义和团反瓜分的爱国主义运动全面爆发的这段时期的国际形势和国内状况,简单地说起来,我们可以把它们概括为帝国主义列强准备瓜分中国的时期,或者说是他们力图把中国由半殖民地半封建社会变成他们的殖民地的时期。这同时也是中国人民反瓜分的救亡图存时期,所谓"举世的风暴中心已经转移到了中国"就是指这段时期来说的。这段时期,从帝国主义列强掠夺中国来说,是他们对华掠夺时期。西方的掠夺促使了中国的民族自强意识,戊戌变法开始改革政治体制,失败后,民众面对政府羸弱无力抵抗的局面,展开了扶清灭洋的义和团爱国运动。

第一节 列强瓜分中国

1895 年中日战争之后,以"三国干涉还辽"为契机,列强掀起瓜分中国的狂潮。当时俄、德、法三国自恃"干涉还辽"有"功",争相要求清朝政府给予"回报",而它们得到的每一个"回报",又成为英国、美国、日本要求给予"补偿"的借口。于是列强为控制和瓜分中国展开激烈角逐。它们竞相向清朝政府兜揽政治性贷款,攫取筑路权、开矿权;它们强租土地,长期占领,并且实行殖民统治;它们划分势力范围,企图瓜分中国。中华民族陷入空前严重的民族危机之中。

一、列强对中国经济的瓜分和控制

1. 列强对中国的金融控制

中日甲午战争后,列强侵略中国的手段与战前相比有许多变化,其中之一是一向并不显眼的资本输出一下子变得十分引人注目。当时清朝政府急需外国的贷款和资金,需要外商对中国投资。

(1) 俄法借款。甲午战争后,根据中日《马关条约》和《辽南条约》的规定,清朝政府必须向日本赔偿军费 2 亿两和"赎辽费"3000 万两库平银,分三期付清,第一期付 8000 万两。当时日本的全年收入不到 8000 万两,无力偿付赔款,无奈,只好举借外债来还债。这正是列强所希望的。通过借款,债权国不仅可以获得经济上的好处,牟取高额利润,而且可以攫取政治权益。因此,英、俄、法、德等国都想承揽第一期借款。经过一番激烈争夺,俄法组成的银行团获得了贷款权。1895 年 7 月 6 日清朝政府代表许景澄和俄法银行团代表在彼得堡签订《四厘借款合同》。《合同》规定:借款总额为 4 亿法郎(合库平银 9900 万两),年息 4 厘,94.125% 折扣,36 年还清,用中国海关收入作担保。

（2）英德借款。清朝政府为偿付第二期对日赔款，于1896年3月与英国的汇丰银行和德国的德华银行签订《英德借款详细章程》。《章程》规定：借款总额为1600万镑（约合9760万两），年息5厘，94%折扣，36年还清，用中国海关收入作担保。

（3）英德续借款。清朝政府两次借债还款后，还欠日本7000多万两，为此，又筹借第三期外债。1898年3月，清朝政府与汇丰、德华两银行签订《英德续借款合同》。《合同》规定：借款总额为1600万镑（约合11270万两），年息4.5厘，83%折扣，45年还清，以海关收入和苏州、淞沪、九江、浙江东部等地的厘金以及宜昌、鄂岸的盐厘作担保。

以上是清廷在1895～1898年为偿付对日赔款而举借的三次外债，这三次外债与甲午战争前举借的外债有重要的不同。甲午战争前30年借外债25次，多由地方政府向外国银行举借，数目不大，合计4100多万两，债期也短，偿付本息并不困难，全部借款在战前已经还清。而战后4年间的3次大借款（另外还有4次借款）数额巨大，共合库平银30900多万两，除去外国银行回扣，清廷实得26200多万两，几乎都用于对日赔款。这笔外债使清朝政府须每年偿付本息2000多万两，这相当于一年的关税收入。

清廷的财政因此更加困难，不得不继续大量举借外债。结果，中国在金融和经济上更加依赖列强。而且在这些借款合同和有关议定书中还附加许多政治性条件，其中特别重要的是：第一，在英德两次借款合同中都规定在还款期间，中国海关管理办法不变，即继续由英国人主管。第二，借款除以海关税收担保外，还规定以某些地区的厘金和盐厘作担保，并且由掌管海关税务司的英国人赫德派人代收，这就扩大了赫德的权力，使他能够更直接地干涉中国财政。借款合同中附加的这些政治性条件，说明这些借款不是一般性借款，而是政治性借款。列强企图通过这种政治性借款对中国进行"和平吞并"。

2. 列强在中国攫取路权

列强对华资本输出的另一种方式是投资铁路、矿务，攫取筑路和开矿的权力。最先在中国抢得铁路修筑权的是法国。法国在19世纪90年代已在东南亚地区建立起殖民统治，号称"印度支那帝国"，它以这个"帝国"为根据，企图进一步向中国南部和西南部扩张。1895年6月，法国以"干涉还辽"有"功"，逼迫清朝政府签订《续议商务专条附章》和《续议界务专条附章》，对中法在1886和1887年议定的商约和界约作了有利于法国的修订。在《续议商务专条附章》中有关于修筑铁路的规定，允许法国在与中国协商后，把它在越南修筑的或计划修筑的铁路"接至中国界内"。从此，法国逐步取得在云南的筑路权。

与法国遥相呼应，俄国在中国东北也获得了筑路权。

90年代初，俄国开始修筑西起莫斯科东至符拉迪沃斯托克（海参崴）的西伯利亚大铁路。按计划，这条铁路的赤塔以东一段沿石勒喀河和黑龙江北岸修筑，但是这一带山高泽多，地形复杂，筑路条件极为困难，因此决定借道中国东北修筑，这样不仅地形有利，而且可以缩短铁路长度1000多俄里。除此以外，这条铁路还将有利于俄国控制中国东北地区。

1896年5月，沙皇尼古拉二世将举行加冕典礼，俄国政府想利用这个机会就借地修路等问题和清朝政府秘密举行高级会谈，它指名要清朝政府派李鸿章担任祝贺专使，前往彼得堡。清廷也欣然同意，因为它也想利用这个机会进一步加强和俄国的关系。原来，甲午战争后，清廷中已形成亲俄势力，这主要是因为俄国带头参加干涉还辽，赢得了清朝政府的好感。

4月末,李鸿章到达彼得堡,受到国家元首规格的欢迎。在沙皇及其大臣的威胁和利诱下,李鸿章于6月和俄国签订了《御敌互相助援条约》,又称《中俄密约》。其主要内容是:(1)如果日本侵略俄国、中国,中俄两国陆军则互相支援,彼此接济军火和粮食。(2)战时俄国军舰可以驶入中国任何港口。(3)中国允许俄国西伯利亚铁路穿越黑龙江、吉林两省,无论战时或平时,俄国都可以在这条铁路上运送兵员、军械和粮食。《中俄密约》使俄国不费一枪一弹,就在事实上把中国东北变成了它的势力范围。《条约》中虽然有中俄两国"御敌互相助援"的条款,但那不过是一纸空头支票。后来的历史证明,俄国没有给清廷任何援助,相反,它在"共同御敌"的幌子下,猎取在中国境内的筑路权和开矿权,并加强对中国的军事威胁。按照《中俄密约》的规定,在中国境内修筑的铁路即中东铁路(又称东省铁路)交由俄国的华俄道胜银行承办经理。为此,清朝政府和华俄道胜银行于1896年9月签订了《合办东省铁路公司章程》。华俄道胜银行是由俄国政府控制的,因此俄国事实上掌管了中东铁路。

甲午战争后,列强在华争夺铁路修筑权的斗争主要集中于三大铁路干线,即芦汉(从卢沟桥至汉口)、津镇(从天津至镇江)、粤汉(从汉口至广州)三条贯通南北的铁路上。它们的争夺在1898和1899年间达到白热化程度。结果,有俄国和法国资本的比利时银行团于1898年6月获得了芦汉铁路修筑权。英国和德国于1899年5月获得了津镇铁路修筑权。美国于1898年4月获得了粤汉铁路修筑权。

据统计,到1898年11月,列强在华共夺得6420英里铁路投资权,其中英国夺得2800英里,俄国1530英里,德国720英里,比利时650英里,法国420英里,美国300英里。夺取在华铁路修筑权,给列强带来了巨大的经济利益。铁路借款为剩余资本找到了获取高额利润的机会。而且,更为重要的是,谁掌握了筑路权,谁就控制了铁路和铁路沿线的广阔地区,它的政治势力和影响也就到达那里。因此,争夺筑路权的斗争和划分势力范围的斗争是紧密联系、互为因果的。也正因为这样,中国近代的铁路分布并不取决于中国自己发展经济的需要,而取决于列强在华划分势力范围的需要。

3. 列强在中国抢夺矿权

最先在中国取得采矿权的也是法国。法国通过在1896年签订的《续议商务专条附章》,取得了在云南、广西、广东的采矿权。1899年法国又取得了四川的采矿权。英国在1898~1899两年间取得了在山西、河南、直隶(今河北)、四川等省的采矿权。德国则包揽了山东的采矿权。俄国通过修筑中东铁路和南满支线,掠得铁路沿线的矿产资源。

4. 列强在中国强占租借地和划分势力范围

如果说金融控制和争夺路权、矿权是"和平吞并",那么强占租借地就是赤裸裸的瓜分和直接的殖民统治。从1897年年底,列强在华掀起割地狂潮,它的起点是德国强占胶州湾。1897年冬天,德国以在山东巨野教案中有两名德国传教士被杀为借口,派遣远东舰队驶往胶州湾,占领沿岸各地,并于1898年3月6日逼迫清朝政府签订《胶澳租界条约》,强行租借胶州湾和湾内各岛,租期99年。紧随德国之后,俄国于3月27日逼迫清朝政府签订《旅大租地条约》,5月7日又签订《续订旅大租地条约》,强行租借旅顺、大连及附近水面,租期25年。

就在中俄签订《旅大租地条约》的第二天,英国驻华公使窦讷乐向总理衙门提出租借威海卫的要求,并于7月1日逼迫清朝政府签订《订租威海卫专条》,强行租借威海卫及附近水面,租期与俄国租借旅顺的期限相同。1898年6月9日,英国又逼迫清朝政府签订《展拓香港界址专条》,强行租借九龙半岛上后来被称作"新界"的地面和附近海湾,租期99年。法国则于1898年4月逼迫清朝政府同意它租借广州湾,并于1899年11月16日正式签订《广州湾租界条约》,规定租期99年。

从1898年3~6月,不到一百天的时间里,德、俄、英、法四国就攫取了中国从北到南五处重要海湾港口——旅大、威海卫、胶州、九龙、广州湾,建立租借地。在有关条约中,虽然规定租借地"自主之权,仍全归中国",但同时又规定,租借期内,中国不得治理,由租借国治理,这就在事实上把主权出卖给列强,而且列强不付分文租金。所谓租借地就是列强割据中国领土进行直接统治的殖民地,是列强确立、保持、强化在华势力范围的军事基地和进行政治、经济、文化侵略的据点。

通过资本输出、抢夺路权矿权、强占租界港湾等方式和手段,帝国主义各国在中国的不同地区取得了经济、政治乃至军事地位的优势,为了确保和扩大优势,各国或者迫使清朝政府发表声明,保证不把它们已取得优势的地区出让给其他国家,或者彼此间达成协议(有时只是一种默契),承认对方在中国某一地区具有特殊利益,这就是所谓划分势力范围。

从1897年3月法国强迫清朝政府向它保证把海南岛给它"作为停船趸煤之所"而永远不让与任何他国,到1898年4月日本迫使清朝政府发表声明保证不割让福建,在一年多时间里,列强已基本划出各自在华的势力范围。大体上,俄国的势力范围在长城以北,德国在山东,英国在长江流域和云南、广东两省的一部分,日本在福建,法国在广西和云南、广东两省邻近越南的地区。

二、美国的对华"门户开放"政策

当列强争相在中国强占租界港湾、划分势力范围的时候,美国正忙于和西班牙争夺菲律宾,一时顾不上参加瓜分中国,但是它对自己的在华利益十分关注,并且怀着和其他列强同样的侵略野心。

19世纪90年代,美国的经济获得更大发展,工业总产值已跃居世界领先地位,号称"世界工厂"的英国也落在它的后面。生产的发展,产品的增加,资本的积累,使美国资产阶级急迫要求在海外开拓商品市场和投资场所。而土地辽阔、人口众多、资源丰富的中国则被美国工商界看作是一个"不可估量的"、"最大的世界市场"。但是在美西战争之后,列强在华的势力范围已经大体划定,重要和富庶地区都被分割占有,美国已很难插足,它无论要划出一片势力范围,还是要抢夺一个海港,都必然要和其他列强发生尖锐冲突。美国的军事力量还不能同其他列强相比,因此美国政府不能凭借武力去要求重新划分势力范围。而且,更重要的是,美国工商界也不欢迎划分势力范围,它有更大的野心,它要拥有整个中国市场。由于以上两方面原因,美国没有在华强租海港和划分势力范围,而是宣布"门户开放政策"。

1899年9月24日,美国国务卿海约翰训令驻英、德、俄、法、日、意六国公使,向各驻在国政府递交一项照会,要求各国同意在华实行美国提出的门户开放政策。这一政策的要点如下:

1.各国对于他国在中国所取得的任何"利益范围"或租借地内的任何条约口岸,或任何既得利益,不得干涉。2.中国现行的约定关税率,对于运往"利益范围"内一切口岸的所有货物,无论属于何国,均应适用,其税款概由清朝政府征收。3.各国在其"利益范围"内的任何口岸,对其他国家入港船舶所征收的入港费,不得高于对本国船舶所征收的入港费。在各自"范围"内修筑、管理或经营的铁路,对其他国家运输的货物所征收的费用应与对本国运输同样的货物所征收的费用相等。

上述三项原则有两个基本要点:第一、承认列强在华已划定的"利益范围"中的特殊利益和各项既得利权。第二、保证各国在"利益范围"中得到"平等待遇"即"自由贸易"。

除此以外,在门户开放政策中还有一项重要内容,就是要求"各列强在北京采取一致行动,以赞助为巩固清朝政府及维持中国完整所急需之行政改革"。这里提到"巩固清朝政府"和"维持中国完整",很有迷惑性,似乎美国在要求其他列强捍卫中国的独立自主和领土完整,其实不然,因为列强强占租界,划分势力范围,已使中国在事实上失去了主权和完整,而只在形式上保持主权和完整。美国既表示尊重列强的上述行径,它所谓"维持中国完整",当然只是维护中国在形式上的完整,而不是真正的完整。而且,即使保持形式上的完整,也不是出于美国政治家所说的对中国的友好,而是出于不得已的客观形势。在当时,无论美国或其他列强,谁也没有力量独占中国,而如果把中国分割成一块块殖民地,不仅会引起列强间你死我活地争夺,而且会进一步激起中国人民的反抗斗争乃至革命,这显然不利于列强在华的根本利益,因此必须维护中国在形式上的完整,以缓和列强间的争夺和消弭中国人民的反抗,在实际上由列强在中国建立"国际共管体系",使中国成为共享的殖民地。

由于门户开放政策既承认列强在华的既得利益,又利于它们在华进一步扩张,因此得到列强不同程度的赞同。

第二节 维新派救国的新取向

在甲午战争后,从1895年至1898年,中国社会出现了一股强劲的变法思潮,并形成变法运动,又称维新运动。这个运动是由中国近代新兴知识分子发动的,这是一场试图通过改革政治体制实现国家自强的运动。

一、维新运动的社会基础

中国近代民族工业产生于19世纪70年代,在甲午战前,它的发展很缓慢。据统计,在战前20多年间,商办的近代工厂企业(不包括采矿业)共53家,资本总额约为470万元。战后,由于《马关条约》允许日本人在华设厂投资,而其他列强也援引最惠国条款,纷纷效尤,清朝政府也就不得不改变以往限制民间商办企业的方针,而采取鼓励政策。于是中国民族工业得到初步发展。从1895至1898年的4年间,新增加的商办企业,其资本在万元以上的约有62家,资本总额约为1247万元。

战后,民族工业虽然有了初步发展,但是由于它受到帝国主义的压迫,仍然步履艰难。

早在鸦片战争之后,外国资本就开始在中国设立工厂,到1894年,大约有80多家,其中多属船舶修造厂和原料加工厂。甲午战争后,从1895~1900年,外国资本在华设厂总数激增到933家,其中有些是资本雄厚的轻工业工厂,集中在纺织、烟草和粮食加工业。这些工厂利用中国廉价原料和劳动力,成本低廉,产品极有竞争力,沉重打击了中国民族工业。战后外国对华商品输出大幅度增长,1895至1900年,每年平均进口总值达2亿多万海关两。外国商品只需缴纳很低的进口税和子口税,不需像土货那样"逢卡纳税,过卡抽厘",销售价格低于土货,从而严重排挤了土货。

甲午战争后,清朝政府对民族工业采取了鼓励政策,促进了民族工业的发展,也促进了中国资本主义的初步形成。随着它的发展,民族资产阶层作为一种社会政治力量也开始走上政治舞台。它不满意帝国主义和官僚势力的压迫,要求参与政权以保护自己的利益,并渴望通过独立发展资本主义以解救严重的民族危机。但是,主要由官僚、地主、商人、买办转化来的新生民族资产阶级,以及中国的社会现状,决定了它必须选择改良主义这一温和的政治变革的范式,避免暴力革命和社会动荡给经济秩序和社会秩序带来巨大破坏。康有为为首的维新派知识分子是这个时代要求改革的政治代表。

二、康有为的早期变法活动

维新派的领袖康有为(1858~1927年),字广厦,号长素,出生于广东南海县一个官员地主家庭。他从小受到严格的儒家传统教育,具有优秀的儒家道德品质和节操。19岁时在广州师从著名理学家朱次琦,受到经世思想的影响。他也钻研过佛学和陆九渊、王阳明一派的"心学"。从1879年起,先后到上海、香港游览和考察,目睹了西方文明——所谓"宫室之瑰丽,道路之整洁,巡捕之严密",从而产生学习西方的愿望。于是,他大量购买西学书籍,悉心研读。他尤其注意研究日本明治维新以后的历史,搜集了不少日本书籍,了解日新月异的日本政治。

康有为在1886年前后写了一批学术著作,其中《康子内外篇》阐述了他的哲学观点,《民功篇》表达了他的变法主张。在《民功篇》中,他着重探讨了华夏文明的起源和演变,强调"民功"即物质生产和技术的重要性,并主张仿效黄帝、尧、舜,实行变法。他具体指出:黄帝、尧、舜的时代是中国历史上最隆盛时期,以后道德逐步衰退,其原因是:尧舜传贤不传子,后世传子不传贤;尧舜重视"民功"即重视物质生产和技术,后世不重视"民功";尧舜能变政以利民,后世不敢变祖宗之法。这里,康有为委婉地表达了他所代表的开明士子要求参政的愿望以及对于发展科学技术和物质生产的关心,他的变法思想初步形成。

这种初步形成的变法思想在他首次向皇帝上书中有了更明确的表达。

1888年,他到北京参加顺天乡试,乘时向光绪皇帝上书,建议"变成法,通下情,慎左右",并陈述了变法图强的必要性和紧迫性。这道上书,受到保守派的阻挠,未能递上,但在社会上有所流传,产生了一定影响。当时康有为在给他弟弟康广仁的一封信中,通报政府消息说:"中朝有意明年亲政。"

这是说光绪皇帝将于1889年(光绪十五年)亲政。这个消息使京中某些政治力量活跃起来。康有为就曾代御史屠仁守起草两道奏折《请醇亲王归政折》和《门灾告警请行实政而答天戒折》,前者请解去醇亲王奕譞的"海军及一切差使",以免他在光绪亲政时干政,后者建议光绪皇帝"求直谅极谏之人,推深通治术之士,开怀收纳"。光绪皇帝的师傅翁同龢等也很活跃。康有为在信中说他和翁同龢、尚书潘祖荫、御史屠仁守等的关系极好,他如果有危难,他们"必相救"。他的上书活动得到了翁、潘、屠以及编修黄绍箕、刑部主事沈曾植、左都御史祁世长等的支持。

这些事实表明,在光绪亲政前夕,帝党分子正在集结,希望在光绪亲政时能够有所更张,而有维新思想的士子康有为等也在向帝党靠拢。康有为的上书便是双方结合的产物。这种结合为甲午战争后双方共同掀起变法运动打下了初步基础。

康有为首次上书的失败,使他深受刺激,他决心创立一种"不复能拘常守旧"的新理论,以推动变法。1889 年,他在广州会见了著名今文经学家廖平,受其影响,从尊尚古文经学转向尊尚今文经学。此后,他把今文经说和西方社会政治学说结合起来,为变法制造理论根据。

从 1890 起,康有为在广州万木草堂收徒讲学,他讲课的主要内容是"大发求仁之义,而讲中外之故,救中国之法"。这就是要宣传他的变法理论,为变法培养人才。

在讲学的同时,他还在弟子陈千秋、梁启超等的协助下,编写了两部重要著作——《新学伪经考》和《孔子改制考》。

《新学伪经考》于 1891 年刊行,它的主要内容是说:儒家的经典"六经"是孔子编著的,是今文经。东汉以后流传的所谓古文经都是刘歆伪造的,其目的是为了帮助王莽篡夺汉朝政权。东汉以后出现的种种封建恶政都是因为尊尚古文经造成的。

《孔子改制考》于 1897 年刊行,它的主要内容是说:孔子假托尧、舜、文、武而寄托他自己的社会理想,宣传他自己的政治主张,因此他是一个"改制圣王"。

《伪经考》和《改制考》是姊妹篇,前者破旧,后者立新。前者否定了王莽新朝以来的儒家经典的真实可靠性,从而动摇了占统治地位的意识形态;后者树立了一个"托古改制"的孔子形象,为变法拉起一面作掩护的大旗。

在《伪经考》、《改制考》等著作中,康有为初步利用社会进化史观发展中国儒学,主要是发展出儒家的"三世说",从而论证社会改良是历史的必然。

所谓"三世说",原出自古代儒家今文经学派的经典《春秋公羊传》,其内容很简单,就是主观地把人类社会划分为依次发展的"据乱世"、"升平世"、"太平世"三个阶段。康有为认为三世说"为孔子非常大义",需要重新详加阐发。他说:"乱世者,文教未明也;升平者,渐有文教,小康也;太平者,大同之世,远近大小如一,文教全备也。"又说:"《春秋》始于据乱,立君主;中至升平,为立宪,君民共主;终至太平,为民主。"这里,康有为对人类社会的发展过程实际上作了如下表述:人类最初生活在据乱世,那时尚无文明,与之相适应的政体是君主专制;以后进入升平世,文明有了发展,与之相适应的政体是君主立宪;最后进入太平世,文明高度发展,与之相适应的政体是民主共和制。康有为还特别强调"三世"是由乱而治、愈演愈进的发展过程,既不能停滞不前,又不能超越。他指出:据乱世、升平世、太平世"特施行有序,始于粗粝而后至精华"。

很显然,康有为的"三世说"已完全不同于《公羊传》的"三世说",他赋予古老、简单、抽象的"三世说"以崭新、丰富、具体的内容,借以说明君主官僚政治制度到资产阶级知识分子得以参政的君主立宪制度、再到资产阶级取得全面统治的民主共和制度的历史发展方向。这样,康有为就为中国的维新运动建立起一套比较系统的社会发展史观,只是需要像日本那样保持儒家传统文化思想。这个理论的实质就是要逐步的、渐进的改良中国政治,而不是以暴力方式以牺牲社会经济发展和破坏社会秩序和破坏社会文明的代价去"超越社会制度",在逐步改革中去实现中国的民主资本主义,它反映了 19 世纪末 20 世纪初中国社会发展的基本趋势。这一思想得到了当时新兴知识界的普遍赞同。

三、维新运动的开展

1895 年 4 月,康有为和梁启超在北京参加会试期间,传来日本逼迫中国签订《马关条约》的消息,群情激愤,帝党官员文廷式等和参加会试的举人们纷纷上书,要求拒签和约。康有为也联络举人们在达智桥松筠庵集会,讨论上书请愿,会后由康有为起草《万言书》(即《上清帝第二书》),提出拒签和约、迁都抗战、变法图强三项建议,并详细论述富国、养民、教民等变法图强的具体措施;又建议每10万户推举一名"议郎",供皇帝咨询,并负责讨论内外兴革大政,"三占从二,下部施行",这项建议明显是仿行西方的议会制度。

《万言书》征集到1300多(一说600多)举人签名,准备递交都察院代奏。力主议和签约的军机大臣孙毓汶闻知后,立刻派人到举人居住的各会馆进行威胁、阻挠,一些举人害怕了,退出上书,结果《万言书》未能递交都察院,但已在社会上广为传抄。

康有为发动举人上书事件,史称"公车上书",它是从19世纪70年代出现的维新改革思潮发展为政治运动的起点,是中国近代知识分子第一次作为一种社会政治力量表现出的群众性爱国行动,参加者均是举人,是当时政府官员的第二、第三梯队,是国家未来的社会栋梁,因此对社会的震动和影响很大。

"公车上书"后不久,康有为考中进士,授为工部主事,但他不去就职,仍然致力于变法活动。5月和6月,他接连上了《第三书》和《第四书》,明确主张学习西方"设议院以通下情"。《第三书》递到光绪皇帝手中,深得光绪嘉许。

康有为的上书活动引起了帝党的注意,光绪皇帝的师傅翁同龢(时任户部尚书、军机大臣)曾亲自去会见他,并多次和他通信,商讨变法事宜。帝党试图利用维新派的力量,通过变法从后党手中夺取权力,以便推行新政,改革除弊,以实现富国强兵的政治愿望,维新派与帝党的政治目标一致,于是共同推进变法。

从1895年夏至1898年春,维新派积极创办报刊,组织学会,开办学堂,为变法制造舆论,培养人才。

1895年7月,康有为在北京创办《中外纪闻》(初名《万国公报》),由梁启超和麦孟华等编辑和撰稿,宣传西学,鼓吹变法。8月,在康有为、梁启超的奔走推动下,由文廷式出面组织强学会。这是一个政治性社会团体。每十天集会一次,每次都有人讲演"中国自强之学"。参加学会的,除维新派、帝党以外,还有一些开明人士,以及洋务派、传教士等。张之洞、袁世凯、徐世昌等都列名参加,并出资赞助。李鸿章也想参加,但因代表国家不平等签订条约的原因,民怨集中到他的身上,结果被康有为拒绝。这是改良派的一大失误,在自己弱小的情况下,忘记了团结一切可以团结的力量,李鸿章是政府重臣,如果有他的支持,依仗他的政治才能、外交才能和在政府中的影响力,以及和强国之间的关系,利用强国给政府施加一定压力,那么改革派与保守派的力量对比会大不一样,改革有可能比较顺利的进行下去,抵抗住保守派的反击。李鸿章是洋务运动发展经济改革的主将和重臣,参与政治体制改革一旦成功,中国就会避免长达半个多世纪的内战和军阀割据,也就避免了日本全面占领中国差点亡国的命运,避免了中国经济全面遭到破坏和倒退的长期内战,走上了日本式的强国之路。这一失误,使中国停止发展了上百年。直到邓小平重新改革开放,搞"新洋务运动"(邓小平语),又接着一百年前李鸿章的路子重新开始。

11月,康有为南下,在湖广总督张之洞的支持下,赴上海创办上海强学分会,出版《强学报》。

维新派和帝党的变法活动遭到保守派的反对。御史杨崇伊奏劾强学会结党营私、贩卖西学书籍、刊印《中外纪闻》、勒索外省大员。强学会和《中外纪闻》遂遭封禁。《强学报》也因采用"孔子纪年"而遭到改革派主将张之洞的反对被迫停刊,上海强学分会无形解散。他们的幼稚举动在政府当权的两派中均得不到支持,这就注定他们失败的命运。

维新运动一时遭到挫折,但得到皇帝的支持,依然能够继续进行。1896年8月,维新人士汪康年、黄遵宪等在上海创办《时务报》,邀请梁启超担任主笔。梁启超发表了《变法通议》等多篇论文,宣传变法维新,鼓吹"兴民权",主张君主立宪,文章观点新颖,议论风发,产生了很大影响。《时务报》在几个月中销量达上万份,风行一时。

10月,严复等在天津创办《国闻报》,宣传变法,成为维新派在北方的舆论中心。严复(1852~1921年),字几道,号幼陵,出生在福建侯官(今福州)的一个中医家庭。早年进入福州船政学堂学习。1877年被派往英国留学,学习海军。两年后归国,1880年起任天津水师学堂总教习等职,达20年之久。在英国留学期间,他对西方政治制度和社会科学著作非常感兴趣,并有深刻研究。甲午战败,他深受刺激,在天津《直报》上发表《论世变之亟》等文章,用天赋人权说批判封建专制主义,宣传维新变法。

1897年12月,他翻译的《天演论》在《国闻报》上连载,次年出版单行本。这部书是根据英国学者赫胥黎的论文集《进化论与伦理学及其他论文》中的前两篇翻译的,它宣传达尔文的生物进化论和社会达尔文主义。社会达尔文主义是流行于西方的一种社会政治学说,它认为人类社会和自然界一样也遵循着"物竞天择"、"优胜劣败"的规律。很显然,它是为殖民主义者扩张服务的反动理论。但是,在中国面临被瓜分的历史条件下,它却起到了积极作用。它的"优胜劣败"的理论警醒了沉睡着的中国人,极大增强了中国人的民族意识;它的进化学说为中国人民的改革活动和革命运动提供了理论根据。因此它很快风靡思想文化界,产生了深远影响。

从1897年春到1898年夏,维新人士谭嗣同、唐才常、黄遵宪、梁启超等汇聚湖南长沙,开展维新运动。谭嗣同(1865~1898年),字复生,号壮飞,出生于湖南浏阳官宦人家。少年时接受传统教育,青年时遍游各省,观察风土,结交名士。甲午战败,他深受刺激,思想为之一变,从此批判旧学,提倡西学。1896年夏,他游历北京、天津、上海、南京,求友访学,结识了梁启超、严复、文廷式、翁同龢等维新人士和帝党分子,又自称是康有为的私淑弟子。同年,他父亲为他捐得五品衔候补知府。他在南京候缺,至1897年夏,写成5万余言的《仁学》。这部书杂糅儒、释、道、墨各家和西方自然科学、社会政治学说,构成一种独特的哲学体系,它以民主主义观点批判封建专制思想,痛斥"三纲五常之惨祸烈毒",号召冲决君主、伦常、利禄、俗学、天命、佛法等网罗,获得思想解放。在候缺期间,他往来上海、两湖,为推动变法奔走呼号,后来接受湖南巡抚陈宝箴的邀请,到长沙主持新政。

当时湖南的维新运动是各省中最活跃的。巡抚陈宝箴、署按察维新派创办的部分报刊使黄遵宪、学政江标、徐仁铸等地方官员都赞成变法,并邀请谭嗣同、梁启超等到长沙兴办新政。维新派和开明官绅先后创办了《湘学新报》(后改名《湘学报》)、《湘报》,宣传爱国救亡,提倡西学,批判旧学,鼓吹民权;组织南学会,联络官绅士商,培养民主意识;开办时务学堂,向学生灌输民主思想,培养变法中坚;又设立课吏堂、新政局、保卫局等新政机构。据不完全统计,1895至1897年,维新派和开明人士在全国共创办学会23个、学堂17所、报馆9家、书局2家,总计51个,到1898年增加到300多个。表明维新运动已经有了一定的群众基础和相当规模。

维新派的变法活动,特别是过分激进舆论宣传活动,引起了政府保守派和洋务经济改革派共同的反对,他们联合起来反击维新派的变法主张,张之洞还专门写了一本小册子《劝学篇》,试图把变法运动与洋务派的经济改革结合起来。于是双方展开激烈论战,论战主要围绕着"要不要变法"、"要不要兴新学"、"要不要兴民权"三个问题展开,前两点不是争论的焦点,焦点是"要不要兴民权",张之洞是当时有丰富经验的洋务派改革家,也是改革理论家。认为过早的进行"政治体制改革"会导致政府中多数人的反对,会断送中国正在兴起的洋务运动的经济改革。

保守派主张"继承和发扬光荣的优秀传统",反对激进的新思想。在他们看来中国所以贫弱,不是因为制度不好,而是因为"人心不古",社会道德下滑,上层出现腐败,下层造反和内乱不断,他们认为需要恢复促使安定团结的道德秩序和优良的社会风尚。他们说:"当今之世,非无治法之患,实无人心之患",补救的办法,"总以正人心,培国脉为本"。提倡纲常名教以恢复社会道德秩序。

洋务派主张变法,但他们的变法主张是要在社会稳定的基础上进行,是先经济经济改革,逐步的渐变的进行政治体制改革,不赞"戈尔巴乔夫"式的激进改革,以避免社会秩序和经济秩序的全面混乱。他们说:"不可变者,伦纪也,非法制也;圣道也,非器械也;心术也,非工艺也。"这就是说,一些具体的政策是可以因时变通的,但是由三纲五常所维系的社会道德伦理体系和政治制度是不可马上改变的。学日本式的改革道路,改革管理体制而不改传统文化思想。

维新派主张进行根本性变革。他们根据进化论和中国古代的变易思想指出:"变者天下之公理",而且这种变化不是一个循环往复的过程,而是一个不断更新的过程,所谓"昨日之新,至今日而已旧;今日之新,至明日而又已旧。所谓新理新事,必更有新于此者"。既然进化是自然界和人类社会的普遍规律,那么面临着"四千年未有之变局"的中国也不能不变法改制。他们尖锐地质问那些支持"祖宗之法不可变"观点的保守派说:"祖宗之法,以治祖宗之地也,今祖宗之地不能守,何有于祖宗之法乎?"

维新派也批判了洋务派的渐变主张。他们指出:洋务派也搞了一些新政,像总署、使馆、同文馆、招商局、制造局、税务局、船政厂、电线、铁路等,但"根本未变","未易骨髓"。他们主张"别立堂基,涤除旧弊",进行全面变法。

维新派所说的全面变法,包括了政治制度的改革,其核心是兴民权、设议院。而保守派和洋务派对此持反对态度,他们认为:"使民权之说一倡,愚民必喜,乱民必作,大乱四起";"中国幸不设议院耳,设议院而废君,大逆不道之事多矣"。他们的结论是:"民主万不可设,民权万不可重,议院万不可变通。"保守派和洋务派对待变法的态度不尽一致,但在捍卫国家稳定统一,反对激进派制造内乱和分裂的主张是完全一致的。认为废除君主制度,在有几千年君主制度的中国,必然导致天下大乱,军阀混战,外强全面入侵,后来的历史不幸被他们言重了。

维新派与他们针锋相对。维新派指出:中国致弱的根源就在于"君权日益尊,民权日益衰",要改变这种状况,就必须兴民权,设议院。关于设议院的好处,他们说:"上自君主,下自缙绅,皆得演说机要,互相辩论,国有大事,尤于此定其操纵之权,虽君主不得而相强,而君民之间,仍复浃洽,以故国家无决难之疑,言路无壅蔽之患。"他们把设议院看作改革的核心,如严复说:"设议院于京师,而令天下郡县各举其守宰。是道也,欲民之忠爱必由此,欲教化之兴必由此,欲地利之尽必由此,欲道路之辟、商务之兴必由此,欲民各束身自好而争濯磨于善必由此。呜呼,圣人复起,不易吾言矣。"坚信在中国设议院是形势发展所必需的,任何人也阻挡不维新派主张变法,主张兴民权,是以西方国家为参照的,在他们的心目中,西方国家(包括日本)就是中国的榜样,因此他们热情宣传西学,希望能用西学来改造中国。

但是维新派忽略了中国的具体国情,不明白事物的变化需要由渐变到质变的过程,而试图"一步到位",科学技术是物质的、死的东西,是可以一步到位的,而政治制度牵扯整个社会方方面面的有机整体,是个有生命的活的东西,是不能一步到位的。另外上层建筑是需要与经济基础相适应的,在没用达到西方列强那样的经济基础的条件下,实现西方制度是不切实际的,这就注定了维新变法的政治自读改革必然失败。

在甲午战争后,除个别极端保守分子外,已没有人完全拒绝西学了,洋务派甚至扩大了他们学习西学的范围,不仅主张在科学技术领域学习西方,而且主张在财政制度和教育制度等方面学习西方,但是他们坚决反对过早引进西方的政治制度。他们坚守"中学为体,西学为用"的原则,认为中国传统文化的核心——"三纲五常"是"体",是不可动摇的,引入的西方文化只能作为传统文化的补充,而不能改变传统文化的基本价值系统。维新派则不同,他们主要强调学习西方的政治学说。梁启超把西学分为政学和艺学,他主张学习西学应该"以政学为主义,以艺学为附庸"。严复也指出西方国家"以自由为体,以民主为用",至于自然科学技术"皆其形下之粗迹","而非命脉之所在"。

甲午战争后,由于维新派的努力,更由于社会发展的客观需要,中国输入西方文化已从战前以物质层面为主,转进到以政治制度层面为主,中国的文化面貌发生了重要变化。

维新派在戊戌时期同保守派、洋务派的思想论战,对于洋务运动和变法运动具有促进意义,它解放了很多人的思想,推动了洋务运动和变法运动走向高潮。经过论战,资产阶级新思想广泛传播,形成了中国近代第一次思想解放思潮。

在论战中,他们宣传进化论,承认事物发展的渐进过程,由渐变到质变,而反对突变,反映在政治上,他们主张对现有制度进行改良,而反对破坏社会经济和社会秩序的暴力革命;他们所宣传的民权是资产阶级和开明士绅的参政权,提倡资本主义的民主政治,不包括广大无产阶级的参政权力;百姓要通过自身努力,具有了文化水平(科举考试)或资本力量(资本家),进入社会精英阶层才有资格参政,乞丐和捡破烂的无产阶级是不能参与讨论国家大事的。他们要求实行君主立宪,但有时又以"民智未开"、左的思想还没解放为理由,主张暂缓实行,表现出很大的妥协合作性;他们对保守思想进行了批判,在很多方面和旧思想旧文化、旧思想划不清界限,不符合无产阶级的阶级斗争的革命思想。

第三节 戊戌变法和政变

康有为等中国知识分子开始与光绪帝推行维新变法,但是由于过于激进,使当时的国人无法接受,很快失败,并导致了慈禧的政变和再度上台。

一、百日维新运动

1897年11月,德国出兵强占胶州湾。康有为从这一事件中敏锐地觉察到列强开始瓜分中国了,他立即从上海赶赴北京,第五次向光绪皇帝上书。他指出:现在"万国报馆议论沸腾,咸以瓜分中国为言。若箭在弦上,省括即发,海内惊慌,乱民蠢动",中国的处境十分危险,"譬犹地雷四伏,药线交通,一处火燃,四面皆应",如果皇帝不当机立断,发愤维新,就有亡国的危险,"皇上与诸臣,求为长安布衣而不可得矣"。情绪激烈,言词痛切。在这封上书中,他还提出了开国会、立宪法的要求。这封上书递请工部堂官代呈,遭到工部尚书松溎拒绝,未能递到光绪皇帝手中,但在社会上广为传抄,并在天津、上海、长沙维新派的报纸上发表,影响很大。给事中高燮曾为此向光绪皇帝推荐康有为。光绪谕令王大臣传询康有为,听取他对变法的意见。1898年1月24日,李鸿章、翁同龢、荣禄等大臣在总理衙门传询康有为,康有为详细陈述变法意见,并批驳荣禄的守旧言论。次日,翁同龢向光绪皇帝奏报传询情况,光绪诏令康有为可以随时上奏言事,并进呈所著的《日本变政记》、《俄彼得变政记》等书籍。

1月29日,康有为奏上《应诏统筹全局折》,即《上清帝第六书》,这是康有为历次上书中最重要的一书。在这封上书中,康有为提出了系统而具体的变法建议。他建议:大誓群臣以定国是,开制度局以定新制,别开法律局、税计局、学校局、农商局等12局以行新法,各省设民政局,实行地方自治。在这些建议中最重要的是设制度局。康有为借鉴西方政体三权分立的原则,希图将议政和行政分开,按照他的设计,制度局负责"将旧制新政,斟酌其宜","草定章程,考核至当",又"撰叙仪制官制诸规则",甚至"酌定宪法"。制度局议定章程之后,交由12局执行。制度局类似议政机构,法律局等12局则是行政机构。

制度局的成员"参与"(又称"修撰"),由皇帝亲自擢拔,他们对皇帝负责,其议事程序是:"派王大臣为总裁,体制平等,俾易商榷,每日值内,同共讨论,皇上亲临,折衷一是"。皇上"折衷一是"就是由皇帝调和参与的不同意见,并加以裁决。由此可见,制度局与西方的议院是有区别的,是个过渡性质的政治体制。

经过一场激烈的辩论之后,双方都冷静了下来,双方的思想都有所变化,康有为与以前几次上书相比,《第六书》的变法建议要缓和多了。第二、三、四书建议设"议郎",《第五书》要求开国会,都明显要限制君权,但《第六书》却不限制君权了,反而要"借君权变法","以君权雷厉风行"。为什么会有这种变化,康有为在《答人论议院书》中作了说明。他认为:光绪皇帝是个英明的君主,能够举行新政,以君权治天下能使变法收到速效,而且中国人民教育水平低下,不能"自主",也只能以君权治天下。维新思想遭到政府主要两派的反对,如果再过分闲置君权,失去皇帝的支持,更没法推行,甚至还需要加强君权以对抗两派的反对来推行变法,否则变法只能是空谈。书生意气、脱离实际的康有为开始变得现实一些了。

光绪皇帝非常重视《第六书》,谕令王大臣讨论如何实施。王大臣请示慈禧太后,慈禧指示"尽管驳议",于是王大臣逐条驳回康有为的建议。康有为很失望,便把主要精力放在发动群众运动来给保守派施加压力,鼓动群众和社会舆论来支持变法。4月,他鼓动御史李盛铎在京发起成立以"保国保种保教"为宗旨的政治性团体保国会。在此前后,还成立了粤学会、蜀学会、闽学会、关学会、保滇会、保浙会、保川会等。士大夫经常集会,议论时政,变法空气日益浓厚,形成了一种社会舆论的民主议政风气。

5月,一直反对激进变法的恭亲王奕䜣病死,康有为立即鼓动帝党官员上书敦请变法,并亲自代御史杨深秀草拟《请定国是而明赏罚折》,代侍读学士徐致靖草拟《请明定国是疏》,建议光绪皇帝明定国是,立即开始变法。光绪认为时机已到,接受了建议,于6月11日颁布由翁同龢草拟的

第十六章 戊戌变法与义和团运动

"定国是诏",其中说:"用特明白宣示,嗣后中外大小诸臣,自王公以及士庶,各宜努力向上,发愤为雄,以圣贤义理之学植其根本,又须博采西学之切于时务者实力讲求,以救空疏迂谬之弊。"变法运动正式开始。

6月16日,光绪皇帝在颐和园召见康有为,商讨变法的具体步骤和措施。康有为详细陈述了他的意见,并且建议光绪"就皇上现有之权,行可变之事"。即采取慎重、渐进、稳妥的步骤。召见之后,光绪任命康有为在总理衙门章京上行走,并特许他专折奏事。康有为利用这种特殊待遇,不断上书言事,并进呈所著书籍,其中影响最大的是《日本变政考》。早在4月,康有为已向光绪进呈了一部《日本变政记》,光绪看不大明白,叫他重写一部进呈。于是,康有为又陆续编写陆续进呈了一部《日本变政考》。在这部叙述日本明治维新历史的著作中,康有为借鉴日本近代变法的历史,并结合中国维新运动的实际,加了许多按语,提出一系列有关变法步骤和政策的建议。光绪发布的变法诏令有很多是根据这些按语拟定的。

在变法期间,光绪皇帝发布了上百道变法诏令,除旧布新。

其中关于经济方面的主要有:设立农工商总局,鼓励垦荒、私人办实业,奖励发明创造,成立铁路、矿务总局,鼓励商办铁路、矿业;裁撤驿站,设立邮政局;改革财政,创办国家银行,编制国家预算。关于政治方面的主要有:广开言路,准许大小官员和普通民众上书言事,严禁官吏阻挠;删改则例,撤销重叠闲散机构,裁汰冗员;取消旗人寄生特权,准许他们自谋生计。关于军事方面的主要有:裁减绿营,裁汰冗兵,采用新法练兵,增强海军力量。

关于文教方面的主要有:废除八股文,改试策论;将各省书院和过多的祠庙改为学堂,鼓励地方和私人办学堂,创设京师大学堂,各级学堂一律兼习中学和西学;允许自由创办学会、报馆;设立译书局,编译外国新书;派人出国游历、留学。以上这些变法措施,在经济方面制定了一些有利于民族资本主义发展的政策,在政治方面给予人民(主要是新兴资产阶级)一定程度的言论、出版、结社的自由,在文教方面,提出了一些有利于改造旧学、传播西学的措施,所有这些都有利于民族资本主义经济的发展和资产阶级文化思想的传播。但是变法诏令没有涉及政治制度的根本改革,没有向资产阶级开放政权。为了推进变法,光绪皇帝还提拔了一批维新人士,罢免了一批保守派分子。

7月3日,召见梁启超,赏六品卿衔,专办译书局事务。9月4日,表彰不畏强横、敢于上书的王照,赏给三品顶戴,以四品京堂候补,同时把阻挠王照上书的礼部尚书怀塔布、许应骙、侍郎堃岫等六人革职。9月5日,赏杨锐、刘光第、谭嗣同、林旭四品卿衔,擢为军机章京,参与新政。四章京代皇帝批阅奏章,草拟谕旨,官职小而权力大。9月7日,把名声恶劣的李鸿章逐出总理衙门。

光绪皇帝的变法诏令和措施受到维新派和开明人士的热烈欢迎。身历其事的罗振玉后来回忆说:变法之事"如春雷之启蛰,海上志士,欢声雷动,虽谨厚者亦如饮狂药"。但这些人多是不当政的知识分子和没有实权的官员,而掌握中央和地方实权的大员们,除了湖南巡抚陈宝箴以外,几乎没有人执行变法诏令,湖广总督张之洞、两江总督刘坤一等采取拖延手法,直隶总督荣禄、两广总督谭钟麟等则置若罔闻。变法运动因此没能取得多少实效。

变法速度之快,势头之猛,史无前例。康有为们虽然在变法内容上采取了"渐变"的策略,但是在时间上却犯了冒进的错误,要知道人们接受改革和新生事物需要一个消化过程,"左的思想"还有很大市场,一口气发布上百条变法政令,后果是不堪设想。又一下子更换很多官员,造成政府干部队伍人心惶惶,必然遭到多数官员的抵制情绪,更错误的是没用启用李鸿章这样支持改革又非常有才能的洋务派官员，单单靠新提拔一批不懂政治的、幼稚的、没用政治斗争经验的、激进热情的理想主义者来推行改革，失败是必然的。

政治斗争需要方法和策略，他们的方法和策略都错了。他们犯了范仲淹变法打击面太广的错误，后来王安石汲取了范仲淹的错误，减少对上层官员的打击面，打击的是地主乡绅一级的地方小干部，在皇帝的支持下变法得以推行了十几年，最后皇帝一死，所有新法都被废除，变法还是失败了。

邓小平的改革开放汲取了中国历史上变法的失败教训，先不动政治体制，不制造过多的反对力量，先进行农村经济改革，削弱生产队长和公社社长这种小官的权力不会出现问题，让农民取得实惠，让全国人民都看到改革的成果，并不断通过宣传解放思想，再进行城市经济改革，只对涉及到的政策和体制进行具体枝节的革新，始终不触动政治体制这个根本的东西，确保"政治稳定""社会稳定"的大前提，绝对避免政治混乱，严厉制止社会动乱，使改革获得了空前的成功。

当社会经济基础达到一定高度时，才具备上层建筑的政治体制改革条件，而且是要"渐变"的、改良的，而不是暴力革命、阶级斗争制造内乱的。

二、戊戌政变的失败

戊戌变法要逐步改变现行制度，它必然遭到保守势力的抵制和反对，而洋务派在短暂地观望之后，发现他们的激进方式将破坏国家安定团结的大好局面，也站到反对派的立场上去。变法开始后，整个官员队伍反对激烈，住在颐和园的慈禧太后就着手部署，极力控制局势，以防止国家动乱。已经还政于皇帝的慈禧，在政府多数官员的要和谈支持下，再次出山，开始采取措施了。

6月15日即"定国是诏"发布后第四天，慈禧迫令光绪一天中连下三道上谕：第一、免去翁同龢的军机大臣及其他一切职务，驱逐回籍。第二、新授任的二品以上官员，必须到慈禧太后前谢恩。按例，太后归政以后就不再接见官员，此举打破了成例，是为了防止光绪的激进改革方式和不按正常用人程序破坏用人制度的独裁行为。第三、任命荣禄署理直隶总督（不久实授），统领北洋三军，即董福祥的甘军、聂士成的武毅军和袁世凯的新建陆军。这样，精锐的北洋三军就牢牢地掌握在保守派手中，以确保国家政局的稳定，避免政变和发生内战。

从6月16日到24日，慈禧又迫令光绪任命崇礼为步军统领，怀塔布掌管圆明园八旗、包衣三旗及乌枪营，刚毅掌管键锐营，从而使保守派完全控制了京城防卫。确保了政局的稳定基础之后，慈禧静观变法的继续和进展，不再有任何行动。如果变法顺利，不引起混乱，则皆大欢喜。

到8月，变法开始触及到政府官制体制，直接危及到很多官员的政治权力和地位，新旧党争迅速加剧，政府有分裂、发生政变、甚至战乱的危险。特别是9月初王照事件之后，由于光绪一怒之下将礼部尚书和侍郎共六人全部罢免，这种情绪化的独裁行为，严重地破坏了清廷的用人秩序，严重的威胁了政局的稳定和团结，一时间清廷大多数官员人人自危，此后新旧党争已表面化。内务府总管大臣立山率领内务府官员数十人以及太监李莲英等，环跪在慈禧太后面前，痛哭流涕，请求太后废掉光绪，重新训政，慈禧没有答应。

在一帮不懂政治的书生的忽悠下，光绪皇帝的独裁政治和激进改革方式导致了自己的下台。

8月24日，光绪谕知将在10月（阴历九月）间与太后一起到天津阅兵。此后风传在天津阅兵时将废掉光绪。维新派不辨真伪，非常紧张，几经筹商，决定建议光绪皇帝亲自掌握军权，以防不

第十六章 戊戌变法与义和团运动

测,维新派策动军队"造反夺权"的"不轨行为"败露后,直接导致了光绪的下台。

9月初,康有为上密折,"请仿日本参谋本部,选天下虎黑之士、不二心之臣于左右,上亲擐甲胄而统之"。究竟谁是"虎黑之士、不二心之臣"呢?康有为分析了几个握有重兵的将领之后,认为袁世凯最合适,因为袁世凯"夙驻高丽,知外国事,讲变法,昔与同办强学会"。于是,他一面请徐致靖奏保袁世凯,一面亲自上密折,"请抚袁以备不测"。光绪心领神会,于9月12日传谕袁世凯觐见。16日召见袁世凯,赏候补侍郎,责成专讲练兵事务,并随时具奏应办事宜。光绪帝试图动用军队来确保自己的独裁权力,以清洗政府内部异己分子的做法引起了保守派的惊惧,荣禄立即调动军队,以防他变。他谎称英国和俄国将在中国海开战,所以调聂士成军驻天津,董福祥军进北京,命令袁世凯迅速回防。京津一带气氛顿时紧张起来。

18日,林旭交给康有为两道光绪从颐和园发出的密诏,一道是15日交给杨锐带出的,一道是17日交给林旭带出的。前一道是写给杨锐、刘光第、谭嗣同、林旭的,内容是说他已感到皇位要保不住了,要求杨锐等迅速筹商一个既可以使旧法"渐变",又不违背大多数官员思想的两全之策。后一道是写给康有为的,内容是叫康有为迅速到上海去督办《时务报》,暂避风头。

康有为接到密诏后,急忙找谭嗣同、梁启超、康广仁等商议,一时束手无策,最后决定铤而走险,由谭嗣同去游说袁世凯,要他举兵勤王,发动内战。当晚,谭嗣同秘密到京郊法华寺去见袁世凯,要他亲自率领敢死将士数百名,拥光绪皇帝登上午门,杀荣禄,除异己。袁世凯慷慨表示誓死效忠皇上,但又表示立即举兵勤王有困难,他说:"杀荣禄乃一狗耳,然吾营官皆旧人,枪弹火药皆在荣禄处,且小站去京二百余里,隔于铁路,虑不达事泄。若天津阅兵时,上驰入吾营,则可以上命诛贼臣矣。"谭嗣同无奈,只好同意等到天津阅兵时再作计议。袁世凯一方面有忠君思想,另一方面还有国家大局思想,他觉得光绪皇帝的做法会引起国家大乱,军阀混战,决定不执行光绪的命令,并积极制止光绪的错误行为继续发生。

20日,袁世凯向皇帝辞行,然后乘火车回天津,立刻向荣禄通报,荣禄大惊,急商对策。这时恰好叶祖圭等人也来到荣禄处,打断了他俩的谈话,不得已,只好约定第二天再谈。第二天,荣禄和袁世凯继续商议,两人感到事情涉及到皇上很不好办,准备再找几个亲信大臣计议。傍晚,御史杨崇伊从北京赶来,报告太后已于当日宣布垂帘训政了。

原来,18日那天,杨崇伊写了一道请太后"即日训政"的密折,请庆亲王奕劻呈给慈禧太后。密折不长,却足以打动太后。密折攻击康有为、康广仁、梁启超等"煽动天下士心",不遵守国家的用人制度,独裁专制,"不知何缘,引入内廷";攻击光绪皇帝"两月以来,变更成法,斥逐老成,藉口言路之开,以位置党羽"。"引入内廷",是政府制度所不允许的,即使皇帝也必须遵守;"斥逐老成",就是排斥有保守思想的国家重臣,"位置党羽",就是加强自己的帝党势力,用人为私,这在本质上是破坏国家的政局稳定,自然不为太后所容。

密折还说光绪将任用日本前首相伊藤博文来政府做大官,以学习日本式的变法和政治体制,"风闻东洋故相伊藤博文,即日到京,将专政柄,伊藤果用,则祖宗所传之天下,不啻拱手让人"。日本乃中国的敌人,任用敌国的官员到清朝政府内部,那还了得。

这种说法虽不符合事实,却也事出有因。当时日本前首相伊藤博文正来中国访问。据报道,在他到达北京前后,"京朝大小官奏请皇上留伊藤在北京为顾问官,持此议者甚多"。慈禧太后支持维新派上书言事、推行变法,但是却反对他们破坏制度、结党打击其他官员的做法,反对他们掌握武装,制造国家内乱,更怕他们与中国的敌人日本势力勾结起来。而光绪皇帝将于20日会见伊藤博文,袁世凯也将于同日陛辞出京。慈禧为国家稳定计,对此不能不严加防范,并决定乘时政变,废黜"胡闹"的光绪,另立新君。

在接到密折的第二天即9月19日,慈禧带领随从,匆忙从颐和园赶回皇宫,严密控制光绪。此时的光绪依然不能醒悟,继续在错误的道路上固执的前行。20日光绪会见伊藤博文和召见袁世凯时,已在太后的监视之下。21日,慈禧就将无药可救的光绪囚禁在中南海瀛台,并以光绪的名义发布诏书,"吁请太后训政",开始清除"乱政分子",接着密令捕拿康有为和他的弟弟康广仁。秘密逮捕令未列谭嗣同的名字,说明在政变时慈禧还没有从荣禄和袁世凯那里得到关于维新派密谋发动军队造反夺权的奏报,有关奏报是此后才得到的。

24日,清朝政府谕令捕拿谭嗣同、林旭等。28日,处决谭嗣同、林旭、刘光第、杨深秀、康广仁、杨锐。29日,宣布康有为、谭嗣同等"谋围颐和园,劫制皇太后"的罪状。此后,大部分新政被推翻,被裁撤的衙门又恢复了,科举考试选拔政府公务员的制度又恢复了,实施中效果不错的新政被保留了下来,申谕"通商、惠工、重农、育才以及修武备、浚利源,实系有关国计民生者,即当切实次第举行",京师大学堂继续筹办,教育改革继续进行。

在9月21日政变那天,康有为正在从天津开往上海的一艘英国轮船上,在列强的帮助下逃脱。英国人帮助他逃到香港。梁启超在日本使馆人员的帮助下,从天津乘船逃到日本。谭嗣同拒绝出逃,他向友人表示:"各国变法,无不从流血而成,今中国未闻有因变法而流血者,此国之所以不昌也。有之,请自嗣同始。"临刑时,他从容吟诵一首绝命辞:"有心杀贼,无力回天,死得其所,快哉快哉。"为变法献身。

从6月11日光绪皇帝发布《定国是诏》开始,到9月21日慈禧太后宣布训政,变法共进行了103天,史称"百日维新"。

三、戊戌变法的意义

短暂的戊戌变法悲壮地失败了,但是它对中国历史发展产生了不可磨灭的影响,留下了深刻的历史教训。

以康有为为首的维新派是新兴的知识分子,渴望通过变法以实现中国的强大,开始宣传变法和实施变法时,慈禧并不反对,改革是必须的,只要不出现动乱,慈禧是不会干预的。但是他们的激进方式和过大的打击面,以及破坏国家制度的独裁用人方式引起了整个政府官员队伍的恐慌和抵制,中国历史上没有几个皇帝有力量违背绝大多数官员意志进行独裁治理的,即便是权威盖世的开国帝王也很难做到,搞不好就被大臣们群起而废黜,另立新君,所以,亲政不久,还缺乏政府政治斗争经验的光绪帝,在更不懂政治斗争的书生意气的康有为们的忽悠下,不讲策略,急于求成,采取了过分激进的、专制独裁的、"违法乱纪"的、甚至"军事政变"的错误方式推行变法。必然要遭到群臣废黜而失败。

其实当时的洋务运动派在政府中占主要力量,如果光绪能够联合洋务改革派的力量,启用李鸿章和张之洞等权力重臣,减缓变法激进推行的速度,将变法的社会成效体现出来之后,一步一个脚印的扎扎实实的推行,变法必然成功,而他们把两派都树立为敌,不安规矩和制度的罢免重臣,任用没有资格和功劳的新人,破坏正常的用人制度,引起整个政府管理队伍的恐慌,促成被群臣废黜的苦果,导致变法的失败。

自此变法的失败,使洋务运动的改革派也受到连累,保守派的上台,使洋务派的力量削弱,连经济改革都受到了影响。

虽然变法的失败与维新派在变法理论、策略和措施上的错误也有密切的关系。维新派的变法理论主要是康有为写的两部书——《新学伪经考》和《孔子改制考》。据梁启超说,这两部书刊行后,在社会上引起很大反响,像"大飓风",像"火山大喷火"。但是胡思敬却说这两部书"未足倾动士林"。这两种说法都有道理,前者是从社会反应的角度说的,后者是从社会接受的角度说的。这两部书刊行后的确引起了轩然大波,但主要是一片反对的声浪,接受的人却寥寥无几。这说明变法不具备社会基础,如果连知识分子队伍都不支持,解放左的思想的工作就很难做了,如果思想不解放,必然遭到全社会普遍的反对,即便是指望皇帝行事独裁专制的强力推行方式,也不灵了。最后连皇帝都被大臣们废黜了。

反对变法的保守派和洋务派自不必说,就是在维新派和帝党分子中也很少有人接受。著名的维新人士黄遵宪、章太炎、唐才常等都表示不赞成康有为的今文经说和孔教说,连梁启超也不时流露出怀疑情绪。帝党中坚翁同龢说《新学伪经考》是"说经家一野狐也"。在读了《孔子改制考》之后,他向光绪皇帝说康有为"居心叵测",他已经不和康往来了。至于光绪皇帝,虽然大量采纳康有为的变法建议,却诏令禁毁这两部书,尽管康有为一再申辩说这两部书对变法有利,但光绪认为其扰乱社会思想,破坏社会道德伦理秩序,坚坚决禁毁。如果一种理论连自己的同党和同盟者都不能信服,还能让谁信服呢?

康有为的变法理论之所以缺乏征服人心的力量,是因为它本身存在着严重的错误和缺点。康有为杂糅西学和今文经学构建起他的变法理论,他宣称古文经都是伪经,今文经才是中国传统文化的正宗。这种说法过于武断,缺乏历史根据。他又用西学来解释今文经说,随意附会,竟把孔子附会为"民主圣人",说明民主在中国自古就有,为其变法的合法性找理论依据。实在说来,康有为的两部书虽然在批判旧学方面起到一定作用,但未能树立起正确的理论观点。由这两部书所引起的今古文经之争几乎淹没了变法的主题,干扰和阻碍了变法运动。在改变传统文化思想观念上,康有为依然犯了"打击面太大"的错误,引起了全社会的反对和抵制。

维新派在变法策略和措施方面的主要错误是"躁进"。戊戌变法不是革命,而是自上而下或自下而上或上下都动的改革,它的每一步骤、每一措施不仅应该有进步意义,而且能够为社会所接受,所承受,必须照顾到社会各主要阶层的利益,违背社会精英阶层的利益是绝对行不通的,违背下层百姓的利益会引起民乱,必须符合大多数人的利益,得到社会大多数人的支持才可能成功。得到社会普遍支持、包括政府官员的普遍支持才是"民主思想",单单依赖皇帝的独裁和专制,甚至用军队武力镇压、这种方式本身就违背了变法推行民主政治的本意。"用强迫性的专制独裁方式推行民主",这本身就是反民主的荒谬的做法。

但是康有为和年轻的光绪皇帝都缺乏政治经验,他们急于求成。在短短的103天中,光绪竟发出上百道新政诏令,民众怎么能接受得了,社会怎么能够承受得了? 更何况这些诏令只有原则要求,没有配套措施。譬如,废八股,改策论,具体的替代规定是什么没有明确,这使成千上万士子在毫无思想准备的情况下断送了前程,堵住了广大知识分子们上升的出路,断了他们的前程,却又不给他们指出一个更好的出路,和更合理的追求前程的办法,无怪乎原来参加公车上书支持康有为的知识分子们中有人声言要打死康有为。

再如裁并衙门，没有任何善后措施，使一部分官员和他们的家属一夜之间便无以为生，这就不能不造成人心惶惶的政府混乱，断人家生路，却不给人家出路，岂不是引起普遍的恐慌和仇视，有人就要杀他，"人人得而诛之"。康有为的变法遭到了上上下下的全面反对，"不得人心"。

当时有人这样描写太仆寺被裁撤后的情形："寺中自奉旨后，群焉如鸟兽散，阒其无人，匪特印信文件，一无所有，即厅事户牖，均已拆毁无存。"这位作者又接着写道："戊戌变政，首在裁官，京师闲散衙门被裁者不下十余处，连带关系，因之失职失业者将及万人，朝野震骇，颇有民不聊生之戚。"

再看看细小的改革，如修整北京街道，吏役们把街头摆摊的小贩撵得鸡飞狗跳，闹得沸沸扬扬，那些依靠做小买卖为生的人也"民不聊生"了。

结果，变法除了得到少数开明人士的支持外，一直没有得到社会广大民众的广泛支持，反而不断地激起民众和官员队伍反对的声浪。这恰好给保守派提供了反对的口实，也使刚开始保持支持和观望的洋务派提供了反对的理由，为了稳定社会和政府的政局，为了民意，群臣力主太后出山训政，慈禧对光绪的作为大为失望，最后决议废黜光绪，另立新君，变法失败。

尽管维新派有这样那样的错误，但是他们毕竟是站在那个时代前列的政治力量，他们的变法主张是符合中国历史发展方向的。他们推行的新政策，那些被遭到社会普遍反对的被废除了，那些得到社会拥护的部分被政府保留了下来，有些出现弊端的政策经过修改也继续实施。变法虽然失败，对推动社会改革仍然起到了推行作用。

近代社会发展的首要问题是反对帝国主义侵略，维护民族独立，维新派虽然没有正面提出反对帝国主义的口号，但是他们鼓吹变法的首要目的却是为了救亡图存。康有为在历次上书中，不厌其详地说明只有变法才能御侮、图存。光绪皇帝进行变法，也主要是因为外强的侵逼。在慈禧太后发动政变那一天，她当面指斥光绪："变乱祖法，背祖宗而行康（有为）法，何昏聩至此"！光绪战战兢兢地回答："是固自己湖涂，洋人逼迫太急，欲保存国脉，通融试用西法，并不敢听信康有为之法也。"在慌乱中的光绪皇帝仍然说明了列强的侵逼和变法的关系。虽然，短暂的戊戌变法没能达到自强御侮的目的，但它仍具有重要的爱国救亡意义，它把民族救亡意识提高到一个新水平。

戊戌变法是政治体制上的一次大的改革运动，它不是洋务运动经济改革的简单继续，而是在洋务改革的基础上走向政治体制改革的阶段。只是还不具备政治改革的社会基础经济基础，因"不得人心"和过于激进而遭失败。

戊戌变法也是一次思想启蒙运动。维新派提倡新学，批判旧学，着重宣传"兴民权"，大大地提高了全社会的民主意识和参政意识。从此，民主主义成为汹涌的社会思潮，极大地改变了中国思想文化界的面貌。正规地说，中国资产阶级新文化也是在戊戌维新运动时期和稍后几年初步建立起来的。资产阶级的新学术，哲学、历史学、经济学、文学理论等已经萌生，"诗界革命"、"文体革命"、"小说界革命"、"戏剧改良"等相继而起，资产阶级的新文化，无论在内容上，还是形式上，开始成为中国近代文化的主流。

第十六章 戊戌变法与义和团运动

第四节 义和团反帝爱国运动

甲午战争后,中国人民救亡图存的斗争,显然存在两个层次:维新派在社会上层发起维新变法运动,以农民为主体的广大劳动人民,包括部分爱国士绅,则在社会下层掀起了反侵略反洋教的斗争。到戊戌变法失败,后者的斗争更勃然兴起,汇成了波澜壮阔震惊中外的义和团反帝爱国运动。

一、反洋教斗争的发展

反洋教运动主要以山东、直隶交界地区为中心,在北方首先兴起,是因为这里的民族矛盾更为集中和尖锐。在甲午战争中,辽宁、直隶、山东各省备受日寇的蹂躏;战后,列强强占租界港湾,这里复首当其冲。尤其是各国夺得的津榆铁路、京津铁路、京奉铁路榆锦段、芦汉铁路芦保段和胶济铁路等,其时先后动工修筑,随意毁坏线路上的村庄、田地和坟墓。侵略者的暴行使铁路沿线广大的人民群众倾家荡产,陷入绝境。国恨家仇激励他们(包括同样受伤害的部分士绅)迅速地站到了反侵略斗争的第一线。

但是,具体说来,义和团运动又是在民众反洋教斗争的基础上发展起来的。所以,它既是战后民族矛盾空前尖锐的产物,又是中国人的长期反侵略、反洋教斗争的总爆发。

所谓洋教,主要指的是基督教的天主教派、基督新教、东正教派。鸦片战争后,各国传教士纷纷来华,凭借不平等条约的庇护,到处设立教堂、教会。到19世纪末,在华传教士多达3300人。天主教、基督教的修会、差会约80个。其中,属于天主教的会堂、大小教堂,仅直隶、山东、山西、河南四省就有4000多处。基督教各差会设立的总堂,全国也有约500处。

应该说,传教士中不乏真诚的传布者,其中少数人从事开医院、办学校、译西书等文化活动,对于促进中西文化交流,也产生了一定的积极作用;但其作为整体,无疑是西方殖民势力侵华的工具。他们遍布城乡,建立教堂,招收教徒,并无视中国官府法令,自立门户,俨同敌国,包揽词讼,参与列强的霸权的掠夺行动,损害中国人的利益,成为中国人民最痛恨的恶势力。所以,从1861年贵州官民驱逐洋教士开始,反对外国教会侵略的怒火迅速燃遍湖南、江西、四川、江苏、安徽、河南、直隶、内蒙、云南、西藏、福建各省区。

1870年更爆发了震动中外的天津教案。时天津法国教堂涉嫌迷拐幼童,激起公愤。而法国领事丰大业却非常骄横,竟肆意开枪杀人。群众怒不可遏,当场将他打死,并焚毁教堂,杀死外国教士等20人。法、英、美、俄、德、比、西等国联合向清朝政府抗议,并调兵舰示威。清朝政府派直隶总督曾国藩亲到天津处理此案。曾屈迫于列强压力,和维护国际侨民法规,以及清朝政府保障外国侨民生命财产安全的承诺,也不想断送洋务运动的改革成就,于是对于杀人放火的违法分子予以阵法,判20人死刑(后4人改缓刑),天津知府、知县等25人充军,赔款49万两白银,派北洋三口通商大臣崇厚赴法道歉。

一般老百姓受教会和教民欺侮,不通过政府的法律程序,会直接采取行动触犯国家法律,于是"教案"连绵不绝。据统计,从鸦片战争到义和团运动的60年间,由传教士激起的大小"教案"共达400余起,大部分集中在19世纪的最后30年。而规模大、影响巨的教案,又以1870年以后为多。

例如：

1890年在四川大足县兴起反洋教斗争并和前来保护教会镇压群众的清朝官兵起了冲突，终于爆发武装起义，坚持了两年多。领导这次斗争的是当地哥老会领袖余栋臣。影响所及，1891年长江中下游发生了以哥老会为核心的反洋教斗争，遍及江苏、安徽、浙江、江西、湖北等省几十个城市和广大农村，凡有洋教会的地方，几乎都发生了民众暴动。

同年11月，直隶北部热河地区有金丹道、在理教领导的武装起义，参加人数多达数万，既仇杀天主教，也仇杀当地贪官和蒙古王公。他们连克敖汉等五旗，又攻下朝阳、赤峰、平泉、建昌四州县，并波及到长城以南永平府属地区。反洋教斗争发展到武装起义，把反对外国侵略和反抗政府结合起来了。长江流域的哥老会和热河地区的金丹道、在理教这些秘密会社成为反洋教的中坚。

中日甲午战争的失败和继之而来的"瓜分"风潮，使中国面临空前严重的民族危机，国人的救亡意识也相应地日益强烈，各地的反洋教斗争愈加轰轰烈烈。

1894年秋，山东东南部大刀会已提出"兴华灭洋"的爱国口号。大刀会是曹县人刘士端创立的，据说源出白莲教，练金钟罩、铁布衫，号称"刀枪不入"，势力发展很快。他们的反洋教斗争，1895年遍及鲁西南各县，以及苏北的丰县、沛县、萧县、砀山（二县今属安徽），豫东的考城和兰仪（今合并为河南兰考）等地。1897年山东巨野县人民攻打磨盘张庄教堂，杀德教士二人。德国以巨野教案为借口，出兵占领胶州湾，又迫使清朝政府将山东巡抚李秉衡革职，并惩"凶"赔款。1898年爆发鲁南沂州教案，包括沂州府属各县大小数十次武装起义，德国兵从青岛前去，联合地方政府，共同镇压了这些斗争。1899年德国强修胶济铁路时，高密等地群众多次武装拦阻，遭到德军的残酷镇压。

1898年，广西天地会起义，一度攻占桂平、郁林（今玉林）、博白、贵县等地，发布檄文声讨洋教会罪行，要求官民一致对外，洗雪国耻。同年6月，四川大足县余栋臣率众再度起义，发布檄文痛斥列强"既占上海，又割台湾"的罪行，指出当时"胶州强立埠，国土欲瓜分"的严重危机，号召"除教安民"，提出"顺清灭洋"口号。起义军转战30余州县，捣毁20余处教堂。鄂西数县人民起义响应，长阳、长乐人民提出"保清灭洋"的爱国口号。

同年10月，山东冠县梨园屯一带群众开始用义和拳的名义竖旗起义。冠县所属梨园屯等20多个村庄，实际是在直隶威县境内的一块飞地。早在1873年，此处教民要拆玉皇庙修教堂，引起纠纷，拆庙建堂，拆堂建庙，屡起冲突，为此涉讼。洋教士怂恿法国公使迫使总理衙门向山东地方官施加压力，将带头告状的秀才王世昌等六人革去功名判处监禁，人称"六大冤"。合法斗争既已得不到公道，农民阎书勤等"十八魁"便要集合群众直接和教会斗争，他们请威县沙柳寨著名的梅花拳教师赵三多相助。赵三多为不连累其他梅花拳师，改称义和拳，于1897年春到梨园屯亮拳示威，有三千多拳民参加。

1898年10月25日，赵三多等率各路拳民在梨园屯附近的蒋家庄竖起"顺清灭洋"旗帜，攻打教堂。这次起义遭到官兵镇压，但以义和拳、义和团为称号的反帝爱国运动，已如燎原之火，迅速发展起来了。

二、义和团运动在山东的兴起

称义和拳为义和团，最早见于1898年6月山东巡抚张汝梅的奏报，他要"改拳勇为民团"，这样办"既顺舆情,亦易钤束",1899年山东巡抚毓贤出示将义和拳改称义和团,这年10月以后政府公文中也开始称之为义和团。从此义和团这一名称取代了义和拳,或两者通用,就其拳技说是义和拳,就其团体说是义和团。

梨园屯地处山东、直隶、河南交界地区,这里的反洋教斗争日趋激烈,持续时间长,影响大,义和拳的名声也就四处传扬了。这时直隶各地反洋教的气氛也日趋浓厚。赵三多起义被官兵打败后北走直隶,到处开设教场,大受欢迎,生意兴隆。赵三多的义和拳"对于画符、念咒、烧香、下神等一概没有。他既不迷信,可是也不反对迷信"。其他反洋教活动大多是凭借各种迷信教门来秘密进行的。1899年旧历四月初八佛爷寿辰,大家以烧香为名,齐集正定府大佛寺秘密开会,商定义和拳和信神的教门联成一气,定名叫"神助义和团"。有一首流传很广的义和团揭帖,开头两句说:"神助拳,义和团,只因鬼子闹中原",就是从这里来的。从此义和拳和各种名义的教门联合起来,从山东的大刀会、神拳,到直隶的红门、黄门等,都用义和拳或义和团的名义迅速发展起来。

梨园屯义和拳起义以后不久,在山东西北部的在平、禹城、高唐、平原一带,由神拳演变来的义和拳很快活跃起来,仅茌平一县"习拳者多到八百余处",几乎村村有了坛场。著名首领有茌平的朱红灯、禹城的心诚和尚,他们互相声援,使这几县的义和拳联成一气。1899年秋,平原县杠子李庄教民地主李金榜荒年存粮不借,又欺压拳民首领李长水,诬告群众"闹教",有数人被捕。李长水请朱红灯率拳民前来相助。10月11日朱红灯率众将平原知县蒋楷的马队击退,正式打出"天下义和团兴清灭洋"的旗帜,乘势攻打恩县(今恩城镇)教堂,蒋楷向山东巡抚毓贤告急。

毓贤于1899年3月升任巡抚,曾八次下令禁止义和拳民乱。但他在山东做官二十多年,深知"教民肆虐太甚,乡民积怨不平"的真情。德国强占胶州湾后,他见教会气焰更加嚣张,对义和拳的镇压就不再像镇压大刀会那样卖力了,基本上沿袭了前任巡抚张汝梅以抚为主的政策。他接到蒋楷的禀报后,"立即出示开导,务期解散"。派袁世敦带兵前去,并指示他"开导弹压,不准猛浪生事"。但袁世敦违背毓贤的指示,10月18日到平原森罗殿进攻义和拳,击杀群众多人。这情况在中央引起非议,御吏王绰奏参"地方官办理不善",政府据以命令毓贤查明参奏,毓贤遂奏准将蒋楷、袁世敦革职。朱红灯等从森罗殿突围,转回茌平,仍很活跃。

清廷的地方官员对义和拳的态度,在平原事件后,起了变化。毓贤一方面看到义和拳继续发展,非单纯武力所能镇压;同时看到教会横行不法,对清朝地方统治的威胁也很大。所以他在处理平原事件的奏报中提出"际此时艰日亟,当以固结民心为要图"的意见,一方面要化义和拳为乡团,纳入由官方管理的规范化轨道,避免其无限扩张的破坏性行为。在北京也有不少人有此意见,如御史黄桂鋆上奏建议对义和拳"善为安抚",以"收为干城之用"。

毓贤镇压义和团不力,引起帝国主义的不满,他们向清廷施加压力,要求撤换毓贤。毓贤得知这消息,便又派兵往鲁西北保护教堂,并逮捕了朱红灯和心诚和尚。1899年12月初,清朝政府改派袁世凯署理山东巡抚,毓贤于离任前杀了朱红灯和心诚和尚。但他由此更恨洋人,回北京后"盛言拳民忠勇得神助",这也影响了北京主"抚"舆论的抬头。袁世凯接任山东巡抚,用他的新建陆军严厉镇压义和团,受到京官主"抚"舆论的牵制,后者批评他的"痛剿"主张,建议"先令袁世凯北归"。

清廷遂也一再谕令袁世凯"不可徒恃兵力","总以弹压解散为第一要义",告诫他不要"一味操切,以致激成巨祸,有负委任"。袁世凯的回答是必须"绥靖地方","清除匪类";并指出义和团"就使其能纠合百十万人,鞭挞五洲,尽驱彼族,而该匪等势成燎原,不可向迩,国家又将何以制其后?"他派兵镇压,各路拳民死伤惨重。广大民众对袁世凯恨之入骨,民间流传着"杀了袁鼋蛋,我们好吃饭"的歌谣。

上述建议"安抚"义和团"收为干城之用"的御史黄桂鋆,戊戌政变后曾"密疏言皇上得罪祖宗",为废掉光绪造舆论,但西太后没有采纳他们的建议。康有为、梁启超得英日列强护庇逃亡海外,进行"保皇"活动,其"投敌叛国"行为,在海外打着光绪帝的名号继续从事"反动活动",并把矛盾直接对准慈禧,更招保守派和慈禧的嫉恨,本不打算废帝的慈禧于是决定断了康有为们的念性,废了光绪,另立新君,使康有为们无以为号。1900年1月21日西太后宣布立端郡王载漪之子溥㑺为大阿哥,准备取代光绪。但是各国公使一向不喜欢保守派官员,他们喜欢李鸿章等善于外交合作的洋务派官员,更喜欢光绪的新政改革,所以拒绝入宫庆贺,表示不予承认新皇帝,西太后十分不满。载漪为了使他的儿子早日坐上皇帝宝座,更急于打掉来自洋人的阻力。一批保守派大臣拥护另立新君,极力附和,由是招抚的意见日益抬头。

三、义和团运动在京津地区的高涨和全国的响应

1898年11月,义和拳在梨园屯竖旗起义。这个地方在行政上属山东省冠县管辖,而其位置则在直隶省威县境内,所以首先不仅影响到山东西北部,同时也影响到直隶南部。在山东受到袁世凯的严厉镇压,而在直隶则冲破镇压,形成高潮,直到进入北京、天津。

直隶是清朝京城所在的畿辅地区,也是帝国主义在华侵略势力强大的地区之一。洋教堂大小两千多所遍布于全省城乡。长期以来,直隶人民不断反抗教会欺压,参加的群众非常广泛。1898年冬枣强县张家屯人王庆一首先在他家里铺场练拳,树起"助清灭洋"旗帜;1899年又到故城、景州一带去铺场子。又有晤修和尚在阜城、景州的一些村镇设坛传法。山东平原战役之后,这一带拳民也受到鼓舞,1899年下半年连续发生反洋教案件,计景州7起,阜城5起,故城、东光各一起,"吴桥虽未出案,而谣言四起,岌岌可危"。

1900年春,直隶义和团继续向北发展,越过保定进入北京,向东到达天津,在京、津、保一带形成一个新的斗争中心。

保定是直隶的省会。1899年秋,城内已开始有义和团的活动。1900年4、5月以后,城乡各处已遍立坛场。

保定北之定兴、涞水、新城一带义和团发展较快。涞水县高洛村教堂的外国传教士,多次要挟地方官员派兵前来镇压,并在教堂内组织武装保卫教堂。5月12日涞水义和团在定兴、新城、涿州、易州各地团民支援下,焚毁高洛村教堂,未跑掉的洋教士被当场处死。次日又到定兴县境之仓巨村烧教民房十数家。副将杨福同奉派带马队前来镇压,团民死伤很大,从高洛村撤到涞水北面的石亭村,附近州县义和团又赶来增援。22日,杨福同追到石亭村,中伏被杀,全军覆没。义和团士气大振,27日占领铁路线上的涿州,在城上树起"兴清灭洋"旗帜。29日义和团占领丰台车站,直逼北京。

新城县的板家窝和白沟镇是义和团的聚集地。新城人张德成,自幼在白沟镇操船为业,常由大清河去天津。静海县的独流镇1899年冬已有义和团坛场,不久遭官方破坏。1900年5、6月间,张德成率新城团众多人来到独流镇重建坛场,号称"义和神团天下第一坛",统率独流、杨柳青一带义

和团众达两万多人。静海县还有一支以曹福田为首的义和团。曹是静海县人,行伍出身,他奔走于静海以南的青县、沧州直至邻近山东的盐山、庆云一带发展义和团,自称"署理静海一带义和神拳",他所统率的团民有数千人。以张德成、曹福田为首的这两支义和团,是稍后进入天津抗击八国联军的主力。

北京城内在1900年春就有了义和团的活动,"凡遇教堂则遍粘招贴,谓三月秒当与教堂为难"号召杀尽洋鬼子。在东单牌楼西裱褙胡同于谦祠内出现第一个义和团坛口。四月初(5月初)有揭帖说:"最恨和约,误国殃民,上行下效,民冤不伸,原忍至今,羽翼洋人,趋炎附势,肆虐同群"。"自三、四月间,都城即有聚习拳棒之事,犹讥闾巷幼童;近则外来拳民,居然结党横行"。

为此清朝政府曾下"认真查禁"的上谕:"近闻京城内外,奸民以拳会为名,到处张贴揭帖,摇惑民心,事关交涉,深恐酿成衅端。应如何防范查禁之处,著步军统领衙门、顺天府、五城御吏会同妥议章程,迅速办理"。义和团全歼杨福同部官兵和占领铁路线上的涿州,引起政府更大震动,命令"统兵大员及地方文武,迅即严拿首要,解散胁从"。但是,由于义和团在北京发展得很快,镇压命令变成了一纸空文。

涿州属顺天府,5月30日,军机大臣刑部尚书兼管顺天府事赵舒翘和顺天府尹何乃莹奏报涿州情况之后,在附片中提出以下意见:"拳会蔓延,诛不胜诛,不如抚而用之,统以将帅,编入行伍,因其仇教之心,用作果敢之气,化私忿而为公义,缓急可恃,似亦因势利导之一法。"这样的意见代表了当时一部分保守大臣的主张,他们想利用义和团的力量来对付外国侵略者。湖广总督张之洞、两江总督刘坤一、直隶总督裕禄等连电中央,主张加紧镇压拳民,以免列强兴兵干预。

这时的西太后,既不想与民意对抗下去,又担心列强出兵,于是想用和平解散义和团的办法来平息内乱。6月3日谕令各州县官"亲历各乡谆切劝导",带兵员弁"毋得轻伤民命"。5日,命赵舒翘和何乃莹往涿州一带劝说义和团解散。6日,又加派军机大臣兵部尚书协办大学士刚毅前往"剀切晓谕",认为非如此"不能期其相安,断无轻于用剿之理"。刚毅是当时清朝政府保守派大臣的突出代表,他到涿州后不仅默许义和团合法存在,而且强令政府军停止镇压。

西太后的策略上的转变和刚毅的禁止镇压义和团,使地方官员相继停止镇压行动,京郊各地义和团遂乘机进入北京。到6月中旬,政府招抚义和团的态度更加明朗,团民便得以大批进入北京,出现了"官兵任其猖獗,城门由其出入"的情况。北京城内的广大贫民手工业者,还有部分官兵,积极参加义和团,"继则身家殷实者亦然,上自王公卿相,下至倡优隶卒,几乎无人不团"。到6月下旬,全城坛口已有一千左右,人数逾十万。

在义和团进入北京前后,天津的义和团也展开了斗争。天津是华北最大的通商口岸,也是帝国主义在中国北部的重要侵略基地,他们在紫竹林占有租界,沿海河设置码头。他们开办银行,建立工厂,广设教堂。大量的外国官员、商人、教士以及其他帝国主义分子麋集在这里。天津距北京才二百多华里,是北京的门户。这时直隶总督已不在省会保定办公,长期驻在天津,这里是全省的军政中心。所以,当时义和团进入天津开展斗争的影响和意义是很大的。

1900年2月,天津开始有义和团民公开练拳习武。3月下旬,义和团揭帖贴遍全城。4月,天津郊区坛口猛增。当时在天津主持军务的直隶总督裕禄和直隶提督聂士成,都是主张镇压义和团的,所以义和团进入天津阻力较大。到6月上旬,有东安县(今河北廊坊)人杨寿臣率领的乾字义和团率先进入天津,在三义庙建立坛口,但人数不多。6月中旬,英将西摩尔率领的帝国主义侵略联军向北京进犯,聂士成激于民族大义,在天津周围停止了对义和团的镇压,转而抵御侵略军。这时,静海曹福田以及天津郊区各坛口的团众相继进入天津,"旬日之间,神坛林立","聚集不下三万人,日以焚教堂、杀洋人为事"。天津义和团来源很广,支派源流繁多,"城内外设坛数十处,群推三义庙为首,号曰总坛,凡会议皆诣三义庙",组织不太松散,力量相对集中。他们处在抗击侵略军的第一线,随着义和团运动的迅速高涨,天津成为这次大规模反帝斗争的主要战场之一。据估计,京、津、保地区卷入运动的群众多达四、五十万人,声势浩大,震惊中外,在全国引起了热烈的响应。

东北三省长期受沙俄侵扰。甲午战争后,"借地筑路",强占港口,激起了东北民众的民愤。1900年2、3月间,营口、锦州已出现义和团组织。6月,发展到盛京(今辽宁沈阳)。沙俄租借地旅顺也出现了"扶保中华,逐去外洋"的揭帖。义和团开始毁坏铁路。至7月中旬,"海城至开原五百里铁路桥房均经百姓拆毁",北方铁路交通陷入瘫痪。吉林、黑龙江等地,义和团也相继而起,号召"保国灭洋",向洋教会进攻,很快就发展到袭击中东铁路沿线的俄国护路军。清朝政府向列强宣战后,部分政府军士兵也和团民一道破坏铁路。7月中旬,长春义和团焚毁了二道沟火车站。7月下旬,义和团和部分政府军围攻哈尔滨。短短一个月内,中东铁路几乎全被拆毁。

内蒙东部,1900年5、6月间首先有义和团在昭乌达盟南部和哲里木盟南部各旗展开斗争,烧毁教堂,惩罚教士。接着在中部集宁和托克托等地出现了义和团揭帖。到7月,东至察哈尔西四旗,西至阿拉善旗三盛公(今内蒙古磴口),北至乌盟四子王旗,南至伊克昭盟(今内蒙古鄂尔多斯)鄂托克旗、乌审旗最南端的城川等地,都有了义和团的活动。在城川攻打教堂时,蒙古王公派兵镇压,义和团提出"上打洋人下打官"的口号,夺取教堂枪支,击退士兵,公审了主教韩默理。

山西省在1900年5、6月间开始有义和团活动,清廷宣战后,更有巡抚毓贤的公开支持,遂得迅速发展。以太原为中心,很快遍及十一州、六厅、四十余县,焚毁教堂90余所。毓贤前在山东罢官即对洋人不满,此时更仰承权贵载漪等人的意向,出于极端盲目的仇外情绪,相继杀死150余名外国传教士及其眷属子女,也从而煽起义和团众屠杀外国侨民的排外狂热。

河南省原有大刀会很活跃,当直鲁义和团兴起时,河南义和团迅速与大刀会结合展开反洋教斗争。1900年7月,南阳义和团上千余人围攻天主教靳庄教堂,高呼"扒洋楼,报冤仇"的口号。9月,确山义和团捣毁韩庄教堂。林县义和团还打开教堂仓库,救济贫民。总计全省四分之三的教堂被捣毁。到1900年下半年,南方各省及西北、西南广大地区,也都出现了群众性的反帝斗争浪潮。例如,浙江有白旗党、百姓教等会党起义,连破江山、常山、开化等县城;包围西安(今衢县)县署,杀死勾结洋教士的县令吴德潇和数名洋教士;福建厦门曾出现檄文,除有"助清灭洋"这类义和团的一般主张外,还有收复台湾的号召;湖南民众烧毁了衡阳、清泉(两县合并今为衡阳市)、衡山、常宁、耒阳、安仁六县的教堂30多处;甘肃凉州曾出现"杀尽洋人,灭天主教"的匿名传单;新疆伊犁义和团众也设坛练拳;云南、贵州的一些地区,不仅拆毁教堂,甚至聚众数万人,准备要用武力驱逐外国侵略势力。

总之,在短短数月的时间里,义和团运动以京津地区为中心,便迅速波及全国。中国人民掀起了轰轰烈烈的反帝爱国斗争的高潮。

四、义和团的组织和口号

义和团没有形成统一的组织,他们有的以八卦(乾、坎、艮、震、巽、离、坤、兑)分团,主要在京津一带,如乾字团、坎字团等,有的不带卦名。其基层组织是"坛",又称坛口、坛场(厂)、拳场(厂)。坛口大多设在庵观寺庙这些本来就是供奉神佛的地方,也设在其他公共场所、空闲房舍中。后来势力大了,在衙署、府邸、书院、营房,乃至前沿阵地上都有了坛口。设坛也称"安坛"、"铺坛"、"铺团"、"设场"。各个坛口都供奉神仙牌位,如洪钧老祖、玉皇大帝、关圣帝君、杨二郎、孙悟空、刘备、张飞直至黄天霸,都是他们所能知道的戏曲小说中的人物。

坛口大门竖立大旗,上书:"扶清灭洋"、"助清灭洋","保清灭洋",或"义和神拳"、"天兵天将"等,并不统一。各坛口人数多少不等,少者数十人,多者几百人,甚至上千人,逾万人。安坛者筹设场地,从外地邀来老师请神传法,参加者要经过传法的仪式。此处安坛后,此处的大师兄即可应邀到其他村镇安坛,新安坛的大师兄又可到其他村镇安坛,这样"裂变"式的发展速度非常快。而到后来盛大发展阶段,也有的来不及邀请老师来传法,便自行设立坛场,立个旗号就是义和团了。当时有个歌谣说:"义和团,起山东,不到仨月遍地红",反映了1900年春夏之交义和团在直隶迅速发展的情况。

义和团的首领,一般称大师兄、二师兄,各坛口大小不同,师兄数目也不一样,有的多至六七人。总坛,或某一系统如乾字团、坎字团的领袖,一般称为老师,也有称团首或祖师的。义和团没有形成统一的组织机构,在某一地区尽管也可以传帖聚众,但临场作战也缺乏统一指挥。这种组织上的分散性,再加上浓厚的迷信色彩,决定了义和团有十分落后的一面,这使得他们在战斗中虽然十分勇敢,但付出的牺牲过大。

义和团的参加者以男青年最多,也有十几岁的少年。时人说:"三十以上甚少,二十岁以下,十二、三岁居多"。其中还有妇女组织,称红灯照,"皆十五、六好女子也"。义和团的主要成分是农民,也有失业的水手、脚夫、筑路工人、盐民、小手工业者、小商贩和店员,以及散兵游勇。到迅速发展时期,不少中小地主、政府官吏和政府军也参加了义和团。毓贤所部"佐字二营"、董福祥的甘军、北京的虎神营、神机营,都有许多士兵和下级军官参加义和团。天津武备学堂也安上了义和团坛口。这样众多而又复杂的人员都加入义和团,表明在民族危亡的紧急关头,大家抱有强烈的反侵略愿望。同时也反应出了中国再度面临人口超重问题,无业游民甚众,青少年无业可就的待业青年太多。

各地义和团的口号不尽相同。1894年,在山东和江苏、安徽北部大刀会活动地区,就有了"兴华灭洋"的口号。到1898年,则有四川大足提出"顺清灭洋",湖北长阳、长乐提出"保清灭洋",山东冠县提出"助清灭洋"。1899年山东平原也提出"兴清灭洋"。是年底直鲁交界又多打出了"扶清灭洋"的旗号。到1900年,直隶、京津等地义和团运动日趋高涨,特别是政府招抚政策日占上风的时候,"扶清灭洋"才更广泛地传开,成为义和团普遍使用的口号。

上述各口号中的后二字"灭洋"是一致的,但前二字不同。"兴华"很明显是指振兴中华,而这"华"字指国家。"顺清"、"助清"之"清",则显然是指清朝政府,表白意在"灭洋",不是造反;且有为政府出把力的意思。至于"兴清"、"保清"及后来普遍用的"扶清",意思是扶持政府抗拒列强,以避免政府再次出现"软弱"现象。但这个"大清"可以理解为清朝廷即清朝政府,也可以理解为大清国即中国。当时大多数人是作前一种理解的。但是,由于各地义和团的自发性和分散性,也有不理解为扶保清朝政府的。例如进入天津的义和团首领"有名为某皇上者";沧州南乡有某举人"拳众奉以为帝,其下置宰相军师";定州"城东王习村有乡人称帝,设军师将佐诸目";山西太原县拳民

"拥立一幼童为伪主,妖妇某氏为杨娘娘,且有兵部尚书、镇殿将军各伪号"。打起了改朝换代自立为王的主意。

自立皇帝,这与来自白莲教的造反传统有关,但就义和团运动当时来说,这意味着并不承认清朝皇帝,也就是并不"扶"清朝政府。所以对"扶清灭洋"这一口号来说,各有各的理解;不过把"扶清"理解为扶保支持清朝政府的是大多数。

"扶清灭洋"这一口号是群众在反洋教斗争的实践过程中提出来的,它反映了当时中国社会主要矛盾变化,即帝国主义和中华民族之间的矛盾成为主要矛盾,中国内部人民大众之间的矛盾暂时降到次要和服从的地位。他们只是根据反洋教斗争的经验积累和反对列强瓜分的爱国要求才有了"灭洋"的共识,而且要团结在政府周围,共同对外。义和团的广大参加者主要是小青年,他们以"洋人欺压我大清国"来激发民族义愤,用"扶大清、打洋人"来归纳概括这一场反帝爱国斗争的内容。

义和团提出"灭洋",触及了救亡图存的时代主题,但对洋人、洋教和外来事物的统统排斥,又具有盲目排外的落后性。义和团提出"扶清",虽然具有爱国保国的含义,将"中国"、"朝廷"、"大清"等观念互相通用,这表明义和团在主观上不反清朝政府。

但是,也要看到,义和团本来就是冲破官府的压制发展起来的。当团民灭洋反教继续遭到官府镇压时,出于自卫,他们也不全受"扶清"的束缚。"扶清灭洋"的提出,曾吸引了广泛的群众参加反帝斗争,使中小地主、封建知识分子、部分官员和士兵也卷了进去,并在一定程度上影响了政府的政策,起了发展队伍和壮大声势的作用。

第五节 八国联军的入侵和《辛丑条约》的签订

义和团运动刚刚兴起,帝国主义要求政府力加镇压;到义和团发展到京津地区时,他们中国认为政府镇压不力,无力按照国际法保证外国侨民的生命财产安全,决定直接出兵干涉。1900 年 4 月 6 日,英、美、德、法联合照会清朝政府,限"两月以内,悉将义和团匪一律剿除,否则将派水陆各军驰入山东、直隶两省,代为剿平"。外国军舰也陆续向大沽口外集结。5 月 28 日晚各国公使开会一致决定联合出兵。德使克林德叫嚣这是"瓜分中国的开始"。

一、清廷对义和团从镇压到支持的转变

5 月 30 日至 6 月 2 日各国侵略军约 400 多人,以保护使馆为名,从天津乘火车陆续到北京,驻进各使馆,并分兵 40 名进入西什库大教堂。6 月 6 日前后,各国驻华公使联合侵华的政策相继得到本国政府批准。10 日,英、日、俄、美、德、法、意、奥八国又在天津拼凑 2000 多侵略军,由英国驻华舰队司令官海军中将西摩尔率领,乘火车向北京进犯。西摩尔预计"将作一趟十分顺利的行军,当天晚上就可以到达北京"。

10 日上午,落垡一带义和团团总倪赞清接到天津义和团传来的揭帖:"火速调团拦截"。倪赞清立即传帖聚众,拆毁铁路,阻击侵略军,砍伐电线杆,切断京津间的电讯联络。侵略军边修路边前进,当日傍晚才到达落垡。12 日到达廊坊,便再难前进了。义和团对抢修铁路的联军和留守落垡的英军发起攻击,14 日在廊坊展开血战。18 日董福祥的甘军一部从北京赶来,和义和团一起猛攻

第十六章 戊戌变法与义和团运动

侵略军。西摩尔退往杨村,打算改由运河乘船向北京进犯。当晚又遭到聂士成的武卫前军和义和团的围攻。西摩尔哀叹"进京之路,水陆俱穷",19日率残部回天津,且战且退,22日才到天津西沽,占据军械局,得以补充弹药。至25日有俄英军来援,才回到天津租界。此役历时半个多月,侵略军毙伤近300人;义和团付出数以千计的牺牲,终于粉碎了西摩尔联军向北京的进犯。

在西摩尔联军被阻截在廊坊的时候,麇集在大沽口外的各国侵略军在俄国海军中将基利杰勃兰特带头策划下,决定攻夺大沽炮台,以开辟大举入侵的滩头阵地。6月16日夜,他们向大沽炮台守将罗劳光发出通牒,限令中国守军于次日凌晨2时交出炮台,遭到拒绝;17日凌晨在限定时间前70分钟,侵略军即向炮台发动进攻。八国联军侵略中国的战争正式爆发了。守军坚决抵抗,击伤敌舰8艘,毙伤敌官兵200多人。而"此次以七国水师攻一炮台,能持至六点余钟之久",使外国人感到"中国兵将未可轻视"。最后炮台虽然失守,但使敌人受创,不能立即集结大军去援救西摩尔联军。

驻京公使在策划西摩尔联军进犯北京的时候,曾委托当时任大学堂教习的美国传教士丁韪良草拟了一个控制和瓜分中国的意见,共四条,主要内容是:

(一)在列强共同议定下,流放皇太后,恢复光绪帝的合法权力;
(二)取消皇太后自政变以来的政令及其对党羽的任命,新政权同意者除外;
(三)光绪帝的维新计划可经列强批准恢复执行;
(四)让列强划分势力范围,指派代表控制范围内的省政当局的行动。西摩尔联军未能进入北京,以后形势变了,这个拟议中的草案也未正式出台。但迫使慈禧把政权交给光绪的主张,曾在议和时提出来过。

清廷对帝国主义侵略者是战还是和,对义和团是剿还是抚,存在着意见分歧。以载漪为首的保守派,一向反对洋务运动和痛恨洋人,主张利用义和团打击洋人。外省重要督抚李鸿章、刘坤一、张之洞等力主镇压义和团,恢复国内秩序,遵守国际法规,保证外国侨民安全,避免与列强开战,坚持其和平发展经济、增强国力的富国强兵的主张。京官中以总理衙门大臣袁昶、许景澄为代表,认为义和团不足恃,更不能对列强宣战。也有一些见风转舵、依违两可的。

慈禧在"废立"问题上不满外国人的反对,因而受载漪、徐桐、刚毅等力主利用义和团的盲目排外主张的影响;她又慑于义和团迅猛发展的威力,害怕镇压义和团会引起更大的农民起义,危及国家安定团结。但若公开"招抚"义和团,等于公开支持义和团,属于政府公开违背国际公约,势必引发列强武力干预。所以在5月末到6月初发布的上谕,对义和团明的镇压给列强看,暗中招抚。暗中招抚之后,义和团的势力发展越来越大,到6月10日命载漪管理总理衙门,表明对外国态度转向强硬,慈禧开始站在民众的一边。6月中旬西摩尔联军向北京进犯,被阻截于廊坊;同时义和团大批进入北京捍卫京城。面对忽然紧张起来的局势,清朝政府不能不有所决定表态了。政府即得罪不起义和团,又得罪不起列强,政府内部又分两派意见,结果总是动摇不定。

6月16日至19日4天。连续召开4次有王大臣多人参加的御前高级会议。16日第一次会上,慈禧还让与会者"各摅所见"。就在这天下午御前开会的时候,义和团焚烧前门外大栅栏老德记西药房,大风中火势蔓延,烧毁北京民户商店数千家,北京地面秩序走向失控。这天半夜,江苏粮道罗嘉杰派他的儿子送交荣禄一份机密情报,即列强将要提出的照会四条:

(一)勒令皇太后归政;

(二)指明一地,令中国皇帝居住;

(三)代收各省钱粮;

(四)代掌天下兵权。17日黎明荣禄报告给慈禧。

这4条有可能就是上述丁韪良所拟四条的传述,有讹误,但要慈禧归政及控制光绪皇帝是一致的。这使慈禧既恨又怕。列强试图控制中国主权的做法,激起了大臣们的愤怒,在以后几天的会议中,决定利用义和团对洋人开战。

21日发表"宣战上谕":"与其苟且图存,贻羞万古;孰若大张挞伐,一决雌雄。"同时谕令各省督抚招团御侮。若抵不住外国兵的入侵,则形势转移,再相机行事。

以慈禧为代表的清廷此时决心对外国"宣战",但绝不是想和西方彻底决裂,关门自闭。所以在宣战以后数日内连向李鸿章、刘坤一、张之洞等各省督抚发出电旨,表白"朝廷慎重邦交,从不肯轻于开衅";无如义和团来势迅猛,已遍布京城,"剿之则即刻祸起肘腋","只可因而用之,徐图挽救"。又电谕驻外使节向各国政府说明"中国万不得已"之处,"即不自量,亦何至与各国同时开衅,并何至恃乱民以与各国开衅",这些"乱民"还是要"相机自行惩办"的,请求各国"深谅"。

清朝政府宣战之后,给北京义和团发放粳米2万石,银10万两,称义和团为义民。又任命庄亲王载勋、协办大学士刚毅"统率"义和团,并制定"团规"以控制义和团,不遵行"团规",就是假团,按"匪徒"处理,格杀勿论。

二、京津军民的战斗和八国联军的暴行

八国联军侵略中国的战争事实上早在清朝政府宣战之前已经开始,义和团和部分政府军激于民族义愤,他们的反侵略战争也在宣战之前就已开始了。宣战以后,中国军民的抗击侵略军可以说取得了清朝政府的合法承认。大沽炮台失守后,义和团即开始了天津保卫战。老龙头车站和紫竹林租界地战斗尤为激烈。

老龙头车站在天津城东海河左岸,隔河就是紫竹林租界。车站是联军从大沽向京津运兵的枢纽,也是租界对外联系的门户。租界里设有各国领事馆及大部分洋行。各国侵略军连续开来,屯聚租界,租界成为他们入侵京津的大据点。

6月17日,占据车站的俄军外出挑衅,被义和团挫败。18日,曹福田率团民数千会同部分政府军向车站猛攻,激战竟日,俄兵"死伤有五百名之多",这在当时还起了阻拦他们去接应西摩尔联军的作用。天津人民"送得胜饼与绿豆汤"来慰劳的"络绎于道","各铺户居民皆用红纸书'义和神团,大得全胜'八字贴门旁",以示庆祝。

6月23日,联军8000人由大沽开到紫竹林租界。27日曹福田下挑战书,敌军不应,在租界里布置防御。28日张德成率义和团约5000人来到天津。直隶总督裕禄自清朝政府宣战之后,态度转变,接见张德成,"衣冠出迎,颇尽礼貌"。曹福田即邀张合作,29日向车站发起进攻。这天马玉昆率武卫左军七营刚到天津,裕禄命令他们也投入战斗。几次冲进并占领车站,义和团缺少武器,均被得到增援的联军打退。裕禄召集张德成、曹福田、聂士成、马玉昆会商作战部署,决定曹、马攻老龙头车站,张、聂攻紫竹林租界。

张德成率领义和团在租界西侧进攻。租界敌军在主要街道构筑工事,埋设地雷。张德成驱火牛阵踏过地雷区,大批义和团民随即冲入,予敌以杀伤和破坏,团民牺牲也很大,连日形成拉锯战。

第十六章　戊戌变法与义和团运动

聂士成本来奉命保护铁路，曾镇压过义和团；这时对侵略军作战，激励兵弁，"围攻甚力，恶战者十数次，相持八日，炮声不绝。西人谓自与中国交战以来，从未遇此勇悍之兵"。八国联军这时到达天津的已达18000多人。7月9日晨他们以优势兵力袭击天津城南八里台，争夺西机器局（兵工厂），双方展开激战。聂士成身负重伤，忍死力战，壮烈殉国。清兵战死约300人，团民死者近百人。

在这危急时刻，奉旨帮办军务的宋庆来到天津，他下令"遇有拳匪，准军民格杀勿论"。"各军闻之，皆以一击拳匪为快"。马玉昆也"命团打前锋"，而在后面"炮轰之，毙千余人"。13日联军进攻天津城，只剩部分团民和政府军坚持抵抗，裕禄、宋庆、马玉昆等逃往北仓。14日天津被攻陷。八国联军于7月30日成立"都统衙门"，对天津以及附近的静海、宁河等地区实行殖民统治，直到1902年8月才撤销。当天津义和团和政府军与八国联军鏖战时，北京义和团围攻西什库教堂和外国使馆聚居的东交民巷。攻打西什库教堂，和外国使馆，从6月15日开始，持续到8月14日北京沦陷，始终未攻下。

自6月初有数百名外国军队进入北京使馆以后，即不时击杀使馆外的中国人。6月14日下午德国公使克林德看见内城外边有义和拳练武，即下令开枪，"拳民死者约二十人"。19日，他们封锁东交民巷和东长安街一带，当作他们的占领区，出布告说："往来居民，切勿过境，如有不遵，枪毙尔命"。北京居民和义和团被这些外国人杀害的达数百人。

北京人民义愤填膺。20日克林德赴总理衙门，要再向清朝政府施加压力，行至东单牌楼比利时使馆附近，望见前有中国兵，他在轿中突发手枪，比使馆守兵闻声疑义和团来攻，亦开枪四射，时途中政府军"疑其击己"，予以回击，克林德在"枪弹横飞之际"，中弹死。这天是宣战的前一天。当天下午，慈禧支持载漪等主战派意见，命荣禄指挥政府军和团民围攻使馆。此举违反国际惯例，给列强增加了扩大侵略的借口，造成政治上的被动。随着慈禧很快转战为和，荣禄在她的支持下，对使馆明攻暗保，进而公开保护，所以攻了56天未攻下，而不少团民死于使馆守兵枪弹之下。

8月4日，八国联军近20000人，从天津沿运河向北京进犯。5日，政府军宋庆、马玉昆部与义和团在北仓阻击，毙敌数百，退至杨村。6日联军攻杨村，政府军溃退，裕禄自杀殉国。临时受命帮办武卫军事务的李秉衡出京御敌，9日在河西务战败，退至张家湾，军溃，李秉衡自杀殉国。联军进占通州，13日抵北京城下。14日联军从东面攻入北京。15日慈禧携光绪帝等撤离，出居庸关，经晋北到太原，又到西安。

八国联军所到之处，烧杀淫掠，犯下骇人听闻的累累暴行。

大沽繁华地区被夷为平地。原有5万多居民的塘沽"已无华人足迹"。俄兵把北塘万户人家烧杀大半。天津城内尸体遍地，"沿南面城墙一带尸如山积"，"从南门到北门的大街两旁的房屋已全部烧毁"。"自城内鼓楼迄北门外水阁，积尸数里，高数尺"。侵略者还在大肆抢劫、强奸妇女之时，随意杀人。联军统帅瓦德西从大沽到北京，一路所见，"只是一片荒凉毁坏之景而已"，沿途房屋"大都早已变成瓦砾之物"。

八国联军侵入北京，到处杀人放火，特别是曾安设义和团神坛的地方，房子烧毁，人皆杀害。如烧庄王府时，府内就有1700多人被杀死或被烧死。"京内尸积遍地，腐肉白骨纵横"，"火焚数千万户"，有些地方房屋全毁，"一扫平"。联军强奸妇女，甚至掳为"官妓"，许多妇女因怕侮辱而自杀。

"联军占领北京之后，曾特许军队公开抢劫三日，其后更继以私人抢劫。北京市民所受之物质损失甚大。"使馆人员及传教士也参加抢掠。日军从户部抢去300万两银子，并烧房毁灭罪证。英军、美军把抢来的东西造册拍卖,卖的钱按官阶高低分赃。礼王府存有现银200余万两,全被法军抢去。法国主教樊国梁从户部尚书立山家抢去值百万两银子的财物。俄军粗野,抢掠颐和园的珍宝,并常随意把物件打碎。瓦德西把十七世纪制作的古天文仪器掠送柏林。翰林院藏的孤本《永乐大典》损失殆尽,还有其他珍本图书损毁4600余册。"自元明以来之积蓄,上自典章文物,下至国宝奇珍,扫地遂尽。"联军统帅瓦德西供认:"所有中国此次所受毁损及抢劫之损失,其详数将永远不能查出,但为数必极重大无疑。"

三、"东南互保"和沙俄侵占中国东北

当清朝政府颁布对外"宣战"上谕时,长江流域及东南沿海各省地方督抚,均属洋务派官员,一向不主张与列强决裂断送中国的改革开放,发起了"东南互保"。

帝国主义害怕义和团以及政府军在中国北部展开的反侵略斗争将会进一步影响到南方,特别是英国害怕义和团的势力发展到它的势力范围长江流域,还担心政府军愈来愈倒向义和团。1900年6月15日英国外交大臣索尔兹伯里采纳英国驻上海总领事的建议,复电指示通知两江总督刘坤一:"如果他采取维护秩序的措施,他将得到女王陛下军舰的支持",并向湖广总督张之洞"提出一项同样的保证"。

刘坤一、张之洞等洋务派一直是主张镇压义和团的,现在英国表示"支持",他们当然愿意;不过"目前不希望有任何军舰驶入长江","他们完全能够维持秩序",又表明了不希望外国直接干预的态度。英国也不愿他国军舰借此机会进入长江,所以也同意如此。此时督办芦汉铁路大臣盛宣怀正在上海,他同帝国主义和东南各省督抚有密切联系,起了穿针引线并从中策划的作用。

清朝政府发布"宣战上谕"后,刘坤一、张之洞拒绝执行,并即于6月26日打电报授权盛宣怀和上海道余联沅,同各国领事正式会商,订立《东南互保章程》,规定"上海租界归各国共同保护,长江及苏杭内地均归各督抚保护,两不相扰"。两广总督李鸿章、山东巡抚袁世凯,本来就是赞成"东南互保"的。浙江巡抚刘树棠随即参加。闽浙总督许应骙也宣布"与江鄂办法不谋而合",并于7月14日同俄、英、美、日等六国签订《福建互保协定》。

"东南互保"维护了中国南方的社会秩序和经济秩序,确保了中国经济的重地,也维护了长江流域列强的商业利益。是中外勾结的产物。"东南互保"又集中暴露了地方督抚对中央的离心倾向,这对此后的政局也产生了影响。与"东南互保"同时,沙俄却公然出兵侵占了中国东北。每一次"爱国内乱"都使列强乘机入侵和掠夺。

沙俄素有侵占中国东北的野心,这时便以"护路"为借口,于1900年7月9日发布动员令,调兵15万大举入侵。一路从伊尔库次克攻呼伦贝尔(海拉尔),一路从布拉戈维申斯克(海兰泡)攻瑷珲、墨尔根(嫩江),会攻黑龙江首府齐齐哈尔,并南下长春;一路从哈巴罗夫斯克(伯力)沿松花江攻占哈尔滨;一路由乌苏里斯克(双城子)经宁古塔(宁安)占吉林;一路从符拉迪沃斯托克(海参崴)攻占珲春;一路从旅顺攻入盛京(沈阳)。参加八国联军的俄军还分兵出山海关攻占锦州。从7月到10月,东北主要城市和交通线都被俄军占据。

俄军所到之处,野蛮烧杀,给我东北造成严重灾难。特别是在入侵开始时就制造了血洗海兰泡、强占江东六十四屯、火烧瑷珲城等惨案。

海兰泡在黑龙江左岸,和黑河隔江相望。沙俄侵占后改名为布拉戈维申斯克。到1900年居民

有3万多,半数以上是中国人。从7月17日到21日,俄军以暴力驱赶中国居民落江,"伤重者毙岸,伤轻者死江,未受伤者皆投水溺亡,骸骨漂溢,蔽满江岸",死者5000余人。

江东六十四屯在黑龙江左岸精奇里江以南,居住着中国的汉、满、达斡尔等族人民。1858年《瑷珲条约》规定江东六十四屯属中国管辖。与海兰泡大屠杀同时,俄军也在这里大肆烧杀,中国居民被烧杀致死及落江溺死者2000多人,只有少数被救过江来。沙俄从此强占了江东六十四屯。瑷珲是边境重镇,8月4日俄军强行占领,又纵火焚城,中国人死者数千,全城被毁。

俄军在其他地区也大肆屠杀。列宁当时曾撰文痛斥俄军在东北地区"杀人放火,把村庄烧光,把老百姓驱入黑龙江中活活淹死,枪杀和刺死手无寸铁的居民和他们的妻子儿女",并且严正指出:"沙皇政府在中国的政策是一种犯罪的政策"。

东北军民满怀民族仇恨英勇抵抗,如在瑷珲,副都统凤翔率3000守军"死力拒敌",义和团民也高举"救清灭洋"旗帜配合作战。瑷珲城破后,凤翔退守兴安岭、北大岭(大青山),率军民拒战,直至牺牲。又如在三姓(依兰)、珲春、海城,均有军民抵抗,毙敌数百。珲春失守后,由义和团民、猎户、路矿工人及部分政府军组成"忠义军",转战各地,继续打击沙俄侵略者。

沙俄企图永久霸占东北,胁迫清盛京将军增祺于11月8日签订《奉天交地暂且章程》,规定中国解散当地驻军,沙俄有权在盛京等地驻军,并在盛京设总管,预闻要公。这是要把盛京以及整个东北地区变成沙俄的殖民地。消息传出,立即引起中国人民的强烈反对,清朝政府也不敢批准。

四、中外力量联合镇压义和团与《辛丑条约》的订立

八国联军侵占天津后,曾想任命一个总司令以协调侵略步骤。俄国想抢得这一职位,英日反对。8月初,德皇威廉二世利用英俄矛盾,又借口其驻华公使克林德被杀,建议由德国元帅瓦德西担任联军总司令,俄国首先赞同,其他各国随后也表示接受。9月25日瓦德西到天津。10月17日进入北京。联军侵入北京后,分区占领,将北京城置于他们的直接军事统治之下。他们公然张贴布告,禁止中国人民反抗。布告说:"遇有执持枪械华人,定必即行正法;若由某房放枪,即将该房焚毁。"

联军还以北京为基地,派兵四出扩大侵略。9月下旬,俄军沿京榆铁路攻占北塘,扑向山海关。英军闻讯,立即从大沽派出军舰,于9月30日赶到山海关先行占领。次日俄军来到,几乎发生冲突。后来由联军总司令瓦德西主持决定归各国共同占领。10月联军由北京南下,占领保定、正定、井陉,直逼山西;天津联军向南窜犯到山东边界。11月,联军又从北京出长城,进犯宣化、张家口。按照瓦德西的命令"所到之处,均应尽力搜捕拳民,捕之后,立即枪毙"。

在天津未失陷前,7月8日,清廷即调李鸿章接任直隶总督,在联军出天津开始攻向北京时,8月7日,又任命李鸿章为全权大臣,与各国议和。李鸿章是洋务运动主将,是主和派,政府一决定主和,就派他去背这个遭百姓骂名的差事。

慈禧出逃路上,派管理总理衙门的庆亲王奕劻先回北京议和;又发布"剿团"谕旨,要"痛加铲除","严行查办,务绝根株"。而对于四出侵扰的外国侵略军,李鸿章命令"各军勿得迎敌",反而要"优礼劳军,吏迎兵撤,示以无他",不与列强发生正面冲突。清朝政府迫于压力,像先前镇压太平天国运动一样,合力镇压义和团,这也就是清朝政府与列强议和的前提基础。

甲午战争以后,帝国主义认为只需一小队军队便可横行全中国。他们竞相在中国抢夺"势力

范围",掀起"瓜分风潮",到义和团运动兴起时,这个风潮还在发展势头上。1900年5月各国驻华公使决定调兵来北京时,即有借此机会"瓜分中国"的企图。但是,经过义和团和部分政府军奋勇抵抗两个月之后,使得帝国主义不得不改变看法。侵略者"于此次'拳民运动'中"看到中国人民"含有无限蓬勃生气"。外国舆论也认为"中国人决不甘心各国瓜分","瓜分之说不啻梦呓"。瓦德西说:"无论欧美日本各国,皆无此脑力与兵力,可以统治此天下生灵四分之一也。"于是他们不得不放弃"瓜分中国"的妄想,转而要在中国争夺和扶持代理人。

八国联军攻占北京之后,这种争夺就开始了,主要在英俄两国之间展开。

俄国要保全亲俄的慈禧—李鸿章政权,摆出"友好"姿态,首先承认李鸿章为清朝政府的议和全权代表,主张各国立即从北京撤军,从而换到清朝政府对它强占东北的承认。英国则不承认李鸿章为全权代表,反对撤兵,声称要等"中国立有合例政府方可开议"。所谓"合例政府",就是可以由光绪帝主政的亲英政府。德国在联军占领北京后,继续派遣大批军舰和陆军来华,计划侵占烟台,进一步控制山东,并向清朝政府索取更多的权益。因此,它也反对撤兵及立即议和。日本因与俄国争夺中国东北有矛盾,支持英国的主张。法国因反对英国在两广的扩张,又在一定程度上同意俄国的建议。美国提出《第二次门户开放宣言》,附和俄国主张。关于撤兵、议和的争论最后达成妥协:不撤兵,先开议;承认"皇太后(慈禧)为合例",接受李鸿章为议和代表,但清朝政府须接受各国提出的全部条件。

中国的命运几乎决定在外国人手里。弱国无外交也。

1900年12月24日,出兵侵华的俄、英、美、日、德、法、意、奥八国,再加上比利时、西班牙、荷兰三国,共同向清朝政府提出"议和大纲十二条",并声称"无可更改"。这个"大纲"基本上包括了后来正式和约的主要内容。慈禧在西安得到奕劻、李鸿章的报告,见"大纲"中没有"万不能行之事",于是电谕奕劻、李鸿章"应即照允"。

此后,列强又为"惩凶"和"赔款"问题与李鸿章为首的和谈代表激烈争吵,僵持不下,直至1901年9月7日,在列强的强硬威逼之下,中国再次忍辱签订了丧权辱国的《辛丑条约》,正约之外还有19个附件,主要内容是:

(一)中国赔款白银四亿五千万两,以海关税、常关税、盐税为担保,分39年还清,加上年利四厘,总数共达九亿八千多万两。还有各省地方赔款共二千多万两。不仅数目空前巨大,关税、盐税从此也落入帝国主义控制之下。

(二)在北京划东交民巷为使馆区,帝国主义在此驻兵,中国人则不准在区内居住。

(三)北京到大沽的炮台"一律削平"。从北京到山海关铁路沿线的12个战略要地准许各国派兵驻守。

(四)惩办在义和团运动中和帝国主义对抗的官员。永远禁止中国人成立或加入反帝组织,违者处死。地方官辖区内若有反帝活动,必须立时镇压,否则"即行革职,永不叙用"。

(五)改总理各国事务衙门为外务部,"班列六部之前",改王大臣多人兼值为"特设员缺,以专责成"。

《辛丑条约》是帝国主义列强联合起来强加给中国的一个严重的不平等条约。列强极度贪婪地对中国勒索大量赔款。

第十七章
19世纪中后期的思想文化与科学技术

西方列强打入中国之后,对中国的传统思想和文化产生了巨大的冲击,19世纪中后期的思想文化主要是学习西方的文化知识,同时也反思中国的传统文化,两种文化也产生了激烈的碰撞,与此同时,学习西方科学技术也产生热潮,翻译和介绍了大量的西方科技,科学技术也有新的发展。

第一节 19世纪中期的思想文化与科学技术

鸦片战争后,一些有识之士看到社会险象环生,"山雨欲来风满楼",常聚首宏议,慷慨悲歌。他们以天下为己任,开始提倡经世致用思想。与这一思想相对应的是对西方科技的学习与翻译。

一、思潮与学术

1826年,由贺长龄、魏源编纂的《皇朝经世文编》问世,集中反映了经世思潮的发展成果。到第一次鸦片战争前后,推动倡导经世思潮的代表人物,除了贺、魏外,还有陶澍、林则徐、龚自珍、姚莹、包世臣、何秋涛、张穆、徐继畬等人,形成了当时的经世派。

经世派倡导经世思想,着力点有二:一是讥切时弊;二是倡言社会改革。

经世派怀着忧国忧民的心情,对社会的积弊沉疴进行了广泛的抨击。在讥切时弊的同时,经世派还探讨了如何使国家振衰起弊的问题。他们根据儒学的"变易"观,提出了"变法"主张。龚自珍大声疾呼:"一祖之法无不敝,千夫之议无不庑,与其赠来者以劲改革,孰若自改革?"魏源也强调:"变古愈尽,便民愈甚。"具体地说,便是提倡"实政"、"实学",企求匡世济民的实效。所谓"实政"、"实学",是指与国计民生息息相关的一切政务和学问,诸如漕运、盐政、农事、河工、兵制、刑律、吏治、科举及边疆地理等。所以龚自珍的《农宗》、《平均篇》、吴铤的《因时论》、汤鹏的《浮邱子·医贫》等,都提出了各具特色的"均田"、"限田"主张,以期缓和当时愈演愈烈的土地兼并问题。

魏源的《筹漕篇》、《筹鹾篇》、《筹河篇》,以及林则徐的《畿辅水利议》等,都对治理漕、河、盐三大政做了有益的探讨。至于何秋涛的《溯方备乘》、张穆的《蒙古游牧记》等书,则对中国的边疆地理及与邻国的关系作了开拓性的研究,提醒国人加强边疆建设,抵御外来之敌。

鸦片战争后,中国面临着西方的侵略,民族危机日亟;同时,欧风美雨东渐,又为时人提供了开眼看世界的机会。由是,经世派中一部分人开始向西方寻求救国之道,从而为传统的经世思想注入了新的时代精神。在这方面,林则徐、魏源、姚莹、徐继畬最具建树。

林则徐作为杰出的政治家和爱国者,不仅主张坚决抵抗外国侵略,而且成为近代中国开眼看世界的第一人。他在广东主持禁烟的过程中,较早地摆脱了士大夫盲目虚骄的心理,为了解"夷情","日日使人刺探夷事,翻译夷书,又购其新闻纸。"林则徐主持翻译了《澳门新闻纸》、《华事夷言》,又把有关外国史地的资料译成《四洲志》。他还注意学习西方船炮技术,不仅购置西方船炮以为我用,而且组织人力摘译有关船炮操作的资料,以便仿造西式战船。林则徐以钦差大臣之尊,力倡探求域外新知,开了风气之失。他被清朝政府遣戍新疆伊犁后,亲自踏勘天山南北,积极组织当地群众兴修水利,发展农业生产,并以兵农合一、屯垦戍边的办法,谋求增强西北边疆的防御力量。

魏源(1794~1857年),字默深,湖南邵阳人。他与龚自珍、林则徐等交往甚密,提倡经世之学。他曾代江苏布政使贺长龄编辑《皇朝经世文编》,助两江总督陶澍筹议漕运、盐政、水利诸政。鸦片战争期间,他参加浙东抗英斗争,后退而著述,在《四洲志》的基础上增补中外资料,于1842年撰写成著名的《海国图志》50卷(后扩为100卷)。这部著作较为系统地介绍了世界各国的地理、历史、政情,总结了鸦片战争的经验教训,并提出了"师夷长技以制夷"的主张。

魏源认为,要强国御侮,首先要"洞悉夷情",了解世界。承认西方有值得中国学习的"长技"。他说:"夷之长技三:一战舰,二火器,三养兵练兵之法。"魏源建议,在中国设立兵工厂和造船厂,聘请"洋匠"来华施教;同时,译西书,改革科举考试制度,培养新式人才。他期待这样就可使西方"长技"尽为中国所得。

魏源最早从观念形态上提出"师夷长技以制夷"的鲜明主张,对其时和后来的思想界都产生了深远的影响。《海国图志》流传到日本,也助益了日本的明治维新。

汉宋学的合流。在鸦片战争后很长的一段时间里,由政府支持的汉学和宋学仍然在学术领域占据着主导地位。汉学又称考据学、朴学,曾在乾嘉时期鼎盛一时,成为清代的显学。嘉道以后,汉学受到批评,不过仍然保持着一支人数可观的著者队伍,在经学、小学等研究领域中,有影响的学术著作不绝于世。

宋学,又称理学、义理之学,或性理之学,开创于宋代。由宋至明,这一学派分为程朱派和陆王派。自南宋后,程朱理学被奉为官方哲学,受到历代统治者的扶植。清初,理学在政府的支持下一度显赫,后因汉学的冲击,被多数士人所冷落,沉寂了百余年。但到嘉道年间,理学士人承汉学衰落之际,大力倡导,又使程朱理学出现了复兴的局面。许多理学家把汉学看作理学复兴的最大障碍,不遗余力地予以抨击,重新挑起了汉宋之争。

19世纪50~60年代,全国的反清起义打乱了社会道德秩序,清朝统治者大力提倡程朱理学,试图以此重建社会秩序。北京政变后,清朝政府为了树立"正人立朝"的形象,大量起用讲求理学的大臣。曾被闲置的倭仁、李棠阶、吴廷栋等理学宿儒先后调入中央,委以重任。曾国藩被授为钦差大臣、两江总督,掌握了很大的军政权力。各地也都出现了不少理学名士,由是理学势力益盛。

此期的理学营垒大致分为两个主要的派别:一是以倭仁、李棠阶、吴廷栋为首的主敬派;一是以曾国藩为首的经世派。

理学主敬派是理学营垒中的正统派,以儒学正宗自居,主张以程朱的道德论为中心来发挥理学思想。他们认为,天下国家是靠人心来维系的,而人心的善恶则取决于学术的正邪。他们把程朱理学视为唯一的"正学",试图以此统一整个学术界。由于过分强调道统、学统的纯洁性,主敬派带有较强的门户之见。他们论学除了探讨道德修养的一些问题外,就是热衷于各种学术上的论辩,如程朱陆王之辩、君子小人之辩、"夷夏"之辩、义利之辩等。在思想方法和治学方法上,他们表现得比较拘谨和守旧,满足于重复程朱的一些思想结论,缺乏理论上的创新精神。

理学经世就是理学的革新派。早在嘉道年间,活跃在湖南的理学士人如贺长龄等就开始倡导"义理、经济"合一的主张,企图以经世之学的"实",来济程朱理学的"虚"。曾国藩后来进一步发挥了这种观点,成为晚清理学经世派的代表人物。他把"经济"从"义理"中独立出来,将它与"义理"、"考据"、"辞章"相并列,成为一门独立的学问。他说:"为学之术有四:曰义理,曰考据,曰辞章,曰经济。"从而对姚鼐曾经提出的儒学由义理、考据、辞章三大部分组成的观点作了重要的发展。

理学经世派具有地主阶级改革派的思想特征,知权达变、崇尚实务、注重事功。此外,他们为学少门户成见,主张对程朱以外的各学兼容并包。他们中的一些人还能在一定程度上接纳西学(主要是西方的自然科学),表现出时代的眼光。

汉宋学由对峙走向合流,是同光时期学术领域出现的新动向。这是由双方有识之士共同促成的。宋学方面的曾国藩、朱琦等提出了以下汉宋调和的理由:一、汉宋学都是孔门儒学的一部分,二者殊途同归,都能通向"圣人之道"。朱琦说:"学之为途有三:曰义理也,考订也,词章也。三者皆圣之道也。"二、汉宋学宗旨相同。曾国藩把汉学宗旨概括为"实事求是",把宋学宗旨概括为"即物穷理",认为二者的基本精神都是"务实"。他说:"实事求是非即朱子所称即物穷理者乎。"又说:"即物穷理云者,古昔贤圣共由之轨,非朱子一家之创解也。"他们对以往旷日持久的汉宋之争表示厌倦,主张通过调和汉宋学来解救儒学面临的危机。汉宋调和的观点在汉学营垒中同样得到响应。不少汉学家放弃了固守门户的立场,开始对乾嘉汉学进行反省,肯定在经学研究中有必要借鉴宋学的某些方法。陈澧、黄式三、王先谦等人都是汉学派中主张汉宋调和的代表人物。

在汉宋调和的学风影响下,一些学者著述兼采汉宋,体现了同光时期传统儒学发展的新趋向。

二、诗歌与散文

宋诗运动与桐城派古文的复兴。鸦片战争以后雄踞文坛,左右着士大夫文学趋向的是宋诗派和桐城派。

在道光、咸丰年间,清代诗坛出现了学习宋诗的潮流,形成了一个所谓学人与诗人之诗合一的流派——宋诗派,又称"宋诗运动"。祁寯藻(1793~1866年)、程恩泽(1785~1837年)、郑珍(1806~1864年)等是此诗派的健将。他们写诗学杜甫、韩愈、苏轼、黄庭坚。后曾国藩出,专宗黄庭坚,"宋诗运动"得到进一步发展,蔚然成风。

"宋诗运动"的出现不是偶然的,它反映了清代诗人因不满意明代文人一味模拟盛唐,走向形式主义的倾向,企图另辟新径。但因生活贫乏,思想平庸,他们的创新仅限于形式上下工夫。他们标新立异,以生涩为贵,以险怪为新,避熟就冷;而他们又多是显赫的官僚和考据名家,喜欢从经史乃至训诂考据中寻找诗材,这样他们的创作便又走上了模拟宋诗的形式主义的绝路。

程恩泽的诗文集、《勤学斋笔记》、郑珍的《巢经巢诗集》、何绍基的《东洲草堂诗集》等,是这一时期宋诗派的代表作。他们的诗作多是些模山范水,官场唱和,描摹个人日常琐事的作品,追求闲清雅趣,缺乏思想内容。还有一些攻击太平天国,阿谀朝廷的作品。但其中有些山水记游诗写得自然、生动。他们中的个别人物,如郑珍写了不少关心民间疾苦,反映现实生活,富有其家乡贵州风俗民情特色的诗篇。

桐城派是清代影响最大的散文流派。它由康熙时期的方苞所开创,经刘大櫆、姚鼐等人的发展而臻于完善,称雄文坛。乾嘉时,桐城派一度衰落,至道光朝又有复兴的趋势。在此期,桐城派作家主要是以姚鼐的四大弟子管同(1780~1831年)、梅曾亮(1786~1856年)、方东树、姚莹为中心的一批学者。

桐城派主张"文以载道"和"义理、考据、辞章"合一的思想原则,强调孔孟程朱的"道统"与韩、柳、苏、欧阳和归有光的"文统"之间的紧密结合,为清王朝的政治统治服务,具有明显的封建性和保守性。但桐城派在继承中国古典散文艺术传统方面也取得一定的成绩。如方东树提出为文要"善因善创,知正知奇";梅曾亮主真情实感,要写"人之真";鲁一同强调达性明事等,都是富有积极意义的文学命题。

在散文风格上,他们追求简洁明快,气象恢弘的阳刚之美,而且身体力行,留下不少传世佳作。此外,桐城派的不少作者具有关心现实,忧国忧民的思想感情,其作品议论不离"经济"。管同、鲁一同的不少文章敢于批评时政,揭露时弊,具有一定的思想性,反映了对鸦片战争前后社会问题的深切关注。

咸同以后,随着清朝统治的稳定,桐城派有了进一步发展,进入晚清的鼎盛期。由于曾国藩为该派盟主,此期的桐城派又被称为湘乡派。曾国藩自诩为姚鼐的继承者,网罗贤才,广结名士,形成一个规模颇大的文学集团。其中,吴敏树、吴嘉宾、钱应溥、刘庠、俞樾、张裕钊、黎庶昌、薛福成、吴汝纶等,均为古文高手。为救古文流弊,曾国藩提出"并功、德、言为一涂"的创作理论,用以纠正桐城派传统的"文以载道"、"道艺合一"旧说的偏颇,从而进一步扩大了桐城古文的范围。黎庶昌说:百余年来桐城古文"有文敝道丧之患。至湘乡曾文正公出,扩姚氏而大之,并功、德、言为一涂……使司马迁、班固、韩愈、欧阳修之文绝而复续"。曾国藩还提出"以形写神"、文史并修、兼采百家的创作方法,倡导"雄奇瑰玮"、"光明俊伟"的文风。他的主张在晚清桐城古文的"中兴"过程中起到重要作用。

桐城派文法在学界产生了广泛的影响,对戊戌维新运动以后脱颖而出的新派学者仍具吸引力。著名翻译家严复和林纾,为文皆宗桐城,造诣高深,译作全用古文,译笔简洁、流畅、生动、传神,较好地发挥了桐城派古文在文字表达方面的优点。这些说明,在近代白话文产生以前,以桐城派古文为代表的汉语言文体很有生命力。影响了整整一两代人的文风。到了民国时期,政府的文告中,依然是这种简洁、明快、精练、准确的古文体。

进步的文学潮流早在鸦片战争前,文坛的一些有识之士不满正统文派的沉闷局面,首开近代文学新风的人物是龚自珍。

龚自珍是力主"经世致用"和具有叛逆性格的著名思想家。他的文学创作,体现了自己的思想与风格。龚自珍的诗,勇于面对现实,倡言改革。其《己亥杂诗》,不仅指出外国侵略势力对中国的威胁,而且对广大人民遭受的苦难表示同情。他写道:"不论盐铁不筹河,独倚东南涕泪多。国赋三升民一斗,屠牛那不胜栽禾。"龚自珍的散文,继承了中国现实主义的文学传统。其《明良论》、《乙丙之际箸议》、《古史钩沈论》、《尊隐》等作品,形象生动、寓意深刻,他不满正统文派"文以载道"的诗文理论,主张为文做诗要直抒胸臆,表达真情实感,首开一代关心国事的新文风。

1840年英国侵略者发动的鸦片战争,激起了中国人民的强烈反抗,也激发了广大爱国诗人的创作热情。他们以饱蘸民族义愤的笔墨,创作出大量反映鸦片战争时期军民同仇敌忾英勇抗敌的文学作品,使爱国主义的文学蔚为大观,在中国近代文学史上产生了积极的影响。

在这类作品中,反映鸦片战争题材的诗作占有重要地位,如林昌彝的《射鹰楼诗话》,张维屏的《三元里》、《三将军歌》,梁信芳的《牛栏冈》,贝青桥的《咄咄吟》,魏源的《寰海十言》等。林昌彝的《射鹰楼诗话》,书名之"鹰"是"英"的谐音,即取"射击"英国侵略者之意,包含了诗人对侵略者的正义声讨。他用激愤的笔调揭露了西方殖民势力东侵的祸心,写道:"包藏祸心英吉利,七万里外轮船至。互市高楼鬼岛连,挟山奇货通天智。洋烟流毒剧堪哀,茶药曷换洋米来。"

诗人们用更多的笔墨热情地讴歌了广大军民的抗敌斗争。朱琦的《关将军挽歌》、张维屏的《三将军歌》,都以炽烈的激情表彰了关天培、葛云飞等爱国将领身先士卒,奋勇杀敌,为国捐躯的英雄事迹,塑造了民族英雄的艺术形象。这些作品字里行间洋溢着爱国主义精神,具有较强的艺术感染力。

除了诗歌之外,此期还涌现出大量表达国人抗敌决心的文告、檄文,揭帖及民谣。广东人民及三元里民众曾张贴、散发过大量这类宣传品,如《全粤义士义民公檄》、《粤民檄英夷文》、《乡民讨英檄》、《粤民示谕英夷》、《三元里居民示谕英夷》、《阖省城铺户居民等公启》、《致英吉利国领事官信稿》、《告谕英商大略》等。它们一般出自下层文人之手,内容爱憎分明,感情真切,文字通俗易懂,直接反映了下层民众旗帜鲜明的爱国立场。

三、科技与译书

鸦片战争以后,中国传统自然科学在新的历史条件下继续向前发展,取得成就较大的领域有数学、物理学、天文学、植物学及工艺制造。

在数学领域,学者辈出,著述如林,卓有建树的数学家主要有:罗士琳、项名达、顾观光、徐有壬、戴煦、李善兰等。他们继承了中国古代数学的传统,在整理前人研究成果的基础上有所创新,填补了某些数学研究的空白领域。有的还借鉴了西方数学的成果与方法,把传统数学研究引入一个新的境界。例如:罗士琳曾用12年的时间写成《四元玉鉴细草》24卷,对几乎成为绝学的元代朱世杰的《四元玉鉴》作了深入的研究和阐释,把中国数学界对级数的研究向前推进了一步。清代以前,始终没有一本全面反映中国数学研究成果的专著。直到清嘉道年间阮元主编的《畴人传》问世,才填补了这一空白。

1840年罗士琳继阮元之后,编著《续畴人传》6卷,对前书作了进一步的补充。在40年代,一些中国数学家在没有接触西方数学的情况下,以自己独特的思维方式,取得了接近西方微积分学的研究成果。

1845年,数学家李善兰写成《方圆阐幽》、《弧矢启秘》、《对数探源》等3部著作,创立了"尖锥求积术",列出了10条概括性命题来阐述尖锥术的基本原理。项名达在1848年写成《象数一原》6卷,通过科学分析和逻辑推理,在中国数学史上第一次提出求椭圆周长的正确方法,与西方近代数学用椭圆积分法所得相同。

在物理学方面,郑复光经过10年时间写成中国近代第一部系统的光学专著《镜镜詅痴》,并于1846年付梓刊行。这部专著不仅从理论上论证了几何光学的基本原理,而且介绍了各种类型的光学仪器、器具的制作方法。就全书而言,则以独特的表达方式,说出了与西方近代几何光学本质上一致的结论,从而将中国古代光学研究水平推进到一个新的高度。

在天文学方面,顾观光撰写了《周髀算经校勘记》、《读周髀算经书后》等论著,不仅对《周髀算经》这部产生于公元前100多年的天文学名著做了订正,而且发挥了他对此书中天文学观点的见解,有助于后人对中国古代天文学的研究。顾氏还写成《开元占经鲁历》,详细地将中国历代的历法与西历、回历加以比较,探讨了用新的方法来计算古历法中闰年误差日的数值计算。

在植物学方面,吴其濬前后用了7年时间,于1847年写成《植物名实图考》一书。全书7万余字,凡38卷,分12大类,记载植物达1714种,附图1800多幅,涉及的学科门类有植物学、农学、药学、林学、园艺学诸方面,内容极为翔实丰富。与《本草纲目》相比,该书所收录的植物品种增加了519种,可以说是集中国传统植物学之大成。《植物名实图考》还受到国外学者的重视,曾经传入日本,受到日本学界的高度评价。至今许多国家的图书馆都藏有此书。

在工艺制造方面,著名的工艺师丁拱辰、龚振麟对于新式火炮的制造技术贡献尤大。在鸦片战争期间,他们都参加了清朝政府改进武器的工作。丁拱辰发明了滑车绞架,增强了火炮移动的灵活性。又发明了实心弹和通心弹,减轻了弹体重量,增加了射程。龚振麟在兵器制造方面的最大贡献是发明铁模铸炮法和枢机炮架。此外,他们还在中西结合的基础上写成有关火器制造方面的著作。如丁拱辰撰有《演炮图说》、《演炮图说辑要》;龚振麟著有《铸炮铁模图说》、《枢机炮架图说》、《铁模铸炮法》等。其水平远远超过明末出版的铸炮名著《则克录》。铁模铸炮为龚振麟首创,西方国家在30年后才采用此法。

译介西方自然科学的著作,是鸦片战争后中国科技界出现的一件大事。这项工作的开展对中国科技从传统走向近代,起到了积极的推动作用。

在40～50年代,中国学者李善兰、王韬、张福僖等人在上海先后与外国传教士伟烈亚力、艾约瑟、韦廉臣等通力合作,翻译出版了一批重要的西方科学著作。由李善兰参与翻译的有:《几何原本》(后九卷)、《代数学》、《代微积拾级》、《植物学》、《谈天》、《重学》等;王韬参与翻译的有:《西国天学源流》、《西学图说》、《重学浅说》、《华英通商事略》等。张福僖译有《光论》。此外,英国教会医生合信在这个时期出版了《西医略论》、《妇婴新说》、《内外科新说》等医学著作。这些可以说是鸦片战争后20年间译介西方科技的主要成果。这些著作第一次较为系统地将西方近代代数、几何、微积分、物理学、天文学、植物学及医学等自然科学的知识引进了中国。尽管这些科学新知还十分有限,但它毕竟开阔了国人的眼界,促进了中国与世界科学文化的交流,推动了中国科技事业的进步。

第二节 19世纪后期的思想文化与科学技术

中日甲午战争后,新兴的资产阶级登上政治舞台,掀起了救亡图存,变法图强的维新运动。维新派在继承中国传统思想的基础上,广泛吸收了西方近代的自然科学知识、哲学和社会政治学说,形成了一套与现行政治思想相对立的思想体系。在维新派的思想中,进化论占有重要地位。康有为、严复、谭嗣同的进化观最具代表性。

第十七章　19世纪中后期的思想文化与科学技术

一、资产阶级维新派的进化观

在维新派之前,龚自珍、魏源等改革派应用"穷则变,变则通,通则久"的传统变易观,来论证他们提出的变法主张,解释客观世界和社会历史的发展变化。维新派不仅继承了传统的变易观念,而且进一步借鉴和吸收了西方的进化论,形成了自己的进化观,将龚自珍、魏源等人的"变易"思想发展到新阶段。

康有为的进化观是在杂糅儒学"变易"观、今文经学和西方进化论的基础上形成的。康有为不止一次地引用《易经》中的话,来论述天下万物的变化性,强调"变"是天下万物共有的特性,然而他讲的"变"与《易经》所讲的"变器不变道"的循环变化论根本不同。他认为万物不仅变"器",而且变"道":"盖变者,天道也。天不能有昼而无夜,有寒而无暑,天以善变而能久;人自童幼而壮老,形体颜色气貌,无一不变,无刻不变"。从这种"变"的观点出发,康有为看到了新生事物发展的必然性。他说:"夫物新则壮,旧则老;新则鲜,旧则腐;新则活,旧则板;新则通,旧则滞;物之理也。"他用这种新旧更替的进化观点去观察自然界和社会历史。

康有为还初步认识到事物的变化发展源于其内部所包含的矛盾运动。他用"阴阳"这一中国传统的哲学术语,表达了一些关于事物对立统一、矛盾发展的思想。他说:"若就一物而言,一必有两","知物必有两,故以阴阳括天下之物理,未有能出其外者"。而"生物之始,一形一滋,阴阳并时而着"。这里显然包含了正反两方面和谐并存的哲学思想。

康有为将上述的进化观与今文经学相结合,构成了自己独特的"公羊三世说"的历史进化论。他对今文经学中的"公羊三世说"作了新的解释,即将"据乱世"、"升平世"、"太平世",比附为君主制时代、君主立宪制时代和民主制时代,它们循序渐进,形成世界历史进化发展的必然过程。他说:"盖自据乱进为升平,升平进为太平,进化有渐,因革有由,验之万国,莫不同风。孔子之为《春秋》,张为三世,盖推进化之理而为之"。"人道进化皆有定位,由君主而渐为立宪,由立宪而渐为共和"。他的这些主张,从理论上支持、阐发了君主立宪取代君主制的合理性和历史必然性,成为维新派倡导变法的理论基础。

严复是中国近代史上第一个较系统地介绍西方资产阶级社会政治学说的思想家。1895年他着手翻译赫胥黎的《天演论》,介绍达尔文的进化论。《天演论》的出版轰动了国内思想界,风行海内,产生了很大影响。严复介绍《天演论》不是仅停留于生物进化的领域,而是把进化论提到哲学的高度,为国人提供了一个新的世界观和方法论。由于对西学有着深入的研究,严复的进化思想比其他维新思想家要丰富得多。

严复的进化思想与康有为不同,主要是在学习、吸取西学的基础上形成的。在他看来,客观世界是由一种叫"质点"的物质所构成,"质点"在"力"的作用下进退变化形成了天下万物。他说:"大宇之内,质力相推,非质无以见力,非力无以呈质"。他所说的"力"是指具有对立统一关系的"拒力"(即离心力)和"合力"(即吸引力)。他说:"力既定质,而质亦范力,质日异而力亦从而不同焉。凡可见之动,皆此力为之也"。显然,他试图用自然科学中的力学原理来说明天下万物的变化原因。

严复把达尔文揭示的"物竞天择,适者生存"的生物进化原理视为天下万物发展变化的共同规律,指出:"天演之秘,可一言而尽也:天惟赋物以孳乳而贪生,则其种自以日上,万物莫不如是。人其一耳。进者存而传焉,不进者病而亡焉。""天演"的法则,不仅适于自然界,同样也适于人类社会。他说:"物竞者,物争自存也;天择者,存其宜种也。意谓民物于世,樊然并生,同食天地自然之利矣。动植如此,民人亦然。"严复的这种观点,实际上是社会达尔文主义的翻版。在当时的西方,社会达尔文主义是帝国主义为推行弱肉强食政策,而鼓吹的一种反动的理论。但是,在中国面临列强瓜分、民族危机日亟的条件下,严复介绍"天演论",强调"物竞天择",其本意在告诫国人:因循守旧,难免遭淘汰,陷于亡国灭种;只有变法图强,才是救亡图存的唯一出路。所以他又强调了人定胜天的思想。他说:"天择"(即自然选择)固然是客观规律,但人类不应无所作为,"任天之治",而应"与天争胜","胜天为治",发挥自身的主观能动性,在社会竞争中掌握主动权。

谭嗣同是戊戌维新时期最激进的一位维新健将。他在结合儒学、佛学、西学的基础上提出了自己的进化思想。他同样用变化的观点看待天下万物,强调天下万物无不处于变化之中。他说:"天不新,何以生?地不新,何以运行?日月不新,何以光明?四时不新,何以寒暑发敛之迭更?草木不新,丰缛者歇矣;血气不新,经络者绝矣"。"新"不仅包含着变化,还包括以新代旧的意义。为了批判"天不变,道亦不变"的教条,他对王夫之"道不离器"的观点作了发挥,指出:"道,用也;器,体也。体立而用行,器存而道不亡。"他说:"自学者不审,误以道为体,道始迷离惝恍,若一幻物,虚悬于空漠无朕之际,而果何物也耶?于人何补,于世何济,得之何益,失之何损耶?将非所谓惑世诬民异端者耶?"由此,他得出结论:"器既变,道安得独不变?"意谓中国的客观历史条件已经改变,政治体制也必须相应改变,即君主制必须改变为君主立宪制。这便从理论上发展了洋务派"变器不变道"的观点。

二、"诗界革命"

资产阶级维新运动在文学领域的延伸,掀起了"诗界革命"的潮流。

"诗界革命"作为一个进步的文学思潮,其兴起,约在1896~1897年间。1896年,谭嗣同在金陵刊刻的《莽苍苍斋诗自叙》中说:"天发杀机,龙蛇陆起,犹不自惩,而为此无用之呻吟,抑何靡与?三十前之精力,敝于所谓考据辞章,垂垂尽矣。勉于世,无一当焉,愤而发箧,毕弃之"。他已经认识到,在新的历史条件下,旧诗必须改革,并决心改弦更张,作新学之诗。次年春,黄遵宪在与友人吟诗酬答时也说:"废君一月官书力,读我连篇新派诗。风雅不亡由善作,光丰之后益秾奇"。他首次把自己的诗称为"新派诗"。谭嗣同、黄遵宪的议论和创作拉开了"诗界革命"的序幕。梁启超在《饮冰室诗话》中追述说:"丙申(1896年)、丁酉(1897年)间,吾党数子皆好作此体。提倡之者为夏穗卿,而复生亦綦嗜之。"至于"诗界革命"的口号,则是梁启超于1899年12月在《清议报》发表《夏威夷游记》(旧题《汗漫录》)一文时,最早揭出的。

"诗界革命"是资产阶级维新派倡导的诗歌改革运动。维新派诗人们不满意宋诗派、同光体的拟古主义、形式主义,主张在诗歌创作的内容和方法上实行改革,要求"能以旧风格含新意境",表现新思想、新事物,容纳新词汇,从而使诗歌为维新运动服务。"诗界革命"的思想提出以后,迅速形成了一个颇具声势的新诗潮流,涌现出一批新派诗人。黄遵宪、谭嗣同、夏曾佑、康有为、梁启超、丘逢甲、蒋智由等,便是其重要的代表人物。《新民丛报》在1902~1904年间开辟了"诗界潮音集"专栏,先后刊载了新派诗500余首,作者达40余人。这些诗歌初步显示了"诗界革命"的成绩。最初,新派诗人的创作只追求形式上的"新",把一系列新名词、新概念生硬地搬用到诗作中,表现出明显的不成熟性。后来他们逐渐认识到文学革命的真谛不仅在于变革旧形式,更重要的是变革旧内容,作品的质量也有所提高。

黄遵宪是"诗界革命"的一面旗帜。梁启超评论说:"近世诗人能溶铸新思想以入旧风格者,当推黄公度。"黄遵宪(1848～1905年),字公度,号人境庐主人。广东嘉应州(今广东梅)人。当过20多年的外交官,是戊戌维新运动的积极参加者。在诗歌创作方面,他坚决反对据守六经,模拟古人的宋诗派和同光体。他在自己的诗中批评道:"俗儒好尊古,日日故纸研;六经字所无,不敢入诗篇;古人弃糟粕,见之口流涎。沿习甘剽盗,妄造丛罪愆。"

在批判旧诗传统的基础上,他提出"我手写我口"的创作原则,强调写诗要能表达自己的真情实感,反映现实生活。因此,他主张诗人只有走出书斋,了解生活,才能写出好的作品。他写道:"儒生不出门,勿论当世事。识时贵知今,通情贵阅世。"

黄遵宪的诗作题材广泛,内容丰富,于政治风云、民族战争、异乡情趣、声光化电等,无不涉猎,用艺术手段生动地展现了中国近代社会的历史变迁。他的许多诗篇真实地反映了中国人民遭受西方列强欺凌的悲惨命运,表达了作者的民族义愤。他写的《逐客篇》揭露了美国掠夺华工、虐待华侨的罪行。《冯将军歌》赞扬了爱国将领冯子材率部英勇抗击法国侵略军的英雄事迹。《台湾行》则以十分沉痛的心情描写了台湾人民暂时失去祖国的痛苦,热烈地歌颂了他们高昂的爱国热情。黄遵宪还擅长写长诗,《美国留学生感赋》、《纪事》等诗均是千言长篇,弥补了中国诗作缺乏长篇的不足。他的诗作在近代中国有"史诗"之称,在文学史上占有重要地位。

作为维新派的领袖,康有为的诗作,抒发自己的理想抱负,充满激情。其《东事败,联十八省举人三千人上书》一诗,表达了对统治者卖国行为的无比愤怒和不畏艰难推进维新变法的决心。谭嗣同的《狱中题壁》,则充分显示了这位激进的维新志士的自我牺牲精神和崇高的人格:"望门投止思张俭,忍死须臾待杜根。我自横刀向天笑,去留肝胆两昆仑。"

维新派的"诗界革命"虽然没有完全突破旧诗形式的束缚,实现诗体的真正解放,但它在创作方向及内容等重要方面对中国旧的诗歌传统进行了改革,对当时的诗歌创作发生了很大影响。此后,资产阶级革命派的诗人们继承了这些成果,继续借诗歌反映现实,使之成为宣传共和革命的有力工具。秋瑾、章太炎、柳亚子、高旭、马君武等都曾发表过不少通俗晓畅,脍炙人口的革命诗歌。尤其是以陈去病、柳亚子等为首的《南社》诗人,更是成绩卓著。他们的创作实践,为五四时期的诗歌革命开辟了先路。

三、西方近代科技的引进

19世纪60年代后,随着洋务运动的开展和报刊、学堂、出版机构的陆续增多,西学传播的渠道大大拓宽了。西方近代自然科学和技术知识首先被有组织、大规模地引入中国,对中国社会产生了积极影响。江南制造局翻译馆、同文馆和广学会,是当时翻译介绍西学的3个重要机构。

江南制造局翻译馆成立于1868年6月,是江南制造局的附设机构。著名科学家徐寿是译馆的创始人和组织者。译馆聘用中西学人作为译员。华籍译员有徐寿、华蘅芳、李善兰、徐建寅、赵元益等;西籍译员有伟烈亚力、傅兰雅、玛高温、林乐知、金楷理等。在19世纪后期,江南制造局翻译馆曾经是中国最重要的译书机构,也是传播西方近代科技知识的主要场所。据《江制造局记》一书统计,自1868年至1905年,该馆所译西书共178种。但这个统计并不完备,实际数字要在200种以上。

北京同文馆也设有译书处,组织师生译印西书。译员主要是在馆内任教的外籍教师,如丁韪良、德贞、毕利干、骆三畏等。据统计,30多年中,该馆翻译出版的著作共100多部。

广学会是西方基督教在中国设立的历史最久、规模最大的一个出版机构。1887年由英、美基督教传教士成立于上海。中国海关总税务司赫德任第一任董事长,传教士韦廉臣、李提摩太先后担任总干事。在不到40年的时间内,广学会先后编译出版了包括宗教、哲理、法律、政治、教育、实业、天文、地理、博物、理化等多方面的书籍,多达2000种以上。同时还出版《万国公报》、《中西教会报》等十几种中文报刊。在这些出版物中,西方科技知识是它们宣传的主要内容之一。

在译介西学的过程中,许多中外学者都起到了积极的作用,其代表人物主要有徐寿、华蘅芳、傅兰雅等人。

徐寿(1818~1884年),字雪村,江苏无锡人。早年专心于自然科学研究,60年代初入曾国藩幕府,参与军械修造工作。曾与华蘅芳等人研制出中国第一艘蒸汽轮船"黄鹄号"。江南制造局翻译馆成立后,他与傅兰雅等通力合作,共译书17部(105本,168卷,2272幅图),内容涉及化学、数学、医学、兵学及工艺制造等。他的译著尤以化学最为系统精当,影响亦大。沿用至今的命名化学元素中文名称的原则就是由他创立的。除此以外,他还参与格致书院、《格致汇编》的创办、编发工作,为向国人普及科技知识作出了贡献。格致书院建成后,徐寿出任第一任主持,既讲授科学理论知识,又做实验向听众演示,把那些深奥难懂的科学理论讲解得十分通俗,受到听讲者的欢迎。徐寿之子徐建寅也是当时的一位著名科学家。他先后译出《化学分原》、《汽机必以》、《声学》、《电学》等西书16种。1901年徐建寅在汉阳钢药厂监造无烟火药,不幸因火药爆炸,以身殉职。

华蘅芳(1833~1902年),字若汀,江苏无锡人。早年博览科学书籍,尤精数学。后与徐寿父子同入曾国藩幕府,专办制造事宜。他参与筹建江南制造局翻译馆,并担任算学、地质学方面的翻译工作。先后与西籍传教士玛高温、傅兰雅等合作译成西书共12部160余卷,著名者有《微积溯源》、《地学浅释》、《金石识别》等。此外,华蘅芳还先后主讲上海格致书院、湖北自强学堂、两湖书院多年,造就科技人才甚众。

傅兰雅(1839~1928年),英国传教士,1861年来华。先在北京同文馆、上海英华学堂任教,后入江南制造局翻译馆任译员,在这里先后工作了28年。他独译或合译的西书共有129部。江南制造局出版的译书有一多半是经他之手而成。傅兰雅还与徐寿等人创办了上海格致书院,主编《格致汇编》,致力于科技知识的普及工作。1896年他辞去江南制造局翻译馆的职务,被美国加利福尼亚大学聘为汉学教授,仍与中国友人保持联系,为江南制造局再译成西书14部,并以私人名义资助在中国开办盲童学校。

据梁启超的《西学书目表》统计,从咸丰末年至光绪二十二年(1896年),由江南制造局、京师同文馆、广学会、金陵书局、益智书会等单位刊印的各类西书共353种,其中科技类译著不下300种,从介绍的内容看,既有基础科学,如天文学、物理学、数学、化学、生物学、地质学、地理学等,也有应用科学,如冶炼、制造、化工、开采、纺织、驾驶、军械、医疗等,几乎涉及到当时西方科技的各个领域。单科译介也很全面、系统,如当时出版的物理学译著,对力学、电学、声学、光学、汽学、水学、热学等分支学科都作了较为详备的介绍。

1879年出版的《电学》是傅兰雅和徐建寅根据瑙埃德(Henry M. Noad)所著《电学教科书》译成。

第十七章　19世纪中后期的思想文化与科学技术

全书 10 卷,附有插图,详尽地介绍了静电学、电磁学、生物电流、电化学、电热、电话、电报等,详细反映了 19 世纪中期以前的西方电学概貌。徐寿父子与傅兰雅合译的化学类著作不下 20 种,如《化学鉴原》及续编、补编、《化学求数》、《化学考质》、《化学分原》等。这些书阐述了化学的基本原理和各种重要元素的性质,对有机化学、无机化学、化学的定性及定量分析等知识,都作了系统的介绍。

此外,西方科学界的各种理论,如宇宙生成说、太阳黑子理论、生物进化学说、地层构成理论等,也都先后被介绍到中国。牛顿、哥白尼、伽利略、康德、达尔文、赖尔、爱迪生等世界科学巨匠的名字,逐渐为国人所熟悉。

此期西方科技知识的进一步传播,不仅有利于中国科技的发展,而且也促进了国人的自然观的进步。例如,李善兰接受了哥白尼、刻卜勤、牛顿等人的科学理论后,便对"天动地静"、"天圆地方"的传统观念,作了有力的批判。郭嵩焘根据所学的化学知识,对宇宙物质构成有了新的认识,说:"本质不变者凡六十三种(案:指当时发现的 63 种化学元素),养气、炭气、轻气三者为大纲";薛福成则借助生物进化论,对动植物及人类演化的过程作出科学的说明:"盖自土、水、风、火咸备而植物生;又久之而化生、湿生之物生,虫鱼是也;又久之而卵生之羽族生;又久之而胎生之毛族生;最后,人类蕃育,而地球于是乎大成。"由上可见,这个时期的部分知识分子已经能够初步运用科学知识说明自然现象及其发展历史。

第十八章

资产阶级革命

(1901~1919年)

随着中国的对外开放,西方资本逐步进入中国,在洋务运动的推动下,中国的民族工业有了一定的发展,但是对于外国资本对民族资本的欺压下,中国的民族工业举步维艰,而政府在对付列强方面的软弱,和列强的欺压,促进了资本阶层对参与政治的要求与渴望,在这种环境下,中国的资产阶级展开了一场革命运动。

第一节 资产阶级革命运动的兴起和发展

《辛丑条约》订立以后,帝国主义对中国的侵略更加深入。帝国主义利用《辛丑条约》所攫取的特权,加紧控制清朝政府,完全把中国变为帝国主义共同支配的半殖民地。外国侵略军驻扎在北京,控制了北京至山海关一带的军事要地,把中国中央政府置于他们的军事监督之下。帝国主义的所谓顾问充斥于清朝政府的财政、经济、军事、外交等要害部门。根据《辛丑条约》的规定,英、美、日、德、俄等帝国主义国家与清朝政府改订了税则,英、美、日三国强迫清朝政府先后订立了新的《通商行船条约》,这些条约扩大了帝国主义的商船、军舰在中国内河航行的权利。辛亥革命前夕,全国有八十二个城市被开放为"通商口岸",十六个城市中设有"租界"。帝国主义以此为据点,对各地方政府进行直接的控制和勾结,加强对中国的殖民统治。

一、帝国主义侵略的深入和清朝政府的维新变法

1. 帝国主义侵略的深入

列强对中国资源的掠夺是多方面的,矿山、铁路等利权是这一时期帝国主义掠夺的重要目标。英、美通过商约规定了清朝政府应"招徕华洋资本兴办矿业",这就便于帝国主义加紧掠夺中国矿权。从1902年起的两三年中,英、法在隆兴公司的名义下联合夺取了云南七个府的矿权,英国夺取了安徽铜官山的矿权,法国夺取了四川巴、万两县的油矿权,英、意垄断了山西的矿权,日、俄几乎分占了东北的矿权。帝国主义划分地区争夺矿权,严重地破坏了中国的主权。帝国主义掠夺的中国路权,从1901~1911年间,有粤汉、道清(河南道口——清化镇)、正太、沪杭甬等十四条;由他们直接经营和参加管理的占全国铁路的93%。

辛亥革命前夕,在全国九千六百多公里铁路中,帝国主义直接经营及借款给清廷修筑的约九千公里。它们利用这些铁路,作为进行经济,军事侵略的工具。同时,帝国主义加紧在中国投资设厂。

据不完全统计,1895~1913年间外资在华设立的工厂有136个,不仅数量超过以前,投资的部门也越来越多。这些工厂不仅榨取中国工人的血汗,掠夺中国的原料,还阻碍了中国民族工业的发展。帝国主义还加紧扩大银行活动范围,到1913年,外国在中国设立了21家银行和101家分行。这些银行拼命扩大经营范围,采取投资、借款等方式,控制中国的工矿交通事业,垄断了中国的财政金融。

这一时期,我国东北成为帝国主义激烈争夺的焦点。东北在《辛丑条约》后成为英、美、日与沙俄激烈争夺的场所。沙俄在义和团运动期间就非法侵占了我国的东北,并且千方百计地企图长期占领。日本早有夺取这一地区的野心,美国积极支持日本侵华,借此达到插足东北的目的。英、俄在亚洲的长期对立,决定了英国站在美、日这一边。于是,美、英、日联合对倒沙俄,由日本打先锋。1904年2月6日,日本鱼雷艇突然袭击旅顺口的俄国舰队,日俄战争正式爆发。这是日俄两个强盗为掠夺中国、在中国领土上进行的一场帝国主义战争。

日俄双方海陆军全力进行厮杀,长达一年多时间。海上争夺战首先在旅顺口及其附近海面上进行,经过一番争夺,俄舰受重大损失,日本取得了制海权。沙俄为了夺回海上优势,又派遣它的波罗的海舰队东进太平洋,结果在对马海峡,被日本海军击溃,全军覆没。陆战主要在东北的旅顺、辽阳、奉天等地进行。1904年7月,双方经过激战,俄军主力自辽阳撤退到奉天。1905年1月,旅顺口俄军投降。同年二、三月间,双方以60万兵力开展了沈阳大会战,两周后俄军向铁岭总退却,日军进占开原、铁岭。俄军退到四平休整。日军由于兵力耗损巨大,也无力继续进攻,双方陆战陷入僵持状态。

这场帝国主义战争严重破坏了中国主权。但是清朝政府面对两个强大的帝国却无力干预,不得已声称"均系友邦",保持"局外中立"。这两个国家都贪图中国,无奈之下,只好让他们在自己的地盘上狗咬狗了。

俄国战败后,美国居中调停,于1905年9月在美国朴次茅斯缔结和约。12月,日本又强迫清朝政府签订《中日会议东三省事宜》正约及附约,迫使中国承认《朴次茅斯和约》中对于东三省的规定:俄国将旅(顺)大(连)租借地、长春到大连间的铁路(所谓南满铁路)以及与上述租借地、铁路相关的一切权利全部转让给日本。在《附约》中日本还攫取了直接经管安奉铁路和在鸭绿江右岸采伐木材等权利。清朝政府被迫同意在东三省广泛开埠通商。自此以后,沙俄势力退到东三省北部,日本势力侵入东三省南部。我国东北就这样被沙俄和日本"瓜分"了。从此,日本在中国东北建立了侵略整个东亚的军事资源供给基地,也成了侵略中国的最凶恶的国家。

沙俄与英国对我国西藏地区也进行了激烈的争夺。沙皇的陆军大臣说:"我们皇上的脑袋中有宏大的计划,为俄国夺取满洲,把朝鲜并入我国,还想把西藏并入本国"。西藏自1895年达赖十三世亲政后,俄国就极力拉拢他,并不断派遣特务和军队潜入西藏。沙俄在西藏地方的影响日渐增长,达赖十三世也有依靠沙俄反对英国侵略的倾向。但是,英国早就想把它的魔爪从印度伸向西藏,阴谋策划把西藏从我国分裂出去。它乘沙俄忙于准备日俄战争的机会,在1902年秋派1万多名侵略军,从它的殖民地印度向西藏进攻。

西藏地区爱国军民奋起反抗。1904年4~6月间,西藏军民在江孜地区用大刀、长矛、土枪、土炮勇敢地抗击占领江孜的英国侵略军,多次打退了敌人的进攻。1904年8月间,英军侵入拉萨,大肆抢劫布达拉宫所藏宝物,古代文献被洗劫一空。9月,英国强迫西藏部分官吏签订了所谓《拉萨条约》,包括赔款、开商埠、拆毁边界工事等项内容,严重地破坏了中国的主权。全国人民,首先是藏族人民坚决反对,清朝政府对此条约不予承认,派代表与英国重新交涉。

1906年4月,双方重订条约,它分裂我国西藏地区的阴谋,终于未能得逞。

2. 清廷的维新

清廷在1901年宣布举办"新政"。"新政"的主要内容是练兵筹饷,加强国防。1903年清朝政府开始改革军制,在中央成立练兵处,地方成立督练公所,计划在全国编练新式陆军三十六镇(师),以代替绿营。袁世凯接替了李鸿章的职位,担任直隶总督兼北洋大臣,在1905年编练成新军六镇,成为当时最有实力的军队。1905年清朝政府在北京设立巡警部,地方也开始编练警察。

政府为了把对付列强,把"总理各国事务衙门"改组为"外务部",班列六部之首,以便于和列强周旋。"新政"的措施,是以缓和社会矛盾和发展经济为目的的,具有改革的性质,如废科举,设学校,派留学生,裁冗员,设立商部,颁布提倡和保护民族工业的一些办法(如《奖励公司章程》,《商会简明章程》和铁路、矿务章程之类)。很多内容是康有为当初戊戌变法的内容。这些措施给中国社会带来了暂时的稳定和促进了经济发展。

二、1901~1905年的反帝斗争与社会矛盾

1. 人民群众自发的反抗斗争

《辛丑条约》订立后,民众群众自发的反抗斗争继续高涨。农民群众一直是反对帝国主义的主力军。当时农民反抗斗争的方式主要有三类。一类是继续举起义和团旗帜进行反帝反封建的斗争,如1901年夏直隶雄县义和团首领祁子刚以"反清灭洋"为口号,集合团民3000余人继续战斗;1902年直隶广宗县景廷宾,竖立"扫清灭洋"旗帜,率领广宗、巨鹿、南宫、威县等县农民开展斗争。一类是针对各地政府在举办"新政"名义下增加苛捐杂税而开展的抗捐抗税斗争。

其中规模较大的如1904年7月江西乐平反对地方官以办新学为名增收捐的斗争,种靛农民在会党首领夏廷义率领下冲入县城,捣毁学堂及盐卡、厘卡,焚烧县衙,打毁洋教堂,连续几天抗击了清朝政府调来镇压的军队。还有一类是由会党领导的农民武装起义。1903年广西爆发了会党领导的几十个州县的农民起义。参加起义的有汉、壮、苗、瑶等族民众,波及广东、湖南、贵州、云南四省。他们杀逐官吏,打击地主豪强,使得广西巡抚王之春惊呼"防剿俱穷"。为此,清朝政府动员广西、广东、湖南等五省军队,用兵数十万,到1905年才把起义镇压下去。起义农民一部分隐蔽山林,成为后来孙中山在西南发动起义的武装力量。

这时,工人阶级虽然还没有形成独立的政治力量,但他们不断掀起罢工斗争。1902年,上海耶松船厂的广大工人群众,因不堪地狱般的黑暗生活,一年内发动两次大罢工,要求增加工资,反对资本家对工人的迫害。1903年,云南固旧锡厂工人掀起反抗法帝国主义修筑铁路,侵占锡厂的斗争。1904年,成都兵工厂600多工人举行持续16天的大罢工,抗议资本家克扣工资。同年江西萍乡安源煤矿外国工程师无理扣发工人工资,激起工人大罢工。工人群众的斗争虽然仍是自发的、分散的,但却彼伏此起,接连不断。从1901年到1905年,较大的斗争达25次。这些斗争是这一时期各阶层民众反抗斗争的一个重要组成部分。

2. 资产阶级、小资产阶级的爱国反帝运动

民族资产阶级上层中的一部分人,因为切身的利益与帝国主义发生矛盾,这时也发动和领导了

要求收回被帝国主义霸占的路权、矿权的反帝爱国运动。1903年,湖南、湖北、广东的绅商发起收回被美国占有的粤汉铁路修筑权的运动。三省民众广泛参加,各省民众纷纷响应。留日学生组织了"三省铁路联合会",留美学生也参加了斗争。经过两年的坚决斗争,粤汉铁路修筑权终于被收回,由三省自己筹款修筑。这次斗争的胜利是对各省民众的极大鼓舞。同一时期,四川广大群众奋起揭露清朝政府出卖川汉铁路的卖国罪行,于1904年成立了川汉铁路公司,并提出"不招外股,不借外债"的口号,自行筹款修筑,数年间陆续集款至千余万元,取得了自筑川汉铁路的权利。京汉、津浦、沪杭甬等铁路预定路线通过的省区的爱国人士也都提出了收回路权,改归"商办"的要求。前后数年间,争回路权的斗争几乎成为遍及各省的潮流。

在争回路权的同时,收回矿权的浪潮也极为高涨。1905年黑龙江省民众经过坚决斗争,收回了被沙俄占据的都鲁河金矿。同年,山西绅商及群众要求清朝政府撤销和英国订立的"采矿条约",决心收回在1898年被英国福公司霸占的五处煤矿、铁矿和石油矿。1909年安徽路矿公司联合各界人士,发动群众和英帝国主义分子交涉,终于收回了铜官山煤矿的开采权。

1905年前后蓬勃开展的收回利权运动,由于有各阶层群众的积极参加,运动持续不断地向前发展,并日趋激烈,成为具有广泛群众基础和重大影响的爱国运动。它沉重地打击了帝国主义,维护和挽回了我国的部分权利,提高了民众的觉悟,促进了革命斗争的发展。

1903年,盘踞在我国东北的沙俄军队拒绝按期撤退,并提出了无理的要求。全国立即爆发了拒俄运动。上海爱国人士举行拒俄集会,抗议沙俄的侵略罪行,致电清朝政府外务部,指出:俄国的无理要求,"我全国人民万难承认";并通电各国外交当局说:"即使政府承认,我全国国民万不承认,倘从此民心激变,遍国之中,无论何地,再见仇洋之事,皆系俄国所致。"北京、武昌等地学生也都集会抗议,罢课示威。留日学生尤为激昂,他们召开了有五百人参加的拒俄大会,组织"拒俄义勇队",提出宁死"不为亡国人"的口号,并派代表回国,企图劝说袁世凯出兵拒俄。由于遭到清朝政府镇压,拒俄义勇队被迫解散。

1903年春,广西巡抚王之春勾结法帝国主义,出卖广西矿权,企图借法国军队来帮助镇压广西会党起义。各地民众立即掀起了抗法运动。上海许多群众在张园集会,声讨王之春的卖国罪行,并喊出"驱除王之春"的口号,吓得王之春狼狈逃往上海租界,也迫使法国侵略者不敢轻举妄动。

1905年爆发了抵制美货运动。这一运动是由于美帝迫害华工而激起的。美国资产阶级为了开发西部地区,曾威迫大批华工赴美,但当西部得到开发后,美国政府却在1894年强迫清朝政府签订了"限制来美华工"的条约。1904年条约期满,美国政府要求续约,激起群众性的反美国运动。

上海的民族资产阶级最先通过商会领导这个运动。1905年5月11日,上海商务总会通过"以两月为期,如美国不允将苛例删改而强我续约,则我华人当合全国誓不运销美货以为抵制"的决议,随即电告清朝政府要求拒绝签约,同时通电汉口、天津、广州、香港等21处商会,呼吁抵制美货。接着,各地商会发出拒购,拒销、拒用美国货物的号召,各阶层民众纷纷响应,使运动成为一个具有鲜明的反帝色彩的群众性斗争。南洋、日本、美洲各地的许多华侨也响应了这一号召。7月下旬起,运动进入了高潮。

美帝国主义十分害怕和仇视中国民众的这一反帝爱国运动,强迫清朝政府下令禁止。在这样的情况下,领导运动的民族资产阶级动摇了,使运动半途而废。但是,由于广大群众的坚决斗争,清朝政府终于不敢与美国签订华工新约;同时,这个时期美国输入中国的商品数量也显著减少。1906

年美国的棉布、煤油输入中国的数额较上年减少了一半或三分之一以上,打击了美帝国主义对中国的经济侵略。

民族资产阶级参加革命,积极投入拒俄拒法、收回利权、抵制美货等反帝爱国运动,反映了当时中国社会阶级关系的显著变化,也是资产阶级民主革命兴起的一个重要标志。

总之,义和团运动失败以后,中国各阶层民众的反帝、反封建斗争此伏彼起,遍布全国,促进了中国革命新高潮的迅速到来。

三、资产阶级民主革命运动的兴起

1. 孙中山的早期革命活动

毛泽东同志曾指出:"中国反帝反封建的资产阶级民主革命,正规地说起来,是从孙中山先生开始的。"孙中山"是中国民主革命派的旗帜"。

孙中山(1866~1925年),名文,字逸仙,曾化名中山樵,广东香山(今广东中山县)人,出生在一个种植商品农作物的农民家中。他自称"生而为贫困之农家子","早知稼穑之艰难",对中国民众苦难的遭遇有较深的感受。青少年时,他曾先后在檀香山、香港、广州等地学习,接受了西方资本主义教育,这对他的资产阶级民主革命思想的形成起了重大的作用。

1884年的中法战争,清朝政府在打胜仗的情况下卑怯求和,使孙中山甚感痛愤,产生了反清革命的思想。他说:"余自乙酉中法战后,始有志于革命","予自乙酉中法战败之年,始决倾覆清廷,创建民国之志。"从这时起,他结识了一些知识分子,与改良主义者何启、王韬、郑观应等都有密切的交往,并深受他们的影响。

因此,在甲午战争前,孙中山和与他同时代的改良主义者一样,认为只要通过"上书当道,游说公卿",就可以达到改造清朝政府的目的。1894年孙中山上书给大官僚李鸿章,提出"人尽其才,地尽其利,物尽其用,货畅其流"的改革政治、发展资本主义工商业的主张,但是毫无结果。孙中山曾对这件事给他的教训作了如此表述,"于是忧然长叹,知和平之法无可复施。然望治之心愈坚,要求之念愈切,积渐而知和平之手段,不得不稍易以强迫",说明他当时已经认识到,要救国必须走革命的道路。

1894年,孙中山在檀香山华侨中进行革命鼓动工作,联合了20多个经营小商店和小农场的反清人士,于11月组成了资产阶级革命的小团体——兴中会。年底,孙中山回到香港,次年2月在香港设立兴中会总会,在广州设立分会,并在兴中会入会誓言中明确提出了"驱逐鞑虏,恢复中华,创立合众政府"的政治纲领,决心推翻清朝政府,建立资产阶级共和国。这是中国资产阶级革命派第一个政治纲领,也是孙中山民族民权思想初步形成的表现。

孙中山从建立兴中会开始,就把武装夺取政权作为革命的首要任务,这是非常可贵的革命思想,也是完全符合半殖民地半封建社会的革命需要的。兴中会成立后,孙中山以香港为根据地,经过半年多的准备,决定于1895年10月26日在广州发动武装起义,准备以广州为根据地,进而推翻清王朝。两百多革命志士带着六百多支手枪,从香港乘船到达广州,由于叛徒向清朝政府告密,他们刚一上岸就遭到追捕,参加起义的革命党人七十多人被捕,陆皓东等英勇牺牲。孙中山机智地逃出广州,从香港赴日本。起义失败了。这次起义是辛亥革命的先声,是资产阶级革命派发动的第一次反清革命起义,它指出了一条同当时康、梁改良派根本不同的革命道路。

当时兴中会的革命活动,主要限于海外和广东一隅,并且没有进行深入细致的宣传发动工作,对国内的政治生活和在广大群众中还未产生重大影响。但是,兴中会的建立,革命纲领的提出,以及广州起义的发动,标志着以孙中山为代表的资产阶级民主革命运动的开始。

1900年,北方爆发了义和团运动,孙中山认为这是武装暴动的机会,便派郑士良前往广东惠州,联络会党,以谋发动起义,并派史坚如至广州策动响应。七月,孙中山率领一批兴中会会员由日本乘船到香港,准备潜入内地领导起义,但由于受到英国殖民当局的监视,无法登岸,因此又折回日本,转渡台湾,准备由台湾潜渡内地。10月,郑士良率会党六百人在惠州三洲田起义,多次打败清军,占领了新安、大鹏至惠州、平海一带的沿海地区,声势很大,起义队伍很快扩展到二万多人。为了取得海外接济,起义军向福建厦门方向移动。日本帝国主义怕孙中山在台湾活动会危及它的殖民统治,禁止军火出口,破坏了孙中山从海外接济起义军的计划。起义军血战半月之后,弹尽粮绝,郑士良不得不把大部分起义军解散,自率数百人退往香港,惠州起义失败。

兴中会领导的惠州起义虽然失败了,但兴中会的影响却在不断扩大,民主革命开始汇成一股强大的潮流。孙中山回忆说:第一次广州起义失败后,"举国舆论莫不目予辈为乱臣贼子,大逆不道,咒诅谩骂之声,不绝于耳";而惠州起义失败后,"则鲜闻一般人之恶声相加,而有识之士,且多为吾人扼腕叹惜,恨其事之不成矣,前后相较,差若天渊"。这反映了以孙中山先生为代表的资产阶级民主革命思想,正在日益深入人心,并已逐渐为广大群众所理解和接受。

2、民主革命思想的传播

二十世纪初年,资产阶级革命思想在中国开始广泛传播,资产阶级、小资产阶级知识分子的队伍迅速壮大。这些资产阶级、小资产阶级的知识分子,面对严重的民族危机,不满中国的现状,积极寻找救国救民的真理。正如毛泽东同志所指出的:"那时,求进步的中国人,只要是西方的新道理,什么书也看。向日本、英国、美国、法国、德国派遣留学生之多,达到了惊人的程度。国内废科举,兴学校,好像雨后春笋,努力学习西方。"

1901年以后,中国出现了出国留学的热潮,到日本留学的特别多,1900年时不过七、八十人,1904年则达到了1300多人,1905年又猛增到一万人以上。到欧美留学的也不少。留学生大多接受了资产阶级思想,希望中国走资产阶级革命的道路。当时的上海和日本东京是青年知识分子和留学生最为集中的地区。他们在这两个地区先后出版了大量刊物,宣传革命思想,如《国民报》、《游学译编》、《新湖南》、《学生界》、《浙江潮》、《江苏》、《苏报》、《大陆月刊》等。1903年前后,两三年内出现的政治刊物有20余种。翻译的著作有《美国独立战争》、《法国战史》、《欧洲最近政治史》等。

1904年翻译出版的哲学、社会政治学说和历史著作有200多种,小说有20多种。他们又进行各种宣传革命和组织革命力量的活动,如1902年春章炳麟在日本发起的"支那亡国242周年纪念大会",用纪念明朝灭亡来激发反对清朝政府统治的革命热情。大约在1902～1903年间,蔡元培和章炳麟在上海成立了中国教育会,以兴办教育为名,聚集革命力量。资产阶级民主革命思想逐渐成为中国社会思潮的主流,涌现出了章炳麟、邹容、陈天华等杰出的资产阶级革命宣传者。

章炳麟(1860～1936年),号太炎,浙江余杭人,是近代资产阶级革命家、学者。戊戌变法失败后,他开始倾向革命,在上海《苏报》上发表了不少宣传革命的文章,其中尤以《驳康有为论革命书》一文影响最大。该文是针对康有为在1902年写的《答南北美洲诸华商论中国只可行立宪不可行革命书》而作的。文中对康有为散布的中国"公理未明,旧俗俱在",因而"只可行立宪,不能革命"的荒谬论点,进行了有力的批判。他指出"公理未明,即以革命明之,旧俗之俱在,即以革命去之"。他揭露保皇派大肆吹捧的光绪帝不过是一个"未辨菽麦"的"小丑",而康有为则是一个利禄熏心、甘当奴才的市侩。他认为"今日之民智,不必恃他事以开之,而但恃革命以开之"。他歌颂革命为"启迪民智,除旧布新"的良药,宣传"合众共和"和"民主"是不可抗拒的历史潮流。他的这些言论,痛斥了康有为反对革命的谬论,较明确地表述了资产阶级民主革命的观点。

邹容(1885～1905年),字蔚丹,四川巴县人,曾留学日本,于1903年春回到上海,参加了"爱国学社",并发表了《革命军》一书,由章炳麟为之作序,在《苏报》上加以介绍。《革命军》以通俗沉痛的笔调,愤怒揭露了中国专制政府对中国广大民众的残酷压迫和黑暗统治,热情地歌颂革命。他写道:"吾于是沿万里长城,登昆仑,游扬子江上下,濒黄河,竖独立之旗,撞自由之钟,呼天呼地,破颡裂喉,以鸣于我同胞前曰:'呜呼!我中国今日不可不革命'","我中国欲独立不可不革命,我中国欲与世界列强并雄,不可不革命,我中国欲为地球上强国,地球上之主人翁,不可不革命"。

书中明确指出革命是为了推翻几千年的封建专制制度,建立资产阶级民主共和国,并提出了"开创中华共和国"的政治口号,号召人们,勇作革命军,"各出九死一生之魄力","驰骋于枪林弹雨之中",与清王朝进行斗争。《革命军》在辛亥革命前夕的宣传品中销路最广,作用最大。当时革命者读了没有不"拔剑起舞,发冲眉竖"的,正如亲身经历过辛亥革命的鲁迅先生所指出的,"倘说影响,则别的千言万语,大概都抵不过浅近直截的革命军马前卒邹容所作的《革命军》"。

《革命军》、《驳康有为论革命书》等革命宣传品出刊后,反动的清朝政府十分惧怕和仇视,便勾结上海的帝国主义势力,通过租界的"洋人",查封了《苏报》,并逮捕章、邹等人。章炳麟被判刑3年,出狱后,前往日本继续革命。邹容遭受两年监禁折磨,死于狱中,年仅20岁。这就是轰动一时的《苏报》案,它使更多的爱国者趋向革命。

陈天华(1875～1905年),字星台,湖南新化人,1903年前往日本留学,积极参加革命活动。同年他写了《警世钟》、《猛回头》两本小册子。《警世钟》以通俗的语言和爱国热情,鼓动民众起来和侵略者斗争,"洋兵不来便罢,洋兵若来,奉劝各人把胆子放大,全不怕他。读书的放了笔,耕田的放了犁耙,做生意的放了职事,做手艺的放了器具,齐把刀子磨快,子药上足,同饮一杯血酒,呼的呼,喊的喊,万众直前"。

他坚信"只要我全国皆兵,他(指帝国主义)就四面受敌"。《猛回头》揭露了帝国主义的侵略罪行。指出"要想拒洋人,只有讲革命独立,不能讲勤王"。《猛回头》、《警世钟》充满着爱国热情和扣人心弦的言词,对于正处在水深火热之中的半殖民地半封建社会的中国民众是极有感染力的。因此它很快便流传全国各地,特别是在两湖各学堂和新军军营中广为传读,对宣传反清革命,促进武汉新军起义起了很大的作用。

3. 资产阶级革命团体的建立

革命思想的广泛传播,有力地推动了革命组织的建立。继兴中会以后,1904年黄兴(1874～1916年)、陈天华、宋教仁等在长沙组织了华兴会,提出"驱逐鞑虏,恢复中华"的口号,黄兴任会长。华兴会在湖南的会党、学堂、新军中有较大的影响。先后参加华兴会的革命知识分子有四、五百人。为了争取会党的合作,它又与会党首领马福益建立了"同仇会",作为联络会党的机关。1904年,由蔡元培等发起,陶成章、徐锡麟等为骨干,在上海成立了光复会。光复会以反对满清贵族的封建专制统治、建立共和国为宗旨,由蔡元培任会长。同年,湖北革命志士刘敬安、张难先等在武昌成立了

"科学补习所",以补习科学为名,从事革命活动。

华兴会成立后,联络会党积极开展革命活动,成为长江中下游的一个重要革命团体。1904年11月,它策动马福益领导湖南哥老会准备在长沙起义,湖北的"科学补习所"也积极准备响应。光复会会员陶成章也奔走联络了浙江温州、台州、处州等地的会党,计划后援。但这次起义由于事先泄密而遭到清朝政府的破坏。马福益被杀,黄兴、陶成章等人避难日本,"科学补习所"受到破坏。1906年刘敬安、张难先借基督教圣公会名义在武昌成立"日知会",继续进行革命宣传。此外,全国各地又先后成立了一些革命小团体。

四、资产阶级政党的建立及其领导下的武装起义

1. 中国同盟会的成立及其纲领

1905年夏,孙中山从欧洲到达日本,受到东京的中国留日学生、华侨的热烈欢迎。革命形势的发展与分散性的地方革命团体活动的失败,使孙中山感到分头活动,力量分散,不能适应革命的需要,认识到"互相联络"的重要,从而要求各省革命志士和华兴会、光复会、兴中会等团体联合起来,组成全国规模的统一的革命组织。孙中山的主张得到绝大多数人的拥护。1905年8月20日,兴中会、华兴会、光复会等革命党人的代表300多人在东京召开大会,正式成立了中国同盟会。会上推举孙中山为总理,并决定同盟会总部设在日本东京,总部下分设执行、评议、司法三部,黄兴主持执行部庶务科,总理外出时由庶务代理一切;国内分东(上海)、南(香港)、西(重庆)、北(烟台)、中(武汉)五个支部,支部下按省设分会,推定了各省分会的主盟人;在海外分设南洋、欧洲、美洲、檀香山四个支部,支部下按国别、地区设立分会。

大会还通过了《中国同盟会总章》和准备起义时散发的《军政府宣言》等文件,决定把孙中山提出的"驱除鞑虏,恢复中华,建立民国,平均地权"等十六字纲领作为同盟会的纲领。11月,创办《民报》,作为同盟会的机关刊物。同盟会的成立,标志着中国资产阶级革命政党的正式形成,也标志着民族资产阶级领导的新的革命高潮的开始。

同盟会的纲领是中国近代革命史上第一个比较完整的资产阶级民主革命纲领。孙中山在《中国同盟会总章》中把这四句话定为革命的宗旨,在《军政府宣言》中又把这四项纲领作了进一步的阐发。在1905年11月同盟会创办的《民报》发刊词中和1906年《民报》一周年纪念会上,孙中山对这个纲领作了详细的说明,把它概括为民族主义、民权主义和民生主义,即旧民主主义的三民主义。

民族主义以"驱除鞑虏,恢复中华"为主要内容。其基本思想是要以革命手段,推翻帝国主义走狗清王朝的反动统治。孙中山在同盟会宣言中解释民族主义时说"覆彼政府,还我主权","驱除鞑虏之后,光复我民族的国家。敢有石敬瑭、吴三桂之所为者,天下共击之!"在《民报》创刊纪念会上的演说中,他解释民族主义说,民族革命并不是要尽灭满洲民族,而是"定要扑灭他们的政府,光复我们民族的国家……我们并不是恨满洲人,是恨害汉人的满洲人"。孙中山还在《民报》发刊词中指出:由于清朝政府的卖国,使中国陷入"异种残之,外邦逼之"的境地。民族主义的实质是反对清王朝的反动统治,这是符合中国人民的利益的。但是,这个纲领没有明确提出反对帝国主义侵略的口号,同盟会的不少人员甚至幻想以承认旧有的不平等条约、保护外国在华的既得权利来换取"世界列强赞成中国革命",反映了中国资产阶级的软弱性。

第十八章　资产阶级革命

民权主义以"创立民国"为主要内容。其基本思想是要学习"欧美之法","创立合众政府",建立"自由"、"平等"、"博爱"的共和政体。孙中山认为专靠民族革命,并不能推翻封建专制制度,必须同时进行"政治革命"。同盟会宣言在解释"建立民国"这条政纲时,就明确说明,"今者由平民革命以建国之政府,凡为国民皆平等以有参政权。大总统由国民共举。议会以国民公举之议员构成之,制定中华民国宪法,人人共守。敢有帝制自为者,天下共击之!"其实质就是要推翻封建君主专制制度,建立资产阶级共和国,实行资产阶级民主政治。孙中山在中国历史上第一次提出了民主共和国的方案,但是这个纲领对汉族官僚、地主则采取尽可能争取反正的做法,表现了对地主阶级的妥协。

民生主义以"平均地权"为主要内容。孙中山提出,核定全国地价,现有的地归原主所有,革命后因社会进步所增长的地价,归国家所有,"为国民共享"。他在同盟会宣言中认为实行这个办法以后,就能造成一个"家给人足,四海之内,无一夫不获其所"的社会主义社会了。它反映了孙中山企图改革封建土地制度以解决农民土地问题的愿望,但这个纲领只是限制地主阶级对土地价格的垄断,没有提出没收地主土地为农民所有。孙中山一再强调"平均地权"并不是"夺富人之田为己有",这实际上是害怕农民运用革命暴力摧毁封建土地制度。

同盟会的纲领,要求用革命的手段推翻清王朝,建立资产阶级专政的共和国,在中国发展资本主义,这对当时的资产阶级革命起了巨大的号召和推动作用。"旧三民主义在旧时期内是革命的,它反映了旧时期的历史特点"。列宁曾指出:"战斗的真实的民主主义渗透着孙逸仙政纲的每一行……这是带有共和国要求的完整的民主主义"。

同盟会以资产阶级为领导,成员包括小资产阶级、工人、农民,以及少数反满的地主士绅。会员分布全国十七个省区。同盟会成立后,会员发展很快,不到一年,入盟者已超过一万多人,所以孙中山说:"成立同盟会于东京之日,吾始信革命大业,可及身而成。"

但是,这个组织的领导者有很大的阶级局限性,会员成分也很复杂。会员们对同盟会的宗旨在认识上并不真正一致,主要表现在一部分人对"平均地权"并不赞成。而且它的内部还存在着相当严重的宗派主义,组织很不严密。这些都影响了它对当时革命运动的领导。

资产阶级革命派宣传革命,不仅引起了清王朝的极大恐慌,同时也引起了以康、梁为代表的资产阶级保皇派的不满和反对。戊戌变法失败后,康、梁公开鼓吹保皇,堕落为保皇派。同盟会成立后,他们在《新民丛报》上明目张胆地攻击革命。于是革命派以《民报》为阵地,进行了有力的反击。1905~1908年间,革命派和保皇派开展了激烈的思想论战。在这场论战中,伟大的革命先行者孙中山是"中国民主革命派的旗帜"。论战主要集中在下列三个问题上:

第一,要不要革命的问题。改良派大肆鼓吹"保皇即革命","中国只可立宪不能革命","皇帝至圣至仁,虽大彼得、华盛顿不能望其项背,振兴中国非光绪皇帝不可"等谬论。他们还振振有词地说,暴力革命要造成"内乱",要造成帝国主义的"瓜分",要导致"亡国灭种",因此"爱国"就不革命,而只能用"劝告"、"要求"的"正当"方式请求清朝政府"立宪"。孙中山义正词严地批驳了"保皇即革命"的谬论。他说:"革命、保皇二事,决分两途,如黑白之不能混淆,如东西不能易位","吾人革命,不说保皇,彼辈保皇,何必偏称革命?"并进一步揭露保皇派的反动实质在于保住清王朝的封建专制统治,以便弄个官儿做做。孙中山还指出,革命"必须以流血得之",号召革命派与保皇派划清界限。其他革命派也纷纷起来揭露保皇派所谓"爱国"的反动实质,指出他们的"爱国"是爱清

· 563 ·

朝政府,爱"洋人的朝廷",并强调不是革命要亡国,而是不革命,不打垮腐败反动的清王朝,中国倒真的要灭亡了,因此,爱国就应当革命。他们热情地歌颂革命,强调"革命者,救人救世之圣药也","欲求免瓜分之祸,舍革命末由"。

第二,要不要建立资产阶级共和国的问题。改良派主张在中国实行"君主立宪",反对民主共和。他们污蔑中国"国民恶劣","有民族资格而无市民资格,有村落思想而无国家思想,只能受专制,而不能享自由",因而,中国人没有进行民主革命的能力,缺乏作为共和国国民的资格,如果勉强实行民主共和国,非"亡国"不可。

革命派以资产阶级的"天赋人权"学说为理论武器,痛斥反对共和的改良派实为"中国之蟊贼,国民之公敌",揭露保皇派用"君主立宪"等谬论欺骗民众的目的是为了维护"万世不替之皇基",指出只有"兴民权,改民主",才是中国的出路。著名的青年革命家陈天华列举了大量事实,指出中国不仅完全有必要实行民主共和,而且完全可能实行民主共和,中华民族并非劣等民族。他说:"吾民族有四千年之历史,有各民族不及之特质,……即以日近而言,民族主义提倡以来,起而应之者,如风之起,如水之涌,不可遏抑,是岂绝对无能力者所能之耶?"强调当时中国建立资产阶级共和国的可能性。

第三,要不要改变封建土地制度的问题。改良派竭力维护封建地主土地所有制,大肆攻击革命派主张的"社会革命"和"土地国有"会危及"国本",引起"下等社会"的暴动,导致国家灭亡。革命派则认为,"一国之地,当散之一国之民。今同一国之民,乃所得之田有多寡之殊,兼有无田有口之别,是为地权之失平",而由于地权失平、贫富不均现象的存在,社会革命是不可避免的。他们指出在中国只有实行"土地国有",才能消除社会上"坐食土地之利"的不平等现象,才能使资本投入到工业生产,促使社会生产事业的发展。但革命派又不敢主张发动农民进行剥夺地主土地的革命,结果仍然是回避了土地问题。

通过这场论战,革命派充分揭露了保皇派的反动面目,夺取了思想战线上的领导权,争取了大批的资产阶级、小资产阶级知识分子脱离改良派的影响而走上民主革命的道路,对革命高潮的到来起了重大的推动作用。

同盟会领导的几次武装起义。同盟会在思想战线上反击保皇派的同时,还发动了多次反对清王朝的武装起义。革命志士前赴后继的英勇斗争,有力地打击了清王朝的统治,为武昌起义开辟了胜利的道路。

1906年,同盟会会员刘道一等在江西萍乡和湖南浏阳、醴陵等地宣传革命,通过会党联络了萍乡煤矿的工人和醴陵清军中倾向革命的士兵,于十二月初发动了萍、浏、醴起义。起义首领龚春台发布《中华民国军起义檄文》,斥责中国"为藉外人保护房廷起见,每以汉人之权利赠给外人",指出中国是帝国主义的走狗,列举了清朝政府的十大罪状,提出了"建立共和民国,使地权与民平均"的口号。10天之内,各处会党首领数百人先后举兵,起义群众迅速扩大到3万余人。他们与清军展开激战,屡败清军。清朝政府调集湖南、湖北、江西、江苏四省兵力,才把起义镇压下去。

清朝政府在镇压萍、浏、醴起义的过程中,发现领导革命的总机关设在日本,便勾结日本反动政府驱逐在日本的革命党人。

1907年,孙中山等革命党人被迫离开日本,移居越南河内。他们在那里建立了同盟会支部,联络两广会党,在中国南部连续发动了六次武装起义。

第十八章 资产阶级革命

1907年5月,同盟会发动"潮州黄岗起义"。起义军曾一度占领黄岗,附近官吏闻风潜逃。不久起义失败。6月,孙中山命邓子瑜同会党联络,在惠州七女湖发动起义,附近会党纷纷响应,多次打败清军的进犯,震动了整个惠州。后因寡不敌众,起义军自动解散。7月,孙中山派人与钦、廉、防城等地的抗捐抗税的群众联系,发动了防城一带的农民起义。起义群众攻占了防城,后因军械供应不上而失利。

12月,孙中山派黄明堂到镇南关(今友谊关)联络会党并举行了起义。起义军于12月1日攻袭镇南关炮台,夺取了大炮十余门,步枪四百余支。孙中山、黄兴等人亲临镇南关炮台指挥作战,与清军陆荣廷部血战了七昼夜,毙伤敌军数百名。后因清军调来援军,起义军放弃炮台,退入越南境内。1908年初,孙中山派黄兴再入钦州、廉州一带活动,三月发动了钦、廉、上思起义,多次打败清军,后由于得不到支援而失败。四月,黄明堂奉孙中山指示,在云南河口发动起义,曾攻克河口.蛮耗等地。给清军以很大打击,缴获枪支一千多支,子弹七万发,后因力量不支,被迫退入越南。

由于孙中山领导的起义未能和各地群众斗争紧密结合,没有广泛的群众基础,带有单纯军事冒险的性质,最后都因寡不敌众而失败。

当同盟会在广东、广西、云南等地发动起义的同时,光复会首领徐锡麟和我国民主革命时期著名的女革命家秋瑾等在安徽,浙江也加紧准备起义。

徐锡麟(1873～1907年),字伯荪,浙江绍兴人,是光复会的实际领袖。他为了打进清朝政府内部,出钱捐得道台官职,得到清安徽巡抚恩铭的信任,被委任为巡警处会办兼巡警学堂监督。他利用这个身份联络了一些学生、士兵,同秋瑾约定于1907年7月举行皖、浙二省同时起义。

秋瑾(1875～1907年),原名闺瑾,小字玉姑,字璿卿,自号竞雄,浙江绍兴人,出生在一个地主官僚家庭。1904年她东渡日本,第二年春加入光复会,同年在日本加入同盟会,并被推为同盟会浙江主盟人。回国后,她先后在上海创办中国公学和《中国女报》,号召妇女抛弃"男尊女卑"、"夫为妻纲"的封建说教,走向革命。不久回浙江,联络会党,进行武装起义的准备工作。她接任大通学堂督办后,组织了革命武装光复军,亲拟《普告同胞檄》和《光复军起义檄》等革命文告,准备响应徐锡麟在安庆的起义。

1907年7月6日,徐锡麟利用安徽巡抚恩铭到巡警学堂参加毕业典礼的机会,刺死恩铭,率学生军进攻安庆军械所。不幸起义失败,徐锡麟被捕遇害。不久,清朝政府派兵包围了绍兴的大通学堂,秋瑾被捕。她英勇不屈,于1907年7月15日在绍兴轩亭口被害。1908年11月,光复会会员熊成基(安徽新军炮营队官)率马、炮两营新军千余人发动起义,进攻安庆一昼夜,未能得手。在退却途中,起义军遭清军追击,最后无法支持,起义失败。

同盟会成立以后,资产阶级革命派所发动的各次起义虽然都失败了,但是,革命是消灭不了的,更大的革命风暴正在迅速到来。

第二节 辛亥革命

同盟会成立后,反封建专制的革命浪潮一天天高涨。清朝政府感到"新政"已经起不了作用了,便试图以"预备立宪"的方式来抵制革命。1905年底西太后派载泽、端方等五大臣前往欧美日本各国"考察政治"。

一、辛亥革命前夕的国内形势

1. 清朝政府的预备立宪

1906年五大臣回国,他们给西太后上密折说,实行宪政既可以达到"皇位永固"的目的,又可以借实行"宪政"取得外国人的好感,使"外患渐轻";还可以使革命党人"无词可借",再要攻击"君主专制",就无人拥护,革命潮流也就可以"冰消瓦解"了;而且宣布了立宪,不一定要马上实行,可以有几年缓冲时间,名曰"预备立宪"。于是西太后在1906年9月1日发出了"预备立宪"的谕旨,表示要"预备"仿照外国,立宪法,开国会了。

谕旨一下,资产阶级上层人物欣喜若狂,纷纷成立预备立宪的团体,准备参与政权。江、浙以张謇为首成立了预备立宪公会,湖北以汤化龙为首成立了宪政筹备会,湖南以谭延闿为首成立了预备立宪公会。其他一些省的资本家和官绅代表人物,也都组织了宪政团体。这些团体的头面人物在国内有一定的经济实力和社会地位,他们想通过立宪分享清朝政府一点权力,还企图通过立宪取得清朝政府对他们开办的那些工厂企业的保护。因为他们主张君主立宪,所以被称为立宪派。以康、梁为首的保皇派这时也摇身一变把反对西太后的保皇党改组为拥护实行君主立宪的中华帝国宪政会,与立宪派相呼应。梁启超还在东京成立了政闻社,作为推行宪政的政治团体。人们称他们为"国外的立宪派"。

清朝政府的"预备立宪",首先从加强中央集权,削弱地方督抚权力的官制改革着手。11月清朝政府颁布中央官制,除内阁、军机处照旧不变和变更一些部的名称外,将原来的6部增至11部,其中外务、陆军、度支、农工商等重要部门由满人皇亲掌握。1907年公布的地方官制规定:由陆军部直接派督练公所军事参议官,度支部派清理财政监督官到地方,这样,清朝政府逐渐收回了各省督抚的军权和财权。还把当时权势最大的汉族官僚,直隶总督兼北洋大臣袁世凯、湖广总督张之洞内调为军机大臣,用明升暗降的办法削弱其实权。清朝政府借立宪为名,行集权之实,排挤汉族官僚的做法,使统治集团内部的矛盾更加激化了。

1908年8月,清朝政府宣布"预备立宪",以九年为期,九年后正式立宪法、开国会,还颁布了《钦定宪法大纲》。《钦定宪法大纲》以保障"君上大权"为核心,规定皇帝有颁行法律、发交议案、召集和解散议院、设官制禄、黜陟百司、统率陆海军及编定军制、宣战议和、订立条约、宣布戒严、发布命令等权力,并总揽司法权,和专制帝王没有丝毫两样。《钦定宪法大纲》颁布不久,光绪帝和西太后相继死去,溥仪继承帝位,改元宣统。溥仪年幼,其父载沣为摄政王,掌握了实权。载沣摄政后,仍旧玩弄"预备立宪"的骗术,继续加强皇族专制权力,借故把皇族以外权力最大的袁世凯解除了职务。

1909年10月,清朝政府宣布在中央设立咨政院,各省设立咨议局,"立宪派"的许多人都当了各省咨议局的议员。他们和一部分地主、官僚,利用咨议局的合法地位,1910年在北京连续举行了三次磕头大请愿,乞求清朝政府速开国会,成立责任内阁。但是,反动的清王朝决不肯让出半分权力。1911年5月,清朝政府成立新内阁,以奕劻为总理大臣,总共任命了十三名内阁大臣,其中皇族就占了七名。立宪派很失望,称这个内阁为"皇族内阁"。清朝政府进一步集军政大权于皇族手中。"预备立宪"的骗局至此暴露无遗。

抢米风潮和抗捐抗税斗争。1910年,民众的反抗斗争形成了新高潮。据不完全统计,这一年发生的各种群众性反抗斗争,达290多次,比上年增加了一倍多。其中以湖南长沙抢米风潮和山东莱阳的抗捐抗税斗争最为激烈。

1909年,湖南境内许多县发生水、旱灾,大批受灾饥民纷纷逃到长沙,谋求生路。一些地主、奸商及外国商行乘机大量囤积粮食,使长沙发生严重米荒,粮价飞速上涨。1910年4月,一个挑水工人因一天收入买不到一升米,忧愤交集,全家投井自杀。这一事件激发了成千上万的群众起来捣毁米店、钱庄、税卡、洋行和外国教堂,并放火烧了巡抚衙门。这次斗争虽被反动派所镇压,但却在全国引起反响。长沙中下游各省,直隶和奉天都爆发了不同规模的"抢米"风潮。

1910年5月发生于山东莱阳的抗捐抗税斗争,是一次自发的大规模的反帝反封建斗争。这年春天,莱阳地区遭受霜灾,粮价上涨,"缺食者十居八九",莱阳县官又利用"新政"名义,额外增收捐税,群众实在无法生活下去,被迫组织"联庄会"开展抗捐抗税斗争。几千名群众冲到县城要求清算义仓积谷,减免捐税。县署假意应允,实际征收苛税如故,激起群众的愤怒。"联庄会"会长曲诗文组织农民群众围攻县署,烧了官绅的房屋住宅,并到处捣大户,捉富豪,狠狠地打击了封建势力。县署派人到处拘捕群众。愤怒的群众奋起抵抗,虽被杀死二三十人,但不畏强暴,继续斗争,又聚集数万人二次围困县城。清朝政府派重兵到莱阳进行镇压。曲诗文领导群众与清军展开顽强战斗,相持两个多月,最后被残酷镇压下去。

2. 同盟会的两次武装起义

以孙中山为首的资产阶级革命派在1907、1908年多次起义失败后,继续坚持着武装斗争,于1910年2月和1911年4月又先后发动了两次广州起义。

1910年2月,在黄兴等人的策动下,广州新军中的革命党人倪映典准备举行起义,因组织的不周密,起义消息被泄露,广州地方官吏加强了戒备,并下令收缴新军士兵手中的枪支弹药,起义被迫提前。倪映典等于二月十四日率新军千余人在广州城郊起义。清军出城弹压,起义军伤亡百余人,最后失败。

广州新军起义失败后,在同盟会的一些领导人中间出现了悲观失望的情绪,"举目前途,众有忧色,询及将来计划,莫不唏嘘太息,相视无言"。这时,孙中山从美国经日本来到马来半岛的槟榔屿,召集黄兴等人开会,鼓励大家继续战斗。他说:"今日吾辈虽穷,而革命之风潮已盛,华侨之思想已开,从今而后,只虑吾人之无计划,无勇气耳。"孙中山对革命前途充满信心,使革命党人很受鼓舞,在会上商定了继续在广州起义的计划。会后,孙中山亲自到华侨中募捐,派人在国外购买武器,并组成一支800人的敢死队,在广州设立了近40处秘密机关。许多参加者写了绝命书。林觉民在给他妻子的绝命书中说:"当亦乐牺牲吾身与汝身之福利,为天下人谋永福也"。他们认定革命成败在此一举,计划在1911年4月13日起义。

4月8日,革命党人温生才刺杀了广州将军孚琦,引起清朝政府的警觉;同时,向海外订购的军火及募款也未到,起义被迫推迟。4月27日,广州起义爆发。起义志士分为四路,同时发动进攻。黄兴率领一百多名革命党人奔袭总督衙门,很快攻入后堂,总督张鸣岐逃跑。黄兴下令焚烧衙门,转攻督练公所。一路上,起义军与大队清军展开了激烈的巷战,许多革命党人在苦战中壮烈牺牲,一部分革命志士被捕后英勇就义,黄兴也受伤隐蔽了起来。其他三路起义队伍同样遭受重大伤亡,第二天起义就失败了。

这次起义共牺牲100多人,广州民众不顾清朝政府的迫害,收敛殉难烈士尸骸72具葬于黄花岗,这就是近代史上有名的黄花岗72烈士。广州起义虽然失败了,但它却震动了国内外,使封建统治势力又一次受到沉重的打击。清朝政府惊呼:"倘不严加防缉,诚恐酿成大变不可收拾"。孙中山后来指出"……是役也,碧血横飞,浩气四塞,草木为之含悲,风云因之变色。全国久蛰之人心,乃大兴奋。怨愤所积,如怒涛排壑,不可遏抑。不半载而武昌大革命以成"。广州之役对紧接着的武昌起义起了重要的鼓舞作用,加速了革命的进程。

3. 保路运动

保路运动是四川、湖北、湖南,广东四省民众为保卫川汉、粤汉两条铁路的修筑权而掀起的群众运动。正当全国各地收回利权运动相继发展的时候,1911年5月,清朝政府新组成的"皇族内阁"宣布实行"铁路国有政策",任命端方为督办铁路大臣,接管川、鄂、湘、粤四省铁路公司,并由邮传部大臣盛宣怀出面,同英、法、德、美四国银行团签订粤汉、川汉铁路借款合同。合同规定:借款总额六百万英镑,年息五厘,以两湖厘金盐税收入作担保,粤汉路用英国总工程师,川汉铁路用美国总工程师和德国总工程师,四国银行团享有两湖境内粤汉、川汉铁路的修筑权,以及该路在延长时继续投资的优先权。

根据合同的规定,以及帝国主义在华享有的各种侵略特权,四国银行团不仅取得了铁路的投资权,也取得了铁路沿线地区的控制权,当时《东方杂志》对铁路收归国有发表评论说:"与其为官办铁路,毋宁谓官卖铁路之为当也。"清朝政府名为借款筑路,实际上是将铁路出卖给帝国主义。绅商自行筹款修筑粤汉、川汉铁路,是四省民众经过长期斗争才得来的权力,四省已各设铁路公司,历年来筹集资金共四千余万两,除商股外,还有用各种捐税征集的民股。清朝政府宣布铁路国有,不仅直接侵犯了许多绅商等的利益,同时引起了民众群众的极大愤慨。因此,四省迅速掀起了有广泛群众基础的保路运动。

1911年5～7月,湘、鄂、粤、川四省掀起了保路运动,"自铁路收归国有,湘人率先反对",带头掀起了群众性的反抗斗争。"通省人士,奔走呼号,开会研究……舆情激昂,万众一致"。长沙各界群众一万余人集会,一致主张坚持"完全商办",要求清朝政府"收回成令"。特别是5月16日,长沙、株洲一带筑路工人万余人进城示威,"沿途声言,如抚台不允上奏挽回,商须罢市,学须罢课,一般民众须抗租税"。筑路工人提出罢市、罢课、抗租税的号召,推动了运动的深入。把持湘路公司的绅商领导了这次保路运动。他们要求巡抚"请命朝廷,明降上谕,收回成令,仍遵历次谕旨,准与商办",还致电四川等省咨议局约请协力保路。

继湖南之后,湖北咨议局召开数千人大会反对铁路国有政策。许多爱国军人、学生慷慨陈词,"大呼救国"。留日学生江元吉割肉血书:"流血争路,路之流血,路有国存,存路救国"十六个大字,激励群众。川汉铁路工人举行了罢工。各商股也纷纷向川汉路宜昌分公司索回股本。

在广东,粤路公司召开了二千人大会,反对中国"强占粤路",坚持"商办之局",在公司内设立保路机关部。粤路股东中的南洋、美洲华侨致函粤路公司声明:"粤路国有,誓死不从",指出:"路亡国亡,政府虽欲卖国,我粤人断不能卖国",提出"有劫夺商路者,格杀勿论",一针见血地揭露了铁路国有政策的卖国性质,表达了爱国侨胞对祖国的热爱,对清朝政府投降卖国的愤恨。

四川的保路运动声势最浩大,斗争也最激烈。立宪派绅商发起了四川保路运动。川汉公司致电邮传部,请求"俯顺民情",川路仍归商办。四川咨议局和川路公司负责人曾分别走访护理四川总督,要求代奏乞恩,幻想请政府能收回铁路国有的成令,6月17日,成都各团体2000余人开会,决定组织四川保路同志会,推举立宪派的蒲殿俊、罗纶为负责人。他们发表宣言指出:"我新内阁(指皇族内阁)之野蛮专横,实贯古今中外而莫斯为甚","政府借款合同,实葬送人民死地之合同也",提出以"破约保路"为宗旨,通知各州县成立保路同志会。全省大部分州县都纷纷响应。

8月24日成都保路同志会领导开展了罢市、罢课活动。烧毁经征局和打击外国传教士的群众斗争也同时出现。8、9月间,成都等地的保路运动发展成为群众性的罢市、罢课和抗捐抗税斗争。群众运动的高涨,使立宪派感到不安,他们一再要民众"文明争路","勿暴动","不打教堂","勿侮辱官府"。革命党人则积极参加了保路运动,反对立宪派"文明争路"的主张,把运动引上革命的轨道。同盟会员龙鸣剑、王天杰等人联络哥老会首领,将保路会改为保路同志军,准备发动武装起义。

当成都城内爆发激烈的罢市、罢课斗争的时候,龙鸣剑等人趁机用"水电报"(木板上写着省城已发难,望各地同志军速起救援等字,涂上柏油,包上油纸,投进河里,顺着四通八达的河流传播出去)联络各地保路同志军,发动起义。清朝政府急忙派端方率领一部分湖北新军入川镇压,并令四川总督赵尔丰"严行弹压"。9月7日赵尔丰诱骗蒲殿俊、罗纶等人到督署去听北京来的"好消息",趁机把他们逮捕,成都数万人愤怒聚集到督署门前,要求释放被捕者。嗜血成性的赵尔丰竟下令屠杀手无寸铁的请愿者,一时枪声大作,群众纷纷倒入血泊之中,造成了骇人听闻的成都惨案。广大民众义愤填膺,各地保路同志军纷纷起义。龙鸣剑等人率保路同志军进攻成都,先后攻陷荣县、彭山、眉州等数十州县。同盟会员吴玉章等人在荣县宣布独立,建立了第一个革命政权。保路运动发展为武装起义,猛烈地冲击着清王朝在四川的统治。

二、武昌起义和中华民国成立

1. 武昌起义

正当清朝政府全力应付四川保路运动的时候,1911年10月10日,湖北武昌响起了起义的枪声。领导这次起义的是同盟会影响下的"文学社"和"共进会"两个革命组织。他们在湖北新军和会党中进行了长期的革命宣传和组织工作。新军五六千人参加了这两个组织,占湖北新军总数的1/3以上。他们在学生、会党和其他社会力量方面,也争取了大量的革命者和革命同情者,为武昌起义打下了群众基础,培养了骨干力量。8月下旬,他们接受了同盟会中部总会的建议,决定联合行动,成立了准备起义的领导机关,积极筹划起义。

9月24日,共进会和文学社代表六十多人,在武昌胭脂巷十一号举行联席会议,推文学社领导人、同盟会会员蒋翊武为革命军总指挥,共进会领导人、同盟会会员孙武为参谋长,决定在中秋节(10月6日)起义,后因准备来不及推迟了日期。10月9日孙武在汉口租界制造炸弹,不慎引起爆炸,受伤入院。沙俄巡捕闻声赶来搜查,将准备起义的旗帜、符号、文告、印信等搜去。

蒋翊武、刘复基、彭楚藩、杨宏胜等人看到形势紧急,决定当晚12时半立即起义。但命令尚未传达,军警便闯进了门,逮捕了刘复基、彭楚藩等20余人,还搜去了革命党人名册。蒋翊武在混乱中逃走。10月10日晨,湖广总督瑞澂下令杀害刘复基、彭楚藩、杨宏胜。临刑前,刘、彭、杨三烈士高呼"民国万岁","孙中山和未死同志万岁",表现了革命党人的崇高气节。瑞澂又下令封锁各城门和兵营,军警按照查获名册大肆逮捕革命党人。武昌形势顿时紧张起来。湖北革命者和革命的士兵虽失去了指挥,但仍然自行联系,坚决发动了武昌起义。

10月10日晚,新军工程第八营的革命党人熊秉坤放出起义的第一枪,打死新军工程第八营后队排长陶启胜,立即冲向楚望台军械库,夺取弹药。军械库守军中的革命士兵破门响应,占领楚望台。接着步兵、炮队、辎重各营和军校学生约五营兵力闻风举义,齐集楚望台,临时推荐一个原日知会员、队官(连长)吴兆麟担任指挥,向总督衙门发动攻击。革命士兵奋不顾身,血战通宵,先后占领总督衙门、藩库等各重要机关。湖广总督瑞澂仓皇逃到军舰上。起义军一夜之间占领了武昌城,取得了起义的胜利。11日晚和12日晨,驻汉阳和汉口的新军起义,两地相继光复。

起义胜利后,首要的任务是建立政权。革命党人是奉孙中山为领袖的。但孙中山远在海外,黄兴等其他领导人也在香港、上海等地。文学社和共进会的领导者有的遭杀害,有的受伤,有的被迫逃亡。11日战斗1夜的士兵群众,聚集在湖北咨议局推举都督,准备建立革命政府。但一部分起义者错误地认为要有社会威望的人才能担任这一职务,于是临时强令新军第二十一混成协统领(旅长)黎元洪当都督。黎元洪在10月10日晚上还亲手杀过响应起义的士兵和起义军的联络员。武昌被起义军占领后,他仓皇逃到一个参谋家里,被起义军抓来要他当都督,他吓得连连摇头说:"勿害我,勿害我"。革命党人用手枪强迫他当了都督后,他"两日不进饮食"。革命党人要他剪去头上的辫子,他竟放声大哭。关于政务交涉等事,革命党人也感到无力,而接受了立宪派的推荐,让立宪派头目、湖北咨议局长汤化龙当了民政部长,主持工作。由于黎元洪不理政事,革命党人才自己组织了一个谋略处,作为筹划和处理一切军政事宜的中枢机构,行使实际权力。

湖北军政府成立后,立即宣布改国号为"中华民国","主权属于人民",废除中国皇帝年号;还宣布废厘金、统捐等苛捐杂税,免征本年和历年积欠的田赋,以及改革财政、维护实业等措施。这些措施进一步激发了群众的革命热情,促进了革命运动更快地向前发展。

各省响应武昌起义的革命号角,推动了资产阶级民主革命运动的迅猛发展。散布在各省区的革命党人,积极发动新军和会党起义,广大群众到处掀起自发的反抗斗争。

首先响应武昌起义的是湖南和陕西两省。江西、山西、云南也先后在10月内宣布独立。10月22日,湖南革命党人焦达峰、陈作新等率新军和会党,一举攻入长沙,占领抚署、军械局、咨议局,杀了抗拒革命的清军统领,赶跑了巡抚余诚格,宣布成立军政府,焦、陈被推为正、副都督。同一天,陕西同盟会会员景梅九、井勿幕等联络会党和新军起义,护理巡抚钱能训逃遁,陕西军政府在西安建立,原日知会会员、新军队官张凤翔被推为都督。23日,驻江西九江的新军响应武昌起义,拥标统马毓宝宣布独立。

第二天九江军政府成立。31日南昌同盟会会员蔡公时发动新军起义,建立江西军政府,后由李烈钧任江西都督。29日,山西新军中的革命党人发动起义,杀清巡抚陆钟奇,成立山西军政府,原同盟会会员、新军标统阎锡山为都督。30日,同盟会会员李根源联合新军标统蔡锷、罗佩金以及营管带唐继尧等发动起义,于次日占领昆明,成立了云南军政府,蔡锷为都督。

第十八章 资产阶级革命

11月内相继宣布独立的有上海、浙江、江苏、贵州、安徽、广西、福建、广东、山东、四川九省。

11月3日,上海同盟会会员张承櫢等发动工人、防营和会党起义,次日攻克江南制造局,占领了上海,同盟会会员陈其美被绅商推举为上海军政府都督。4日,浙江革命党在上海的支援下,联合新军、防营占领了杭州。6日,浙江立宪派头目汤寿潜任浙江军政府都督。上海起义的消息传到苏州,江苏立宪派和绅商立即抢先一步,要求巡抚程德全宣布独立。5日,江苏军政府成立。四日,贵州革命党人发动新军和陆军学堂学生起义,占领了贵阳,建立军政府,推新军教练官杨荩诚为都督。5日,安徽同盟会会员联系团练起义。

8日,立宪派劝说巡抚朱家宝宣布独立,并推他为都督,后来同盟会会员孙毓筠、柏文蔚先后为安徽都督。6日,广西咨议局议决与清朝政府脱离关系,推巡抚沈秉堃为都督,宣布独立。10日夜,原清军提督陆荣廷发动兵变,攫取了都督职位。9日,福州同盟会会员许崇智率军起义,闽督松寿自尽,新军十镇统制孙道仁为都督,宣布独立。同日广东宣布独立,两广总督张鸣岐逃入广州租界,同盟会会员陈炯明为都督。13日,山东宣布独立,巡抚孙宝琦为都督。以后孙宝琦勾结袁世凯,取消独立,革命党人被杀害的很多。27日,四川成都宣布独立,成立"大汉四川军政府",立宪派首领蒲殿俊为都督。到11月下旬,全国有15省和1些大城市及许多州县宣布了独立。

在广大农村,反封建斗争的风暴更加猛烈。江苏常熟、江阴、无锡三县交界地区爆发了农民武装暴动,他们烧毁地主劣绅的房屋,竖立革命大都督旗帜,传帖聚众,地主豪绅纷纷逃窜。扬州爆发了手工业工人和会党的起义,成立军政府,通告"三年不完粮,诸捐杂税全免"。广东顺德等县农民拆毁豪绅住宅,包围局所衙署,勒缴饷械,组织各路军民,迫临省城。其余如湖南、陕西、四川、江西、安徽、广西、山东、山西、福建、贵州、云南等省以及尚未独立的各省地区无不发生规模大小不等的群众起义。席卷全国的下层群众的自发斗争,同各省革命党人组织的武装起义相呼应,在武昌首义后汇合成了中国资产阶级民主革命的高潮。

资产阶级革命派对革命形势的迅猛发展,事先毫无准备,这时也就提不出把革命推向前进的统一的行动计划,无法把革命真正领导起来。特别是他们害怕帝国主义出来干涉,恐惧农民把反封建斗争深入下去,只想尽快结束这场革命。革命党人的这种软弱性和妥协性,给了立宪派、旧官僚以可乘之机,使他们到处窃取政权,摘取革命果实。江苏巡抚程德全伪装响应革命,宣告"独立"。为了表示"革命必须破坏",他把抚衙大堂屋顶上的檐瓦用竹竿挑去几片,并在抚衙门口换上一块"民国军政府江苏都督府"的招牌,由江苏巡抚摇身一变,就成了江苏革命军政府的都督,这就算是完成了"独立"。湖南革命党人焦达峰、陈作新领导新军和会党在长沙起义成功后,分任湖南军政府正副都督。

立宪派提出了"文明革命"的口号,要求仿效湖北汤化龙为民政部长的先例,举湖南咨议局议长谭延闿主持政务,缺乏经验的焦达峰答应了他们的要求,让出了政权。立宪派见阴谋得逞,便得寸进尺,煽动反动旧军官发动武装政变,杀害焦、陈二人,谭延闿当了都督。就这样,许多省份的立宪派与旧官僚用和平篡权或政变夺权的两种手法,将政权抓到手里。有些省的资产阶级革命党人掌权后,也很快向右转,甚至蜕化成为反动政客和地方军阀。无论革命派掌权,还是旧官僚、立宪派掌权,他们几乎都压制工农革命运动,解除群众武装,这些都给革命预伏着危机。尽管如此,革命潮流势不可挡,反动的清王朝终于淹没在革命的洪流之中。

2. 中华民国成立

随着各省相继独立和各省军政府的成立,建立统一的革命政权的时机已经成熟。湖北和上海两地几乎同时发出建议成立临时中央政府的通电。11月9日,以黎元洪为首领的湖北集团致电各省,请派代表赴鄂商讨组织临时中央政府问题。这时,集中在上海的革命党人与立宪派已有在上海建立各省联合机构的成议。11日,江苏都督程德全、浙江都督汤寿潜、上海都督陈其美等联合发出通电,倡议于上海设立临时议会机关。后来两地达成协议。12月14日各省代表在南京开会,但又在选谁当总统的问题上争论不休。

16日会议决定选黄兴为临时总统。黄兴通电表示不当总统,"暂充临时大元帅,专征北伐,以待项城(袁世凯)充当中华民国大总统,组织完全政府"。15日,会议得到袁世凯主张"共和"的消息,立即决定缓举总统,虚位待袁,先推出黄兴为大元帅,黎元洪为副元帅,主持组织临时政府。由于湖北集团和浙江联军将领的反对,会议又改推黎元洪为大元帅,黄兴为副元帅。黎元洪不在南京,黄兴又坚决不肯受职,临时政府陷于难产。

12月25日,孙中山自海外回国,一时资产阶级革命派声势大振。各省革命党人一致同意推举众望所归的孙中山为临时大总统。立宪派和旧官僚也认为在"争取"袁世凯反正以前,这个"过渡"总统"非孙莫属"。29日,各省代表选孙中山为临时大总统。1912年1月1日,孙中山在南京就职临时总统,宣告中华民国临时政府成立。是日宣布改用阳历,以1912年为民国元年。随后,各省代表会议选举黎元洪为副总统。1月3日代表们正式通过了九名国务员的任选名单。其中内务总长程德全、司法总长伍廷芳是颇有影响的旧官僚;实业总长张謇、交通总长汤寿潜是江浙立宪派的首领。此外,财政总长陈锦涛是当时有名的"理财专家",海军总长黄钟英是起义的清军舰长。1月28日,由各省军政府各选派三名参议员组成了临时参议院,作为立法机关。

以孙中山为首的南京临时政府是资产阶级民主革命的产物。这个政府包括革命派、立宪派和旧官僚三种政治势力,立宪派和旧官僚担任农业、交通、内务、司法等部总长,拥有相当大的权力。临时参议院中,有不少立宪派分子,"但革命党人还占着指导地位。它是一个资产阶级为主体的政权"。

尽管南京临时政府存在着缺陷,但它宣告了资产阶级共和国政权的诞生和专制主义清王朝的覆灭。它的成立,乃是中国近代史上具有重大意义的事件。

南京临时政府存在期间颁布了不少有利于发展民族资本主义经济,建立和发展资产阶级民主政治和文化教育的法令,如废除刑讯体罚,禁止蓄辫缠足,禁止贩卖华工和买卖人口,颁布保护工商业的规章,废除清朝政府的一些苛捐杂税,奖励华侨在国内投资等,有利于解除封建制度的束缚和压迫,有利于发展资本主义经济。

三、南北议和和袁世凯窃取政权

1. 南北议和

武昌起义爆发后,帝国主义害怕革命军取得胜利会损害他们在华的特权,对革命极端仇恨,企图以武力干涉。10月中旬,英、美、日、德、法集中十余艘军舰于武汉江面,对起义军进行武力威吓。驻北京的各国外交使团连续举行会议,商讨如何维护他们的侵略利益。11月中旬,侵入中国的外国军舰已达51艘,有海军19000多人,同时还有七千余人分别侵驻北京、天津、唐山、山海关等地,占领了北京至山海关的铁路线。当革命形势迅猛发展,清王朝摇摇欲坠再也扶不起来时,帝国主义要用武装干涉来扑灭中国革命是很难实现的,于是便打出"中立"的幌子,施展阴谋活动,舍弃清朝政府,选中大军阀袁世凯作为新的代理人,加紧扶植。

原来,在武昌起义爆发后,清朝政府急忙派陆军大臣荫昌率两镇(师)北洋军前往镇压革命。北洋军队是袁世凯的旧部,不听从荫昌的调度,荫昌束手无策。清朝政府只好听从帝国主义的旨意,再次起用袁世凯。10月14日清朝政府任命袁世凯为湖广总督。袁世凯借口"足疾未痊",迟迟不出彰德老巢。至27日,清朝政府因对武汉进攻受挫,湖南、陕西、江西等地又相继起义,只好任命袁世凯为钦差大臣,节制湖北水陆各军。但袁世凯仍迟迟不到任,要挟清朝政府向他交权。当清朝政府正犹豫不决时,革命形势迅猛发展。

10月29日,山西省宣布脱离清朝政府独立。同一天,驻滦州的中国新军第二十镇统制(师长)张绍曾和协统、革命党人蓝天蔚等人联名电告清朝政府,强硬要求立即召开国会,起草宪法,成立责任内阁。当时北洋军第六镇统制、革命党人吴禄贞驻守石家庄,他与张绍曾密商,准备联合举兵,向北京进攻。摄政王载沣看到形势紧急,只好宣布解散皇族内阁,任命袁世凯为内阁大臣。于是袁世凯走马上任,赶到湖北前线,加紧向革命军进攻。11月2日北洋军攻占汉口。接着袁世凯指使亲信刺杀革命党人吴禄贞,解除滦州新军中倾向革命的将领的兵权。然后,他回到北京,于11月16日组成了清朝政府最后一届内阁。

袁世凯取得了清政府的权力后,接着便和英、美共同策划"南北议和",迫使革命政权向他妥协。当冯国璋在11月27日指挥北洋军攻下汉阳,架起大炮轰击武昌时,英国驻汉口领事葛福在英国驻华公使朱尔典同袁世凯密商后,于11月29日向革命政府提出了停战、清帝退位、举袁世凯为总统等三项和谈条件。窃据湖北军政府要职的黎元洪等接受了这三项条件。一部分革命党人也随声附和,同意谈判。11月30日各省军政府代表会议作出了"袁世凯反正,当公举为大总统"的决议。

1911年12月革命政权的代表伍廷芳和袁世凯的代表唐绍仪进行"和谈"。谈判一开始,帝国主义就进行干涉,英、美、日、俄、德、法六国驻上海领事向双方代表提出照会,要他们"尽速成立和解"。这项照会虽向南北双方代袭同时提出,但它的矛头却是指向南方的。谈判过程中帝国主义极力为袁世凯撑腰,英,美、日、德各国在长江出动军舰,日、俄两国在东北、内蒙一带调动军队,进行威胁。他们控制的税务司扣留应向革命政府交纳的海关税款。他们利用报刊攻击孙中山等人"没有维持中国领土完整……的能力",吹捧只有"强有力"的袁世凯,才能"统一"南北。正如毛泽东同志所指出:"帝国主义侵略中国,反对中国独立,反对中国发展资本主义的历史,就是中国的近代史。历来中国革命的失败,都是被帝国主义绞杀的"。

袁世凯也向南方革命势力进行威胁。当孙中山就任临时大总统时,他指使冯国璋、段祺瑞等发出"誓死抵抗"的叫嚣,并撤销唐绍仪的议和代表资格,故意制造决裂势态,逼迫革命派退让。在革命阵营中的旧官僚、立宪派代表黎元洪、张謇等人,也极力要求和袁世凯妥协。黎元洪曾经致函袁世凯,希望他速来"共扶大义","将来民国总统选举时,第一任之中华共和大总统,公固不难从容猎取也"。张謇密电袁世凯说"甲日满退,乙日拥公,南方诸省一致通过","愿公奋其英略,旦夕之间勘定大局",表示了立宪派对袁世凯的期望和忠诚。同盟会内部却意见分歧,主张对袁妥协的思想占上风。黄兴等人主张"化敌为友",害怕袁世凯学曾国藩替清廷出力,像搞垮太平天国一样来搞垮革命,建议"给他一个民选的总统"。早年参加同盟会的汪精卫恶意攻击"孙中山先生本人有权利思想"。孙中山是不愿意和袁世凯妥协的,他坚决表示"革命之目的不达,无和议之可言",表现了他坚持推翻清王朝和建立共和制度的革命立场。

在国内外反动势力夹攻下,软弱的资产阶级步步退让。在谈判中,伍廷芳声明:谈判必须以承认共和为前提,只要袁世凯反正,逼清帝退位,就可以举袁为大总统。孙中山在1月2日致电袁世凯,表示"于议和之举,并不反对",接着又在1月22日发表声明说,只要清帝退位,袁世凯赞成共和,自己就立即辞职,让袁世凯当临时大总统。和谈终于达成了革命党人同意让出政权,袁则同意宣布赞成"共和",逼清帝退位的协议。

2. 袁世凯窃取政权

袁世凯得到革命党人让权的切实保证后,便逼迫清帝退位。中国以禁卫军训练大臣良弼为首的一些皇室贵族,顽固地不肯放弃统治权力,反对清帝退位。他们筹组"宗社党",主张赶走袁世凯,成立新的皇族内阁,同革命军决一死战。1月26日,革命党人彭家珍,用炸弹炸断了良弼的一条腿,第二天良弼死去。北京的王公贵族们再也不敢反对退位了。庆亲王奕劻说:"咱们已无可用之兵,除了接受退位,再也没别的办法了。"

2月12日,宣统帝在不废帝号,暂居宫内,年领四百万两经费等优待条件下,宣布了退位的诏书。13日,袁世凯致电南京政府,高唱"共和为最良国体,世界之所公认",表示"拥护"共和。同日,孙中山向临时参议院辞职。15日,参议院选举袁世凯为临时大总统。不久又重选黎元洪为副总统。清朝政府和南京临时政府都把政权移交给大地主大买办阶级的总代表袁世凯。

孙中山在辞职时,曾提出定都南京,袁世凯到南京就职,必须遵守临时约法等三项条件,企图以此来限制袁世凯的野心。但是北京当时是中外反动派勾结的中枢,也是袁世凯经营多年的反革命巢穴,因此迁都南京的主张遭到袁世凯及其主子帝国主义的反对。孙中山坚持以定都南京和新政府南下就职这点作为对袁世凯是否拥护共和的考验。

袁不肯南下,孙中山派专使北上迎接。袁表面上欢迎专使,暗中却密令他的亲信部队在北京、保定、天津等地制造暴乱。南京临时政府决计出兵平叛,并由黄兴等将领发出率兵北上的通电。帝国主义又一次支持了袁世凯,外国军队纷纷进入北京,制造紧张局势。立宪派、旧官僚也乘机鼓噪,指责革命派坚持定都意见造成北方的混乱。黎元洪发出通电说,"舍南京不至乱,舍北京必致乱"。大多数革命党人也反对定都南京。在这种情况下,孙中山被迫再次迁就退让,放弃迁都南京的主张。3月6日临时参议院议决允许袁世凯在北京就职。3月10日,袁世凯在北京就任中华民国临时大总统,建立了大地主大买办阶级的反革命专政,从此在中国开始了北洋军阀的统治。

3月11日,南京临时政府公布《中华民国临时约法》。以孙中山为首的革命派幻想用它来限制袁世凯专制独裁的手脚。这个《临时约法》规定了资产阶级共和国的国家制度、政府组织机构,以及资产阶级的民主权利等,它具有资产阶级国家宪法的性质。在当时的条件下是有进步意义的。4月1日,孙中山正式离职。5日参议院议决临时政府迁设北京,于是南京临时政府为反革命的北京临时政府所取代。中华民国作为资产阶级共和国,只是昙花一现而已。资产阶级革命派交出政权后,企图依靠一纸约法,以实现资产阶级议会政治,使中国走上民主共和国的轨道。其结果正如列宁指出的:"如果没有政权,无论什么法律,无论什么选出的机关都等于零。"

四、辛亥革命的历史意义和经验教训

按照中国传统的干支纪年,一九一一年是辛亥年,所以这次革命被称为辛亥革命。

第十八章 资产阶级革命

辛亥革命是资产阶级领导的旧民主主义革命。它是在民族资产阶级已经形成为一个阶级，资产阶级革命派初步成熟为革命领导力量的历史条件下爆发的。这次革命在中国近代史上第一次提出了比较明确完整的资产阶级民主革命纲领，并且建立了新式的资产阶级政党。它在和资产阶级改良派的论战中划清了革命与改良的界限，坚持了与改良主义不同的武装斗争道路，这就使得它呈现了单纯农民战争和资产阶级改良主义运动所没有的新面貌。毛泽东同志在《青年运动的方向》一文中指出：辛亥革命"有它胜利的地方，也有它失败的地方。你们看，辛亥革命把皇帝赶跑，这不是胜利了吗？说它失败，是说辛亥革命只把一个皇帝赶跑，中国仍旧在帝国主义压迫之下，反帝反封建的革命任务并没有完成"。

辛亥革命，是一次具有伟大历史意义的革命。

第一，辛亥革命推翻了统治中国二百六十多年的清王朝，结束了持续二千多年的中国君主专制制度，建立了共和国。从此，民主主义共和国的思想在中国民众中得到广泛的传播，大大地激发了中国民众的革命精神，解放了人民的思想，使民主主义思潮成为不可抗拒的潮流。虽然辛亥革命后存在着复辟与反复辟的严重斗争，但是，不管哪一个独夫民贼妄图恢复君主专制制度，都终不能得逞。

第二，辛亥革命在经济上也产生了积极的影响。辛亥革命的暴风骤雨，打击了帝国主义的侵略势力，推翻了清王朝，也就在一定程度上削弱了中外反动势力对于民族资本主义的束缚和压迫。同时，南京临时政府存在的短短几个月中，颁布了一些保护民族工商业的法令，鼓励人们兴办实业，使民族资本主义近代工业获得较显著的增长。

第三，辛亥革命是革帝国主义的命，人们所以要革清王朝的命，是因为它是帝国主义的走狗。因此，辛亥革命推翻了帝国主义的走狗清王朝，也就打击了清王朝背后的帝国主义。辛亥革命后，帝国主义是难于找到像清朝政府那样能够比较有效地统治中国人民的工具了。袁世凯及其以后的所有反革命政权都是短命的，很难出现一个稍微稳定的局面，这说明帝国主义统治中国是更加困难了。

第四，辛亥革命的爆发，对亚洲和世界都产生重大影响。在中国人民革命斗争的鼓舞下，越南、印度尼西亚、菲律宾等国人民纷纷掀起了争取民族解放的斗争，沉重地打击了帝国主义在亚洲的殖民统治。列宁在分析辛亥革命的历史意义时，热情洋溢地指出："中国人民的革命斗争将给亚洲带来解放，使欧洲资产阶级的统治遭到破坏。"

辛亥革命虽然推翻了清王朝，结束了封建帝制，但没有完成反帝反封建的革命任务，所以说辛亥革命失败了。辛亥革命所以失败，原因在两个方面，"第一是敌人的力量太强，第二是自己的力量太弱。一个强了，一个弱了，所以革命没有胜利"。这就是一方面在帝国主义时代，腐朽反动的帝国主义决不允许中国发展资本主义，建立独立的资产阶级共和国。它们和中国的封建势力结合成强大的反革命联盟，竭力反对中国社会的进步和民主改革。另一方面是领导辛亥革命的民族资产阶级的软弱性和妥协性，使他们没有而且也不可能提出一个彻底反帝反封建的革命纲领，而是幻想在不正面反对帝国主义的条件下获得国家独立和民族解放，在不彻底推翻封建土地制度的基础上发展资本主义。他们没有而且也不可能积极发动和领导广大人民群众组成强大的革命阵营，进行革命，因此，在反对国内外反动势力的斗争中，最后陷于失败。

辛亥革命的失败深刻地说明："资产阶级的共和国，外国有过的，中国不能有，因为中国是受帝国主义压迫的国家。唯一的路是经过工人阶级领导的人民共和国。"